国外网络法律文件选编

GUOWAI WANGLUO FALV WENJIAN XUANBIAN

北京大学互联网法律中心 译
中共中央宣传部政策法规研究室 编

学习出版社

图书在版编目（CIP）数据

国外网络法律文件选编／北京大学互联网法律中心译；中共中央宣传部政策法规研究室编．——北京：学习出版社，2014.9
ISBN 978-7-5147-0437-2

Ⅰ.①国… Ⅱ.①北… ②中… Ⅲ.①计算机网络-科学技术管理法规-汇编-世界 Ⅳ.①D912.109

中国版本图书馆 CIP 数据核字（2014）第 028975 号

国外网络法律文件选编
GUOWAI WANGLUO FALV WENJIAN XUANBIAN

北京大学互联网法律中心 译
中共中央宣传部政策法规研究室 编

责任编辑：张　俊
技术编辑：王晓勇
封面设计：杨　洪

出版发行：学习出版社
　　　　　北京市崇外大街 11 号新成文化大厦 B 座 11 层（100062）
　　　　　010-66063020　010-66061634　010-66061646

网　　址：http://www.xuexiph.cn
经　　销：新华书店
印　　刷：北京联兴盛业印刷股份有限公司
开　　本：710 毫米×1000 毫米　1/16
印　　张：73.75
字　　数：1283 千字
版次印次：2014 年 9 月第 1 版　2014 年 9 月第 1 次印刷
书　　号：ISBN 978-7-5147-0437-2
定　　价：140.00 元

如有印装错误请与本社联系调换

出版说明

进入新世纪新阶段，互联网新技术新应用发展迅猛。加快推进网络法制建设，提升依法管网的水平，保护公民合法权益，规范行业发展秩序，创造良好的网络文化环境，已成为广大人民群众的共同心声和互联网业界的普遍愿望。世界上许多发达国家很重视网络立法，有不少经验值得借鉴。我们特别委托北京大学互联网法律中心，对国外互联网立法情况进行收集整理翻译，形成目前编译成果。

本书编译的法律文件主要包括美国、俄罗斯、澳大利亚、欧盟、德国、法国、英国、日本、韩国、新加坡、巴西及部分国际公约中专项网络法律文件。英美法系国家虽然以判例法为主，但在网络方面却制定了不少成文法，我们仅选择了部分有代表性的成文法文件进行翻译和辑录。

北京大学互联网法律中心十分重视本书翻译工作，张平教授亲自主持并召集各方人员组成编译委员会，逐项选定、精心编译，并全文进行了审核。周辉、孟兆平负责全书编校，冯源、颜晶晶、李玲一、毕雪、杨理、张久琳、朴承哲、李含等参与了翻译与校对等工作。

本书编译时间较短，仓促之余，难免出错，敬请读者批评指正。

编　者
2014 年 1 月

目　录

美　国

数字千年版权法（节选）……………………………………（3）
统一电子交易法……………………………………………（28）
儿童互联网保护法…………………………………………（69）
2003年反电子邮件垃圾法案………………………………（84）
反网络盗版法案……………………………………………（91）
网络环境下消费者的数据隐私保护
　　——在全球数字经济背景下保护隐私和
　　促进创新的政策框架…………………………………（118）

俄罗斯

信息、信息技术和信息保护法……………………………（163）
电子签名法…………………………………………………（173）
保护儿童免受有害于他们健康和发展的
　　信息侵扰的网络审查法………………………………（186）
个人数据保护法……………………………………………（197）

网络黑名单法 …………………………………………………（219）
俄罗斯联邦关于《信息、信息技术和信息保障法》
　　及俄罗斯联邦规范信息交流与电信网络使用系列
　　法令的修正案 ……………………………………………（227）

澳大利亚

版权法 ……………………………………………………………（235）
电子交易法 ………………………………………………………（257）
2001年禁止网络赌博法 …………………………………………（272）
2003年反垃圾邮件法 ……………………………………………（316）
2004年犯罪立法修正（与电信有关的
　　犯罪和其他行为）法案（第二号）………………………（348）
2010年竞争与消费者法 …………………………………………（389）

欧盟

《有关个人数据自动化处理之个人保护公约》修正案 …………（431）
关于制定技术标准和规章领域内信息供应程序以及
　　信息社会服务规则的第98/34/EC号指令 ………………（434）
网络犯罪公约关于将通过计算机系统从事种族歧视和
　　仇外行为犯罪化的附加议定书 …………………………（446）
欧洲议会和理事会关于电子通信网络及相关设施
　　接入和互联第2002/19/EC号指令 ………………………（452）
欧洲议会和理事会关于电子通信网络和服务授权的
　　第2002/20/EC号指令 ……………………………………（466）
欧洲议会和欧盟理事会2002年3月7日关于电子通信网络和
　　服务的公共监管框架的第2002/21/EC号指令（框架指令）………（479）

关于电子通信网络和服务的普遍服务和用户权利的
第2002/22/EC号指令（普遍服务指令） …………………（509）

关于2002年7月12日的欧洲议会和欧盟理事会的
电子通信领域个人数据处理和隐私保护的欧洲
议会和欧洲理事会的第2002/58/EC号指令
（隐私和电子通信的指令） …………………………………（526）

关于建立欧洲网络与信息安全局的第460/2004号条例…………（544）

关于存留因提供公用电子通信服务或者公共通信
网络而产生或处理的数据及修订第2002/58/EC号
指令的第2006/24/EC号指令 ………………………………（555）

德　国

电信媒体法 ………………………………………………………（567）

广播电视与电信媒体州际协议（节选） ………………………（577）

有关广播电视及电信媒体中人格尊严保护及
青少年保护的州际协议 …………………………………（589）

电信法（节选） …………………………………………………（606）

联邦数据保护法 …………………………………………………（654）

关于电子签名框架的法律 ………………………………………（695）

刑法典（节选） …………………………………………………（708）

法　国

数字经济信任法案（节选） ……………………………………（725）

关于信息社会中作者权和邻接权的法案（节选） ……………（746）

促进网络作品传播与保护法案（节选） ………………………（781）

关于互联网上文学艺术产权刑事保护的法案（节选） ………（792）

关于开放在线博彩产业的竞争和管理的法案（节选） ………… （796）

英 国

1990年禁止滥用电脑法 ………………………………………… （811）
英国三R安全网络规则 …………………………………………… （823）
2003年通信法 ……………………………………………………… （829）
隐私和电子通信条例 ……………………………………………… （879）

日 本

个人信息保护法 …………………………………………………… （897）
保证青少年安全安心上网环境的整顿法 ………………………… （913）
建立高度信息通信互联网社会的基本法（IT基本法） ………… （923）
关于电子签名与地方团体认证业务相关的法律 ………………… （930）
关于特定电子通信服务提供者的损害赔偿责任的
　限制以及发信人信息披露的法律 ……………………………… （953）
关于规范特殊电子邮件的法律 …………………………………… （956）
利用网络异性交友业务招揽儿童的行为规制法律 ……………… （968）
不良网站对策法非法侵入计算机系统禁止法 …………………… （980）

韩 国

互联网多媒体广播电视产业法 …………………………………… （987）
促进信息通信网络利用以及信息保护法 ………………………… （999）
关于电子商务等中消费者保护的法律 …………………………… （1047）
电子文书及电子交易基本法 ……………………………………… （1070）

关于互联网地址资源的法律 ……………………………………（1100）
关于网上选举报道审议委员会的构成及运营的规定 …………（1110）

新 加 坡

互联网操作规则 ……………………………………………………（1121）
计算机滥用法 ………………………………………………………（1124）

巴 西

巴西互联网环境下民事权利法律保护框架 ………………………（1133）

国际公约

世界知识产权组织版权条约（WCT）（1996）…………………（1145）
世界知识产权组织表演和录音制品
　条约（WPPT）（1996）………………………………………（1151）
视听表演北京条约 …………………………………………………（1160）

美　　国

数字千年版权法（节选）*

第一章　世界知识产权组织版权条约及表演和录音制品条约执行法

【第101条】简称

本法应被称为"1998年世界知识产权组织版权条约及表演和录音制品条约执行法"。

【第102条】技术性补充条款

（A）定义——《美国法典》第17编第101条被修正为：

（1）删除"伯尔尼公约作品"的定义；

（2）在"伯尔尼公约作品的'国籍'"的定义中——

（A）删除"为第411条之目的，伯尔尼公约作品的'国籍'是美国如果"，添加"为了第411条的目的，一项作品是一项'美国作品'除非"。

（B）第（1）款

（i）（B）项删除"遵守伯尔尼公约的一个国家或多个国家"，添加"一个缔约方或多个缔约方"；

（ii）（C）项删除"不遵守伯尔尼公约"，添加"不是缔约方"；

（iii）（D）项删除"不遵守伯尔尼公约"，添加"不是缔约方"；

（C）第（3）款之后的内容删除"为第411条之目的，任何其他伯尔尼公约作品的'著作权产生国'不是美国"。

（3）在"固定的"定义之后添加：

"'日内瓦录音制品公约'的目的是为了保护录音制品制作者免于其作品未经授权而被复制。这一目的于1971年10月29日在瑞士日内瓦被确定"。

---

* 译者：于智精、陈璟、张亚菲、焦露漪、盛星宇，北京大学法学院。
　校对：张芳，北京大学法学院。

（4）在"包括"的定义之后添加：

"一项'国际协议'是指

（a）世界版权公约；

（b）日内瓦录音制品公约；

（c）伯尔尼公约；

（d）WTO协议；

（e）世界知识产权组织版权条约；

（f）世界知识产权组织表演和录音制品条约；

（g）任何美国作为缔约方的其他版权条约"。

（5）在"传输"的定义后添加：

"'缔约方'是指除美国外，作为国际条约主体的国家或政府间组织。"

（6）在"遗孀"的定义后添加：

"'世界知识产权组织版权条约'是指1996年12月20日在瑞士日内瓦缔结的世界知识产权组织版权条约。"

（7）在"世界知识产权组织版权条约"的定义后添加：

"'世界知识产权组织表演和录音制品条约'是指1996年12月20日在瑞士日内瓦缔结的世界知识产权组织表演和录音制品条约。"以及

（8）在"雇佣作品"的定义后添加：

"术语'WTO协议'、'WTO成员方'的含义分别与《乌拉圭回合协议法》第二条第（9）款和第（10）款的含义相同。"

（b）版权的内容：国籍——《美国法典》第17编第104条被修改为：

（1）在（b）款

（A）第（1）款中删除"和美国同作为版权条约缔约方的外国"并且添加"缔约方"；

（B）第（2）款中删除"世界版权公约缔约方"，添加"缔约方"；

（C）将第（5）款变更为第（6）款；

（D）将第（3）款变更为第（5）款，添加在第（4）款之后；

（E）在第（2）款后添加：

"（3）作品是指第一次在缔约国确定的录音制品；或"；

（F）第（4）款中删除"伯尔尼公约作品"，添加"被包含在建筑或其他结构中的绘画、图像和雕刻作品或者位于美国或者一个缔约国的被包含在建筑或结构中的其他作品"；

（G）在替换后的第（6）款中添加"为了第（2）款的目的，一项在非缔

约国发表的作品于 30 天之内在美国或其他一个缔约国中发表,该作品应视为在美国或其他一个缔约国第一次发表。"

(2)在结尾处添加新条款:

"(d)录音制品条约的效力。尽管有(b)款的规定,除了录音制品之外,其他任何作品都不能仅因为美国加入了日内瓦录音制品公约或世界知识产权组织表演和录音制品条约而受到保护。"

(C)被修复作品的版权——《美国法典》第 17 编第 104A(h)条被修改为:

(1)在第(1)款中删除第(A)项和(B)项,添加:

"(A)一个伯尔尼公约的缔约国;

(B)一个 WTO 的成员国;

(C)一个世界知识产权组织版权条约的缔约国;

(D)一个世界知识产权组织表演和录音制品条约的缔约国;或

(E)受根据(g)款规定而颁布的总统令的约束。"

(2)将第(3)款修改为:

"(3)'适格的国家'是指除美国外的一个国家并且——

(A)在《乌拉圭回合协议法》颁布之后成为 WTO 成员方;

(B)在本法案颁布之日或之后成为伯尔尼公约缔约国;

(C)是世界知识产权组织版权条约缔约国;

(D)是世界知识产权组织表演和录音制品条约缔约国;

(E)在该法案颁布之后宣布受第(g)条的约束。"

(3)在第(6)款

(A)第(C)(iii)项中分号后删除"和";

(B)(D)项结尾处删除句号,添加"和";以及

(C)在第(D)项后添加:

"(E)如果作品的来源国仅因为是世界知识产权组织表演和录音制品条约的缔约国而适格,那么该作品是录音制品。"

(4)在第(8)(B)(i)款:

(A)在"大部分"之前删除"其中";

(B)删除"适格的国家";

(5)删除第(9)款。

(d)登记和侵权行为——《美国法典》第 17 编第 411(a)条第一句被修改为:

（1）删除"侵犯非美国国籍伯尔尼公约作品版权的行为"；

（2）在"没有侵犯任何版权行为"之后添加"美国"。

（e）限制法令——在《美国法典》第17编第507（a）条中删除"不"，添加"除本法另有明确规定外，不"。

【第103条】版权保护体系和版权管理信息

（A）概述——在《美国法典》第17编后添加新的一章：

"第12章　版权保护和管理体系"

第1201条　禁止对技术保护措施的规避行为

第1202条　保护版权管理信息的完整

第1203条　民事救济

第1204条　刑事犯罪和处罚

第1205条　保留条款

【第1201条】禁止对技术保护措施的规避行为

（a）规避技术措施的相关侵权——

（1）（A）任何人不得规避控制接触本法所保护作品途径的技术措施。前款规定中的禁止事项将在本法案颁布之日起两年后生效。

（B）与（C）项情形相同，（A）项不适用于某些特殊的受版权保护的作品的使用者。如果该作品使用者在或可能在之后连续3年内因这项禁止规定而消极地影响了其合法使用该作品的能力，与第（C）项的规定的情形相同。

（C）在第（A）项中所规定的2年和第（B）款规定的3年内，版权局局长应向商务部主管通信与信息的助理秘书咨询，在得出推荐内容的过程中对助理秘书的意见进行评价。国会图书馆馆长，根据版权局局长的推荐，应按照规则制定程序并且根据第（B）款的目的，决定受版权保护作品的使用者是否在或可能在之后连续3年内因为这项禁止规定而消极地影响了其合法使用该作品的能力。在作出该项决定的过程中，图书馆馆长应当检验：

（i）作品的可使用性；

（ii）作品用作非营利性的档案、保存以及教育目的的可用性；

（iii）禁止规避应用于作品的技术措施所产生的相关影响，包括批评、评论、新闻报道、教育、奖励以及科研；

（iv）规避技术措施对于市场或作品价值的影响；

（v）图书馆馆长认为合理的其他因素。

（D）图书馆馆长应当公布任何根据第（C）项的规定而决定的，任何种类的受版权法保护的作品，对这些作品的合法使用会受到或可能受到消极的影响。并且，在第（A）项中的禁止性规定在之后3年之内，不应适用于关于该种作品的上述合法使用者。

（E）（B）款中规定的适用（A）项中禁止性规定的例外情况和任何其他根据（C）项规定的规则制定行为所作出的决定，都不能被用作执行本法其他条款规定内容的抗辩。

（2）任何人不得制造、进口、许诺销售、提供或交易任何技术、产品、服务、设备、零部件，它们

（A）被设计或制造的主要用途是规避技术措施，该技术措施的作用是有效控制他人接触本法所保护的作品；

（B）除了规避可以有效控制他人接触本法所保护的作品的技术措施之外，只有有限的商业意义或使用价值；

（C）通过特定人自身的知识，被特定人投向市场或属于其他与特定人相一致的行为，被用于规避可以有效控制他人接触本法所保护的作品的技术措施。

（3）本款所使用的

（A）"规避技术措施"是指，在没有权利人授权的情况下，将一个编码的作品解码、将一个加密的作品解密或者其他避免、绕开、移动、使无效或损害一项技术措施；

（B）一项技术措施"有效地控制他人接触一项作品"是指，如果该技术措施，在其正常运行的过程中获得版权人的授权，获取一定的信息、程序或解决方式后可以接触该作品。

（b）其他侵权行为——

（1）任何人不得制造、进口、许诺销售、提供或交易技术、产品、服务、设备、零部件的任何部分或全部，它们

（A）被设计或制造的主要用途是规避技术措施，该技术措施的作用是有效保护本法所保护作品的全部或部分的版权人的权利。

（B）除了规避可以有效保护本法所保护作品的全部或部分的版权人的权利的技术措施之外，只有有限的商业意义或使用价值。

（C）通过特定人自身的知识，被特定人投向市场或属于其他与特定人相一致的行为，被用于规避可以有效控制他人接触本法所保护作品的全部或部分的版权人的权利的技术措施。

（2）本款所使用的

（A）"规避技术措施所提供的保护"是指避免、绕开、移动、使无效或

损害一项技术措施；

（B）一项技术措施"有效地保护版权人依本法所享有的权利"是指，该技术措施在其正常运行的过程中，阻止、约束或限制了他人对在本法规定中的版权人权利的行使。

（c）不受影响的其他权利——

（1）本条中的任何内容都不影响本法版权侵权的相关权利、救济、限制或抗辩，包括合理使用。

（2）本条中的任何内容都不扩大或缩小与技术、产品、服务、设备或零部件相关的版权侵权的替代责任或帮助责任。

（3）本条的任何内容都不要求，消费性电子产品、通信或计算产品的设计、设计以及部分的集合或零部件提供对特殊技术措施的反应，只要该部分或零部件，或包括该部分或零部件的产品不属于本条（a）（2）款或（b）（1）款中禁止性规定的内容。

（4）本条中的任何内容都不扩大或缩小使用消费性电子产品、通信或计算产品的言论自由和新闻活动的相关权利。

（d）非营利图书馆、档案馆和教育机构豁免——

（1）一所非营利图书馆、档案馆或教育机构，为了作出善意的决定以确定是否需要该作品复制品来作出本法所允许的行为而接触为商业目的开发的作品，不应被认为违反（a）（1）（A）款的规定。通过本款途径获得的该作品的复制品

（A）被保留的时间不能超过作出该善意决定必要的时间；

（B）不能被用作任何其他目的。

（2）根据第（1）款所作出的豁免应仅适用于当一份与作品完全相同的复制品不能由其他形式而合理获得的情况。

（3）非营利图书馆、档案馆或教育机构有意为了商业利益或经济利益而违反第（1）款

（A）初犯的情况下，应受第1203条民事救济的规定约束；

（B）重复或再犯的情况下，除受第1203条民事救济的规定约束之外，丧失第（1）款规定中其享有的豁免权。

（4）本款规定不得被用于对（a）（2）或（b）款的抗辩，也不允许非营利图书馆、档案馆或教育机构制造、进口、许诺销售、提供或交易任何用于规避技术措施的技术、产品、服务、设备、零部件。

（5）为了使图书馆或档案馆符合本款对于豁免的规定，图书馆或档案馆

的馆藏应

(A)向公众开放；或

(B)不仅对于图书馆或档案馆组成部分或与其有关联的研究人员开放，也应向在专门领域的其他研究人员开放。

(e)法律执行、情报以及其他政府行为——

本条不禁止任何官员、探员或联邦的雇员；州，州的政治分支，依据与联邦、州或州的政治分支签订的合同而行事的人员，依据法律授权进行调查、保护、信息安全或情报行为。为了本款的目的，"信息安全"是指为了确定并报告政府计算机、计算机系统或计算机网络缺陷而实施的行为。

(f)反向工程——

(1)尽管有本法第(a)(1)(A)款的规定，依法获得使用一项计算机程序复制品权利的人员，可能会规避有效控制接触该程序特殊部分的技术措施。该技术措施的作用是为了识别和分析该程序中实现一项独立的计算机程序与其他程序的兼容性的相关部分，并且该技术措施，在这种确定和分析行为的程度下，对于相关人员在实施规避行为时是不可获得的。规避技术措施的行为不构成本法所规定的侵权行为。

(2)尽管有本法第(a)(2)款和(b)款的规定，个人可能会开发或使用技术手段规避一项技术措施，或规避由技术措施所提供的保护，为了使第(1)款中规定的识别和分析，或使独立的计算机程序与其他程序的兼容性成为可能，如果该技术手段对于在相应程度下实现兼容性是必要的，开发或使用技术手段不构成本法所规定的侵权行为。

(3)第(1)款中允许的行为所获得的信息，以及第(2)款中所允许的手段，如果第(1)和第(2)款中的个人仅为了使独立的计算机程序与其他程序的兼容性成为可能，在相应程度下，可以被他人使用，不构成本法规定的侵权行为，也不违反除了本条之外的其他可以适用的法律。

(4)为了本款的目的，"兼容性"是指计算机程序交换信息的能力以及上述程序交互地使用已经被交换的信息的能力。

(g)加密研究——

(1)定义——为了本款之目的

(A)"加密研究"是指，对应用于作品的加密技术的瑕疵和缺陷进行识别和分析的必要行为，如果作出该行为的目的是促进加密技术领域知识的提升或有助于加密产品的发展。

(B)"加密技术"是指运用数学公式和算法对信息的编码和解码。

（2）允许的加密研究行为——尽管有（a）（1）（A）款的规定，个人基于善意实施的加密研究以规避应用于复制品、录音制品、表演或对已出版作品的展览的技术措施，不违反该款规定，如果

（A）行为人合法获得该加密的复制品、录音制品、表演或对已出版作品的展览；

（B）该行为对于加密研究是必要的；

（C）在规避技术措施之前行为人已尽善意努力以获得授权；

（D）该行为不构成本法所规定的侵权行为，也不构成包括第18编第1030条以及1986年《计算机欺诈和滥用法》修改的第18编相关条文在内的其他可以适用的法律。

（3）决定豁免的因素——在决定行为人是否符合第（2）款下对豁免的规定时，应被考虑的因素包括

（A）从加密研究中所获取的信息是否被传播，如果被传播，应区分该传播行为是否基于经过合理计算以促进加密技术领域知识的提升而作出，以及该传播行为是否促进了本法所规定的侵权行为或违反了对于包括违反隐私或安全在内的本条之外其他可以适用的法律的规定。

（B）行为人的研究过程是否合法，其是否被雇佣，在加密技术领域是否经过适当的训练或富有经验。

（C）行为人是否在向作品版权人提供被应用的技术措施时一同提供了关于相关发现的通知、研究的文件以及提供该通知的时间。

（4）研究行为对技术手段的使用——尽管有第（a）（2）款的规定，行为人的以下行为并不违反该款规定

（A）仅以第（2）款中规定的善意加密研究为目的开发并使用规避技术措施的技术手段。

（B）行为人向工作伙伴提供技术手段是以第（2）款中规定的作出善意加密研究行为为目的，或以使他人验证自己作出的第（2）款中规定的善意加密研究行为为目的。

（5）国会报告——不得晚于本法颁布之日起1年，版权局长和商务部主管通信与信息的助理秘书应联合向国会报告本款对以下内容产生的影响：

（A）加密研究和加密技术的发展；

（B）设计用于保护版权作品的技术措施的适当性和有效性；

（C）为了防止未经授权而接触被加密作品而对作品版权人的保护。若存在上述情况，报告应包括立法建议。

（h）未成年人豁免——在对一部分人适用第（a）款规定的过程中，法庭应考虑行为人意图的必要性、在一项技术中的实际参与度、产品、服务或设备，它们

（1）本身不违反本法的规定；

（2）仅以阻止未成年人接触网络中内容为目的。

（i）对个人识别信息的保护——

（1）尽管有第（a）（1）（A）款的规定，行为人规避一项有效控制他人接触本法所保护作品的技术措施并不违反该规定，如果

（A）技术措施或其所保护的作品包含收集或传播个人识别信息的能力。该信息反映了寻求接触本法所保护作品的自然人在网络中的行为；

（B）在其正常的运作过程中，技术措施或其所保护的作品收集或传播与寻求接触本法所保护作品的人有关的个人识别信息，没有向其提供关于收集和传播行为的显著的通知，也没有向其提供阻止或限制这种收集和传播的能力；

（C）规避的行为仅产生了第（A）款中识别和传播的影响，没有其他关于其他人接触任何作品的能力的影响；

（D）规避行为的实施仅以阻止收集和传播与寻求接触本法所保护作品的自然人有关的个人识别信息为目的，并不违反其他法律。

（2）对特定技术措施不适用。本款规定不适用于不收集也不传播个人识别信息以及向没有或不使用该能力的使用者披露的技术措施或其所保护的作品。

（j）安全检测——

（1）定义。为了本款之目的，"安全检测"是指在获得计算机、计算机系统或计算机网络的所有者或操作者授权的情况下，仅为了善意检测、调查或改正一项安全缺陷或弱点之目的，访问计算机、计算机系统或计算机网络。

（2）安全检测中允许的行为。尽管有第（a）（1）（A）款的规定，如果该行动不构成本法所规定的侵权行为，也不违反除本条之外，包括第18编第1030条以及1986年《计算机欺诈和滥用法》修改的第18编相关条文在内的其他可以适用的法律，则个人从事安全检测活动不违反第（a）（1）（A）款的规定。

（3）决定豁免的因素。在决定是否构成第（2）款中规定的豁免时，应考虑的因素包括

（A）从安全检测中所获取的信息是否仅被用于促进计算机、计算机系统

或计算机网络的所有者或操作者的安全，或直接与计算机、计算机系统或计算机网络的开发者共享。

（B）从安全检测中获取的信息是否被以某种行为使用或维持，该行为没有促成本法所规定的侵权，也没有促成除本款之外，对包括隐私和安全的违反在内的其他可适用的法律的违反。

（4）安全检测中技术手段的使用。尽管有第（a）（2）款的规定，仅为了从事第（2）款中规定的行为之目的，开发、生产、分配或使用技术手段不违反第（a）（2）款的规定，提供该技术手段不违反第（a）（2）款的规定。

（k）某些模拟装置和某些技术措施——

（1）某些模拟装置

（A）本法颁布之日以后生效18个月后，任何人不得制造、进口、许诺销售、提供或交易任何

（i）VHS格式模拟盒式视频录影机，除非该录影机符合自动增益控制复制及控制技术；

（ii）8mm格式模拟盒式视频摄录像机，除非该摄录像机符合自动增益控制技术；

（iii）测试格式模拟盒式视频录影机，除非该录影机符合自动增益控制复制及控制技术，除本法颁布之日后在任何1个日历年之内在美国售出1000台该录影机而不适用本规定之外；

（iv）区别于模拟盒式视频摄录像机的8mm格式模拟盒式视频录影机，除非该录影机符合自动增益控制复制及控制技术，除本法颁布之日后在任何1个日历年之内在美国售出2万台该录影机而不适用本规定之外；

（v）记录使用NTSC格式视频输入的模拟盒式视频录影机和第（i）（iv）条规定之外的模拟盒式视频录影机，除非该设备符合自动增益控制复制及控制技术。

（B）本法颁布之日生效后，任何人不得制造、进口、许诺销售、提供或交易

（i）任何VHS格式模拟盒式视频录影机或任何8mm格式模拟盒式视频录影机，如果该录影机模型的设计在本法颁布之后被修改，以至于该录影机模型之前符合自动增益控制复制及控制技术，之后不再符合该技术；

（ii）任何VHS格式模拟视频拟录影机或任何区别于8mm模拟盒式视频摄录像机的8mm格式模拟盒式视频录影机，如果该录影机模型的设计在本法颁

布之后被修改而导致该录影机模型之前符合四线彩条复制控制技术,之后不再符合该技术。

之前没有制造或销售过VHS格式模拟录影机或8mm格式模拟盒式视频录影机的制造商,在本法颁布之日之后,在制造最初任何该录影机模型时,应符合四线彩条复制控制技术,其后应继续符合四线彩条复制控制技术。为了本款之目的,模拟盒式视频录影机"符合"四线彩条复制控制技术是指,如果其记录了一个信号,该信号在正常查看模式时被该录影机的回放功能回放并在参考显示设备上展示了在可视图像中的分散可见线条。

(2)对编码的某些限制。任何人不得使用自动增益控制复制及控制技术或色条复制控制技术来阻止或限制消费者复制,除了:

(A)单个传播或特定一组传播、事件直播或公众中的成员已经选择传播的视听作品的复制。该复制包括传播的内容或收到该传播的时间或同时包括二者,并且该成员因每一个单个传播或特定一组传播而被收取单独费用;

(B)从事件直播或视听作品传播的复制品中复制。如果该传播是由公众中的成员为该频道或服务以订阅费的形式支付费用的频道或服务提供的,该费用使公众成员有权接收该频道或服务所包含的所有节目;

(C)从包含一份或多份预记录视听作品的物理媒介中复制;

(D)从第(A)款中规定的一个传播的复制品中复制,或从第(C)款中规定的一个从物理媒介获得的复制品中复制。

如果一项传播同时符合第(A)款和第(B)款中的规定,该传播应被认为是第(A)款中规定的传播。

(3)不适用。本条不应

(A)关于任何通过摄像机镜头接收到的视频信号,要求任何模拟盒式视频录影机符合自动增益控制复制及控制技术;

(B)适用于制造、进口、提供销售、供给或买卖任何专业模拟盒式视频录影机;

(C)适用于提供销售或供给,或买卖任何旧模拟盒式视频录影机,如果它还是新录影机的时候,是被合法制造并且销售的,并且之后没有被以违反第(1)(B)款规定的方式修改。

(4)定义。为了本款之目的

(A)"模拟盒式视频录影机"是指记录或具有在磁带上以被视频或音频产生的模拟格式的电子脉冲记录功能的设备。该视频或音频是一段电视节目、影片或其他形式的视听作品。

（B）"模拟盒式视频摄录像机"是指具有通过摄像机镜头和视频输入的操作而记录功能的模拟盒式视频录像机。该录像机可以与电视或其他视频回放设备相连接。

（C）模拟盒式视频录影机"符合"自动增益控制复制及控制技术，如果它

（i）发现一个或多个该技术的要素，并且没有记录被该技术保护的影片或传播信号；

（ii）记录了一个信号，该信号被回放时，显示了一种有意义的扭曲或被降格的展示。

（D）"专业模拟盒式视频录影机"是指，为通常使用该设备从事合法商业活动或工业使用的人员使用，包括以商业规模制造、表演、展示、分配或传输影片的复制品在内的，而被设计、制造、销售、准备的模拟盒式视频录影机。

（E）"VHS格式"、"8mm格式"、"测试格式"、"自动增益控制复制及控制技术"、"色条复制控制技术"、"色条复制控制技术的四行版本"以及"NTSC"的含义与截至本法颁布之日，消费性电子产品和电影工业内的通常含义相同。

（5）违法行为。任何对本款第（1）款的违反应被认为是对本条第（b）（1）款的违反。任何对本款第（2）款的违反应被认为是为本法第1203（c）（3）（A）条之目的的一种"规避行为"。

【第1202条】保护版权管理信息的完整

（a）错误的版权管理信息——任何人不得故意和有目的地诱导、促使产生、促进或隐瞒如下侵权行为

（1）提供错误的版权管理信息。

（2）散播或为散播而进口错误的版权管理信息。

（b）移除或改变版权管理信息——没有获得权利人或法律授权，任何人不得

（1）故意移除或改变任何版权管理信息。

（2）散播或为散播而进口版权管理信息，知道该版权管理信息已经在未获版权所有人或法律授权的情况下被移除或改变。

（3）传播、为传播而进口或公开地表演作品、作品的复制品或录音制品，知道该版权管理信息已经在未获版权所有人或法律授权的情况下被移除或改变；知道或根据第1203条中的民事救济方法有合理理由知道该版权管理信息

会诱导、使能够产生、促进或隐瞒任何对本法中所规定的权利的侵犯。

（c）定义——本条所使用的"版权管理信息"是指，包括数码形式在内的，任何如下的与作品的复制品或录音制品、作品的表演或展示有关的被传达的信息，除非该信息不包括关于作品或复制品的使用者、录音制品和表演的使用者或作品展览的使用者的任何个人识别信息：

（1）标题和其他可识别作品的信息，包括版权通知中所陈述的信息。

（2）作品作者的姓名和其他可识别作者的信息。

（3）作品权利人的姓名和其他该权利人的识别信息，包括版权通知中所陈述的内容。

（4）除无线广播站和电视广播站公开表演的作品之外，表演被固定于除视听作品之外的作品中的表演者姓名或其他个人识别信息。

（5）除无线广播站和电视广播站进行的作品的公开表演之外，在视听作品的情况下，视听作品中的编剧、表演者或导演的姓名和其他识别信息。

（6）使用作品的期限和条件。

（7）关于该信息或链接到该信息的识别数量和符号。

（8）版权局长可能通过规则规定的其他信息。除了版权局长可能不要求任何有关何信息的条款都关注作品的使用者之外。

（d）法律执行、情报工作和其他政府行为——本条不禁止任何官员、探员或联邦的雇员；州及州的政治分支；依据与联邦、州或州的政治分支签订的合同而行事的人员，依据法律授权进行调查、保护、信息安全或情报行为。为了本款之目的，"信息安全"是指，为了确定并报告政府计算机、计算机系统或计算机网络缺陷位置而实施的行为。

（e）责任限制——

（1）模拟传播。模拟传播时，制作人员在例如广播站、线缆系统、向该广播站或线缆系统提供节目的人员的能力范围内进行传播，不因违反第（b）款的规定而承担责任，如果

（A）避免作出违反该规定的行为技术上是不可行的或将为该制作人员创造过度的经济负担；

（B）该制作人员并非故意地作出该行为来诱导、使能够、促进或隐瞒对本法中所规定权利的侵犯。

（2）数字传播

（A）如果一项对于某种类作品的版权管理信息位置的数字传播标准，在自愿合意的标准制定过程中被确定，该过程包括一个有代表性的，广播站或

线缆系统或将被该广播站和线缆系统公开表演作品的权利人之间的交叉组织，那么第（1）款所规定的人员，关于该标准所规定的特定的版权管理信息不应因违反第（b）款而承担责任，如果

（i）除该人之外其他人对该信息的放置不符合该标准；

（ii）构成违法的行为并非故意去诱导、使能够、促进或隐藏对本法中所规定权利的侵犯。

（B）一项数字传播标准根据第（A）款关于一个种类或作品的版权管理信息的位置所确定之前，第（1）款所规定的人员不应因违反第（b）款关于该版权管理信息的规定而承担责任，如果构成违法的行为并非故意去诱导、促使、促进或隐藏对本法中所规定权利的侵犯，并且如果

（i）该人对该信息的传播将导致可感知的数字信号的视觉或听觉方面的降低；

（ii）该人对该信息的传播将与以下事项冲突

（Ⅰ）与数字信号信息传播有关的可适用的政府规定；

（Ⅱ）与数字信号信息传播有关的可适用的全行业的标准，该标准在本法生效日期之前，被自愿、合意的标准机构采纳。

（Ⅲ）与数字信号信息传播有关的可适用的全行业的标准，该标准在本法生效日期之前，在自愿、合意的标准制定过程中被采纳，该标准制定过程由一个有代表性的，广播站或线缆系统或将被该广播站和线缆系统公开表演的作品的权利人之间的交叉组织所参与。

（3）定义。本款所规定的

（A）"广播站"的含义与1934年《通信法案》（47U.S.C.153）第3条中的规定相同；

（B）"线缆系统"的含义与1934年《通信法案》（47U.S.C.522）第602条中的规定相同。

【第1203条】民事救济

（a）民事行为——任何人因为违反第1201条和1202条的规定而受到损害，均可以就该违法行为向适当的联邦地区法院提起民事诉讼。

（b）法院的权力——在根据第（a）款所提起的诉讼中，法院

（1）可以向该行为签发其认为可以合理地阻止或限制违法行为的暂时或永久禁令，但是任何情况下不得对宪法第一修正案所保护的言论自由或出版自由施加前置的限制；

（2）在任何时候，即使一个行为并未发生，对于任何在所谓的侵权者监

管或控制之下的设备或产品，可以下令进行其认为合理的扣押，并且该法院有合理理由相信该设备或产品与违法行为有关；

（3）可以根据第（c）款判定损害赔偿金；

（4）在其裁量权内，可以允许除联邦或他的政府官员之外的任何一方，承担诉讼费用；

（5）在其裁量权内，可以向胜诉一方判定合理的代理费；

（6）作为最终判决或发现违法行为的判令的一部分，可以下令对任何侵权者监管或控制之下的设备或产品，或第（2）款规定的被扣押的产品或设备，进行补救修改或销毁。

（c）判定损害赔偿金——

（1）概述——除本法另有规定之外，违反第1201条和1202条应对以下规定之一承担责任

（A）第（2）款规定的实际损失和任何侵权者的额外利益。

（B）第（3）款规定的法定损害赔偿。

（2）实际损失。法院应判定给原告因被告违法行为而遭受的实际损失，以及任何未计算在实际损失之内的，被告因侵权行为而产生的利润，如果原告在形成最终判决之前选择该损害赔偿。

（3）法定损害赔偿。

（A）在形成最终判决之前的任何时间，在法院认为公正的情况下，原告可以主张对每一项违反第1201条的行为，对每一个规避行为、设备、产品、零部件、提供或设备的使用可获得200美元以上，2500美元以下的法定损害赔偿金。

（B）在形成最终判决之前的任何时间，原告可以主张对每一项违反第1202条的行为，获得2500美元以上，25000美元以下的法定损害赔偿金。

（4）重复侵权。在任何受损害一方承担举证责任，法院查明侵权人在针对另一起该种违法行为判决作出3年之后又违反了第1201条或第1202条的规定的案件中，法院认为公正的情况下，可以增加所判定的损害赔偿金至其他情况下的三倍。

（5）违法行为免责。

（A）概述。侵权者承担举证责任而法院查明侵权者没有意识到并且没有理由相信其行为会构成违法时，法院在裁量权之内可以减少或免除此类案件中的损害赔偿总额。

（B）非营利图书馆、档案馆、教育机构。在涉及非营利图书馆、档案馆

或教育机构的案件中，图书馆、档案馆或教育机构承担举证责任，法院查明图书馆、档案馆或教育机构没有意识到并且没有理由相信其行为会构成违法时，法院应免除损害赔偿金。

【第1204条】刑事犯罪和处罚

（a）概述——任何人故意并且以经济利益或个人经济收入为目的而违反第1201条或第1202条规定

（1）对于首次犯罪行为，应被处以50万美元以下的罚款或5年以下的监禁，或二者并罚。

（2）对之后的犯罪行为，应被处以100万美元以下的罚款或10年以下的监禁，或二者并罚。

（b）对非营利图书馆、档案馆或教育机构的限制——第（a）款的规定不应适用于非营利图书馆、档案馆或教育机构。

（c）时效。如果在诉因产生5年内未启动诉讼程序，则不得根据本条规定提起刑事诉讼。

【第1205条】保留条款

（a）本法任何内容均没有废除、减损或削弱联邦或各州关于禁止侵犯与个人使用互联网相关隐私权的法律，也没有在刑事指控或民事诉讼中，对联邦或各州关于禁止侵犯与个人使用互联网相关隐私权的法律，提供任何抗辩或减免责任的理由。

（b）一致修正——在《美国法典》第17编目录中第11编名称之后添加：

"12. 版权保护和管理体系……………………………………1201"

【第104条】版权法、电子商务法修正案和技术发展所产生影响的评估

（a）版权局局长和通信和信息助理秘书的评估——版权局局长和商务部主管通信和信息的助理秘书应共同评估

（1）本法修正案所产生的影响，以及电子商务和相关技术的发展对《美国法典》第17编第109条和第117条的适用所产生的影响。

（2）现有技术和新兴技术与《美国法典》第17编第109条和第117条的适用之间的关系。

（b）向国会提交报告——版权局局长和商务部主管通信和信息的助理秘书应不晚于本法颁布之日起24个月内，向国会提交一份联合报告，该报告的内容为对第（a）款作出的评估，包括任何版权局局长和助理秘书可能提出的立法建议。

【第105条】生效日期

(a)概述——除本法另有规定之外,本法和本法所作出的修改均应在本法颁布之日生效。

(b)关于特定国际协议的修改——

(1)以下内容自世界知识产权组织版权条约对美国生效起生效:

(A)本法第102条(a)(4)款修正的《美国法典》第17编第101条中"国际协议"定义的第(5)款。

(B)本法第102条(a)(6)款修正的内容。

(C)本法第102条(c)(1)款修正的《美国法典》第17编第104A条(h)(1)款(C)项的内容。

(D)本法第102条(c)(2)款修正的《美国法典》第17编第104A条(h)(3)款(C)项的内容。

(2)以下内容自世界知识产权组织表演和录音制品条约对美国生效起生效:

(A)本法第102条(a)(4)款修正的《美国法典》第17章第101条中"国际协议"定义的第(6)款。

(B)本法第102条(a)(7)款修正的内容。

(C)本法第102条(b)(2)款修正的内容。

(D)本法第102条(c)(1)款修正的《美国法典》第17章第104A条(h)(1)款(D)项的内容。

(E)本法第102条(c)(2)款修正的《美国法典》第17章第104A条(h)(3)款(D)项的内容。

(F)本法第102条(c)(3)款修正的内容。

第二章 网络版权侵权责任限制法

【第201条】简称

本法应被称为"网络版权侵权责任限制法"。

【第202条】对版权侵权责任的限制

(a)概述——《美国法典》第17编第5章第511条之后加入如下新的一条:

【第512条】与网络材料有关的责任限制

(a)暂时性数字网络通信——除第(j)款规定外的共同或其他衡平的赔偿责任外,对于因通过被服务提供者控制或操纵,或为了服务提供者而被控制或操纵的系统或网络传播材料、为材料提供路径或连接，或在传播、提供路径或连接的过程中，因其媒介作用而瞬间存储了该材料，服务商免于金钱赔偿，如果

（1）对材料的传播不是由服务提供者，而是由个人或在个人授意下发起的；

（2）传播、提供路径或连接、存储通过自动技术程序实施的，服务提供商并没有对材料进行选择；

（3）除对于他人的自动回复之外，服务提供商没有选择材料的接收者；

（4）服务提供商在中介或瞬间存储的过程中产生的材料副本，除预期的接收者之外，没有以被通常情况下任何人可接触的方式，被保留在系统或网络中，也没有任何材料副本以被预期接受者在通常情况下可接触的方式，超过为传播、提供路径或提供连接所需的合理必要时间而被保留在系统或网络中；

（5）材料通过系统或网络传播而其内容没有改变。

（b）系统缓存——

（1）责任限制。被服务提供者控制或操纵，或为了服务提供者而被控制或操纵的系统或网络中，服务提供商因为对材料的中介或暂时存储而侵犯版权，在以下情况中，不承担金钱赔偿责任或除第（j）款规定外的共同或其他衡平的赔偿责任：

（A）该材料在网上的获取通过个人而非服务提供商；

（B）该材料是第（A）款中的个人通过系统或网络向第（A）款所规定的个人以外的其他人传播，并且

（C）该存储通过自动技术过程实施，以系统或网络用户获取材料为目的，使得该系统或网络用户在材料被按照（B）款所规定的方式传播后，可要求从第（A）款所规定的个人处获得接触该材料的途径。

（2）条件。第（1）款中的规定所要符合的条件是

（A）第（1）款中所指的材料被传播至第（1）（c）款的下游使用者时，没有使用从第（1）（A）款规定中个人传播该材料的方式修改其内容；

（B）第（1）款规定的服务提供商可适用于关于更新、重新加载或其他对于材料的革新的相关规定，如其在被个人特定时，此人通过符合通常被接受的关于系统或网络的商业标准数据通信协议的方式而使该材料在网络上可获得，除此之外，本款仅适用于预防第（1）（A）款规定的个人阻止或不合理地损害本款所规定的中介存储的规则无法适用的情形；

（C）服务提供商不得干涉将信息反馈给第（1）（A）款中描述的个人的与材料有关的技术能力，如果这些材料是由第（1）（C）款中所述用户直接向其获得，则信息对个人来说是可用的。除上述情况外，本段仅适用于以下技术：

（i）并没有显著妨碍服务提供者的系统或网络或存储材料的中间介质的性能；

（ii）和通行的产业标准通信协议书一致；并且

（iii）如果后续用户已经可以直接从第（1）（A）款的所述人群中获得资料，除从第（1）（A）款中所述人群所获得的信息外，没有从服务商系统或网络中获取任何其他信息；

（D）如果第（1）（A）款中所述人员为接触侵权材料设立条件，如付费或输入密码或其他信息，服务提供商只允许达到且满足这些条件的人可以接触侵权材料；

（E）如果第（1）（A）款中所述人员在未经材料权人许可时将材料置于网上，服务提供商在收到第（C）（3）款中的侵权通知后，迅速移除或关闭可接触途径，除上述情形外，本段仅适用于如果

（i）该材料之前被从原始网站上移除或无法接触，或者有法庭判决命令其从原始网站上移除或无法接触，并且

（ii）提供通知的一方在通知中提供该材料已经从原始网站上移除或无法接触，或有法庭判决命令其被移除或无法接触的确认说明。

（c）以用户为导向的系统或网络的信息

（1）概述——除（j）款所述情形，对于禁令或其他衡平法上救济，对于因用户通过由服务提供商控制的或系统、网络存储侵权材料而引起的侵权行为，服务提供商可免除金钱赔偿。

（A）如果服务提供商——

（i）屏蔽了本段所述存储途径或者中止了通过系统或网络上侵权材料而正在发生的侵权行为；

（ii）不具备这样的实际了解：没有意识到侵权活动已经发生的事实或情形；

（iii）在具备上述的了解或意识的情形下，迅速对侵权材料进行移除或关闭可接触途径；

（B）在服务提供商有权利和能力控制侵权活动的情形下，没有从侵权行为中获取直接的金钱利益；并且

（C）在收到第（3）款中所述通知之后，迅速移除或阻止对于被认为侵权或成为侵权目标的材料的接触；

（2）指定代理人——本段中对服务提供商责任的限制仅适用于：如果服务提供商已经指定代理人接收第3款中所述的侵权通知，并且公众可通过代理人网站上的地址获取侵权材料，并且将下述实质信息提供给版权局：

（A）代理人的姓名、地址、电话号码、电子邮件地址

（B）其他版权登记机关认为恰当的信息

为便于公众查询，版权局长应持有当前所有代理机构的目录。公众可通过网络获取电子版和复印版。为此，版权登记机关可要求服务提供商保存该目录而支付一定费用。

（3）通知的要件

（A）本条款下有效的侵权通知必须以书面形式提供给服务提供商的指定代理人，并且包含下列的实质信息：

（i）声称被侵权者授权的全权代表的实体或电子签名；

（ii）被侵权材料的身份证明或者，如果一份通知涉及同一网站上多部被侵权材料，列出显示所有材料的名单；

（iii）被指控侵权或成为侵权活动主体的、需要被移除或阻止接触的材料的身份证明。需要提供足够的信息以便服务提供商可定位该材料。

（iv）允许服务提供商联系投诉方的合理充分的信息，比如可联系到投诉方的地址，电话号码，电子邮件地址（如果可行的话）。

（v）证明投诉方有善意的信赖侵权材料的使用没有经过材料权人或其代理人或法律的许可的书面陈述。

（vi）证明通知中的信息准确，投诉方被授权代表声称受到侵犯的排他性权利的所有者行为，违者将受到伪证罪处罚的书面陈述。

（B）第（i）款根据条款（ii），如果由权利人出具或者由权利人授权他人出具的通知未能提供上述条款（a）中所提到的实质信息，这份通知将不可以被用来认定第（1）（A）款中服务提供商是否有实际了解或意识到侵权行为的事实或情形正在发生。

（ii）如果提供给服务提供商的通知没能提供第（A）款中全部的信息，但是满足了第（A）款中（ii）、（iii）（iv）的条件，本段中的条款（i）将仅在服务提供商及时试图联系通知者或采取其他合理措施获取满足第（A）条款中所有信息的通知时适用。

（d）信息定位议定书——除第（j）款所述情形，对于禁令或其他衡平法

上救济，对于因服务提供商通过信息定位工具，如目录、索引、参考书目、指针或超链接，将用户指引到提供含有侵权材料或侵权活动网络地址，在下列情形下，网络提供商可免除金钱赔偿，如果服务提供商——

（1）第（A）款不明确知道材料侵权；

（B）没有实际指导或没有意识到侵权活动正在发生的事实；或

（C）在知道或意识到后，迅速移除或阻止存取侵权材料；

（2）在服务提供商有权利和能力控制侵权活动的情形下，没有从侵权行为中获取直接的金钱利益；并且

（3）在收到第（c）（3）款所述通知之后，迅速移除或阻止存取对于被认为侵权或成为侵权目标的材料。基于本段的目的，条款（c）（3）（A）(iii) 中的信息应当包括可以指向或连接到被声称侵权，需要被移除或阻止接触的材料或活动的信息。除此之外，基于本段的目的，所提供的信息应该合理充分，可以让服务提供商定位到指引或链接。

（e）对非营利教育机构的责任限制

（1）在服务提供商是公共或其他非营利高等教育机构的情况下，根据第（a）款和第（b）款的目的，当一名教职工或成为其工作人员的毕业生进行教学或研究工作，这样的教师或毕业生应当被认为是个人而不是机构，基于（c）款和（d）款的目的，这些工作人员或毕业生主观上对自己侵权活动的了解或认识不应当归于这所机构，如果：

（A）这些教职工或毕业生的侵权活动不包括在之前三年内，教职工或毕业生因在机构所教授课程而提供被要求或被推荐的在线教学资料；

（B）该机构在之前三年内，没有收到多于2起条款（c）（3）中所述有关这些教师或毕业生的侵权通知，并且这些侵权通知根据条款（f）是无法一起诉讼的；并且

（C）这所机构提供给系统或网络内所有用户准确叙述并促进遵守美国版权法的信息资料。

（2）禁令。基于本段目的，条款（j）（2）和（j）（3）中对禁令救济的限制可适用。条款（j）（1）除外。

（f）失实的陈述：在本条款下，任何构成实质误解的人：

（1）误以为材料或活动侵权，或；

（2）因错误或错认而移除材料或活动，

对于因失实的陈述而导致移除或阻止存取、替换或停止获取相关材料而给"声称"的侵权人、权利人、权利人的授权人、受到损失的服务提供商带

来的任何损害，包括成本和律师费在内，承担责任。

（g）替换或移除或阻止获取材料和对其他责任的限制

（1）通常意义上不撤除承担责任。根据第（2）款的规定，如服务提供商因他人要求或基于明显的侵权事实善意地移除或阻止接触被声称侵权的材料或活动，无论该材料或活动是否最终被认定为侵权材料或活动，服务提供商不承担责任。

（2）例外——第（1）款不适用于该材料由服务提供商控制或开发的系统或网络内用户所有或者服务提供商移除或阻止接触途径是因条款（c）（1）（C）下通知的情形，除非服务提供商

（A）迅速采取了合理措施通知用户该材料已经被移除或被阻止接触；

（B）在收到第（3）款所述的反向通知后，及时依照条款（c）（1）（C），向材料来源方提供了通知的复印件，并通知材料来源方，服务提供商会在十个工作日内移除或阻止接触材料

（C）在收到通知后10天到14天内替换被移除的材料并阻止接触，除非被指定的代理人在第一次收到依据条款（c）（1）（C）的通知后，发出通知人向法庭寻求限制令，要求系统内用户停止与服务提供商系统或网络上材料有关的侵权活动。

（3）反向通知的内容

为满足本条款下的生效要件，反向通知必须以书面形式提供给服务提供商的指定代理人，并且需要包含下列的实质信息

（A）用户实体或电子签名；

（B）对于被移除材料的身份证明：包括它的哪条存储路径被中止、它在被移除或中止存取之前出现的位置；

（C）用户善意信赖被移除或阻止存取材料是因错误或错认而被移除或阻止存取的声明，并言明违者可受到伪证罪处罚。

（D）用户的姓名、住所和电话号码；用户接受住所所在地联邦地区法院管辖，或者，如果用户的住所不在美国境内，则选择任何服务提供商可以找到，并且条款（c）（1）（C）下通知者或其代理人的传票可以送达给用户的司法区的法院管辖的声明。

（4）对其他责任的限制

服务提供商在第（2）中的责任不包括服务提供商基于条款（c）（1）（C）以通知形式确认的资料而引发的版权侵权责任。

（h）确定侵权人的传票

（1）请求：在本条款下，为确认侵权人、版权人或代表版权人利益的授权的对象可以要求任何美国地区法院的工作人员向服务提供商签发传票。

（2）请求的内容工作人员可同意该项请求，如果被提供：

（A）第（c）(3)（A）款中所述通知的复印件；

（B）建议签发的传票；和

（C）说明传票目的是为了确认侵权者身份并且这种信息只会被用于保护本法下权利的生效的宣誓声明。

（3）传票内容

传票应当授权并命令服务提供商在接收通知和传票后，应当迅速透露给版权人或版权授权者足够的、服务提供商可以获得的、可用于识别通知中的材料的侵权人的信息。

（4）准许签发传票的基础

如果提交的通知符合第（c）(3)（A）款的规定，被提议的传票符合正确的形式，附随的宣誓也被适当的签署，法院的工作人员应当迅速签发传票并且将它返还给请求者使之将传票送达给服务提供商。

（5）收到传票的服务提供商应该采取的行动

在接受签发后的传票和以附随形式同时或随后送达的第（c）(3)（A）款中所述的通知，服务提供商应该迅速将传票中要求的信息透露给版权人或版权人授权的人，不考虑其他法律条款的规定，也无论服务提供商是否回复了此项通知。

（6）可适用于本传票的法律。

除本条款另有规定或其他可适用于法庭的条款，传票的签发、送达程序和不遵守传票的救济方法，应在最大可适用的情况下适用联邦民事诉讼法中对出庭受审令的发布、服务以及保障程序中可适用条款的规定。

（i）适格条件

（1）技术所在地

本条款下所述责任的限制在下列情形下适用于服务提供商，如果服务提供商

（A）已经接受、合理实施并通知系统或网络内订阅用户及账户所有者，在适当的情形下会中止重复侵权的系统或网络订阅用户及账户所有者的账户。

（B）适应且并没有干涉标准技术措施。

（2）定义——对于在本条款下使用的名称，术语"标准技术措施"是指被权利人用来识别或保护权利人材料的技术措施并且这些措施

（a）已经获得权利人和服务提供商在开放、公平、自愿和多产业标准进程中的广泛的同意

（b）在合理和非歧视条件下对所有人开放

（c）没有给服务提供商带来任何实质成本，也没有对他们的系统带来实质负担。

（j）禁令：下述规则适用于任何基于条款 502 获得禁令但不受本条款下金钱救济制约的服务提供商：

（1）救济的范围：

（A）对于除了符合条款（a）中限制救济的行动，法庭可以在下列一种或多种情形中允许服务提供商获得救济

（i）该命令限制服务提供商通过其系统或网络上的特定网站提供获取侵权资料或活动的途径。

（ii）该命令让服务提供商通过中止该用户或账户持有者的账户的方法，限制提供可进入有侵权活动的系统或网络内用户或账户持有者的途径。

（iii）其他法庭认为有必要预防或限制命令中提到的、在特定网站上对被侵权材料进行的侵权行为的其他禁令救济，如果这一救济相对于其他救济形式来说对服务提供商负担最轻并相对有效。

（B）如果该服务提供商满足了条款（a）中所述对于救济的限制条件，法庭只能在下述一种或两种形式下签发禁令救济

（i）该命令，通过让服务商中止这类用户或账户持有者账户的方法，让服务提供商限制那些使用提供商服务参与侵权活动的系统或网络内用户或账户持有者的使用途径。

（ii）该命令，限制服务提供商提供相应途径，通过命令中所提到的合理步骤：屏蔽可到达特定的、确定的美国外网络地址的途径。

（2）考虑因素：在可适用法律下，法庭考虑使用禁令救济的相关标准时，应该考虑：

（A）这样的禁令，无论单独实施或和其他禁令共同实施，对于本条款下同一服务提供商来说，是否给该服务提供商或其系统或网络的运作带来显著的负担；

（B）如果没有采取上述措施预防或限制侵权活动，权利人在数字网络环境可能受到的损害的大小；

（C）禁令的实施是否在技术上可行有效，是否不妨碍并可获取其他网络地址上的非侵权材料；并且

（D）是否有其他会施加较小负担并且有效的方法有预防或限制可接触到侵权材料的途径。

（3）通知和单方命令：

本条款下禁令救济只有在通知服务提供商并且服务提供商有机会出庭下适用，除了保障证据或其他没有对服务提供商通信网络的活动产生实质大规模影响的命令之外。

（k）定义

（1）服务提供商：

（A）在条款（a）中所提到的服务提供商指的是提供网络数字通信的传递、途径和连接，在用户指定后为其提供所选择资料，而没有对接受或发出的内容进行任何修改的实体。

（B）在本条款下使用时，服务提供商指的是提供网络服务或网络链接、或提供相应设备的提供者，包括条款（A）中所述实体。

（2）金钱赔偿：本条款下的金钱赔偿指的是，损害赔偿金、成本、律师费和其他任何形式的金钱支出

（1）其他无效抗辩

如服务提供商行为未能满足本条款下限制责任的要求，则其行为不能视为对侵权行为的抗辩或其他抗辩。

（m）隐私保护。本条款下任何信息不能用于解释条款（a）—（d）中：

（1）服务提供商监督自己的服务或者积极寻找证明侵权活动活动的信息，除非这种行为和条款（i）中所述标准技术措施相符；或者

（2）服务提供商以法律禁止的方式获取、移除或阻止接触信息。

（n）解释。上述条款（a），（b），（c），（d）分别并区分地描述了适用本条款的目的和功能。对于服务提供商是否满足责任限制的条件，应当仅依据特定段落里的标准确定，并且不应影响服务提供商的行为是否满足其他条款下标准的决定。

（B）确认修正案：《美国法典》第17编下第5章中本条款的修正是在结尾加入下述条款

【第203条】生效时间

本条款和本条款下的修正案自本法案颁布之日起生效。

统一电子交易法[*]

统一州法全国会议委员会起草
第 108 届科罗拉多丹佛年会（1999 年 7 月 23—30 日）
通过并建议在各州实施，1999 年 8 月 4 日

序　言

随着电子通信和电子信息传输手段的出现，商业模式和经营方法已经发展到利用电子技术的速度、效率和成本效益。这些发展的出现面临着现有法律对仅存于电子媒介中的记录和文件之法律效力认定的障碍。信息、协议或合同必须位于或体现为书面形式这一法律要件是来源于影响合同可执行性的反欺诈法以及要求保存交易的书面记录的记录保存法，这样的法律要件对电子媒介的有效运用设置了真正的障碍。

这种障碍的一个显著例子包括每个州的所谓支票留样法。由波士顿联邦储备银行进行的一项研究发现了多于 2500 个州法要求发行人留存被取消的支票。这些要求不仅给发行人施加了负担，也限制了银行将支票处理过程自动化的效率。尽管《统一商法典》确认了支票电子托收（check truncation）的效力，如果银行的客户必须保存被取消的纸质支票，银行将不能通过电子信息传输处理对其进行处理。统一电子交易法（UETA）通过建立相当的电子信息记录在不影响根本的法律规则和要求的情况下消除了这些障碍。

了解《统一电子交易法》的目的是重要的，本法的目的是通过认可和实行电子记录和签名来消除电子商务的障碍。本法不是一般的合同法——合同的实体规则不受统一电子交易法影响。本法也不是一个数字签名法。在州已

---

[*] 译者：胥振阳，北京大学元培学院；李霖珊、曹源，北京大学法学院。
校对：朱冰，北京大学法学院。

有数字签名法的范围内,统一电子交易法的目的是支持并完善相关法律。

A. 本法案的范围和程序方法

本法案的范围为其覆盖的交易提供了一个明确的框架,并避免缺乏经验的主体在处理这个相对较新的媒介时遭遇没有根据的意外。本法案获得了清晰明确的范围,同时还提供了一个坚实的法律框架,允许创新科技的持续发展,以促进电子交易。

关于本法案的总体范围,本法的覆盖领域受到"交易"之定义的内在限制。该法案并不适用于所有的书面和签名,而仅适用于与交易有关的电子记录和签名。交易被定义为当事人就企业、商业和政府事务进行的活动。总的来说,有少数由法律施加于很多"标准"交易中的书面或签名要求被排除在外。一个很好的例子涉及信托,信托设立的一般规则并不施加正式书面要求。此外,在其他情形下的书面要求来自于政府等级问题。例如,房地产交易被认为存在潜在的麻烦,因为需要提交契约或其他文件以获得对抗第三人的保护。由于房地产买卖合同的有效性,甚至是契约在当事人之间的有效性并不受任何登记的影响,这就提出了问题:为什么这些交易是通过电子媒介进行的,在本法案之下不能被确认有效呢?对此没有充分的理由。备案的要求位于第17条至第19条关于政府记录的部分。如果一个州选择转换到电子记录系统,就不能将所有房地产交易特别排除在外,就像很多州排除《统一商法典》第9条关于财务报告的规定那样。

对《统一商法典》特定条文的排除反映了这一认识,特别在第5条、第8条和修订后的第9条中,电子交易在修订过程的特殊情形中被处理。在第2条和第2A条的情形下,《统一电子交易法》提供了工具以确保此类交易能够通过电子媒介完成并生效。在第2条和第2A条被修改之时,这些条文和法案的覆盖范围可以使本法案的适用成为令人满意的漏洞补充。类似的考量也适用于最近公布的《统一计算机信息交易法》("UCITA")。

本法案在范围和可适用性方面对确定性的需要是至关重要的,这使得任何基于与现存书面和签名要件不吻合的概念的宽泛的、概括的例外都是不明智的。如果要促进电子交易,那么由于其内在的不确定性,将本法案的可适用性留给司法,这样由司法机关对本法案和其他法律进行解释是不可接受的。

最后,认识到本法案的范式涉及两个当事人自愿进行电子交易,使我们有必要明确,从事交易的主体的某种形式的默示或明示是本法案得以适用的前提。因此,第5条明确规定,本法只适用于已经同意进行电子交易的当事人之间。在此背景下,对合同条款的解释应当宽泛,借以确保本法案适用于能够显示当事人进行电子交易的意图的任何情形,无论该意图是否上升到正式协议的程度。

B. 程序方法

本法案的另一个基本前提是它是极简的和程序性的。在电子环境下现有法律的一般效能,只要去除对电子媒介的偏见和障碍,验证了这种方法。本法案尊重现有的实体法。本法案尊重其他法律的具体领域包括:(1)现行法之下"签名"的方法和效力,(2)第8条中显示、传输和格式化信息的方法和方式,(3)第9条中的归属规则,和(4)第10条中的错误规则。

【第1条】

本法案可被援引为《统一电子交易法》。

【第2条】

本法案所称:

(1)"协议"系指事实上的当事人以语言明示的交易或从其他情形推定和根据适用于特定交易的法律赋予合意效力的规则、规定和程序所推定的交易。

(2)"自动交易"系指全部或部分通过电子手段或电子记录完成的交易,其中一方或双方交易行为或记录与通常签订合同、履行合同或完成合同规定的义务的程序不同。

(3)"计算机程序"系指为产生一定结果直接或间接用于信息处理系统的一组语句或指令。

(4)"合同"系指当事人根据其订立的受本法案和其他可适用的法律影响的协议所产生的全部法律义务。

(5)"电子"系指采用电学、数字、磁、无线、光学、电磁或相关手段的技术。

(6)"电子代理"系指非经个人的审核或行为,全部或部分独立地发起某种行为或响应电子记录或履行的计算机程序、电子手段或其他自动化手段。

(7)"电子记录"系指通过电子手段创制、生成、发送、传播、接收或存储的记录。

(8)"电子签名"系指附着于或逻辑地关联于一项纪录并被意欲签署该记录的人完成或采纳的电子声音、符号或程序。

(9)"政府机构"系指联邦政府、州、郡、市或其他州属政治分支机构的行政、立法或司法行署、部门、理事会、委员会、当局、研究院或其他机构。

（10）"信息"系指数据、文本、图像、声音、代码、计算机程序、软件、数据库或类似事物。

（11）"信息处理系统"系指创制、生成、发送、接收、存储、显示或处理信息的电子系统。

（12）"人"系指个人、公司、商业信托、房地产、信托、合伙、有限责任公司、社团、合资企业、政府机构、公众公司或其他任何法律或商业实体。

（13）"记录"系指记载于有形媒介或存储于电子媒介或其他媒介，并且能够以可认知的形式检索的信息。

（14）"安全程序"系指用于确认一项电子签名、电子记录或电子履行确属特定某人所为，或用于探测一项电子记录中信息变动或信息错误的程序。它包括需要使用算法或其他代码、鉴别词句和数字、加密、回叫或其他的识别程序。

（15）"州"系指美国的一个州、哥伦比亚特区、波多黎各、美属维尔京群岛或其他美国拥有管辖权的领地或属岛。它包括联邦法律认可或州政府正式承认的印第安部落或家族群、阿拉斯加原始村落。

（16）"交易"系指两个或两个以上的当事人之间就完成企业、商业或政府事务而进行的一项或一系列活动。

资料来源：《联合国国际贸易法委员会电子商务示范法》；《统一商法典》；《统一计算机信息交易法》；《合同法重述》（第二次）。

评论

1. "协议"

当事人是否达成了协议由其明示的语言和全部相关情形决定。《合同法重述》（第二次）第3条规定，"协议是两个或两个以上的人一致的意思表示"。同时参见《合同法重述》（第二次），第2条评论b。《统一商法典》在其对协议的定义中特别纳入了协议从"履行过程、交易过程、商业习惯"中推出的情形。尽管本法案中对协议的定义没有特别引用商业习惯和其他主体行为，该定义并不意在影响在对特定交易适用的实体法之下对当事人之间协议的解释。如果上述法律在确定当事人协议的条款时考虑习惯和行为，那么习惯和行为就会作为由本法案之下的定义所包含有关的"其他情形"。

当适用于特定交易的法律规定了系统规则或类似规则而构成当事人之间协议的一部分时，这类规则在本法案之下将具有决定当事人协议的同样效力。例如，《统一商法典》第4条（第4-103（b）条）规定联邦储备条例、程序细则和票证清算行规则具有协议的效力。这类法律规定的协议将适当地被包含在本法案对协议的定义之下。

当事人的协议与确定本法案的条款是否被协议所变更有关。此外，当事人的协议可以建立各方使用电子记录和签名、安全程序和交易类似方面的参数。参见 ModeLTrading Partner Agreement, 45 Business Lawyer Supp. Issue (June 1990)。见第5（b）条及其评论。

2. "自动交易"

自动交易系指通过电子手段履行或进行的交易，其中机器被用于订立合同和履行既存合同项下的义务，并不受人类干预。由于本法案将使用与多种类型的交易，这样宽泛的覆盖范围是必要的。

与电子代理一样，该定义涉及的是电子记录将产生一方当事人的行为或履行而不预期存在对该电子记录的人工审查情形。第14条提供了特别规则，以确保在一方或双方当事人不审查电子记录时，产生的协议将是有效的。

该定义中的关键要素是交易的一方或双方中不存在人类参与者。例如，如果一个人通过 Bookseller.com 网站向 Bookseller.com 订购书籍，该交易将成为自动交易，因为 Bookseller 通过其机器接收并确认订单。类似地，如果汽车制造商和供应商通过电子数据交换系统开展业务，汽车制造商的计算机在接收到某些预先设定参数之内的信息后，将向供应商的计算机发出电子订单。如果供应商的计算机因该订单落入其预先设定的参数之内而确认该订单并处理装货，这将成为一个完全自动的交易。相反，如果供应商依赖人类雇员审查、接受和处理买方的订单，则只有汽车制造商一方的交易是自动化的。在任一情形下，整个交易都在该定义之内。

3. "计算机程序"

该定义系指一个电子、数字系统的功能性和操作方面。它涉及例如电子代理等电子系统中使用的操作指令。（参见"电子代理"之定义）

4. "电子"

大多数现有技术的基本性质和对一个公认的、单词术语的需要确保了"电子"作为一个定义术语的使用。该定义意在确保本法案将随着新科技发展而广泛适用。鉴于科技的发展，为了实现本法案试图使无论当事人使用何种媒介，都确保商事交易有效这一目的的实现，该术语必须被宽泛解释。现行法律对"书面"的要求可以被几乎任何有形的媒体所满足，无论是纸张、其他纤维，乃至石头。本法案的目的和可适用性涵盖了在技术上能够以人类可以感知的方式存储、传输和复制信息的无形媒体，这些媒体缺乏纸张、纸莎草或石头的有形方面。

尽管并非所有科技在技术上都具有"电子"性质（例如光纤技术），"电子"一词是能够描述大多数现有技术的最具描述性的词语。例如，生物和化学过程对数据传输和存储的发展尽管没有在该定义中被特别提及，但被该技术定义所囊括，因为这类过程是在电磁脉冲之上运作的。但是，一项特定技术能否被描述为技术上"电子"的，例如运行于电磁脉冲之上，不能决定以一项特定技术为手段创制、适用和存储的记录和签名是否被本法案所调整。本法案意在适用于全部由任何允许信息以可感知的方式读取的介质所创制、使用和存储的记录和签名。

5. "电子代理"

该定义确认一个电子代理是一个机器。"电子代理"这一术语被认为限于工具功能。使用该代理对当事人产生的影响规定于本法案的操作条款之中（例如第14条）。

电子代理，例如计算机程序或其他由人采用的自动化手段，是人的工具。作为一般规则，工具的采用者对该工具之适用带来的结果负责，因为工具本身没有独立的意志。但是，电子代理，根据其定义，只要被一方当事人激活之后就能够在没有该主体的进一步注意的情况下在参数范围内进行编程、发起、回应或与其他主体或其电子代理互动。

尽管本法案延续了该范式，即电子代理仅能在其预先设定的程序的技术上狭窄的范围内工作，可以想象的是，在本法案的有效期内，具有自主而非仅仅自动行为能力的电子代理将可能被创制出来。也就是说，随着人工智能的发展，计算机将可能能够"通过经验学习，修正其自身程序的指令，并甚至制定新的指令。" Allen and Widdison, "Can Computers Make Contracts" 9 Harv. J. L. &Tech 25（Winter, 1996）。如果这种发展发生，法院为了承认该新功能将相应地解释电子代理的定义。

对自动交易定义的评论中涉及 Bookseller.com 和汽车制造商的例子再次也同样适用。Bookseller通过电子代理处理书籍订单。汽车制造商及其供应商分别通过电子代理借助 EDI 促进并有效化其实时存货程序。

6. "电子记录"

电子记录是一个更广泛定义术语"记录"的子集。它是由除纸之外的任何媒介创制、适用或存储的记录。该定义术语在本法案之内其被使用的条款中也被用作限制定义。

信息处理系统、计算机设备和程序、电子数据交换系统、电子邮件、语音邮件、传真、电传、远程复制、扫描和类似技术在本法案之下都属于电子的。因此，存储于计算机硬盘或软盘、传真、语音邮件信息、电话大陆及信息、录音带和录像带以及其他记录在法案之下都是电子记录。

7. "电子签名"

签名的概念是广泛且未被特别限定的。一个特定的记录是否是"被签名的"是一个事实问题。该事实的证明必须适用其他法律。本法案仅确保该签名得通过电子手段完成。创制一个正当的签名并不需要适用任何特定的技术。一个人在答录机上的声音就足够构成签名，如果其表示了必要的意图。类似地，将一个人的姓名或名称作为电子邮件通信的一部分也可能就足够了，就像传真上的公司名称一样。也可能由于必要的意图被表明不存在，从而使得符号、声音或程序不足以构成签名。一个人可以以必要的意图使数字签名，也可以单纯使用私人密钥作为接入设备而无意以前述或以其他方式完成一项具有法律约束力的行为。在任何情形下，关键的要素是以签署有关记录为目的完成或采用声音或符号或程序的意图。

该定义要求签名人以签署记录的意思完成或采用声音、符号或程序。将声音、符号或程序应用于一个电子记录的行为可能有不同的意义和效果。该行为的后果和作为签名的效果是有其他可适用的法律决定的。但是，签名的基本属性包括以为具有法律上意义的行为的意思应用声音、符号或程序。该意思才是在法律上理解为"签署"这一词的部分，无须定义。

本法案在可能的最大程度上将电子签名与手书签名效力等同。因此"签名"的使用暗含并传达了该等同。其目的在于克服对于电子方式的签名和鉴定记录的没有依据的偏见。其他法律中的"鉴定"（authentication）一词与本法案之下的电子签名相比经常具有较窄的含义和目的。但是，那些其他法律之下的"鉴定"构成本法案之下的电子签名。

电子签名的确切效果将取决于第9（b）条之下的有关情形。

电子签名的定义包括标准的通过程序的网页点击。例如，当一个人通过卖家的网站订购货物或服务时，他将被要求提供信息，这将作为程序的一个部分并产生货物或服务的收据。当顾客进入最后一步并点击"我同意"时，他就以将自己与程序的记录联合起来的意思采纳了该程序。电子签名的真实效果将取决于全部相关情形，但是如果一个人采纳一个其情形表明他/她意图产生取得货物/服务效果的程序，他/她就有义务付钱购买它们。程序的采纳带有进行一个具有法律意义的行为的意图，这就是签名的特征。

该定义的另一个重要方面在于电子签名需要与记录有链接或逻辑上的联系。在纸质的世界里，一方当事人采用的符号被推定为是附带于或者位于意在被认证的纸面上的,例如粘单紧紧贴在本票上,或一个长合同末尾的传统签名。这些有形的表现形式在电子环境中不存在,因此,该定义明确规定符号必须以某种方式链接于或者联系于被签署的电子记录。该链接与食品和药品管理局发布的规定相一致。21 CFR Part 11(March 20, 1997)

适用公钥加密技术的数字签名将构成一个电子签名,仅仅将某人的姓名或名称作为电子邮件信息的一部分亦可,只要在每个情形下签名人以签名的意思完成或采纳该符号。

8. "政府机构"

该定义在可选择的第17条至第19条背景下是重要的。

9. "信息处理系统"

该定义与《联合国国际贸易法委员会电子商务示范法》相一致。该术语包括计算机和其他信息系统。它主要被用于第15条,与信息的发送和接收相连。在此语境下,关键的方面是信息进入了一个可以由人访问的系统。

10. "记录"

这是一个标准的用以涵盖所有除人类记忆以外传播和存储信息的手段的定义。它包括任何存储和传播信息的方法,包括"书面"。一项纪录不必是不可摧毁的或永久的,但该术语不包括口头的或者其他未被存储或以其他手段保存的传播方式。未被以除人类记忆以外的方式保存的信息不构成记录。在使用"书面"或"书面的"等词语的情形下,"记录"并不具有其在实体法的任何特殊条款之下可能具有的目的、允许使用或法律效力。ABA Report on Use of the Term "Record", October 1, 1996.

11. "安全程序"

安全程序可以被用于验证电子签名,验证发送人的身份,或确保电子记录的信息完整性。该定义不等同于任何特定技术。这允许使用当事人选择或法律规定的程序。它允许当事人之间最大的灵活性并适应未来的技术发展。

本法案中的该定义是广泛的,并用于阐明一种建立电子记录或签名的归属和内容完整性的方式。安全程序的使用并不被本法案通过推定或其他方式赋予法律效力。在本法案中,适用安全程序仅仅是证明电子记录或签名的来源或内容的一种方法。

安全程序可能在技术上非常复杂,例如不对称加密系统。在另一个极端上安全程序可能像通过另一种通信渠道打电话确认发送人的身份一样简单。他可能包括适用母亲的婚前姓名或个人识别号码(PIN)。这些例子中的任何一个都是确认人的身份或信息准确性的方法。

12. "交易"

该定义被限于人们在企业、商业或政府活动中的行为。该术语包括人们为了企业、商业的活动，特别包括消费者或政府目的。但是，该术语不包括单方的或非交易性的活动。因此它规定如下一条所述的本法案范围的结构性限制。

重要的是，商业和企业等词应当被宽泛地理解和解释，以包括涉及那些在其他可适用的法律之下可能被视为"消费者"的个人的商业或企业交易。

如果 Alice 和 Bob 同意用网上拍卖网站以 2000 美元的价格将 Alice 的车出售给 Bob，该交易就被本法完全覆盖。即使 Alice 和 Bob 各自在其他可适用的法律之下都是典型的"消费者"，他们的互动是一个商事交易。因此他们的行为将涉及商业事务，并完全构成本法案调整的交易。

其他交易类型包括：

1. 个人向零售商的单次购买，可能通过由传真发送的印刷目录订购或通过交换电子邮件完成。

2. 订有主要贸易伙伴合同以调整其交易参数的方法和方式的大公司之间每周或每月重复发生的订购。

3. 个人向在线网络零售商的购买。此类安排可能发展为一系列不间断的单个购买，与安全程序及类似程序一起，构成经营不间断营业的一部分。

4. 通过传真传输文件乃至电子邮件进行的商事买卖交易的交割。在此类交易中，所有当事人可能通过电子会议技术参与。在规定的时间所有电子记录都被电子化地完成并传输到其他当事人。在这类情形下，电子记录和电子签名被本法案确认有效，避免了"当面"交割的需要。

交易必须包括两个或以上人的互动。因此，在遗嘱、信托或保健委托书或类似的保健指派的执行范围之内，由于不涉及另一个人且为单方行为，故不被本法案涵盖在内，因为没有符合本法案定义的交易发生。但是，本法案适用于所有与交易相关的电子记录和签名，且覆盖与交易有关的例如内部审计和会计记录。

【第3条】

【第(a)款】除本条第（b）款另有规定外，本法案适用于与一项交易有关的电子记录或电子签名。

【第(b)款】本法案不适用于由下列法律调整的交易：

（1）调整设立与执行遗嘱、遗嘱附录、遗嘱信托的法律；

（2）《统一商法典》，但第 1—107 条、1—206 条、第 2 条、第 2A 条

除外；

（3）《统一计算机信息交易法》；

（4）其他经由州认可的法律。

【第(c)款】属于本条第（b）款规定的不适用本法案的电子记录或电子签名，如其调整法律不属于本条第（b）款规定的范围，则仍适用本法案。

【第(d)款】适用本法案的交易仍受其他可适用的实体法律管辖。

参见以下立法注释——下述评论

评论

1. 本法案的范围内在地受到以下事实的限制，即其仅适用于与企业、商业（包括消费者）和政府事务有关的交易。因此，与企业、商业或政府交易无关的交易将不受本法案管辖。不属于交易的一部分的单方面生成的电子记录和签名不被本法案覆盖。参见第2条，评论12。

2. 本法案影响到那些在现行法律规定之下可能展示和存储信息、记录和签名的媒介。尽管本法案覆盖所有被用于企业、商业（包括消费者）和政府交易的电子记录和签名，本法案的操作条款设计其他法律之下对于书面和签名的要求。因此，第（b）款中的排除集中于那些不受本法案影响的法律规则所施加的特定书面和签名要求。

3. 第（b）款所列的排除明确和确定地指出了不受本法案影响的法律。该条规定了受特别法管辖的交易不受本法案影响并使本法案得以平衡。

4. 第（1）项将遗嘱、遗嘱附录和遗嘱信托排除。该排除在很大程度上是有益的，因为这些记录一般是在单方情境下产生的，且本法案定义之下的交易不常使用这种记录（即，两个或两个以上的当事人之间就完成企业、商业或政府事务而进行的活动）。第（2）项排除了除《统一商法典》第1—107条、第1—206条、第2条和第2A条之外的全部《统一商法典》的适用。本法案不适用于被排除的《统一商法典》条款，无论是"现行的"还是"修订的"行使。本法案适用于《统一商法典》第2条、第2A条和第1—107条、1—206条。

5. 《统一商法典》第3条、第4条和第4A条影响支付系统并被特别从本法案的覆盖范围内移除。第3条、第4条和第4A条调整的支票托收和电子资金划拨系统关系到涉及大量除基础合同当事人之外的当事人之间的系统和关系。确立这类系统中电子媒介的有效性的影响涉及超过本法案的考虑。第5条、第8条和第9条被排除是因为涉及这些条款的修改过程显著地考虑了电子实践。第4项规定将《统一计算机信息交易法》（UCITA）从本法案中排除，因为该法案的起草过程中同样纳入了对电子合同条款的显著考虑。

6. 本法案第16条对可转让记录非常有限的适用并不影响支付系统，且该条意在于当事人有明确协议时适用于交易。第3条和第4条的排除不影响法案对可转让记录的调整。第16条意在允许系统的发展，这将规定第16条中定义的"控制权"。这种控制权作为对占有概念这个票据法的基础的替代是必要的。允许占有一个独特的用以表彰与票据相关的权利的令牌的技术还尚未开发出来。第16条的控制权概念意在作为占有的替代。

第16条中的条款作为独立的规则，确立了本法案之下当事人适用可转让记录的权利。第16条对《统一商法典》第3—302条，第7—501条和第9—308（R9—330（d））条的引用旨在将这些条款的主旨纳入，其有限的目的见于第16（c）条。因此，电子激励也作为一个可转让记录，将不会被用于第3条、第4条或第9条所调整的交易的目的，会成为用于为被第16条调整的交易的目的服务的电子记录。但是应当记住的是这些《统一商法典》条款将仍然适用于可转让记录本身。因此任何其他实质要求，例如第9条之下的完善方式和方法，必须在这些其他法律之下被遵守。参见第16条评论。

7. 本法案全部适用与未修订的第2条和第2A条之下的交易。有充分的理由确认这些情形下的电子合同。买卖和租赁交易并不像支票托收和电子资金划拨系统那样牵涉超越基础交易当事人的广泛系统。同时，买卖和租赁一般不像在担保交易系统中存在的那样对第三方的权利有那样深远的影响。最后，当前电子商务在买卖、许可和租赁等领域具有最广泛的应用。将这些交易排除将极大地损害本法案的目的。

如果第2条和第2A条在将来被修订并采用，统一电子交易法将仅在那些法案规定的范围内适用。

8. 电子记录/签名可以用于多个法律要求的目的，或者可以被多个法律所涵盖。因此需要明确，尽管存在明显的冗长，在第（c）款中用于不受本法案之下第（b）款影响的法律之目的电子记录可能被合法地用于其他未被第（b）款排除的法律之目的。例如，本法案对用于受《统一商法典》第4条调整的交易时的支票的电子记录并不适用，即本法案不确认所谓电子支票的效力。但是，为支票留样法规的目的，该支票的电子记录被本法案所覆盖，所以只要符合了本法案第12条的要求，该支票的电子图像/记录的留样就将符合该留样法规。

在另一种情况下，第（c）款将允许本法案适用于看似被第（b）款排除的交易。例如，《统一商法典》第9条一般地适用于任何在动产上设定担保权益的交易。但是，第9条排除了房东的留置权。因此，尽管本法案排除了其对第9条调整的交易之适用，但本法案将使用与房东留置权的设定，只要其他适用于房东留置权的法律未作出相反规定，因为房东留置权交易被第9条排除。

9. 第（b）（4）款之下的其他排除应当限于用来调整第2（16）条定义的交易的电子记录和签名的法律。单方面适用的记录，或与企业、商业（包括消费者）或政府事务无关的记录在任何情况下不受本法案调整，对涉及此类记录的法律的排除可能创造非预期的关于其他记录和签名是否被本法案涵盖的推论。

同样重要的是将额外的排除，如有，纳入第（b）（4）款之下。正如上述评论8指出的，用于被第（b）款排除的交易的电子记录，例如用于支付税款的支票，将为其他未被排出的法律之目的而被确认有效，例如当支票被用于支付的证明时。将额外的排除纳入第（b）款是至关重要的，这样将使（c）款的有益作用适用于使其他的未被排除的交易。

关于第3（b）（4）条之下可能的额外排除的立法附注。

以下讨论来自1998年9月21日特别小组关于州法排除的提交给委员会的报告（"特别小组"）。在考虑该报告后，起草委员会决定除法案中列举以外的排除是不必要的。此外，其他对本法案可适用性的内在限制（交易的定义，要求当事人默示同意使用电子格式）也不利于采取额外排除。但是，起草委员会承认有些立法可能希望将其他交易从本法案中排除，并决定在一些重要领域的指导将有助于那些立法考虑其他的排除领域。

由于绝大多数州法中提到书面和签名，下列可能的交易是不完整的。但是，他们的确代表了那些在起草过程中最普遍地被提出可能不适宜电子媒介的领域。重要的是应当记住，起草委员会决定排除这些额外的领域是不必要的。

1. **信托**（除遗嘱信托外）

信托可以用于商业和个人目的。基于对交易的定义，用于企业和商业领域之外的信托将不受本法案调整。至于企业或商业信托，调整其设立的法律包含了很少或不含对书面或签名的要求。事实上，在大多数法域任何种类的信托都可以通过口头设立。因此，起草委员会相信本法案影响适用于法律将是否适用书面留给当事人决定的任何交易之中。因此，由于缺乏法律对于书面的要求，也就没有充分的理由将调整信托的法律排除本法案的适用范围之外。

2. **委托书**

委托书是一种正式的代理协议。总的来说，关于委托书的效力在可适用的法律中并没有发现正式的书面或生效要求。

特别的健康权委托被一些州的法律确立。这些委托书可能在关于生效、确认和可能的公证的州法之下有特殊要求。通常情形下这类代理权将不会在交易背景下产生，所以并不被本法覆盖。但是，即使一项纪录是在交易背景下产生的，本法案也仅排除适用电子媒介的障碍，并保留可使用的实体法的其他要求，避免任何将这些法律排除于本法案的运行之外的需要。特别是根据第8条和第11条，这些法律之下的实体要求将被保留，并可以电子格式满足。

3. **房地产交易**

区别涉及房地产文件的在当事人之间效力和其对第三方当事人的效力是重要的。在当事人之间没有必要保持现存的电子合同障碍。涉及不动产的合同与其他企业和商业（包括消费者）合同相比没有独特的属性。因此，当事人的协议是否适用电子媒介应当是当事人决定的事项。当然，要具有对抗第三方的效力，州法一般要求向政府机构备案。在各州采用电子备案系统之前，当事人需要考虑用纸质文件完善对抗第三方的权利这一需要。在其他法律要求公证和确认的情形下，第11条提供了此类行为通过电子方式完成的手段。

至于政府备案的要求，则被留给各州决定是否采用和实施电子备案系统。（参见选择性的第17条至第19条）但是，政府记录系统目前要求包含公证的手写签名的纸质契约。虽然加利福尼亚州和伊利诺伊州正在尝试电子备案系统，在此类系统成为普遍之前，至少为备案之目的当事人更可能将选择使用纸质契约。本法案没有任何内容阻止当事人选择最适合其特定交易需要的媒介。当事人可能希望通过使用电子媒介避免昂贵的履行，以完善其交易。但真实的契约可能是纸质的以确保符合现有的记录系统和要求。关键点是，本法案没有任何东西阻止当事人为其全部或部分交易选择纸质或电子媒介。

4. **消费者保护法**

州法中的消费者保护条款经常要求书面向消费者披露或提供信息。由于本法案不适用于此类交易，应当考虑是否应特别排除这类法律。消费者交易的排除将减少一大群通过保障电子媒介效率有益于消费者的商业交易。互联网上的商务是由消费者需求驱动的，这必须得到考虑。

同时，认识到消费者法的保护作用是重要的。消费者法经常要求信息以书面提供，或者可能要求消费者单独的签署或草签特定的条款以证明消费者注意到了该条款。第（1）项要求在法律要求信息以书面送达时电子记录被人获得。该条给信息的发送人施加了显著的负担。发送人必须确保接收方的信息系统可被兼容，且能够保有发送人系统所发送的信息。此外，本法案不允许规避单独签署或草签的法律要求。本法案仅允许通过电子方式签署或草签。

其他消费者保护法要求（明确或隐含地）特定信息以特定方式或格式呈现。要求信息以特定字体或以类似风格呈现的法律和要求信息显著展示的法律都被保留。第8（b）（3）条特别保留了此类要求在电子环境下的可适用性。在法律要求信息被显著地展示或表现的情形下，将由其他法律确定什么是显著的。第8条被纳入以特别地保留这类信息公开法律的保护作用，并同时在这些其他法律的前提要求能够通过电子媒介满足的情况下循序适用电子媒介。

格式和单独签署的要求在消费者保护立法中服务于该目的，即确保信息不从未警觉的消费者眼前溜走。本法案并非仅仅不影响这些要求，还保留了这些要求。此外，其他部分的实体法的运行允许法院监督任何此类不良行为或过度扩张，例如显失公平、欺诈、胁迫、错误等。这些法律部分无论记录出现的媒介是什么都可以适用。

要求双方当事人同意实施电子交易也避免将电子媒介施加于非自愿主体。参见第5（b）条。此外，当法律要求使用特殊词语和语言时，这些要求被第5（e）条宽泛地保留。

要求信息被发送到某人或被某人接收到的规定被保留于第15条。与纸质环境中相同，发送人并没有被施加确保接收的义务，除了合理的发送方式以外。在法律要求接收的情形下，第5条、第8条和第15条给发送人施加了负担，只有确保送达接收人方才满足法律的要求。

对现有的保障的保留和完全退出电子媒介的能力，表明一般地从本法案的运行中排除消费者保护法是不必要的。立法机关不妨关注对相关法律的任何审查，其中固定后合同形成和此后违约通知应当是纸面的。但是任何此类考量也必须平衡所需要的保护和可能施加的负担。如果相关限制阻碍了消费者寻求和渴望的电子技术的应用，消费者和其他人将不会得到很好的服务。

【第4条】适用范围

本法案适用于自法案生效后所产生、创造、寄出、交流、收到或储存的电子记录或电子签名。

评论

本条明确规定本法案仅适用于确认本法案生效日之后出现的电子记录和

签名的效力。本法案生效日之前出现的电子记录和电子签名是否有效,由其他法律决定。

【第5条】电子记录和电子签名的使用;协议变更

【第(a)款】本法案不要求记录或签名必须通过电子手段或以电子形式创制、生成、发送、传播、接收、存储、处理或使用。

【第(b)款】本法案仅适用于当事人各方均同意采用电子手段进行的交易。当事人是否同意采用电子手段进行交易,从上下文语境和包括当事人的行为在内的有关情境加以判断。

【第(c)款】同意采用电子手段进行一项交易的一方当事人,仍可拒绝采用电子手段进行其他交易。本款赋予的该项权利不得通过协议放弃。

【第(d)款】除非本法案另有规定,本法案任何条款的效力可以通过协议变更。本法案中的"除非另有约定"或其他类似词语,并不表明其他条款的效力不得通过协议变更。

【第(e)款】一项电子记录或电子签名是否具有法律效力,由本法案和其他适用的法律决定。

评论

本条将本法案的适用范围限制于交易双方均同意进行电子交易的情形。对合同条款的宽泛解释对于保证本法案有最大的适用可能是十分必要的,这也符合法案本身所具有的消除电子交易障碍的目的。

1. 本条澄清了本法案的目的为促进电子交易形式的运用,但是本法案并不要求交易必须使用电子记录和签名。这条基本原则是通过第(a)款提出,通过第(b)款和第(c)款阐明的。这三款规定要求交易双方具有通过电子形式进行交易的意图,并且保留了当事人一方在后续交易中拒绝使用电子形式的权利。

2. 本法案适用于当事人双方都同意以电子形式进行的交易。因此,保留本法案适用的自愿性和当事人拒绝电子交易的自治权是十分合适的。要求通过一切相关情况来判断当事人之间的合同是对本法案适用范围的一项限制。

3. 如果本法案的目的是为了促进电子交易,那么对一个不完全成熟的、希望使用电子形式进行交易的合同,本法案也应同样适用。虽然在进行电子交易前获得一个希望使用电子形式进行交易的明确合同,可以使得本法案获得绝对的适用性,但是这种明确合同并不一定需要在一方当事人对进行电子交易完全放心之前达成。因为实际上,这样的要求本身就是对电子交易的不合理障碍,同时也违背了本法案的基本目的。因此,这种希望使用电子形式进行交易的合同是否存在及其内容,或明示或默示,都需要以所有可以获得的证据和情况作出判断。

4. 第(b)款规定,本法案仅仅适用于交易双方分别同意以电子形式进行交易的情形。在这种情况下,判断当事人双方之间是否存在希望使用电子形式进行交易的合同,需要以双方的行为和语言为依据作出宽泛解释。因此,本法案明确规定,当事人双方之间是否存在这样的合同需要通过一切情况进行判断,包括当事人的行为。判断的核心在于当事人是否有以电子形式进行交易的意愿。一旦发现了这样的意愿,则本法案适用。参见《合同法重述》(第二次)第2条、第3条和第19条。

举例来说,可以判断当事人之间达成了以电子形式进行交易的合同的情况包括:

A. 汽车制造商和材料供应商之间签订《贸易合作协议》,规定了以电子形式进行交易的条款、条件和行为方式。

B. 乔伊向外分发印有他工作电子邮件地址的商业名片。在这种情况下,收到名片的人有理由认为乔伊同意他人通过电子形式与他进行商业交流。然而,在缺少其他事实的情况下,不能认为乔伊也同意在其名片所列的商业内容范围之外具有进行电子交流的目的。

C. 莎莉可能拥有许多电子邮件地址,包括家庭、主要工作以及她担任董事的一个非营利机构。在每种情况下,有理由认为莎莉只愿意通过每个电子邮件地址分别进行对应目的的电子交流。然而,根据不同情况,为了特定目的而通过莎莉所拥有的专用邮件地址联系她可能是不合理的。

D. 关于使用电子交流的意思表示一致达成的时间是寻找合同是否存在需要依据的情况之一。如果一个人从在线销售商上订购图书,希望进行交易和以电子形式收到有关信件的意图,可以从行为当事人的行为中推测出来。因此,销售商有理由认为其可以通过电子方式与购书者交流有关本交易的信息。

上述举例关注当事人之间是否存在希望通过电子方式进行交易的合同。类似地,如果两个人举行会议,一方要求另一方通过电子邮件的形式确认某项交易,那么第(b)款所规定的合同即存在,在不同的案例中,使用商业名片、会议声明或其他可以表明双方希望通过电子方式进行交易的证据,都应在考虑一切相关情况和保证电子交易有效的情况下作出宽泛的解释。

5. 正如相关情况能表明合同存在一样,一切相关情况也可能明示或默示的证明真正合同并不存在。例如:

A. 如果汽车制造商试图通过网络召回其所生产的汽车，那么对于从未登录过其网站的用户，或是根本无法连接到网络的用户来说，汽车制造商不能通过本法案使得召回通知生效，即使用户在购买汽车时所签订的纸质条款曾赋予网络召回通知以效力。

B. 买方签订了一份格式合同，其合同小字部分第3页的中间有条款规定买方同意以电子形式接受所有通知。买方从未与卖方通过电子形式进行过交流，也没有在合同中以其他方式同意以电子方式进行交易。这种形式主义的合同将不会得到法院的强制执行，本法案也不会阻止法庭采用普通法中有关合同订立、显失公平等类似准则评价该类合同。

6. 第（c）款是为了澄清当事人具有拒绝以电子形式进行交易的能力，即使该当事人曾经以电子形式进行过交易。当事人拒绝电子交易形式的有效性将在考虑一起相关情况的前提下，由其他可适用的法律进行调整。这里的相关情况必须包括对所涉及交易的评价。

在所包含的多项行为的合同中，只有当某项行为构成独立的交易时，当事人一方才有权拒绝以电子方式进行这项行为。判断某项行为是否构成独立的交易，需要考虑合同的目的和行为本身。例如，对于一份采购合同来说，根据合同方式通过电子方式发出和接受通知的行为，不应当被认为是谨慎交易。相反，这样的通知作为独立的行为，构成了由采购合同指明的交易的一部分。本款规定的目的并不是允许一方当事人在交易途中改变合同所指明的交流媒介。相反，本款规定是为了保护一方当事人可以通过非电子方式进行下一次采购。

7. 第（e）款是本法案的基本条款。尽管本法案使得电子记录和电子签名生效，除去某些少数的情形，这些文件和签名的法律效果应当由本法之外的现有实体法调整。参见第16条。即使本法案可以使文件和签名以电子形式生效，本法案也明确保留了其他实体法律对这类文件的可适用性。参见第11条。

例如，除了依据所用媒介判断文件、签名和合同的有效性以外，第7条第（a）款和第（b）款不应该被用于判断任何文件、签名或合同的法律效果。当某项法律规定要求文件包含最低限度的实质性内容时，该文件的法律效果取决于其是否满足可使用的法律所规定的实质性要求。

第8条明确维护了一些现有法律规定中有关以书面形式呈现信息的法律要求。尽管本法案可以允许类似信息以电子记录的方式呈现，第8条规定其他法律所规定的实体性要求也必须以电子媒介的形式得到满足。

【第6条】解释与适用

对本法案的解释与适用应当以满足以下目的为前提：

1. 为了在满足其他可适用法律的情况下促进电子交易；
2. 为了与电子交易相关的合理实践以及今后的发展相一致；
3. 为了在实施本法案的各州和本法所管辖的领域内得到统一的法律。

评论

1. 本法案的目的和政策考虑是：

（a）通过对电子记录和电子签名的授权与确认，促进和提升商业和政府交易；

（b）减少由书写和签名规定的不确定性而对商业和政府电子交易造成的障碍；

（c）使得以规范电子形式进行的商业和政府贸易为目的的法律简单化、清晰化和现代化；

（d）允许当事人通过习惯、惯例与合同等实践发展商业和政府贸易；

（e）在使用电子或类似技术影响与进行商业和政府贸易的领域，促进法律在各州间（以及世界范围内）的统一化；

（f）树立公众对商业和政府贸易在有效性、整体性、可靠性方面的信心；

（g）促进在法律和商业领域，建立有关实施商业和政府贸易的基础设施。

2. 本法案允许在符合上述目的的范围内，灵活运用以确定电子交易的有效性。本法案允许法院将有关电子媒介成立和生效的条款应用于新颖的、不可预见的技术与实践。随着时间的推移，现在看来是新颖的、不可预见的技术和实践将在未来随处可见。因此，本立法旨在为可能在将来进一步发展的、表现出与本法案项下同样品质的媒介确认有效性的行为提供框架。

【第7条】电子记录、电子签名、电子合同的法律承认

【第(a)款】不能仅仅因为文件或签名以电子形式存在而否认其法律效力或强制力；

【第(b)款】不能仅仅因为合同采用了电子形式而否认其法律效力或强制力；

【第(c)款】如果法律规定文件需采用书面形式，那么电子记录符合该规定。

【第(d)款】如果法律规定需要出现签名，那么电子签名符合该规定。

资料来源：《联合国国际贸易法委员会电子商务示范法》第5条、第6条和第7条。

评论

1. 本条规定了本法案的前提：即以电子形式呈现、创造或保存的文件、签名或合同并不影响其法律效力。第（a）款和第（b）款旨在防止仅以媒介形式为原因否认文件、签名或合同的法律效力或强制力。以电子形式或纸质形式提供信息是不相关的事实。

2. 根据《合同法重述》（第二次）第 8 条规定，一份合同可能具有法律效力但不具有强制力。事实上，在欺诈条款的背景下，一份文件或合同可能生效但并不能被强制执行。尽管一份合同不能被强制执行，但是其文件可能具有间接的影响力，例如这样的案例：货物的买方可能因欺诈条款而无法从保险公司获得赔偿。此时，尽管由于卖方未能发货，买方没有受到直接的损失，但保险公司不能否认保险人是货物的所有者。参见《合同法重述》（第二次）第 8 条。

尽管本条规定可以在欺诈存在的情况下使得电子记录生效，但如果在当事人双方之间存在合理的找到希望以电子方式进行交易的合意（参见第 5 条第（b）款），那么则不能适用本法案使电子记录生效。电子记录是否按照其他法律规定生效并不是本法案所规定的内容。

3. 第（c）款和第（d）款明确规定了电子记录和签名满足法律对于书面形式和签名的要求。本条的适用范围限于法律规定的文件必须以书面或签署作为形式的要求。本条并不适用于其他法律所规定的除书面和签名之外的法律形式要求。参见第 8 条。

第（c）款和第（d）款是第（a）款的具体运用情形。其目的在于使电子记录和签名与书面文件获得相同的效力，受到相同法律的调整，除非本法案另行做出规定。

说明 1：A 向 B 发出了这样的邮件："我希望从你处购买小工具，下周二发货。"B 回复了这样的邮件："我接受你的希望购买小工具、下周二发货的要约。"不能仅仅因为这两份文件采取了电子形式就否认其效力。此外，该邮件也满足适用法律中欺诈规定时关于文件的要求。然而，因为两份文件中都没有指明数量，所以根据《统一商法典》第 2－201（1）条的规定，这份合同不具有强制力。

说明 2：A 向 B 发出了这样的邮件："我希望从你处以 1000 美元购买 100 个小工具，下周二发货。"B 回复了这样的邮件："我接受你以 1000 美元购买 100 个小工具，下周二发货的要约。"在这种情况下，分析与说明 1 相同，除了这份合同满足《统一商法典》第 2－201（1）条的规定。不能仅仅以该文件不是用钢笔和墨水书写的文字和签名为由,就否认其法律效力。

4. 第8条指出,在某些案例中,其他法律的额外要求有可能会影响到电子记录的法律效力或强制力。例如,第8条第(a)款规定信息条款必须要具备书面形式。该条随后规定了相应的标准,用以判断电子记录形式的信息条款是否具有与书面形式相同的效力。第8条的规定就对是本条规定的额外要求。

5. 对于本法案范围内的某项交易,根据可以适用的实体法律,电子记录的法律效力与电子记录是否包含签名这个问题须分开讨论。例如,当双方合同约定需要做出通知时,无论该通知是否包含签名(参见第15条),通知是否有效仅仅取决于当事人是否做出了通知。此时,由当事人根据第9条做出并满足第15条规定的电子记录将被视为适当履行了合同的约定,尽管该文件可能并不包含有电子签名。

【第8条】书面信息条款;记录的呈现

【第(a)款】如果双方同意以电子进行交易,且法律规定当事人需要以书面的形式提供、寄出或投递某一信息时,当该信息在接收时可以被接收人以电子记录的方式保留,即视为满足法律的要求。如果信息发送人或信息处理系统禁止接收人打印或储存电子记录,那么该电子记录则视为不能被保留。

【第(b)款】如果本法案之外的法律要求一份记录以某种形式张贴或展示,以某种特定的途径发送、交流或传播,或者具有某种格式,那么将适用以下规则:

(1)该记录必须以其他法律规定的形式张贴或展示。

(2)除本条第(d)款所规定的情形以外,该记录必须以其他法律规定的途径发送、交流或传播。

(3)该记录必须具有其他法律所规定的某种格式。

【第(c)款】如果发送人禁止接收人储存或打印电子记录,那么该记录对接收人不具有强制力。

【第(d)款】本条所规定的要求不可以由当事人协议变更,但是:

(1)在其他法律允许以协议的方式变更以书面形式提供、寄送或投递信息时,当事人双方可以变更第(a)款中有关可以保留的电子信息形式;并且

(2)其他法律规定的可以挂号信、预付邮资、美国普通邮件等方式寄送、交流或传播的信息,可以在其他法律允许的范围内由当事人双方协议变更。

资料来源:加拿大《统一电子商务法》。

评论

1. 本条是一项保留条款,旨在确保本法案的基本目的得以实现,即可适

用的实体法中的另行规定不会被本法案架空。本条阐明了其他法律中有关以笔墨书写的要求也可以电子的方式满足，本法案中的任何条款都不得损害其他法律中的类似要求。本条指出了其他法律中和披露、通知等条款相关的问题。

2. 本条与上一条相互独立。第 7 条规定的是对于某项条款必须采用书面形式的法律要求。本条规定的是以书面形式呈现或递送信息时所可以采用的法律方式。本条比其他法律更详细的阐明了法律上的要求；规定了满足某项法律要求的标准，同时也与其他法律对类似标准的规定相一致。

3. 在第（a）款下，为了满足其他法律对以书面形式提供信息的要求，电子记录信息的接收人必须有能力收到该记录并阅读，同时必须有能力在之后以某种方式重新阅读该记录。因此，本条要求电子信息保留以备后用。

本条明确规定了由发送人或发送人的系统所设置的保留禁止会使得电子记录无法满足本条的要求。采用现有或未来的某种技术以阻止接收人保留信息副本的行为，可能会被认定该信息并没有依第（a）款规定提供。本条规定背后的政策考虑在于为信息发送人增加一项额外的负担，使其保证以信息接收人能够保留的方式提供信息。这对于信息发送人来说确实有些困难，因为信息接收人可能会采用性能不同的各种系统。然而，为了满足其他法律所规定的、使信息可以送达的法律标准，发送人必须保证接收人在收到信息后可以将其保存。然而，如果证据显示，接收人的系统中存在某项设置以阻止其在以后浏览信息，那么发送人的行为是否满足本款规定需要由法庭决定。

4. 第（b）款是对规定了信息或投递方式且并不被本法案所影响的法律的一个保留条款。例如，如果某法律可以规定以美国挂号信方式投递的通知并不受到本法案的约束。用以投递的信息可以光盘等电子形式提供，但是对光盘则必须以挂号性方式投递。对于信息的展示、投递以及格式要求对电子记录和签名同样适用。如果这些法律要求可以电子形式满足，例如其他法律规定可以用等同于 20 磅粗体的方式呈现信息，那么本法案将用于确定媒介的有效性，而将某份电子记录的是否满足其他法律要求的问题交由其他可适用的法律解决。如果法律规定某份记录需要和其他记录同时投递，本法案并不阻止将这些记录以电子形式统一投递，只要这些记录是以其他法律所承认的方式连接或关联在一起的。

5. 第（c）款激励了信息的发送人采用不会阻止接收人保留信息的系统。然而有时发送人可能希望阻止接收人保留信息，以保护知识产权或阻止其他人保留与发送人相关的秘密信息。这种情况是可以理解的，但是如果发送人想要使得包含信息的被发送记录以具有强制力,那么发送人则不能禁止接收人保留该信息。与第(a)款不同的是,第(c)款对所有交易都适用,且明确规定了对接收人不具有强制执行力。第(a)款仅仅适用于其他法律规定了书面形式要求的情况,同时也规定了对于信息发送者来说更加宽泛的责任,以保证信息接收人得以保留信息。

6. 本条的保护性目的为第(d)款所规定的不可放弃条款提供了正当性。然而,因为对于发送形式和格式的类似要求是由其他法律所规定的。在其他法律允许放弃此类保护的情况下,在电子环境下设置更严厉的责任是没有正当性的。

【第9条】电子记录和电子签名的归属与影响

【第(a)款】电子记录和电子签名归属于做出行为的人。该行为可以任何形式表现,包括在决定该人是否为电子记录或签名的归属者时所采用的有效安全程序。

【第(b)款】根据第(a)款规定判断电子记录和签名的归属,需要考虑其在创造、签署或采纳时的签名背景和周围情况,包括当事人双方的协议(如有)和法律另行规定。

评论

1. 根据第(a)款的规定,只要电子记录或电子签名是自然人行为的结果,那么该记录或签名就归属于他。如此归属的法律效果由第(b)款规定。本条并不改变现有法律对归属的规定,而是确保了类似规定可以在电子环境下适用。行为包括自然人或其代理人、电子代理人(即工具)的行为。尽管本条规定可能陈述的是显而易见的事实,但是它确保了记录或签名并不会被归于机器的行为,而是会被归于操作机器或编写程序的自然人。

在下列情况中,电子记录和电子签名将会根据第(a)款归属于自然人:

A. 自然人将其姓名作为购买要约的一部分写入电子邮件;

B. 获得授权的雇员,将雇主的名字作为购买要约的一部分写入电子邮件;

C. 自然人的计算机会根据程序设定,在收到某部门的存货信息时自动发出购买要约,该要约中包含该自然人的姓名或其他可以识别身份的信息。

在上述情况中,如果以纸作为媒介发出要约,本法案之外的其他法律会将该行为归属于上述自然人。第(a)款明确规定在适用电子媒介时会发生相同的法律效果。

2. 本条不会影响用签名作为手段将某份记录归属于自然人的情形。事实上,签名通常是将某份记录归属于自然人的主要凭证。在前面的例子中,只要电子签名被判定归属于某人,电子记录就同样归属于他,除非他可以证明存在欺诈、伪造或其他无效情形。然而,签名并不是判断归属的唯一手段。

3. 传真的使用提供了除签名以外来判断记录的归属的信息。一份传真可能会因为页面上方显示的发送机器名称而被归属于某个自然人。类似的,可以根据传真的信头而将其归属于发送人。一些案例判决表明,信头实际上构成了签名因为它是信息发送人用来证明传真真实性的标记。然而,在这些案例中,构成签名的判决是基于当事人意图的考虑。另一些案例认为传真信头并不构成签名,因为当事人并不存在这种意图。关键在于,无论是否存在签名,电子记录所包含的信息可能会成为将其归属于某方当事人的足够证据。

4. 以电子形式呈现的某信息可能并不指向某份文件或某个人。数字密码、个人身份号码、公共和私人的关键性组合等都可以证明一份电子记录或签名的归属。安全程序当然也是建立归属的另一种证据。

以立法形式将安全程序作为确定归属的特别参考,是因为在电子环境下安全程序存在独一无二的重要性。在某些程序中,技术上的安全程序可能是最好的证据,以证明某份特定的电子记录或签名归属于某个人。在特定的情况下,使用安全程序做出的与商业有关的电子记录和相关签名可能是反驳有黑客攻击存在的必要理由。参考安全程序的使用并不是为了表明其他证明归属的证据具有较弱的证明力。同样重要的是,应该明确采用程序的难度并不能影响某项程序作为安全程序的状态,只能影响安全程序作为判断归属的证据时所具有的证明力。

5. 本条款适用于确定"点击通过"型交易的效力。在点击通过型交易的过程中,如果以签名的意图来签署,则构成电子签名。参见电子签名的定义。在匿名点击通过的情形下,证据问题最为关键。本条将用于在具备前置证据(包括以安全程序追踪到可能得点击来源)情况下,确认由此得出的电子记录归属于某个人。

6. 一旦认定记录或签名归于某方当事人,则必须以背景和周围情况确定记录或签名的效力,包括当事人双方的协议(如有)。同时也应在考虑背景的前提下以其他法律规定确定归属的效力。第(b)款指明了确认归属后的记录或签名的效力。

【第10条】变更或错误的效力

如果在电子记录于交易双方的传递过程中,本交易发生了变更或错误,那么适用下列条款:

1. 在双方当事人同意采用安全程序探查变更或错误时，如果一方当事人遵循该程序，另一方没有，且未守约方在遵循该程序的情况下原本可以发现变更或错误，则守约方即可以受电子记录变更或错误的效力约束。

2. 在一项自动交易中，如果当事人与其他人的电子代理商进行交易，且该代理商并没有为当事人提供组织或改正错误的机会，在当事人得知错误存在时，如存在以下情况，即可免受由此产生的电子记录的错误的约束：

A. 该当事人向对方告知了错误的存在，且并没有受该电子记录约束的意图；

B. 该当事人对于错误的电子记录采取了合理的步骤，包括配合对方所提出的合理指示，回复对方（如果被要求），销毁已经获得的对价（如有）；

C. 该当事人并没有从对方获得的对价（如有）中获得任何利益或价值。

3. 如果第一项和第二项都不适用，则变更或错误将根据其他法律规定获得效力，包括有关错误的法律和当事人双方之间的协议（如有）。

4. 第一项和第三项不能通过协议变更。

资料来源：《合同法重述》（第二次），第152条至第155条。

评论

1. 本条仅限于在交易双方电子记录传播过程中发生的变更或错误——包括个人与个人之间（第一项）的交易以及个人和机器之间（第一项和第二项）的交易。本条关注记录在双方之间交换时发生的变更和错误的效力。如果变更和错误发生在文本而非传播过程中，有关错误的法律规定将管辖此类争议。

本条同时适用于变更和错误。例如，如果买方向卖方发出购买100个小工具的要约，但是买方的信息处理系统将100改变为1000，则使得买方发出和卖方接收到的信息不一致，则出现了变更。另一方面，如果买方本打算购买100个小工具，却错打成1000个且发出了该错误信息，即为本条所管辖的错误。

2. 第1项适用于交易双方同意在记录递送过程中使用安全程序以发现变更或错误时，没有遵守该约定的一方，也就是最有条件避免变更或错误发生的一方，无论他是信息发送人还是接收人。本条并没有定义信息来源，因此人类或机器造成的错误都将适用本条款。对于本条没有覆盖的、由安全程序无法探查的变更或错误，将由有关错误的法律条款来解决争议。

3. 第1项仅仅适用于当安全程序本可以探查变更或错误，且一方当事人没能运用该程序以发现变更或错误的情况。此时，与通常情况下关于错误的法律条款规定相一致，对于守约方来说，该项变更或错误是可以被避免的。参见《合同法重述》（第二次）第152条至第154条。

规定守约方可以避免变更或错误的适用，是与《合同法重述》（第二次）第153条、第154条相一致的，因为违约方最有条件避免该错误的发生，因此应当承担该错误带来的风险。此种情况可以构成一方当事人的错误。守约方将可以根据第153条避免该错误的效力，因为其并不承担错误的风险且违约方有理由发现错误。

4. 与第1项相同，第2项在可以适用的情况下，允许守约方免受该错误电子记录的效力约束。然而，本款规定仅适用于在人与机器之间的交易中的错误。在人与人之间的交易中，双方更有能力在行动之前更正错误。然而，当一方当事人与对方的电子代理商之间进行交易且发生错误时，后者不太可能在参考错误记录之前更正错误。

第2项仅适用于由人类造成的错误。如果错误是由电子代理商造成的，将构成系统错误。在这种情况下，系统错误的效力将通过第1项（如可适用）、第3项和通常情况下有关错误的法律规定解决。

5. 本条为采用电子代理商的当事方设置了这样的激励：即设置让对方得以拒绝发送错误记录的保障，或使得对方可以在发送后更改错误。例如，电子代理商可以在程序中编写一个确认窗口，以使其确认其提供的全部信息。这将使对方有能力防止错误记录被发送。类似地，电子代理商可以在收到对方提供的信息之后，回复一封确认函，要求对方必须在交易完成前再次确认信息。这将允许错误的记录得以修改。在任一种情况下，电子代理商可以提供防止或改正错误的机会，同时本款的规定将不被适用。任何错误的效力将由其他法律管辖。

6. 第2项还在当事人根据本款规定使错误记录无效的情况下，为造成错误的个人设置了额外的要求。该个人必须采取了合适的行为将错误告知对方，且其并没有受该电子记录约束的意图。判断行为是否合适，需要考虑一切情况，包括该人联络对方的能力。该个人应当将错误和不愿接受约束的意图同时告知收到电子记录的对方。因为本条规定允许守约方不受合同约束，守约方应当被要求明确地表示其该不受约束的意图。

第二，通常还需要补救措施来重做错误交易。因此，该个人必须返还或销毁任何其所收到的对价，在任何情况下遵循对方的指示。这是为了确保对方对其错误发出的对价享有控制。

最后且最重要的，交易中涉及的中介方可能会遭到损失，因为其不能从该交易中获得利益。本条防止当事人在对价已经投递且不能被返回或销毁的情况下否认交易的发生。例如，如果交易的对价是信息，将不可能退换由对价产生的利益。尽管信息本身可被返还，但获取信息手段的匮乏，或另行传播信息的能力，将会构成守约方所获得的益处，从而防止其否认交易的发生。守约方收到的对价也可能在其第一次有机会返还时发生了价值变化。在这种情况下，并不存在合适的补救措施，且交易本身的效力不能被否认。在上述例子中，根据第2项，当事人构成了因收到对价的利益而不能否认错误记录效力的情况。

7. 在不适用第1项和第2项的所有情况下，对记录中发生的错误或变更，将由当事人双方的合同、其他法律（尤其是有关错误的法律）来解决所有争议。如果据此得到了不同的结果，当事人双方合同的效力将由其他法律判断。如果错误发生在记录的文本中，将适用第12条。此时的判断标准是信息的准确性和可返还性。

8. 第4项规定使得第2项中的错误更正条款与第3项中有关错误的法律的适用不可变更。第2项激励着适用电子代理商的一方为其交易对方建立保障。它也通过树立严格的要求，避免了交易中的个人在根据本条条款行使对合同的豁免权之前，获得不义之财。因此，没有理由允许当事人通过协议变更本条规定。相反，当事人双方应当满足条款所规定的要求。

【第11条】公证与确认

如果法律规定某份签名或记录需要经过公证、确认、证实或宣誓，在满足其他可适用法律的所有条件时，上述行为与电子签名或记录相关联可以被认为满足了这项法律要求。

评论

本条允许公证人或其他授权人员以电子方式从事相关行为，有效地排除了有关印章与密封的要求。然而，本条并没有有关公证的法律所规定的其他要求。与本法案的目的相一致，本条仅仅允许签名和信息以电子方式作为媒介完成。

例如，买方希望通过电子邮件将一份经过公证的房地产买卖合同发送给卖方。公证必须发生在买方在场的情况下完成，买方应当以其作为买方的身份进行宣誓。所有的活动都必须反映在电子买卖合同中，且公证人的电子签名应当作为电子房地产买卖合同的一部分出现。

另一个例子是，买方希望向卖方发送一份收到产品存在缺陷的宣誓书。一位法庭书记员在场根据国家法律授权监督。书记员负责确认誓言及其声明，以及其他所需的信息,都被包含在发送给卖方的电子记录中。在确认誓言和见证买方在电子记录上做出电子签名的时候,书记员同时也将其自己的电子签名写入电子记录。只要满足其他可适用法律的实质性要件且反映于电子记录中,经过买方宣誓的电子记录就如同被抄写在纸上一样获得了效力。

【第12条】电子记录的保留;原始性

【第(a)款】如果法律规定记录需要被保留,那么保留以下电子记录即可满足该规定的要求:

1. 电子记录所包含的信息准确地反映了信息产生后被记录的形态,无论该形态是电子记录或其他;并且

2. 电子记录所包含的信息仍然可以访问以供日后参考。

【第(b)款】按照与第(a)款一致的保留记录的要求并不适用于这样的信息,即其唯一目的是使得记录被发送、传播或接收。

【第(c)款】在满足第(a)款的其他条件下,自然人可以通过其他人的服务满足该款规定。

【第(d)款】如果法律规定一份记录以其原件的形式呈现或保留,或规定了该记录没有以原件形式呈现或保留时的后果,那么以第(a)款规定保留的电子记录可以满足此类法律规定。

【第(e)款】如果法律规定需要保留一张支票,那么以第(a)款规定保留的电子记录的正反面所包含的支票信息可以满足此类法律规定。

【第(f)款】除非本法案之后生效的其他法律明确禁止以电子记录满足特定目的,以第(a)款规定保留的电子记录满足这样的法律规定,即要求一个人以证据、审计或类似目的保留记录。

【第(g)款】本条并不排本国政府的代理机构在其管辖范围内,对记录的保留明确规定额外的要求。

资料来源:《联合国国际贸易法委员会电子商务示范法》,第8条和第10条。

评论

1. 本条处理的是电子记录作为原件和保留件的服务性。只要存在电子记录准确重现了信息的可靠保证,本条就继续建立了本法案使得电子记录和纸质记录对等的主题。这与《联邦证据规则》第1001(3)条和1973年《统一证据规则》第1001(3)条的规定相一致。本条确保了以电子方式储存的信息得以用于所有审计、证据、存档和类似目的。

2. 在电子媒介中,原始文件的概念存在一定问题。例如,当一个人在电

脑上起草一份文件，"原件"要么在光盘中，要么在文件第一次被储存的硬盘中。如果一个人定期保存草稿，那么事实可能是文件先被保存在光盘然后是硬盘，或者按照相反的顺序。在这种情况下，"原件"可能在光盘上，也可能在硬盘上。事实上，可以认为原件仅仅存在于 RAM 中，即当复制件被储存到光盘或硬盘上时，原件就已经被销毁了。在论及记录保留的情况下，关注焦点在于信息的完整性，并不是"原始性"。

3. 第（a）款规定了对信息准确性和可持续访问性要求。准确性要求来自《统一证据规则》和《联邦证据规则》。可持续访问性要求指出了技术过时问题，以及需要向发展中的系统更新和迁移信息的问题。在 5 年至 10 年（许多信息被要求保留的时间段）的时间内，公司不太可能经历一代或多代技术发展。问题在于，这些技术之间可能并不能共存，因而不能将信息从一个系统转移至另一个重新保存。

例如，某项 20 世纪 80 年代早期的操作系统——如内存打字机——在个人电脑的发展下过时了。原本储存在内存打字机中的信息，需要按照满足本条规定的标准转化至个人电脑之内。信息储存的载体也可能会不稳定。例如，储存在软盘里的信息通常比储存在电脑硬盘里的信息缺乏稳定性，且面临着极大的解体危险。在以上任意一种情况下，以电子方式储存的信息必须具有可持续访问性，才能根据本条规定获得效力。

本条允许当事人将纸质的原始记录转化成电子记录用以保留，只要第（a）款的要求得到了满足。因此，在缺少对保留纸质记录的明确要求时，只要根据本条要求以电子记录的形式保存，纸质记录就可以被销毁了。

本条项下的几款规定指向的是电子记录所包含的信息，而不是电子记录本身。作为澄清，保留的关键部分应当是信息本身。什么样的信息需要保留取决于信息被需要的目的。如果电子邮件的地址和路径信息是相关的，那么这些信息就应当被保留。然而如果电子邮件的物质存在本身是相关的，那么仅仅这样的信息需要被保存。当然，明智的记录保存者会保留所有类似信息，因为他并不知晓在以后什么样的信息会是相关的。

4. 第（b）款和第（c）款澄清了辅助信息或第三方使用的问题，并不影响以电子方式储存的记录和信息的可服务性。再次强调，某份信息是否具有相关性只有在之后特定的时间才能知道。

5. 当法律要求保留原始证据时，本条第（e）款可以确认电子记录为原件。此种将电子证据以及电子信息确认为原件的做法与《统一证据规则》相一致。（见于《统一规则证据》第 1001 条第（3）款、第 1002 条、第 1003 条

和 1004 条）

6. 本条第（e）款对于诸多司法辖区的支票保留章程给予特别关注，由波士顿联邦储备银行编制的报告指出，数以百计的联邦法律要求保留或生产原本已作废的支票。根据现行法律，该要求将妨碍银行和其顾客理解有关截断过程的效益与效率。本条能够实现保留电子支票对于银行及其顾客的效益。

7. 本条第（f）款及第（g）款概括地强调其他有关记录保留的法规。与保留纸质票据相同，所有企业与个人都能够从保留电子记录中获得显著的效益。如果交易情况符合本法第 12 条中的标准，第 14 条的规定允许交易各方皆获得这些益处。但是政府将可能保留媒体中的全部记录，其专门机构将识别记录的类型以及强加要求。

【第 14 条】自动交易

自动交易中，适用以下规则：

1. 合同可以由双方当事人的电子代理人协商签订，即使无人知道或无人审查电子代理人的行为或者授权条款与协议。

2. 合同可以由一方当事人的电子代理人和另一方当事人的本人协商签订，允许代理人代表当事人或他人所采取的行动，包括可以拒绝由本人亲自执行的合同协商、个人知道或应该知道的可以由电子代理人完成交易以及执行的行为。

3. 合同条款问题是由其适用的实体法所决定的。

评论

1. 本条确认合同可以由机器签订，该机器应该可以作为交易双方的电子代理人进行协商。本条也确认缺乏当事人真实意图的主张无效，合同自签订时即不发生效力。若机器参与合同订立，则交易各方必要的意图需要通过编程和操作表达。在其他情况下，上述规定是有益的、并且与本法的基本目的相一致，为电子交易难以适用实体法时清除了些许障碍，如：错误的法律，订立合同的法律，第 14 条的规定可以最大限度地消除其影响。

2. 第 2 项所述程序能够确认以匿名点击形式进行的交易有效。匿名的点击过程可能会导致不可识别的法律关系，例如，向个人网站寻求不透露身份的访问以及指明对于任何限制、责任的同意时，即使网站对其授予该权利，该情形下也不产生法律关系。

另一方面，根据特殊条款以特定的行为表示同意也有可能。例如，访问某网站时，网站首页告知其该网站载有的信息是专有的。此时，他人因个人目的而对网站信息的使用，应该得到网站所有者的允许。如果点击"同意"

按钮被视为网站所有者对于他人利用其信息的同意,若他人点击"同意"按钮并下载与利用信息,则该行为不被禁止。

如果网站所有者仅能以上述方式表示对于其网站信息利用的同意,则他人获得查看目标信息的权限后,必须点击"我同意"按钮。访问网站的人在了解点击行为将使他获得该网站信息使用权限的基础上,若他完成点击行为,则意味着"该交易完成"。由此产生的合同条款将根据一般合同原则确定,但作为向他授予网站信息权限的前提条件,合同条款也将包括对于其信息使用的限制。

评论2中所述的交易记录中也包括电子签名,访问者点击"我同意"按钮将意味着其愿意接受法律义务的约束,并由此产生交易记录。若其他适用的法律要求进行"书面签名",则该交易将被强制执行;若对于"书面签名"并无要求,根据本法第9条归因于访问者的电子记录亦足以建立,其归属可以用任何合理的方式显示,包括显示他人只有经过必要程序才能获取信息。

【第15条】发送与接收的时间和地点

【第(a)款】除非发送方和接收方间另有约定,电子记录的发送指:

1. 电子记录将被信息处理系统正确地处理或以其他方式妥善管理,接收方能够指定或使用信息处理系统接收该类型的电子记录与信息或者能够检索该电子记录;

2. 电子记录的形式应能够由接收方的信息系统处理;

3. 电子记录应进入发送方或代表其发送的发送者控制之外的信息处理系统,或者进入接收方控制并使用的信息处理系统区域;

【第(b)款】除非发送方与接收方间另有约定,电子记录的接收指:

1. 电子记录进入接收方指定或用于接收该类型电子记录或信息并能够检索该电子记录的信息处理系统;

2. 电子记录的形式应能够由接收方的信息系统处理;

【第(c)款】即使接收信息的信息处理系统实际所在地不同于本条第(b)款所规定的电子记录应接收地,本条第(b)款仍然适用。

【第(d)款】除非电子记录中另有明确规定或者发送方和接收方间另有约定,则电子记录的发送地视为发送方的营业地,电子记录的接收地视为接收方的营业地。根据制定本条款的目的,适用以下规则:

1. 若发送方或接收方存在一个以上的营业地时,则该方营业地为其所有营业地中与基本交易的联系最为紧密的营业地。

2. 若发送方或接收方不存在营业地时,则营业地可以视情况定为发送方或接收方的居所地。

【第(e)款】根据本条第（b）款接收的电子记录，即使无人知道该接收也视为已接收。

【第(f)款】本条第（b）款所指的发自信息处理系统的确认接收的电子通知，能够表明该电子记录已被其接收，但是并不能表明发送内容与接收内容一致。

【第(g)款】若电子记录据称已根据本条第（a）款的规定发送，或据称已根据本条第（b）款的规定接收，但实际上当事人知道该电子记录并没有被合法地发送或接收，则此时的发送或接收行为的法律效力由其他适用的法律确定，除非另有其他法律许可，本条款规定不可协议变更。

资料来源：《联合国国际贸易法委员会电子商务示范法》第15条。

评论

1. 本条为电子记录于何时何地完成发送或接收提供默认规则，本条不涉及电子记录发送或接收的有效性，而涉及一个电子记录是否可以被接收方理解或使用。难以辨认的记录的有效性、记录对交易各方是否具有约束力，皆为留待其他法律解决的问题。

2. 本条第（a）款确定电子记录的发送时间，一旦确认电子记录已发送，发送的效果以及导入由其他法律确定。本条要求信息被妥善处理或将其导向接收方。本条所指的电子记录发送，必须是存在具体的、直接发送给指定接收方的信息。虽然并不排除大规模电子发送，但是一般发送给系统而非个人的广播信息，不可以视为本法意义上的发送。

一旦电子记录不再受发送方控制，该记录即可视为已发送或被接收方控制。通过邮件或互联网发送的记录将通过诸多不同的服务器系统进行传送。因此，当电子记录通过一个以上的服务器系统即为发送方失去对电子记录的控制的关键要素。然而，由于诸多信息传送系统的结构，电子记录可能实际上从未脱离发送方的控制。例如，某大学或企业的环境中，电子邮件在系统内部发送给其他成员，技术层面而言，由于该电子邮件从未离开该组织的服务器，故并未脱离发送方的控制。

因此，拥有"发送"资格的电子邮件必须由接收方控制。本条未涉及发送后又被撤回的电子记录的效力。例如：将其从邮箱中删除。根据本法第8条中提供电子信息的情况下，接收方接受信息的能力应该视发送方是否曾做出妨碍信息检索的行为而定，尤其是在信息发送的情况下，因为发送方必须将记录导向接收方指定或使用的信息处理系统。

3. 本条第（b）款概略地规定，当电子记录进入接收方指定或使用的系统以及接收方有权访问的系统时，接收的电子记录应该表现为能被该系统处理的形式。但接收方系统的监控数据能够消除接收方在服务器上留下的信息或者其他服务信息，从而避免接收电子记录。本条也未解决发送方如何证明接收时间的问题。

本条第（b）款的规定要求信息处理系统应为接收方使用或者指定，以确保接收方保留对于接收地的控制权。此外，发送信息的类型应能够被接收方指定或使用的系统处理。许多人拥有多个用于不同目的的邮箱地址，本条第（b）款确保接收方能够指定特定的电子邮箱地址或系统用于完成特定交易。例如，接收方保留指定家庭电子邮箱用于私人事务、指定工作电子邮箱用于商业事务的权利，或者在整体组织中设置单独组织的电子邮箱用于商业事务。

若 A 向 B 的家庭邮箱发送关于商业事务的通知，那么，在 B 指定其商务电子邮箱地址为唯一的用于商业目的的邮箱地址的情况下，该通知可能无法视为已被 B 接收，而该"接收"是否具备资格应由其他适用的实体法决定。

4. 本条第（c）款与第（d）款为确定电子记录应该在何地完成发送或接收提供默认的规则。重点在于接收方的营业地而非接收信息的信息处理系统所在的地理位置，因为该地理位置可能与当事人间的交易没有任何关系。当电子商务用户跨州进行联系时，一般意义上他无法得知支持当事人间进行联系的信息系统所在地。此外，在交易各方皆不知情的情况下，某些通信系统的地理位置也可能会改变，关于发送或接收电子记录的信息处理系统的地理位置问题应适用其他法律解决。因此，真正相关的位置应该是电子记录发送方或电子记录接收方的位置，而非信息处理系统的位置。

本条第（d）款保证当事人拥有变更指定电子记录应被发送或应被接收的地点的权利。根据第本条第（d）款，当事人一方可以单方面指定发送或接收电子记录的地点，但是该权利应受其他法律的限制。

5. 本条第（e）款明确规定，接收的存在与否并不取决于某人个人系统中的记录通知。当电子记录到达指定的系统中时，无论接收方是否已检索到该记录，此时都视为接收行为已完成。

6. 本条第（f）款为确认电子记录已接收的效果提供明确的法律依据，本款仅仅明确了接收的事实，而不涉及电子记录内容是否符合法律要求或者电子记录是否已被读取的事项。

7. 当对电子记录的发送和接收存在法定要求时，本条第（g）款限制当事人对本条第（a）款、第（b）款中所述发送或接收电子记录的方法进行变更的权利。若法定要求源于其他实体法，则当事人应在其他法律规定允许范围内对电子记录的发送与接收方法进行协议变更。本法案对此没有任何额外要求，但本法案的规定可能在一定程度上被其他法律变更。

【第 16 条】可转让记录

【第(a)款】本条中"可转让记录"是指符合下述条件的电子记录：

1. 若电子记录为书面形式，则须为《统一商法典》第 3 条规定的注释或者第 7 条规定的文件。

2. 电子记录的发行方已明示该电子记录为可转让记录。

【第(b)款】若用于证明可转让记录权益转让的信息处理系统确实证明某人即为可转让记录的发行方或转让方，则该人拥有可转让记录的控制权。

【第(c)款】若可转让记录以下述方式创造、储存、分配，则完成该过程的系统符合本条第（b）款的规定，并且从事并完成该过程的个人视为拥有可转让记录的控制权。

1. 可转让记录的正本存在，且其是唯一的、可识别的，除非本款第 4 项、第 5 项、第 6 项另有规定。

2. 正本确定对该可转让记录拥有控制权的人为：a. 可转让记录的签发对象；b. 若正本表明可转让记录已转让，则控制权所有人为可转让记录的最后转让对象。

3. 正本应传达给主张控制权的人或其指定的管理人，并由其对副本加以保管。

4. 只有得到主张控制权的人的同意，才能够制作增加或改变已确认受让人的副本或者修正本。

5. 正本的复印件及该复印件的复制品皆不可被视为正本。

6. 对于正本的任何修正皆可被视为已得到授权或未得到授权。

【第(d)款】根据《统一商法典》第 1—021（20）条的规定，除非另有约定，可转让记录的控制人即为该记录的持有人，拥有与《统一商法典》规定的同等记录或书面文件的持有人相同的权利和抗辩。若符合《统一商法典》第 3—302（a）条、第 7—501 条或第 9—308 条规定适用的法定要求，则持有人在下述情况下享有权利与抗辩：正当过程的持有者、正式进行文件协商并转让的受让人或购买人。取得和行使本条规定的任何权利，无须以交付、占有或背书为要件。

【第(e)款】除非另有约定，可转让记录交易的义务人拥有与《统一商法典》关于同等记录或书面文件规定中的同等义务人相同的权利和抗辩。

【第(f)款】若要求对某人实施强制执行措施,申请强制执行的可转让记录人应提供关于该人控制可转让记录的合理证明。证据可以包括:该人可得到可转让记录的正本、足以审查可转让记录条款或确认可转让记录控制人的身份的相关商业记录。

资料来源:经修订的第9—105条。

评论

1. 现实交易中,纸质流通票据和文件是唯一的,其作为有形的交易象征实际上体现了交易各方的权利与义务。创制唯一的体现纸质流通文件或文书属性的电子化的象征极其困难,其难点体现在不能将有关流通文件及文书的规则简单地修改成允许电子记录使用,然而,由于商业活动各方都能够在电子交易中获得本条所承认的益处,因而有必要建立相关规则。

本条针对电子记录的发行方与义务方,为电子票据与文件的创制、流通、强制执行提供法律依据。此外,本条所体现的确定性也为与本产业有关的系统与流程的发展提供必要的支持,其中涉及时间与资源的支出,并且使电子文件可以使用。电子化的同等交易将为记录降低成本、提高效率与安全度,因此促进系统的发展至关重要。存储数十亿纸质票据以及文件的成本与空间需求非常惊人,此外,自然灾害也可能会使得纸质文件的保留、检索、传递无法符合法律的要件。而符合本条严格规格的电子系统的发展将可以保留与正本完整性相同的副本,并且该种形式的存储将降低流通及其他流程的成本、提高安全度,同时,交易符合管理纸质记录的法律所规定要件的能力也将提高。

本条规定电子记录持有人能够控制电子记录的创制,持有者在正当情况下能够从中获益并且获得法律上善意购买人的地位。若要在产业中实现电子传媒的效率与效益,必须使纸质本票交易能够完全以电子形式完成,特别是该类型交易的其他方面也应该以电子的形式完成,交易将无须使用纸质票据。除缓解物流方面的问题外,文件的存储与检索以及与交易相关的联系、转让等的成本也将降低。

2. 可转让记录的定义在两方面被限制:

第一,仅纸质本票以及可转让所有权凭证的同等物能够被创制为可转让记录。票据和可转让所有权凭证对涉及更广泛支付机制的系统不产生影响,例如:系统检查。允许"电子支票"的使用而对检查收集系统产生的影响不在本法案规定范围内,因此,《统一商法典》第3条与第4条规范的交易不适用本法案。在不涉及系统性问题的前提下,第 16 条中针对本票同等物的限制,对协商处理许多执行问题也非常重要。

第二,若电子记录为书面形式,则除第 16 条限制电子记录具备可转让本票或文件资格的规定外,电子记录的发行方也必须明确同意该电子记录可作为可转让记录。可转让记录作为"电子记录发行方明确同意电子记录为可转让记录"的定义表示该电子记录本身可能载明发行方的同意条款,尽管同期的电子或书写记录也有可能会载明发行方的同意条款。

但是,将发行的纸质票据转换为可转让记录的确无法实现,因为如果出现这种情况,则电子记录的原发行者将丧失发行方的地位,进行该限制的目的在于确保可转让记录仅能在发行时被义务人创制。第 16 条的规范不包括纸质票据被转换为电子记录继而被故意销毁的可能性,以及该行为可能产生的影响。

由于法律针对义务人应明确同意电子记录可作为可转让记录使用的要求是法定条件,因此这并不影响可转让记录的特性(即不影响该记录发挥纸质票据的作用)。此外,除能够由可转让记录证明的支付义务外,发行方无须承担其他任何义务。因此,根据《统一商法典》第 3—104 条第 1 款第 3 项,上述法定条件并未增加使用可转让记录的法律要件。

3. 根据第 16 条,获得电子记录控制权可作为表明占有该记录的纸质证明的替代物,即本条所述的控制权可以替代交付行为、流通本票或可转让所有权凭证的背书与占有。若用于证明可转让记录交易中利益交换的系统确实可以证明宣称拥有控制权的某人为可转让记录的发行者或转让者,则该人可以获得本条第(b)款所规定的控制权。无论是否涉及第三方注册或技术保障,系统必须确实证明有权支付者的身份,因此本条第(c)款为系统运作的安全进行严格的规范。本条第(c)款的具体条款源于修订的《统一商法典》第 9—105 条。一般情况下,可转让记录必须是唯一的、可识别的,除非经特别允许,该记录不可更改。正本必须:a. 确认宣称拥有电子记录控制权的人为该记录的发行者或最后转让对象;b. 由宣称拥有电子记录控制权的人或其指派者保存;c. 除非获得电子记录控制权者的允许,否则正本不可变更。此外,任何正本的副本皆必须易于识别,已授权或未授权的副本和所有修订本也必须易于识别。

获得控制权的要件可经由可信的第三方注册系统得到确认,这种系统目前由涉及证券权益转换的《统一商法典》第八章加以规范,用于美国农业部支持棉花仓库收据转换的计划。若本条第(c)款的标准满足,则本法案承认该类型系统的使用。此外，根据第16条，能够符合这些严格标准的其他技术系统也将被允许使用。例如，若本票或文件曾为纸质，借方因此与贷方签署电子记录且明确同意该电子记录可作为符合本条所述的可转让记录，则贷方可以使用新开发的记录、加密与存储电子信息的技术系统证明贷方是该可转让记录的发行方。在该情况下，贷方也能够以可转让记录的注册者身份而与第三方进行交易，保留的记录将证明对记录进行发行以及后续转让的当事人。实践中以确保控制为目标的方式的案例，就是根据《美国联邦法规》第七章第735条规范建立的进行棉花仓库收据电子化记录发行和转让的系统。

使用该系统的重要意义在于使电子记录以安全与明确的方式在交易各方间转让，并确保仅存在唯一的"持有人"。本条第（c）款概述了系统对于该严格标准的确定性与安全性的需要。依靠第三方注册的系统可能是满足本条第（c）款要求的最有效的方式，即能够确保可转让记录是唯一、可识别且不可变更的，同时也能够指明受让方，确定其身份。

须牢记的是，起草第16条的目的是为确定何者拥有电子记录控制权提供足够的法律确定性，且本法的激励机制将会控制系统的发展。第16条的起草过程中，美联储的代表仔细审查了国家支付系统电子化在各方面将产生的影响。本条代表一项妥协的立场，等待更详细的研究以及针对法律演变的思考结束后再做出最终决定，若存在最终解决方案的话，则在支付系统影响的环境中该方案应该是合理且必要的。因此，本条将交易各方从流通性原则中获取的重要权利限制在必要范围内，其目的在于允许符合控制权严格要求的系统获得发展。

4. 本条未规范的部分应予重视，具有执行性的发行行为针对的是中间受让者以及转让者（即根据文件说明的背书人责任）。附加于文件说明的担保责任以及基本义务中，持有可转让记录能产生影响的事项皆没有在本条中加以规范，但上述诸问题皆必须由可转让记录的交易各方通过协商加以解决，若交易各方未能对问题进行协商，则这些事项应该由其他可适用法律加以解决。其他可适用的法律可能包括：《分配与假设的通用合同原则》，或类推适用《统一商法典》第3条。

例如，若电子记录发行者同意将可转让记录转让给债权人以偿还其债务，此时除非发行方与债权人之间达成以可转让记录延迟履行潜在债务的合意（见《统一商法典》第3—310条），债权人依旧可以无视可转让记录而申请对债务进行强制执行。同样，若债权人将可转让记录转让于第三人且令第三人获得可转让记录的控制权，则第三人可以取得在正当情况下持有者的利益，并且能够对抗原发行者或义务人。但此时除非债权人同意保留对于可转让记录的责任，否则第三人对债权人的追索权并不明确。虽然《统一商法典》第3条的规则可能在合适的场合被类推适用，但若缺乏针对可转让记录的明确同意或其已被其他适用的系统规则所包含，则转让的责任依然不清晰。

5. 目前商业模式的存在，主要借重其在流通效益方面发挥的作用。典型的例子即为，涉及促进抵押贷款并支持证券业发展的第16条的条款。在抵押经纪人的原发抵押贷款进行一系列转让之后，商业文件的聚合器应获取作为抵押担保的本票。在文件的转让过程中，票据的购买者以及购买者的贷方或担保方都应该参与。文件的最后购买方将拥有正当情况下的记录持有者以及善意购买者的地位，即最后购买方将获得必要的法律保障，他可以发行其所购票据能够证明的义务所支持的投资证券。购买者将只能通过其正当持票人地位抗辩第三方的索赔请求，同时最后购买者也仅可通过其正当持票人地位避免过重义务的负担以及确保转让交易的各方在交易中放弃对于可能出现的任何情况的抗辩权。

6. 本条为独立规定，虽然对《统一商法典》的第3条、第7条、第9条的具体规定有所参考，但这些规定已被纳入本法案并使其以本法案的意旨进行适用，本条第（d）款、第（e）款规定了交易各方对于可转让记录的权利。本条第（d）款规定了控制可转让记录的交易方的权利，同时明确了这些权利是由本法而非其他法律加以规定。本条第（d）款末句的目的在于明确获得占有的法定要求，但从根本而言，占有概念与电子记录概念并不一致，故其未被纳入本法案。

若某人获得可转让记录的控制权，则本条第（d）款规定该人即为该可转让记录的持有人，其地位相当于与之类似的纸质流通票据的持有人。更重要的是，若要求获得控制权的人以一种正当情况下将使其成为类似纸质记录控制权人的方式控制该可转让记录，则该人可以获取正当持票人的权利，此时无论是否存在权利请求或抗辩，控制人都可以因此针对义务人对该可转让记录进行强制执行。然而，通过将这些权利规定纳入第16条，根据《统一交易法》第三章，本法案并未使本票的大规模电子化交易生效。

此外，理解本条规定的可转让记录非常重要，当《统一商法典》第3条的规定没有对应部分时，第16条所述的可转让记录即为《统一商法典》第9条规范下的"账目"、"普通无形资产"或"虚拟支付"。因此，两部法律的不同部分都可适用于权利人的该资产。本条所述的可转让记录持有者可能获得《统一商法典》第9条规定的购买者权利，然而，除非文件被《统一商法典》第9条的规定完善，否则这些权利可能无法对抗原记录持有者的破产管理人。当然，控制权所有者亦可通过破产管理人或留置权人在适当情况下将记录控制权授予另外的第三人。

7. 本条第（e）款规定可转让记录的义务人与相同纸质记录的义务人在法律地位上相同。因此，除非放弃电子记录中的抗辩条款或记录的受让方获得本条第（e）款所规定的正当持票人权利，否则义务人可以拥有合同协商中所订的全部权利以及抗辩。此外，义务人有权拥有支付记录或其他包括电子记录部分的文件。

8. 本条第（f）款授予义务人拥有可转让记录以及其他确保正确交易者进行支付的信息的权利，这将允许义务人保护其利益并获得针对拒绝支付或执行的抗辩权。此点非常重要，因为合理获得后续控制权的人可能亦会在执行可转让记录支付的情况下获得记录持有者的地位。

9. 本法案的主旨仅在于验证商业交易中使用的电子媒体，而第16条是本法案中唯一的例外。本条的规定实际上为扩大电子商务交易提供了方法，并向贷方以及投资方确保新型的金融服务可以实施。本条所提供的法律保障将会促进技术系统的发展，此外，金融服务业中通过电子交易实现显著成本节约和效率的商业模式亦会因此得到发展。尽管仍然需要对关于电子文本流通性的诸多问题进行更详细的考虑，但是本条已为此奠定基础并将促进对于技术化商业模式发展的研究。

【第17条】电子记录的创作和保留

政府机构对于书面记录的转换：本州的每个政府机构、受委任的政府官员应决定是否以及在何种程度上由政府机构创作、保留电子记录，并将书面记录转换为电子记录。

评论

见本法第19条后评论

【第18条】政府机构对电子记录的接受和分配

【第（a）款】除非本法第12条第（f）款另有规定，本州每个政府机构、受委任的政府官员应决定是否以及在何种程度上由政府机构向当事人发送或接收电子记录和电子签名，或者由政府机构创制、生成、流通、存储、处理、使用、依赖电子记录和电子签名。

【第（b）款】政府机构根据本条第（a）款所规范的程度内使用电子记录和电子签名，该政府机构以及受委任的官员可以基于安全性的考虑对下述各项进行规定：

1. 创制、生成、发送、流通、接收、存储电子记录以及为实现该目的而建立的系统所应使用的方式或形式；

2. 若电子记录必须以电子方式签发，则所需电子签名的类型、必须附着有电子签名的电子记录的方法或形式，以及某人通过任何第三方地位签发文件完成该程序或必须满足的标准；

3. 合理控制流程与程序以确保电子记录被充分地保存、处置以及确保该记录的完整性、安全性、保密性和可审计性；

4. 指定用于配合非电子记录的记录所必需或某些情形下应需的任何其他属性。

【第(c)款】除非本法第12条第（f）款另有规定，否则本法案不要求本州政府机构使用或允许适用电子记录或电子签名。

资料来源：《伊利诺伊州州法》第25—101条、佛罗里达州《电子签名法》第96—324章第7条（1996）。

评论

见本法第19条后评论

【第19条】互操作性

依据本法第18条采取标准的本州政府机构或受委任的官员可以鼓励或促进本州或其他州的政府部门以及联邦政府、与本州政府机构交易的非政府人员采取类似保持一致的标准与互操作性。上述标准可以适当根据不同标准进行特别处理，本州政府机构可从不同标准中选择最合适的标准加以特定适用。

资料来源：《伊利诺伊州州法》第25—115条。

参见以下立法注释——下述评论

评论

1. 第17条至第19条为选择性规定，各州可以自主选择适用。电子商务交易的障碍主要在于国家政府机构对于电子媒体的使用——政府机构的内部交易或其与私营部门的外部交易。在这些情况下，政府机构作为商业当事人一方参与交易，例如，在政府采购领域。本法案关于普通验证的条款将予以适用，即政府必须同意以电子化的形式与供应商或政府服务的客户进行交易。

2. 本法第17条至第19条的规定非常广泛且普遍适用。本法案的制定旨在促进电子记录的官方使用与交流，因该意旨在一些州已实现，故在其他一些州施行上述条款并非必要。然而许多州仍然需要并希望制定广泛的验证规则，因此，本法案规定这些部分作为基准。然而最重要的是各州需要确保无论采用何种系统和规则，这些系统将能够与其他官方机构以及私人机构的公共系统兼容。现实的风险在于大量政府机构以及办事处没有考虑兼容性问题，这将阻碍系统的执行。

3. 本法第17条至第19条为个别州对于最大灵活性以及适应的具体需求提供了广泛且普遍适用的规则，这些规则适应了不同政府机构的组织与结构差异以及变化。然而，在国家设定的参数范围内，各州必须始终合理地协调系统与规定以除去障碍。

4. 本法第17条授权国家机构能为政府内部的目的而使用电子记录和电子签名，并将书面记录与手写签名转换为电子记录与电子签名。该条款的规定允许立法机关选择是否将对于电子记录使用或转换书面文件与签名的决定权交给政府机构，或者将该义务分配与某委任的国家机构。第17条亦规定在将书面记录转换为电子记录之后，原书面记录可被销毁。

5. 本法第18条对国家机构广泛授权，使其能在与非政府机构交易时发送或接收电子记录与签名。同样，该规定是宽泛的而非强制性的（见第18条第（c）款）。然而，该规定对作为证据使用的电子记录有特别规定，除非特定机构明确选择，否则将适用本法第12条。

6. 本法第19条是上述三项条款中最为重要。该条要求政府机构或国家官员颁布标准时，应考虑到适用的一致性以及可行范围内的互操作性。第19条着重解决的是有关适用不一致可能导致的障碍将比目前所存在的障碍更严重的问题。若无统一方向，大量独立发展的系统将为电子商务交易增多障碍，而非减少障碍。互操作性的关键在于灵活性和适应性，单个系统的个别要求可能与诸相异系统的增多同样是严重的障碍。

关于适用第17条至第19条的立法注意事项

1. 第17条至19条是选择性条款，各州立法机构可以选择适用，这一点已被明确说明。若第1条至第16条被采用，则第17条至第19条的适用或排除将不会对本法适用的均匀性产生不利影响。在某些州中，第17条至第19条的规定并无必要，因为其立法在授权政府对电子媒体的使用以及执行措施方面已经完善。但是，第17条至第19条的普通授权可能对某些希望向该领域前进的州而言非常重要。

2. 若某州议会选择适用第17条至第19条，则必须解决一些问题：a. 根据第17条至第19条，使用电子媒体的普通授权是否能够符合某特定司法辖区的要求？更详细且具体的授权条款是否必要？如何选择监督电子媒体使用的合适实体或个人（见下段），这些问题将对决定产生影响。第17条至第19条在授权方面做出广泛且普遍适用的规定。当然随着该条款的适用，该条款将更加具有特异性。当下，立法机关面临的问题在于是否需要更大的方向性和特殊性。若是如此，则此时立法机关不应该制定第 17 条至第 19 条。b. 假设某立法机关决定制定第 17 条至第 19 条，那么何种实体或个人应对政府使用电子媒体的行为进行监督？正如第 17 条至第 19 条中每项条款所标注的，该州必须选择相关实体对系统以及电子媒体使用的管理规则做出重要决定。各州都将需要考虑其各自特殊的结构以及做此决定的行政机构。然而在做此决定的过程中，立法机构应该着重考虑的是兼容性和互操作性。c. 最后，关于在州政府的分支机构及州内不同等级的政府机构之间实现电子系统协调运作的过程中，必须要做出决定，这将再次要求各州考虑其独特的情形。

3. 若某州选择不制定第 17 条至第 19 条，则当政府机构在适当范围内以当事人身份从事商业交易时，《统一电子交易法》第 1 条至第 16 条仍然可以适用。交易的定义包括政府事务。与其他任何交易方相同，交易情况必须表明政府已同意以电子化的形式进行交易（见本法第 5 条第（b）款），但除此之外，自本法第 1 条至第 16 条的所有规定皆将适用，对涉及政府机构的使用电子记录或签名的交易加以验证。

如若某州选择制定第 17 条至第 19 条，则本法第 1 条至第 16 条将继续如上述方式适用，此外，第 17 条至第 19 条将允许在政府内部使用电子媒体。最后，第 17 条至第 19 条也为该州系统的发展以及该州政府与非政府机构、人员间以电子媒体的形式进行交易做出了广泛的授权。

【第 20 条】条款独立性

若本法案的某部分或其对某些人或情形的适用被裁定为无效，该无效不影响其他条款或不依赖于该无效条款或无效适用的本法案生效部分的适用，因此本法案的各部分是相互独立的。

【第 21 条】生效日期

本法案自 1999 年 8 月 4 日起生效。

儿童互联网保护法[*]

【第1701条】简称

本篇可称为"儿童互联网保护法"。

【第1702条】免责声明

【第1款】关于内容的免责声明:

本篇或本篇所做修正的任何内容都不能被解释为,禁止地方教育机构、中小学或图书馆阻碍其拥有或操作的计算机接入网络获取内容,本篇或本篇所做修正规定的内容除外。

【第2款】关于隐私的免责声明:

本篇或本篇所做的修正的任何内容都不能被解释为,需要追踪任何可识别的未成年人或成年人的互联网使用活动。

【第1703条】技术保护措施研究

【第1款】一般情况——在本法案实施之日起18个月内,国家远程通信与信息管理局应当发起一项通知和评论程序以——

(1)评估当前所实施的商业网络阻碍和过滤软件等技术保护措施是否充分满足了教育机构的需求;

(2)提供满足需求的措施的改善建议;及

(3)在社区反馈之后,评估当前实施的地方网络安全政策的发展和效力。

【第2款】定义——

在本条中:

(1)技术保护措施——"技术保护措施"是指对如下视觉图像内容的网络接入进行阻拦或过滤的特殊技术

(A)淫秽作品,本法中"淫秽作品"的含义取《美国法典》第18篇第1460条的规定;

---

* 译者:张芳,北京大学法学院;陈竞之,北京理工大学法学院。
校对:盛星宇,北京大学法学院。

(B)儿童色情作品,本法中"儿童色情作品"的含义取《美国法典》第18篇第2256条的规定;

(C)对未成年人有害。

(2)对未成年人有害——"对未成年人有害"是指任何照片、图像、图形图像文件及其他视觉图像满足下列情况——

(A)从整体上看,会使未成年人产生裸体、性、排泄上的反应或欲望;

(B)以适合未成年人的方式明显展现、描述及表现实际或模拟的性行为、性接触,正常或变态的性行为以及以淫荡方式展现生殖器;及

(C)从整体上看,缺乏严谨的文学、艺术、政治、科学价值。

(3)性行为;性接触——本法所指"性行为"及"性接触"取《美国法典》第18篇第2246条的规定。

第一章 教育机构计算机的联邦投资

【第1711条】学校特定资金的可用性限制

1965年《中小学教育法》的第三篇在结尾处增加以下内容:

F部分——学校特定资金的可用性限制。

【第3601条】学校特定资金的可用性限制

【第1款】网络安全

(1)一般情况——根据本法第1721条修改的1934年《通信法案》第254条h款的规定,地方教育机构将不向未享受网络服务折现率的中小学提供用于购买接入网络的计算机或支付网络接入费用的资金,除非该学校、学校董事会、地方教育机构以及其他学校行政管理部门——

(A)(i)为保护未成年人网络安全制定实施网络安全政策,包括对接入网络的计算机采取技术保护措施以防止下列视觉图像的侵入——

(I)淫秽作品;

(II)儿童色情作品;或

(III)对未成年人有害;及

(ii)在未成年人使用网络过程中,实施技术保护措施。

(B)(i)实施网络安全政策,包括对接入网络的计算机采取技术保护措施以防止下列视觉图像的侵入——

(I)淫秽作品;

(II)儿童色情作品;及

（ⅱ）在使用网络过程中，实施技术保护措施。

（2）履行时间及适用性——

（A）一般情况——条款（1）中规定的地方教育机构应当证明学校满足条款（1）的要求，且作为本法案生效日起至下一个项目投资年的部分进程，以及此后每一个附随的项目投资年。

（B）程序——

（i）实施网络安全政策及技术保护措施的学校——

条款（1）中规定的地方教育机构应当确保实施符合条款（1）要求的网络安全政策的学校在每年项目实施过程中满足本法案条款（1）的要求。

（ii）未实施网络安全政策及技术保护措施的学校——

地方教育机构对未按条款（1）的规定实施网络安全政策的学校——

（Ⅰ）在项目生效后的第1年内，募集资金过程中，应提供未来将实施满足要求的网络安全政策的步骤证明，包括任何必要的采购程序；及

（Ⅱ）在项目生效后的2年内，募集资金过程中，应提供学校遵循要求的证明。

项目生效后第2年内，相关地方教育机构仍未证实符合要求的，该学校在提供证明以前，根据本条规定，将不能享受资金提供。本条对其附随项目也同样适用。

（iii）豁免——

如果国家、地方的资格获取条例，竞争性招标要求禁止本法规定的证明，未符合要求的学校可不受第（ii）条（Ⅱ）款的限制。有关地方教育机构应当向部长告知学校对本条款的适用。该通知应当证明学校将在募资项目生效之日起两年内，满足条款（1）中规定的要求。

（3）使用过程中的禁止——

管理员、主管或其他由条款（1）规定的机构授权者将禁用相关技术保护措施，以确保善意研究及其他合法目的的使用。

（4）违法行为——

（A）《一般教育规章法》救济措施——

当部长有理由认为，本法案规定的资金的接受者未遵循条款的要求时，部长有权——

（i）拒绝对接受者的后续投资，

（ii）通过发出暂停或停止决定强制接受者遵守条款规定，或

（iii）与接受者达成遵守协定，承诺遵守条款的规定，

在《一般教育规章法》第 455 条、第 456 条和第 456 条的类似情形下，部长也有权采取上述措施。

（B）被禁止资金的恢复——

第（A）款中的规定是学校未符合条款要求时唯一的救济方法。部长不得为未符合条款要求的接受者寻求资金的恢复。

（C）重新开始支付——

对于依第（A）（i）款规定应缴纳预扣款项而未缴纳的资金接受者，当部长确定（通过认证或其他合理方式的证明）其已提供支付基本预扣款项，部长应重新对接受者进行投资。

（5）定义——

在本条中：

（A）计算机——本法所指的"计算机"包含任何硬件、软件或其他依附、安装及与计算机有关的技术。

（B）接入网络——若一台计算机配备有调制解调器或与其他接入网络的计算机相连，那么该计算机则被视为"接入网络"。

（C）购买或操作——中小学校以如下直接或间接方式使用依据本法案接受的投资时，应被视为用于计算机的购买或操作——

（i）购买、租赁或以其他方式获得计算机的使用；或

（ii）获得服务、供给、软件或其他行为或物质，以支持计算机的操作。

（D）未成年人——本法所指"未成年人"是指未满 17 周岁的自然人。

（E）儿童色情作品——本法所指"儿童色情作品"取《美国法典》第 18 篇第 2256 条的规定。

（F）对未成年人有害——"对未成年人有害"是指任何照片、图像、图形图像文件及其他视觉图像满足下列情况——

（i）从整体上看，会使未成年人产生裸体、性、排泄上的反应或欲望；

（ii）以适合未成年人的方式明显展现、描述及表现实际或模拟的性行为、性接触，正常或变态的性行为以及以淫荡方式展现生殖器；及

（iii）从整体上看，缺乏严谨的文学、艺术、政治、科学价值。

（G）淫秽作品——本法中"淫秽作品"的含义取《美国法典》第 18 篇第 1460 条的规定。

（H）性行为；性接触——本法所指"性行为"及"性接触"取《美国法典》第 18 篇第 2246 条的规定。

【第 2 款】生效日期——

本条将于本法颁布之日起120天后生效。

【第3款】可分离性——

若本条部分条款无效，本条其他部分的效力不受影响。

【第1712条】图书馆特定资金的可用性限制

【第1款】修正——

《博物馆和图书馆服务法》第224条被修订为——

（1）在（b）款中——

（A）重新指定第（6）条为第（7）条；及

（B）在第（5）条之后加入新的内容：

"（6）提供国家将履行条款（f）的担保"，及

（2）在结尾处增加以下新内容：

（f）网络安全——

（1）一般情况——第213条第（2）（A）款或（B）款中规定的未享受网络服务折现率的图书馆，根据由本法第1721条修改后的1934年《通信法案》第254条h款（6）项的规定，将不向其提供用以购买接入网络计算机或直接支付网络接入费用的资金，除非——

（A）该图书馆——

（i）为保护未成年人的网络安全制定实施网络安全政策，包括对接入网络的计算机采取技术保护措施以防止下列视觉图像的侵入——

（Ⅰ）淫秽作品；

（Ⅱ）儿童色情作品；或

（Ⅲ）对未成年人有害；及

（ii）在未成年人使用网络过程中，实施技术保护措施。

（B）该图书馆——

（i）实施网络安全政策，包括对接入网络的计算机采取技术保护措施以防止下列视觉图像的侵入——

（Ⅰ）淫秽作品；

（Ⅱ）儿童色情作品；及

（ii）在使用网络过程中，实施技术保护措施。

（2）其他设备的接入——

本分段中的任何内容都不能被解释为，禁止图书馆阻碍其计算机或其他设备接入网络获取内容，第（1）（A）（i）条中（Ⅰ）（Ⅱ）（Ⅲ）款规定的内容除外。

（3）使用过程中的禁止——

管理员、主管或其他由条款（1）规定的机构授权者将禁用相关技术保护措施，以确保善意研究及其他合法目的的使用。

（4）履行时间及适用性

（A）一般情况——条款（1）中所指的图书馆应当证明其满足条款（1）的要求，且作为本法案生效日起至下一个项目投资年的部分进程，及此后每一个附随的项目投资年。

（B）程序——

（i）实施网络安全政策及技术保护措施的图书馆——

条款（1）中涉及的、满足条款（1）的要求，实施网络安全政策的图书馆应当确保其在每年项目实施过程中满足本法案条款（1）的要求。

（ii）未实施网络安全政策及技术保护措施的图书馆——

条款（1）中涉及的、未满足条款（1）的规定实施网络安全政策的图书馆——

（Ⅰ）在项目生效后的第1年内，募集资金过程中，应提供未来将实施满足要求的网络安全政策的步骤证明，包括任何必要的采购程序；及

（Ⅱ）在项目生效后的第2年内，募集资金过程中，应提供图书馆遵循要求的证明。

任何图书馆在项目生效后第2年内未提供符合要求证明的，在提供证明以前，根据本条规定，将不能享受资金提供。本条对其附随项目也同样适用。

（iii）豁免——

如果国家、地方的资格获取条例，竞争性招标要求禁止本法规定的证明，任何未符合要求的图书馆可不受第（ii）条（Ⅱ）款的限制。图书馆应向博物馆和图书馆服务协会的主管人员告知图书馆对本条款的适用。该通知应当证明图书馆将在项目生效日起两年内，满足条款（1）中规定的要求。

（5）违法行为——

当博物馆和图书馆服务协会的主管人员有理由认为，本法案规定的资金的接受者未满足条款的要求时，主管有权——

（i）拒绝对接受者的后续投资，

（ii）通过发出暂停或停止决定强制接受者遵守条款规定，或

（iii）与接受者达成遵守协定，承诺遵守条款的规定，

（B）被禁止资金的恢复——

第（A）款中的规定是图书馆在未符合条款要求时唯一的救济方法。主

管人员不得为未符合条款要求的接受者寻求资金的恢复。

（C）重新开始支付——

对于依第（A）（i）款规定应缴纳预扣款项而未缴纳的资金接受者,当主管确定（通过认证或其他合理方式的证明）其已提供支付基本预扣款项,主管应重新对接受者进行投资。

（6）可分离性——

若本条部分条款无效,本条其他部分的效力不受影响。

（7）定义。

在本条中:

（A）儿童色情作品——本法所指"儿童色情作品"取《美国法典》第18篇第2256条的规定。

（B）对未成年人有害——"对未成年人有害"是指任何照片、图像、图形图像文件及其他视觉图像满足下列情况——

（i）从整体上看,会使未成年人产生裸体、性、排泄上的反应或欲望;

（ii）以适合未成年人的方式明显展现、描述及表现实际或模拟的性行为、性接触,正常或变态的性行为以及以淫荡方式展现生殖器;及

（iii）从整体上看,缺乏严谨的文学、艺术、政治、科学价值。

（C）未成年人——本法所指"未成年人"是指未满17周岁的自然人。

（D）淫秽作品——本法中"淫秽作品"的含义取《美国法典》第18篇第1460条的规定。

（E）性行为;性接触——本法所指"性行为"及"性接触"取《美国法典》第18篇第2246条的规定。

【第2款】生效日期

本条将于本法颁布之日起120天后生效。

第二章　宽域网络支持

【第1721条】对于采取宽域网络支持的计算机,学校及图书馆应采取技术保护措施,切实执行网络安全政策,同时作为享受网络服务折现率的条件——

【第1款】学校——1934年《通信法案》第254条h款被修订——

（1）重新指定第（5）条为第（7）条;及

（2）在第（4）条后加入新的第（5）条内容:

(5)对接入网络的学校的要求——

(A)网络安全——

(i)一般情况——

除第(ii)款规定的情况外,接入网络的中小学在第(1)(B)款的情况下将不享受网络服务折现率,除非该学校、学校董事会、地方教育机构以及其他学校行政管理部门——

(I)向委员会提交第(B)款、第(C)款要求的证明;及

(II)根据第(1)款的要求向委员会提交网络安全政策的采纳和实施证明;及

(III)确保计算机的使用与相应证明一致。

(ii)适用——

第(i)款中的禁止条款不适用于根据第(1)(B)款的规定享受折现率的学校,但以网络接入、网络服务、内部连接为目的的除外。

(iii)公告;听证——

第(i)款规定的学校及其董事会、地方教育机构等学校行政管理部门,需以合理方式进行公告,并至少进行一次听证会或会议,向公众说明其提出的网络安全政策。除1965年《中小学教育法》第14101条规定的情况外,公告和听证会的对象限于与学校有利害关系的公众。

(B)未成年人认证——

该条款规定下的认证是学校、学校董事会、地方教育机构以及其他学校行政管理部门——

(i)为保护未成年人网络安全制定实施网络安全政策,包括监控未成年人的网络活动,对接入网络的计算机采取技术保护措施,以防止下列视觉图像的侵入——

(I)淫秽作品;

(II)儿童色情作品;或

(III)对未成年人有害;及

(ii)在未成年人使用网络过程中,实施技术保护措施。

(C)成年人认证——

该条款规定下的认证由学校、学校董事会、地方教育机构及其他学校行政管理部门——

(i)实施网络安全政策,对接入网络的计算机采取技术保护措施,以防止下列视觉图像的侵入——

（Ⅰ）淫秽作品；

（Ⅱ）儿童色情作品；或

（Ⅲ）对未成年人有害；及

（ⅱ）在使用网络过程中，实施技术保护措施。

（D）成年人使用过程中的禁止——

在成年人使用过程中，管理员、主管或其他由第（A）（i）款规定的认证授权者将禁用相关技术保护措施，以确保善意研究及其他合法目的的使用。

（E）定时履行

（i）一般情况——本条第（ⅱ）款规定下的所有学校，自本法第1721条（h）款规定的生效日起，需要提供第（B）款、第（C）款要求的证明——

（Ⅰ）第一个项目投资年的生效日不得迟于该项目投资之日起第120天；

（Ⅱ）附随的项目投资年作为该项目投资年实施过程中的一部分。

（ⅱ）程序——

（Ⅰ）实施网络安全政策及技术保护措施的学校——

根据第（i）款的规定，实施满足第（B）款、第（C）款要求证明所需的网络安全政策及技术保护措施的学校，在每年项目实施过程中应保证满足第（B）款、第（C）款的要求。根据本法第1721节（h）款规定，项目投资第1年的证明应在投资之日起120天内做出。

（Ⅱ）未实施网络安全政策及技术保护措施的学校——

根据第（i）款的规定，未实施满足第（B）款、第（C）款要求证明所需的网络安全政策及技术保护措施的学校——

（aa）项目生效后的第1年内，募集资金过程中，应提供未来将实施满足第（B）款、第（C）款要求的证明所需的网络安全政策及技术保护措施的步骤证明；及

（bb）项目生效后的第2年，募集资金过程中，应提供符合第（B）款、第（C）款要求的证明。

任何学校在项目生效后第2年内未提供符合要求证明的，在提供证明以前，根据本条规定，将不能享受网络服务折现率或该比率下的资金代替服务。本条对其附随项目也同样适用。

（Ⅲ）豁免——

根据第（Ⅱ）条的规定，如果国家、地方的资格获取条例，竞争性招标要求禁止本法规定的证明，任何未符合第（B）款、第（C）款的要求的学校在项目生效第二年可以不受第（Ⅱ）条（bb）款规定的限制。

学校、学校董事会、地方教育机构及其他学校行政管理部门应在项目生效日起两年内，向委员会提供未来将实施满足第（B）款、第（C）款要求证明所需的网络安全政策及技术保护措施的步骤证明。

（F）违法行为——

（i）未提交证明——故意违反年度证明提交规范的学校将不能享受网络服务折现率或该比率下的资金代替服务。

（ii）未满足证明要求——明知计算机的使用与第（B）款、第（C）款要求的证明不一致，应赔偿凭该证明在使用期间内取得的资金及优惠。

（iii）违法行为的救济——

（Ⅰ）未提交证明——在第（i）款规定的情形下，未提交证明的学校一旦补交未提交的证明，即可享受网络服务折现率或该比率下的资金代替服务。

（Ⅱ）未满足证明要求——在第（ii）款规定的情形下，未满足证明要求的学校能够确保计算机的使用与证明要求一致，并向委员会提交相关证明及救济措施的证据以后，即可享受网络服务折现率或该比率下的资金代替服务。

【第2款】图书馆——第254条（h）款被修订，在第（5）条之后加入新的内容：

（6）对部分有网络接入图书馆的要求——

（A）网络安全

（i）一般情况——

除第（ii）款规定的情况外，有网络接入的图书馆在第（1）（B）款的情况下将不会享受网络服务折现率，除非该图书馆——

（Ⅰ）向委员会提交第（B）款、第（C）款要求的证明；及

（Ⅱ）根据第（1）款的要求向委员会提交网络安全政策的采纳和实施证明；及

（Ⅲ）确保计算机的使用与相应证明一致。

（ii）适用——

第（i）款中的禁止条款不适用于根据第（1）（B）款的规定享受折现率的图书馆，但目的为网络接入、网络服务、内部连接的除外。

（iii）公告；听证——

第（i）款规定的图书馆应以合理的方式进行公告，并至少进行一次听证会或会议，向公众说明其提出的网络安全政策。

（B）未成年人认证——

本条款规定的认证是图书馆下列行为的认证——

（i）实施网络安全政策，包括对接入网络的计算机采取技术保护措施，以防止下列视觉图像的侵入——

（Ⅰ）淫秽作品；

（Ⅱ）儿童色情作品；或

（Ⅲ）对未成年人有害；及

（ii）在未成年人使用网络过程中，实施技术保护措施。

（C）成年人认证——

本条款规定的认证是图书馆——

（i）实施网络安全政策，包括对接入网络的计算机采取技术保护措施，以防止下列视觉图像的侵入——

（Ⅰ）淫秽作品；或

（Ⅱ）儿童色情作品；及

（ii）在使用网络过程中，实施技术保护措施。

（D）成年人使用过程中的禁止——

在成年人使用过程中，管理员、主管或其他由第（A）（i）款规定的认证授权者将禁用相关技术保护措施，以确保善意研究及其他合法目的的使用。

（E）定时履行——

（i）一般情况——本条第（ii）款规定下的所有图书馆，自本法第1721条（h）款规定的生效日起，需要提供第（B）款、第（C）款要求的证明——

（Ⅰ）第1个项目投资年的生效日不得迟于该项目投资之日起第120天；

（Ⅱ）附随的项目投资年作为该项目投资年实施过程中的一部分。

（ii）程序——

（Ⅰ）实施网络安全政策及技术保护措施的图书馆——

根据第（i）款的规定，实施满足第（B）款、第（C）款要求证明所需的网络安全政策及技术保护措施的图书馆，在每年项目实施过程中应保证满足第（B）款、第（C）款的要求。根据本法第1721条（h）款规定，项目投资第1年的证明应在投资之日起120天内作出。

（Ⅱ）未实施网络安全政策及技术保护措施的图书馆——

根据第（i）款的规定，未实施满足第（B）款、第（C）款要求证明所需的网络安全政策及技术保护措施的图书馆——

（aa）项目生效后的第1年内，募集资金过程中，应提供未来将实施满足第（B）款、第（C）款要求证明所需的网络安全政策及技术保护措施的步骤

证明；及

(bb) 项目生效后的第2年，募集资金过程中，应提供符合第（B）款、第（C）款要求的证明。

任何图书馆在项目生效后第2年内未提供符合要求证明的，在提供证明以前，根据本条规定，将不能享受网络服务折现率或该比率下的资金代替服务。本条对其附随项目也同样适用。

(III) 豁免——

根据第（II）条的规定，如果国家、地方的资格获取条例、竞争性招标要求禁止本法规定的证明，任何未符合第（B）款、第（C）款的要求的学校在项目生效第二年不受第（II）条（bb）款规定的限制，但图书馆、图书馆董事会及其他图书馆行政管理部门应向委员会告知该豁免条款的适用，并证实在项目生效三年以前将符合要求的证明。

(F)违法行为——

(i)未提交证明——故意违反年度证明提交规范的图书馆将不能享受网络服务折现率或该比率下的资金代替服务。

(ii)未满足证明要求——明知计算机的使用与第（B）款、第（C）款要求的证明不一致，应赔偿凭该证明在使用期间内取得的资金及优惠。

(iii)违法行为的救济——

（Ⅰ）未提交证明——在第（i）款规定的情形下，未提交证明的图书馆一旦补交未提交的证明，即可享受网络服务折现率。

（Ⅱ）未满足证明要求——在第（ii）款规定的情形下，未满足证明要求的图书馆能够确保计算机的使用与证明要求一致，并向委员会提交相关证明及救济措施的证据以后，即可享受网络服务折现率。

【第3款】

定义——本法第（7）条为本法第1款（1）项重新指定后的内容，并添加下列内容：

(D)未成年人——本法所指"未成年人"指未满17周岁的自然人。

(E)淫秽作品——本法中"淫秽作品"的含义取《美国法典》第18篇第1460条的规定。

(F)儿童色情作品——本法所指"儿童色情作品"取《美国法典》第18篇第2256条的规定。

(G)对未成年人有害——本法所指"对未成年人有害"指任何照片、图像、图形图像文件及其他视觉图像满足下列情况——

（i）从整体上看，会使未成年人产生裸体、性、排泄上的反应或欲望；

（ii）以适合未成年人的方式明显展现、表现及描述实际或模拟的性行为、性接触，正常或变态的性行为以及以淫荡方式显示生殖器；及

（iii）从整体上看，缺乏严谨的文学、艺术、政治、科学价值。

（H）性行为；性接触——本法所指"性行为"及"性接触"取《美国法典》第18篇第2246条的规定。

（I）技术保护措施——本法所指"技术保护措施"指能够拦截或过滤认证所覆盖的含有第（5）条、第（6）条规定内容的特殊技术。

（d）一致性修订——本节第（4）条通过删除第（5）（A）款、加入第（7）（A）款的内容进行修正。

（e）可分离性——若由本法修订后的1934年《通信法案》第254节（h）条第（5）条、第（6）款的规定或其适用被认定为无效，该条款其他部分的适用不受影响。

（f）条例——

（1）要求——联邦通信委员会应本着实施本节修订后的1934年《通信法案》第254节（h）条第（5）条、第（6）款规定的目的，制定条例。

（2）截止日期——委员会应根据第（1）条的规定制定条例，以确保本条例在本法颁布之日后120天生效。

（g）用于购买技术保护措施的特定资金

（1）一般规定——虽本协定尚有其他条款，符合1965年《中小学教育法》第六篇第3134条或A部分，或《图书馆服务和技术法》第231条规定的资金，可用于购买满足本篇及本篇修正条款中要求的技术保护措施。未经本篇或本篇修正条款授权的，均不得作为购买技术保护措施的资金。

（2）"技术保护措施"定义——本节所指"技术保护措施"，取第1703条对应条款的规定。

（h）生效日期

本条作出的修正条款在本法颁布之日后120天生效。

第三章——社区儿童互联网保护

【第1731条】简称

本法可简称为"社区儿童互联网保护法"。

【第1732条】网络安全政策要求

1934年《通信法案》第254条进行修订,增加下列内容:

(1)学校及图书馆的网络安全政策要求——

(1)一般规定——

根据本条(h)款的规定,任何学校及图书馆应——

(A)采取并实施网络安全政策,该政策需涉及——

(i)互联网或万维网中未成年人不宜内容的网络接入;

(ii)未成年人使用电子邮件、在线聊天以及其他实时电子通信方式过程中的安全保障;

(iii)未授权的网络接入,包括"黑客"及其他未成年人的在线非法活动;

(iv)未授权的未成年人个人信息披露、使用及传播;及

(v)用以拦截对未成年人有害内容的措施;及

(B)需以合理方式进行公告,并进行至少一次听证会或会议,向公众说明其提出的网络安全政策。

(2)当地确定的内容——

涉及未成年人不宜内容确定的规则由当地学校董事会、教育机构、图书馆及其他授权机构确定。美国政府机关及内设机构不得——

(A)确定判断未成年人不宜内容的标准;

(B)审核由学校、地方教育机构、图书馆及其他授权机构做出的决定;或

(C)根据第(h)节(1)条(B)款的规定,考察由学校、地方教育机构、图书馆及其他授权机构采用的标准。

(3)可用性审查——

根据委员会的要求,学校、学校董事会、地方教育机构、图书馆及其他授权组织应将根据本条采取的网络安全政策上交委员会,以便委员会审查。

(4)生效日期

本条在本法颁布之日120天或120天后对相应学校及图书馆生效。

【第1733条】实施细则

本法颁布后120天之内,联邦通信委员会应本着1934年《通信法案》第254条第(1)款的规定制定实施细则,作为本法第1732条的补充。

第四章——及时复核

【第1741条】及时复核

【第1款】

由3名法官组成的州地方法院审理——尽管法律有其他规定,但任何涉及本篇或本篇所作修正案及其他规定的合宪性审查,需由3名法官组成的州地方法院根据《美国法典》第28篇第2284条的规定进行。

【第2款】

上诉审理——尽管法律有其他规定,但对本篇或本篇所作修正案及其他规定的中间或最终违宪判决、法令,以及由3名法官组成的法庭根据第(a)条的规定作出的违宪裁决,可直接向最高法院提起上诉。上诉应在违宪判决、法令、命令作出之日起20日内提出。

2003年反电子邮件垃圾法案[*]

立法背景

依据 2003 年反垃圾邮件发法（简称"CAN – SPAM 法案"或"法案"）[①]，美国联邦贸易委员会（FTC）负责制定具体条例以执行 CAN – SPAM 法案[②]。联邦贸易委员会已颁布有关条例，并于 2005 年 3 月 28 日生效，从而为界定电子邮件（e – mail）的主要目的提供了标准。联邦贸易委员会同时颁布了包含色情主旨素材警告标签设置标准的相应条例，此类条例于 2004 年 5 月 19 日生效。

本法目标为：

禁止不请自来的商业电子邮件发件人隐藏其信息来源与内容，从而减少垃圾邮件和不请自来的色情邮件。

赋予电子邮件收件人拒绝接收不请自来的商业电子邮件消息的权利。

根据《联邦存款保险法》第 8 条，本法授权联邦存款保险公司（FDIC）、货币监理署、联邦储备委员会以及储蓄机构监理局执行本法。根据《联邦信贷联盟法》（12 U. S. C. 1751）授权国家信贷联盟协会执行本法。

联邦贸易委员会研究确定"谢绝垃圾邮件名单"（类似于非常有效的"谢绝来电"名单）在目前并不具有有效性和可行性。

---

[*] 译者：鲁谷辰，北京理工大学法学院。
　　校对：盛星宇，北京大学法学院。
[①] 15 U. S. C. 7701 – 7713.
[②] 有关确定电子邮件信息主要目的是否为商业的既定标准的最终规章于 2005 年 1 月 19 日发表在《联邦公报》（70 F. R. 3110）上。有关治理包含色情主旨素材的商业电子邮件标签的规章于 2004 年 4 月 19 日发表在《联邦公报》（69 F. R. 21024）上。有关 CAN – SPAM 法案所规定的定义、执行以及报告要求的规则制定建议公告于 2005 年 5 月 12 日发表在《联邦公报》（70 F. R. 25426）上。

关键定义

明确同意（用途：商业电子邮件消息）：

（1）收件人明示同意接收该信息，无论收件人是采取明确清楚的回复，还是基于其自身意愿；和

（2）如果消息并非源自收件人同意的发件方，则收件人在给予准许之时，应被明确清楚告知其电子邮箱地址可被传递给第三方以用来发送商业电子邮件消息。

商业电子邮件消息——是指以宣传或者推广商业目的、商业产品或服务（包括互联网内容）为主要目的所发送的电子邮件消息。某类电子邮件消息如果仅仅包含用以识别发件人的商业机构参考或商业互联网网站参考或链接，则不被视为商业电子邮件消息。

字典式攻击——以自动化手段获取电子邮件地址，该自动化手段通过将名字、字母或者数字组合成大量排列组合从而生成可能的电子邮件地址。

获取——通过使用来自互联网网站或来自由他人运营的私人在线服务的自动方式获得电子邮件地址，且电子邮件地址被获取之时，此类服务/个人已提供公告申明该网站或在线服务经营者不会泄露、出售或以其他方式转让电子地址。

标题信息——是指附属于电子邮件消息开头的来源地址、目的地址以及路由信息，包括原始域名和原始电子邮件地址。

劫持——是指使用自动化手段注册大量电子邮件账户或在线用户账号，用以传输或者使他人传输非法商业电子邮件消息。

创制——指制作、传播或者取得此类邮件的原件或传输件，但不包括常规性传播行为。根据本法，即使多人也可被视为创制了相同消息。

主要目的——联邦贸易委员会所制定的规章为进一步确定电子邮件消息是否以商业促销作为其主要目的提供了标准。[16 C. F. R. Section 316.3]

a. 如果电子邮件消息仅仅包含商业广告或者商业产品或服务（商业内容）推广，则该电子邮件的主要目的将被视为商业目的；

b. 如果电子邮件消息中同时包含商业内容以及"交易性或关系性"内容（定义见下文）抑或仅包含其中一种内容，则该电子邮件的主要目的将被视为商业目的：

收件人通过对电子邮件标题的合理解释可能得出该邮件包含商业内容的

结论；或

电子邮件消息中有关"交易性或关系性"的内容并未在邮件正文内容开头或邮件正文内容开头实质性内容部分出现。

c. 如果电子邮件信息除交易性或关系性内容之外同时包含商业内容，且如果收件人通过解释合理得出下述任意一个结论，则该电子邮件的主要目的将被视为商业目的：

电子邮件消息标题显示邮件含有商业性内容；或

电子邮件消息正文显示邮件主要目的为商业目的。

d. 如果电子邮件消息仅仅包含"交易性或关系性"内容，则该电子邮件的主要目的将被视为交易性或关系性（非商业性）。

受保护的计算机——是指计算机：

（1）为金融机构或美国政府部门所专用，或者如果该计算机虽非为金融机构或美国政府专用，却为金融机构或美国政府部门所使用，以及由用于金融机构或美国政府部门的构成犯罪影响的行为所使用；或

（2）用于州际或对外贸易或交流。

收件人——邮件寄送或传递的电子邮件地址授权用户。

发件人——指创制电子邮件以及通过邮件对其产品、服务或互联网网站进行宣传或推广的用户。

色情主旨素材——是指任何对色情行为进行直接露骨描写的素材，除非该描写仅仅构成整部素材很小或微不足道的一部分。

交易性或关系性电子邮件信息——以方便、完成或确认收件人先前已经同意进行的商业交易为主要目的的电子邮件信息；向收件人提供担保信息、产品召回信息或安全保密信息；或者与正在进行的购买或使用有关的订阅、会员、账号、贷款或者其他的信息。

反垃圾邮件法一般要求

禁止使用虚假或误导性传播信息[《美国法典》7704条（a）（1）]，例如：

——虚假或误导性标题信息；

——不能准确识别发件人信息的"发件人"栏；和

——由于发件人故意使用其他受保护的计算机来中继或转发以掩藏其来源为目的的邮件而对常用以发送邮件的受保护的计算机的错误性或误导性

识别。

禁止使用欺骗性标题。[《美国法典》7704 条（a）(2)]

要求建立有效的电子邮件回复地址或其他基于互联网的响应机制。[《美国法典》7704 条（a）(3)]

要求在收到收件人退出通知后的 10 个工作日内终止商业电子邮件信息的发送。[《美国法典》7704 条（a）(4)]

要求广告或招标邮件必须具有清晰明确的识别标志；要求清晰明白地告知收件人享有可以拒绝进一步接收发件人商业电子邮件的权利；以及发件人有效的物理邮政地址。[《美国法典》7704 条（a）(5)]

禁止地址获取（通过使用来自互联网网站或来自由他人运营的私人在线服务的自动方式获得电子邮件地址，且电子邮件地址被获取之时，此类服务/个人已提供公告申明该网站或在线服务经营者不会泄露、出售或以其他方式转让电子地址）和字典式攻击（以自动化手段获取电子邮件地址，该自动化手段通过将名字、字母或者数字组合成大量排列组合从而生成可能的电子邮件地址）。[《美国法典》7704 条（b）(1)]

禁止劫持，使用自动化手段注册大量电子邮件账户或在线用户账号，来传输或者让他人传输非法商业电子邮件消息。[《美国法典》7704 条（b）(2)]

禁止在知情条件下中继或传播非法的商业性电子邮件。[《美国法典》7704 条（b）(3)]

要求包含色情主旨素材的商业电子邮件消息须设置警告标志（在邮件主题和邮件正文中间）。[《美国法典》7704 条（d）]

禁止用户在非法商业性电子邮件中进行宣传或者允许他人推广个人贸易、业务或商品、产品、财产或服务。[《美国法典》7705 条（a）]

审查目标

1. 通过审查适当的政策和程序及其他内部控制机制来评估金融机构执行《反垃圾邮件法》的合规程序的效果。

2. 确定由金融机构内部审计或合规审查来监督金融机构对《反垃圾邮件法》的遵守。

3. 确定金融机构对《反垃圾邮件法》的遵守程度。

4. 当违法行为违法被予以认定时，或者当政策、内部控制机制存在缺陷时，须建立有效的纠正措施。

审查程序

初始程序

1. 通过与相应管理人员讨论，来确定其是否考虑过《反垃圾邮件法》的适用性，如果可以适用，则须考虑采取相应措施以确保在当前和未来《反垃圾邮件法》能够得到遵守。

2. 通过与相应管理人员讨论，通过查明金融机构是否发送以商业为主要目的电子邮件消息的方式来确定金融机构是否应受反垃圾邮件法规制。

暂停

如果金融机构不发送商业性电子邮件，则到此为止。该金融机构不受《反垃圾邮件法》规制，也无进一步审查《反垃圾邮件法》适用性的必要。

3. 通过对可利用信息的审查来确定金融机构内部控制是否足以确保金融机构遵守反垃圾邮件法。考虑下列因素：

- 组织结构图，以确定金融机构遵守《反垃圾邮件法》的负责人；
- 流程图，以确定金融机构如何计划、评估以及实现对《反垃圾邮件法》的遵守；
- 政策和程序；
- 反映电子通信策略的营销计划；及
- 内部审核清单、工作表和其他相关文件。

4. 审查可适用的审计材料及合规审查材料，包括工作文件、审核清单和报告，以确定是否：

- 《反垃圾邮件法》规定的程序适用该机构；
- 采取有效纠正措施以解决先前认定的缺陷；
- 审计与审查执行得合理准确；
- 缺陷以及其造成原因和有效纠正措施及时上报给管理层或董事会成员；和
- 合规审查的频率符合要求。

5. 审查投诉样本，以确定是否有任何违反《反垃圾邮件法》的潜在行为存在。

6. 基于对涉及《反垃圾邮件法》方面的投诉的审查，修订涉及关注特定风险领域的检查范围。所采用的认证程序取决于该机构合规程序的妥善性以及所认定的风险等级。

验证程序

1. 获取金融机构在邮件中所推广的产品或服务列表。
2. 获取电子邮件消息样本以确定邮件是否具有以"商业"推广为主要目的的内容。
3. 通过审查以"商业"为主要目的的电子邮件消息,来确认邮件遵守《反垃圾邮件法》的规定。

a. 不得使用虚假或误导性传输信息[《美国法典》7704条(a)(1)]例如:

- 虚假或误导性标题信息;
- 不能准确识别发件人身份信息的"发件人"栏;和
- 对时常用于发送邮件的受保护的计算机的错误性和误导性识别。

b. 不得使用欺骗性标题。[《美国法典》7704条(a)(2)]

c. 提供有效的电子邮件回复地址或其他基于互联网的响应机制。[《美国法典》7704条(a)(3)]

d. 提供表示该邮件是广告或招揽邮件的清楚明确的标志(注:如果收件人先前明确同意接收该邮件,则此规定对商业电子邮件消息不适用);有权拒绝进一步接收来自发件人的商业电子邮件消息的明确通知;和发件人有效的物理邮政地址。[《美国法典》7704条(a)(5)]

e. 不得呈现地址获取、劫持或字典式攻击。[《美国法典》7704条(b)(1)、(2)]

f. 提供关于包含色情主旨素材的商业电子邮件的警告标签(在邮件标题以及邮件正文中)。[《美国法典》7704条(d)]

g. 审查客户拒绝接收来自该机构的任何额外电子邮件消息的请求。[7704条(a)(4)]确认存在对收到选择退出通知后10天内终止发送商业电子邮件消息的控制。

结　　论

1. 总结所有调查结果,监管问题和监管违规行为。
2. 对于违规行为,通过查找内部控制、审计以及合规审查、培训、管理监督存在或其他因素存在的问题来确定造成违规的根源;以及确定违规行为是否属于重复性问题还是系统性问题。

3. 明确纠正违规行为或解决该机构合规审查所存在的问题所需要的措施。
4. 和机构管理层讨论发现结果并获取实施纠正行为的承诺。
5. 根据代理政策来记录违规行为以利于进行分析和报告。

反网络盗版法案*

第112届国会第1次会议

本法案由来自德克萨斯州的史密斯先生提出。

立法目的包括但不限于通过打击盗版以促进美国的创造、创业、创新与繁荣。

本法案由美国国会参议院和众议院制定并颁布。

第一章 简明标题及目录

（a）简明标题——本法可被引述为"反网络盗版法案"、

（b）目录——本法目录如下：

第一章 简明标题及目录

第二章 保留与可分割条款

第一部分 打击网络盗版

第一章第1条 定义

第一章第2条 通过司法部长保护美国消费者并防止美国支持国外侵权网站

第一章第3条 通过市场机制保护美国消费者并防止美国网站的盗版行为

第一章第4条 对反盗版网站的自愿行为的豁免

第一章第5条 对反危害公众健康网站的自愿行为的豁免

第一章第6条 指南与研究

第一章第7条 禁止美国资本支持著名国外侵权人

第二部分 加强打击盗版执法力度

第二章第1条 违反刑法的受版权保护作品的流通

第二章第2条 违禁商品或服务的非法交易

---

* 译者：李兆俊、戴夕宁，北京大学法学院。

第二章第 3 条　防止外国经济间谍活动危害美国商业

第二章第 4 条　量刑指南修正案

第二章第 5 条　知识产权的海外保护

第二章　保留与可分割条款

（a）保留条款：

（1）第一修正案：本法案中的任何规定均不得解释为对宪法第一修正案所保护的言论自由与出版自由的事前限制。

（2）美国法典第 17 篇之责任：本法案第一部分中的任何规定均不得被解释为扩张或者限缩根据美国法典第 17 篇规定的行为而产生的责任（包括替代责任或共同责任）以及对责任的限制。

（b）可分割性：如果本法案中的任何规定及其具体适用构成违宪，那么本法案中的其他规定及其具体适用并不受其影响。

第一部分　打击网络盗版

【第 1 条】定义

根据本部分的立法目的：

（1）域名：与《兰汉姆法案》第 45 条中的域名一词同义，并包含任何将该类域名作为互联网中用于识别特定网络位置的电子地址的一部分的子区域名称。

（2）域名系统服务器：是指用于提供表示互联网协议地址的域名的服务器及其他机器。

（3）国内域名：是指经美国司法管辖区内的域名注册员、注册处或其他注册机构注册或分配的域名。

（4）国内互联网协议地址：是指相应的互联网协议地址分配机构位于美国司法管辖权内的互联网协议地址。

（5）国内互联网网站：是指相应的域名或互联网协议地址为国内域名或国内互联网协议地址的互联网网站。

（6）国外域名：是指除国内域名之外的域名。

（7）国外互联网协议地址：是指除国内互联网协议地址之外的互联网协议地址。

（8）国外互联网网站：是指除国内互联网网站之外的互联网网站。

（9）包括：是指包括但不仅限于。

(10) 知识产权执法协调员：是指根据《2008 年优化知识产权资源和组织法案》第 301 条所任命的知识产权执法协调员。

(11) 互联网：与美国法典第 31 篇第 5362 条第 5 款中的互联网一词同义。

(12) 互联网广告服务：是指一种能够帮助安置有关销售、购买、经纪、服务、植入、证明、澄清等内容的广告的服务，包括以可见形式在一定时期显示在互联网网站上的付费或赞助型搜索结果、链接或植入等。

(13) 互联网协议：是指用于在使用网络通信协议（TCP/IP）的数据包交换网络中传输数据的协议，并包括此类协议的前导协议和后继协议。

(14) 互联网协议地址：是指分配给通过互联网协议实现通信的计算机网络中每个设备的数字标记。

(15) 互联网协议地址分配机构：根据可适用的公用分配数据库，每个特定的互联网协议地址都属于一个互联网协议地址区段，而特定区段中的地址分配都是由特定的本地互联网注册处或区域互联网注册处或其他互联网协议地址分配机构所管辖的，这些实体机构就是互联网协议地址分配机构。

(16) 互联网搜索引擎：是指一种通过互联网来检索、抓取、分类或索引互联网中其他位置所包含的信息及网站的服务，其基础是用户的查询或选择，包括关键词、概念、分类、问题或其他能够表达用户意思的形式，例如统一资源定位符或定位的超链接列表，用户还可以从互联网上下载通过查询或选择获得的信息和数据。

(17) 互联网网站：是指链接、索引等数字资产或能够在互联网中获得的数字资产的指示标的集合。

(18)《兰汉姆法案》：是指旨在为用于商业的商标提供注册和保护，并执行某些国际条约的规定的法案，通过于 1946 年 7 月 5 日（通常被称为"1946 年商标法"或"兰汉姆法案"）。

(19) 非授权域名服务器：是指不具有完整域但是具有由之前的域名服务器查找记录（先前的查找使得服务器接收了授权响应）组成的缓存文件的服务器。

(20) 所有者/运营商：在涉及互联网网站时，是指对互联网网站享有主要利益或经营权的任何人。

(21) 网络支付提供商：

（A）一般性规定，网络支付提供商是指一个通过提供个人服务、公共设施及软件，从而直接或间接影响或便利借贷及其他支付交易的实体。

（B）创建规则：根据本条款的立法目的，发起支付交易的存款机构（其定义参见联邦存款保险法第3条）或合作银行不应因为其所提供的服务而被解释为网络支付提供商。

（22）服务提供商：与美国法典第17篇第512条第k款第1项中的服务提供商一词同义，即非授权域名系统服务器的运营商。

（23）面向美国的网站：是指整体或部分面向美国公民经营的互联网网站，或者能够证明存在某种最低限度的联系，足以使得美国根据其宪法而享有对互联网网站所有者或运营商的属人管辖权，相关证明依据包括：

（A）该互联网网站曾向位于美国境内的用户提供商品或服务。

（B）有证据表明该互联网网站或其部分有向位于美国境内的用户提供下列交易的意图：

（ⅰ）商品或服务；

（ⅱ）获取商品或服务的途径；

（ⅲ）商品或服务的配送；

（C）互联网网站或其部分没有采取能够防止商品或服务被美国境内用户所获取或被运输至美国境内的合理措施。

（D）商品或服务的价格用美国发行的货币来表示或记账。

（24）美国：包括美国拥有的所有国民、财产和领土。

【第2条】通过司法部长保护美国消费者并防止美国支持国外侵权网站

（a）定义

根据本条款的立法目的，国外互联网网站或其部分在满足下列所有条件时属于国外侵权网站：

（1）该互联网网站或其部分是面向美国的网站并被美国境内用户所使用。

（2）该互联网网站的所有者或运营商实施或帮助实施根据美国法典第18篇第2318、第2319条、第2319A条、第2319B条、第2320条或第90章的规定应予以惩罚的刑事违法行为。

（3）由于从事了（1）中规定的行为，如果该网站为国内互联网网站，则应当被司法部长查封。

（b）司法部长的职权：

（1）对人——司法部长可以针对下列人员采取制裁措施：

（A）国外侵权网站域名的申请人；

（B）国外侵权网站的所有者或运营商。

（2）对物——如果经过审慎调查后，司法部长仍然无法找到符合上述规定的人或者符合上述规定的人不在美国司法管辖区内，则可以针对国外侵权网站或其所使用的国外域名采取措施。

（3）注意：在采取本条款所规定的措施前，司法部长应当发送涉嫌违法通知并按照本条款的规定行事：

（A）发送给国外侵权网站域名的申请人：

（i）发送至可适用的公用注册数据库中显示的邮政地址和电子邮件地址，如果能够获得上述地址；

（ii）通过注册或分配该互联网网站域名的注册员、注册处或其他域名注册机构转发，如果能够获得上述地址。

（B）发送给国外侵权网站的所有者或运营商：

（i）发送至提供该侵权网站的所有者或运营商的主要邮政地址和电子邮件地址，如果能够获得上述地址；

（ii）如果该互联网网站没有域名，则通过互联网协议地址分配机构转发，如果能够获得上述地址。

（C）通过其他任何法院允许的形式，包括遵守《联邦民事诉讼法》第4条第f款的规定。

（4）送达程序：根据本条款的立法目的，本条款所规定的措施在送达后方可生效。

（5）救济：在司法部长根据本条款的规定申请采取措施后，法院可以根据《联邦民事诉讼法》第65条的规定，向国外侵权网站的域名申请人、所有者或运营商发布暂时禁令、初步禁令或禁令，或者根据上述（2）的规定对国外侵权网站或其部分、或其所使用的域名采取措施，以禁止国外侵权网站进行任何其他侵权活动。

（c）基于法院命令的措施：

（1）送达：根据法院的事前许可，代表司法部长的法律文件送达员可以将根据本条款的规定发布的1份法院命令送达多个同类（分类见下一段）机构。送达存根应在法院备案。

（2）合理措施：根据本条款送达法院命令后，应遵守下列规定：

（A）服务提供商：

（i）一般性规定，服务提供商应当通过技术上可行且合理的措施来防止美国境内用户访问受法院命令约束的国外侵权网站（或其部分），包括防止该国外侵权网站的域名被解析为其所对应的互联网协议地址。上述措施的采取应当尽量及时，即法院命令副本送达5天内或者法院要求的期限内。

（ⅱ）限制——服务提供商不应被要求：

（Ⅰ）本条款所未规定的更改网络、软件、系统或设备；

（Ⅱ）以域名问题为由，对与该域名无关的其他域名服务器采取任何措施。

（Ⅲ）在已经对域名采取其他限制措施后，仍然禁止访问该域名。

（ⅲ）解释：本条款的规定并不影响美国法典第17篇第512条有关服务提供商责任的限制的规定。

（ⅳ）通知文本：司法部长在拟定向服务提供商的用户或消费者发布的通知时，应当遵守本条款的规定。通知文本应当说明措施是依据司法部长获得的法院命令采取的。

（B）互联网搜索引擎：互联网搜索引擎提供商应当尽量及时采取技术上可行且合理的措施，以防止向涉案国外侵权网站或其部分提供直接的超文本链接，且在任何情况下都应在法院命令副本送达5天内或者法院要求的期限内采取措施。

（C）网络支付提供商：

（ⅰ）防止关联：网络支付提供商应当尽量及时采取技术上可行且合理的措施，且在任何情况下都应在法院命令副本送达5天内或者法院要求的期限内采取措施，以防止、禁止或中止为位于美国境内或美国司法管辖区内的消费者及以下交易账户提供支付交易：

（Ⅰ）受法院命令约束的国外侵权网站或其部分所使用的；

（Ⅱ）网络支付提供商通过该账户完成支付交易。

（ⅱ）无监督义务：网络支付提供商对法院命令副本送达当日或命令修改当日其所拥有的账户采取措施应被视为符合（ⅰ）的规定。

（D）互联网广告服务商：

（ⅰ）必要措施：依合同规定或在明知前提下为受法院命令约束的国外侵权网站或其部分提供广告的互联网广告服务商，应当尽量及时采取技术上可行且合理的措施，且在任何情况下都应在法院命令副本送达5天内或者法院要求的期限内采取措施，以达到以下目的：

（Ⅰ）防止向受法院命令约束的国外侵权网站或其部分提供广告服务或与之相关联；

（Ⅱ）停止为国外侵权网站或其部分提供广告、付费或赞助型搜索结果、链接及其他能够为该国外侵权网站或其部分提供访问的途径；

（Ⅲ）停止提供或接受因国外侵权网站或其部分的广告及其他服务而产生的报酬；

（ii）无监督义务：互联网广告服务商对法院命令副本送达当日或命令修改当日其所拥有的账户采取措施应被视为符合（i）的规定。

（3）联系用户：除了上述（2）（A）（iv）规定的情况外，根据本条款采取措施的主体应当通过某种方式联系其用户或消费者。

（4）执行命令：

（A）一般性规定：为了保证能够执行根据本条款的规定发布的命令，司法部长可以对以下对象采取强制救济措施：

（i）在法院命令副本送达后，明知或故意不服从本条款规定的实体；

（ii）针对明知或故意提供用于规避或绕开根据本条款第（2）段或根据本条款发布的法院命令的商品或服务的实体，禁止其继续提供此类商品或服务并违反命令。

（B）解释规则：根据本条款（4）（A）（i）的规定，司法部长是立法者所授权的强制任何实体履行（2）中规定的义务的唯一合法救济。

（C）辩护：根据本条款（4）（A）（i）的规定被采取措施的被告人可以进行积极抗辩，如通过证明自己在不造成不合理的经济损失的前提下，没有能力采取符合本条款规定技术措施，或者法院命令超过了法律规定的权限。这种证明不应当被假定为完善的辩护，但是在能够证明确实存在技术限制或部分命令确实超出法定权限的情况下，应当被认可。

（D）定义：根据本段的立法目的，被设计或推广为用于规避或绕开根据本条款第（2）段或根据本条款发布的法院命令的商品或服务包括被设计或推广为用于启用受命令约束的域名的商品或服务，以达到下列目的：

（i）解析该域名的互联网协议地址，尽管服务提供商已经根据第（2）段的规定阻止了此种解析；

（ii）解析上述商品或服务的提供商明知或应知的不同域名或互联网协议地址，或者能够被合理认为是从事与受法院命令约束国外侵权网站实质相似的侵权活动的互联网网站或其部分所使用的域名或互联网协议地址。

（5）豁免：

（A）诉讼豁免：除了（4）中规定的行动外，以遵守本条款规定或法院命令为目的而采取合理行动的，收到根据本条款发布的法院命令副本的实体或其董事、官员、职员或代理人，均可豁免于以行动理由为诉因的起诉，包括在联邦法院、州法院和行政机关。

（B）责任豁免：除了（4）中规定的行动外，

（i）收到根据本条款发布的法院命令副本的实体或其董事、官员、职员

或代理人，

都可免于为任何以遵守本条款规定或法院命令为目的而采取合理行动承担责任。

（ⅱ）任何下列情形都不应当成为任何人对该实体提起诉讼或采取反措施的理由：

（Ⅰ）上述实体的消费者为绕开受法院命令约束的国外侵权网站或其部分的访问限制而采取的行动；

（Ⅱ）努力执行法院命令而限制用户访问国外侵权网站的实体，无论该限制访问是否成功。

（d）命令的修改和撤销：

（1）一般性规定：按照（b）中规定发布的命令在发布后，下列主体有权提出修改、中止或撤销命令的动议：

（A）受命令约束的任何人，以及财产的所有者或运营商；

（B）域名的申请人或受命令约束的网站的所有者、运营商；

（C）为受命令约束的网站的域名提供注册或分配的注册员、注册处或其他域名注册机构；

（D）收到根据（c）中规定发布的法院命令副本并依法应当采取措施的实体；

（2）救济——下列情况为合理救济：

（A）受命令约束的国外侵权网站过去未从事过侵权行为，或者将来不会再从事侵权行为；

（B）出于保护法益的需要，命令应当被修改、中止或撤销。

（3）考虑因素：在根据（2）中规定做出救济决定时，法院应当根据动议的不同类型，考虑国外侵权网站的域名是否已经过期，或者已经被不受命令约束的其他实体所使用。

（4）介入：根据（c）中的规定应当采取措施的实体，在根据（b）中规定采取措施过程中的任何时候都可以介入，并根据本条款的规定导致命令的修改、终止或撤销。

（e）修正命令：司法部长如果发现曾根据本法被裁定为国外侵权网站的国外侵权网站仍然可以访问，或者用新域名或新互联网协议地址重新建立，则可以请求法院根据本法规定修改命令以适应新情况。

（f）协调执法：

（1）一般性规定：司法部长应当将所有涉及国外侵权网站的根据（b）

中规定发布的法院命令、根据（e）中规定发布的修正命令告知于知识产权执法协调员和适当的执法机构的负责人。

（2）变更：司法部长应当将根据（b）中规定所发布的法院命令的修改、终止、期满或撤销，以及根据（e）中规定发布的修正命令告知于知识产权执法协调员，被告也可以进行上述告知。

【第3条】通过市场机制保护美国消费者并防止美国网站的盗版行为

（a）定义——在本条中：

（1）被证明侵犯美国的知识产权——下列情况下，该互联网网站为被证明侵犯美国的知识产权：

（A）它是互联网网站或其部分，且为美国所管理或者为美国境内用户所使用；并且至少满足下列（i）（ii）两种情况之一：

（i）建立和运营该由美国管理的网站的主要目的是在某种程度上提供参与、帮助或促进下列事项的商品或服务，除此之外意义和用途非常有限；或者，该由美国管理的网站的运营商或者协助运营商的主体将网站推广为在某种程度上提供参与、帮助或促进下列事项的商品或服务的网站：

（Ⅰ）违反美国法典第17篇第501条；

（Ⅱ）违反美国法典第17篇第1201条；

（Ⅲ）美国法典第18篇第2320条和《兰汉姆法案》第34条（d）款所规定的带有仿冒商标的商品、服务或物资的销售、分配或推广。

（ii）该由美国管理的网站的运营商：

（Ⅰ）正在或曾经故意采取措施，从而避免确认有极大可能利用该由美国管理的网站实施违反美国法典第17篇第501条及第1201条的行为；

（Ⅱ）在运营网站时，以推广网站实施违反美国法典第17篇第501条及1201条的行为为目的，或曾进行过上述推广，通过明确表达或者其他鼓励侵权的肯定方式得以证明。

（2）适格原告：是指一个特定的互联网网站或其部分中出现的（1）中规定的侵权活动所侵害的知识产权的所有者。

（b）禁止美国资本支持被证实侵犯美国知识产权的网站

（1）网络支付提供商：除了存在根据（5）中规定发布的有效的相反通知之外，网络支付提供商应当尽量及时采取技术上可行且合理的措施，且在任何情况下都应在（4）中规定的通知送达5天内采取措施，以防止、禁止或中止为通知中涉及的位于美国境内的消费者、互联网网站或其部分提供支付交易。

（2）互联网广告服务商：除了根据（5）中规定发布的有效的相反通知之外，根据合同或在明知的前提下，为（4）中规定的通知中涉及的互联网网站或其部分的运营商提供广告服务的互联网广告服务商应当尽量及时采取技术上可行且合理的措施，且在任何情况下都应在（4）中规定的通知送达5天内采取措施，以达到以下目的：

（A）防止向（4）中规定的通知中涉及的国外侵权网站或其部分提供广告服务或与之相关联；

（B）停止向（4）中规定的通知中涉及的国外侵权网站或其部分提供广告、付费或赞助型搜索结果、链接及其他能够为该国外侵权网站或其部分提供访问的途径；

（C）停止提供或接受因国外侵权网站或其部分的广告及其他服务而产生的或者与之相关的报酬；

（3）指定代理人：

（A）一般性规定：每个网络支付提供商和互联网广告服务商都应当指定一名负责接收（4）中规定的通知的代理人，使得下列信息能够在互联网上显示并为公众所获得，并提供给版权局：

（i）代理人的姓名、地址、电话号码和电子邮件地址；

（ii）版权登记机构认为合适的其他联系方式。

（B）代理人名录：版权登记机构应当持有并向公众公开（A）中规定的指定代理人的最新名录，以供公众监督检查，包括在网上公布电子版。

（4）关于被证实侵犯美国知识产权的互联网网站的通知：

（A）要求：根据（B）中的规定，在向网络支付提供商或互联网广告服务商的指定代理人进行书面告知，并从实质上满足下列条件后，本段所规定的通知方能生效：

（i）受到（a）（1）中涉及的活动所侵害的知识产权的所有者的授权代表人的实体签名或电子签名。

（ii）被证实侵犯美国知识产权的互联网网站或其部分的身份证明，包括其域名或互联网协议地址。

（iii）能够证明该互联网网站或其部分侵犯了美国知识产权，并且如果网络支付提供商或互联网广告服务商不及时采取措施，该互联网网站或其部分所进行的（a）（1）中涉及的活动将为受侵害知识产权的所有者造成立即且不可挽回的损失、伤害或损害的特定事实。

（iv）有足够信息证明，支付提供商或互联网广告服务商正在向上述网站提供网络支付服务或互联网广告服务。

（v）支付提供商或互联网广告服务商有足够信息以联系受到（a）（1）中涉及的活动损害的知识产权的所有者。

（vi）知识产权所有者关于确信通知中涉及的受版权保护的作品或商品的使用没有经过所有者、代理人或法律授权的声明。

（vii）关于通知中的信息准确无误，且签名经过受到（a）（1）中涉及的活动损害的知识产权的所有者授权的声明，否则将以伪证罪论处。

（viii）在没有指定代理人情况下的送达：如果网络支付提供商或互联网广告服务商没有按照（3）中的规定指定代理人，那么根据（A）中规定发布的通知可以送达上述提供商或服务商的任何官员或法定代表人。

（C）关于通知中认定的互联网网站的注意问题：除了收到有效通知外，网络支付提供商或互联网广告服务商应当通过适当步骤来保证及时将通知送达通知中认定的互联网网站。

（5）相反通知：

（A）要求：根据（B）中的规定，在向网络支付提供商或互联网广告服务商的指定代理人进行书面告知，并从实质上满足下列条件后，本段所规定的相反通知方能生效：

（i）根据（4）中规定发布的通知中涉及的互联网网站或其部分的所有者或运营商的实体签名或电子签名，或者该网站或其部分所使用的域名的申请人的实体签名或电子签名，根据（1）和（2）中的规定网络支付提供商或互联网广告运营商应当对其采取行动。

（ii）在根据（4）中规定发布的通知中涉及的互联网网站是国外网站的情形中，网站的所有者、运营商或域名申请人同意接受美国法院管辖，并接受（4）中规定的送达员或其代理人送达的通知的声明，以判断该网站是否属于被核实的侵犯美国知识产权的互联网网站。

（iii）该网站的所有者、运营商或域名申请人关于确信该网站没有达到本条款前述的侵犯美国知识产权的标准的声明，该声明受伪证罪约束。

（iv）该网站的所有者、运营商或域名申请人的姓名、地址、电子邮箱地址和电话号码。

（B）在没有指定代理人情况下的送达：如果网络支付提供商或互联网广告服务商没有按照（3）中的规定指定代理人，那么根据（A）中规定发布的相反通知可以送达上述提供商或服务商的任何官员或法定代表人。

（6）重大误解：

本条款中，通知或相反通知的发布方如果在明知前提下对下列问题做出实质性失实陈述，则应当为其造成的损失承担责任，包括受该失实陈述影响的人遭受的损失和支出的律师费用。

（A）网站为被证实侵犯美国知识产权的互联网网站；

（B）网站没有达到侵犯美国知识产权的标准。

（c）在相反通知情况下的有限强制禁令：

（1）对人：

如果存在根据（b）（5）发布的有效相反通知，或者存在根据（b）（4）发布的通知且不存在相反通知的情况下，网络支付提供商违反了（b）（1）的规定，或互联网广告服务商违反了（b）（2）的规定，那么适格原告可以针对以下对象采取行动：

（A）受根据（b）（4）中的规定发布的通知约束的网站或部分所使用的域名的申请人。

（B）该网站或其部分的所有者或运营商。

（2）对物：

如果有权根据（1）中规定对被证实侵犯美国知识产权的互联网网站有关人员采取行动的适格原告经过审慎调查后，仍然无法找到符合上述规定的人或者符合上述规定的人不在美国司法管辖区内，则可以针对国外侵权网站或其所使用的国外域名采取措施。

（3）注意：

在采取本条款所规定的措施前，适格原告应当发送有关涉嫌从事（a）（1）中规定的违法行为的通知并按照本条款的规定行事：

（A）发送给根据（b）（4）中的规定发布的通知约束的网站或其部分的域名申请人：

（i）发送至可适用的公用注册数据库中显示的邮政地址和电子邮件地址，如果能够获得上述地址；

（ii）通过注册或分配该互联网网站域名的注册员、注册处或其他域名注册机构转发，如果能够获得上述地址。

（B）发送给该网站或其部分的所有者或运营商：

（i）发送至提供该网站或其部分的所有者或运营商的主要邮政地址和电子邮件地址，如果能够获得上述地址；

（ii）如果该互联网网站没有域名，则通过互联网协议地址分配机构转发，如果能够获得上述地址。

（C）通过其他任何法院允许的形式，包括遵守联邦民事诉讼法第4条第f款的规定。

（4）送达程序：根据本条款的立法目的，本条款所规定的措施在送达后方可生效。

（5）救济：在适格原告根据本条款的规定申请对被证实侵犯美国知识产权的互联网网站采取措施后，法院可以根据联邦民事诉讼法第65条的规定，向该网站的域名申请人、所有者或运营商发布暂时禁令、初步禁令或禁令，或者根据上述（2）的规定对国外侵权网站或其部分或其所使用的域名采取措施，以禁止该网站进行任何其他侵犯美国知识产权的活动。

（C）基于法院命令的措施：

（1）送达与回复：

（A）由适格原告送达：根据法院的事前许可，适格原告可以将根据本条款的规定发布的一份法院命令送达多个同类（分类见下一段）机构。送达存根应在法院备案。

（B）回复：收到命令副本的实体应在7天内向法院提交表明已收到法院命令副本的保证书并声明将会遵守命令、履行（2）中规定的义务，或者说明不遵守命令的理由。

（C）送达地址：法院命令副本可以被送达实体居住或所在的任何司法管辖区。

（2）合理措施：根据本条款送达法院命令后，应遵守下列规定：

（A）网络支付提供商：

（i）防止关联：网络支付提供商应当尽量及时采取技术上可行且合理的措施，且在任何情况下都应在法院命令副本送达5天内或者法院要求的期限内采取措施，以防止、禁止或中止为位于美国境内或美国司法管辖区内的消费者及以下交易账户提供支付交易：

（I）受法院命令约束的被证实侵犯美国知识产权的网站所使用的；

（II）网络支付提供商通过该账户完成支付交易。

（ii）无监督义务：网络支付提供商对法院命令副本送达当日，或有关其服务正在被用于完成（i）中涉及的支付交易的后续通知送达当日其所拥有的账户采取措施应被视为符合（i）的规定。

（B）互联网广告服务商：

（i）必要措施：依合同规定或在明知前提下为受法院命令约束的被证实侵犯美国知识产权的网站提供广告的互联网广告服务商，应当尽量及时采取技术上可行且合理的措施，且在任何情况下都应在法院命令副本送达5天内或者法院要求的期限内采取措施，以达到以下目的：

（Ⅰ）防止向该互联网网站或其部分提供广告服务或与之相关联；

（Ⅱ）停止为该互联网网站提供广告、付费或赞助型搜索结果、链接及其他能够为该网站提供访问的途径；

（Ⅲ）停止提供或接受因该互联网网站或其部分的广告及其他服务而产生的报酬；

（ⅱ）无监督义务：互联网广告服务商对法院命令副本送达当日，或有关其服务正在被用于从事（i）中涉及的活动的后续通知送达当日其所拥有的账户采取措施应被视为符合（i）的规定。

（3）联系用户：根据本条款采取措施的主体应当通过某种方式联系其用户或消费者。

（A）解释规则：本法所授权的适格原告是强制任何实体履行本条款规定的义务的唯一合法救济。

（B）程序与救济：

（ⅰ）反对命令的理由：在适格原告向法院证明有合理理由认为收到根据（c）发布的法院命令副本的实体以法院命令为由，未履行本法所规定的义务的情况下，法院应当要求该实体解释为何不应颁发以下命令：

（i）要求该实体履行本法规定的义务；

（ii）如果该实体符合以下情形，则根据法院的权限进行财产性惩罚并要求该实体遵守法院命令：

（aa）明知或故意不提交（1）（B）中规定的保证书；

（bb）在提交了保证书之后，明知或故意不遵守命令；

（cc）明知或故意地声明遵守（2）中的规定超出了法律的要求。

（ⅱ）送达程序：要求说明反对理由的命令及其他任何程序，可以被送达实体居住或所在的任何司法管辖区。

（C）辩护：根据本条款（B）的规定被采取措施的被告人可以进行积极防御，如通过证明自己在不造成不合理的经济损失的前提下，没有能力采取符合本条款规定技术措施，或者法院命令超过了法律规定的权限。这种证明不应当被假定为完善的辩护，但是在能够证明确实存在技术限制或部分命令确实超出法定权限的情况下，应当被认可。

（5）豁免：

（A）诉讼豁免：除了（4）中规定的行动外，以遵守本条款规定或法院命令为目的而采取合理行动的，收到根据（c）发布的法院命令副本的实体或其董事、官员、职员或代理人，均可豁免于以行动理由为诉因的起诉，包括在联邦法院、州法院和行政机关。

（B）责任豁免：除了（4）中规定的行动外，

（i）收到根据本条款发布的法院命令副本的实体或其董事、官员、职员或代理人，都可免于为任何以遵守本条款规定或法院命令为目的而采取合理行动承担责任。

（ii）任何下列情形都不应当成为任何人对该实体提起诉讼或采取反措施的理由：

（Ⅰ）上述实体的消费者为绕开受法院命令约束的互联网网站或其部分的访问限制而采取的行动；

（Ⅱ）努力执行法院命令而限制用户访问受法院命令约束的互联网网站的实体，无论该限制访问是否成功。

（d）命令的修改和撤销：

（1）一般性规定：与侵犯美国知识产权的互联网网站相关的，按照（c）中规定发布的命令，或按照（f）中规定发布的修正命令在发布后，下列主体有权提出修改、中止或撤销命令的动议：

（A）受命令约束的任何人，以及财产的所有者或运营商；

（B）域名的申请人或受命令约束的网站的所有者、运营商；

（C）为受命令约束的网站的域名提供注册或分配的注册员、注册处或其他域名注册机构；

（D）收到根据（c）中规定发布的法院命令副本或者按照（f）中规定发布的修正命令，并依法应当采取措施的实体；

（2）救济——下列情况为合理救济：

（A）受命令约束的互联网网站过去未从事过侵权行为，或者将来不会再从事侵权行为；

（B）出于保护法益的需要，命令应当被修改、中止或撤销。

（3）考虑因素：在根据（2）中规定做出救济决定时，法院应当根据动议的不同类型，考虑互联网网站的域名是否已经过期，或者已经被不受命令约束的其他实体所使用。

（4）介入：根据（d）中的规定应当采取措施的实体，在根据（c）中规定采取措施过程中的任何时候都可以介入，并根据本条款的规定导致命令的修改、终止或撤销。

（e）修正命令：

适格原告如果发现曾根据本法被裁定为侵犯美国知识产权的互联网网站的网站仍然可以访问，或者用新域名或新互联网协议地址重新建立，则可以请求法院根据本法规定修改命令以适应新情况。

（g）报告命令：

（1）一般性规定：在法院根据（c）发布命令或根据（f）发布修正命令时，适格原告应当通知知识产权执法协调员。

（2）变更：在根据（c）发布的法院命令或根据（f）发布的修正命令被修改、中止、终止或撤销时，适格原告应当通知知识产权执法协调员，被告也可以进行通知。

【第4条】对反盗版网站的自愿行为的豁免

服务提供商、网络支付提供商、互联网广告服务商、广告商、互联网搜索引擎、域名注册机构、域名注册员基于下列合理确信，对互联网网站采取102（c）（2）、103（d）（2）、103（b）中规定的措施，或者自发限制访问该网站、与该网站断绝财务往来的，可豁免于任何人提出的、以行动理由为诉因的起诉，包括在联邦法院、州法院和行政机关，也可豁免于对任何人的损失承担责任。

（1）该互联网网站为国外侵权网站或侵犯美国知识产权的互联网网站；

（2）该措施与该实体从事的服务或契约性权利相符合。

【第5条】对反危害公众健康网站的自愿行为的豁免

（a）拒绝服务：

服务提供商、网络支付提供商、互联网广告服务商、广告商、互联网搜索引擎、域名注册机构、域名注册员，基于确信和可靠证据，可以停止或拒绝向危害公众健康的互联网网站提供服务。

（b）责任豁免：

（a）中涉及的实体及其董事、官员、职员或代理人，按照（a）中规定停止或拒绝提供服务的均可免于按照联邦法律或州法律对任何人承担责任。

（c）定义：

在本条款中：

（1）掺假：与《联邦食品、药品与化妆品法案》第501条中"掺假"一词同义。

（2）危害公众健康的互联网网站：是指建立和运营该互联网网站的主要目的如下所述，除此之外意义和用途非常有限；或者，该网站的运营商或者协助运营商的主体将网站推广为用于下列用途：

（A）经常性提供、销售、配制或分发处方药，且没有获得有效处方；

（B）提供、销售、配制、分发掺假或标志错误的处方药。

（3）标志错误：与《联邦食品、药品与化妆品法案》第502条中"标志错误"一词同义。

（4）处方药：

（A）处方药：与《联邦食品、药品与化妆品法案》第503条（b）款中"处方药"一词同义。

（B）药品：与《联邦食品、药品与化妆品法案》第201条（g）款（1）中"药品"一词同义。

（5）有效处方：与《联邦食品、药品与化妆品法案》第309条（e）款（2）（A）中"有效处方"一词同义。

【第6条】指南与研究

（a）指南：

司法部长应当：

（1）为案件的审理和推进提供适当资源和程序来促进措施的部署。

（2）通过与适当执法机构（包括美国移民与海关执法局）协商发展出一套解决纠纷机制，以协调执法活动。

（3）公开与适当执法机构（包括美国移民与海关执法局）协商产生的机制，以获得公众对于执法的意见。

（4）指导知识产权所有者提供信息以展开调查，或为进行中的调查提供补充材料。

（b）研究：

（1）研究的性质：版权登记机关与适当美国政府部门和机构，及其他利害关系人商议后，应当就本部分所规定的执法和有效性问题、对本部分的规定进行修改以适应新兴科技的必要性进行研究。

（2）向国会报告：在本法案颁布后2年内，版权登记机关应当向国会众议院司法部和参议院提交报告，内容包括根据上述研究做出的报告，以及版权登记机关根据研究结果提出的任何建议。

【第7条】禁止美国资本支持著名国外侵权人

（a）关于著名国外侵权人的认定和建议：

（1）一般性规定：利用既存资源，知识产权执法协调员与财政部部长、商务部部长、美国贸易代表、证券交易委员会主席，以及其他部门和适当机构的主管商议后,应当对在美国境内从事严重侵犯知识产权所有者利益的著名国外侵权人进行认定与分析。

(2)吸收公众意见:在实施(1)中规定时,知识产权执法协调员应当征求并考虑公众(包括美国境内的知识产权所有者)的观点和建议。

(b)向国会报告:

在本法案颁布后6个月内,知识产权执法协调员应当向国会众议院司法部和参议院提交报告,内容包括以下几项:

(1)对著名国外侵权人的分析和对这些侵权如何违反了有关知识产权保护的产业规范的讨论。

(2)对著名国外侵权人对美国境内及境外的消费者、商业和知识产权产业造成的显著危害的分析。

(3)对著名国外侵权人是否企图或成功进入美国资本市场以进行投资或公开上市的审查。

(4)对依靠外国政府针对著名国外侵权人采取法律行动的妥善性的分析。

(5)对关于制止著名国外侵权人并鼓励国外企业遵守促进全球知识产权保护的产业规范的具体政策建议的讨论,包括以下内容:

(A)美国法律是否应当禁止参与重大侵权活动的著名国外侵权人在美国筹资,包括公开发行股票。

(B)美国政府是否应当创建一套从著名国外侵权人中间鉴别与认定应当被禁止在美融资的国外实体的程序。

第二部分 加强打击盗版执法力度

【第1条】违反刑法的受版权保护作品的流通

(a)第17篇修正案——第17篇第506(a)条修正如下:

(a)犯罪性质的侵权行为——

(1)一般性规定:按照第18章第2319条惩处从事如下故意侵权行为的任何人——

(A)以商业性或私益性营利为目的;

(B)在180天内,通过电子途径等复制或散布至少1份版权作品的印刷品或录制品,或通过数字传输公开展示,且复印件或公开展示的总价值超过1000美元;或

(C)在公共网络上散布或展示明知或应知将用于商业用途的作品。

（2）证据：就此款而言，关于复制、散布、公开展示版权作品的证据不足以证明故意。

（3）定义：

本款中，"将用于商业用途的作品"指——

（A）在散布或公开展示行为未经授权时，至少符合下列情况之一的电脑程序、音乐、动图或其他视听作品：

（i）同时符合：

（I）版权人对销售作品有合理期待；

（II）版权人未授权在美国散布作品复印件；

（ii）同时符合

（I）版权人不打算散布作品复印件，但对以其他形式销售作品有合理期待；

（II）该作品尚未经授权在美国公开发售；

（B）在未授权的散布或公开展示时，至少符合下列情况之一的动图——

（i）同时符合：

（I）已供展览

（II）未经版权人授权在展览之外在美国发售复制品；

（ii）在未授权的散布或公开展示的24小时之前未公开发售。

（B）第18篇修正案：第18篇第2319条修正如下——

（1）在（b）款（1）中：

将"在任何180天内"及此后语句改为"在任何180天内，就至少一份版权作品通过数字途径传输至少10份复制品或进行至少10次公开展示，且其总价值超过2500美元。"

（2）在（c）款中：

（A）在第（1）段，将"至少10份复制品"及其后语句改为"在任何180天内，就至少一份版权作品通过数字途径传输至少10份复制品或进行至少10次公开展示，且其总价值超过2500美元。"

（B）在第（3）段，将"若有过错"改为"在任何情况下"。

（3）在（d）款（4）中：将"根据第（2）段"改为"根据a款故意牟利"。

（4）在（f）款中：

（A）将第（2）段改为："（2）'复制'、'散布'、'公开'展示是指版权人根据第106条第（1）、（3）、（4）、（6）段享有的相对的排他权，该权利受限于第17章第107条到122条。"

(B)在第(3)段,将",和"改为句号。
(C)将第(4)段删去,在结尾增加如下一款:
"关于总售价的证据。在本条和第17章506(a)条,总售价可由以下证据证明:
(1)侵权者或版权人因复制、散布或公开展示而获得的全部经济价值,由收费、广告或其他侵权者获得的收入证明。
(2)侵权人或版权人通过复制、散布、公开展示获得的全部经济价值,收费、广告或其他侵权人或第106条第(1)、(3)、(4)、(6)段中所规定的版权人获得的收入。根据该条的规定,版权人通过复制、散布、公开展示获得的收入必须是合法的。
(3)授权侵权人进行复制、散布或公开展示的合理总市场价格。"
(C)解释规则:
任何善意地相信相关商品具有合法来源的人不认为具有本条修正所指目的。这些人包括,但不局限于,通过真实商业谈判参与其中,并有合同或许可证使其有理由相信该行为没有侵权。本款不影响对"故意"的适用或解释。

【第2条】违禁商品或服务的非法交易
第18篇第2320条修改如下:
(1)第(a)款修改为:
(1)一般性规定:
(A)犯罪:从事下列行为的单独犯罪的个人应被处以200万美元以下罚款或10年以下有期徒刑,二者可并科。共犯应被处以500万美元以下罚款。
(i)故意或企图非法交易商品或服务,并故意贴虚假标签,或与此种商品或服务有关联。
(ii)故意或预谋非法交易各种标签、组合品、滞销品、包装材料、文件,或者明知是虚假标签而进行包装,以造成混淆,达到误导、欺骗的目的。
(iii)故意进口、出口、非法交易假药或故意参与、协助造假的单独案犯
(B)后续犯罪:在已犯有本段所列罪名之后,再次犯罪的单独犯罪的个人,应被处以500万美元以下罚款或20年以下有期徒刑,二者可并科;若为共犯,应被处以1500万美元以下罚款。
(2)重伤或死亡:
(A)重伤:如果行为人出于疏忽大意或过于自信的过失,或故意,因第(1)段的违法行为致人重伤,单独犯罪的个人应被处以500万美元以下罚款,

或任何刑期的有期徒刑或无期徒刑，二者可并科；共犯应被处以1500万美元以下罚款。

（B）死亡：如果行为人出于疏忽大意或过于自信的过失，或故意，因第（1）段的违法行致人死亡，单独犯罪的个人应被处以500万美元以下罚款，或任何刑期的有期徒刑或无期徒刑，二者可并科；共犯应被处以1500万美元以下罚款。

（3）军事物品或服务：

（A）一般性规定：犯有第（1）段所列罪行的人应按（B）款受罚，如果同时符合下列情况：

（i）涉嫌第（1）段所述物品或服务，且其已出故障、失灵或损坏，并应预见到至少会

导致下列情况之一：

（I）严重身体损伤或死亡；

（II）泄露机密信息；

（III）妨碍战斗操作；

（IV）其他重大损害：

（aa）对于

（AA）军队；

（BB）联邦、州、地方的执法机关成员；

（bb）对国家安全或关键基础设施；

（ii）明知商品或服务被误认为符合军事标准，或被误认为将用于军事、国家安全、执法、关键基础设施。

（B）处罚：

（i）单独犯罪的个人：违反（A）中规定的个人应被处以500万美元以下罚款，20年以下有期徒刑，二者可并科。

（ii）共犯：共犯应被处以1500万美元以下罚款。

（C）后续犯罪：

（i）单独犯罪的个人：个人在被判决认定犯有（A）中所列罪名之后，再次从事（A）中规定的犯罪行为的，应被处以1500万美元以下罚款，30年以下有期徒刑，二者可并科。

（ii）共犯：共犯在被判决认定犯有（A）中所列罪名之后，再次从事（A）中规定的犯罪行为的，应被处以3000万美元以下罚款。

（2）第（e）款修改为：

(A)第(1)段中,将末尾的句号改为分号;

(B)第(3)段中,将末尾的"和"删去;

(C)第(4)段中,将末尾的句号改为分号;

(D)在结尾增加如下一款:

"(5)'假冒伪劣药品'与《联邦食品、药品与化妆品法案》第201条(g)(i)款中的'假冒伪劣药品'一词同义;

(6)'关键基础设施'与第2339条(D)(c)款中的'关键基础设施'一词同义;

(7)'药品造假'是指《联邦食品、药品与化妆品法案》第301条(i)款中所禁止的行为;

(8)'药品最终剂型'与《联邦食品、药品与化妆品法案》第735条(4)款中的'药品最终剂型'一词同义;

(9)一种商品或服务'被误认为符合军事标准'是指存在声称商品或服务符合国防部、武装部队或预备役部队的标准、要求或规范的实质性失实陈述。

(10)'用于军事或国家安全'是指一种商品或服务被单独的,或与其他商品或服务一起,或被作为其他商品或服务的组成部分,用于下列途径:

(A)美国武装部队或预备役部队执行正式任务过程中;

(B)美国执行或直接支持的下列行动中:

(i)战斗行动;

(ii)关键的国防或国家安全行动;

(11)'用于执法或关键基础设施'是指一种商品或服务被参与下列活动的人单独,或与其他商品或服务一起,或被作为其他商品或服务的组成部分来使用:

(A)联邦、州或地方执法;

(B)与关键基础设施相关的公务。"

【第3条】防止外国经济间谍活动危害美国商业

(a)个人实施的犯罪:对美国法典第18篇第1831条(b)款第(5)段之后进行如下修改——

(1)将"15年"改为"20年";

(2)将"不超过50万美元"改为"不低于100万美元且不超过500万美元"。

(b)组织实施的犯罪:将第1831条(b)款中的"1000万美元"改为

"不超过以下两者中较大者——1000万美元和该组织窃取的商业秘密的总价值的三倍（包括该组织通过窃取而节省的研究、设计以及其他仿造该商业秘密的费用）"。

【第4条】量刑指南修正案

本法案颁布后180天内，根据美国法典第28篇第994条（p）款所规定的职权，美国量刑委员会应当：

（1）重审并适当修改《联邦量刑指南》和政策声明中适用于实施以下罪行的犯罪人的部分：

（A）知识产权犯罪；

（B）美国法典第18篇第2320条（a）款中规定的犯罪；

（C）美国法典第18篇第1831条中规定的犯罪；

（2）在进行重审时，考虑修改上述指南和政策声明以达到以下目的：

（A）对于有组织的犯罪团伙实施的知识产权犯罪，适当加重罪行等级；

（B）对于单纯窃取商业秘密的犯罪，适当加重罪行等级；

（C）对于在美国境外传播或企图传播窃取的商业秘密的被告，以及实施经济间谍犯罪的被告，适当额外加重罪行等级；

（D）使得美国境外传播商业秘密或实施经济间谍犯罪的被告至少应被定为最轻罪行等级；

（E）适当加重关于窃取商业秘密和经济间谍的量刑指南中的罪行等级，包括在美国境外转移或企图转移的商业秘密；

（F）对于美国法典第18篇第2320条（a）款所规定的犯罪，适当加重罪行等级且至少应当被定为最轻罪行等级；

（G）保证量刑指南和政策声明（包括《联邦量刑指南》第2B5.3条及任何后续规定）反映以下思想：

（i）美国法典第18篇第2320条（a）款所规定的犯罪的严重性；

（ii）为了防止美国法典第18篇第2320条（a）款所规定的犯罪，而采取有效威慑和适当惩罚的必要性；

（iii）通过监禁来进一步实现（i）、（ii）中规定的目标的必要性；

（H）保证与其他相关指示、指南和联邦法令保持合理的一致性；

（3）向国会提交一份报告，详细描述委员会关于第（2）项中规定的每个修正案的行动；

（4）如果委员会认为《联邦量刑指南》应与其他指南和适用的法律保持一致时，对其进行修改；

（5）根据《1987年量刑法案》第21条（a）款所规定的程序，尽快公布本条款中规定的指南、政策声明或修正案，不论该法案是否已经失效。

【第5条】知识产权的海外保护

（a）保护知识产权的资源：

（1）政策：

国务卿和商务部长在咨询版权登记机关后，应当保证美国人的知识产权的海外保护是美国外交和商业总体政策的重要组成部分，且与各个国家相关。

（2）专用资源：

国务卿和商务部长在咨询版权登记机关及其他适当部门和机构后，应当保证根据《1974年贸易法案》第182条（a）款（1）项所确定的、位于其他国家的美国大使馆或外交代表机关有充足的可利用资源，以保证：

（A）积极支持针对该国境内侵犯美国人知识产权的行为的执法行动；

（B）配合并支持东道国政府根据其法律、法规、司法和程序来履行其有关知识产权权利保护的国际义务和双边义务；

（C）符合根据第182条（a）款（1）项的规定发布的，USTR（美国贸易代表署）最新报告中规定的政策和特定国家的优先权。

（D）支持美国知识产权所有者，以及因知识产权问题而遭到外国市场不正当限制准入的企业。

（b）新的任命：

（1）任命与管理：

国务卿和商务部长在咨询版权登记机关后，应当在每个受国务院下属地区管理局管辖的地理区域中的每个国家，为美国大使馆或外交代表机关任命并分配至少一名知识产权专员。专利和商标局局长在咨询国务卿后，应当在雇用、人事评级和专员的目标上享有权力。凭借经验和专业知识，知识产权专员的外交官衔应为一级秘书或参赞职务。

（2）区域界定：

第（1）项中涉及的地理区域之以下区域：

（A）非洲；

（B）欧洲和欧亚大陆；

（C）东亚和太平洋；

（D）近东；

（E）中南亚和太平洋；

（F）西半球。

（3）职责：

根据本条款任命的知识产权专员应当主要关注知识产权相关问题，包括发展、保护和现行法律的执法。每个知识产权专员在工作中应当遵守局长的指示，并配合商务部、版权局适当官员，以推进美国政府的政策目标和重点。这些政策目标和重点应当符合USTR（美国贸易代表署）根据《1974年贸易法案》第182条（a）款（1）项发布的报告。知识产权专员应当协调美国知识产权权利所有者及企业，以定位其所在国家的侵犯知识产权权利的行为。

（c）优先分配：

（1）一般性规定：

按照第（2）项的规定，向（b）款中规定的美国大使馆或外交代表机关指派专员时，国务卿和商务部长应当优先向通过专员活动，能够在减少美国市场知识产权侵权方面获得最多潜在利益，能够维护美国人及其授权使用人的知识产权，以及能够维护位于知识产权易受侵犯的国家的美国人利益的国家指派专员。

（2）优先分配国家：

在实施（1）项规定时，国务卿和商务部长在任命知识产权专员时，应当考虑：

（A）向《1974年贸易法案》第182条（a）款（1）项所确定的国家指派；

（B）向与美国知识产权和利益维护有关键经济意义的国家指派；

（d）培训：

国务卿和商务部长应当保证每个根据（b）条款任命的知识产权专员在美国大使馆或外交代表机关履行职责前，都经过了充分的岗位责任培训。

（e）协调：

知识产权专员根据本条规定进行活动前，应当咨询知识产权执法协调员。局长应当辅助协调政策重点和知识产权专员的活动，并监督行政和人事问题。

（f）培训和技术支持：

（1）一致性：

利用既存资源，根据（b）条款或其他规定任命的知识产权专员提供的，全部有关知识产权执法和海外保护的培训和技术支持，应当符合根据第182条（a）款（1）项的规定发布的，USTR（美国贸易代表署）最新报告中规定的政策和特定国家的优先权。

(2)知识产权执法协调员的职责：

上述培训和技术支持项目实施之前，应当咨询知识产权执法协调员。局长应当辅助协调知识产权专员实施的培训和技术支持项目。

(g)在其他国家活动：

在国家不属于《1974年贸易法案》第182条（a）款（1）项确定的国家的情况下，联邦部门和机构可以在符合美国强制性商业和外交政策利益的情况下，在这些国家进行知识产权相关活动、知识产权项目、有关知识产权的培训和技术支持项目。

(h)向国会报告：

知识产权执法协调员应当根据《2008年优化知识产权资源与组织法案》第314条的规定，向国会提交年度报告，内容包括根据该法案第301条建立的咨询委员会的活动、任命信息、任务分配和就任于海外的所有联邦部门或机构的知识产权专员的活动。

(i)定义：在本条款中

(1)局长：

"专利和商标局局长"和"局长"是指主管知识产权的国务次卿和美国专利和商标局局长。

(2)知识产权执法：

与《2008年优化知识产权资源与组织法案》第302条中"知识产权执法"一词同义。

(3)知识产权执法协调员：

是指根据《2008年优化知识产权资源与组织法案》第301条任命的知识产权执法协调员。

(4)知识产权权利：

是指版权、专利、商标、其他形式的知识产权、商业秘密的所有者享有的权利。

(5)USTR：

是指美国贸易代表署。

(6)美国人："美国人"一词是指——

(A)任何美国居民或国民；

(B)根据美国法律建立的任何公司、合伙企业、商业实体或其他组织；

(C)任何（B）中规定的公司、合伙企业、商业实体或其他组织实际控制的国外子公司或附属公司。

(j)批准拨款:

国务卿和商务部长应当利用既存资源,为根据(b)条款任命的知识产权专员的培训和技术支持提供资金。

网络环境下消费者的数据隐私保护*

——在全球数字经济背景下保护隐私和促进创新的政策框架

2012年2月23日发布

我们美国人一向珍视自己的隐私权。自共和国建立之日起,我们就确保我们的家庭和信件不受非法的侵犯。同时我们建立起了一套能够让全国人民参与到商业和政治交流过程中的邮政系统。不久后,国会就通过了法律,将侵犯邮件中隐私信息的行为认定为犯罪。之后,我们将隐私保护的客体扩展到了新型的通信方式,比如电话、电脑,并最终将电子邮件纳入了进来。

布兰代斯大法官告诉我们隐私权就是"不受打扰的权利",但是我们也知道,隐私远不限于独处和保密。只有免受个人信息滥用的苦恼,我们美国公民才能自由地从事商业活动、参与政治过程或者寻求医疗帮助。这就是我们为什么制定法律去保护财政隐私、医疗隐私和消费者免受个人信息被不公平和欺骗性的利用的原因。这就是最高法院保护匿名性言论——无论是早期共和党人散发宣传册还是今天的博客发布博文——原因。

在今天这个互联网、万维网和智能电话的时代,隐私无比重要。在过去的十年里,互联网使得全球范围内的直接民主获得重生,也带来了商业和创新的爆炸性增长,为未来创造了大量的工作机会。大量的创新来自对个人信息的创造性利用。因此,在我们当下的时代和新技术应用中,坚守我们一直以来奉行的永恒的隐私价值是我们义不容辞的责任。

我很乐意将这份新的《消费者隐私权利法案》作为信息时代的隐私权保护方案呈现给大家。本法案所保护的隐私权为消费者提供了明确的指引,即消费者对个人信息将怎样被别人利用可抱怎样的期待;也为利用个人数据的

---

* 译者:周辉、敖重淼、冯源,北京大学法学院。
校对:程宁,北京大学法学院。

企业设定了明确的预期。我呼吁这些企业立即与隐私权保护团体、消费者保护机构和其他执法机构一起行动起来,将相关准则落实为可操作的行为规则。我的政府将努力实施这些规则,并将与国会一道,通过制定相应的法律来予以落实。有了《消费者隐私权利法案》,我们将为世界提供一个对隐私权进行强有力保护和持续促进信息技术创新的动态模型。

需要明确的是,尽管我们现在生活在一个分享个人信息变得更加自由的世界,但我们绝不能得出隐私权已经过时的结论。保障隐私权益自始就是我们民主价值的核心,我们比过往任何时候都需要这么做。

布莱克·奥巴马

前　言

信任对于保有网络技术给美国和世界其他地方带来的社会经济效益至关重要。正是基于对互联网企业会公平和负责任地处理消费者的信息的信任,消费者才选择在互联网上展示他们的活力、参与政治活动、建立和发展网上友情和从事商业活动。互联网的全球互联性意味着,一个个体的创意可以迅速地转化为数以亿计的消费者日常所需的产品或者服务。美国的企业在发展这些技术方面一直处在领先地位,因此,美国也获取了巨大的收益:就业的增长和经济的发展。只有美国企业能够获取并维持全球市场上消费者的信赖,我们才能继续保有这一领域的领导地位。

在网络技术环境下,保护隐私对于维系消费者的信赖十分重要。当消费者提交他们的个人信息时——无论是那些在向公众开放的在线社交网络中存在的信息,还是私下交流的敏感信息,他们对互联网企业都有着合理期待,希望企业能够以与信息存在的环境相适应的方式使用这些信息。许多企业做到了,但有些并没有做到。无论是消费者还是企业都不清楚这一商业领域中的基本规则体系。因此,对于现在的消费者而言,判断某个互联网企业的隐私政策是否值得信任是一件困难的事情。

事实上,美国既有的消费者数据隐私保护框架是强有力的。这一框架包括基本的隐私价值、普通法上灵活可变的法律保护、消费者保护的法令、联邦贸易委员会的执法措施以及由一系列广泛利益相关者参与的政策发展。这一框架在促进了基于互联网的社会和经济创新的同时,也推动了政府、社会、企业和学术机构有关如何在网络社会中保护隐私权的充满活力的讨论。但是，现有的政策框架缺少两方面的内容：能够在商业环境中适用的有关隐私权基本原则的明确政策；针对技术和商业模式发展所带来的数字隐私问题，所有利益相关方提出持续的解决方案。

  为了解决这些问题，本政府提出了网络环境下的消费者隐私保护框架。这一框架的核心是《消费者隐私权利法案》，该法案吸纳了世所公认的隐私权保护原则，并将之与商业应用下持续发展变化的互联网环境相结合。本政府已经呼吁国会通过制定相关立法，将消费者隐私权利法案中的相关内容，应用于现有联邦数据隐私法未能涉及的商业领域。联邦政府将会积极召集包括有关企业、隐私和消费者保护团体、国际伙伴、司法部、联邦刑事和民事执法机构以及学术机构在内的利益相关方展开研究和讨论，并共同起草实施该消费者隐私权利法案的相关行为规则。当这些行为规则被联邦贸易委员会管辖的那些企业公开确认采用后，它们将由联邦贸易委员会依法监督实施。我们将会努力让我们与国际伙伴间各自的隐私政策框架更加协调。这将会为消费提供更加一致的保护，也会降低相关企业合规的成本。

  当然，这一框架仅仅只是一个开始。让我们现在就行动起来，联邦政府将会与相关利益群体一起努力，并鼓励包括私营部门在内的利益相关者一道，去落实消费者隐私权利法案的相关要求。联邦政府也会与国会一起努力，将这一灵活性的、概括性的规则落实为法律。我们已经准备好了，将会为延续消费者的信任和促进创新做好相关组织工作。

综　　述

  维系消费者对于推动数字经济发展的技术和企业的信任，离不开对消费者数据隐私的强有力的保护。美国现有的政策框架已经有效解决了网络社会中日益凸显的某些问题，但为了维系消费者的信任，其他保护措施仍然非常必要。本文件提到的政策框架将会在推动创新的同时，提供这些保护措施。

  本框架包括四个关键要素：《消费者隐私权利法案》、有关明确《消费者隐私权利法案》在特定商业背景下如何适用的多方参与程序、有效的执法，以及增强与我们国际伙伴隐私框架的协作。

《消费者隐私权利法案》

  本文件提出了《消费者隐私权利法案》。在联邦政府看来，这为消费者提供了明确的保护基准，也为有关企业提供了更多的确定性。联邦政府将支持各利益相关方落实《消费者隐私权利法案》的有关行为规则,并将与国会一起努力将有关权利写入法律。《消费者隐私权利法案》将会把公认的信息公平实践原则适用到今天我们生活和工作互联互通的世界中。具体而言,法案内容如下:

——个人控制:消费者有权控制企业对个人信息的收集和使用。

——透明度:消费者有权无障碍理解和获取有关隐私及其安全实践的信息。

——尊重语境:消费者有权要求企业收集、利用和公开个人信息时,与消费者提供信息时的语境相一致。

——安全:消费者对处理个人数据有维护安全性的权利和责任。

——接入权与准确性:当数据有误时,消费有权以与数据敏感性和危险可能性高低相匹配的方式通过可用格式获取和修改个人信息。

——集中采集:消费者有权合理限制企业对个人信息的收集和保存。

——问责制:为确保企业遵守法案,消费者有权要求他们以法案规定的合理途径处理个人信息。

《消费者隐私权利法案》规定的基本原则为企业执行相关规定保留了裁量空间。这一灵活性将有利于推动创新。灵活性将鼓励企业根据消费者和其他利益相关者提供的信息,解决对于他们的客户和使用者最为重要的隐私争议,而不是要求他们遵循僵化的、单一的规定,这将有利于隐私权的有效保护。

通过联邦立法落实《消费者隐私权利法案》,将会提高企业的法律确定性,增强消费者的信心,并为美国在与国际伙伴的合作中主导消费者数据隐私保护政策提供保障。即便国会不能通过该法,《消费者隐私权利法案》也将会为隐私权保护提供模板,以增加消费者信心和推动创新。

构建制定可操作的行为规则的多方参与程序

联邦政府的政策框架提出了多方参与程序,以制定落实《消费者隐私权利法案》的行为规则。联邦政府将会举办公开、透明的论坛,为那些在特定市场或者商业背景下享有共同利益的利益相关者提供平台,让他们就有关合理的、可操作的行为准则努力达成一致共识。私主体的参与将是自愿的,企业将最终有权选择是否遵循规定的行为方式。包括消费者群体和隐私保护团体在内的利益相关者的广泛参与,将有利于确保这些行为规则能够为消费者提供易于使用和理解的隐私争议解决方案。与现在不同的企业为消费者提供差异明显的隐私政策所不同,在特定市场或商业环境下设定单一行为规则,将会为消费者提供更加一致的隐私保护。

增强联邦贸易委员会的执法能力

联邦贸易委员会的执法能力对于确保企业履行他们的隐私保护责任至关重要。对于确保负责任的企业在与采用不同行为规则的企业竞争时不处于劣势地位，执法能力也是非常重要的。作为消费者隐私立法机构之一，联邦政府支持国会为联邦贸易委员会（和司法部）提供实施《消费者隐私权利法案》所需的特定授权。

推动全球合作

通过增强国际协作，在用户主导和分散式的互联网环境中提供一致的、低门槛的个人数据保护规则，是联邦政府政策框架的目标之一。我们实现国际协作的两项原则是相互承认和执法合作。相互承认建立在有效执法和明确的问责机制基础之上。利益相关者参与程序可以提供具有弹性的、灵活的制定行为准则的方式，这将会简化企业的合规义务。执法合作有利于确保各国在个人信息跨境流动时，保护本国公民的权利。这将为美国政府提供指引，确保数据获得全球范围的保护的同时，也不损害对于商业世界创新至关重要的灵活性。

联邦政府会毫不迟疑地实施本政策框架。在未来的几个月里，商务部将会与其他联邦机构一起，共同召集包括我们的国际伙伴在内的利益相关者，制定以《消费者隐私权利法案》为基础的具有可操作性的行为规则。

I. 引言：以美国消费者隐私政策框架为基础

互联网已经成为美国和全世界的经济和社会生活必不可少的一部分。网络技术为人们发表言论、社会交往、商务交易和政治参与提供了几乎无穷的方式。网络技术也推动了创新，造就了新型商业模式，为消费者和企业在世界范围内获取信息、产品、和服务提供了便利。

大量的数据信息、不再昂贵的处理能力、日益复杂的分析技术为我们日益网络化的社会提供了创新动力。互联网为公众提供了分享政治兴趣的平台，利用这些信息，政治组织和公职竞选人可以开展强有力的政治运动。社交网络为信息的共享提供了极大的便利，这使得记者以及每个网民都可以随时报道和跟踪他们在世界范围内发现的有新闻价值的信息。数据信息在政府制止身份信息盗窃和保障公共安全方面具有关键作用。社交网络的运营商通过利用通信网络上的信息，可以识别出从光纤电缆切断到停电和恶意入侵的行为。此外，个人数据信息也开拓了新的广告市场，而这正是为消费者提供免费在线服务和内容信息服务的基础。

加强对美国境内消费者隐私信息的保护是美国政府优先考虑的一项重要国策。① 美国人向来珍视隐私权益,对政府和私人采取的相关保护措施都持欢迎态度。对隐私权提供强有力的保护,对维系消费者的信任也十分重要。信任正是电子商务和创新的源动力。信任意味着我们所依赖的企业和技术体系应当满足我们有关隐私、安全和可靠的要求。② 此外,美国在消费者数据隐私政策领域的领导地位,也有利于在我们和国际伙伴之间建立更加灵活的、可以促进创新的隐私政策模型。③

在互联网经济环境中维系信任可以保护并促进实体经济活动发展。④ 美国每年的网上零售总额已经高达1450亿美元。⑤ 在定位服务中有关个人信息的新型运用,受隐私和安全政策标准保障,可以创造重要的商业机会。⑥ 另外,美国在出口云计算、基于定位的服务和其他创新性服务领域居于世界领先地位。为延续这些经济价值,消费者必须继续信赖网络技术。强有力的消费者数据隐私保护政策将有利于实现这一目标。

维系信任对于实现网络技术的全部社会和文化价值也是必要的。然而,当企业使用个人数据信息的方式与消费者公开这些数据信息的环境不一致时,将会侵蚀信任。例如,在网上和在线社交网络中,人们可以与他们的朋友、家人、同事以及公众分享信息,但他们可能无法注意到这些服务、第三方和他们的伙伴利用他们信息的方式。未经授权就公开敏感信息可能侵犯个人权利,造成基于个人敏感属性的伤害或者歧视,这将导致基于错误或者不准确的信息而采取行动和做出决定,进而可能带来代价很高的、可能会造成很大

---

① 本框架仅涉及私主体在商业环境下如何处理私人数据信息。宪法和法律中已经有一系列条款规制政府获取私人信息的行为。此外,1974年隐私法案 Pub. L. No. 93 – 579 (5U. S. C. §552a) (见 http: // www. whitehouse. gov/omb/privacy_ genral) 以及行政管理和预算局发布的实施指引是规制联邦政府处理个人身份信息的。以上领域均不属于本文件的调整范围。

② 在本文件中,"企业"包括任何组织、公司、基金、合伙、独资企业、非公司社团以及其他盈利或者非营利的企业,只要他们在州际贸易中收集、使用、披露、储存或者交换个人数据信息的行为不受现有联邦数据隐私数据法律规制。

③ 参见希拉里国务卿在网络空间国际战略会议 (Administration's InternationalStrategy for Cyberspace) (2011年5月) 上发布的讲话:"你们中许多人既代表其他国家的政府,也代表私营主体以及其他社会组织,与我们有共同的愿景,即确保互联网将永远是开放的、安全的、自由的,无论是对于当前的20亿网民而言,还是对于未来即将成为网民的几十亿人而言。"

④ 奥巴马总统,网络空间国际战略 (InternationalStrategy for Cyberspace),2011年5月8日,见 http: // www. whitehouse. gov/sites/default/files/rss_ viewer/international_ strategy_ for_ cyberspace. pdf。

⑤ 美国统计局,E – stats,2011年5月26日,http: // www. census. gov/econ/estats/2009/2009 reportfinal. pdf。

⑥ 麦肯锡全球机构,大数据:下一轮革新、竞争与生产前沿,94—95,2011年5月。见 http: // www. mckinsey. com/mgi/publications/big_ data/pdfs/MGI_ big_ data_ full_ report. pdf. 美国国家标准与技术研究院 (NIST) 确定与计算五项重要特征。

麻烦的身份信息盗窃。① 保护美国人的隐私权，防止身份信息盗窃，并追究身份信息窃贼的责任，是政府的重要任务之一。

现有的消费者数据隐私政策框架是灵活的，已经有效应对了数字时代里有关消费者数据隐私的若干问题的挑战。该政策框架包括最好的商业行为实践、联邦贸易委员会的执法和一个由首席隐私官与其他相关职业人士组成的网络——他们研究隐私实践以适应技术和商业模式的变化，并推动企业内部重视隐私文化的形成。但是，由于大多数联邦数据隐私立法仅适用于特定的领域，比如医疗、教育、通信和财政服务，或者在在线收集数据方面适用于儿童保护，许多网上的个人数据信息并不受宽泛的联邦立法保护。政府相信，在这个个人有权使用网络技术、企业可以通过多种途径收集和利用个人数据信息的数字环境下，填补现有政策框架的不足，将更加有效地回应对隐私权保护的担忧。然而，除非既有的适用于特定领域的联邦立法针对网络技术设定了不合适的标准，政府并不建议去修改它们。相反，政府支持立法机关对既有的政策框架进行增补，将基准保护拓展至既有的联邦立法尚未覆盖的领域。

这里所提出的消费者数据隐私保护综合性框架，将会为消费者提供更加清晰的保护。这里所提出的消费者数据隐私保护综合性框架，将会为消费者提供更加清晰的保护。该框架同时也会为企业提供更多立法上的确定性，在促进创新的同时减少合规成本（这一目标与行政命令13563号《增强规制与规制性审查》相一致）。该框架为希望知悉和控制在数字经济中的自己个人信息流动的消费者提供了更好的办法以实现其目标。这一提案同时也确保希望满足消费者期望的企业能够更有效地与消费者和政策制定者交流合作，并帮助他们确定什么样的个人信息利用方式是受欢迎的而什么样的是让消费者不愉快的。最后，通过推动反应消费者和企业实际如何使用网络科技的国际性政策框架，政府的消费者数据隐私保护框架能提高我国的国际竞争力。

美国作为世界互联网创新的引导者，有义务和意愿通过建立具有前瞻性的隐私政策典范来培养创新意识，保护公民的基本隐私权。政府提出的消费者信息隐私政策框架为实现这些目标指明了道路。而这一事实的实现有赖于以下四个关键的因素：

首先，一个规定个人权利和与个人信息有关的企业义务的消费者隐私权利法案。这些消费者权利是以美国建立的、得到世界范围内承认的公平信息利用原则（FIPPs）为基础的，在不断发展的互联网时代中通过新的方式不断

---

① 根据最近的评估，每年单独身份信息盗窃就造成超过150亿美元的经济损失。见http://www.ftc.gov/os/2007/11/SynovateFinalReportIDTheft2006.pdf.

被表述和适用着。

其次,可切实执行的行为规则。通过多方利益主体参与机制的方式来达成共识,明确在具体商业环境下消费者隐私权利法案所应包含的内容。

再次,联邦贸易委员会(FTC)的执法能力。联邦贸易委员会应利用其职权打击、禁止不公平的和欺骗性的行为,切实保护消费者隐私权。

最后,通过美国消费者数据隐私政策框架与别国的相应政策框架之间的相互承认,促进国际交流。同时通过多方利益主体参与机制促进行为规范的发展,以行政联合执法的方式减少互联网领域内对信息自由流动的阻碍。

《网络环境下的消费者数据隐私保护》是在联邦商务部互联网政策专门小组于2010年提交的报告《网络经济中的商业数据隐私与创新——一个动态的政策框架》(又名《隐私与创新意识绿皮书》)[①]的建议下制定的。互联网政策专门小组在《隐私与创新意识绿皮书》中通过公共研讨会、书面意见提交、公共演讲和展示以及非正式会议的方式,促使多方利益主体——企业、贸易集团、隐私倡导者、学者、各州检察长、联邦民事与刑事执法机关代表以及国际合作伙伴等——对该绿皮书提出意见。后来,有多于100个利益主体代表递交了对《隐私与创新意识绿皮书》的书面意见。这些书面意见为政府制定《网络环境下的消费者数据隐私保护》建议书提供了具有重大价值的反馈。政府衷心感激这些利益主体对此所投入的时间与资源,他们的参与对成功实现这一框架具有重要作用。

II. 对《消费者隐私权利法案》的界定

加强消费者数据隐私保护,提升创新意识,有赖于全面、可实施和灵活的隐私保护措施。美国在于19世纪70年代率先提出公平信息利用原则,随后这些原则成为被世界采纳的隐私保护的基础。美国延续了对这些原则的适用,将其引入到不同部门的隐私保护法律中,也适用于联邦部门机构采集的个人数据

---

① 联邦商务部《网络经济中的商业数据隐私与创新——一个动态的政策框架》可见于链接 http://www.ntia.doc.gov/report/2010/commercial-data-privacy-and-innovation-internet-economy-dynamic-policy-framework。

的保护中。公平信息利用原则也成为多个国际数据隐私保护框架的基础。[1] 尽管企业采集、存储和分析个人数据的能力有了大幅度的提升,这些原则仍为消费者数据隐私保护提供了持续、坚实的基础。

在当今环境中,互联网产业对个人数据的处理已经远比公平信息利用原则刚提出时更为去中心化和普遍,《消费者隐私权利法案》则正是将公平信息利用原则适用于这一环境中的结果。大型的公司和政府部门机构已经不像以前那样主要从相对静态的数据库中采集数据。这个世界已经变得更为多变和动态了。企业也出于更多不同的目的而收集更多的个人数据。消费者不断通过社交网络和个人博客等方式积极地交流个人数据。对个人数据的再利用在促进创新意识的同时,也为保护隐私提出了更多难题。我们所要面对的核心问题是如何在满足消费者对隐私保护的期望的同时为企业提供他们持续进行创新变革所需的法律确定性。[2]

为了应付这一挑战,《消费者隐私权利法案》在两方面发展了公平信息利用原则。首先,明确了旨在让消费者知悉他们可以在企业对他们的个人数据的处理中期望得到什么的一系列权利。《消费者隐私权利法案》同时承认消费者在参与日渐网络化的社会活动中对保护他们的隐私负有特定的义务。其次,《消费者隐私权利法案》通过强调公平信息利用原则的具体适用语境的重要性的方式,体现了这些原则。[3] 适用语境的关键要素包括消费者通过使用企业的目标或服务所能实现的目标与目的,企业事实上所提供的服务,提供这些服务所必需的个人信息交换,以及一个企业的客户是否包括儿童与青少年。《消费者隐私权利法案》中不同的公平信息利用原则的平衡与侧重应由具体的适用语境所决定。

《消费者隐私权利法案》通过规定消费者拥有相关权利的方式实现以下目标:

---

[1] 如《隐私和创新意识绿皮书》(第11页)中所记载:
"In 1973, the Department of Health, Education, and Welfare (HEW) released its report, Records, Computers, and the Rights of Citizens, which outlined a Code of Fair Information Practices that would create 'safeguard requirements' for certain 'automated personaLdata systems' maintained by the FederaLGovernment. This Code of Fair Information Practices, now commonly referred to as fair information practice principles (FIPPs), established the framework on which much privacy policy would be built."
以公平信息利用原则为基础的国际合作框架包括"经济合作和发展组织对隐私和跨境个人数据流动的保护的指导方针"和亚太经合组织的"隐私框架"。《隐私和创新意识绿皮书》提倡构建以下一系列的公平信息利用原则:透明度、个人参与、目标具体化、数据最小化、用途限制、保护数据质量与完整性、安全、问责制和监督。

[2] 如《隐私和创新意识绿皮书》中所记载:
"New devices and applications allow the collection and use of personaLinformation in ways that, at times, can be contrary to many consumers' privacy expectations."

[3] 为比较《消费者隐私权利法案》和其他与公平信息利用原则相关的宣言,请见附录B。

1. 个人控制
2. 透明度
3. 尊重语境
4. 安全
5. 接入权与准确性
6. 集中采集
7. 问责制

《消费者隐私权利法案》适用于对个人数据的商业使用。其中，个人数据指的是包括可以联系到任何一个特定个人的数据聚合在内的任何数据。[①] 个人数据同时也包括可以联系到特定电脑或者其他设备的信息。举例而言，在一台智能手机或者家庭电脑中的用户设置中的一个标记符是个人数据。将商业主体采集、使用和公开的有关消费者的不同种类的信息都纳入调整轨道需要一定的灵活性，而以上对个人数据的定义为这一灵活性要求提供了可能。

这一节将在最后展示对《消费者隐私权利法案》的完整描述，同时解释在各个公平信息利用原则项下的权利与义务配置的合理性。

一、个人控制原则

个人控制原则，是指消费者拥有权利控制企业收集个人信息的来源与用途。企业应为消费者提供消费者对其与他人共享的数据和企业对这些数据进行收集、使用、公布的方式的控制权。企业应该通过为消费者提供这样一种机制，其便于使用且容易接入的，反映他们所收集、使用或公开的个人数据的规模、范围和敏感程度以及他们对个人数据的用途自身的敏感程度，从而让消费者对被使用的数据内容和方式进行选择成为可能。企业应该为消费者提供清楚而简洁的选项，在适当的时间，通过适当的方式呈现给消费者，让他们能够对个人数据的采集、使用和公开作出充分的考虑和选择。如果消费者在初始选项中授予企业同意的方式十分简便，则企业应该提供给消费者同样简便的方式来撤销或限制这种同意。

个人控制原则有两个方面。首先，在采集数据的时候，企业应该提供与

---

① 这一定义与联邦政府对"可辨认个人的信息"的定义类似：
"[I]nformation that can be used to distinguish or trace an individual's identity, either alone or when combined with other personaLor identifying information that is linked or linkable to a specific individual. The definition of PII is not anchored to any single category of information or technology. Rather, it requires a case – by – case assessment of the specific risk that an individuaLcan be identified."
致行政部门与机构首脑的关于政府部门使用第三方网页和申请的备忘录，彼得·奥沙格著，2010 年 6 月 25 日，见附录第 8 页。可见于链接：http://www.whitehouse.gov/sites/default/files/omb/assets/memoranda_2010/m10-23.pdf.

该个人数据的数量、范围以及敏感程度相匹配的,有关数据共享、采集、使用和公开的消费者选择。举例而言,企业可以得到大量个人的互联网使用历史记录(如搜索引擎、访问页面以及在线社交网络),也就可以建立详尽的用户在一定时间内的行为记录了。这些记录有可能数量很大,范围很广,而且其中可能包含一些敏感的信息,比如个人信息和个人财政状况。① 在此情况下,选择机制就是一个简单而有效的办法,让个人数据的使用和公开的合理性有良好的个人控制保障。与之相对,能联系到具体个人而无须收集个人信息的服务则可以提供相对少的选项。

在任何情况下,一个直接与消费者打交道的企业都应该给消费者提供关于什么样的个人数据可以被企业所收集的适当的选择,而无论该企业是否使用数据本身或者将其公开给第三方。当直接面向消费者的企业与直接获取消费者个人数据的第三方签订协议(如在线广告),他们应该尽到勤勉调查的义务,清楚了解第三方如何使用个人数据以及其是否为消费者提供关于个人数据采集、使用和公开的适当的选择。政府同样鼓励面向消费者的企业做忠实的管理人,妥善管理好他们和他们的商业伙伴所采集的个人数据。面向消费者的企业应该通过在消费者看来简单、稳定和可拓展的机制来寻求使消费者的选择得到重视的途径进行商业行为。

第三方同样应该提供与他们所收集的个人数据的数量、范围和敏感程度相匹配的个人数据采集选项。近几年关于第三方个人数据采集的争论的热点是在线行为广告——收集有关消费者的网络兴趣爱好的信息从而发送有针对性的广告给他们。② 这种广告模式依赖于能跨网站定位特定消费者个人(或至少是他们的网络设备)的广告网络。这些个人行为记录让广告商可以从个人对互联网的使用中推测出其喜好,进而锁定特定的广告和对象。特定的广告一般来讲比纯文本广告更有价值和效益,同时也为很多免费的在线内容与服务提供了收益。③ 然而,很多消费者和隐私倡导者都认为这种追踪和广告的行为有可能侵犯了他们所期望得到的隐私权。

政府承认对第三方(如网站)所采集的数据进行最终的利用确实对消费

---

① 范围(scope),是指行为或者兴趣的所能覆盖的一切事物,也包括在数据列中所反映的时间段。而数量(scale)则是指行为被囊括在数据列中的个人的数量。
② 详见联邦商务部,《在线行为广告的自我规制原则》(评核报告),2009 年 2 月 2 日——"involves the tracking of consumer's online activities in order to deliver tailored advertising."
③ 一个调查发现,以行为为基础的特定广告比非特定广告远远更为有价值。详见霍华德·比尔斯,《行为广告的价值》,2010 年 3 月 24 日,第三页,http://www.networkadvertising.org/pdfs/Beales_NAI_Study.pdf. 又见联邦商务部,《在剧变时代中保护消费者隐私:为商业与政策制定者提出的框架》(评核报告),2010 年 12 月 24 日。

者的隐私权益造成影响。也正因如此,这些对个人数据的使用应服务于确定适当的个人控制选项的范围。举例而言,一个企业对个人数据的使用仅限于计算有关消费者如何使用它的服务的数据。这样的使用并不对消费者的隐私权益有重大影响,可能无须因此目的而为消费者提供阻止数据采集的办法。即使该企业为了一些其他的用途而收集和存储一些个人数据,它也不必然需要为消费者提供一系列有关采集的复杂的选项。而在在线广告的情况下,确认特定广告递送和避免一个消费者多次重复看到同样的广告是需要采集一些个人数据的。但是被采集的个人数据只是基于数据上的目的被采集的时候不需要收集广泛的、周期很长的个人记录,也就不需要范围广的个人控制选项。

创新科技可以帮助我们拓展用户控制的范围。与消费者直接打交道的互联网企业为消费者提供详尽的隐私保护设置的行为日益普遍。这些设置使消费者对企业采集消费者个人数据的内容和时间有了更大的控制能力。与此同时,诸如"反追踪"机制等强化隐私权保护的技术同样让用户有更大的自主权决定第三方如何使用他们的个人数据以及能否完全得到他们的个人数据。例如,在联邦贸易委员会的倡导下,① 在线广告商发展出了以公平信息利用原则为基础的若干自我规制原则,用一种共同的电脑界面来告诫消费者第三方广告的存在并提供更多关于相关的广告网络的导航,以一个共同的选择退出机制让消费者得以脱离个体广告商的目标定位性的广告。② 许多其他的参与者,包括浏览器供应商、软件制造商和标准设定组织,正在发展"反追踪"机制使得消费者享有对第三方得到个人数据的一定的控制权。所有这些机制都是充满希望的。然而,他们需要更深入的发展来确保他们是易于使用的,能公平处理对个人数据的创新用益,考虑公共安全利益,同时让消费者更了解限制个人数据收集的潜在的成本和利益。

如果第三方与消费者的直接接触变得更少,他们就更难为消费者提供对数据收集的更有用的控制权。例如,数据收集代理人能通过多种方式收集消费者的个人数据却无须与消费者有任何直接接触。这些公司很难设计出有个人控制功能的有效机制,因为消费者根本不知道这些第三方的存在。此外,有些数据收集代理人收集法官记录、新报告、财产记录以及记载于其他公共记录里的数据。收集与使用这些文件的行为中所蕴含的自由言论权与媒体自由必须与公开这些收据的采集、利用和散布方式的透明度以及个人对收集到

---

① 见注释14。
② 见 AboutAds 信息服务公司 "在线行为广告的自我规制原则" (http://www.aboutads.info/resource/download/seven‐principles‐07‐01‐09.pdf),2009 年 7 月;交互广告局,"对《隐私与创新绿皮书》的评论"(附件二)(对将用户引导到广告网络隐私政策与选择退出机制的解释)。

的信息的得到与更正的需要之间达到平衡。

尽管如此，数据收集代理人和其他不与消费者直接接触或无法在面向消费者的网络活动中合理定位的收集个人数据的公司应该找到创新的方式为消费者提供有效的个人控制方法。如果提供个人控制是不可行的，这些公司应该确保他们实施《消费者权利法案》里提供的其他方式来恰当保护消费者的隐私。举例而言，为了提供充分的隐私保护，这些公司需要更认真地实现其他原则，例如透明度——通过充分、公开地向消费者解释他们在个人数据的商业使用中的作用——以及在信息被收集之后依据接入权和准确性原则以及问责制原则提供适当的使用控制权以补充与消费者直接接触的不足。

个人控制的另外一个方面是消费者责任。在越来越多的情况中，诸如在线社交网络，对个人数据的使用是从个人对隐私设定的选择以及与其他人分享个人数据的决定开始的。在这种情形下，消费者应该估量他们的选择并为此承担责任。对初始的分享行为的控制是至关重要的。消费者应该对他们自身的决定承担责任，就像参与这种分享并从中获利的公司一样应该提供可利用的工具和清晰的解释让消费者得以作出有意义的选择。

个人控制原则同样承认消费者在个人数据中隐私利益一直存续于他们与公司的关系中。据此，这个原则也包括了对网络公司控制个人数据的授权的撤销权。网络公司应该在他们得到消费者授权的过程中同步提供回收授权的途径。例如，如果消费者通过在电脑上的一个简单行为授权，他们应该能够以一个相似的方式撤销授权。

撤销授权有三个实际上的限制。首先，它预设了消费者与网络公司的持续的关系。这种关系可以是很小的，比如消费者仅为了一个交易开设一个账户；或者这种关系也可以如持续多年的许多财务交易那样持久。其次，网络公司必须有一种与他们持有的指向个人的数据相匹配的使撤销授权成立的方式。相反，网络公司无法合理将数据指向个人，那对这种数据的使用的授权不能被撤销。其次，尊重消费者撤销授权的义务只与该网络公司所掌握的数据相匹配。再次，个人控制原则并不要求网络公司对在消费者隐私权法案实施之前收集的个人数据提供授权撤销，除非他们在收集的时候提供了这样的承诺。

二、透明度

透明度，是指消费者有得到易于理解的、可得到的关于隐私和安全措施的权利。在最有利于使消费者理解隐私风险和他们加以个人控制的能力的时间和地点，网络公司应当提供清楚的描述，说明他们收集了什么个人数据，为什么他们需要收集，他们将会如何使用，什么时候他们会删除数据或者从中去除消费者的身份，以及是否或者为何他们要与第三方分享个人数据。

用平白的语言对个人数据的收集、使用、公开和保留的声明有助于让消费者明白与商业活动有关的术语。网络公司应该在与理解隐私风险最密切相关、如果消费者要求则最容易得到的时候让消费者看到这些声明。

在网络公司与消费者的商业交易与关系中，与这种情形不相匹配的个人数据用途应当比那些直接相关或普遍认为相匹配的用途得到更多公开。较之于许多现有的对所有可能的个人数据用途一律给予相同重视的隐私通知，区分那些情况下的个人数据用途的隐私通知更能让消费者了解他们所未预料到的对个人数据的用途。① 这样的通知能让有意识保护隐私的消费者更容易得到所需要的相关信息。这些通知还可以在给定的市场里提高网络公司的信息公开的连续性，让原本可能忽略隐私通知的消费者注意到通知，进一步可能让保护隐私服务成为网络各行业的竞争因素之一。

同时，网络公司应该让消费者能用他们用来获取服务的设备来读取相关的隐私保护通知。应该注意到，移动设备的小显示屏幕使得读取完整的隐私保护通知变得实际上不可能。网络公司应据此将诸如小显示屏幕和专属于移动设备的隐私风险等移动设备的特点作为要素考虑在内，努力以合理方式为移动设备消费者提供相应信息。

最后，不与消费者直接接触的网络公司——如上述的数据代理商——应该提供关于他们如何得到、使用、公开个人信息的简明说明。由于没有跟消费者的直接接触，这些网络公司需要在自己的网站或者别的公共网络公开这些信息。进一步来讲，与消费者直接接触的网络公司应该向消费者定向公开他们将消费者个人数据提供给第三方的目的，帮助消费者明白第三方的经营性质以及这些第三方在实现经营目的的时候在使用方式上是否受一定的约束限制。如此一来，消费者的目标就变得更容易实现，只需要衡量选择是否与一个特定的商家进行交易，而不需要去弄懂第三方——可能是数以十计乃至百计的第三方——获得了什么数据以及如何使用它。同样，与消费者直接接触的网络公司可以通过公开他们从第三方处获得的个人数据的种类、相关的第三方身份以及他们如何使用这些数据，来实现更高的透明度。这么高的透明度也有利于私人领域创新性的强化隐私保护技术以及消费者赖以保护隐私的规则的发展。

---

① 见通信管理局助理秘书，劳伦斯 E. 斯基克灵，向国会商务、科学与运输委员会做的汇报，2011年3月16日，第2、第3页。

三、尊重语境

消费者有权希望网络公司以一种与消费者提供数据的语境相符合的方式来收集、使用和公开这些数据。除非法律另有规定，网络公司应该使使用、公开个人数据的目的与他们和消费者的关系以及消费者原本公开数据的语境相符，并以实现这些目的为限使用、公开这些数据。网络公司想要为了其他目的而使用、公开个人数据的，他们应该在收集数据的时候，以明显且消费者容易作出相应反应的方式，通过突出显示的"透明度与个人选择"公开这些其他目的。如果在收集个人数据之后网络公司决定以与个人数据当初公开的语境不相符的方式使用或公开这些数据，他们必须提供突出显示的"透明度与个人选择"。最后，与网络公司直接接触的消费者的年龄及其对相关技术的熟悉程度都是构成这一语境的重要因素。网络公司应该以与消费者年龄和成熟程度相适应的方式遵守"尊重语境"这一原则。特别地，消费者隐私权利法案的所有原则都要求对从儿童和青年处获得的个人数据应该给予比从成人处获得的更大的保护。

"尊重语境"原则从与消费者使用服务或应用的目的以及提供这些服务或应用所必需的商业过程的远近程度来区分个人数据。①"尊重语境"原则同样要求收集数据的网络公司以尊重消费者的方式管理这些数据。这项原则由在公平信息利用原则的声明中反复提到的两项原则衍生而来：第一项原则，目的说明原则，强调网络公司应该在收集数据的时候说明收集的目的；第二项原则，使用方式限制原则，要求网络公司应该以实现这些目的为限使用个人数据。

"尊重语境"原则在两方面上整合了这些已经相当完善的原则。首先，"尊重语境"原则为引导网络公司对基本个人数据利用作出决策提供了一个实质性的标准。一般来说，网络公司应该以实现与消费者公开个人数据的语境相符合的目的为限来使用个人数据。其次，即当这一原则强调消费者公开数据的时候消费者与网络公司之间关系的重要性，它同样承认这一关系可能以收集数据时无法预料的方式发生变化。这种适应性的对个人数据的用途可以成为为消费者带来福利的创新的源泉。然而，网络公司必须在以新方式使

---

① 多个《隐私和创新绿皮书》的评论者均强调公平信息利用原则中语境的重要性，例见《AT&T对〈隐私和创新绿皮书〉的评论》第7页，2011年1月28日；《信息隐私领导中心对〈隐私和创新绿皮书〉的评论》第3页，2011年1月28日；《谷歌对〈隐私和创新绿皮书〉的评论》第6页，2011年1月28日；《因特尔对〈隐私和创新绿皮书〉的评论》第4页；《财捷对〈隐私和创新绿皮书〉的评论》第9页；《海伦·尼森巴姆、肯尼斯·法拉尔和芬妮·布伦顿对〈隐私和创新绿皮书〉的评论》第2—3页；《在线出版协会对〈隐私和创新绿皮书〉的评论》第6页；《TRUSTe对〈隐私和创新绿皮书〉的评论》第2页。现在学术界也强调语境与隐私之间关系的重要性，见海伦·尼森巴姆《语境中的隐私：技术、政策以及社会生活的完整性》。

用个人数据之前为消费者提供适当级别的透明度和个人选择——比收集数据时所需的要求更严格。

以一种针对特定语境的方式适用《消费者隐私权利法案》为网络公司带来灵活性,但同时也要求他们审慎地考虑消费者可能基于提供的商品或服务对数据用途有怎样的理解、网络公司应如何解释自身在传递个人数据中扮演的角色、对消费者态度和理解的调查以及消费者的反馈。语境有助于确定哪些个人数据用途最有可能引起消费者对隐私方面的注意。这种网络公司与消费者的关系应该引导网络公司决定哪些个人数据用途在隐私保护通知的最明显的地方显示。例如,在线零售商需要公开消费者的姓名和家庭住址给运输商来完成订单。这样的公开明显是来源于消费者与零售商之间的直接关系的。零售商无需以显眼的方式通知这种用途(但是他们应该在完整的隐私保护通知中作出公开)。网络公司可以从消费者下订单的行为以及对产品投递过程的普遍理解中推知消费者同意这样的个人数据公开。

有几类对个人数据的用途是许多语境所共通且对网络公司的经营至关重要的。上述的例子归属于更广泛的商品或服务的完成的分类;网络公司可以推知消费者对个人数据使用和公开的同意来实现消费者特别要求的目标,只要对这种服务的理解是普遍的。同理,网络公司可以推知消费者对个人数据的使用的同意来在大部分网络公司与消费者直接接触的关系语境中进行营销,只要下列事实是确定的:消费者在电子或线下商务里对这种行为的熟悉程度,对这种营销行为的可见性,有可以简单确定的供消费者联系并提供反馈的参与方,以及消费者在对这种商业关系不满意时退出的机会。同时,网络公司收集和使用个人数据应是为了普遍的目的,即使这些目的并不为消费者所广泛知悉。例如,通过分析消费者如何使用一项服务从而进行改进、防止欺诈、遵守法律强制规定和其他法律义务以及保护知识产权,已经成为经营商业和履行网络公司法定义务的基础构成部分。[①] 网络公司应有权利推知消费者的同意从而收集个人数据以实现这些有限制的目的,与《消费者隐私权利法案》其他原则相协调。

在其他情况下,语境应该引导网络公司决定哪些消费者控制的机会是他们可以合理提供且消费者认为有价值的。在不同语境中对消费者有价值的信

---

① 这个对许多语境所共通的实践的罗列与联邦贸易委员会成员在 2010 年报告中所指出的"普遍承认实践"是相似的。详见联邦商业委员会评核报告,第 53—54 页。从行政管理的角度看,保护知识产权对于许多网络公司是如此的普遍而必须以至于他们可以推知消费者的同意从而实现这一目标。许多对《商业隐私和信息绿皮书》的评论者都提倡政府应承认这些实践,从而为网络公司提供法律明确性,也为消费者提供更多明显而有价值的个人选择。

息和选择可能大不相同。例如,假设在一个移动设备上的游戏软件允许消费者保存游戏进度从而使他们可以在暂停后继续游戏。这时候提供该游戏的网络公司就会从每个用户的移动设备中收集独特的标记符从而提供这一"保存"功能。为了这一目的收集移动设备的独特标记符是符合这一"保存"功能与消费者的使用要求的,尤其是当网络公司仅为这一目的而使用标记符的时候。如果该网络公司将这些独特的标记符因诸如在线行为广告等的目的提供给第三方,该网络公司应该通知消费者并允许他们阻止这种对个人数据的公开。

  网络公司的消费者的经验丰富程度也是语境的重要组成部分。特别是基于儿童和青少年的独特特征,这一隐私框架要求对这些年龄段的消费者的隐私利益给予比成年人更大的保护。儿童极其容易受到隐私侵犯。现今,《儿童在线隐私保护法案》(COPPA)和联邦贸易委员会的实施条例通过要求直接针对儿童或明知从儿童处获取个人数据的在线服务在收集这些数据前必须征得可证明的家长同意,从而为儿童隐私提供强有力的保护。[①] 直接针对儿童的在线服务必须符合相同的标准。政府希望与多方利益主体交流和探讨《消费者隐私权利法案》更严格的适用——如不得建立儿童个人档案的协议,乃至要求在线服务必须征得家长同意方能收集个人数据——是否有利于保护儿童隐私。

  与网络公司和消费者之间关系相关的条款是语境的另一个关键构成部分。特别地,广告支持创新性的新服务并为消费者免费提供广泛的在线服务和应用。"尊重语境"原则并不排斥某些特别的以广告为基础的商业模式。相反,"尊重语境"原则要求网络公司认识到基于不同的个人数据的不同的商业模式可能引起不同的隐私风险。一个网络公司应该清楚地告诉消费者他们提供个人数据换来了什么。政府也鼓励网络公司从事在线广告进而不必再收集、使用或公开与劳动、信用、保险资格或其他对消费者利益攸关、有可能对其造成重大消极影响的个人数据。为了如此敏感的用途收集信息,在语境里与其创造商业收益、为消费者提供相关而合适的广告的初衷是不符的。这样的行为也与"尊重语境"原则所提倡的负责任的数据管理要求不符。

  例如,有一个在线社交网络服务,其用户在申请账号时会公开他们的地理位置信息,并提供他们包括朋友、商业伙伴、工作公司在内的社会关系和兴趣。当消费者使用这一在线社交网络服务的时候,他们就会在上面创造大量与他们的个人身份相挂钩的信息,包括更新日志、相片、视频、地理位置等信息。这些信息的公开与该网络公司提供在线社交网络服务紧密相连。进

---

① 见《儿童在线隐私保护法案》和联邦贸易委员会《儿童在线保护规则》。前者将"儿童"定义为"13 周岁以下的自然人"。

而，该网络公司公开消费者的部分信息、至少能使其他用户与该消费者建立社交关系的行为，是合理的。

消费者可能不能清晰地从他们所经历的语境中了解在线社交网络服务提供商是否会使用这些信息以及为何使用。消费者产生的个人数据对网络公司完善服务、销售在线广告或者将个人信息档案整合并提供给第三方是非常有价值的。这些对个人数据的用途从消费者彼此结成在线集体中推定。消费者希望网络公司完善服务。网络公司无须每次都从消费者中得到确认性授权再使用现存数据来改善服务或创造一项新服务，只要这些新的用途与用户在社交网络的语境中所期待的一致即可。

假设该网络公司将个人档案出租给第三方，比如信息代理商。"尊重语境"原则并不具体规定拥有数据者每一项使用方式，但至少要求该网络公司强调而简洁地公开说明他们把个人数据公开给第三方且其可能因其他目的整合和使用这些数据。"尊重语境"原则，与《消费者隐私权利法案》的其他原则结合起来，也要求网络公司为消费者提供阻却这些公开的切实的方法。

四、安全

消费者有权要求保证其个人数据安全性并得到负责安排。网络公司应该结合他们对个人数据的用途评估隐私与安全风险，并保持合理的防护措施在控制诸如数据丢失、非法获取、使用、损坏或修改数据抑或不当公开个人数据的风险。

维护个人数据安全的技术和程序对保护消费者的隐私是至关重要的。与个人数据有关的安全缺失，无论因意外还是恶意攻击引起，都可能造成不同的后果，包括名誉受损、经济损失乃至身体伤害。对个人数据失去控制的网络公司可能遭受声誉上的损失，甚至可能因为商业伙伴或消费者在安全侵入发生后与他们结束合作而遭受经济损失。这些后果都让网络公司具有维护个人数据安全的积极性。合适的安全防范由特定网络公司的商业途径、收集的个人数据种类、消费者遭受损害的可能性以及其他诸多因素决定。

"安全"原则认识到这些需要。该原则给予网络公司自主选择与其占有的个人数据的规模和范围相适应的技术和程序的权利，承担遵守相关数据安全法规的义务，包括在有关数据被安全侵入时通知消费者和执法机关以及采取合适的安全措施。

五、接入权与准确性

消费者有权以与数据敏感程度和因数据不准确为消费者带来不良后果的风险相适应的方式，在可用的范式里得到且得到正确的个人数据。网络公司应该采取合理措施保证他们占有准确的个人数据。网络公司同样应该为消费者提供合理的对他们收集的个人数据的介入方式,以及提出修改、删除或限制使用不正确个人数据的请求的方式与机会。占有使用个人数据的网络公司应该以与表达自由和媒体自由相吻合的方式理解这一原则。在决定应采取什么措施保障消费者的介入、更正、删除和限制个人数据的时候,占有使用这些个人数据的网络公司还应该考虑个人数据的规模、范围和敏感程度,及其为消费者带来经济、身体或其他物质损害的可能性。

有越来越多的使用个人数据的公司,其决定直接影响到消费者,从他们能在线看到的广告到他们的就业可能性。除了特定的联邦隐私法律规制的行业——如《医疗保险可移动性和问责制法案》(HIPAA)和《公平信用报告法案》——以外,消费者目前没有权利获取和更正这些数据。政府机关致力于在互联网上以在机器上可阅读的格式传播数据进而促进创新、透明度、参与性和合作。例如,为了促进电力输送的创新和效率,政府机关支持在互联网上以标准化、可用机器阅读的格式为消费者提供对能源利用数据的便捷的接入权。[①] 同样,医疗科技的应用拓展,包括病人通过电子医疗记录对医疗数据的获取,是政府机关创新策略的重要组成部分。[②] 根据上述两种语境量身打造的隐私和安全保护是两项战略得以实施的基础。

在商业领域,以可用的格式为消费者提供对信息的获取也具有类似的效益。为了帮助消费者在更深入理解的基础上作出选择,政府机关提倡网络公司以可用的格式在互联网上为合格认证的对象提供个人数据。

"接入权和隐私"原则承认使用不准确的个人数据可能带来一系列不良后果。这些损害的风险,连同其占有使用的个人信息的规模、范围和敏感程度,决定了在特定语境中应采用何种接入与和更正机制。由此,该原则并不区分面向消费者网络公司与非面向消费者网络公司。然而,无论任何情况下,网络公司用来为消费者提供关于他们个人的数据的接入权的机制不应该产生额外的隐私和安全风险。

美国联邦宪法一直以来都承认隐私利益是与第一修正案中的言论自由权、媒体自由以及结社自由是并存的。行使自身言论自由权利的个人与媒体同样也能够就他人与其他媒体的言论中的信息发表言论。"因此,接入权和隐私"

[①] 国家科学与技术委员会,《21世纪数字网络的政策框架:启动我们的安全能源未来》,2011年6月,第41、第46页,链接http://www.whitehouse.gov/sites/default/files/microsites/ostp/nstc-smart-grid-june2011.pdf.

[②] 见白宫,《美国创新策略——美国创新策略:得到我们的经济增长与繁荣》,2011年2月,http://www.whitehouse.gov/innovation/strategy;联邦医疗服务部,《电子医疗记录刺激计划的最终规则》,2010年7月28日.

原则应在充分尊重第一修正案的价值的条件下被解释，尤其是那些非商业言论者及行使媒体自由权的个人。

六、集中采集

消费者有权在网络公司采集和占有的个人数据上加以适当的限制。网络公司收集个人数据应以他们足以实现"尊重语境"原则所允许的特定目标为限。网络公司在不再需要个人数据后应以安全方式舍弃个人信息或对其去除身份化，除非他们有法定义务以其他方式处理。

"集中采集"原则规定网络公司应于充分考虑下作出关于收集何种数据完成既定目标的决定。举例而言，上述虚拟的收集每个用户的移动设备的标记符从而提供游戏保存功能的网络游戏公司应该考虑清楚其是否必须使用移动设备的标记符或者是否可以用相对不容易与用户相联系的标记符来代替。然而，正如在"尊重语境"原则介绍里讨论的那样，网络公司可能在收集个人信息之后想到了新的用途，则他们必须采取合适的透明度与个人选择措施。"集中收集"原则并不减免网络公司任何独立的法定义务，包括要求他们保留个人数据的执法命令。

广范围的数据收集对于一些依赖知名度和社交互联性的网络服务与应用来说可能是至关重要的。搜索引擎就是一个例子。搜索引擎整合关于互联网的内容和结构的详细信息。消费者理解且依赖搜索引擎来收集广范围的数据并进一步用于诸多用途。搜索引擎同样也记录搜索请求来改善他们的服务。搜索引擎可以以与"集中采集"原则相符的方式收集包括个人数据在内的数据，只要他们收集个人数据的目的是清楚的且他们在实现这些目的后不再保留个人数据。

七、问责制

消费者有权要求网络公司以切实、合适、符合《消费者隐私权利法案》的方式保管个人数据。网络公司应根据这些原则对执法管理机关和消费者负责，也应要求其雇员根据这些原则负责。为了达到这一目的，网络公司应该适当训练其雇员让其遵守这些原则处理个人数据，并定期据此对他们的绩效进行评估。如果合适的话，网络公司应该进行全面的审查监督。将个人数据公开给第三方的网络公司至少要确保接收这些数据的人承担遵守符合这些原则的合同义务，除非相关法律另有规定。

隐私保护有赖于网络公司对消费者和相关的消费者数据隐私执法机构负责。然而，"问责制"原则并不局限于外部责任，而是包括了其他方式，如防止隐私义务的渎职及其救济方式。能展示自己能兑现隐私保护承诺的网络公司必然有强有力的手段来维系并增强消费者的信心。网络公司自身的评估在这一过程中的重要性不可估量。适当的评估技术可以是一个自我评估而无须是完整审查，但必须包括所涉及的信息的大小、复杂程度、网络公司的商业性质以及信息的敏感程度。近几年里，主要负责隐私保护的官员——让面临技术、消费者预期以及相关规定急速变化的网络公司注意到隐私保护问题的专家们——已经显现为指导和内部评估的有效来源。主要的隐私官员很可能在产品和服务的整个发展过程中持续为公司提供指导。

然而，为了完全实现这一原则，网络公司让评估与现有的内部目标相挂钩；评估本身并非目的。审查——无论是由公司自己作出抑或由独立第三方作出——在某些情况下是合适的，但并不总能完全实现"问责制"原则。

进一步来讲，可问责性必须附属于数据里随着一个网络公司传递到另一个网络公司。从《消费者隐私权利法案》的角度上看，强调的并非个人数据公开本身，而是个人数据公开所导致的用途是否符合收集时的语境以及消费者所表达的控制该数据的意图。因此，如果一个网络公司将个人数据传给第三方，他仍然可被问责，进而接收方也可以因为以不符合《消费者隐私权利法案》的方式公开或使用个人数据而通过合同或其他可执行的法律方式被问责。

Ⅲ．实施《消费者隐私权利法案》：通过多方利益主体参与机制发展可执行行为准则

在诸多对个人数据的创新使用中实施《消费者权利法案》中的一般原则需要确立更具体的办法的过程。政府鼓励个体网络公司、产业集体、隐私支持者、犯罪受害人、学者、国际合作伙伴、州检察院、联邦民事与刑事执法负责人以及其他相关组织参与到这些多方利益主体的过程中来，共同发展实施这些一般原则的行为准则。

如在其他影响互联网政策的领域一样，政府相信在消费者数据隐私中，多方利益主体参与机制是许多互联网相关的机构组织成功的关键。这体现了政府致力于让互联网成为一个开放、分散化、以用户为本的沟通、创新、经济发展的平台的决心。[①]

政府支持开放、透明的多方利益主体参与机制，这是因为良好构建的机制可以提供应付互联网政策挑战的灵活性、便捷性以及分散性。一个向多元

---

① 美国最近与经济合作与发展组织（OECD）中的其他成员就互联网在救济和谁发展中的重要性达成共识。见经济合作与发展组织，"互联网政策制定基础的研讨会，经济合作与发展组织互联网经济高层会议：产生创新与发展" 2011年6月28日，29日，http://www.ntia.doc.gov/legacy/ntiahome/privwhitepaper.html。

化参与者开放并辅助他们充分参与的机制允许技术专家、网络公司、隐私支持者、消费者隐私法律中的民事与刑事执法负责人以及学者等一起寻找创造性的解决方式。商量机制中的灵活性对让利益主体们从技术和政策层面——两者经常交缠在一起——探索互联网政策问题是至关重要的。进一步来讲,美国将要在未来数十年面临一系列广泛、复杂、全球性消费者数据隐私问题。因而,一个全球范围内的有效参与机制是十分必要的。

多方利益主体参与机制的另一个重要优势在于,他们可以比行政规制和根据条约的国际组织能更及时地提供解决方案。例如,在互联网标准的问题上,相关利益主体经常就一个特定的问题组成工作集体,并在数月内而不是数年内就解决方案得到重大成果。这些工作集体多以合意为基础运作,且欢迎能力有限的个人和其他组织参与。这些特征都让这些集体和他们解决方案更具有合法性,进而促进更快更有效地实施。

最后,多元利益主体参与机制并不是依靠一个单一、集中的机构来解决问题的。特定的多元利益主体机构专门解决特定类别的互联网政策难题。这样的专业化不仅加快了解决方案的探索并同时避免了利益主体的重复努力。

部分因为依赖于多元利益主体参与机制,美国的互联网政策在大多数情况下避免了成为分散的、描述性的、不可预料的、损害创新而又破坏消费者信任的规则。美国同样不再对说明特定技术要求作出法律要求,因为后者会分割全球信息技术与服务市场并抑制创新。相反,美国尊重制造互联网技术标准的专家组织。同时,政府持续支持开放、透明的互联网政策机制,并在一个为个人和企业设定适当的行为要求的法律框架里促进相互合作。

消费者数据隐私问题使对发展实施一般政策原则所需要的实践方法与技术的多方利益主体参与机制的需要变得更加迫切。美国的经验表明,当网络公司致力于在隐私保护实践中创新的时候,网络公司与消费者都会受益。例如,在互联网商业活动兴起的初期(20世纪90年代中期到2000年初),联邦商务部、联邦贸易委员会以及白宫集结了利益主体们,集合了有关隐私问题的信息,并利用这些信息在技术和商业模式中培养积极创新意识的同时得到了有益的隐私保护办法。①

---

① 例如,联邦商务部、联邦贸易委员会和白宫联合制定了消费者数据隐私通知和选择的框架,后者保护了急剧发展的技术和市场语境下的隐私。见联邦贸易委员会,《在线隐私:电子市场中的公平信息使用方法——联邦贸易委员会致国会的一份报告》,链接 http://www.ftc.gov/reports/privacy2000/privacy2000.pdf(2000);白宫,《全球电子商务框架》,第5页,链接 http://clinton4.nara.gov/WH/New/Commerce/(1997);国家电信和信息管理局,《隐私和国家信息架构:保卫与电信相关的个人信息》(1995年10月),http://www.ntia.doc.gov/legacy/ntiahome/privwhitepaper.html。

即使不是为了立法,政府也希望召集和强化多方利益主体参与机制来制定可执行的行为准则。在一个开放的讨论合作中,对特定市场或商业有自身利益的利益主体会致力于共同制定法律上可执行的行为准则来实施《消费者隐私权利法案》。多方利益主体参与机制与传统的机构立法不同。联邦政府与利益主体共同建立开放、透明的机制的合作程序。然而,最终利益主体自身会控制整个机制及其结果。在机制的尽头不会有联邦政府的规制,且网络公司除非自愿无须遵守行为准则。

促使利益主体参与到机制当中的原因分两方面。第一,网络公司可以通过直接与消费者和其他利益主体共同参与到机制当中来取得消费者的信任。采用多方利益主体共同得到的行为准则会进一步增强消费者的信任。第二,在任何该行为准则的执行过程当中,联邦贸易委员会会更倾向于肯定该网络公司对该准则的遵守程度。

A. 在制定互联网政策的成功经验基础上构建

在互联网领域有许多政府成功实现多方利益主体制定政策的例子。例如,行业标准制定机构在制定互联网相关的技术标准中处于前沿地位。如"互联网工程专门小组"和"互联网联合组织"这样的组织通过透明的机制制定互联网相关的技术准则。这些机制是成功的,部分源于利益主体们都赞同在核心问题上以达成合意的方式提出解决办法。制定出的标准十分成功,具体体现在其所针对的服务和应用领域的持续规模增长,以及在全球范围内创造了数以十亿计的商务价值。

无独有偶,互联网名称与数字地址分配机构(ICANN)作为一个非营利组织,协调管理域名系统,后者将域名分布给每一个单独的数字地址。ICANN 同样也是一个多方利益主体参与的组织,其中有代表广泛利益集体的代表们,包括通用类顶级域名登记机关、登记员和登记申请人,国际代码顶级域名登记机关,地区互联网登记机关,根服务器运营商,国家政府,以及广泛互联网用户。在这一结构中,ICANN 用技术手段协调管理着互联网的一个重要功能——分配名称让人们能记住电脑使用的数字地址——并以集结广泛利益主体的支持的方式实现这一目标。

政府召集的制定政策的实践,诸如 20 世纪 90 年代和 2000 年早期的行政部门主导的隐私讨论会,持续在美国消费者数据隐私保护中起到重要作用。本文件的框架是联邦商务部互联网政策专门小组在广泛多方利益主体——如网络公司、商业组织、隐私支持者、学者、民事与刑事执法机关代表以及外国政府官员等——的参与下的直接接管。同时,联邦贸易委员会提倡以多方利益主体参与的方式发展出一套"无追踪"机制,让消费者在在线行为广告的语境下对个人数据有更大的控制权。

B. 对制定消费者隐私政策多方参与程序的界定

联邦商务部的"国家电信与信息管理局"(NTIA)有必要的行政权限和经验,通过它在互联网政策的其他领域的发展,召集多方利益主体机制来解决消费者数据隐私中的问题。① NTIA将召集联邦商务部召集的多方利益主体,以一种磋商的机制发展多种行为准则,也让多方利益主体可以根据技术和市场条件的变化改变这些准则从而保护消费者的隐私。②

(图略)

1. 磋商

确定问题。各利益主体组织将在NTIA的协助下明确与消费者数据隐私问题相关的市场和产业领域并最终提供一个行之有效的行为准则。这一机制将会是开放性的,但是一个特定的机制的重点大概不会是每个利益主体都同样喜欢的。

启动并辅助磋商。NTIA将逐步召集多方利益主体的参与来制定一个可执行的行为准则。作为召集人,NTIA将使会议对所有对制定合适的行为准则与表达制定具体条款的诚挚合作的利益主体开放,包括国际合作伙伴、联邦贸易委员会、联邦民事和刑事执法机关代表以及州总监察官等。

作为实现这一目标的第一要义,利益主体要建立合作机制和程序。政府致力于建立这样一种机制:开放、透明,并帮助没有足够自愿的组织参与;然而,磋商过程必须满足参与者的需求,后者决定并遵守磋商的结果。③

结论。一个表达所有利益主体的合意的行为准则可以让网络公司考虑采纳。然而,政府希望这一合意能在这一准则的若干部分中显现,以及利益主体能在将来有需要的时候通过这一机制解决最困难的问题。在这一阶段,NTIA需要更进一步努力和利益主体合作,帮助他们解决相互间的差异。NTIA的职责将会是帮助各参与方弄清楚他们自身的位置以及有什么次优选择可以实现退让求取合意,而不是强硬用自己的判断替代利益主体的磋商结果。为

---

① NTIA依法律规定承担"作为总统在电信领域与国家经济和技术发展相关的政策的主要建议者"的职责。
② 如果消费者数据隐私问题发生在其他专门领域,其他联邦机构可能承担这一召集的角色。或者,私人企业组织可以召集多方利益主体,这一因为企业对私人企业组织主导制定的准则更乐于遵守,这也是政府作为召集人的初衷。
③ 政府的增强制定公共政策的透明度、参与性以及合作性的指导方针在此被证明是有用的。见总统布拉克·奥巴马,致行政部门与机构的首长的备忘录:透明度与公开政府,http://www.whitehouse.gov/the_press_office/TransparencyandOpenGovernment/;彼特R.奥沙格,致行政部门与机构的首长的备忘录:公开政府指引,2009年12月8日,http://www.whitehouse.gov/open/documents/open-government-directive。

了尽量避免某些利益主体恶意不达成合意,这些参与方应该在磋商机制开始前讨论并制定好规则或者程序来规制如何在没有完全一致同意的情况下有序地达成最后意见。

2. 采纳

完成行为准则的制定后,相关联的网络公司可以选择是否采纳并遵守它。政府希望网络公司对遵守行为准则的公开承诺能根据《联邦贸易委员会法案》(15 U.S.C. §45)被强制执行,就像他们现在必须遵守他们的隐私声明那样。① 可执行性是向消费者确保网络公司言行一致从而增强消费者信心的关键。

3. 进化

多方利益主体参与机制的一个主要目标是使利益主体们能根据科技、消费者期望以及市场环境等因素及时修改隐私保护方法,确保这些措施能充分保护消费者数据隐私。多方利益主体参与机制为行为准则的及时性成为可能提供了多种途径。利益主体可以在任何时候根据技术和市场的变化决定一个行为准则不能再提供有效的消费者数据隐私保护。NTIA 也同样可以得出这样的结论并重新召集利益主体们。然则,正如行为准则当初制定的那样,利益主体必须出于自愿参与到修改行为准则的参与机制中来。联邦政府不会修改行为准则;相反,利益相关组织将在联邦政府的支持下对其作出修改。最后,在下一部分将要讨论的安全港体系下,国会可以规定行为准则的修订期限,从而让联邦贸易委员会能定期审查作为执法"安全港"基础的准则。

IV. 以联邦贸易委员会的执法经验为基础构建

A. 通过加强执法保护消费者

执法是保障网络公司作出保护隐私权的公开承诺具有意义的关键隐私。为成员网络公司制定并管理自愿性指导方针的自我规制主体,可以提供最前线的执法,尽管他们不属于本框架中所讨论的必须主体。通过自我规制主体执法有利于尽早发现并弥补合规漏洞。因此,这种执法可以增强人们对一个行为准则的信任以及网络公司对该行为准则的遵守。

政府机构也应在执行保护隐私权的行为准则中发挥核心作用。联邦贸易

---

① 联邦贸易委员会依据其职权处理过多个网络公司违反公开隐私保护承诺的案子以预防欺诈行为。同时,联邦贸易委员会将数据隐私案件定性为"不公平"并纳入其职权管辖以内,这将在将来成为消费者数据隐私保护的重要途径。

委员会是联邦政府保护消费者隐私执法的领导机关。[①] 联邦贸易委员会（以及州总监察官）的执法行动已经证明，网络公司如果不遵守他们自愿做出的隐私保护声明，如在隐私政策中明确的那些承诺，他们是可以根据《联邦贸易委员会法案》（以及州的类似法令）中对不公平或欺骗性行为的禁止性规定被追究责任的。[②] 与此同时，联邦贸易委员会针对被声称并未采取合理安全措施有效保护消费者个人信息的公司处理过多起案件。[③] 通过行使这一职权，联邦贸易委员会以有效保护消费者数据隐私为目标办理多起案件，用一种灵活而多变的方法改变技术和市场。同样的职权让联邦贸易委员会得以执行网络公司的公开承诺，在其管辖范围内让这些网络公司遵守通过多方利益主体参与机制制定的行为准则。[④] 因此，采纳行为准则的网络公司作出的公开承诺，在现有法律之下是依法可执行的。

B. 通过激励政策制定具有可执行性的行为准则

联邦贸易委员会在为所有利益主体提供与消费者数据隐私相关问题的行为准则方面具有重要的执法和政策经验。无论有没有消费者数据隐私立法，联邦贸易委员会都应该就制定这些准则提供辅助和建议。当立法缺位的时候，联邦贸易委员会、联邦民事和刑事执法机关代表以及各州都应该通过提供就内容或程序提供建议的方式参与到多方利益主体的磋商机制中来。一旦利益主体制定出一个准则，网络公司就有可能为了经营稳定的确定性和向消费者确保保护隐私措施的有效性而自愿遵守这一准则。网络公司也可以采取多种行为准则来覆盖多条商业途径；《消费者隐私权利法案》的共同基础是确保这些准则是相互联系一致的。在此之后，在与一个或多个行为准则相关的调查或执法活动中，联邦贸易委员会都应该以有利于网络公司的方式考量它对这些行为准则的遵守程度。

V. 推动国际协作

互联网帮助美国的公司进行跨境发展。也正因此，跨境数据流动是国内

[①] 然而，需要注意的是，联邦贸易委员会现今并没有权限对特定的营利性公司执行《联邦贸易委员会法案》第五章，15，U.S.C. 45。

[②] 见《联邦贸易委员会法案》第5条，15U.S.C.45。除此以外，联邦贸易委员会也根据特定产业领域相关的法令，如《儿童在线隐私保护法》、《公平信用报告法》、《克—李琦—比利法》以及《反呼叫规则》等，处理过一些案件。对这些案件的评论，可参见《联邦贸易委员会评估报告》，第9—13页。

[③] 见《联邦贸易委员会评估报告》第10页（评论包括针对不公平行为的批评在内的执法行为）。

[④] 根据《联邦贸易委员会法案》第5条，联邦贸易委员会对于非营利组织和特定类型的组织的管辖是有限的。

和国际经济的重要组成部分。各国的隐私法律之间的差异为跨国网络公司跨境传输个人数据造成挑战。对于将传输个人数据纳入精准、联系的数据处理营业行为的网络公司来说，同时遵守多个不同法域的隐私法律是繁苛的负担，这是因为不同法域之间的法律标准可能不同，且公司可能连进行日常营业行为都需要获得很多行政许可。

围绕个体用户展开的服务面临更大的合规挑战，这是因为他们处理的数据流动更为复杂和多变。更为复杂的是云计算系统的普及。① 这一全球范围内分布的架构有助于为消费者和政府提供低成本且新颖的服务。它同时也让消费者和网络公司可以将消费者和网络公司产生和使用的个人数据发给世界各地的接收方。消费者数据隐私框架不仅能帮助这些科技和商业模式，更能快速适应将要出现的其他模式。

尽管各国政府可以采用不同的方式来应对这些挑战，对于数字经济的持续发展来说至关重要的一点是各国政府应该致力于在隐私领域相互协作。政府相信，针对新一代的数据使用和传输的可变的多方利益主体参与机制可以增强隐私领域的相互协作。美国致力于与国际合作伙伴通力合作，通过相互承认、以多方利益主体参与机制制定行为准则以及共同合作执法等方式，增强隐私法律方面的相互协作。美国同样致力于将更多的国际上其他类似的利益主体纳入到多方利益主体参与机制中来，在日渐显现的隐私问题上达成全球化的一致意见。

A. 相互承认

商业数据隐私框架的相互承认是实现切实有效的全球数据保护的一种方式。这一种方式是以对与隐私和个人数据保护相关联的共同价值的考量开始的。应该用两个原则来确定特定隐私框架之间是否存在满足相互承认的条件：有效的执法和能让网络公司体现问责性的制度。

当处在可比较的法律要求体系下时，相互承认对于网络公司来说意味着各方管理机构都能依法强制要求网络公司履行义务。因此，根据公开的政策进行的切实有效的执法，是建立相互协作的关键。执法的职权和制度因国家而不同，而美国承认有效的手段是多样化的。美国主要依赖于联邦贸易委员会依个案而定的、禁止不公平或欺诈性行为的执法活动。这一方法有助于在私人领域发展占有使用个人数据的规则。

在相互承认的语境下，问责制则是指一个网络公司能够表明其实施了可

---

① 美国国家标准技术研究所（NIST）已经定义了云计算的五个主要特征：请求式自我服务、广泛网络准入、资源集中、强可变性以及标准服务。

执行的与隐私相关政策和程序（无论是自愿采纳还是法定义务要求采纳的）。问责制度包括自我评估、外部评估以及审计。① 政府提倡利益主体合作，共同确定制定行为准则时全世界能普遍接受的问责机制。

一个旨在支持国家间相互承认的例子是亚太经贸合作组织（APEC）下的《跨境隐私规则体系》（CBPR）里的自愿机制，后者基于 APEC 隐私框架建立并包含了 APEC 成员经济体已经同意承认的隐私原则。② 在这些原则上建立的行为准则可以加快 APEC 成员范围内网络公司经营需遵守的数据隐私政策和行为的统一。③ 一经实施，APEC 的 CBPR 体系就会要求利益相关的申请人表达意愿，同意遵守 CBPR 的以 APEC 隐私框架为基础的一系列程序要求。此外，申请人在这一过程中做出的承诺，除了是自愿的以外还必须是在其自身经济体以内法律规则下可执行的。成功的 CBPR 验证可以让参与的网络公司向消费者证明他们是可被问责的而且符合严格而国际承认的标准，从而有利于在 APEC 地区内传输个人数据。

在欧洲，《欧盟指令 95/46/EC》——通常被称为《欧盟数据保护指令》——第 27 条对关于个人数据的处理及其自由流动的保护进行了规定，并鼓励制定行为准则从而有利于补充立法。正如这个框架提倡制定特定产业的行为准则那样，《数据保护指令》认识到实施一般性隐私原则的行为准则会根据相关产业的需要在细节上有所不同。政府致力于与欧盟级别的组织及其成员国家通力合作，在相互承认隐私保护的基础上制定行为准则。

美国与欧盟以及瑞士共同制定的安全港规则体系是国际协作在跨大西洋数据流动中发挥重要作用的早期例子。美国、欧盟和瑞士通过在制定该体系问题上的谈判达成共识，保护个人数据的同时确保网络公司可以以不扰乱全球商业经营的方式传输个人数据。这些规则体系允许企业自我认证来确定他们遵守《欧盟数据保护指令》下的法定要求，同时也服从联邦贸易委员会的执法要求。④ 超过 2700 个参与安全港规则体系的网络公司可以从欧盟向美国

---

① 审计不是《消费者隐私权法案》中问责制原则明确规定的要求。这一部分讨论的是网络公司使用审计的方法在全球隐私法律领域的协作中寻求优势的可能性。然而，并不是所有的组织都符合这一描述。

② 这九个原则分别是收集限制原则、个人信息完整性原则、通知原则、个人信息用途原则、选择原则、保障安全原则、准入和更正原则、问责原则以及预防损害原则。详见 http://publications.apec.org/publication-detail.phppub_id=390。

③ 现今 APEC 有 21 个成员：澳大利亚、文莱达鲁萨兰国、加拿大、智利、中华人民共和国、香港、印度尼西亚、日本、韩国共和国、马来西亚、墨西哥、新西兰、巴布亚新几内亚、秘鲁、菲律宾群岛、俄罗斯、新加坡、中国台北、太过、美国以及越南。见 APEC 成员经济体，http://www.apec.org//About-Us/About-APEC/Member-Economies.aspx（最后访问时间 2011 年 9 月 7 日）。

④ 就联邦贸易委员会根据美国、欧盟安全港规则体系的执法活动的概览，详见联邦贸易委员会，《联邦贸易委员会与六个声称遵守国际隐私规则框架的企业达成和解》，2009 年 10 月 6 日。

传输个人数据。因而，安全港规则体系有效减少了个人数据传输的障碍，从而促进贸易和经济发展。

B. 多方参与程序和行为规则的国际角色

良好构建的多方利益主体参与机制协商过程的便捷、灵活以及分散化的特征使其较之于传统的政府规制在制定全球范围内使用的、促进创新同时保护消费者的规则和方针时有几个明显的优势。多方利益主体共同制定的行为准则，与现有的、在相互承认基础上制定的规则体系一起，大大减轻了网络公司的合规负担。

尽管安全港规则体系已经确认可以促进跨大西洋贸易，他们并非是美国所有州的完美答案。联邦贸易委员会所不调整的产业领域，诸如金融服务、电信公共承包商以及保险等，并不在安全港规则体系内。这些产业领域内的企业们希望看到一个更有利于跨大西洋数据传输的商业环境。

要成功制定安全港规则体系，政府机关应通过商务部和各州发展其他促进不同法域之间相互承认、促进自由信息流动以及应对紧急隐私挑战的机制——比如共同制定行为准则。政府希望将国际上的多方利益主体囊括到多方利益主体参与机制中来。反映大西洋两岸就重要、紧急隐私问题上的一致态度的行为准则将终有一日进一步完善安全港规则体系。

C. 执法合作

要实现在数据保护问题上的国际协作，必须兼顾相互承认和紧密的执法合作。这样的合作，无论是双边还是多边的，都是各信息保护管理机关分享信息所必需的。

在立法的支持下，联邦贸易委员会有更大的职权与其他国家的类似机构相合作，共同创建"国际隐私执法网络"（GPEN）。GPEN旨在进一步强化隐私保护执法的优先性，分享实践经验，并增强共同执法积极性。联邦贸易委员会参加了多个国际组织，包括OECD、APEC、泛太平洋隐私管理论坛，以及国际数据保护和隐私部长级会议等。美国政府在GPEN、OECD、APEC以及其他组织中的成果，正是日益增强的在国际隐私调查与执法方面的合作。基于此，以互联网为基础的服务可以向世界其他法域地区传送，而各地区政府独自执行国内数据隐私法律规则变得低效且不明智。

Ⅵ. 消费者数据隐私立法

政府恳请国会将《消费者隐私权利法案》进行立法。立法可以通过在目前并没有产业针对性的联邦数据隐私立法的各商业领域内提供一系列基础的隐私权利,增强数字经济中的信任感。这种政府所提倡的灵活方法可以让网络公司以与其从事经营的语境相符的方式具体实施《消费者权利法案》。

A. 将消费者隐私权利保护落实为成文法

政府所提出的《消费者隐私权利法案》中明确,国会应该主动保护消费者免受权利侵害。这些权利为消费者提供明确的保护,并为快速发展的个人数据市场提供了有序发展路径。① 法律应当允许联邦贸易委员会和州检察院直接执行维护这些权利。法律应比《消费者隐私权利法案》更具体详细地阐明其项下的网络公司的义务。《消费者隐私权利法案》是政府与国会在立法用语选择上展开合作交流的指引。②

为了在法律上更加精确且鼓励针对特定产业的行为准则的制定和被采纳,政府鼓励立法允许联邦贸易委员会审核行为准则以及许可允诺遵守——并实际遵守——这些行为准则的网络公司对这些法律追究的宽限。

与此同时,消费者数据隐私立法应该避免如下情形:

·为遵守现存法律确定的隐私原则的网络公司造成重复性的或过于繁苛的法律要求。

·规定按与技术相关的方式遵守法律义务。

·排除新的商业模式,而这种商业模式是与《消费者隐私权利法案》大致相符但包含一些立法时并未预料到的个人数据问题。

·改变现存的政府所依据获取进行更广泛搜索、调查犯罪或其他违法行为以及维护公共安全与国家安全所必需的信息的法律或行政规定。

·减损侦查和起诉犯罪行为以及维护公共安全的执法的能力。

·改变现存的适用于政府使用信息方法或针对除商业领域中以消费者为导向的语境以外的隐私问题的法律、行政规章或政策等。

B. 授予联邦贸易委员会直接执法权

政府希望国会授予联邦贸易委员会完全执行《消费者隐私权利法案》引申立法的职权。③ 这种执法权威将为消费者和网络公司都带来更大的确定性。网络公司可以清楚他们的隐私义务。消费者可以得知国会授予联邦贸易委员

---

① 政府衡量是否有需要分别修改与政府获取私人主体掌握的数据的相关法律,包括《电子通信隐私法》,从而应对技术上的革新。

② 在立法缺位时,《消费者隐私权利法案》为利益主体提供指引,且并不改变联邦贸易委员会现存的依据《联邦贸易委员会法案》第五章的执法权威。

③ 联邦贸易委员会将民事赔偿诉讼交由司法部进行,后者可以在45天内提起诉讼。如果司法部拒绝提起诉讼,联邦贸易委员会可以自行提起诉讼。例见 15 U.S.C. 56 条(a)项。

会全面执行在商业市场中维护隐私的职权并从中得益。与此同时，允许联邦贸易委员会直接执行《消费者隐私权利法案》的法规将更为灵活且允许联邦贸易委员会在遵守相关程序要求的条件下以特定的执法手段解决新出现的隐私问题。在立法中寻求更大的确定性的网络公司应该及时使用多方利益主体参与机制以及下文将谈及的执法"安全港"来制定与特定语境相关的行为准则。政府建议国会授予州检察院相同的权利。只要他们与联邦贸易委员会在各自执法行动中协调一致，各州就可以提供补充性的执法资源和可观的消费者数据隐私经验的来源。

在技术和商业实践迅猛发展的领域内，国会已经选择指定灵活的标准而不是根据通过立法时现有的技术和实践来调整立法。在反垄断领域，《谢尔曼法》禁止限制贸易协议。① 《著作权法》对诸如"复制品"、"设备"以及"过程"等基础性的术语参照"现已知的或未来发展的"技术进行了定义。还有，在数据隐私领域，联邦贸易委员会已经根据《联邦贸易委员会法案》第五章对"不公平或欺诈行为"的禁止进行数个执法行动。政府机构方针、司法解释以及行业实践的结合，为这些术语提供了合理的解释，让人们和网络公司在确定其行为是否遵守这些上位的法律的时候有了更大的确定性。

政府呼吁国会在消费者数据隐私立法上遵循一套共同、相似的原则。原则性的法规十分重要，其为网络公司提供营业的范围限制、为消费者提供一系列连贯的期望以及为联邦贸易委员会提供更清晰而透明的执法基础。联邦贸易委员会也可以鼓励群众来明确它应如何来执行《消费者隐私权利法案》的引申法规。明晰这些法规的要求的主要机制应该是构建在可执行的行为准则（下文会提及）基础上的多方利益主体参与机制和执法"安全港"。然而，明晰一般性法律要求的更为传统的方式也可能起到帮助和促进的作用。

C. 通过执法"安全港"提供法律确定性

政府支持授予联邦贸易委员会职权，从而为采纳可执行行为准则的网络公司提供比现有法律更大的确定性。两个立法结构有助于实现这一目标。第一，联邦贸易委员会应有明确的职权依据《消费者隐私权利法案》及其在立法中的表述审核行为准则。立法应要求联邦贸易委员会对在提交审核的准则在合理期间内（如180天）进行审核，要求联邦贸易委员会考虑公众对准则的评论，将其审核的职权限缩到准许或否决代表多方利益主体参与机制中协商一致的行为准则，规定一个对已准许的准则的审核期来确保这些准则可以

---

① 见上注第1条。

根据技术和市场的变化充分保护消费者的隐私。多方利益主体参与机制制定行为准则所留下的历史记录——尤其是当参与者就其中的条款达成一致意见的时候——有利于引导联邦贸易委员会正确判断该行为准则是否能充分实施《消费者隐私权利法案》。正因为联邦贸易委员对该行为准则的判断可能会影响到网络公司对行为准则——作为多方利益主体参与机制的成果——的采纳程度，我们应该让联邦贸易委员会的审查程序每一步都向所有利益主体开放。然而，这些具体规定需要有法律上的约束力。相应地，政府建议国会授予联邦贸易委员会根据《行政程序法案》（5 U.S.C. 第552条及以下等等）来制定相关规则，建立一套公平而透明的机制来审核与核准行为准则。

政府建议的第二个方面是赋予联邦贸易委员会为遵守联邦贸易委员会审核与许可的行为准则的网络公司提供"安全港"的权力——即，给予执行《消费者隐私权利法案》相关法令的公司一个宽限。拒绝采纳行为准则或者选择采纳不经过联邦贸易委员会审核的行为准则的网络公司，只需要遵守《消费者隐私权利法案》引申的立法中的一般义务即可。

D. 在消费者隐私权利保护方面平衡联邦和州的作用

当现有的联邦数据隐私法规不适用的时候，由《消费者隐私权利法案》引申的联邦立法应该为维护消费者数据隐私提供一套全国通行的标准。全国统一的消费者数据隐私规则对于为网络公司提供更大的确定性以及为消费者提供隐私保护来说是必需的。这些规则应该将满足执法目的所需的特定信息考虑在内。此外，全国的统一性对于维持政府通过多方利益主体参与机制产生的积极性是至关重要的。如果各州通过立法赋予更严格的法律义务要求，利益主体参与多方利益主体参与机制的积极性和网络公司遵守行为准则的积极性就会被削弱。因此，政府建议，在州法与《消费者隐私权利法案》不相符的时候，国会在相应程度上让联邦法律优先于州法。政府也建议国会为采纳和遵守由联邦贸易委员会审核通过的行为准则的网络公司就州法的执法提供宽限期。

政府所建议的方式维持了各州制定的重要政策及其执法功能。各州可以且应当在多方利益主体参与机制中发挥重要的基础作用。政府也支持授权各州总检察官执行《消费者隐私权利法案》。总的来说，这些制度将会为各州提供手段来应对消费者数据隐私问题，由各州来确定具体的方式，但在全国范围内有一定的统一性。政府将与国会、各州、产业领域及其他利益主体共同致力于确定，是否存在特定产业领域各州能立法规制而不会破坏政府在消费者数据隐私保护中所寻求的全国统一性。例如，可以允许各州通过法律要求在与他们调整范围密切相关的领域里，诸如零售电力传输，必须适用《消费者隐私权利法案》。①

E. 保留现有联邦数据隐私立法中的有效条款

消费者数据隐私立法应该维持现有的针对特定产业领域且有效保护个人数据的联邦立法，尽可能减少法律要求的重复，并让消费者能清晰理解他们能得到的保护以及谁在执行这些保护。然而，当现有的联邦立法不能满足这些需要的时候，政府鼓励国会衡量如何消费者数据隐私立法可以从消费者和网络公司的利益出发简化现有的法律义务要求。

一般来说，针对特定产业领域的联邦数据隐私法律是根据在这些产业领域内使用的个人数据的敏感性和通行的实践来针对性规定法律义务的。② 例如，HIPAA 和《HIPAA 隐私和安全规则体系》调整由医疗人员、保险公司以及医疗信息清算公司等提供的个人数据的收集、使用和公开。HIPAA 允许对个人医疗信息的默认的用途，如果这些用途是在医疗语境下所必须或通行的，诸如在两个医疗提供场所之间相互披露个人医疗信息从而治疗一个病人。联邦数据隐私法律在教育、信誉报告、金融服务以及儿童个人数据收集领域的适用也是类似的针对性的法律要求的例子。

1. 避免重复法律负担的条件下提供全面的隐私保护

为了避免制造重复的合规负担，政府提倡在其经营行为符合现有的联邦隐私法律的程度内免除这些网络公司遵守消费者数据隐私立法的义务。然而，当这些经营行为并不属于现有的隐私法律调整的范围的话，那就将由政府所提倡的立法来调整。这样的一种代替性的办法——免除网络公司遵守消费者数据隐私立法——可以允许这些规则在例外情况下被取消。例如，《金融服务现代化法案》（GLB）要求金融机构对非公开的个人信息采取特定的隐私和安全预防措施。如果 GLB 调整范围下的机构就 GLB 调整范围以外的个人数据也被免除遵守基础的消费者数据隐私法律的话，那这些基础法律的有效性就会被大大减弱了。

2. 修订要求不和谐的或让人不解的义务的法律

因为现有的联邦法律对属于不同通信领域里的相似技术采取不同的对待态度，③ 政府提倡简化和明晰整体法律要求，并让联邦贸易委员会负责对通

---

① 确实，政府最近呼吁各州公共设施委员会遵循与《消费者隐私权利法案》中隐私原则相似的原则从而保护与"智能"电子网络相关的个人数据。见上注23。
② 这一限制也说明了这个框架并不包含调整联邦政府收集、使用和公开个人数据的法律。
③ 例见47 U. S. C. 222，338，551 条（要求电信运营商、卫星运营商和电缆服务分别保护消费者个人数据）。

信服务提供商执行《消费者隐私权利法案》的要求。

F. 为安全违反通知法提供国家标准

在特定领域的系统安全侵入方面,政府呼吁建立一套国家标准,要求网络公司必须向消费者披露出现的对某些类别的个人数据的非法公开。安全侵入通知(SBN)的法律将有效增强敏感个人数据的保护。这些法律将要求公司在某些情况下向消费者披露谁的个人数据被非法数据接收方获取。通知将有助于消费者维护自身免受身份冒认的风险。它同样为网络公司提供激励来建立更好的数据安全系统以防后患。SBN 模式也在全球范围内被承认是一个以可行性为导向、能有效保护消费者的法律要求。

现今为止,在 47 个州、哥伦比亚行政特区以及多个美国领属地里已经有 SBN 法律了。各州的 SBN 法律的差异性有助于找到最有效的规制方式,但在当下其全国统一性更为迫切。各州法律的差异为网络公司造成重大负担的同时却并没有为消费者带来相应的利益。作为广义上的全面电子安全立法的一部分,政府建议制定当特定类型个人数据非法公开情形出现时通知消费者的国家规则。[①] 该国家标准将会取代现今各异的州标准并优先于未来各州在此领域的立法。

VII. 联邦政府在促进个人隐私权利保护方面的领导作用

在消费者数据隐私的其他领域,政府正在延续联邦政府在公共和私人领域数据隐私保护的卓越成就。这段成就是从早期电算化的数据处理开始的。在 1973 年,医疗、教育和社会福利部(HEW)属下的个人数据自动化系统咨询委员会提交了一份名为"记录、电脑与公民权利"的报告。这个里程碑式的报告里包含了 FIPPs 的早期版本,为政府提出《消费者隐私权利法案》提供了基础。

自那之后,联邦政府在突显保护隐私在国家商业运行中的重要作用里处于领头羊位置。从没有任何事件的发生或者政策上的需要刺激这一活动。在某些情况下,联邦政府机构因回应特定的国会的命令而考量隐私问题。在其他情况里,联邦政府机构将隐私保护纳入到有助于实现自身任务的创新活动之中。这些联邦政府机构,职责管理广泛经济领域——包括医疗、金融服务

---

① 《白宫、数据系统入侵通知的立法语言》2011 年 5 月,http://www.whitehouse.gov/sites/default/files/omb/legislative/letters/data-breach-notification.pdf.

和教育等，其所作出的保护隐私的举措充分说明了政府致力于提供最好的公共服务、提供新型服务、提供解决诸多不同隐私问题的不同方法以及执法保护个人隐私权利。

A. 提供新型服务

就像在私营领域里那样，联邦政府机构必须在为人们提供公共服务的时候面对数据隐私问题。就为退役军人提供医疗服务就有一系列棘手的隐私问题。退役军人事务局（VA）通过超过1400家遍布全国的医疗机构为830万名注册退役军人提供医疗服务。为了有效而低成本地管理如此大规模、大范围的医疗服务，VA一直在医疗服务系统中应用信息技术。保护退役军人的医疗信息隐私对于这一尝试的成功至关重要。

VA最近启动了一个行动，证明了对与个人医疗信息相关的隐私及其安全保护的关注可以为提供医疗服务带来重大的进步。VA将隐私及其安全保护纳入"健康调查个人医疗记录"。通过这个系统能得到一些信息，而这些信息能帮助退伍军人从医疗机构处得到更好的照顾以及为退伍军人提供让他们成为他们的医疗服务中的主动参与方的方式。"VA蓝色按钮"服务让退伍军人可以以安全的方式下载他们在"健康调查个人医疗记录"中记录的电子复制件。

政府如何在其他领域让隐私成为可能

将隐私纳入电子安全目标。为了让商业企业有持续的生产性、创新和政策支持，保护隐私是政府维护网络安全的首要目标之一。由国家标准和技术局（NIST）带领的"电子空间中信任身份的国家战略"项目鼓励产业领域共同参与寻找更标准化、安全和增强隐私的方式来验证网络中的身份。

增强债务市场的透明度。政府力图确保隐私保护与确定消费者债务期限相关的个人数据的用途发展相适应。联邦储备银行董事会联合联邦贸易委员会发布了一个规则，要求债权人根据消费者的信誉报告在为消费者提供次于为他人提供的债款期限的同时提供给消费者相应的通知。这一规则同样让被通知该"按风险定价"的消费者有权免费得到一份信誉报告从而能够检查债权人使用的信息是否准确。

B. 通过有效执法保护隐私

联邦贸易委员会已经对以不公平或欺诈性行为违反委员会制定的规则或作出的决定的商业组织试过用民事执法职权。自2009年，联邦贸易委员会就对并未采取合理措施维护敏感个人数据和医疗信息安全的网络公司提起诉讼，在美国-欧盟或美国-瑞士安全港协议允许这些验证失效的时候肯定这些公司遵守了这些协议，或者判断他们不当使用追踪技术。联邦贸易委员会也对网络认证提供商、社交媒体企业及其他声称保护身份信息的网络公司的欺诈性行为提起刑事诉讼。与此同时，联邦贸易委员会还根据《电信营销规则》、《COPPA规则》、《公平信誉报告法案》，以及《GLB防护规则》提起刑事诉讼。

政府也严肃认真对待执法保护法令规定的隐私权。具有法定职权的联邦政府机构对侵犯隐私权的人提起诉讼。举例而言，联邦司法部（DOJ）积极对与身份冒认——冒用他人数据对受害人造成严重生活扰乱或经济伤害——有关的案件提起刑事诉讼。单就2010年，司法部下属的美国总检察院就起诉了近1300个与身份冒认相关的案件，并在本财政年度内提起了近700件案件。司法部在联邦调查局、国土安全局（DHS）以及其他机关如美国机密局和美国移民与海关局等的调查员的辅助下，也积极对通过入侵电脑获取了个人信息（或其他信心）的个人提起刑事诉讼。总体而言，这些举措都为维护个人数据的保密性以及因身份冒认或其他与非法使用个人数据有关的犯罪行为的受害人带来公正起到了帮助。

C. 隐私权保护指南

联邦政府机构同样致力于制定在私人领域有广泛适用性的数据隐私指南。例如，卫生和福利部（HHS）就公布了用于分析应对与识别个人身份的信息相关的安全泄露的若干基本问题的指南。在2009年，卫生和福利部民权办公室发布了确定医疗信息是否安全（从而免除安全泄露通知要求）的指南，后者具体固定了使被保护的医疗信息无法使用、无法读取或无法解码的技术或方法。在2010年，民权办公室又发布了关于根据"HIPAA安全规则"进行风险分析的指南。民权办公室计划发布与"HIPAA隐私规则"中的"最小必要性"标准和根据"HIPAA隐私规则"的医疗信息的去除身份特征相关的指南。

联邦政府机构也就如何更有效地使用现有的隐私保护措施提供指引。在2009年，8个联邦政府机构发布了一个标准隐私通知模板，供金融机构根据GLB要求以选择使用来通知消费者。虽然这一标准模板并不是法定要求的，但使用标准模板能为企业提供遵守"GLB隐私规则"的合法安全港。政府机构进行了广泛的消费者调查和测试才制定了这一标准模板，以确保消费者能容易明白金融机构拿他们的个人信息做什么以及比较不同的金融机构对信息分享的做法。

其他在隐私方面的重要管理指南

引起公众在隐私和数据安全方面的意识。国土安全局正在领导一个全国范围内提升公众意识的活动叫"停、想、联",告诉美国公众增强网络安全的必要性,并为增强他们的网络安全给予提示。与此同时,联邦贸易委员会也发布了指南,解释消费者和网络公司可以采取的保护儿童在线隐私、最小化医疗身份冒认以及防止敏感信息通过"点对点文件分享"程序丢失的措施。

在新技术中适用隐私原则。政府证明,依据本报告所提出方式制定的一般性的消费者数据隐私立法框架里的隐私原则也能适用于特定的、新出现的语境之中。"小网络"——使电子网络更有效率、能容纳更多清洁能源以及成为新的工作机会和创新方法的各种信息技术的集合——为我们提供了一个很好的例子。在过去两年里,能源部和国家标准与技术局与多方利益主体一同致力于理解新的良好技术中可能产生的隐私问题。这一工作在政府的"21世纪政策框架:使安全能源未来成为可能"的报告中达到顶峰。该报告建议各州以全面的FIPPs作为起点,保护"小网络"产生的详细的能源使用数据。

D. 将隐私权保护融入联邦机构体系之中

最后,联邦政府机构在将隐私保护纳入到自身建制和运行中、建立可问责机构方面也走在前头。这些加强问责性的做法和方法已经流传到私人领域乃至全球。例如,国家税务局和国土安全局率先使用的隐私影响评估方法(PIAs),后者为新的信息系统中可能出现的隐私风险问题提供系统性评估,并依据2002年的《电子政府法案》在某些情况下必须为联邦政府机构使用。在政府之前付出的基础上,政府已经将PIAs的使用拓展到社交媒体领域。在联邦政府的初次使用后,PIAs已经在私人领域和欧盟里广泛被应用。联邦政府机构也一直让隐私专业人员在他们的高层领导层里承担职务。许多联邦政府机构都有全职、专业的隐私高级官员,后者在各自的机构里从事隐私工作、参与联邦政府内部的交流讨论以及与公众交流。

VIII. 结　　论

美国致力于保护隐私。这是人格尊严的一部分,也是参与民主社会的一个方面。保护隐私成为以信息为基础的经济的越来越关键的因素。对消费者数据隐私的更强的保护会增强人们对在经济、社会和政治领域全面使用网络技术所必需的信任感。这些技术需要收集、使用和公开越来越多的个人数据,而这些个人数据促进了创新并产生了重大的社会效益。我们可以维持这些效益的同时也确保我们的消费者数据隐私政策能更好地反映在隐私和作为互联网以及其他网络技术的基础的信任上美国人所投入的价值。

在之前数页中详述的立法框架为实现这一目标提供了路径。《消费者隐私权利法案》应该成为美国调整消费者数据隐私的共同立法准则。政府会与国会一同实现它，但同时也会与私人产业领域的利益主体一同在立法缺位的情况下采纳并实施《消费者隐私权利法案》。为了提高接受程度，商务部将召集多方利益主体参与机制来鼓励制定可执行的、针对特定语境的行为准则。美国政府将与国际合作伙伴一起提高各自消费者数据隐私框架的协作性。联邦政府机构将持续制定创新的保护隐私权的项目和指导，并执行广泛现有的法律来保护消费者隐私。

这一框架的基石是其对日益提升的私人产业领域的利益主体的参与的需求。网络公司、民间团体、学者以及隐私支持者通过书面评论、公共论坛以及非正式讨论等方式提供给政府的意见对完善这一框架起到不可估量的作用。实施这一框架并在作为更值得信赖的网络世界的基础的消费者数据隐私保护方面作出进步，都需要我们的持续合作。

IX. 附录A：消费者隐私权利法案

《消费者隐私权利法案》适用于个人数据。个人数据指的是可与任何特定个人联系起来的数据，包括数据的集合。个人数据同时也包括可以联系到特定电脑或者其他设备的信息。

我们敦促国会采纳《消费者隐私权利法案》中制定的原则。在国会立法孩子前，我们将以法案中的原则为基础通过多方利益主体参与机制制定FTC可执行的行为准则。《消费者隐私权利法案》、行为准则以及强有力的执法将增加美国消费者数据隐私框架与其他国际伙伴相应框架之间的协作性。

1. 个人控制

消费者有权控制企业对个人数据的收集和使用行为。企业应为消费者提供适当的控制个人数据收集、使用和公开的手段。企业应为消费者控制权的实现提供便利条件，该便利条件包括向消费者提供其收集、使用或公开个人数据的规模、范围、敏感度，以及个人数据实际用途的敏感度。企业应为消费者提供清楚而简洁的选择，在适当的时间，通过适当的方式呈现给消费者，使消费者能够对个人数据的收集、使用和公开作出充分的考虑和选择。企业应该提供给消费者以同样简便的方式撤销或限制这种同意。

2. 透明度

消费者有权无障碍理解和获取有关隐私及其安全保障的信息。在最有利于使消费者理解隐私风险和实施个人控制的时间和地点，企业应当提供清楚地说明如下：收集个人数据的种类；收集个人数据的原因；所收集的个人数据的用途；在何种条件下删除数据或者删除数据中消费者的身份信息；是否与第三方分享个人数据以及分享的目的。

3. 情境一致

消费者有权期望企业收集、利用和公开个人信息的方式与其提供信息时的情境协调一致。除非法律另有规定，企业应该使使用、公开个人数据的目的与他们和消费者的关系以及消费者原本公开数据的情境相符，并以实现这些目的为限使用、公开这些数据。企业为其他目的而使用、公开个人数据的，他们应该在收集数据的时候，以明显且消费者容易作出相应反应的方式，通过突出显示的"透明度与个人选择"公开这些其他目的。如果在收集个人数据之后企业决定以与个人数据当初公开的情境不相符的方式使用或公开这些数据，他们必须提供突出显示的"透明度与个人选择"。最后，与企业直接接触的消费者的年龄及其对相关技术的熟悉程度都是构成这一情境的重要因素。企业应该以与消费者年龄和成熟程度相适应的方式遵守"情境一致"这一原则。特别地，《消费者隐私权利法案》的所有原则都要求对从儿童和青年处获得的个人数据应该给予比从成人处获得的更大的保护。

4. 安全

消费者有权享受数据得到安全和负责任的处理。企业应结合自身在个人数据领域的实践评估隐私和安全风险，同时必须采取合理的安全措施以防范可能出现的风险，如数据丢失；数据非法获取、使用、损坏或修改；数据的不当公开。

5. 接入权与准确性

个人数据有误时，在与数据敏感性与数据错误可能对消费者带来不利影响的风险性相适应的情况下，消费者有权获取及更正以可用格式存在的个人数据。企业应采取合理措施确保其保存的是准确的个人数据。企业应就其收集的个人数据为消费者提供合理的接入权限，并为消费者提供合理的途径和方式使其能够请求更正、删除个人数据或限制错误个人数据的使用。公司在利用个人数据时对接入权和准确性原则的解释必须与表达自由和媒体自由两原则协调一致。公司在决定采用何种措施保证数据准确性以及保障消费者就个人数据提出接入、更正、删除或限制用途请求的权利时，其必须考量个人数据的规模、范围和敏感程度，以及对相关个人数据的使用可能对消费者造成的财产、身体或其他实质损害。

6. 收集控制

消费者有权合理限制企业对个人信息的收集和保存。企业收集个人数据应以他们足以实现"情境一致"原则所允许的特定目标为限。除非法律另有规定，企业在不再需要个人数据后应以安全方式删除个人数据或清除个人数据中的身份信息。

7. 问责制

消费者有权将个人信息交予采取适当措施的企业进行处理，以确保企业遵守本法案。企业应就遵守法案的相关原则对执法机关和消费者负责，也应要求其雇员遵守这些原则。为了达到这一目的，企业应对其雇员进行培训以使其在合规的情况下利用个人数据，并定期据此对绩效进行评估。如合适，企业应进行全面的审计监督。除非相关法律另有规定，企业如将个人数据向第三方公开，至少应确保接收这些数据的企业承担遵守法案原则的合同义务。

X. 附录B：《消费隐私权利法案》与其他FIPPs（FIPPs）规定的比较

《消费者隐私权利法案》	OECD隐私指南	DHS隐私政策	APEC原则
个人控制：消费者有权控制企业对个人信息的收集和使用	使用限制原则：个人数据不应被公开……除非"得到数据所有人的同意或者基于法律的规定"	个人参与原则：各类组织应将个人纳入到使用PII（即身份定位信息）的过程当中，同时，在切实可行的程度内，就收集、使用、发布以及占有PII得到个人的授权	当事人自主原则：在条件允许的情况下，个人应就个人数据的收集、使用和公开享有自主选择的权利，选择权利由清楚明白、易懂、可查阅和可负担的机制予以保障
透明度：消费者有权无障碍理解和获取有关隐私及其安全保障的信息	公开性原则：有公开的个人数据发展、实践和管理的一般政策措施	透明度原则：各类组织应是透明的，并通知个人有关收集、使用、发布和占有PII的相关消息	通知原则：个人信息控制者应提供清楚且容易取得的隐私实践和政策的声明……

续表

《消费者隐私权利法案》	OECD 隐私指南	DHS 隐私政策	APEC 原则
情境一致：消费者有权期望企业收集、利用和公开个人信息的方式与其提供信息时的情境协调一致	目的特定原则：决定个人数据收集的时间应不晚于数据开始收集的时间。数据的后续使用行为须限于实现预定的目的或者与预定目的不相冲突之处。如使用目的变更，则数据的使用限于变更时明确指定的情形	目的特定原则：各类组织应具体说明允许收集 PII 的授权，和具体说明使用 PII 欲达到的目的	通知原则：应采取合理的措施确保个人在其个人数据被收集前或收集时已知悉隐私保护政策
	使用限制原则：不得公开个人数据，不得将个人数据用于与《隐私指南》第 9 章规定不符的目的，但数据主体同意或法律授权的除外	使用限制原则：各类组织应仅为实现通知中所提到的目的而使用 PII。分享 PII 应与收集 PII 的目的相适应	个人信息使用原则：收集到的个人信息仅限于与收集目的一致或相关的范围内，但有下列情况，不在此限：取得当事人本人的同意；为提供当事人所要求的产品或服务所必须；法律另有规定
安全：消费者有权享受数据得到安全和负责任的处理	安全防范原则：必须采取合理的安全措施保证个人数据的安全，防止诸如丢失、未经授权的访问、毁坏、使用、修改或公开的风险	安全原则：各类组织应（在所有媒体中）通过适当的安全防范保护 PII 免受诸如丢失、非法获取或使用、破坏、修改或非法公开等危险	安全防范原则：个人信息控制者以合适的防护方式应该保护个人信息，使相关信息免受诸如丢失、非法获取、非法毁坏、使用、更改或公开以及其他不当使用等的危险

续表

《消费者隐私权利法案》	OECD 隐私指南	DHS 隐私政策	APEC 原则
接入权与准确性：个人数据有误时，在与数据敏感性与数据错误可能对消费者带来不利影响的风险性相适应的情况下，消费者有权获取及更正以可用格式存在的个人数据	个人参与原则：个人享有如下权利：（1）有权从数据控制人或其他人处得到数据控制人是否保存其个人数据的确证；（2）有权在合理期间内得到数据控制人持有相关数据的通知。数据控制人可要求个人支付一定的费用，但不可过多；通知需采取合理且容易被个人理解的方式；（3）如数据控制人拒绝根据前两款提出的请求，有权知悉理由和提出异议；（4）有权就相关数据提出异议；异议成立的情况下，有权对相关数据进行删除、修改、补充或修改	数据质量与完整性原则：各类组织应在切实可行的程度范围内确保 PII 是准确、相关、及时和完整的	接入与更正原则：个人享有如下权利：（1）有权从数据控制人处得到数据控制人是否保存其个人数据的确证；（2）在提供身份证明的情况下，有权在合理期间内得到数据控制人持有相关数据的通知。数据控制人可要求个人支付一定的费用，但不可过多；通知需采取合理且容易被个人理解的方式；（3）有权就相关数据的准确性提出异议；异议成立的情况下，有权对相关数据进行删除、修改、补充或修改
	数据质量原则：个人数据应与使用的目的相关，并应在实现这些目的所需要的程度范围内保持真实、完整和及时更新		个人信息完整原则：个人信息应在其使用目的所必须的程度范围内是准确、完整并及时更新的
			预防伤害原则：在承认个人对隐私的合法期待利益的情况下，应设计个人信息保护的方法来预防对这些信息的不当使用
收集控制：消费者有权合理限制企业对个人信息的收集和保存	收集限制原则：应对个人数据或其他类似数据的收集进行限制，限制应采取合法和合理的措施，并且在必要时应通知数据所有者并征得其同意	数据最小化原则：各类组织应仅收集与实现具体规定的目的所直接相关而必要的 PII，并指在需要完成具体规定的目的的必要时间内保留 PII	收集限制原则：个人信息的收集应该限制在与收集目的相关的信息，且这些信息应以合法且公平的方式被收集，在合适的情况下对相关的个人进行通知并征求同意

续表

《消费者隐私权利法案》	OECD 隐私指南	DHS 隐私政策	APEC 原则
问责制：消费者有权将个人信息交予采取适当措施的企业进行处理，以确保企业遵守本法案的有关规则	问责制原则：数据控制者应就遵守实现上述原则的标准可被问责	问责制和审计原则：各类组织该就遵守这些原则可被问责、为使用 PII 的所有雇员和承包商提供培训以及监督对 PII 的实际使用，从而凸显对这些原则以及所有相关的隐私保护要求的遵守	问责制原则：个人信息控制者应该就遵守实现上述原则的标准可被问责。当个人信息将被传输到其他个人或组织的时候，无论是国内还是国际，个人信息控制者都应该从该个人处取得授权或者尽职执行并采取合理措施确保接收的个人或组织会以符合这些原则的方式保护这些个人信息

俄罗斯

信息、信息技术和信息保护法*

公布：2006年7月27日，第149号，于俄罗斯报

生效：2006年8月9日由国家杜马于2006年7月8日通过

由联邦委员会于2006年7月14日批准

1995年2月20日颁布的第24号俄罗斯联邦

《信息、信息技术和信息保护法》不再具有法律效力。

（经自2011年7月21日实施的第252号联邦法律修正后，

编入自2010年7月27日实施的第227号联邦法律和

自2011年4月6日实施的第65号联邦法律）

【第1条】本联邦法律的适用范围

1. 本联邦法律调整以下情形中产生的关系：

1) 搜索、接收、传输、生产和传播信息时；

2) 应用信息技术时；

3) 保护信息时。

2. 本联邦法律不适用于在保护智力活动成果及与其相似的个性化技术的权利时发生的关系。

【第2条】本联邦法律中使用的基本概念

本联邦法律中使用以下基本概念：

1) 信息——任何形式的资料（消息、数据）；

2) 信息技术——搜索、收集、存储、处理、传递、传播信息的程序和方法以及实现这些程序和方法的手段；

3) 信息系统——存储于数据库中的信息和保障对其进行处理的信息技术和手段的总和；

---

* 译者：杨理，北京大学法学院生。
校对：林凤娇，俄罗斯南联邦大学。

4）电信网络——可以利用计算机通信线路进行信息传输的技术系统；

5）信息所有人——自主创建信息的主体，或是依法律和合同规定有权允许或限制获取具有某些特征的信息的主体；

6）信息的访问——获得和利用信息的可能性；

7）信息的秘密性——有权访问相关信息的主体未经信息所有人的同意不向第三方主体传播该信息所必须履行的要求；

8）信息的提供——特定主体为获得信息或向特定主体传递信息所进行的活动；

9）信息的传播——不特定主体为获得信息或向不特定主体传递信息所进行的活动；

10）电子邮件——通过电信网络传递或接收的信息；

11）文件信息——记录于物质载体上的以文件区分要素为其创建文件的信息，在俄罗斯联邦立法规定的情形下其物质载体也可以为：

（第11.1）项电子文档——以电子形式（即人们利用电子计算机可以接收的形式，包括通过电信网络可以传递或在信息系统中可以处理的形式）记录的文件信息。

（第11.1）项被引入自2010年7月27日实施的第227号联邦法律。

12）信息系统运营商——运营信息系统（包括处理在信息系统数据库中的信息）的公民或法人。

【第3条】对信息、信息技术和信息保护领域中的关系的法律规制原则

对信息、信息技术和信息保护领域中的关系的法律规制应基于以下原则：

1）可以通过任何合法方式自由地搜索、接收、传递、生产和传播信息；

2）只能由联邦法律对信息的访问进行限制；

3）除联邦法律另有规定外，关于政府机关和地方自治机构的活动的信息应公开且可自由访问；

4）在创建和使用信息系统时俄罗斯联邦各民族语言平等；

5）在创建、使用信息系统及保护其中信息时应保障俄罗斯联邦的安全；

6）信息的可靠性及其传播的及时性；

7）私人生活的不可侵犯性，即未经他人允许不得收集、存储、使用和传播与其私人生活有关的信息；

8）除必须为非依据联邦法律创建和利用政府信息网络而采用某确定的信息技术，禁止通过法律行为规范设定某类信息技术的适用优势。

【第4条】关于信息、信息技术和信息保护的俄罗斯联邦法律

1. 关于信息、信息技术和信息保护的俄罗斯联邦法律以俄罗斯联邦宪法、俄罗斯联邦签订的国际条约为基础，并由本联邦法律及调整信息使用关系的其他联邦法律构成。

2. 与大众媒体的限制和活动相关的关系的法律规制应符合关于大众媒体的俄罗斯联邦法律。

3. 包含档案事务管理基金组成的文件信息的保存和使用秩序由关于俄罗斯联邦档案事务管理的法律规定。

【第5条】作为法律关系对象的信息

1. 信息可以是公共、民间和其他法律关系的对象。如果联邦法律未对信息的访问作出限制性规定及对信息的发布或传播秩序作出其他要求，信息可以由任何主体免费使用及从一主体传递给另一主体。

2. 根据信息访问的类型可以分为可公开访问的信息以及由联邦法律限制访问的信息（受限制的信息）。

3. 根据信息发布或传播规则可以分为：

1）自由传播的信息；

2）经与信息有关的主体同意传播的信息；

3）符合联邦法律要求可以发布或传播的信息；

4）在俄罗斯联邦受限制或被禁止传播的信息。

4. 根据信息内容或其所有人由俄罗斯联邦立法确定信息类型。

【第6条】信息所有人

1. 信息所有人可以为公民（自然人）、法人、俄罗斯联邦、俄罗斯联邦组织或市政局。

2. 以俄罗斯联邦、俄罗斯联邦组织、市政局的信息所有人的名义享有的权能应符合相应法律行为规范规定的政府机关和地方自治机构的职权范围。

3. 除非联邦法律另有规定，信息所有人有权：

1）允许或限制访问该信息，确定访问该信息的秩序和权限；

2）自己决定信息的使用和传播；

3）根据合同或依据其他法律规定向其他主体传递信息；

4）在其他主体非法获取或使用该信息时通过合法途径保护自己的权利；

5）利用信息执行其他操作或授权进行该项操作。

4. 信息所有人在实现自己权利的同时应：

1）遵守法律且尊重其他主体的合法权益；

2）采取保护信息的措施；

3）根据联邦法律规定的义务对信息访问进行限制。

【第7条】可公开访问的信息

1. 可公开访问的信息包括众所周知的信息和其他访问不受限制的信息。

2. 根据联邦法律对信息传播的限制性规定，任何主体在其权限范围内都可以使用可公开访问的信息。

3. 授权信息公开访问的信息所有人可以要求其他传播该信息的主体注明该信息的来源。

【第8条】信息访问的权利

1. 在遵守本联邦法律和其他联邦法规规定的条件下，公民（自然人）和组织（法人）（以下简称：组织）有权搜索及获取任何形式和来源的信息。

2. 公民（自然人）有权从国家机关、地方自治机构及根据俄罗斯联邦法律设立的相应权能主体处获得直接有关其权利和自由的信息。

3. 组织有权从国家机关、地方自治机构处获得直接关于该组织进行法定活动且与上述机构产生关联时其权利和义务的必要信息。

4. 下列访问不得受限：

1）关于人和公民的权利、自由与义务以及组织的法律地位、政府机关和地方自治机构的权能的法律行为规范；

2）关于周围环境状况的信息；

3）关于政府机构和地方自治机构活动包括预算使用（除构成国家或职务机密）的信息；

4）存储在图书馆、博物馆和档案馆，包括在国家政府机构及其他为向公民（自然人）和组织提供公共资料而建立和提供使用的信息系统里的公开信息；

5）联邦法律规定不允许限制访问的其他信息。

5. 利用电信网络包括互联网获得关于其活动的俄语信息及依照俄罗斯联邦法律和地方自治机构的法律行为规范确定的俄罗斯联邦组成共和国官方语言的信息。欲获得该类信息的主体没有提供其获取信息理由的义务。

（编入自2010年7月27日实施的第227号联邦法律）

6. 对违反信息访问权的国家机关和地方自治机构、公共团体、行政主体的决定和行动（非活动）可以向上级机关、上级行政主体申诉或向法院提出诉讼。

7. 若因非法拒绝信息的访问、不及时提供信息、故意提供虚假的或与询问内容不相符的信息引起损失，应按民事法律规定对该损失予以赔偿。

8. 免费提供信息：

1）政府机关、地方自治机构在电信网络上提供的关于其活动的信息；

2）由俄罗斯联邦法律规定的相应主体的权利和义务的信息；

3）法律规定的其他信息。

9. 只有在联邦法律作出规定的情形下才可对国家机关或地方自治机构提供的关于其活动的信息收费。

【第9条】信息访问的限制

1. 为维护宪制和道德基础及保护其他主体的健康和合法权利，保证国防和国家安全，由俄罗斯联邦立法对信息访问进行限制。

2. 由联邦法律对机密信息的访问进行限制具有必要性。

3. 根据关于国家机密信息保护的俄罗斯联邦立法对构成国家机密的信息进行保护。

4. 由联邦法律规定对属于商业机密、官方机密和其他机密的信息访问的保密义务和泄密责任。

5. 根据联邦法律赋予的保护机密信息的义务，在公民（自然人）履行其职务或组织进行相关活动时对获得的信息（职务机密）应予以保护。

6. 根据联邦法律和（或）法院裁决，构成职业机密的信息可以提供给第三方。

7. 只有经提供职业机密信息的公民（自然人）的同意，才可以对其职业机密信息的保密义务期限进行限制。

8. 在其他联邦法律未作规定的情况下，不得要求公民（自然人）提供关于其私人生活的信息（包括个人或家庭的秘密），且不得违背公民（自然人）的意志获取上述信息。

9. 公民（自然人）个人数据的访问规则由联邦个人数据法制定。

【第10条】信息的传播或提供

1. 在遵守俄罗斯联邦法律规定的情况下，信息可以在俄罗斯联邦境内自由传播。

2. 未通过大众媒体进行传播的信息，应包含形式和内容足以识别其所有人或传播主体的可靠资料。

3. 在使用包括邮件传递或电子通信等可以确定信息接收者的信息传播工具时，传播信息的主体应保证信息接收者可以拒绝接收该信息。

4. 信息的提供应按参与信息交换的主体所订协议中的规则进行。

5. 必须传播或提供信息包括提供文件必要副本的情形或条件由联邦法律

规定。

6. 禁止传播旨在宣传战争及煽动民族、种族或宗教仇恨和敌对情绪的信息以及应为其传播负刑事或民事责任的信息。

【第 11 条】信息记录

1. 对信息记录的要求可以由俄罗斯联邦立法或当事人合同约定。

2. 联邦行政执行机关的信息记录按照俄罗斯联邦政府的规定进行。其他行政机关、地方自治机构在其职权范围内制定的公文处理和文件传递的规则，应符合俄罗斯联邦法律对联邦行政执行机关在公文处理和文件传递方面作出的规定。

3. 2011 年 4 月 6 日起实施的第 65 号联邦法律中此项废除。

4. 为缔结民事法律合同或形成其他法律关系的相应主体传递电子信息时，根据联邦法律、其他法律行为规范规定或当事人合同约定，以签注了电子签名或其他相当于发件人个人签名的电子信息进行的交流，应视为通过文件进行的交流。

（编入自 2011 年 4 月 6 日实施的第 65 号联邦法律）

5. 具有证明内容的材料中的所有权和其他物权由民事法律规定。

【第 12 条】信息技术应用领域中的政府规制

1. 信息技术应用领域中的政府规制的规定如下：

1) 对利用信息技术（信息化）进行的信息检索、接收、传递、生产和传播中关系的调整，以本联邦法律确定的原则为基础；

2) 发展为公民（自然人）、组织、政府机关和地方自治机构提供信息的多用途信息系统，且保障这些系统的合作；

3) 为在俄罗斯联邦境内有效利用因特网和其他类似的电子信息网络创造条件。

2. 政府机关和地方自治机构的相应职权如下：

1) 参与制定和实施信息技术应用的专门方案；

2) 创建信息系统，并确保可按俄语和俄罗斯联邦各共和国的官方语言对信息内容进行访问。

【第 13 条】信息系统

1. 信息系统中包含：

1) 根据联邦法律、联邦部门法规和政府机关的法律行为规范创建的公共信息系统、联邦信息系统和区域信息系统；

2) 根据地方自治机构的决定创建的市政信息系统；

3）其他信息系统。

2. 除非联邦法律另有规定，处理数据库中信息的技术手段的所有人（该所有人合理使用数据库），或与该所有人签订了信息系统使用合同的主体，属于信息系统运营商。

3. 信息系统数据库中的信息所有人的权利保护不受该数据库的版权和其他权利的限制。

4. 除非关于地方自治的俄罗斯联邦法律另有规定，本联邦法律制定的对公共信息系统的规定适用于市政信息系统。

5. 根据技术操作规程、政府机关和地方自治机构的法律行为规范以及同意创建该信息系统的决定，可以制定公共信息系统和市政信息系统使用的特殊规则。

6. 对不属于公共信息系统或市政信息系统的其他信息系统的创建和使用规则可以由该信息系统所有人在符合本联邦法律或其他联邦法规要求的前提下制定。

【第14条】公共信息系统

1. 公共信息系统的创建是为确保政府机关权力的实现和机关之间信息的交流，以及保证联邦法律确立的其他目的实现。

2. 根据2005年7月21日《关于为政府和市政需要供应货物、执行工作、提供服务的任务安排》第94号联邦法律中的要求创建公共信息系统。

3. 公共信息系统的创建和使用以公民（自然人）、组织、政府机关和地方自治机构提供的统计数据和其他文件信息为基础。

4. 强制要求提供的信息的类型由联邦法律规定。除非联邦法律另有规定，强制性信息的提供条件由俄罗斯联邦政府或相应政府机关制定。

5. 除非对公共信息系统的创建另有规定，由签订关于创建该信息系统的政府合同的定制人履行其运营商的职能，且由上述定制人规定公共信息系统的访问使用规则。

6. 俄罗斯联邦政府有权对个别公共信息系统的访问使用制定强制性要求。

7. 未享有使用具有知识产权的组成部分的权利时，禁止使用公共信息系统。

8. 对公共信息系统中所含信息进行处理的技术，包括软硬件技术和信息保护技术，都应符合俄罗斯联邦法律关于信息技术调控的规定。

9. 公共信息系统中所含的信息以及在政府机关资料和文件中所含的信息

都属于公共信息资源。公共信息系统中的信息都属于官方信息。根据有关公共信息系统功能的法律行为规范设立的政府机关应保证该信息系统中信息的可靠性和准确性,保证上述信息的访问合法,且避免上述信息受到未经授权的访问、破坏、修改、封锁、复制、提供、传播和其他非法行为。

(编入自2010年7月27日实施的第227号联邦法律)

【第15条】信息电信网络的使用

1. 在俄罗斯联邦境内使用信息电信网络应符合俄罗斯联邦相关立法、本联邦法律及俄罗斯联邦其他法律行为规范规定的要求。

2. 根据自我管理组织在该领域内活动的国际惯例,在俄罗斯联邦境内对信息电信网络的使用和访问的调整不限于特定主体。根据本联邦法律规定的要求,其他信息电信网络的使用规则由其管理者制定。

3. 对信息电信网络在俄罗斯联邦境内的经济或其他活动中的使用,不得制定额外要求或对上述活动的调整制定其不利用电信网络时的限制,且不得制定违反联邦法律的要求。

4. 联邦法律规定了对利用信息电信网络进行业务活动的个人、组织强制性的身份识别。因此,根据联邦法律的规定或协议各方约定,在俄罗斯联邦境内,电子邮件的收件人有权对发件人身份进行审核确认。

5. 在遵守联邦法律对信息传播和知识产权保护的规定的情况下,对利用信息电信网络进行的信息传递不予限制。只能根据联邦法律制定的规定对信息传递进行限制。

6. 关于公共信息系统与信息电信网络相连接的特殊规定可由俄罗斯联邦总统签署的或俄罗斯联邦政府制定的法律行为规范规定。

【第16条】信息保护

1. 对信息保护采取的法律、制度和技术手段旨在:

1)保护信息免受非法访问、破坏、修改、封锁、复制、提供、传递及关于该信息的其他非法行为;

2)确保受限制访问的信息的机密性;

3)实现信息访问权。

2. 通过制定对信息保护的要求以及明确破坏关于信息和信息技术保护的俄罗斯联邦法律的责任,实现信息保护领域关系的政府规制。

3. 对公共信息保护的要求只需满足本条第1款的1)、3)所规定的目的。

4. 在俄罗斯联邦法律规定的情况下,信息享有者、信息系统运营商应确保:

1）防止未经授权访问信息和（或）不具有信息访问权的主体传递信息；
2）及时发现未经授权的访问信息；
3）防止因破坏信息访问规则所产生的不利影响；
4）禁止影响信息处理的技术手段以致干扰其操作；
5）可及时恢复因未经授权的访问而被篡改或破坏的信息；
6）持续对信息保护的条件进行监控。

5. 对公共信息系统中信息保护的要求由安全保障领域以及有权执行反技术侦察和对信息进行技术保护的联邦行政机关规定。在创建和使用公共信息系统时，保护信息的手段和方法应符合相关要求。

6. 保护信息的手段和在信息安全领域实施的特定活动由联邦法律规制。

【第17条】信息、信息技术和信息安全领域违法行为的责任

1. 违反本联邦法律的要求应依照俄罗斯联邦法律承担相应的违纪、民事、行政或刑事责任。

2. 因未经授权的信息访问或其他滥用此信息的行为致使权利和合法利益受到侵害的主体有权根据规定提起诉讼，请求赔偿损失、赔偿精神损害、保护荣誉及维护尊严和商业信誉。

3. 传播了联邦法律限制或禁止传播的有关信息但不承担民事法律责任的主体：

1）该主体传播的信息由另一主体提供，且在传播该信息时未对其进行变更或修改；

2）该主体在确实不知属于非法传播信息的情况下进行的信息保存和对其提供访问。

【第18条】关于俄罗斯联邦某些法律规范（立法条文）效力的丧失

以下法律自本联邦法律生效之日起失效：

1）自1995年2月20日起实施的《关于信息、信息化和信息保护》第24号联邦法律（俄罗斯联邦法律汇编，1995年，第609条，8）；

2）自1996年7月4日起实施的《关于参与国家信息交流》第85号联邦法律（俄罗斯联邦法律汇编，1996年，第3347条，28）；

3）自2003年1月10日起实施的《修订和增编与〈关于对特定行为的授权〉的联邦法律相关的条文》第15号联邦法律第16条（俄罗斯联邦法律汇编，2003年，第167条，2）；

4）自2003年6月30日起实施的《修订和增编相关联邦法律条文，承认俄罗斯联邦相关法律条文失效，且为内务部、麻醉药品和精神药物管制机构、

采取措施进行政府规制的已被撤销的联邦税务机关的工作人员提供相应保障》第86号联邦法律第27条（俄罗斯联邦法律汇编，2003年，第2700条，27）；

5）自2004年6月29日起实施的《修订俄罗斯联邦相关规范性法律条文，承认关于采取措施进行政府规制的俄罗斯联邦相关法律丧失效力》第58号联邦法律第39条（俄罗斯联邦法律汇编，2004年，第2711条，27）。

俄罗斯联邦总统
弗拉基米尔·普京
克里姆林宫，莫斯科
2006年7月27日
第149号，于俄罗斯报

电子签名法[*]

公布：2011年4月6日，第63号，于俄罗斯报

由国家杜马于2011年3月25日通过

由联邦委员会于2011年3月30日批准

【第1条】本联邦法律的适用范围

本联邦法律调整在实施民事法律行为、提供公共和市政服务、履行国家和政府职能以及实施其他具有法律效力的行为时使用电子签名的领域内的关系。

【第2条】本联邦法律中使用的基本概念

依照本联邦法律的宗旨使用以下基本概念：

1）电子签名——附加于或以其他方式附于另一电子信息（被签署的信息）或用以确认签字主体的电子信息；

2）电子签名验证密匙证书——由认证中心或其代理主体授予并能证实电子签名验证密钥属于电子签名验证密钥证书持有人的电子文档或书面文件；

3）电子签名验证密匙合格证书（以下简称：合格证书）——由代理认证中心或代理认证中心的受托主体或被授权使用电子签名的联邦行政机关（以下简称：被授权联邦机关）授予的电子签名验证密匙证书；

4）电子签名验证密匙证书持有人——依据本联邦法律被授予电子签名密匙证书的主体；

5）电子签名密匙——为创建电子签名预设的唯一字符序列；

6）电子签名验证密匙——与电子签名密匙唯一关联并为检验电子签名真实性预设的唯一字符序列；

7）认证中心——可制作和授予电子签名验证密匙证书并实行本联邦法律规定的其他职能的法人或个体经营者；

---

* 译者：杨理，北京大学法学院。
校对：林凤娇，俄罗斯南联邦大学。

8）认证中心的认证——被授权联邦机关对符合本联邦法律要求的认证中心作出的认可；

9）电子签名方式——密码（加密）方式须应用于下列至少一项功能：创建电子签名、进行电子签名验证、创建电子签名密匙和电子签名验证密匙；

10）认证中心的手段——为实现认证中心职能所采取的程序和（或）管理手段；

11）电子信息传递者——进行电子信息相互传递的国家机关、地方自治机构、组织和公民；

12）局域信息系统——电子信息传递者形成了固定局域的主体的信息系统；

13）不能拒绝非固定局域主体的电子信息传递者使用的信息系统。

【第3条】使用电子签名的法律规制

1. 电子签名使用中的关系受本联邦法律、其他相关法律行为规范以及电子信息传递者之间达成的协议调整。除非另有规定，电子签名在局域信息系统内的使用规则可由该系统的运营商制定或由该系统内电子信息传递者之间达成的协议调整。

2. 行政机关和地方自治机构使用的电子签名形式、规则以及确保上述机构在进行电子信息传递时电子签名方式一致的要求由俄罗斯联邦政府制定。

【第4条】电子签名的使用原则

电子签名的使用原则如下：

1. 若联邦法律、其他相关法律行为规范或电子信息传递者之间达成的协议未对电子签名使用的具体形式作出要求且某种形式符合使用该电子签名的目的，则电子信息传递者有权自行使用任何形式的电子签名。

2. 电子信息传递者有权使用任何符合本联邦法律对电子签名使用的具体形式的要求的信息技术和（或）技术手段。

3. 不予认可某电子签名和（或）签署了该电子签名的文件只能在以下前提具有法律效力，即该电子签名不是由本人创建，而是使用了自动创建电子签名和（或）在信息系统中自动验证电子签名的电子签名工具。

【第5条】电子签名的形式

1. 普通电子签名和加强电子签名的形式和在其使用范围内的关系受本联邦法律规制。加强的不合格电子签名（以下简称：不合格电子签名）和加强的合格电子签名（以下简称：合格电子签名）有所区别。

2. 通过使用密码、口令或其他手段确认由特定主体创建该电子签名的事实的电子签名属于普通电子签名。

3. 以下的电子签名属于不合格电子签名：

1）使用电子签名密钥对原信息修改密码后取得的电子签名；

2）可以确认签署电子文件的主体的电子签名；

3）可以查明电子文件签署后的改动事实的电子签名；

4）运用电子签名工具创建的电子签名。

4. 符合不合格电子签名的所有特征及以下附加特征的电子签名属于合格电子签名：

1）电子签名验证密匙在其合格证书中被指明；

2）为创建和验证电子签名所使用的电子签名工具经证实符合本联邦法律规定的要求。

5. 如果电子签名符合本联邦法律规定的不合格电子签名的特征，在使用不合格电子签名时可以不创建电子签名验证密匙证书，且可以得到保障。

【第6条】署有电子签名的电子文档的效力等同于署有手写签名的书面文件的效力

1. 除联邦法律或其他相关法律行为规范要求只能使用书面文件的情形，署有电子签名的电子文档的效力等同于署有手写签名的书面文件的效力。

2. 在符合联邦法律、其他相关法律行为规范和电子信息传递者达成的协议的情形下，署有普通电子签名或不合格电子签名的电子文档的效力等同于署有手写签名的书面文件的效力。依照法规和电子信息传递者之前达成的协议规定的情形中，认可署有不合格电子签名的电子文档的效力等同于署有手写签名的书面文件的，应制定验证电子签名的规则。依照法规和电子信息传递者之前达成的协议规定的情形中，认可署有不合格电子签名的电子文档的效力等同于署有手写签名的书面文件的，应符合本联邦法律第9条的要求。

3. 若文件依照联邦法律、其他相关法律行为规范和业务习惯的规定必须盖章，署有加强电子签名的电子文件和经认可的效力等同于署有手写签名的书面文件的电子文件，其效力等同于与其内容相同的署有手写签名和盖有印章的书面文件。联邦法律、其他相关法律行为规范或电子信息传递者之间达成的协议可作出附加规定以认可电子文件的效力等同于与其内容相同的盖章的书面文件。

4. 一个电子签名可以签署几个相关的电子文件（电子文件夹）。在签署电子文件夹时，每一个属于该文件夹的电子文件都被认为进行了与该电子文件夹同样的签署。

【第 7 条】对依照外国法律和国际标准创建的电子签名的认可

1. 若依照外国法律和国际标准创建的电子签名的特征符合本联邦法律的要求，其效力可获俄罗斯联邦认可。

2. 电子签名验证密匙证书只是依照外国法律授予时，该电子签名和以其签署的电子文件不能被认为是无效的。

【第 8 条】联邦行政机关在使用电子签名时的职权

1. 被授权联邦机关由俄罗斯联邦政府决定。

2. 被授权联邦机关：

1）被授权联邦机关应对依照本联邦法律成立的认证中心进行合格性验证，并对这些中心依照本联邦法律已认可的认证进行检验，且在其违反规定的情况下责令其更正违规行为。

2）被授权联邦机关对经认可的认证中心具有领导职能。

3. 被授权的联邦机构应保证存储本条款提到以下信息并确保可利用电信网络随时访问：

1）经认可的认证中心的名称、地址；

2）由被授权联邦机关授予和撤销的合格证书的清单；

3）认证已被撤回的认证机构的名单；

4）认证被暂停的经认可的认证中心的名单；

5）活动被禁止的经认可的认证中心的名单；

6）依照本联邦法律第 15 条递交于被授权联邦机关的合格证书的清单。

4. 负责制定和实施信息技术领域的公共政策和法律法规联邦行政机构应制定：

1）在认证中心停止工作时将合格证书清单及其他信息转交给被授权联邦机关的规则；

2）合格证书清单的形成和管理规则及该清单信息的提供规则；

3）授予认证中心资格的规则，及检查认证中心是否遵循本联邦法律对其规定的要求的规则。

5. 安全保障领域内的联邦行政机关：

1）制定对合格证书形式的要求；

2）制定对电子签名方式和认证中心形式的要求；

3）对电子签名方式和根据本联邦法律的要求设立的认证中心形式进行合格确认，并公布相关形式的清单。

【第9条】普通电子签名的使用

1. 视为署有普通电子签名的电子文件，应包括下列条件：

1）普通电子签名载于该电子文件；

2）普通电子签名密匙的使用符合创建和（或）发送该电子文件所利用的信息系统的运营商制定的规则，在已创建和（或）发送的电子文件中包含指明创建者和（或）发送者的信息。

2. 法律行为规范和（或）信息传递者之间达成协议，以认可署有普通电子签名的电子文档的效力等同于署有手写签名的书面文件的效力时，协议中应包括：

1）以普通电子签名签署电子文件的主体的认定规则；

2）签署和（或）使用普通电子签名密匙的主体应履行其保密义务；

3. 使用普通电子签名以及创建和使用普通电子签名时涉及的关系不适用本联邦法律第10条至第18条的内容。

4. 禁止在包含国家机密的电子文件或含有国家机密内容的信息系统中使用普通电子签名。

【第10条】使用加强电子签名的电子信息传递者的义务

电子信息传递者在使用加强电子签名时应：

1）确保电子签名密匙的秘密性，特别应防止未经电子签名持有人的同意而使用其电子签名；

2）自得知电子签名密匙泄密之日起不超过1个工作日内将该情况告知授予电子签名密匙证书的认证中心以及其他电子信息传递者；

3）若认为电子签名密钥有可能泄密，则不应使用该电子签名密匙；

4）使用符合本联邦法律要求的电子签名工具创建和验证合格电子签名，创建合格电子签名密钥及其验证密钥。

【第11条】合格电子签名的认可

合格电子签名在法院未作出判决之前被认为是有效的，且同时应满足以下条件：

1）合格证书由经认可的认证中心创建和授予，且自被授予之日起生效；

2）合格证书自电子文件签署之时起（若存在电子文件签署时间的确切信息）或该证书有效性得到验证之日起（若无法确定电子文件签署时间）生效；

3）可证明签署电子文件的电子签名属于证书持有人，并可证实文件签署后无改动。且上述验证要通过使用符合本联邦法律要求的电子签名工具和签署电子文件主体的合格证书来实现；

4）合格电子签名的使用受到签署电子文件的电子签名合格证书持有人的限制（如果设置了该限制）。

【第12条】电子签名的工具

1. 为创建和验证电子签名，以及为创建电子签名密匙和电子签名验证密匙，应使用以下电子签名的工具：

1）（电子签名工具）可以设置被签署的电子文件在其签署后可变更的情形；

2）（电子签名工具）保证电子签名密匙不能从该电子签名或该电子签名密匙的验证中被破译。

2. 电子签名工具在创建电子签名时应：

1）向签署电子文件的主体显示其签署的信息内容；

2）只能在签署电子文件的主体确认了创建电子签名的操作完成之后才创建电子签名；

3）对已创建的电子签名仅显示一次。

3. 电子签名工具在验证电子签名时应：

1）显示署有电子签名的电子文件的内容；

2）显示对署有电子签名的电子文件所作改动的信息；

3）指出使用电子签名密匙签署电子文件的主体。

4. 为有关国家机密的电子文件中创建电子签名的电子签名工具或在含有国家机密内容的信息系统中使用的电子签名工具，必须确保符合俄罗斯联邦法律所规定的相应级别的信息保密制度的强制性要求。在含有受限制的信息（包括个人资料）的电子文件中创建电子签名的电子签名工具，不得破坏这些信息的秘密性。

5. 本条第2款和第3款中的规定不适用于在信息系统中自动创建和（或）自动验证电子签名的电子签名工具。

【第13条】认证中心

1. 认证中心：

1）创建电子签名验证密匙证书并将其授予申请获得此类证书的人（申请人）；

2）设置电子签名验证密匙证书的有效期限；

3）撤销由认证中心授予的电子签名验证密匙证书；

4）根据申请人的申请向其提供含有电子签名和电子签名验证密匙（包

括由认证中心创建的密匙）或确保申请者能够创建电子签名密匙和电子签名验证密匙的电子签名工具；

5）管理由该认证中心授予和撤销的电子签名验证密匙证书清单（以下简称：证书清单），其中包括关于由该认证中心授予的电子签名验证密匙证书的信息以及终止和撤销该电子签名验证密匙证书的日期和原因；

6）制定不合格证书清单的创建和访问规则，并保证访问主体运用"因特尔"电信网络能够查询到清单里的信息；

7）根据电子签名密匙申请人的申请创建电子签名验证密匙；

8）验证证书清单中电子签名验证密匙的唯一性；

9）根据电子信息传递者的申请验证电子签名；

10）进行其他关于电子签名使用的活动。

2. 认证中心应该：

1）以书面形式告知申请人关于电子签名及电子签名工具的使用规则和条件、电子签名使用的风险以及保证电子签名使用和验证安全的必要措施；

2）保证证书清单中信息的真实性，并防止对证书清单中信息未经授权的访问、破坏、修改、封锁和其他不法行为；

3）根据任何主体按照访问证书清单的既定规则提出的申请，向其免费提供证书清单中包括有关电子签名验证密匙证书撤销的所有信息；

4）保证由认证中心创建的电子签名密匙的秘密性。

3. 根据俄罗斯联邦的法律的规定，认证中心由于下列情况给第三方造成的损害应承担责任：

1）不履行或不适当履行认证中心服务合同中规定的义务；

2）不履行或不适当履行由本联邦法律所规定的义务。

4. 认证中心以其自身名义有权与第三方（以下简称：受托方）共享创建和发放署有其授予受托方电子签名验证密钥证书签名的电子签名验证密钥证书。

5. 本条第4款中所指的与受托方相关的认证中心属于权威认证中心，其具有以下功能：

1）验证在受托方授予的电子签名验证密匙证书中指明了验证密匙的电子签名；

2）确保受托方之间以及受托方与认证中心之间的电子信息传递。

6. 除非法律另有规定，在认证中心活动期间，证书清单中的信息都应妥善保存。若认证中心终止活动并未转交其职能，其应以书面形式告知由其授予电子签名验证密钥证书的持有人，且这些证书在认证中心终止活动之日前的至少1个月内仍有效。此情况下认证中心停止活动后，证书清单中的信息应予以销毁。若认证中心终止活动并已转交其职能，其应以书面形式告知由其授予电子签名验证密钥证书的持有人，且这些证书在职能转交之日前的至少1个月内仍有效。此情况下证书清单中的信息应转交给认证中心的职能代理人。

7. 除非联邦法律、其他相关法律行为规范或电子信息传递者之间达成的协议另有规定，认证中心自行制定实现其功能及本条规定的其权利和义务的规则。

8. 关于认证中心向不特定主体使用公共信息系统进行活动提供服务的合同属于公共合同。

【第14条】电子签名验证密匙证书

1. 根据认证中心与申请者之间达成的协议，认证中心为申请者创建并授予其电子签名验证密匙证书。

2. 电子签名验证密匙证书应当包含以下信息：

1）其有效起止日期；

2）自然人的姓氏、名字和父称（如果有），法人的名称和所在地，或其他可以识别电子签名验证密匙证书持有人的信息；

3）电子签名验证密匙；

4）所使用的电子签名工具的名称和（或）电子签名密匙及电子签名验证密匙需符合的标准；

5）授予电子签名验证密匙证书的认证中心的名称；

6）本联邦法律第17条第2款中对合格证书规定的其他信息。

3. 在向法人授予电子签名验证密钥证书使其作为电子签名验证密钥证书持有人时，除应指明法人名称外，还应指明依照法人创始文件或受法人委托而以法人名义活动的自然人。在为政府和市政提供服务及行使政府和市政职能的信息系统中用于自动创建和（或）自动验证电子签名的电子签名验证密钥证书中，以及在联邦法律和其他相关法律行为规范规定的其他情形下，允许不指明以法人名义活动的自然人为电子签名验证密钥证书持有人。此类电子签名验证密钥证书的持有人为其信息包含在证书中的法人。

4. 认证中心有权通过电子文件形式和书面文件形式授予电子签名验证密匙证书。以电子文件形式被授予电子签名验证密匙证书的持有人有权获得认证中心授予的书面文件形式的电子签名验证密匙证书。

5. 除非在电子签名验证密匙证书中指明该证书的其他有效起始期，电子签名验证密匙证书从它被授予时生效。电子签名验证密匙证书的信息应在其有效起始期前由认证中心录入证书清单。

6. 电子签名验证密匙证书在以下情况下终止效力：
1）其有效期满后；
2）根据电子签名验证密匙证书持有人出具的书面文件形式或电子文件形式的申明；
3）在认证中心停止运作后未将其职能转让予其他主体时；
4）依照本联邦法律、其他相关法律行为规范或认证中心与电子签名验证密匙证书持有人之间达成的协议所规定的其他情形。

7. 关于电子签名验证密匙证书终止效力的信息应在电子签名验证密匙终止效力的情形发生的1个工作日之内由认证中心录入证书清单。在该情形被录入证书清单之时起电子签名验证密匙证书的效力终止。

8. 根据法院的生效判决，特别是在判定电子签名验证密钥证书中含有虚假信息时，认证中心应在1个工作日内以将撤销证书的信息录入证书清单的方式撤销证书。

9. 除与被撤销的电子签名验证密匙证书有关的使用该被撤销证书的行为，其他使用该被撤销的电子签名验证密匙证书的行为不具有法律效力。在将关于撤销电子签名验证密匙证书的信息录入证书清单之前，认证中心应以书面文件或电子文件形式将撤销该电子签名验证密匙证书的情况告知电子签名验证密匙证书持有人。

【第15条】代理认证中心

1. 接受委托的认证中心属于代理认证中心。代理认证中心应保存下列信息：
1）自然人——可证明其合格证书持有人身份的基本文件；
2）法人——确认法人申请者有权申请获得合格证书的文件名称、编号和颁发日期信息；
3）可证实合格证书持有人有权根据第三方委托行使权力（若此授权信息存于合格证书内）的文件名称、编号和颁发日期信息。

2. 除非俄罗斯联邦法律行为规范规定了更短的期间，代理认证中心应在其运作期间保存本条第1款中涉及的所有信息，并应以能够验证信息完整性和真实性的方式进行保存。

3. 除非联邦法律或其他相关法律行为规范另有规定，代理认证中心应确保任何主体在认证中心运作期间的任何时候都可以免费利用电信网络获得由认证中心授予的合格证书和被撤销的合格证书的实际清单。

4. 代理认证中心在接受关于终止其活动的决定时应：

1）在其终止活动前一个月内将其终止活动的信息告知被授权联邦机关；

2）将合格证书清单按规定的方式转交于被授权联邦机关；

3）将保存于代理认证中心的信息按照规定方式转交被授权联邦机关保存。

【第16条】对认证中心的认可

1. 对认证中心的认可由与属于俄罗斯或外国法人的认证中心有关的被授权联邦机关进行。

2. 对认证中心的认可以自愿为基础。除非认证中心的申请中提出了更短的期限，对认证中心的认可的有效期是五年。

3. 对认证中心的认可需满足以下条件：

1）认证中心的净资产不低于100万卢布；

2）若第三方主体因对认证中心授予的电子签名验证密钥证书中信息或认证中心出具的证书清单中信息的信赖发生了损失，（认证中心）对该损失具有不低于150万卢布的资产安全保障；

3）电子签名工具和认证中心形式符合被授权联邦机关在安全保障方面制定的要求；

4）认证中心在职编制不少于两名工作人员，其应具有信息技术或信息安全的高等学历或中高等再培训职业教育学历或关于（解决）电子签名使用问题的高等资格，并直接参与创建和授予电子签名验证密钥证书的工作。

4. 对认证中心的认可基于主体向被授权联邦机关提出的申请。申请应附有本条第3款中的符合认证中心要求的证明文件。

5. 从接收到认证中心申请之日起不超过30日内，被授权联邦机关基于提交的文件对认证中心作出认可或不认可的决定。若对认证中心作出认可决定，被授权联邦机关在作出认可决定之日起不超过10日内应将认可决定告知认证中心，并应以规定形式向其颁发认可证书。在被授权联邦机关向认证机构颁发认可证书的同时，应向其颁发使用由被授权联邦机构授予职权的权威认证中心的认证方式创建的合格证书。被授权联邦机关对认证中心作出不认可的决定之日起10日内，应将附有拒绝认可原因的通知以书面文件形式寄交予认证中心。

6. 拒绝认可认证中心的理由应基于本条第3款的规定，或由于认证中心提交的申请文件中存在虚假信息。

7. 代理认证中心应遵守其被授予的代理期限的要求。若出现其无法依照规定要求运行的情形，认证中心应立即以书面文件形式将该情况通知被授权联邦机关。代理认证中心在其行使职能和履行义务时，应遵守在本联邦法律的第13条至第15条、第17条、第18条中对认证中心规定的要求。被授权联邦机关有权在代理认证中心运行期间对其遵守本联邦法律的规定的情况进行检查。在出现代理认证中心违反规定的情形时，被授权联邦机关应在规定时间内向该认证中心发出书面命令以消除该情形，且在此期间暂时中止该认证中心的代理，并将该情况录入本联邦法律第8条第3款4）中规定的清单内。代理认证中心应将其已消除违规行为的情况以书面形式通知被授权联邦机关。被授权联邦机关在作出恢复其代理的决定后，有权检查其是否实际消除违规行为。若代理认证中心未在规定时间内消除其违规行为，被授权联邦机关可撤销该认证中心的代理。

8. 国家机关、地方自治机构、公共和市政机构履行认证中心职能时，不受本条第3款1）、2）规定要求的限制。

9. 由被授权联邦机关授予职权的权威认证中心，不依照本联邦法律予以认可。

【第17条】合格证书

1. 合格证书的创建应当使用代理认证中心的方式。

2. 合格证书中应包含以下信息：

1）合格证书的唯一编号、其生效起止日期；

2）自然人——合格证书持有人的姓氏、名字和父称（如果有）；法人——法人的名称、所在地及合格证书持有人的国家注册编号；

3）自然人——合格证书持有人个人账户的密码；法人——合格证书持有人的纳税人识别号；

4）电子签名验证密匙；

5）电子签名方式和代理中心创建电子签名和电子签名验证密匙所用方式的名称、合格证书的名称及可证明以上方式符合本联邦法律要求的基本文件；

6）颁发合格证书的代理认证中心的名称和所在地以及认证中心合格证书编号；

7）合格证书使用的限制（如果规定了限制）；

8）其他关于合格证书持有人的信息（依照申请的要求）。

3. 如果由申请人提交到代理认证中心的文件中指明其以第三方主体名义

行使权利，在合格证书中应包含该申请人的相应权利及其行使权利的期限。

4. 对合格证书形式的要求由安全领域内的联邦行政机关制定。

5. 若已发放合格证书给申请人的代理认证中心的合格证书被撤销或认证中心的认证资格被撤销或已过期，则代理认证中心发放给申请人的合格证书失效。

6. 合格证书持有人应：

1）在有理由相信电子签名密匙的秘密性被破坏的情况下，为终止合格证书的效力，不使用该电子签名密匙，并应立即联系颁发该合格证书的代理认证机构；

2）按照合格证书中的限制（如果规定了限制）使用电子签名证书。

【第18条】合格证书的授予

1. 在授予合格证书时代理认证中心应：

1）对向其申请合格证书的自然人，应查明申请人的身份；

2）对向其申请合格证书的法人，应确认其有权申请获得合格证书。

2. 在向代理认证中心提出申请时，申请人应指出合格证书使用的限制（如果设置限制），并提交能确认申请人提供的合格证书中所含的信息的真实性的以下文件或经核证的文件副本：

1）自然人申请人——确认身份的基本文件、国家养老保险证明；法人申请人——创立文件、可证实法人被列入国家统一法人注册清单的文件和税务登记证明；

2）（适用于外国法人）按照外国法律注册法人的文件的有效俄文译本；

3）确认申请人可以其他主体的名义行使权利的授权书或其他文件。

3. 申请人获得合格证书时应按规定熟悉代理认证中心向其介绍的合格证书中所含的信息。

4. 代理认证中心在颁发合格证书的同时，应向合格证书持有人发放关于确保使用电子签名密匙和合格电子签名形式安全的指南。

【第19条】最后条款

1. 根据2002年1月10日颁布的《关于电子数字签名》第1号联邦法律授予的签名密匙证书依照本联邦法律的规定属于合格证书。

2.《关于电子数字签名》第1号联邦法律从2002年1月10日起到其失效之前，以电子数字签名签署的电子文件等同于依照本联邦法律署有合格电子签名的电子文件。

【第20条】本联邦法律的生效

1. 本联邦法律自官方公布之日起生效。

2. 2002年1月10日颁布的《关于电子数字签名》第1号联邦法律（俄罗斯联邦法律汇编，2002年，第127条，2）自2012年7月1日起失效。

俄罗斯联邦总统
德米特里·梅德韦杰夫
莫斯科，克里姆林宫
2011年4月6日
第63号，于俄罗斯报

保护儿童免受有害于他们健康和发展的信息侵扰的网络审查法*

第436号俄罗斯联邦法律

公布：2010年12月31日，于俄罗斯报——联邦出版№5376

生效：2012年9月1日

由国家杜马于2010年12月21日通过

由联邦委员会于2010年12月24日批准

第一章 一般规定

【第1条】本联邦法律的适用范围

1. 本联邦法律调整在保护儿童免受有害于他们健康和（或）发展的信息及其所含内容的侵害时的关系。

2. 本邦法律不适用于以下领域中的关系：

1）与科学、科学技术及统计信息相关的信息的流通；

2）在2006年7月27日制定的《关于信息、信息技术与信息保护》第149号俄罗斯联邦法律和其他联邦法律中规定的限制访问的信息的传播；

3）对社会具有重要历史、艺术或其他文化价值的信息流通；

4）广告。

【第2条】本联邦法律中使用的基本概念

本联邦法律中使用以下基本概念：

1）儿童获取信息的途径——儿童自由获得和使用所传播的信息的可能性；

---

* 译者：杨理，北京大学法学院。
　校对：林凤娇，俄罗斯南联邦大学。

2）信息产品的标志——由本联邦法律第6条第3款规定的符合信息产品分类的图形和（或）文字标志；

3）演示活动——在儿童和多数家庭可接触到信息的地方进行信息产品的展示，包括戏剧演出、文化教育和娱乐演出活动；

4）儿童的信息安全——保护儿童免受由信息带来的对其身心健康和（或）精神道德危害的现状；

5）信息产品——事先规定的在俄罗斯联邦境内利用公共信息传播方式发行的印刷品、任何形式的音像制品、计算机（个人计算机）的程序和数据库，以及通过展示和在电信网络（包括互联网）和移动无线通信网络传递的信息；

6）儿童信息产品——主题与儿童身心成长和精神道德发展相关的信息产品；

7）有害儿童健康和（或）发展的信息——根据本联邦法律的规定禁止或者限制在儿童之间传播的信息（包括儿童信息产品）；

8）淫秽信息——以自然图像呈现或描述性器官及（或）性行为或类似性行为（包括对动物的性行为）的信息；

9）信息产品分类——根据本联邦法律对儿童年龄类型的规定依信息产品的主题、体裁、内容及其艺术形式的信息产品分类；

10）儿童可利用的平台——未禁止儿童访问和（或）获得信息的公共空间，其中包括儿童可以利用公共信息工具和（或）电信网络查询信息产品的公共平台；

11）自然图像或描述——任何形式的和采用任何手段的对人、动物、人和（或）动物肢体部分、动作（非动作）、事件、现象及其后果带有对细节和（或）生理过程详细记录的图像或描述；

12）信息产品传播——信息产品的提供和（或）传播，包括其出售（包括供稿）、租赁、公共图书馆藏书的分发、公开展示、公开演示（包括利用无线广播或有线广播的演示），以及在电信网络（包括互联网）和移动无线通信网络中的传播；

13）专家——对信息产品进行专家鉴定和提供专家意见或对信息产品进行分类和评价的符合本联邦法律要求的主体。

【第3条】保护儿童免受有害于他们健康和发展的信息侵扰的俄罗斯联邦法律

保护儿童免受有害于他们健康和发展的信息侵扰的俄罗斯联邦法律包括

俄罗斯联邦宪法、本联邦法律、其他联邦法律及与该内容相关的其他规范性法律条文。

【第4条】联邦行政机关、保护儿童免受有害他们的健康和（或）发展的信息侵害的俄罗斯联邦各组成实体的国家机构的职权

1. 由俄罗斯联邦政府授权的联邦行政机关在保护儿童免受有害于他们的健康和（或）发展的信息侵害的职权包括：

1）在保护儿童免受有害他们的健康和（或）发展的信息侵害方面制定和实施国家统一的政策；

2）制定和实施保障儿童信息安全以及儿童信息产品的生产和流通的特定联邦计划；

3）制定依照本联邦法律的信息产品分类的实施规则；

4）在保护儿童免受有害于他们的健康和（或）发展的信息侵害方面进行国家监督和检查。

2. 保护儿童免受有害于他们的健康和（或）发展的信息侵害的俄罗斯联邦各组成实体的国家机构，有权在保护儿童信息安全以及儿童信息产品的生产和传播方面制定和实施区域性计划。

【第5条】有害于儿童健康和（或）发展的信息类型

1. 属于有害于儿童健康和（或）发展的信息类型：

1）本条第2款中规定的且禁止在儿童中传播的信息；

2）涉及本联邦法律第7条至第10条情形，在本条第3款中作出规定且在特定年龄阶段的儿童中间限制传播的信息。

2. 禁止在儿童中间传播的信息有：

1）煽动儿童作出威胁其生活和（或）健康的包括自残和自杀的行为；

2）能够引诱儿童食用麻醉物、精神药物和（或）毒品、烟草制品、酒以及含酒精成分的啤酒和饮料的信息；能够引诱儿童卖淫、参与赌博或乞讨的信息；

3）除本联邦法律规定的情形外，确实或可能存在暴力和（或）鼓动对人或动物使用暴力行为的；

4）否定家庭的价值以及对父母和（或）其他家庭成员不尊重的；

5）内容含违法行为的；

6）内容含粗言秽语的；

7）内容含色情性信息。

3. 应受限制在相应年龄段的儿童之间传播的信息有：

1）表现残忍行为、生理和（或）精神暴力、犯罪或其他反社会行为的图像或描述；

2）能够引起儿童害怕、恐惧或恐慌的信息，包括含有人格侮辱的对非暴力死亡、疾病、自杀、意外、事故或灾难及（或）其后果的图像反映或描述；

3）含有两性关系内容的图像或描述；

4）含有一般低劣程度的粗言秽语的信息。

第二章 信息产品分类

【第6条】信息产品分类的实施

1. 信息产品的分类在信息产品于俄罗斯联邦境内流通之前由其生产者和（或）传播者（包括本联邦法第17条中第4款至第5款、第8款规定的专家、专家组和（或）专门机构）自主实施。

2. 在研究信息产品分类时应评估：

1）其主题、体裁、内容和艺术形式；

2）相应年龄段的儿童对信息内容的接受特点；

3）信息内容对儿童健康和（或）发展造成伤害的可能性。

3. 按照本联邦法律的要求进行以下信息产品（除本条第5款规定的信息产品外）分类：

1）适合不满6岁的儿童的信息产品；

2）适合年满6岁的儿童的信息产品；

3）适合年满12岁的儿童的信息产品；

4）适合年满16岁儿童的信息产品；

5）禁止向儿童传播的信息产品（信息产品中含有本联邦法律第5条第2款中规定的信息的）。

4. 根据本联邦法律和俄罗斯联邦在教育领域的法律规定，在儿童课外培训课堂按照基础公共教育计划、初级及中级基础职业教育计划对进行儿童教育的信息产品进行分类。

5. 根据本联邦法律和1996年8月22日制定的《政府支持俄罗斯联邦电影事业》第126号俄罗斯联邦法律的规定实行电影分级。

6. 根据信息产品分类获得的信息，由制造者或传播者在信息产品的附随文件中说明，且根据关于信息产品及其在俄罗斯联邦领域内传播的技术法规的要求属于信息产品存在的基础。

【第7条】适合未满6周岁儿童的信息产品

适合未满6周岁儿童的信息产品应包括不危害儿童健康和发展的信息（包括含有符合其体裁和（或）情节的非自然情景描述或为表现正义战胜邪恶、对受害者的同情及对暴力的谴责时所使用的生理和（或）心理暴力（不包括性暴力）描写的信息）。

【第8条】适合年满6周岁儿童的信息产品

适合年满6周岁儿童的信息产品可包括本联邦法律第7条规定的及附加相关图片和情节的信息产品。

1）以不侮辱人格尊严的方式对人类疾病（严重疾病除外）及其后果的简短、非写实展示或描述；

2）对意外、事故、灾难或非暴力死亡不展示其后果的非写实描述，因为这些后果可能引起儿童的害怕、恐惧或恐慌；

3）不怂恿反社会行为和犯罪发生的情景描述，或在保证对反社会行为和犯罪绝不姑息并且表达了对犯罪主体的否定和谴责态度的情形下对其进行的描述。

【第9条】适合年满12周岁儿童的信息产品

适合年满12周岁儿童的信息产品可包括本联邦法律第8条中规定的及符合其体裁和（或）情节要求的信息产品：

1）在表达对受害者的同情和（或）对残酷暴力行为（除为了维护公民的和法律所保护的国家或公共利益而使用的暴力）的批判和谴责的前提下对残酷和（或）暴力（性暴力除外）不带对死亡和致残细节真实展示的图像或描述；

2）对反社会行为（包括在食用过酒精和含酒精的产品、啤酒和饮料之后进行赌博、流浪或乞讨）的片段进行中立的展示或描述；对精神药物和（或）麻醉物品、烟草制品的提及（不展示）；以表现对残酷暴力行为的反对和批判，并指出以上所涉及的物品的危险性的；

3）对除性行为外的男女两性关系的不带怂恿或侮辱的非自然描述。

【第10条】适合年满16周岁儿童的信息产品

适合年满12周岁儿童的信息产品可包括本联邦法律第9条中规定的及符合其体裁和（或）情节要求的信息产品：

1）对不幸、事故、意外、疾病、死亡的描述，但不对能够引起儿童害怕、恐惧或恐慌的以上事件的后果进行真实展示；

2）对残酷和（或）暴力（性暴力）的图像和描述，但在表现对受害者的同情和（或）对残酷暴力行为（除为了维护公民的和法律所保护的国家或公共利益而使用的暴力）的批判时，不对死亡或致残的过程进行真实展示；

3）在表现食用麻醉物品或精神药品的危险性及对其进行食用的反对和批判时，关于麻醉物品或精神药品（不展示）及关于其食用后危险性的信息；

4）个别程度轻的粗言秽语；

5）除有关性行为的图像和描述外，对不引起性兴奋和不含虐待性的两性关系的图像和描述。

第三章　对信息产品传播的要求

【第11条】对信息产品流通的一般要求

1. 除本联邦法律另有规定外，含有的本联邦法律第5条第2款规定的信息的信息产品禁止流通。

2. 含有在儿童中间禁止传播的属于本联邦法律第5条第2款规定的信息的信息产品，在未采取保护儿童免受上述信息产品干扰的行政组织措施和技术手段之前，禁止在儿童可获得上述信息产品的地方流通。

3. 对保护儿童免受有害于他们健康和发展的信息侵扰的行政组织措施和技术手段的要求，由俄罗斯联邦政府授权的行政机关制定。

4. 不带信息产品标志的含有的本联邦法律第5条规定信息的信息产品禁止流通，但不包括：

1）根据俄罗斯联邦法律对教育领域的规定，建议和允许教育过程中使用的课本和教材；

2）电视直播节目；

3）通过广播传播的信息产品；

4）以演出形式展示的信息产品；

5）传播公共政治或实际性生产信息的专业期刊。

5. 年满6周岁的儿童经父母或其他法定代理人同意，可以传播本联邦法律第9条规定的信息产品。

6. 信息产品在以演出形式展示之前应被授予信息产品的标志。在向不同年龄段的儿童展示不同形式的信息产品时，（对信息产品）应适用符合较高年龄段儿童的指示标志。指示标志应体现在广告与演出的其他公告包括门票、邀请函以及其他法定的文件上。

7. 以演出形式展示含有本联邦法律第5条规定信息的信息产品之前,应作出关于禁止或限制未达到相应法定年龄的儿童观看的声明。

8. 在音像产品的轧制证明、出版儿童期刊的电视广播节目类的大众传媒的注册证书中应包含信息产品的类别信息。

【第12条】信息产品的标志

1. 信息产品依照本联邦法律第6条至第10条的规定以及信息产品标志进行分类,并按照本法条的要求和生产者或传播者作出的相应技术规定进行传播。

2. 依照俄罗斯联邦政府授权的行政机构的规定,在电视节目转播前以及电影在电影院与视频服务器上放映前,信息产品的生产者、传播者应展示该信息产品的标志,并(或者)作出关于其传播限制范围的文字警告。除在电影院放映的电影外,信息产品标志应展示在电影胶片的片角。信息产品标志的大小应不小于屏幕面积的5%。

3. 在海报、关于相应演出或电影或视频放映的通知上,包括门票、邀请函或法律规定的其他文件上,信息产品标志的大小应不小于载体面积大小的5%。

4. 信息产品标志应体现在公开的电视广播节目、信息产品目录以及电信网络里传播的信息产品中。

【第13条】对以电视广播形式传播的信息产品的附加要求

1. 含有本联邦法律第5条第2款1)至5)所规定的信息的信息产品,除在收费基础上使用技术解码设备并遵守本条第3款至第4款的要求对该类电视广播节目和电台转播节目进行观看或收听,在当地时间4点到23点之间不得以电视广播形式进行传播。

2. 含有本联邦法律第10条4)至5)所规定的信息的信息产品,除在收费基础上使用技术解码设备并遵守本条第3款至第4款的要求对该类电视广播节目和电台转播节目进行观看或收听,在当地时间7点至21点之间不得以电视广播形式进行传播。

3. 以电视广播形式进行的信息产品的传播时,在信息产品展示的开头应附随关于限制其传播的声明(包括以流动文字的形式,且流动文字的面积不超过屏幕面积的5%)。

4. 以电台广播形式进行的信息产品的传播,在节目转播的开头和每段节目转播结束后,应附随关于限制其传播的声明。

5. 以电视广播形式对儿童不宜的信息产品的传播作出声明时,不得使用以上指出过的不利于儿童健康和（或）发展的信息产品内容。

【第 14 条】对以电信网络方式传播的信息的附加要求

运营商为儿童访问通过电信网络（含因特网）传播的信息提供远程服务时，应在远程客户端运用保护儿童免受不利于其健康和（或）发展的信息侵扰的技术和程序手段。

【第 15 条】对某些类型的儿童信息产品的流通的附加要求

1. 在电信网络（含因特网）和移动电台网络中流通的所有儿童信息产品中，禁止作出吸引儿童参与制作不利于其健康和（或）发展的信息产品的宣传。

2. 学前教育机构中儿童学习所用的信息产品的内容和艺术形式，应符合不满 6 周岁儿童适用的信息产品的内容与艺术形式。

3. 印刷制品（包括笔记本、日记本、书籍封面、书签）、音像产品以及在教育过程中使用的其他信息产品的内容和艺术形式，应符合本联邦法律第 7 条至第 10 条规定的要求。

【第 16 条】对禁止流通儿童适用的信息产品的附加要求

1. 报纸的头版和末版、印刷制品的封面以及其他禁止面向儿童的印刷制品，在对儿童开放的地方面向公众传播时，其内容中不应含有不利于儿童健康和（或）发展的信息。

2. 以印刷制品形式传播的禁止面向儿童的信息产品，不应在对儿童开放的地方传播，且应密封包装。

3. 禁止面向儿童的信息产品不应在儿童教育机构、儿童医院、疗养院、体育组织、文化机构、儿童娱乐及健康保健机构里或距离上述机构不足 100 米的地方传播。

第四章　信息产品的审查

【第 17 条】对信息产品审查的一般规定

1. 根据俄罗斯联邦政府授权的行政机构的决定，为保护儿童的信息安全，由专家、专家组和（或）专业机构进行信息产品的审查。

2. 法人、私人企业家、公共团体、其他非营利组织和公民有权向俄罗斯联邦政府授权的行政机构提出对信息产品进行审查的申请。俄罗斯联邦政府授权的行政机构在收到申请的 10 天之内应作出是否交付专家、专家组和（或）专业机构的进行审查的决定。

3. 信息产品的审查由专家、专家组和（或）专业机构以及俄罗斯联邦政府授权的行政机构规定的代理机构进行。

4. 在考虑到须审查的信息产品的形式的情况下，由俄罗斯联邦政府授权的行政机构以随机选择的方式确定审查专家、专家组和（或）专业机构。

5. 俄罗斯联邦政府授权的行政机构向审查机构出具资格证书，暂停或终止审查机构的资格证书的效力，并管理经认证的专家和专业机构的登记册。

6. 信息产品的审查可由 2 个或 2 个以上从事同一专业（专门审查）或不同专业（全面审查）的专家进行。

7. 有资格担任信息产品审查专家和专家组成员的人员应受过高等专业教育并具备教育、成人心理学、成人生理学、儿童精神病学的专业知识，但下列人员除外：

1) 犯有或曾犯有人身侵犯、性侵犯、对家庭和未成年人侵犯及故意危害公民安全和社会道德重罪的人；

2) 属于递交审查的信息产品的生产者、传播者或其代理人。

8. 信息产品的审查期限自递交申请起不得超过 10 天。

9. 对信息产品审查过程中的相关费用根据俄罗斯联邦政府授权的行政机构的规定进行补偿。

【第18条】专家意见

1. 在信息产品审查完毕之后出具专家意见。

2. 专家意见包括：

1) 进行信息产品审查的日期、时间和地点；

2) 专家组和专家的信息（姓名、父称、教育背景、专业、专业领域的工作经验、学位、职称、职务、工作地点）；

3) 向专家和专家组提出的问题；

4) 进行信息产品审查的研究对象和材料；

5) 研究内容和结果，同时指出方法论；

6) 向专家和专家组提出的问题的合理答复；

7) 鉴定结论：关于信息产品中是否含有不利于儿童健康和（或）发展的信息，信息产品是否符合规定的信息产品的分类以及是否符合关于信息产品的法规要求。

3. 如果专家意见中附随了专家关于所提交问题的观点，则专门审查的专家意见应由参与该审查的所有专家签名。在意见产生分歧的情况下，每个专家就引起争议的问题给出独立的专家意见。参与全面审查的每个专家应对自己所审查的部分签署专家意见并对其负责。

4. 在专家意见签署后的5日内应将其递交俄罗斯联邦授权的行政机构。

【第19条】信息产品审查的法律后果

俄罗斯联邦政府授权的行政机构在收到专家意见之日起的15天内应作出决定：

1）如果专家意见得出该信息产品中含有不利于儿童健康和（或）发展的信息或信息产品标志与其分类不一致的结论时，则应作出信息产品不符合本联邦法律的要求且应删除其中违规内容的书面决议；

2）作出信息产品符合本联邦法律的要求和拒绝提交本条1）中提到的书面决议的决定。

第五章　对保护儿童免受有害于其健康和（或）发展的信息侵扰的监督和控制

【第20条】依照在保护儿童免受有害于其的健康和（或）发展信息侵扰方面的俄罗斯联邦法律的政府监督和控制

1. 依照在保护儿童免受有害于其的健康和（或）发展信息侵扰方面的俄罗斯联邦法律的政府监督和控制由俄罗斯联邦政府授权的行政机构执行。

2. 依照在保护儿童免受有害于其的健康和（或）发展信息侵扰方面的俄罗斯联邦法律的政府监督和控制，应根据2010年12月29日通过的《保护儿童免受有害于他们健康和发展的信息侵扰》第436号俄罗斯联邦法律中规定的要求执行。

【第21条】对保护儿童免受有害于其健康和（或）发展的信息侵扰的公共监督

1. 已依法注册的社会团体、其他非营利组织以及公民有权根据俄罗斯联邦法律进行符合本联邦法律要求的公共监督。

2. 在进行公共监督期间，社会团体、非营利组织以及公民有权：

1）监督信息产品的流通以及监督包括创建"热线"方式等儿童获取信息产品的途径；

2）向俄罗斯联邦政府授权的行政机构提出符合本联邦法律规定的信息产品审查的申请。

第六章　在保护儿童免受有害于其的健康和（或）发展信息侵扰方面的违法责任

【第22条】在保护儿童免受有害于其的健康和（或）发展信息侵扰方面的违法责任

违反在保护儿童免受有害于其的健康和（或）发展信息侵扰方面的俄罗斯联邦法律时，应依法承担责任。

第七章　最后条款

【第23条】本联邦法律的生效

1. 本联邦法律自2012年9月1日起生效。

2. 本联邦法律第12条第1款的规定不适用于本联邦法律生效前已流通的印刷制品。

俄罗斯联邦总统　德米特里·梅德韦杰夫

个人数据保护法*

公布：2006年7月27日，第152号，于俄罗斯报
由国家杜马于2006年7月8日通过
由联邦委员会于2006年7月14日批准

（编入：自2009年11月25日起实施的第266号联邦法律，自2009年12月27日起实施的第363号联邦法律，自2010年6月28日起实施的第123号联邦法律，自2010年7月27日起实施的第204号联邦法律，自2010年11月29日起实施的第313号联邦法律，自2010年12月23日起实施的第359号联邦法律，自2011年6月4日起实施的第123号联邦法律，自2011年7月25日起实施的第261号联邦法律）

第一章 一般规定

【第1条】本联邦法律的适用范围

1. 本联邦法律调整：联邦行政执行机关、俄罗斯政府部门、其他国家机关（以下简称：国家机关）、地方自治机构、其他市政机关（以下简称：市政机关）、使用包括信息通信网络等自动化设备的法人和自然人进行数据处理时产生的关系；对允许根据相应规定搜索和（或）访问记录存储在材料、数据库或其他个人数据系统中的个人数据，不利用自动化手段但使用与其活动（操作）特点相符的处理个人数据的手段进行数据处理时产生的关系；

（第1款编入自2011年7月25日起实施的第261号联邦法律）

2. 本联邦法律不适用于以下情形：

---

* 译者：杨理，北京大学法学院。
 校对：林凤娇，俄罗斯南联邦大学；刘昶君，南京大学外国语学院。

1）在不侵犯个人数据权利主体的利益时进行的仅与个人与家庭需要有关的个人数据处理；

2）保存、补充、审核和使用包括俄罗斯联邦档案库中的含有个人数据的文件及其他符合俄罗斯联邦档案法的档案文件；

3）2011年7月25日起实施的第261号联邦法律中此项废止；

4）依照信息分类可构成国家机密的个人数据处理；

5）授权机关对关于俄罗斯境内的审判工作的信息的申请，根据2009年12月22日起实施的《关于确保俄罗斯联邦境内的审判工作信息访问》第262号联邦法律。

（5）被引入自2010年6月28日起实施的第123号联邦法律）

【第2条】本联邦法律的目的

本联邦法律的目的是保护和保证私人与公民在处理个人数据时的自由和权利，包括保护私人生活、自身和家庭隐私不受侵犯。

【第3条】本联邦法律中使用的基本概念

（编入自2011年7月25日起实施的第261号联邦法律）

根据本联邦法律的宗旨使用以下概念：

1）个人数据——直接或间接与特定自然人（个人数据当事人）有关的任何信息；

2）运营商——国家机关、市政机构、法人或者自然人，其单独或者协同其他人操作和（或）对个人数据进行处理或以个人数据处理为目的、确定处理中的个人数据成分、个人数据执行的操作（行为）；

3）个人数据处理——对个人数据进行的任何行动（操作）或一组行动（操作），包括对个人数据的收集、记录、分类、积累、存储、销毁（更新、修改）、检索、使用、传递（传播、提供、访问）、校正、封锁、删除、破坏；

4）个人数据的自动化处理——利用电子计算机进行的个人数据处理；

5）个人数据的传播——将个人数据向不特定主体公开的行为；

6）个人数据的提供——将个人数据在特定主体或范围内公开的行为；

7）个人数据的封锁——临时禁止对个人数据进行处理（除必须订正个人数据的情况外）；

8）个人数据的破坏——使个人数据信息系统中个人数据的内容无法恢复及（或）个人数据的物质载体遭到破坏的行为；

9）个人数据的校正——必须利用补充信息确定个人数据属于个人数据所有人的行为；

10）个人数据信息系统——包含在个人信息数据库中和能确保对个人数据进行处理的信息技术和设备的总体；

11）个人数据的跨境传递——向境外、外国的行政执行机构、外国公民或外国法人传递个人数据。

【第4条】个人数据保护范围内的俄联邦法律

1. 个人数据保护范围内的俄罗斯联邦法律基于俄罗斯联邦宪法、俄罗斯联邦签订的国际条约，由本联邦法律和其他规定了个人数据处理的专门条文的联邦法律组成。

2. 在遵守联邦法律的基础上，国家机关、俄罗斯银行、地方自治机构在其权力范围内可以针对涉及个人数据处理的具体问题出台相应的法律、规章、条例（以下简称：规范性法律文件）。这些规范性法律文件属于官方出版物，其中不能包含以下条款：限制个人数据主体权利的条款，规定限制运营商（操作者）活动的条款或者加重其义务的内容。

（第2款编入自2011年7月25日起实施的第261号联邦法律）

3. 根据本联邦法律，对非利用自动化设备进行的个人数据处理可以通过法律和俄罗斯联邦其他规范性法律文件作出特殊规定。

4. 如果俄罗斯联邦签订的国际条约中的规则与本联邦法律的条款冲突，适用国际条约中的规则。

第二章 个人数据处理的原则和条件

【第5条】个人数据处理的原则

（编入自2011年7月25日起实施的第261号联邦法律）

1. 个人数据的处理应以合法公正为基础。

2. 个人数据的处理应限于具体的、事先确定的和合法的目的。禁止与收集个人数据无关的个人数据处理。

3. 禁止对含有个人数据的数据库进行不符合其目的的一体化处理。

4. 只对符合其目的个人数据进行处理。

5. 所处理的个人数据的内容和范围必须符合其既定处理目的。所处理的个人数据不应超出其既定处理目的。

6. 在处理个人数据时应确保个人数据的准确性和充分性，且在为实现既定处理目的的必要情况下应保证其现实性。运营商应采取必要措施保证删除不准确数据或明确不完整的数据。

7. 个人数据的存储应以明确个人数据所有人的形式进行。若联邦法律以及属于受益者或提供者的个人数据所有人之前签订的协议未对个人数据存储期限作出规定，则该期限不得长于个人数据处理目的的要求。为达到处理目的或必须以损失使该目的得以实现的情况下，所处理的个人数据将被销毁或修订。

【第6条】个人数据的处理条件

（编入自2011年7月25日起实施的第261号联邦法律）

1. 个人数据的处理应遵守本联邦法律的原则和规定。个人数据的处理可在以下情况进行：

1）对个人数据进行处理得到了个人数据所有人的同意；

2）对个人数据的处理必须符合俄罗斯联邦签订的国际条约或为运营商实现和履行其职能、权利和责任而制定的俄罗斯联邦法律所规定的目的；

3）司法机关、执法机关、其他机关或行使职权的主体必须根据俄罗斯联邦关于执法程序的法律规定（以下简称：依法）进行个人数据的处理；

4）根据自2010年7月27日起实施的《关于提供公共和市政服务的组织》第210号联邦法律，提供公共和市政服务的组织必须确保提供个人数据处理的服务，并在统一的公共和市政服务门户网站上对个人数据所有人进行登记；

5）根据个人数据所有人的提议签订协议，使个人数据所有人成为个人数据的受益人或提供人。个人数据的处理必须保障履行属于个人数据所有人的受益者或提供者所签协议；

6）在无法征得个人数据所有人同意时，个人数据的处理应保护个人数据所有人的生命、健康或其他切身利益；

7）个人数据的处理必须符合运营商或第三方的权利和合法利益，或在不侵犯个人数据所有人的权利和自由的情况下实现重要的公共利益；

8）在记者的职业活动和（或）合法的大众传媒活动以及不侵犯个人数据所有人权利和合法利益的情况下进行的科学、文学或其他创造性活动中必须进行个人数据的处理；

9）强制性披露个人数据时，除本联邦法律第15条规定的目的外，对个人数据的处理是为实现统计或其他研究目的；

10）不特定主体对个人数据所有人主动或经申请提供的个人数据进行访问（以下简称：个人数据所有人主动公开的个人数据）；

11）可对根据联邦法律公布或强制性披露的个人数据进行处理。

2. 专业类别包括生物识别的个人数据的处理的特殊情况由本联邦法律第

10 条、第 11 条规定。

3. 除非联邦法律另有规定,根据当事人包括国家或市政当局签订的协议,或在国家或市政机关通过相应条例的情况下,经个人数据所有人同意,运营商有权将个人数据的处理委托给其他主体(以下简称:运营商的授权)。运营商的授权中应明确被授权进行个人数据处理的主体可对个人数据进行的具体行为(操作)、处理的目的,应规定该主体在对个人数据进行处理时应维护个人数据的保密性和确保其安全性,且应明确符合本联邦法律第 19 条规定的对被处理的个人数据进行保护的要求。

4. 在进行个人数据处理时,根据运营商的授权进行个人数据处理的主体并不需要征得个人数据所有人的同意。

5. 若运营商将个人数据的处理授权予另一主体,上述主体的行为对个人数据所有人所产生的责任由运营商承担。根据运营商授权对个人数据进行处理的主体对运营商负责。

【第 7 条】个人数据的保密性

(编入自 2011 年 7 月 25 日起实施的第 261 号联邦法律)

除非联邦法律另有规定,未经个人数据所有人的同意,运营商和有权访问个人数据的其他主体不得将个人数据向第三方公布和传播。

【第 8 条】个人数据的公共来源

1. 可创建个人数据的公共来源(包括参考手册、通信簿)以保障信息的提供。根据个人数据所有人的书面同意,在个人数据的公共来源中可包含其姓名、父称、出生年份、出生地、地址、用户号码、电话号码、职业以及个人数据所有人告知的其他个人资料。

(编入自 2011 年 7 月 25 日起实施的第 261 号联邦法律)

2. 根据个人数据所有人的要求、法院判决或其他国家权力机关的决定,与个人数据所有人有关的资料可随时从个人数据的公共来源中删除。

(编入自 2011 年 7 月 25 日起实施的第 261 号联邦法律)

【第 9 条】个人数据所有人对其个人数据处理的同意

(编入自 2011 年 7 月 25 日起实施的第 261 号联邦法律)

1. 个人数据所有人根据自己的意志和利益自由提供个人数据及同意对其进行处理。个人数据所有人对其个人数据的处理的同意应是具体的、知情的和有意识的。除非联邦法律另有规定,对个人数据处理的同意可由个人数据所有人或其代理人以任何可确认的形式进行。在从个人数据所有人的代理人处获得处理个人数据的同意时,该代理人以个人数据所有人的名义对个人数据的处理作出的同意应经过运营商验证。

2. 根据本联邦法律第6条第1款2）至11）、第10条第2款和第11条第2款的规定，个人数据所有人在撤回处理个人数据的同意时，运营商在未经个人数据所有人同意的情况下依然有权继续进行个人数据的处理。

3. 当事人有义务提供其获得个人数据所有人同意进行个人数据处理的证明或根据本联邦法律第6条第1款2）至11）、第10条第2款和第11条第2款的进行个人数据处理的证明。

4. 在联邦法律作出规定的情况下，只有获得个人数据所有人的书面同意才能对个人数据进行处理。个人数据所有人表示同意的署有符合联邦法律规定的电子签名的电子文件，其效力相当于署有个人数据所有人亲笔签名的书面同意文件。个人数据所有人对处理个人数据的书面同意中应特别包括：

1）个人数据所有人的姓名、父称、地址以及证明其身份的基本文件的号码、其签发日期和签发机构；

2）个人数据所有人的代理人的姓名、父称、地址、证明其身份的基本文件的号码及其签发日期和签发机构、委托书或其他证明其代理权的文件（在从个人数据所有人的代理人处获得授权时）；

3）经个人数据所有人同意的运营商的名称、姓名、父称和地址；

4）个人数据的处理目的；

5）经个人数据所有人同意可进行处理的个人数据清单；

6）若运营商授权其他主体进行个人数据处理，则应提供其名称或姓名、父称及地址；

7）经授权处理的个人信息清单以及运营商处理信息的手段的一般说明；

8）除非法律另有规定，（提供）个人数据主体同意的有效期限及其撤销方法；

9）个人数据所有人的签名。

5. 对个人数据所有人以电子文件形式为提供给公共和市政服务的强制性或其他的个人数据处理的同意的规定由俄罗斯联邦法律制定。

6. 在个人数据所有人丧失行为能力时，由其法定代理人对其个人数据的处理授权。

7. 若个人数据所有人在生前未对其个人数据的处理进行过授权，在个人数据所有人死亡时，由个人数据所有人的继承人对其个人数据的处理授权。

8. 根据本联邦法律第6条第1款2）至11）、第10条第2款和第11条第2款法律的规定，在向运营商提供了相关证明的情况下，运营商可以从非个人数据所有人处取得个人数据。

【第10条】个人数据的特殊类型

1. 除本条第2款规定的情况外，不得对有关种族、民族、政治见解、宗教或哲学信仰、健康状况、私人生活等特殊类型的个人数据进行处理。

2. 在以下情况可对本条第1款涉及的特殊类型的个人数据进行处理：

1）个人数据所有人对其个人数据的处理进行了书面授权；

2）个人数据所有人将其个人数据公开；

（2)编入自2011年7月25日起实施的第261号联邦法律）

2.1）个人数据的处理必须符合俄罗斯联邦签署实施的关于入境权的国际条款；

（2.1)被引入自2009年11月25日起实施的第266号联邦法律）

2.3）个人数据的处理应符合俄罗斯联邦关于国家社会援助法律、劳工法例、国家养老金和就业抚恤金保障法律的规定；

（2.3)被引入自2011年7月25日起实施的第261号联邦法律）

3）即使经个人数据所有人同意，个人数据的处理也必须保护（而不得损害）个人数据所有人、其他主体的生命、健康或其他重大的人身利益；

（3)被引入自2011年7月25日起实施的第261号联邦法律）

4）专门从事医疗活动的主体在进行与医学预防、医疗诊断、医疗和社会医疗服务的提供相关的个人数据处理时，必须根据俄罗斯联邦法律的规定保护医疗机密；

5）依据俄罗斯联邦法律的规定运作的公共社团或宗教组织的成员（参与者），为实现其组织成立文件所确立的合法目的，在进行个人数据处理时，未经个人数据所有人书面授权，不得公开传播该个人数据；

6）个人数据的处理应确立或实现个人数据所有人或第三人的权益，包括司法判决的执行；

（6)被引入自2011年7月25日起实施的第261号联邦法律）

7）个人数据的处理应符合俄罗斯联邦关于国防、安全、反恐、交通安全、反腐败、侦查作业、刑事强制执行的法律规定；

（7)被引入自2011年7月25日起实施的第261号联邦法律）

8）个人数据的处理应符合关于强制保险和其他保险的法律规定；

（8)被引入自2011年7月25日起实施的第261号联邦法律）

9）个人数据的处理应符合俄罗斯联邦、国家机关、市政机关或孤儿安置领养机构的立法规定。

（9）被引入自 2011 年 7 月 25 日起实施的第 261 号联邦法律）

3. 对有关刑事定罪的个人数据的处理，国家机关或政府机构根据俄罗斯联邦法律的授权进行，其他主体依据联邦法律的规定进行。

4. 除非联邦法律另有规定，在本条第 2 款、第 3 款规定的情况下，若进行个人数据处理的限制条件消失，应立刻停止对特殊类型的个人数据的处理。

【第 11 条】生物识别的个人数据

（编入自 2011 年 7 月 25 日起实施的第 261 号联邦法律）

1. 除本条第 2 款规定的情况，对可以确定一个人特征以及运营商用以确定个人数据所有人的表明其生理和生物特定的信息（生物识别的个人数据），只能经个人数据所有人书面授权后才可进行处理。

2. 为实行俄罗斯联邦签订的关于"国家承认其公民在外国被驱逐出境时有返回权"的国际条约，为行使司法裁判及刑事执法机关职能，以及根据俄罗斯联邦关于国防、安全、反恐、交通安全、反腐败、侦查作业、公共服务、刑事强制执行的法律中对出入境的规定，对生物识别的个人数据的处理可不经个人数据所有人的同意。

【第 12 条】个人数据的跨境传递

（编入自 2011 年 7 月 25 日起实施的第 261 号联邦法律）

1. 根据本联邦法律的规定，个人数据可以在属于对个人数据进行自动处理时保护自然人权利的欧洲委员会公约的缔约国家的国境内以及同等保障个人数据所有人权利的其他国家的国境内进行跨境传递，但为维护俄罗斯联邦宪法制度的基础、公民的道德、权利和合法利益以及为保障国防和国家安全时应禁止或限制个人数据的跨境传递。

2. 被授权的个人数据所有人权力保障机关建立国家名单（其中包含的国家不是欧洲委员会保护自然人自动化处理个人数据和保障个人数据所有人权利协议的缔约国）。非欧洲委员会保护自然人自动化处理个人数据协议的缔约国，在符合现行协议规定的条件下在相应的权力标准国家且符合个人数据安全应用措施的条件下，可以被列入保护个人数据所有人权利相应保护的国家名单。

3. 在进行个人数据的跨境传递之前，运营商应确保在进行个人数据传递的外国境内同等保障个人数据所有人权利。

4. 在非同等保障个人数据所有人权利的外国境内进行个人数据的跨境传递有以下情况：

1）个人数据所有人对其个人数据的跨境传递进行了书面授权；

2）俄罗斯联邦签订了相应国际条约；

3）根据联邦法律的规定，该跨境传递是为了维护俄罗斯联邦宪法制度的基础，保障国防和国家安全，保证传输系统功能的稳定和安全，确保个人、社会和国家的利益免受传输系统中非法行为的侵犯；

4）执行个人数据所有人作为合同当事人一方签订的合同；

5）在不能取得个人数据所有人书面授权时，为保护个人数据所有人及其他主体的生命、健康和其他重大人身利益时进行的数据跨境传递。

【第13条】在公共或市政的个人数据信息系统中进行个人数据处理的特殊规定

1. 公共机构、市政机关根据联邦法律的规定在其职权范围内创建公共或市政的个人数据信息系统。

2. 联邦法律可以对涉及公共和市政的个人数据信息系统中的个人数据作出特殊规定，包括对相应公共或市政的个人数据信息系统中属于具体个人数据所有人的个人数据的来源使用不同的标志方式。

3. 个人和公民使用不同方式进行个人数据处理或标明相应公共或市政的个人数据信息系统中属于具体个人数据所有人的个人数据的来源时的权利和自由不受限制。在标明相应公共或市政的个人数据信息系统中属于具体个人数据所有人的个人数据的来源时，不得使用令公民反感或侮辱其人格的方式。

4. 在公共或市政的个人数据信息系统中进行个人数据处理时，为了确保具体个人数据所有人权利的实现，可进行国家人口登记，其法律地位及工作规则由联邦法律制定。

第三章 个人数据所有人的权利

【第14条】个人数据所有人对其个人数据访问的权利

（编入自2011年7月25日起实施的第261号联邦法律）

1. 除本条第8款规定的情况外，个人数据所有人有权获取本条第7款涉及的信息。在个人数据不完整、过时、不准确、非法获得或该个人数据对达到数据处理目的非必须时，个人数据所有人有权要求运营商更新、封锁或销毁其个人数据，也可采取相应法律手段维护自身权益。

2. 本条第7款中涉及的信息应由运营商向个人数据所有人提供访问。除非有正当理由披露相应个人数据，信息中不应包括与其他个人数据所有人相关的个人数据。

3. 根据个人数据所有人及其代理人的申请或请求，由运营商向个人数据所有人或其代理人对本条第 7 款所涉及的信息提供访问。请求中应含有确定个人数据所有人或其代理人身份的基本文件编号、上述文件的出具日期和出具机关、确定个人数据所有人与操作人建立关系的信息（合同编号、合同签订日期、附条件的口头约定和（或）其他信息），或通过其他方式确定运营商进行个人数据处理的信息、个人数据所有人或其代理人的签名。

4. 根据个人数据所有人的请求向其提供本条第 7 款所涉及的信息以及用于处理的个人数据后，为再次获取本条第 7 款所涉及的信息，若联邦法律、相应规范性法律文件或属于个人数据所有人的受益者或提供者所签协议中未规定更短的期限，在第一次申请或提出请求并得到相应个人数据的 30 天之内，个人数据所有人有权向运营商再次申请或提出请求。

5. 根据第一次申请的审查结果，未对个人数据所有人提供相应信息和（或）用于处理的个人数据，为获取本条第 7 款所涉及的信息，或为在本条第 4 款所规定的期限到期前获得用于处理的个人数据，个人数据所有人有权向运营商再次提出申请。与本条第 3 款所中涉及信息的相同，再次请求中应当含有再次申请理由。

6. 运营商有权拒绝个人数据所有人提出的不符合本条第 4 款、第 5 款规定条件的再次申请。该拒绝应当有依据。运营商有责任提供对再次申请予以拒绝的理由的依据。

7. 个人数据所有人有权获得涉及其个人数据处理的信息，包括：

1）运营商进行个人数据处理的事实证明；

2）个人数据处理的合法依据和目的；

3）运营商进行个人数据处理的目的和所采取的方式；

4）运营商的名称和住址，以及关于可对个人数据进行访问的或根据法律或与运营商所签合同可以公开个人数据的相应主体（除运营商外）的信息；

5）除非法律另有规定，（个人数据所有人有权获得）属于个人数据所有人的被处理的个人数据及其获取来源；

6）个人数据的处理和存储期限；

7）根据本联邦法律规定的个人数据所有人权利实现的规则；

8）关于已实现或拟进行跨境传播数据的信息；

9）若某主体被授权或将被授权处理数据，（则可获取）被运营商授权处理的个人数据的主体的名称或姓名、父称及地址；

10）联邦法律或其他联邦法律规定的其他信息。

8. 在下列情况下，个人数据主体对其个人信息访问的权利可受联邦法律的限制：

1）进行包括通过为保障国防、国家安全和公共秩序进行的情报侦查、侦察和反侦察的活动获得的个人数据在内的个人数据处理；

2）为控制涉嫌犯罪的个人数据所有人、对具有刑事行为的个人数据所有人提出检控、在提出检控前对个人数据所有人采取禁止措施的有关机关进行的个人数据处理，除非俄罗斯联邦刑事诉讼法另有规定允许犯罪嫌疑人或被告可以了解上述个人数据；

3）在打击合法化由犯罪和资助恐怖主义的行为获得的收益（反洗钱）的法律中规定的个人数据处理；

4）侵犯第三方主体法律权益的对个人数据所有人的个人数据的访问；

5）旨在确保传输系统可持续和安全的操作功能，以及保护在传输系统中个人、社会和国家的利益免受非法行为的侵犯，关于传输安全的俄罗斯联邦法律中规定的相关个人数据处理。

【第15条】为货物、劳力、服务的市场流通和政治宣传进行个人数据处理时的个人数据所有人权利

1. 利用通信技术通过与潜在客户直接联系，旨在进行货物、劳力、服务的市场流通以及政治宣传的个人数据处理，只能在个人数据所有人事先同意的情况下进行。如果运营商不能证明获得上述的个人数据处理的同意，则上述的个人数据处理属于未经个人数据所有人事先同意的个人数据处理。

2. 运营商应根据个人数据所有人的要求立即停止本条第1款中规定的个人数据处理。

【第16条】个人数据所有人自动化处理个人数据中作出决策时的权利

1. 禁止接受能够产生与个人数据所有人相关的法律效果的关于其个人数据纯自动化处理的同意，或禁止通过其他方式影响除本条第2款规定的个人数据所有人的权利与合法利益的关于个人数据纯自动化处理的同意。

2. 根据联邦法律保障个人数据所有人权利和合法利益的规定，在存在个人数据所有人书面同意的情况下，可以接受能够产生与个人数据所有人相关的法律效果的关于其个人数据纯自动化处理的同意，或可以通过其他方式影响除本条第2款规定的个人数据所有人的权利与合法利益的关于其个人数据纯自动化处理的同意。

3. 运营商有义务向个人数据所有人解释关于个人数据纯自动化处理同意的规则以及由此产生的法律后果，提出拒绝该同意的可能性，并说明个人数据所有人保护自身权利和合法利益的规则。

4. 在接受个人数据所有人提出的本条第 3 款的拒绝意见之日起 30 日内,运营商有义务对其审查并将结果告知个人数据所有人。

(编入自 2011 年 7 月 25 日起实施的第 261 号联邦法律)

【第 17 条】对运营商的作为或不作为的投诉权

1. 如果个人数据所有人认为运营商对其个人数据的处理违反了联邦法律的要求或运营商的其他行为侵犯了其自由和权利,个人数据所有人有权向被授权保护其权利的机关或司法机关投诉运营商的作为与不作为。

2. 个人数据所有人有权保护自身的权利和合法利益,其中包括向司法机关请求损害赔偿和(或)精神损害赔偿金。

第四章 运营商的义务

【第 18 条】收集个人数据时运营商的义务

(编入自 2011 年 7 月 25 日起实施的第 261 号联邦法律)

1. 在收集个人数据时,运营商有义务根据个人数据所有人的请求向其提供本联邦法律第 14 条第 7 款中规定的信息。

2. 如果联邦法律作出了提供个人数据的强制性规定,运营商有义务向个人数据所有人说明其拒绝提供个人数据的法律后果。

3. 如果个人数据不是从个人数据所有人处取得,除本条第 4 款规定的情形外,运营商有义务在对该个人数据进行处理前向个人数据所有人提供以下信息:

1)运营商或其代理人的名称或姓名、父称及地址;

2)个人数据处理的目的和法律依据;

3)个人数据的潜在用户;

4)本联邦法律规定的个人数据所有人的权利;

5)个人数据的获得来源。

4. 在以下情况下,运营商无须向个人数据所有人提供本条第 3 款规定的信息:

1)相关运营商已告知个人数据所有人关于其个人数据处理的情况;

2)运营商根据联邦法律或由于履行合同(合同的签订一方或者合同的受益者或提供者为个人数据所有人)而获得的个人数据;

3)公共访问点的个人数据所有人提供或从公开访问源获得的个人数据;

4)运营商为统计或其他研究以及进行记者职业活动、科学、文学或其他创作活动时在不损害个人数据所有人权利和合法利益的情况下对个人数据的处理；

5）向个人数据所有人提供本条第3款规定的信息时损害了第三方主体的权利和合法利益。

【第18.1条】保证运营商履行本联邦法律规定义务的方法

（被引入自2011年7月25日起实施的第261号联邦法律）

1. 运营商有义务采取必要且充分的措施保证履行本联邦法律和相应法律规范规定的义务。除非本联邦法律或其他联邦法规另有规定，运营商自行确定必要和充分的措施条款以保证履行本联邦法律和相应法律规范规定的义务。有关措施可以为：

1）由法人运营商向负责进行个人数据处理的主体授权；

2）由法人运营商颁布规定其政策的文件，内容包含个人数据处理、个人数据处理问题的地方法规以及确定防止、申明违反俄罗斯联邦法律的行为及消除危害的法定程序的地方法规；

3）采取法律、组织和技术手段以保证本联邦法律第19条规定的个人数据的安全性；

4）对符合本联邦法律或关于个人数据保护、运营商在个人数据处理时的政策以及运营商局部行为的相关法律规范的个人数据处理进行内部调控与（或）审查；

5）根据个人数据所有人违反本联邦法律造成的损害和运营商为保证完成本联邦法律规定的义务而采取的措施评估损失；

6）让直接进行个人数据处理的运营商了解和（或）学习俄罗斯联邦关于个人数据的立法状况，包括制定要求保护个人数据、以政策文件规定运营商的个人数据处理以及局部约束个人数据处理的问题。

2. 运营商应公开其制定的关于个人数据处理的政策文件和有关保护个人数据的现实要求的信息，或以其他方式保证对上述信息的不受限制的访问。利用信息通信网络收集个人数据的运营商应在相关信息通信网络中公开其制定的关于个人数据处理的政策文件和有关保护个人数据的现实要求的信息，并保证通过相关信息通信网络获得上述文件和信息的可能性。

3. 俄罗斯联邦制定一系列措施以保证履行本联邦法律规定的职责，并保证属于运营商的公共和市政机关履行相关法律规定的职责。

4. 运营商向保护个人数据所有人权利的被授权机关提出请求时，应提供有关本条第1款内容的文件及法令，以及（或）通过其他方式保证采取本条第1款中的措施。

【第19条】确保进行个人数据处理时个人数据安全性的措施

（编入自2011年7月25日起实施的第261号联邦法律）

1. 运营商在处理个人数据时应采取必要的法律、组织和技术措施或确保采取以上措施防止对个人数据的未授权或意外的访问、破坏、修改、封锁、复制、提供、传播以及与个人数据有关的其他非法行为。

2. 下列措施专门确保个人数据的安全性：

1）确定在个人数据信息系统中进行个人数据处理时对其安全性的威胁；

2）采取组织和技术措施保证在要求对个人数据进行保护的个人数据信息系统中，根据俄罗斯联邦法律规定的个人数据保护条件，在进行个人数据处理时保护个人数据；

3）采取符合信息保护手段评估规定的措施；

4）评估正式使用个人数据信息系统之前为保障个人数据安全性所采取的措施的有效性；

5）对个人数据的机器载体进行登记；

6）发现未经授权的个人数据访问并对其采取措施；

7）恢复因未经授权的访问产生的对个人数据的修改或破坏；

8）建立对个人信息处理系统中的个人数据的访问规则，以及确保注册和登记在个人数据信息系统中完成的关于个人数据的所有行为；

9）监督为保证个人数据安全性所采取的措施及个人数据信息系统中个人数据的保护条件。

3. 俄罗斯联邦政府在进行个人数据处理时考虑到可能对个人数据所有人产生的危害、被处理的个人数据的范围和内容、处理个人数据时的活动类型，确定对个人数据安全性的可能威胁：

1）在个人数据信息系统中进行数据处理时，基于对个人数据安全性的威胁确定个人数据的保护条件；

2）在个人数据信息系统中根据制定的个人数据的保护条件进行个人数据处理时，确定对个人数据保护的要求；

3）规定对生物识别的个人数据的物理载体和存储技术的要求。

4. 被授权保障安全的联邦执行机关以及进行反技术侦察和技术保护的联邦执行机关制定必要规定，执行依据本条第3款由俄罗斯联邦政府规定的按照每类个人数据的保护条件对个人数据予以保护的要求，利用组织和技术手段保证在个人数据信息系统中进行数据处理时个人数据的安全。

5. 俄罗斯联邦组成实体的政府机关、俄罗斯银行、非预算运行的国家机关、其他国家机关在其职权范围内通过规范性法律条文，考虑到个人数据的内容、特点及其处理方式，确定在个人数据信息系统中通过相关类型的活动进行个人数据处理时对个人数据安全性的现实威胁。

6. 除根据本条第5款在规范性法律条文中确定的对个人数据安全性的威胁外，考虑到个人数据的内容、特点及其处理方式，运营商的协会、联合会及其他联合组织有权自主确定在个人数据信息系统中通过相关类型的活动进行个人数据处理时对个人数据安全性的现实威胁。

7. 本条第5款中规范性法律条文的草案由被授权保障安全的联邦机关、联邦行政执行机关以及进行反技术侦察和技术保护的联邦机关拟定。本条第6款中的决案由被授权保障安全的联邦执行机关以及进行反技术侦察和技术保护的联邦执行机关根据俄罗斯联邦政府规定的程序通过。被授权保障安全的联邦执行机关以及进行反技术侦察和技术保护的联邦执行机关对本条第6款中的决案作出的拒绝决定应有根据。

8. 被授权保障安全的联邦执行机关以及进行反技术侦察和技术保护的联邦执行机关在其职权范围内以及对个人信息系统中被处理的个人数据无审查权时，对在个人数据公共信息系统中处理个人数据的情况，依据本条规定保证个人数据安全性而采取组织和技术手段进行控制和监督。

9. 考虑到被处理的个人数据的意义和内容，根据俄罗斯联邦政府的决定，被授权保障安全的联邦执行机关以及进行反技术侦察和技术保护的联邦执行机关，对个人信息系统中被处理的个人数据无审查权时，对在个人数据公共信息系统中通过相应活动处理个人数据和处理不属于个人数据公共系统中数据的情况，依据本条规定保证个人数据安全性而采取组织和技术手段进行监督。

10. 在个人数据信息系统外，只能在物理媒体上使用和存储生物识别的个人数据，且应采用相应的存储技术以防止对个人数据的未授权或意外的访问、破坏、修改、封锁、复制、提供、传播。

11. 可能造成对个人数据的破坏、修改、封锁、复制、提供、传播等对个人数据的意外访问和在个人数据信息系统中进行个人数据处理时的其他非法行为属于为实现本条目的的对个人数据安全性产生威胁的未经授权的危险条件和因素。根据个人数据的安全级别确定具有特定要求的综合指标，以确保在个人数据信息系统中进行个人数据处理时消除对个人数据产生确定的威胁。

【第20条】运营商在个人数据所有人向其提出请求或接受个人数据所有人或其代理人包括保护个人数据所有人权利的被授权机关的申请时的义务

（编入自 2011 年 7 月 25 日起实施的第 261 号联邦法律）

1. 运营商有义务根据本联邦法律第 14 条规定向个人数据所有人或其代理人告知与其个人数据有关的信息，并应根据个人数据所有人或其代理人的申请，或在接受个人数据所有人或其代理人申请之日起的 30 天之内，向他们提供了解相应个人数据的机会。

2. 在个人数据所有人或其代理人的申请或在其申请的被接受的情况下，如果运营商拒绝向个人数据所有人或其代理人提供关于个人数据所有人或其个人数据的信息，在个人数据所有人或其代理人提出申请或其申请被接受的 30 天之内，应向他们出示书面的理由回复，其内容应包含本联邦法律第 14 条第 8 款的内容或作为拒绝理由的法律条款。

3. 运营商应免费向个人数据所有人或其代理人提供其了解该个人数据所有人的个人数据的机会。在个人数据所有人或其代理人提供信息确认相关个人数据不完整、不准确或不属实的 7 个工作日之内，运营商应对相关信息进行必要的更正。在个人数据所有人或其代理人提供信息确认相关个人数据属于非法获得或不符合数据处理目的的 7 个工作日之内，运营商应对相关信息进行销毁。运营商应将其作出的更正和采取的措施告知个人数据所有人或其代理人，并应采取合理的方式告知传递了相关个人数据所有人的个人数据的第三方。

4. 根据被授权保护个人数据所有人权利的机关的申请，运营商应在接受该申请的 30 天之内向其提供必要的信息。

【第 21 条】为消除在进行个人数据处理时违反法律的行为以及在更正、封锁和销毁个人数据时运营商的义务

（编入自 2011 年 7 月 25 日起实施的第 261 号联邦法律）

1. 申明个人数据所有人或其代理人或被授权保护个人数据所有人权利的机关进行非法的个人数据处理时，运营商应消除相关个人数据所有人被非法处理的个人数据，或在审查期间保证有关申请被提出或接受之时起消除相关数据（若个人数据的处理由运营商授权的第三方进行）。根据个人数据所有人或其代理人或被授权保护个人数据所有人权利的机关的申请指出不准确的个人数据处理时，若封锁相关个人数据不会损害个人数据所有人或第三方主体的权利和合法利益，运营商应封锁相关个人数据所有人被非法处理的个人数据，或在审查期间保证有关申请被提出或接受之时起封锁相关数据（若个人数据的处理由运营商授权的第三方进行）。

2. 个人数据所有人或其代理人或被授权保护个人数据所有人权利的机关提供的信息或其他必要的文件证明个人数据不准确时，运营商应更正相关个

人数据,或应在相关证明信息被提供之日起的 7 个工作日之内确认相关个人数据的准确性(若个人数据的处理由运营商授权的第三方进行),并撤销对相关个人数据的封锁。

3. 申明运营商或运营商授权的主体进行非法的个人数据处理时,运营商应在该申明提出的 3 个工作日之内停止非法的个人数据处理或确保由其授权的主体停止非法的个人数据处理。若不能确保合法的个人数据处理,运营商应在提出非法的个人数据处理的申明的 10 个工作日之内销毁相关数据或确保相关数据被销毁。若个人数据所有人或其代理人或被授权保护个人数据所有人权利的机关提出请求或收到申请,运营商或相应机关应将消除不合规定的信息或销毁个人数据的消息通知个人数据所有人或其代理人。

4. 在已经达到个人数据处理的目的的情况下,若属于个人数据所有人的受益者或提供者所签协议以及运营商与个人数据所有人之间的协议中没有其他规定,或根据本联邦法律或其他联邦法规,运营商无权在未得到个人数据所有人同意时进行个人数据的处理,那么在个人数据处理的目的达到之日起 30 天之内,运营商应停止或确保停止(若个人数据的处理由运营商授权的第三方进行)个人数据的处理,且应销毁或确保销毁(若个人数据的处理由运营商授权的第三方进行)相关个人数据。

5. 若属于个人数据所有者的受益者或提供者所签协议以及运营商与个人数据所有人之间的协议中没有其他规定,或根据本联邦法律或其他联邦法规,运营商无权在未得到个人数据所有人同意时进行个人数据的处理。在个人数据所有人拒绝同意对其个人数据的处理的情况下,在被拒绝之日起的 30 天之内,运营商应停止或确保停止(若个人数据的处理由运营商授权的第三方进行)相关个人数据的处理;在个人数据的存储不再能达到个人数据处理目的的情况下,运营商应销毁或确保销毁(若个人数据的处理由运营商授权的第三方进行)相关个人数据。

6. 在本条第 3 款至第 5 款规定的期限内不能销毁个人数据时,运营商应封锁或确保封锁(若个人数据的处理由运营商授权的第三方进行)相关个人数据;若联邦法律未规定其他期限,运营商应保证在不超过 6 个月的期限内销毁相关个人数据。

【第 22 条】关于个人数据处理的通知

1. 除本条第 2 款规定的情况外,运营商在处理个人数据之前应将其处理个人数据的意愿通知被授权保护个人数据所有人权利的机关。

2. 运营商对以下个人数据的处理有权不通知被授权保护个人数据所有人

权利的机关：

1）劳动法规定的相关数据；

（1）编入自 2011 年 7 月 25 日起实施的第 261 号联邦法律）

2）未经个人数据所有人的同意，个人数据不能传播且不提供予第三方主体；为履行与个人数据所有人所签协议，运营商使用的根据与个人数据所有人所签合同而获取的个人数据；

3）未经个人数据所有人书面同意不得传播或向第三方主体公开相关个人数据；为实现组织成立文件中规定的合法目的，运营商使用的属于公共组织或宗教组织的成员（参与者）的个人数据，以及符合俄罗斯法律规定的相关公共组织或宗教组织的被处理数据；

（编入自 2011 年 7 月 25 日起实施的第 261 号联邦法律）

4）个人数据所有人公开访问的个人数据；

（4）编入自 2011 年 7 月 25 日起实施的第 261 号联邦法律）

5）只含有个人数据所有人姓名和父称的个人数据；

6）个人数据所有人实现一次进入运营商所在领域的目的或达成其他类似目的所必需的个人数据；

7）符合联邦法律规定的公共自动化信息系统标准的个人数据信息系统中的个人数据；以及为保护公共和社会秩序的安全而创建的公共个人数据信息系统中的个人数据；

（编入自 2011 年 7 月 25 日起实施的第 261 号联邦法律）

8）依据俄罗斯联邦法律或规定了在处理个人数据时保障个人数据安全性和尊重个人数据所有人权利的俄罗斯联邦其他法律条文，使用非自动化手段进行处理的个人数据；

9）为确保传输系统可持续和安全操作，保证在传输信息中个人、社会和国家的利益免受非法行为的干扰，依据关于传输安全的俄罗斯联邦法律中的情况被处理的个人数据。

（9）被引入自 2011 年 7 月 25 日起实施的第 261 号联邦法律）

3. 根据本条第 1 款规定的通知，应以签署了被授权主体名字的书面文件形式或电子文档形式传达。通知应包含以下信息：

（编入自 2011 年 7 月 25 日起实施的第 261 号联邦法律）

1）运营商的名称（姓名、父称）和地址；

2）个人数据处理的目的；

3）个人数据的类型；

4）被处理的个人数据的主体的类型；

5）处理个人数据的法律依据；

6）对个人数据的操作列表、运营商对个人数据所使用的处理方式的综合描述；

7）本联邦法律第18.1条和19条规定的方法的描述，包括加密（密码）方法的使用和这些方法的名称；

（7）编入自2011年7月25日起实施的第26号联邦法律）

7.1）组织进行个人数据处理的自然人的姓名和父称或法人的名称，及其联系电话、通信地址和电子邮箱；

（7.1）被引入自2011年7月25日起实施的第261号联邦法律）

8）个人数据处理的开始日期；

9）个人数据处理停止的期限和条件；

10）在个人数据处理过程中是否存在跨境传递的信息；

（10）被引入自2011年7月25日起实施的第261号联邦法律）

11）根据俄罗斯联邦立法关于保护个人数据的要求，关于确保个人数据安全性的信息。

（11）被引入自2011年7月25日起实施的第261号联邦法律）

4. 在收到关于个人数据处理的通知的30天之内，被授权保护个人数据所有人权利的机关应将本条第3款规定的信息及上述通知传达的日期记录在运营商的注册簿中。除确保在处理个人数据时个人数据安全的方式的信息，对记录在运营商的注册簿中的信息可公开访问。

5. 被授权保护个人数据所有人权利的机关不得让运营商承担与个人数据处理的通知审查和运营商注册簿信息登记有关的经费。

6. 若未完整或充分提供本条第3款规定的信息，被授权保护个人数据所有人权利的机关在进行运营商注册簿信息登记之前有权要求运营商确认其所提供的信息正确。

7. 若要修改本条第3款中规定的信息或停止个人数据的处理，在相关信息修改或个人数据处理停止的10个工作日之内，运营商应将上述情况通知被授权保护个人数据所有人权利的机关。

（第7款编入自2011年7月25日起实施的第261号联邦法律）

【第22.1条】在相关组织中负责进行个人数据处理的主体

（被引入自2011年7月25日起实施的第261号联邦法律）

1. 属于自然人的运营商是负责进行个人数据处理的主体。

2. 负责进行个人数据处理的主体直接从属于运营商的组织的执行机构处接受指令并对其负责。

3. 运营商应向负责进行个人数据处理的主体提供本联邦法律第 22 条第 3 款中规定的信息。

4. 负责进行个人数据处理的主体有权：

1）对运营商及其工作人员遵守俄罗斯联邦关于个人数据的立法以及保护个人数据的要求的情况进行内部监督；

2）向运营商的工作人员告知俄罗斯联邦关于个人数据处理、个人数据处理问题的法令、保护个人数据的要求的法律条文；

3）接收和处理个人数据所有人或其代理人提出的请求，以及（或）对相关请求的接收和处理进行监督。

第五章 对个人数据处理的控制和监督以及违反本联邦法律规定的责任

【第 23 条】被授权保护个人数据所有人权利的机关

1. 在信息通信网络领域进行调控和监督的联邦行政机关属于被授权保护个人数据所有人权利的机关，根据本联邦法律的要求确保对个人数据的处理进行调控和监督。

2. 被授权保护个人数据所有人权利的机关对关于个人数据内容、处理手段和目的的个人数据处理申请进行审查并作出相应决定。

3. 被授权保护个人数据所有人权利的机关享有以下权力：

1）为行使职权在自然人或法人处咨询且免费获得必要信息；

2）审查在关于个人数据处理的通知中所含信息，或使其他国家机关在其职权范围内进行该审查；

3）要求运营商对不充分或通过非法途径获得的个人数据予以确认、封锁或销毁；

4）采取俄罗斯联邦法律中规定的手段中止或终止违反本联邦法律要求的个人数据的处理；

5）为保护个人数据所有人的权利包括保护不确定的主体的权利向法院提起民事诉讼并请求法院维护个人数据所有人的利益；

（编入自 2011 年 7 月 25 日起实施的第 261 号联邦法律）

5.1）对被授权保障安全的联邦执行机关以及进行反技术侦察和技术保护

的联邦执行机关的活动和本联邦法律第22条第3款7）规定的信息进行审查；

（5.1）被引入自2011年7月25日起实施的第261号联邦法律）

6）若禁止未经个人数据所有人书面同意而向第三方主体传递个人数据属于相关活动的许可条件，为审查根据俄罗斯联邦法律的规定为中止或撤销相关许可而采取的方式中的问题，对许可运营商活动的机构提出审查申请；

7）在其管辖权内，审查检察机关、其他执法机关的刑事诉讼中对关于侵犯个人数据所有人权利的犯罪行为的认可的审判材料；

8）提议在俄罗斯联邦立法中实施保护个人数据所有人权利的法律行为规范；

9）对违反本联邦法律的行政责任主体问责。

4. 已知晓个人数据的被授权保护个人数据所有人权利的机关在进行与个人数据有关的活动过程中应确保个人数据的机密性。

5. 被授权保护个人数据所有人权利的机关应：

1）依照本联邦法律和其他保护个人数据所有人权利的法律的规定进行活动；

2）审查公民或法人提出的关于个人数据处理有关问题的投诉和申请，并在其职权范围内对相应的投诉和申请作出决定；

3）进行运营商的注册；

4）采取保护个人数据所有人权利的手段；

5）根据被授权保障安全的联邦执行机关以及进行反技术侦察和技术保护的联邦执行机关的建议，采取俄罗斯联邦立法中规定的中止或终止个人数据处理的方式；

6）根据对国家机关和个人数据所有人对保护个人数据所有人权利时的申请或请求进行信息记录；

7）履行俄罗斯联邦法律规定的其他职责。

5.1 被授权保护个人数据所有人权利的机关与在国外被授权保护个人数据所有人权利的机关合作时，为进行保护个人数据所有人权利的信息的国际交流，确定同等保护个人数据所有人权利的外国政府的名单。

（第5.1款被引入自2011年7月25日起实施的第261号联邦法律）

6. 对被授权保护个人数据所有人权利的机关的决定可以向法院提起诉讼。

7. 被授权保护个人数据所有人权利的机关每年将自身的活动向俄罗斯联邦总统、俄罗斯联邦政府及议会报告。上述报告应在大众媒体上公开。

8. 被授权保护个人数据所有人权利的机关的财政开支归入俄罗斯联邦预算。

9. 咨询委员会由被授权保护个人数据所有人权利的机关在一定社会基础上创立，其创立和活动规则由被授权保护个人数据所有人权利的机关制定。

【第24条】违反本联邦法律要求的责任

1. 违反本联邦法律要求的主体承担俄罗斯联邦法律规定的相应责任。

（编入自2011年7月25日起实施的第261号联邦法律）

2. 因侵犯个人数据所有人权利、违反本联邦法律规定的个人数据处理的规则、违反依据本联邦法律规定的保护个人数据的要求，对个人数据所有造成的精神损害根据俄罗斯联邦法律予以赔偿。精神损害赔偿不取决于物质损害赔偿及个人数据所有人的损失。

（第2款被引入自2011年7月25日起实施的第261号联邦法律）

第六章 最后条款

【第25条】最后条款

1. 本联邦法律自正式公布起180天之后生效。

2. 在本联邦法律生效后，本联邦法律生效之前对个人数据信息系统中个人数据的处理应符合本联邦法律的规定。

2.1 在2011年7月1日之前进行个人数据处理的运营商应在2013年1月1日之前向被授权保护个人数据所有人权利的机关提供本联邦法律第22条第3款5)、7.1)、10)规定的信息。

（第2.1款被引入自2009年11月25日起实施的第266号联邦法律）

3. 2011年7月25日起实施的第261号联邦法律中此项废止。

4. 自本联邦法律生效之日起开始或继续进行个人数据处理的运营商，除本联邦法律第22条第2款规定的情况之外，应在2008年1月1日之前向被授权保护个人数据所有人权利的机关提出本联邦法律第22条第3款规定的通知。

俄罗斯联邦总统
弗拉基米尔·普京
莫斯科，克里姆林宫
2006年7月27日
第152号，于俄罗斯报

网络黑名单法*

2012年10月26日莫斯科第1101号俄罗斯联邦政府法令

签署：2012年10月26日

公布：2012年10月29日

《关于统一自动化信息系统"对信息电子通信网络即因特网上含有禁止在俄罗斯联邦传播信息的域名、网页的索引和允许识别网站的网址进行统一登记"》

根据《关于信息、信息技术与信息保护》的俄罗斯联邦法律第15条第3款至第5款的规定，俄罗斯联邦政府作出以下决议：

1. 确立附件：

关于制定、形成与实施统一自动化信息系统"对信息电子通信网络即因特网上含有禁止在俄罗斯联邦传播信息的域名、网页的索引和允许识别网站的网址进行统一登记"的细则；

确定登记表的操作员（已在俄罗斯联邦境内注册、旨在引导形成和实施统一自动化信息系统"对信息——电子通信网络因特网上含有禁止在俄罗斯联邦传播信息的域名、网页的索引和允许识别网站的网址进行统一登记"的机构）所依照的准则；

对于通过信息电子通信网络即因特网传播禁止在俄罗斯联邦传播的个别类型信息和材料，俄罗斯联邦政府授权联邦权力执行机构通过实施细则。

2. 规定本法令在财政预算拨款范围内生效，俄罗斯联邦通信、信息技术和大众传媒监督局、俄罗斯联邦毒品流通监督局、俄罗斯联邦消费者权益保护和公益监督局所获经费用于在规定职权和指定联邦各局法定最大编制人数范围内进行控制和管理。

---

* 译者：郑璐，南京大学外国语学院俄语系。
校对：杨理，北京大学法学院。

3. 本法令自 2012 年 11 月 1 日起生效。

俄罗斯联邦政府总理
德米特里·梅德韦杰夫

《关于制定、形成与实施统一自动化信息系统"对信息电子通信网络即因特网上含有禁止在俄罗斯联邦传播信息的域名、网页的索引和允许识别网站的网址进行统一登记"的细则》

1. 为限制访问信息电子通信网络即因特网（以下简称：因特网）上含有禁止在俄罗斯联邦传播的信息（以下简称：违禁信息），创建统一自动化信息系统"对信息电子通信网络即因特网上含有禁止在俄罗斯联邦传播信息的域名、网页的索引和允许识别网站的网址进行统一登记"（以下简称：统一登记）。

2. 由俄罗斯联邦通信、信息技术和大众传媒监督局进行统一登记。

3. 由俄罗斯联邦通信、信息技术和大众传媒监督局以及登记表操作员——已在俄罗斯联邦境内注册、能够按照俄罗斯联邦政府的规定程序形成和实施统一登记的机构（以下简称：登记表操作员）——制定并实施统一登记。

4. 以电子形式实施全天候统一登记。

5. 将因特网上含有非法信息的域名和（或）网页的索引以及允许识别网站的网址进行统一登记的基础是：

1）以下经授权联邦权力执行机构（以下简称：经授权机关）作出决议：

俄罗斯联邦毒品流通监督局——对于：通过因特网传播关于麻醉药品与精神药品的生产、制作以及使用方法，获取这些药品、药物的地点，以及种植麻醉药品药用原植物的方法和地点的信息；

俄罗斯联邦消费者权益保护和公益监督局——对于：通过因特网传播自杀手段，教唆、诱导自杀行为的信息；

俄罗斯联邦通信、信息技术和大众传媒监督局——对于：通过因特网传播未成年人色情图片材料和（或）散播引诱未成年人参与色情性质演出活动的广告；通过因特网传播于大众信息产业中有关麻醉药品与精神药品的生产、制作以及使用方法，获取这些药品、药物的地点，种植麻醉药品药用原植物的方法和地点，以及关于自杀手段，教唆、诱导自杀行为的信息；经授权机关或法院禁止在俄罗斯联邦境内通过因特网传播的违禁信息；

2）法院认定通过因特网传播的信息为违禁信息的决议具有法律效力。

6. 俄罗斯联邦通信、信息技术和大众传媒监督局在因特网自己的官方网站上设置电子表格,用于接收国家政权机关、地方自治机关、法人、个体经营者、社会团体和其他非营利组织以及公民提交关于在因特网网页中包含违禁信息的申请,并用于促进指定政权机关、自然人和法人在社会活动中为形成和实施统一登记而相互协作(以下简称:相互协作系统)。

7. 在本细则第 6 条的指定申请送至俄罗斯联邦通信、信息技术和大众传媒监督局和(或)登记表操作员之后的 24 小时之内,经授权机关根据本细则第 5 条第 1 款规定的职权范围以电子形式(在相互协作系统框架内)发送关于因特网网页中可能包含违禁信息的询问,并指示出该网页的索引。

8. 根据本细则第 7 条指定询问作出的决议信息应当在获取该询问之后的 24 小时之内由经授权机关以电子形式(在相互协作系统框架内)送至俄罗斯联邦通信、信息技术和大众传媒监督局并(或)送至登记表操作员。根据本细则第 6 条指定申请作出的决议信息应当在 24 小时之内由经授权机关以电子形式(在相互协作系统框架内)送至俄罗斯联邦通信、信息技术和大众传媒监督局并(或)送至登记表操作员。

9. 自收到法院关于认定通过因特网传播的信息为违禁信息的已生效决议起 24 小时之内,或自经授权机关作出认定信息为违禁信息的决议以电子形式(在相互协作系统框架内)被送出时刻起 24 小时之内,俄罗斯联邦通信、信息技术和大众传媒监督局和(或)登记表操作员将对登记表记录进行统一登记,记录包含以下内容:

1)因特网上含有违禁信息的域名和(或)网页的索引;

2)能够识别违禁信息的说明,包括(如果存在)违禁信息的名称、带有经授权机关负责人员确认(其中包括经认证的电子签名)的因特网上网页快照附件;

3)经授权机关以电子文件形式呈现并经电子签名认证的关于对因特网上的域名和(或)网页的索引进行统一登记的决议,或者法院认定在因特网上传播的信息为违禁信息的已生效决议;

4)收到经授权机关决议的日期和时间,或收到法院认定在因特网上传播的信息为违禁信息的决议的日期和时间。

10. 如果在经授权机关的决议中没有包含对登记表记录进行统一登记所必需的全部信息,俄罗斯联邦通信、信息技术和大众传媒监督局和(或)登记表操作员在 24 小时之内向经授权机关发送提供所缺信息的询问。经授权机关应当在 24 小时之内提供该询问的相关信息。在获取指定信息之前,不会对因特网上的域名和（或）网页的索引进行统一登记。

11. 对因特网上的域名和（或）网页的索引信息进行统一登记的同时，俄罗斯联邦通信、信息技术和大众传媒监督局的经授权负责人和（或）登记表操作员进行以下操作：

1）确定将指定网站分配在因特网中的虚拟主机服务器（以下简称：虚拟主机服务器）；

2）向虚拟主机服务器以电子形式用俄文和英文发送关于对因特网上域名和网页的索引进行统一登记的通知；

3）根据俄罗斯联邦个人数据领域的相关法律要求向登记表中记录关于虚拟主机服务器的数据，并指出向虚拟主机服务器发送通知的日期和时间。

12. 向虚拟主机服务器发送通知之时起3昼夜之内，因特网上网站所有者和（或）虚拟主机服务器应当采取措施删除违禁信息，并且（或者）限制访问因特网上包含违禁信息的网站。俄罗斯联邦通信、信息技术和大众传媒监督局的经授权负责人和（或）登记表操作员检验因特网上相应域名和（或）网页的索引。

如果无法根据因特网上指定域名和（或）网页的索引访问违禁信息，或是在因特网网页中不存在违禁信息的情况下，俄罗斯联邦通信、信息技术和大众传媒监督局的经授权负责人和（或）登记表操作员将因特网上的域名和（或）网页的索引从统一登记表中删除，并将这一操作的数据记入到相应登记表记录中，同时指出将因特网上的域名和（或）网站的索引从统一登记表中删除的日期和时间。

在可以根据因特网上指定域名和（或）网页的索引访问违禁信息的情况下，对因特网上含有违禁信息、允许识别网站的网址进行统一登记，同时指出对因特网上允许识别指定网站的网址进行统一登记的日期和时间。

13. 提供因特网访问权限服务的通信操作员（以下简称：通信操作员）必须限制对因特网上的域名、网页的索引和允许识别网站的网址的访问，域名、网页的索引和网址清单每日于莫斯科时间9：00和21：00进行更新。自清单更新之时起24小时之内，通信操作员应当限制对因特网上这些网站的访问。

14. 俄罗斯联邦通信、信息技术和大众传媒监督局的经授权工作人员和（或）登记表操作员进行以下操作：

1）在法院取消经授权机关对因特网上的域名、网页的索引和允许识别网站的网址进行统一登记的有效决议基础上，自收到这一法院决议之日起24小时之内，删除统一登记表中因特网上相应域名、网页的索引和网址，同时指出删除的日期和时间，并将此操作通知给虚拟主机服务器和（或）通信操作员；

2）在因特网上网站所有者、虚拟主机服务器或通信操作员提出申请的基础上，自收到这一申请之日起3日内，删除统一登记表中因特网上相应域名、网页的索引和网址，同时指出删除的日期和时间，并将此操作通知给虚拟主机服务器和（或）通信操作员。

15. 在俄罗斯联邦通信、信息技术和大众传媒监督局的经授权负责人和（或）登记表操作员收到本细则第14条所规定的通知基础上，虚拟主机服务器和（或）通信操作员在24小时之内应当恢复对因特网上这些网址的访问。

16. 统一登记表由程序运行产生的登记表记录组成，这些程序规定了俄罗斯联邦通信、信息技术和大众传媒监督局和（或）登记表操作员与虚拟主机服务器、网站所有者、通信操作员的相互协作。

17. 除本细则第9条第1款至第3款中所规定的信息之外，登记表记录还包括以下信息：

1）获取经授权机关决议的日期和时间，或法院认定因特网具体网站上散播的信息为违禁信息的日期和时间；

2）虚拟主机服务器的数据——根据俄罗斯联邦个人数据领域的有关法律要求，对因特网上含有违禁信息的域名和（或）网页的索引进行统一登记，将统一登记的通知发送给虚拟主机服务器，并指出发送日期和时间；

3）对因特网上含有违禁信息的域名和（或）网页的索引进行统一登记的日期和时间；

4）通知虚拟主机服务器对因特网上含有违禁信息的域名和（或）网页的索引进行统一登记的数据；

5）将因特网上域名和（或）网页的索引从统一登记表中删除的日期和时间；

6）因特网上含有禁止在俄罗斯联邦传播信息、允许识别网站的网址；

7）对因特网上含有禁止在俄罗斯联邦传播信息、允许识别网站的网址进行统一登记的日期和时间；

8）将因特网上允许识别网站的网址从统一登记表中删除的日期和时间。

18. 在登记表中存有对登记记录的更改历史，并指出创建、修改和删除记录的日期和时间。

19. 以下人员享有对保存在统一登记表中信息的访问权限：

1）经授权机关、俄罗斯联邦内务部和其他维权机构、网站所有者、虚拟主机服务器或通信操作员；

2）法人、个体经营者、社会团体和其他非营利组织、公民（不能够对本细则第9条第2款和第4款所规定信息进行访问），需对因特网上具体域名、网页的索引或网址进行询问。

20. 自经授权机关、网站所有者、虚拟主机服务器或通信操作员进行询问后5日之内，由俄罗斯联邦通信、信息技术和大众传媒监督局和（或）登记表操作员提供经确认的统一登记表摘要。上述摘要以电子文件的形式生成，并经俄罗斯联邦通信、信息技术和大众传媒监督局全权代表和（或）登记表操作员电子签名认证。

《确定登记表的运营商（已在俄罗斯联邦境内注册、旨在引导形成和实施统一自动化信息系统"对信息电子通信网络即因特网上含有禁止在俄罗斯联邦传播信息的域名、网页的索引和允许识别网站的网址进行统一登记"的机构）所依照的准则》

1. 技术上能够接收关于信息电子通信网络即因特网（以下简称：因特网）网页中包含违禁信息的申请。

2. 为查明违禁信息，在因特网上确保实施自主监控。

3. 在技术上和组织上能够支持统一自动化信息系统"对信息电子通信网络即因特网上含有禁止在俄罗斯联邦传播信息的域名、网页的索引和允许识别网站的网址进行统一登记"的连续24小时数据，并能够与虚拟主机操作员和提供因特网访问权限服务的通信操作员相互协作。

《对于通过信息电子通信网络即因特网传播禁止在俄罗斯联邦传播的个别类型信息和材料，俄罗斯联邦政府授权联邦权利执行机构通过实施细则》

1. 对于通过信息电子通信网络即因特网（以下简称：因特网）散播禁止在俄罗斯联邦传播的个别类型信息和材料，俄罗斯联邦毒品流通监督局、俄罗斯联邦消费者权益保护和公益监督局、俄罗斯联邦通信、信息技术和大众传媒监督局（以下简称：经授权机关）是经俄罗斯联邦政府授权的联邦权力执行机构，基于经授权机关通过的决议将因特网上的域名和（或）网站的索引、网址列入统一自动化信息系统"对信息电子通信网络即因特网上含有禁止在俄罗斯联邦传播信息的域名、网页的索引和允许识别网站的网址进行统一登记"（以下简称：统一登记）。

2. 对于麻醉药品与精神药品的生产、制作以及使用方法，获取这些药品、药物的地点，以及种植麻醉药品药用原植物的方法和地点的有关信息，基于俄罗斯联邦毒品流通监督局通过的决议对因特网上的域名和（或）网页的索引、网址进行统一登记。

3. 对于自杀方式、教唆或诱导自杀行为的有关信息，基于俄罗斯联邦消费者权益保护和公益监督局通过的决议对因特网上的域名和（或）网页的索引、网址进行统一登记。

4. 基于俄罗斯联邦通信、信息技术和大众传媒监督局通过的决议对因特网上的域名和（或）网页的索引、网址进行统一登记，统一登记适用于以下信息：

1）通过因特网传播未成年人色情图片材料和（或）散播引诱未成年人参与色情性质演出活动的广告；

2）本细则第2条和第3条所规定、通过因特网传播于大众信息产业中的信息；

3）经授权机关或法院禁止在俄罗斯联邦境内通过因特网传播的信息。

5. 俄罗斯联邦通信、信息技术和大众传媒监督局、俄罗斯联邦毒品流通监督局、俄罗斯联邦消费者权益保护和公益监督局共同制定本细则第2条至第4条所规定决议被通过所必需的材料和（或）信息的评估标准。

6. 经授权机关领导人确定经授权机关的负责人员以及对材料和（或）信息进行评估的专家名单，基于经授权机关负责人员通过的决议对因特网上的域名和（或）网站的索引进行统一登记。

7. 基于经授权机关的决议对因特网上的域名和（或）网站的索引、网址进行统一登记，决议应当包括：

1）通过决议的经授权机关名称；

2）关于因特网上存在本细则第2条至第4条所规定信息的决议通过日期和时间；

3）通过决议的负责人姓、名、父称和职务，决议关于因特网上存在或缺少本细则第2条至第4条所规定信息；

4）因特网上的域名和（或）网站的索引，网站含有经授权机关通过决议的信息和材料；

5）能够识别违禁信息的说明，包括（如果存在）违禁信息的名称、带有经授权机关负责人员确认（其中包括经认证的电子签名）的因特网上网页快照附件。

8. 基于经授权机关通过的决议对因特网上的域名和（或）网站的索引进行统一登记，使用指定部门在因特网自己的官方网站上设置的电子表格将经授权机关的决议发送给俄罗斯联邦通信、信息技术和大众传媒监督局和（或）登记表操作员（根据俄罗斯联邦政府制定的规则和标准来确定）。电子表格用于接收国家政权机关、地方自治机关、法人、个体经营者、社会团体和其他非营利组织以及公民提出的关于在因特网网页中包含违禁信息的申请，并用于指定政权机关、自然人和法人在社会活动中为形成和实施统一登记而相互协作（以下简称相互协作系统）。在收到俄罗斯联邦通信、信息技术和大众传媒监督局或登记表操作员有关因特网上指定域名和（或）网页的索引中含有违禁信息的电子形式（在相互协作系统框架内）询问的情况下，自此询问被发送之时起24小时之内，经授权机关应当就指定询问通过决议，并以电子形式（在相互协作系统框架内）发送给指定部门和（或）登记表操作员。

9. 如果在经授权机关的决议中缺少因特网上域名和（或）网页的索引的必需数据，俄罗斯联邦通信、信息技术和大众传媒监督局和（或）登记表操作员对所缺数据进行询问。经授权机关应当在24小时之内提供该询问的相关信息。在获取所缺信息之前，不会对因特网上的域名和（或）网页的索引进行统一登记。

10. 如果应当用同一原则对因特网上同一网站的网页进行统一登记，则允许经授权机关对于因特网上同一网站的2个（或更多）网页通过同一决议。如果因特网上的网页是两个（或更多）网站的一部分，则经授权机关对因特网上每一个此类网站单独通过决议。

11. 如果已经被授权机关的决议认定为禁止在俄罗斯联邦境内传播的信息被散播于因特网其他网页中，基于俄罗斯联邦通信、信息技术和大众传媒监督局的决议对域名和（或）此网页的索引进行统一登记。

俄罗斯联邦关于《信息、信息技术和信息保障法》及俄罗斯联邦规范信息交流与电信网络使用系列法令的修正案

2014年5月5日签署　2014年5月7日公布

第一项

对2006年7月27日起生效的俄罗斯联邦关于《信息、信息技术和信息保障法》进行如下变更：

（一）对第10.1条补充如下：

第10.1条：互联网信息传播组织者的义务

1. 互联网信息传播组织者指的是，开展活动以保证电子计算机信息系统和（或）程序操作的人，这些系统和程序用于接收、传递、发送和（或）加工互联网用户的电子信息。

2. 互联网信息传播组织者必须按照俄罗斯联邦政府所确定的规范，开始实施本条第1款中所指出的活动时，须告知在大众传媒、大众传播、信息技术与通信领域行使监管职能的联邦执行权力机关。

3. 互联网信息传播组织者必须在俄罗斯联邦境内保留网络用户接收、传递、发送和（或）加工的语音信息、书面文字、图像、声音或者其他电子消息以及有关这些使用者的信息半年时间，时间从以上行为完成时算起。根据联邦法规定的情形，还需提供相应信息给国家侦查机关或俄罗斯联邦安全机关。

4. 联邦执行权力机关与国家侦察机关或安全机关在通信领域所确立的有关用于信息系统运行的设备和程序技术工具的要求，互联网信息传播组织者必须保证实施，还需采取措施不准揭示举行所交办活动的组织和策略方法。互联网信息传播组织者与国家侦察机关和安全机关的协作秩序由俄罗斯联邦政府确定。

5. 本条例中规定的义务，不适用于国家信息系统的操作员、市政信息系统的操作员、基于相应许可提供通信服务的运营商（包括按照许可进行的活动），也不适用于为了个人、家庭和家务需要而实施本条第1款所指出的活动的公民（个人）。为使用本条例，因个人、家庭和家务需要而实施本条第1款所指出的活动的清单由俄罗斯联邦政府确定。

6. 根据本条第3款，应该保留的信息组成、保留地点和规则，提供给国家侦查机关和安全机关的程序，以及与保留信息相关的互联网信息传播组织者活动的监管秩序，还有实施监管的联邦全权执行权力机构，均由俄罗斯联邦政府确定。

（二）对第102条补充如下：

第102条：博主传播公众信息的特点

1. 在互联网网站和网页发布公众信息且每日访问量超过3000用户的管理员（以下简称：知名博主），发布和使用规定信息时，以及通过其他网络用户在该网站或网页发布指定信息时，须保证遵守俄罗斯联邦法律，具体包括：

1）不准使用网站或网页来从事违法活动或犯罪行为，泄露国家或其他受法律特别保护的机密，传播公开召集恐怖活动的材料或是公开替恐怖主义辩护，发布其他极端主义的材料，以及传播有关色情、暴力残暴行为和包含污言秽语的材料；

2）在发布信息前，必须检验其可靠性；一旦发现信息不可靠应立即删除；

3）不允许发布有关违反民法的公民隐私信息；

4）遵守俄罗斯联邦全民公投法和选举法所规定的禁令；

5）遵守俄罗斯联邦调控大众信息传播秩序法中的要求；

6）遵守公民和组织的权利与合法利益，包括名誉、人格尊严、公民和组织的商业名声。

2. 在网站或网页发布信息时，不允许：

1）使用网站或网页来隐瞒或篡改对公众来说有重要意义的信息，打着可靠信息的旗号发布明明是不准确的信息；

2）通过公民的性别、年龄、种族、民族、语言、宗教信仰、职业、居住地、工作和政治见解等，来传播诽谤公民的信息。

3. 知名博主有权：

1）根据俄罗斯联邦法律以任何方式自由地搜索、获取、转发以及传播信息；

2）在个人网站或者互联网个人网页上署名或者署笔名发表个人见解和评价；

3）在个人网站或者互联网个人网页上发布或者允许发布其他网民的文章及（或）其他材料，文章及（或）其他材料的发布不应违反俄罗斯联邦法律；

4）根据民法，2006年3月13日的第38号联邦法律《广告法》在个人网站或互联网个人网页上发布收费广告。

4. 滥用公众信息的传播权，在信息传播时违反本条款第1、2、3款要求的，将根据俄罗斯联邦法律追究刑事、行政或其他责任。

5. 知名博主须在个人网站或互联网个人网页上注明姓名及电子邮箱地址，用以接收具有法律意义的通告。

6. 知名博主在收到已经具有法律效力且要求在其个人网站或互联网个人网页进行发布的法院决议时，须立即发布。

7. 根据1991年12月27日俄罗斯联邦第2124号《大众传媒法》，作为网络出版物注册的网站所有者不是博主。

8. 对大众传媒、通讯、信息技术及通信领域进行监管的联邦权利执行机关要对发布公众信息且24小时内有超过3000名用户进入的网站和互联网网页列出清单。为保证形成该清单，对大众传媒、通讯、信息技术及通信领域进行监管的联邦权利执行机关：

1）组织对网站及互联网网页的监测；

2）确立对网站和互联网网页24小时内网民数量进行确定的方法；

3）有权要求网络信息传播的组织者、知名博主以及其他个人提供开列该清单所必需的信息。上述个人有义务在收到对大众传媒、通讯、信息技术及通信领域进行监管的联邦权利执行机关诉求之日起不超过10天之内提供所要求信息。

9. 在信息通讯网，包括互联网上发现发布公开信息且每日访问量超过3000用户的网站或网页时，包括对公民或组织相关言论进行审理时，对大众传媒、通讯、信息技术及通信领域进行监管的联邦权利执行机关：

1）将上述网站或互联网网页加入发布公开信息且每日访问量超过3000用户的网站或网页清单；

2）确定托管服务的提供者或者其他保障网站或互联网网页得以发布的个人；

3）向托管服务提供者或本部分第2点所述个人发送俄英两种文字的电子

版通知，告知其必须提供可证明其等同于博主的资料；

4）确立在相关信息系统向托管服务提供者或本部分第 2 条所述个人发送通知的日期和时间。

10. 在收到本条款第 9 部分第 3 点所述通知后三个工作日内，托管服务提供者或本条款第 9 部分第 2 点所述个人须提供可证明其等同于博主的资料。

11. 在收到本条款第 9 部分第 3 点指明的信息后，对大众传媒、通讯、信息技术及通信领域进行监管的联邦权利执行机关发给博主通知书，告知其个人网站和个人网页被登记到发布公开信息且每日访问量超过 3000 用户的网站或网页清单，并指明该网站或者网页博主须履行俄罗斯联邦法律的要求。

12. 如果在三个月内日访问量低于 3000 名用户的网站，按照博主的申请把该网站或网页从可获取公共信息且一天有超过 3000 用户登陆的网站或网页清单中删除，并将相应的通知发给博士。在没有博主申请的条件下，如果在半年之内日访问量低于 3000 名用户，此网站或网页可直接从该清单中删除。

（三）对第 154 条补充如下：

第 154 条：互联网信息传播组织者对信息资源的访问限制程序

1. 在确定互联网信息传播组织者不执行在互联网中进行信息传播的义务的行政违法判决的情况下，依照本联邦法第 101 条规定，由授权的联邦执行机构将通知发到其所在地（其分支机构或代表处），在通知上指明履行这些职责不少于 15 天的期限。

2. 如果互联网信息传播组织者未如期履行本联邦法律第 101 条规定的职责，访问由其负责的针对和（或）用于接收、传输、发送和（或）处理互联网用户电子信息的信息系统和（或）电子计算机程序，在履行相关职责前，依据法院和授权联邦执行机关做出的具有法律效力的判决，提供访问互联网服务的运营商将限制其功能使用。

3. 授权的联邦执行权力机关与互联网传播信息组织者之间的相互协作办法，本条第 1 部分规定的通知方法，限制方法以及重新获取本条第 2 部分所述的信息系统和（或）程序的方法，告知公民（个人）有关限制的方法，均由俄罗斯联邦政府规定。

第二项

对俄罗斯联邦行政处罚法做出以下变更：

（二）第 13.18 条进行以下编辑：

第 13.18 条：妨碍稳定接收广播电视节目和互联网站工作

1. 通过人为干扰，妨碍稳定接收广播电视节目的，对普通公民处以

500—1000 卢布的行政罚款；公职人员处以 1000—2000 卢布的罚款；法人代表处以 1 万—2 万卢布的罚款。

2. 妨碍互联网工作，其中包括国家权力机关网站，自治地区机关网站，除了在法院判决、联邦执行机构决定的基础上或者明显的看出不法意图时才可限制这些网络的访问权限。普通公民处以 500—1000 卢布的行政罚款；公职人员处以 1000—2000 卢布的罚款；法人代表处以 1 万—2 万卢布的罚款。

（三）第 13.31 条补充以下内容：

第 13.31 条：不履行互联网信息传播组织者义务的

1. 互联网信息传播组织者开始从事维护信息系统和（或）电子计算机程序运行的活动，针对和（或）用于接收、传输、发送和（或）处理互联网用户电子信息时，应告知授权联邦机构，违反规定者：公民处以 1000—3000 卢布的行政罚款；公职人员处以 1 万—3 万卢布的行政罚款；法人处以 10 万—30 万卢布的行政罚款。

2. 依俄罗斯联邦法规定，互联网信息传播组织者有义务保留和（或）提供给国家侦查机关和安全机关有关接收、传输、发送和（或）处理互联网用户声音信息、文字、图片、音频或其他电子信息及互联网用户登记信息，不履行义务者：公民处以 3000—5000 卢布的行政罚款；公职人员处以 3 万—5 万卢布的行政罚款；法人处以 30 万—50 万卢布行政罚款。

3. 互联网信息传播组织者应使用联邦法律要求的信息系统设备和软件，配合国家有关部门执行联邦法律规定的侦查活动和确保俄罗斯联邦安全的各项活动，对违反上述规定并未采取措施防止泄露上述活动的组织和策略方法者：公民处以 3000—5000 卢布的行政罚款；公职人员处以 3 万—5 万卢布的行政罚款；法人处以 30 万—50 万卢布的行政罚款；

备注：本条款涉及的未受法律教育从事创业活动行政违规人员有行政责任作为法人。

（四）第 19.710 条款增补以下内容：

第 19.710 条：未向通信、信息技术和大众传媒监管部门通报或故意提供虚假信息资料的

1. 网站托管服务提供商或互联网网站网页刊登负责人未向通信、信息技术和大众传媒监管部门通报或未及时通报可识别博主身份的信息数据，以及故意提供虚假信息者：公民处以 1 万—3 万卢布的行政罚款；法人处以 5 万—30 万卢布的行政罚款。

2. 对全年两次触犯本条第 1 款规定者：公民处以 3 万—5 万卢布的行政

罚款；法人处以30万—50万卢布的行政罚款或处以最长不超过30日的行政拘留。

第三项

对2003年7月7日颁布的N126-ФЗ"关于通信"的联邦法律进行以下修订：

（一）第44条第2点第二段在"履行合同提供电讯服务"后增加"用户识别程序，提供数据传输、获取信息—电信网络服务以及他们使用的终端设备"。

（二）在第46条中：

1. 第1点第三段在"功能作用"后增加"以及本联邦法律第64条第2项的规定"。

2. 第5项增加"并确保按照大众传媒、大众传播、信息技术和通信监控联邦行政机关规定的方式安装技术设备，监控运营商是否遵守联邦法律第151—154规定"。

第四项

本联邦法律自2014年8月1日起生效。

版 权 法[*]

47F 用于安全测试的计算机程序复制

（1）根据本章，若文学作品是计算机程序，则在下列情况下，其版权不因对其作品的复制或改编受到侵犯：

（a）由用于复制或改编的程序拷贝（原件）的所有人或许可人做出或以其名义做出的复制或改编；

（b）复制或改编的目的：

（i）真诚检测原件或原件作为组成部分的计算机系统或网络的安全，或

（ii）真诚调查或纠正原件或原件作为组成部分的计算机系统或网络的安全漏洞或未授权的访问漏洞；

（c）仅在为达到（b）项所提及目标的合理必要范围内做出复制或改编。

（d）做出复制或改编时，所有人或许可人未能通过其他来源轻易获得复制或改编产生的信息。

（2）第（1）款不适用于对计算机程序的侵犯版权复制品做出的复制或改编。

109A 用于私人或家庭使用的录音复制

（1）本条适用于：

（a）录音拷贝（早期拷贝）所有人利用原始拷贝制作另一录音拷贝（后期拷贝）；

（b）所有人制作后期拷贝的唯一目的在于私人或家庭使用后期拷贝，这一使用通过一项设备：

（i）是一种用来实现听见录音的装置；

（ii）他或她所拥有；

（c）早期拷贝的制作不是通过从互联网下载无线电广播或类似程序的数

---

[*] 译者：王茜、毕雪，北京大学法学院。

字式录音；

（d）早期拷贝不是录音、广播或录音中涉及的文学、戏剧或音乐作品的侵犯版权复制品。

（2）制作后期拷贝并不侵犯录音、广播或录音中涉及的文学、戏剧或音乐作品的版权。

（3）第（2）款规则不适用于早期拷贝或后期拷贝的下列情况：

（a）已出售；

（b）出租以收取租金；

（c）通过贸易发售或公开出售、出租；

（d）为贸易或其他目的分派；

（e）用于实现在公众场合听见录音；

（f）用于录音广播。

附注：若早期拷贝或后期拷贝按第（3）款所述处理，则不仅制作后期拷贝且处理后期拷贝都可能造成侵犯版权。

（4）为避免疑惑，第（3）款（b）项不适用于为私人或家庭使用目的将早期拷贝或后期拷贝借与家庭成员或家庭使用的情况。

116AB 定义

在本节：

缓存指响应用户行为，对于传输服务供应商控制或操作的系统或网络上版权材料的复制，以便于该用户或其他用户高效获得该材料。

116AE C类活动

按照用户指导，传输服务供应商通过存储其控制或操作的系统或网络上的版权材料进行C类活动。

116AH 条款

（1）本表列出了各种类活动的条款。

条款项目	活动	条 款
1	全种类	1. 传输服务供应商必须采取并合理落实在适当情况下向终端提供侵权账户的政策。 2. 若存在一个生效的相关行业代码——传输服务供应商必须符合有关代码规则。这些代码涉及包容和不干扰用于保护和确定版权材料的标准技术措施。

续表

条款项目	活动	条款
2	A类	1. 任何此类活动版权材料的传输必须由个人而不是传输服务供应商启动或由个人指导启动。 2. 传输服务供应商不得对传输的版权材料做出实质性修改。以上不适用于作为技术过程一部分的修改。
3	B类	1. 如果缓存的版权资料受到用户访问原始站点条款的限制,传输服务提供商必须确保仅向满足这些条款的用户开放缓存版权材料的重要部分。 2. 若存在一个生效的相关行业代码——传输服务供应商必须符合下列代码规则: (a) 涉及更新缓存的版权材料; (b) 不干扰原始站点使用的用于获取版权材料使用信息的技术。 3. 一旦收到规定形式的通知,通知该材料已被删除或已在原始站点禁止对其访问,则提供商必须尽快删除或禁用访问缓存的版权材料。 4. 当传输给后续使用者时,传输服务供应商不得对缓存的版权材料做出实质性修改。以上不适用于作为技术过程一部分的修改。
4	C类	1. 如果传输服务供应商有权利和能力控制侵权活动,则其不得接受直接侵权活动产生的财务利益。 2. 一旦收到规定形式的通知,通知法院发现版权材料被侵权,则传输服务供应商必须尽快删除或禁用访问留存在系统或网络上的版权材料。 2A. 若传输服务供应商存在下列情况,则传输服务供应商必须尽快删除或禁用访问留存在系统或网络上的版权材料: (a) 意识到该材料侵权; (b) 意识到该材料可能侵权的事实或情况。 涉及本节的行为,传输服务供应商不承担任何证明上文(a)或(b)项中提及问题的责任。 3. 传输服务供应商必须符合关于删除或禁用访问留存在系统或网络上版权材料的规定程序。
5	D类	1. 如果传输服务供应商有权利和能力控制侵权活动,则其不得接受直接侵权活动产生的财务利益。 2. 一旦收到规定形式的通知,通知法院发现版权材料被侵权,则传输服务供应商必须尽快删除或禁用访问留存在系统或网络上的参考资料。 2A. 若传输服务供应商存在下列情况,则传输服务供应商必须尽快删除或禁用访问留存在系统或网络上的参考材料: (a) 意识到所提及的材料侵权; (b) 意识到所提及的材料可能侵权的事实或情况。 涉及本节的行为,传输服务供应商不承担任何证明上文(a)或(b)项中提及问题的责任。 3. 传输服务供应商必须符合关于删除或禁用访问留存在系统或网络上材料的规定程序。

116AN 规避接入控制技术保护措施

（1）若存在下列情况，作品或其他客体的版权拥有人或专用特许人可以对某人提出诉讼：

（a）作品或其他客体受接入控制技术保护措施的保护；且

（b）该人做出一个行为，造成接入控制技术保护措施的规避；且

（c）该人知道或理应知道该行为会有这种结果。

例外——许可

（2）第（1）款不适用于得到版权拥有人或专用特许人许可规避接入控制技术保护措施的人。

例外——互用性

（3）若存在下列情况，第（1）款不适用于该人：

（a）该人规避接入控制技术保护措施，以实现其行为；且

（b）其行为：

（i）涉及一个电脑程序拷贝（原始程序），该拷贝并非侵犯版权复制品且为合法获得；且

（ii）将不会侵犯原始程序的版权；且

（iia）涉及规避发生时该人未能轻易获得的原始程序元素。且

（iii）为了实现独立编写的电脑程序与原始程序或任何其他程序的兼容性这一目的而完成。

例外——加密方案研究

（4）若存在下列情况，第（1）款不适用于该人：

（a）该人规避接入控制技术保护措施，以实现：

（i）该人；或

（ii）若该人为法人团体——该法人团体的员工；

的行为；

（b）其行为：

（i）涉及作品或其他客体并非侵犯版权且为合法获得的复制品；且

（ii）将不会侵犯作品或其他客体的版权；且

（iii）为了实现确定和分析加密技术的缺陷和漏洞这一目的而完成。且

（c）该人或员工：

（i）在加密技术领域的教育机构参与一门课程的学习；或

（ii）在加密技术领域被聘用、培训或有相应的工作经验；且

（d）该人或员工：

（ⅰ）已获得版权所有人或专用特许人的许可进行该行为；或

（ⅱ）已做出或将做出真诚努力去获得该项许可。

在本款中，加密技术指用数学公式或算法对信息进行编码和译码。

例外——计算机安全测试

（5）若存在下列情况，第（1）款不适用于该人：

（a）该人规避接入控制技术保护措施，以实现其行为；且

（b）其行为：

（ⅰ）涉及一个并非侵犯版权复制品的电脑程序拷贝；且

（ⅱ）将不会侵犯电脑程序的版权；且

（ⅲ）为了实现测试、调查或纠正电脑、电脑系统或电脑网络的安全性这一目的而完成。且

（ⅳ）经电脑、电脑系统或电脑网络的所有人许可而完成。

例外——网络隐私

（6）若存在下列情况，第（1）款不适用于该人：

（a）该人规避接入控制技术保护措施，以实现其行为；且

（b）其行为：

（ⅰ）涉及一个并非侵犯版权的作品或其他客体复制品；且

（ⅱ）将不会侵犯作品或其他客体的版权；且

（ⅲ）为了实现识别和禁用自然人网上活动个人身份信息的收集、发布的唯一目的而完成。且

（ⅳ）将不会影响该人或其他任何人获得该作品或其他客体或者任何其他作品或其他客体的能力。

例外——执法和国家安全

（7）第（1）款不适用于任何为下列目的：

（a）执法；或

（b）国家安全；或

（c）履行法定职能，权力或职责；

由联邦、国家或地区或这些机构的权力机关依法实行或以其名义依法实行的行为。

例外——图书馆等

（8）若存在下列情况，第（1）款不适用于该人：

（a）该人规避接入控制技术保护措施，以实现其行为；且

（b）该人是：

（ⅰ）图书馆（并非为直接或间接实现个人或部分人利益的图书馆）；或

（ⅱ）第10（1）条（a）款关于"档案馆"的定义中或第10（4）条中所提及的机构；或

（ⅲ）教育机构；且

（c）该行为为了实现作出关于作品或其他客体的收购决定这一唯一目的而完成；且

（d）作出该行为时，作品或其他客体将不会以其他方式提供给该人。

附注：从事商业盈利活动的个人拥有的图书馆本身可能不是以盈利为目的（见第18条）。

例外——规定行为

（9）若存在下列情况，第（1）款不适用于该人：

（a）该人规避接入控制技术保护措施，以实现其行为；且

（b）该行为将不会侵犯作品或其他客体的版权；且

（c）该人所作出的行为依据法规的规定。

附注：关于制定法规规定该人的行为，参见第249节。

举证责任

（10）被告承担证实第（2）至（9）款所述事项的举证责任。

116AO 技术保护措施规避设备的制造等

（1）若存在下列情况，作品或其他客体的版权拥有人或专用特许人可以对某人提出诉讼：

（a）该人利用设备完成下列行为：

（ⅰ）为提供给他人而生产；

（ⅱ）为提供给他人而进口至澳大利亚；

（ⅲ）分销给他人；

（ⅳ）向公众提供；

（ⅴ）向他人提供；

（ⅵ）扩散给他人；且

（b）该人知道或理应知道该设备是技术保护措施的规避设备；且

（c）作品或其他主体事项受技术保护措施保护。

例外——没有推广、宣传等

（2）若存在下列情况，第（1）款不适用于该人：

（a）该设备仅仅因为其被推广、宣传或营销为具有规避技术保护措施的目的而作为技术保护措施的规避设备；且

（b）以下两项适用：

（ⅰ）该人没有作出此类推广、宣传或营销；

（ⅱ）该人没有引导或要求（明示或默示）另一人作出此类推广、宣传或营销。

例外——兼容性

（3）若存在下列情况，第（1）款不适用于该人：

（a）该规避设备将被用于规避技术保护措施以实现一个行为；且

（b）该行为：

（ⅰ）涉及一个电脑程序拷贝（原始程序），该拷贝并非侵犯版权复制品且为合法获得；且

（ⅱ）将不会侵犯原始程序的版权；且

（ⅱa）涉及规避发生时该人未能轻易获得的原始程序元素。且

（ⅲ）为了实现独立编写的电脑程序与原始程序或任何其他程序的兼容性这一目的而完成。

例外——加密方案研究

（4）若存在下列情况，第（1）款不适用于该人：

（a）该技术保护措施是一种接入控制技术保护措施；且

（b）规避设备将被用于规避接入控制技术保护措施，以实现某人（研究员）作出一个行为；且

（c）该行为：

（ⅰ）涉及作品或其他客体并非侵犯版权且为合法获得的复制品；且

（ⅱ）将不会侵犯作品或其他客体的版权；且

（ⅲ）为了实现确定和分析加密技术的缺陷和漏洞这一目的而完成；且

（d）该研究员：

（ⅰ）在加密技术领域的教育机构参与一门课程的学习；或

（ⅱ）在加密技术领域被聘用、培训或相关的工作经验；且

（e）该研究员：

（ⅰ）已获得版权所有人或专用特许人的许可进行该行为；或

（ⅱ）已做出或将做出真诚努力去获得该项许可。

在本款中，加密技术指用数学公式或算法对信息进行编码和译码。

例外——计算机安全测试

（5）若存在下列情况，第（1）款不适用于该人：

（a）该技术保护措施是接入控制技术保护措施；且

（b）规避设备将被用于规避接入控制技术保护措施，以实现一个行为；且

（c）该行为：

（i）涉及一个并非侵犯版权复制品的电脑程序拷贝；且

（ii）将不会侵犯电脑程序的版权；且

（iii）为了实现测试、调查或纠正电脑、电脑系统或电脑网络的安全性这一目的而完成。且

（iv）经电脑、电脑系统或电脑网络的所有人许可而完成。

例外——执法和国家安全

（6）第（1）款不适用于任何为下列目的：

（a）执法；或

（b）国家安全；或

（c）履行法定职能，权力或职责。

由联邦、国家或地区或这些机构的权力机关依法实行或以其名义依法实行的行为。

举证责任

（7）被告承担证实第（2）至（6）款所述事项的举证责任。

116AP 技术保护措施规避服务的提供等

（1）若存在下列情况，作品或其他客体的版权拥有人或专用特许人可以对某人提出诉讼：

（a）该人：

（i）为他人提供服务；或

（ii）向公众提供服务；

（b）该人知道或理应知道该服务是技术保护措施的规避服务；且

（c）作品或其他客体受技术保护措施保护。

例外——没有推广、宣传等

（2）若存在下列情况，第（1）款不适用于该人：

（a）该服务仅仅因为其被推广、宣传或营销为具有规避技术保护措施的目的而作为技术保护措施的规避服务。

（b）以下两项适用：

（i）该人没有作出此类推广、宣传或营销；

（ii）该人没有引导或要求（明示或默示）另一人作出此类推广、宣传或营销。

例外——互用性

（3）若存在下列情况，第（1）款不适用于该人：

（a）该规避服务将被用于规避技术保护措施以实现一个行为；且

（b）该行为：

（i）涉及一个电脑程序拷贝（原始程序），该拷贝并非侵犯版权复制品且为合法获得；且

（ii）将不会侵犯原始程序的版权；且

（iia）涉及规避发生时该人未能轻易获得的原始程序元素。且

（iii）为了实现独立编写的电脑程序与原始程序或任何其他程序的兼容性这一目的而完成。

例外——加密方案研究

（4）若存在下列情况，第（1）款不适用于该人：

（a）该技术保护措施是一种接入控制技术保护措施；且

（b）规避服务将被用于规避接入控制技术保护措施，以实现某人（研究员）作出一个行为；且

（c）该行为：

（i）涉及作品或其他客体并非侵犯版权且为合法获得的复制品；且

（ii）将不会侵犯作品或其他客体的版权；且

（iii）为了实现确定和分析加密技术的缺陷和漏洞这一目的而完成；且

（d）该研究员：

（i）在加密技术领域的教育机构参与一门课程的学习；或

（ii）在加密技术领域被聘用、培训或相关的工作经验；且

（e）该研究员：

（i）已获得版权所有人或专用特许人的许可进行该行为；或

（ii）已做出或将做出真诚努力去获得该项许可。

在本款中，加密技术指用数学公式或算法对信息进行编码和译码。

例外——计算机安全测试

（5）若存在下列情况，第（1）款不适用于该人：

（a）该技术保护措施是接入控制技术保护措施；且

（b）规避服务将被用于规避接入控制技术保护措施，以实现一个行为；且

（c）该行为：

（i）涉及一个并非侵犯版权复制品的电脑程序拷贝；且

（ii）将不会侵犯电脑程序的版权；且

（iii）为了实现测试、调查或纠正电脑、电脑系统或电脑网络的安全性这一目的而完成。且

（iv）经电脑、电脑系统或电脑网络的所有人许可而完成。

例外——执法和国家安全

（6）第（1）款不适用于任何为下列目的：

（a）执法；或

（b）国家安全；或

（c）履行法定职能，权力或职责；

由联邦、国家或地区或这些机构的权力机关依法实行或以其名义依法实行的行为。

举证责任

（7）被告承担证实第（2）至（6）款所述事项的举证责任。

132APC 规避接入控制技术保护措施

（1）若存在下列情况，某人则构成犯罪：

（a）该人参与行为；且

（b）该行为造成接入控制技术保护措施的规避；且

（c）该技术保护措施是一种接入控制技术保护措施；且

（d）该人参与行为意在获得商业利益或利润。

处罚：60 罚款单位。

辩护——许可

（2）第（1）款不适用于得到版权拥有人或专用特许人许可规避接入控制技术保护措施的人。

附注：关于第（2）款规定事项的举证责任由被告承担（参见《刑法典》第13.3（3）条）。

辩护——兼容性

（3）若存在下列情况，第（1）款不适用于该人：

（a）该人规避接入控制技术保护措施，以实现其行为；且

（b）其行为：

（i）涉及一个电脑程序拷贝（原始程序），该拷贝并非侵犯版权复制品且为合法获得；且

（ii）将不会侵犯原始程序的版权；且

（iia）涉及规避发生时该人未能轻易获得的原始程序元素。且

(iii)为了实现独立编写的电脑程序与原始程序或任何其他程序的兼容性这一目的而完成。

附注：关于第（3）款规定事项的举证责任由被告承担（参见《刑法典》第 13.3（3）条）。

辩护——加密方案研究

（4）若存在下列情况，第（1）款不适用于该人：

（a）该人规避接入控制技术保护措施，以实现：

（i）该人；或

（ii）若该人为法人团体——该法人团体的员工；

的行为；

（b）其行为：

（i）涉及作品或其他客体并非侵犯版权且为合法获得的复制品；且

（ii）将不会侵犯作品或其他客体的版权；且

（iii）为了实现确定和分析加密技术的缺陷和漏洞这一目的而完成。且

（c）该人或员工：

（i）在加密技术领域的教育机构参与一门课程的学习；或

（ii）在加密技术领域被聘用、培训或相关的工作经验；且

（d）该人或员工：

（i）已获得版权所有人或专用特许人的许可进行该行为；或

（ii）已做出或将做出真诚努力去获得该项许可。

在本款中，加密技术指用数学公式或算法对信息进行编码和译码。

附注：关于第（4）款规定事项的举证责任由被告承担（参见《刑法典》第 13.3（3）条）。

辩护——计算机安全测试

（5）若存在下列情况，第（1）款不适用于该人：

（a）该人规避接入控制技术保护措施，以实现其行为；且

（b）其行为：

（i）涉及一个并非侵犯版权复制品的电脑程序拷贝；且

（ii）将不会侵犯电脑程序的版权；且

（iii）为了实现测试、调查或纠正电脑、电脑系统或电脑网络的安全性这一目的而完成。且

（iv）经电脑、电脑系统或电脑网络的所有人许可而完成。

附注：关于第（5）款规定事项的举证责任由被告承担（参见《刑法典》

第13.3（3）条）。

辩护——网络隐私

（6）若存在下列情况，第（1）款不适用于该人：

（a）该人规避接入控制技术保护措施，以实现其行为；且

（b）其行为：

（i）涉及一个并非侵犯版权的作品或其他客体复制品；且

（ii）将不会侵犯作品或其他客体的版权；且

（iii）为了实现识别和禁用自然人网上活动个人身份信息的收集、发布的唯一目的而完成。且

（iv）将不会影响该人或其他任何人获得该作品或其他客体或者任何其他作品或其他客体的能力。

附注：关于第（6）款规定事项的举证责任由被告承担（参见《刑法典》第13.3（3）条）。

辩护——执法和国家安全

（7）第（1）款不适用于任何为下列目的：

（a）执法；或

（b）国家安全；或

（c）履行法定职能，权力或职责；

由联邦、国家或地区或这些机构的权力机关依法实行或以其名义依法实行的行为。

附注：关于第（7）款规定事项的举证责任由被告承担（参见《刑法典》第13.3（3）条）。

辩护——图书馆等

（8）第（1）款不适用于以下依法履行其职能作出行为的机构：

（a）图书馆（并非为直接或间接实现个人或部分人利益的图书馆）；

（b）下列条款提及的机构：

（i）第10（1）条（a）款关于"档案馆"的定义；或

（ii）第10（4）条；

（c）教育机构；

（d）一个公共非商业广播电台（包括一个《1992年广播服务法案》界定的提供全国性广播服务的机构，和一个该法案界定的拥有社区广播牌照的机构）。

附注1：从事商业营利活动的个人拥有的图书馆本身可能不是以营利为目的（见第18条）。

附注2：关于第（8）款规定事项的举证责任由被告承担（参见《刑法典》第13.3（3）条）。

（8A）若关于某人就作品或其他客体依法作出的任何行为存在下列情况，则本节不适用：

（a）该人依照《1983年档案法案》第64条规定拥有该作品或其他客体的保管权；且

（b）根据第（8）款，澳大利亚国家档案馆作出该行为是合法的。

附注：关于第（8A）款规定事项的举证责任由被告承担（参见《刑法典》第13.3（3）条）。

辩护——规定行为

（9）若存在下列情况，第（1）款不适用于该人：

（a）该人规避接入控制技术保护措施，以实现其行为；且

（b）该行为将不会侵犯作品或其他客体的版权；且

（c）该人所作出的行为依据法规的规定。

附注1：关于第（9）款规定事项的举证责任由被告承担（参见《刑法典》第13.3（3）条）。

附注2：关于制定法规规定该人的行为，参见第249节。

132APD 技术保护措施规避设备的制造等

（1）若存在下列情况，某人则构成犯罪：

（a）该人利用设备完成下列行为：

（i）为提供给他人而生产；

（ii）为提供给他人而进口至澳大利亚；

（iii）分销给他人；

（iv）向公众提供；

（v）向他人提供；

（vi）扩散给他人；且

（b）该人参与行为意在获得商业利益或利润；且

（c）该技术保护措施是一种接入控制技术保护措施。

处罚：550罚款单位或监禁5年，或并罚。

辩护——没有推广、宣传等

（2）若存在下列情况，第（1）款不适用于该人：

（a）该设备仅仅因为其被推广、宣传或营销为具有规避技术保护措施的目的而作为技术保护措施的规避设备。

（b）以下两项适用：

（i）该人没有作出此类推广、宣传或营销；

（ii）该人没有引导或要求（明示或默示）另一人作出此类推广、宣传或营销。

附注：关于第（2）款规定事项的举证责任由被告承担（参见《刑法典》第13.3（3）条）。

辩护——互用性

（3）若存在下列情况，第（1）款不适用于该人：

（a）该规避设备将被用于规避技术保护措施以实现一个行为；且

（b）该行为：

（i）涉及一个电脑程序拷贝（原始程序），该拷贝并非侵犯版权复制品且为合法获得；且

（ii）将不会侵犯原始程序的版权；且

（iia）涉及规避发生时该人未能轻易获得的原始程序元素。且

（iii）为了实现独立编写的电脑程序与原始程序或任何其他程序的兼容性这一目的而完成。

附注：关于第（3）款规定事项的举证责任由被告承担（参见《刑法典》第13.3（3）条）。

辩护——加密方案研究

（4）若存在下列情况，第（1）款不适用于该人：

（a）该技术保护措施是一种接入控制技术保护措施；且

（b）规避设备将被用于规避接入控制技术保护措施，以实现某人（研究员）作出一个行为；且

（c）该行为：

（i）涉及作品或其他客体并非侵犯版权且为合法获得的复制品；且

（ii）将不会侵犯作品或其他客体的版权；且

（iii）为了实现确定和分析加密技术的缺陷和漏洞这一目的而完成；且

（d）该研究员：

（i）在加密技术领域的教育机构参与一门课程的学习；或

（ii）在加密技术领域被聘用、培训或相关工作经验；且

（e）该研究员：

（i）已获得版权所有人或专用特许人的许可进行该行为；或

（ii）已做出或将做出真诚努力去获得该项许可。

在本款中,加密技术指用数学公式或算法对信息进行编码和译码。

附注:关于第(4)款规定事项的举证责任由被告承担(参见《刑法典》第13.3(3)条)。

辩护——计算机安全测试

(5)若存在下列情况,第(1)款不适用于该人:

(a)该技术保护措施是接入控制技术保护措施;且

(b)规避设备将被用于规避接入控制技术保护措施,以实现一个行为;且

(c)该行为:

(i)涉及一个并非侵犯版权复制品的电脑程序拷贝;且

(ii)将不会侵犯电脑程序的版权;且

(iii)为了实现测试、调查或纠正电脑、电脑系统或电脑网络的安全性这一目的而完成;且

(iv)经电脑、电脑系统或电脑网络的所有人许可而完成。

附注:关于第(5)款规定事项的举证责任由被告承担(参见《刑法典》第13.3(3)条)。

辩护——执法和国家安全

(6)第(1)款不适用于任何为下列目的:

(a)执法;或

(b)国家安全;或

(c)履行法定职能,权力或职责;

由联邦、国家或地区或这些机构的权力机关依法实行或以其名义依法实行的行为。

附注:关于第(6)款规定事项的举证责任由被告承担(参见《刑法典》第13.3(3)条)。

举证责任

辩护——图书馆等

(7)第(1)款不适用于以下依法履行其职能作出行为的机构:

(a)图书馆(并非为直接或间接实现个人或部分人利益的图书馆);

(b)下列条款提及的机构:

(i)第10(1)条(a)款关于"档案馆"的定义;或

(ii)第10(4)条;

(c)教育机构;

（d）一个公共非商业广播电台（包括一个《1992年广播服务法案》界定的提供全国性广播服务的机构，和一个该法案界定的拥有社区广播牌照的机构）。

附注1：从事商业营利活动的个人拥有的图书馆本身可能不是以营利为目的（见第18条）。

附注2：关于第（7）款规定事项的举证责任由被告承担（参见《刑法典》第13.3（3）条）。

（8）若关于某人就作品或其他客体依法作出的任何行为存在下列情况，则本节不适用：

（a）该人依照《1983年档案法案》第64条规定拥有该作品或其他客体的保管权；且

（b）根据第（7）款，澳大利亚国家档案馆作出该行为是合法的。

附注：关于第（8）款规定事项的举证责任由被告承担（参见《刑法典》第13.3（3）条）。

132APE 技术保护措施规避设备的提供等

（1）若存在下列情况，某人则构成犯罪：

（a）该人：

（i）为他人提供设备；或

（ii）向公众提供设备；

（b）该人作出行为意在获得商业利益或利润；且

（c）该技术保护措施是一种接入控制技术保护措施。

处罚：550罚款单位或监禁5年，或并罚。

例外——没有推广、宣传等

（2）若存在下列情况，第（1）款不适用于该人：

（a）该设备仅仅因为其被推广、宣传或营销为具有规避技术保护措施的目的而作为技术保护措施的规避设备。

（b）以下两项适用：

（i）该人没有作出此类推广、宣传或营销；

（ii）该人没有引导或要求（明示或默示）另一人作出此类推广、宣传或营销。

附注：关于第（2）款规定事项的举证责任由被告承担（参见《刑法典》第13.3（3）条）。

例外——兼容性

（3）若存在下列情况，第（1）款不适用于该人：

（a）该规避设备将被用于规避技术保护措施以实现一个行为；且

（b）该行为：

（ⅰ）涉及一个电脑程序拷贝（原始程序），该拷贝并非侵犯版权复制品且为合法获得；且

（ⅱ）将不会侵犯原始程序的版权；且

（ⅱa）涉及规避发生时该人未能轻易获得的原始程序元素。且

（ⅲ）为了实现独立编写的电脑程序与原始程序或任何其他程序的兼容性这一目的而完成。

附注：关于第（3）款规定事项的举证责任由被告承担（参见《刑法典》第13.3（3）条）。

例外——加密方案研究

（4）若存在下列情况，第（1）款不适用于该人：

（a）该技术保护措施是一种接入控制技术保护措施；且

（b）规避设备将被用于规避接入控制技术保护措施，以实现某人（研究员）作出一个行为；且

（c）该行为：

（ⅰ）涉及作品或其他客体并非侵犯版权且为合法获得的复制品；且

（ⅱ）将不会侵犯作品或其他客体的版权；且

（ⅲ）为了实现确定和分析加密技术的缺陷和漏洞这一目的而完成；且

（d）该研究员：

（ⅰ）在加密技术领域的教育机构参与一门课程的学习；或

（ⅱ）在加密技术领域被聘用、培训或体验；且

（e）该研究员：

（ⅰ）已获得版权所有人或专用特许人的许可进行该行为；或

（ⅱ）已做出或将做出真诚努力去获得该项许可。

在本款中，加密技术指用数学公式或算法对信息进行编码和译码。

附注：关于第（4）款规定事项的举证责任由被告承担（参见《刑法典》第13.3（3）条）。

例外——计算机安全测试

（5）若存在下列情况，第（1）款不适用于该人：

（a）该技术保护措施是接入控制技术保护措施；且

（b）规避设备将被用于规避接入控制技术保护措施，以实现一个行为；且

(c)该行为:

(i)涉及一个并非侵犯版权复制品的电脑程序拷贝;且

(ii)将不会侵犯电脑程序的版权;且

(iii)为了实现测试、调查或纠正电脑、电脑系统或电脑网络的安全性这一目的而完成。且

(iv)经电脑、电脑系统或电脑网络的所有人许可而完成。

附注:关于第(5)款规定事项的举证责任由被告承担(参见《刑法典》第13.3(3)条)。

例外——执法和国家安全

(6)第(1)款不适用于任何为下列目的:

(a)执法;或

(b)国家安全;或

(c)履行法定职能,权力或职责;

由联邦、国家或地区或这些机构的权力机关依法实行或以其名义依法实行的行为。

附注:关于第(6)款规定事项的举证责任由被告承担(参见《刑法典》第13.3(3)条)。

辩护——图书馆等

(7)第(1)款不适用于以下依法履行其职能作出行为的机构:

(a)图书馆(并非为直接或间接实现个人或部分人利益的图书馆);

(b)下列条款提及的机构:

(i)第10(1)条(a)款关于"档案馆"的定义;或

(ii)第10(4)条。

(c)教育机构;

(d)一个公共非商业广播电台(包括一个《1992年广播服务法案》界定的提供全国性广播服务的机构,和一个该法案界定的拥有社区广播牌照的机构)。

附注1:从事商业盈利活动的个人拥有的图书馆本身可能不是以盈利为目的(见第18条)。

附注2:关于第(7)款规定事项的举证责任由被告承担(参见《刑法典》第13.3(3)条)。

(8)若关于某人就作品或其他主体事项依法作出的任何行为存在下列情况,则本节不适用:

(a)该人依照《1983年档案法案》第64条规定拥有该作品或其他主体事项的保管权;且

(b)根据第(7)款,澳大利亚国家档案馆作出该行为是合法的。

附注:关于第(8)款规定事项的举证责任由被告承担(参见《刑法典》第13.3(3)条)。

132APE 技术保护措施规避设备的提供等

(1)若存在下列情况,某人则构成犯罪:

(a)该人:

(i)为他人提供设备;或

(ii)向公众提供设备。

(b)该人作出行为意在获得商业利益或利润;且

(c)该技术保护措施是一种接入控制技术保护措施。

处罚:550 罚款单位或监禁5年,或并罚。

辩护——没有推广、宣传等

(2)若存在下列情况,第(1)款不适用于该人:

(a)该设备仅仅因为其被推广、宣传或营销为具有规避技术保护措施的目的而作为技术保护措施的规避设备。

(b)以下两项适用:

(i)该人没有作出此类推广、宣传或营销;

(ii)该人没有引导或要求(明示或默示)另一人作出此类推广、宣传或营销。

附注:关于第(2)款规定事项的举证责任由被告承担(参见《刑法典》第13.3(3)条)。

辩护——兼容性

(3)若存在下列情况,第(1)款不适用于该人:

(a)该规避设备将被用于规避技术保护措施以实现一个行为;且

(b)该行为:

(i)涉及一个电脑程序拷贝(原始程序),该拷贝并非侵犯版权复制品且为合法获得;且

(ii)将不会侵犯原始程序的版权;且

(iia)涉及规避发生时该人未能轻易获得的原始程序元素。且

(iii)为了实现独立编写的电脑程序与原始程序或任何其他程序的兼容性这一目的而完成。

附注：关于第（3）款规定事项的举证责任由被告承担（参见《刑法典》第13.3（3）条）。

辩护——加密方案研究

（4）若存在下列情况，第（1）款不适用于该人：

（a）该技术保护措施是一种接入控制技术保护措施；且

（b）规避设备将被用于规避接入控制技术保护措施，以实现某人（研究员）作出一个行为；且

（c）该行为：

（i）涉及作品或其他主体事项并非侵犯版权且为合法获得的复制品；且

（ii）将不会侵犯作品或其他主体事项的版权；且

（iii）为了实现确定和分析加密技术的缺陷和漏洞这一目的而完成；且

（d）该研究员：

（i）在加密技术领域的教育机构参与一门课程的学习；或

（ii）在加密技术领域被聘用、培训或体验；且

（e）该研究员：

（i）已获得版权所有人或专用特许人的许可进行该行为；或

（ii）已做出或将做出真诚努力去获得该项许可。

在本款中，加密技术指用数学公式或算法对信息进行编码和译码。

附注：关于第（4）款规定事项的举证责任由被告承担（参见《刑法典》第13.3（3）条）。

辩护——计算机安全测试

（5）若存在下列情况，第（1）款不适用于该人：

（a）该技术保护措施是接入控制技术保护措施；且

（b）规避设备将被用于规避接入控制技术保护措施，以实现一个行为；且

（c）该行为：

（i）涉及一个并非侵犯版权复制品的电脑程序拷贝；且

（ii）将不会侵犯电脑程序的版权；且

（iii）为了实现测试、调查或纠正电脑、电脑系统或电脑网络的安全性这一目的而完成。且

（iv）经电脑、电脑系统或电脑网络的所有人许可而完成。

附注：关于第（5）款规定事项的举证责任由被告承担（参见《刑法典》第13.3（3）条）。

辩护——执法和国家安全

(6)第(1)款不适用于任何为下列目的:

(a)执法;或

(b)国家安全;或

(c)履行法定职能,权力或职责;

由联邦、国家或地区或这些机构的权力机关依法实行或以其名义依法实行的行为。

附注:关于第(6)款规定事项的举证责任由被告承担(参见《刑法典》第13.3(3)条)。

辩护——图书馆等

(7)第(1)款不适用于以下依法履行其职能作出行为的机构:

(a)图书馆(并非为直接或间接实现个人或部分人利益的图书馆);

(b)下列条款提及的机构:

(i)第10(1)条(a)款关于"档案馆"的定义;或

(ii)第10(4)条;

(c)教育机构;

(d)一个公共非商业广播电台(包括一个《1992年广播服务法案》界定的提供全国性广播服务的机构,和一个该法案界定的拥有社区广播牌照的机构)。

附注1:从事商业盈利活动的个人拥有的图书馆本身可能不是以盈利为目的(见第18条)。

附注2:关于第(7)款规定事项的举证责任由被告承担(参见《刑法典》第13.3(3)条)。

(8)若关于某人就作品或其他主体事项依法作出的任何行为存在下列情况,则本节不适用:

(a)该人依照《1983年档案法案》第64条规定拥有该作品或其他主体事项的保管权;且

(b)根据第(7)款,澳大利亚国家档案馆作出该行为是合法的。

附注:关于第(8)款规定事项的举证责任由被告承担(参见《刑法典》第13.3(3)条)。

135ZZJA 部分适用

(1)若转播发生在互联网上,本部分不适用于无线广播的转播。

(2)若存在下列情况,本部分不适用于转播:

(a)该转播是由卫星BSA许可人进行的转播;且

(b)第135ZZZI条第（1）或第（2）款适用于该转播。

200AAA 教育机构网络代理

（1）本部分适用于以下情形：

（a）当电脑系统由管理教育机构的实体运营或由其代表运营时；且

（b）系统运营的首要目的是使教育机构的员工和学生获得网络上以教育为目的的内容的服务（不论该服务的获得是通过网络或仅通过该系统）；且

（c）系统可以自动进行如下活动：

（i）作为对用户操作指令的回应，暂时使用户可以通过网络和该系统获得作品的电子复制品；且

（ii）作为对用户操作指令的回应，暂时使用户可以通过网络和该系统获得其他客体的电子复制品；且

（d）复制品的目的仅用于提高系统用户日后获得作品和其他客体的效率。

（2）通过第（1）（c）款和（d）款所指的系统复制的作品或其他客体的版权不被以下内容侵犯：

（a）该复制品；或

（b）为系统用户提供的、使用该复制品进行的作品或其他内容的传输。

（3）本部分不限制第28、43A、43B、111A或111B条的适用。

（4）在决定作品或其他客体的版权是否被以下行为侵权时，可以忽略本部分：

（a）该行为涉及类似（1）分段所述的系统，但该系统不按照第（1）（a）款和（b）款所述方式运营；且

（b）该行为与第（2）（a）段或（b）段所述行为相对应。

（5）在本部分中：

系统包括网络。

明细表 1

20 适用

本目录规定的修订条款在以下情形下适用：

（a）在本目录开始生效后产生的作品或公开出版的作品；

（b）在本目录开始生效后进口到澳大利亚的电脑程序复制品（不论其产生于本目录开始生效之前或之后）；

（c）在本目录开始生效后进口到澳大利亚的电子文学作品或音乐的复制品（不论其产生于本目录开始生效之前或之后）。

电子交易法*

（法案序号 1999 第 162 号修订）

此汇编于 2011 年 6 月 22 日完成，收录了直至 2011 年第 33 号法案的修正案。

凡在该日期前未生效的修正案文本都在"注意"部分以附件形式收录。

包含的修正案的生效可能受到"注意"部分中所列举的生效规定的约束。

本汇编由总检察长部立法起草和出版办公室于堪培拉完成。

第一章 介 绍

1.【标题】（见"注释"1）
本法案可以《电子交易法 1999》的名称被引用。

2.【开始生效】（见"注释"1）
（1）受第 2 款约束，本法案从宣布的确定日期起开始生效。
（2）若本法案在第 1 款所指的自获得皇室同意的当日起 6 个月内未开始生效，那么本法案将从该 6 个月的期间截止后的次日开始生效。

3.【目的】
本法案的目的是提供一个规范性框架，并使其：
（a）认识到信息经济对澳大利亚未来经济和社会繁荣的重要性；并且
（b）促进电子交易的使用；并且
（c）促进商业发展，提供社会公众对于电子交易使用的信心；并且
（d）使商业实体和社会能够使用电子通信方式处理与政府之间的事务。

---

* 译者：毕雪，北京大学法学院。

4.【简要梗概】

以下是本法案的简要大纲：

根据联邦法律，交易不因其通过一种或一种以上的电子通信方式发生而无效。

以下由联邦法律施加的可以通过电子方式满足的要求：

（a）以书面形式提供信息的要求；

（b）提供签名的要求；

（c）生成文件的要求；

（d）记录信息的要求；

（e）保留文件的要求。

根据联邦法律，规定发出和接收电子信息的时间和地点如何决定的相关内容。

根据联邦法律，只有在电子信息是由其声明作者发出或经其授权发出时，该电子信息的声明作者才受本法约束。

2A 部分包含适用于包括电子信息内容的合同的相关规定，包括以下内容（尤其是网络相关）的规定：

（a）未指明相对人的订立合同的提议，应视为要约邀请，而不是经相对人同意即可成立合同的要约；

（b）自动生成的合同不因其未经自然人审查或干预而违法、无效或不可强制执行；

（c）包含输入错误的电子信息在特定情形下可以部分撤回；

（d）第 2 部分某些规定不适用于其自身的执行。

5.【定义】

（1）本法中，除非有相反的意思：

电子信息的收信人指电子信息发出者意图使信息到达的人，但是不包括作为电子信息传送媒介的人。

自动信息系统指用以发出全部或部分数据信息或回应全部或部分数据信息的电脑程序或电子或其他形式的系统，其每次发出或回应信息都不需自然人审查或干预。

联邦实体指：

（a）部长；或

（b）联邦长官或雇员；或

（c）根据联邦法律担任或执行官方职务的个人；或

（d）联邦当局；或

（e）联邦当局的雇员。

同意包括可以通过相对人的行为合理推断的同意。

数据包括1968《著作权法》定义下的电脑程序的全部或部分。

数据存储设备指通过其可以复制信息的任何物品或材料（例如，光盘），可以使用或不使用其他物品或设备辅助。

电子信息指：

（a）以数据、文本或图片形式，通过有导向的和/或无导向的电磁能量传输的信息；或

（b）以声音形式存在，通过有导向的和/或无导向的电磁能量传输的，声音在传输终点通过自动声音识别系统处理的信息。

信息指以数据、文本、图片或声音形式存在的信息。

信息系统指产生、发出、存储或处理电子信息的系统。

信息技术要求包括软件要求。

非盈利组织指不以盈利为目的、不以为其成员牟利为目的存在的组织实体，根据其章程，其不得向其成员以现金、财产或其他形式分配利润。

电子信息的作者指在电子信息存储（如有）前，制作、发出或被代理制作、发出电子信息的人，但不包括作为电子信息传输媒介的人。

合同的履行包括合同不履行。

营业处所指：

（a）涉及个人时，不包括（b）段所指的实体——指个人保持连续地经营以实现某个经济活动目标，而不是在某个特定地点暂时性的提供商品或服务；或

（b）涉及政府、政府授权者或非营利组织时——指任何由政府、政府授权者或非盈利组织实施营业或活动的地点。

交易包括：

（a）任何其实质为合同、协议或其他安排的交易；和

（b）任何陈述、声明、要求、通知或请求，包括双方基于合同、协议或其他安排的成立或履行而被要求作出或自愿作出的要约和承诺；和

（c）任何非商业性质的交易。

2. 2001年6月1日前，本法（不包括本部分）：联邦法律指规定中明确指定的联邦某部法律。

6.【王室受约束】

本法全部内容对王室具有约束力。

7.【外部领地】

本法延伸适用于所有外部领地。

7A.【免除条款】

(1) 其他规章可能规定本法全部或部分不适用：

(a) 该等规章为了本部分的目的而列举的交易、要求、允许、电子信息或其他明确指出的事项或其他明确指出的种类；或

(b) 该等规章为了本部分的目的而明确指出的特定情形或种类。

(2) 规章可以规定本法全部或特定条款不适用于某些联邦法律。

7B.【其他免除情形】

法院免除情形

(1) 2A 部分和第 2 部第 2 部分不适用于法院或法庭的实践和程序。为此，实践和程序包括所有法院可能制定的规则。

1995 证据法不受影响

(2) 2A 部分和第 2 部第 2 部分不影响：

(a) 1995 证据法；或

(b) 相当于 1995 证据法的州法或领地法；或

(c) 规定了在法院诉讼程序中证据列示方式的州法、领地法或联邦规则。

第二章　电子信息法律要求的适用

【第 1 节】联邦法律规定的交易合法性的一般原则

8.【电子交易的合法性】

(1) 根据联邦法律的规定，交易不因其全部或部分以一种或一种以上电子信息方式发生而违法。

(2) 当交易的合法性可根据本部分另外的、更加具体的规定判断时，第 1 款所述一般原则不适用。

【第 2 节】联邦法律的要求

9.【书面形式】

书面形式通知的要求：

(1) 如果联邦法律要求个人提供书面信息，那么该个人通过电子通信方式提供信息即可被认为已经完成了提供书面信息的要求，若：

（a）在任何情形下，当信息发出时，能够合理预见该信息将被对方获得并对随后的相关人有用；且

（b）若该信息被要求传输给联邦实体，或传输给代表联邦实体的个人，且根据特定信息技术的要求，该实体要求该信息通过某种特定的电子通信方式传输——该实体的要求已经被满足；且

（c）若该信息被要求传输给联邦实体，或传输给代表联邦实体的个人，且该实体要求必须采取特殊行动证明信息已经接受——该实体的要求已经被满足；且

（d）若信息被要求传达的对象既不是联邦实体，也不是代表联邦实体的个人——该信息传达对象同意信息以电子通信形式传输。

允许以书面形式传输信息：

（2）若联邦法律允许个人以书面方式传输信息，该个人可以以电子通信方式传输信息，若：

（a）在所有情形下——在任何情形下——当信息发出时，能够合理预见该信息将被对方获得并对随后的参考人有用；且

（b）若该信息被允许传输给联邦实体，或传输给代表联邦实体的个人，且根据特定信息技术的要求，该实体要求该信息通过某种特定的电子通信方式传输——该实体的要求已经被满足；且

（c）若该信息被允许传输给联邦实体，或传输给代表联邦实体的个人，且该实体要求必须采取特殊行动证明信息已经接受——该实体的要求已经被满足；且

（d）若信息被允许传达的对象既不是联邦实体，也不是代表联邦实体的个人——该信息传达对象同意信息以电子通信形式传输。

某些其他法律不受影响

（3）本部分不影响任何其他规定根据某种特定的信息技术要求进行信息传输的要求或许可的联邦法律的效力：

（a）在某种特定的数据存储设备上；或

（b）以某种特定的电子通信方式。

传输信息

（4）本部分适用于所有传输信息的要求或许可，不论其使用了"提供"、"发出"或其他任何表达方式。

（5）根据本部分，"传输信息"包括但不限于：

（a）提出申请；

(b)提出索赔；

(c)发出通知；

(d)提出退货请求；

(e)提出请求；

(f)发表声明；

(g)提出或颁发证书；

(h)参加、变更或取消竞选；

(i)提出反对意见；

(j)陈述原因。

10.【签名】

签名的要求：

(1)若联邦法律要求个人提供签名，该要求被认为已经满足，若：

(a)在任何情形下，已使用某种方式认证该个人且能够推断出该个人进行信息传输的意图；且

(b)在任何情形下，该使用的方式：

(i)在任何情形下，包括任何相关协议下，该方式是可靠地、可以适当实现该电子信息产生或传输的目的；或

(ii)其自身或与其他证据结合，可以证明已实现了(a)中所述的功能；且

(c)若签名被要求提供给联邦实体，或某代表联邦实体的个人，且该实体要求(a)中提及的所使用的方式须符合某些特定的信息技术要求——该实体的要求已经被满足；且

(d)若签名被要求提供的对象既不是联邦实体，也不是代表联邦实体的个人——作为签名提供对象的个人同意以(a)中所述的方式满足上述要求。

其他不受影响的法律：

(2)本部分不影响任何其他作出如下规定的联邦法律：

(a)包含电子签名的电子信息（不论其名称如何）；或

(b)包含独特的可识别电子形式的电子信息；或

(c)有关电子信息的某种特定方式被使用，用以认证该信息的创作者并推断该作者进行信息传输的意图。

(3)以上1中所指要求签名的法律包括明确规定了不签名效力的法律。

11.【文件的制作】

制作文件的要求：

(1)若联邦法律要求个人制作纸质、书面或其他形式的文件，当个人通

过电子信息、电子文件的方式制作文件时,该要求被认为已经满足,若:

(a)在任何情形下——在信息传输时考虑了所有相关条件,制作电子文件的方式提供了一种可靠的方式以保证文件中信息的完整性;且

(b)在任何情形下——当信息发出时,可以合理预见该电子文件中所包含的信息能够易于获得并被随后的相关人使用;且

(c)若文件制作的要求是由联邦实体或某代表联邦实体的个人提出,且该实体要求根据特定信息技术要求制作电子形式的文件,通过特定种类的电子信息方式传输——该实体的要求已经被满足;且

(d)若文件制作的要求是由联邦实体或某代表联邦实体的个人提出,且该实体要求采取某种特定方式证明文件已被收到——该实体的要求已被满足;且

(e)若文件制作的对象既不是联邦实体,也不是代表联邦实体的个人——作为文件制作并提供对象的个人同意以电子信息方式制作电子形式的文件。

允许制作文件:

(2)若联邦法律允许个人制作纸质、书面或其他材料形式的文件,则该个人可以以电子信息的方式制作电子形式的文件,而不必制作纸质、文章或其他材料形式的文件,若:

(a)在任何情形下——在信息传输时考虑了所有相关条件,制作电子文件的方式提供了一种可靠的方式以保证文件中信息的完整性;且

(b)在任何情形下——当信息发出时,可以合理预见该电子文件中所包含的信息能够易于获得并被随后的相关人使用;且

(c)若文件制作的许可是由联邦实体或某代表联邦实体的个人作出,且该实体要求根据特定信息技术要求制作电子形式的文件,通过特定种类的电子信息方式传输——该实体的要求已经被满足;且

(d)若文件制作的许可是由联邦实体或某代表联邦实体的个人作出,且该实体要求采取某种特定方式证明文件已被收到——该实体的要求已被满足;且

(e)若文件制作许可的对象既不是联邦实体,也不是代表联邦实体的个人——作为文件制作并提供对象的个人同意以电子信息方式制作电子形式的文件。

信息的完整性:

(3)根据本部分,当且仅当信息保持完整且未改变时,文件信息的完整性得以保持,除了:

在正常的信息传输、存储、展示过程中：

（a）增加了任何担保；或

（b）任何非实质性的改变。

某些不被影响的其他法律：

（4）本部分不影响任何其他规定按特定信息技术要求制作电子形式文件的联邦法律的效力：

（a）在特定的数据存储设备上；或

（b）通过特定的电子通信方式。

免除——移民和公民文件：

（5）日程1生效。

著作权：

（6）以下规定生效：

（a）为以下目的制作的电子文件不构成对该电子文件中所含著作或其他作品内容的著作权侵权：

（i）本部分；或

（ii）相当于本部分的州法或领地法；

（b）为以下目的，通过电子信息方式制作电子形式文件不构成对该电子文件中所含著作或其他作品内容的著作权侵权：

（i）本部分；或

（ii）相当于本部分的州法或领地法。

12.【保留】

信息的保存：

（1）若联邦法律要求个人以书面方式保存信息，当个人以电子形式保存信息时，该要求被视为已满足，若：

（a）在任何情形下，当保存信息时，能够合理预见该信息将易于被获得并对随后的使用人有用；且

（b）若相关法规要求以电子形式在某种特定的数据存储设备上保存信息——该要求已经满足。

书面文件的保存：

（2）若联邦法律要求个人在某一特定时期内保留书面的、纸质的或其他形式的文件，当该个人在该期间内保留电子形式的文件时，该要求视为已满足，若：

（a）在任何情形下，在制作电子文件时考虑了所有相关条件，制作电子

文件的方式提供了一种可靠的方式以保证文件中信息的完整性；且

（b）在任何情形下，当制作电子文件时，能够合理预见该信息将易于被获得并对随后的使用人有用；且

（c）若相关法规要求电子文件存储在某种特定的数据存储设备上——该要求已经满足。

（3）根据以上两部分，当且仅当信息保持完整、未改变时，文件所含信息的完整性被视为得到了保持，除了：在正常的信息传输、存储或展示过程中，

（a）增加了任何担保；或

（b）任何非实质性的改变。

电子信息的保存：

（4）若联邦法律要求个人（第一人）在某一特定时期内保存某一电子信息中所含的信息，当第一人保存或使其他人以电子形式保存该信息达到该特定期间时，该要求视为已满足：

（a）在任何情形下，当开始保存电子文件时，能够合理预见该信息将易于被获得并对随后的使用人有用；且

（b）在任何情形下，在开始保存电子文件时考虑了所有相关条件，制作电子文件的方式提供了一种可靠的方式以保证文件中信息的完整性；且

（c）在任何情形下，在整个持续的期间内，第一人还保存了或使他人保存了下列补充信息的电子版，该等补充信息是由第一人获得的、足以识别下列内容：

（i）电子信息的来源；

（ii）电子信息传输的终点；

（iii）电子信息发出的时间；

（iv）电子信息接收的时间；且

（d）在任何情形下——（c）款所指的补充信息开始保存时，能够合理预见该补充信息将易于被获得并对随后的使用人有用；且

（e）若相关法规要求以电子形式、在某种特定的数据存储设备上保存信息——该要求在整个期间内被满足。

（5）根据以上4部分，当且仅当信息保存完整、未更改时，电子传输所包含的信息的完整性视为被保持，除了：在正常的信息传输、保存或展示过程中，

（a）增加了任何担保；或

(b)任何非实质性改变。

著作权：

（6）为了以下目的制作电子文件不构成对文件中所包含的著作或其他内容的著作权的侵权：

（a）本部分；或

（b）与本部分相当的州法或领地法。

第三章　其他相关联邦法的规定

14.【发出的时间】

（1）根据联邦法，除非在发件人和电子通信收件人之间另外同意，通信发出的时间为：

（a）当电子通信在发件人或者一个代表发件人发送该通信的人的控制下；

（b）如果电子通信没有在发件人或者一个代表发件人发送该通信的人离开一个信息系统——电子通信被收件人收到的时间。

注解：b段适用于各方面使用一样的信息系统互换电子通信的情况。

（2）1分段适用于，即使信息系统支持的一个电子地址和以下第二节中提到的电子通信被发送到的地方不一样的情况。

14A. 收到的时间

（1）根据联邦法，除非在发件人和电子通信收件人之间另行达成协议：

（a）收到电子通信的时间为当电子通信变为在收件人指定的电子地址可以被收件人重新取回的时间；或

（b）收件人的另一个电子地址收到该电子通信的时间，当同时满足下列条件时：

（i）电子通信可以被收信人在该地址重新取回；且

（ii）收件人意识到电子通信已经被发送到该地址。

（2）根据（1）分段，除非在发件人和电子通信收件人之间另外同意，当该电子通信到达收件人的电子地址时，假定电子通信可以被收件人重新取回。

（3）第（1）分段适用于，即使信息系统支持的一个电子地址和14B中提到的电子通信被派遣到的地方不一样的情况。

14B. 发件地点和收件地点

（1）根据联邦法律，除非在发件人和电子通信收件人之间另行达成协议：

（a）电子通信应在发件人的营业地发出；同时

（b）电子通信应在收件人的营业地被接受。

（2）根据（1）分段关于电子通信的应用：

（a）除非另一个当事人证明该当事人表明在该地点没有营业地点，一个当事人的营业地点被假定为该当事人指明的地点；且

（b）如果当事人没有指明一个营业地点，同时只有一个营业地点，那么假定该地点为该当事人的营业地点；且

（c）如果一个当事人没有指明一个营业地点，且有多个营业地点，那么在交易结束前或交易结束时考虑到已知的或各方充分考虑的条件后，交易关系最近的营业地点为该当事人的营业地点；且

（d）如果一个当事人没有指明工作地点，同时有多个工作地点，但是（c）段无法应用——假定该当事人的主要地点是该当事人的唯一营业地点；同时

（e）如果一个当事人是一个自然人，同时没有营业地点，假定该当事人的营业地点为其惯常居所。

（3）一个地点不仅仅因为它满足以下条件而成为一个营业地点：

（a）当事人的器材和科技支持信息系统位于该地点；或

（b）信息系统可以被其他当事人所使用。

（4）仅依据一个当事人使用网络域名或电子邮件地址链接到某一个国家的事实，不能推断出其营业地点就在相关国家。

15.【电子通信的属性】

（1）根据联邦法律，除非在声称的发件人和电子通信收件人之间另行达成协议，只有当通信是由该声称的发件人或经其授权而发出时，该声称的电子通信发件人才受该通信的约束。

（2）第（1）分段的目的并不是影响规定以下内容的法律（书面或非书面）的效力：

（a）由某人参与的、属于本人实质的或明显的授权给他人的行为；或

（b）受他人参与的行为约束的人，该行为在该他人实质的或明显的授权范围内。

某些1995《证据法》规定等不受影响

（5）本部分不影响以下规定的效力：

（a）1995《证据法》第87部分或第88部分；或

（b）一州或领地关于1995《证据法》第87或88部分的法律；或

（c）规定某人被一方要求作为诉讼当事人的声明的一州或领地的法律，或普通法规则。

【第2A部分】——适用于关于电子通信合同的附加条款

15A. 本部分的适用

（1）根据第（2）分段，本部分适用于关于各方之间合同的成立或履行的电子通信，因此适用于：

（a）不论部分或全部当事人位于澳大利亚或别处；且

（b）不论合同是为了商业目的、个人目的、家族或家庭目的，或为了其他目的。

（2）本部分适用于一个合同或与一个合同有关，仅当：

（a）合同的准据法是（或基于它的构成是）一州或领地的法律；且

（b）在合同成立时，没有一州或领地的法律实质上和本部分一样明确。

15B. 处理相关合同的要约邀请

（1）通过一个或多个电子通信作出的订立合同的要约：

（a）不是针对某一个或某几个当事人的；且

（b）是使用信息系统的当事人通常可得到的；

应当视为要约邀请，除非明确表明发出建议的当事人具有一旦对方同意便愿意受到约束的意图。

（2）第（1）分段扩展适用于利用信息系统交流工具下单所形成的要约。

15C. 自动信息系统在合同订立中的使用——不受自然人干预

由以下各方订立的合同：

（a）自动信息系统和一个自然人之间的交流；或

（b）自动信息系统之间的交流；

如果在自动信息系统采取的任何行动中或最后形成的合同都没有经过自然人审阅或干预，是不合法的、无效的或不能强制执行的。

15D. 电子通信中关于合同的错误

（1）本部分适用于各方被要求作出或选择作出的、关于合同的订立或履行的、有关报告、声明、需求、通知或要求，包括要约和承诺。

（2）如果：

（a）一个自然人在与另一方的自动信息系统进行电子通信交流时发生输入错误；且

（b）该自动信息不提供此人更正错误的机会；

此人，或此人所代表的人，有权撤回电子通信中输入错误的部分，如果：

（c）此人，或此人所代表的人，在发现错误后尽快通知对方并告知对方在电子通信中发生错误；且

（d）此人，或此人所代表的任何一方，没有收到或使用从另一方处获得的商品或服务的任何实质性利益或价值。

（3）在本段中撤回电子通信的权利本身并不是一个解除或终止合同的权利。

（4）运用此法撤回电子通信部分内容的后果（如有）将参照任何可以适用的法律来判断。

注释：在一些情况下，撤回电子通信的部分内容可能导致电子通信的全部内容不合法或使其对于合同的订立无效（见2005年11月23日在纽约制定的《联合国国际合同使用电子通信公约》（UNCITRAL）附注第241段）。

15E. 有关合同的法律的适用

（1）根据第（2）分段，第8条和第14条第二节的规定适用于

（a）由合同约定或者关于合同的交易；或

（b）关于合同约定或履行合同的电子通信。

也同样适用于在那些部分中提到的交易或电子通信，且在没有标明"为了联邦法律的目的"和"根据联邦法律"的情况下同样适用。

（2）然而，此部分（包括第（1）分部）不适用于这样的范围内的合同，也与之没有关系：

（a）如果此大部分适用，第2大部分将自动生效；或

（b）如果此大部分适用，一州或领地的法律将（实质上和第2大部分一样）自动生效。

注释：本部分适用第2大部分关于合同或提议合同的规定，只要该等规定不会因其表述为根据"联邦法律"而适用而不被适用。此部分同时排除2A大部分的规定，只要第2大部分能够自动适用。第2大部分可能不适用的一种情况是当合同谈判发生在海外的州或领地时。

第四章 其 他

16. 条例

总督可以指定条例规定如下事项：

（a）要求或被此法允许来规定的；或

（b）必要或便于规定执行或使此法生效的。

17. 过渡规定——2011电子交易法修正案

（1）在7A分部开始生效之前根据本法案作出的规定继续有效，就像他们从制定时就有效一样。

（2）根据第（3）分段

（a）第15B条扩展至在开始日期前制定的建议书；同时

（b）第15C条扩展至在开始日期前实施的行动；同时

（c）第15D条扩展至在开始日期前制定或发出的报告、声明、要求、通知函或请求，包括要约和承诺

（3）第（2）分段和2A部分不适用于有关在开始日期前签订的合同。

（4）在第（2）分段和第（3）分段，开始日期指的是第2A部分的开始日期。

明细表1——来自第11分部的移民豁免和公民权文件

注释：详见第11（5）分部。

1. 被豁免的移民文件

（1）第11分部不适用于与下列有关的被要求或允许制定的文件：

（a）移民法的规定的生效，关于：

（i）签证的申请或者授予；或

（ii）签证的取消；或

（iii）一个人的驱逐出境；或

（b）移民法对于非公民的适用，如果当事人：

（i）没有签证或合理地被怀疑没有签证；或

（ii）想要非法进入澳大利亚或者合理地被怀疑想要非法进入澳大利亚；或

（iii）想要非法地进入移民区，或合理地被怀疑想要非法地进入移民区；或

（c）1958移民法的第2大部分的2、5、8或11章的执行；或

（d）1994移民规定的第1大部分的1.4、1.4A或1.4B的执行。

（2）用于第（1）段（a）或（b）的表达和1958移民法有一样的意思

（3）在这一条款：

移民法指的是

（a）1958移民法；或

（b）根据此法的规定

2. 豁免公民权文件

（1）第11部分不适用于与下列内容相关的被要求制作或允许制作的

文件：

（a）确定某人是或一直是澳大利亚公民；或

（b）与下列内容相关的公民法规定的生效：

（i）注册；或

（ii）申请或允许成为澳大利亚公民；或

（iii）申请或发出通知要求出示其澳大利亚公民身份的证据；或

（iv）取消或放弃澳大利亚公民证据；或

（v）声明放弃澳大利亚公民身份；或

（vi）废止澳大利亚公民身份；或

（c）公民法涉及如下内容规定的生效：

（i）保留登记簿；或

（ii）更正登记簿中的内容；或

（iii）取消登记簿中的某条内容。

（2）在本条下：

公民法指：

（a）2007澳大利亚公民法；或

（b）2007澳大利亚公民法的相关法规。

3. 明细表不限定第13条

本明细表不限定第13部分（处理第2章第2大部分的豁免情形）

明细表3

14. 定义

在此部分：

开始日期为2007澳大利亚公民权法第2A部分—54部分的开始的日期

20. 适用——1999电子交易法

明细表1第27条规定的修正内容适用于自生效之日起（含当天）被要求或允许制作的文件。

2001年禁止网络赌博法*

2001年第84号修正案

本汇编筹备于2012年3月16日,考虑到至2011年第46号法案为止的所有修正案在2012年3月16日之前尚未生效的修正案,附于注释部分已被汇编在内的修正案的执行可能会受到列于注释部分的条款的实施之影响立法起草与发布办公室(Office of Legislative Drafting and Publishing, OLDP)筹备澳大利亚司法部堪培拉一部关于禁止网络赌博及相关目的的法案

第一部分 简 介

1. 简称【见注释1】
本法案可被称为《2001年禁止网络赌博法》。

2. 生效【见注释1】
(1)除本节另有规定之外,本法自女王批准之日起生效。
(2)第二部分和第7A部分自本法案获得女王批准之日起第28日生效。
(2A) 2A部分自本法案获得女王批准之日起第28日生效。
(3)本法以下条款于公告中所确定的日期生效:
(a)第三部分;
(b)第42节;
(c)第43节;
(d)第48节;
(e)第49节;
(f)第五部分。

---

* 译者:李传慧,北京大学法学院。

(4)若第(3)小节中所述条款自本法获得女王批准之日起6个月内不能生效,则这些条款从6个月期限届满之后的第一天生效。

3. 简要大纲

以下是本法简要大纲:

本法通过以下措施对网络赌博服务进行规制:

(a)禁止将网络赌博服务提供给澳大利亚的用户;

(aa)禁止将以澳大利亚为基地的网络赌博服务提供给指定国家的用户;

(b)在澳大利亚用户可访问到相关禁止赌博内容的地区,建立一个控告体系来处理与网络赌博服务有关的事项。

任何人可以就与禁止网路赌博有关的内容向澳大利亚通信与传媒管理局(ACMA)控告。

如果禁止网络赌博的内容发生在澳大利亚境内,并且ACMA认为该投诉应当转交澳大利亚警方,那么ACMA必须将该控告转交澳大利亚警察机关成员。

如果禁止网络赌博的内容发生在澳大利亚境外,则ACMA必须:

(a)如果ACMA认为该内容应当提交执法机构——将该内容通知澳大利亚警方成员;并且

(b)将该内容通知网络服务提供商,使其可以根据行业准则或行业标准规定的程序(例如,向用户提供定期更新互联网内容的过滤软件),对该内容进行处理。

代表网络服务提供商的团体和协会应当设立一项行业准则。

如果不存在行业准则或行业准则不完善,那么ACMA有权制定行业标准。

禁止为网络赌博服务做宣传。

4. 定义

在本法案中,除非出现相反意图,否则:

路径(access) 与《1992年广播服务法》中一览表5中的含义相同。

ACMA 指澳大利亚通信与传媒管理局。

澳大利亚(Australia),当在地理意义上使用时,包含海外领地。

澳大利亚用户链接(Australian customer link) 的含义在第8节中予以定义。

澳大利亚警方指:

(a)澳大利亚联邦警察;或者

(b)州或领地警察。

赌博(bet) 包含打赌(wager)。

广播服务指澳大利亚提供的广播服务(与《1992年广播服务法》中的定义相同)。

商业(Business) 包括贸易或商业上的企业或公司,无论其是否以定期的、反复的或持续性的方式运行。为避免不确定性,必须注意,会所或社团为其会员提供服务,同样也可视为商业往来中提供的服务。

民事诉讼程序包括民事诉讼。

内容服务(content service) 意指通过列传输服务(listed carriage service)提供的内容服务(与《1997年电子通信法》中的定义相同)。

数据广播许可与《1992年广播服务法》中的含义相同。

数据广播服务指澳大利亚境内拥有数据广播许可者提供的数据广播服务(在《1992年广播服务法》所定义的范围之内)。

指定广播链接的含义由第8C节予以定义。

指定国家由第9A节予以规定。

指定国家—用户链接由第9B节规定。

指定数据广播链接由第8C节规定。

指定网络赌博事项由第35节规定。

指定通知方案所指方案包括:

(a)具有替代服务性质的方案;

(b)ACMA能够根据该方案,并基于本法的目的,将事实或情况通知每个网络服务提供商;

注释:例如,ACMA可以(通过安全或非安全方式)将事实或情况在网络上予以公开。

采取行动指:

(a)作为;或

(b)不作为。

排除在外的游戏服务由第8B节规定。

排除在外的抽奖服务由第8D节规定。

排除在外的打赌服务由第8A节规定。

免税服务由第10节规定。

联邦法院指澳大利亚联邦法院。

赌博服务意指:

(a)提供下注、押注、接收赌注和承兑赌注的服务;

(b)唯一或主要目的是将想下注或押注的个人介绍给那些愿意接收或承

兑赌注的人的服务；

（c）经营彩票的服务；

（d）提供奖券的服务；

（e）提供赌博游戏的服务；

（i）该游戏是以金钱或其他任何有价物为赌注的；

（ii）该游戏是一种碰运气或者既靠运气又靠技术的游戏；

（iii）为玩该游戏或者加入该游戏，顾客支付或者同意支付报酬；

（f）上述没有提到的其他赌博服务（按照对赌博一词的通常理解）。

游戏包括电子游戏。

行业准则的含义由第33节规定。

行业标准的含义由第34节规定。

网络赌博服务的含义由第5节规定。

注释：该定义与第15节和第7A部分规定的犯罪行为相关。

网络传输服务是指能使终端用户与网络连接的列传输服务。

网络内容与《1992年广播服务法》中一览表5中的含义相同。

网络服务提供商与《1992年广播服务法》中一览表5中的含义相同。

列传输服务（listed carriage service）与《1997年电子通信法》中的含义相同。

彩票包括电子彩票。

网络供应商规则的内容由第54节规定。

禁止网络赌博内容是指终端用户以用户身份访问或者可以访问到的与禁止网络赌博相关的网络内容。

注释：该定义与控告体系相关。

禁止网络赌博服务的含义由第6节规定。

注释：该定义与控告体系相关。

特殊路径阻止通知是指符合第27节规定的通知。

标准路径阻止通知是指符合第24（1）（c）项规定的通知。

标准电话服务与《1997年电子通信法》（消费者保护和业务标准一章）中规定的含义相同。

电话投注服务是指完全通过语音呼叫的方式向顾客提供赌博服务的一种标准电话服务。

票根包括电子票根。

语音呼叫，无论客户是否通过电话上的按钮或者其他按键进行回复，其通常指：

(a)通常含义所指的语音呼叫；

(b)包含录制语音和合成语音的呼叫；

(c)如果（a）和（b）中所包含的呼叫对于某一有残疾的特定客户（例如，该客户有听力损伤）不可行，那么与前两项中任意一项意思相当的呼叫也称为语音呼叫。

5. 网络赌博服务

(1)根据本法目的，**网络赌博服务**所指的赌博服务符合以下条件：

(a)该服务是通过开展商业活动提供的；

(b)该服务通过以下方式提供给用户：

(i)网络传输服务；

(ii)其他任何列传输服务；

(iii)广播服务；

(iv)其他内容服务；

(v)数据广播服务。

注释：该定义与第15节和第7A部分规定的犯罪行为相关。

(2)第（1）款规定的内容受第（3）款的影响。

排除在外的服务

(3)根据本法目的，以下服务不属于**网络赌博服务：**

(a)电话投注服务；

(aa) 排除在外的打赌服务（见第8A节）；

(ab) 排除在外的游戏服务（见第8B节）；

(ac) 有指定广播链接的服务（见第8C节）；

(ad) 有指定数据广播链接的服务（见第8C节）；

(ae) 排除在外的彩票服务（见第8D节）；

(b)与签订以金融产品（按照《2007年公司法》第七章中关于金融产品的定义）为标的的合同相关的服务；

(c)被豁免服务（见第10节）。

6. 禁止的网络赌博服务

(1)根据本法目的，**禁止的网络赌博服务**包括以下赌博服务：

(a)该服务是通过开展商业活动提供的；

(b)该服务是通过网络传输服务提供给顾客的；

(c)目前在澳大利亚的人可以成为其客户的服务。

注释：该定义与控告体系相关。

（1A）据第（1）（c）项的规定，判定目前在澳大利亚的人是否能够成为一项服务的客户时，所假定前提是这人不会伪造或者隐瞒其身份或住处。

（2）第（1）款规定的内容受第（3）款的影响。

排除在外的服务

（3）根据本法目的，以下服务不属于禁止的网络赌博服务：

（aa）排除在外的打赌服务（见第8A节）；

（ab）排除在外的游戏服务（见第8B节）；

（ac）有指定广播链接的服务（见第8C节）；

（ad）有指定数据广播链接的服务（见第8C节）；

（ae）排除在外的彩票服务（见第8D节）；

（a）与签订以金融产品（按照《2007年公司法》第七章中关于金融产品的定义）为标的的合同相关的服务；

（b）被豁免服务（见第10节）。

8. 澳大利亚—用户链接

根据本法目的，当且仅当该服务的所有用户目前都在澳大利亚，该赌博服务才拥有**澳大利亚—用户链接**。

8A. 排除在外的打赌服务

（1）根据本法目的，**排除在外的打赌服务**是指：

（a）与以下内容相关的下注服务：

（ⅰ）赛马；

（ⅱ）轻驾车赛马；

（ⅲ）猎犬赛跑；

（ⅳ）体育赛事；

（b）（a）项中不包含以下程度的下注相关服务：

（ⅰ）一件事；

（ⅱ）一系列事件；

（ⅲ）偶发事件；

（1A）第（1）款只在本法规中已做出规定的其他条件满足时才适用。

（2）第（1）款中（a）和（b）项不适用于以下服务：

（a）该赌博服务与某一体育赛事的收入相关，且仅在该赛事开始之后才进行押注、下注、接收和承兑赌注；

（b）该赌博服务与一项体育赛事过程中可能发生、可能不发生的偶发事件相关，且在该赛事开始之后才进行押注、下注、接收和承兑赌注；

（3）第（1）款中（b）项不适用于以下服务：

（a）该服务是通过刮彩票或者其他即刻兑奖彩票提供的；

（b）刮彩票或者其他即刻兑奖彩票活动中提供票根的服务；

（c）与刮彩票或者其他即刻兑奖彩票活动的结果相关的赌博服务；

（d）进行第4节中**赌博服务**定义下（e）项中所包含活动的服务；

（e）与碰运气或者既包含运气又包含技术的游戏的结果相关的赌博服务。

8B. 排除在外的游戏服务

（1）根据本法目的，**排除在外的游戏服务**是指，向公共场所的客户提供第4节**赌博服务**的定义中（e）项规定的服务内容。

（1A）第（1）款仅在本法规定的其他条件满足时才适用。

（2）在本节中：

公共场所是指公众或者一部分公众通常可以通过付款或者受邀进入的场所或者场所的一部分（包括，例如，商场、娱乐场、酒吧或者俱乐部）。

部分公众人士包括某些俱乐部、社团或者组织的成员，但不包括仅由在一般地方工作的人或者普通雇员组成的群体。

8C. 指定广播链接和指定数据广播链接

指定广播链接

（1）根据本法目的，一项赌博服务满足以下条件则拥有**指定广播链接**：

（a）满足其中一项条件者：

（i）该服务与某一项目、某一系列项目有直接的和专门的关系，如广播服务中的广播；

（ii）该赌博服务的唯一目的是推销在某一广播服务中打广告的产品或服务（非赌博服务），而该赌博服务恰与广告有关。

（b）满足本法规设定的其他条件。

指定数据广播链接

（2）根据本法目的，一项赌博服务满足以下条件则拥有**指定数据广播链接**：

（a）满足其中一项条件者：

（i）该服务与某一内容、某一系列内容有直接的和专门的关系，并通过数据广播服务进行传送；

（ii）该赌博服务的唯一目的是推销在某一数据广播服务中打广告的产品或服务（非赌博服务），而该赌博服务恰与广告有关。

（b）满足本法规规定的其他条件。

（3）在本节中：

内容，与数据广播服务相关，不包括广告或赞助材料。

项目与《1992年广播服务法》中的含义相同，但不包括广告或赞助材料。

8D. 排除在外的博彩业务

（1）根据本法目的，**排除在外的博彩业务**是指：

（a）经营博彩业的服务；

（b）供应彩票券的服务。

（1A）第（1）款只在本法规定的其他条件满足时才适用。

（1B）不影响（1A）款适用的情形下，根据该款目的，本法规定彩票不能是：

（a）高度重复和频繁的基诺型彩票；

（b）类似的彩票。

（2）第（1）款不适用于以下电子形式的彩票：

（a）刮奖彩票；

（b）其他即时兑奖彩票。

9A. 指定国家

（1）部长将根据本法目的，通过书面形式，宣告某些国家属于指定国家。

（2）根据第（1）款所作的宣告相应地具有法律效力。

（3）部长只有在以下情况下才能根据第（1）款宣告某些国家为指定国家：

（a）该国政府要求部长对其进行宣告；并且

（b）该国存在现行有效的国家立法与本法第15节相一致。

（4）在根据第（1）款的规定进行宣告的90日前，部长应当在以下报刊发布一则通知以表明部长做出该宣告的目的：

（a）《公报》；和

（b）在每个州、北领地和澳大利亚首都领地都发行的报纸；

（5）在决定是否根据第（1）款对某一国进行宣告时，部长必须充分考虑到该国政府对此做出的：

（a）任何不满言论；和

（b）任何支持的言论。

（6）根据《1901年法律解释法》第46A节的规定，依第（1）款所作文件是可否决的。

9B. 指定国家—用户链接

根据本法目的，一项赌博服务当且仅当其所有用户都在指定国家时，才拥有**指定国家—用户链接**。

10. 豁免服务

（1）部长可以根据本法目的，通过书面形式，确定特定种类的服务中某种服务为**豁免服务**。

（2）第（1）款中的决定相应地具有法律效力。

（3）根据《1901年法律解释法》第46A节的规定，依第（1）款所作文件是可否决的。

11. 使用（use）的扩展含义

除非有相反目的，在本法中，当提到使用某一东西时，是指

（a）单独使用某一东西；或者

（b）与另外一个或更多东西一起使用。

12. 皇室亦受约束

（1）在该法下，皇室在其身份下同样受到约束。

（2）本法免除女王因违法行为受到控告。

（3）第（2）款中的例外保护不适用于国王授权的其他人。

13. 推广到海外领地

本法适用于所有海外领地。

14. 域外适用

除非有相反目的，本法同样适用于澳大利亚境外的作为、不作为、事件和情况。

第二部分　向澳大利亚境内用户提供网络赌博服务的违法行为

15. 向澳大利亚境内用户提供网络赌博服务的违法行为

（1）行为人的以下行为违法：

（a）故意提供网络赌博服务；并且

（b）该服务拥有澳大利亚—客户链接（见第8节）。

罚款：2000罚金单位。

（2）构成第（1）款规定的违法行为者在该行为持续期间，同时违反另

一单独规定（包括触犯定罪行为那天及其以后的任何一天）。

（3）如果该行为人有以下情节，则第（1）款规定不予适用：

（a）不知道；并且

（b）在尽到合理的注意义务下不可能知道。

该服务拥有澳大利亚—客户链接。

注释：被告就第（3）款内容承担举证责任。（参见《刑法典》第13.3(3)节）

（4）根据第（3）款目的，在判定某一行为人是否在尽到合理注意义务的情况下仍然不可能知道该服务拥有澳大利亚—客户链接时，应当考虑以下情况：

（a）潜在用户是否知道澳大利亚法律禁止向澳大利亚境内的人提供网络赌博服务；

（b）客户是否被要求签署一份文件，该文件中的明示条款规定，身在澳大利亚的客户不得使用赌博服务；

（c）该行为人是否要求客户提供详细个人信息，如果是，这些详细信息是否表明该客户目前不在澳大利亚；

（d）该行为人是否有相关网络数据表明客户目前不在澳大利亚：

（ⅰ）当相关客户账号开通时；

（ⅱ）在整个网络赌博服务提供过程中；

（e）其他相关情况。

（5）违反第（1）款的行为适用《刑法典》第15.4节的规定。

第二 A 部分　向指定国家的用户提供网络赌博服务的违法行为

15A. 向指定国家的用户提供网络赌博服务的违法行为

（1）任何人的以下行为违法：

（a）故意提供以澳大利亚为基地的网络赌博服务；并且

（b）该服务拥有指定国家—客户链接（见第9B节）。

罚款：2000 罚金单位。

（2）构成第（1）款规定的违法行为者在该行为持续期间，同时违反另一单独规定（包括触犯定罪行为那天及其以后的任何1天）。

（3）如果该行为人有以下情节，则第（1）款的规定不适用：

（a）不知道；并且

（b）在尽到合理的注意义务下不可能知道。

该服务拥有指定国家—客户链接。

注释：被告就第（3）款内容承担举证责任。（参见《刑法典》第13.3（3）节）

（4）根据第（3）款目的，在判定某一行为人是否在尽到合理注意义务的情况下仍然不可能知道该服务拥有指定国家—客户链接时，应当考虑以下情况：

（a）潜在用户是否知道澳大利亚法律禁止向澳大利亚境内的人提供网络赌博服务；

（b）客户是否被要求签署一份文件，该文件中的明示条款规定，身在澳大利亚的客户不得使用赌博服务；

（c）该行为人是否要求客户提供详细个人信息，如果是，这些详细信息是否表明该客户目前不在澳大利亚；

（d）该行为人是否有相关网络数据表明客户目前不在澳大利亚：

（i）当相关客户账号开通时；

（ii）在整个网络赌博服务提供过程中；

（e）其他相关情况。

（5）违反第（1）款行为适用《刑法典》第15.4节的规定（扩展的地域管辖——D类）。

（6）根据本节目的，**以澳大利亚为基地的网络赌博服务**是指该服务有澳大利亚供应商链接。

（7）根据本节目的，当且仅当满足以下任一条件时，一项网络赌博服务拥有**澳大利亚供应商链接**：

（a）该服务是通过在澳大利亚境内开展商业活动提供的；

（b）该服务的主要管理和控制在澳大利亚；

（c）该服务通过澳大利亚境内的办事处提供；

（d）该服务通过网络传输服务提供，并且所有相关网络内容都在澳大利亚境内主办。

（8）根据本节目的，**相关网络内容**，是终端用户以用户身份访问或者可以访问到的与禁止网络赌博相关的网络内容。

第三部分 控告体系：禁止的网络赌博内容

第 1 章 向 ACMA 控告

16. 关于禁止的网络赌博内容的控告

（1）如果他人有理由相信澳大利亚境内的终端用户通过网络传输服务可以访问到禁止的网络赌博内容，其可以就此向 ACMA 控告。

控告内容

（2）根据第（1）款做出针对特定网络内容的控告必须同时满足以下条件：

（a）确认网络内容；

（b）阐明如何访问该网络内容（例如：说明网络地址或者密码）；

（c）如果控告者了解发布该内容的国家，说明有哪些国家；

（d）说明控告者认为该网络内容是禁止的网络赌博内容的原因；

（e）说明其他 ACMA 要求的提供信息（如果有的话）。

17. 关于违反网络供应商规则等的控告

如果他人有理由相信下列情形，则其有权就相关情况向 ACMA 进行控告：

（a）网络服务提供商违反了第四部分中规定的适用于网络服务提供商的准则；

（b）网络服务提供商违反了适用于提供商的网络供应商规则。

18. 控告的形式

（1）根据本章规定实施的控告必须采用书面形式。

（2）但是，经 ACMA 许可，按照指定软件的要求，控告也可通过特定的电子传输形式进行。

19. 原告的管辖等

只有满足以下任一条件者，才能根据本章规定进行控告：

（a）定居在澳大利亚的自然人；

（b）在澳大利亚境内进行活动的法人团体；

（c）联邦，州，或者领地。

第 2 章 ACMA 进行的调查

20. ACMA 针对控告进行调查

（1）对于根据第 1 章规定作出的控告，ACMA 必须进行调查。

（2）第（1）款效力受第（3）、（4）款的影响。

澳大利亚境内发布的网络内容——将控告转交澳大利亚警方

（3）如果该控告涉及澳大利亚境内发布的网络内容：

（a）ACMA 不能对此控告进行调查；并且

（b）如果 ACMA 认为该控告应当转交澳大利亚警方——ACMA 必须：

（ⅰ）将该控告转交澳大利亚警方当局成员；并

（ⅱ）向控告者进行书面回复，告知该控告已经转交。

无意义或无确实根据的控告

（4）如果有以下情况，ACMA 不需要该控告进行调查：

（a）ACMA 确定该控告是：

（ⅰ）无意义的；

（ⅱ）无确实根据的；

（ⅲ）并非出于善意的。

（b）ACMA 有理由相信该控告的目的，或者部分目的是干扰或者降低行政效率。

调查结果的通告

（5）ACMA 必须将根据本节规定所做调查的结果告知控告者。

调查的结束

（6）如果 ACMA 认为没有足够证据，则可结束根据本节规定所进行的调查。

转交澳大利亚警方

（7）根据第（3）款的规定将控告转交给澳大利亚警方成员的方式包括（但不限于）ACMA 和警方负责人（其他相关人员）协商确定的方式。

（8）如果一项控告根据第（3）节的规定转交给澳大利亚警方成员，该成员应当将该控告转交给其他警方成员。

（9）本节并不暗示限制 ACMA 根据自身职权，将其他事项转交澳大利亚警方成员。

21. ACMA 可以自主进行调查

如果 ACMA 认为必要，可以对以下任一事项进行调查：

（a）网络服务提供商提供的网络传输服务，是否可以使终端用户接触到澳大利亚境外发布的禁止的网络赌博内容；

（b）是否存在如下情况：

（i）网络服务提供商违反第四部分规定的适用于提供商的准则；

（ii）网络服务提供商违反规制提供商的网络供应商准则。

22. 调查的实施

（1）根据本章规定，ACMA 认为必要时可以进行调查。

（2）为实施调查，ACMA 可以向其认为适当的人获取信息并进行调查。

（3）本节规定受《1992 年广播服务法》第 13 部分（其中规定授予 ACMA 部分调查权）的影响。

23. 民事诉讼的保护措施

基于善意而实施以下行为者，民事诉讼程序并不因他人因此遭受的损失、损害或伤害而对其进行处罚：

（a）根据第 1 章实施的控告；

（b）根据本章规定，将与调查有关的信息，向 ACMA 进行陈述或者提供文件或信息。

第 3 章 对澳大利亚境外发布的与禁止的网络赌博内容相关的控诉采取行动

24. 对澳大利亚境外发布的与禁止的网络赌博内容相关的控诉采取行动

（1）根据第 2 章进行调查的过程中，如果 ACMA 确定澳大利亚境外发布的网络内容属于禁止的网络赌博内容，ACMA 必须：

（a）如果 ACMA 认为该内容应当转交执法部门（境内或境外均可），那么应当将该内容通知到：

（i）澳大利亚警方成员；或者

（ii）如果 ACMA 与澳大利亚警方负责人（其他相关人员）有协定，根据该协定，ACMA 可以将该内容移交其他人或组织（境内或境外均可），那么ACMA 应当按协定将该内容移交其他人或组织。

（b）如果根据第四部分关于处理指定网络赌博事件的专门规定，已经确立了相关的准则或标准，则应当根据具体情况，按照该准则或者标准指定的通知计划，将该内容通知网络服务提供商。

（c）如果（b）款不适用，则应当向 ACMA 所知的所有网络服务提供商发布一则通知（**标准路径阻止通知**），让他们采取一切可能的措施组织终端用户接触到这些内容。

注释1：对于澳大利亚境内发布的网络内容，参见第20节第（3）款。

注释2：ACMA可以根据（c）项的规定发布通知——见第31节。

（2）根据第（1）（c）项的规定，在判断某一特定措施是否合理时，必须考虑以下因素：

（a）采取该措施在技术和商业上的可能性；

（b）《1992年广播服务法》第4（3）款中规定的相关事项。

（3）应当考虑的因素不限于第（2）款的规定。

经认证替代路径阻止协议

（4）如果终端用户的路径适用于经认证替代路径阻止协议（如第（5）款的定义）的规定，则网络服务提供商可以不遵守与特定终端用户相关的标准路径阻止通知。

（5）为使本章规定约束更多特定终端用户，如果ACMA确定某一协议对阻止终端用户接触到禁止的网络赌博信息相当有效，则可通过书面文件，确认该协议为**公认的其他路径阻止协议**。

注释：分类规范，参见《2003年立法法》。

为使本章规定约束更多特定终端用户，若ACMA确定某一协议对阻止终端用户接触到禁止的网络赌博信息相当有效，则可通过书面文件，确认该协议为经认证替代路径阻止协议。

注释：分类规范，参见《2003年立法法》第13（3）款。

（6）根据第（5）款的规定，以下协议可以被宣布为公认的其他路径阻止协议：

（a）包含使用定期更新网络内容过滤软件的协议；

（b）包含使用过滤网络传输服务的协议。

（7）根据《1901年法律解释法》第46A节的规定，依第（5）款所作文件是可否决的。

转交执法部门

（8）根据第（1）（a）目的规定，将网络内容转交澳大利亚警方成员的方法包括（但不限于）ACMA和警方主要负责人（其他相关人员）协商确立的方法。

（9）根据本节规定，如果澳大利亚警方成员接到网络内容的通知，应当将该内容告知其他执法部门的成员（境内或境外均可）。

（10）本节并不限制 ACMA 根据自身职权将其他事项转交澳大利亚警方成员。

25. 为避免刑事调查的偏见所应采取的延期措施

（1）如果出现以下情况，ACMA 应当延迟采取行动直到某一特定时段之后：

（a）根据第 2 章进行调查的过程中，ACMA 确定澳大利亚境外发布的网络内容属于禁止的网络赌博内容；

（b）除本款有其他规定外，ACMA 应当根据第 24（1）款中与网络内容相关的规定采取措施；

（c）澳大利亚警方成员向 ACMA 证实，为避免造成刑事调查偏见，应当在某一特定的时段之后采取措施。

（2）第（1）款的效力不受第 24 节规定的影响。

26. 反规避——通知的网络内容

如果同时满足以下四个条件：

（a）特定的网络内容已经根据第 24（1）（b）项的规定通知到网络服务提供商；

（b）ACMA 确定该网络内容（**类似网络内容**）与第一次提到的网络内容相同或者大体相同，是在澳大利亚境外发布的；

（c）ACMA 确定该类似网络内容是禁止的网络赌博内容；

（d）根据第四部分关于处理指定网络赌博事件的专门规定，确立了相关的准则或标准。

则 ACMA 必须根据具体情况，按照该准则或者标准指定的通知计划，将该类似网络内容通知网络服务提供商。

27. 反规避——特殊路径阻止通知

（1）如果同时满足以下三项条件：

（a）与特定网络内容相关的标准路径阻止通知适用于特定网络服务提供商；

（b）ACMA 确定该网络服务提供商正在提供网络传输服务，该服务能使终端用户接触到与标准路径阻止通知中确定的相同或者大体相同的网络内容（**类似网络内容**）；

（c）ACMA 确定该类似网络内容是禁止的网络赌博内容；

则 ACMA 应当向提供商发布一则书面通知（**标准路径阻止通知**），要求他们在该通知生效期间，随时采取一切可能的措施，阻止终端用户接触到这些类似网络内容。

注释：ACMA可以根据本节规定发布通知——见第31节。

（2）基于第（1）款的规定，在判断某一特定措施是否合理时，须考虑以下因素：

（a）采取该措施在技术和商业上的可能性；

（b）《1992年广播服务法》第4（3）款中规定的相关事项。

（3）应当考虑的因素不限于第（2）款规定。

经认证替代路径阻止协议

（4）如果终端用户的路径适用于经认证替代路径阻止协议（如第24（5）款的定义）的规定，则网络服务提供商不必遵守与特定终端用户相关的标准路径阻止通知。

28. 遵守路径阻止通知

标准路径阻止通知

（1）网络服务提供商须从通知生效起或在通知送达提供商之后的第二营业日下午六点之前，遵守标准路径阻止通知的规定。

特殊路径阻止通知

（2）网络服务提供商须从通知生效起或在通知送达提供商之后的第二营业日下午六点之前，遵守特殊路径阻止通知的规定。

注释：关于执行，见第五部分。

29. 网络内容的通知

根据本章规定，网络内容的通知应当：

（a）陈述该内容；或

（b）描述该内容；或

（c）以其他任何方式说明相关内容。

30. 根据本部所作通知的适用

当且仅当网络内容能够通过通知中所指定网址或者部分网址访问时，根据本章所作的通知才适用于该网络内容。

注释：分类规范，见《1901年法律解释法》第33（3AB）节。

31. ACMA可以发布路径阻止通知

（1）根据第（2）款规定，ACMA可以通过书面形式制订计划：

（a）具有替代服务性质的方案；

（b）根据本法的目的，ACMA可根据该方案采取以下行动：

（i）根据第24（1）（c）项，向每一个网络服务提供商发布标准路径阻止通知；

（ⅱ）根据第27节，向每一个网络服务提供商发布特殊路径阻止通知。

（2）根据第（1）款制定的计划，其最低要求是每个网络服务提供商能够通过电子方式接收到现有的通知。

注释：例如，ACMA 不仅应当在网络上发布（通过安全或非安全方式）通知，还应当将通知已经发布的消息告知网络服务提供商。

（3）如果向 ACMA 所知的网络服务提供商发布信息就是向所有网络服务提供商发布信息，则相对于第（1）款中制定的计划，第24（1）（c）项的规定有效。

（4）根据《1901年法律解释法》第46A条的规定，依第（1）款所作文件是可否决的。

第四部分　控告系统：行业准则和行业标准

第一章　简要大纲

32. 简要大纲

以下是本部分简要大纲：

代表网络服务提供商的团体或者协会可以制定处理指定网络赌博事件的行业准则（见第35节）。

行业准则可以由 ACMA 备案。

除 ACMA 要求特定网络服务提供商遵守该准则之外，该行业准则由各提供商自主遵守的。

如果没有行业准则或行业准则不完善，则 ACMA 有权制定行业标准。

符合行业标准为强制性规定。

第二章　释　义

33. **行业准则**

根据本法目的，**行业准则**是指根据本章规定所设立的准则（不管是否回应本部分的要求）。

34. **行业标准**

根据本法目的，**行业标准**是根据本章所确立的标准。

35. 指定网络赌博事项

根据本法目的，**指定网络赌博事**项包括：

（a）指定通知计划的制订；

（b）网络服务提供商根据第 24（1）节或第 26 节的通知，处理网络内容时所遵循的程序（例如，关于向用户提供定期更新互联网内容过滤软件的程序）。

第三章 与行业准则和行业标准相关的一般原则

36. 监管政策的声明

（1）议会希望 ACMA 所确认的能够代表网络服务提供商的团体或协会能够制定一项单行准则**（行业准则）**，该准则：

（a）将适用于网络服务提供商；并且

（b）专门处理指定网络赌博事件。

（2）议会希望根据本部分制定的行业准则或确定的行业标准不同于根据《1992 年广播服务法》一览表 5 和一览表 7 所制定的任何行业准则或行业标准。

（3）议会希望本部分规定不限制根据《1992 年广播服务法》一览表 5 和一览表 7 所制定的任何行业准则或行业标准的适用。

（4）议会希望 ACMA 能够尽一切可能保证以下至少其中一项：

（a）根据本部分制定的行业准则在第三部分生效前登记；

（b）根据本部分制定的行业标准在第三部分生效前登记。

37. 必须按照行业准则或行业标准处理的事件

目的

（1）本节目的是列出必须按照行业准则或行业标准处理的事件。

必须按照行业准则或行业标准处理的事件

（2）议会希望，对于网络服务提供商，须有以下方式：

（a）一项行业准则或行业标准来处理；或者

（b）一项行业准则和一项行业标准共同处理；

指定网络赌博事件。

指定替代路径阻止协议

（3）行业准则或行业标准可规定：就本节的适用而言，如果终端用户的路径符合行业准则和行业标准所声明的指定替代路径阻止协议，则网络服务提供商不必采取措施以阻止特定终端用户接触到根据第 24（1）（b）项和第

26节所作通知中的内容。

（4）除非某一个团体或协会确信某一协议将为阻止终端用户接触禁止的网络赌博信息提供有效手段，否则该团体或协会无须为了本节的适用，而在其制定的行业准则中规定某一协议为指定的替代路径阻止协议。

注释：分类规范，参见《1901年法律解释法》第33（3AB）节。

（5）除非ACMA确信某一协议将为阻止终端用户接触禁止的网络赌博信息提供相当有效的手段，否则ACMA无须为了本节的适用，在其制定的行业标准中规定某一协议为指定的替代路径阻止协议。

注释：分类规范，参见《2003年立法法》第13（3）条。

（6）以下是可以被认定为制定替代路径阻止协议的范例：

（a）包含使用定期更新网络内容过滤软件的协议；

（b）包含使用过滤网络传输服务的协议。

（7）根据本法目的，如果一项行业准则：

（a）总是适用于解决网络服务提供商在处理根据第24（1）（b）节和第26节做出的通知内容时必须遵守的程序；并

（b）为第（3）款提到的内容做准备；

那么：

（c）该准则将用于处理第35节（b）款中所列事项；且

（d）该准则必须与第（2）款的规定一致。

（8）根据本法目的，如果一项行业标准：

（a）总是适用于解决网络服务提供商在处理根据第24（1）（b）项和第26节做出的通知内容时必须遵守的程序；并

（b）为第（3）款提到的内容做准备；

那么：

（c）该标准将用于处理第35节（b）款中所列事项；且

（d）该标准必须与第（2）款的规定一致。

第四章 行业准则

38. 行业准则的登记

（1）满足以下条件，则适用本节规定：

（a）ACMA确定存在代表网络服务提供商的某一团体或协会；

（b）该团体或协会制定的行业准则适用于网络服务提供商，并且专门处

理指定网络赌博事项;

(c)该团体或协会将准则副本呈交 ACMA;

(d) ACMA 确定该准则为指定网络赌博事项提供了适当的社区保障;

(e)在该副本呈交 ACMA 之前,ACMA 需确信:

(i)该团体或协会已将该准则草案公之于众,并且邀请公众在特定时期内向其提出意见;

(ii)该团体或协会充分考虑了该时间段内收到的公众意见;

(f)在该副本呈交 ACMA 之前,ACMA 需确信:

(i)该团体或协会已将该准则草案公之于众,并且邀请了网络服务提供商在特定时期内向其提出意见;

(ii)该团体或协会充分考虑了该时间段内收到的网络服务提供商提出的意见。

(2) ACMA 须根据第 53 节关于行业准则登记的规定,对该准则予以登记。

(3)第(1)(e)(i)和(1)(f)(i)小段中规定的时间段不少于为 30 日。

(4)如果:

(a)某一行业准则(**新准则**)根据本部分规定进行了登记;

(b)该新准则表明将取代其他行业准则。

则,当该准则登记时,其他准则注销登记。

39. ACMA 可以要求制定准则

(1)如果 ACMA 确定某一团体或协会代表网络服务提供商,则 ACMA 可以通过书面通知的形式,要求该团体或协会:

(a)制定适用于网络服务提供商并用于专门处理指定网络赌博事项的行业准则;

(b)在通知指定的时间内,将制定的行业准则副本呈交 ACMA。

(2)第(1)款中规定的时间不少于 30 日。

(3)只有当 ACMA 确信,在不作出要求的情况下,相关团体或协会将不会在合理期限内主动制定行业准则,ACMA 才可根据第(1)款的规定作出制定行业准则的要求。

(4) ACMA 可以变更根据第(1)款所作的通知,从而延长通知中的指定期限。

(5)第(4)款的规定并不限制《1901 年法律解释法》第 33(3)款的

适用。

（6）为推动准则的制定，根据第（1）款作出的通知中可设置指示性的目标（例如，规定60日之内制定出准则的初步草案）。

40. 当没有代表网络服务提供商的团体或者协会时，通知的发布

（1）如果ACMA确定没有代表网络服务提供商的团体或者协会时，ACMA应当在《公报》上发布通知，声明如果在指定时间内能够成立代表网络服务上的团体或者协会，则ACMA将根据第39节第（1）款的规定向其发出通知。

（2）第（1）款中规定的时间不少于30日。

41. 行业准则的替换

（1）行业准则的变更将是新准则代替旧准则，而非对准则进行修改。

（2）如果新准则与原准则只有细微不同，则第38节中关于准则登记的部分具有效力，而其中的第38（1）（e）段和第38（1）（f）段则视为没有制定。

注释：第38（1）（e）段和第38（1）（f）段适用于处理与准则草案相关的意见。

42. 行业准则的遵守

（1）如果：

（a）行为人是网络服务提供商；且

（b）ACMA确定该行为人已违反，或正在违反，已经根据本部分进行登记了的行业准则。

则，ACMA可以通过向其发出书面通知的方式，要求其遵守行业准则。

（2）行为人必须遵守根据第（1）款作出的指示。

注释：关于执行，见第五部分。

43. 正式警告——违反行业准则

如果某一网络服务提供商违反了已经根据本部分进行登记了的行业准则，则ACMA可以向其发出正式警告。

第五章　行业标准

44. 如果制定行业准则的要求未被执行，ACMA可自行制定行业标准

（1）符合以下条件，则适用本节规定：

（a）ACMA已经根据第39（1）款的规定，要求制定包含以下内容的行业准则：

（ⅰ）适用于网络服务提供商；且

（ⅱ）专门处理与指定网络赌博事项。

（b）满足以下条件：

（ⅰ）该制定行业准则的要求没有被执行；

（ⅱ）如果通知中规定了行业准则制定过程中的指示性目标，但所有这些指示性目标都没有完成；

（ⅲ）该要求被遵守执行，但 ACMA 拒绝给制定的准则进行登记。

（2）ACMA 可以通过书面文件制定一项标准，该标准适用于网络服务提供商，且专门用于处理指定网络赌博事项。本款所称标准即为**行业标准**。

（3）在根据本节要求制定行业标准之前，ACMA 必须向第（1）（a）项中提到的、要求其制定行业准则的团体或协会咨询意见。

注释：参见第 52 节。

（4）根据《1901 年法律解释法》第 46A 节的规定，根据第（2）款所制定的标准是可否决的。

（5）部长可以就 ACMA 本节权力的行使向其发出书面指示。

45. 如果没有组成团体或协会，ACMA 可以制定行业标准

（1）满足以下条件，则适用本节：

（a）ACMA 确定没有代表网络服务提供商的团体或协会；

（b）ACMA 已经根据第 40（1）款的规定发布了相关通知；

（c）该通知已经声明，如果在指定的时间内形成了相关的团体或协会，ACMA 将根据第 39（1）款的规定向其发出通知；

（d）在指定时间内仍然没有产生代表网络服务提供商的团体或协会。

（2）ACMA 可以通过书面文件制定一项标准，该标准适用于网络服务提供商，且专门用于处理指定网络赌博事项。本小节所称的标准即**行业标准**。

注释：参见第 52 节。

（3）根据《1901 年法律解释法》第 46A 节的规定，根据第（2）款所制定的标准是可否决的。

（4）部长可以就 ACMA 本节权力的行使向其发出书面指示。

46. ACMA 可以制定行业标准——行业准则的完全失效

（1）满足以下条件，则适用本节：

（a）行业准则：

（ⅰ）适用于网络服务提供商；且

（ⅱ）专门用于处理指定网络赌博事项。

已经根据本部分规定进行登记至少 180 日；并且

（b）ACMA 确定该准则已经完全不足（根据第（7）款的定义）；

（c）ACMA 已经向制定该准则的团体或协会发出书面通知，要求他们在指定时间内处理好准则中的不足；

（d）该指定时间结束后，ACMA 确定仍有必要，或为实施之便利，仍需要制定一项适用于网络服务提供商的标准，用于专门处理指定网络赌博事项。

（2）第（1）(c）项中提到的通知中的指定期限不得少于 30 日。

（3）ACMA 可以通过书面文件制定一项标准，该标准适用于网络服务提供商，且专门用于处理指定网络赌博事项。本小节所称的标准即**行业标准**。

（4）如果 ACMA 确定存在一个代表全体网络服务提供商的团体或协会，则在根据第（3）款制定行业标准前，ACMA 必须向该团体或协会咨询意见。

注释：参见第 52 节。

（5）根据《1901 年法律解释法》第 46A 节的规定，根据第（3）款所制定的标准是可否决的。

（6）根据本部分规定，自行业标准生效之日起，行业准则停止登记。

（7）根据本节目的，当且仅当某一行业准则不能提供与指定网络赌博事项相关的适当社区保障时，该适用于网络服务提供商且专门用于处理指定网络赌博事项的行业准则可以称之为**完全不足**。

（8）部长可以就 ACMA 本节权力的行使向其发出书面指示。

47. ACMA 可以制定行业标准——行业准则的部分失效

（1）满足以下条件，则适用本节规定：

（a）行业准则：

（i）适用于网络服务提供商；

（ii）专门用于处理指定网络赌博事项；

已经根据本部分规定进行登记后至少 180 日；并且

（b）第 46 节不适用于该准则；

（c）ACMA 确信该准则对于处理某一项网络赌博事项（**不足事项**）已经不足（根据第（7）款的定义）；

（d）ACMA 已经向制定该准则的团体或协会发出书面通知，要求他们在指定时间内处理好该准则中的不足；

（e）该指定时间结束后，ACMA 确定仍有必要，或为便利实施，仍需要制定一项适用于网络服务提供商的标准，用于专门处理指定网络赌博事项。

（2）第（1）(c）项中提到的通知中的指定期限不得少于 30 日。

（3）ACMA可以通过书面文件制定一项标准，该标准适用于网络服务提供商，且专门用于处理指定网络赌博事项。本小节所称的标准即**行业标准**。

（4）如果ACMA确定存在一个代表全体网络服务提供商的团体或协会，则在根据第（3）款制定行业标准前，ACMA必须向该团体或协会咨询意见。

注释：参见第52节。

（5）根据《1901年法律解释法》第46A节的规定，根据第（3）款所制定的标准是可否决的。

（6）自行业标准生效之日起，行业准则对于处理不足事项即失去效力。但是，本款不影响：

（a）行业准则其余部分的继续登记；

（b）对在行业标准生效之前发生的违反该行业准则或第42节规定的行为所进行的调查、诉讼或补救。

（7）根据本节目的，当且仅当某一行业准则不能提供与该项指定网络赌博事项相关的适当社区保障时，该适用于网络服务提供商并专门用于处理指定网络赌博事项的行业准则可以称之为对处理某一指定网络赌博事项**不足**。

（8）部长可以就ACMA本节权力的行使向其发出书面指示。

48. 行业标准的遵守

如果

（a）一项适用于网络服务提供商的行业标准已经根据本部分要求进行了登记；

（b）某一行为人是网络服务提供商。

则，该行为人必须遵守该行业标准。

注释：关于执行，见第五部分。

49. 正式警告——违反行业标准

如果某一网络服务提供商违反了已经根据本部分进行登记了的行业标准，则ACMA可以向其发出正式警告。

50. 行业标准的变更

（1）如果ACMA确定有必要或为便利实施，以提供与指定网络赌博事项相关的适当社区保障，则可以通过书面文件，对适用于网络服务提供商的行业标准进行变更。

注释：同时参见第52节。

（2）根据《1901年法律解释法》第46A节的规定，根据第（1）款所制定的文件是可否决的。

51. 行业标准的废除

(1) ACMA 可以通过书面文件废除某一行业标准。

(2) 如果:

(a) 某一行业准则根据本部分进行登记;

(b) 该准则将取代行业标准;

则该行业标准自该准则登记之日起废除。

(3) 根据《1901 年法律解释法》第 46A 节的规定,依第(1)款所制定的文件是可否决的。

52. 对行业标准的民意征询

(1) 在制定或变更行业标准前,ACMA 必须:

(a) 在各州都发行的报纸上发布一则通知:

(i) 声明 ACMA 已经指定了新行业标准或其修正案的草案;

(ii) 说明在通知指定期限的正常工作时间内,可以免费向公众提供该草案副本;

(iii) 说明可以取得该副本的地点;

(iv) 邀请利益相关者,在第(ii)段规定的指定期限内,针对该草案向 ACMA 提出书面意见。

(b) 根据通知,准备好草案副本。

(2) 第(1)(a)(ii)段中的指定期限应当自通知发布之日起不少于 30 日。

(3) 如果行业标准的变更只是微小变更,则不适用第(1)款的规定。

(4) 如果利益相关者根据第(1)款向 ACMA 提出了书面意见,则 ACMA 在制定或变更行业标准时,必须根据实际情况,对该书面意见进行适当考虑。

(5) 在本节中:

各州包括北领地和澳大利亚首都领地。

第六章 行业准则和行业标准应当收录于登记簿中

53. 行业准则和行业标准应当收录于登记簿中

(1) ACMA 应当备存一份登记簿,在该登记簿中应当收录:

(a) 所有根据本部分进行登记的行业准则;

(b) 所有行业标准;

(c) 所有根据第 39 节提出的要求;

(d) 所有根据第 40 节发出的通知;

(e)所有根据第42节作出的指示。
(2)该登记簿也可以通过电子形式保存。
(3)该登记簿在互联网上可供查阅。

第五部分　控告系统：网络供应商规则

54. 网络供应商规则

根据本法目的，以下均为**网络供应商规则**：

(a)第28(1)款阐明的规则；
(b)第28(2)款阐明的规则；
(c)第42(2)款阐明的规则；
(d)第48节阐明的规则。

55. 网络供应商规则的遵守

满足以下条件，则构成犯罪：

(a)网络供应商规则适用于该行为人；
(b)该行为人参与了某一行为；
(c)该行为人的该行为违反了网络供应商规则。

罚款：50个罚金单位。

注释：参见第57节。

56. 补救措施——违反网络供应商规则

(1)当某一网络服务提供商已违反或正在触犯网络供应商规则时，适用本节规定。

(2)ACMA可以向该供应商发出书面指示，要求其采取指定措施，以保证其以后不会或不可能违反该规则。

(3)以下是根据第(2)款的规定可以向网络服务提供商发出的指示：

(a)供应商应当采取有效的管理体系，以监管网络供应商规则的遵守情况；
(b)供应商应当实行一种制度，以使其雇员、代理商或缔约者了解或掌握网络供应商规则中对他们有影响的要求。

(4)满足以下条件，则构成犯罪：

(a)该行为人受第(2)款中所发出的指示的影响；
(b)该行为人参与了某一行为；
(c)该行为人的该行为违反了网络供应商规则。

违反本款规定的罚款：50个罚金单位。

57. 连续犯罪

（1）违反第55节或第56（4）款的任何人，在该行为持续期间，同时违反另一单独规定（包括触犯定罪行为那天及其以后的任何一天）。

（2）如果违反本部分的犯罪是连续犯罪，则对其持续期间每天的罚款最高额为对主犯可以处罚的最高罚款额的10%。

58. 正式警告——违反网络供应商规则

如果某一网络服务提供商违反网络供应商规则，ACMA可以向其发出正式警告。

59. 联邦法院可以命令行为人停止提供网络传输服务

（1）如果ACMA确定某一行为人为网络服务提供商且正在违反网络供应商规则提供网络传输服务，则ACMA可以申请联邦法院命令该人停止提供网络传输服务。

（2）根据该申请，如果联邦法院确定该行为人正在违反网络供应商规则提供网络传输服务，则联邦法院可以命令该人停止提供网络传输服务。

第六部分　控告系统：民事诉讼的保护

60. 民事诉讼的保护

（1）民事诉讼并不对行为人遵守以下规则而实施的行为进行处罚：

（a）根据本法第四部分进行登记的准则；

（b）根据本法第四部分制定的标准。

只要该准则或标准用于处理第35（b）款中提到的诉讼程序问题。

（2）民事诉讼并不对行为人遵守第28节的规定而实施的行为进行处罚。

第七部分　控告系统：决定的审查

61. 决定的审查

（1）对于ACMA作出的以下决定，可以向特别法庭提出审查申请：

（a）向网络服务提供商发出标准路径阻止通知的决定；

（b）向网络服务提供商发出特殊路径阻止通知的决定；

（c）根据第42节或第56节所作的决定：

（i）向网络服务提供商发出指示；

（ⅱ）变更适用于网络服务提供商的指示；

（ⅲ）拒绝废除适用于网络服务提供商的指示。

（2）第（1）款规定的申请只能由相关的网络服务提供商提出。

（3）对 ACMA 根据第 38 节作出的拒绝登记准则的决定，可以向特别法庭提出审查申请。

（4）第（3）款规定的申请只能由制定该准则的团体或协会提出。

（5）如果 ACMA 作出的决定根据本节规定可以进行审查，则 ACMA 应当在文件中备存所作决定，并：

（a）说明作出该决定的原因；

（b）说明可以向特别法庭提出对该决定的审查申请。

（6）在本节中：

特别法庭是指：

（a）在《2001 年行政复议法庭法》第四至第十部分生效前——行政上诉法庭；

（b）在《2001 年行政复议法庭法》第四至第十部分生效后——行政复议法庭。

第七 A 部分　网络赌博服务广告的禁止

第一章　释义：定义

61AA. 定义

在本部分中，除非有相反目的，否则：

广播是指通过无线电广播进行的传输。

无线电广播服务是指向有适格接收器的用户传输电视节目或广播节目的服务。传输方式包括无线电频谱、电缆、光纤、卫星、其他方式，或这些方式相结合；但是，不包括：

（a）数据广播服务；

（b）通过网络传输节目，而非广播波段传输。

广播波段同《1992 年广播服务法》中的含义相同。

数据广播是指通过数据广播服务进行的传输。

显示包括持续显示。

豁免图书馆是指：

（a）公共图书馆；

（b）高等教育机构的图书馆；

（c）联邦、州或领地的官方图书馆。

政府或政治问题是指与澳大利亚各级政府相关的政府或政治问题，包括：

（a）公职竞选或选任的参与，或与其相关的交往或沟通；

（b）与成为政治辩论主题的活动相关的政治观点或公共行为；

（c）某一行为人竞选或选任，谋求竞选或选任某一公职的表现、行为或适合性；

（d）澳大利亚各级政府或政党的活动或政策，及其提议的活动或政策。

网络赌博服务广告同第2章中的含义相同。

网络赌博服务提供商是指提供网络赌博服务者。

定期出版物是指报纸、杂志、期刊、时事通信或其他类似出版物的定期或不定期发行（或其他描述）。

节目同《1992年广播服务法》中的含义相同。

公共场所是指公众或者一部分公众通常可以通过付款或者受邀进入的场所或者场所的一部分（包括，例如，商场、娱乐场、酒吧或者俱乐部）。

发行：

（a）与网络赌博服务广告相关，具体含义见第3章；

（b）与网络赌博服务广告之外的其他事物相关，且其含义同其与网络赌博服务广告相关的含义一样广泛。

部分公众人士包括：

（a）某些俱乐部、社团或者组织的成员；

（b）仅由在普通地方工作的人或者普通雇员组成的群体。

办公场所是指雇员或缔约者工作的地方，而非主要用于私人居住的场所的任何部分。

第二章 释义：网络赌博服务广告

61BA. 网络赌博服务广告的基本含义

（1）根据本部分的目的，网络赌博服务广告是指通过文字、画面或动画、标志、符号或其他可视图像、可听信息，以及前面两种或两种以上形式相结合的方式，宣传、促销或旨在促销：

（a）某一网络赌博服务；

（b）整个网络赌博服务业；

（c）与网络赌博服务相关的商标整体或一部分；

（d）与网络赌博服务相关的域名或网页地址；

（e）与网络赌博服务密切相关的任何文字（不管其是否同时与其他服务或产品相关）。

（2）本节效力受第61BB、61BC、61BD、61BE、61BF、61BG和61BGA节的影响。

61BB. 例外——政治沟通

（1）为避免引起误解，如果：

（a）某一事物（广告）并不推销或旨在推销任何特定网络赌博服务或整个网络赌博服务业；且

（b）该广告仅与政府或政治问题相关；

则，该广告并非本部分所称的网络赌博服务广告。

（2）在不限制第（1）（a）项的条件下，根据其目的，在广告中使用网络赌博服务提供商的全名，该行为本身并不构成推销某一网络赌博服务或整个网络赌博服务业。

（3）对于第（2）款所提到的网络赌博服务供应商的全名，如果以根据本款所制定的规章所禁止的方式进行使用，则不适用第（2）款。

（4）对于可能侵犯隐含的政治沟通自由的行为，不适用第61BA节。

61BC. 例外——网址等和商业文件

文字、标志或符号等出现在：

（a）通过网络传输服务提供给用户的网络赌博服务的网页上；或在其他网络赌博服务供应的等价点上。

（b）发票、报表、订单、信笺抬头、名片、支票、手册或其他网络服务提供商在商业活动中通常使用的文件（不管该文件是否为电子形式）的标准用语的一部分；

当以这种方式出现时，并不构成网络赌博服务广告（但这并不妨碍对第（a）款中提到的某一网址或供应等价点的画面或动画扫面，或对（b）款中提到的文件的画面或动画图像成为网络赌博服务广告）。

61BD. 例外——提供商的场所

出现在由网络服务提供商占有的土地或建筑物上的文字、标志或符号，当以这种方式出现时，并不构成网络赌博服务广告（但这并不妨碍以这种方式出现的画面、动画或其他包含文字、标志、符号的可视图像成为网络赌博服务广告)。

61BE. 例外——管理广告等

为避免引起歧义,以下均不构成网络赌博服务广告:(a)除本部分外,联邦法律或州、领地法律要求实施的行为;

(b)与网络赌博服务提供商的商业内部管理相关、但并不构成推销网络赌博服务的广告(例如,员工招聘广告或招标广告);

(c)为防止他人成为欺诈或其他不诚实、不道德行为的受害者所采取的任何措施。

61BF. 例外——与某一网络赌博服务有相同名称的产品或服务

(1)如果:

(a)除本节外,与某一非网络赌博服务的产品或服务相关的事物(广告),严格上算是网络赌博服务广告,因为该产品或服务的名称或名称的一部分同下列事物的名称或名称的一部分相同或大致相同:

(i)某一网络赌博服务;

(ii)某一网络赌博服务提供商。

(b)该产品的生产商、分销商或零售商,或者该服务的提供商,与相关的网络赌博服务提供商并没有任何关系。

则,根据本部分的目的,虽然有第61BA节的规定,该广告仍不属于网络赌博服务广告。

彼此相关联的法人团体

(2)根据第(1)款目的,除本款外,在两个行为人被视为彼此相关联的情况下,两个相关的企业法人也可被视为彼此相关联。

(3)根据第(2)款目的,判定两个企业法人之间是否彼此相关联,其方式同《公司法》的规定相同。

61BG. 例外——反赌博广告

如果:

(a)除本节外,某一事物(广告),严格上可以视为网络赌博服务广告;

(b)从广告中可以明显得知,其唯一或主要目的是为了劝阻他人参与网络赌博服务业或某种网络赌博服务。

则,虽然有第61BA节的规定,根据本部分的规定,该广告不属于网络赌博服务广告。

61BGA. 例外——规章中指定的广告

根据本部分目的,规章中可以规定其指定的广告不属于网络赌博服务广告。

61GH. 定义

在本章中：

文字包括缩写词、首字母和数字。

第三章 释义：网络赌博服务广告的发行

61CA. 网络赌博服务广告发行的基本含义

（1）根据本部分的目的，如果行为人实施了以下行为则称之为**发行**了网络赌博服务广告：

（a）该行为人将广告或者包含广告内容的东西在网页上发布；

（b）该行为人将广告发行在公众或者部分公众可以获取的文档（包括，例如，报纸、杂志、节目、宣传册或票券）上；

（c）该行为人将广告植入公众或部分公众可以收看到的电影、录像、电视节目、广播节目中；

（d）该行为人：

（i）向公众或部分公众推销、出租或供应广告或包含广告内容的东西；

（ii）提供可以用于向公众或部分公众推销、供应或出租的广告或包含广告内容的东西；

（e）该行为人展示、放映或播放广告或包含广告内容的东西，从而使其可以在以下地方接收或接听：

（i）公共场所；

（ii）公共交通工具；

（iii）办公场所；

（f）该行为人通过各种方式（包括，例如，电影、录像、计算机磁盘或电子媒介）：

（i）引起公众或部分公众对广告或包含广告内容的东西的注意；

（ii）向公众或部分公众传播广告或包含广告内容的东西。

（2）本节效力受第61CB、61CC、61CD、61CE 和 61CF 节的影响。

61CB. 不包括广播或数据广播的方式发行

根据本部分的目的，行为人通过广播或数据广播传播网络赌博服务广告，不构成发行网络赌博服务广告。

61CC. 例外——商业沟通

根据本部分目的，在参与网络赌博服务供应的人内部所进行的对网络赌博服务广告的信息沟通交流，其本身并不构成发行网络赌博服务广告。

61CD. 例外——电话通讯录中的广告

（1）根据本部分的目的，在电话通讯录中发布网络赌博提供商的名称，该行为本身并不构成发行网络赌博服务广告。

（2）第（1）款不适用于：

（a）在互联网上发行；

（b）点击进入该提供商的名称将直接链接到与网络赌博服务相关的供应商网页页面。

61CE. 例外——豁免图书馆的正常活动

根据本部分的目的，行为人为开展豁免图书馆的正常活动所进行的任何行为都不构成发行网络赌博服务广告。

61CF. 例外——对帮助或支持的鸣谢

根据本部分的目的，发布对帮助或赞助的鸣谢，如果符合根据本款目的制定的规章中关于发行此类鸣谢广告的规定，则不构成发行网络赌博服务广告。

第四章 在澳大利亚境内对网络赌博服务广告进行广播或数据广播

61DA. 不能在澳大利亚境内对网络赌博服务广告进行广播或数据广播

（1）满足以下条件，则构成犯罪：

（a）该行为人在澳大利亚境内对网络赌博服务广告进行广播或数据广播；

（b）该广播或数据广播行为不被第61DB节允许；

（c）该广播或数据广播行为不被第61DC节允许。

罚款：120个罚金单位。

（2）满足以下条件，则构成犯罪：

（a）该行为人授权或致使网络赌博服务广告在澳大利亚境内进行广播或数据广播；

（b）该广播或数据广播行为不被第61DB节允许；

（c）该广播或数据广播行为不被第61DC节允许。

违法本小节规定的罚款：120罚金单位。

61DB. 允许的附属或附带广播或数据广播

（1）满足以下条件，则行为人可以对某一网络赌博服务广告进行广播或数据广播：

（a）该行为人将其作为对其他事物进行广播或数据广播所产生的附属或附带广播或数据广播；

（b）除从对其他事物的广播或数据广播中获取的直接或间接利益外，该行为人并未从该广告的广播或数据广播中获取任何直接或间接利益（包括经济利益或其他利益）。

（2）第（1）款仅就本部分具有效力。

61DC. 在飞机航行期间进行广告广播或数据广播

（1）行为人可以在飞机航行期间，在飞机上进行网络赌博服务广告的广播或数据广播，除非该航班从澳大利亚境内的一个地方飞往澳大利亚境内的另一个地方。

（2）根据第（1）款目的，该航班飞行期间的每一个航段，可以作为一个单独航班计算。

（3）第（1）款仅就本部分而言具有效力。

第五章 澳大利亚境内网络赌博服务广告发行

61EA. 不能在澳大利亚境内进行的网络赌博服务广告发行

（1）满足以下条件，则构成犯罪：

（a）该行为人在澳大利亚境内发行网络赌博服务广告；

（b）该发行行为不被第61EB节所允许；

（c）该发行行为不被第61EC节所允许；

（d）该发行行为不被第61ED节所允许；

（e）该发行行为不被第61EE节所允许；

（f）该发行行为不被第61EF节所允许。

罚款：120罚金单位。

（2）满足以下条件，则构成犯罪：

（a）该行为人授权或致使网络赌博服务广告在澳大利亚境内发行；

（b）该发行行为不被第61EB节所允许；

（c）该发行行为不被第61EC节所允许；

（d）该发行行为不被第61ED节所允许；

（e）该发行行为不被第61EE节所允许；

（f）该发行行为不被第61EF节所允许。

罚款：120罚金单位。

（3）根据本节目的，包含在网页上的网络赌博服务广告可以在**澳大利亚境内**发行，当且仅当：

（a）澳大利亚境内的终端用户可以接触或能够接触到该网页；

（b）已经考虑到：

（i）该网页的内容；

（ii）该网页广告或推广的方式。

从而可以确信接触到该广告的大多数人目前在澳大利亚境内。

61EB. 在澳大利亚境外发行的定期出版物——允许的发行行为

（1）行为人可以，通过包含网络赌博服务广告的定期出版物，发行网络赌博服务广告，只要该定期出版物并非主要在澳大利亚境内使用或发行。

（2）第（1）款仅就本部分而言具有效力。

61EC. 澳大利亚具有国际影响力的体育赛事或文化活动——允许的发行行为

（1）满足以下条件，则行为人可以发行网络赌博服务广告：

（a）该广告的发行与在澳大利亚境内举办或即将举办的体育赛事或文化活动相关；

（b）该赛事或活动是根据第（2）款作出的生效通知中指定的；

（c）该广告的发行满足该通知根据第（3）款所指定的条件。

（2）根据第（1）款的目的，部长可以通过在《公报》上发布通知，指定在澳大利亚境内举办的体育赛事或文化活动，当且仅当满足以下条件：

（a）部长确信该活动将在2003年10月1日之前结束；

（b）在该活动将在2001年10月1日及其之后举办的情况下：

（i）在该日期之前举办的类似活动（**早前活动**）根据本款已经在通知中指定；

（ii）自该早前活动以来，关于举办本款通知中指定的类似活动的申请都未被拒绝。

（c）部长确信，考虑到根据第（5）款作出的指导方针：

（i）该活动具有国际影响力；

（ii）如果未对该活动进行特别指定，则很有可能导致该活动不再在澳大利亚境内举办。

注释：第61FB节规定了本款通知所指定活动的举办申请。

（3）根据第（2）款在通知中指定活动，部长在考虑到第（5）款规定的指导方针的情况下，还可以指定发行网络赌博服务广告应当具备的条件。这些条件的设定与以下因素相关：

（a）将发行的广告内容；

（b）即将发行的，或者以某种方式发行的广告的数量，或某一种类广告的数量；

（c）广告发行的方式。

（4）根据第（2）款发布的通知：

（a）生效日期为：

（i）其在《公报》上公布之日；

（ii）如果通知中指定了一个更晚的日期为生效日——通知指定的日期。

（b）停止生效日期（除非其在之前被废除）：

（i）其生效之后的第三年年底；

（ii）如果通知中指定了一个更早的日期为失效日期——通知中指定的日期。

（5）部长可以通过书面形式，根据第（2）款、第（3）款的目的，制定指导方针。

（6）根据《1901法律解释法》第46A节的规定，依第（5）款所制定的指导方针是可否决的。

（7）第（1）款仅就本部分而言具有效力。

61ED. 允许的附属或附带发行

（1）满足以下条件，则行为人可以发行网络赌博服务广告：

（a）行为人发行该广告是发行其他事物的附属或附带结果；

（b）除从对其他事物的发行中获取的直接或间接利益外，该行为人并未从该广告的发行中获取任何直接或间接利益（包括经济利益或其他利益）。

（2）第（1）款仅就本部分而言具有效力。

61EE. 允许的未获任何利益的发行行为

（1）满足以下条件，则行为人可以发行网络赌博服务广告：

（a）该发行行为并非在网络赌博服务提供过程中进行的；

（b）该行为人发行该广告是其自主行为；

（c）该行为人并未从发行该广告中获取任何直接或间接的利益（包括经济利益或其他利益）。

（2）第（1）款仅就本部分而言具有效力。

61EF. 在飞机航行期间的广告发行

（1）行为人可以在飞机航行期间，在飞机上发行网络赌博服务广告，除非该航班从澳大利亚境内的一个地方飞往澳大利亚境内的另一个地方。

（2）根据第（1）款的目的，该航班飞行期间的每一个航段，可以作为一个单独航班计算。

（3）第（1）款仅就本部分而言具有效力。

61EG. 辩护——根据已有的合约或协议发行广告

（1）满足以下条件，则第61EA（1）和61EA（2）款不适用于网络赌博服务广告的发行：

（a）该发行是根据合约或协定进行的，而该合约或协定：

（i）在第1节生效之前就已经签订或达成；

（ii）是为了某一事项、活动或服务的赞助。

（b）如果该合约或协定的条款所涉及的事项并非在其适用日期，而是在第1节生效之后和广告发行之前进行了变更——如果该合约或协定的变更不大，则该发行仍可认为是根据该合约或协定进行的；

（c）该广告在2003年7月1日之前发行；

（d）在该广告发行之前，合约或协定的各方通过书面形式，向部长说明：

（i）该合约或协定签订或达成之日；

（ii）在合约或协定涉及网络赌博服务广告发行方面的事项，包括广告发行的条件和类别。

注释：被告方承担第（1）款中相关事项的举证责任。参见《刑法典》第13.3（3）款。

（2）根据本节目的，如果：

（a）第（1）（a）项中提到的合约或协定的一方，基于合约或协定发行网络赌博服务广告的目的，加入（无论是在第1节生效之前还是之后）另一行为人从事可以构成发行网络赌博服务广告的行为；

（b）该另一行为人实施了该行为，并且，发行了广告；

该另一行为人同样被认为是根据合约或协定发行了广告。

61EH. 辩护——2003年7月1日之前的标志展示

（1）满足以下条件，则第61EA（1）和61EA（2）款不适用于网络赌博服务广告的发行：

（a）该标志是根据第1节生效之前达成的合约或协定进行展示的；

（b）如果该合约或协定的条款在第1节生效之后和广告发行之前进行了变更——如果该合约或协定的变更不大，则该发行仍可认为是根据该合约或协定进行的；

（c）该标志的展示被根据第（2）款制定的规章所允许。

注释：被告方承担第（1）款中相关事项的举证责任。参见《刑法典》第13.3（3）款。

（2）该规章可以允许在特定条件下，在2003年7月1日之前更早的指定日期，展示具备特定大小和构成的网络赌博服务广告标志。

（3）在本节中：

网络赌博服务广告标志是指网络赌博服务广告的标志或包含网络赌博服务广告的标志。

标志包括用于展示广告的电子装置。

第六章　其他规定

61FA. 即使违反本节规定，失败的广告广播、数据广播或发行不受指控

民事诉讼并不处罚行为人拒绝或失败的网络赌博服务广告广播、数据广播或发行，即使该广播、数据广播或发行行为被本部分所禁止。

61FB. 根据第61EC节进行的申请

（1）任何人可以根据第61EC（2）款的规定，向部长申请为通知中指定的某一活动。

（2）申请必须通过书面形式，并说明其认为部长应当允许该申请的理由。

（3）如果部长在作出申请批准决定时需要进一步信息，则可以要求申请者提供相关信息。

（4）部长应当在受理申请之日起60日内作出批准申请与否的决定。本小节效力受第（5）款和第（7）款的影响。

（5）如果部长认为作出该批准决定需要更长时间，则可以延长决定日期，但延长日期不得超过60日。

（6）部长必须以书面形式、在其受理申请之日起60日内，作出延长批准时间的决定。

（7）如果部长决定延长时间，则应当在延长的时间内作出申请批准与否的决定。

（8）如果部长在其需要的时间内尚未决定是否批准申请，则应当根据第61EC节的规定，在指定日期结束之日作出拒绝该申请的决定。

（9）除因根据本节所提出的申请外，本节不限制部长根据第61EC节作出决定的权力。

61FC. 决定的审查

（1）任何人可以向特别法庭提出申请，要求审查根据第61EC（2）或第61EC（3）款作出的决定。

（2）在本节中：

特别法庭是指：

（a）在《2001年行政复议法庭法》第四至第十部分生效前——行政上诉法庭；

（b）在《2001年行政复议法庭法》第四至第十部分生效后——行政复议法庭。

61FD. 根据《1992年广播服务法》，授予许可证的其他条件

商业电视广播许可证

（1）颁发商业电视广播许可证的条件是，该许可证持有者不能违反本部分的规定，对网络赌博服务广告进行广播。

商业无线电广播许可证

（2）颁发商业无线电广播许可证的条件是，该许可证持有者不能违反本部分的规定，对网络赌博服务广告进行广播。

社区广播许可证

（3）颁发社区广播许可证的条件是，该许可证持有者不能违反本部分的规定，对网络赌博服务广告进行广播。

付费电视广播许可证

（4）颁发付费电视广播许可证的条件是，该许可证持有者不能违反本部分的规定，对网络赌博服务广告进行广播。

根据等级许可证进行的广播服务供应

（5）行为人根据等级许可证进行广播服务供应必须保证，不能违反本部分的规定，对网络赌博服务广告进行广播。

数据广播许可证

（6）颁发数据广播许可证的条件是，该许可证持有者不能违反本部分的规定，对网络赌博服务广告进行数据广播。

定义

等级许可证的含义同《1992年广播服务法》中的含义相同。

商业无线电广播许可证的含义同《1992年广播服务法》中的含义相同。

商业电视广播许可证的含义同《1992年广播服务法》中的含义相同。

社区广播许可证的含义同《1992年广播服务法》中的含义相同。

付费广播许可证的含义同《1992年广播服务法》中的含义相同。
61FE. 向议会进行报告
（1）部长应当在每年12月31日之后尽快对以下事项进行报告：
（a）过去12个月违反本部分规定的行为数量和类别；
（b）部长或联邦机构针对每一违法行为所采取的措施。
（2）根据第（1）款进行报告的人员应当将报告副本呈交给部长。
（3）部长应当在其收到报告副本之后15个议院工作日内，将报告副本呈交给议会各议院。

第八部分　其他规定

62.《刑法典》的适用
《刑法典》第二章（除第2.5部分外）适用于违反本法的犯罪行为。
63. 董事、雇员和代理商的行为
企业法人
（1）在以下过程中：
（a）违反本法的犯罪行为；
（b）与本法有关的辅助犯罪行为。
有必要披露企业法人关于其特定行为的真实意思，因为这足以证明：
（c）法人的董事、雇员或代理商是否在其实际或表见代理的权限范围内实施该行为；
（d）该董事、雇员或代理商的真实意思。
（2）企业法人的董事、雇员或代理商以法人名义，在其实际或表见代理权限范围内实施的行为，为指控以下行为的目的：
（a）违反本法的犯罪行为；
（b）与本法有关的辅助犯罪行为。
同样应当视为法人行为，除非法人能够证明其采取了合理的预防措施或尽到了合理的注意义务。
非企业法人
（3）在以下过程中：
（a）违反本法的犯罪行为；
（b）与本法有关的辅助犯罪行为。
有必要披露与特定行为相关的非法人团体的真实意思，这足以证明：

(c)非法人团体的董事、雇员或代理商是否在其实际或表见代理的权限范围内实施该行为;

(d)该董事、雇员或代理商的真实意思。

(4)由非法人团体的董事、雇员或代理商以非法人团体名义,在其实际或表见代理权限范围内实施的行为,为指控以下行为的目的:

(a)违反本法的犯罪行为;

(b)与本法有关的辅助犯罪行为。

同样应当视为该非法人团体的行为,除非其能够证明自己采取了合理的预防措施或尽到了合理的注意义务。

(5)如果:

(a)非法人团体被定罪;

(b)没有第(3)(4)款的规定,该非法人团体不应当被定罪。

则,该非法人团体不因该罪名而入罪。

意思表示

(6)第(3)(4)款中所称的"**意思表示**",即指:

(a)个人的知识、意图、观点、信仰或目的;

(b)该个人持该意图、观点、信仰或目的的原因。

董事

(7)本节中所指法人团体的"董事"包括联邦、州、领地法律规定的法人团体的组成人员。

与本法有关的辅助犯罪行为

(8)本节所指的"与本法有关的辅助犯罪行为"是指《1914年犯罪法》第6节或《刑法典》第2.4部分中所指的与本法有关的犯罪行为。

64. 外国公司的传票送达和审查过程——刑事诉讼

(1)本节适用于根据本法进行的刑事诉讼的传票送达和审理过程:

(a)在澳大利亚境外组建的企业法人的传票送达或审理;

(b)该企业法人在澳大利亚境内没有设立总公司或总部;

(c)该企业法人在澳大利亚境内设有代理商。

(2)传票送达和审理过程受其代理商的影响。

(3)第(2)款的效力不适用于《1901年法律解释法》第28A节。

注释:《1901年法律解释法》第28A节用于处理文件服务。

(4)在本节中:

刑事诉讼包括决定行为人是否应当被定罪的过程。

65. 送达通知书

除其他送达通知书的方式外，根据本法，通知书可通过传真送达。

66.《1992年广播服务法》的适用

《1992年广播服务法》的以下条款适用于本法，本法中提到该法的这些条款包括：

（a）第3节；

（b）第5（1）（b）（ii）段；

（c）第5（2）款；

（g）第168（2）（b）项；

（h）第171（2）（a）项；

（i）第183节；

（j）第187（2）（b）项。

（2）《1992年广播服务法》一览表3中的第18（2）（j）项不适用于本法中的通知书送达。

67. ACMA的其他作用——监视对准则和标准的遵守情况

ACMA的作用包括监视对第四部分中的准则和标准的遵守情况。

68. 2003年7月1日之前的审查

（1）2003年7月1日之前，部长应当对以下事项进行审查：

（a）该法的实施情况；

（b）网络赌博服务的增长情况；

（c）网络赌博服务的社会和商业影响；

（d）以下条款的作用：

(i) 第5（3）（aa）、6（3）（aa）项和第8A节（排除在外的打赌服务）；

(ii) 第5（3）（ab）、6（3）（ab）项和第8B节（排除在外的游戏服务）；

(iii) 第5（3）（ac）、6（3）（ac）项和第8C节（有指定广播链接的服务）；

(iv) 第5（3）（ad）、6（3）（ad）项和第8C节（有指定数据广播链接的服务）；

(v) 第5（3）（ae）、6（3）（ae）项和第8C节（排除在外的博彩业务）；

（e）本法对处理网络赌博服务的社会和商业影响的有效性；

（f）与监管网络赌博服务相关的技术发展；

（g）可能有助于处理赌博问题的技术发展。

（2）部长应当对第（1）款规定的审查内容准备报告。

（3）部长应当在报告完成后15个议院工作日内，将报告副本呈交给议会的各议院。

（4）根据第（1）款的规定，在确定某一服务是否为网络赌博服务时，第5（3）款应当被忽视。

69. 各州和各领地法律的适用

本法不排除或限制各州和各领地法律中可与本法同时操作的法律的适用。

69A. 与非法网络赌博服务相关的非强制性协议规章

协议

（1）规章可以规定：

（a）协议中对提供非法网络赌博服务付费的规定无效；

（b）民事诉讼不支持行为人要求返还参与非法网络赌博服务赢得的金钱或应当支付的费用的请求。

制定规章的截止日期

（2）部长应当采取一切可能的措施，以保障根据本节目的规章制定在第二部分生效后6个月内完成。

非法网络赌博服务

根据本节目的，当且仅当某一网络赌博服务违反本法条款中所创设的罪名时，该网络赌博服务是**非法网络赌博服务**。

定义

（4）在本节中：

协议包括口头和书面协议。

70. 规章

总督可以制定以下规章：

（a）本法要求或允许制定的；

（b）为实施或实行本法，有必要或考虑到其便利性，应当制定的。

《2001年禁止网络赌博法》注释

注释1

此次汇编的《2001年禁止网络赌博法》包括下表中所列的2001年第84号修正案。

关于《2001年公司（废除、间接和过渡性条款）法》中制定的适用、保留或过渡性条款，见2001年第55号修正案。

《澳大利亚通信和媒体管理（间接和过渡性条款）法》制定的适用、保留或过渡性条款，见2005年第45号修正案。

其他与适用、保留或过渡性条款相关的信息，参见表A。

2003年反垃圾邮件法*

2003年第129号修正案

本汇编于2011年11月27日开始准备,考虑了到2011年46号法案为止的全部修正案至该日尚未生效的修正案条文,附于注释部分已被汇编在内的修正案的执行可能会受到列于注释部分的条款的实施的影响立法起草与发布办公室准备澳大利亚司法部堪培拉本法有关反垃圾邮件及其相关目的

第一章 序　　言

1. 简称（见注释1）

本法称为《2003年反垃圾邮件法》。

2. 生效

（1）下表第1栏中所列本法条文,依据第2栏规定生效或视为生效。第2栏中其他声明根据其期限生效。

生效信息		
第1栏	第2栏	第3栏
条文	生效	具体日期
1. 第1条、第2条及本表未包含的本法其他任何条文	本法获女王批准之日。	2003年12月12日
2. 第3条至第14条	本法获女王批准之日	2003年12月12日
3. 第二章至第六章	本法获女王批准之日起第120日届满次日	2004年4月10日

---

* 译者：李玲一,北京大学法学院。

续表

生效信息		
第1栏	第2栏	第3栏
条文	生效	具体日期
4. 第41条	本法获女王批准之日起第120日届满次日	2004年4月10日
5. 第42条	本法获女王批准之日	2003年12月12日
6. 第43条至第46条	本法获女王批准之日起第120日届满次日	2004年4月10日
7. 第47条	本法获女王批准之日	2003年12月12日
8. 一览表1	本法获女王批准之日起第120日届满次日	2004年4月10日
9. 一览表2	本法获女王批准之日	2003年12月12日
10. 一览表3	本法获女王批准之日起第120日届满次日	2004年4月10日

注释：该表仅针对本法中议会最初通过并同意的条文，不能扩展适用经同意后新加入的条款。

（2）该表第3栏包括不属于本法的附加信息。该栏信息可在任何已发布版本中被增加或者修改。

3. 简要大纲

以下为本法案简要大纲：

· 该法案建立的方案旨在规制商业邮件及其他类型的商业电子信息。
· 不得发送未经请求的商业电子信息。
· 商业电子信息应当包含授权发送该信息的个人或组织信息。
· 商业电子信息应当包含退订功能。
· 不得提供，获取或使用地址——搜集软件。
· 不得提供、获取或使用通过地址搜集软件收集到的电子地址清单。
· 违反该法的主要救济方式为民事罚金和禁令。

注释：《1997年电信法》中包含关于商业电子信息的附加条款：第六章（行业准则与标准），第二十六章（调查），第二十七章（信息收集权）以及第二十八章（执行）。

4. 定义

在本法中，除非有相反目的，否则

账户包括：

免费账户；

预付账户；

可合理被认为与账户具有等同功能的任何载体。

ACMC 是指澳大利亚通信与传媒管理局。

获取的含义，当在货物或服务意义上适用时，与《2012年竞争与消费者法》中规定的含义相同。

地址搜集软件是指专门为下列用途设计或出售的软件：

在互联网上搜索电子地址；

收集、编纂、获取或以其他方式获得该电子地址。

机构包括：

武装力量；

警方。

澳大利亚，当在地理意义上使用时，包含其外部领地。

澳大利亚链接由第7条予以定义。

授权，当与发送电子信息相关时，其含义受第八条影响。

商业包括贸易或商业上的企业或公司，无论其是否以定期的、反复的或持续性的方式运行。

传输服务的含义与《1997年电子通信法》中规定的含义相同。

民事处罚规定指下列各条：

（a）第16条第（1）款，第（6）款和第（9）款；

（b）第17条第（1）款和第（5）款；

（c）第18条第（1）款和第（6）款；

（d）第20条第（1）款和第（5）款；

（e）第21条第（1）款和第（3）款；

（f）第22条第（1）款和第（3）款；

（g）宣称为民事处罚规定的、符合第45条第（2）款第（3）项规定的条文。

商业电子信息由第6条予以定义。

同意，当用于与发送电子信息相关时，其含义由一览表2予以定义。

数据进程装置的含义与《1997年电信法》中规定的含义相同。

处理，当与商业电子信息相关时，包括：

获取信息；

回复信息；

过滤信息。

指定商业电子信息的含义由一览表1予以定义。

经理包括某一组织的管理层成员。

教育机构包括：

幼儿园；

学校；

职业学校；

综合性大学。

电子信息的含义由第5条予以定义。

职员包括在任何在军队、警察系统或宗教组织供职的人。

举证责任，指负有举出或指明可表明该事项存在或不存在的合理可能性的证据。

联邦法院是指澳大利亚联邦法院。

货物的含义与《2010年竞争与消费者法》中规定的含义相同。

政府机构是指：

（a）联邦、州或领地的部门；

（b）联邦、州或领地的机构、权力机构或执行机构；

（c）外国政府部门；

（b）外国政府机构、权力机构或执行机构；

（e）外国地区政府部门；

（f）外国地区机构、权力机构或执行机构。

地址清单是指：

（a）电子地址列表；

（b）电子地址汇总；

（c）电子地址汇编。

以上列表、汇总或汇编的产生，在某种程度上直接或间接

得益于地址搜集软件的使用。

国际公约是指：

（a）澳大利亚作为一方参与的公约；

（b）澳大利亚与他国之间的协定。

网络传输服务是指可使终端用户访问该网络的列传输服务。

投资是指以获得收益为目的（无论该收益表现为收入、资本利得还是其他形式），利用金钱或其他财产的任何模式。

列传输服务的含义与《1997年电子通信法》中规定的含义相同。

标志包括商业商标。

信息是指下列形式的信息：

（a）文本形式；

（b）数据形式；

（c）演讲，音乐或其他声音形式；

（d）可视图片形式；

（e）其他任何形式；

（f）以上任何形式的结合。

错误是指合理的事实错误。

组织包括：

（a）法人团体；

（b）合伙；

（c）政府机构；

（d）法院或法庭；

（e）非企业组织或团体。

本法对组织的引证并不意味本法中对人的引证不包括国家或公司。

注释：《1901年联邦法律解释法》第二C条第（1）款规定的人包括国家、公司以及个人。

罚金单位的含义由《1914年刑法》第四AA条予以定义。

人包括合伙。

注释：合伙关系的处理，见《1997年电信法》第585条。

出版包括：

（a）在互联网上发布；

（b）向公众或部分公众公开。

注册政党是指根据以下法律注册的政党或政党的分支或派别：

《1918年联邦选举法》；或

州或领地与选举相关的法律。

相关电子账户持有者，在涉及传送电子信息至某一电子地址时：

若该电子地址为电子邮件地址——是指对相关电子邮件账户负责的个人或组织。

若信息是被传送至与即时信息服务相连接的电子邮件地址——是指对此相关即时信息账户负责的个人或组织。

若电子地址为一个电话号码——是指对相关电话账户负责的个人或组织。

其他情形——是指对相关账户负责的个人或组织。

发送包括尝试发送。

注释：见第九条。

服务的含义与《2010年竞争与消费者法》中规定的含义相同。

软件包括软件和相关数据的结合。

标准电话服务的含义与《1999年电子通信法（消费者保护和服务标准）》中规定的含义相同。

提供：

当涉及货物或服务时——其含义与《2010年竞争与消费者法》中规定的含义相同；

（b）当涉及土地时——包括转让；

（c）当涉及土地上的权益时，包括转让或设立。

使用的含义受第11条影响。

语音呼叫，无论该客户是否通过电话上的按键或类似装置接听，是指：

（a）通常意义下的语音呼叫；

（b）包括录音或合成语音的呼叫；

（c）在（a）（b）项不能适用于有残疾的特殊客户（例如该客户听力有损伤）时——与以上任意一项有相同功能的呼叫。

5. 电子信息

基本定义

（1）就本法而言，**电子信息**是指被发送信息符合下列条件：

（a）使用

（i）网络传输服务；

（ii）任何其他列传输服务；

（b）发送至与下列某一项相关的电子地址：

（i）电子邮件账户；

（ii）即时信息账户；

（iii）电话账户；

（iv）类似账户。

注释：例如电子邮件地址和电话号码即为电子地址。

（2）就第（1）款而言，该电子地址是否存在并不影响该款的适用。

（3）就第（1）款而言，信息是否到达其预定目标并不影响该款的适用。

（4）第（1）款的适用受第（5）款的影响。

排除在外的信息——语音呼叫

（5）根据本法目的，若某一信息使用标准电话服务并通过语音呼叫的方式传递，则不属于**电子信息**。

6. 商业电子信息

基本定义

（1）根据本法目的，**商业电子信息**指电子信息的：

（a）信息内容；

（b）信息显示方式；

（c）可通过使用链接、电话号码或信息中所载联系信息（如果有的话）找到的内容；

其目的，或目的之一为：

（d）提供货物或服务；

（e）为货物或服务做广告或宣传；

（f）为货物或服务的供应商或潜在供应商做广告或宣传；

（g）供应土地或土地权益；

（h）为土地或土地权益做广告或宣传；

（i）为土地或土地权益的供应商或潜在供应商做广告或宣传；

（j）提供商业机会或投资机遇；

（k）为商业机会或投资机遇做广告或宣传；

（l）为商业机会或投资机遇的供应商或潜在供应商做广告或宣传；

（m）帮助或使得一个人能够通过欺骗的方式，非法获取他人财产；

（n）帮助或使得一个人能够通过欺骗的方式，非法从他人处获得经济利益；

（o）帮助或使得他人能够从他人处非法获利；

（p）规章中规定的目的。

（2）就第（1）款第（d）项至（l）项而言，该货物、服务、土地、利益或机会是否真实存在不影响该项的适用。

（3）就第（1）款（f）项至（i）项而言，获取该货物、服务、土地、利益或机会是否合法不影响该项的适用。

（4）以下所列，可以是发送信息或授权发送信息的人或组织：

（a）第（1）款第（f）项或（i）项所述供应商或潜在供应商；

（b）第（1）款第（l）项提所述提供者或潜在提供者；

（c）第（1）款第（m）、（n）或（o）项首次提到的人。

（5）第（1）款（d）至（p）项需分别成项。

（6）第（1）款的适用受第（7）款规定的影响。

排除在外的信息——规章

（7）根据本法目的，规章可能规定某种特别的电子信息不是**商业电子**

信息。

解释

（8）本条第（1）款第（m）项下的表述与《刑法》第134.1条有相同含义。

（9）本条第（1）款第（n）项下的表述与《刑法》第134.2条有相同含义。

（10）本条第（1）款第（o）项下的表述与《刑法》第135.1节有相同含义。

7. 澳大利亚链接

根据本法目的，当且仅当符合以下条件时，视为该商业电子信息有**澳大利亚链接**：

（1）该信息源自澳大利亚；

（2）发送信息或授权发送信息的个人或组织：

（a）信息发送时该个人身在澳大利亚；

（b）信息发送时该组织的管理和控制中心在澳大利亚；

（3）计算机、服务器或用于访问该信息的设备位于澳大利亚；

（4）相关电子账户持有者：

（a）接收该信息时，该个人身在澳大利亚；

（b）接收该信息时，该组织在澳大利亚经营业务或活动；

（5）若由于相关电子地址不存在而导致该信息不能被传送——但可合理推测假设该电子地址存在，他人或组织可通过位于澳大利亚的计算机、供应器或设备接收该信息。

8. 授权发送电子信息

授权组织的权限

（1）根据本法目的（包括第（2）款），若：

（a）个人授权发送电子信息；

（b）个人代表某组织授权发送电子信息；

则：

（c）该组织被视为授权发送电子信息；

（d）该个人被视为未授权发送电子信息。

自我授权

（2）根据本法目的，若：

（a）电子信息被个人或组织发送；且

(b)该电子信息的发送未经任何个人或组织的授权；

则，首次提及的个人或组织被视为授权发送该信息。

9. 发送电子信息——传输服务提供者

（1）就本法而言，仅提供了可使信息被发送的传输服务者，不视为**发送**了电子信息，或引起电子信息被发送；

（2）第（1）款是为避免产生疑问而制定。

10. 合伙关系的继续

就本法而言，合伙组成的变化并不影响合伙关系的继续。

11. 使用的拓展含义

除有相反意图，本法所称**使用某物**是指：

（1）独立地使用某物；或

（2）与其他东西一起使用；

12. 对皇室的约束

（1）本法限制女王的所有权力。

（2）本法豁免女王的罚金罚或刑罚的执行。

（3）第（2）款的保护不适用于女王授权之人。

13. 延伸至外部领地

本法适用于任一外部领地。

14. 域外适用

除有相反意图，本法延伸适用至澳大利亚域外的任何作为、疏忽行为、事件以及事物。

第二章　关于发送商业电子信息的规定

15. 简要大纲

以下是本章简要大纲：

不得发送未经请求的商业电子信息。

商业电子信息应当包含授权发送该信息的个人或组织信息。

商业电子信息应当包含退订功能。

16. 不得发送未经请求的商业电子信息

（1）任何人不得发送或引起如下商业电子信息被发送：

（a）有澳大利亚链接；且

（b）并非指定的商业电子信息。

注释1：**澳大利亚链接**的含义，见第7条。

注释2：**指定的商业电子信息**的含义，见一览表1。

（2）第（1）款不适用于相关电子用户持有人同意发送该信息的情况。

注释：**同意**的含义，见一览表2。

（3）第（1）款不适用于行为人有以下情况者：

（a）不知道；且

（b）尽到合理的注意义务仍不能确定所发送信息包含澳大利亚链接。

（4）第（1）款不适用于行为人误发或错误地引起信息被发送的情况。

（5）行为人主张适用第（2）、（3）、（4）款者，承担相应的举证责任。

信息不得发送至不存在的电子地址

（6）符合以下条件的任何人不得发送，或引起商业电子信息被发送至不存在的电子地址：

（a）行为人没有理由相信该电子地址存在；且

（b2）该电子信息：

（ⅰ）有澳大利亚链接；且

（ⅱ）并非指定的商业电子信息。

（7）第（6）款不适用于行为人有以下情况者：

（a）不知道；且

（b）尽到合理的注意义务仍不能确定所发送信息包含澳大利亚链接。

（8）行为人主张适用第（7）款者，承担相应的举证责任。

辅助违法行为

（9）行为人不得：

（a）协助，教唆，提供咨询或完成第（1）款或第（6）款的违法行为；

（b）通过威胁，承诺或其他方式，诱导他人为第（1）款或第（6）款的违法行为；

（c）以任何方式，直接或间接的故意参与第（1）款或第（6）款的违法行为；

（d）与他人合谋实行第（1）款或第（6）款的违法行为。

（10）若行为人仅提供了足以致使电子信息被发送的运输服务，不认为其违反了第（9）款的规定。

民事处罚规定

（11）第（1）款，第（6）款以及第（9）款为民事处罚规定。

注释：本法第四章为违反民事处罚条款设置的罚金。

17. 商业电子信息应当包含信息发送者准确信息

（1）除非存在下列情形，行为人不得发送，或引起包含澳大利亚链接的商业电子信息被发送：

（a）该信息明确且清楚地表明授权发送信息的个人或组织；

（b）信息包含接收者如何迅速联系到该个人或组织的准确信息；

（c）该信息符合条例中指定的任何情形（如果存在的话）；

（d）该信息在信息发送后至少在30日的合理期限内有效。

（2）第（1）款不适用于行为人有以下情况者：

（a）不知道；且

（b）尽到合理的注意义务仍不能确定所发送信息包含澳大利亚链接。

（3）第（1）款不适用于行为人误发或错误地引起信息被发送的情形。

（4）行为人主张适用第（2）或第（3）款者，承担相应的举证责任。

辅助违法行为

（5）行为人不得：

（a）协助，教唆，提供咨询或完成第（1）款或第（6）款规定的违法行为；

（b）通过威胁，承诺或其他方式，诱导他人为第（1）款或第（6）款规定的违法行为；

（c）以任何方式，直接或间接的故意参与第（1）款或第（6）款规定的违法行为。

（d）与他人合谋实行第（1）款或第（6）款规定的违法行为。

（6）若行为人仅提供了足以致使电子信息被发送的运输服务，不认为其违反了第（5）款的规定。

民事处罚规定

（7）第（1）款和第（5）款为民事处罚规定。

注释：本法第四章为违反民事处罚规定设置了罚金。

18. 商业电子信息应当包含退订功能

（1）行为人不得发送或引起被发送符合以下条件的电子信息：

（a）有澳大利亚链接；且

（b）并非指定的商业电子信息。

除非：

（c）该信息包含有：

（i）可以使接收者通过信息所载电子地址，向授权发送初次提及的信息的人或组织，发送退出信息的声明；

（ⅱ）类似效果的声明；且

（4）该声明以清晰且显著的方式被呈现。

（5）电子地址存在合理可能，使其在信息发送后至少30日的合理期限内能够接收：

（ⅰ）接收者的任何退出信息；且

（ⅱ）其他同一信息接收者发送的合理数量的类似退出信息。

（6）电子地址以合法方式获得；

（7）电子地址符合规制中指定的任何情形。

注释1：**退出信息**的含义，见第8条。

注释2：**澳大利亚链接**的含义，见第7条。

注释3：**指定商业电子信息**的含义，见一览表1。

（2）第（1）款不适用于行为人有以下情况者：

（a）不知道；且

（b）尽到合理的注意义务仍不能确定所发送信息包含澳大利亚链接。

（3）当与以下两者之间订立的合同或其他协议中的条款不符时，不适用第（1）款：

（a）授权发送首次提及信息的个人或组织；

（b）相关电子账户持有者。

（4）第（1）款不适用于行为人误发或错误地引起信息被发送的情形。

（5）行为人主张适用第（2）款或第（3）款者，承担相应的举证责任。

辅助违法行为

（6）行为人不得：

（a）协助，教唆，提供咨询或完成第（1）款规定的违法行为；

（b）通过威胁，承诺或其他方式诱导他人为第（1）款规定的违法行为；

（c）以任何方式，直接或间接的故意参与第（1）款规定的违法行为。

（d）与他人合谋实行第（1）款规定的违法行为。

（7）若行为人仅提供了足以致使电子信息被发送的运输服务，不认为其违反了第（6）款的规定。

民事处罚规定

（8）第（1）款和第（6）款为民事处罚条款。

注释：本法第四章为违反民事处罚条款设置了罚金。

退订信息

(9)就本条的适用而言,在商业电子信息的发送被个人或组织授权的情况下,退出信息是指:

(a)表明相关电子账户持有人不想再收到从个人或组织发送的,或个人或组织授权发送的电子商业信息的电子信息;或

(b)有类似作用的电子信息。

第三章 关于地址搜集软件和地址搜集列表的规则

19. 简要大纲

以下是本章的简要大纲:

不得提供、获取或使用地址搜集软件。

不得提供、获取或使用通过地址搜集软件得到的电子地址清单。

20. 不得提供地址搜集软件和地址清单

(1)任何人(供应商)不得向其他人(消费者)提供或要约提供:

(a)地址搜集软件;或

(b)地址搜集软件的使用权;或

(c)地址清单;或

(d)地址清单的使用权;

如果:

(e)供应商符合以下条件:

(i)提供或要约之时本人身在澳大利亚境内;或

(ii)供应或要约之时法人组织或合伙在澳大利亚有商业活动;或

(f)消费者符合以下条件:

(i)提供或要约之时本人身在澳大利亚境内;或

(ii)供应或要约之时法人组织或合伙在澳大利亚有商业活动。

注释:合伙关系的处理,见《1997年电信法》第585条。

(2)根据具体情形,若供应商无理由怀疑消费者或其他人使用地址搜集软件或地址清单目的是为从事违反第16条规定的发送商业电子信息的行为,则第(1)款不予适用。

(3)若供应商有下列行为,第(1)款不予适用:

(a)不知道;且

(b)尽到合理的注意义务仍不能确信;

消费者符合以下条件:

（c）提供或要约之时本人身在澳大利亚境内；或

（d）供应或要约之时法人组织或合伙在澳大利亚有商业活动。

（4）行为人主张适用第（3）款者，承担相应的举证责任。

辅助违法行为

（5）行为人不得：

（a）协助，教唆，提供咨询或完成第（1）款规定的违法行为；

（b）通过威胁、承诺或其他方式诱导他人为第（1）款规定的违法行为；

（c）以任何方式，直接或间接的故意参与第（1）款规定的违法行为。

（d）与他人合谋实行第（1）款规定的违法行为。

民事处罚规定

（6）第（1）款和第（5）款为**民事处罚规定**。

注释：本法第四章为违反民事处罚规定设置的罚金。

21. **不得获取地址搜集软件和地址清单**

（1）任何人不得获取：

（a）地址搜集软件；或

（b）地址搜集软件的使用权；或

（c）地址清单；或

（d）地址清单的使用权；

若此人：

（e）提供或要约之时本人身在澳大利亚境内；或

（f）供应或要约之时法人组织或合伙在澳大利亚有商业活动。

注释：合伙关系的处理，见《1997年电信法》第585条。

（2）根据具体情形，若供应商无理由怀疑消费者或其他人使用地址搜集软件或地址清单目的是为从事违反第16条规定的发送商业电子信息的行为，则第（1）款不予适用。

辅助违法行为

（3）行为人不得：

（a）协助，教唆，提供咨询或完成第（1）款规定的违法行为；

（b）通过威胁、承诺或其他方式诱导他人为第（1）款规定的违法行为；

（c）以任何方式，直接或间接的故意参与第（1）款规定的违法行为。

（d）与他人合谋实行第（1）款规定的违法行为。

民事处罚条款

（4）第（1）款和第（3）款为**民事处罚规定**。

注释：本法第四章为违反民事处罚规定设置的罚金。

22. 不得使用地址搜集软件和地址清单

（1）任何人不得获取：

（a）地址搜集软件；或

（b）地址搜集软件的使用权；或

（c）地址清单；或

（d）地址清单的使用权。

注释：合伙关系的处理，见《1997年电信法》第585条。

（2）根据具体情形，若供应商无理由怀疑消费者或其他人使用地址搜集软件或地址清单目的是为从事违反第16条规定的发送商业电子信息的行为，则第（1）款不予适用。

（3）行为人不得：

（a）协助，教唆，提供咨询或完成第（1）款规定的违法行为；

（b）通过威胁、承诺或其他方式诱导他人为第（1）款规定的违法行为；

（c）以任何方式，直接或间接的故意参与第（1）款规定的违法行为。

（d）与他人合谋实行第（1）款规定的违法行为。

民事处罚条款

（4）第（1）款和第（3）款为**民事处罚规定**。

注释：本法第四章为违反民事处罚规定设置的罚金。

第四章　民事处罚

23. 简要大纲

以下是本章的简要大纲：

· 对违反民事处罚规定者处以罚金。

· 涉及处罚的诉讼在联邦法院提起。

· 联邦法院可发布下列辅助令：

要求违反民事处罚规定者向受害者支付赔偿金；

要求罚金数额应与违反民事处罚规定导致的经济损失数额相适应。

注释：一览表3建立了针对违反民事处罚规定的侵权通知系统。

24. 违反民事处罚规定的罚金罚

（1）若联邦法院确信行为人违反了民事处罚规定，法院可命令该行为人偿付相应赔偿金，赔偿金数额由法院决定。

（2）法院在确定赔偿金的数额时，可以考虑下列因素：
（a）违法行为的性质和程度；
（b）违法行为所致损失和损害的性质和程度；
（c）违法行为发生的具体情形；
（d）行为人是否在本法下曾因相似行为受到法院追诉；
（e）法院可酌情考虑——行为人是否曾因相似行为受到外国法院的追诉。

25. **违反民事处罚规定的罚金上限**

（1）违反第24条第（1）款的民事处罚规定，可处罚金上限可依据下列因素确定：
（a）行为人是否有与民事处罚规定相关的前科（见第（2）款）；
（b）行为人是否是法人；
（c）民事处罚规定是否为第16条第（1）款、第（6）款或第（9）款。

前科

（2）若：
（a）在特定日（**第一天**），联邦法院依据第24条第（1）款针对违反特定民事处罚规定的行为人发布命令；
（b）这是联邦法院第一次依据第24条第（1）款针对违反特定民事处罚规定的行为人发布命令；

则，根据第24条第（1）款，行为人在此第一次后再次违反民事处罚规定的而要求支付罚金的，即为有民事处罚规定的相关**前科**。

法人可处最大罚金——无前科

（3）若法人没有与特定民事处罚规定相关的前科：
（a）根据第24条第（1）款的规定，法人违反民事处罚规定可处罚金不得超过：
（i）违反第16条第（1）款、第（6）款或第（9）款规定的民事处罚规定——100罚金单位；
（ii）其他任何情形——50罚金单位；且
（b）如果联邦法院发现该法人在特定日，有两项以上违反民事处罚规定的行为——根据第24条第（1）款的规定，对该法人可处罚金总额不得超过：
（i）违反第16条第（1）款、第（6）款或第（9）款规定的民事处罚规定——2000罚金单位；
（ii）其他任何情形——1000罚金单位。

除法人之外的其他人可处最高罚金——无前科

（4）若除法人之外的其他人没有与特定民事处罚规定相关的前科：

（a）根据第24条第（1）款的规定，对行为人违反民事处罚规定可处罚金不得超过：

（i）违反第16条第（1）款、第（6）款或第（9）款规定的民事处罚规定——20罚金单位；

（ii）其他任何情形——10罚金单位；且

（b）如果联邦法院发现该法人在特定日，有两项以上违反民事处罚规定的行为——根据第24条第（1）款的规定，对该法人可处罚金总额不得超过：

（i）违反第16条第（1）款、第（6）款或第（9）款规定的民事处罚规定——400罚金单位；

（ii）其他任何情形——200罚金单位。

法人可处最高罚金——有前科

（5）若法人有与特定民事处罚规定相关的前科：

（a）根据第24条第（1）款的规定，对行为人违反民事处罚规定可处罚金不得超过：

（i）违反第16条第（1）款、第（6）款或第（9）款规定的民事处罚规定——500罚金单位；

（ii）其他任何情形——250罚金单位；且

（b）如果联邦法院发现该法人在特定日，有两项以上违反民事处罚规定的行为——根据第24条第（1）款的规定，对该法人可处罚金总额不得超过：

（i）违反第16条第（1）款、第（6）款或第（9）款规定的民事处罚规定——10000罚金单位；

（ii）其他任何情形——5000罚金单位。

除法人之外的其他人可处最高罚金——有前科

（6）若行为人有与特定民事处罚规定相关的前科：

（a）根据第24条第（1）款的规定，对行为人违反民事处罚规定可处罚金不得超过：

（i）违反第16条第（1）款、第（6）款或第（9）款规定的民事处罚规定——100罚金单位；

（ii）其他任何情形——50罚金单位；且

（b）如果联邦法院发现该法人在特定日，有两项以上违反民事处罚规定的行为——根据第24条第（1）款的规定，对该法人可处罚金总额不得超过：

（i）违反第16条第（1）款、第（6）款或第（9）款规定的民事处罚规定——2000罚金单位；

（ⅱ）其他任何情形——1000罚金单位。

26. 罚金罚的其他民事行为

（1）ACMA可代表联邦向联邦法院提起诉讼，处以第24条规定的罚金罚。

（2）对第（1）款违法行为的追诉不得超过违法行为发生之日起6个月。

（3）联邦法院可要求将根据第（1）款提起的两项以上诉讼进行合并审理。

27. 违反民事处罚条款不受刑事追诉

若行为人仅违反民事处罚规定，则其行为不受到刑事追诉。

28. 辅助令——赔偿

（1）如果出现下列情形，则法院根据ACMA或受害者的申请，发布法院认为合适的命令，要求被告补偿受害人损失：

（a）在根据第26条提起的一项或多项诉讼中，联邦法院发现**被告**违反了一项或多项民事处罚规定；且

（b）法院确信其他人（**受害人**）因部分或全部违法行为遭受了损失或损害。

（2）在决定**受害人**是否因他人发送商业电子信息的违法行为而遭受了损失或损害时，法院可考虑下列因素以确定可处赔偿金的数额：

（a）受害人处理该信息所支出费用的多少；

（b）处理该信息对受害人进行商业活动能力的影响；

（c）由于处理该信息对被害人商业信誉带来的损害；

（d）由于处理该信息对被害人造成的商业机会上的损失；

（e）法院认为相关的其他因素。

（3）无论是否已根据24条发布了命令，联邦法院仍可根据第（1）款发布命令。

（4）第（1）款中规定的申请，可在相关违法行为发生之日起6年内的任何时间提起。

29. 辅助令——经济利益的补偿

（1）如果出现下列情形，则法院根据ACMA的申请发布命令，要求行为人支付与其造成的经济损失相当的赔偿金：

（a）在根据第26条提起的一项或多项诉讼中，联邦法院发现行为人违反了一项或多项民事处罚规定；且

（b）法院确信行为人由于其违法行为获得了直接或间接的经济利益。

（2）无论是否已根据24条发布了命令，联邦法院仍可根据第（1）款发

布命令。

（3）第（1）款中规定的申请，可在相关违法行为发生之日起6年内的任何时间提起。

30．一览表3（侵权通知）

一览表3生效。

第五章 禁　　令

31．简要大纲

以下是本章的简要大纲：

联邦法院可就违反民事处罚条款的行为发布禁令。

32．禁令

禁止令

（1）如果行为人已经、正在或计划为任何违反民事处罚规定的行为，经ACMA申请，联邦法院可颁发如下禁令：

（a）禁止该人为此行为；且

（b）若法院认为合理，可要求该人为某行为。

履行禁令

（2）如果出现以下情况，则经ACMA申请，联邦法院可颁发禁令要求该人为此行为：

（a）某人已经、正在或计划拒绝为或不为某行为；且

（b）该拒绝或不为已经或即将违反民事处罚规定。

33．临时禁令

临时禁令的颁发

（1）联邦法院在受理依据本法第32条提起的禁令申请之前，可颁发临时禁令以限制他人为该条所述行为。

无损害担保

（2）联邦法院不要求根据第32条提起的禁令申请对损害提供担保，以作为颁发临时禁令的条件。

34．禁令的解除和变更

联邦法院可解除或变更根据本章所颁发的禁令。

35．不适用限制禁令颁发的情形

禁止令

（1）符合下列条件，则联邦法院可行使颁发禁令的权力，以禁止行为人

为某特定行为：

（a）当法院确信行为人从事了某行为时——无论其是否有意再次或继续为该行为；

（b）如果不颁发禁令，则该行为人极有可能为某行为——无论其是否曾为此类行为，以及若该行为人为此行为，是否有给对他人造成重大损害的迫切危险。

履行禁令

（2）符合下列条件，则联邦法院可行使颁发禁令的权力，以要求行为人为某行为：

（a）当法院确信行为人拒绝或不为某行为时——无论其是否有意再次或继续拒绝或不为该行为；

（b）如果不颁发禁令，则该行为人极有可能拒绝为或不为某行为——无论其是否曾拒绝为或不为此类行为，以及若该行为人为此行为，是否有给对他人造成重大损害的迫切危险。

36. 联邦法院的其他权力不受影响

本章赋予联邦法院的权力并不替代本法其他部分或其他法律赋予法院的权力。

第六章　强制保证

37. 简要大纲

以下为章的简要大纲：

行为人可向 ACMA 提供与下列事项有关的强制保证：

（a）商业电子信息；

（b）地址搜集软件。

38. 保证的接受

（1）就本条而言，ACMA 接受与下列事项有关的行为人的书面保证：

（a）商业电子信息；

（b）地址搜集软件。

（2）行为人可在任何时间撤回或变更其保证，但需征得 ACMA 同意。

39. 保证的执行

（1）若 ACMA 认为行为人违反了其依据第 38 条做出的保证中的条款，则可向联邦法院申请其发布第（2）款所述法令。

（2）若联邦法院确信行为人违反了保证条款，则法院可发布以下法令：

（a）命令该行为人遵守保证条款的法令；

（b）命令行为人向联邦支付罚金的法令，该罚金数额应与行为人直接或间接获得的、可合理归因于其违约行为带来的经济利益相当。

（3）法院认为适当的、命令行为人补偿由于其行为给他人造成的损失的法令；

（4）法院认为适当的其他任何法令。

40. 违反保证的补偿评估

（1）联邦法院对违反与发送商业电子信息相关的保证条款的行为人依据第39条进行诉讼时，适用本条规定。

（2）决定受害人是否因他人发送商业电子信息的违法行为而遭受了损失或损害，法院可考虑下列因素以确定可处赔偿数额：

（a）受害人处理该信息所支出费用的多少；

（b）处理该信息对受害人进行商业活动能力的影响；

（c）由于处理该信息对被害人商业信誉带来的损害；

（d）由于处理该信息对被害人造成的商业机会上的损失；

（e）法院认为相关的其他因素。

第七章 其他事项

41. 正式警告——违反民事处罚规定

对违反民事处罚规定者，ACMA可向其发布正式警告。

42. 其他ACMA职能

ACMA有如下职能：

（1）与相关业界、消费者群体和政府机构磋商，单独或与其合作启动与下列一项或两项有关的社区教育计划：

（a）未经请求的商业电子信息；

（b）地址搜集软件。

（2）进行或委托进行与下列一项或两项有关事项的研究：

（a）未经请求的商业电子信息；

（b）地址搜集软件。

（3）就下列第一项或两项事项的禁止或规制，与监管或其他相关海外机构进行合作：

（a）未经请求的商业电子信息；
（b）地址搜集软件。

43. 州和领地法律的执行
本法不排除或限制州或领地法律与本法同时执行。

44. 默示的政治言论自由
本法的适用不得违反默示的政治言论自由的任何宪法原则。

45. 国际公约的效力
（1）规章可制定与处理下列一项或两项事项的国际公约生效的相关规定：
（a）未经请求的商业电子信息；
（b）地址搜集软件。
（2）根据第（1）款目的，可制定如下规定：
（a）授予联邦法院在规定中某事项的管辖权；
（b）对违反本规定者处以不超过50罚金单位的处罚；
（c）根据本法目的，宣布规定中特定条文为民事处罚规定。

46. 本法执行的审查
（1）本条生效2年之内，部长应当对下列法规的执行进行审查：
（a）本法；
（b）《1997年电信法》与本法有关的部分；
（c）《1997年电信法》第六章中与下列有关的条文：
（i）针对电子营销活动（在该章的含义之内）；
（ii）针对包括商业活动在内的电子信息服务提供商服务的相关活动；
（iii）处理与《1997年电信法》第113条第（3）款第（q）到（v）项相关的产业密码、产业标准。
（2）部长应当对根据第（1）款所做的审查情况进行报告。
（3）部长应当在报告完成后15日内将报告副本提交两院。

47. 规章
总督可制定规章以规制以下事项：
（1）本法规定或允许的事项；或
（2）对于本法的执行或生效必需或适当的事项。

一览表1　指定商业电子信息

注释：见第4条

1. **目标**

本一览表的目的是定义**指定商业电子信息的含义**。

注释1：指定商业电子信息须符合第17条规定（商业电子信息应当包括授权发送信息的个人或组织的信息）。

注释2：指定商业电子信息不必符合第16条（不得发送未经请求电子信息）和第十八条（商业电子信息应当包含退订功能）的规定。

2. **事实资料**

（1）就本法而言，符合以下条件的电子信息为指定商业电子信息：

（a）该信息仅包括事实信息（无论是否包含直接相关内容）以及以下任何或全部附加信息：

（ⅰ）授权发送该信息的个人或组织的姓名、标志和具体联系方式；

（ⅱ）作者的姓名和具体联系方式；

（ⅲ）如果该作者为雇员——作者雇主的姓名、标志和具体联系方式；

（ⅳ）作者为合伙组织的一员——该合伙组织的姓名、标志和具体联系方式；

（ⅴ）作者为某组织的董事或高管——该组织的姓名、标志和具体联系方式；

（ⅵ）该信息为赞助信息——赞助商的姓名、标志和具体联系方式；

（ⅶ）第十七条所需包含的信息；

（ⅷ）若第十八条适用于该信息，则第十八条所需包含的信息。

（b）若该信息中不包括以上附加信息，则该信息不是商业电子信息；

（c）该信息符合规章中特指的其他条件。

3. **政府机构、政党、宗教团体和慈善组织**

就本法而言，符合以下条件的电子信息**为指定商业电子信息**：

（a）该信息由以下组织授权发送的电子信息：

（ⅰ）政府机构；

（ⅱ）注册政党；

（ⅲ）宗教团体；

（ⅳ）慈善组织。

（b）该信息涉及货物或服务；

（c）该组织为相关货物或服务的供应商或潜在供应商。

4. **教育机构**

就本法而言，符合以下条件的电子信息为**指定商业电子信息**：

（a）该信息是由教育机构授权发送的；且
（b）下列一项或两项均适用：
（i）相关电子账户持有者为该机构招收的学生；
（ii）相关电子账户持有者现在或曾经的家庭成员为该机构招收的学生。
（c）该信息涉及货物或服务；
（d）该组织为相关货物或服务的供应商或潜在供应商。

5. 规章

根据本法目的，规章可规定特定种类的电子信息为**指定商业电子信息**。

一览表2　同意

注释：见第4条。

1. 目标

本一览表的目标是定义同意一词在发送电子信息意义上使用时的含义。

注释：同意的概念与第16条相关（不得发送未经请求的商业电子信息）。第16条第（2）款规定若相关电子账户持有者同意发送该信息，则不视为违反第16条第（1）款的规定。

2. 基本定义

就本法而言，**同意**指

（a）明示同意；或

（b）可根据相关个人或组织的以下方面合理推定的同意：

（i）行为；及

（ii）商业或其他关系。

3. **账户使用者可代表相关电子账户持有者授权同意**

（1）就本法而言，若非相关电子账户持有者使用相关账户发送如下电子信息，则视为其代表相关电子账户持有者授权了该信息的发送：

（a）同意；

（b）撤销同意；

（c）拒绝同意。

（2）第（1）款不限制非相关电子账户持有者代表相关电子账户持有者为如下行为：

（a）同意；

（b）撤销同意；

(c)拒绝同意。

4. 公开电子地址可推定为同意

(1)就本法而言,仅公开相关电子地址不可推定为相关电子账户持有者的同意。

例外——显著公开

(2)但是,如果:

(a)特定电子地址使公众或部分公众可发送电子信息至:

(i)特定雇员;

(ii)某组织的特定的董事或高管;

(iii)合伙组织的特定合伙人;

(iv)法定或其他部门的特定官员;

(v)特定的个体经营者;

(vi) 在某一机构运行中,不定期控制、担任或执行某一特定部门或职位职责的人;

(vii) 在某一机构运行中,不定期控制、担任或执行某一特定部门或职位职责的个人或团队。

(b)电子地址被显著公布;

(c)可合理推测该公开已经过下列人员同意:

(i)在第(a)(i),(ii),(iii),(iv)或(v)项下的相关雇员、董事、高管、合伙人、官员或个体经营者;

(ii)在(a)(vi)或(vii)项下的相关组织;

(d)在公开的同时,并未满足以下条件:

(i)表明相关电子账户持有者不想在此电子地址接收未经请求的商业电子信息的声明;

(ii)具有相同功能的声明。

则就本法而言,只要信息与下列事项相关,相关电子账户持有者将被视为同意发送该商业电子信息发送至该地址:

(e)在第(a)(i),(ii),(iii),(iv)或(v)款下——与工作相关的业务、雇员的职能或职责、相关董事、高管,或个体经营者;

(f)在第(a)(vi)款下——相关部门或职位;

(g)在第(a)(vii)款下——相关职能或作用。

5. 关于同意的规则

(1)根据本法目的,规则可规定相关电子账户持有者的同意不可根据规则中指定情形推定而来。

（2）根据本法目的，规则可规定相关电子账户持有者的同意可根据规则中指定情形推定而来。

6. 撤销同意的生效

（1）就本法而言，如果：

（a）电子信息被发送至相关电子账户持有者的电子地址；

（b）相关电子账户持有者同意该商业电子信息的发送；

（c）个人或组织授权发送商业电子信息至该电子地址；

（d）相关电子账户持有者或相关账户的使用者发送下列信息至个人或组织：

（i）表明账户持有者不想再接收来自或被该个人或组织授权发送的任何商业电子信息的信息；

（ii）有相同功能的信息。

同意的撤销在5个工作日之后生效：

（e）若（d）项所指信息为电子信息——信息发送之日；

（f）若（d）项所指信息为邮递送达——信息服务实现之日（见《1901年法律解释法》第29条）；

（g）其他情形——信息传递之日；

（2）就第（1）款而言，工作日是指除周六、周日以及公共节假日之外的其他日子：

（a）若（1）款（d）项所指信息为电子信息——信息发送之地；

（b）若（1）款（d）项所指信息为邮寄送达——信息发送之日；

（c）其他情形——信息传递之日。

一览表3　侵权通知

注释：见第30条。

1. 目标

本一览表的目标是建立针对违反民事处罚规定的侵权通知系统，用以作为联邦法院诉讼制度的替代方式之一。

2. 定义

在本一览表中：

授权人指

（a）ACMA主席；或

（b）根据第9条任命的ACMA工作人员。

民事违法指违反民事处罚条款。

侵权通知指根据第3条发出的侵权通知。

3. 发布侵权通知的情形

（1）若授权人有合理理由相信某人在特定日有违反特定民事处罚条款的行为，授权人可针对此人发布与其违法行为相关的侵权通知。

（2）侵权通知须在民事违法行为被追诉之日起12个月内发出。

（3）针对同一日被追诉的违反特定民事处罚条款行为，不允许向该行为人发布两个以上侵权通知。

4. 侵权通知需包含事项

（1）侵权通告需包括：

（a）通知送达的人姓名；

（b）发送通知的授权人姓名；

（c）下列两者之一：

（i）被诉民事违法行为的简要细节；

（ii）电子形式下，包含有被诉民事违法行为的简要细节的数据进程装置。

（d）表明若ACMA在以下规定时间内，代表联邦收取通知指定罚金，则联邦法院将不再处理该事项的声明：

（i）通知发布后28日之内；

（ii）经ACMA允许可延长此期限；

（e）关于如何支付罚金的解释；

（f）规则中特别规定的其他事项。

注释：罚金数额，见第5条。

（2）就第（1）（c）款而言，简要细节须包括与涉嫌民事违法行为相关的如下信息：

（a）涉嫌违法的日期；

（b）涉嫌违反的民事处罚规则。

（3）第（1）（c）（ii）款的规定不允许将数据进程装置中信息包含在内，除非在侵权通知被发布时，可合理预期该信息容易获得以便后用。

（4）本条款不限制《1999年电子传输法》的执行。

5. 罚金数额

针对法人的侵权通知

（1）针对法人的侵权通告中指定的罚金需与下表中罚金单位的数额一致。

\[罚金单位的数量\]		
项	情　形	罚金单位的数量
1	针对单一涉嫌违反第16条第（1）、（6）或（9）款行为的通知	20
2	针对1件以上50件以下涉嫌违反第16条第（1）、（6）或（9）款行为的通知	涉嫌违法行为的数量乘以20
3	针对50件及以上涉嫌违反第16条第（1）、（6）或（9）款行为的通知	1000
4	针对单一涉嫌违反民事处罚条款除第16条第（1）、（6）或（9）款的通知	10
5	针对1件以上，50件以下涉嫌违反除第16条第（1）、（6）或（9）款之外行为的通知	涉嫌违法行为的数量乘以10
6	针对50件及以上涉嫌违反除第16条第（1）、（6）或（9）款之外行为的通知	500

针对法人以外的人的侵权通知

（2）针对个人的侵权通告中指定的罚金需与下表中罚金单位的数额一致：

\[罚金单位的数量\]		
项	情　形	罚金数量
1	针对单一涉嫌违反第16条第1、6或9款行为的通知	4
2	针对1件以上，50件以下涉嫌违反第16条第1、6或9款行为的通知	涉嫌违法行为的数量乘以4
3	针对50件及以上涉嫌违反第16条第1、6或9款行为的通知	200
4	针对单一涉嫌违反民事处罚条款除第16条第1、6或9款的通知	2
5	针对1件以上，50件以下涉嫌违反除第16条第1、6或9款之外行为的通知	涉嫌违法行为的数量乘以2
6	针对50件及以上涉嫌违反除第16条第1、6或9款之外行为的通知	100

6. 侵权通知的撤销

（1）本条适用于针对个人的侵权通知。

（2）授权人可通过针对个人的书面通知（**撤销通知**），撤销侵权通知。

（3）撤销通知应当在侵权通知发布后28日内送达行为人。

侵权通知撤销后罚金的退回

（4）符合下列条件，则联邦有责任返还罚金：

（a）侵权通知中规定的罚金已给付；且

（b）罚金给付之后该侵权通知被撤销。

7. 罚金的支付

（1）本条适用于：

（a）已向行为人发布与涉嫌民事违法行为相关的侵权通知；

（b）侵权通知中规定的罚金已给付；

（c）该侵权通知未被撤销。

（2）行为人涉嫌民事违法行为的责任不得被免除。

（3）第四章规定的诉讼程序不适用于个人的涉嫌民事违法行为。

8. 本一览表在民事诉讼上的效力

本一览表不：

（a）要求侵权通知的发布与涉嫌民事违法行为相关；

（b）影响，当满足以下条件时，个人参与第四章规定的针对涉嫌民事违法行为诉讼程序的责任：

（i）行为人不遵守侵权通知；

（ii）侵权通知并非针对个人发布；

（iii）侵权通知针对个人发布但随后被撤销。

（c）限制联邦法院如下裁量权：决定施加于第四章规定的诉讼程序中被发现有民事违法行为的个人的罚金数额。

9. 授权人的任命

根据本一览表的目的，ACMA可书面任命ACMA成员中的一员为**授权人**。

10. 规章

规章可以进一步制定与侵权通知相关的条款。

《2003年反垃圾邮件法》注释

注释1

如下表所示，本次《2003年反垃圾邮件法》的汇编包括2003年第129号修正案。

《2005年澳大利亚通信和媒体局（间接和过渡性条款）法》中制定的适用、保留或过渡性条款，见2005年第45号法案。

其他与适用、保留或过渡条文相关的信息见表A。

法案列表

表 A

法　案	编号及年份	批准日期	生效日期	适用、保留或过渡性条款
《2003 年反垃圾邮件法》	129,2003	2003 年 12 月 12 日	Ss. 15—41,43—46,一览表 1and 3:10 20044 月剩余权:女王批准	—
《2005 年澳大利亚通信和媒体局(间接和过渡性条款)法》	45,2005	2005 年 4 月 1 日	一览表 1（121—123 项）和一览表 4:2005 年 6 月 1 日(a)一览表 2:(a)	一览表 4［见注释 1］
《2010 年成文法修订法案》	8,2010	2010 年 3 月 1 日	一览表 5(137(a),(c)项):(b)	—
《2010 年贸易实施法修正案(澳大利亚消费者法)(2 号)》	103,2010	2010 年 7 月 13 日	一览表 6（项 1,100—103):2011 年 1 月 1 日	—
《2011 年法律解释法》	46,2011	2011 年 6 月 27 日	一览表 2（1059 项）和一览表 3（10,11 项):2011 年 12 月 27 日	一览表 3(10,11 项)

《2005 年澳大利亚通信和媒体局（间接和过渡性条款）法》第 2 条（1）款（2、3 和 10 项）规定如下;

本表栏 1 中所列本法条款根据栏 2 生效，或视为生效。栏 2 中其他声明根据其条款规定生效。

生效信息		
栏 1	栏 2	栏 3
条款	生　效	详细日期
2. 一览表 1	与《2005 年澳大利亚通信和媒体局法》第六条同时生效	2005 年 6 月 1 日
3. 一览表 2	在第 2 项条款生效后即刻生效	2005 年 6 月 1 日
10. 一览表 4	与《2005 年澳大利亚通信和媒体局法》第六条同时生效	2005 年 6 月 1 日

《2010 年成文法修订法案》第 2 条（1）款（31 和 38 项）规定如下：

（1）本表栏 1 中所列本法条款根据栏 2 生效，或视为生效。栏 2 中其他声明根据其条款规定生效。

条　款	生　效	详细日期
31. 一览表5，项1—项51	本法获女王批准之日	2010年3月1日
38. 一览表5，第2和3部分	在第31项条款生效后即刻生效	2010年3月1日

修正案列表

ad. = 增加或插入　am. = 修正　rep. = 废除　rs. = 废除或被替代	
更改条款	如何更改
第一章	
S. 4	am. No. 45, 2005; Nos. 8 and 103, 2010; No. 46, 2011
S. 5	am. No. 8, 2010
第四章	
S. 26	am. No. 45, 2005
Ss. 28, 29	am. No. 45, 2005
第五章	
S. 32	am. No. 45, 2005
第六章	
Ss. 37—39	am. No. 45, 2005
第七章	
S. 41	am. No. 45, 2005
Heading to s. 42	am. No. 45, 2005
S. 42	am. No. 45, 2005
一览表3	
C. 2	am. No. 45, 2005
C. 4	am. No. 45, 2005
C. 9	am. No. 45, 2005

表A

适用、保留或过渡性条款

《2011年法律解释法》（编号46，2011）

　　一览表3

　　10　保留——任命

一览表2 所列修正案不影响在本项生效之前根据本法做出的和在生效之前立即产生效力的任命的生效。

11 过渡性条款

总督可制定规则以规定与一览表1和2的修正案及废除令相关的过渡性事项（包括规定任何保留或适用条款）

2004年犯罪立法修正（与电信有关的犯罪和其他行为）法案（第二号）*

2004年第127号法案之修正案 2006年6月13日编写
（本法案经2006年第40号法案修订）
对2006年第40号法案的修订
[第1章（第16项）修订第1章第31项第1章（第16项）于
2006年6月13日生效（见F2006L01623）]
由立法起草和公布办公室编写，总检察长办公室，堪培拉

本法案是对《1995年刑法法案》的修订，并为与之相关的目的
[2004年8月31日批准] 澳大利亚议会颁布：

1. 简称

本法案可以被引用为《2004年犯罪立法修正（与通信有关的犯罪和其他行为）法案（第二号）》

2. 生效

（1）表格第一列所展示的本法案的详细条款在对应第二列的日期生效或者被视为生效。第二列中的任何其他表述都依其条款而生效。

生效信息		
第1列	第2列	第3列
条 款	生 效	日期/具体
1. 第一部分至第三部分，以及法案其他所有未被本表格涵盖的条款	法案获得御准时	2004年8月31日

---

* 译者：朱冰，北京大学法学院。

续表

生效信息		
第1列	第2列	第3列
条　款	生　效	日期/具体
2. 第1章	法案获得御准日起6个月后	2005年3月1日
3. 第2、3、4章	法案获得御准之日后第28日	2004年9月28日
4. 第5章第1—8项	法案获得御准之日后第28日	2004年9月28日
5. 第5章第9项	《2001年网络犯罪法》第1章第6项生效后	2001年12月21日
6. 第5章第10—16项	法案获得御准之日后第28日	2004年9月28日

备注：该表格仅与议会最初通过并同意的法案相关，不能扩展适用到此次修正案经同意后加入的条款。

（2）表格的第三列是不属于原法案的附加信息，该列中的信息可能在任何公布的版本中被增加或者修改。

3. 章

本法案各章中所列的法案的修改和废止都在相关章节对应的条款中列明，其余条款都依其表述而适用。

第一章　电信犯罪

第1节——主要修正

《1995年刑法法案》

1. 《刑法》第10.6节

废止该部分，代之以：

第10.6节——电信服务

473类——序言

473.1　定义

在本节中：

"使用"材料包括以下情况：

（a）使用计算机展示本材料，或者使用计算机以其他方式输出本材料；或者

（b）将本材料复制或者移动至计算机中的其他位置或者数据存储设备；或者

(c)当材料为一个程序时,则指对该程序的执行。

"账户识别工具"是指:

(a)某物:

(i)包含有特定安全数据的签名;并且

(ii)被安装或者可以被安装至移动通信设备;或者

(b)其他物:

(i)能够识别特定的移动通信账户;并且

(ii)被法规规定为符合本节之目的的账户识别工具。

备注:a项——包括 SIM 卡在内。

"传输服务提供商"的定义与《1997 年电信法案》相同。

备注:参见第 474.3 条的规定,该条规定了由于特定事由而被视为传输服务提供商的人员。

"运营商"的定义与《1997 年通信法案》相同。

备注:参见第 474.3 条的规定,该条规定了由于特定事由而被视为运营商者的人员。

"传输"包括传送、交换以及接收。

"虐待儿童的材料"是指:

(a)描绘某个人或者某个人的代表物的材料,该人:

(i)年龄小于或者可能小于 18 岁;并且

(ii)是,或者很可能是遭受了某种折磨、残酷行为或者身体虐待的受害者。

并且其描绘方式会使正常人认为该材料在任何情况下都带有冒犯性;或者

(b)描述某个人的材料,该人:

(i)年龄小于,或者被暗示为小于 18 岁;并且

(ii)是,或者被暗示为是遭受了某种折磨、残酷行为或者身体虐待的受害者;

并且其描述方式会使正常人认为该材料在任何情况下都带有冒犯性。

"儿童色情材料"是指:

(a)描绘某个人或者某个人的代表物的材料,该人的年龄小于或者很可能小于 18 岁,且该人:

(i)正在或者很可能正在做出有性意味的姿态或者进行有性意味的活动(无论是否有其他人在场);或者

（ⅱ）在另一人面前，此人正在或者很可能正在做出有性意味的姿态或者进行有性意味的活动。

并且其描绘方式会使正常人认为该材料在任何情况下都带有冒犯性；或者

（b）材料的主要特征为是以性为目的而描绘以下内容：

（ⅰ）某人的性器官或者肛门区域，该人的年龄小于或者很可能小于18岁；或者

（ⅱ）该种性器官或者肛门区域的代表物；或者

（ⅲ）女性的乳房或者乳房的代表物，且该女性的年龄小于或者很可能小于18岁。

其描绘方式会使正常人认为该材料在任何情况下都带有冒犯性；或者

（c）描述某个人的材料，该人的年龄小于或者被暗示为小于18岁，且该人：

（ⅰ）正在，或者被暗示为正在做出有性意味的姿态或者进行有性意味的活动（无论是否有其他人在场）；或者

（ⅱ）在另一人面前，且此人正在，或者被暗示为正在做出有性意味的姿态或者进行有性意味的活动；

并且其描绘方式会使正常人认为该材料在任何情况下都带有冒犯性；或者

（d）描述以下内容的材料：

（ⅰ）某人的性器官或者肛门区域，该人的年龄小于或者被暗示为小于18岁；或者

（ⅱ）女性的乳房或者乳房的代表物，且该女性的年龄小于或者被暗示为小于18岁。

并且其描绘方式会使正常人认为该材料在任何情况下都带有冒犯性。

"电信传输过程中的通信"是指通过运营商或者传输服务提供商进行的通信，包括已经被运营商或者传输服务提供商所采集或者接收，而尚未被运营商或者传输服务提供商传送的通信。

电信网络中的"连接"，包括除通过物理方式进行的连接以外的连接（例如通过无线电通信网络进行连接）。

对数据或者对数据形式材料的"控制"，由第473.2条定义。

"描绘"包括收集可以形成可视图像（包括静止或者动态）的数据。

"描述"包括收集可以形成文本或者声音的数据。

"紧急呼叫人员"的定义与《1997年电信法案》相同。

"紧急服务电话"的定义与《1997年电信法案》相同。

"紧急服务组织"的定义与《1999年电信(消费者保护和服务标准)法案》第147条相同。

"设备"的定义与《1997年通信法案》相同。

"情报或安全人员"是指下列机构的官员或者雇员：

（a）澳大利亚安全情报组织；或者

（b）澳大利亚秘密情报机构；或者

（c）国家评估办公室；或者

（d）国防部中被称为国防信号局的部门；或者

（e）国防部中被称为国防情报组织的部门。

包括澳大利亚安全情报组织的职员（依据《2001年情报服务法》的定义），以及澳大利亚秘密情报局或者国防信号局的职员。

"监听设备"是下列指仪器或者设备：

（a）能被人利用而可以监听电信系统内正在进行的通信；并且

（b）可以合理地视其为被设计用于：

（i）出于如下目的；或者

（ii）出于包括了如下目的的目的。

利用其开展与监听电信系统内正在进行的通信有关的事项，并且

（c）并非主要被设计用于接收无线电传输的通信。

在此定义中所使用，同时在《1979通信(监听)法案》中被定义的术语与其在该法案中的定义相同。

"互联网内容提供商"的定义与《1992年广播服务法案》第五章中的定义相同。

"互联网服务提供商"的定义与《1992年广播服务法案》第五章中的定义相同。

"执法人员"指下列任何一种人员：

（a）澳大利亚联邦警察长，澳大利亚联邦副警察长，澳大利亚联邦警察局雇员或者澳大利亚联邦警察局特殊成员（所有表述在《1979年澳大利亚联邦警察法案》定义的范围内）；

（b）一州或者一个地区警察力量的成员或者雇员；

（c）澳大利亚预防犯罪委员会的职工成员（所有表述在《2002年澳大利亚预防犯罪法案》定义的范围内）；

（d）外国警察力量或者其他执法机构的成员；

（e）刑事检察长或者在其他州或者地区法律中扮演类似功能的人；

（f）刑事检察长办公室成员（在《1983年刑事检察长法案》的定义范围内）。

"损失"是指财产上损失，包括永久性的和暂时性的，也包括预期收益的损失。

"材料"包括能够形成一次通信的任何形式的材料或者材料组合。

"移动通信账户"是指由传输服务提供商为终端用户提供公共移动通信服务的账户。

"移动电信设备"是指消费者用于，或者可能将其用于与公共移动通信服务有关事项的设备（在《1997年电信法案》的定义范围内）。

"指定运营商"含义与《1997年电信法案》中相同。

"NRS供应商"含义与《1999年电信法案（消费者保护和服务标准）》第3节中相同。

"获取"包括了：

（a）为他人获取；以及

（b）诱使他人行动致使第三人获取。

"获取"数据或者以数据为形式的材料，与473.3条中的含义相同。

"占有"数据或者以数据为形式的材料，与473.2条中的含义相同。

"制造"数据，或者以数据位形式的材料，与473.3条中的含义相同。

"财产"的含义与第7章中相同。

"公共移动通信服务"的含义与《1997年电信法案》中相同。

"无线电通信"的含义与《1992年无线电通信法案》中相同。

"外国法上的严重犯罪"是指违反外国法律的犯罪，如果该行为用澳大利亚联邦法律或者州、地区的法律来衡量，构成严重犯罪。

"联邦、州或者地区法律上的严重犯罪"是指违反联邦、州或者地区法律的犯罪，并且可被判处以下监禁刑的行为：

（a）无期徒刑；或者

（b）5年以上有期徒刑。

"签署专用安全数据"是指被用于或者可能被用于以下用途的数据：

（a）使得运营商可以识别特定移动通信账户（无论是现有账户还是未来可能设立的账户）；以及

（b）使得安装有包含该数据的账户的移动通信设备可以接入到与账户相

关的公共移动通信服务中。

"提供"数据,或者以数据为形式的材料的含义,与473.3款定义相同。

"电信设备识别工具"是指:

(a)移动通信设备的电子工具,具有以下特点:

(i)由制造商安装在设备中;并且

(ii)能用于将该特定设备从其他移动通信设备中分辨出来;或者

(b)被法规规定为电信设备识别工具的任何其他形式的识别工具,并具有本节所规定的目的的。

备注:a项——举例而言,GSM手机使用业界公认的"国际移动设备身份(IMEI)"码,该编码可识别特定手机,而不同于SIM卡识别特定电信账户的功能。运营商可以基于IMEI码而对丢失或者遭窃手机停止服务。

"电信网络"的含义与《1997年电信法案》中相同。

473.2 占有或控制数据或者以数据为形式的材料

本节中所称一个人占有或者控制数据或者以数据为形式的材料,是指此人:

(a)占有存储或者包含该数据的电脑或者数据存储设备;或者

(b)占有录有该信息的文件;或者

(c)控制他人占有的电脑中存储的数据(无论是在澳大利亚境内或境外)。

473.3 制造,提供或者获取数据或者以数据为形式的材料

本节中所称的某人制造、提供或者获取数据或者以数据为形式的材料,是指此人:

(a)制造,提供或者获取储存在电脑或者数据存储设备中的数据;或者

(b)制造、提供或者获取录有该数据的文件。

473.4 判断材料是否违法

出于本节的目的而据以判断有理性的人是否会认为特定材料或者对于传输服务的特定使用,在所有的情境下都会被认为是违法的因素包括:

(a)道德的标准,理性的成年人所接受的得体性和适当性;以及

(b)材料在文学、艺术或者教育上的价值(如果有的话);以及

(c)材料的总体性质(包括无论是医疗、法律或者科学上的性质)。

474类——电信犯罪行为

A子类——关于传输服务的欺诈

474.1　不诚信

（1）出于本部分的目的，"不诚信"的含义为：

（a）依据普通人的标准认为是不诚信；并且

（b）被告人明知，依据普通人的标准其行为属于不诚信。

（2）对违反本部分而提出的起诉，对于诚信的判断属于事实审理。

474.2　关于传输服务提供商的一般不诚信行为

获取利益

（1）行为人对于以从传输服务提供商处获取利益为目的，以其提供的传输服务为途径的不诚信行为承担刑事责任。

处罚：5年有期徒刑。

造成损失

（2）行为人对于以造成传输服务提供商的遭受损失为目的所采取的与传输服务的提供有关的任何不诚信行为承担刑事责任。

处罚：5年有期徒刑。

（3）行为人对下列行为承担刑事责任：

（a）因不诚信而造成与提供传输服务有关的传输服务提供商的损失或者损失的风险；并且

（b）行为人明知或相信会发生损失，或者有相当大的可能性会发生损失。

处罚：5年有期徒刑。

B子类——电信干扰行为

474.3　行为人代表运营商或传输服务提供商

（1）出于本子类的目的，行为人替运营商、代表一个运营商或至少包括一家运营商在内的多人所进行任何行为，若满足下述任一条件：

（a）行为人所开展的上述行为；或者

（b）行为人开展该行为而可以收取的租金或费用；或者

（c）行为人对与行为有关的设备的运作；或者

（d）一项属于此人的设备；或者

（e）行为人对于卫星的运作；

即可被视为运营商。

（2）出于本子类的目的，行为人替传输服务提供商、代表一个传输服务提供商或至少包括一家传输服务提供商在内的多人所进行任何行为，若满足下述任一条件：

（a）行为人所开展的上述行为；或者

（b）行为人开展该行为而可以收取的租金或费用；或者

（c）行为人对与行为有关的设备的运作；或者

（d）一项属于此人的设备；或者

（e）行为人对于卫星的运作。

即可被视为传输服务提供商。

474.4 监听设备

（1）行为人对下述行为承担刑事责任：

（a）行为人：

（i）制造；或者

（ii）为销售而做广告、展示或者要约；或者

（iii）销售；或者

（iv）占有

装置或者设备（无论是组装完成的或者未组装形态）；并且

（b）该装置或者设备是监听设备。

处罚：5年有期徒刑。

（2）行为人如果因为正处于履行其与监听通信有关的职责的过程中而占有监听设备，并且不违反《1979年电信（监听）法案》第7条第1款规定的，就不因违反本条第1款而承担刑事责任。

备注：被告人对本款规定的事项负有举证责任，见13.3条第3款。

（3）如果第1款a项i—iv段的相应行为包含在出于本部分的目的所订立的法规所明确列出的情形中，则行为人就不因违反本条第1款而承担刑事责任。

备注：被告人对本款规定的事项负有举证责任，见13.3条第3款。

474.5 不当通信传输

（1）行为人对下列行为承担刑事责任：

（a）通信正在电子通信传输的过程中；并且

（b）行为人导致该通信被其所指向的人或服务以外的人或者传输服务接收。

处罚：1年有期徒刑。

（2）如果行为人进行第1款b项的行为得到了通信所指向之人或者操作传输服务之人的同意或者授权，则其不因违反第1款而承担刑事责任。

备注：被告人对本款规定的事项负有举证责任，见13.3条第3款。

474.6 干扰设备

（1）如果行为人篡改、干扰属于下列机构所有或所操作的设备的，则构

成犯罪,需承担刑事责任:

(a)运营商;或者

(b)传输服务提供商;或者

(c)指定运营商。

处罚:1年有期徒刑。

(2)如果设备由运营商、传输服务提供商或者指定运营商所有或者所操作,则出于违反第1款规定的目的而实施的违法行为就因为这一客观因素而适用绝对责任。

(3)行为人对下述行为承担刑事责任:

(a)行为人篡改、干扰属于下列机构所有或所操作的设备:

(i)运营商;或者

(ii)传输服务提供商;或者

(iii)指定运营商;并且

(b)这一行为妨碍了传输服务提供商的正常传输服务。

处罚:2年有期徒刑。

(4)出于违反第3款规定的目的而实施的违法行为,因为下述客观因素而适用绝对责任:

(a)设备属于运营商、传输服务提供商或者指定运营商所有或者所操作;

(b)传输服务是由传输服务提供商所提供。

(5)行为人对下述行为承担刑事责任:

(a)行为人使用或者操作任何装置或设备(无论它是否包括在或者连接到电信网络中);并且

(b)这一行为妨碍了传输服务提供商的正常传输服务。

处罚:2年有期徒刑。

(6)如果传输服务是由传输服务提供商所提供的,则出于违反第5款规定的目的而实施的违法行为就因为这一客观因素而适用绝对责任。

(7)行为人满足下述条件的行为不因违反第5款而承担刑事责任:

(a)在犯罪行为发生时,行为人是执法机构的职员,或者情报、安全机构职员,并且正在善意地履行其职责的过程中;并且

(b)其行为出于履行职责的目的,在当时情境下是合理的。

备注1:被告人对本款规定的事项负有举证责任,见13.3第3款。

备注2:参见475.1条第2款对于本罪与《1992年无线电通信法案》的相互关系的规定。

（8）出于本条的目的，如果要适用《1997年电信法案》，那么设备应属于指定运营商所有或者所操作。这一规定在该法案第81A条。

474.7　对电信设备识别工具的改动等行为

（1）行为人对下列行为承担刑事责任：

（a）改动电信设备识别工具；或者

（b）干扰电信设备识别工具的运行。

处罚：2年有期徒刑。

（2）行为人违反第1款规定的行为如果属于下列情形，则不承担刑事责任：

（a）装载电信设备识别工具的移动通信设备的制造商；或者

（b）代表上述制造商行动的雇员或者代理人；或者

（c）经制造商的同意而行动。

备注：被告人对本款规定的事项负有举证责任，见13.3条第3款。

（3）符合下列条件的行为人不因违反第1款规定而承担刑事责任：

（a）在犯罪行为发生时，行为人是执法机构的职员，或者情报、安全机构职员，并且正在善意地履行其职责的过程中；并且

（b）其行为出于履行职责的目的，在当时情境下是合理的。

备注1：被告人对本款规定的事项负有举证责任，见13.3条第3款。

备注2：本款只为违反第1款的行为提供辩护，但是并不构成对要求其他法律规定的授权令的行为的授权。

474.8　出于改动电信识别工具的目的而占有或控制数据或设备

（1）行为人对下列行为承担刑事责任：

（a）行为人占有或者控制任何物或数据；并且

（b）行为人占有或控制该物或数据意图：

（i）由自己使用；或者

（ii）由他人使用；

而进行474.7条第1款（对电信设备识别工具的改动）所规制之犯罪。

处罚：2年有期徒刑。

（2）在行为不可能构成对474.7条第1款（对电信设备识别工具的改动）规定的违反的情况下，行为人仍然可能因违反本条第1款承担刑事责任。

（3）未完成形态下违反第1款的行为不构成犯罪。

（4）下列情况下行为人不因违反第1款规定而承担刑事责任：

（a）行为人是装载电信设备识别工具的移动通信设备的制造商；或者

（b）行为人是代表上述制造商行动的雇员或者代理人；或者

（c）行为人经制造商同意而行动。

备注：被告人对本款规定的事项负有举证责任，见13.3条第3款。

（5）符合下列条件的行为人不因违反第1款规定而承担刑事责任：

（a）在犯罪行为发生时，行为人是执法机构的职员，或者情报、安全机构职员，并且正在善意地履行其职责的过程中；并且

（b）其行为出于履行职责的目的，在当时情境下是合理的。

备注1：被告人对本款规定的事项负有举证责任，见13.3第3款。

备注2：本款只为违反第1款的行为提供辩护，但是并不构成对要求其他法律规定的授权令的行为的授权。

474.9　以改动电信设备识别工具为目的而制造、提供或者获取数据或设备

（1）行为人对下述行为承担刑事责任：

（a）行为人占有或者控制任何物或数据；并且

（b）行为人占有或控制该物或数据意图：

（i）由自己使用；或者

（ii）由他人使用；

而进行474.7条第1款（对电信设备识别工具的改动）所规制之犯罪。

处罚：2年有期徒刑。

（2）在行为不可能构成对474.7条第1款（对电信设备识别工具的改动）规定的违反的情况下，行为人仍然可能因违反本条第1款承担刑事责任。

（3）未完成形态下违反第1款的行为不构成犯罪。

（4）下列情况下行为人不因违反第1款规定而承担刑事责任：

（a）行为人是装载电信设备识别工具的移动通信设备的制造商；或者

（b）行为人是代表上述制造商行动的雇员或者代理人；或者

（c）行为人经制造商同意而行动。

备注：被告人对本款规定的事项负有举证责任，见13.3条第3款。

（5）符合下列条件的行为人不因违反第1款规定而承担刑事责任：

（a）在犯罪行为发生时，行为人是执法机构的职员，或者情报、安全机构职员，并且正在善意地履行其职责的过程中；并且

（b）其行为出于履行职责的目的，在当时情境下是合理的。

备注1：被告人对本款规定的事项负有举证责任，见13.3条第3款。

备注2：本款只为违反第1款的行为提供辩护，但是并不构成对要求其他

法律规定的授权令的行为的授权。

474.10 复制签署专用安全数据

从现有的账户识别工具中复制签署专用安全数据

（1）行为人对下述行为承担刑事责任：

（a）从账户识别工具中复制签署专用安全数据；并且

（b）以将数据（无论是由行为人本人或他人）复制到下列载体为目的

（ⅰ）账户识别工具；或者

（ⅱ）在数据复制进该载体后，就可以用作账户识别工具的载体。

处罚：2年有期徒刑。

将签署专用安全数据复制到新账户识别工具中

（2）行为人对下述行为承担刑事责任：

（a）账户识别工具中的签署专用安全数据被复制（无论是由行为人本人或者他人）；并且

（b）行为人将该数据复制到下列载体中：

（ⅰ）账户识别工具；

（ⅱ）在数据复制进该载体后，就可以用作账户识别工具的载体。

无论行为人是否知道该签署专用安全数据是从哪个特定的账户识别工具中复制而来。

处罚：2年有期徒刑。

辩护

（3）下列行为人不因违反第1或第2款而承担刑事责任：

（a）操作该使用中的设备或将要被使用的设备的运营商，在提供公共移动通信服务的过程中，而该签署专用安全数据与这种服务有关；或者

（b）运营商的雇员或者代理人，代表运营商行动；或者

（c）获得运营商同意而行动。

备注：被告人对本款规定的事项负有举证责任，见13.3第3款。

（4）符合下列条件的行为人不因违反第1或第2款而承担刑事责任：

（a）在犯罪行为发生时，行为人是执法机构的职员，或者情报、安全机构职员，并且正在善意地履行其职责的过程中；并且

（b）其行为出于履行职责的目的，在当时情境下是合理的。

备注1：被告人对本款规定的事项负有举证责任，见13.3第3款。

备注2：本款只为违反第1款的行为提供辩护，但是并不构成对要求其他法律规定的授权令的行为的授权。

474.11 以复制账户识别工具为目的占有或控制数据或设备

(1) 行为人对下述行为承担刑事责任:

(a) 行为人占有或控制任何物或数据;并且

(b) 行为人占有或控制该物或数据意在:

(i) 由自己使用;或者

(ii) 由他人使用;

而进行 474.10 条第 1 款(从现有账户识别工具复制签署专用安全数据)或者 474.10 条第 2 款(将签署专用安全数据复制到新账户识别工具中)规定的犯罪行为。

处罚:2 年有期徒刑。

(2) 在行为人不可能完成 474.10 条第 1 款(从现有的账户识别工具中复制签署专用安全数据)或者第 2 款(将签署专用安全数据复制到新账户识别工具中)所规定的犯罪的情况下,其仍然可能因为违反本条第 1 款规定而承担刑事责任。

(3) 未完成形态下违反第 1 款的行为不构成犯罪。

辩护

(4) 符合下列条件的行为人不因违反第 1 款而承担刑事责任:

(a) 操作该使用中的设备或将要被使用的设备的运营商,在提供公共移动通信服务的过程中,而该签署专用安全数据与这种服务有关;或者

(b) 运营商的雇员或者代理人,代表运营商行动;或者

(c) 获得运营商同意而行动。

备注:被告人对本款规定的事项负有举证责任,见 13.3 第 3 款。

(5) 符合下列条件的行为人不因违反第 1 或第 2 款而承担刑事责任:

(a) 在犯罪行为发生时,行为人是执法机构的职员,或者情报、安全机构职员,并且正在善意地履行其职责的过程中;并且

(b) 其行为出于履行职责的目的,在当时情境下是合理的。

备注 1:被告人对本款规定的事项负有举证责任,见 13.3 第 3 款。

备注 2:本款只为违反第 1 款的行为提供辩护,但是并不构成对要求其他法律规定的授权令的行为的授权。

474.12 以复制账户识别工具为目制造、提供或获取数据或设备

(1) 行为人对符合下列描述的行为承担刑事责任:

(a) 行为人制造、提供或获取任何物或数据;

(b) 行为人的上述行为意在:

（ⅰ）自己使用该物或数据；或者
（ⅱ）由他人使用该物或数据；

进而进行 474.10 条第 1 款（从现有账户识别工具复制签署专用安全数据）或者 474.10 条第 2 款（将签署专用安全数据复制到新账户识别工具中）规定的犯罪行为。

处罚：2 年有期徒刑。

（2）在行为人不可能完成 474.10 条第 1 款（从现有的账户识别工具中复制签署专用安全数据）或者第 2 款（将签署专用安全数据复制到新账户识别工具中）所规定的犯罪的情况下，其仍然可能因为违反本条第 1 款规定而承担刑事责任。

（3）意图实行违反第 1 款规定的行为不构成犯罪。

辩护

（4）符合下列条件的行为人不因违反第 1 款而承担刑事责任：

（a）操作该使用中的设备或将要被使用的设备的运营商，在提供公共移动通信服务的过程中，而该签署专用安全数据与这种服务有关；或者

（b）运营商的雇员或者代理人，代表运营商行动；或者

（c）获得运营商同意而行动。

备注：被告人对本款规定的事项负有举证责任，见 13.3 第 3 款。

（5）符合下列条件的行为人不因违反第 1 或第 2 款而承担刑事责任：

（a）在犯罪行为发生时，行为人是执法机构的职员，或者情报、安全机构职员，并且正在善意地履行其职责的过程中；并且

（b）其行为出于履行职责的目的，在当时情境下是合理的。

备注 1：被告人对本款规定的事项负有举证责任，见 13.3 第 3 款。

备注 2：本款只为违反第 1 款的行为提供辩护，但是并不构成对要求其他法律规定的授权令的行为的授权。

C 子类——与电信的使用有关的犯罪

474.13 传输服务的使用

出于本子类的目的，下列人不能通过参与特定行为而使用传输服务：

（a）行为人是运营商，参与该行为完全在其作为运营商的能力范围内；或者

（b）行为人是传输服务提供商，参与该行为完全在其作为传输服务提供商的能力范围内；或者

（c）行为人是互联网服务提供商，参与该行为完全在其作为互联网服务

提供商的能力范围内；或者

（d）行为人是互联网内容提供商，参与该行为完全在其作为互联网内容提供商的能力范围内。

474.14 以严重犯罪为目的而使用电信网络

（1）行为人对下述行为承担刑事责任：

（a）行为人

（i）将设备连接到电信网络；并且

（ii）进行上述行为的目的是为了实施或者便利实施犯罪（无论犯罪行为是由其本人或他人实施）；并且

（b）所要实施的犯罪：

（i）属于联邦、州或者地区法律所规定的严重犯罪；或者

（ii）外国法律所规定的严重犯罪。

（2）行为人对下述行为承担刑事责任：

（a）行为人利用连接到电信网络的设备实施或者便利实施犯罪（无论犯罪行为是由其本人或他人实施）；并且

（b）所要实施的犯罪：

（i）属于联邦、州或者地区法律所规定的严重犯罪；或者

（ii）外国法律所规定的严重犯罪。

（3）对于违反本条第1或第2款而被定罪的人，可处以不超过对其所实施的严重犯罪所适用的处罚之处罚。

（4）第1款b项和第2款b项适用绝对责任。

备注：对于绝对责任，参见第6.2条

（5）在行为人不可能完成该严重犯罪的情况下，其仍可能因为违反第1或第2款而承担刑事责任。

（6）意图实行违反第1或第2款规定的行为不构成犯罪。

474.15 利用传输服务进行威胁

威胁杀人

（1）行为人对下述行为承担刑事责任：

（a）行为人使用传输服务，以杀死被害人或第三人来威胁被害人；并且

（b）行为人意图令被害人害怕其将实施所威胁之事。

处罚：10年有期徒刑。

威胁造成严重伤害

（2）行为人对下述行为承担刑事责任：

（a）行为人使用传输服务，以给被害人或第三人造成严重伤害来威胁被害人；并且

（b）行为人意图令被害人害怕其将实施所威胁之事。

处罚：7年有期徒刑。

无须实际产生"害怕"

（3）对本条规定的犯罪的公诉中，不必证明受到威胁者实际产生了对行为人实施所威胁之事的"害怕"。

定义

（4）在本条中：

"害怕"包括了忧虑。

"威胁造成某人严重伤害"包括了威胁实质性地促进对被害人的严重损害。

474.16　利用传输服务进行欺骗性威胁

行为人对下述行为承担刑事责任：

（a）行为人用传输服务做出一次通信；并且

（b）上述行为的目的是导致对方错误地认为有爆炸性、危险性或者有害的物质或物体被放置在了某地。

处罚：10年有期徒刑。

474.17　利用传输服务威胁、骚扰或冒犯

（1）行为人对下述行为承担刑事责任：

（a）行为人使用传输服务；并且

（b）行为人做出上述行为的方式会使有理性的人认为，在所有情境中，该行为都是一种威胁、骚扰或冒犯。

处罚：3年有期徒刑。

（2）作为对第1款的补充，该款适用于对下列人员的威胁、骚扰或冒犯：

（a）NRS提供商的雇员；或者

（b）紧急呼叫人员；或者

（c）紧急服务组织的雇员；或者

（d）总检察长下属部门的APS雇员，并正履行国家安全热线接线员职务。

474.18　不恰当使用紧急呼叫服务

（1）行为人对下述行为承担刑事责任：

（a）呼叫紧急服务电话；并且

（b）行为的目的是导致对方错误地相信有紧急情况存在。

处罚：3年有期徒刑。

（2）行为人对下述行为承担刑事责任：

（a）行为人呼叫紧急服务电话；并且

（b）其拨打电话的目的不是报告紧急情况；并且

（c）该通话是无理取闹的

处罚：3年有期徒刑。

（3）在判断行为人呼叫紧急服务电话的通话是否是无理取闹时，考虑：

（a）通话内容；以及

（b）数量、频率和之前的通话中报告紧急情况为目的以外的内容；以及

（c）其他任何相关因素。

474.19 利用传输服务进行与儿童色情材料有关的活动

（1）行为人对下述行为承担刑事责任：

（a）行为人

（i）利用传输服务访问材料；或者

（ii）利用传输服务将材料传输给行为人；或者

（iii）利用传输服务传输材料；或者

（iv）利用传输服务使得材料可被他人使用；或者

（v）利用传输服务发表或用其他方式散布材料；并且

（b）该材料是儿童色情材料。

处罚：10年有期徒刑。

（2）为免疑义，以下是违反第1款的犯罪的主观过错因素：

（a）第1款a项所指的行为的主观过错是故意；

（b）第1款b项所指的情形的主观过错是过失。

备注："故意"和"过失"的含义参见5.2条和5.4条。

（3）除了在第2.3节的一般性辩护外，474.21条还提供了与本条有关的辩护。

474.20 为在传输服务中使用而占有、控制、制造、提供或者获取儿童色情材料

（1）行为人对下述行为承担刑事责任：

（a）行为人：

（i）占有或控制材料；或者

（ii）制造、提供或获取材料；并且

（b）该材料是儿童色情材料；并且

(c)行为人占有、控制或者进行制造、提供、获取的行为,意在将材料:
(i)由自己使用;或者
(ii)由他人使用;

并进行474.19条(利用传输服务进行与儿童色情材料有关的活动)所禁止的犯罪行为。

处罚:10年有期徒刑。

(2)在行为人不可能完成474.19条(利用传输服务进行与儿童色情材料有关的活动)所规定的犯罪的情况下,其仍然可能因为违反本条第1款规定而承担刑事责任。

(3)意图实行违反第1规定的行为不构成犯罪。

474.21 与儿童色情材料有关的辩护

(1)行为人违反474.19条(利用传输服务进行与儿童色情材料有关的活动)或者474.20条(为在传输服务中使用而对儿童色情材料占有等)的行为符合下列条件时,不就该行为承担刑事责任:

(a)为了公共利益;并且
(b)没有超出公共利益的范围。

在以本款判断行为人是否就行为承担刑事责任时,行为是否为了公共利益是事实判断,与行为人参与这一行为的动机无关。

备注1:被告人对本款规定的事项负有举证责任,见13.3第3款。

(2)出于第1款的目的,行为仅在下述情况所必须时,才构成"为了公共利益"。

(a)执行联邦、州或地区法律;或者
(b)监督联邦、州或地区法律的遵守情况或者调查对于联邦、州或者地区法律的违反。
(c)司法活动;或者
(d)经部长出于本条目的书面同意而开展的科学、医药或教育研究。

(3)符合下述情况的行为人不因违反474.19条(利用传输服务进行与儿童色情材料有关的活动)或者474.20条(为在传输服务中使用而对儿童色情材料占有等)的行为而承担刑事责任:

(a)在犯罪行为发生时,行为人是执法机构的职员,或者情报、安全机构职员,并且正在善意地履行其职责的过程中;并且
(b)其行为出于履行职责的目的,在当时情境下是合理的。

备注:被告人对本款规定的事项负有举证责任,见13.3条第3款。

（4）行为人如果仅出于下述目的而善意行事，则不因违反474.19条（利用传输服务进行与儿童色情材料有关的活动）或者474.20条（为在传输服务中使用而对儿童色情材料占有等）的行为而承担刑事责任：

（a）协助澳大利亚广播事务管理局侦查：

（i）违禁内容（在《1992年广播服务法案》第五章含义范围内）；或者

（ii）潜在的违禁内容（在上述章节含义范围内）

依上述章节的规定而履行管理职能的行为；或者

（b）依据下列安排而制造、发展或者更新内容过滤技术（包括软件）：

（i）一个受到认可的可替代阻止访问安排（在《1992年广播服务法案》第5章第40条的含义范围内）；或者

（ii）一个指定的可替代阻止访问安排（在上述章节第60条含义范围内）。

备注：被告人对本款规定的事项负有举证责任，见13.3条第3款。

474.22　利用传输服务进行与虐待儿童的材料有关的活动

（1）行为人对下述行为承担刑事责任：

（a）行为人

（i）利用传输服务访问材料；或者

（ii）利用传输服务将材料传输给行为人；或者

（iii）利用传输服务传输材料；或者

（iv）利用传输服务使得材料可被他人使用；或者

（v）利用传输服务发表或用其他方式散步材料；并且

（b）该材料是虐待儿童的材料。

处罚：10年有期徒刑。

（2）为免疑义，以下是违反第1款的犯罪的主观过错因素：

（a）第1款a项所指的行为的主观过错是故意；

（b）第1款b项所指的情形的主观过错是过失。

备注："故意"和"过失"的含义参见5.2条和5.4条。

（3）除了在第2.3部分的一般性辩护外，474.24条还提供了与本条有关的辩护。

474.23　为在传输服务中使用而占有、控制、制造、提供或者获取虐待儿童的材料

（1）行为人对下述行为承担刑事责任：

（a）行为人：

（i）占有或控制材料；或者

(ⅱ)制造、提供或获取材料;并且

(b)该材料是虐待儿童的材料;并且

(c)行为人占有、控制或者进行制造、提供、获取的行为,意在将材料:

(ⅰ)由自己使用;或者

(ⅱ)由他人使用;

并进行474.22条(利用传输服务进行与儿童色情材料有关的活动)所禁止的犯罪行为。

处罚:10年有期徒刑

(2)在行为人不可能完成474.22条(利用传输服务进行与虐待儿童的材料有关的活动)所规定的犯罪的情况下,其仍然可能因为违反本条第1款规定而承担刑事责任。

(3)意图实行违反第1款规定的行为不构成犯罪。

474.24 与虐待儿童材料有关的辩护

(1)行为人违反474.22条(利用传输服务进行与虐待儿童的材料有关的活动)或者474.23条(为在传输服务中使用而占有、控制、制造、提供或者获取虐待儿童的材料)的行为符合下列条件时,不就该行为承担刑事责任:

(a)为了公共利益;并且

(b)没有超出公共利益的范围。

在以本款判断行为人是否就行为承担刑事责任时,行为是否为了公共利益是事实判断,与行为人参与这一行为的动机无关。

备注1:被告人对本款规定的事项负有举证责任,见13.3第3款。

(2)出于第1款的目的,行为仅在下述情况所必须时,才构成"为了公共利益"。

(a)执行联邦、州或地区法律;或者

(b)监督联邦、州或地区法律的遵守情况或者调查对于联邦、州或者地区法律的违反。

(c)司法活动;或者

(d)经部长出于本条目的书面同意而开展的科学、医药或教育研究。

(3)符合下述情况的行为人不因违反474.22条(利用传输服务进行与虐待儿童的材料有关的活动)或者474.23条(为在传输服务中使用而占有、控制、制造、提供或者获取虐待儿童的材料)的行为而承担刑事责任:

(a)在犯罪行为发生时,行为人是执法机构的职员,或者情报、安全机构职员,并且正在善意地履行其职责的过程中;并且

（b）其行为出于履行职责的目的，在当时情境下是合理的。

备注：被告人对本款规定的事项负有举证责任，见13.3条第3款。

（4）行为人如果仅出于下述目的而善意行事，则不因违反474.22条（利用传输服务进行与虐待儿童的材料有关的活动）或者474.23条（为在传输服务中使用而占有、控制、制造、提供或者获取虐待儿童的材料）的行为而承担刑事责任：

（a）协助澳大利亚广播事务管理局侦查：

（i）违禁内容（在《1992年广播服务法案》第五章含义范围内）；或者

（ii）潜在的违禁内容（在上述章节含义范围内）

依上述章节的规定而履行管理职能的行为；或者

（b）依据下列安排而制造、发展或者更新内容过滤技术（包括软件）：

（i）一个受到认可的可替代阻止访问安排（在《1992年广播服务法案》第5章第40条的含义范围内）；或者

（ii）一个指定的可替代阻止访问安排（在上述章节第60条含义范围内）。

备注：被告人对本款规定的事项负有举证责任，见13.3条第3款。

474.25 互联网服务提供商以及互联网内容提供商的义务

行为人对下述行为承担刑事责任：

（a）行为人是互联网服务提供商或者互联网内容提供商；并且

（b）行为人明知其服务可以被利用于接触特定材料，并且行为人有合理的理由相信这些材料是：

（i）儿童色情材料；或者

（ii）虐待儿童的材料；并且

（c）在知道材料的存在后的合理时间内没有向澳大利亚联邦警察提交材料的详情。

处罚：100单位的罚款。

474.26 利用传输服务与不满16岁的人联系性行为

（1）行为人（信息发送人）对下述行为承担刑事责任：

（a）行为人利用传输服务与接收人通信；并且

（b）行为人的目的在于诱使接收人参与或者屈从于与行为人的性行为；并且

（c）接收人未满16岁，或者行为人相信其未满16岁；并且

（d）行为人年满18周岁。

处罚：15年有期徒刑。

（2）行为人（信息发送人）对下述行为承担刑事责任：

（a）行为人利用传输服务与接收人通信；并且

（b）行为人的目的在于诱使接收人参与或者屈从于与第三人的性行为；并且

（c）接收人未满16岁，或者行为人相信其未满16岁；并且

（d）b项中所指的第三人年满18岁，或者行为人相信其年满18岁。

处罚：15年有期徒刑。

（3）行为人（信息发送人）对下述行为承担刑事责任：

（a）行为人利用传输服务与接收人通信；并且

（b）行为人的目的在于诱使接收人参与或者屈从于与第三人的性行为；并且

（c）接收人未满16岁，或者行为人相信其未满16岁；并且

（d）b项中所指的第三人未满18岁，或者行为人相信其未满18岁。

（e）行为人意图使b项中所指的性行为在以下人员在场时发生：

（i）行为人；或者

（ii）第三人，并且其年满18岁，或者行为人相信其年满18岁。

处罚：15年有期徒刑。

474.27 利用传输服务"发展"与不满16岁的人的性行为

（1）行为人（信息发送人）对下述行为承担刑事责任：

（a）行为人利用传输服务与接收人通信；并且

（b）通信包含猥亵的内容；并且

（c）行为目的是为了更容易诱使接收人参与或者屈从于与行为人的性行为；并且

（d）接收人未满16岁，或者行为人相信其未满16岁；并且

（e）行为人年满18周岁。

处罚：12年有期徒刑。

（2）行为人（信息发送人）对下述行为承担刑事责任：

（a）行为人利用传输服务与接收人通信；并且

（b）通信包含猥亵的内容；并且

（c）行为目的是为了更容易诱使接收人参与或者屈从于与第三人的性行为；并且

（d）接收人未满16岁，或者行为人相信其未满16岁；并且

（e）b项中所指的第三人年满18岁，或者行为人相信其年满18岁。

处罚：12年有期徒刑。

（3）行为人（信息发送人）对下述行为承担刑事责任：

（a）行为人利用传输服务与接收人通信；并且

（b）通信包含猥亵的内容；并且

（c）行为目的是为了更容易诱使接收人参与或者屈从于与第三人的性行为；并且

（d）接收人未满16岁，或者行为人相信其未满16岁；并且

（e）c项中所指的第三人未满18岁，或者行为人相信其未满18岁。

（f）行为人意图使b项中所指的性行为在以下人员在场时发生：

（i）行为人；或者

（ii）第三人，并且其年满18岁，或者行为人相信其年满18岁。

处罚：15年有期徒刑。

（4）对第1、2或3款规定的犯罪的公诉中，材料是否包含猥亵内容属于事实问题。

（5）在本条中：

"猥亵的"是指依据普通人的标准认为是猥亵。

474.28　与474.26条和474.27条规制的犯罪有关的条款

有关年龄的问题

（1）对出于违反474.26条和474.27条的目的之行为，在接收人不满16岁时，对行为的客观因素适用绝对责任。

备注1：关于绝对责任的含义，参考6.2条。

备注2：关于对年龄的认识的辩护，参考474.29条。

（2）对出于违反474.26条第2款或第3款或474.27条第2或第3款的目的之行为，对474.26条第2款b项或第3款e项或474.27条第2款c项中所称的第三人年满18岁的客观条件适用绝对责任。

备注1：关于绝对责任的含义，参考6.2条。

备注2：关于对年龄的认识的辩护，参考474.29条。

（3）出于474.26条和474.27条的目的，如果没有相反证据，那么接收人向行为人表达自己不满一定年龄可以证明行为人相信接收人不满该年龄。

（4）出于474.26条和474.27条的目的，474.26条第2款b项或第3款e项或474.27条第2款c项或第3款f项所称的第三人向行为人表达其：

（a）年满18岁；或者

（b）在某一特定年龄以上；

在没有相反证据时，可以证明行为人相信第三人年满或超过18岁或一定年龄。

（5）在出于474.26条和474.27条的目的判断一个人在特定时间的年龄时，陪审团或者法庭可以将下列任一证据视作为可接受证据：

（a）此人的外貌；

（b）医学或科学意见；

（c）澳大利亚以外国家的官方文件或者医疗记录；

（d）上述记录的复印件。

（6）第5款未将其他任何证据视作不可采纳证据，也不影响公诉人举出证明此问题的最好证据的职责。

（7）在对违反474.26条和474.27条的行为进行审判时，可能有证据因为第5款而被视为可采纳证据，此时法庭必须警示陪审团该证据必须符合排除合理怀疑的条件。

性行为发生的不可能性

（8）在性行为不可能发生时，行为人仍然可能因为违反474.26条或474.27条的行为而承担刑事责任。

假想接收人

（9）出于474.26条和474.27条的目的，如果作为行为人通信对象的接收人是假想的，但是对行为人表现为真实的人，这种情形不影响行为的性质。

未完成形态非罪

（10）意图实行违反474.26条或474.27条规定的行为不是犯罪。

定义

（11）在474.26条、474.27条和本条中：

"诱使"他人参与性行为，包括：

（a）鼓励、诱惑、招募他人参与该活动；或者

（b）劝诱他人参与该活动（无论是通过威胁、许诺或者其他方法）。

性行为是指：

（a）《1914年犯罪法案》第50条AC款所定义的性交；或者

（b）该法案50条AB款所定义的猥亵行为；或者

（c）其他任何带有性或者关于人体或人体活动、人体功能的猥亵性质的活动。

（c）项所指的活动无须人与人的身体接触。

474.29 对违反474.26或474.27条行为的辩护

（1）在违反474.26条或474.27条行为的诉讼中，一个辩护理由是被告人相信，在通信传输时，接收人已满16岁。

备注：被告人对本款规定的事项负有举证责任，见13.3条第3款。

（2）在违反474.26条第2款或第3款或474.27条第2款或第3款行为的诉讼中，一个辩护理由是被告人相信，在通信传输时，474.26条第2款b项或第3款e项或474.26条第2款c项或第3款f项中所称的第三人未满18岁。

备注：被告人对本款规定的事项负有举证责任，见13.3条第3款。

（3）在判断被告人是否发生了第1或第2款中所称的"相信"，陪审团可以考察在当时的情境下这种相信是否是合理的。

474.30 NRS雇员和紧急呼叫人员的辩护

（1）下述身份的行为人实行与特定职责有关的行为，不因违反本部分的条款而承担法律责任：

（a）行为人是NRS提供商的雇员；并且

（b）在善意地履行其上述雇员职责的过程中。

（2）下述身份的行为人实行与特定职责有关的行为，不因违反本部分的条款而承担法律责任：

（a）行为人是紧急呼叫人员；并且

（b）在善意地履行其上述雇员职责的过程中。

475类——其他

475.1 其他法律的保留

（1）本章不排除或限制其他任何的联邦、州或地区的法律的实施。

（2）在不限制第1款的情况下，依据本章节的条款而得出的某人不就违反本章节条款的行为承担刑事责任的结果，不成为该行为在同时违反《1992年无线电通信法案》时的合法化理由。

475.2 地域管辖

第15.1条（扩大的地域管辖——A类）适用于所有触犯本章节的犯罪。

第2节 相应修订

《1992年广播服务法案》

2 第5章第1条第3款b项

废止该项，代之以：

（b）《刑法》第10.6节474类第C子类（与电信使用有关的犯罪）。

备注：第1条第3款的标题改为"州/地区法律和《刑法》的电信犯

罪条款"。

《1914年犯罪法案》

3 在15HB条的末尾

增加：

（2）在不限制第1款的情况下，出于本章节目的，违反《刑法》第474.19条、第474.20条、第474.26条或者第474.27条的犯罪行为是对联邦的严重犯罪。

4 在第15Y条第1款c项之后

插入：

（ca）违反《刑法》第474.26条或者第474.27条（利用传输服务引诱或者发展与不满16岁的人进行性行为）的犯罪；或者

5 第7B节

废止该节。

《1995年刑法法案》

6 《刑法》第471.11条第3、4、5款

废止以上款项，代之以：

无须实际产生害怕

（3）对本条规定的犯罪的公诉中，不必证明受到威胁者实际产生了对行为人实施所威胁之事的害怕。

定义

（4）在本条中：

"害怕"包括了忧虑。

"威胁造成某人严重伤害"包括了威胁实质性地促进对被害人的严重损害。

7 《刑法》第471.12条b项

废止该项，代之以：

（b）行为人做出上述行为的方式会使有理性的人认为，在所有情境中，该行为都是一种威胁、骚扰或冒犯。

8 《刑法》476.1条第1款（"数据"的定义）

废止该定义。

9 《刑法》第476.1条第1款（"电脑中存储的数据"的定义）

废止该定义。

10 《刑法》第476.1条第1款（"数据存储设备"的定义）

废止该定义。

11 《刑法》第 476.1 条第 1 款（"电信服务"的定义）
废止该定义。

12 《刑法》第 476.5 条第 2A 款
删除"电信服务"，代之以"传输服务"。

13 《刑法》477.1 条第 1 款 b 项
删除"电信服务"，代之以"传输服务"。

14 《刑法》477.2 条第 2 款 d 项 iii 段
删除"电信服务"，代之以"传输服务"。

15 《刑法》477.2 条第 1 款 d 项 vii 段
删除"电信服务"，代之以"传输服务"。

16 《刑法》477.3 条第 1 款 c 项 i 段
删除"电信服务"，代之以"传输服务"。

17 《刑法》478.1 条第 1 款 d 项 iii 段
删除"电信服务"，代之以"传输服务"。

18 《刑法》中的定义表
插入：
"传输服务"的含义与《1997 年电信法案》中相同。

19 《刑法》中的定义表
插入：
"通信"包括了下述任何一种交流：
（a）无论发生在人和人之间，物和物之间或者人和物之间；并且
（b）无论这种交流是：
（i）以文字形式；或者
（ii）以语言、音乐或其他声音的形式；或者
（iii）视觉图案（静止或动态）的形式；或者
（iv）以符号的形式；或者
（v）以数据的形式；或者
（vi）以其他任何形式；或者
（vii）以任何形式的组合。

20 《刑法》中的定义表
插入：
"数据"包括：

（a）任何形式的信息；或者

（b）任何程序（或程序的一部分）。

21　《刑法》中的定义表

插入：

"电脑中存储的数据"包括：

（a）存储在当时连接在电脑中的可移动数据存储设备中的数据；或者

（b）储存在构成电脑网络的一部分的数据存储设备的数据。

22　《刑法》中的定义表

插入：

"数据存储设备"是指容纳，或被设计容纳为电脑所用的数据的物体。

23　《刑法》中的定义表（"电子通信"的定义）

废止该定义，代之以：

"电子通信"是指依靠导向电磁能量或无导向电磁能量或二者兼有的一种通信。

《1901年海关法案》

24　第233BAB条第3款和第4款

废止这些条款，代之以：

（3）出于第1款的目的，符合下述条件的文件或其他商品属于儿童色情材料：

（a）描绘某个人或者某个人的代表物的材料，该人的年龄小于或者很可能小于18岁，且该人：

（i）正在或者很可能正在做出有性意味的姿态或者进行有性意味的活动（无论是否有其他人在场）；或者

（ii）在另一人面前，且此人正在或者很可能正在做出有性意味的姿态或者进行有性意味的活动；

并且其描绘方式会使正常人认为该材料在任何情况下都带有冒犯性；或者

（b）材料的主要特征为以性为目的而描绘以下内容：

（i）某人的性器官或者肛门区域，该人的年龄小于或者很可能小于18岁；或者

（ii）该种性器官或者肛门区域的代表物；或者

（iii）女性的乳房或者乳房的代表物，且该女性的年龄小于或者很可能小于18岁。

其描绘方式会使正常人认为该材料在任何情况下都带有冒犯性；或者

（c）描述某个人的材料，该人的年龄小于或者被暗示为小于18岁，且该人：

（i）正在，或者被暗示为正在做出有性意味的姿态或者进行有性意味的活动（无论是否有其他人在场）；或者

（ii）在另一人面前，且此人正在，或者被暗示为正在做出有性意味的姿态或者进行有性意味的活动；

并且其描绘方式会使正常人认为该材料在任何情况下都带有冒犯性；或者

（d）描述以下内容的材料：

（i）某人的性器官或者肛门区域，该人的年龄小于或者被暗示为小于18岁；或者

（ii）女性的乳房或者乳房的代表物，且该女性的年龄小于或者被暗示为小于18岁；

并且其描绘方式会使正常人认为该材料在任何情况下都带有冒犯性。

（4）出于第1款的目的，符合下述条件的文件或其他商品属于虐待儿童的材料：

（a）描绘某个人或者某个人的代表物的材料，该人：

（i）年龄小于或者很可能小于18岁；并且

（ii）是，或者很可能是遭受了某种折磨、残酷行为或者身体虐待的受害者；

并且其描绘方式会使正常人认为该材料在任何情况下都带有冒犯性；或者

（b）描述某个人的材料，该人：

（i）年龄小于，或者被暗示为小于18岁；并且

（ii）是，或者被暗示为是遭受了某种折磨、残酷行为或者身体虐待的受害者；

并且其描述方式会使正常人认为该材料在任何情况下都带有冒犯性。

（4A）出于第3和第4款的目的而据以判断有理性的人是否会认为特定的文件或商品，在所有的情境下，都会被认为是违法的因素包括：

（a）道德的标准，理性的成年人所接受的得体性和适当性；以及

（b）材料在文学、艺术或者教育上的价值（如果有的话）；以及

（c）材料的总体性质（包括无论是医疗、法律或者科学上的性质）。

《1979年电信（监听）法案》

25　第5条第1款（c项，关于"规定的犯罪"的定义）

删除"《1914年犯罪法案》第7B章"，代之以"《刑法》第10.6章"。

26　在第50条第2款之后

插入：

（2A）在不限制第2款的情况下，一个违反《刑法》474.19条、474.20条、474.22条、474.23条的犯罪同时也是一个2级犯罪行为。

27　第7条第2款a项iii段

删除"《1914犯罪法案》第7B章"。代之以"《刑法》第10.6章"。

28　第11D条第4款

删除《1914犯罪法案》第7B章，代之以"《刑法》第10.6章"。

备注：第11D条第4款的标题改为"《刑法》第10.6章"。

29　第11D条第4款（备注）

删除《1914犯罪法案》第7B章，代之以"《刑法》第10.6章"。

第3节——保留条款

30　保留——现存的与监听设备有关的法规

（1）出于《1914年犯罪法案》第85ZKB条第2款c项的目的而制定，并且在本章第1项生效日前有效的法规，仍维持其效力，一如其是出于《刑法》第474.4条第3款的目的而制定的。

（2）第1款并不阻碍对相应条款的修订。

31　保留——违反《1914年犯罪法案》第7B章的犯罪

（1）出于《1979年电信（监听和接入）法案》的目的，规定的犯罪包括与下述行为有关的犯罪：

（a）在被本法案废止的《1914年犯罪法案》第7B部分生效前发生；并且

（b）构成该章所规定的犯罪。

（2）若运营商（在该法案的含义范围内）的雇员在履行其识别或追踪任何违反或涉嫌违反被本法案废止的《1914年犯罪法案》第7B节的规定的职责行为，且其行为对于履行上述职责是合理的、必需的，则《1979年电信（监听和接入）法案》不适用于该行为。

第二章　污染犯罪

《1995年刑法法案》

1　在该法案第9.4章之后

插入：

第9.6节——商品污染

380.1 定义

(1)本节中:

"宪法性贸易和商业"是指下述的贸易和商业:

(a)与他国;或者

(b)州之间;或者

(c)州和地区之间;或者

(d)地区之间。

"污染"商品包括:

(a)干扰商品;或者

(b)使商品看起来受到过污染或者干扰。

"商品"包括以下任何物质:

(a)不论是否是供人消费;并且

(b)不论是自然的还是人工制造的;并且

(c)不论是否包含或混合于其他商品。

(2)本章中所称的因为公众对于污染的知晓导致的经济损失是指以下原因造成的损失:

(a)公众成员不购买或使用那些商品或相似物品;或者

(b)为防止公众警惕或焦虑或防止对公众成员造成危害而采取的措施。

380.2 污染商品

基于隐含的国家权力的犯罪

(1)行为人对下述行为承担刑事责任:

(a)行为人污染商品;并且

(b)其进行上述行为意在:

(i)在澳大利亚引起公众警惕或焦虑;或者

(ii)通过让公众知晓商品污染或者污染的可能性而造成在澳大利亚广泛的或者有全国性影响的严重的经济损失;或者

(iii)给澳大利亚公众健康造成危害或者制造这种危险。

处罚:10年有期徒刑。

基于其他宪法权力的犯罪

(2)行为人对下述行为承担刑事责任:

(a)行为人污染商品;并且

(b)其上述行为意在引起:

(i)公众警惕或焦虑;或者

（ⅱ）通过公众对商品污染或者污染的可能性的知晓而造成经济损失；并且

（c）下列任意一项可以适用：

（ⅰ）造成了宪法法人的损失（而非《宪法》51条××款所指的外国公司）；

（ⅱ）造成了《宪法》51条××款规定的外国公司的损失，并且商品是在澳大利亚制造、组装或者经历其他工序；

（ⅲ）商品属于宪法法人所有（而非《宪法》51条××款所指的外国公司）；

（ⅳ）商品属于《宪法》51条××款规定的外国公司所有，并且商品是在澳大利亚制造、组装或者经历其他工序；

（ⅴ）行为人是宪法法人（而非《宪法》51条××款所指的外国公司）；

（ⅵ）行为人是《宪法》51条××款规定的外国公司，并且商品是在澳大利亚制造、组装或者经历其他工序；

（ⅶ）损失的形式是对宪法上的贸易和商业的损害；

（ⅷ）商品正处于或本将用于宪法上的贸易和商业；

（ⅸ）污染发生在澳大利亚境外，而商品是在澳大利亚制造、组装或者经历其他工序；

（ⅹ）造成了联邦或者联邦政府的损失。

处罚：10年有期徒刑。

（3）第2款c项适用绝对责任。

380.3 威胁污染商品

基于隐含的国家权力的犯罪

（1）行为人对下述行为承担刑事责任：

（a）行为人做出污染商品的威胁；并且

（b）其进行上述行为意在：

（ⅰ）在澳大利亚引起公众警惕或焦虑；或者

（ⅱ）通过公众对商品污染或者污染的可能性的知晓造成在澳大利亚广泛的或者有全国性影响的严重的经济损失；或者

（ⅲ）给澳大利亚公众健康造成危害或者制造这种危险。

处罚：10年有期徒刑。

基于其他宪法权力的犯罪

（2）行为人对下述行为承担刑事责任：

（a）行为人做出污染商品的威胁；并且

（b）其上述行为意在引起：
（i）公众警惕或焦虑；或者
（ii）通过公众对商品污染或者污染的可能性的知晓而造成经济损失；并且
（c）下列任意一项可以适用：
（i）造成了宪法法人的损失（而非《宪法》51条××款所指的外国公司）；
（ii）造成了《宪法》51条××款规定的外国公司的损失，并且商品是在澳大利亚制造、组装或者经历其他工序；
（iii）商品属于宪法法人所有（而非《宪法》51条××款所指的外国公司）；
（iv）商品属于《宪法》51条××款规定的外国公司所有，并且商品是在澳大利亚制造、组装或者经历其他工序；
（v）行为人是宪法法人（而非《宪法》51条××款所指的外国公司）；
（vi）行为人是《宪法》51条××款规定的外国公司，并且商品是在澳大利亚制造、组装或者经历其他工序；
（vii）损失的形式是对宪法上的贸易和商业的损害；
（viii）商品正处于或本将用于宪法上的贸易和商业；
（ix）行为人在澳大利亚利用邮政或类似服务或者电信发出威胁；
（x）行为人在澳大利亚境外发出威胁，而商品是在澳大利亚制造、组装或者经历其他工序；
（xi）造成了联邦或者联邦政府的损失；
（xii）威胁是对联邦或者联邦政府发出的。
处罚：10年有期徒刑。
（3）第2款c项适用绝对责任。

380.4 商品污染的虚假陈述

基于隐含的国家权力的犯罪
（1）行为人对下述行为承担刑事责任：
（a）行为人做出一个其明知是虚假的陈述；并且
（b）其上述行为的目的是使得其陈述对象或他人相信商品被污染了；并且
（c）行为人做出该行为意在：
（i）在澳大利亚引起公众警惕或焦虑；或者
（ii）通过公众对商品污染或者污染的可能性的知晓在澳大利亚造成广泛的或者有全国性影响的严重的经济损失；或者

(iii) 给澳大利亚公众健康造成危害或者制造这种危险。

处罚：10 年有期徒刑。

基于其他宪法权力的犯罪

（2）行为人对下述行为承担刑事责任：

（a）行为人做出一个其明知是虚假的陈述；并且

（b）其上述行为的目的是使得其陈述对象或他人相信商品被污染了；并且

（c）其上述行为意在引起：

（i）公众警惕或焦虑；或者

（ii）通过公众对商品污染或者污染的可能性的知晓而造成经济损失；并且

（d）下列任意一项可以适用：

（i）造成了宪法法人的损失（而非《宪法》51 条××款所指的外国公司）；

（ii）造成了《宪法》51 条××款规定的外国公司的损失，并且商品是在澳大利亚制造、组装或者经历其他工序；

（iii）商品属于宪法法人所有（而非《宪法》51 条××款所指的外国公司）；

（iv）商品属于《宪法》51 条××款规定的外国公司所有，并且商品是在澳大利亚制造、组装或者经历其他工序；

（v）行为人是宪法法人（而非《宪法》51 条××款所指的外国公司）；

（vi）行为人是《宪法》51 条××款规定的外国公司，并且商品是在澳大利亚制造、组装或者经历其他工序；

（vii）损失的形式是对宪法上的贸易和商业的损害；

（viii）商品正处于或本将用于宪法上的贸易和商业；

（ix）行为人在澳大利亚利用邮政或类似服务或者电信做出陈述；

（x）行为人在澳大利亚境外发出威胁，而商品是在澳大利亚制造、组装或者经历其他工序；

（xi）造成了联邦或者联邦政府的损失；

（xii）威胁是对联邦或者联邦政府发出的。

处罚：10 年有期徒刑。

（3）第 2 款 d 项适用绝对责任。

（4）出于本条的目的，做出陈述包括通过任何手段传递信息。

380.5 扩大的地域管辖——D 类

第 15.4 条（扩大的地域管辖——D 类）适用于触犯 380.2 条第 1 或第 2

款、380.3 条第 1 或第 2 款或 380.4 条第 1 或第 2 款的犯罪。

2　《刑法》中的定义表

插入：

"宪法法人"是指适用《宪法》第 51 条××款的法人。

第三章　财务信息犯罪

《1995 年刑法法案》

1　在《刑法》第 10 章末尾

增加：

第 10.8 节——财务信息犯罪

480.1　定义

（1）在这一部分中

"ADI"（授权接受存款机构）是指为《1959 年银行法案》的目的而设立的法人。

"交易"个人财务信息是指提供或使用财务信息。

"欺诈"是指故意或者过失的欺诈，无论通过语言或者行为，无论是事实上的还是法律上的，包括：

（a）欺诈是出于欺诈人自己的故意或者其他任何人的故意；并且

（b）行为人的行为未经授权而导致电脑、机器或者电子设备做出响应。

"不诚信"的含义见 480.2 条。

"获取"个人财务信息包括占有或者制造个人财务信息。

"个人财务信息"是指可被利用于（无论单独或者与其他信息结合）接触某人的存款、信用或其他经济利益的信息。

（2）出于本节的目的，行为人在通过欺诈而获得他人同意，获取或交易与他人相关个人信息时，视作未经同意。

（3）本部分扩展到与下列相关的个人信息：

（a）个人；或者

（b）法人；或者

（c）活着或者已去世的人。

480.2　不诚信

（1）出于本部分的目的，"不诚信"是指：

（a）依普通人的标准认为不诚信；并且

(b)行为人明知依普通人的标准其行为属不诚信。

(2)对本章规定的犯罪的起诉中,诚信与否属于事实问题。

480.3 本部分中的宪法适用

只有在符合下述条件时,本部分才适用于个人财务信息:

(a)相关的存款数额代表在 ADI 或者其他宪法法人的存款,或者贷款,或者由上述机构提供的其他款项;或者

(b)信用或其他相关财务信息是由 ADI 或者宪法法人提供或者使他人接触到的。

480.4 不诚信地获取或者交易个人财务信息

行为人对下述行为承担刑事责任:

(a)不诚信地获取、交易个人财务信息;并且

(b)未经财务信息的关系人同意而获取、交易该信息。

处罚:5年有期徒刑。

480.5 为不诚信地获取或交易个人财务信息而占有或控制物品

(1)行为人对下述行为承担刑事责任:

(a)行为人占有或控制某物品;并且

(b)行为人占有或控制该物意在:

(i)由自己使用;或者

(ii)由他人使用;

而进行违反480.4条(不诚信地获取或者交易个人财务信息)的犯罪或者便利这种犯罪的实施。

处罚:3年有期徒刑。

(2)在行为人不可能完成480.4条(不诚信地获取或者交易个人财务信息)所规定的犯罪的情况下,其仍然可能因为违反本条第1款规定而承担刑事责任。

(3)意图实行违反第1款规定的行为不构成犯罪。

480.6 为不诚信地获取或交易个人财务信息而进口物品

行为人对下述行为承担刑事责任:

(a)进口物品至澳大利亚;并且

(b)行为人进行上述行为意在:

(i)由自己使用;或者

(ii)由他人使用。

而进行违反480.4条(不诚信地获取或者交易个人财务信息)的犯罪或

者便利这种犯罪的实施。

处罚：3年有期徒刑。

第四章 《刑法》的其他修订

第1节——替代判决

《1995年刑法法案》

1 在《刑法》第11.2条末尾
增加：
(7) 如果对行为人的下列事实审理排除了合理怀疑：
(a) 对除第1款规定以外的特定犯罪行为承担刑事责任；或者
(b) 对第1款规定的犯罪行为承担刑事责任；
但不能做出决定的，该事实审理仍能成为行为人承担刑事责任的依据。
2 修订的适用
第1条的修订适用于在其生效后提起的诉讼中。

第2节——获取经济优势

《1995年刑法法案》

3 《刑法》第135.2条第1款a项
废止该项，代之以：
(a) 行为人参与某行为；并且
(aa) 该行为的结果是行为人获取了相对于他人的经济优势；并且
(ab) 行为人知道或相信其没有资格获得这种经济优势；并且
4 《刑法》第135条第2款a项
废止该项，代之以：
(a) 行为人参与某行为；并且
(aa) 该行为的结果是行为人获取了相对于第三人的经济优势；并且
(ab) 行为人知道或相信其没有资格获得这种经济优势；并且

第3节——法律知识

《1995年刑法法案》

5 《刑法》第9.3条第2款
废止该款，代之以：

(2)如果法案清楚地表现出相反的效果,那么第1款不予适用,行为人不承担刑事责任。

6 《刑法》第9.4条第2款a项

删除"或者隐含地"。

7 《刑法》第9.4条第2款b项

废止该项。

8 过渡——生效前的犯罪

(1)在符合下列条件时,本节所修订的条款在生效后,原条款仍然适用:

(a)犯罪行为在生效前发生;或者

(b)在生效前发生的犯罪进程;或者

(c)与上述进程有关的任何事项。

(2)第1款不限制《1901年法律解释法案》第8条的适用。

第五章 其他法案的修订

《1991年犯罪(航空)法案》

1 第3条第1款(第a项i段对于"第2类航空器"的定义)

废止该段,代之以:

(i)参与与他国或者州际的贸易和商业空中运输;或者

(ia)参与地区内的,地区间的或者州和地区间的飞行;或者

2 在第15条1款b项末尾

增加:

或(iii)澳大利亚首都地区《1992年卖淫规制法案》在杰维斯湾地区的适用。

《1901年海关法案》

3 第233B条第1款

废止该款,代之以:

(1)行为人对下述行为承担刑事责任;

(a)行为人:

(i)携带商品登上船只或航空器;或者

(ii)携带商品进入澳大刘亚;或者

(iii)进口商品至澳大利亚;或者

(iv)占有违反本法案而进口至澳大利亚的商品;或者

(ⅴ)运输违反本法案而进口至澳大利亚的商品；或者

(ⅵ)占有受到合理怀疑是违反本法案而进口至澳大利亚的商品；或者

(ⅶ)未能向执法人员披露其对于进口、试图进口携带或者试图携带进入澳大利亚的商品的占有或者其他权力；并且

(b)该商品是本条规定禁止进口的商品。

(1AAB) 如果行为人对其行为有合理的辩解，则相应的第1款a项i、ii、iv、v或vi段就不再适用。

(1AAC) 行为人对下述行为承担刑事责任：

(a)行为人

(i)从澳大利亚出口商品；或者

(ii)未能向执法人员披露其对于从澳大利亚出口、试图出口的商品的占有或者其他权力；并且

(b)该商品是本条规定禁止出口的商品。

4　第233B条第1AA款

删除"第1款a项"，代之以"第1款a项i段"。

5　第233B条第1AB款

删除"第1款c项或caa项"，代之以"第1款a项iv或v段"。

6　第233B条第1AC款

删除"第1款ca项"，代之以"第1款a项vi段"。

7　第233B条第1A款

删除该款c项，代之以"第1款a项iv段"。

8　第233B条第1B款

删除"该款ca项"，代之以"第1款a项vi段"。

《2001年网络犯罪法》

9　第1章（关于《1997年电信（监听）法案》的标题）

删除"1997"，代之以"1979"。

《1987年刑事事务法案》的双边协助

10　第15条第1款c项

废止该项，代之以：

(c)他国要求总检察长安排证据材料的获取。

11　第15条第1款

删除"他国所要求的搜查令"，代之以"证据材料相关的搜查令"。

12　第38ZA条第1款

废止该款，代之以：

（1）如果警察在执行依第2条所做的命令时获取物品，他或她必须：

（a）告知总检察长该物品的获取；并且

（b）在总检察长依据第4款对如何处理该物做出指令之前保存该物品；并且

（c）服从总检察长作出的上述任何指令。

13　第38ZA条第3款

废止该款。

14　第38ZA条第4款

删除"专员"，代之以"警员"。

15　第38ZA条第5款

删除"专员"，代之以"警员"。

16　第38ZA条第6款

删除"专员"，代之以"警员"。

部长的二读陈词于2004年8月4日在众议院作出，与2004年8月10日在参议院作出。

2010年竞争与消费者法[*]

第Ⅰ部分 初步措施

略

第Ⅱ部分 澳大利亚竞争与消费者委员会

1—24 略

25 委员会代表

委员会有权通过决议的方式，将其在本法案（第VIIA部分或第152ELA部分除外）、第XIC部分下的程序法规则、《1997年电信法》、《1999年电信（消费者保护和服务标准）法》、《2007年水法》、《1997年电信法》第20部分的行为准则、《2011年全国宽带网络公司法》、《2011年全国宽带网络公司法》之下的条例、或《1989年澳大利亚邮政公司法》之下享有的，除委派权、许可、撤销或变更授权或批准的权力之外的其他任何权力，授权给委员会成员。

第ⅡA部分至第ⅥB部分

略

---

[*] 译者：程宁、李玲一、彭定义、魏亭玮，北京大学法学院。

第 VII 部分　与限制性贸易规则相关的授权、通知与清算

87ZP—95AF　略

95AG　申请需经互联网公布

在收到要求清算的申请书之后,委员会应当:

依据第 95AI 部分(机密性)的规定,在其网站上放置该申请书的复印件,以及相应的信息和文件;并

通过在其网站上发布通知,在其给定的时间范围内,征集关于该申请书的意见书。

95AH—95AQ　略

95AR　清算中的微小变更

申请需经互联网公布

(1)略

(2)略

(3)略

(4)委员会若发现在申请书中的变更是一个微小的变更,应:

依据第 95AI 部分(机密性)的规定,在其网站上放置该申请书的复印件,以及相应的信息后文件;并

通过在其网站上发布通知,在其给定的时间范围内,征集关于该申请书的意见书。

95AS　撤销清算或以新的清算替代而撤销清算

(1)略

(2)略

(3)略

申请需经互联网公布

(4)委员会应当:

(a)依据第 95AI 部分(机密性)的规定,在其网站上放置该申请书的复印件,以及相应的信息和文件;并

(b)通过在其网站上发布通知,在其给定的时间范围内,征集关于该申请书的意见书。

95AT—95AX　略

95AY 申请需经互联网公布

在收到要求授权的申请文件后，委员会应当：

（a）根据第95AZA节（机密性）部分的规定，在其网站上放置该申请文件的复印件以及相关的信息或文件；并

（b）通过在其网站上发布通知，在法庭给定的时间范围内，征集要向法庭作出的关于该申请文件的意见书。

95AZ—95AZK　略

95AZL 授权的微小变更

（1）略

（2）略

（3）略

（4）略

申请需经互联网公布

（5）在收到要求授权的申请文件后，委员会应当：

（a）根据第95AZA（机密性）部分的规定，在其网站上放置该申请文件的复印件以及相关的信息或文件；并

（b）通过在其网站上发布通知，在法庭给定的时间范围内，征集要向法庭作出的关于该申请文件的意见书。

95AZM　撤销清算或以新的清算替代而撤销清算

（1）略

（2）略

（3）略

（4）略

申请需经互联网公布

（5）在收到要求授权的申请文件后，委员会应当：

（a）根据第95AZA（机密性）部分的规定，在其网站上放置该申请文件的复印件以及相关的信息或文件；并

（b）通过在其网站上发布通知，在法庭给定的时间范围内，征集要向法庭作出的

关于该申请文件的意见书。

第 VIIA 部分　　价格监管

95A—131G　略

132 联邦部长须发布建议禁止通知书

若联邦部长建议发布临时禁令或永久禁令,其须发布针对以下事项**建议禁止通知书:**

(a)针对某特定消费产品;或

(b)针对与某特定服务相关的产品。

(2)略

(3)该建议禁止通知书须:

(a)以书面形式发布;

(b)在互联网上予以公布;以及

132A 略

132B 略

132C 略

132D 会议结束后的建议

联邦部长需:

(a)略

(b)若其决定不按照建议进行行动,联邦部长必须通过在互联网公开通知的方式,阐明其作出该决定的原因。

132E 联邦部长发布临时禁令后召开会议的机会

(1)略

联邦部长应当通过在互联网公开书面通知,以邀请供应或拟供应以下产品

或服务的个人:

该种消费者商品;或

该种与产品相关的服务;

并以书面形式在该通知中规定的时间范围内,告知委员会是否该个人希望委员会组织一个涉及临时禁令的会议。

132F 略

132G 会议结束后的建议

(1)略

(2)联邦部长需为:

(a)略

(b)若其决定不按照建议进行行动,联邦部长必须通过在互联网公开通知的方式,说明其作出该决定的原因。

132H 略

132I 略

132J 在对公众造成危害的情形下，临时禁令与召回通知不得拖延

（1）若联邦部长发现某特定类型的消费者商品具有迫近的造成死亡、严重疾病或严重伤害的危险，部长应当通过在互联网上公开的书面通知，证实：

（a）将立即对该特定种类的消费者商品发布临时禁令；

（b）应当立即对该特定种类的消费者商品发出收回通知。

（2）若联邦部长发现某特定种类的与产品相关的服务将产生死亡、严重疾病或严重伤害的危险，部长应当通过在互联网上公开的书面通知证实，将立即对该特定种类的服务进行临时禁令。

132K—139G 略

第 XIAA 部分

略

第 XIA 部分

略

第 XIB 部分　电信业：不正当竞争行为以及记录规则

151AA　简要大纲

本部分建立一项规范电信业不正当竞争行为的特殊制度。但该制度不适用于第 IV 部分。

151AB　定义

传输服务的含义与其在《1997 年电信法》中的含义相同。

传输服务提供商的含义与其在《1997 年电信法》中的含义相同。

传输者的含义与其在《1997 年电信法》中的含义相同。

传输者执照的含义与其在《1997 年电信法》中的含义相同。

内容服务的含义与其在《1997 年电信法》中的含义相同。

数据处理装置是指无论是否在其他的物品或材料的帮助下，信息都可通过其进行复制再生的某种物品或材料（例如磁盘）。

适格合伙人的含义与其在《1997年电信法》中的含义相同。

设备的含义与其在《1997年电信法》中的含义相同。

登记的传输服务的含义与其在《1997年电信法》中的含义相同。

全国宽带网络公司的含义与其在《2011年全国宽带网络公司法》中的含义相同。

服务提供商规则的含义与其在《1997年电信法》中的含义相同。

电信市场的含义由第151AF部分进行定义。

151AC 海外领地的适用

本部分，以及与本部分相关的本法其他节款，（在《1997年电信法》的含义范围内）在所有合法领地内适用。

151AD 略

151AE 略

151AF 电信市场

（1）为本部分之目的，电信市场是指，提供或需求以下商品或服务的市场：

传输服务；

与传输服务相关的供使用的商品或服务；

设施的使用；

内容服务。

（2）略

（3）为本部分之目的，若

（a）两个或两个以上的法人团体涉及：

（ⅰ）传输者；或

（ⅱ）传输服务提供商；且

（b）这些法人团体共同在电信市场具有至关重要的影响力；

则，该传输者或传输服务提供商，视不同情况，将被认为在该市场中**具有至关重要的影响力**。

为本部分之目的，若

（a）两个或两个以上的法人团体涉及：

（ⅰ）传输者；或

（ⅱ）传输服务提供商；且

（b）那些法人团体以及该传输者或传输服务提供商一起，视情况，在电信市场中具有至关重要的影响力；

该传输者或传输服务提供商，视不同情况，将被认为在该市场中具有**至关重要的影响力**。

（5）为本部分之目的，决定某个人或某些人在电信市场中的影响力程度，必须注意的是，该市场中的这个人或这些人的行为受到以下人员的约束：

（a）该市场中竞争者或潜在竞争者；

（b）在该市场中，某个人或某些人向之索取商品或服务，或向其提供商品或服务的人员。

（5A）为本部分之目的，决定某个人或某些人在电信市场中的影响力程度，必须注意的是，该个人或那些人在由以下事项构成的市场中具有的影响力：

（a）该个人或那些人与其他一方或多方已经签署的合约、协议或谅解，或可能签署的提议的合约、协议或谅解；

（b）该个人或那些人受约束或有资格从中分享收益的契约或提议契约，或可能受约束或有资格从中分享收益的契约或提议契约。

（6）第（5）及（5A）小段，并不意味着对据以决定某个人或某些人在某电信市场上影响力的程度的依据的限制。

（6A）为本部分目的，不对法官考虑某个人是否在电信市场中具有至关重要的影响力所依据的考虑要素进行限制，某个人可能在电信市场中具有至关重要的影响力，尽管：

（a）该个人并未实际控制该市场；

（b）该个人并不具有摆脱以下人员的限制的绝对自由：

（i）该市场中竞争者或潜在竞争者；

（ii）在该市场中，某个人或某些人向之索取商品或服务，或向其提供商品或服务的人员。

（6B）未避免出现疑义，为本部分目的，多个人可以共同在电信市场中形成至关重要的影响力。

在本部分中：

（a）"**影响力**"是指市场影响力；

（b）涉及电信市场的影响力，或电信市场中的行为，是指在该市场中作为商品或服务的提供者或需求者的影响力或行为。

151AH　略

151AI　略

151AJ　不正当竞争行为

（1）略

（2）若传输者或运载服务提供商符合以下条件，则他们**参与了不正当竞争的行为**：

（a）在电信市场中具有至关重要的作用；并

（b）以下二者达到其一：

（ⅰ）利用在该市场或其他市场中的该种影响力，实质上减少该市场或其他电信的竞争；或

（ⅱ）利用在该市场或其他市场中的该种影响力，在一种或多种情形下，参与到能实质上或联合其他实质能减少该市场或其他电信市场中的竞争的其他行为。

（2）略

（3）若传输者或传输服务提供商符合以下条件，则参与了**不正当竞争的行为**：

（a）参与到违反第44ZZRJ节、第44ZRK节、第45节、第45B节、第46节、第47节或第48节的行为中；并

（b）该行为涉及电信市场。

（4）略

（5）略

（6）略

（7）略

（8）略

（9）不论本部分如何规定，根据《1997年电信法》第577BA节，只要该行为是为该法第51（1）款之目的而被授权的，都不构成参与不正当竞争行为。

151AK—151Q 略

151AR 竞争通知的注册

（1）略

（2）略

（3）略

（4）略

（5）略

若有人要求提供电子形式的文件，委员会应当提供相关的信息：

（a）在一个数据处理装置上；或

(b)通过电子传输的方式。

151AS—151BG　略

151BH　豁免注册命令

(1)(6)略

若有人要求提供电子形式的文件，委员会应当提供相关的信息：

(a)在一个数据处理装置上；或

(b)通过电子传输的方式。

151BI　略

151BJ　略

151BK　费率指导

此部分适用于作为传输者或传输服务提供商的个人，并且该个人在电信市场中具有为委员会所承认的至关重要的影响力。

151BL—151BQ　略

151BR　费率规则的注册

(1)(5)略

(6)若某个人要求提供电子形式的文件，委员会应当提供相关的信息：

(a)在一个数据处理装置上；或

(b)通过电子传输的形式。

151BS　略

151BT　略

151BU　委员会可制定报告保存规则

(1)略

(2)略

(2A)略

(2B)略

(2C)　该规则将要求或批准按照提交给委员会的规则所作的报告，该报同时符合特定的软件要求与特定的认证要求：

(a)在一个特定种类的数据处理装置上；或

(b)通过一个特定种类的电子传输方式。

(2D)略

(3)略

(4)除记录与以下条款相关外，委员会不得行使保留或扣留记录的权力：

(a)略

(b)略

(c)略

(d)略

(da)《2011年全国宽带网络公司法》或在该法之下的其他法规的运行；或

(e)《1997年电信法》第20部分第3章的运行（该部分节款是针对有关于处理国际电信运营商的"行为准则"的）；或

(f)《1999年电信（消费者保护和服务标准）法》第9部分的运行（该法案是针对澳大利亚电信收费的法规）。

151BUA 委员会对报告的访问

(1)略

(2)若委员会对报告的披露或报告中某些事项的披露满意，则可，

(a)略

(b)推进以下法规的运行：

(iia)《2011年全国宽带网络公司法》及该法案之下的其他法规；或

(iii)《1997年电信法》第20部分第3章的运行（该部分节款是针对有关于处理国际电信运营商的"行为准则"的）；或

(iv)《1999年电信消费者保护和服务标准法》第9部分的运行（该法案是针对澳大利亚电信收费的法规）。

151BUB 运输者或运输服务提供者对报告的访问

(1)略

(2)若委员会对报告的披露或报告中某些事项的披露满意，则可

(a)促进市场中列传输服务的竞争

(b)促进以下法规的运行：

(i)本部分（除本节之外）；或

(ii)第XIC部分（与访问有关的部分）；或

(iia)《2011年全国宽带网络公司法》或该法案之下的其他法规；或

(iii)《1997年电信法》（该部分节款是针对有关于处理国际电信运营商的"行为准则"的）第20部分第3章；或

(iv)《1999年电信（消费者保护和服务标准）法》第9部分的运行（该法案是针对澳大利亚电信收费的法规）。

151BUC 运输者货运输服务这可访问周期报告

(1)略

（2）若委员会对报告的披露或报告中某些事项的披露满意，则可
（a）促进市场中列传输服务的竞争
（b）促进以下法规的运行：
（i）本部分（除本节之外）；或
（ii）第 XIC 部分　（与访问有关的部分）；或
（iia）《2011 年全国宽带网络公司法》及该法案之下的其他法规；或
（iii）《1997 年电信法》第 20 部分第 3 章的运行（该部分节款是针对有关于处理国际电信运营商的"行为准则"的）；或
（iv）《1999 年电信（消费者保护和服务标准）法》第 9 部分的运行（该法案是针对澳大利亚电信收费的法规）。

151BUD　略

151BUE　通过互联网访问

若委员会、传输者或传输服务提供商被要求按照本部分之规定提交报告的复印件、摘要或其他可供检查与购买的物质形式，委员会、传输者或传输服务提供商，依据具体情况，可通过互联网提供报告的复印件、摘要或其他可供检查与购买的物质形式，以回应该要求。

151CF　主管、雇员或经纪人的行为

《1997 年电信法》第 32 部分之规定适用于与本部分规定下的程序，以类似于它对于该法案（该法案第 574 节的规定）下的程序的适用的方式。

151CH　略

151CI　略

151CJ　略

151CK　略

151CL　电信业中竞争保障的审查

委员会应当在每个财政年度，就电信业中的竞争保障进行审查和报告，内容包括：
（a）有关于本部分以及第 XIC 部分的运行的事项；以及
（b）委员会认为合适的，有关于电信业中的竞争的其他类似事项。
（2）若部长明文要求，委员会应当与电信业中的竞争保障有关的事项进行审查并向部长报告。
（3）在本部分中：

电信业的含义与其在《1997 年电信法》中的含义相同。

151CM　消费者所付电信费的监管

（1）委员会应当在每个财政年度就以下事项进行监控并向部长报告：

（a）消费者为以下商品或服务支付的费用：

（i）登记的传输服务；

（ii）为登记的传输服务所用的有关的商品；

（iii）为登记的传输服务所用的有关服务；以及

（b）澳大利亚电信对《1999年电信（消费者保护和服务标准）法》第9部分（该节款是针对澳大利亚电信价格控制的安排）的遵守程度；以及

（c）每个一般服务提供商对《1999年电信（消费者保护和服务标准）法》第2部分第11章（该节款是对一般服务收费的规定）的遵守程度。

151CMA　电信业中的竞争的公开报告

委员会应当就部长为本款之目的在书面决议中明确的涉及电信业中的竞争的类似事项进行监控并向部长报告。

在本部分中：

电信业的含义与其在《1997年电信法》中的含义相同。

151CMB　就电信业中的竞争的秘密报告

委员会应当就部长为本款之目的在书面决议中明确的涉及电信业中的竞争的类似事项进行监控并向部长报告。

（2）略

（3）略

（4）略

在本部分中：

电信业的含义与其在《1997年电信法》中的含义相同。

范围

若澳大利亚电信实施的事项依据《1997年电信法》的第577A节、577C节或577E节而有效，则本节之规定将予适用。

注释1：《1997年电信法》第577A节处理有关结构性分离的事项。

注释2：《1997年电信法》第577C节处理有关混合光纤同轴网的事项。

注释3：《1997年电信法》第577E节处理有关订阅电视广播牌照的事项。

151CMC　略

151CN　略

151CQ　略

151DA　被授权行为—第51（1）款

本节的目标是：

推进在电信业结构性改革中的国家利益;以及

(b)为第51(1)款之目的,通过授权NBN公司施行特定的行为,推进对由NBN公司提供的合格的服务进行国家统一定价。

指定访问服务是指:

(c)一个网络对网络的接口服务;或

(d)用户网络接口服务;或

网络对网络接口服务是指如下的合格的服务:

网络对网络的接口服务;或

由光纤维接口组成的网络对网络接口服务。

提名传输者的含义与其在《1997年电信法》中的含义相同。

用户网络接口服务是指如下的合格服务:

用户网络接口服务;或

由光纤维接口组成的用户网络接口服务。

公共设施是指:

澳大利亚航空服务;

(b)州或领地的运输机构

(c)铁路公司(在《2011年全国宽带网络公司法》的含义范围内);或

(d)电力公司(在该法案含义范围内);或

151 DB—151DD 略

第XIC部分——电信访问制度

152AA 简要大纲

本部分建立电信访问制度。

152AB 略

152AC 定义

在本部分,除非另有规定,则

传输服务的含义与《1997年电信法》中规定的含义相同,并包括申请的传输服务。

列传输服务的含义与《1997年电信法》中规定的含义相同。

传输者的含义与《1997年电信法》中规定含义相同。

传输许可证的含义与《1997年电信法》中规定含义相同。

内容服务的含义与《1997年电信法》中规定含义相同,并包括建议内容服务。

消费者设备的含义与《1997年电信法》中规定含义相同。

数据进程装置指任何物品或资料（例如，光盘），无论是否有其他装置的协助，信息皆足以在其中被复制。

设备的含义与《1997年电信法》中规定含义相同。

最终移民计划的含义与《1997年电信法》中规定含义相同。

NBN组织的含义与《2011年国家宽带网络公司法》中规定含义相同。

推荐传输者的含义与《1997年电信法》中规定含义相同。

服务提供者的含义与《1997年电信法》中规定含义相同。

电信网络的含义与《1997年电信法》中规定含义相同。

152AD 略

152AE 延伸至海外领地

本部分以及本法其他与本部分相关的节文，延伸适用至每一符合节件的领地（在《1997年电信法》规定的含义范围内）。

152AF 略

152AH 合理性—条款

就本部分而言，判断特定节款或情景是否合理，须考虑如下事项：

（a）—（d）略

（e）传输服务、电信网络或设施的安全稳定运行所必需的运行和技术要求。

（f）传输服务、电信网络或设施的经济有效运行。

152AI 公众调查的生效时间

当委员会根据本法第498节发布调查通知时，其根据《1997年电信法》第25部分进行的公众调查生效。

152AJ 略

152AK 略

152AL 声明的服务

合格服务

（1）就本节而言，**合格服务**是指由传输人或传输服务提供商提供的服务（无论是提供给他自身还是其他人）：

（a）列传输服务（在《1997年电信法》规定的含义范围内）；

（b）可提供列传输服务提供便利的服务（在《1997年电信法》规定的含义范围内）。

(2)略

公众调查后的申请——非由 NBN 组织提供的服务

(3)委员会可通过书面文件,宣布特殊合格服务为**被申请服务:**

(a)委员会根据《1997 年电信法》第 25 部分开展关于申请提案的公众调查;

(b)委员会根据《1997 年电信法》第 505 节作出关于此调查的报告;

(c)在申请作出后 180 天的截止日期之前公布该报告;

(d)委员会确信该申请将会促进传输服务或通过传输服务的方式提供的其他服务的终端用户的长期利益。

注释:合格服务可根据姓名、特定种类中包含事项或其他方式特定化。

(3B) 在根据《1997 年电信法》第 25 部分作出的、针对合格服务申请提案的公众调查生效之前,委员会须考虑是否需开展针对(8A)款下该服务做出的申请提案的公众调查。

公众调查后的申请——NBN 组织提供服务

(8A) 委员会可通过书面文件,宣布由特殊 NBN 组织提供的特殊合格服务(无论是提供给其自身还是他人),为**被申请服务:**

(a)委员会根据《1997 年电信法》第 25 部分开展关于申请提案的公众调查;

(b)委员会根据《1997 年电信法》第 505 节做关于此调查的报告;

(c)在申请作出后 180 天的截止日期之前公布该报告;

(d)委员会确信该申请将会促进传输服务或通过传输服务的方式提供的其他服务的终端用户的长期利益。

根据 152AXB(2)和 152AXC(7)节的目的,若委员会为以上行为,则被申请服务是针对 NBN 组织的。

注释:合格服务可根据姓名、特定种类中包含事项或其他方式特定化。

申请的公开调查的 18 个月截止日期

(7)委员会须:

(a)在 18 个月的截止日期结束之前,根据《1997 年电信法》第 25 部分,开展关于下列各项的公众调查:

(i)是否延长申请的截止日期;

(ii)是否撤销该申请;

(iii)是否变更该申请;

(iv)在不进行 152AL 节下新申请的情况下,是否允许申请期满;

（ⅴ）是否允许申请期满之后根据152AL节进行新的申请；

（ⅵ）是否将申请截止日期延长不超过12个月，然后在不进行152AL节新申请的情况下，允许申请期满。

（b）根据《1997年电信法》第505节做调查报告。

（c）在首次申请后180天的截止日期之前公布该报告。

152AM　申请服务提案的调查

略

（2）略

（3）略

（4）委员会须将根据《1997年电信法》第505节做出的、关于调查准备的报告副本提交ACMA。

（5）若调查根据个人申请而开展，委员会须将根据《1997年电信法》第505节做出的、关于调查准备的报告副本提交该申请人。

152AN　申请服务建议的联合调查

（1）略

（2）委员会可做出如下决定：

（a）委员会可根据《1997年电信法》第498节，针对联合调查发布通知；

（b）委员会可根据该法第499节，针对联合调查召开讨论会；

（c）委员会可根据该法第501节，针对联合调查的召开听证会；

（d）委员会须保证根据该法第505节做出的报告覆盖每项调查，无论该报告是针对：

（ⅰ）一项调查；还是

（ⅱ）2项以上调查。

152AO　声明的变更或撤销

（1A）下列情形下，委员会不需要根据《1997年电信法》第25部分进行关于撤销该声明的建议的公众调查：

（a）针对152AL节下特定服务的声明；

（b）委员会认为次要的服务。

152AP　略

152AQ　声明服务的注册

（1）略

（2）注册需包括：

（a）所有此类声明的详情（包括已吊销声明）；

（b）此类声明的变更或撤销详情；

（c）根据《1997年电信法》第505节作出的、有关本法152AL（3）（a）or（8A）（a）或152ALA（7）（a）中所述调查报告的副本。

（d）采取一切合理步骤以保证：

（i）互联的技术和运行质量以及时限等同于供应商提供给自己的质量和时限；

（ii）若《1997年电信法》第384节规定的标准生效——则互联应符合该标准。

（3）—（8）略

例外

（9）若有下列合理原因，本节则不强加义务给访问供应商：

（a）在物质方面，寻求访问者将不能履行该访问供应商履行或有合理可能性履行的义务；

（b）寻求访问者不能保护与该义务相关的：

（i）电信网络的完整性；

（ii）工作于或使用由电信网络或设备提供服务的个人安全。

152AQC 略

152AR 略

152ASA 略

152ATA 预期个人豁免A类标准访问义务

（1）—（14）略

决定期的延长

（15）在联邦根据第（14）款发布通知之后，须尽快将该通知副本在互联网上公布。

设备的互联

152AXA 略

152AXB B类标准访问义务

（1）略

（2）略

（3）略

（4）若，

（a）一个NBN组织是传输者或传输服务提供商；且

（b）该 NBN 组织：

（i）拥有或控制一项或多项设备；

（ii）为一项或多项的设备的推荐运输者；

在服务提供商提出请求的情况下，NBN 组织须：

（c）为了给服务提供商提供被申请服务以使其足以提供传输服务和/或内容服务，允许这些设备与服务提供商设备互联；

（d）采取所有合理步骤以保证，互联符合该标准《1997 年电信法》第 384 节规定的生效标准。

（5）略

例外

（6）若有下列合理原因，本节则不强加义务给 NBN 组织：

（a）在物质方面，寻求访问者将不能履行该 NBN 组织履行或有合理可能性可履行的义务；

（b）寻求访问者不能保护与该义务相关的：

（i）电信网络的完整性；

（ii）工作于或使用由电信网络或设备提供服务的个人安全。

152AU　略

152AXA　略

152AXB　略

152AXC　略

152AXD　NBN 公司在非歧视基础上实施相关活动

（1）NBN 公司不得为下列造成歧视访问介入者的行为：

（a）略

（b）略

（c）通过已被提供或即将被提供的被申请服务，延展或扩大电信网络的能力或设施；

（d）通过已被提供或即将被提供的被申请服务的方式，规划设备或电信网络。

152AY—152BCK　略

152BCN　访问确定的改变和撤销

（1）略

（2）若在《1997 年电信法》第 25 部分中的改变访问确的方案符合如下节件，委员会没有必要进行公开质询。

（a）变化很小；或者

（b）以下利益可能受影响的任何一方书面同意该变化：

（i）载体或者服务提供者；

（ii）寻求入网者。

（3）若委员会确信《1997年电信法》第25部分中的拒绝访问确定的方案，存在如下情形，没有必要进行公开质询：

以下利益可能受影响的任何一方书面同意拒绝方案：

（a）载体或者服务提供者；

（b）寻求入网者。

（4）略

（5）略

（6）对于变化方案，如果委员会已经开始进行公开质询，委员会可以更改所提出的变化。

（7）更改通知的发布方式与《1997年电信法》第498节规定的公开质询通知的发布方式一致。

（8）略

（9）除了本节所述之外，如果：

（a）委员会制定服务访问行动规则；且

（b）服务访问是有效的。

委员会必须在行动规则制定出来后30天内，按照《1997年电信法》第25部分规定的访问确定方案中的规定着手举行公开质询。

152BCP　服务提供者规则

除了《1997年电信法》第98节中提到的规则之外，本节的第（2）款中设定的规则是根据该法的制定目的而制定的服务提供者规则。

152BCQ—152BD　略

152BDAA　委员会必须考虑的事项

（1）委员会在指定行动规则时必须考虑如下事项：

（a）行动规则是否有利于载体服务或者类似于载体服务提供商提供的服务的终端用户的长期利益；

（b）载体、提供或者可以提供服务者的合法商业利益，载体或者提供商用于提供服务的设备投资应取得的合法商业利益；

（c）有权使用服务的所有人的利益；

（d）提供服务访问的直接花费；

（e）个人价值的延伸或者能力的提高，花费由他人承担；

（f）提供安全可靠的载体服务所需要的启动以及技术必备，电子通信网络或者设备；

（g）载体服务提供的效率性，电子通信网络或者设备。

152BDA 行动规则的约束

（1）委员会不可以制定有如下影响的行动规则：

（a）阻止已经访问服务的服务提供者接受足量的服务来满足服务提供者合理的预测需求，该合理的量是在寻求介入者参照第152AR或152AXB节的服务提出要求时进行测量的；

（b）阻止载体或者载体服务提供者接受足量的服务来满足载体或者提供者的合理预测需求，该合理的量是在寻求介入者参照152AR或152AXB节的服务提出要求时进行测量的；

（c）阻止个人通过前规则权利获得足量的服务来满足个人的实际需要；

（d）剥夺任何人的受保护的合同上的权利；

（e）导致寻求访问者在没有设备所有者的同意下变成设备的所有者；

（f）要求个人（而不是寻求访问者）承担如下不可理的支出：

（i）延伸或者提高设备的性能；或者

（ii）维护设备的延伸功能；

（g）要求载体或者载体服务提供者向寻求访问者提供服务，如果有如下合理的理由：

（i）寻求访问者在物质层面上不能遵守载体或者提供者提供或者可能提供的规定和节件；或者

（ii）寻求访问者在与访问相关层面上不能保护电子通信网络的完整或者不能保护在电子通信网络或者设备上工作或使用它们提供的服务的个人的安全。

152BDBA—152BDF 略

152BDG 服务提供者规则

（1）除了《1997年电信法》第98节中提到的规则之外，本节的第（2）款中设定的规则是根据该法的制定目的而制定的服务提供者规则。

（2）载体服务提供者必须遵守所有有效的行动规则。

152BDH—152BEC 略

152BED 服务提供者规则

除了《1997年电信法》第98节中提到的规则之外，本节的第（2）款中设定的规则是根据该法的制定目的而制定的服务提供者规则。

152CBA 什么是特殊访问保证？

适用范围

（1）本节适用于：

（a）作为或者期待成为载体或载体服务提供者的个人（国家宽带网络公司除外）提供如下服务给自己或他人，但声明的服务除外：

（i）所列载体服务（《1997年电信法》中规定的）；或者

（ii）帮助所列载体服务的服务（《1997年电信法》中规定的）；

（b）国家宽带网络公司和作为以及期待成为载体或者载体服务提供者提供或者能够提供如下服务：

（i）所列载体服务（《1997年电信法》中规定的）；或者

（ii）帮助所列载体服务的服务（《1997年电信法》中规定的）

所提供的服务无论是给自己还是给他人，只要：

（iii）不是第152AL（8A）款中的声明服务；

（iv）没有适用于服务访问的访问确认。

略

略

(3A)略

(3B)略

保证

(3C)如果个人是国家宽带网络公司，保证应该说明公司将致力于如下规定行为：

（a）发展新的合格服务（在152AL节意思范围内）；

（b）提高声明服务质量；

（c）延伸或者发展声明服务所用设备或者电子信息网络的性能；

（d）为声明服务所用设备或者电子信息网络制订计划；

（e）提供声明服务的预备活动；

（f）提供声明服务的辅助和附加活动；

（g）向服务提供者提供以上活动的信息。

决定阶段的延伸

152CBC 委员会接受或拒绝访问接口

（1）—（7）略

（8）在委员会按照第（7）款中规定发布了通知后，委员会必须将通知副本发布到网络上。

152CBAA—152CBF　略

152CBG　访问接口的变更

(1)—(9)略

(10) 在委员会按照第(9)款中规定发布了通知后,委员会必须将通知副本发布到网络上。

152CBH—152CJA　略

152CJB　强制性国家宽带网络公司服务

适用范围

如果国家宽带网络公司所持载体执照上有要求公司遵守本节中有关公司提供的或者能够提供的规定合格服务(在第152AL节意思范围内)的节件(无论是提供给公司自己还是给他人),且节件在有效期,本节对公司适用。

注释1:参照《2011年国家宽带网络公司法》第41节。

注释2:载体执照要求,参照《1997年电信法》第63节。

152CJC　载体执照要求

国家宽带网络公司所持执照要求NBN公司必须遵守适用于NBN公司的第152CJA节中的所有规则。

注释:参考《1997年电信法》的第62D节。

152CJD　服务提供者规则

(1)除了《1997年电信法》第98节中提到的规则之外,本节的第(2)款中设定的规则是根据该法的制定目的而制定的服务提供者规则。

152CJE—152EP　略

152EQ　帮助独立电子通信裁判者

(1)基于本节的目的,独立电子通信裁判者是一个公司:

(a)公司受担保人限制;

(b)公司是可辨识的,根据本节的目的,作为独立电子通信裁判者,在《1997年电信法》规制下正在运行中。

(2)委员会可能会支持独立电子通信裁判者。

152ER　澳大利亚电信提供的志愿保证

适用范围

如果在《1997年电信法》的第577A、577C或者577E节规制下,澳大利亚电信提供保证,则本节适用。

注释1：《1997年电信法》的第577A节处理关于结构分离的保证。
注释2：《1997年电信法》的第577C节处理关于混合光纤同轴网的保证。
注释3：《1997年电信法》的第577E节处理关于签署电视广播执照的保证。

第 XID 部分——查询和没收

154 简要大纲

本节以发现《1997年电信法》第20部分或《1999年电信法》（消费者保护和服务标准）第9部分是否存在矛盾为目的，建立了执法体系。

154A 定义

电脑中的数据包括：

（a）连接到电脑的所有可移动存储设备中的数据；

（b）数台电脑形成的网络中的任何一台电脑的存储设备中的数据。

数据存储设备是指包括或者设计成包括电脑所用数据的东西。

证据材料是指可以提供如下证据的文件或者其他：

（a）本法存在的矛盾；

（b）《1997年电信法》第20部分存在的矛盾；

（c）《1999年电信法》（消费者保护和服务标准）第9部分存在的矛盾；

（d）有关本节的《刑法》的第137.1，137.2和149.1节存在的矛盾。

154B 至 154E 略

154F 场地电子设备的启动

（1）如果：

（a）监督者或助理依据本节规定进入场地；

（b）他（她）有合理理由相信通过进入场地启动电子设备产生的所有数据（包括非场地中的数据）可能组成证据材料；

则他（她）可能只做以上两件事中的一件。

拔下磁盘、磁带或其他存储设备

可能做的另一件事是在场地启动装备或其他设备来转换数据到磁盘、磁带或其他符合如下条件的存储设备，并从场地中移出磁盘、磁带或其他存储设备：

（a）为能源产生而引入到场地中；

（b）在场地中且利用它的目的已经由场地的占有者书面同意。

154G 搜查令所授权的事项

（1）略

抓取其他证据

（2）如果有如下情况，他（她）可以抓取其他证据：

（a）执行官或其助理在搜查证授权范围内为了搜查到证据材料，发现其他的事情，有合理理由相信是如下的证据：

（i）是违反本法令的可诉事实；

（ii）是违反《1997年电信法》第20部分的可诉事实；

（iii）是违反《1999年电信法（消费者保护和服务标准）》第9节的可诉事实；

（iv）是违反与本节相关的《刑法》的第137.1，137.2和149.1节的可诉事实；

（b）有合理理由相信为了防止隐匿、丢失和毁坏证据，有必要获取其他证据。

154H 场地内电子装备的启动

（1）如果有如下情况：

（a）在场地内搜查执照有效；

（b）他（她）有合理理由相信通过进入场地启动电子设备产生的所有数据（包括非场地中的数据）可能组成执照中规定的证据材料。

他（她）可以做以上三件事情之一。

（2）略

移除文件

另外，他（她）可以在场地启动装备或者其他设备来使数据成为文件形式的数据并从场地中移除这些文件。

注释：执行官可以要求有计算机知识的个人提供帮助——参照154RA节。

最后，他（她）可以启动场地内的装备和其他设备来将数据转换到磁盘、磁带和其他符合如下节件的存储设备，并将磁盘、磁带和其他存储设备移除场地：

（a）被带到场地内；

（b）在场地内且场地的占有者已经书面同意使用它。

注释：执行官可以要求有计算机知识的个人提供帮助——参照154RA节。

获取证据的限制

（5）遵守（2）款个人只能在如下节件下获取证据：
（a）按照第（3）款规定将数据转换成文件形式和按照第（4）款规定将数据进行转换时不可行的；
（b）占有者占有证据会构成对联邦法律的挑战。

154J—154RA　略

154RA　有计算机知识的人提供帮助

持有搜查证的执行官可以向地方法官申请，发布命令要求有专门知识的人提供合理必要的信息或者帮助来使得执行官做到如下：
（a）能够获得执照相关场地中的电脑中的数据；
（b）将数据转换到磁盘、磁带和其他存储设备中；
（c）将数据转换成文件形式。
（2）如果地方法官已确知如下事项，可以发布命令：
（a）有合理理由怀疑证据材料在电脑中或者从电脑中可以获得；
（b）有专业知识的人是：
（ⅰ）被合理怀疑成是造成执照中所列矛盾的人；
（ⅱ）是电脑的所有者或者承租人；
（ⅲ）是电脑的所有者或者承租人雇佣的工人；
（c）专业知识人知道如下相关事项：
（ⅰ）电脑以及几台电脑组成网络；
（ⅱ）采取的保护电脑数据的措施。

154S　获取的证据复本的提供

（1）如果在搜查执照规定范围内，执行官或其助理抓取到了：
（a）文件、电影、电脑文件或其他可以复制的文件；
（b）内置信息可以复制的存储设备。

如果场地占有者提出要求，他（她）必须在抓取证据后立刻提供给占有者抓取证据的复本。

但是，如果提供给占有者抓取证据的复本有损大众利益，第（1）款中规定不予适用。

154T　略

154U　略

154V　地方法官可以允许保留如下材料

延伸的保证

如果地方法官确信对于监督者来说有必要继续保留材料，以调查是否存在如下事项,则地方法官可以命令监督者将材料保留一段时间(不超过3年)。

(a)本法律的矛盾;

(b)《1997年电信法》第20部分的矛盾;

(c)《1999年电信法(消费者保护和服务标准)》第9部分的矛盾;

(d)与本节相关的《刑法》的第137.1,137.2和149.1节的矛盾。

154W—154ZB 略

154ZC 损坏电子设备的赔偿

(1)在如下节件下本节适用:

(a)第154E,154F,154G,154H和154J节中提到的启动电子设备的结果

(i)设备产生损坏;

(ii)设备里的数据被毁坏;

(iii)设备使用以及数据使用相关的程序产生损坏。

(b)损坏是因为如下原因产生的:

(i)没有谨慎选择操作设备的工人;

(ii)操作设备的人没有尽到谨慎义务。

联邦须向设备所有者或数据或程序的使用者支付损坏的合理补偿,数额是由大众和使用者一致同意的。

第XII部分——杂项

155 获取信息,文件以及证据的权力

(1)—(8)略

(9)本节**指定事项**的参考即功能行使、权力行使的参考,授予委员会依据:

(a)《1997年电信法》;

(b)《1999年电信法(消费者保护和服务标准)》;

(ba)《2011年国家宽带网络公司法》;

(c)本法的XIB节和XIC部分;

(d)《1992年无线电通信法》的3.3部分的第4A和4B章。

156至179 略

一览表1

一览表2 澳大利亚消费者法

第1章——介绍

1 略

2 定义

商品包括：

(a)船、飞机和其他工具；

(b)动物，包括鱼；

(c)包括地上、地下与土地有关的煤、树和作物；

(d)气和电；

(e)电脑软件；

(f)二手物品；

(g)物品的一部分。

3—17 略

第2章——普通保护

18 略

19 信息提供者适用本节

(1)在如下情况下，信息提供者发布的事项不适用于本节：

(a)在任何情况下—信息提供者以提供信息为业务而发布信息；

(b)如果信息提供者是澳大利亚广播公司，特殊广播服务公司和《1992年广播服务法》授权执照持有者——发布是通过收音机或者电视进行播放的。

(2)略

(3)略

(4)略

(5)略

(6)没有第(5)款的约束，如下皆为信息提供者：

(a)《1992年广播服务法》授权执照持有者；

(b)广播服务的提供者；

(c)《1992年广播服务法（过渡性节款和相应修正案）》第5(1)款执照持有者；

(d)澳大利亚广播公司；

(e)特殊广播服务公司。

20—28 略

第3章——特别保护

29—37 略

38 本节规定适用于信息提供者

(1)在如下节件下,第29,30,33,34和37节不适用于信息提供者发布的事项

(a)在任何情况下—信息提供者以提供信息为业务而发布信息;

(b)如果信息提供者是澳大利亚广播公司,特殊广播服务公司和《1992年广播服务法》授权执照持有者——发布是通过收音机或者电视进行播放的。

39—64 略

65 本节适用于电、气和电信提供者

(1)本节不适用于:

(a)规定的品种供应;

(b)电、气和电信的供应。

(2)电信服务是通过指导和无指导的电磁能量进行通信的服务。

66—99 略

100 供应商必须提供交易的证据

略

略

略

(4)商品供应以及服务提供的**交易证据**是有如下功能的文件:

(a)辨别商品或服务供应商;

(b)注明供应商是否有商业代码;

(c)如果没有商业代码,注明供应商是否有外商资格;

(d)注明供应的日期;

(e)注明提供给消费者的商品和服务;

(f)注明商品和服务的价格。

注释:以下为交易证据的例子:

(a)《1999年新税务系统法(货物与服务税)》含义下的税务发票;

(b)现金出纳机收据;

（c）信用卡或借记卡账单；

（d）手写收据；

（e）储蓄协议；

（f）由电话或网络交易产生的确认信或收据号。

101　略

102　略

103　略

104　为消费品和相关服务制定安全标准

（1）联邦可以通过在网络上发布书面通知来为如下制定**安全标准**：

（a）特定的消费品；

（b）特定的相关商品服务。

105　宣布消费品和相关服务的安全标准

联邦可以通过在网络上发布书面通知来宣布如下是消费品和相关服务的**安全标准**：

（a）由澳大利亚标准协会或法律指定的协会准备或者支持的特定标准或者特定标准的一节；

（b）在通知中规定的本特定标准或特定标准的一节以及它的补充和变化。

106　略

107　略

108　略

109　对人造成伤害的消费品和相关服务的临时禁令

通过在网络上发布的书面通知，在如下条件下，主管部长会在特定消费品上强加有效**临时禁令**：

（a）主管部长发现：

（ⅰ）消费品会对人造成伤害；

（ⅱ）消费品的合理使用（包括误用）会对人造成伤害；

（b）另外：

（ⅰ）与造成伤害的消费品同类的其他消费品；

（ⅱ）包含造成伤害的消费品类；

通过在网络上发布的书面通知，在如下条件下，主管部长会在特定服务上强加有效临时禁令：

（a）主管部长发现：

（ⅰ）消费品相关服务会对人造成伤害；

（ⅱ）消费品相关服务的合理使用（包括误用）会对人造成伤害。

（b）另外：

（ⅰ）与造成伤害的消费品的相关服务同类的其他消费品相关服务；

（ⅱ）包含造成伤害的消费品相关服务类。

110　略

111　临时禁令的期间

（1）略

（2）在临时禁令结束之前，主管部长可以通过在网络上发布通知将禁令的时间延长最长30天。

（3）略

（4）如果依据第（3）款提出请求，联邦政府可以通过在网络上发布通知，将已经延长的禁令期间再延长30天。

（5）略

（6）在如下条件下，联邦政府可以通过在网络上发布通知将已经延长的禁令期间再延长30天。

（a）依据第（2）款延长禁令的期间；

（b）经延长的禁令期间没有结束；

（c）临时禁令是由联邦政府实施的。

112　略

113　临时禁令的撤销

如果主管部长强加如下禁令：

（a）联邦政府可以随时在网络上发布通知撤销禁令；

（b）禁令在联邦政府发布通知的当天失效。

114　消费品和相关服务的永久禁令

联邦政府在如下条件下，可以通过在网络上发布禁令，在特定消费品上强加永久禁令：

一个或者多个被禁止的消费品的临时禁令或者包含被禁止消费品的临时禁令正在生效中；

（c）联邦政府发现：

（ⅰ）此种消费品会对人造成伤害；

（ⅱ）合理使用（包括误用）此种消费品会对人产生伤害。

在如下条件下，联邦政府可以通过在网络上发布通知，对特定产品的相关服务强加永久禁令：

一种或多种相关服务的临时禁令或者包含禁止的相关服务的临时禁令正在生效中；

（a）联邦政府发现：

（i）此种服务会造成对人的伤害；

（ii）合理使用（包括误用）产品相关服务会造成对人的伤害。

115　略

116　略

117　永久禁令的撤销

如果联邦政府强加一个永久禁令：

（a）联邦政府可以随时在网络上发布通知撤销禁令；

（b）禁令在联邦政府发布通知的当天失效。

118—121　略

122　强制消费者产品召回

（1）根据网上发布的书面通知，主管部长将针对某一特定消费者商品发布召回通知，如果该商品：

（a）由从事交易或商业的某人提供该种商品，并且是

（b）任何以下列表中的商品：

（i）在主管部长看来该种商品将或也许造成损害；

（ii）在主管部长看来对该种商品的合理可预期使用（包括不当使用）将或也许造成损害；

（iii）存在现行的该种商品的安全标准，但是该商品未符合该标准；

（iv）存在现行的针对该种商品的临时禁令或永久禁令；并且

在主管部长看来一个或多个该种商品的供应商并未采取令人满意的行动去阻止该种商品造成损害。

123—127　略

128　自愿消费者商品召回通知的要求

（1）略

（2）联邦部长须将通知副本在互联网上发布。

129　消费者商品和产品相关服务的安全警告通知

（1）主管部长将在网上发布包括以下一项或全部项的书面通知：

（a）通知中所指的某一特定消费者商品正在被调查的声明，该调查决定是否：

（i）该商品将或也许造成损害；或者

（ⅱ）对该种商品的合理可预期使用（包括误用）将或也许造成损害。

（b）通知中所指某一特定消费者商品的使用所包含的可能风险的警告

（2）主管部长将在网上发布包括以下一项或全部项的书面通知：

（a）通知中所指的某一特定消费者产品相关服务正在被调查的声明，该调查决定是否：

（ⅰ）因某一特定商品的相关服务，特定种类的消费者商品将或也许造成损害；或者

（ⅱ）因某一特定商品的相关服务，对该种商品的合理可预期使用（包括误用）将或也许造成损害；

（b）通知中所指提供的某一特定消费者商品相关服务所包含的可能风险的警告。

130　调查结果公告等

（1）如果，

（a）根据129（1）或（2），通知中具体所指的对消费者商品或产品相关服务的调查已经完成；并且

（b）任何与该种商品或服务相关的以下内容未公布或发表

（ⅰ）基于竞争和消费者法案的第132节款下的提议禁令通知；

（ⅱ）基于该种法案的132A节款下的提议召回通知；

（ⅲ）基于该种法案的132J（1）或（2）的通知。

基于129（1）或（2）款，发布通知的主管部长应在调查完成后的尽可能可行的时间内，以在网上发布书面通知的形式，公布调查结果。

131　略

132　略

133　略

134　制定商品和服务的信息标准

（1）国务部长将针对以下一项或全部项，以在网上发布书面通知的形式，制定信息标准：

（a）特定种类的商品；

（b）特定种类的服务；

135　公布商品和服务的信息标准

（1）国务部长将以在网上发布书面通知的形式，公布以下内容为指令中特定商品或服务的信息标准：

（a）由澳洲标准协会或由该节例规定的协会准备或通过的特定标准或标

准的特定部分;

(b)考虑到通知中特定的格外内容或变量,该标准或该标准的部分。

136—155 略

第4章——犯罪行为

156 略

157 略

158 略

159 略

160 适用于该部分节款的信息提供商

(1)在以下情况下,151、152、156和159节不适用于信息提供商公布的内容,如果:

(a)在任何情况下—信息提供商在进行提供信息的商业活动中做此公布;

(b)如果信息提供商是澳大利亚广播公司,特殊广播服务公司,或者根据《1992年广播服务法》授予执照者—信息提供商通过无线电或电话广播的形式进行的公布

(2)第(1)款不适用于广告的发布

161—287 略

2010年竞争与消费者法注释

注释1 略

注释2 略

注释3 略

《2010年电信法律修正案(竞争和消费者保护)法案》(NO.140,2010)

以下修正法案在(根据《1997年电信法》的安排1的第9部分)一项最终功能性分离保证生效后立即生效。

58 在152EP条后插入:

152EPA 独立电信裁判者的辅助

(1)为实现该部分目的,独立电信裁判者是这样一个公司:

(a)由承诺限制;并且

(b)作为实现该部分目的的独立电信裁判者,在(根据电信法案1997的安排1的第9部分)一项功能性分离保证生效中被识别。

(2)该委员会将协助独立电信裁判者。

注释4

89—92　略

93　在152AG条之后插入：

152AGA　指定的超快电信网络

（1）为该节目的，如果：

（a）在澳大利亚，使用电信网络或建议使用电信网络提供一个或多个第2层比特流服务，总体上或原则上给住宅用户或小型商业用户，或预期的住宅用户或小型商业用户；且

（b）在澳大利亚，使用电信网络或建议使用电信网络提供一个或多个超快传输服务，总体上或原则上给住宅用户或小型商业用户，或预期的住宅用户或小型商业用户；且

（c）该网络不是国家宽带网络；并且

（d）以下二者之一：

（i）该网络在2011年1月1日或以后出现；或者

（ii）在澳大利亚，该网络在2011年1月1日或以后更改或升级，并因为更改或升级，该网络具有向住宅用户、小型商业用户或预期的住宅用户、小型商业用户提供超快传输网络的能力；

该网络是一个指定的超快电信网络。

（2）如果在141A（1）款下，该网络免除141节的义务，某一网络不是为该节目的指定的超快电信网络。

注释：141节处理2层比特流的提供。

判断网络

（3）为该节目的，如果：

（a）一个电信网络在2011年1月1日或以后更改或升级；并且

（b）在澳大利亚，因为更改或升级，网络的一部分具有向住宅用户、小型商业用户或预期的住宅用户、小型商业用户提供超快传输服务的能力；

然后：

（c）该部分网络成为具有独特权利的网络；并且

（d）第（c）款所指的网络在2011年1月1日或以后出现。

（4）为该节目的，如果：

（a）在2011年1月1日或以后，电信网络扩展；且

（b）在澳大利亚，扩展后的部分网络具有向住宅用户、小型商业用户或预期的住宅用户、小型商业用户提供超快运输服务的能力；

然后：

（c）该扩展部分的网络成为具有独特权利的网络；并且

（d）第（c）款所指的网络在2011年1月1日或以后出现。

如果，

（a）电信网络的基础设施的一部分坐落在一个特定的区域，该区域正被发展或已被发展为一个不动产发展项目的特殊阶段（此为该表述的一般意义）；且

（b）该网络扩展到另一个区域，该区域正被发展或将被发展为该项目的另一个阶段；

则第（4）款不适用于该扩展。

（6）如果：

（a）2011年1月1日不久前电信网络已存在；且

（b）2011年1月1日或以后该网络扩展；且

（c）该扩展的基础设施点并未坐落除以下处的地点：

（i）1千米；或者

（ii）如果一个较长距离在该法律中具体指明了—则为该较长距离；

（iii）当网络在2011年1月1日不久前建立，从该网络基础设施点算起；

则第（4）款不适用于该扩展。

（7）该法律将安排第（4）款不适用于电信网络的特定扩展。

注释：分类的详述，见行为解释法案1901。

特定安装和连接不被认为是扩展、更改或升级

（8）为该部分目的，如果：

（a）为连接特定各点到电信网络，一节线被安装或已被安装；并且

（b）安装的线能或已经能使各点的使用者成为用户，该用户与使用网络提供传输服务有关；并且

（c）各点接近线路以致组成了网络基础设施的一部分；并且

（d）网络能够使用来提供超快传输服务；并且

（e）网络存在于2011年1月1日之前。

不管是第（a）段提到的线路的安装，还是各点的连接都不能被认为是网络的扩展、更改或升级。

更改

（10）为本节目的，电信网络的更改不包括网络的扩展。

升级

（11）为本节目的，电信网络的升级不包括网络的扩展。

99 在152AR条后插入：

152ARA 在非差别基础上提供的2层比特流服务

访问寻求着之间无差别

（1）如果2层比特流服务是

（a）使用指定的超快电信网络提供；并且

（b）一个声明服务；

一个电信业者（不是NBN公司）或服务提供商（不是NBN公司）不区别对待访问寻求者（为与此服务有关的它的目录A中的标准访问义务相符）。

（2）—（6）略

不因电信业者或服务提供商的偏好而产生差别对待

（7）如果：

（a）2层比特流服务是：

（i）使用指定的超快电信网络提供；并且

（ii）一个声明服务；并且

一个电信业者（不是NBN公司）或服务提供商（不是NBN公司）提供，或者有

能力提供给自己或者其他主体；并且

（c）电信业者或服务提供商遵从与此服务有关的它的目录A中的标准访问义务

在提供该服务时，电信业者或者服务提供商不能因自己的偏好而产生区别对待。

152ARB 2层比特流—在非差别对待基础上电信业者和服务提供商进行相关活动

范围

（1）该部分适用于电信业者或服务提供商如果：

（a）2层比特流服务是：

（i）使用指定超快电信网络提供；并且

（ii）一项声明的服务；并且

（b）电信业者或提供商遵从与此服务有关的它的目录A中的标准访问义务。

非差别对待

（2）电信业者或提供商必须不在进行以下活动时，区别对待访问寻求者：

（a）发展新的合乎节件的服务；

（b）强化声明的服务；

（c）通过声明服务提供的或即将提供的方法，扩展或强化一个设备或电信网络的能力；

（d）通过声明服务提供的或即将提供的方法，为一个设备或电信网络制订计划；

（e）一个为声明服务提供做准备的活动；

（f）提供声明服务时附随的或伴随发生的活动；

（g）就以上活动为服务提供商提供信息。

100　略

101　略

102　略

103　152BC（4）款后插入：

（4A）第（3）（h）段和（i）段不适用于与声明服务有关的访问决定，该声明服务是使用指定的超快电信网络提供的2层比特流服务。

104　152BCB（4F）款后

插入：

（4G）委员会必须不做与以下有关的访问决定：

（a）与声明服务有关的：

（i）2层比特流服务；并且

（ii）使用指定的超快电信网络提供；并且

（iii）由电信业者（不是NBN公司）或服务提供者（不是NBN公司）提供；并且

（b）具有在访问寻求之间产生区别对待的效果（直接或间接）。

注释：说明材料，见152CJH。

104　略

105　略

106　152BDA（4F）款后插入：

（4G）委员会必须不制定捆绑的行为规则：

（a）与声明服务有关：

（i）2层比特流服务；并且

（ii）使用指定的超快电信网络提供；并且

（iii）电信业者（不是NBN公司）或者服务提供商（不是NBN公司）提供；并且

（b）在访问寻求者之间产生区别对待效果（直接或间接）

注释：说明材料，见152CJH。

107　略

108　152BE（1A）款后插入：

（1B）第（1）（e）（ix）小段和（x）小段　不适用于有声明服务有关的协议，该声明服务是使用指定的超快电信网络提供的2层比特流的服务。

109　在152BEBD条后插入：

152BEBE　2层比特流服务—电信业者或者服务提供商提交委员会一项有关访问协议和特殊访问保证之间区别的声明。

访问协议

（1）如果：

（a）152BE（1）款覆盖的访问协议；

（b）与该协议有关的声明服务是一个使用指定超快电信网络提供的2层比特流的服务。

变量协议

（2）如果：

（a）变量协议在该部分生效后出现；并且

（b）与相关访问协议有关的声明服务是一个使用指定超快电信网络提供的2层比特流服务；并且

（c）提供或提议提供与访问协议相关服务的电信业者或服务提供者不是NBN公司；并且

（d）在变量协议出现不久前，特殊访问保证：

（i）与访问服务有关；并且

（ii）由电信业者或服务提供者提供。

在运行中；并且

（d）略

（e）在相关访问协议中设定的节款和节件（由变量协议设定变量）与特别访问保证中设定的节款和节件不相同。

电信业者或服务提供者，在变量协议生效的7日内，以委员会批准的书面表格格式提交委员会一项声明：

（f）识别相关访问协议（由变量协议设定变量）中的各方；并且

（g）描述相关访问协议中设定的节款和节件（由变量协议设定变量）与特别访问保证中设定的节款和节件不同之处；并且

(k)根据表格要求,安排相关访问协议的此不同信息(如果有)。

152BEBF 2层比特流服务—电信业者或服务提供者提交委员会一项有关访问协议和一项访问决定之间区别的声明。

访问协议

(1)如果:

(a)152BE(1)款覆盖的访问协议;并且

(b)与相关访问协议有关的声明服务是一个使用指定超快电信网络提供的2层比特流服务;并且

(c)提供或提议提供与访问协议相关服务的电信业者或服务提供者是NBN公司;并且

(d)在访问协议出现不久前,与访问服务有关的访问决定已经生效;并且

(e)访问协议设定的节款和节件与访问决定设定的节款和节件不相同。

电信业者或服务提供者必须,在访问协议生效的7日内,以委员会批准的书面表格格式提交委员会一项声明:

(f)识别访问协议中的各方;并且

(g)描述访问协议设定的节款和节件与访问决定设定的节款和节件不同之处;并且

(k)根据表格要求,陈述访问协议的此不同信息(如果有)。

变量协议

(2)如果:

(a)变量协议在该部分生效后出现;并且

(b)与相关访问协议有关的声明服务是一个使用指定超快电信网络提供的2层比特流服务;并且

(c)提供或提议提供与访问协议相关服务的电信业者或服务提供者不是NBN公司;并且

(d)在变量协议出现不久前,与访问服务有关的访问决定已经生效;并且

(e)相关访问协议设定的节款和节件(由变量协议设定变量)与访问决定设定的节款和节件不相同。

电信业者或服务提供者必须,在变量协议生效的7日内,以委员会批准的书面表格格式提交委员会一项声明:

(f)识别相关访问协议(由变量协议设定变量)中的各方;并且

（g）描述相关访问协议设定的节款和节件（由变量协议设定变量）与访问决定设定的节款和节件不同之处；并且

（k）根据表格要求，安排相关访问协议的此不同信息（如果有）。

110—114　略

注释5　略

注释6　略

注释7　略

欧　盟

《有关个人数据自动化处理之个人保护公约》修正案*

1999年6月15日由部长委员会于斯特拉斯堡通过。《里斯本条约》在《马斯特里赫特条约》和《罗马条约》的基础上进行了修改,于2009年12月1日生效。自此,任何提及的欧共体应当改为欧盟。

这些修改将在所有公约缔约国同意后生效。

【第1条】

公约第3条的第2、3、6款内容应该如下:

"2. 任何国家或者欧共体,在签字时或者盖章确认批准、接受、核准或者加入时或者在这之后的任何时间里,可以通过给欧洲理事会的秘书长发表声明的方式来发出如下通知:

a. 他们不会将此公约适用于特定种类的自动化个人数据文件中,有列表列明这些特定种类。但是,在列表中不应该包括,受国内法数据保护条文保护的自动数据文件种类。因此,当增加受国内法数据保护条文保护的自动个人数据文件时,应该用新的声明修改列表;

b. 他们也会将此公约适用于有关群体、协会、基金会、公司、企业和其他直接或间接由个人组成的团体的个人信息保护上,无论这些团体是否具有法人资格;

c. 他们也会将此公约适用于非自动化处理的个人数据文件的保护上。

3. 若国家或欧共体依据以上第2款b项或c项的规定通过声明扩大公约的适用范围,应当在声明中注明这些扩大适用仅限于特定种类的个人数据文件,有列表列明这些特定种类。"

"6. 依据第2款规定做的声明,如果国家和欧共体是在签字时或者盖章确认批准、接受、核准或加入时做的,与公约一起生效;如果是在之后做的,

---

* 译者:魏亭玮,北京大学法学院。

在欧洲理事会秘书长同意后3个月生效。这些声明可以通过给欧洲理事会秘书长发通知的方式全部或者部分撤回。撤回在撤回通知被接受3个月后生效。"

【第2条】

1. 新第3款应该插入公约第20条中，内容如下：

"3. 每个缔约国都有投票的权利。一个缔约国可以投一票。在涉及成员国权限范围的问题时，欧共体行使他们的投票权利，投票数等于公约缔约国的数量，并将他们相关领域的权限转移给欧共体。因此，转移权限的欧共体成员国不投票，其他成员国可以投票。欧共体在无关成员国权限的问题上不投票。"

2. 公约第20条的第3款和第4款，应该变为该条的第4款和第5款。

【第3条】

公约第21条的第2款内容如下：

"任何关于修正案的建议都应当由欧洲理事会秘书长传达至欧洲理事会成员国及欧共体以及其他根据第23条规定已加入或者被邀请加入该公约的非成员国。"

【第4条】

第23条内容应该如下：

"【第23条】非成员国或者欧共体的加入

1. 公约生效后，欧洲理事会的部长委员会可以邀请任何欧洲理事会的非成员国加入本公约，程序上依据欧洲理事会法令第20.d条中规定的多数决规则通过，并经过由各缔约国选举产生的代表在委员会上投票一致通过。

2. 任何欧共体成员均可加入该公约。

3. 对于加入公约的国家或者欧共体，公约应当在批准书交存欧洲理事会秘书长3个月期限届满后的该月第一天生效。"

【第5条】

公约第24条内容如下：

"【第24条】领域条款

1. 任何国家或者欧共体可以在签字或者盖章确认批准、接受、核准或加入时，详细说明本公约适用的领域。

2. 任何国家或欧共体可以在之后的任何时间，通过给欧洲理事会秘书长发声明的方式扩展公约在其他领域的适用。在这些领域，公约应该在秘书长收到声明3个月期限届满后的该月第一天生效。"

【第 6 条】

公约第 27 条内容如下：

"【第 27 条】公告

欧洲理事会秘书长应该告知欧洲理事会成员国、欧共体以及其他加入该公约的国家如下信息：

a. 任何签名；
b. 任何留存的确认批准、接受、核准或者加入的印章；
c. 根据第 22、23 和 24 条，公约生效的时间；
d. 任何其他与此公约有关的法案、通知或公文。"

关于制定技术标准和规章领域内信息供应程序以及信息社会服务规则的第 98/34/EC 号指令[*]

(OJL24,1998 年 7 月 21 日,第 37 页)

经修订:
M1 《1998 年 7 月 20 日欧洲议会和欧盟理事会第 98/48/EC 号指令》
L217　18　5.8.1998
M2《2006 年 11 月 20 日欧盟理事会第 2006/96/EC 号指令》
L363　81　20.12.2006

经修订:
A1　关于捷克共和国、爱沙尼亚共和国、塞浦路斯共和国、拉脱维亚共和国、匈牙利共和国、马耳他共和国、波兰共和国、斯洛文尼亚共和国和斯洛伐克共和国加入条件的法案以及对《欧洲联盟条约》的修改
L236　33　23.9.2003

欧洲议会和欧盟理事会 1998 年 6 月 22 日
第 98/34/EC 号指令 M1 关于制定技术标准和
规章领域内信息供应程序以及信息社会服务规则
欧洲议会和欧盟理事会

鉴于《欧洲联盟条约》,尤其是第 100a 条,第 213 条和第 43 条的规定,
鉴于欧盟委员会的提案,

---

[*] 译者:魏亭玮,北京大学法学院。
　校对:彭定义,北京大学法学院。

鉴于欧洲经济和社会委员会的观点，

与条约第189b条规定的程序相一致，

（1）1983年3月28日的第83/189/EEC指令在技术标准和规章领域的信息条款程序规定已经被修改；出于清晰性和合理性原因，上述指令应当被加强；

（2）内部市场是一个没有内部边界的领域，确保商品、人、服务和资本在领域内能自由流通；所以，禁止对商品流通数量的限制和禁止其他具有同等效果的措施是共同体坚持的最基本原则；

（3）为了促进内部市场的平稳运行，应该尽可能保证国家建立技术标准或规章计划的透明度；

（4）由技术规范形成的商品贸易壁垒，只能在为了满足必要的需求和在实现公共利益目标中，这一壁垒起到主要保障作用时才被允许；

（5）委员会有必要在制定技术规范之前掌握必要的信息；因此，依据条约第5条规定完成自己任务的成员国必须公示其在技术规章领域内的项目；

（6）所有的成员国必须知晓各成员国的技术规范；

（7）内部市场的目标是创建一个经营者进行竞争的有效环境；持续提供信息是帮助经营者更好地利用该市场固有优势的一个方式；所以有必要使经营者能够依据公示草案题目的定期发布和这些草案的机密内容，对其他成员国提出的国家技术规章的影响进行评估；

（8）考虑到法律的稳定性，成员国依据本指令规定的形式，公布被采纳的国家技术规章是合理的；

（9）在货物技术规范上，设计来保证市场的合理运转与可持续发展的措施包括更大透明度的国民意向以及对市场规范的潜在影响进行评估的更广的标准和条件；

（10）所以，有必要估测产品的市场需求并且考虑对产品进行规范的实践中市场需求的发展；

（11）鉴于是市场需求而不是技术规范对投放市场的产品的生命周期产生影响，市场需求影响商品的自由流通或者制造障碍阻碍内部市场的有效运行；

（12）有必要明晰实际上的技术规范的概念。尤其要注意涉及公共权力的技术规范或其他要求以及公权鼓励遵守的条款，另外，涉及与公共权力有联系的产品的条款，相比较于纯私有产品而言，考虑到公共利益，会授予这些要求或规范更多的约束条件；

（13）必须给予委员会和成员国充足的时间给计划的措施提出修正案，目的在于排除或减少可能产生的阻碍商品自由流通的壁垒；

（14）相关成员国在规划设想方案的最终文本时必须考虑这些修正案；

（15）内部市场固有的是，尤其是在成员国不能执行相互认可的原则时，委员会将采纳或者提出约束共同体的法案；为了防止引入国家措施作为采纳理事会或者委员会提出的约束共同体的法案的妥协，建立特殊的暂时停滞期制度；

（16）所涉及的成员国必须遵守条约第5条规定的一般义务，保证在一定时间内执行计划措施，在这段时间内足以进行提出的修正案的联合测试或者进行理事会或委员会采纳的约束性法案的准备；1969年5月28日的理事会上与会成员国政府代表与委员会达成的暂停和公示协议，经1973年3月5日协议修订规定了时间限制制度，在相关情况下已被证实不充分，所以应当相应延长；

（17）上面提到过的1969年3月28日协议中的关于委员会暂停和公示安排的程序同样适用于不在此指令中规定的但受此程序规制的产品；

（18）为了促进实施理事会采纳的共同体措施，一旦理事会在相关事宜上对于委员会的提议已经明确了基本立场，成员国应该避免采用技术规范；

（19）在实践中，对于货物的自由流通，国家技术标准与技术规范有同样影响；

（20）所以，有必要把委员会在相似条款下草拟的标准告诉相关使用技术规范的国家；遵守条约第213条的规定，委员会可以在约束范围内和在理事会遵守条约条款规定的条件下，收集信息以及进行任何需要的检查来妥善完成交给它的任务；

（21）各成员国及其标准机构应该知晓其他成员国标准机构提出的标准；

（22）系统公示实际上只在两种情况下是必要的：一是关于标准化的新主题提出时，二是目前为止，对这些国家层面上的主题的修改可能会使国家标准不同，结果会扰乱市场功能时；与国家活动进展相关的任何随后的通知和沟通，必须根据在这些活动中由对新主题进行过协商国家表达的利益决定；

（23）但是，委员会必须能够要求进行所有或者部分国家标准化课题的协商，以保证能够知晓标准化活动尤其是经济部分的发展；

（24）欧洲标准化体系必须考虑到各方利益，在协调、透明、开放、一致、特殊利益独立性、效率以及代表国家做决定的基础上组织；

（25）在共同体中标准化的功能必须建立在国家标准化主体的基本权利

的基础上，基本权利包括譬如接受标准草案的可能性，知晓对于提交的评论应该采取的行动，参与国家标准化活动以及要求做好以欧洲标准取代国家标准的准备；成员国在他们权力范围内应该采取适当的措施来保证他们的标准化主体尊重这些权利；

（26）欧洲标准准备阶段，适用于国家标准化主体的停滞安排的法规，必须与在欧洲标准化主体框架内被标准化主体采纳的相关法规协调一致；

（27）有必要设立一个常务委员会，成员将由成员国委派，任务是帮助委员会测试国家标准草案以及努力合作以减少在商品的自由流通上的负面效应；

（28）常务委员会应该负责对于本指令涉及的标准化要求草案提供咨询意见；

（29）本指令不得影响成员国在本指令附件 IIIB 部分设定的关于换位的截止时间的义务。

采纳如下指令：

【第 1 条】

在本指令中，适用如下含义：

1. "商品"，所有工业制造商品和包括鱼类的农业商品；

"服务"，所有信息社会服务，即所有通常有报酬的服务，通过电子手段的远程服务以及个体需求性的受益性服务。

就本定义而言：

——远程，即服务提供方与接受方不在同一位置，

——通过电子手段，即服务的发送和接受是通过电子设备完成的，数据的处理（包括数据压缩）和存储，以及整个过程都是通过有线或者收音机或者光学方法或者其他电磁手段进行转换、传送、接受的，

——个体需求性受益服务，即服务是在个人需求基础上通过数据传输来提供的。

此定义不包含的服务的提示性列表在附件三中。

此指令不适用于：

——广播服务，

——89/552/EEC（1）号指令中第 1 条 a 中包含的电视广播服务。

2. "技术规范"，是指在文件中规定商品特征的规范，规定的内容包括例如质量、性能、安全或者容积的标准，同时包括商品在销售时的要求，例如术语、标志、测试和测试工具、包装、标记或标签以及合格评估程序；

技术规范也包括条约第38条（1）中提到的农业产品、人和动物消费的产品、65/65/EEC（2）号指令第1条定义的药品用到的生产手段和处理技术，也包括其他商品用到的能够影响商品特征的生产手段和处理技巧。

3."其他要求"，是指加于一件产品上以保护为目的除技术规范之外的要求，保护的对象包括很多，其中尤其是要保护消费者或者环境，以及在产品投入市场之后影响它的生命周期的要素，这些要素包括使用、回收、再利用、抛弃等，这些要素可以在很大程度上影响产品的组成、性质以及营销。

4."服务规则"，指的是在上面2中提到范围内的开展和进行服务活动的一般性质上的要求，尤其是关于服务提供者、服务以及服务接受者的法规，不包括不是以上面2中定义的服务为对象的规则。

本指令不适用于在90/387/EEC号指令中定义的由共同体立法进行规范的电子通信服务领域内的规则。

本指令不适用于在本指令附件4中的不包括列表中所列举的由共同体立法进行规范的金融服务领域的规则。

除了第8（3）条外，本指令不适用于在93/22/EEC号指令中定义的规制市场的规定，也不适用于已经在执行清晰的市场功能或者设立了市场功能的其他市场或主体的规则。

就本定义而言：

——如果在规则的原因陈述和执行中，所有条文或者部分条文的目标是以清晰的或者有针对性的方式来规范服务，那么规则应该被认为是专门以信息社会服务为目标的规则，

——如果规则只是以模糊或者偶然的方式规范服务，那么规则不应该被认为是专门以信息社会服务为目标的规则。

5."标准"，是指由被认可的标准化主体为了重复的或者持续的应用而批准的技术规范，对它的服从不是必须的，它是如下其中之一：

——国际标准：是指由国际标准化组织采纳的为大众所知的标准，

——欧洲标准：是指由欧洲标准化组织采纳的为大众所知的标准，

——国家标准：是指由国家标准化组织采纳的为大众所知的标准。

6."标准项目"，是指被认可的标准化主体的工作项目，项目中列举了进行标准化工作的主题。

7."标准草案"，是指包含给定主题的技术规范文件，在准备工作之后和经过传阅获得大众评论和监督之后，将依据国家标准程序被采纳。

8."欧洲标准化组织"，是指在附件1中提到的主体。

9. "国家标准化组织",是指在附件2中提到的主体。

10. "技术规则",是指关于服务的技术规范和其他要求,包括相关的管理条款,对它们的遵守是义务。法律或事实上,指在成员国或者主要部分中的销售、服务提供、建立或使用服务运营商等事项,也包括除了第10条中规定以外的成员国的法律、规范或者管理条款,这些条款禁止产品的制造、进口、销售和使用或者禁止服务的提供和使用或者禁止服务提供者的建立。

实际上的技术规则包括:

——成员国的法律、规范或管理条款,涉及技术规范、其他要求、服务规则或者对技术规范、其他要求、服务规范有反作用的专业守则、操作守则,对以上提到的法律规范或管理条款的遵守,可以推定在它们设定的义务规范下的统一,

——自愿协议,在这种协议中公共权力是协议一方,在全体利益的基础上遵守技术规范、其他要求和服务规则,但不包括公共采购投标规范,

——与财政措施相联系的技术规范、其他要求和服务规则,通过鼓励对它们的遵守可以影响商品或服务的消费;不包括与国家社会保障系统相联系的技术规范、其他要求和服务规则在内。与财政相联系的规范是由成员国规定的权力强加给的技术规范,这种规范出现在第5条中涉及的委员会框架中,并在1999年8月5日之前委员会制定的列表中。

修改列表应该用相同的程序。

11. "技术规范草案",技术规范、其他要求或服务规则的内容包括管理条款,以颁布为目的或者以最后作为技术规范颁布为目的进行明确阐述,此时文本仍处在草拟阶段,所以仍然可以进行实质性的修改。

本指令不适用于成员国以保护个人尤其是工人为目的的条约中认为必要的措施,在商品使用中,我们假设这些措施不会影响到商品。

12. 附件1和2中提到的委员会和标准化组织应该知道国家主体在附件2中提到的并已经决定的新主题。通过将它们包括在自己的标准项目中,来准备或修改标准,除非决定的新主题只不过是国际标准或欧洲标准的一模一样的变体。

13. 第1款中提到的信息应该尤其注意,新主题中涉及的标准:

——是不是对国际标准一模一样的变体,

——是不是一个全新的国家标准,或者

——是不是要修改的国家标准。

咨询第5条提到的委员会之后,为了集中展示该信息,委员会可以草拟

规则以及为了促进评估并控制该信息展示的计划和标准。

14. 委员会可以要求对所有或部分标准项目进行沟通。

委员会应该制作表格，在表格中列明不同的项目，从而可以进行评估和对比，并以表格的形式使各个成员国都能获得该信息。

15. 在与成员国协商的基础上，委员会负责修改附件2。

16. 在委员会提出的提案的基础上，理事会决定任何对附件1的修改。

【第3条】

经要求，在附件1和2中提到的标准化组织和委员会都应该获得所有关于标准的草案；在与草案相关的评论基础上采取行动的主体应该将具体情况报告至委员会。

【第4条】

1. 成员国应该采取所有必要的步骤来保证他们的标准化组织：

——依照第2条和第3条的规定提高信息，

——出版标准草案，使得其他成员国的组织也可以进行评论，

——保证在附件2中提到的其他组织有被动或主动（通过派遣监督员）参与到计划活动中的权利，

——不反对在遵守欧洲标准化组织规则下讨论的工作项目中的标准化主题，不采取可能会对决定带来偏见的行动。

2. 成员国应该尤其避免采取参考违反第2条、第3条和本条中第1款规定的国家标准进行的认可、批准或者使用的行动。

【第5条】

应设立由成员国委派代表组成的常务委员，成员国可以寻求专家或者学者的帮助，主席应是委员会的代表。

委员会应起草自己的程序规则。

【第6条】

1. 委员会应召集附件1和2中提到的标准化组织的代表，一年至少召开两次会议。

委员会应有针对性地召开会议，调查有关信息社会服务的问题。

2. 会议应向委员会提交关于执行和适用本指令中规定的程序的报告，并应提交以调查贸易现存或预期壁垒为目的的提案。

委员会应该对第2款中提到的提案表达自己的观点，在相关建议中，大会尤其要：

——要求欧洲标准组织在规定时间内起草欧洲标准，

——为了避免贸易壁垒的风险，保证必要时相关成员国可自主决定合适的措施，

——采取所有合理的措施，

——分辨出需要协调的领域，如果该领域内出现问题，在给定部分采取合理的协调措施。

4. 大会必须咨询委员会：

（A）对附件1和2中的列表作出任何修改之前（第2条第1款）；

（B）起草信息的集中展示规则以及标准项目展示的计划和标准时（第2条第2款）；

（C）实施会影响或改变本指令中规定的信息交换的制度时；

（d）检验本指令设立的制度运行时；

（e）向第3款中第1项中提到的标准化机构提要求时。

5. 大会可以就任何可能被接受的技术规范草案咨询委员会。

6. 主席或者成员国可以向委员会提出任何关于本指令的执行的问题。

7. 委员会的进程和提交给它的信息应该保密。

但是，委员会和国家权力机关在规定了必要的预防措施后，可以咨询专家、自然人或者法律专家观点（包括在私有机构工作的人）。

8. 关于服务规则，大会和委员会可以向在公司、学界或其他可以对服务规则草案从社会、社会目标和结果上提供专家观点的代表机构中工作的自然人或者法律专家进行咨询，并可以在需要的时候使用他们提供的建议。

【第7条】

1. 成员国应该采取合理的措施来保证，在第6条第3款第1项中提到的欧洲标准的准备期以及被批准之后，标准化组织不会采取给进行的协调带来偏见的行动，尤其是，他们不会在有问题的领域里公布新的与既存欧洲标准不完全一致的国家标准。

2. 第1款不适用于标准组织应公共权力要求为特定产品以颁布技术规范为目的起草技术规范或者标准的工作。成员国应该把在前述工作中的所有要求传递给大会，遵照第8条第1款作为技术规范草案，并应阐明颁布的原因。

【第8条】

1. 在第10条前提下，成员国应立即向委员会递交技术规范草案，除了草案只是对国际或者欧洲标准的简单转述的情况外，草案中有关相关标准的案例信息应该充分；成员国应该让委员会陈述没有在草案中表述清楚的技术规范颁布的必要性。

除非已有预先的交流，相应的成员国应该自动递交间接或直接相关的基本立法和规范条款的全文，通过这些文章可以估测技术规范草案的实施。

如果成员国对草案进行了修改，使得范围有明显改变，原规定的实施时间缩短，规格或者要求增加，或者更有约束性，应该按照以上条件再次递交草案。

草案特别注意限制化学物质的上市销售和使用，涉及公共健康或者消费者、环境保护的准备或者商品，成员国也应该提供关于相关的物质、准备或者商品以及已知的、可以获得的替代物的总结或者所有的相关数据，以及递交对于公共健康和消费者、环境保护的措施的预测影响，同时参照（EEC）No793/93（1）中第10条第4款中提到的既存物质案例或67/548/EEC（2）指令中第3条第2款中提到的新物质案例，依据化学物质危险性评估的一般原则进行的危险性分析。

委员会应该立即将草案和所有的提交给他的文件告知其他成员国；为征询意见，委员会也可以将本草案提交第5条中提到的理事会进行参考，适当的时候，也可以将本草案给予问题相关领域的负责理事会进行参考。

至于第1条第11款第2项下的第3小节中提到的技术规格、其他要求或者服务规则，委员会或者成员国提出的评论或者详细观点可能只与阻碍贸易、服务规则方面、阻碍服务的自由移动或者服务商的自由设立方面有关，而与财政或金融方面的措施无关。

2. 委员会和成员国可以对提出技术规范草案的成员国进行评论；成员国应该在随后的技术规范的准备中尽可能考虑这些评论。

3. 成员国应该无迟疑的将技术规范的作准文本递交给委员会。

4. 本条下提供的信息除了成员国明确要求外，应该公开。保密要求应该由充足原因支持。在这种情况下，如果有必要提前准备，第5条中提到的委员会以及国家权力机构可以向在私人部门中的自然人或者法人征求专业建议。

当技术规范草案形成部分措施时，措施被另一共同体法案要求在草案阶段递交给委员会，如果该递交与本指令规定的递交目的相同，成员国可以在另一法案第1条的意思范围内进行递交。

委员会在本指令下没有对技术规范草案进行回应将不会对在另外一些共同体法案中可能采取的任何决定造成歧视。

【第9条】

1. 成员国应该延迟3个月采纳技术规范草案，时间从委员会收到第8条第1款中提到的递交日算起。

2. 成员国应该：

——延迟4个月采纳第1条第11款第2项下的第2小节中提到的自愿协议形式的技术规范草案，

——对第3、4、5款没有歧视，如果委员会或者另外一个成员国在3个月之内递交了对于措施的实施可能会造成商品在国内市场自由流通壁垒的详细观点，从委员会收到第8条第1款中提到的递交之日算起，延迟6个月采纳其他技术规范草案（除服务规范草案以外）；

——对第4、5款没有歧视，如果委员会或者另外一个成员国在3个月之内递交了对于措施的实施可能会造成服务流通或者服务运营商的自由设立的壁垒的详细观点，从委员会收到第8条第1款中提到的递交之日算起，延迟4个月采纳任何服务规范草案；

关于服务草案，委员会或者其他成员国的详细观点不会影响文化政策措施，尤其是在视听领域考虑到成员国语言的多样性、特殊的国家和地区特征以及文化遗产，成员国可能采纳与共同体法律相一致的政策。

相关成员国应该向委员会报告在详细观点中提议采取的行动。委员会应该对其进行评论。

关于服务规则，相关成员国应该在适当的时候说明详细观点不能被采纳的原因。

3. 服务规则草案除外，如果在3个月内，委员会宣布提出或者采纳相关指令、规则或者决定与条约第189条相一致，成员国应从委员会收到第8条第1款中提到的递交之日起延迟12个月采纳技术规范草案。

4. 如果在3个月内，委员会宣布它发现技术规范草案所涉及的事项在按照条约189条提交给理事会的说明、规范或者决定中有涉及，成员国应该从委员会收到第8条第1款中提到的递交之日起延迟12个月采纳技术规范草案。

5. 如果理事会在第3、4款中提到的暂停时间里采纳了共同的立场，根据第6款这段时间应该延长至18个月。

6. 第3、4、5款中提到的义务在以下情况中失效：

——当委员会告知成员国它不再打算建议或采纳共同体的绑定法案，

——当委员会告知成员国其草案或者提案的撤销，

——当委员会或者理事会已经采纳了一个绑定共同体法案。

7. 第1—5款不适用于以下情况：

由于紧急原因，遇到严重的和不能预见的关于保护公共健康或安全，保护动物或植物的情况，对于服务规则，同时包括公共政策主要是保护弱势群体的情况，成员国有义务在短时间内准备技术规范，没有任何讨论即应立即颁布、介绍它们。

——如遇股票保护和财政系统的安全性保护的严重性紧急情况时，主要是对存款人、投资者和投保人的保护，成员国有义务颁布和实施财政紧急服务规则。

在第8条中提到的递交，成员国应给出采取紧急措施的原因。委员会应该尽快给出它对于递交材料的看法。当程序运用不适当时，委员会应该采取适当的行动。委员会应该通知欧洲议会。

【第10条】

1. 第8条和第9条不适用于那些法律、规范和成员国的管理条款或者自愿协议，通过这些成员国达到以下目的：

——与绑定的共同体法案相一致，共同体法案是关于采纳服务技术规范或者规则的，

——完成国际协议中的义务，国际协议是关于在共同体内采纳一般技术规格或者服务规则的，

——利用绑定共同体法案中的保障条款，

——适用92/59/EEC指令中的第8条第1款，

——约束成员国完成欧共体法院的判决，

——约束成员国在第1条第11款的范围内修改技术规范，应与委员会要求相一致，目的在于移除贸易壁垒或者在服务规则中促使服务自由或者服务商的自由设立。

2. 第9条不适用于成员国的法律、规范和管理条款，这些规范虽然目前不妨碍商品的自由贸易，但是阻碍了商品的制造。

3. 第9条的第3款到第6款不适用于第1条第11款第2项的第2小节中提到的自愿协议。

4. 第9条不适用于第1条第11款第2项的第3小节中提到的技术规范、其他要求以及服务规则。

【第11条】

委员会应该每2年向欧洲议会、理事会和经社委员会报告指令的适用情况。依据本指令交给欧洲标准化组织的标准化工作，包括收到报告的相关数据应该在欧共体的官方公报中每年进行公布。

【第 12 条】
成员国采纳技术规范时，应该包括对本指令的参考或者在其官方公报中包括此种参考。

参考方法由成员国自行规定。

【第 13 条】
（A）附件 3 中 A 部分列的指令和决定，对于在附件 3 中 B 部分涉及的指令转换截止日期的成员国义务没有任何歧视。

2. 对于废除指令和决定的参考应该解释成对本指令的参考以及应该理解成与附件 4 中列出的对比表相一致。

【第 14 条】
本指令在欧共体官方公报发布后的第 20 天生效。

【第 15 条】
本指令寄送给所有成员国。

网络犯罪公约关于将通过计算机系统从事种族歧视和仇外行为犯罪化的附加议定书[*]

欧洲理事会的成员国以及 2001 年 11 月 23 日在布达佩斯签署《网络犯罪公约》的缔约国，在此签署；

鉴于欧盟理事会的目标是要在成员国中实现更大程度的统一；

重申人类生而自由，平等地享有尊严和权利；

强调有必要确保人权如在欧洲和其他国际文件中所得到的充分而有效的神圣保护，以免受歧视和区别对待；

确信种族歧视和仇外行为构成对人权的侵犯，同时也是对法治和国内稳定的一大威胁；

鉴于各国及国际法律需要对通过计算机系统从事的种族歧视和仇外行为的宣传活动进行充分的法律回应；

意识到对此种恶行的宣传通常都被国家立法犯罪化；

《网络犯罪公约》提供了一个灵活的国际合作的现代模式，同时也使得人们确信有必要将大量反对宣传种族歧视和仇外行为的相关法律规定进行协调、整合；

计算机系统给言论自由和全球通信提供了一个前所未有的便利条件；

言论自由是一个民主社会的核心基础之一，也是民主社会进步、个人得以发展的基本条件；

但误用或滥用计算机系统，有可能会散布种族歧视和仇外行为；

因此需要在言论自由和反种族歧视和仇外行为之间保持适当的平衡；

此协定并不妨碍各国法律体系中业已确立的有关言论自由的原则；

---

[*] 译者：程宁，北京大学法学院。
校对：张亚菲，北京大学法学院。

参考在此领域相关的国际条约，比如《保护人权和基本自由公约》及其关于禁止歧视的第 12 号备忘录，在刑事领域进行合作的现有欧盟理事会的条约，比如《网络犯罪条约》，联合国 1965 年 12 月 21 日签订的《消除一切形式的种族歧视》的国际条约，欧盟理事会基于《欧洲联盟条约》K.3 条款于 1996 年 7 月 15 日批准的共同抵制种族主义的仇外行动的《欧盟联合行动》；

可喜的是，近年的进展，进一步推进了在反网络犯罪、种族歧视以及仇外行动上的国际共识与合作；

国家元首和欧盟理事会在第 2 次峰会（1997 年 10 月 10—11 日，斯特拉斯堡）所商定的行动计划，目的是在欧盟理事会的标准和价值之上寻求对新的科技发展的共同回应。

同意如下：

第一章 一般条款

【第 1 条】目的

本协定的目的是在缔约方之间补充《网络犯罪公约》（以下简称"公约"）的条款，该公约于 2001 年 11 月 23 日在布达佩斯签署。本协定的内容是将通过计算机系统实施的种族歧视和仇外行为归罪。

【第 2 条】定义

1. 为执行本协定：

"种族歧视和仇外行为材料"是指一切基于种族、肤色、血统、国家或民族起源（宗教若被用作其他特征的托词，也视为特征之一）而对某个人或某群人主张、促进或者煽动仇恨、歧视或暴力的书面材料、图像或者想法与理论的其他表现形式。

2. 解释本协定的条款和表达，应当采取对公约进行解释的方法。

第二章 国家应当采取的措施

【第 3 条】通过计算机系统散布种族歧视和仇外行为的材料

1. 当下列违法行为在国际范围内进行，每个缔约国都应当采取立法或其他必要措施，在国内法下将其定义为刑事犯罪：

通过计算机系统散布，或以其他方式向公众传播种族歧视、仇外行为的材料。

2. 当第2条第1款所定义的材料主张、促进或者煽动的歧视与仇恨、暴力无关,并且有其他有效的救济方法时,缔约国可保留不将犯罪责任加之于本条第1款所列行为的权利。

3. 虽然本条第2款中,缔约国可因其本国法律体系中业已确立的有关言论自由的原则而保留适用第1款规定的权利,但它并不构成第2款中的"有效的救济方法"。

【第4条】旨在煽动种族歧视及仇外行为的威胁行为

1. 每个缔约国都应当采取立法或者其他必要措施,在国内法中将下列在国际范围内进行的违法行为定义为犯罪:

通过计算机系统,实行被国内法定义为"严重刑事犯罪"的行为,即威胁(i)因种族、肤色、血统或国家、民族起源或宗教(若被用作为其他特征的托词)而被区分出来的,同属一个群体的人们,或者(ii)因几个前述特征而被区分出来的群体。

【第5条】旨在煽动种族歧视和仇外行为的侮辱行为

1. 当下列违法行为在国际范围内发生时,每个缔约国都应当采取立法或者其他必要措施,在国内法下将其定义为刑事犯罪:

通过计算机系统,公开侮辱(i)因种族、肤色、血统或国家、民族起源或宗教(若被用作为其他特征的托词)而被区分出来的,同属一个群体的人们,或者(ii)因几个前述特征而被区分出来的群体。

2. 缔约国可以

a. 规定本条第1款所言之犯罪具有使得第1款中所提及的个人或者群体遭受了仇恨、蔑视或嘲弄的效果;或者

b. 保留全部或部分适用本条第1款的权利。

【第6条】拒绝承认、严重弱化、赞同或正当化种族屠杀或反人类罪行

1. 当下列非法行为被蓄意实施,每个缔约国都应当采取立法或者其他必要措施,在国内法下将其定义为刑事犯罪:

通过计算机系统向公众散布或者提供拒绝承认、严重弱化、赞同或正当化种族屠杀或反人类罪行的材料,这些罪行是由国际法定义的或者1945年8月8日《伦敦条约》建立的国际军事法庭的最终拘束判决所认定的,或者其他相关的国际条约建立的国际法庭认定的(该国际法庭的司法裁判为该缔约国所认可)。

2. 缔约国有权:

a. 规定本条第1款之"拒绝承认"、"严重弱化"是在种族、肤色、血

统或国家、民族起源或宗教（若被用作为其他特征的托词）之基础上，针对某个人或某个群体煽动仇恨、歧视或暴力的意图下为之，或者

b. 保留全部或部分适用本条第1款。

【第7条】帮助和教唆

对于帮助或者教唆犯本协定规定的罪行，并意图让这种罪行得以实施的，每个缔约国都应当采取立法或者其他必要措施，在国内法下将其定义为刑事犯罪。

第三章　公约与本协定的关系

【第8条】公约与本协定的关系

1. 公约第1条、第12条、第13条、第22条、第41条、第44条、第45条以及第46条适用于本协定。

2. 缔约国应当将公约第14—21条以及第23—35条规定的措施拓展适用于本协定的第2—7条。

第四章　最后条款

【第9条】同意被约束的表示

1. 本协定将对公约签署国开放，这些国家可以通过以下方式表达同意受本协定约束的意愿：

a. 签署，不以批准、接受或同意的方式提出保留；或者

b. 受制于批准、接受或同意的，提交批准、接受或同意。

2. 除非已交存或同时交存关于批准、接受或同意公约的文件，未提出批准、接受或同意的保留的，或未交存批准、接受或同意的文件的，该国不得签署本协定。

3. 批准、接受或同意的文件应当交存给欧盟理事会秘书处。

【第10条】生效

1. 本协定自有5个国家依据第9条的规定表达其同意受本协定约束后的3个月期限届满时生效。

2. 若一国实质上表达了其受本协定约束的同意，该国未以批准、接受或同意的方式提出保留，或未提交关于批准、接受或同意文件的，本协定自该国签署本协定后的3个月期限届满时生效。

【第 11 条】加入

1. 本协定生效后，任何已经加入公约的国家均可加入本协定。

2. 加入本协定的，需向欧盟理事会秘书处交存一份加入文件，该加入文件自交存后 3 个月期限届满时生效。

【第 12 条】保留及声明

1. 一国对公约相关条款所作之保留及声明适用于本协定，除非该缔约国在签署或交付批准、接受、同意或加入的文件时明确表示了相反意思。

2. 缔约方可在签署或交付其批准、接受、同意或加入的文件时，向欧盟理事会秘书处书面提出本协定第 3 条、第 5 条及第 6 条所规定的保留。同时，依据本协定的规定，缔约方可提出公约第 22 条第 2 款以及第 41 条第 1 款所规定的保留，而无须考虑该缔约方在公约规定下的履行行为。缔约方不得提出其他保留。

3. 缔约方可在签署或交付其批准、接受、同意或加入的文件时，向欧盟理事会秘书处书面要求保留对本协定第 5 条第 2 款 a 项及第 6 条第 2 款 a 项规定额外增加要素的权利。

【第 13 条】保留情形及撤销保留

1. 一旦条件允许，依据前文第 12 条作出保留的缔约方，可以全部或者部分撤销其保留。该撤销在欧盟理事会秘书处收到撤销通知时生效。若撤销通知声明该撤销于特定日期生效，此特定日期晚于秘书处收到撤销通知的时间，则该撤销在该特定日期生效。

2. 欧盟理事会秘书处可以定期询问依据第 12 条作出一个或多个保留的缔约方是否撤销其保留。

【第 14 条】领土全境适用原则

1. 缔约方在签署或交付其批准、接受、同意或加入的文件时应说明本协定适用的领域及范围。

2. 其后，缔约方通过向欧盟理事会秘书处作出的声明，可扩展本协定之适用至声明中指定的范围。对所扩展的适用范围而言，本协定在欧盟理事会秘书处收到扩展声明后的 3 个月期限届满时生效。

3. 前两款所述关于指定范围的"声明"，均可以通过向欧盟理事会秘书处致函的方式予以撤销。该撤销在欧盟理事会秘书处收到函件后的 3 个月期限届满时生效。

【第 15 条】退约

1. 缔约方在任何时间，均可以通过向欧盟理事会秘书处发送通知的方式宣告退约。

2. 退约在秘书处收到通知后的 3 个月期限届满时生效。

【第 16 条】通知

欧盟理事会秘书处应当通知欧盟理事会成员国、参与精心制定本协定的非欧盟理事会成员国以及任何其他加入国或者被邀请加入国关于本协定的：

a. 签署；
b. 批准、接受、同意或加入之文件的交存；
c. 本协定根据第 9 条、第 10 条及第 11 条生效的时间；
d. 关于本协定的其他行动、通知或交流。

获得充分授权者，在以下签字者见证下，签署本协定。

2003 年 1 月 28 日，完成于斯特拉斯堡，英文版和法文版具有同等效力，副本应保存在欧盟理事会档案管理机构。欧盟理事会秘书处应当向欧盟理事会成员国、参与精心制定本协定的非欧盟理事会成员国以及其他被邀请加入国发送核定的副本。

欧洲议会和理事会关于电子通信网络及相关设施接入和互联第2002/19/EC号指令^{*}

欧洲议会和欧盟理事会

经参考欧盟赖以建立的条约,特别是条约第95条规定,

经考虑理事会提议,

并考虑经济和社会委员会意见,

根据条约第251条规定的程序,鉴于:

(1)《欧盟议会与理事会关于电子通信网络和服务共同监管框架的第2002/21/EC号指令》(框架指令)规定了欧盟内部电子通信网络和服务的监管规则,包括固定和移动电信网络,有线电视网络,地面广播网络,卫星网络以及互联网,不论上述网络用于传播声音、传真、数据或者图像。

上述网络可能已经经成员国根据《欧洲议会和理事会关于电子通信网络和服务授权的第2002/20/EC号指令》(授权指令)授权,或者已经根据之前的监管措施授权。

本指令条款适用于公开电子通信服务网络。本指令涉及服务供应商之间的接入和互联协议。非公开网络不承担本指令下的义务,若通过接入公开网络获利的,应遵守成员国规定的条件。

(2)电子通信网络和服务共同监管框架不涉及声音或电视广播内容打包出售或诸如此类的服务内容。

(3)术语"接入"一词意义广泛,因此须在本指令中准确定义该术语,而不应考虑其在欧盟其他规定中的含义。运营商可以拥有基础网络或设施所有权,或者可以出租部分或全部网络或设施。

---

* 译者:宋晓盼,北京大学法学院。

（4）《欧洲议会和理事会关于电视信号传播标准使用规则的第95/47/EC号指令》未规定特定数字电视传播系统或服务要求，这对市场参与者主动参与，开发适当系统是合适时机。

通过数字电视广播公司，欧洲市场参与者已经开发整套电视传播系统，该系统为世界广播公司接受。该传播系统经欧洲电信标准协会（ETSI）标准化后，成为国家电信联盟的推荐规范。至于宽屏数字电视，16∶9屏幕是宽屏电视服务和节目的基准格式，《理事会关于在欧洲引进高级电视服务行动方案的第93/424/EC号指令》将16∶9屏幕引入成员国市场。

（5）在开放和竞争激烈的市场，根据条约中竞争条款的规定，不应设置阻碍，禁止企业之间协商接入和互联办法，特别是跨国协议。为实现建设更加有效率的真正的泛欧洲市场要求，按照有效竞争和为消费者提供更多选择和竞争性服务的需要，收到接入或互联要求的企业，原则上应当依照商业原则，经友好协商缔结协议。

（6）鉴于当前市场中企业谈判实力仍然差异很大，某些企业仍然依赖其他企业提供基础设施提供服务，应当建立一套规则以保证市场运营的有效性。

国家监管机构在商业谈判失败后，出于保护最终用户利益，应当有权保障充分接入和互联以及服务互操作性。特别是，可以通过对控制最终用户接入权限的企业施加适当义务，保证端到端连接。控制接入措施可以使最终用户拥有或者控制实体连接（不论固定连接或者移动连接），并且/或者改变或取消国内号码或用于接入最终用户网络终端的号码。如果网络运营商无正当理由限制最终用户选择接入某一互联网门户或服务，就是上述的情况。

（7）如果国内法律或管理措施将接入或互联条款和要求适用于寻求互联的当事方，特别适用于网络基础设施投资，而非适用于所提供的互联或接入服务，可能导致市场扭曲并且可以因此违反竞争规则。

（8）控制着自己客户接入权限的网络运营商，根据公开号码或地址中的特定号码或地址，就可以做到。其他网络运营商需要能够为上述客户提供流量，相互之间也需要能够直接或间接互联。因此应坚持既有的协商互联权利和义务，同时应坚持95/47/EC号指令规定的义务，要求全面的数字电子通信网络用于传输电视服务并向公众公开，以输送宽屏电视服务和节目，因此使用者可以以节目传输格式接收节目。

（9）互操作性对最终用户有益，是本监管框架的重要目的。正如本框架指出，促进互操作性是国家监管机构的一个目标，监管框架同时为理事会提供了一系列涉及提供服务、技术联系和/或网络功能的标准和/或细则，以促进电子通信一致性。成员国应当鼓励严格使用公开的标准和/或细则，以满足保障服务互操作性和提高用户选择自由要求的需要。

（10）单独适用竞争规则在数字电视领域可能不足以保护文化差异和媒体多元化。95/47/EC号指令为新兴的数字电视产业提供了初始监管框架，特别包括以公正、合理和无歧视条款提供有条件接入，以确保可以提供广泛的节目和服务。技术和市场发展要求定期审查这些义务，或者由成员国审查其国内市场，或者由理事会审查整个欧盟，尤其要确定是否应当为新网关设定义务，比如说电子节目指南和应用程序接口，以保证最终用户可以接入特定数字广播服务。成员国可以规定最终用户接入的数字广播服务，通过立法、监管或行政手段予以保障。

（11）成员国也可以许可国内监管机构对附条件接入数字广播服务的义务进行审查，以通过市场调查评估是否需要撤销或修改附加在相关市场不具备相当实力运营商之上的条件。上述撤销或者修改行为不应对最终用户使用这些服务产生不利影响，也不能对有效竞争产生消极作用。

（12）为保证当前协议的持续性及避免法律漏洞，《欧洲议会和理事会关于电信互联有关通过适用开放网络供应（ONP）保证通用服务和互操作性的第97/33/EC号决议》第4条、第6条、第7条、第8条、第11条和第12条的相关义务，《欧洲议会和理事会关于竞争市场语音通信适用开放网络供应（ONP）和电信全球服务的第98/10/EC号决议》第16条的特殊接入义务，以及《理事会关于租用线路适用开放网络供应（ONP）的第92/44/EEC号决议》中有关租用线路传输能力的义务，初步移入新的监管框架中，但应当根据当时的市场状况进行即时审查。

这种审查应包括《欧洲议会和理事会有关分类接入本地线路欧盟第2887/2000号规章》所涉及的组织。

（13）应当按照竞争法方法论通过经济市场分析进行审查。目的是随着市场竞争发展逐步减少事前行业特定规则。

然而程序也充分考虑市场中转型问题，例如有关国际漫游以及随着技术发展可能带来的新的瓶颈问题可能需要事先规范，例如在宽带接入网领域。竞争在不同市场领域和不同成员很可能发展速度不同，国内监管机构在竞争达到预期效果的市场应当放松监管义务。

为确保处境相似的市场参与者在不同成员国待遇相近，理事会应当保证指令条款适用的一致性。承担竞争法执行的国内监管机构和国家机关应当在适当时配合行动，保证适用最为适当的救济措施。欧盟和成员国承担WTO基础电信协议有关通信网络互联的义务,应当尊重这些义务。

(14)对具有重大市场影响的企业,97/33/EC 号指令规定了其承担的一系列义务,即信息透明、不得歧视、财务分离、接入权限以及包括按照成本定位的价格控制。应当维持上述潜在义务,但此外,这些义务应当作为对企业施加的最高标准义务,以避免过度管制。特别是,遵照国际义务或欧盟法律,可以遵循当前数字电视附条件接受系统的做法,对所有市场参与者规定接入或互联义务。

(15)对特定具有重大市场影响的企业施加特定义务,不要求进行额外市场分析,但应证明该义务与待确认的问题本质相比合理且适度。

(16)接入和互联条款及条件应当透明,包括价格亦应透明,以促成谈判、避免争议,加强市场参与者的信心,使之确信服务条款公正无差别对待。技术接口开放透明对确保互操作性至关重要。虽然国内监管机构要求信息公开,但仍须明确信息公开方式,例如公开形式(书面公开以及/或者电子公开),以及考虑到有关信息的属性和目标,是否应当免费公开。

(17)公正非歧视原则保障具有市场影响的企业,尤其是纵向一体化企业对在下游市场存在竞争关系的企业提供服务时,不会损害竞争。

(18)财务分离制度使内部价格转移清晰明了,使国内监管机构可以适时审查是否遵从非歧视义务。就这一点,理事会发布了《1998 年 4 月 8 号有关开放电信市场互联第 98/322/EC 号建议》(第二部分——财务分离和成本核算)(12)。

(19)授权接入网络基础设施,证明可以加强竞争,但国内监管机构应平衡基础设施所有人使用设施或者谋取利益的权利与其他服务供应商接入设施的权利,这种平衡对提供竞争性服务是必不可少的。虽然对运营商施加义务,要求他们接入及使用网络部件和相关设施应满足合理要求,但这一要求仅须符合客观标准,比如技术可行性,或者需要维护网络安全的情况下适用。

不得要求被强制授权接入的运营商提供超出其能力范围的接入方式。国内监管机构强行授权接入,在短期可以加强竞争,但应当避免不当阻却竞争者对替代设施的投资热情,因为这些设施在长期看来可以取得更好的竞争效果。

委员会发布公告就电信领域接入协议如何适用竞争规则做出说明时也提及上述问题。国内监管机构可以根据欧盟法律,对供应商和/或与强行接入规定利益相关者规定技术或操作条件。特别是技术标准应当符合《1998 年 6 月 22 日欧洲议会和理事会第 98/34/EC 号指令》,该指令规定了有关技术标准和规范以及信息社会服务规则的信息公开程序。

(20)对特定市场分析表明竞争不足时,可能需要进行价格调控。这种监管干预力度可轻可重，轻度监管比如应遵守第97/33/EC指令规定，选择适当的可比价格；大力监管措施比如要求按照成本定价，竞争不完全的市场应当充分证明定价正当性，避免超高定价。尤其，具有重大市场影响的运营商应当避免压价，凭借向提供相近零售服务的竞争者收取的联网价格，与零售价格之间的差额，不足以保障可持续竞争。设立本指令规定的服务，国内监管机构计算成本时，最好考虑到合理的资本收益率，包括合理的劳动和建设成本，在需要反映当前资产价值和运行效率时，也要考虑到调整资本价值。成本回收法应当与现实环境相当，全面考虑促进效率和持续竞争、消费者福利最大化需要。

（21）虽然国内监管机构要求实行成本核算制度以支持价格调控，可能运营商本就由其拥有相关资质的员工进行年度审计以保证符合该成本核算制度的要求，或者由不受相关运营商支配的其他适格主体进行审计。

（22）成员国信息公开可以确保现市场参与者和准市场参与者了解其权利义务，了解如何获取相关详细信息。在国家报刊上公开有利于其他成员国利益相关方获得相关信息。

（23）为保证泛欧洲电子通信市场效率和效能，委员会应当监督并公布有关定价信息，有助于确定最终用户价格。

（24）电子通信市场及其关联设施开发，可能对环境和地理带来不良影响。成员国据此应当监督该过程，如果需要的话，采取措施通过适当协议和与其他相关部门配合，使不良影响降到最低。

（25）为确保欧盟法正确适用，委员会应明确具有重大市场影响的企业，以及国内监管机构规定的市场参与者具体义务。除在国内公开上述信息之外，成员国需要将信息报告委员会。信息以电子形式发送，应遵守事前协商一致的认证程序。

（26）鉴于技术和市场发展速度，本指令实施情况应自申请日起3年内审查，确定是否实现其目标。

（27）应当根据《1999年6月28日理事会第1999/468/EC号决议》采取实施本指令所必要的措施，该决议规定了授予委员会的执行权行使程序。

（28）鉴于建议行动的宗旨，即设立一个规范电子通信网络及关联设施的标准框架，无法由成员国充分实现，因此，根据行动的规模和效果，可以在欧盟层面更好实现，欧盟可以根据协议第5条规定的辅助性条款采取措施。根据该条合理性原则要求，为实现上述宗旨，本指令是必要的。

制定本指令：

适用范围、目标及定义

第1条　适用范围和目标

在第2002/21/EC号指令设定的架构内（架构指令），本指令协调成员国规范电子通信网络及关联设施接入和互联方式。目标设立一个监管架构，根据内部市场原则，调整可以促进持续竞争、电子通信服务互操作以及消费者福利的网络和服务供应商之间的关系。

对于运营商和寻求网络或关联设施接入和/或互联权限的企业，指令规定了其权利和义务，就有关接入和互联为国内监管机构设定目标，并规定程序确保国内监管机构的职责受到审查，一旦实现预期目标，适当时机撤回职责。本指令"接入"一词并非指终端用户接入。

第2条　定义

根据本指令规定，以第2002/21/EC号指令第2条（架构指令）阐述的定义为准。

同时适用以下定义：

（a）"接入"是指按照明确条件，以排他或者非排他形式，为其他企业提供设施和/或服务，目的是为了提供电子通信服务，包括用于信息社会服务或广播内容服务传输。特别包括：网络组件和关联设施接入权限，它可能涉及以固定或非固定方式连接设备（尤其包括本地回路接入权限，在本地回路提供服务所必要的设施和服务接入权限）；包括建筑物、管道和天线在内的物理建筑物接入权限；包括操作支持系统在内的相关软件系统接入权限；信息系统或受理预购、供应、订购、维护和维修请求以及支付的数据库接入权限；号码翻译或提供类似功能的系统接入权限；固定或移动网络接入权限，特别是漫游网络；数字电视服务附条件接收系统接入权限和虚拟网络业务接入权限。

（b）"互联"是指同一或不同企业使用的公共通信网络物理和逻辑链接，以支持其中一家企业用户与同一企业或其他企业用户交流，或有权使用其他企业提供的服务。服务可以由相关方或有网络接入权限的其他方提供。互联是两个公共网络运营商之间实行的特定接入方式。

（c）"运营商"是指提供或经授权提供公共通信网络或关联设施的企业。

（d）"宽屏电视服务"是指全部或部分节目经创作和编辑可在全高宽屏格式播放的电视服务。16:9格式是宽屏电视服务的基准格式。

（e）"本地回路"是指在固定公共电子通信网络内部连接网络终端和配线架或同类设备的物理环路。

第二章 一般规定

第3条 接入和互联一般规定

成员国应保证不存在限制条件，妨碍同一成员国或不同成员国企业根据欧盟法律，就接入和/或互联的技术和商业安排展开谈判。如果请求接入或互联的企业并未在被请求接入或互联的成员国提供服务或运营网络，则无须取得该成员国授予的经营权。

按照《2002年3月7日欧洲议会和理事会第2002/22/EC号指令》第3条涉及电子通信网络和服务关于公共服务和使用者权（公共服务指令）（16）的规定，成员国不应采取法律或行政措施，强制运营商在授权接入或互联时，就相同服务对不同企业提出不同条款和条件，并且/或者强加于实际接入和互联服务无关的义务，不得违背第2002/20/EC号指令附录部分（授权指令）的规定。

第4条 企业权利和义务

公共通信网络运营商应有权，并在经第2002/20/EC号指令第4条（授权指令）授权的企业提出要求时，有义务相互协商互联问题，以提供公共可用的电子通信服务，以确保在欧盟范围内服务供应和服务兼容性。运营商应为其他企业提供接入权限和互联，并且接入和互联的条款和要求应当符合国内监管机构根据第5—8条规定提出的义务。

为分配数字电视服务设立的公共电子通信网络应当可以支持宽屏电视服务和节目。接收和再分配宽屏电视服务或节目的网络运营商应当保持宽屏格式。

按照第2002/20/EC号指令（授权指令）第11条规定，成员国应当要求在接入或互联协议谈判过程之前、之时或之后从他方企业取得的信息，仅以信息原本提供目的为限利用，并始终尊重传输或保存的信息的保密性。获取的信息不得传给任何他方，特别是借助该信息可以形成竞争优势的其他部门、子公司或合作伙伴。

第5条 国内监管机构关于接入和互联的权利和义务

国内监管机构应遵守第2002/21/EC号指令（框架指令）第8条设立的宗旨，按照本指令规定的条款，鼓励并在适当时机确保充分接入和互联以及服务兼容性，按照促进效率、持续竞争、投资效率和创新并且为终端用户谋取最大福利的方式行使职责。

尤其是，在不影响根据第 8 条对具有重大市场影响的企业采取措施的前提下，国内监管机构应可以在以下情形设定义务：

若有必要保证终端对终端连接，可以对控制终端用户接入权限的企业施加义务，这种义务也包括合理情况下对仍未互联的网络强制互联。

（ab）在合理且必要情况下，要求控制终端用户接入权限的企业兼容其服务。

为保证终端用户接入成员国规定的数字无线电和电视广播服务，要求运营商以公平、合理及无歧视的条款按照附录 I 第 II 部分规定开放其他设施。

根据第 12 条规定要求运营商提供接入权限时，出于确保网络正常运营的需要，国内监管机构可以根据欧盟法，规定供应商和/或接入受益人满足技术或操作条件。实行特定技术标准或规范的条件应当符合第 2002/21/EC 号指令（架构指令）第 17 条规定。

关于第 1 款涉及的接入和互联，成员国应当保证国内监管机构为实现第 2002/21/EC 号指令（架构指令）第 8 条规定的政策目标，在适当情况下有权主动介入，但应符合本指令之规定及第 2002/21/EC 号指令（架构指令）第 6 条、第 7 条、第 20 条和第 21 条做出的程序性规定。

第 6 条　附条件接入系统和其他设施

成员国应保证，关于欧盟内部数字电视和广播服务附条件接入系统，不论何种传播方式，应满足附录 I 第 I 部分规定的条件。

根据市场和技术发展情况，委员会可以根据执行措施修订附录 I。这些措施旨在修订本指令非核心条款，应根据第 14（3）条规定的监管审查程序进行。

尽管第 1 款已经规定，成员国可以在本指令生效后，马上并在之后定时按照第 2002/21/EC 指令（架构指令）第 16 条第 1 款规定进行市场分析，审查根据本条适用的条件，以决定是否应当维持、修订或撤销适用条件。

经市场分析，凡国内监管机构认为一个或多个运营商在相关市场不具备重大市场影响，可以按照第 2002/21/EC 号指令（架构指令）第 6 条和第 7 条规定的程序，修改或撤销有关该运营商的条件，但仅限于：

终端用户按照第 2002/22/EC 号指令（通用服务指令）第 13 条规定，接入无线广播和电视广播频道和服务不应受修改或撤销决定的不利影响，并且不会影响下列市场的有效竞争前景

（i）数字电视和无线广播零售服务市场，以及

（ii）附条件接入系统和其他关联设施市场。

不会受到修改或撤销决定的不利影响。

应在合理期限内通知受条款修订或撤销影响的相关方。

根据本条适用的条件不得损害成员国设定电子节目指南及类似索引设备的表现方面的义务。

第8条 义务设立、修改或撤销

成员国应保证国内监管机构有权设立 M1 Articles9 to 13a 认定的义务。

若经第2002/21/EC号指令（框架指令）规定的市场分析，运营商被认定为在特定市场具有重大市场影响，国内监管机构应视情况设立本指令第9条至第13条规定的义务。

不得违背：

M1 Articles 5（1）和规定

第2002/21/EC号指令（框架指令）第12条和第13条规定，根据第2002/20/EC号指令（授权指令）第6（1）条适用的附录第二部分条件7，第2002/22/EC号指令（通用服务指令）第27条、第28条和第30条，《欧洲议会和理事会关于电子通信领域个人数据处理和隐私保护的第2002/58/EC号指令》（隐私和电子通信指令）相关条款，包括非被认定为具有重大市场影响的其他企业的义务。

国内监管机构不应对根据第2段认定的运营商设定第9条之外的义务。

特殊情形下，若国内监管机构计划对具有重大市场影响的运营商设定本指令第9条至第13条之外的其他接入或互联义务，应向理事会提出请求。理事会应充分考虑欧洲电子通信监管组织（BEREC）（2）的意见。理事会应根据第14（2）条，决定授权或禁止国内监管机构采取上述措施。

据本条规定设定的义务，应以待解决问题为依据，与第2002/21/EC号指令（架构指令）确立的宗旨相适。应在据架构指令进行咨询后设立上述义务。

有关第3款第1项 third indent［第三部分］，国内监管机构应根据第2002/21/EC指令（架构指令）第7条，向理事会通知对市场参与者设立、修订或撤销义务的决定。

第9条 透明度义务

国内监管机构可以根据第8条规定，设定关于接入和/或互联透明度义务，要求运营商公开特定信息，例如会计信息、技术规格、网络特征、供应和接入的条件和条款。在若成员国同意的条件下，也包括限制接入和/或使用服务的任何条件，以及价格。

特别在运营商承担非歧视义务情形下，国内监管机构可以要求运营商发布网络互联协议，协议应为完全无捆绑式，以保证企业无须支付非为被请求服务所必要的设施。协议应说明根据市场需要被分解成部分的相关产品以及包括价格条款在内的相关条款和条件。国内监管机构特别应能够变更网络互连协议，实行本指令规定的义务。

国内监管机构可以指明信息清晰程度，详尽程度及公开方式。

尽管第 3 款已经规定，但若运营商按照第 12 条关于网络基础设施接入权批发条款承担义务的，国内监管机构应保证发布的网络互联协议，至少包含附录 II 规定的要件。

理事会应对附录 II 做必要修订，以适应技术和市场发展。但只得修订本指令非实质条款，并应根据第 14（3）条规定的监管审查程序进行。

第 10 条　无歧视义务

国内监管机构可以根据第 8 条规定，设定关于互联和/或接入的无歧视义务。

无歧视义务应特别保证，运营商在相同环境对提供等效服务的其他企业适用同样条件，并按照为自己服务的相同条件和相同质量为其他方提供服务和信息。

第 11 条　会计分离义务

国内监管机构可以根据第 8 条规定，设定与互联和/或接入有关的会计分离义务。

特别是，国内监管机构可以要求纵向一体化企业公开批发价格和内部转移价格，以保证符合第 10 条规定的无歧视性要求，或必要时避免不公正的交叉补贴行为。国内监管机构可以明确要求采取的格式和会计方法。

在不影响第 2002/21/EC 号指令（框架指令）第 5 条前提下，为方便审查是否符合透明度义务和无歧视义务，国内监管机构应有权要求提供会计记录，包括从第三方取得的收入数据。国内监管机构可以公布上述信息，以促进市场公开和市场竞争，同时不得违背保护商业秘密的国内和欧盟规则。

第 12 条　接入及使用特定网络设施的义务

国内监管机构可以根据第 8 条规定，特别在国内监管机构认为禁止接入和反对合理条款和条件会妨碍零售市场持续竞争，或产生类似影响，或不利于终端用户利益情况下，对运营商设定义务，以满足接入和使用特定网络组件和关联设施的合理要求。可以特别要求运营商：

授权第三方接入使用特定网络组建和/或设施，包括接入非经常使用的网络组建和/或非捆绑接入本地回路，以便与载体选择和/或预选和/或电话线路转售。

同请求接入权限的企业善意协商；

已授权设施不得取消接入权限；

提供特定批发服务方便第三方转售；

授权公开接入技术接口、规程或其他为服务互操作性或虚拟网络服务所必要的关键技术；

提供主机托管或其他形式的管理设施分享服务；

提供为保证终端对终端服务兼容性所必需的特定服务，包括智能网络服务设备或移动网络漫游设备；

为保证服务供应时公平竞争，授权接入操作支持系统或类似软件系统；

互联网络或网络设施；

授权接入诸如身份、地点和显示业务等相关服务。

国内监管机构可以设定诸如公平、合理和时效性这些义务条件。

国内监管机构考虑第一段规定的义务时，特别在评估何种义务与第2002/21/EC 号指令（架构指令）设定的宗旨相适时，应特别考虑下述因素：

根据市场发展速率，考虑到相关互联和/或接入的类型和性质，使用或设置竞争设施的技术和经济可行性，包括诸如管道接入权限的其他上游相关产品可取得性。

关于可用容量，提供接入权限的可行性；

根据公共投资数额以及投资风险，设备所有人最初投资额；

长远来看保障竞争的需要，特别注重基于基础设施的经济高效的竞争；

适当情况下，任何相关知识产权；

提供泛欧洲服务。

根据本条规定对提供接入权限的运营商设立义务的，国内监管机构可以规定供应商和/或与接入权限相关的利益相关人应满足的技术或操作条件，在必要时以保证网络正常运行。遵循特定技术标准或规范的义务应符合第2002/21/EC 号指令（架构指令）第 17 条确立的标准和规范。

第 13 条 价格控制和成本会计义务

国内监管机构可以根据第 8 条规定，对于提供特定类型互联和/或接入，在市场分析表明缺乏有效竞争手段、相关运营商超高定价或压价损害终端用户利益的情况下，设定关于成本回收和价格控制的义务，包括成本导向性定价义务和有关成本会计制度义务。为鼓励运营商投资，包括对下一代网络的投资，国内监管机构应根据投资数额，充分考虑特定新型投资网络项目的风险,使之取得合理的投资资本回报。

国内监管机构应当保证任何指定的成本回收机制或会计方法能够促进效率和持续竞争,实现消费者利益最大化。就本点而言,国内监管机构同样可以考虑可比竞争市场的价格。

若运营商承担成本导向型定价义务,那么依成本要价的证明责任(包括投资回报率合理的证明责任)由运营商承担。为计算有效的服务供应成本,国内监管机构可以使用与企业所用不同的成本会计法。国内监管机构可以要求运营商充分证明价格合理性,也可以在适当时要求价格调整。

国内监管机构应当保证,若指定实施成本会计制度以支持价格控制的,应公开该成本会计制度,至少说明成本分类的主要类型,以及成本分摊规则。应当由独立的资质够格的机构证实符合价格会计制度,并在每年度发布合规声明。

第13a条 功能分离

若国内监管机构得出结论,根据第9条至第13条设定的适当义务不能实现有效竞争,特定相关产品市场批发供应仍存在重大且持续的竞争问题和/或市场失灵,可以采取特别措施,根据第8(3)条第2项规定,对纵向一体化企业设定义务,以便独立经营的商业主体开始与关联接入产品批发供应相关的经营。

营业主体应当按照相同时效、条款和条件,包括与价格和服务水平相关的条件,通过相同体系和程序,向全体企业提供相关产品和服务,包括母公司的其他营业主体。

国内监管机构有意设定功能分离义务,应向理事会提交议案,议案内容包括:

按照第1段规定证明国内监管机构结论正当性的证据;

合理评估报告,证明在合理时间内无法实现基于基础设施的经济高效的竞争;

分析对监管机构、对企业,特别对独立企业全体员工和电子通信领域整体的预期影响,分析对该领域投资整体的预期影响,特别注意保障社会和地域凝聚力,并分析对其他利益相关者特别包括对竞争的预期影响和对消费者的必然影响。

分析原因,证明本义务是解决竞争问题/市场失灵的最有效的救济手段。

起草的措施应当包括下列内容:

分离的确切性质和程度,特别说明分离营业主体的法律地位;

确定分离营业主体的财产,该主体供给的产品或服务;

治理安排以保证分离营业主体雇佣的员工独立性,以及相应的激励结构;

保证遵守义务的规则；

保障操作程序透明度，特别对其他相关者公开的规则；

监督程序，保障遵守义务，包括发布年度报告。

遵照理事会根据第8（3）条关于起草的措施的决议要求，国内监管机构应根据第2002/21/EC号指令（架构指令）第16条设定的程序，对与接入网络相关的不同市场进行协调分析。根据评估，国内监管机构应根据第2002/21/EC号指令（架构指令）第6条和第7条设立、维持或撤销义务条款。

承担功能性分离义务的企业经第2002/21/EC号指令（架构指令）第16条认定在特定市场具有重大影响，该企业在该市场可以遵守第9条至第13条规定的义务，或者理事会根据第8（3）条授权的义务。

第13b条 纵向一体化企业主动分离

根据第2002/21/EC号指令（架构指令）认定为在一个或多个相关市场具有重大市场影响的企业，计划向所有权人不同的独立法人转移本地接入网或实质部分，或者设立独立法人向包括其零售公司在内的所有零售供应商提供完全相同的接入产品的，应提前并及时通知国内监管机构，以便于监管机构评估意向交易效果。

企业也应当通知国内监管机构任何交易意向变化以及分离程序最终结果。

国内监管机构应根据第2002/21/EC号指令（架构指令）评估意向交易对现有监管义务的影响。

为此，国内监管机构应按照第2002/21/EC号指令（架构指令）第16条规定的程序对与接入网络有关的不同市场进行协调分析。

根据评估结果，国内监管机构应遵循第2002/21/EC号指令（架构指令）第6条和第7条设定、维持、修订或撤销义务。

法律层面和/或操作层面独立的营业主体经第2002/21/EC号指令（架构指令）第16条认定在特定市场具有重大影响，该企业在该市场可以遵守第9条至第13条规定的义务，或者理事会根据第8（3）条授权的义务。

程序规范

第14条 委员会

根据第2002/21/EC号指令（架构指令）第22条设立的通信委员会应当协助理事会工作。

凡涉及本款的，应按照第1999/468/EC号指令第8条规定适用第3条和第7条。

凡涉及本款的，应根据第1999/468/EC号指令第8条规定适用该指令第

5a（1）条至（4）条和第 7 条。

第 15 条 信息公开和使用

成员国应保证，按照本指令要求已经公布对企业设定的特定义务，已经确认特定产品/服务和地理市场。如若信息不具有保密性，特别是不包含商业秘密，应保证最新信息以方便所有利益相关方取得的方式公开。

成员国应向理事会提交一份公开信息的复印版本。理事会应以方便取得的方式公开信息，并在适当时将信息发送至通信委员会。

第 16 条 通知

成员国最晚不得迟于第 18（1）条第 2 项规定的时间由负责本指令有关义务的国内监管机构通知理事会。

国内监管机构应通知委员会被认定为具有重大市场影响的企业的名称以及根据本指令企业承担的义务。任何变化对企业义务产生影响的或受本指令影响的企业变更，应立即通知委员会。

第 17 条 审查程序

委员会应定期审查本指令运行情况，并向欧洲议会和理事会报告。首次报告不得迟于第 18（1）条第 2 小节确定的申请日之后 3 年。鉴于此，委员会可以要求成员国提供信息，成员国应即时提供，不得延误。

第 18 条 转换

为执行本指令，成员国应与 2003 年 7 月 24 日之前通过并公布法律、规章和行政规定，并立即向委员会报告。

成员国应于 2003 年 7 月 25 日起适用上述法令。

成员国制定上述法令时，应同时说明本指令，或在官方公布时说明。说明方式由成员国规定。

成员国为执行本指令制定的国内法条文，以及随后的修订案文本，应向委员会报告。

第 19 条 生效

本指令于欧盟官方公报公布之日起生效。

第 20 条 受送达人

本指令送达成员国。

2002 年 3 月 7 日布鲁塞尔

欧洲议会主席 P. Cox

理事会主席 J. C. Aparicio

欧洲议会和理事会关于电子通信网络和服务授权的第2002/20/EC号指令[*]

欧洲议会和欧盟理事会

经参考欧盟赖以建立的条约,特别是条约第95条规定,

经考虑理事会提议

并经征求经济和社会委员会意见

根据条约第251条设定的程序,鉴于

(1)公布在2000年4月26日委员会通信中的1999年电子通信监管架构评审民调结果,以及委员会在第五次和第六次一揽子电信规范执行情况报告的通信中公布的结果表明,确实需要更为协调和简便的整个欧盟适用的电子通信网络和服务市场准入规范。

(2)不同电子通信网络和服务以及技术日益趋同,要求建立一个不论何种技术类型都能同样适用的、覆盖所有可比服务的授权体制。

(3)本指令旨在创建一个法律架构,除本指令设定的条件和条约第46(1)条规定的限制,以及出于公共政策、公共安全和公共健康考量采取的措施之外,不受其他规范调整,以充分保证自由提供电子通信网络和服务。

(4)本指令覆盖全部电子通信网络和服务授权,无论网络和服务向公众提供或者向私人提供,保证上述两种供应商可以从客观、透明、无歧视和相称的权利、条件和程序中收益十分重要。

(5)本指令仅适用于授权使用无线电频谱,这种使用涉及提供电子通信网络或服务,通常是有偿使用。个人根据特定无线电频谱非排他使用要求,非以获利为目的使用无线电终端设备,例如无线电爱好者使用民用频带,不是提供电子通信网络或服务行为,因此不受本指令规制。这种使用由《欧洲议会和理事会关于无线电设备和电信终端设备以及互相承认合格性的第

---

[*] 译者:宋晓盼,北京大学法学院。

1999/5/EC 号指令》规范。

（6）关于附条件接入系统自由流通和基于该系统免费提供受保护服务，由《欧洲议会和理事会关于法定保护附条件接入系统支持或组成的服务的第 98/84/EC 号指令》规制。该系统和服务授权不受本指令规制。

（7）提供电子通信网络和服务应当适用最为烦琐的授权制度，以促进新型电子通信服务和泛欧洲通信网络和服务，促进服务供应商和消费者从单个市场规范经济效应受益。

（8）全部电子通信网络和服务一般授权，仅遵守通知程序要求，而不受国内监管机构决议或行政行为限制，可以最好实现上述目标。若成员国要求电子通信网络或服务供应商开始活动时应履行通知义务，可以同时要求其证明已经通知，并经法定认可的邮寄或电子方式确定收到通知。这种确认任何情况下都不应包括或要求接收通知的国内监管机构做出某种行政行为。

（9）一般授权的企业需要在授权中明确说明权利和义务，以保证整个欧盟的公平竞争环境，促不同国家公共电信网络运营商之间进行互联谈判。

（10）一般授权向公众提供电子通信网络和服务的企业根据《欧洲议会和理事会关于电子通信网络和相关设施接入和互联的第 2002/19/EC 号决议》（接入指令）协商互联事项。非向公众提供电子通信网络和服务的企业可以根据商业条款协商互联事项。

（11）授权可以继续作为使用无线电频谱和号码的条件，包括列入国家编号计划之内的短码。号码权也可以从欧洲编码计划分配，比如"3883"这一虚拟国家代码，分配给欧洲邮电管理委员会（CEPT）成员国。上述使用权不应受限，除非因缺乏无线电频谱或出于保证有效使用考虑之必须。

（12）无论无线电频谱直接分配给电子通信网络和服务供应商，或者授权使用网络或服务，本指令无区别适用。上述实体可以是广播或电视信号供应商。在不影响成员国采纳特定标准或程序授权无线电广播服务供应商使用无线电频谱的前提下，遵照欧盟法普遍利益目标的宗旨，无线电频谱转让程序应遵守客观、透明、非歧视和相称性的要求。根据法院判例，国内对条约第 489 条规定的权利的任何限制应当正当且相称，不得超出成员国根据欧盟法规定的普遍利益目标所必需。授权使用无线电频谱的企业应当遵守无线电频谱使用权所附条件以及一般授权所附有关条件。

（13）成员国可以核实申请人能否遵守上述权利所附条件，核实是申请授权使用无线电频谱的程序之一。为此，可以要求申请人提交必要信息，证明可以遵守上述条件。若未提交上述信息，可以拒绝申请。

(14) 不得要求或禁止成员国授权使用国内编码计划的号码,不得要求或禁止成员国对电子通信网络或服务供应商之外的其他企业授权。

(15) 一般授权和特定使用权所附条件,应当严格以保证遵守欧盟法以及国内法根据欧盟法所规定的要求和义务为限。

(16) 非公共电子通信网络和服务所附条件,条件数量和负担不得超过对公共电子通信网络所附条件。

(17) 根据欧盟法,经关于电子通信网络和服务共同监管框架的第2002/21/EC号指令(框架指令)确认为具有重大市场影响力的电子通信网络和服务供应商,其承担的特定义务应当与一般授权规定的一般权利和义务区分。

(18) 一般授权应仅包含电子通信领域专属的条件,无须服从与电子通信领域不相关的现存国内法规定的条件。但国内监管机构可以告知网络运营商和服务供应商与其经营相关的其他法规,例如通过在网站上公布这些法规。

(19) 要求发布授权使用频谱或号码的决定,可以通过在网站上向公众公开。

(20) 相同企业,例如有线网络运营商,可以提供电子通信服务,例如输送电视信号,也可以提供不属本指令规制的服务,例如商业化提供声音或电视广播服务,据此可以根据本指令之外的其他条款,在不影响本指令附录规定的条件的前提下,对该企业提供和配送电视广播内容的行为附加义务。

(21) 授权使用无线电频谱、号码或者授权安装设备的,可向相关机构告知一般授权中授权对象企业的有关条件。

(22) 若对特定波频的无线电频谱的需求超出其供应能力,应遵守适当且公开的程序转让该频谱,以免损害公正性,影响稀缺资源充分利用。

(23) 国内监管机构应当保证,为竞争和比较选择程序设立标准,已满足第2002/21/EC号指令(架构指令)第8条的目标。因此,如果适用客观的、非歧视的且相称的选择标准促进竞争,会导致妨碍确定企业对特定无线电频谱的竞争和比较选择的话,也不违反本指令。

(24) 若向特定企业和平转让无线电频谱,在欧盟层面通过,成员国应按照本国频谱使用计划严格执行无线电频谱授权使用协议。

(25) 电子通信网络和服务供应商可以要求确认一般授权中有关互联权和通过权(rightsofway)等权利,特别以促进同本地区或当地政府或者其他成员国服务供应商谈判。为此,国内监管机构应向企业声明,该声明可以根据企业请求发布或按照一般授权要求主动回复通知时发布。上述声明本身不应视为取得权利,不得基于该声明取得一般授权的任何权利或使用权,也不得基于该声明行使权利。

（26）若企业发现申请授权安装设备，根据第2002/21/EC号指令（架构指令）处理，或者若上述决议不当推迟，应有权根据该指令就决定本身或不当延迟上诉。

（27）对违反一般授权条件行为的处罚，应与侵权行为相当。除例外情况，若企业不遵守一般授权其中一条或多条条件的，不应中止或撤销提供电子通信服务以及使用无线电频谱或号码的权利，但前提是不得影响在出现严重危害公共安全或健康或其他企业的经济和经营利益的情形下，成员国相关机构可能需要采取紧急措施。本指令也不得影响企业根据国内法提出损害赔偿诉求。

（28）要求服务供应商承担报告和提供信息的义务对企业和对国内监管机构而言可能太过烦琐。上述义务应相称、正当且严格以必要为限。无需要求出示系统且常规证据证明遵守一般授权或使用权附加的全部条件。企业有权了解所提供信息的使用目的。提供信息不应作为市场准入条件。为了统计需要，可以要求电子通信网络或服务供应商停止营业时履行通知义务。

（29）本指令不得影响成员国在国际谈判中为维护欧盟利益提供信息的义务。同时，本指令不得影响非特定于电子通信领域的法律所规定的报告义务，例如竞争法之规定。

（30）可以要求电子通信服务供应商支付行政费用，以支持国内监管机构管理授权系统及使用权授权活动的需要。上述费用应以上述活动的实际行政成本为限。为此，应通过收取费用总额和行政成本年度报告方式，建立国内监管机构收入和费用公示机制，以便于企业核实行政成本和费用是否平衡。

（31）行政费用制度不得扭曲竞争或设置市场准入壁垒。根据一般授权制度，除授权使用号码、无线电频谱及授权安装设施之外，行政成本和费用不得由单个企业承担。任何可适用的行政收费应符合一般授权机制的原则。举例来说，这些费用分配标准的一个公正、简便且透明替代标准可以是与营业额关联的分配。若行政收费很低，统一收费或者统一收费与营业额关联因素结合的收费制度同样合适。

（32）除行政收费之外，使用无线电频谱和号码可以征收使用费，以保证充分利用上述资源。这些费用不得妨碍市场创新服务和竞争的发展。本指令不得背离征收使用权费的目的。例如，这些可以用于支持行政收费所不能覆盖的国内监管机构活动。至于竞争或比较选择程序，若无线电频谱使用权费用全部或部分是一次性金额，支付协议应保证在实践中，这些费用不会造成选择标准与确保无线电频谱充分利用这一目标无关。委员会可以定时公布关于转让无线电频谱、转让号码或授予通过权的最佳实践基准。

（33）如果有正当理由，成员国可以修改关于一般授权和使用权的权利、条件、程序、收费和费用规定。修改应及时通知所有相关方，使之能够充分表达对修改的意见。

（34）透明度这一目标要求服务供应商、消费者和其他利益相关方可以方便取得有关电子通信服务供应、无线电频谱和号码使用权、安装设备的权利、国内频谱使用计划和国内编码计划的权利、条件、程序、收费、费用和决定的任何信息。提供并更新这些信息是国内监管机构的重要职责。若这些权利由其他级别政府管理，国内监管机构应努力创建一个获取有关上述权利信息的用户友好型工具。

（35）根据本指令规定的国内监管制度设立的单个市场，应由委员会监管其正常运行。

（36）为使电子通信领域新的监管制度全部要件在同一天生效，本指令国内转换程序和新规则规制下的现有许可转让程序同时进行十分重要。但是，特定情况下，本指令生效之日根据本指令规定由一般授权和个别使用权替代授权，会导致根据现有授权经营的服务供应商义务增加或权利减少，成员国可以借此拥有9个月宽限期，可以在本指令生效后9个月内完成修订许可制度，但如果对其他企业权利和义务产生不利影响的不在此列。

（37）可能有这种情况，撤销有关访问电子通信网络的授权条件会给一家或多家因上述条件受益的企业造成严重困难。这种情况下，理事会可以应成员国要求，允许更进一步的许可谈判。

（38）由于建议行动的目标，即网络和服务授权的电子通信规则和条件一致性和间接性要求，不能为成员国充分实现，但欧盟层面鉴于其规模和行动效果，可以更好实现上述目标，欧盟可以按照条约第5条规定的辅助原则采取措施。根据该条相称原则，本指令不得超出实现上述目标之必要限度。

制定本指令：

第1条 目标和范围

1. 本指令旨在通过统一和简化授权规则和条件，实现一个电子通信网络和服务内部市场，以促进全欧盟的网络和服务供应。

2. 本指令应适用于授权电子通信网络和服务供应。

第2条 定义

本指令适用第2002/21/EC号指令（架构指令）的定义。

"一般授权"指成员国根据本指令设立的法律架构,保证电子通信网络或服务供应权,规定适用于全部或特定类型电子通信网络和服务的本领域特定义务。

第3条 电子通信网络和服务一般授权

1. 成员国应保证根据本指令规定的条件自由供应电子通信网络和服务。为此,成员国除条约第46(1)条规定的原因,不得阻止企业提供电子通信网络或服务。

2. 提供电子通信网络或电子通信服务,可以在不影响第6(2)条特定义务或第5条使用权的前提下,只需遵守一般授权要求。可以要求相关企业提交通知,但实施授权行为之前不得要求国内监管机构做出明确决议或其他行政行为。一旦按照要求通知,企业可以开始经营,必要时应遵守第5条、第6条和第7条使用权规定。

向多个成员国企业提供跨境电子通信服务的企业,向相关成员国提交通知不得超过1份以上。

3. 第2款涉及的通知中包含的声明不得超过一则,这些声明由法人或自然人向国内监管机构发出,意在开始实施电子通信网络或服务的条款,以及在最低程度上提供那些允许国内监管机构持有电子通信网络与服务的提供商的注册或名单所需的信息。该信息应限于识别供应商之必要,例如公司注册码、供应商的联系人、供应商地址、网络或服务的简短描述以及开始经营的预计时间。

第4条 一般授权最小权限清单

1. 根据第3条授权的企业应有权:

提供电子通信网络和服务;

申请第2002/21/EC号指令(架构指令)规定的安装设备的必要权利。

2. 上述企业提供公共电子通信网络或服务时,一般授权应授予:

根据第2002/19/EC号指令(访问指令)规定的条件,按照该指令要求,与一般授权涉及的欧盟内部其他公共通信网络和服务供应商协商互联,适当时从该供应商取得访问权限或互联权限。

有机会根据《欧洲议会和理事会关于电子通信网络和服务的通用服务和使用者权的第2002/22/EC号指令》(通用服务指令),被指定提供通用服务的不同元素和/或覆盖国内不同地区。

第5条 无线电频谱和号码使用权

1. 成员国应按一般授权要求促进无线电频谱使用。必要时,成员国可授予个别使用权，以：

——避免有害干扰，

——保证技术服务质量，

——保证频谱有效利用，或

——实现成员国按照欧盟法要求设定的一般利益目标。

2. 若需要授予无线电频谱和号码个别使用权的，成员国应根据第3条一般授权应企业申请授予提供网络或服务的权利，但须按照本指令第6条、第7条和第11（1）（c）条的要求，以及其他根据第2002/21/EC号指令规定旨在确保资源有效利用的规则。

成员国授权广播电视服务公司使用无线电频谱，着眼于实现欧盟法一般利益目标宗旨，在不影响授权特定标准和程序的前提下，无线电频谱和号码使用权应通过公开、客观、透明、非歧视且相称的程序授予，且涉及无线电频谱，还要遵守第2002/21/EC号指令（架构指令）第9条规定。如果向广播电视内容供应商授予无线电频谱个别使用权，是实现成员国根据欧盟法要求所设立的一般利益目标所必要，可以适用公开程序的特别程序。

授予使用权，成员国应详细说明权利人能否将权利转让，以及转让条件。涉及无线电频谱，这一规定应遵守第2002/21/EC号指令（架构指令）第9条和第9b条的规定。

若成员国在有限时间内授予使用权，期限长短应根据服务目标与服务内容相适，并适当考虑投资回报所需时间。

若无线电频谱个别使用权授权期限为10年或更长，并且根据第2002/21/EC号指令（架构指令）第9b条规定不得转让或租赁，国内主管机构应保证个别使用权授权标准可以适用且符合许可证有效期，特别在权利人合理请求之时。如果标准不再适用，经事前通告且给予合理期限之后，个别使用权应当或者转换为无线电频谱一般授权，或者根据第2002/21/EC号指令（架构指令）规定得在企业之间转让或租赁。

3. 国内监管机构受到完整申请后，应尽快做出是否授予使用权的决定，并回复申请方且公开决定。国家编号计划为特定目的而分配的号码，3周内决定；国家无线电频谱计划分配给电子通信服务的频谱，6周内决定。后一时间限制不得影响当前适用的关于无线电频谱使用或轨道位置使用的国际协议。

4. 根据第2002/21/EC号指令（架构指令）第6条与利益相关方磋商后决定，具有特别经济价值的号码使用权通过竞争或比较选择程序授权，成员共可以将3周最长期限再延长3周。

关于无线电频谱竞争或比较选择程序，适用第7条规定。

5. 成员国不得限制授予的使用权数量，除非出于第7条要求为保证无线电频谱有效利用之需要。

6. 国内主管机构应保证无线电频谱根据第2002/21/EC号指令（架构指令）第8（2）条和第9（2）条要求有效利用。应确保无线电频谱使用权转让或积累不会扭曲竞争。为此，成员国应采取适当措施，例如强制无线电频谱使用权出售或租赁。

第6条 一般授权和无线电频谱和号码使用权附加条件，以及特定义务

1. 提供电子通信网络或服务的一般授权和无线电频谱使用权和号码使用权可以仅遵守附录列明的条件。这些条件应当是非歧视的、相称的和透明的，涉及无线电频谱使用权，还应当符合第2002/21/EC号指令（架构指令）第9条规定。

2. 第2002/19/EC号指令（访问指令）第5（1）条、第5（2）条、第6条和第8条以及第2002/22/EC号指令（通用服务指令）第17条规定对电子通信网络和服务供应商或经指定提供通用服务的企业设定的义务，应在法律上独立于一般授权的权利和义务。为实现企业透明化，为个别企业设立特定义务的标准和程序应在一般授权中规定。

3. 一般授权应仅包含附录A部分规定的该领域专属条件，不得根据其他国内立法规定重复设置对企业适用的条件。

4. 关于无线电频谱或号码使用权授权的一般授权，成员国不得重复设置条件。

第7条 限制无线电频谱使用权授权数量的程序

1. 若成员国考虑是否限制无线电频谱使用权授权数量，或是否延长权利条款规定的现有权利期限，特别应：

（a）注重使用者利益最大化和促进竞争的需要；

（b）给予所有利益相关方，包括使用者和消费者，以机会表达对第2002/21/EC号指令（架构指令）第6条限制规定的观点。

（c）公布限制使用权授予的决定或使用权续展的决定，并表明理由；

（d）决定程序后，招募使用权申请；

（e）定期或者应受影响企业的合理请求审查限制规定。

2. 若成员国认为可以进一步授予无线电频谱使用权，应公布结论并招募使用权申请。

3. 若需要限制授权无线电频谱使用权,成员国应按照选择标准授权,选择标准必须客观、透明、非歧视且相称。任何选择标准关键要注重实现第2002/21/EC号指令(架构指令)第8条规定的宗旨和该指令第9条要求。

4. 若使用竞争或比较选择程序,成员国可以延长第5(3)条规定的6周最长期限至必要时间,保证上述程序对所有利益方公正、合理、开放和透明,但不得超过8个月。

这一时间限制不得影响任何正在适用的关于使用无线电频谱和卫星协同的国际条约。

5. 本条不得影响根据第2002/21/EC号指令(架构指令)第. M1Article 9b. 条转让无线电频谱使用权。

第8条 协调分配无线电频谱

若无线电频谱使用已经统一,访问条件和步骤已经同意,接受无线电频谱的企业已根据国际条约和欧盟规则选出,成员国应据此授予无线电频谱使用权。如果相关无线电频谱使用权所附所有国内条件经一般选择程序认定已经满足,成员国不得规定可能限制、变更或延迟无线电频谱一般转让正确执行的任何其他条件、额外标准或程序。

第9条 声明促进安装设施权和互联权行使

经企业要求,国内监管机构应在一周内发布标准化声明,适当时应确认企业已经按照第3(2)条要求提交通知,并详述何种情形下按照一般授权提供电子通信网络或服务的企业有权申请安装设备权、协商互联权,以及/或者取得访问或互联权,其目的比如说可以促进上述权利在其他级别政府或关于其他企业行使。适当时也可以发布上述声明作为第3(2)条通知的自动回复。

第10条 遵守一般授权或使用权条件及特定义务

1. 国内监管机构应根据第11条要求,监督和管理是否符合一般授权或使用权条件,是否符合第6(2)条规定的义务。

国内监管机构应有权要求企业提供一般授权涉及的电子通信网络或服务,或享有无线电频谱或号码使用权,以提供所有必要信息依照第11条规定证明符合一般授权或使用权条件或符合第6(2)条规定的义务。

2. 若国内监管机构发现,某一企业不符合一般授权或使用权其中一个或多个条件,或不符合第6(2)条规定的特定义务,应通知企业上述发现,并给企业机构机会在合理时间内表达观点。

3. 相关机构应有权按照第2款规定要求立即或合理时间内停止违法行

为,应采取合理适当措施以保证合规。

鉴于此,成员国应授权有关机构:

(a)适当时规定惩罚性经济处罚,包括有溯及力的定期处罚;而且

(b)某一项服务或系列服务如果任其继续可能对竞争造成重大伤害,可以命令停止或延迟提供上述服务,直至经第2002/21/EC号指令规定的市场分析认定符合规定访问义务。

命令的措施和事由应立即告知有关企业,并规定合理期限要求企业改正。

4. 尽管第2款和第3款规定,成员国应授权相关机构适当时对未按本指令第11(1)(a)条或11(1)(b)条和第2002/19/EC号指令(访问指令)第9条规定提供信息的企业进行经济处罚。

5. 如果发生严重或重复侵犯一般授权或使用权条件的情况,或严重或重复违反第6(2)条特定义务的情况,若本指令第3款旨在保证合规的措施无效,国内监管机构可以禁止企业继续提供电子通信网络或服务,或者暂停或撤销使用权。可以在违法期间处以有效的、与行为相称的、禁止性的处罚或罚款,无论违法行为能否其后修正。

6. 尽管第2款、第3款和第5款之规定,若相关机构有证据表明违反一般授权或使用权条件的,或违反第6(2)条规定的特定义务,直接且严重威胁公共安全或公共健康,或者为电子通信网络其他供应商或使用者或无线电频谱其他使用者造成严重经济活动经营问题,可以在做出最终决定之前采取紧急临时措施修正这种情形。其后,应给予相关企业适当合理机会表达观点且提出补救措施。适当时,相关机构可以确认临时措施,临时措施有效期限不得超过3个月,但若未结束执行程序的,可以超过3个月。

7. 企业应有权根据第2002/21/EC号指令(架构指令)第4条规定的程序对本条措施提起复议。

第11条 一般授权要求提供关于使用权和特定义务的信息

A. 在不影响一般授权之外的其他国内立法所要求的信息和报告义务前提下,国内监管机构可以仅要求企业按照一般授权要求提供第6(2)条规定的使用权或特定义务信息,这些信息应当相称且在以下方面做到客观合理:

(a)系统证明或个案验证符合附录A部分条件1和条件2,B部分条件2和条件6,C部分条件2和条件7,以及第(2)条规定的义务。

(b)若已经受理诉讼或国内监管机构有其他理由相信未符合条件要求或国内监管机构主动发起调查的,个案验证符合附录规定的条件;

(c)授予使用权申请的程序和评估;

(d)为消费者利益公布服务价格和质量比较概况;

(e)明确的统计目的;

(f)根据第 2002/19/EC 号指令(访问指令)或第 2002/22/EC 号指令(通用服务指令)要求进行市场分析;

(g)保障有效利用和确保无线电频谱有效管理;

(h)未来网络或服务发展影响为竞争提供的批发服务,需要对其评估。

第一项第(a)、(b)、(d)、(e)、(f)、(g)和(h)点不得优先于市场准入或成为市场准入条件。

1. 若国内监管机构要求企业提供第一段所述信息,应告知该信息的特定用途。

第12条 行政收费

1. 向根据一般授权提供服务或网络的企业,或授予使用权的企业,收取的行政费用应当:

(a)全部费用只能包括第 6(2)条规定的一般授权制度和使用权以及特定义务管理、控制和执行的行政成本,可能涉及国际合作、协调和标准化、市场分析、监控和他其他市场控制,以及包括准备和实施二级立法和做出行政决议这样的管理工作,例如关于访问和互联决议;而且

(b)向个别企业征收行政费用应当客观、透明且相称,尽可能减少额外行政成本和费用。

2. 若国内监管机构设置行政费用,应当公布年度行政成本细则以及收取的费用总额。根据费用总额和行政成本的差额,应作出适当调整。

第13条 使用权和设备安装权费用

成员国可以授权相关机构设立无线电频谱或号码使用权收费,或在私人财物之上或之下安装设备的权利费用,这反映出保证资源充分利用的要求。成员国应保证收费公正合理、透明、非歧视且与预期目标相称,并且应充分考虑第 2002/21/EC 号指令(架构指令)第 8 条规定的目标。

第14条 权利和义务修改案

第一章,成员国应保证一般授权的权利、条件和程序以及使用权或设备安装权仅在公正合理的情况下得以修订,且方式适当,适当时充分考虑无线电频谱可转让使用权可使用的特定条件。除非建议修订内容很少,并经权利人或一般授权人同意,否则应以合理方式通知修订目的,包括使用者和消费者在内的利益相关方应有权在充分时间内表示对建议修订的意见,这一时间通常情况下不得少于4周。

第二章，成员国在授权有效期届满前不得限制或撤销安装设备权或无线电频谱使用权，除非符合附录和相关国内法有关权利撤销赔偿的规定，认定正当的和可适用的。

第15条　信息公开

1. 成员国应保证与一般授权、使用权、设备安装权相关的权利、条件、程序、收费、费用和决定全部信息，都以适当方式公开并且保持更新，为所有相关方提供简便的信息获得途径。

2. 若第一段所指信息由不同级别政府所有，特别关于设备安装权程序可条件信息，国内监管机构应尽力（同时关注成本）创设一个用户友好型信息概述，包括相关级别政府信息和合理授权信息，以促进设备安装权申请。

第16条　审查程序

理事会应定期审查国内授权系统的运行和欧盟内部跨境供应的开发情况，并向欧洲议会和理事会报告，第一次报告不得迟于本指令第18（1）条第2款规定的生效时间后3年。为此，理事会可以要求成员国提供信息，成员国不得无故拖延。

第17条　现有授权

1. 在不影响第2002/21/EC号指令（架构指令）第9a条规定的前提下，成员国应于2011年12月19日之前修订2009年12月31日前已适用的关于一般授权和个别使用权的规定，使之符合本指令附录和第5条、第6条和第7条。

2. 若第1款适用导致权利减少或现有一般授权和个别使用权扩张的，成员国可以延长本授权和权利效力期限至2012年9月30日，若欧盟法规定其他企业权利不受影响。成员国应将扩张决定通报理事会并表明修改理由。

3. 若相关成员国可以证明废除本指令通过之前就生效的访问电子通信网络的授权条件，对那些从强制访问其他网络受益的企业造成困难，若这些企业无法在第18（1）条第2项规定的申请日之前以合理商业条件进行新的协商，成员国可以要求临时延长相关条件。这一要求最晚不得迟于第18（1）条第2项规定的申请日提交，并详述临时延长的条件和期限。

成员国应通知理事会申请延长的理由。理事会考虑是否同意申请，应考虑该成员国和相关企业的特定情形，以及欧盟内部统一监管环境的需要。决定应表明授权或驳回申请，若决定授予申请的，还要说明延长的范围和期限。理事会应在收到延长申请之日起6个月之内向相关成员国回复决定。决定应在欧盟官方公报上公布。

第18条 转换

1. 成员国应最晚不得迟于2003年7月制定并公布与本指令相适的法律、法规和行政规章,并立即通报委员会。

应自2003年7月25日起适用上述法案。

成员国制定上述法案时,应说明本指令或在官方公布同时说明。说明方式由成员国决定。

2. 成员国按照本指令规定制定的法案文本及其修改文本应送达理事会。

第19条 生效

本指令自欧盟官方公报公布之日起生效。

第20条 受送达人

本指令送达成员国。

欧洲议会和欧盟理事会 2002 年 3 月 7 日关于电子通信网络和服务的公共监管框架的第 2002/21/EC 号指令（框架指令）*

欧洲议会和欧盟理事会，

依据《欧洲联盟条约》，特别是第 95 条，

依据欧盟委员会的建议，

依据欧洲经济和社会委员会的意见，

按照条约第 251 条规定的程序，

鉴于：

（1）在电信行业从垄断到充分竞争的转变过程中，现行的电信监管框架已成功地为有效竞争创造了条件。

（2）1999 年 11 月 10 日，欧盟委员会向欧洲议会，欧盟理事会，欧洲经济和社会委员会以及地区委员会递交了一份题为"建立电子通信基础设施和相关服务的新框架——1999 年通信业评论"的报告。在该报告中，欧盟委员会依照《欧盟理事会 1990 年 6 月 28 日关于通过实施开放式网络建立电信服务内部市场的第 90/387/EEC 号指令》第 8 条赋予的职责，审查了现行的电信监管框架。委员会还就电子通信基础设施和相关服务的新监管框架征询公众意见，提出了一系列的政策建议。

（3）2000 年 4 月 26 日，欧盟委员会向欧洲议会，欧盟理事会，欧洲经济和社会委员会以及地区委员会递交了"1999 年通信业评论"以及新监管框架目标的公众征询结果。报告总结了公众意见，并为电信基础设施和相关服务新框架的准备工作设定了重要目标。

（4）2000 年 3 月 23 日和 24 日欧洲理事会在里斯本强调转变为数字化、

---

* 译者：王茜，北京大学法学院。
　校对：于智精，北京大学法学院。

以知识为基础的经济所带来的增长、竞争以及创造工作机会的可能性。它特别强调了欧洲企业和公民获得廉价的、世界级的通信基础设施以及各种服务的重要性。

（5）电信，媒体和信息技术领域的融合是指由单一的监管框架覆盖所有的传输网络与服务。这一监管框架包括本指令和四项"具体指令"：《欧洲议会和欧盟理事会2002年3月7日关于电子通信网络和服务授权的第2002/19/EC号指令（授权指令）》、《欧洲议会和欧盟理事会2002年3月7日关于电子通信网络和相关设施的接入和互联的第2002/19/EC号指令（接入指令）》、《欧洲议会和欧盟理事会2002年3月7日关于电子通信网络和服务的通用服务和用户权利的第2002/22/EC号指令（通用服务指令）》，以及《欧洲议会和欧盟理事会1997年12月15日关于电信行业个人数据处理与隐私保护的第97/66/EC号指令（以下简称为"具体指令"）》。将传输监管与内容监管区分开是有必要的。因此，这个框架并未覆盖通过电子通信网络使用电子通信服务的服务内容，如广播内容、金融服务，以及特定的信息社会服务，也因此不违背欧共体或国家层面就这些服务采取措施，并符合欧共体法律，以促进文化和语言的多样性，并确保对媒体多元化的保护。电视节目内容由《欧盟理事会1989年10月3日关于协调成员国法律、法规或行政行为规定的有关从事电视广播业务的特别规定的第89/552/EEC号指令》所覆盖。传输监管与内容监管的区分并不妨碍对两者之间存在的联系的重视，尤其是为了保证媒体多元化、文化多样性以及消费者权益保护。

（6）视听政策和内容监管针对公众关心的目标展开，如言论自由、媒体多元化、公平公正、文化和语言多样性、社会融入、消费者权益保护，以及未成年人保护。欧盟委员会"数字化时代欧共体视听政策的原则和指导方针"的报告，以及欧洲议会在2000年6月对这一报告的支持论断，开启了欧共体为实施这一视听政策而采取的关键行动。

（7）本指令及"具体指令"的规定并不妨碍各成员国采取必要措施以确保其基本安全利益的保障，维护公共政策和公众安全，并允许对刑事罪行的调查、侦查和起诉，其中包括由国家监管机关制定的适用于电子通信服务提供商的具体、成比例的义务。

（8）本指令并未覆盖《欧洲议会和欧盟理事会1999年3月9日关于无线电设备和电信终端设备及其他们的符合性互认的第1999/5/EC号指令》规定范围内的设备，但覆盖了用于数字电视的消费性设备。监管机构鼓励网络运营商和终端设备制造商进行合作以方便残疾人士使用电子通信服务至关重要。

（9）信息社会服务由《欧洲议会和欧盟理事会2000年6月8日关于欧共体内部市场的信息社会服务，尤其是电子商务的若干法律方面的第2000/31/EC号指令（电子商务指令）》所覆盖。

（10）《欧洲议会和欧洲联盟理事会1998年6月22日关于在技术标准和法规及信息社会服务规则领域提供信息程序的98/34/EC指令》第1条中关于"信息社会服务"的定义涵盖了广泛的线上经济活动。这些活动大多不在本指令覆盖的范围内，因为它们并非全部或主要通过电子通信网络的信号传输完成。同一企业，如互联网服务提供商，可能既提供电子通信服务，如互联网接入，又提供本指令不覆盖的服务，如网络内容的提供。

（11）根据监管和运营职能分离的原则，各成员国应确保国家监管机构的独立性，以确保其决定的公正性。这种独立性的要求并不违背成员国监管机构的自主权和宪法义务，也不违背条约第295条规定的成员国财产所有权体系管理规则确定的中立原则。国家监管机构应当具备实现职能所需的人员、专业技术和财政手段方面的全部必要资源。

（12）任何作为国家监管机构决定对象的主体应当有权向独立于各方的机构提出上诉。该机构可能是法院。此外，任何企业如果认为其关于设施安装权利的授予申请并未按照本指令中设定的原则处理，其有权提出上诉反对该决定。该上诉程序并不违背国家司法体系的职能分工，也不违背依据成员国国内法规定的法律实体和自然人权利。

（13）国家监管机构需要收集来自市场参与者的信息，以便有效地执行其任务。还可能需要代表欧盟委员会收集这些信息，使其能够履行欧共体法律赋予的职责。对信息的索取应当是成比例的，且不会给企业施加不必要的负担。国家监管机构收集的信息应当向公众公开，除了到目前为止依照公众信息获取的国内法规定仍为保密的信息，并且符合欧共体及成员国关于商业秘密的法律规定。

（14）国家监管机构根据欧共体及成员国国内关于商业秘密的法规认定为保密的信息只在本指令或"具体指令"规定认定绝对必要的情况下，在欧共体和其他国家监管机构之间进行交换。交换的信息仅限于与目的相关、成比例的信息。

（15）国家监管机构就拟议的决定征询各有关方面的意见，并在通过最后决定之前考虑他们的意见至关重要。为了确保成员国层面的决定不会对单一市场或其他条约对象产生不利影响，国家监管机构还应当向欧盟委员会和其他国家监管机构通报决定草案，给予它们发表评议的机会。国家监管机构应当就可能对成员国之间贸易产生影响的草案措施征询有关方面意见。条约第6条和第7条中提到的适用程序在本指令和"具体指令"中有所定义。在征询了通信委员会意见之后，欧盟委员会应当能够要求国家监管机构撤回涉及相关市场定义或具备显著市场力量的企业指定与否的草案措施，这些决定可能为单一市场制造障碍，也可能违背欧共体法律，特别是国家监管机构应当遵守的政策目标。该程序并不违背第98/34/EC号指令中规定的通知程序，以及条约规定的违反欧共体法律方面的委员会特权。

（16）在该监管框架下，国家监管机构应当有一个统一的目标和原则来支持，并在必要时配合其他成员国监管机构的任务执行行为。

（17）根据本指令和"具体指令"建立的国家监管机构的行动有助于在文化、就业、环境、社会凝聚力和乡镇规划等领域落实更广泛的政策。

（18）要求成员国确保国家监管机构尽可能考虑中立监管技术的可取性，也就是说，既不强加，也不歧视特殊类型技术的使用，不排除采取适当措施以促进某些合理的特定服务，如数字电视作为提高频谱效率的工具。

（19）无线电频率作为以无线电为基础的电子通信服务的重要输入，只要与这些服务相关，就应当由国家监管机构依照行动管理的统一目标和原则以及客观、透明和非歧视化的标准，同时考虑到与频率使用相关的民主、社会、语言和文化利害关系进行分配和指定。无线电频率分配和指定的有效管理至关重要。只要有足够的保障措施以保护公众利益，特别是确保传输的透明度和监管，无线电频率传输可能成为增加频谱高效利用的有效手段。《欧洲议会和欧盟理事会2002年3月7日关于欧共体无线电频谱政策监管框架的第676/2002/EC号决定（无线电频谱决定）》建立了无线电频率协调统一的框架，依照本指令所采取的行动应当促进依照上述决定所开展的工作。

（20）在透明、客观和非歧视性标准的基础上获取号码资源对于电子通信行业的企业竞争至关重要。国家编码计划的所有内容包括用于网络寻址的点代码，都应当由国家监管机构管理。当欧共体需要一个统一的号码资源来支持泛欧洲服务的发展时，欧盟委员可能利用行政权力，采取技术执行措施。当确保全面的全球服务互用性的适当情况下，各成员国应按照国际组织条约以及制定编码决定的论坛协调其本国立场。本指令的规定并未在互联网命名和寻址领域为国家监管机构设立任何新职责。

（21）此外，成员国还可以使用对抗性或配合性的选择程序来分配具有特殊经济价值的无线电频率和号码。国家监管机关实施该方案时应考虑本指令第8条的规定。

（22）应确保存在及时、无歧视且透明的程序来授予安装权限，为保障公平而有效的竞争条件。本指令不违背有关财产征用或使用、正常行使财产权和正常使用公共领域的国家规定；亦考虑到成员国关于财产所有权体系的规则，且不违背中立原则。

（23）设施共享有利于城镇规划、公共卫生或环境原因，应当在自愿协议的基础上得到国家监管机关的鼓励。在企业没有可行的替代方案的情况下，可以适时共享强制性设施或财产。这其中包括：物理协同定位和管道、建筑、电杆、天线或天线系统的共享。只有向公众进行全面咨询后，才应对企业施行强制性设备或财产的共享。

（24）当移动运营商因环境原因需要共享信号塔或电杆时，出于公众健康的原因，这类强制性共享可能导致各运营商最大传输功率水平的削减，这反过来可能要求运营商安装更多的收发站以确保国内覆盖率。

（25）在特定情况下，需要规定事前义务以确保竞争市场的发展。《欧洲议会和欧盟理事会1997年6月30日关于通过应用开放式网络供应（简称ONP）原则以确保电信互连的通用服务和互用性的第97/33/EC号指令》对"重要市场力量"的定义作为事前义务的门槛，在市场开放的初始阶段被证明是有效的，但现在需要进行调整以适应更加复杂而动态的市场。出于这个原因，本指令所使用的定义等效于欧共体法院和初审法院判例法定义的"优势"概念。

（26）两个或两个以上企业可以联合占有市场支配地位，它们之间不仅存在结构上或其他关联，而且相关市场的结构还有利于其协同效应，也就是说，它鼓励市场上并行的或联合的反竞争行为。

（27）关键是，仅在缺乏有效竞争，例如市场内有一个或多个具有重要市场力量的企业，且国内和欧共体竞争法的补救措施不足以解决问题时，才应当施加事前监管义务。因此，欧盟委员会有必要按照竞争法原则起草欧共体层面的指导方针，以在评估既定市场中的竞争是否有效以及重要市场力量时有章可循。国家监管机关应分析在既定地理区域内的既定产品或服务市场是否有效竞争，该地理区域可能为成员国领土的全部或部分，也可能包括成员国领土的毗邻部分。关于有效竞争的分析应当包括对该市场是否具有前瞻性竞争力以及因此是否长期缺乏有效竞争的分析。指导方针还将解决新兴市场的问题，实际上新兴市场的领导者可能拥有巨大的市场份额，但不应承担不合理的义务。委员会将定期审查指导方针以确保其在快速发展的市场中保持正确性。如相关市场为跨国市场，国家监管机关将需要相互合作。

(28) 在确定企业是否在特定市场具有重要市场力量的过程中,国家监管机关应依照欧共体法律,并最大限度地参考委员会指导方针。

(29) 欧共体及其成员国已经就世界贸易组织电信网络和服务标准及监管框架做出承诺。

(30) 标准化仍主要是一个市场导向的过程,然而也有可能出现要求符合欧共体层面的特定标准以确保单一市场互用性的情况。在国内层面上,成员国受第98/34/EC号指令规定的约束。《欧洲议会和欧盟理事会1995年10月24日关于使用电视信号传输标准的第95747/EC号指令》并未制定任何特定的数字电视传输系统或服务要求。通过数字视频广播集团,欧洲市场的参与者已发展出一套电视传输系统,这套系统被欧洲电信标准协会(ETSI)标准化,并被国际电信联盟推荐。任何强制实施该标准的决定都应进行全面的公众咨询。根据本指令规定的标准化程序不应违背第1999/57/EC号指令,《欧洲理事会1973年2月19日关于使各成员国有关特定电压范围内工作的电气设备的法律趋于一致的第73723/EEC号指令》以及《欧洲理事会1989年5月3日关于使各成员国有关电磁兼容性的法律趋于一致的第89/336/EEC号指令》的规定。

(31) 应当鼓励消费者层面的数字互动电视服务和增强型数字电视设备的互用性,以确保信息的自由流动以及媒体多元化和文化多样化。考虑到技术中立性、未来技术发展、推广购买数字电视的需求以及数字电视服务市场的竞争状态,消费者希望有能力接受任何传输模式下的所有数字互动电视服务。数字互动电视平台运营者应努力实现一个符合欧洲标准组织采用的标准或规格的开放应用程序接口(API)。应当鼓励和组织现有应用程序接口向新开放应用程序接口的迁移,例如,通过建立所有相关市场参与者间的理解备忘录。开放应用程序接口能够促进互用性,例如,传输装置互动内容的便携性,以及增强型数字电视设备互动内容的全面功能。然而,还应当考虑不妨碍接收设备功能,并保护其不受来自诸如病毒的恶意攻击的需求。

(32) 本指令或"具体指令"涵盖的范围内,若同一成员国的企业之间发生纠纷,如关于接入或互连义务或传输用户名单方式的纠纷,受损害方经真诚协商后仍无法达成协议时,应当能够请求国家监管机关处理该纠纷。国家监管机关应当能够强制双方实施解决方案。国家监管机关介入成员国内提供电子通信网络和服务的企业之间的纠纷时,应当设法确保遵循本指令或"具体指令"规定的义务。

(33) 除国家或欧共体法律赋予的追索权外,还需要纠纷一方申请启动一个简单程序以解决单一国家监管机关管辖范围外的跨界纠纷。

（34）应当建立一个独立委员取代第 90/387/EEC 号指令第 9 条设立的"开放式网络供应（简称 ONP）委员会"，以及《欧洲议会和欧盟理事会 1997 年 4 月 10 日关于电信服务领域一般授权和个人执照的通用框架的第 97/13/EC 号指令》第 14 条设立的牌照委员会。

（35）国家监管机关和国家竞争当局应当互通实施本指令及"具体指令"规定所必需的信息，以实现充分合作。它们应向彼此提供实施。至于交换的信息，接收机关应当确保其保持发出机关相同等级的保密性。

（36）欧盟委员会表示将建立电子通信网络和服务欧洲监管组织，这将构成鼓励国家监管机关之间的合作和协同的适当机制，以推动电子通信网络和服务内部市场的发展，并在各成员国内，尤其是国家法律在实施欧共体法律时给予国家监管机关相当大的规则实施自由裁量权的地区，实现本指令及"具体指令"规定的统一适用。

（37）应当要求国家监管机关以透明方式相互合作、并与欧盟委员会合作，以确保本指令及"具体指令"的规定在所有成员国内得以统一适用。这一合作可能发生，特别是在通信委员会中或欧洲监管机关组成的小组内。为施行本指令及"具体指令"，成员国应决定由哪一机构担任国家监管机关。

（38）能够影响成员国间贸易的措施是指以阻碍单一市场的方式可能对成员国间贸易模式产生直接或间接、实际或潜在影响的措施。这些措施由可能对其他成员国的运营商和用户产生重要影响的措施组成，包括：影响其他成员国用户价格的措施；影响其他成员国国内企业提供电子通信服务能力的措施；尤其是影响跨国基础上提供服务能力的措施；以及影响市场结构或准入，并对其他成员国国内企业产生影响的措施。

（39）应当对本指令的规定进行定期审查，尤其是为了确定是否需要根据技术或市场条件的不断变化进行修订。

（40）应当依照《欧盟理事会 1999 年 6 月 28 日的第 1999/468/EC 号决定》规定的行使委员会授予执行权力的程序，采取实施本指令的必要措施。

（41）因为拟议行动的目标，即实现电子通信服务、电子通信网络、相关设施和相关服务的统一监管框架，无法由成员国充分实现。因此，鉴于行动的规模和影响，欧共体可以依照《建立欧洲经济共同体的条约》第 5 条规定的补充原则采取措施，在欧共体层面上更好地实现目标。依照《建立欧洲经济共同体的条约》第 5 条的比例原则，本指令并未逾越实现目标所必需的范围。

（42）此领域的特定指令和决定应当予以废除。

(43) 委员会应当监控现行框架向新框架的过渡，特别是在适当时机，提出建议废除《欧洲议会和欧盟理事会 2000 年 12 月 18 日关于本地环路非捆绑接入的第 2887/2000 号条例》。

已通过指令：

第一章　适用范围、目标及定义

【第 1 条】【适用范围和目标】

1. 本指令建立了一个电子通信服务、电子通信网络、相关设备、相关服务以及终端设备特定方面的统一监管框架，以便利残疾用户的使用。该指令对国家监管机关的任务做出规定，并建立了一套程序以确保在欧共体范围内对监管框架进行统一适用。

2. 本指令及"具体指令"不违背依据欧共体法律的国内法或欧共体法律关于使用电子通信网络及服务提供服务的强制性义务。

3. 本指令及"具体指令"不违背在欧共体或成员国层面上采取符合欧共体法律的措施以追求共同利益的目标，特别涉及内容监管和视听政策。

3a. 会员国关于终端用户通过电子通信网络获得或使用服务和应用而采取的措施应当尊重《保护人权和基本自由欧洲公约》和欧共体法律一般原则所保障的自然人基本权利和自由。任何关于终端用户通过电子通信网络获得或使用服务和应用而采取的措施，只有在相对于民主社会适当、成比例且必要的情况下，才能强行限制这些基本权利和自由。这些措施的实施应当充分遵守符合《保护人权和基本自由欧洲公约》和欧共体法律一般原则（包括有效的司法保护和正当程序原则）的程序性保障措施。因此，这些措施只在合理考虑了无罪推定和隐私权原则的基础上得以实施。在证明属实的紧急状况下需要符合《保护人权和基本自由欧洲公约》的适当条件和程序安排，因此应当保证一个事前的、公平公正的程序。还应当保障有效、及时的司法审查的权利。

4. 本指令及"具体指令"不违背第 1999/5/EC 号指令的规定。

5. 本指令及"具体指令"不应违背关于公众移动通信网络的国际漫游监管所采取的任何具体措施。

【第 2 条】【定义】

对本指令而言：

（a）"电子通信网络"是指传输系统、交换或路由设备（如适用）以及通过有线、无线、光学或其他电磁手段允许信号传输的其他资源。无论传输信息的类型，它包括卫星网络、固定（电路交换和分组交换，包括互联网）和移动陆地网络、电缆系统（在一定程度上用于信号传输）、用于广播和电视广播的网络以及有线电视网络；

（b）"跨国市场"是指符合第 15 条第 4 款中所确定的覆盖欧共体或其中部分位于多个成员国的市场；

（c）"电子通信服务"是指一种通常有偿提供的服务，它全部或主要由电子通信网络的信号传输组成，包括电信服务和用于广播的网络传输服务，但不包括服务提供或行使编辑控制权；使用电子通信网络和服务传输的内容不包括第 98/34/EC 号指令第 1 条所定义的信息社会服务，它也并非完全或主要地构成电子通信网络的信号传输；

（d）"公共通信网络"是指全部或主要用于向公共提供电子通信服务以支持网络终端点之间信息传输的电子通信网络；

（da）"网络终端点"（NTP）是指提供给用户访问公共通信网络的物理位置；在涉及交换和路由的网络情况下，网络终端点通过可能连接用户号码或姓名的特定网络地址确定；

（e）"相关设备"是指相关设备、物理基础设施和其他与电子通信网络和/或电子通信服务相关的设施或元素，其能够通过网络和/或服务提供和/或支持服务供应或有可能如此。其中包括建筑物、建筑物入口、建筑布线、天线、信号塔和其他配套建筑、管道、沟渠、天线杆、沙井和橱柜；

（ea）"相关服务"是指与电子通信网络和/或电子通信服务相关的服务，其能够通过网络和/或服务提供和/或支持服务供应或有可能如此。其中包括号码翻译或提供相同功能的系统、有条件接入系统、电子节目指南以及其他服务，如身份、位置和呈现服务；

（f）"有条件接入系统"是指任何借以接入到受保护的易懂格式的无线电或电视广播服务的技术措施和/或安排，因订购或优先个人授权使其附条件；

（g）"国家监管机关"是指由成员国负有本指令及"具体指令"分派的监管任务的一个或多个机构；

（h）"用户"是指使用或要求一种公共电子通信服务的法律实体或自然人；

（i）"消费者"是指不为贸易、商业或专业目的，使用或要求一种公共电子通信服务的任何自然人；

(j)"通用服务"是指第2002/22/EC号指令(通用服务指令)定义的最小服务集合。服务的特殊质量适用于任何地理位置的所有用户,根据具体国情设定合理价格;

(k)"订户"是指任何为获得服务供应而与公共电子通信服务提供商订立合同的自然人或法律实体;

(l)"具体指令"是指第2002/20/EC号指令(授权指令),第2002/19/EC号指令(接入指令),第2002/22/EC号指令(通用服务指令)以及《欧洲议会和理事会2002年7月12日关于电子通信领域个人数据处理和隐私保护的第2002/58/EC号指令(关于隐私和电子通信指令)》;

(m)"电子通信网络提供"是指此类网络的建立、运行、管理或使之可获得;

(n)"终端用户"是指不提供公共通信网络或者公共电子通信服务的用户;

(o)"增强型数字电视设备"是指用于连接电视机或综合数字电视机,并能够接收数字交互电视服务的机顶盒;

(p)"应用程序接口(简称API)"是指广播公司或服务供应商提供的应用程序与用于数字电视和广播服务的增强型数字电视设备资源之间的软件接口;

(q)"频谱分配"是指在适当情况下,根据规定条件指定给定频段,用于一个或多个类型的无线电通信服务;

(r)"有害干扰"是指危害无线电导航服务运作或根据适用的国际、欧共体或成员国规定,以其他方式严重降低、阻碍或重复中断无线电通信服务运作的干扰;

(s)"呼叫"是指通过公共电子通信服务建立一个连接,允许双向语音通信。

第二章 国家监管机关

【第3条】【国家监管机关】

1. 成员国应当保证在本指令及"具体指令"中指派给国家监管机关的每项任务均由一个合格主体承担。

2. 成员国应当保证国家监管机关的独立性,确保其在法律上和功能上区别于任何提供电子通信网络、设备或服务实体。对于提供电子通信网络和/或服务的实体保留所有权或控制权的成员国，应当确保其监管职能同与所有权或控制权相关的活动之间实现有效的结构性分离。

3. 成员国应当确保国家监管机关公平、透明并且及时地行使其职权。成员国应当确保国家监管机关拥有充足的资金和人力以执行其任务。

3a. 负责事前市场监管或依照本指令第20条或第21条的承诺负责争议解决的国家监管机关在执行其在为实施欧共体法律而制定的国内法下所承担的任务时，应当独立执行且不得寻求或接受任何与前述任务有关联的主体的指示，同时不影响第4款和第5款的规定。前述情形不应妨碍成员国宪法的规制。依照第4条设立的上诉机构是唯一有权力中止或推翻国家监管机关所做决定的实体。成员国应当确保国家监管机关负责人或在第一项中提到的行使国家机关职权的合议机构的成员（如果采用合议制度）或其替代者仅在他们无法满足实现其国内法事先规定的职能所必需的条件时才能被解职。解除国家监管机关负责人职务或行使该职权的合议机构的成员职务的决定，应当在作出时予以公布。被解职的国家机关负责人或行使该职权的合议机构的成员有权要求获得关于解职原因的声明，并有权在该声明应当公布而未公布时要求将其公布。成员国应当确保第一项中提到的国家监管机构拥有独立的年度预算。该预算应当公布。成员国应当确保国家监管机关拥有充足的资金和人力以积极参与欧洲电子通信监管机构（BEREC）并为其作出贡献。

3b. 成员国应当确保其国家监管机构有力支持欧洲电子通信监管机构的目标，即进一步促进监管的协调性与一致性。

3c. 成员国应当确保其国家监管机构在对其国内市场作出决定时务必充分参考欧洲电子通信监管机构的意见与一贯立场。

4. 成员国应当以易于理解的方式公布国家监管机构所承担的任务，尤其是那些指派给多个机构的任务。成员国应确保适当情况下这些机构之间、这些机构与拥有竞争法执法权的国家机关以及拥有消费者法执法权的国家机关之间就共同关心的问题的协商与合作。当多个机关有能力处理这些问题时，成员国应确保各机关的各自任务以易于理解的方式予以公布。

5. 国家监管机关和国家竞争局应该互相提供实施本指令及"具体指令"规定的必需信息。对于交换的信息，接收机关应当确保其保持发出机关相同等级的保密性。

6. 成员国应向委员会告知根据本指令及"具体指令"各国监管机关指派的全部任务以及它们的各自职责。

【第 4 条】【上诉权利】

1. 成员国应当保证存在国家层面的有效国家机制，在此机制之下，用户和提供电子通信网络和/或服务的企业一旦受到国家监管机关决定的影响，有权向一个独立于相关方的上诉机构提出上诉。这一机构可以是法庭，它应当具有能够使其有效履行自身职能的适当专业知识。成员国应确保对案情给予充分考虑并有一个有效的上诉机制。在等待上诉结果过程中，除非成员国法律授权临时措施，否则国家监管机关应当坚持其决定。

2. 若第一段提到的上诉机构并非司法性质，则其决定应当始终出具书面理由。此外，在这些情况下，其决定还应受到法院或仲裁庭根据《建立欧洲经济共同体的条约》第 234 条的含义所作出的审查。

3. 成员国应当收集关于上诉题材、上诉请求数量、上诉程序持续时间以及和准予采取临时措施决定数量的信息。如果收到合理要求，成员国应当向委员会或欧洲电子通信监管机构提供上述信息。

【第 5 条】【信息供应】

1. 成员国应确保提供电子通信网络和服务的企业提供包括财务信息在内的所有国家监管机关所必需的信息，以确保本指令及"具体指令"中的规定与依此制定的决定的一致性。特别是，国家监管机关应当有权要求这些企业提交关于未来网络或服务发展的信息，这些信息可能会影响它们提供给竞争对手的批发服务。在批发市场上具有重要市场力量的企业可能还被要求提交与批发市场相关联的零售市场会计数据。

企业应当根据要求迅速提供符合国家监管机关规定的时间表和详情等级的相关信息。国家监管机关要求的信息应与任务特性相匹配。国家监管机关应当给出理由证明其信息要求合理性，并按照第 3 款进行信息处理。

2. 成员国应确保国家监管机关在合理请求之后向委员会提供完成条约规定任务所必需的信息。委员会要求的信息应与那些任务特性成比例。若提供的信息是指先前企业被国家监管机关要求提供的信息时，企业应当知晓该情况。在必要的范围内，除非提供信息的机关作出明确并合理的相反要求，委员会应将提供的信息提供给另一成员国的类似机关。依照第 3 款的要求，成员国应确保提交给某一国家监管机关的信息能够提供给该成员国或其他成员国的类似机关，在必要时，允许任一机关依照欧共体法律履行其职责。

3. 若依照有关商业机密的欧共体和成员国法律，国家监管机关认为信息是机密的，那么委员会和国家监管机关应确保其机密性。

4. 成员国应确保，依照有关公共信息获取的国家规定以及欧共体和成员国关于商业秘密的规定，国家监管机关发布有利于开发和竞争性市场的此类信息。

5. 国家监管机关应当发布第4款提到的公众信息获取条款，包括此类信息获取的程序。

【第6条】【协商和透明机制】

除了第7条第9款、第20条或第21条所提及的情况下，成员国应确保国家监管机关依照本指令或"具体指令"采取措施，或按照对相关市场有重要影响的第9条第3款或第4款规定施行限制的情况下，给予有关各方在合理期限内就草拟措施发表评论意见的机会。国家监管机关应发布其国家协商程序。成员国应确保建立通过其可以获取目前全部协商的单个信息点。依照有关商业机密的欧共体和成员国法律，国家监管机关应向公众公开除保密信息以外的所有协商程序结果。

【第7条】【整合电子通信内部市场】

1. 依据本指令及"具体指令"执行任务时，国家监管机关应最大限度地考虑第8条设定的目标，包括所有与内部市场运作相关的目标。

2. 国家监管机关应当以透明的方式相互合作并与委员会及欧洲电子通信监管机构进行合作，促进内部市场的发展，从而确保本指令及"具体指令"的规定在所有成员国内协调实施。为此，它们应特别与委员会及欧洲电子通信监管机构合作以识别解决市场上特定情形的最佳工具和补救措施类型。

3. 除非另有规定，即在完成第6条所提及的协商后依据第7b条通过建议或指导方针外，国家监管机关准备采取一项措施，该措施：

（A）在本指令第15条或第16条、第2002/19/EC号指令（接入指令）第5条或第8条的范围内，且

（B）将影响成员国间贸易；将使委员会、欧洲电子通信监管机构以及其他成员国国家监管机关获得草拟措施，同时根据第5条第3款，通知委员会、欧洲电子通信监管机构以及其他国家监管机关措施所依据的理由。国家监管机关、欧洲电子通信监管机构以及委员会只能在1个月内就相关国家监管机关作出评论。1个月的期限不可延长。

4. 第3款所涵盖的预期措施旨在：

（a）定义相关市场，这一相关市场区别于依据第15条第1款在"建议"中定义的市场；或

（b）依据第16条第3款、第4款或第5款，决定是否认定一个企业单独或与其他企业联合具有重要市场力量。预期措施将影响成员国间的贸易，委

员会已向国家监管机关表示：其认为草拟措施将对单一市场造成阻碍，或如果其对草拟措施与欧共体法律，特别是第8条所提及的目标之间的一致性产生严重怀疑，那么未来2个月仍不会通过该草拟措施。这一期限不可延长。在此情况下，委员会应当通知其他国家监管机关其保留。

5. 在第4款所提及的2个月期限内，委员会应当：

（a）做出决定，要求相关国家监管机关撤销草拟措施；并/或

（b）做出决定，解除其关于第4款中所提及的保留。委员会应在发布决定前尽可能考虑欧洲电子通信监管机构的意见。决定应当附有详细、客观的分析，关于为何委员会认为草拟措施不应通过以及修订草拟措施的具体建议。

6. 委员会依据第5款通过一项决定的情况下，要求国家监管机关撤销一项草拟措施，国家监管机关应当自决定之日起6个月内修订或撤销草拟措施。修订草拟措施时，国家监管机关应当根据第6条中提到的程序进行公众咨询，还应当根据第3款的规定重新将修订的草拟措施通报委员会。

7. 国家监管机关应当尽可能考虑其他国家监管机关、欧洲电子通信监管机构以及委员会的意见，除第4款和第5款a项所涵盖的情况外，可能通过最终的草拟措施，在通过的情况下，应当传达给委员会。

8. 国家监管机关应当向委员会和欧洲电子通信监管机构传达所有依据第7条第3款a项和b项通过的最终措施。

9. 在特殊情况下，若国家监管机关认为需要紧急行动，以维护竞争和保护用户利益，通过减少第3款和第4款中规定的程序，可以立即采取适当的临时措施。应当立即就措施及充分理由上报委员会、其他国家监管机关以及欧洲电子通信监管机构。国家监管机关使这些措施永久有效或延长其有效期的决定应受第3款和第4款规定的限制。

【第7a条】【补救措施协调应用程序】

1. 本指令第7条第3款所涵盖的预期措施旨在适用本指令第16条以及2002/19/EC指令（接入指令）第5条、第9—11条，2002/22/EC指令（通用服务指令）第17条施加、修订或撤销赋予运营商的责任。委员会可能在本指令第7条第3款指定的1个月的期限内，通知有关国家监管机关以及欧洲电子通信监管机构其认为草拟措施可能为单一市场设置阻碍的原因及其对于草拟措施和欧共体法律一致性的严重怀疑。在这些情况下，根据委员会通知在接下来的3个月不应当采取草拟措施。如果没有此类通知，有关国家监管机关可以采取草拟措施，尽可能考虑委员会、欧洲电子通信监管机构以及任何其他国家监管机关的任何意见。

2. 在第1款所提及的3个月期限内，委员会、欧洲电子通信监管机构以及有关国家监管机关应当密切合作，以确定最合适、有效的措施，参照第8条规定的目标，同时适当考虑市场参与者的意见和需求，以确保监管实践的发展保持协调一致。

3. 在第1款提到的3个月期限的最初6个星期内，欧洲电子通信监管机构应当，通过其大多数组成成员一致行动，对第1款中提到的委员会通知发表意见，表明其是否认为草拟措施应当被修订或撤销，并在合适情况下，为此提供具体建议。这一意见应当合理、公开。

4. 如果欧洲电子通信监管机构与委员会同样持有严重怀疑，其应当与有关国家监管机关密切合作，以确定最合适、有效的措施。在第1款所提及的3个月期限结束前，国家监管机关可能：

（a）修订或撤销草拟措施，尽可能考虑第1款中所提及的委员会通知以及欧洲电子通信监管机构的观点和建议；

（b）坚持其草拟措施。

5. 若欧洲电子通信监管机构并未同委员会一样持有严重怀疑，或不发表任何意见，或国家监管机关修订或坚持其根据第4款规定的草拟措施，在第1款所提及的3个月期限之后的1个月内，尽可能考虑欧洲电子通信监管机构的意见情况下，委员会可以：

（a）发布建议，要求有关国家监管机关修订或撤销草拟措施，包括对此的具体建议并提供建议理由，特别是在欧洲电子通信监管机构并未同委员会一样持有严重怀疑的情况下；

（b）作出决定，解除依照第1款表示的保留。

6. 在委员会根据第5款a项发表建议或根据第5款b项解除保留的1个月内，有关国家监管机关应当向委员会和欧洲电子通信监管机构通报采取的最终措施。这一期限可能被延长从而国家监管机关根据第6条进行公众咨询。

7. 当国家监管机关根据第5条第1款作出的建议，决定不修订或撤销草拟措施时，应当提供合理理由。

8. 国家监管机关可以在程序任何阶段撤销提出的草拟措施。

【第7b条】【执行条款】

1. 经过公众咨询以及向国家监管机关的咨询，尽可能考虑欧洲电子通信监管机构的意见之后，委员会可能采取与第7条相关的建议和/或指导方针，根据第7条第3款要求的通知中给出形式、内容和详细程度的定义。在不要求通知的情况下，时间的计算有所限制。

2.应当依据第 22 条第 2 款中所提及的咨询程序采取第 1 款所提及的措施。

第三章 国家监管机关的任务

【第8条】【政策目标和监管原则】

1.在贯彻落实本指令及"具体指令"规定的监管任务时,成员国应确保国家监管机关采取所有旨在实现第 2 款、第 3 款和第 4 款所设定目标的合理措施。这些措施应与目标成比例。除第 9 条就无线电频率另有规定外,成员国应尽可能考虑监管技术性中立的可取性,成员国应确保在贯彻落实本指令及具体指令规定的监管任务时,特别是那些旨在确保有效竞争的任务时,国家监管机关亦能如此。国家监管机关在其能力范围内,能够有助于确保旨在促进文化和语言多样性及媒体多元化的政策执行。

2.国家监管机关应促进电子通信网络、电子通信服务及相关设备和服务供应的竞争,其中包括:

(a)确保包括残疾用户、老年用户以及有特殊社会需求的用户在内的用户在选择、价格和品质方面获取最大利益;

(b)确保在包括内容传输的电子通信行业中,竞争没有受到扭曲或限制;

(c)鼓励有效使用,并确保对无线电频率和编码资源的有效管理。

3.国家监管机关应当促进内部市场的发展,通过:

(a)消除欧洲范围内电子通信网络、相关设施及服务和电子通信服务供应中仍然存在的障碍;

(b)鼓励建立和发展跨欧洲网络、泛欧洲服务的互用性以及终端对终端的连接;

(d)彼此合作,并与委员会以及欧洲电子通信监管机构进行合作,以确保监管实践的协调发展以及本指令及"具体指令"的协调适用。

4.国家监管机关应提升欧盟公民的利益,其中包括:

(a)确保所有公民有机会获得第 2002/22/EC 号指令(通用服务指令)规定的通用服务;

(b)确保消费者在与供应商交易中得到高级别的保护,尤其是保证提供由第三方机构执行的简单、经济的纠纷解决程序;

(c)致力于确保对个人数据和隐私的高级别保护;

(d)促进提供明确信息,特别要求公共电子通信服务收费和使用条件的

透明度;

(e)强调特殊社会群体的需求,尤其是残疾用户、老年用户以及有特殊社会需求的用户;

(f)确保维持公共通信网络的完整性和安全性;

(g)促进终端用户获取和分配信息、依照自己的选择运行应用程序和服务的能力。

5. 为实现第2、3、4款中所提及的目标,国家监管机关应当采取客观、透明、非歧视和比例原则,通过:

(a)通过在适当的审查期内保持监管方式的一致性,促进监管可预测性;

(b)确保在类似的情况下,对于提供电子通信网络和服务的企业不存在歧视对待;

(c)为维护消费者权益保障竞争,在适当的情况下,促进基于基础设施的竞争;

(d)促进新增和增强型基础设施方面的高效投资和创新,包括确保投资企业在任何义务的获得上合理考虑所承担的风险,通过允许投资者与参与方之间的各种合作安排以分散投资风险,同时确保市场竞争与非歧视原则的保留;

(e)合理考虑关于成员国内各地理区域竞争和消费者的多样性;

(f)仅在没有有效、可持续竞争的情况下施加事前监管义务,一旦满足条件,放宽或解除这些义务。

【第8a条】【无线电频谱政策战略规划和协调】

1. 成员国应就欧共体内的无线电频谱使用的战略规划,协调和统一相互合作,并与委员会竭诚合作。为此,他们应考虑到欧盟政策的经济、安全、健康、公共利益、言论自由、文化、科学、社会和技术等方面以及无线电频谱的用户群体的利益,以优化无线电频谱的使用并避免有害干扰。

2. 通过相互合作并与委员会合作,成员国应当促进欧共体内的无线电频谱政策方法的协调一致,并在合适情况下协调统一关于电子通信内部市场成立和运作所必需的无线电频谱的可用性和有效使用的条件。

3. 委员会尽可能考虑无线电频谱政策小组(RSPG)的意见,该小组根据《欧盟委员会2002年7月26日关于建立无线电频谱政策小组的第2002/622/EC号决定》建立。委员会可能就设立多年期无线电频谱政策方案向欧洲议会和欧盟理事会提交立法建议。此类方案应设定根据本指令及"具体指令"无线电频谱使用的战略规划和协调统一政策的方向和目标。

4. 在主管无线电频谱事务的国际组织中，若需要确保欧共体利益的有效统一，委员会在尽可能考虑无线电频谱政策小组意见的情况下，可能向欧洲议会和欧盟理事会提出共同的政策目标。

【第9条】【电子通信服务的无线电频率管理】

1. 充分考虑到无线电频率作为具有重要的社会、文化和经济价值的公共物品，依照第8条和第8a条，成员国应当确保其领土内无线电频率的有效管理。它们应确保用于电子通信服务的无线电频谱配置，由国家主管机关基于客观、透明、非歧视和成比例的标准颁发此类频率的一般授权或个人使用权。在适用本条时，成员国应当尊重包括国际电联"无线电规则"在内的有关国际协定，还可能考虑公共政策因素。

2. 成员国应促进欧共体范围内的无线电频率的协调使用，符合需求以确保切实有效的利用，追求如规模经济和服务互用性的消费者权益。它们这样做时应当依照第8a条以及第676/2002/EC号决定（无线电频谱决定）行动。

3. 除第2目另有规定外，成员国应当确保所有用于电子通信服务的技术类型均可用于无线电频段，按照欧共体法律在国家频率分配方案中宣称可用于电子通信服务。

然而，成员国可以在必要的情况下，就用于电子通信服务的无线网络或无线接入技术提供成比例、非歧视的限制：

（a）避免有害干扰；

（b）保护公众健康免受电磁场影响；

（c）确保服务的技术质量；

（d）确保无线电频率共享的最大值；

（e）保障频谱的高效利用；或

（f）确保按照第4款实现普遍关注的目标。

4. 除第2项另有规定外，成员国应当确保所有用于电子通信服务的技术类型可用于无线电频段，按照欧共体法律在国家频率分配方案中宣称可用于电子通信服务。

然而，成员国可以在必要的情况下，就用于电子通信服务的无线网络或无线接入技术提供成比例、非歧视的限制，履行国际电联"无线电规则"的要求。措施要求电子通信服务通过可用于电子通信服务的特定频段提供，这些措施应当有正当理由，以确保实现成员国所定义的符合欧共体法律的普遍关注目标，包括但不限于：

（a）生命安全；

（b）促进社会、区域或领土凝聚力；

（c）避免无线电频率的低效使用；或

（d）促进文化和语言的多样性以及媒体多元化，例如通过提供无线电和电视广播服务。

措施禁止提供任何其他特定频段的电子通信服务，仅在保护生命安全服务的需要使其合理化的情况下提供。特殊情况下，成员国可能持续这一措施，以实现依照欧共体法律成员国所定义的其他普遍关注的目标。

5. 成员国应当定期审查第 3.4 款所提及的限制的必要性，并应当公开这些审查结果。

6. 第 3 款和第 4 款应当适用于分配用于电子通信服务的频谱，2011 年 5 月 25 日后颁发一般授权并授予无线电频率的个人使用权。至 2011 年 5 月 25 日存在的频谱分配、一般授权和个人使用权应当遵守第 9a 条的规定。

7. 不违背"具体指令"的规定，并考虑到相关国家的情况，成员国可可以颁布规定以防止频谱囤积，特别是通过设定严格的持有人开发权有效期限以及适用处罚，处罚包括罚款或如果在期限内出现违规行为，则撤销使用权。这些规则应当以成比例、非歧视和透明的方式建立并适用。

【第9a条】【现有权利的限制审查】

1. 自 2011 年 5 月 25 日起 5 年内，成员国可能允许权利人使用在该日期之前授权的无线电频率，如果向国家主管机关就第 9 条第 3 款和第 4 款中规定的权利限制提交重新评估申请，那么该日期之后不少于 5 年内它们将持续有效。通过这一决定之前，国家主管机关应当通知权利人对限制的重新评估，表明重新评估之后的权利内容，并应当给予权利人撤回其申请的合理期限。如权利人撤回其申请，权利将保持不变，直到有效期届满或 5 年期限结束，以较早日期为准。

2. 在第 1 款中所提及的 5 年期限之后，成员国应采取一切适当措施，以确保第 9 条第 3 款和第 4 款适用于所有其余一般授权或个人使用权以及用于 2011 年 5 月 25 日存在的电子通信服务的频谱分配。

3. 在适用本条时，成员国应采取适当的措施，以促进公平竞争。

4. 在适用本条时所采取的措施不构成新使用权的授予，因此不受第 2002/20/EC 号指令（授权指令）第 5 条第 2 款有关规定的约束。

【第9b条】【无线电频率个人使用权的转让或租赁】

1. 成员国应确保企业可以依据无线电频率使用权所附条件或国家程序向其他企业转让或租赁实施第 3 款规定措施所提供频段下的无线电频率的个人

使用权。在其他频段下,成员国也可能依据国家程序,制定企业向其他企业转让或租赁无线电频率个人使用权的规定。无线电频率个人使用权的附加条款在转让或租赁后应当继续适用,国家主管机关另有规定的除外。成员国还可以决定,若企业无线电频率个人使用权免费初始获得,则不适用本款规定。

2. 成员国应确保企业转让无线电频率使用权的意图,并将依据国家程序的有效转让通报至负责授予个人使用权的国家有关机关,并予以公布。通过适用第 676/2002/EC 号决定(无线电频谱决定)或其他欧共体措施,协调统一无线电频率的使用,任何此类转让应当遵从上述协调使用。

3. 委员会可能采取适当执行措施,以确定企业间转让或租赁无线电使用权的频段。这些措施应当不覆盖用于广播的频率。这些技术执行措施旨在通过补充修改本指令的非基本要素,应当按照第 22 条第 3 款所提及的监管审查程序执行这些措施。

【第 10 条】【编码、命名和选址】

1. 成员国应确保国家监管机关控制所有国家编码资源使用权的授予以及国家编码计划的管理。成员国应确保为可公开获得的电子通信服务提供足够的号码和编码范围。国家监管机关应为国家编码资源使用权建立客观、透明和非歧视的授予程序。

2. 国家监管机关应确保国家编码计划和程序的实施以平等对待所有可公开获得的电子通信服务供应商的方式进行。特别是,成员国应确保被授予一定编码范围使用权的企业不在用于获取服务的数字序列方面歧视其他电子通信服务供应商。

3. 此外,成员国应确保公布国家编码计划及所有后续补充和修正案,并只受到以国家安全为由的强制性限制。

4. 当有必要支持内部市场的运作以及泛欧洲服务的发展时,成员国应支持欧共体范围内特殊号码和编码范围的协调统一。委员会可能就此采取适当技术措施。这些措施旨在补充修改本指令的非基本要素,应当按照依照第 22 条第 3 款提及的监管审查程序执行这些措施。

5. 在适当情况下,为确保服务的完整全球互用性,成员国应协调其在国际组织和论坛中的立场。这些组织和论坛就关于电子通信网络和服务的编码、命名及选址的问题作出决定。

【第 11 条】【通行权】

1. 成员国应确保,当主管机关考虑:

——向公众提供通信网络的企业申请授予其在公共或私人财产上、上方

或下方安装设备的权利,或

——向公众以外提供电子通信网络的企业申请授予在公共财产上、上方或下方安装设备的权利时

主管机关:

——依据简单,高效,透明和公开的程序行动,非歧视、无延迟地适用,并且在除征用外的任何情况下,在适用6个月之内做出决定;

——若在任何此类权利上附加条件,应遵循透明和无歧视原则。

上述程序可依申请人是否提供公共通信网络有所区别。

2. 当公共或地方机关保留对经营电子通信网络和/或服务的企业的所有权和控制权时,成员国应确保将第1条所提及的权力授予机能与和所有权或控制权相关的活动进行结构性分离。

3. 成员国应确保有效机制的存在,以允许企业就安装设备权利的授予决定向第三方机构提出上诉。

【第12条】【电子通信网络供应商的主机代管与设备共享】

1. 依据国家立法,提供电子通信网络的企业有权在公共或私人财产上、上方或下方安装设备,或可以利用财产征用或使用的程序,在此种情况下,国家监管机关应充分考虑比例原则,并能够施行此类设备或财产包括:建筑物、建筑物入口、建筑布线、天线、信号塔和其他配套建筑、管道、沟渠、天线杆、沙井和橱柜的共享。

2. 成员国可能要求第1款所提及的权利人共享设备或财产(包括主机代管)或者采取措施促进公共工程的协调,以保护环境公共卫生、公共安全或实现城乡规划目标。这些措施需经过适当的公共咨询期,在此期间,所有相关各方都获得表达意见的机会。此类共享或协调安排可能包括设施或财产共享的费用摊派规则。

3. 经过适当的公共咨询期,所有相关各方获得表达意见的机会之后,成员国应当确保国家监管机关还应当有权向第1款中所提及的权利人或布线所有人施加关于建筑物内或上升至建筑外第1集中或分发点的布线共享的义务,其合理性理由在于此类基础设施的复制经济效率低下、缺乏物理可操作性。此类共享或协调安排可能包括适当时调控风险的设施或财产共享费用摊派规则。

4. 成员国应确保国家主管机关能够要求企业提供必要信息,在国家监管机关配合下,国家主管机关要求能够建立一份关于第1款中所提及设备的性质、可用性以及地理位置的详细清单,并提供给有关各方。

5. 国家监管机关依据本条所采取的措施应当客观、透明、非歧视以及成比例。在相关情况下,这些措施应当与地方机关协调开展。

【第13条】【账目分离和财务报告】

1. 若提供公共通信网络或公共电子通信服务的企业在成员国其他行业或其他成员国享有特殊或专有供应权,成员国应要求这些企业:

(a)保持电子通信网络或服务供应的相关活动账目分离,如果这些活动由法律上独立的企业实施,需要基于计算以及详细的归因方法实行账目分离以确定成本和收入。这些要素包括详细列明的固定资产和结构成本细目,与电子通信网络或服务供应活动相关。或

(b)与电子通信网络或服务的相关活动结构性分离。对年营业额少于5000万欧元的企业,成员国可以选择不适用第1目所提及的对企业的要求。

2. 提供公共通信网络或公共的电子通信服务的企业不受公司法制约,也不符合欧共体法律会计制度中的中小型企业标准时,应当拟订财务报告提交独立审计并予以公布。应依照相关欧共体和成员国规定进行审计。

此项规定也适用于第1款a项规定的账目分离。

第三A章 网络和服务的安全性和完整性

【第13a条】【安全性和完整性】

1. 成员国应确保提供公共通信网络或公共电子通信服务的企业采取适当技术和组织措施,以妥善管理网络和服务安全性所带来的风险。鉴于现有技术,这些措施应当针对现有风险确保适当的安全等级。尤其是,应当采取措施防止和减少安全事故对于用户和互联网络的影响。

2. 成员国应确保提供公共通信网络或公共电子通信服务的企业采取适当措施,以确保其网络完整性,从而确保通过这些网络提供服务的持续性。

3. 成员国应确保提供公共通信网络或公共电子通信服务的企业向主管的国家监管机关通报对网络或服务运行至关重要的安全性破坏或完整性丧失。有关国家监管当局应在适当的情况下通报其他成员国国家监管部门以及欧洲网络与信息安全局(ENISA)。一旦确定对于破坏行为的披露有利于公众利益,有关国家监管机关可能直接向公众公布,或要求企业公布。有关国家监管机关每年向委员会和欧洲网络与信息安全局通报一次依据本款规定收到的通知以及采取的行动。

4. 尽可能考虑欧洲网络与信息安全局意见的情况下,委员会可以采取适

当技术实施措施，以协调统一第1、2、3款中所提及的措施，包括适用于通知要求的对环境、格式和程序进行定义的措施。这些技术实施措施应当最大限度地基于欧洲和国际标准，不应妨碍成员会采取补充要求以实现第1款和第2款中设定的目标。这些技术实施措施补充修订本指令的非基本元素，应当依照第22条第3款中所提及的监管审查程序执行这些措施。

【第13b条】【实施和执行】

1. 成员国应确保国家主管机关有权向提供公共通信网络或公共电子通信服务的企业发布具有约束力的指令，包括关于实施期限的规定，以落实第13a条的规定。

2. 成员国应确保国家主管机关有权要求提供公共通信网络或公共电子通信服务的企业：

（a）提供评估其服务或网络安全性和/或完整性所需要的信息，包括记录在案的安全政策；以及

（b）提交有资质第三方或国家主管机关进行的安全性审计，并将结果提供给国家监管机关。审计费用应当由企业承担。

3. 成员国应确保国家监管机关有权调查网络安全性或完整性的不合规情况以及造成的影响。

4. 这些规定不应违反本指令第3条的规定。

第四章　总　　则

【第14条】【具有重要市场力量的企业】

1. 当"具体指令"要求国家监管机关依照第16条所提及的程序确定经营者是否具有重要市场力量时，应适用第16条以及本条第2款和第3款规定。

2. 若企业单独或连同他人共同享有等同于支配的地位，即其经济力量明显使其能独立于竞争者、消费者和最终消费者行为，则认定企业具有重要市场力量。特别是，在评估是否有两个或两个以上的企业在市场上联合处于主导地位时，国家监管机关应当依据欧共体法律并尽可能考虑根据第15条委员会发布的市场分析和重要市场力量评估指导方针。附录二列出了进行此类评估所使用的标准。

3. 当企业在特殊市场（第一市场）里具有重要市场力量时，它也可能被认定为在与该市场密切相关的另一市场（第二市场）里也具有重要市场力

量,这两个市场间的联系使得第一市场中的市场力量能够影响到第二市场,也因此加强该企业在第二市场的力量。因此,可以依据第2002/19/EC号指令(接入指令)第9、10、11、13条的规定在第二市场适用防止此类影响的补救措施。如果这些补救措施仍不足,可以依照第2002/22/EC号指令(普通服务指令)第17条规定施加补救措施。

【第15条】【市场认定和定义程序】

1. 经过公众咨询、征询国家监管机关并尽可能考虑欧洲电子通信监管机构意见之后,委员会应当依照第22条第2款所提及的咨询程序,通过《关于相关产品和服务市场的建议》(下文简称"建议")。"建议"应当确定电子通信行业的产品和服务市场,这些市场特点不违背依据竞争法在特殊案例中对于市场的定义,可以合理解释"具体指令"所施加的监管责任。委员会应依据竞争法的原则界定市场。

委员会应定期审查"建议"。

2. 委员会应当最迟在本指令生效之日,依据竞争法的原则发布市场分析和重要市场力量评估指导方针(以下简称"方针")。

3. 依据竞争法的原则,国家监管机关应当尽可能考虑"建议"和"方针",界定符合国情的相关市场,特别是境内的相关地理市场。在界定不同于"建议"中所确定的新市场时,国家监管机关应当遵循第6条和第7条所提及的程序。

4. 在征询国家监管机关、尽可能考虑欧洲电子通信监管机构的意见后,委员会可依照第22条第3款所提及的监管审查程序行动,通过确定跨国市场的决定。

【第16条】【市场分析程序】

1. 国家监管机关应当考虑到"建议"中确定的市场并尽可能考虑指导方针,针对相关市场进行分析。成员国应确保适当与国家竞争机关合作进行该分析。

2. 依据第2002/22/EC号指令(通用服务指令)本条第3款或第4款、第17条第2002/19/EC号指令(接入指令)第8条的规定,国家监管机关决定是否强制执行、保持、修正或撤销企业义务,应基于本条第1款所提及的市场分析的基础上决定该相关市场是否具有有效竞争性。

3. 如果国家监管机关得出市场具有有效竞争性的结论,它不应强行施加或维持本条第2款所提及的任何具体监管义务。若市场已存在具体监管义务,国家监管机关应当撤回相关市场中施加于企业的此类义务。此类义务撤回应当给予受影响各方合理的通知期限。

4. 如果国家监管机关确定相关市场不具有有效竞争性，它应按照第 14 条确定市场中单独或联合具有重要市场力量的企业。国家监管机关应向这类企业施加本条第 2 款所提及的适当的具体监管义务，或维持或修正已经存在的此类义务。

5. 在第 15 条第 4 款所提到的决定中确定的跨国市场案例中，有关国家监管机关应当尽可能考虑指导方针，共同进行市场分析，并以共同商议的方式决定对本条第 2 款所提及的监管义务进行强制执行、维持、修正或撤销。

6. 按照本条第 3 款、第 4 款规定采取的措施应遵循第 6 条和第 7 条所提及的程序。国家监管机关应当对相关市场进行分析，并依据第 7 条通报对应的草拟措施：

（a）在采取前述关于市场的措施 3 年内，若特殊情况下国家监管机关向委员会通报合理延长"建议"，且委员会在延期通报发出的 1 个月内未表示反对，则期限可以延长 3 年；

（b）在通过关于未通报至委员会的相关市场的修订版"建议" 3 年内；或

（c）在新加入欧盟的成员国加入两年内。

7. 国家监管机关未能在第 6 款规定的期限内完成其关于"建议"确定的相关市场分析时，欧洲电子通信监管机构应当应其要求向有关国家监管机关提供帮助，以完成关于特殊市场以及施加的特殊义务的分析。通过这一援助，有关国家监管机关应当依据第 7 条在 6 个月内将草拟措施通报至委员会。

【第 17 条】【标准化】

1. 欧盟委员会应当遵循第 22 条第 2 款所提及的程序行动，草拟非强制性标准和/或规范并发布在《欧盟官方公报》上，作为鼓励统一电子通信网络、电子通信服务及相关设施和服务规定的基础。必要时，欧盟委员会将遵循第 22 条第 2 款中所提程序并遵守第 98/34/EC 号指令所建立的委员会协商意见，要求欧洲标准组织（欧洲标准委员会，简称 CEN）、欧洲电力标准委员会（简称 CENELEC）以及欧洲无线电通信标准学会（简称 ETSI）草拟标准。

2. 成员国应鼓励使用第 1 款所提及的标准和/或规范提供服务、技术接口和/或网络功能，必须严格确保服务互用性并提高用户自由选择权。如果尚未依照第 1 款规定发布标准和/或规范，成员国应当鼓励实施欧洲标准组织采用的标准和/或规范。若缺乏此类标准和/或规范，成员国应鼓励实施国际电信联盟（简称 ITU）、欧洲邮政和电信会议（CEPT）、国际标准化组织（简称 ISO）或国际电工委员会（简称 IEC）所采用的国际标准或建议。若存在国际标准，除非此类国际标准或相关部分已失效，成员国应鼓励欧洲标准化组织基于它们或者其中的相关部分发展自身标准。

3. 如果第 1 款所提标准和/或规范未能充分实施，因而无法确保一个或多个成员国的服务互用性，那么可以依据第 4 款制定的程序强制实施此类标准和/或规范，必须严格确保服务互用性并提高用户自由选择权。

4. 如果委员会意图强制实施特定标准和/或规范，它应在《欧盟官方公报》上发布通知并邀请所有相关方发表公共评论。委员会应当采取适当的实施措施，参考《欧盟官方公报》发布的标准和/或规范清单强制实施相关标准。

5. 如果欧盟委员会认为第 1 款所提及的标准和/或规范不再有助于协调一致的电子通信服务的提供，或它们不再满足消费者需求或阻碍科技发展，欧盟委员会应当依照第 22 条第 2 款所提及的程序，将它们从第 1 款所提及的标准和/或规范清单中移除。

6. 如果欧盟委员会认为第 4 款所提及的标准和/或规范不再有助于协调一致的电子通信服务的提供，或它们不再满足消费者需求或阻碍科技发展，欧盟委员会应当采取适当的实施措施，并将它们从第 1 款所提及的标准和/或规范清单中移除。

6a. 第 4 款和第 6 款所提及的实施措施旨在通过补充修正本指令的非必要元素，应当依照第 22 条第 3 款规定的监管审查程序执行该实施措施。

7. 本条款不适用任何第 1999/5/EC 号指令规定适用的基本要求、接口规格或统一标准。

【第 18 条】【数字互动电视服务的互用性】

1. 为了促进信息自由流动、媒体多元化和文化多样性，成员国依照第 17 条第 2 款，应当鼓励：

（a）通过数字互动电视平台采用任何传输方式向欧共体公众配送数字互动电视服务的供应商使用开放应用程序接口；

（b）为接收互动数字电视平台上数字互动电视服务而配备的，增强型数字电视设备的供应商应按照相关标准或规格的最低要求，执行开放应用程序接口；

（c）数字电视服务和设备供应商就残疾用户互用性电视服务的提供进行合作。

2. 在不违反第 2002/19/EC 号指令（接入指令）第 5 条第 1 款 b 项的情况下，成员国应鼓励应用程序接口经营者提供公平、合理和非歧视条款，并以适当报酬提供数字互动电视服务供应商需要的信息，这些信息使供应商能够提供 API 所支持的所有功能齐全的服务。

【第 19 条】【协调程序】

1. 若委员会发现本指令及"具体指令"中明确的国家监管机关监管任务出现分歧，在不违反本指令第 9 条以及第 2002/20/EC 号指令（授权指令）第 6 条和第 8 条规定的前提下，尽可能考虑欧洲电子通信监管机构的意见，发布关于本指令或"具体指令"规定协调适用的建议或决定，以期进一步实现第 8 条中所设定的目标。

2. 若委员会依照第 1 款发布建议，它应当遵照第 22 条第 2 款所提及的咨询程序。

成员国应确保国家监管机关在执行任务时尽可能考虑这些建议。当国家监管机关选择不遵循建议时，应通报欧盟委员会并给出其立场原因。

3. 依照第 1 款通过的决定可能仅包括协调一致的方法的确定，以处理下列问题：

（a）国家监管机关适用第 15 条和第 16 条规定用以监管电子通信市场的一般监管方法的不一致实施为内部市场创造了阻碍。这些决定不应涉及国家监管机关根据第 7a 条发布的具体通知；

仅在下列情况下，委员会应当提出一项草拟决定：

——至少在采取委员会建议处理相同问题的两年后，并且

——尽可能考虑欧洲电子通信监管机构关于采取这一决定的意见，这一意见应当由欧洲电子通信监管机构在委员会要求的 3 个月内提供；

（b）编码，包括编码范围、数字和标志符可移植性、号码和地址翻译系统以及 112 紧急服务接入。

4. 第 1 款所提及的决定通过补充修正本指令的非必要元素，应当按照第 22 条第 3 款多提及的监管审查程序执行该决定。

5. 欧洲电子通信监管机构可主动向委员会提出是否采取第 1 款所规定措施的建议。

【第 20 条】【企业间纠纷解决】

1. 如果成员国内提供电子通信网络或服务的企业之间就依据本指令或"具体指令"设定的义务发生纠纷，或此类企业与成员国内其他受益于依据本指令或"具体指令"接入和/或互连义务的企业发生纠纷，在不违反第 2 款

规定的情况下，应任一方的要求，相关国家监管机关应在最短期限内发布一个具有约束力的决定以解决该纠纷。除特殊情况外，该期限不超过4个月。相关成员国应要求所有各方与国家监管机关进行充分合作。

2. 根据第8条规定，当其他包括调解在内的机制存在并更有利于及时解决纠纷时，成员国可以预先采取措施允许国家监管机关拒绝通过具有约束力的决定解决纠纷。国家监管机关应立即通知各方。如果4个月后纠纷仍未解决，且寻求赔偿一方尚未将纠纷提交至法院，应任何一方要求，国家监管机关应当在最短期限内发布一个具有约束力的决定以解决纠纷，在任何情况下该期限不超过4个月。

3. 解决纠纷时，国家监管机关应作出决定，以期实现第8条所设定的目标。国家监管机关在解决纠纷时对企业施加的任何义务应遵循本指令或"具体指令"的规定。

4. 在考虑到商业机密要求的前提下，国家监管机关的决定应向公众公开。应告知相关各方其依据的充分理由。

5. 第1款、第3款和第4款所提及的程序不应妨碍任一方诉诸法律。

【第21条】【跨国纠纷解决】

1. 不同成员国的各方依据本指令或"具体指令"产生跨国纠纷，若纠纷处于多个成员国国家监管机关管辖职权范围内，应适用第2款、第3款、第4款所设定的程序。

2. 任何一方可将纠纷提交相关国家监管机关。依据第8条所设定的目标，国家监管机关应协调合作，还应当有权咨询欧洲电子通信监管机构以促成一致的争端解决办法。

国家监管机关在解决纠纷时对企业施加的任何义务作为纠纷解决的组成部分，应当遵循本指令或"具体指令"的规定。

任何有权处理这一纠纷的国家监管机关可以要求欧洲电子通信监管机构采纳依据框架指令和/或"具体指令"的规定解决纠纷的意见。

若已向欧洲电子通信监管机构做出上述要求，任何有权国家监管机关就纠纷的任何方面在采取行动解决争端之前，应当等候欧洲电子通信监管机构的意见。这不应妨碍国家监管机关在必要时采取紧急措施。

国家监管机关在解决纠纷时对企业施加的任何义务应当遵循本指令或"具体指令"的规定，并尽可能考虑欧洲电子通信监管机构的意见。

3. 根据第8条的规定，若其他包括调解在内的机制存在并更有利于及时解决纠纷，则成员国可以预先采取措施允许国家监管机关联合拒绝解决纠纷。

它们应立即告知各方。如果4个月后纠纷仍未解决，并且寻求赔偿一方尚未将纠纷提交法院，国家监管机关应依照第8条所列规定并尽可能考虑欧洲电子通信监管机构的意见，应任何一方要求协调解决纠纷。

4. 第2款所提及的程序不应妨碍任何一方诉诸法律。

【第21a条】【处罚】

成员国应制定处罚规则，适用于违反依照本指令及"具体指令"通过的国家规定的情况。成员国应当采取一切必要措施确保处罚规则的实施。处罚必须适当、有效、适度并具有劝阻性。成员国应当将这些规定在2011年5月25日之前通报委员会，并应毫不拖延地通报任何可能造成影响的后续修正。

【第22条】【委员会】

1. 委员会（通信委员会）应协助欧盟委员会。

2. 在援引此款时，鉴于第1999/468/EC号决定第8条的规定，应适用该决定第3条和第7条的规定。

3. 在援引此款时，鉴于第1999/468/EC号决定第8条的规定，应适用该决定第5a条第1款至第4款以及第7条的规定。

【第23条】【信息交换】

1. 欧盟委员会应向通信委员会提供所有关于网络运营商代表、服务提供商、用户、消费者、制造商、工会及第三国和国际组织定期协商结果的相关信息。

2. 通信委员会应尽可能考虑欧共体电子通信政策，鼓励成员国间以及成员国与欧盟委员会间关于电子通信网络及服务监管活动的形势与发展的信息交换。

【第24条】【信息发布】

1. 成员国应确保不断更新关于本指令及"具体指令"适用的信息，并公开信息以确保所有相关各方能轻易获取。成员国应当其国家官方报纸上发布通知说明信息公布的地点与方式。首次通知应在第28条第1款第2项所提及的适用日期之前公布，在此之后，其中包含的信息有任何变化时发布通知。

2. 成员国应在发布之日向欧盟委员会发送此类通知的副本。欧盟委员会应视情况向通信委员会派送信息。

【第25条】【审查程序】

1. 欧盟委员会应定期审查本指令的职能运作，并向欧洲议会和理事会报告，首次审查应不迟于第28条第1款第2项所提及的适用日期3年后。为此，欧盟委员会可能要求成员国提供信息，成员国不得无故拖延提供。

第五章 最终条款

【第26条】【废止】

下列指令和决定自第28条第1款第2项所提及的适用之日起废止：

（a）第90/387/EEC号指令；

（b）1991年7月29日关于引进单一欧洲紧急呼叫号码的第91/396/EEC号理事会决定；

（c）1992年6月5日关于在租用线路提供开放式网络供应的第92/44/EEC号理事会决定；

（d）1992年5月11日关于在欧共体引进标准化国际电话接入码的第92/264/EEC号理事会决定；

（e）第95/47/EC号指令；

（f）第97/13/EC号指令；

（g）第97/33/EC号指令；

（h）欧洲议会和理事会1998年2月26日关于在语音电话中应用开放式网络供应（简称ONP）以及竞争环境下电信通用服务的第98/10/EC号指令。

【第28条】【转换】

1. 成员国最迟应于2003年7月24日通过并公布符合本指令的必要法律、条例和管理规定。成员国应立刻通知欧盟委员会。这些措施将从2003年7月25日起适用。

2. 当成员国通过这些措施时，它们应当包含援引本指令或在正式公布之际包含这一援引。具体援引方法应由成员国制定。

3. 成员国应向委员会传达其在本指令管辖领域内通过的国家法律规定文本和对规定的任何后续修订。

【第29条】【生效】

本指令自公布于《欧盟官方公报》之日起生效。

【第30条】【对象】

本指令适用于各成员国。

关于电子通信网络和服务的普遍服务和用户权利的第2002/22/EC号指令
（普遍服务指令）*

第一章 范围、目标及定义

【第1条】【标的及范围】

1. 在"2002/21/EC号指令"（"框架指令"）的框架内，本指令规定了电子通信网络和终端用户服务的相关条款。本指令的目标是保证通过有效竞争和选择，向全社会提供可获得的高质量的公共服务，并解决在特定情形下终端用户需求无法通过市场得到满足的问题。本指令还规定了关于终端设备某些方面的条款，包括旨在提高身患残疾的网络终端用户获得网络服务便利性的条款。

2. 本指令规定了终端用户的权利及公共电子通信网络与服务提供者的相应义务。在保证在一个开放、竞争的市场中提供普遍服务等方面，本指令定义了所有终端用户可获得的特定服务质量的最低标准，并根据各国的特殊国情，在竞争不被扭曲的情况下，使其具备可承受的价格。本指令还规定了关于某些义务服务的条款。

3. 只要该等情形被国家法律所允许并遵守社会法，本指令不强制或禁止公共电子通信和服务提供者强加于终端用户的限制获得和/或使用服务和应用的行为。但本指令规定须提供与该等行为相关的信息的义务。与终端用户通过电子通信网络获得和/或使用服务和应用相关的国家措施，应尊重自然人的基本权利和自由，包括《保护人权和基本自由的欧洲公约》第6条规定的与

---

* 译者：毕雪，北京大学法学院。
  校对：李兆俊，北京大学法学院。

隐私和正当程序相关的内容。

4. 本指令关于终端用户权利的规定应当不违反社会法则中关于消费者保护的规定，特别是93/13/EEC指令和97/7/EC指令，以及各国遵循社会法所制定的国家法律。

【第2条】【定义】

为保证本法令的施行，200221EC指令（"框架指令"）第2条所列之定义适用于本法令。

以下定义同样适用：

1. "公用电话"指普通公众均有权使用的电话，其使用的付费方式可能包括硬币和/或信用卡/借记卡和/或预付费卡，包括需使用拨号密码的卡；

2. "公用电话服务"指公众可以获得的、通过电话号码系统中的国内号码或国际号码、用以直接或间接的拨出或接收国内电话或国内及国际电话的服务；

3. "地理号码"指国内电话号码系统中的一种号码，其特定数字组成部分代表某种地理含义，从而方便呼入特定地理位置网络终端（NTP）的日常电话；

4. "非地理号码"指国内电话号码系统中非地理号码的电话号码，包括但不限于手机、接收方付费电话以及额外收费电话。

第二章　普遍服务义务（包括社会责任）

【第3条】【普遍服务的获得】

1. 成员国应当保证本章所规定的服务对于所有终端用户而言在其居住范围内都是可获得的，不受地理位置的影响，且服务质量应与本章规定相符，并根据各国的具体情况制定可承受的合理价格。

2. 成员国应决定采取最有效和最适宜的手段来保证普遍服务的贯彻实施，同时遵循客观、公开、反对歧视及恰当的原则。成员国应致力于最小化市场混乱的风险，特别是关于有偿服务的条款或其他不同于一般商业条款的条款，并同时保护公共利益。

【第4条】【固定地点接入条款和电话服务条款】

1. 成员国应保证所有从任一固定地点连接到公共通信网络的合理要求都应被至少一个项目满足。

2. 提供的连接应当能够支持语音、传真以及数据连接，以足以允许网络连接正常运行的数据传输速度进行传输,该传输速度应考虑到大部分用户使用的普遍技术和技术可行性。

3. 成员国应当保证至少有一个项目可以满足第一段所述的、针对覆盖网络连接的公用电话服务,并且考虑到呼叫和接收国内及国际电话的所有合理要求。

【第5条】【电话号码查询服务和电话号码簿】

1. 成员国应保证:

(a)至少有一个全面的电话号码簿能够被终端用户获得并查阅。该指引须经相关权力部门批准,其形式可以为印刷版或电子版,或印刷版与电子版并存,且应定期更新,更新的频率至少为1年1次;

(b)至少有一个全面的电话号码查询服务能够被终端用户获得,包括公共电话用户。

2. 第一段所指的电话号码簿应包含并受欧洲议会和欧洲理事会2002年7月12号作出的第2002/58/EC号指令第12条规定的关于个人信息处理和电子通信部门个人隐私保护(关于隐私和电子通信的指令)(1)中相关规定的约束。

3. 成员国应保证提供第一段所述服务的企业对其他企业提供的信息进行处理时应遵守反歧视原则。

【第6条】【公用电话和其他公用语音电话接入点】

1. 成员国应保证国内监管当局可以为相关企业施加义务,以保证公用电话或其他公用语音电话接入点能够满足终端用户在地理位置覆盖、电话机或其他接入点的数量、残疾人终端用户获得服务的便利性、服务质量等方面的合理要求。

2. 成员国应保证,如果根据第33条所述对利益相关者的调查结果,其国内监管当局认为上述设施或与之相当的服务是可广泛获得的,那么监管当局有权决定在其领土的部分或全部领域内不为企业施加第一段所述的义务。

3. 成员国应保证用户可以通过公用电话拨打欧洲统一的紧急电话号码"112"及其他国内紧急电话号码,该类紧急电话均免费,并无须使用任何支付手段。

【第7条】【为残疾终端用户提供的措施】

1. 除第四章所列明的能产生相同效果的要求外,成员国应采取具体措施保证第4条第(3)项和第5条中所述的为残疾人终端用户提供的服务与其他用户获得的服务质量相同。成员国可以为国内监管当局施加义务,要求其对残疾人终端用户的总需求和具体要求进行评估,包括该等针对残疾人终端用户措施的范围和具体形式。

2. 成员国可以根据各国国情采取特别措施,保证残疾人终端用户也可以利用并选择企业和服务提供者为大多数终端用户提供的服务。

3. 当采取上述第1段和第2段所述措施时,成员国应尽力遵守2002/21/EC指令(框架指令)第17条和第18条的相关标准和具体规定。

【第8条】【企业的选定】

1. 成员国可以指定一个或多个企业以保证第4条、第5条、第6条、第7条及第9条(2)(如适用)中列明的普遍服务的相关规定得以被贯彻,从而保证其全国领土范围都可以被覆盖。成员国可以指定不同的企业或企业集团提供普遍服务的不同要素和/或覆盖领土范围的不同部分。

2. 若成员国指定其领土内部分或全部企业负有普遍服务义务,成员国应保证其指定过程遵循有效的、客观的、透明的、不歧视的机制,在此机制下,没有任何企业被无理由的排除在指定企业之外。该等指定方法应保证普遍服务以一种节约的方式提供,且可以被用来计算第12条所列明的普遍服务义务净花费。

3. 若根据第一段指定的企业意图将其大部分或全部本地网络接入资产转让给与其不属于同一控制人控制的另一个法律实体,该企业应当及时有效的提前通知国内监管当局,以使监管当局能够评估该交易可能对第4条所述固定地点接入和电话服务条款产生的影响。国内监管当局可以根据2002/20/EC指引(授权指引)第6条(2)施加、修改或取消特定的义务。

【第9条】【服务费的可承受性】

1. 国内监管当局应对第4条至第7条所列明的普遍服务义务项下的服务的发展和服务费价格水平进行监督,不论是指定企业提供的服务还是在没有为此类服务制定相关企业的情况下市场上存在的服务,特别需要考虑全国消费价格和收入水平。

2. 成员国可以根据各国国情,要求指定企业为消费者提供多种可供选择的价目表或优惠包,使其与同行的商业条件下的价格有所不同,特别是为了保证低收入者和具有特殊社会需求的消费者不被阻止获得第4条(1)所指的网络服务、不被阻止使用第5条、第6条、第7条所列明的普遍服务义务项下的服务和由指定企业提供的服务。

3. 除某些特殊条款要求指定企业提供特殊服务费价目表或遵守价格上限或地理平均价格或其他类似机制外,成员国可以保证对低收入消费者或具有特殊社会需求的消费者提供支持。

4. 在根据各国国情或遵守价格上限的基础上，成员国可以要求负有第4条、第5条、第6条和第7条规定义务的企业实行统一价格，包括在国境范围内实行统一的地理平均价格。

5. 若指定企业负有提供特殊服务费价目表或统一价格的义务（包括地理平均价格），或负有执行价格上限的义务，则国内监管当局应保证其条件完全公开透明，且适用反歧视原则。国内监管当局可以要求修改或取消该等特殊机制。

【第10条】【经费控制】

1. 成员国应保证，当指定企业提供除第4条、第5条、第6条、第7条和第9条（2）所指以外的设施和服务时，指定企业应指定有关条款以保证用户没有义务为不必要的设施或服务付款。

2. 成员国应保证，负有第4条、第5条、第6条、第7条和第9条（2）项中义务的指定企业应当提供附件I，A部分所列明的设施和服务，以确保用户可以监督和控制经费并避免未经授权的服务中断。

3. 成员国应保证，如果当局认为该等设施是可广泛获得的，有关当局能够在其国境的部分或全部范围内取消第2段所述要求。

【第11条】【制定企业的服务质量】

1. 国内监管当局应保证，所有负有第4条、第5条、第6条、第7条和第9条（2）项下义务的指定企业应披露充分的、实时的、关于其提供的普遍服务的质量表现的信息。该等信息应以附件III所列明的服务参数、定义和测量方式为基础。披露的信息应提供给本国监管当局。

2. 国内监管当局可以列明其他的服务质量标准，以评估企业对残疾人终端用户和残疾人消费者提供服务的质量。其中，相关评估参数应当已经确定。国内监管当局应当保证，关于该等参数的、企业运营方面的信息也将会被披露，并向国内监管当局报告。

3. 国内监管当局还可以详细规定披露信息的内容、格式和方式，以保证终端用户和消费者能够获得全面的、可比较的、通俗易懂的信息。

4. 国内监管当局应当能够为提供普遍服务的企业设定运营目标。为此，国内监管当局应当考虑利益相关者的意见，特别是第33条所列明的相关者。

5. 成员国应保证，国内监管当局能够监督指定企业对上述运营目标的遵守和执行情况。

6. 若企业持续不能达到上述运营目标，有关方面须采取欧洲议会和欧洲理事 2002 年 3 月 7 日的 2002/20/EC 指令中关于电子通信网络和服务授权（授权指令）所规定的措施。国内监管当局应当能够邀请独立审计师或其他类似审查机构对企业运营数据进行审查，相关费用由被审查企业支付，以保证负有普遍服务义务的企业提供的数据的准确性和可比性。

【第 12 条】【普遍服务义务花费】

1. 若国内监管当局认为第 3 条到第 10 条中提到的提供普遍服务对于提供普遍服务事业的目标企业可能是一种不公平的负担，它们应当计算该等规定的净成本。

为此，国内监管当局应：

（a）计算普遍服务义务的净成本，考虑到根据 A 部分附录 4 计算目标企业通过提供普遍服务事业类累计得到所有的市场收益；或

（b）利用依照第 8 条（2）指定原理鉴定提供普遍服务的净成本

2. 作为 1（a）项下计算普遍服务义务的净成本基础的账户和/或其他信息，必须被国内监管当局或一个被国内监管当局承认的独立于有关方面的主体进行的审计或者清查。这个成本计算和审计总结的结果必须是公众可以得到的。

【第 13 条】【普遍服务义务的融资】

1. 以根据第 12 条确定的净成本计算为基础，当国内监管当局发现一个企业受到不公平的负担时，经目标企业要求，成员国应当决定：

（a）引入一个机制来补偿企业在透明情况下被公共基金确定的净成本；和/或

（b）在电子通信和服务提供商之间共同分担普遍服务义务的净成本。

2. 当净成本在 1（b）中的情况下被分担，成员国应该创立一个分担机制，由国内监管当局或者一个被国内监管当局监管受益人执行。只有依照第 12 条确定的，第 3 条到第 10 条主张的债务的净成本可以进行融资。

3. 依照 B 部分的附录 Ⅳ，上述分担机制应遵从透明、最少市场扭曲、不歧视和均衡的原则。成员国可以选择不要求国内营业额少于设定限额的企业的出资。

4. 任何关于分担普遍服务义务成本的费用应该对于各企业分类定价和分别鉴定。这些费用不应被强加于从没有在已经制定了分担机制成员国的领土内提供服务的企业，亦不得向其收集。

【第 14 条】【透明】

1. 当一个第 13 条提及的关于分担普遍服务义务净成本的原理被制定，

国内监管当局应该保证成本分担的原则和原理应用的细节为公众可用。

2. 根据社会法和国内条例关于商业机密的规定,国内监管当局应该保证年报的发布,年报里要提供计算的普遍服务债务的成本,确认所有有关企业的出资,确定提供普遍服务的市场主体的资金到位。

【第15条】【普遍服务范围的复审】

1. 委员会应该定期复审普遍服务的范围,特别着眼于建议欧洲议会和委员会改动或者重新定义范围。复审应当在生效两年后首次发生第38条(1)规定的情形时开展,且此后每3年开展一次。

2. 复审应该根据社会的,经济的和科技的发展来进行,尤其需要根据流行的被大多数订阅者运用的科技来考虑迁移率和数据速率。审核过程应该遵照附录Ⅴ来执行。委员会应将关于复审的结果提交一份报告给欧洲议会和委员会。

第三章 关于在特定零售市场有重大市场竞争力的企业的监管控制

【第17条】【关于零售服务的监管控制】

1. 成员国应保证国内监管当局对依照2002/21/EC指令第14条在特定零售市场有重大市场竞争力的企业施加适当的监管义务,当:

(a)由于依照2002/21/EC指令中第16条执行的市场分析,国内监管当局根据该指令中的第15条确定一个给定的零售市场不是有效竞争的;以及

(b)国内监管当局根据2002/19/EC指令的第9条到第13条确定义务不会按照2002/21/EC第8条所提出的目标来完成。

2. 由第1款强加的义务应基于鉴定了的问题的本质,同时成比例,依2002/21/EC指令第8条主张的目标来进行调整。强加的义务可以包含经鉴定的企业不会被索要超额价格、禁止市场进入或者通过掠夺性价格来限制竞争,显示过度对特定终端客户或者不合理的捆绑服务的偏好的要求。国内监管当局可以对此类企业采取适当的最高零售限价措施,从而控制个别企业的税费,或者使税费适应可比较市场的成本和价格,以此来保护终端用户的利益,同时促进有效竞争。

4. 国内监管当局应该保证当一个企业受到零售关税规则或者其他相关零售控制时,将执行必要适当的成本会计系统。国内监管当局应指定格式和会计方法。关于成本会计系统的合规应该被一个独立合格主体来进行清查。国

内监管当局应保证每年都发布一个有关合规的报告。

5. 在不违反使第 9 条（2）和第 10 条的前提下，国内监管当局不应对已经满足自身有效竞争的区域或者用户市场应用本条第 1 款提到的零售控制机制。

第四章 终端客户利益和权益

【第 20 条】【合同】

1. 成员国应保证，当消费者和其他终端客户认购提供公众传播网络连接和/或公众可用的电子通信服务时，他们有权要求与企业或者提供这些服务的企业签订合同。这些合同应以明确、全面和简单易得的形式详细规定至少下列几项内容：

（a）企业的身份和地址；

（b）提供的服务，尤其包含，

——是否有权使用紧急服务和是否提供访客位置信息，是否有任何在第 26 条提及的关于应急服务规定的限制；

——关于任何其他限制连接或服务应用的条件的信息，这些条件是依照社会法而符合国内法律的；

——提供服务的最低服务质量水平，即是初次连接的时间和其他适合的服务质量指标，这些指标由国内监管当局规定；

——关于企业用于测量和减少税收来避免填满或过度填满一个网络连接的程序实施的信息和关于这些程序对于服务质量影响的信息；

——企业提供的维护服务的类别和提供的用户支持服务，以及联系这些服务的方法；

——任何被服务提供者强加的关于终端设备提供的限制；

（c）当第 25 条提及的某项义务出现时，订户可以选择是否在目录中包含他或她的个人信息和相关信息；

（d）关于价格和税费的具体信息，关于如何获得所有使用的税费和维护费用的最新信息的方法，可用的支付方法和任何因支付方法所产生的成本变化；

（e）合同的持续期和续约与终止服务以及合同的条件，包括以下：

——任何因得益于商品促销而产生的最低使用或者时间要求；

——任何关于可移植性的序列号和识别码的费用；

——任何因合同终止而产生的费用，包括任何用于恢复终端设备的成本；

（f）任何当合同服务质量没有达到时可以应用的赔偿金和退款安排；

（g）参照第34条解决争端的初始步骤的方式；

（h）企业可能用来应对安全或者完整事件或威胁和缺陷的行为的类型。

成员国也可以要求合同包含任何由公共当局提供的相关信息，这些信息的目的是使用电子通信网络和服务进行违法活动或传播有害内容，以及第21条（4）提到的与提供的服务相关的保护个人安全、隐私和个人数据的措施。

2. 成员国应保证订阅者在提供电子通信网络和服务的企业提出修改合同内容的通告时，有权利退出合同但不受处罚。如果有此类的，订阅者应在一个月内被给予准确的通告，并且同时应告知他们如果不同意新的内容，可以享有不受处罚退出合同的权利。成员国应保证国内监管当局有能力指定这类通告的格式。

【第21条】【透明性和信息公开】

1. 成员国应保证国内监管当局有能力强制企业提供公共电子通信网络或公众可用的电子通信服务用以发布透明的、可比较的、准确的最新信息，可以提供适当的价格和税费，可以提供任何关于终止合同的费用，参照附录Ⅱ为终端用户和消费者提供标准合同条款的链接服务。这些信息应被发布为清楚、易懂的格式。国内监管当局可以根据信息发布的格式制定补充要求。

2. 国内监管当局应鼓励可比较信息的规定使终端用户和消费者可以对可选择的使用模式的成本作出独立的评价，例如相互作用指导的方法或类似的方法。当这类设施在市场上不能免费或以合理价格应用，成员国应保证国内监管当局有能力使这些方法自动可用或者可通过第三方获得。第三方应有权利免费运用提供电子通信网络或服务的企业发布的信息，以用于这些互相作用的指导或类似方法的销售或推广。

3. 成员国应保证国内监管当局有能力强制提供电子通信网络或公众可用电子通信服务的企业作出：

（a）向订阅者提供任何有关特别价格条件数据或服务适用的税费信息。国内监管当局考虑到个别分类服务，可以要求企业在接通连接前提供这些信息；

（b）通知订购者任何关于他们所订购的获得紧急服务或者呼叫者地点信息的服务的改变；

（c）通知订购者任何关于限制通信或者服务与应用使用条件的改变，若这些条件为根据社会法制定的国内法所允许；

(d)提供关于网络服务提供者测量和减少税费以用于避免填满或过度填满一条网络连接的正在实施的程序,和这些程序对服务质量可能造成的影响。

(e)通知订购者他们决定是否在目录中包含根据2002/58/EC指令第12条中提到的他们的个人信息或这类相关信息;以及

(f)定期通知残疾人订购者关于对他们定制的产品和服务的细节。国内监管当局可以在强加任何责任之前采取被认为合适的自我规范或共同规范的措施。

4. 成员国可以要求第3段提及的企业免费向已有的和新的订购者提供公众关心的信息,应使用和其他通用的相同的方法。在这种情况下,这些信息应由有关公共当局以标准化的格式提供,尤其要包括以下的主题:

(a)最常见的使用电子通信服务参与非法活动或传播有害信息,特别当其可能损害他人的权利和自由,包括侵犯版权和相关权利及其法律后果;和

(b)当使用电子通信服务时采取的保护个人安全、隐私和个人数据的方法。

【第22条】【服务质量】

1. 成员国应保证国内监管当局在考虑到利益相关团体的观点之后,有能力要求提供公众可用电子通信网络或服务的企业发布可比较的、准确的、最新的信息给终端用户,这些信息包括企业服务质量和企业为了保证残疾人终端用户获得同等服务而采取的措施。如有要求,这些信息应在发表之前提供给国内监管当局。

2. 国内监管当局可以指定,尤其是服务质量的测量参数、内容、格式和信息发布的方式,包括可能的质量认证原理,以保证终端用户包括残疾人终端用户,可以获得全面的、可比较的、可信的、易懂的信息。可以应用附录Ⅲ所列的合适的参数、解释和测量法。

3. 为了阻止服务的降级和妨碍或减慢网络通信的传输,成员国应保证国内监管当局能够对提供公众网络通信服务的企业设置最低服务质量要求。

国内监管当局应在委员会设置任何要求之前足够的时间内提供一份关于基本行动、设想要求和提议的行动步骤的总结。这些信息也应可以被欧洲电子通信监管机构所使用。委员会可以检查这些信息,在这之上提出评论或者推荐,特别要保证设想的要求不会影响国内市场的功能。当国内监管当局决定这些要求时,应最大可能地考虑到委员会的评论和推荐。

【第23条】【服务的可用性】

成员国应采取一切必要措施以保证公用电话服务在灾难性网络中断或者

不可抗力事件中提供的服务具有最大程度的可用性。成员国应保证提供公用电话服务的企业采取一切必要措施来保证不间断紧急服务的连接。

【第23a条】【保证残疾人终端用户相等进行连接的能力和选择】

1. 如适用，成员国应使有关国内当局制定提供公众可用电子通信服务的企业需满足的要求，以保证残疾人终端用户：

（a）可以和大多数终端用户一样享受连接电子通信服务；同时

（b）从选择企业和大多数终端用户可用的服务中得到益处。

2. 为了能够采取和实施针对残疾人终端用户的具体安排，成员国应鼓励普及提供必要服务和功能的终端设备。

【第24条】【消费者数字电视设备的互用性】

依照附录Ⅵ规定，成员国应保证规定中提到的消费者数字电视设备的互用性。

【第25条】【电话簿查询服务】

1. 成员国应保证公用电话服务的订购者有权在第5条（1）（a）所指的公开的电话簿中占有一个条目，使其信息能够被电话查询服务提供者和/或根据第2段所指的电话簿所获得。

2. 为了公用电话查询服务和电话簿的目的，成员国应保证所有分配电话号码给订购者的企业在公平、客观、面向费用和不歧视的基础上，使相关信息以协商的形式被公众获得。

3. 成员国应保证所有得到公众可用电话服务的终端用户可以使用电话查询服务。根据2002/19/EC指引（接入指引）第5条规定，国内监管当局应有能力向控制连接终端服务的企业施加义务和条件。这些义务和条件应为客观、公平、无差别和透明的。

4. 成员国不应保留任何监管限制来阻止一个成员国的终端用户用语音电话或者短信形式直接连接在另一成员国的电话查询服务，同时应对此类连接参照第28条采取措施。

5. 第一段至第4段的适用应遵守关于个人数据和隐私保护的社会立法以及，特别是2002/58EC指引（隐私和电子通信指引）第12条的规定。

【第26条】【紧急服务和单一欧洲紧急呼叫号码】

1. 成员国应保证第2款提到的所有服务的终端用户，包括公用电话的用户，可以免费拨打紧急服务，在拨打单一欧洲紧急号码"112"和任何成员国特定的国内紧急电话号码时，不需要进行任何方式的支付。

2. 成员国，经与国内监管当局、紧急服务和提供者协商，应保证为终端用户提供电子通信服务以呼出国内电话的企业为用户提供紧急服务。

3. 成员国应保证拨打欧洲统一紧急号码112的电话应被合理接听且以最符合国内紧急系统组织方式的方式处理。只要此类电话号码继续使用，此类电话就应至少像国内电话一样迅速有效地得到接听和处理。

4. 成员国应保证残疾人终端用户获得与其他用户同样的紧急电话服务。保证残疾人终端用户在他国旅行时获得紧急呼叫服务的措施应在最大可能限度内以欧洲标准或根据2002/21/EC指引（框架指引）第17条规定制定的具体措施为基础，且不得妨碍各成员国采取额外措施以实现上述第17条的目的。

5. 成员国应保证相关经营企业免费向处理紧急呼叫的当局提供电话呼出方的位置信息，自紧急呼叫到达该当局开始。这适用于所有欧洲统一紧急呼叫号码112，成员国可以将该义务扩大适用于国内紧急呼叫号码。有能力的监管当局应制定呼出方地理位置信息准确性和可信性的标准。

6. 成员国应保证其公民充分知晓欧洲统一紧急呼叫号码112的存在和使用，特别是通过专门针对在成员国之间旅行的公民的措施。

7. 为保证在各成员国内112服务的有效获得，欧洲委员会在咨询了欧洲电子通信监管机构之后，可以采取技术措施。但是，该等技术措施不应违反且不应影响紧急服务的组织，该等组织由成员国专属管辖。

该等措施是为了修订本指引的非核心要素并予以补充而设计的，应根据第37条第2款中规定的监管程序而制定。

【第27条】【欧洲电话接入码】

1. 成员国应保证号码"00"作为标准的国际接入号码。关于成员国内可以建立或延续相邻国家间跨国界的地点之间的电话的特殊安排，在上述地点的终端用户应当完全知悉上述安排。

2. 在社区内建立并由大会指定的法人实体应对管理，包括号码分配以及欧洲电话号码空间（ETNS）的推广独立负责，大会应采用必要的实施准则。

3. 成员国应保证，所有提供允许拨打国际长途电话的公共电话服务的企业在处理向欧洲电话号码编号空间（ETNS）拨打的和从ETNS呼出的所有电话时，适用其在处理成员国之间呼出和呼入电话的速度。

【第27a条】【为社会和谐价值提供的和谐号码，包括遗失儿童热线电话号码】

1. 成员国应推广在号码段中以"116"开头的特殊号码，该等号码是由2007年2月15日大会决定2007/116/EC指定的，旨在保留国内号码段中以

"116"开头的号码作为和谐号码用于社会和谐价值服务。成员国应鼓励建立在其领域内保留此类号码的服务的相关规定。

2. 成员国应保证残疾人终端用户能够在可能的最大限度内获得"116"号段的服务。为促使残疾人终端用户在其他成员国旅行时同样获得该等服务而采取的措施应遵守相关标准或2002/21/EC指令（框架指令）第17条的具体规定。

3. 成员国应保证公民能够充分获知116号段服务的存在和用途，特别是为特定目标群体在成员国间旅行时而采取的主动措施。

4. 除根据第1、2、3款采取相关措施以保证"116"号段服务能够广泛被获得，成员国还应致力于保证公民能够获得报告失踪儿童的热线服务。该热线应当能够经号码"116000"拨通。

5. 为了保证"116"号段的有效实施，特别是失踪儿童热线号码"116000"，在成员国内，包括残疾人终端用户在其他成员国旅游期间获得服务，大会经咨询BEREC，可能采取技术上的实施措施。但是，这些技术实施措施的采取不能违背各成员国专属管辖的该等服务的组成，亦不得对其产生影响。

用于修订、补充本指令的非核心元素的措施，应当遵守第37条第2款所列明的规范程序。

【第28条】【电话号码和服务的获得】

1. 成员国应保证，当技术上和经济上合理时，除非电话用户出于商业原因选择通过呼叫位于特殊地理位置的另一方来制约其获得电话服务的权利，相关国内监管当局应采取一切必要措施保证终端用户能够：

（a）在本社区内获得并使用非地理号码；并

（b）获得社区内提供的所有号码，不论接线员所使用的技术和设施如何，包括那些成员国国内电话号码系统中的号码，以及欧洲电话号码编号空间（ETNS）和普遍国际免费电话号码（UIFN）的号码。

2. 当屏蔽行为由于欺诈或滥用等原因而具备正当性时，成员国应保证相关监管当局能够要求提供公共通信网络和/或公共可获得的电子通信服务的企业根据具体情况屏蔽对于特定号码或服务的接入，并要求在此情形下电子通信服务提供商扣留相应的接入或其他服务收入。

【第29条】【额外设施的规定】

1. 在不违背第10条（2）的前提下，成员国应保证国内监管当局能够要求所有提供公共电话服务和/或公共通信网络接入服务的企业提供B部分附录一所列明的全部或部分额外设施,根据技术可行性和经济波动性,以及 A 部分附录一所列明的全部或部分额外设施。

2. 如果其在考虑到利益相关方的观点之后,认为其设施是充分可获得的,成员国可以在其领土的全部或部分内放弃第 1 款的内容。

【第30条】【提供者的加速更换】

1. 成员国应保证,所有具有国内电话系统内的电话号码的用户,应其要求,可以根据除部分附录一独立保留其号码,不论提供服务的企业如何更换。

2. 国内监管当局应保证与号码便携性规定相关的经营者和/或服务提供者之间的定价是以价格为导向的,且对用户的直接收费(如有)不会阻碍用户更换服务提供商。

3. 国内监管当局不应以扭曲竞争的方式对号码进入接口收费,比如通过制定具体或通用的价目表。

4. 号码接入以及随后的激活应在可能的最短时间内进行。在任何情况下,同意将号码接入新的通信企业的用户应在 1 个工作日内将其号码激活。

在不违反第 1 款的前提下,有能力的国内监管当局可以建立全球号码接口,考虑到国内合同的规定、技术可行性和用户保持服务延续性的需要。在任何情况下,在接入过程中暂停服务的时间不能超过 1 个工作日。必要时,有能力的国内监管当局还应考虑采取措施保证用户在转网过程中的保护且保证用户不被接入其不愿意接入的供应商。

成员国应保证对提供商采取适当的制裁措施,包括由提供商或其代理人造成接入延迟或滥用时提供商对用户的赔偿义务。

5. 成员国应保证在消费者和提供电子通信服务的企业之间缔结的合同不会规定超过 24 个月的初始承诺期间。成员国还应保证供应商向用户提供最长期限为 12 个月的合同。

6. 在不违反任何最短合同期间的前提下,成员国应保证合同终止的条件和程序不会阻碍用户更换服务商。

【第31条】【"必须履行"义务】

1. 成员国可以在其管辖权限内对提供电子通信网络的服务商施加合理的"必须履行"义务,以保证特定的无线电和电视广播频道以及补充服务,特别是能获得的服务,以使残疾人终端用户能够合理获得服务。该等服务商须为公众提供无线电或电视广播通信服务,在其领域内大部分终端用户将其作为获取无线电和电视信号的主要方式。该等义务应仅在为了满足各成员国明确指定的普遍利益目标为必要时才施加,且必须是适度的、透明的。

第 1 款中所指的义务应自 2011 年 5 月 25 日起 1 年之内由成员国审查，除非成员国已经在此前 2 年内进行过审查。

成员国应定期审查"必须履行"义务。

2. 本条第 1 款和 2002/19/EC 指令（获得指令）第 3 条第 2 款都不得损害成员国根据本条采取的措施时决定合理报酬的能力（如有），同时，在类似的情形下，应保证对待提供电子通信网络的服务商时不采取差别待遇。当提供报酬时，成员国应保证其适用过程是适当、透明的。

第五章 一般规定和终局规定

【第32条】【额外的强制服务】

除第二章定义的普遍服务义务所要求的服务以外，成员国可以决定提供额外服务，使其在本国领域内具有公用性，但是，在该等情形下，不得采取涉及个别企业的赔偿机制。

【第33条】【询问利益相关方】

1. 成员国应保证，国内监管当局合理考虑终端用户（特别包括残疾人用户）、制造商和电子通信网络和/或服务供应商就有关公用电子通信服务的终端用户和消费者权益问题的观点，特别是当其对市场具有重大影响时。

成员国尤其应保证，国内监管当局建立询问机制，以保证在其就有关公用电子通信服务的终端用户和消费者权益问题的决策过程中，对电子通信中消费者利益给予合理考虑。

2. 如适用，利益相关方可以在国内监管当局的指引下，开发包括消费者、用户团体、服务提供商在内的机制，以提高服务总体质量，还可以通过开发并监督行为准则和操作标准。

3. 在不违反根据社会法建立的、旨在推广文化和媒体政策（如文化和语言多样性、媒体多元性）的国内准则的前提下，国内监管当局和其他相应当局可以促进电子通信网络和/或服务供应商和通过电子通信网络和服务推广合法内容的利益相关部门之间的合作。该等合作可以包括根据第 21 条（4）和第 20 条（1）第 2 款提供的公共利益信息的协调。

【第34条】【法院之外的争议解决】

1. 成员国应保证，透明的、不歧视的、简单且不昂贵的法院外程序是可以获得的，用以处理消费者和电子通信网络和/或服务供应商之间的、基于本指令和相关合同条款和/或关于该等网络和/或服务的合同履行而产生的未解决的争议。成员国应当采取措施保证该等程序能够使争议得到公正、及时的解决，并且经授权，可以建立补偿和/或赔偿体系。该等程序应使争议得到中立的解决，且不得剥夺消费者由国内法所赋予的法律保护。成员国可以将该等义务予以扩展以解决涉及其他终端用户的争议。

2. 成员国应保证，其立法不会阻止建立在合适的地域范围内促进消费者和终端用户争议解决的投诉办公室以及网上服务。

3. 当该等争议涉及来自不同成员国的当事人时，成员国应协力合作，致力于解决争议。

4. 本条不与国内法院程序相冲突。

【第35条】【附录的修改】

修订本指令非核心内容和修改附录1、2、3、6以适应科技进步或市场变化需要的措施，应经大会采纳，且须严格遵守第37条第2款的程序规定。

【第36条】【通知、监督和审查程序】

1. 国内监管当局应最迟在第38条第2款所指的施行日期前、并在此后任何以第8条第1款下规定的负有普遍服务义务的供应商的名义产生的变化发生后立即通知大会。

大会应使信息以简单、可获得的形式披露，且应将信息传达给通信部门。

2. 国内监管当局应通知大会其向指定的负有普遍服务义务的供应商施加的普遍服务义务。任何影响该等义务的变化或任何受本指令规定影响的服务商的变化均应向大会报告，不得延迟。

3. 大会应定期审查本指令的实施情况并向欧洲议会、欧洲理事会报告，第一次报告不得晚于第38条第2款所指的施行日期后3年。成员国和国内监管当局应将必要信息提供给大会，以实现此目的。

【第37条】【委员会程序】

1. 委员会应由根据2002/21/EC指令（框架指令）建立的通信委员会协助开展工作。

2. 当本款适用时，应适用1999/468/EC决定第5a条（1）至（4）段和第7条，参照适用上述决定第8条相关规定。

【第38条】【转换】

1. 成员国应最迟于2003年7月24日前采取并公布必要的、遵循本指令的法律、法规和行政规范，并应即刻告知委员会。

各成员国应从2003年7月25日起施行该等措施。

2. 当成员国采取该等措施时，其应包含印有本指令的规定或在其官方公开的版本中附有该等引用性规定。引用的方式应由成员国规定。

3. 成员国应向委员会提供其在本指令调整范围内采取的国内法规范的文本，以及任何后续修订条款的文本。

【第39条】【生效】

本指令应于其在《欧洲社会官方杂志》公布之日起生效。

【第40条】【收件人】

本指令的收件人为各成员国。

关于 2002 年 7 月 12 日的欧洲议会和欧盟理事会的电子通信领域个人数据处理和隐私保护的欧洲议会和欧洲理事会的第 2002/58/EC 号指令（隐私和电子通信的指令）*

欧洲议会和欧盟理事会基于建立欧洲共同体的条约，特别是其中的第 95 条；基于委员会的提议（1）；基于经济和社会委员会的意见（2）；基于地区委员会的咨询意见；依照条约（3）第 251 条设定的程序进行行动。

鉴于：

（1）《1995 年 10 月 24 日欧洲议会和欧盟理事会关于个人数据和该数据的自由流通的欧洲议会第 95/46/EC 号指令》要求成员国确保个人数据处理时自然人所享有的权利和自由，特别是隐私权，以保障个人数据在共同体的自由流动。

（2）本指令致力于尊重基本人权和遵守由《欧盟基本人权宪章》特别确认的原则。特别的，本指令致力于全力保障宪章第 7 条和第 8 条设定的权利。

（3）通信秘密依照与人权有关的国际规定进行保障，特别是关于人权保护的欧洲宪章、基本自由观念和各成员国的宪法。

（4）《1997 年 12 月 15 日欧洲议会和欧盟理事会关于在电子通信领域的个人数据处理和个人隐私保护的第 97/66/EC 指令》将 95/46/EC 号指令确立的隐私保护原则转化为具体的规则，在电子通信领域适用。不管使用的是何种技术，97/66/EC 指令必须能与市场的发展和电子通信技术相适应，以便能为电子通信服务业的公众使用者的个人数据和隐私提供相应的保护。旧的指

---

* 译者：彭定义，北京大学法学院。

令因此被新的指令废除和取代。

（5）高新电子技术目前正被引入共同体的公共通信领域，这给用户的个人信息和隐私的保护提出了具体的要求。信息社会的发展以新电子通信服务的引入为特征。接入电子移动网络对大批公众来说已经是可行的且可以接受的。这些电子网络为处理个人信息提供了足够大的容量和可能性。这些服务的成功跨境发展在一定程度上取决于用户的信心，即相信他们的隐私并不处在危险之中。

（6）网络提供了一个普遍的、全球的基础设施以使得各种各样的电子通信服务得以传递，从而推翻了传统市场结构。基于网络的公用电子通信服务给用户提供了新的可能性，但同时也给他们的个人数据和隐私带来了危险。

（7）就公众通信网络来说，应当制定具体的法律、法规和技术条款来保护自然人的基本权利和自由，法人的合法利益，特别是在网络自动存储能力不断提高以及网络会对订阅者和用户的个人数据进行自动处理的现状下。

（8）成员国通过的法律、法规和技术条款（这些条款是有关于电子通信领域的关于个人数据保护、隐私和法人的合法利益的）应相互协调，以避免给条约第14条所规定的电信网络市场造成阻碍。这些协调应由一些必要的要求进行限制，以免阻碍成员国之间的新电子通信服务以及网络的提升和发展。

（9）相关成员国、服务提供商和用户，与主管的共同体机构一起，应当在引进和发展相关技术领域上进行合作，这些技术对于实施本指令规定的保证措施是必要的，在可能时，要特别考虑尽可能不对个人数据进行处理和使用隐名数据的目标。

（10）在电子通信领域，95/46/EC号指令适用于所有与保护基本权利和自由有关的问题，其中包括本指令没有涉及的管理者的义务和个人的权利等问题。95/46/EC号指令适用于非公众的通信服务。

（11）与95/46/EC号指令一样，本指令没有规定不被欧共法法律规范的活动所涉及的基本权利和自由的保护。因此，它并没有改变现有的个人隐私权和成员国采取本指令15（1）中提到的方法保护公共安全、国防、国家安全（包括相关活动与国家安全事务有关时，国家经济的状态）和刑法的实施之间的平衡。本指令不影响成员国对电子通信进行监督或者采取其他与监督目的相关的措施并与《欧洲保障人权和基本自由公约》的规定相一致。该措施必须适当、严格地与既定目的成比例，这一点在民主社会中也是必需的，并且依据《欧洲保障人权和基本自由公约》，应当具有足够的安全措施。

（12）自然人或者法人都可能成为公开的电子通信服务用户。通过增补

95/46/EC号指令，本指令的目标是保护自然人的基本权利，特别是他们的隐私权和法人的合法利益。本指令没有要求成员国承担扩展适用95/46/EC指令中保护法人合法利益的义务，这包含在共同体的现行框架和国内立法中。

（13）用户和服务提供商的契约关系要求用户为已提供或即将提供的服务进行定期的或者一次性的付费。预付卡也将被视为一个契约。

（14）位置信息可以是用户终端设备所在的经度、纬度和海拔、行走的方向、位置信息的精确度水平、终端设备在某一时间所在网元的识别，以及位置信息被记录的时间。

（15）一个通信包括姓名、号码或者地址信息，这些信息由通信的发送者或者使用连接进行通信的用户提供。通信信息包括由网络翻译的、以传输为目的的通信。同时还包括路由、期间、时间或者容量、适用的条约、发送者或接收者的终端设备所在的位置、该通信发起或终止的网络、该次联络的开始、终止或者期间。可能还会包括通信通过网络传递的模板。

（16）作为由公共通信网络提供的广播服务的组成部分的信息，其是为无限的潜在观众准备的，并且并非组成本指令意义上的一次通信。但是，万一接受该信息的单个消费者或用户能被识别，例如在视频点播服务中，传递的信息则在本指令包含的通信的含义中。

（17）根据本指令目的，使用者或用户的同意（后者不管是自然人还是法人），应与95/46/EC号指令定义且进一步具体化的数据目标的同意具有同样含义。同意可通过适当的方式表达，如用户个人意愿的自由、具体、有根据的表现，包括当用户在访问网页时勾选了相关选项。

（18）增值服务可由最便宜的资费包建议、导航、交通信息、天气预报和旅游等信息组成。

（19）特定要求的适用在具体情况中不应当是强制性的，这些要求与以下方面有关：提供和限制呼叫和连接线路的身份识别，自动呼叫与消费者线路相似的连接。在这些情况中，该适用必须证明在技术上是可行的或者将要求经济上的额外付出。应当告知相关利益方这些情况是很重要的，并且成员国应当将这些情况告知委员会。

（20）服务供应商应当采取适当措施保证他们提供的服务的安全性，在必要时可与网络供应商进行合作，并且告知消费者所有的网络安全风险。通过开放网络，该风险特别有可能发生在电子通信服务中，例如网络或者相似的移动电话网络。特别重要的是，服务供应商全面通知该服务消费者和用户已存在的安全风险，且该安全风险在服务供应商所能提供的可能救济的范围之外。通过网络提供公用电子通信服务的服务供应商应告知用户和消费者他们能采取的保护通信的方法,如使用特定的软件和编码技术。告知消费者特别的安全风险并没有免除服务供应商应负的义务,如负担费用、采取适当和及时的措施救济新的、未预见的安全风险,并重建服务的正常安全水平标准。除了用户接受或收集信息时可能产生的名义成本之外,例如下载电子邮件信息,告知消费者安全风险的条款要求该告知是免费的。服务安全性根据95/46/EC号指令的第17款进行评估。

(21) 应采取措施防止未经授权接入通信,以保护通信秘密,包括内容与该通信有关的数据,该通信是依靠公共通信网络和公用电子通信服务进行的。在某些成员国的国内立法中仅禁止故意的未经授权的通信接入。

(22) 禁止非用户本人或未经其同意的通信以及任何相关通信数据的存储,但并不禁止任何自动的、中介的和临时的信息存储,因为该信息存储的唯一目的是为了在电子通信网络中实现传输,并且该信息存储的时间不会长过传输以及实现通信管理的目的所必需的时间,且在该存储期内,通信秘密仍处在保证期内。在该服务的其他接收者要求就公共信息提供更有效率的传递时,假设该信息应当不被限制地被公众获得,且任何与要求得知该信息的个体消费者或用户有关的数据已被清除,本指令不阻止该信息的进一步存储。

(23) 应保证合法的商业活动期间的通信秘密。经由必要及合法授权,可以为了提供商业交易的证据而记录通信。95/46/EC号指令适用于该处理过程。通信各方应当在记录之前被告知记录的目的和通信存储的期间。该通信记录应尽快消除,最晚应在该交易的合法性得到证明时消除。

(24) 《欧洲保障人权和基本自由公约》所保护的用户隐私包括电子通信网络用户的终端设备和存储在该设备上的任何信息。间谍软件、网页漏洞、隐藏的标志符和其他相似的设备,能够不被用户察觉而进入他们的终端设备,以获取信息、存储隐藏信息或者追踪用户的活动,这些都会严重侵犯用户的隐私。这些设备应仅为法律目的使用,并且被相关用户所知。

(25) 但是,有些设备,如所谓的"缓存"可能是合法有用的工具。例如,在分析网站设计和广告的效率、判断参与在线交易用户的身份方面。当这些设备,如"缓存",被用于合法目的——如为信息社会服务供给提供方便时,可在满足以下条件时使用:根据95/46/EC号指令明确清晰地告知用户使用缓存或其他相似设备的目的,且该目的是为了让用户知道在他们终端设备上使用的信息。用户应有机会拒绝缓存或者其他相似设备安装在其终端设备上。每次连接时用户有一次机会被告知和拒绝在终端设备上安装使用这些设备,包括这些设备的使用方法,这也可覆盖接下来的连接过程。告知信息的方法、拒绝权的行使和要求同意应当尽可能地使用用户友好型形式。基于合法目的,获得具体的网站内容也许仍然得以接受熟悉的缓存或者相似设备为条件。

(26)处理在电子通信网络中的与消费者有关的数据的目的是建立联系和传输信息,该信息包含自然人私人生活的信息和与通信有关的权利信息,或者与法人的合法权利有关的信息。该数据也许仅能存储在这样的范围内,即为了记账目的所提供的服务、交互连接付费的需要和有限的时间内。仅在消费者基于公用电子通信服务的供应商提供的准确和全面信息的基础上同意,则允许对该数据进一步处理,消费者应知道供应商计划进行进一步处理的信息的类型和消费者无需同意或者可以撤回他/她的对于该处理的同意的权利。公共电子通信服务供应商也许想要执行的进一步信息处理是为了营销电子通信服务或者为了提供增值服务。为了营销通信服务或者增值服务的通信数据在提供该服务后应当被删除或者匿名处理。服务提供商应当持续告知消费者它们处理信息的类型、目的、完成的期限。

(27)一次通信传输完成的精确时刻可由它提供的电子通信服务的类型决定,除了记账目的的通信数据应被立即删除。例如,对于语音通话来说,传输在任何一方终止连接时完成。对于电子邮件来说,当收件人接收信息时,该次传输完成,特别是从他的服务提供商的服务器上接收时。

(28)当不需要这些信息时,把他们删除或者匿名化的义务与互联网上获取 IP 域名地址或 IP 地址的实际地址以及用登录信息控制上网权限的程序,并不冲突。

(29)服务提供商可处理与用户和使用者有关的通信数据,这些信息在个案中是必需的,目的是发现在通信传输过程中的技术失败或者错误。为记账目的而必需的通信数据可能也被服务提供商进行处理以发现和阻止未付费使用电子通信服务而形成的欺诈。

(30)电信网络和服务提供系统应使必要的个人数据的数量限制在一个绝对的最小数。任何与提供电子通信服务有关的活动,超出一次通信的传输量和它的账单,应当在总量的基础上进行衡量。当这些活动不能以总体数据为基础时,它们应当作为消费者要求同意的增值服务来考虑。

(31)是否为了提供特殊的增值服务而进行数据处理,应当获得用户或消费者的同意,同时取决于将要处理的数据、将要提供的服务和是否能在技术上、程序上、合同上将使用电子通信服务的个人和向电子通信服务订阅的法人或自然人区别开。

（32）当电子通信服务提供商或者增值服务提供商将为提供这些服务而必要的个人数据处理转包给另外的实体时，该转包和后续数据处理应当与95/46/EC号指令对于控制器和个人数据处理器要求的规定全面符合。当提供增值服务要求将通信和位置信息从电子通信服务提供商转发给增值服务提供商时，与该数据相关的消费者和用户应当在同意数据处理前被全面告知转发事宜。

（33）明细账单的引进将使消费者更有可能核对由服务提供商收取的费用的准确性，但是同时它可能泄漏公共电子通信服务用户的隐私。因此，为了保护用户隐私，成员国应当鼓励电子通信服务可选项目的发展，如可替代付费设施，这将允许匿名接入或严格的私人接入公共电子通信服务，例如通话卡或通过信用卡付费的设施。为了达到相同的目的，成员国可能要求运营商给消费者提供不同的、特定被呼叫号码已经被删除的账单。

（34）关于呼叫号码识别，为了保护呼叫方的权利，保留呼叫方的线路识别是必要的，被叫方拒绝接听不明线路的呼叫的权利也受到保护。在特定情况下，有正当理由即可消除呼叫号码识别。特定消费者、特殊帮助热线和类似的组织，在保护他们呼叫者的匿名性上有特定的利益。关于连接线路识别，为了保护被叫方的权利和合法利益，保留呼叫方实际使用的连接线路的识别是必要的，特别是在转移呼叫的情况下。公共电子通信服务的提供商应当告知他们的消费者网络中呼叫和连接线路识别的存在、所有基于呼叫和连接线路识别的服务和可用隐私选项。这将允许消费者在想要使用隐私设施时，做出的是知情的选择。每一线路基础上提供的隐私选项并不必然作为可用的自动网络服务，但是消费者可能通过向公用电子通信服务提供商发送一个简单的请求而获得。

（35）在数字移动网络中，处理表明移动用户终端设备位置的数据信息来使通信传输得以实现。该数据是本指令规定的通信数据。但是，数字移动网络也具有处理数据信息的能力，该数据比通信传输所需数据更精确，这些数据被用来提供增值服务，如提供个性化的交通信息服务和向司机提供驾驶指导。只有在消费者同意的情况下才能处理该信息以提供增值服务。即使在消费者已经同意的情况下，他们仍应当有简单的方法临时拒绝处理位置信息，并且该方法是免费的。

（36）成员国在以下情况下可能严格限制用户和消费者的隐私权即必须进行呼叫线路识别：追踪骚扰电话和允许紧急服务以尽量有效执行任务。为了以上目的，成员国可能通过具体的条款授权电子通信服务提供商在没有取得相关用户和消费者事前同意的情况下提供呼叫线路识别的信息和位置信息。

（37）应当给用户提供安全措施以防其受到由其他人发起的自动呼叫转移引起的伤害。此外，在此种情景中，用户应阻止经由公共电子通信服务发起的简单请求而向他们的终端设备进行的呼叫转移。

（38）电子通信服务的消费者目录是广泛分发并公开的。自然人的隐私权和法人的合法利益要求消费者能决定他们的个人信息是否在目录中公开，若公开，在何种目录中公开，公共目录提供商应当告知目录中的消费者目录的目的和目录的特殊用途，即可能由公共目录的电子版本制作而成、通过软件设置的内置搜索功能，如反向搜索功能使目录的用户能仅根据电话号码就查到消费者的姓名和地址。

（39）通知公共目录中的消费者已将他们的个人信息收录在具有相关目的的公共目录中的义务，应由数据收集方承担。当消费者的个人信息可能被传输给一个或多个第三方时，消费者应被告知这种可能性以及接收者或者可能接收者的范围。任何传输受以下条件的限制即该数据仅能用于收集他们时的目的而非其他目的。若从消费者处收集信息方或者信息传递的第三方希望将数据用于其他目的，最初收集信息方或信息传递的第三方应向消费者要求获得新的同意。

（40）应向消费者提供安全措施以对抗基于直接营销的目的而未经请求的通信对他们隐私造成的侵犯，特别是通过自动呼叫设备、传真、邮件以及短消息的方式。这种形式的未经请求的商业通信，一方面相对容易和便宜，另一方面可能将费用负担置于接收者一方。此外，在一些情况中，它们的容量可能也会使电子通信网络和终端设备产生问题。对于此种形式的基于直接营销目的的未经请求的通信，要求在该类通信发送给接收者之前获得他们明确的同意是合乎情理的。单一市场要求给商业和用户们提供一套相称的措施以确保简单的、在共同体范围内可行的规则。

（41）在已建立的客户关系中，根据95/46/EC号指令，仅允许之前获得电子通信详细信息的公司为提供相似产品或服务而使用同样的电子通信详细信息是合理的。当公司获得电子通信详细信息时，应以一种明确、清晰的方式告知客户将为直接营销目的而进一步使用他们的信息，并且给予用户拒绝的权利。同时，应当在之后的每一次直接营销信息发送时给予客户这样的拒绝权，除了由此所产生的必要费用，拒绝权的行使是免费的。

（42）其他形式的直接营销对传送者来说费用更高，并且消费者和用户并不负担任何费用,如个人对个人的语音通话,这可能证明维护该系统是合理的,即该系统给予了消费者或用户一个机会表明他们不愿意接收这类呼叫。然而,为了不降低对隐私的已有保护水平,仅允许向之前已经表示同意了的消费者和用户致电。

(43)为便利共同体对基于直接营销目的的未经请求的消息进行执法,有必要禁止在基于直接营销目的发送的、未经请求的消息时使用假身份、假回复地址或假号码。

(44)某些电子邮件系统允许消费者浏览一封电子邮件的发送者和主题栏,并允许删除该邮件,而不用下载邮件内容或任何附件,因此减少了因下载未经请求发送的电子邮件或附件而产生的费用。这些安排作为本指令规定的针对普遍义务的附加工具,在某些特定情况下将继续生效。

(45)本指令不与成员国为保护法人合法利益而针对基于直接营销目的的、未经请求的通信所做的安排相冲突。当成员国为法人、大多数商业用户的此种通信提供退出注册时,欧洲议会的2000/31/EC号指令的第7条、理事会2000年7月8日关于信息社会服务的特定法律方面特别是在电子商务方面(在电子商务方面的指令)(6)的条款,在国内市场上是完全适用的。

(46)提供电子通信服务的功能整合进了网络中或者整合进了用户终端设备的任何部分包括软件中,对个人数据的保护和对公用电子通信服务用户隐私的保护应当与以下事务独立分开:提供服务所必需的各种不同元件的配置和在这些元件中必要的功能分配。无论使用何种技术,95/46/EC号指令覆盖了数据处理的各种形式。电子通信服务的已有具体规定和为提供该服务所必需的组成部分的普遍规则,可能并不能以技术中立的方式为个人数据和隐私保护提供便利。因此应当采取措施要求为电子通信服务提供特定种类设备的制造商制造他们的设备时,要实施安全措施以便确保用户和消费者的个人数据和隐私被保护。根据欧洲议会和理事会1999年5月9日的1999/5/EC号指令采用的措施(措施的针对对象是无线电设备、电子通信终端设备)将确保引进电子通信设备(包括以保护数据为目的的软件)的技术特点是协调的,以与国内市场的执行相一致。

(47)当用户和消费者的权利未被尊重时,国内法律应当提供司法救济。应当对未遵守依据本指令制定的国内措施的人施以处罚,无论该主体是由私法还是公法进行管辖。

(48)在适用本指令的领域中利用工作组保护个体的经验是有用的,该工作组是根据95/46/EC号指令第29款设立的由成员国监察机构的代表组成的个人数据处理组。

（49）为促进本指令执行的一致性，需要特定的具体安排来进行已经在日程中的数据处理，以使国内相关法律根据本指令生效。

已采用的本指令：

【第 1 条】范围和目标

1. 指令统一了国内规定，它要求确保在电子通信领域中进行个人数据处理时对于基本权利和基本自由的保护具有相等的水平，特别是对于秘密和隐私权的保护，并要求确保在共同体内数据、电子通信设备、服务的自由流动。

2. 为了实现第 1 款规定的目的，本指令是对 95/46/EC 号指令的特别化和补充。并且，这些规定对法人用户的合法利益提供了保护。

3. 本指令对共同体条约范围外的活动不适用，如由标题 V 和 VI 的欧盟条约规制的活动，并且，本指令在任何情况下都不适用于以下活动：有关公共安全、国防、国家安全（包括当活动与国家安全事务相关时，国家的经济状况）和犯罪的活动。

【第 2 条】定义

除非另有规定，本指令的专业术语的定义，与 95/46/EC 号指令、欧洲议会和 2002 年 5 月 7 日理事会的 2002/21/EC 号指令规定的术语定义，是基于针对电子通信网络和服务（框架指令）的共同的法律框架，适用如下定义：

（a）"用户"指的是为了私人或商业目的使用公用电子通信服务而不必须注册该服务的自然人。

（b）"通信数据"指的是在电子通信网络上为了通信传递目的或为了记账目的而处理的数据；

（c）"位置数据"指的是在电子通信网络中处理的数据或者由电子通信服务处理的数据，该数据能指示公用电子通信服务用户的终端设备所在的地理位置。

（d）"通信"指的是有限数量的各方经由公用电子通信服务进行的信息交换或信息传递。不包括作为广播服务的一部分而经由电子通信网络传递给公众的信息（但是能跟可识别的用户或者接受信息的消费者联系起来的信息除外）。

（e）用户或消费者的"同意"的含义与 95/46/EC 规定的数据对象的同意相同；

（f）"增值服务"指的是要求处理通信数据或位置数据的服务，而不仅仅是传输一次通信或者记账所必需的通信数据；

（g）"电子邮件"指的是由公共通信网络传递的任何文字、声音、语音或者图像信息，它们能够在网络中或者接收者的终端设备中存储直到被接收者接收。

（h）"个人信息泄露"指的是违反保密义务导致意外发生或者非法破坏、损失、更改、未经授权泄露或者获取个人数据，该个人数据是传输的、存储的或者在共同体内与公共可用电子通信服务供给有关的个人信息。

【第3条】有关服务

本指令适用于在共同体内的公共通信网络中的、与提供公用电子通信服务有关的个人数据处理，包括支持数据收集和身份识别设备的公共通信网络。

【第4条】数据处理安全

1. 公用电子通信服务的提供商必须采取适当的技术和组织措施保证服务的安全，在必要的时候就网络安全问题应与公共通信网络提供商协作。考虑执行措施的技术水平和成本，必须确保这些措施的安全水平与当前风险匹配。

1a. 根据95/46/EC号指令，第一段所指的措施应满足以下条件：

——确保个人数据仅能由经过授权的职员基于合法授权的目的获得；

——确保存储的或传输的个人信息免遭意外或非法的毁坏、意外丢失或更改、未经授权和非法的存储、处理、获取或泄露；

——确保与个人数据处理有关的安全政策的实施。

相关国内机构评估由公用电子通信服务提供商采取的措施，并发表有关这些措施可以达到的安全水平的建议。

2. 一旦出现网络安全被破坏的风险，公用电子通信服务提供商必须告知相关用户该风险的存在、告知相关用户当该风险在服务提供商提供的措施的范围外时，任何可能的救济，包括可能的费用。

3. 一旦个人数据泄露，公用电子通信服务提供商应当无不当延迟地向主管的国内机构报告个人数据泄露情况。

当个人数据泄露可能对消费者或个体的个人数据或者隐私造成损失时，提供商也应当无不当延迟地告知消费者或个体数据泄露情况。

若提供商已经实施了适当的技术保护措施，且该措施适用于存在安全漏洞的相关数据，并且已经使主管机构满意，则并不要求向相关消费者或个体通知个人数据泄露的情况。

该技术保护措施向未经授权而获取数据的请求者呈现的是数据乱码。

若提供商还未通知消费者或个人的个人数据泄露情况，但是国内主管机构认为泄露存在可能时，可以要求服务提供商进行通知。

向消费者或个体发出的通知至少应描述个人数据泄露的性质和其他人获取信息的接触点,并应当提出消除个人数据泄露所带来的可能损失的建议措施。

向国内主管当局发出的通知应当描述泄露的后果、提供商提议或采取的措施。

4. 对于根据第5款规定采用的技术实施措施,国内主管当局可以采取指导方针,并且当必要时,可以发布针对有关情况的操作指南。在该情况中,要求提供商按指定的格式和形式进行个人数据泄露通知。国内主管当局对提供商是否履行了通知义务进行审核,并且应当在提供商未履行时进行适当的处罚。

提供商应保存构成泄露的事实所导致的个人泄露的信息的目录、它的影响和采取的救济措施,该救济措施应当足以使国内主管当局根据第3款的规定进行相关判断。该目录应当仅包括为此目的而必需的信息。

5. 为了确保第2、3、4款提到的措施的实施的一致性,委员会可能根据欧洲网络和信息安全机构的咨询意见,与《个人数据处理》有关的个人保护工作组(该工作组依据95/46/EC号指令的第29款和欧洲数据保护监督机构成立)合作,综合考虑与该条款所涉及的信息要求和通知要求有关的环境、格式、程序因素,采取相应的技术实施措施。当采取该措施时,委员会应当使所有利益相关者参与进来,特别是告知他们根据实现本条款规定的最优、最可行的技术和经济方法。

这些措施是通过增补的方式修改本指令的非核心元素的,应当根据第14条第1款所涉及的审查调整程序予以采用。

【第5条】通信秘密

1. 通过国内立法,成员国应当确保通过公共通信网络和公用电子通信服务的方式进行的通信及其相关数据的秘密性。应当特别禁止未经相关用户同意的非用户对通信及相关通信数据的偷听、分接头、存储或其他任何形式的监听或监控,但是根据第15条第1款取得合法授权的除外。在不违背通信秘密的原则下,本款并不禁止为了通信传输所必需的技术性存储。

2. 第1款并不对以下情况适用:在合法商业活动中为了提供商业交易或其他任何商业通信的证据,经合法授权对通信及其相关通信数据进行记录。

3. 成员国应确保在消费者或用户的终端设备上的信息储存或对已存储信息的获取仅能在以下情况下被允许:根据95/46/EC号指令,相关消费者和用户已经同意、并已获知了清晰全面的信息、并被告知了数据处理的目的。这并不能阻止在以下情况下进行技术性存储和信息获取：为了进行通信传输这一目的；获得服务的消费者或用户明确地要求信息社会提供商进行严格的和必要的行动。

【第6条】通信数据

1. 根据本条第2、3、5款和第15条第1款规定，由公共通信网络提供商或公用电子通信服务提供商处理和存储的相关消费者和用户的通信数据，在不为通信传输目的所需时，应当被删除或者匿名化。

2. 为用户计费和互联支付目的所必需的通信数据可能被处理。该处理必须在账单被依法质疑或追款的最后日期之前进行。

3. 若相关数据的消费者或用户事先同意，则为了营销电子通信服务或提供增值服务的目的，在必要期间内公用电子通信服务提供商可对第1款所指数据进行处理。用户和消费者可以在任何时候撤回对通信数据进行处理的同意。

4. 服务提供商必须通知消费者或用户处理的通信数据的类型和为了第2款所规定目的进行处理的期间，并且在取得同意之前，应告知他们第3款所规定目的。

5. 根据第1、2、3、4款，进行通信数据处理的人员应当严格地限定在公共通信网络提供商授权的人员中，通信数据处理的范围应严格地限定在公用电子通信服务中的账单处理、通信管理、客户查询、欺诈识别、电子通信服务营销或增值服务提供方面，并且必须严格限制在为实现以上活动的目的所必需的范围内。

6. 第1、2、3、5款在适用时应保证能力机构被告知，通信数据与适用的关于解决争端尤其是关于互联和账单的争端的法律相一致的可能性是相同的。

【第7条】账单明细

1. 消费者有权获得非明细账单。

2. 成员国应当适用国内立法以协调消费者获得明细账单的权利和呼叫用户与被呼叫者的隐私权，如确保用户和被呼叫者的通信的或付费的、可替代的隐私强化方法。

【第8条】呼叫和连接线路识别的显示和限制

1. 当提供通话线路识别服务时，服务提供商必须给呼叫者提供这种简单、免费的方法，以阻止每次通话时的通话线路识别显示。呼叫者必须在每个通话线路上拥有这种权利。

2. 当提供通话线路识别时，服务提供商必须给被呼叫者提供简单、免费的方式，以使被呼叫者可以合理地使用这种功能来阻止呼入电话的呼叫线路识别显示。

3. 当提供呼叫线路识别服务和在通话成立前呼叫线路识别即显示时，服务提供商应当给被叫消费者提供一种简单的方法以在呼叫线识别显示已经被呼叫用户或消费者屏蔽时可以拒绝呼入通话。

4. 当提供连接线识别显示时，服务提供商必须给被叫消费者提供简单、免费的方法以阻止向呼叫用户显示连接线路的识别。

5. 第1款也应适用于源自共同体内第三国的通话。第2、3、4款也应适用于源自第三国的呼入通话。

6. 成员国应确保当呼叫线路识别显示和连接线路识别服务被提供时，公共可用电子通信服务提供商能向公众提供第1、2、3、4款规定的方法。

【第9条】定位数据而非通信数据

1. 当处理公共通信网络或公共可用电子通信服务的用户或消费者的位置数据（而非通信数据）时，这些数据仅能在以下情况中被处理：它们已被匿名化或者相关用户或消费者已同意，并且在提供增值服务所必需的期间内。在获取他们的同意之前，服务提供商必须告知用户和消费者将要被处理的位置信息的类型（而非通信数据）、处理的目的和处理的期限以及这些数据是否会基于提供增值服务的目的而传输给第三方。用户和消费者应当具有在任何时候撤销处理位置信息（而通信数据）同意的权利。

2. 虽然用户或消费者已同意对其位置数据（而非通信数据）进行处理，但是用户或消费者仍然拥有以简单、免费的方法临时拒绝为每一次连接网络或为每一次通信传输而进行数据处理的权利。

3. 根据第1款和第2款，对位置数据（而非通信数据）的处理必须严格限定于仅能由公共通信网络服务商、公用通信服务提供商或提供增值服务的第三方授权的人员进行，并且对位置数据的处理必须严格限定为提供增值服务所必需的限度内。

【第10条】例外规定

成员国应确保建立透明的程序规制以下行为：

（a）考虑到消费者追踪恶意或骚扰电话的请求，公共通信网络提供商和/或公共可用电子通信服务提供商临时拒绝删除来电识别显示信息。在这种情况下，公共通信网络提供商和/或公共可用电子通信服务提供商按照国内法，可以存储和控制包含呼入者身份的信息。

（b）为了应急需要，对于应急组织的专线和成员国政府认可的应急专线，包括执法机构、急救和消防部门的应答专线,即便在使用者或用户临时拒绝或未授权的情况下,公共通信网络提供商和/或公共可用电子通信服务提供商也可以不删除来电识别显示信息和位置信息。

【第11条】自动呼叫转移

成员国应当确保任何用户均能采取简单、免费的方法以阻止第三方向消费者的终端进行自动呼叫转移。

【第12条】消费者目录

1. 成员国应确保消费者得到充分信息,免费地、并在被包括进目录前被告知消费者目录的目的,该目录是可为公众获得或通过目录查询服务可获得的印刷的或电子的消费者目录,目录中包括了他们的个人数据和基于电子版本目录内置的查询功能所具有的任何进一步使用的可能性。

2. 成员国应确保消费者应具有决定他们的个人数据是否被收录进公共目录的机会,若同意个人数据收录,目录提供商决定这些数据是否与该目录的目的相关,并进行判断、修正或撤销相关数据。拒绝收录进公共消费者目录、判断、修正或从目录中撤销个人数据均是免费的。

3. 成员国可要求为了公共目录的目的,除了基于用户姓名的个人联系信息的搜索外,必要时在目录中可包含用户的其他最低程度的标志,这需要用户的单独同意。

4. 第1款和第2款应适用于自然人消费者。成员各国应确保,在共同体法律框架下和现行的国内法律中,非自然人的消费者在公共目录中的合法利益应得到足够的保护。

【第13条】未经请求的通信

1. 仅在消费者或用户事先同意的情况下,为直接营销目的而允许使用无需人工干预(自动通话机器)的自动通话和通信系统、传真机或电子邮件。

2. 尽管有第1款的规定,当自然人或法人从客户处得知他们的电子邮件联系详情,在销售商品或销售服务的背景下,根据95/46/EC号指令,同一自然人或法人可以使用这些电子联系详情对它的相似产品或服务进行直接营销,客户应被给予清晰和明确的机会,以免费、易行的方式在他们收集信息和每次发信时(万一客户最初并未拒绝对电子联系详情的使用)进行拒绝。

3. 成员国应采取适当的措施确保,在第1款和第2款所涉及的情形之外,在未经相关消费者或用户同意时或相关消费者、用户不愿接收时,为直接营销目的而进行的未经请求的通信不被允许进行。措施的选择由国内法律来决定,并且对消费者和用户,这些措施是免费的。

4. 在任何情况下,若为直接营销目的发送电子邮件的行为伪造和隐藏了通信发送者的身份,则违反了 2000/31/EC 号指令第 6 条的规定。接收者不能通过有效地址发送停止通信的请求或鼓励接收者访问与该条款相抵触的网站都是应当被禁止的。

5. 第 1 款和第 3 款应当适用于自然人用户。成员国也应当确保,在共同体法律框架内和现行国内法律中,非自然人用户的合法利益(关于未经请求的通信)能得到足够的保护。

6. 不与条款所规定的行政救济相冲突,即不与第 15(a)条第 2 款相冲突,成员国应确保当侵权造成了自然人或法人的损失,任何在停止或禁止该侵权中拥有合法利益的主体,包括电子通信服务提供商,都能对该侵权提起法律诉讼。成员国也可以制定适用于电子通信服务提供商的具体法律,根据该条款采取的国内侵犯法令,他们的疏忽导致了相关侵权。

【第 14 条】技术特征和标准

1. 为了实施本指令的条款,成员国应确保依据第 2 款和第 3 款,在终端或其他电子通信设备上没有负担任何具体技术特征的强制要求,这些强制要求将阻碍设备投放市场,以及阻碍这些设备在成员国国内和成员国之间自由流动。

2. 当仅能在电子通信网络具备具体技术特征才能落实本指令的条款时,成员国应根据欧洲议会的 98/34/EC 号指令确定的程序和 1998 年 6 月 22 日理事会确立的程序(在技术标准领域的信息提供程序和信息社会服务的规则和法规)通知委员会。

3. 根据 1999/5/EC 号指令和 1986 年 12 月 22 日委员会的 87/95/EC 号决定(该决定是关于信息科技和通信领域的标准化的),在被要求时,应采取措施确保以与用户保护和控制他们的个人数据的权利相一致的方式制造终端设备。

【第 14a 条】委员会程序

1. 根据 2002/21/EC 号指令(框架指令)第 22 条建立的通信委员会将协助委员会。

2. 结合第 8 条,当指定本款的参考时,1999/468/EC 决定的 5a(1)至(4)款和第 7 条应该得到适用。

3. 结合考虑第 8 条的条款,当指定本款的参考时,1999/468/EC 决定的 5a(1),(2),(4)和(6)款和第 7 条应该得到适用。

【第 15 条】95/46/EC 号指令特定条款的适用

1. 成员国可以采取法律措施限制本指令第 5 条、第 6 条和第 8 条第 1、

2、3、4 款和第 9 条规定的权利和义务的范围,根据 95/46/EC 号指令第 13 条第 1 款,这些限制形成了民主社会中为了保卫民族安全(如国家安全)、国防、公共安全;预防、调查、侦查和控诉犯罪行为或者未经授权使用电子通信系统行为的必要的、适当的、合比例的措施。

为了这个目的,除此之外,根据本款的规定,成员国可以采取限期内保留相关数据的法律措施。所有本条款提及的措施包括《欧盟条约》第 6 条第 1、2 款所指的措施都应当与共同体法律的基本原则相符。

2. 95/46/EC 号指令第三章条款规定的法律救济、法律责任和法律制裁应得到适用,在适用时应考虑依据该指令采用的国内相关法律和应考虑源自该指令的个人权利内容。

3. 个人保护的工作小组和根据 95/46/EC 号指令第 29 条成立的个人数据处理也应处理其指令第 30 条规定的任务和本指令涵盖的问题,即在电子通信领域保护基本权利、自由以及合法权利。

注:

1a. 第 1 款不适用于根据欧洲议会 2006/24/EC 号指令的要求具体化的数据和 2006 年 3 月 15 日委员会的保留数据(与公共可用电子通信服务生成的或处理的数据有关),或者根据本指令第 1 条第 1 款所涉目的而保存的公共通信网络信息。

1b. 服务商应建立内部程序回应要求获取用户个人数据的请求,这些个人数据是建立在依据条款 1 采纳的国内法律的基础上的。他们应该提供主管的国内机构,需要时,提供这些程序的信息,收到的请求数量,包含的法律依据和他们的回应。

【第 15a 条】实施和执行

1. 成员国应制定处罚规则,包括依照本指令采用的国内法规针对侵权的适当的、适用的法律制裁,应采取所有必要的措施确保它们的实施。提供的处罚必须有效、适当、具有劝诫性并能在整个泄露期间适用,甚至适用于随后的矫正时期。成员国到 2011 年 5 月 25 日前应将所有规定告知委员会,并将随后发生的任何影响这些规定的修正案毫不迟延地告知委员会。

2. 不与任何司法救济相违背,成员国应确保国内主管机构和其他相关国内机构依据第 1 款规定拥有命令停止侵权的权力。

3. 成员国应确保国内主管机构和其他相关国内机构拥有必要的调查权力和资源,包括为了监察和执行根据本指令采用的国内法律,他们也许需要具有获取相关信息的权力。

4. 在执行依照本指令采取的国内法律时，相关的国内立法机构可以采取措施确保有效的跨国合作，并在涉及跨国数据流动时为提供服务创造协调的条件。国内立法机构应在采取任何措施前及时地向委员会提供行动的理由摘要、设想的措施和提议的行动路径。委员会可以检查该信息，并咨询 ENISA、个人保护的工作组和个人信息处理（根据 95/46/EC 号指令第 29 款建立），发表评论或提出建议，特别是确保设想的措施不损害国内市场的功能。国内立法机构在决定措施时应最大限度地考虑委员会的评论或建议。

【第 16 条】过渡安排

1. 第 12 条不适用于在依照本指令适用的国内规定生效以前已经发行的目录版本或已经印制发行或以线下电子版的形式向市场发行的目录。

2. 在依据本指令适用的国内规定生效之前，固定或移动公众语音电话服务的用户个人数据已经被包括在公共用户目录中，这与 95/46/EC 号指令规定相符，也与 97/66/EC 号指令的第 11 条相符，该用户的个人数据可能将继续保留在印刷或电子版本的公共目录中，包括具有反向搜索功能的版本，除非用户在收到根据本指令第 12 条提供的关于目的和选项的完整信息后，表明不愿意将个人数据包括进公共目录。

【第 17 条】换位规定

1. 2003 年 10 月 31 日之前成员国应将遵守本指令的、必需的条款付诸生效。成员国应立即将之通知委员会。

当成员国采取这些措施时，其中应包含本指令的参考或在其官方刊物上伴随有这样一个参考。应由成员国制定该参考的制作方法。

2. 成员国应与委员会沟通国内法规的文本和任何对该文本的后续修改，该文本适用于本指令规制的领域。

【第 18 条】评论

在不迟于第 17 条第 1 款所规定的日期的 3 年内，委员会应向欧洲议会和委员会提交一份关于本指令实施的报告和指令对经济运营者、消费者所产生的影响，特别是在考虑国际环境下，关于未经请求的通信条款所产生的影响。为本目的，委员会可能会要求成员国提供信息时不得无故拖延。适当时，委员会将考虑该报告的结果、任何该领域的变化、任何它认为必要的建议，从而提交意见以修改本指令，以增加本指令的有效性。

【第 19 条】废止规定

97/66/EC 号指令在第 17 条第 1 款规定的日期起失效。

已废止指令的参考，将被作为新指令的注释。

【第20条】生效规定
本指令将于它在欧洲共同体的官方期刊上发表的日期起正式生效。
【第21条】收件人
本指令将发送给各成员国。

完成于2002年7月12日,布鲁塞尔
欧洲议会总统　P. Cox
委员会主席　T. Pedersen

关于建立欧洲网络与信息安全局的第460/2004号条例*

第一节 范围，目标和任务

【第1条】范围

1. 为确保在欧洲有高水平的网络与信息安全，同时为有利居民、消费者、企业以及欧盟的公共部门机构构建一个良好的网络和信息安全的文化，以推动网络市场的顺畅运行，成立欧洲网络与信息安全局（以下简称"安全局"）。

2. 安全局应当协助欧盟委员会及各成员国，并与商业界进行合作，以帮助其达到网络与信息安全的要求，由此保障网络市场的顺畅运行。这些要求包括现有的及未来委员会的立法所设定的要求，比如2001年欧洲共同体第21号指令。

3. 安全局的目标及任务将不影响各盟国在欧共体条约范围之外的处理网络与信息安全的能力，比如欧盟条约第五章、第六章所规定的，同时也不影响任何关于公共安全、防御、国家安全（包括当关系到国家安全事务时的国家经济福利）以及国家在刑法领域的活动。

【第2条】目标

1. 安全局应当提高欧共体、各盟国以及商业界防止、处理以及回应网络与信息安全问题的能力。

2. 安全局应当在本条例所设定的能力范围内，就与网络与信息安全有关的问题，向欧盟委员会及其盟国提供援助和建议。

3. 基于国家及委员会的共同努力，安全局应当具备高水平的专业知识。安全局应当利用这种专业知识推动来自官方和非官方的参与者的广泛合作。

---

* 译者：程宁，北京大学法学院。
校对：赵璐，北京大学法学院。

4. 必要时，安全局应当在技术准备工作上，协助委员会在网络与信息安全领域更新与发展共同体的立法。

【第3条】任务

为保第1条、第2条所设定的范围和目标得以实现，安全局应当：

（a）收集准确的信息并分析当前及即将出现的风险，尤其是在欧洲层面的，会对电子通信网络的回弹性及可用性、从中所得及所传播的信息的正确性、完整性及保密性造成重大影响的风险，然后将这些分析结果发布给各盟国及欧盟委员会；

（b）向欧洲议会、欧盟委员会、欧盟各机构或受盟国指派的有能力的国家机构提供建议，如应要求，也可提供目标范围内的协助；

（c）提高在网络与信息安全领域行动的各方参与者之间的合作，尤其是定期地组织工业界、大学及其他相关行业召开研讨会，同时，为欧共体各组织机构、盟国所指派的公共组织、私营机构以及消费者机构建立联系网络；

（d）促进委员会与盟国之间在防止、处理及回应网络与信息安全事务上的一般方法的发展方面的合作；

（e）通过（尤其）当前最好的实践经验的交流，以推动安全意识的提高，并向所有用户提供关于网络与信息安全事务的及时的、客观的、综合的信息，同时警示用户，并寻求公共机构和私营机构之间的协同性；

（f）协助委员会及各盟国与工业界就处理在硬件、软件产品上的相关安全问题进行对话；

（g）跟踪产品及服务在网络与信息安全上的标准的发展；

（h）为欧盟委员会在网络与信息安全领域以及风险防控技术的有效利用上开展的研究提供建议；

（i）推动风险评估活动、共同操作风险管理解决方案，以及公共机构、私营机构可使用的防御性管理办法的研究；

（j）推动委员会努力与第三国进行合作，合适时，还要与国际组织合作，创立解决网络与信息安全问题的全球性方法，并促进网络与信息安全文化的形成；

（k）在其范围与目标内，就相关问题独立地表达其自己的结论、方针，并提供建议。

【第4条】定义

出于本条例之目的作出如下定义：

（a）"网络"是指传输系统，也可以是转换器或路由设备，以及其他传输电路信号、无线信号、光学信号及其他电磁形式的信号的设备资源,其他电磁形式包括卫星网络,固定(电路交换和信息包交换,包括互联网)以及移动地面网络,电力电缆系统,广播网络,电视播送网络,以及有线电视网络,视它们被用于传输信号的程度而定,而不论传输的信息种类为何;

(b)"信息系统"是指电脑,电子通信网络,以及它们在运算、使用、保护和维护过程中所保存、处理、检索或传输的电子数据;

(c)"网络与信息安全"是指一个网络或信息系统,在既定的置信水平上,抵御那些将破坏网络及系统所储存或传输的数据的可得性、真实性、完整性及机密性,妨碍网络及系统提供或通过网络及系统可获取的相关服务的偶发事件、违法或恶意行为的能力。

(d)"可得性"是指数据是可获取的,服务是可使用的;

(e)"身份认证"是指对实体或用户所声称的身份的确认;

(f)"数据完整性"是指所发送、检索或储存的数据是完整的,未被修改的;

(g)"数据机密性"是指保护通信或储存的数据不被未获得授权的人员拦截或读取;

(h)"风险"是指将影响身份认证或所运行或转移的数据的可得性、真实性、完整性或机密性的系统脆弱性的概率,以及有意或无意地利用这种脆弱性所造成的严重程度;

(i)"风险评估"是指由威胁识别、威胁表征、暴露评估和风险表征这四个步骤所组成的一个科学技术过程;

(j)"风险管理"是指考虑风险评估以及其他合法因素的前提下,供与利益相关者磋商的可选择的权衡政策,以及,(若需要的话)选择恰当的预防和控制措施的,不同于风险评估的一个过程;

(k)"网络及信息安全文化"与在2002年7月25日经合组织关于信息系统与网络安全的指南及2003年2月18日欧盟理事会关于网络与信息安全文化的欧洲方法的决议中所设定的概念含义相同。

第二节 组　　织

【第5条】安全局机构

安全局由以下机构组成:

(a)管理委员会;

（b）执行理事；

（c）常设利益相关者小组。

【第6条】管理委员会

1. 管理委员会的组成包括每个成员国的一个代表，欧盟委员会委派的三个代表，以及由欧盟委员会提名并经欧盟理事会委派的，无投票权的，分别代表以下三组人员的三名代表：

（a）信息与通信科技产业；

（b）消费者组织；

（c）网络与信息安全领域的学术专家。

2. 委派管理委员会的成员应当根据他们在网络与信息安全领域相关的经验与专长。可以同时委派多个代表，以备轮换。

3. 管理委员会应当从成员中选举一位主席和一位副主席，每届任期为2.5半，可连任。主席不能履行其职务时，副主席应当代位履行主席职责。

4. 管理委员会应当在欧盟委员会提议的基础上，投票通过其议事规则。除非另有规定，管理委员会应当按投票权的多数通过其决定。

通过议事规则，安全局的内部操作规则，预算，年度工作计划，以及任命和免去执行理事职务需所有有投票权的成员的2/3多数通过。

5. 管理委员会会议由主席召集。管理委员会每年应召开两次例会。经主席提议，或者代表1/3以上投票权的成员要求，应当召开临时会议。执行理事应当参加管理委员会的会议，无投票权利，但应当设置秘书处。

6. 管理委员会应当在欧盟委员会的提议基础上通过安全局的内部操作规则。这些规定应当公开。

7. 管理委员会应当确定安全局的一般运营方针。管理委员会应当确保安全局按照第12条至第14条以及第23条所规定的原则开展工作。其还要确保安全局的工作与盟国所进行的活动、欧洲共同体保持一致。

8. 每年11月30日之前，在欧盟委员会建议之下，管理委员会应当审批安全局下一年的工作计划。管理委员会应当确保其工作计划与安全局的范围、目标、任务、欧洲共同体在网络与信息安全领域的立法与政策重点保持一致。

9. 每年3月31日之前，管理委员会应当审批安全局上一年度的年度报告。

10. 管理委员会应当在咨询欧盟委员会之后，审批安全局的财务规则。除非因安全局的运作而特别要求，并事先取得欧盟委员会同意，财务规则不应当背离欧盟委员会（原子能共同体）2002年11月19号关于框架财务监管的第2343号条例的规定。前述框架财务监管是针对欧盟理事会2002年关于适用于欧共体一般预算的财务监管的第1605号条例第185条所规定的组织机构的。

【第7条】执行理事

1. 执行理事负责管理安全局,应独立地履行其职责。

2. 执行理事应当由管理委员会在欧盟委员会于其官方杂志上公开公告并经公开竞争所确定的候选人名单基础上,或在意愿书的基础上任命。选任执行理事应当根据绩效、有档案记录的管理技能以及网络与信息安全相关经验。任命之前,一经管理委员会提名,候选人需应邀向欧盟议会做一陈述,并回答欧盟议会成员提出的问题。欧盟议会或理事会可以随时要求听取执行理事任何关于安全局活动的主题的意见。管理委员会可以免除执行理事职务。

3. 执行理事的任期不超过5年。

4. 执行理事为下列事项负责:

(a)安全局日常管理;

(b)经事先咨询欧盟委员会与常设利益相关小组,提出安全局工作计划的提案;

(c)执行管理委员会通过的工作计划及决议;

(d)确保安全局开展工作符合使用其服务的人员的要求,尤其注意其所提供的服务要适当;

(e)准备有关安全局收入、支出的初步估算以及执行其预算;

(f)所有员工事务;

(g)建立并保持与欧盟议会的联络,确保与相关委员会保持对话;

(h)建立并保持与商业界、消费者组织联络,确保与利益相关者保持对话;

(i)领导常设利益相关者小组。

5. 执行理事应当每年向管理委员会报请审批:

(a)安全局上一年度所有活动的工作总结草案;

(b)工作计划草案。

6. 经管理委员会批准之后,执行理事应当将工作计划送交欧盟议会、欧盟理事会、欧盟委员会以及各盟国并进行公布。

7. 经管理委员会批准之后,执行理事应当将安全局的年度报告送交欧盟议会、欧盟理事会、欧盟委员会、欧盟审计院、欧盟经社委员会以及地区委员会并进行公布。

8. 在安全局范围、目标及任务之内,有必要时,执行理事可在咨询常设利益相关者小组后,建立由专家组成的特别工作小组。执行理事会应通知管理委员会。特别工作小组的构成程序、由执行理事任命的专家、特别工作小组的运作方式都应在安全局的内部操作规则中予以明确。

特别工作小组成立后,负责处理特定的科学技术问题。

管理委员会的成员不得兼任特别工作小组的成员。欧盟委员会的代表有权参加特别工作小组的会议。

【第8条】常设利益相关者小组

1. 执行理事应当建立一个常设利益相关者小组,其成员由信息与通信科技产业、消费者组织以及网络与信息安全领域的学术专家代表组成。

2. 常设利益相关者小组的人数、构成、由执行理事任命的成员以及运作方式都应在安全局的内部操作规则中予以明确并公布。

3. 执行理事负责领导常设小组的工作。常设小组成员任期为2.5年。小组成员不得为管理委员会成员。

4. 欧盟委员会的代表有权参加常设小组的会议与工作。

5. 常设小组可以为执行理事在履行其在本条例下的职责、起草安全局工作计划提案、确保与利益相关者就与工作计划有关的事项保持沟通等事项上提供建议。

第三节 运 行

【第9条】工作计划

安全局应依据第6条第(8)款审批通过的工作计划来开展工作。符合安全局范围、目标以及既定预算限制,安全局可以针对工作计划未能预见的事项采取行动。

【第10条】对安全局的请求

1. 向安全局提出提供意见及援助的请求,符合安全局的范围、目标及任务的,应当首先向执行理事发函,并附背景资料对函件中所涉问题进行解释。执行理事应当将收到的请求通知欧盟委员会。若安全局拒绝该请求,应当说明理由。

2. 第1款所述之请求,可以由下列人员提出:

(a)欧盟议会;

(b)欧盟委员会;

（c）盟国指派的任何合格机构，比如欧盟委员会2002/21号指令第2条所定义的国家监管机构。

3. 为适用第1款、第2款所作的具体安排，尤其是提交、优先顺序、后续事项以及管理委员会向安全局提出请求的信息，都应当由管理委员会在安全局的内部操作规则之中予以明确。

【第11条】利益声明

1. 执行理事以及成员国临时指派的官员应当作出承诺声明与利益声明，表明不存在会影响他们独立性的直接或间接利益。这些声明应当以书面的方式作出。

2. 参与特别工作小组的外部专家，在每次参加会议时，应当声明任何可能影响其意见独立性的，与会议事项、议程相关的利益。

【第12条】工作透明

1. 安全局应当确保其开展活动具有高度的透明性，并且符合第13条、第14条的规定。

2. 安全局应当确保公众和任何利益相关方获取客观、可信及易得的信息，尤其是，在合适的情况下，有关于安全局的工作结果的信息。安全局应当像执行理事、成员国临时指派的官员以及专家就特别工作小组会议相关事项、议程所作出的利益申明一样，向公众作出利益声明。

3. 管理委员会就执行理事的提案采取行动时，可以任命利益相关方对安全局的某些工作过程进行观察。

4. 安全局应当在其内部操作规则中写明其推行第1款、第2款所规定的透明度的具体安排。

【第13条】机密性

1. 在不影响第14条的情况下，安全局不得向第三方泄露其处理或获取的有机密要求的信息。

2. 管理委员会成员、执行理事、常设利益相关者小组、参与特别工作小组的外部专家、安全局员工，以及成员国临时委派的官员，在任期结束后，根据欧盟条约第287条仍需履行保密义务。

3. 安全局应当在其内部操作规则中明确其实施第1款、第2款所规定的机密性规则的具体安排。

【第14条】获取文件

1. 欧盟委员会2001年第1049号条例适用于安全局所保存的文件。

2. 安全局成立后6个月内，管理委员会应当审批实施欧盟委员会2001年

第1049号条例的方案。

3. 安全局根据欧盟委员会2001年第1049号条例第8条所作出的决议，依据欧盟条约第195条和第230条的规定，可以作为向申诉专员投诉或向欧盟法院的起诉的对象。

第四节 财务条款

【第15条】审批预算

1. 安全局的收入由欧共体捐赠及按第24条规定参与安全局工作的第三方国家的捐赠组成。

2. 安全局的支出应当包括员工薪酬、行政管理、科技支持、基础设施以及运营费用，还包括与第三方签订合同产生的支出。

3. 最迟每年3月1日前，执行理事应当拟定下一财政年度安全局收入和支出预算的草案，并将草案和建设计划草案一并提交管理委员会。

4. 应当保持收入和支出之间的平衡。

5. 在执行理事拟定的收入和支出预算的草案基础上，管理委员会应当每年为安全局编制下一财政年度的收入与支出估算报告书。

6. 管理委员会最迟3月31日应将这份包含暂定工作计划与建设计划草案的预算，提交给欧盟委员会以及欧共体依据第24条与之建立协议的国家。

7. 欧盟委员会应当将估算报告书以及欧盟的总体预算初步草案一并送交给欧盟议会和理事会（下文统称为"预算主管部门"）。

8. 在此估算报告书的基础之上，欧盟委员会应当在欧盟的总体预算初步草案里写明它认为对建设计划所必要的估算，以及总体预算所需的补贴金额数，依据欧盟条约第272条此金额应当送呈预算主管部门。

9. 预算主管部门应当审批向安全局拨款的比例。

预算主管部门应当审批安全局的建设计划。

10. 管理委员会应当审批安全局的预算。该预算应当符合通过审批的欧盟总体预算。合理的情况下，安全局的预算可适当调整。一经通过，管理委员会应当立即将终稿提交欧盟委员会和预算主管部门。

11. 管理委员会将要实行的项目将对预算资金的供给产生重大影响的，尤其是有关不动产租赁或购买的项目，管理委员会应当尽快报告预算主管部门。同时也应当报告欧盟委员会。

预算主管部门的分支机构已经打算发表意见时，应当在项目报告提交日起六周之内将其意见送交管理委员会。

【第16条】打击欺诈行为

1. 为打击欺诈、腐败以及其他非法行为，欧盟议会与欧盟理事会1999年5月25日通过的关于欧洲反欺诈办公室进行调查的第1073号条例应当无条件适用。

2. 安全局应当加入1999年5月25日欧盟议会、欧盟理事会与欧共体委员会共同制定的关于欧洲反欺诈办公室进行内部调查的机构间协议，并且，应当毫不迟延地颁布适用于安全局所有雇员的恰当规定。

【第17条】执行预算

1. 执行理事负责执行安全局的预算。

2. 欧盟委员会的内部审计师对安全局行使与其对欧盟委员会各部门一样的权力。

3. 最迟到每一个财政年年度之后的3月1日，安全局的会计主管应当向欧盟委员会的会计主管报送临时账目以及关于该财政年度的预算和财务管理的报告。欧盟委员会的会计主管应当根据欧盟理事会（原子能共同体）2002年6月25日作出的适用于欧共体总体预算的财务监管第1605号条例（以下简称"总体财务监管条例"）第128条合并各机构及分散组织之间的临时账目。

4. 最迟到每一财政年年度后的3月31日，欧盟委员会的会计主管应当将安全局的临时账户信息及该财政年度的预算与财政管理报告一并提交审计院。该财政年年度的预算与财政管理报告应同时提交给预算部门。

5. 收到审计院对安全局临时账户的审查意见之后，依据总体财务监管条例第129条的规定，执行理事应当在其职责范围内，拟定安全局的决算账目并送交给管理委员会征求意见。

6. 管理委员会应当对安全局的决算账目发表意见。

7. 最迟到每一财政年年度后的7月1日，执行理事应当将其决算账目以及管理委员会的意见一并送交欧盟议会、欧盟理事会、欧盟委员会以及审计院。

8. 决算账目应当予以公布。

9. 执行理事应当不迟于9月30日对审计院进行答复。执行理事还应将该答复发送给管理委员会。

10. 按照总体财政监管条例第146条第（3）款的规定，执行理事应当应欧盟议会的要求，向欧盟议会发送对该财政年度顺利履行工作程序所必要的所有信息。

11. 在欧盟理事会多数通过并建议的情况下,欧盟议会应当在第3年4月30日之前免除执行理事第1年执行预算的责任。

第五节 一般条款

【第18条】法律地位

1. 安全局是欧共体的一个组织机构,具有法律人格。

2. 安全局在每个成员国中享有如同其合法公民一样的最广泛的权利。在特殊情况下,安全局会取得或处置动产或不动产,可以作为法律程序的一方。

3. 安全局的法定代表人为执行理事。

【第19条】员工

1. 安全局的员工,包括其执行理事,都应当遵守适用于安全局官员及欧共体其他员工的制度和条例。

2. 在不违背第6条的情况下,安全局利用员工条例赋予的权力,依据员工条件,与员工签订合同。

安全局可雇用成员国临时指派的官员,任期不超过5年。

【第20条】特权与豁免

欧共体特权与豁免议定书适用于安全局及其员工。

【第21条】责任

1. 安全局的合同责任适用相关的合同法。

欧盟法院可依据安全局在合同中所规定的仲裁条款进行裁判并说明理由。

2. 对于非合同责任,安全局应当依据各成员国法律共有的一般原则,为其自身或其雇员履行职务所造成的损害进行赔偿。

欧盟法院有权对这种损害赔偿的相关争议进行裁决。

3. 雇员对于安全局的个人责任适用于规范安全局员工的有关规则。

【第22条】语言

1. 1958年4月15日关于欧洲经济共同体中语言使用问题规定的第1号条例适用于安全局。各成员国及其委派的组织机构与安全局之间的文书可自行选择欧共体官方语言。

2. 安全局运转所需要的翻译服务应由欧盟翻译中心提供。

【第23条】个人数据保护

当设计个人数据时,安全局应当遵守欧盟委员会2001年第45号条例的规定。

【第24条】第三方国家参与

1. 若第三方国家与欧共体签订协议，表明他们通过并接受本条例所覆盖的范围内的欧盟立法，安全局向该第三方国家开放。

2. 应当在合同的相关条款写明第三方国家参与安全局工作的性质、范围和方式，包括参与安全局动议、财务资助及人员安排的相关安排。

第六节　最后条款

【第25条】审查条款

1. 欧盟委员会在考虑所有利益相关者的意见的基础上，应当于2007年3月17日前在授权调查范围内就管理委员会获得支持的情况进行评估。欧盟委员会应当执行该评估，以决定安全局是否在第27条规定的存续期间外进行展期。

2. 该评估应当估计安全局在实现其目标和任务方面的影响力与工作实践情况，必要时应拟定适当的提议。

3. 管理委员会将收到对该评估的报告，并向欧盟委员会就本条例最终合理修正作出相关建议。欧盟委员会应当将评估结果及建议一并送交欧盟议会与欧盟理事会，并予以公布。

【第26条】行政控制

依据欧盟条约第195条的规定，安全局的运行应接受申诉专员的监督。

【第27条】存续期间

安全局于2004年3月14日建立后，存续期为9年6个月。

【第28条】生效

本条例自公布于欧盟官方杂志之日起生效。

本条例的所有条款都具有法律约束力并且直接适用于各成员国。

关于存留因提供公用电子通信服务或者公共通信网络而产生或处理的数据及修订第2002/58/EC号指令的第2006/24/EC号指令[*]

欧洲议会及欧盟理事会于2006年3月15日
欧洲议会及欧盟理事会,
考虑到成立欧共体条约,特别是其中第95条,
考虑到委员会的提议,
考虑到欧洲经济和社会委员会的意见,
按照条约第251条的程序

鉴于:

(1) 欧洲议会及欧盟理事会于1995年10月24日就个人数据处理和数据自由转移的个人保护做出的第95/46/EC号指令要求各成员国,保护自然人的个人数据特别是关于隐私权的权利和自由,以保证个人数据在欧共体内的自由流动。

(2) 欧洲议会及欧盟理事会于2002年7月12日就电子通信业中个人数据处理和隐私保护的个人保护做出的第2002/58/EC号指令(隐私和电子通信指令)将第95/46/EC号指令中的原则转换成了对电子通信业的详细规则。

(3) 第2002/58/EC号指令的第5、6、9条制定了适用于通过网络和使用电子通信服务产生的通信量、定位数据的服务提供商而进行的处理的规则。当通信传输不再需要,除了对于账单或互联支付必需的数据,此类数据必须

---

[*] 译者:邢同荣,北京大学法学院。
校对:李兆俊、彭定义,北京大学法学院。

被消除或匿名。经过同意，某些数据也可以被处理，用于营销目的和增值服务。

（4）第2002/58/EC号指令第15条第1款陈列了条件，其规定了各成员国可以限制指令第5条、第6条、第8条第1—4款以及第9条规定的权利义务范围。在一个民主社会里，任何此类限制必须是必需的、适当的和相称的，是为了特殊的公共秩序目的，即为保卫国家安全（也就是国家安全）、国防、公共安全，或者刑事犯罪及无权使用电子通信系统的预防、调查、侦查和起诉。

（5）一些成员国已经通过服务供应商采取了提供数据存留的立法，是为了刑事犯罪的预防、调查、侦查和起诉。那些国家法律非常多样化。

（6）为了刑事犯罪的预防、调查、侦查和起诉的目的，有关数据存留的国家法律之间的法律和技术差异给电子通信的内部市场设置了障碍，因为对于将要存留的通信量和定位数据以及存留的条件和期间，服务供应商面临着不同的要求。

（7）由于电子通信存在的巨大的增长潜力，司法与家庭事务委员会于2002年12月19日做出的决定强调，与使用电子通信相关的数据是尤其重要的，因此是一个有效的针对刑事犯罪尤其是有组织犯罪的预防、调查、侦查和起诉的工具。

（8）欧盟理事会于2004年3月25日采用的《打击恐怖主义声明》指示理事会要检测为在通信通信量信息存留上确立规则的措施。

（9）《欧洲人权公约》第8条规定，任何人都有权要求他人尊重其私生活和通信。政府当局可以干涉这种权利的行使，只有在依法和在民主社会里必要的时候，尤其是，在涉及国家安全或公共安全利益的时候，为了阻止骚乱或犯罪，或者为了保护其他人的权利和自由。因为对于在一些成员国，特别是针对严重事件进行的法律实施如针对有组织犯罪和恐怖主义，数据的存留已经证明是一种必需的和有效调查的工具，必须保证存留的数据能够为执法机构在一定时期内得到，其受到本指令条件的限制。因此，遵照《欧洲人权公约》第8条要求的数据存留的工具是一项必需的措施。

（10）在2005年7月13日，欧盟理事会在谴责恐怖分子袭击伦敦的声明中重申了尽快对通信数据的存留采用普遍措施的需要。

（11）考虑到通信量和定位数据对于刑事犯罪的预防、调查、侦查和起诉的重要性，如一些成员国的研究和实践经验所展示的一样，有必要保证，按照欧洲的标准，在提供电子通信的服务中，由公用电子通信服务或者公共通信网络的供应商产生或处理的数据应当按照本指令条件的规定，保留一定的时间。

（12）第2002/58/EC号指令第15条第1款继续应用到的数据，包括与不成功呼叫有关的数据，对它的保留，本指令并无特殊要求而且它也超出上述的范围；还包括为下列目的而保留相关的数据，包括司法的目的，不同于本指令规定的那些司法目的。

（13）本指令只与由通信或通信服务产生或处理的数据有关，与通信信息的内容相关的数据无关。数据应当以这样一种方式存留，为了避免数据不止一次被存留。在提供相关通信服务的时候产生或处理的数据指的是可以得到的数据。尤其是，至于有关网络电子邮件和网络电话数据的存留，存留数据的责任可能只有在涉及来自供应商或者网络供应商自己服务的数据时才得以适用。

（14）电子通信相关技术日新月异，对于主管当局的合法要求可能发展。为了获取建议和鼓励最佳实践经验的共享，委员会有意成立一个由各成员国执法机构、电子通信业协会、欧洲议会和数据保护机构的代表（包括欧盟数据保护监管员）组成的组织。

（15）第95/46/EC号指令和第2002/58/EC号指令充分适用于本指令规定的存留的数据。第95/46/EC号指令的第31条第1款C项要求与个人保护工作小组磋商。这个工作小组是按照第95/46/EC号指令建立，与个人数据处理相关。

（16）至于服务供应商的义务，有关第95/46/EC号指令第6条的保证数据质量的措施和第95/46/EC号指令第16、17条的保证数据处理的保密性与安全性的措施，充分应用到本指令含义下的存留的数据。

（17）必要的是成员国采取法律措施保证，根据本指令保留的数据，只有在符合充分尊重当事人基本权利的国内法律时，才被提供给国内主管当局。

（18）基于这一点，第95/46/EC号指令第24条对各成员国增加了一项义务，即按照第95/46/EC号指令，针对违反相关规定的行为给予制裁。第2002/58/EC号指令第15条第2款对于按照第2002/58/EC号指令而采用的国内法提出了相同的要求。欧盟理事会于2005年1月24日针对攻击信息系统的2005/222/JHA框架决议规定，蓄意非法侵入信息系统包括其中的存留数据被当作刑事犯罪进行处罚。

（19）任何受到与按照第95/46/EC号指令而采用的国内法相抵触的非法处理操作或行为的伤害的个人，其接受补偿的权利源自第95/46/EC号指令

第23条，这种权利也应当适用于依照本指令对任何个人数据进行的非法处理行为。

（20）按照本指令的要求2001年欧洲理事会《网络犯罪公约》和1981年《关于在自动处理个人数据方面保护个人的公约》也适用于被存留的数据。

（21）本指令的目标是协调供应商存留特定数据的义务和保证那些数据能够对按照各成员国国内法定义的严重犯罪的调查、侦查和起诉起到帮助作用。各成员国无法独自完成这个目标，因此，由于本指令的范围和作用，这个目标可以按照欧共体的标准完成得更好，欧共体可以按照《建立欧共体条约》第5条的辅助性原则的规定，采取措施。按照第5条的比例性原则，本指令不得为了上述目的而超出必要范围之外。

（22）本指令尊重基本人权，特别是遵守《欧盟基本权利宪章》确认的原则。特别是，本指令和第2002/58/EC号指令力图保证，按照宪章第7、8条的规定，充分尊重公民基本权利，尊重私人生活和通信，尊重个人数据的保护。

（23）考虑到电子通信服务供应商的义务应当成比例，本指令要求，他们只存留提供通信服务过程中产生或处理的数据。从这个意义上讲，如果数据不是由那些供应商产生或处理，则没有义务存留它们。本指令并非有意协调存留数据的技术，技术的选择是由各国自己解决的事情。

（24）按照第34款，有关制定更好法律的跨部门协议，为了各成员国自身和欧共体的利益，各成员国被鼓励尽可能起草他们自己的图解本指令和调换措施关系的表格，并将其公开。

（25）本指令不损害各成员国针对他们指定的国家机关查阅和使用数据权利而采取立法措施的权力。为了第95/46/EC号指令第3条第2款第1行提及的行动，国家机关按照本指令使用存留数据的问题超出了共同体法的范围。然而，它们可能受到按照《欧盟条约》第六章标题的国内法或行为的限制。此类法律或行为必须充分尊重基本人权，因为这些基本人权源于各成员国共同的宪法传统而且由《欧洲人权公约》作保证。按照《欧洲人权公约》第8条的规定并且依照欧洲人权法庭的解释，政府当局干涉隐私权必须满足必要性和比例性的要求，因此，必须是为了特定的、明确的、合法的目的，并且与干涉行为目的相关，以一种适当的、相应的并且不过分的方式进行干涉。

已经采用本指令：

第1条 主旨和范围

1. 本指令旨在协调各成员国之间有关产生和处理特定数据存留的公用电

子通信范围或公共通信网络的供应商的义务之规定，以保证数据对于严重罪行的调查、侦查和起诉起到帮助作用。上述严重罪行遵照各成员国的国内法的规定。

2. 本指令应当适用于法人和自然人的通信量和定位数据，以及确认用户或注册使用人必需的相关数据。它不得适用于电子通信的内容，包括咨询如何使用电子通信网络的信息。

第2条 定义

1. 为了本指令的目的，第95/46/EC号指令、2002年3月7日欧洲议会和欧盟理事会有关电子通信网络和范围的共同监管框架的第2002/21/EC号指令（框架指令）以及第2002/58/EC号指令中的定义应当得到适用。

2. 为了实现本指令的目的：

（a）"数据"指的是通信量数据和定位数据以及确认订户或用户必需的相关数据；

（b）"用户"指的是为了私人或商业目的，任何使用公用电子通信服务的法人或自然人，而不须已经订购上述服务；

（c）"电话业务"指的是呼叫（包括语音、语音信箱、电话会议以及数据呼叫）、补充业务（包括呼叫转接和呼叫转移）、短信和多媒体服务（包括手机短信、增强媒体服务和多媒体服务）；

（d）"用户名"指的是当用户订购或注册互联网接入服务或互联网通信服务的时候，分配给他们的唯一识别符；

（e）"小区识别"指的是移动电话呼叫开始或结束的小区的身份；

（f）"不成功呼叫"指的是一个电话呼叫并成功接通但是无人应答或存在一个网络管理介入的一个通信。

第3条 存留数据的义务

1. 由于第2002/58/EC号指令第5、6、9条的部分废除，各成员国应答采取措施，以保证本指令第5条规定的数据能够按照其要求得到存留，大意是说，那些数据是由提供公用电子通信服务或公共通信网络的供应商，在其权限范围内，在提供相关通信服务的过程中产生或处理的。

2. 第1条规定的存留数据的义务应当包括第5条规定的数据的存留。上述数据与不成功呼叫相关，那些数据是由提供公用电子通信服务或公共通信网络的供应商，在相关成员国管辖权限范围内，在提供相关通信服务的过程中产生或处理并且被保存（有关电话数据）或记录的（有关互联网数据）。本指令不得要求存留有关未连接呼叫的数据。

第 4 条　使用数据

各成员国应当采取措施，以保证按照本指令存留的数据只能在特定情形下，依照国内法，被提供给国家主管当局。按照必要性和比例性原则的要求，为获取存留数据而附随的程序和满足的条件应当由每一成员国的国内法规定，并受到欧盟法律或国际公法相关条款，特别是欧洲人权法庭解释的《欧洲人权公约》的约束。

第 5 条　将被存留数据的分类

1. 各成员国应当确保，下列数据分类应当按照本指令的规定进行存留：

（1）用来追踪和确认通信来源所必需的数据：

（a）有关固定网络电话和移动电话；

（b）呼叫电话号码；

（c）订户或注册用户的姓名和住址。

（2）有关互联网接入、互联网电子邮件和互联网电话：

（a）所分配用户名；

（b）分配给任何进入公用电话网络的通信的用户名和电话号码；

（c）在通信的时候，分配互联网协议地址、用户名或电话号码给订户或注册用户的姓名和住址；

（d）确认通信目的地所必需的数据；

（e）有关固定网络电话和移动电话；

（f）被拨打号码（被呼叫电话号码），以及，在涉及补充业务如呼叫转接或呼叫转移的情形下，呼叫被传输的号码或某些号码；

（g）订户或注册用户的姓名和住址。

（3）有关互联网电子邮件和互联网电话：

（a）互联网电话呼叫的接收者的用户名或电话号码；

（b）订户或注册用户的姓名和住址以及通信接收者的用户名。

（4）为确认通信的日期、时间和持续时间所必需的数据：

（a）有关固定网络电话和网络电话，通信的起止日期和时间；

（b）有关互联网接入、互联网电子邮件和互联网电话：

（i）基于一个特定时区，进入和退出互联网访问服务的日期和时间，以及无论动态或静态，互联网访问服务供应商分配的通信网络地址，还有订户或注册用户的用户名；

（ii）基于一个特定时区，进入和退出互联网电子邮件服务或互联网电话服务的日期和时间。

（5）为确认通信类型所必需的数据：
（a）有关固定网络电话和网络电话：被使用的电话服务；
（b）有关互联网电子邮件和互联网电话：被使用的互联网服务。
（6）为确认用户通信设备或设备的意图所必需的数据：
（a）有关固定网络电话，主动呼叫和被呼叫电话号码；
（b）有关移动电话：
（i）主动呼叫和被呼叫电话号码；
（ii）主叫用户的国际用户识别码；
（iii）主叫用户的国际移动电话设备识别码；
（iv）被呼叫用户的国际用户识别码；
（v）被呼叫用户的国际移动电话设备识别码；
（vi）在预支付的匿名服务中，服务的最初激活日期和时间，以及服务被激活的位置标签（小区识别）。
（c）有关互联网接入、互联网电子邮件和互联网电话：
（i）拨号接入的主动呼叫电话号码；
（ii）通信发起人的数字用户线或其他重点。
（7）为确认移动通信设备的位置所必需的数据：
（a）通信开始时的位置标签（小区识别）；
（b）在通信数据被保留的期间内，通过参照位置标签（小区识别），确认小区地理位置的数据。
2. 按照本指令的规定，没有泄露通信内容的数据可以被存留。

第 6 条 存留期间

各成员国应当确保，第 5 条规定的数据分类应当存留不少于 6 个月，而且自通信之日起不得超过两年。

第 7 条 数据保护和数据安全

在不损害按照第 95/46/EC 号指令和第 2002/58/EC 号指令而采用的规定的前提下，每一成员国应当确保，公用电子通信服务或公共通信网络的供应商，对于依照本指令存留的数据应当遵守存留数据的安全性原则：
（a）存留数据应当是同等质量，且与那些网络数据一样得到同样的安全和保护；
（b）数据应当受到适当的技术和有组织的措施的制约，以保护数据不受到意外或非法的毁灭，意外损失或修改，或者无权或非法存储、处理、进入或披露；

（c）数据应当受到适当的技术和有组织的措施的制约，以确保数据只能被经过特别授权的人得到；而且

（d）除了那些已经被使用和保存的数据，数据应当在存留期间终止时被销毁。

第8条 存留数据的存储要求

各成员国应当确保，第5条规定的数据应当按照本指令以下列方式存留，即存留数据和任何其他有关此类数据的必要信息能够经主管当局要求，并且没有不当延误，得到传输。

第9条 监督当局

1. 每一成员国应当指定一个或更多政府机构，对于存储的数据的安全，按照第7条的规定，在成员国采用的规定的范围内，负责监督应用。上述机构可以是与第95/46/EC号指令第28条规定的机构相同的机构。

2. 第1段规定的机构按照第1段的规定，在进行监督工作的时候，应当具有完全的独立性。

第10条 统计资料

1. 各成员国应当确保，应当每年提供给委员会产生或处理数据存留的基本数据，其与公用电子通信服务或公共通信网络的规定相关。此类统计资料应当包括：

——按照适用的国内法，信息被提供给主管当局的情形，

——数据被存留的日期与主管当局要求数据传输的日期之间经过的时间，

——对数据的要求无法得到满足的情形。

2. 此类统计数据不包括个人数据。

第11条 第2002/58/EC号指令的修正案

下一段应当包含在第2002/58/EC号指令第15条之中：

1a. 第1段不得适用于第2006/24/EC号指令特别要求的数据。第2006/24/EC号指令由欧洲议会和欧盟理事会于2006年3月15日做出，是因公用电子通信服务或公共通信网络的规定产生或处理的数据存留，为了第2006/24/EC号指令的目的而存留。

第12条 未来措施

1. 面对允许第6条规定的最长存留期间延长的特别情况的成员国可以采取必要措施。此成员应当立即通知委员会和其他成员国按照本条采取的措施，而且应当陈述引入它们的背景。

2. 在第1段规定通知之日起6个月内，委员会应当批准或拒绝有关国家

措施，前提是委员会已经检测这些措施是否是专制歧视的一种方式或成员国之间贸易伪装的限制，以及它们是否对内部市场的运行设置了障碍。如果委员会在上述期间内没有做出决定，则国家措施应当被视为已经经过批准。

3. 按照第2段的规定，当一个成员国违背本指令的措施被批准时，委员会可以考虑是否对本指令提出修正案。

第13条 救济，责任和处罚

1. 每一成员国应当采取必要措施，以保证对于本指令规定的数据的处理，执行第95/46/EC号指令第三章有关司法补偿、责任和制裁规定的国家措施能够充分实施。

2. 尤其是，每一成员国应当采取必要措施，以保证不被按照本指令采用的国内法允许的、对于本指令下存留数据的任何有意进入或转移行为，能够得到处罚，包括行政或刑事处罚，这些处罚是有效的、适当的，并且能够起到劝诫作用。

第14条 评估

（1）2010年9月15日之前，委员会应当呈送给欧洲议会和欧盟理事会一份关于本指令的适用和其对于经济经营者和消费者的影响的评估。这份评估应当考虑到电子通信技术的长远发展，以及按照第10条提供给委员会的、用于决定是否有必要修改本指令的规定尤其是有关第5条数据名单和第6条存留期限的规定。评估结果应当公布。

（2）为了该目的，委员会应当检测各成员国或按照第95/46/EC号指令第29条规定成立的工作小组传送给委员会的观测报告。

第15条 移位

1. 各成员国应当在2007年9月15日前，实施必要的法律、法规和行政规范，以符合本指令的要求。他们应当立即通知委员会上述情况。成员国采取上述措施时，应当包含一个对本指令的参考或者在其官方出版物之上附有这样的参考。制作此类参考的方式由各成员国规定。

2. 各成员国应当将他们在本指令要求范围内采取的国内法主要规定的主体传送给委员会。

3. 在2009年3月15日之前，每一成员国可以延迟本指令有关互联网接入、互联网电话和互联网电子邮件相关的通信数据存留的适用。任何有意这么做的成员国，在本指令采用的时候，应当以声明的方式通知欧盟理事会和委员会此事。相关声明应当在欧盟官方公报上公布。

第16条 生效

本指令应当自其在欧盟官方公报公布之日起第20日生效。

第17条 收件人

本指令寄给各成员国。

于2006年3月15日在斯特拉斯堡完成。

欧洲议会

主席 J. Borrell Fontelles

欧盟理事会主席

电信媒体法[***]

第一章 一般规定

【第1条】适用范围

（1）本法适用于所有电子化的信息和通信服务（电信媒体），《电信法》第3条第24项规定的完全通过电信网络传输信号的电信服务、《电信法》第3条第25项规定的受电信支持的服务、《广播电视与电信媒体州际协议》第2条规定的广播电视除外。该法适用于包括公共机构在内的所有提供者，不论使用是否收费。

（2）本法不适用于税收领域。

（3）《电信法》和各联邦州《出版法》在此仍然适用。

（4）对于电信媒体内容的特别规定出自《广播电视与电信媒体州际协议》（《广播电视州际协议》）。

（5）本法不涉及国际私法领域的规定，亦不规定法院的管辖权。

（6）本法对于视听点播媒体服务的特别规定不适用于下列服务：

1. 仅用于在第三国接收的服务，以及

2. 并非直接或间接地通过商业上通行的消费者终端，以使公众在《欧共体理事会1989年10月3日为了协调各成员国关于从事电视广播活动的有关法律与行政法规的第89/552/EEC号指令》（1989年10月17日官方公报L298号，第23页）适用范围内的国家接收的服务，该指令后经《第2007/65/EC号指令》（2007年12月18日官方公报L332号，第27页）修订。

【第2条】概念

---

[*] 德国《电信媒体法》（Telemediengesetz，缩写为TMG），于2007年2月26日颁布，自2007年3月1日起生效；修正案于2010年5月31日获通过，修订后的法律自2010年6月5日起施行。该法是德国互联网法领域的核心立法。

[**] 译者：颜晶晶，北京大学法学院博士研究生，德国慕尼黑大学法学硕士（LL. M.）。

本法所涉及的概念如下：

1. 服务提供者是提供自己或他人的电信媒体以供使用或提供使用链接的自然人或法人，视听点播媒体服务的服务提供者是有效控制所提供内容的选择与编排的自然人或法人。

2. 设有住所的服务提供者是通过固定设施不定期地以商业方式提供或从事电信媒体的提供者；技术设施所在地本身不构成提供者的住所。

3. 使用者是使用电信媒体，尤其是为了获取或了解信息而使用电信媒体的自然人或法人。

4. 配送服务是以数据传输方式，在不经个别请求的情况下同时向不限定数量的使用者提供电信媒体的服务。

5. 商业通信是用于直接或间接促进商品、服务的销售，或者提升企业、其他机构或从事工商业、手工业、自由职业的自然人的形象的各种通信形式；传输下列数据不属于商业通信的形式：

a）能够直接了解企业业务、机构业务、个人业务的信息，尤其例如域名或电子邮件地址；

b）独立的，特别是无财政对待给付的关于商品和服务或企业、机构、个人的形象的信息。

6. "视听点播媒体服务"是包含内容，其形式和内容类似于电视，由使用者在其选择的时间个别提取，所提供内容来自服务提供者确定的内容目录的电信媒体。

人合公司视同法人，被赋予取得权利和承担义务的能力。

【第2a条】欧洲的住所国

（1）在《欧洲议会及欧盟理事会2000年6月8日关于共同体内部市场的信息社会服务，尤其是电子商务若干法律方面的第2000/31/EC号指令》（2000年7月17日欧盟官方公报L178号，第1页）的适用范围内，服务提供者的住所国根据实际营业地确定。实际营业地是服务提供者提供特定电信媒体的活动中心地。

（2）在《第89/552/EEC号指令》的适用范围内，视听点播媒体服务的服务提供者的住所国确定方式如下：

a）在总部所在地对视听媒体服务进行了有效控制的，根据总部所在地确定，以及

b）根据受委托提供视听媒体服务人员的主要部分的工作地点确定，在总部所在的欧盟成员国或第三国对视听媒体服务进行有效控制的除外；不能确

定受委托提供视听媒体服务人员的主要部分的工作地点的，根据总部所在地确定住所国。

（3）本条第2款a项或b项的前提不存在的，在《第89/552/EEC号指令》的适用范围内，服务提供者最初依照哪国法律开展业务，只要与该国经济仍存在长期和事实上的联系，住所国即根据最初开展业务的地点确定。

（4）根据本条第2款和第3款，在《第89/552/EEC号指令》适用范围内不能确定住所国的视听点播媒体服务的提供者受德国法规制，只要其：

a）使用位于德国的用于上行线路的卫星地面站，或

b）使用卫星中属于德国的传输容量。

【第3条】来源国原则

（1）在德意志联邦共和国根据本法第2a条设有住所的服务提供者及其电信媒体受德国法规制，包括在《第2000/31/EC号指令》和《第89/552/EEC号指令》适用范围内的其他国家以商业方式提供或从事电信媒体的服务提供者及其电信媒体。

（2）在《第2000/31/EC号指令》和《第89/552/EEC号指令》适用范围内的其他国家设有住所的服务提供者在德意志联邦共和国以商业方式提供或从事电信媒体的自由的服务流通不受限制。本条第5款的规定在此仍然适用。

（3）仍然适用本条第1款和第2款的有：

1. 选择适用法律的自由；

2. 关于消费者合同的合同债务关系的规定；

3. 关于土地取得方式和视同土地的权利的取得方式的法律规定，以及关于土地上的物权和视同土地的权利的设定、转让、变更或废止方式的法律规定；

4. 个人数据保护所适用的法律。

（4）不适用本条第1款和第2款的有：

1. 公证人以及其他从事公职人员的公务活动；

2. 代表委托人并在法庭上维护其利益；

3. 准许未经接收方请求而通过电子邮件发送商业通信；

4. 以一定币值作为投注的博彩游戏，包括彩票和打赌；

5. 对配送服务的要求；

6. 著作权、邻接权、《欧共体理事会1986年12月16日关于半导体产品拓扑图的法律保护的第87/54/EEC号指令》（欧盟官方公报L24号，第36

页）和《欧洲议会和欧盟理事会1996年3月11日关于数据库的法律保护的第96/9/EC号指令》（欧盟官方公报L77号，第20页）所涉及的权利；

7. 经由电子货币机构支出电子货币，根据《欧洲议会和欧盟理事会2000年9月18日关于电子货币机构业务的开办、经营与监管的第2000/46/EC号指令》（欧盟官方公报L275号，第39页）第8条第1款的规定，免除该指令若干或全部规定的适用以及《欧洲议会和欧盟理事会2000年3月20日关于信贷机构业务的开办与经营的第2000/12/EC号指令》（欧盟官方公报L126号，第1页）的适用；

8. 受反垄断法规制的约定或行为方式；

9. 《保险监管法》第12、13a—13c、55a、83、110a—110d、111b和111c条以及《保险报告条例》所包括的领域，保险合同所适用的法律规定以及关于强制保险的规定。

（5）在《第2000/31/EC号指令》和《第89/552/EEC号指令》适用范围内的其他国家设有住所的服务提供者提供和从事电信媒体的，不同于本条第2款的规定，受该国国内法规制，只要该法旨在保护下列各项内容免受损害或遭受严重危险，且相对于保护目标，基于国内法所采取的措施是合比例的：

1. 公共安全与秩序，尤其是在预防、调查、侦查、追究犯罪行为和行政违法行为以及执行裁判方面，包括青少年保护，打击基于种族、性别、信仰或国籍的煽动行为和损害个人人性尊严的行为，以及维护国家安全和国防利益；

2. 公共安全；

3. 消费者的利益，包括投资者保护。

《第2000/31/EC号指令》第3条第4款、第5款和《第89/552/EEC号指令》第2a条第4款、第5款规定了对于根据本款第1句采取措施的程序提供咨询和告知的义务，但包括审前程序在内的诉讼程序、包括刑事执行在内的对犯罪行为的追究以及对行政违法行为的追究除外。

第二章　无须许可与告知义务

【第4条】无须许可

电信媒体在法律框架内无须许可和登记。

【第5条】一般告知义务

（1）服务提供者应当为以商业方式，通常为有偿提供的电信媒体提供易于辨认、可直接获取且可持续使用的下述信息：

1. 姓名和设立住所的地址，法人应当附加提供法律形式、代理人、注册资本（只要有关于公司资本的信息的）以及未缴纳资本的总额（未足额缴纳所有货币出资的）的信息。

2. 能够与其迅速建立电子化的联系和直接通信的信息，包括电子邮件地址。

3. 在业务框架内提供或从事需经官方许可的服务的，应当提供对于主管的监督机构的说明。

4. 所登记的商业登记册、协会登记册、合伙登记册或合作社登记册以及相应的注册登记号。

5. 以《欧共体理事会1988年12月21日关于承认三年以上职业教育颁发的高等教育文凭的一般规定的第89/48/EEC号指令》（欧盟官方公报L19号，第16页）第1条d项所涉及的执业方式，或以《欧共体理事会1992年6月18日关于承认职业能力证明的一般规定（二）的第92/51/EEC号指令，第89/48/EEC号指令的补充规定》（欧盟官方公报L209号，第25页，1995年官方公报L17号，第20页）——该指令后经《欧盟委员会1997年6月20日第97/38/EC号指令》（欧盟官方公报L184号，第31页）修订——所涉及的执业方式提供或从事服务的，应当提供下列信息：

a）服务提供者隶属的行业协会；

b）法律规定的职业称号以及授予该职业称号的国家；

c）职业法规的名称以及了解这些法规的途径。

6. 有《营业税法》第27a条规定的营业税识别号或《税收通则》第139c条规定的经济识别号的，应当提供对识别号的说明，

7. 处于清算或清偿阶段的股份公司、股份两合公司和有限责任公司对于清算或清偿情况的说明。

（2）其他法律法规所规定的告知义务在此仍然适用。

【第6条】商业通信的告知义务

（1）服务提供者在作为电信媒体或电信媒体组成部分的商业通信中至少应当注意下列前提条件：

1. 商业通信必须能够清楚地辨认。

2. 委托进行商业通信的自然人或法人必须能够清楚地辨别。

3. 促销，例如降价、附加物和赠品，必须能够清楚地辨认，其使用条件必须易于理解且清楚明确。

4. 有奖竞猜或带有广告特征的抽奖游戏必须能够清楚地辨认，其参加条件必须易于理解且清楚明确。

（2）通过电子邮件发送商业通信的，在首行或主题行不得掩饰或隐瞒发件人或消息的商业特征。故意设计首行或主题行，以致收件人在阅览通信内容之前对于发件人的真实身份或消息的商业特征不能获得任何信息或获得误导性信息的，构成掩饰或隐瞒。

（3）《反不正当竞争法》的规定在此仍然适用。

第三章 责 任

【第7条】一般原则

（1）服务提供者依法对自己所提供的信息负责。

（2）本法第8—10条所涉及的服务提供者不负有监控或根据显示有违法行为的情况研究其传输、存储的信息的义务。服务提供者在根据本法第8—10条不负责任的情况下，仍然负有依法移除或屏蔽使用信息的义务。《电信法》第88条规定的电信秘密应当得到保护。

【第8条】信息的传输

（1）服务提供者对于通信网络中传输的信息或提供使用链接的他人信息不负有责任，只要其：

1. 没有发起传输。
2. 没有选择所传输信息的接收者，以及
3. 没有选择或变更所传输的信息。

如果服务提供者为实施违法行为故意与其服务使用者合作，则本款第1句不适用。

（2）本条第1款所规定的信息传输和提供信息链接也包括信息自动、短时间的缓存，只有对于传输通常情况下为必要，才可以在通信网络中传输信息和继续存储信息。

【第9条】信息加速传输的缓存

存在下列情形时，服务提供者对于自动的、有时间限制的且仅为了更有效率地向其他使用者根据其请求传输他人信息的缓存，不负有责任：

1. 没有变更信息。
2. 注意信息链接的条件。
3. 注意普遍承认和采用的工业标准所规定的信息更新规则。

4. 不影响技术的许可使用,以收集普遍承认和采用的工业标准所规定的信息的使用数据,以及

5. 一旦得知信息在传播的来源地已从网络上被移除,或其链接被屏蔽,或法院或行政机关已命令移除或屏蔽信息,即毫不迟延地采取行动,以移除本规定所涉及的存储信息或屏蔽其链接。

第8条第1款第2句相应适用。

【第10条】信息的存储

存在下列情形时,服务提供者对于为使用者存储的他人信息不负有责任:

1. 对于违法行为或信息并不知晓,以及在存在损害赔偿请求权时,也并不知晓使违法行为或信息得以显现的事实或情况,或

2. 一旦得知这一情况,即毫不迟延地采取行动,以移除信息或屏蔽链接。

使用者隶属于服务提供者或受其监管的,本款第1句不适用。

第四章 数据保护

【第11条】提供者——使用者关系

(1)所提供的服务属于下列情形的,本章规定不适用于电信媒体使用者个人数据的收集和使用:

1. 在仅遵循职业目的或职务目的雇佣关系和劳动关系中,或

2. 在非公共机构或仅控制工作流程或商业流程的公共机构内部或之间进行。

(2)本章所涉及的使用者是指使用电信媒体的自然人,特别是为了获取或了解信息而使用电信媒体的自然人。

(3)对于主要通过电信网络传输信号的电信媒体,使用者个人信息的收集和使用仅适用本法第15条第8款和第16条第2款第4项。

【第12条】基本原则

(1)只有本法或其他明确涉及电信媒体的法律法规准许或使用者同意,服务提供者才能为了提供电信媒体而收集和使用个人信息。

(2)只有本法或其他明确涉及电信媒体的法律法规准许或使用者同意,服务提供者才能将为了提供电信媒体而收集的个人信息用于其他目的。

(3)除另有规定外,适用关于个人信息保护的规定,即使数据没有被自动处理。

【第 13 条】服务提供者的义务

（1）服务提供者应当在使用者开始使用服务时，以通常可以理解的方式告知其在《欧洲议会和欧盟理事会 1995 年 10 月 24 日关于个人数据处理中的自然人保护与数据自由流通的第 95/46/EC 号指令》（欧盟官方公报 L281 号，第 31 页）适用范围以外的国家中收集和使用个人数据的方式、范围、目的和对数据的处理，但已经进行此种告知的除外。在能够其后辨别使用者身份和为收集或使用个人数据而准备的自动程序中，应当在程序开始时告知使用者。必须让使用者能够随时提取告知内容。

（2）如果服务提供者作出如下保证，则使用者可以电子化的方式表示同意：

1. 使用者对同意知情且明确作出表示。
2. 同意被记录下来。
3. 使用者可以随时提取同意的内容，以及
4. 使用者可以随时面向未来发生效力地撤回同意。

（3）服务提供者应当在使用者表示同意之前向其提示根据本条第 2 款第 4 项所享有的权利。本条第 1 款第 3 句相应适用。

（4）服务提供者应当通过技术上和组织上的预防措施作出如下保证：

1. 使用者可以随时终止服务的使用。
2. 访问电信媒体或以其他方式使用电信媒体期间产生的个人数据，在使用结束后直接予以删除或在本款第 2 项的情况下予以屏蔽。
3. 使用者可以要求电信媒体保护其不为第三人所知。
4. 同一使用者使用不同电信媒体的个人数据可以分开使用。
5. 根据本法第 15 条第 2 款，数据仅可以为了结算目的而进行汇总，以及
6. 根据本法第 15 条第 3 款，使用概况不得与可辨别出使用假名者的信息进行汇总。

删除与法律、章程规定或合同约定的保存期限相抵触的，以屏蔽替代本款第 1 句第 2 项所规定的删除。

（5）将个人数据提供给其他服务提供者的，应当通知使用者。

（6）只要技术上可能且可合理期待，服务提供者即应当为使用者匿名或以假名使用电信媒体以及支付使用费用提供可能。使用者应当被告知这一可能性。

（7）服务使用者应当根据《联邦数据保护法》第 34 条的规定应使用者的要求就所保存的关于其个人或其假名的数据答复询问。答复询问也可以应

使用者的要求以电子化的形式作出。

【第14条】基础数据

（1）只有对于服务提供者与使用者之间关于电信媒体使用的合同关系的成立、内容编排或变更为必要，服务使用者才能收集或使用电信媒体使用者的个人数据（基础数据）。

（2）根据主管机关的要求，服务提供者在个别情况下可以答复关于基础数据的询问，只要其对于追究刑事责任的目的，州警察机关的犯罪预防，联邦和州的宪法保障局、联邦情报局、军事反间谍局或联邦刑事调查局在其防范国际恐怖主义或保护知识产权的职责范围内履行法定职责为必要。

【第15条】使用数据

（1）只有对于使用电信媒体和进行结算为必要，服务提供者才能收集或使用使用者的个人数据（使用数据）。

使用数据特别是指：

1. 用于辨别使用者的特征。
2. 每次使用的起止时间和范围的信息，以及
3. 使用者所使用的电信媒体的信息。

（2）对于与使用者进行结算为必要的，服务提供者可以汇总使用者使用不同电信媒体的使用数据。

（3）为了广告、市场研究的目的或为了符合需求地编排电信媒体，服务提供者可以使用假名制作使用概况，使用者对此有异议的除外。服务提供者应当在本法第13条第1款规定的告知范围内向使用者提示其异议权。使用概况不得与关于假名使用者的数据进行汇总。

（4）对于与使用者进行结算为必要的，服务提供者可以在使用过程结束后使用数据（结算数据）。为了遵守现行法律、章程规定或合同约定的保存期限，服务提供者可以屏蔽数据。

（5）对于费用计算和对于与使用者进行结算为必要的，服务提供者可以向其他服务提供者或第三人传输结算数据。服务提供者与第三人已就费用收取签署合同的，如果对于实现这一目的为必要，其可以向该第三人传输结算数据。为了其他服务提供者的市场研究目的，可以传输匿名后的使用数据。本法第14条第2款相应适用。

（6）就电信媒体的使用进行结算，使用者所使用的电信媒体的提供者、时点、时长、方式、内容和频率不得被辨认出，但使用者索要单独证明的除外。

（7）为出具使用者索要的使用某些服务的单独证明而处理的结算数据，服务提供者最长可以存储至寄送账单后6个月。使用者在这一期间内对缴费要求提出异议或被催缴但未清偿的，服务提供者可以继续存储结算数据，直至异议最终得以澄清或费用得以清偿。

（8）存在服务提供者所记录的事实依据，即某些使用者使用其服务，但故意不缴纳费用或不足额缴纳的，只有对于追究法律责任为必要，服务提供者才能在使用过程结束后以及本条第7款规定的存储期间届满后使用该使用者的个人数据。本款第1句规定的前提不再存在或不再需要数据以追究法律责任的，服务提供者应当毫不迟延地删除数据。一旦可能无损措施所遵循的目的，即应当告知相关使用者。

【第15a条】非法获悉数据时的告知义务

服务提供者确定，其所存储的基础数据或使用数据被非法传输，或以其他方式为第三人获悉，且将严重损害相关使用人的权利或应受保护的利益的，适用《联邦数据保护法》第42a条的规定。

第五章　罚款规则

【第16条】罚款规则

（1）故意违反本法第6条第2款第1句，掩饰或隐瞒发件人或消息的商业特征的，系行政违法。

（2）故意或过失地为下列行为的，系行政违法：

1. 违反本法第5条第1款，没有、不正确或不完整地提供信息。

2. 违反本法第13条第1款第1句或第2句，没有、不正确、不完整或不及时告知。

3. 违反本法第13条第4款第1句第1—4项或第5项关于保证义务的规定。

4. 违反本法第14条第1款、第15条第1款第1句、第15条第8款第1句或第2句，收集、使用、没有删除或没有及时删除个人信息，或

5. 违反本法第15条第3款第3句，将使用概况与关于假名使用者的数据进行汇总。

（3）对行政违法行为可处最高额为5万欧元的罚款。

广播电视与电信媒体州际协议（节选）***

1991年8月31日颁布，2010年12月15日至21日
广播电视州际协议第15次修订，2013年1月1日起施行。

前　言

  本州际协议包括：在统一的德意志各联邦州，在双重的广播电视体制之下，公共广播电视和私营广播电视所必须遵守的基本规则。本协议兼顾到欧洲广播电视的发展趋势。

  公共广播电视和私营广播电视有责任促进自由的个人观点和自由的公共舆论的形成，并承担舆论多元化的使命。广播电视的双重体制必须有能力适应国内和国际的竞争。

  新技术带来了欧洲广播电视服务领域的扩大，这种传播手段的多样性应该被用来加强德语区信息和文化产品的提供。应该通过本协议，最重要的是通过制订德意志联邦更为深入的规则和促进计划，为欧洲新型电视产品的生产提供长期支持。

  就公共广播电视而言，它的生存和发展应该得到保障。其中包括它有机会使用所有节目制作和传播的新技术，以及使用所有新的广播电视形式。它的基本财政需要，包括相应的财政平衡，应该得到维持和保障。

  私营广播电视的经营者应该在私营广播电视体制的壮大和持续发展中获得机会，特别是在技术和节目制作方面获得支持。要达到这个目标，就需要他们具有足够的播送能力，以及开辟足够的收入来源。他们应该在通过地面频道转播卫星传电视节目的时候，按照相应的州法律，从联邦的角度对频道

---
 * 德国《广播电视与电信媒体州际协议》（Staatsvertrag für Rundfunk und Telemedien），简称《广播电视州际协议》（Rundfunkstaatsvertrag），缩写为RStV。
 ** 译者：何勇，中国传媒大学政治与法律学院。

使用、本地和区域的节目内容，以及新的电视机构的经营进行平衡配置。

德意志的统一和双重广播电视体制的加速发展，使得全面检查迄今为止的频率分配和使用是否适应时代发展非常必要。所有联邦州都表达了他们的意愿，即增加2倍或多倍的频道，使私营电视机构和西轨（Westschienen）电视机构（指电视服务提供商VOX）获得更多的传输可能。

秉持对私营电视机构一视同仁，以及更好地执行决策的观点，各州媒介主管机构有责任加强相互之间的合作。

第一章 共同规则

【第1条】适用范围

（1）本州际协议适用于德国双重体制之下的广播电视经营和传播活动；至于电信媒体，仅适用第四章至第六章，以及第20条第2款。

（2）—（4）（略）

【第2条】概念定义 （略）

【第3条】基本原则

（1）在德意志公共广播电视联盟（ARD）之内的所有州广播电视机构，德国电视二台（ZDF）和所有德国境内的广播电视节目传播者必须在节目中重视和保障人的尊严。应该致力于加强对人类生存、自由和人身安全的关注，以及鼓励不同的信仰和观点。应该注意保障公民的风俗习惯和宗教信仰。其他关于广播电视机构的法律要求以及本协议第41条不受影响。

（2）（略）

【第4条】对重大活动的转播（略）

【第5条】消息报道（略）

【第6条】欧洲电视产品，自制、委托和联合制作的电视产品（略）

【第7条】广告规则，身份识别责任（略）

【第7a条】插入广告和电视购物（略）

【第8条】赞助（略）

【第8a条】有奖竞赛节目（略）

【第9条】提供信息义务，主管机构（略）

【第9a条】信息权（略）

【第9b条】消费者保护（略）

【第10条】报道，信息类节目和民意调查（略）

第二章　公共广播电视的规则

【第11条】委托责任

(1)公共广播电视作为传播过程的媒介和环节，通过广播和电视的节目生产和传播，形成自由的个人观点和自由的公共舆论。他可以提供节目复制和与节目内容相关的媒介服务。公共广播电视应该在他的产品和频道中，提供广泛的国际、欧洲、全国、地区事件的概况，以及所有与人们生活相关的重要事件的报道。它应该借此促进世界人民的互相理解、推动欧洲的整合、德意志联邦和各州的团结。它的频道应该提供信息、教育、咨询和娱乐的服务。它的稿件应该尤其注重文化内容的提供。娱乐节目也应该与公共广播的服务框架相符。

(2)公共广播电视应该保证实现其的委托责任，即新闻报道客观性和非党派的基本原则，保证舆论多元化以及节目的供需平衡。

【第11a条】所提供的服务内容

(1)公共广播电视机构应该提供与各州法律规定相符的广播服务（包括广播和电视）以及电信媒体服务。公共广播机构可以提供反映节目内容的印刷出版物作为服务的补充。

(2)（略）

【第11b条】电视服务（略）

【第11c条】广播服务（略）

【第11d条】电信媒体服务

(1)作为新闻编辑服务机构，德意志公共广播联盟下属的各州公共广播电视台，以及德国电视二台和德意志广播电台，有责任从新闻和节目编辑的角度提供电信媒体服务。

(2)根据本条第1款的要求，公共广播机构之电信媒体的责任主要包括以下服务：

1. 电信媒体应该在广播电视节目播出后7日内对所需节目进行播出，应该在第4条第2款所规定需转播的重大活动和德国足球甲级联赛的决赛比赛结束后24小时内对其进行转播。

2. 电信媒体在广播电视机构播出后7日内提供的，与某一个特定广播电视节目相联系的服务内容，一旦其资源主要来自该节目使用的素材和来源，并且电信媒体加强和支持了该节目的内容和主题，但却还没有形成第11f条第 3 款所指的新型和转型的服务；这些与节目相关的电信媒体服务必须在电信媒体定位中按第 11f 条第 1 款进行节目功能介绍；允许进行预先声明。

3. 本款第 1 项前半句以及第 2 项所指，适用过期条款的，与特定节目相关的节目和电信媒体服务，以及与节目内容无关的第 11f 条中所指电信媒体服务，在电信媒体的定位当中，应该特别限制与服务相关的节目使用期限；不能提供与节目无关的印刷类服务，并且，

4. 无使用限制的节目内容，包括与电信媒体概念下的当代历史和文化历史节目，应该按照第 11f 条建立档案。

第 16a 条至第 16e 条的服务内容在所有其他方面不受本条影响。

（3）电信媒体的定位应该让社会上所有群体都能够参与信息社会，服务对象、技术更新以及表达模式都应该适应所有年龄段和少数族群。与节目播出相关的电信媒体应该通过不同的媒介服务形式细化那些暂时性的节目，以及与特定节目有内容关系的节目。

（4）德意志公共广播电视联盟下属广播电视台，德国电视二台和德意志广播电台应该将其服务列举在电子网页上并且将其节目预告显示于电信节目指南网页上。

（5）广告和赞助不允许在电信媒体上出现。非由电信媒介委托制作的电影和电视剧不能在电信媒体上播出。在电信媒体上不能出现整套的本地报道。本州际协议附件中的其他服务形式不能出现在电信媒体上。

【第 11e 条】章程、指令和通告义务

（1）德意志公共广播电视联盟下属广播电视台，德国电视二台和德意志广播电台应该出台相应章程和指令，来细化如何履行相应的责任，并在服务概念变化，包括出现新的电信媒体或电信媒体发生革新时具体说明如何对管理程序进行调整。章程和指令同时应该包括保证广播电视委员会决策独立性的规定。这些章程和指令应该在各州的官方公报上加以通报。

（2）德意志公共广播电视联盟下属广播电视台，德国电视二台和德意志广播电台应继续从 2004 年 10 月 1 日起就开始的每两年就其责任履行、其服务的质量和数量以及计划中的主要服务问题的情况发布报告。

【第 11f 条】电信媒体的概念以及新建和转型的电信媒体

（1）德意志公共广播电视联盟下属广播电视台，德国电视二台和德意志广播电台应该针对第 11d 条第 2 款第 1 句第 3、4 项具体化电信媒体的概念，包括目标人群，内容，指向，和服务时间等。

（2）关于电信媒体的说明中必须考虑德国公共广播电视财政需要与评估

委员会（KEF）对于财政需要的评估。

（3）德意志公共广播电视联盟下属广播电视台，德国电视二台和德意志广播电台应该在章程和指令中同时确立标准，表示申请中的新建或转型媒体项目是否存在并对其进行下一条所要求的评估。一个转型项目只有在服务内容或目标受众都已改变的情况下才可以视为存在。

（4）本条第1款中所提及的计划中的新建和转型项目的申请机构必须向主管委员会证明这些项目是在它的责任范围之内。具体内容如下：

1. 此服务是否符合社会的民主、社交和文化需要。
2. 此服务是否有助于节目竞争和提高节目质量，以及
3. 所需的花费。

在说明中，机构还需要考虑现有项目的数量和质量，免费的服务方式，规划中的项目对于市场的影响，以及与具有可比性的现有服务，包括公共广播服务在形成舆论方面的功能比较。必须说明该服务的预期存续时间。

（5）在确认一种新建的或转型的服务之前，主管部门应该通过适当方式给予第三方按照本条第4款之规定，就项目提出意见的机会。该意见可以在项目公布之后6周之内提出。广播电视机构的主管委员会应该就收到的意见进行分析。在决策过程中，主管委员会也可以委托独立专家对此进行调研，并负担相应支出，专家建议应侧重于市场影响。专家也可以寻求更多的信息和建议，社会上的建议和意见可以直接提供给专家考虑。

（6）项目是否符合本条第4款之规定由主管委员会投票决定，只有获得出席委员三分之二多数票，同时至少一半以上常务委员的支持票，该项目才算通过。应该公布决策的依据。在决定理由中，应该说明新建项目或转型项目是否在机构责任范畴之内，并同时考虑到收到的建议和专家意见。该广播电视机构应该公布考察结果，并用同样的方式公布专家意见，其中涉及的商业秘密的内容可以免责。

（7）在公布之前，所有法律方面的审核信息应该提交给主管法律的监察部门。在完成了本条第5款和第6款的程序，以及之后的法律监管部门的审查之后，此新建或转型的服务项目应该在相应州的官方公报上公布。

【第12条】足够的资金支持，财政平衡的原则（略）

【第13条】财政来源（略）

【第14条】公共广播电视的资金需求（略）

【第15条】允许的产品植入（略）

【第16条】广告和赞助的时长（略）

【第16a条】商业活动（略）
【第16b条】公司持股（略）
【第16c条】对公司持股的控制（略）
【第16d条】对商业活动的控制（略）
【第16e条】关联公司从事商业活动的责任（略）
【第16f条】相关指令（略）
【第17条】关于广告的规则变化（略）
【第18条】不允许电视购物（略）
【第19条】履行条款的责任（略）
【第19a条】对投诉的披露（略）

第三章 对商业广播电视的规定

第一节 基本原则

【第20条】许可

（1）商业广播电视机构在进行以广播电视服务为目的的活动时，需要获得执照。除了第21条至第39a条，全国性的广播电视传播机构同样要遵守第21a条，在所有情况下，许可行为受各州法律管辖。全国性的广播电视服务执照应该注明服务的类别（综合或专业频道）。

（2）如果或者一旦某种电子信息和传播服务被界定为广播电视活动，服务的提供机构就应该取得执照。如果州媒介主管机构在其管辖范围内确认此活动就是广播电视活动，提供机构在获得通知之后，应马上提交执照申请，或者在3个月内通过同样的程序提供一个被认定为非广播电视活动的信息和传播服务。电子信息和传播服务机构有权要求州媒介主管机关去确认其提供的服务不会与广播电视法形成冲突。

（3）—（4）（略）

【第20a条】对全国性广播电视服务商授予许可（略）
【第20b条】网络中的广播电台（略）

第二节 程 序

【第21条】许可程序的基本原则（略）
【第22条】信息权和调查权（略）
【第23条】公开披露的责任和其他服务要求（略）

【第24条】保密条款（略）

第三节 保证舆论多元化

【第25条】多元舆论，地区窗口（略）
【第26条】在电视传播中保障舆论多元化（略）
【第27条】建立受众占有率调查（略）
【第28条】服务属性（略）
【第29条】持有人权益变更（略）
【第30条】保证多元化的手段（略）
【第31条】为独立第三方播出提供的广播电视时间（略）
【第32条】节目咨询委员会（略）
【第33条】相关指令（略）
【第34条】过渡性条款（略）

第四节 媒介监管机构，资助

【第35条】组织机构（略）
【第36条】主管，责任（略）
【第37条】许可程序，分工（略）
【第38条】通知、监管、收回和废除（略）
【第39条】适用范围（略）
【第39a条】协作（略）
【第40条】对特殊项目的资助（略）

第五节 节目宗旨，第三方的播出时间

【第41条】节目宗旨（略）
【第42条】第三方的播出时间（略）

第六节 资金来源、广告、电视购物

【第43条】资金来源（略）
【第44条】允许的产品植入（略）
【第45条】电视广告时长（略）
【第45a条】电视购物窗口和自我推广频道（略）
【第46条】相关指令（略）

【第46a条】区域和本地广播电视机构免责部分（略）

第七节 数据保护

【第47条】数据保护（略）

第四章 申诉，行政处罚

【第48条】向联邦行政法院上诉（略）
【第49条】行政处罚（略）

第五章 播出平台，传输容量

【第50条】基本原则（略）
【第51条】无线传输容量的分配（略）
【第51a条】州媒介主管机构向商业机构分配无线传输频道（略）
【第51b条】转播（略）
【第52条】播出平台（略）
【第52a条】播出平台的规则（略）
【第52b条】播出平台的分配（略）
【第52c条】免费进入（略）
【第52d条】费用和税率（略）
【第52f条】州媒介主管机构的措施（略）
【第53条】规章和指令（略）
【第53a条】回顾评估条款（略）
【第53b条】现有执照、分配、格式，现有平台的通告（略）

第六章 电信媒体

【第54条】一般规则

（1）本协议框架内的电信媒体无需执照和进行注册。所有服务均受宪法的约束。必须遵守其他一般性法律以及保护个人尊严的相关法律规定。

（2）电信媒体在进行新闻编辑服务时，特别是在全部或部分转载印刷媒体的文字或图像内容时，必须遵守公认的新闻报道标准。在传播之前，服务提供者必须对新闻进行验证，从内容、来源和真实性等方面加以适当的审核。

（3）电信媒体发布的舆论调查必须说明这些数据是否具有代表性。

【第55条】提供信息的义务和信息权

（1）电信媒体提供者，只要提供服务的对象不是排他性的私人或家庭，就必须保证下述信息可以直接近用，并且保持容易识别。

1. 名称和地址，以及
2. 法人或代理人的姓名和地址

（2）全部或部分转载印刷媒体文字或图像内容的、进行新闻编辑内容服务的电信媒体服务商，除遵守《电信媒体法》第5条和第6条之外，在传播之前，特别要指定一个负责人，并提供他的姓名和地址。如果负责人不止一个，那么必须说明每个负责人各负责哪一类的服务。该被指定的负责人必须符合以下条件：

1. 具有德国的永久居留权；
2. 没有因法院判决丧失担任公共职务的能力；
3. 具有完全行为能力；
4. 具有完全刑事追溯能力。

（3）对于本条第2款第1句所规定的电信媒体服务提供者，第9a条相应适用。

【第56条】答辩权

（1）全部或部分转载印刷媒体文字或图像内容的、进行新闻编辑内容服务的电信媒体提供者，在进行内容传播时应该马上纳入报道之陈述所涉及的人或组织对此陈述的答辩。这些答辩应该没有任何的添加和删改，并且在新闻的同一页面上显示。该答辩应该和原报道中的相关陈述等长，并且与该陈述直接链接。如果相关陈述在答辩产生时就已经下线，或者该服务已经终止，答辩必须在该陈述相称的位置，和等长的时间进行显示。对答辩的答复必须限制在事实性信息的范围内，并且未必一定要直接与答辩链接。

（2）除下述条件外，本条第1款中所指答辩不需要承担任何义务：

1. 被涉及一方在答辩中没有合法利益；
2. 答辩超出了陈述所指的范围；
3. 答辩超出了提供事实性信息的范畴或者存在违法之内容；
4. 由被涉及一方或其法律代理人撰写和签署的答辩书没有在规定时间内提出，所谓提出时间最迟为原报道发布的6个星期内，或者至少在原报道第一部分发布的3个月内。

（3）那些没有实现的答辩权义务可能会诉诸法律。《民事诉讼法》中关于申请禁令的条款可能会根据上述情况加以适用。如因答辩权而产生的法律危险无法证明，不应产生诉讼情况。

（4）答辩权的义务不包括关于跨国议会组织、联邦和各州立法组织的公开会议，以及各州新闻法答辩权规定的排除在外的组织和机构的事实性报道。

【第57条】与新闻和编辑相关的数据保护

（1）新闻机构和附属机构在进行电信媒体服务的过程中，处理和使用个人信息作为自身的新闻和文字用途，《联邦数据保护法》第5、7、9、38a条适用于下面条件：其责任仅限于按照《联邦数据保护法》第5条违反数据保密而造成的损害，以及《联邦数据保护法》第9条意义上的由于不完备的技术和组织条件造成的损害。本州际协议和各州法律的相关规定不受影响。

（2）如果在电信媒体提供者的服务中，个人信息被使用在独家的新闻编辑中，并对某当事方应保护的利益造成了负面影响，当事方可以要求获得此人的后台存储信息。如果机构从当事方受保护的利益角度进行考量，该存储信息的探查会对广播机构的新闻工作造成损害，或者该信息会造成下述其他信息的识别，则可以拒绝此要求：

1. 在该报道的准备、制作和传输中的其他人的信息，或者

2. 编辑的环节中的来稿人、出资保证人、档案保证人以及通信系统保障方的信息。

当事方可以要求对错误信息进行更正或者在报道中增加长度合适的自我陈述。本款第1—3句不适用于那些在新闻法和德国报业委员会申诉程序管辖之下的机构和附属机构。

（3）如果新闻编辑用途的个人信息导致了当事方的反对意见，或者正式的终止传播、收回信息内容的责任、禁令或裁决，上述意见、终止和收回的决定都必须与该信息一起存档，并保存同样时间，并且如果信息被转移，所有关于此事的档案一并转移。

【第58条】广告、赞助，视频电信媒体，有奖游戏

（1）广告应该能够清晰识别，与其他服务内容有明显区别。不允许有隐性广告。

（2）对于电视中赞助的文字性表述适用本法第8条。

（3）电信媒体中包括与电视形式和内容相似的部分，以及提供者通过电信媒体进行个人点播服务并由用户决定目录，以及由提供者制订播出菜单的内容（即点播视听服务），本法第1条第3款、第7条和第8条适用。对于第

2条第3款第5项之下的服务内容，适用第4至6条、第7a条和第45条。

（4）在电信媒体上的类似有奖游戏（针对一般公众的电信媒体），适用本法第8a条。

【第59条】监管

（1）联邦和各州数据保护监管机构应该按照《电信媒体法》的规定，以及本法第57条所规定的管辖范围来监管电信媒介领域的数据保护。公共广播电视机构中数据保护的主管机关在涉及新闻编辑的内容时，同样对电信媒介中新闻编辑涉及的数据保护问题具有管辖权。如果新闻机构和从属机构在新闻法和德国新闻协会申诉程序中具有自我管辖的权力，第一句则不适用。

（2）各州法律所规定的监管部门，负责监管电信媒体对一般法律、除数据保护之外的保障个人尊严的法律规定之遵守。

（3）如果相应监管部门确认发生了违反除本法第54条、第55条第2款和第3款、第56条、第57条第2款或《电信媒体法》数据保护规定之外的相关规定的情况，他们可以采取必要措施去制止这种违法行为。他们可以要求服务提供者采取阻止服务和屏蔽服务的特别手段。如果禁止手段在考虑到与服务提供者和受众的相关性后显得不合适，也可以不用此手段。禁止手段只能在其他手段都不能达到目标时才可以考虑。如果确实如此，那么禁止手段必须限制在某些特定服务类型和环节，并且限制在一定时间内。全部或部分转载印刷媒体文字或图像内容的、进行新闻编辑内容服务的电信媒体提供者，只能在《刑事诉讼法典》第97条第5款第2句和第98条的情况下，才可以进行阻止服务的手段。履行其他一般性法律和保护个人尊严的法律条款的监管机构的职能范围不受影响。

（4）如果《电信媒体法》第7条规定的处罚手段难以执行或不大可能奏效，本条第3款中所提出的阻止服务的手段也可以按《电信媒体法》第8条至第10条规定对服务提供第三方使用，只要此阻止在技术上是可行和合理的。《电信媒体法》第7条第2款不受影响。

（5）如果此服务涉及第三方权益，而对此服务的法律行动有可能相应地针对第三方，本条第3款中的监管部门只有在涉及公共利益的情况下，才需要加以说明。

（6）本规定执行的管辖，属于服务提供者，如果不是永久居留的话，办公、居留所在州监管部门中职能部门的职权范围。如果该州没有建立此职能部门，监管部门则作为该法律行为发生的地的职能部门行使权力。

（7）监管部门近用此类服务应该是免费的。服务提供者不能屏蔽监管职能部门对该服务的进入。

【第60条】电信媒体法，公共管理机构

（1）本州际协议之下或者各州其他州际协议之下的电信媒体，在所有其他方面，应该遵守生效的经过修订的《电信媒体法》相关条款，本条第2款不受影响。

（2）除上述规定外，生效的《电信媒体法》相关的修订条款也适用于各州公共管理部门。

【第61条】通告责任

本部分的修订服从于欧洲议会制定的98/48/EC指令，以及欧洲理事会1998年7月20日修订过的98/34/EC指令中的通告责任，其中规定了在技术标准和规制方面的信息通告之程序。

第七章 过渡和最终条款

【第62条】终止（略）

【第63条】关于植入广告的过渡性条款（略）

【第64条】对巴伐利亚的规定（略）

有关广播电视及电信媒体中人格尊严保护及青少年保护的州际协议[***]

2003年4月1日起生效；
2009年10月30日，经《广播电视法州际协议第十三次州际协议修正案》（13. RStV）第2条修改，
于2010年4月1日生效。

巴登—符腾堡州

巴伐利亚州（自由国）

柏林州

勃兰登堡州

不来梅州（自由汉萨市）

汉堡州（自由汉萨市）

黑森州

梅克伦堡—前波莫瑞州

下萨克森州

北莱茵—威斯特法伦州

莱茵兰—普法尔茨州

萨尔州

萨克森州（自由国）

---

[*] 德国《有关广播电视及电信媒体中人格尊严保护及青少年保护的州际协议》（Staatsvertrag über den Schutz der Menschenwürde und den Jugendschutz in Rundfunk und Telemedien），简称《青少年媒体保护州际协议》（Jugendmedienschutz - Staatsvertrag，缩写为 JMStV），于2003年4月1日起施行；此后又于2005年、2007年、2008年、2009年和2010年分别通过第8、第9、第10、第11和第13个《广播电视州际修改协议》进行了局部修订。本法系根据第13个《广播电视州际修改协议》修订后、于2010年4月1日起施行的最终文本翻译。——译者注

[**] 译者：孙筱，中国政法大学法学硕士，德国科隆大学 LL. M.，德国科隆大学博士研究生；汪沛，中国政法大学法学硕士，德国科隆大学 LL. M.，德国科隆大学博士研究生。

萨克森—安哈尔特州

石勒苏益格—荷尔斯泰因州

图林根州（自由国）

签署下列州际协议：

第一章 一般性规定

【第1条】州际协议的目的

州际协议的目的是统一地保护儿童和青少年不受电子信息媒体及电子传播媒体中对于儿童和青少年成长和教育有妨害或有危害的提供品的损害，以及不受电子信息媒体及电子传播媒体中那些有损人尊严或其他有损刑法典所保护的法益的提供品的损害。

【第2条】效力范围

（1）本州际协议适用于电子信息媒体和电子传播媒体（广播电视和电信媒体）。

（2）当电子信息服务和电子传播服务是《电信法》第3条第24项意义上的电信服务且通过电信网络只传送信号时，或属于《电信法》第3条第25项意义上的电信支持服务时，本州际协议对上述电子信息服务和电子传播服务不适用。

（3）《电信媒体法》和《广播电视州际协议》中适用于电信媒体的规定仍然适用。

【第3条】概念确定

（1）本州际协议意义上的儿童是指不满14周岁的人，青少年是指年满14周岁，不满18周岁的人。

（2）本州际协议意义上的

1."提供品"是指广播电视节目或电信媒体中的内容。

2."提供者"是指广播电视主办者或电信媒体的提供者。

【第4条】禁止性提供品

（1）以不妨碍刑法上的责任为限，下列提供品是禁止的：

1.《刑法典》第86条意义上的宣传品，其内容旨在反对自由民主的基本秩序或民族和解理念的。

2.使用《刑法典》第86a条意义上的违宪组织的标志的。

3.煽动针对部分居民或某一民族、种族、宗教或由其民族特点决定的群体的仇视的，要求对之实施暴力和专制手段，或通过辱骂、恶意蔑视或诽谤部分居民或上述提及的群体而侵害他人人格尊严的。

4. 以某种方式表现纳粹统治下所从事的某种《国际刑法典》第 6 条第 1 款以及第 7 条第 1 款所规定的行为，其能够扰乱、否认、淡化公共和平的。

5. 以某种赞美或淡化的方式表现对人残忍的或非人性的暴力的，或以侵害人的尊严的方式表现对人残忍的或非人性的暴力的过程的；上述规定准用于虚拟形式的展现。

6. 用于作为引诱《刑法典》第 126 条第 1 款中所规定的违法行为的。

7. 赞美战争的。

8. 侵害人的尊严，特别是通过展现正在死亡的人，或以重现事实发生的形式展现那些现在或是曾经遭受了严重的身体或精神上的痛苦的人的方式侵害的，却正对该种展现或报道的形式没有合理利益的；（法律意义上的）同意在此无效。

9. 展现儿童或青少年的非自然地突出性征的身体姿态的；上述规定准用于虚拟形式的展现。

10. 色情的，以及含有对儿童或青少年暴力行为、性虐待或人与动物之间的性行为内容的；上述规定准用于虚拟形式的展现；或

11. 被收录在《青少年保护法》第 18 条中所规定的列表 B 和 D 部分中的，或与列表中收录的某一作品在内容上完全或基本一致的。

对第 1 项至第 4 项以及第 6 项中所规定的情形适用《刑法典》第 86 条第 3 款，对第 5 项中所规定的情形相应适用《刑法典》第 131 条第 3 款。

（2）以不妨碍刑法上的责任为限，下列提供品也是禁止性的：

1. 以其他形式展现色情的。

2. 被收录在《青少年保护法》第 18 条中所规定的列表 A 和 C 部分中的，或与列表中收录的某一作品在内容上完全或基本一致的；或

3. 在考虑传播媒介的特殊效果形态的情况下，对儿童和青少年的成长或对将其教育为具有独立的和社会能力的人明显地具有严重危害的。

不同于第 1 句的规定，如果在提供者角度上能够保证只有成年人能获得上述提供品时，电信媒体中的这些提供品是被允许的（封闭的使用者群体）。

（3）在某一提供品依照《青少年保护法》第 18 条的规定被收录到列表中以后主要内容发生变化的，依照第 1 款和第 2 款所规定的禁止仍有效，直至联邦危害青少年媒体审查局作出裁定。

【第 5 条】妨害成长的提供品

（1）只要当提供者所传播的或使他人可以获得的提供品能对儿童或青少

年的成长或对将其教育为具有独立的和社会能力的人具有妨害时,提供者应当注意,相应年龄段的儿童或青少年通常不能接触到这些提供品。

(2)当提供品依照《青少年保护法》的规定不得发放给各个相应年龄段的儿童或青少年时,则推定其具有第1款意义上的妨害成长的影响。第1句准用于与被评价的提供品内容上基本一致的其他提供品。

(3)以下方式与第1款中所规定的提供者的义务相符。

1. 提供者通过技术或其他手段使得相应年龄段的儿童或青少年没有可能或基本很难接触该提供品;或

2. 提供者所选择的其提供品传播或可为他人所获得的时间是相应年龄段的儿童或青少年不能接触的时间。

(4)当某个提供品被认为是具有妨害儿童或青少年成长的效果时,如果该提供品在23点至6点之间被传播或可以被获得,那么提供者履行了第1款中所规定的义务。同样,当某个提供品被担忧为会妨害16岁以下的儿童或青少年的成长时,如果该提供品在22—点之间被传播或可以被获得,那么提供者履行了第1款所规定的义务。对于依照《青少年保护法》第14条第2款的规定不得发放给12岁以下儿童的电影,则在选择该类电影的播放时间时应当考虑年龄更小的儿童的利益。

(5)当某个提供品被担忧为只对儿童的成长具有第1款意义上的妨害时,如果该提供品与确定针对这些儿童的提供品分开被提供或被提取,那么该电信媒体提供者履行了第1款所规定的义务。

(6)第1款不适用于广播电视中新闻节目、时政节目以及电信媒体中的类似提供品,只要其展现和报道的形式上存在着合理的利益时。

【第6条】广告及电信购物中的青少年保护

(1)经标志的提供品的广告只有在满足提供品本身的传播的法律前提条件的情况下才是被允许的。不得以广告为目的传播或使他人能够获得危害青少年媒体列表(《青少年保护法》第18条)。不得在广告中指出,含有该提供品或某与其内容一致的传播载体正处于或曾经处于依照《青少年保护法》第18条规定的列表收录审查的程序中。

(2)广告不得对儿童和青少年的身心产生妨害,此外广告不得

1. 含有利用儿童和青少年的缺乏经验和轻信而向其直接号召购买或租赁商品或服务。

2. 直接要求儿童和青少年去鼓动父母或第三人(为其)购买其所要求的商品或服务。

3. 利用儿童或青少年对于父母、老师和其他可信任的人所具有的特殊的信任；或

4. 没有合理理由展示处于危险情况下的儿童或青少年。

（3）当广告的内容能够对儿童或青少年的成长为具有独立的和社会能力的人产生妨害时，必须将其与针对儿童或青少年的提供品相分开。

（4）针对儿童或青少年的提供品的广告或在儿童或青少年面前以使用演员的方式而做的广告，不得损害儿童或青少年的利益或利用他们的缺乏经验。

（5）酒精饮品的广告不得针对儿童或青少年，不得以展现的方式使儿童和青少年感兴趣，或向其展现饮酒。

（6）第1款至第5款准用于电信购物和赞助活动。此外，电信购物不得提醒儿童或青少年缔结有关商品或服务的买卖、租赁或用益租赁合同。

【第7条】青少年保护专员

（1）跨州电视台的主办者必须任命1名青少年保护专员。该规定准用于那些含有妨害成长或危害青少年内容的可被大众获得的电信媒体的商业提供者以及搜索引擎的提供者。

（2）当员工少于50人的或可以证明每年的月平均访问量少于一千万次的电信媒体提供者和非联邦范围传播的电视台的主办者，当其加入一个自愿自律组织并且该组织负责青少年保护专员的职责的承担、依照第3款的规定的参与或质询时，可以不任命青少年保护专员。

（3）青少年保护专员是（提供品）使用者的对话人，并且针对青少年保护的问题向提供者提供咨询。青少年保护专员应当适当并及时地参与有关提供品的制作、购买、规划和形成等问题，并充分地质询每一个提供品。青少年保护专员有权向提供者提出限制或修改提供品的建议。

（4）青少年保护专员必须具有履行职责所必要的专业知识。其在工作中免于他人指导。不得因青少年保护专员履行职责而对其进行歧视。必须为其提供履行职责所必要的物质条件。向青少年保护专员持续支付薪水并在职责需要时使其免于（其他）工作。

（5）提供者的青少年保护专员应当参加定期的经验交流。

第二章　对于广播电视的规定

【第8条】播送时间的确定

（1）组成联邦德国公法广播电视联合会（德国电视一台ARD）的州广播

电视机构、德国电视二台（ZDF）、青少年媒体保护委员会（KJM）或经青少年媒体保护委员会认证的自愿自律组织有权在依照各自的指导方针或是涉及不适用《青少年保护法》的电影领域的个别情况时，为了能够恰当处理电视中、特别是电视连续剧中的电影播放的特殊性而规定时间上的限制。

（2）对于其他播送样式，当（一个节目）按照其主题、主题加工处理、塑造或展现，在整体评价上能够妨害儿童或青少年的成长和教育时，第1款中所提及的机构可以针对个案对其规定时间上的限制。

【第9条】例外规定

（1）组成德国广播电视联合会的州广播电视机构的主管机关、德国广播电台的主管机关和德国电视二台主管机关可以依于广播电台、电视台台长所提出的申请，青少年媒体保护委员会或经其认证的自愿自律组织可以依私人广播电视的主办者所提出的申请，在依照各自在指导方针中或针对个案不适用第5条第2款的有关推定的规定。上述规定准用于被评价超过15年的提供品。（对于提供品）例外的评价应当报告给州最高青少年机关。

（2）对于私人电视台数字播出的节目，当该广播电视的主办者仅为其单独使用某一技术手段加密或屏蔽该节目时，州媒体机构可以基于一致的规章规定，在满足何种条件情况下该广播电视的主办者才履行了第5条所规定的义务。广播电视的主办者必须保证，只有在各节目或各电影播出时才可以被使用者激活。州媒体机构依照第1句所规定的规章中规定，特别是为保障青少年有效保护对节目的加密和屏蔽提出何种要求。

【第10条】节目预告与标志

（1）第5条第4款和第5款准用于不加密和不被屏蔽的有动态画面的节目预告。

（2）对儿童或16岁以下青少年的成长有妨害的广播电视节目必须在节目整个播出时通过声音文字或影像方式标志不适宜于相应的年龄段。

第三章 对于电信媒体的规定

【第11条】青少年保护节目

（1）当电信媒体的提供者将能够妨害儿童和青少年成长和教育的提供品编辑为适当的青少年保护节目时或将其预播给儿童和青少年，才满足第5条第3款第1项所规定的要求。

（2）第1款意义上的青少年保护节目标明其能够妨害儿童和青少年成长

和教育的认证。州媒体主管机构通过青少年媒体保护委员会作出裁定。认证申请向州媒体主管机构提交。认证的有效期为5年。认证的有效期可以延长。

（3）当青少年保护节目依照不同的年龄分级可以被获得或与能够妨害儿童和青少年成长和教育的节目具有可比性时，则依照第2款的规定对其颁发认证。

（4）当认证的前提条件事后消失时，（主管机构）可以撤回所作出的认证。

（5）商业的或大范围的传播或使他人能够获得利用电信媒体的人也应当为儿童或青少年将无害的提供品编辑成被认证的青少年保护节目，只要上述编辑工作是合理的并且不存在不合比例的费用时。

（6）青少年媒体保护委员会在对某一青少年保护节目作出认证前，为保障青少年保护可以准许进行一个有时间限制的、结合新程序、保护措施或技术条件的模型试验。

【第12条】标志义务

电信媒体的提供者，其提供品的内容与依照《青少年保护法》第12条的规定标志的，或允许发放给一定年龄段的可记录的录像带以及其他可以在视频显示器上再现或游戏的，或在程序化的数据载体（显示屏）上游戏的传播产品的内容完全一致或基本一致的，则必须在其提供品上明确的指明其现有标志。

第四章　有关公法广播电视之外提供者的程序

【第13条】使用范围

第14条至第21条以及第24条第4款第6句仅适用于跨州的提供品。

【第14条】青少年媒体保护委员会

（1）州媒体主管机构依照本州际协议监督适用于提供者的规定的遵守。其依照本州际协议的规定做出相应的裁定。

（2）为履行第1款所规定的职责建立青少年媒体保护委员会。青少年媒体保护委员会服务于相应的州媒体主管机构，并作为履行第1款所规定的州媒体主管机构职责的机关。经州媒体主管机构的提议，也可以要求青少年媒体保护委员会对于非跨州的提供品进行审查。第5款的规定仍然适用。

（3）青少年媒体保护委员会由12名专家组成。其成员构成如下：

1. 经州媒体机构协商一致，从州媒体机构负责人范围中的任命的6名成员。

2. 来自州最高青少年保护主管机关的4名成员。

3. 来自联邦最高青少年保护主管机关的2名成员。

在委员会成员有困难的情况下，依照第2句规定为其确定代表人。委员会成员或成员代表的任职期限为5年。可以连任。至少有4名委员会成员和成员代表应当具有法官资格。由某位州媒体机构的负责人担任主席。

（4）青少年媒体保护委员会不能成为欧洲联盟机构的成员和服务机构，联邦和州的宪法机关，德国广播电视联合会的州广播电视机构的、德国电视二台的、德国广播电台的、欧洲电视文化频道"ARTE"的和私人广播电视主办者的或电信媒体提供者的委员会成员和服务机构，以及《广播电视州际协议》第28条意义上直接或间接参与上述机构的企业的服务机构。

（5）可以设立审查委员会。每个审查委员会至少含有1名第3款第2句第1项至第3项所列举的青少年媒体保护委员会的成员，或在委员会成员有困难时则为成员代表。审查委员会只有在青少年媒体保护委员会同意的情况下才能作出裁决。在青少年媒体保护委员会任期开始时，由青少年媒体保护委员会规定审查程序的流程。具体细节由青少年媒体保护委员会的议事规则规定。

（6）青少年媒体保护委员会的成员在依照本州际协议履行其职责时免于他人指导。《广播电视州际协议》第24条中的保密规定也适用于青少年媒体保护委员会成员与州媒体机构的其他机关之间的关系。

（7）青少年媒体保护委员会的成员有权要求补偿其必要的经费和支出。具体细节由州媒体机构通过一致的规章进行规定。

【第15条】州媒体机构委员会的作用

（1）青少年媒体保护委员会应持续地将有关其工作活动告知各州媒体机构委员会主席。应将委员会主席纳入到具有根本意义的事项内，特别是在制定章程和准则的草案时。

（2）依照州法律主管州媒体机构的机关应当通过经协商一致的用以实施州际协议的章程和指导方针。其应当就此与德国广播电视联合会中各州广播电视机构和德国电视二台达成一致，并且在施行对青少年的媒体服务保护的时候实现共同的经验交流。

【第16条】青少年媒体保护委员会的管辖

青少年媒体保护委员会依据本州际协议对提供品负责作出最终的评价。其以不妨碍依照本州际协议经认证的自愿自律组织的权限为限在第1句范围内特别是对如下事项具有管辖权：

1. 监督本州际协议的规定。
2. 对自愿自律组织进行认证和撤销或撤回认证。
3. 依据第 8 条确定播送时间。
4. 依据第 9 条确定例外情况。
5. 审查和许可加密及屏蔽技术。
6. 对青少年保护节目进行认证和撤销或撤回认证。
7. 对在联邦危害青少年媒体审查局提交的加注标志的申请发表意见，以及负责在该联邦审查局提交的加注标志的申请。
8. 依照本州际协议的规定对违反秩序的行为作出的裁定。

【第 17 条】青少年媒体保护委员会的程序

（1）青少年媒体保护委员会依职权进行工作；其应当依一个州媒体机构或一个州最高青少年机关的建议开启一个审查程序。其应按照其法定成员的多数决通过决议，当票数相同时由主席的投票决定。应当说明决议的理由。在理由说明中，应当告知重要的事实上和法律上的原因。青少年媒体保护委员会的决议对于州媒体主管机构的其他机关具有约束力。其应作为（青少年媒体保护委员会的）裁定的基础。

（2）青少年媒体保护委员会应当与联邦危害青少年媒体审查局合作，并定期交换信息。

（3）青少年媒体保护委员会应当在其成立后 2 年对主管青少年保护的州最高青少年机关和联邦主管青少年保护的最高机关首次进行报告，且应当在此后每 2 年就本州际协议规定的执行进行报告。

【第 18 条】"青少年保护网"

（1）这个通过各州最高青少年机关共同设立的青少年保护机构（"青少年保护网"），在组织方面依靠于青少年媒体保护委员会。至 2012 年 12 月 31 日，"青少年保护网"机构受到各州媒体机构和各州的共同资助。各州主管青少年保护的部长应当通过决议在章程中确定由各州资助该组织的细节事项。章程中也应对该机构的专业独立性和财政独立性作出规定。

（2）"青少年保护网"支持青少年媒体保护委员会和各州最高青少年机关的工作。

（3）"青少年保护网"审查电信媒体的提供品。同时，"青少年保护网"还在电信媒体方面承担着咨询和培训的职责。

（4）"青少年保护网"应当向提供者指明其违反本州际协议的规定，并且就此事通知经认证的自愿自律组织和青少年媒体保护委员会。

【第19条】自愿自律组织

（1）可以为广播电视和电信媒体建立自愿自律组织。

（2）经认证的自愿自律组织在符合其章程的职责领域中审查对本州协议的规定的遵守情况以及加入其的提供者所通过的章程和准则。

（3）一个组织在以下条件下将被认证为是本州际协议意义上的自愿自律组织，当

1. 其提名的审查人的独立性和专业性能够得到保证，同时也应考虑到在青少年保护的问题上以特别的方式进行研究的社会团体的代表。

2. 一个能够通过大量的提供者得到保证的符合实际情况的配置。

3. 有为审查人做出决定的而确立的准则，且该准则在法理实践中适于有效的保护儿童和青少年。

4. 有一个规定了审查范围、主办者的提交义务以及可能的惩处的程序规则，且该规则还应规定，依州法确定的青少年帮助承担者的申请审查裁定的可能性。

5. 保证所涉及的提供者在裁定前获悉，裁定以书面形式说明理由和告知参与人，以及

6. 设有上诉处。

（4）州媒体主管机构通过青少年媒体保护委员会作出裁定。自愿自律组织所在地的州的州媒体机构享有管辖权。据此不能得出管辖权的，提交认证申请的州媒体机构享有管辖权。该组织应当向青少年媒体保护委员会提交审查认证条件所需的材料。认证的有效期限为4年。可以延长。

（5）当认证的前提条件事后丧失或该组织的法理实践与生效的《青少年保护法》不相符时，认证可以被撤回。因认证的撤回导致的财产上的不利从而要求赔偿的，不予支持。

（6）各经认证的自愿自律组织应当就本州际协议的适用协商一致。

第五章 对公法广播电视以外的提供者的实施

【第20条】监管

（1）当州媒体主管机构确定提供者违反了本州际协议的规定时，应对该提供者采取必要的措施。

（2）州媒体主管机构应通过青少年媒体保护委员会依照州法律的规定对

于广播电视主办者作出单独的裁定。

（3）当青少年媒体保护委员就一个广播电视主办者对本州协议规定的违反向其提出指责，而该机构指出，其已经在节目播送前提交给了一个经认证的本州际协议意义上的自愿自律组织，且已经对这个组织的规定予以注意时，那么，鉴于该机构对于青少年保护的规定的遵守，由青少年媒体保护委员会所采取的措施，仅在经认证的自愿自律组织作出或不作出裁定，已超越了自由裁量空间的法律上的界限时，才准许。对于不能提交（给自愿自律组织）的节目，应当在认为其违反了青少年保护而由青少年媒体保护委员会采取措施前，交由该广播电视主办者所加入的经认证的自愿自律组织，但违反第4条第1款规定的除外；第1句准用。第1句准用于依据第8条、第9条作出的裁定。

（4）对于电信媒体提供者，州媒体主管机构应当在注意《电信法》第7条至第10条所规定的责任的条件下，通过青少年媒体保护委员会依据《广播电视州际协议》第59条第2款至第4款的规定作出单独的裁定。

（5）如果一个电信媒体提供者是某一个经认证的本州际协议意义上的自愿自律组织的成员或其受到该组织章程的规制，那么，应当在认为其违反了青少年保护而由青少年媒体保护委员会首先将该被认为违反的事项交由这一经认证的自愿自律组织处理，但违反第4条第1款规定的除外。仅在经认证的自愿自律组织作出或不作出裁定，已超越了自由裁量空间的法律上的界限时，才准许由青少年保护委员会根据第1款对提供者采取的措施。

（6）授予广播电视主办者许可的州，或电信媒体提供者的所在地、住所地或在无住所地时的经常居留地所在的州的州媒体机构具有管辖权。据此无法得出管辖权时，作出该行政行为的理由出现的辖区所在的州的州媒体机构具有管辖权。

（7）各州应当在本州际协议生效3年后审查第3款和第5款的规定的适用情况，（审查）特别是以青少年媒体保护委员会依照第17条第3款所作的报告以及经认证的自愿自律组织和州最高青年机关的表态为基础。

【第21条】答复询问请求权

（1）电信媒体提供者有义务向青少年媒体保护委员会答复关于提供品和为保护青少年而采取的措施的询问，并且使其能够以审查为目的免费地获得提供品。

（2）在监督、惩罚或检查的范围内提取和使用提供品应当是免费的。提供者应确保（上述要求）。提供者不能抗拒主管机构对提供品的提取或获悉，或者妨碍其提取或获悉。

【第22条】向联邦最高行政法院上诉

在一个诉讼程序中,也可以以被撤销的判决是以违反本州际协议为基础的为依据向联邦最高行政法院的上诉。

第六章 对公法广播电视以外的提供者违反秩序行为的惩罚

【第23条】刑罚规定

违反第4条第2款第1句第3点和第2句规定,传播在考虑到传播媒介的特殊的作用形式的情况下显然能够对儿童或青少年的成长或将其教育为一个自己承担责任的有集体生活能力的人具有严重危害的提供品的人,或者使该提供品能够被他人获得的人,处最高至1年的自由刑或并处罚金刑。行为人过失行为的,处最高至6个月的自由刑或最高至180单位日额金的罚金刑。

【第24条】违反秩序的行为

(1)作为提供者故意或过失地为以下行为者,违反秩序:

1. 传播或使他人能够获得以下提供品

a)违反第4条第1款第1句第1项,描绘《刑法典》意义上的宣传品;

b)违反第4条第1款第1句第2项,使用违宪组织的标志的;

c)违反第4条第1款第1句第3项,煽动针对部分居民或某一民族、种族、宗教或由其民族特点决定的群体的仇视,要求对之实施暴力和专制手段,或通过辱骂、恶意蔑视或诽谤部分居民或上述提及的群体而侵害他人人格尊严的;

d)违反第4条第1款第1句第4项,对在纳粹统治下,以扰乱公共和平的方式实施的《国际刑法》第6条第1款或第7条第1款所规定的犯罪行为,予以赞同、否认或粉饰的;

e)违反第4条第1款第1句第5项,以美化或粉饰的方式描写针对人的残忍或者其他非人道的暴力活动的,或以伤害人的尊严的方式描绘其事件的残忍性或非人道性的;

f)违反第4条第1款第1句第6项,用于引诱他人实施《刑法典》第126条第1款所述违法行为的;

g)违反第4条第1款第1句第7项,美化战争的;

h)违反第4条第1款第1句第8项,特别是通过展现正在死亡的人,或重现事实发生来展现那些现在或是曾经遭受了严重的身体或精神上的痛苦的

人的方式侵害人的尊严,却正对这种展现或报道的形式不具有合理的利益的;

i) 违反第 4 条第 1 款第 1 句第 9 项,展现儿童或青少年的非自然地突出性征的身体姿态的;上述规定准用于虚拟形式的展现;

j) 违反第 4 条第 1 款第 1 句第 10 项,色情的和以对儿童或者青少年的性虐待的或人与动物之间的性行为为内容的暴力行为;上述规定准用于虚拟形式的展现,或

k) 违反第 4 条第 1 款第 1 句第 11 项,被收录在《青少年保护法》第 18 条中所规定的列表 B 和 D 部分中的,或与列表中收录的某一作品在内容上完全或基本一致的。

2. 违反第 4 条第 2 款第 1 句第 1 项和第 2 句,传播或使他人能够获得其他形式的色情的提供品的。

3. 违反第 4 条第 2 款第 1 句第 2 项或第 2 句,传播或使他人能够获得被收录在《青少年保护法》第 18 条所规定的列表 A 和 C 部分中的或与列表中收录的某一作品在内容上完全或基本一致的提供品的。

4. 违反第 5 条第 1 款,传播或者使他人能够获得对儿童或青少年的成长或对将其教育为具有独立的和社会能力的人具有妨害的提供品,且对于所涉及的年龄段的儿童或青少年通常不能接触该提供品并未加以注意的。

5. 违反第 6 条第 1 款第 1 句和第 6 款,传播或使他人能够获得被标志的提供品的广告和电信购物的。

6. 违反第 6 条第 1 款第 2 句和第 6 款,传播或者使他人能够获得危害青少年的媒体的目录的。

7. 违反第 6 条第 1 款第 3 句和第 6 款,给予规定中所提到的指示的。

8. 违反第 7 条,未雇佣青少年保护专员的。

9. 传播违反第 8 条第 2 款中播送时间限制的规定的播送样式的。

10. 传播被猜测具有第 5 条第 2 款规定的妨害成长的特性的节目,且青少年媒体保护委员会或经其认证的自愿自律组织(的意见)并未与依照第 9 条第 1 款第 1 句所作出的猜测不一致的。

11. 违反第 10 条第 1 款,在适合的节目时间以外不加密地传播含有动态图的节目预告的。

12. 违反第 10 条第 2 款,传播在整个节目的播放中没有通过声音信号预告或通过视觉方式告知的节目的。

13. 传播不含有第 12 条所规定的必要的指示的提供品的。

14. 违反一个由第 20 条第 1 款规定的主管的监督机关所作出的可执行的

指示不进行作为的。

15. 违反第 21 条第 1 款，未履行其答复询问义务的，或

16. 违反第 21 条第 2 款第 3 句，抗拒主管的监督部门对提供品的提取的。

（2）此外违反秩序的行为，是故意

1. 违反第 11 条第 5 款，将电信媒体错误地标志为适合所涉及的年龄段的儿童或青少年的，或

2. 在认证一个第 19 条第 4 款所规定的自愿自律组织的程序的范围内作出错误说明的。

（3）违反秩序的行为可最高被罚以 50 万欧元的罚款。

（4）州媒体主管机构是《违反秩序法》第 36 条第 1 款第 1 项意义上的主管的行政机关。在第 1 款和第 2 款第 1 项的情形中，授予广播电视机构许可的州或电视媒体提供者的所在地、住所地或在无住所地时的其经常居留地所在的州具有管辖权。据此无法得出管辖权的，作出该行政行为的理由出现的辖区所在的州的州媒体机构具有管辖权。在第 2 款第 2 项的情形中，自愿自律组织所在地的州的州媒体机构具有管辖权。据此无法得出管辖权的，认证申请提交的州的州媒体机构具有管辖权。州媒体主管机构通过青少年媒体保护委员会作出裁定。

（5）州媒体主管机构应当将启动程序的事宜毫不迟延地通知其他州媒体机构。如果一个程序根据本规定在多个州被启动，所有参与部门应当就那一个部门继续进行该程序的问题协商一致。

（6）州媒体主管机构可以决定，根据一个违反本州际协议规定的违反法律的行为所作出的指责和依照第 1 款或第 2 款的规定在一个违反秩序（法）程序中作出的生效判决，由所涉及的提供者在其提供品中进行传播或使他人能够获得。州媒体主管机构应当根据合义务性的裁量确定公布的内容和时间。

（7）第 1 款和第 2 款中所提到的违反秩序的行为的追溯时效为 6 个月。

第七章 最后规定

【第 25 条】对其他州际协议的修改

（1）通过 2001 年 12 月 20/21 日的《第六广播电视州际修改协议》第 1 款最后修改的 1991 年 8 月 31 日的《广播电视州际协议》，将作如下修改：

1. 目录将作如下修改：

a）删除第 2a 条的标题。

b）更改第 3 条的标题为："第 3 条一般性节目原则"。

c）更改第 4 条的标题为："第 4 条禁止的节目，青少年保护"

d）删除第 49a 条和第 53a 条的标题。

2. 至今的第 2a 条改为第 3 条。

3. 至今的第 3 条改为第 4 条，且第 4 条将表述如下："第 4 条禁止的节目，青少年保护

本条适用《青少年媒体保护州际协议》中对广播电视有效的条款。"

4. 删除至今的第 4 条。

5. 以转引至"第 2 款至第 12 款"替换第 5 条第 1 款第 1 句中的转引至"第 2 款至第 11 款"

6. 删除第 7 条第 2 句和第 3 句。

7. 删除第 16 条第 1 句中的转引至"第 3 条"。

8. 以日期"2010 年 12 月 31 日"替换第 40 条第 1 款第 2 句的日期"2004 年 12 月 31 日"。

9. 删除第 46 条第 1 句中的转引至"第 3 条"。

10. 删除第 47d 条第 1 款第 3 句。

11. 第 49 条将作如下修改：

a）按如下更改第 1 款第 1 句：

aa）删除第 1 项至第 12 项。

bb）将至今的第 13 项至第 17 项更改为第 1 项至第 25 项。

b）删除第 5 款第 2 句和第 3 句。

12. 删除第 49a 条和第 53a 条。

（2）通过 2000 年 7 月 6 日至 8 月 7 日的《第五广播电视州际修改协议》第 3 款最后修改的 1991 年 8 月 31 日的《德国电视二台州际协议》，将作如下修改：

1. 删除目录中第 8a 条的标题。

2. 以转引至"第 2 款至第 12 款"替换第 7 条第 1 款第 2 句中的转引至"第 2 款至第 11 款"

3. 第 8 条将表述如下：

"第 8 条禁止的节目，青少年保护

本条适用《青少年媒体保护州际协议》中对德国电视二台有效的条款。"

4. 删除第 8a 条。

（3）通过 2000 年 7 月 6 日至 8 月 7 日的《第五广播电视州际修改协议》第 4

款最后修改的1993年6月17日的《德国广播电台州际协议》，将作如下修改：

1. 第8条将作如下表述：

"第8条禁止的节目，青少年保护

本条适用《青少年媒体保护州际协议》中对德国广播电台有效的条款。"

2. 以转引至"第21条第6款第7句"替换第34条第4款第2个半句中的转引至"第21条第6款第6句"。

（4）通过2001年12月20/21日的《第六广播电视州际修改协议》第3款最后修改的1997年1月20日至2月12日的《媒体服务州际协议》，将作如下修改：

1. 删除目录中第24a条的标题。

2. 在第2条第1款第2句中的"广播电视州际协议"文字后插入"和《青少年媒体保护州际协议》的"的文字。

3. 第12条将表述如下：

"第12条禁止的节目，青少年保护

本条适用《青少年媒体保护州际协议》中对媒体服务有效的条款。"

4. 第13条将作如下修改：

a）删除第1款。

b）将至今的第2款至第4款更改为第1款至第3款。

5. 第22条第1款将作如下修改：

a）删除第1句。

b）将至今的第2句和第3句更改为第1句和第2句。

6. 第24条将作如下修改：

a）第1款将作如下修改：

aa）删除第4项至第9项。

bb）将至今的第10项至第16项更改为第4项至第10项。

b）以转引至"第1项至第8项"替换第2款中的转引至"第1项至第3项和第10项至第14项"。

c）加入如下的第3款："第3款第1款提到的违反秩序行为的追诉时效为6个月。"

7. 删除第24a条。

8. 以日期"2006年12月31日"替换第25条第3句的日期"2004年12月31日"。

【第26条】有效期限，通知终止

（1）本州际协议的有效期限为不定期。每一个缔约州都可以在遵守1年的通知终止期间的条件下，在1个历年的结束时通知终止本州际协议。首次通知终止可以在2008年12月31日进行。就第20条第3款和第5款而言，在2008年12月31日首次通知终止本协议关系可在遵守半年的通知终止期间的条件下在年末单独地进行。如果在该时刻未通知解除本州际协议，可以在遵守同样通知终止期间的条件下分别在一个2年后的时刻通知终止。通知终止应当对州主席联席会议的主席作书面说明。一个州的通知终止并不影响其余州之间的本协议关系，然而每一个余下的州都可以在收到通知终止说明的3个月的期限内在同一时刻通知终止。

（2）通知终止在第25条中修改的州际协议的，以该协议中规定的通知终止条款为准。

【第27条】报告

对本州际协议的更改应当遵守1998年7月20日的《欧洲议会和理事会第98/48/EG号更改第98/34/EG号关于制度和技术规定领域内信息程序的指令》所规定的报告义务。

【第28条】生效，新公告

（1）本州际协议于2003年4月1日生效。如果截至2003年3月31日，未将所有的批准书交存至州主席联席会议的主席的州总理办公厅或市政厅的，本协议不生效。

（2）州主席联席会议的主席的州总理办公厅或市政厅告知各州交存批准书。

（3）州主席联席会议的主席的州总理办公厅或市政厅可以公布由第25条的规定所得出的具有最新日期的《广播电视州际协议》、《德国电视二台州际协议》、《德国广播电台的州际协议》和《媒体服务州际协议》的文本。

电信法（节选）***

第一章 一般规定

【第1条】法律目的

本法的目的在于，通过技术中立的管制促进电信领域的竞争及电信设施的改进，保障覆盖全境的适当及充分的电信服务。

【第2条】管制、目标和原则

（1）电信管制是归属于联邦的主权性职责。

（2）管制的目的是：

1. 保护电信领域中用户尤其是消费者的利益，保护通信秘密。联邦网络管理局支持终端用户获取及扩散信息的可能性，或信息的应用及服务选择。联邦通信委员会考虑特定社会群体尤其是残障使用者、老人以及需特殊社会性照顾的人群的需要。

2. 在电信服务、电信网络，包括附属设施和相关服务方面，确保电信市场机会均等并促成持久的、竞争导向的电信市场。联邦网络管理局确保包括残障使用者、老人以及需特殊社会性照顾的人群在内的使用者在选择、价格、质量方面提供最大可能的便利。它确保在电信领域，包括内容的提供在内，没有竞争妨碍及限制的发生。

3. 促进欧盟市场一体化的发展。

4. 保证在城市以及农村以公众可承受的价格提供覆盖全境的、同等的基础电信服务。

5. 加速建设高效率的新一代公共电信网建设。

---

* 德国《电信法》（Telekommunikationsgesetz，缩写为TKG）于2004年6月22日由德国联邦议院通过，并由德国联邦议院于2012年5月3日法令（BGBl. I S. 1190）最后一次修订。本文系根据2012年5月3日的最终版本翻译。

** 译者：王伟伟，法学博士，北京社会科学院助理研究员。刘思思，德国科隆大学法学博士研究生。

6. 支持公共设施领域的电信服务。

7. 确保有效和不受干扰地使用频率，同时也顾及无线广播的利益。

8. 保障数字资源有效率使用。

9. 维护公共安全的利益。

（3）联邦网络管理局在实现第2款目标上实行客观、透明、无歧视和合乎比例的管制原则，即：

1. 通过在合适的时间内维持统一的管制理念以促进管制的可预见性。

2. 保证电信运营商和电信服务商在同等情况下不被歧视性对待。

3. 保护有利于消费者的竞争，并以正当性为限鼓励以设施为基础的竞争。

4. 联邦网络管理局在履行准入审查义务中慎重考虑投资者的风险，并允许投资者和准入申请者就投资风险分配达成不同的合作协议，以此支持电信设施新建和改建领域中的有效投资和创新，联邦网络管理局同时确保市场竞争和无歧视原则得到维护。

5. 存在于联邦不同地理区域的竞争及消费者的各种不同情况被审慎的考虑。

6. 规执性前置义务仅在没有有效和持久的竞争存在的情况下施与，该义务并在竞争存在下放松或废除。

（4）反限制竞争法的规则适用，只要本法没有明确的排除规则。卡特尔局的职责和权限不受本法影响。

（5）联邦国防部的主权性权利不受影响。

（6）考虑广播及类似电信媒体的利益，而无论其传播方式。各邦媒体法的规定不受影响。

【第3条】定义

在本法意义上，

1. 呼叫，即通过公开可及的电信服务所建立的使双边的通话交流成为可能的连接。

2. 应用程序接口，是由发送设备或服务提供者为用户设置的应用之间及与在扩展性的广播及电视服务接收设备的数据链路之间的软件接口；

2a. 咨询服务，联邦范围内随时可通过电话获取的服务，特别是电话号段118，它主要是中立性的提供电话号码、姓名、地址以及附属性的电信服务。向有提问者参与的更多的咨询或服务可以是咨询服务的组成部分。

3. "组成数据"，是为建立、变更或终止某种关于电信服务合同关系而收集的参加者的数据。

4. 一家或多家企业有"显著市场力量",如果第 11 条第 1 款和第 4 款所规定的条件发生;

4a. 运营者选择,通过选择一个数据,在各别的选择程序中参加者获取对于所有直接互联的公共电信服务提供者的服务的通道;

4b. 运营者预选,经由已确定的预选,对于所有直接互联的公共电信服务提供者的服务的参加者接入口;借此参加者可以进行不同地域的长途电话呼叫,并且在每次呼叫,通过选择一个经营者符号可去除已确定的预选。

5. (略)

6. 服务提供者,即每一部分或完全经营性的。

a) 提供电信服务;

b) 辅助上述服务的提供。

7. "数字电视接收器",带有一体化的数字解码器的电视机,或者与电视机可兼容的接收数字化传输的电视信号的数字解码器;

7a. (略)

8. 终端使用者,是既不经营公共电信网络也不提供公共电信服务的使用者。

8a.——9b. (略)

9c. GEREK,即欧洲电信管理机构联合会。

10. "经营性的提供电信服务",以营利或非营利为目的向第三方提供持续性的电信服务。

10a. 已废除

11.——11a. (略)

11b. 快速拨号服务,其具有服务集成的特征,但可以简短号码所设定的专门号码类型加以利用的服务。

11c.——11d. (略)

12. 持久的竞争导向的市场,是不存在特殊领域管制并因此竞争得以确保的市场。

12a—12b. (略)

13. 号码,在电信网中目的用于定位的字符串。

13a. 号码类型,特定服务或特定技术定位的号码空间的所有号码的整体。

13b. 号码段,为一个类号码而提供的号码空间的特定部分。

13c. 号码空间，所有号码的整体，用于特定种类的定位而使用。

14. 使用者，每个自然人或者法人，其或者出于私人或者出于业务的目的申请或使用公共电信服务，其并非必须为参加者。

15—17.（略）

17a. 公共电信服务，为公众提供的电信服务。

17b. 集成服务，服务，特别是通过（0）190和（0）900号段，在电信服务之外所提供的进一步的服务，它针对呼叫人与电信服务共同结算，并且不归属于另外的号码类型。

18. 电话号码，是一个号码，通过对其的选择在公共电话服务中可与特定目标建立连接。

18a. 电话号码段，公共电话网中为某一号码类型提供的号码空间中的存在号码部分。

19—19a.（略）

20. 参加者，即每一自然人或者法人，其与公共电信服务提供者就提供特定服务而签订合同。

21. 参加者连接，利用物理连接，固定的公共电话网中的网络连接点在参加者的空间内以主分配节点或类似装置互相连接。

22. 电信，通过电信设备而进行的发送、中转及接收信号的技术性的过程

23.（略）

24. 电信服务，通常是有偿提供的服务，其全部或主要在于在电信网络中传递信号，也包括在广播网中的信号传递服务。

25—30.（略）

31. 有效竞争，不存在第11条第1款第3句和第4句的意义上显著市场力量。

32. 接口，为提供电信服务的目的，在一定的条件下向其他企业提供的设施或电信服务，企业用于信息企业服务的提供或广播内容服务。此外还包括：

a）网络部件的接口，包括非积极的网络部件，及附属设施，无论是否归属于固定的设施。它尤其包含给参加者连接的接口、设施及服务，其对于通过参加者连接提供服务是必要的，包括开关的接口和参加者对提供者变更的可能以及必要的信息和数据和防干扰设施。

b）物理性的设施如建筑、管道入口和天线的接口；

c）相关的软件系统，包括电信运营支持系统的接口；

d）用于准备、提供、定购、等待与维护工作以及结算的信息技术系统或者数据库的接口；

e）号码转换系统或具有类似功能的系统的接口；

f）固定或移动电话网的接口，特别是使漫游成为可能；

g）数字电视服务的授权认证系统的接口；

h）无线网络服务的接口。

33—34.（略）

【第4条】国际报告义务

公共电信网运营者以及公共电信服务提供者应在联邦网络管理局要求下，基于履行对欧盟委员会及其他国际组织报告义务的目的，提供必要的信息。

【第5条】公布媒介

依据本法联邦通信委员会所负有的公告和通知，如没有相反规定，在其官方公报及其网站公布。联邦网络管理局的技术规范也在其官方公报发布。

【第6条】通知义务

（1）经营性公共电信网运营者或者公共电信服务提供者，应将其营业的开始、变更及终止，以及企业的变更不迟延的通知联邦网络管理局。通知应采取书面形式。

（2）通知应包含第1款所要求的确定运营者或服务提供者身份所必需的信息，尤其是工商注册号、地址、网络或服务的简要描述，以及营业的预期开始时间。通知应按照联邦网络管理局制定和公开的格式进行。

（3）依据当事人的申请，联邦网络管理局应在一周内对按照第2款的通知的完整性做出确认，并且对企业通过本法或根据本法所享有的权利出具证明。

（4）联邦网络管理局定期公布注册企业的登记簿。

（5）如运营已经确定的终止，并且营业终止没有在6个月内以书面形式向联邦网络管理局通知，该委员会可依职权确定运营的终止。

【第7条】结构性分离

公共电信网的运营者或公共电信服务提供者，且在欧盟内享有特别或排他性的提供其他业务的权利，负有如下义务：

1. 与提供公共电信网相关的业务或公共电信服务相关的业务结构性的区分。

2. 就与提供公共电信网相关的业务或提供公共电信服务相关的业务在不

同的簿册进行，并达到与这些业务为法律上互相独立的企业运营所要求的程度相当，以便于将这些营业的所有成本和税负，连同相关的计算凭证和详细的计算方法，包括详细的固定资产分类和结构性成本明确。

【第8条】国际地位

（1）提供国际电信服务，或者在其服务中含有运营广播设备的内容，并且有可能在给其他国家广播服务造成侵扰，构成国际电信公约意义上的"已获认可的运营企业"。这些企业须遵守国际电信公约所规定的义务。

（2）经营国际电信服务的企业，应当按照国际电信公约的规则，

1. 所有涉及人类海上生活、陆地、空中以及太空的安全性的报道，以及国家卫生组织的紧急情况下的流行病报道享有无条件的优先。

2. 在连接建立主体的明确要求下，国家电信连接在可能的范围内优先于其他电信交通。

第二章 市场管制

第一节 市场管制程序

【第9条】基本原则

（1）按照本章规定的市场管制所指的市场，是具备本法第10条的前提，并且按照本法第11条关于市场分析的规定没有有效竞争的市场。

（2）在本法第11条的意义上拥有显著市场支配力的企业，受联邦网络管理局依照本章规定采取的措施的规制。

（3）本法第18条不受影响。

【第9a条】

已废除

【第10条】市场的定义

（1）联邦网络管理局考虑本法第2条规定的目标确定实物及空间意义上的电信市场，该电信市场依据本章规定受到管制。

（2）依据本章规制的市场，是通过显著的和持久的结构性或法律上的市场进入限制，长期无法展开有效的竞争，并且为治愈相关的市场失灵仅适用一般的竞争法规范难以奏效。这些市场由联邦网络管理局依据它的裁量权确定。在此联邦网络管理局尽最大可能地考虑，委员会按照欧洲议会的2001/21/EG指令第15条第1款以及2002年3月7号关于电信网络和服务的共同法律框架指令（框架指令），其最后通过2009/140EG指令所修改公布（以当时

有效的版本为准），就相关的产品和服务市场作出的建议，以及关于市场分析和显著市场力量的市场评估的准则（委员会按照 2002/21/EG 指令第 15 条第 2 款公布，以当时有效的版本为准）。

（3）如市场定义对成员国之间的贸易发生作用，联邦网络管理局应按照第 12 条规定的程序向委员会递交市场定义。

【第 11 条】市场分析

（1）就本法第 10 条所规定的，为依据本章规定进行规制而纳入考察的市场，联邦网络管理局审查，是否在被调查的市场存在有效的竞争。如果一个或多个企业在市场上有显著的市场力量，则有效的竞争不存在。当一个公司或者独自或者与其他企业共同拥有与支配等同的地位，也就是，一种经济上强大的地位，这种地位赋予企业在显著的范围内可摆脱竞争和终端使用者行动。如果一个企业在一个市场，即第一市场，有显著的市场力量，那么它也在邻接的市场，按照第 10 条第 2 款所确定的相关市场，即第二市场，被视为有显著市场支配的企业，如果两个市场因此产生关联，导致第一市场的市场力量能够传导到第二市场，并由此导致该企业的整体市场力量强化。

（2）在欧盟 2002/21/EG 指令的效力范围内，联邦网络管理局在跨国市场应与组成该市场的各成员国管理机构共同调查，是否存在第 1 款意义上的显著市场力量。

（3）联邦网络管理局在依据第 1 款、第 2 款尽可能在委员会按照 2002 第 15 条第 2 款关于市场分析及评价显著市场力量的指导性指令中蕴含的标准。联邦网络管理局在按照第 1 款的市场分析框架内尤其要考虑委员会按照 2002/21/EG 所推荐的关于相关产品及服务市场。

（4）按照第 1 款至第 2 款规定的调查结果包括哪些公司拥有显著市场力量的结论，只要对跨国贸易发生影响，即应按照第 12 条的程序向委员会呈递。

【第 12 条】磋商和修正程序

（1）联邦网络管理局给利害关系人机会，在固定的期限内对第 10 条和第 11 条的草案提出意见。咨询程序及其结论的草案由联邦网络管理局公布。在此保护参与者的经营或者商业秘密不受影响。联邦网络管理局建立专门的信息查询处，所有进行中的磋商将在此保存。

（2）如果第 10 条第 3 款和第 11 条第 4 款的规范对草案作出规定并且按照委员会按照 2002/21/EG 指令第 7b 条公布的建议或指导性指令没有例外，则适用下列程序：

1. 按照本条第1款的程序进行之后,联邦网络管理局应将按照第10条、第11条得出的结论连同理由同时送交欧盟委员会、欧洲电信管理机构联合会及各成员国的国内管理机构,并通知委员会、欧洲电信管理机构联合会及各成员国的国内管理机构。本法123b第3款和第4款适用。在1个月之内联邦网络管理局不得将按照第10条及第11条的结论最终确定。

2. 联邦网络管理局应按照第1段的规定最大限度的考虑欧盟委员会,欧洲电信管理机构联合会及各成员国的国内管理机构的意见。并将由此得出的草案通知欧盟委员会。

3. 按照第10条和第11条草案包含如下内容:

a) 相关市场的确定,该市场与欧盟委员会按照2002/21/EG第15条第1款所公布的相关产品和服务建议中所界定的市场不同,或者

b) 关于在何种限度内一家或多家企业在该市场拥有显著市场支配地位的确定,并且欧盟委员会在按照第1项第3句的期限内声明,草案构成统一市场的障碍或者欧盟委员会对草案与欧盟的法律特别是2002/21/EG指令第8条所规定的目标相违背有严重怀疑,联邦网络管理局应对相关的结论推迟的确定两个月。如欧盟委员会在此期间内,要求联邦网络管理局撤回草案,则联邦网络管理局自欧盟委员会发布决定之日起的6个月内修改或撤回草案,以此联邦网络管理局履行第1款的咨询程序,并且向欧盟委员会按照第1段提交修改后的草案。如联邦网络管理局撤回草案,其应通知联邦经济技术部通知欧盟委员会的决定。

4. 联邦网络管理局应将按照第10条第3款及第11条第4款的所有合适的并且是最终的措施,向欧盟委员会、欧洲电信管理机构联合会通知。

(3)如果联邦网络管理局在特殊情形持如下观点,即为了维护竞争并保护使用者利益而不顾第1款和第2款的程序处理紧急情况,其可立即公布合适的临时措施。其应将此不迟延的连同全部理由通知欧盟委员会、欧洲电信管理机构联合会及成员国的管理机构。如果联邦网络管理局决定长期采取这种措施或者延长其适用期限,则该决定受第1款和第2款的规制。

【第13条】市场分析的法律效果

(1)联邦网络管理局基于按照第11条规定的义务的市场分析对根据第19、20、21、23、24、30、39条或者第42条第4款第3句的义务进行确定、变更、维持或者取消,只要所采取的措施对相关市场发生显著的影响,本法12条第1款和第3款的规定适用。本法第12条第2款第1、2、4段以及第3款适用,只要所采取的措施队成员国之间的贸易发生影响,并且按照建议或

指导性指令不存在欧盟委员会2002/21/EG指令第7b条所发布的例外。对义务的取消应对受到影响的企业在一个合理的期限内事先做出通知。联邦网络管理局可以将按照第1款和第2款的程序连同或者在第12条所规定的程序中实行。第1—3句对第18条的义务同样适用。

（2）在第11条第1款第4句的情形，第19、20、21、23、24、30、39条以及第42条第3款的纠正措施仅能在组织市场力量的转移的目的之下做出。

（3）在第11条第2款的情形，联邦网络管理局与所涉及的各国管理机构合作确定，拥有显著市场力量的企业应履行的义务。本法第12条第1款、3款的程序适用。只要按照欧盟委员会2002/21/EG第7b条的规定的建议或者指导性意见没有例外存在，本法第12条第2款第1、2、4段以及第3款适用。

（4）欧盟委员会在本法第12条第2款第1段第3句的期限内通知联邦网络管理局和欧洲电信管理机构联合会，依照本法第1—3款不仅仅包含对一项义务的维护的措施的建议，显示出对统一市场的妨害的原因，或者对与欧盟法律的协调性有重大的怀疑的理由，则适用下列程序：

1. 在欧盟委员会通知的连续3个月内，联邦网络管理局不得采纳该项措施的建议。联邦网络管理局可以在本款规定的程序的任何阶段撤回建议。

2. 在第1段规定的3个月内联邦网络管理局与欧盟委员会和欧洲电信管理机构联合会紧密合作，以求得按照本法第2条所规定的目标最适宜及最有效的措施。在此联邦网络管理局顾及市场参与者的观点以及形成统一管制实践的必要。

3. 如果在第1段规定的3个月的期限开始后的7周之内，欧洲电信管理机构联合会将一个多数组成该联合会得成员国所采纳的立场向欧盟委员会呈递，并向欧盟委员会表达严肃的怀疑，联邦网络管理局可以在3个月的期限届满前，按照第1段的规定在尊重欧盟委员会的通知和欧洲电信管理机构联合会观点的前提下，修改其对措施的建议并且将修改后的措施建议提交欧盟委员会进一步审核。

4. 在第1段规定的3个月期限经过后，联邦网络管理局给欧盟委员会机会，在延后的1个月内呈递一项建议。

5. 在1个月内，在欧盟委员会对联邦网络管理局依照第4段的建议拒绝或撤回其保留，联邦网络管理局有权通知欧盟委员会及欧洲电信管理机构联合会，其对措施的哪些内容进行发布或者是否撤回该措施的建议。如果联邦网络管理局决定不采纳欧盟委员会的建议，则应说明理由。如果按照第1款、第3款或者按照第15条重新提起第12条的咨询程序,则期限应按照第1句的规定延长。

6. 如果第4段的1个月期限经过,欧盟委员会没有对第4段的建议拒绝或者撤回其保留,第5段的程序适用。

(5)按照第19、20、21、23、24、30、39条或者42条第4款第3句的决定与按照第10条、第11条的程序的结论作为统一的行政行为公布。

【第14条】市场概念、市场分析和管制命令的复核

(1)如果联邦网络管理局知悉下列事实,并且这些事实可以证明如下观点,即立基于第10条到12条的结论与市场的事实情况不再相符,第10至13条的规则应予适用。如果按照2002/21/EG号指令第15条第1款的推荐发生变更,则在市场,并且就该市场欧盟委员会之前并没有根据本法第12条第2款第1段保有事先的建议,根据第10条的市场定义草案、第11条的市场分析和管制命令,应在建议改变的决定做出后的两年内,按照第12条第2款第1句提出。

(2)除第1款的情况之外,联邦网络管理局在与该市场相关的在先管制命令公布的3年后,提出依据第10条的市场定义、依据第11条的市场分析和按照第12条第2款第1段的合并程中的管制命令的草案。联邦网络管理局可以将该期限例外的延长最多3年的时间。在此联邦网络管理局应向欧盟委员会呈报附理由的延期建议。如果欧盟委员会在呈报延期申请后的1个月内没有提出异议,则所申请的延长审核期生效。

(3)如果联邦网络管理局就相关市场的市场分析,该市场即相关产品或服务市场推荐所确定的市场,其并由欧盟委员会按照2002/21/EG第15条第1款公布,没有在规定的期限内完成,联邦网络管理局可就市场定义、市场分析和管制命令的确定向欧洲电信管理机构联合会求助。在这样的求助情形中,联邦网络管理局在欧洲电信管理机构联合会开始其支援措施后的6个月内,向欧盟委员会呈递,按照第12条第2款第1段的合并程序所形成的市场定义、市场分析及管制命令草案。

【第15条】其他与市场相关措施的程序

在第10、11、13条之外的情形,联邦网络管理局就所有对相关市场有重大影响的措施,只要法律对此没有另外的规定,在决定做出前应执行第12条第1款规定的程序。第12条第3款的规定适用。

【第15a条】管制理念和对新一代网络管制框架的申请答复程序

(1)出于追求第2条第3款第1段规定的统一的管制理念的目的,联邦

网络管理局可以管理规范的形式将其第 10 条所规定的市场定义、第 11 条市场分析以及管制命令的基本的要求和方法,按照第 14 条第 2 款确定广泛的时间范围。

(2)为支持第 2 条第 3 款第 4 段规定的新建及改建有效的设施,联邦网络管理局可以管理规范的形式有规律性的将基本的管理要求,在考虑投资风险、分配在投资者之间以及在投资者与通过新一代网建设项目连接建立请求者之间(风险参与模式)的投资风险协议,做出规定。这尤其包括对风险确定方法的要求以及对连接建立的框架、风险参与模式的补偿条件、风险参与模式示例等的要求。

(3)按照第 1 款、第 2 款发布管理规范,第 12 条第 1 款第 2 句所规定的磋商和修整程序应予适用。

(4)在公共电信运营商的申请下,联邦网络管理局按照本章的规定,对在申请中具体描述的联邦地区的新一代网改建及建设中的管制框架或管制措施做出答复。对于按照本章的定义第 12 条第 1 款第 2 句的磋商及修正程序应予适用。

第二节 接入管制

【第 16 条】联网合同

每一公共电信网的运营者负有义务,在提供连接的要求下与另一公共电信网建立连接,以保障电信使用者在欧盟范围内获取电信服务以及可互联性。

【第 17 条】信息的可靠性

公共电信网的运营者在互连协议的谈判及合同签订过程中获取的信息,只能用于该信息被提供的目的。信息不能向因获取该信息而将取得又是竞争地位的第三方扩散,尤其不允许另一方当事人将信息与其另一部门、子公司或者业务伙伴分享。

【第 18 条】终端用户连接控制

(1)联邦网络管理局可以要求控制终端用户连接的公共电信网运营者,在特定情形负有义务,将其网络与其他公共电信网络相连接,只要这对于使用者的沟通、服务获取以及可互联性的保证而言是必要的。除此之外联邦网络管理局可以要求控制终端用户连接的公共电信运营者负担更进一步的连接义务,只要这对于保障终端之间连接的服务而言是必要的。

(2)联邦网络管理局可以出于发展可持续的竞争导向的终端客户市场的目的,对控制终端用户连接的公共电信运营者施以义务,使个别的公共电信运营者与其他公共电信运营者，就电信服务的可获取性和电信服务的结算问题，对按照第78条第1款第4、5段规定的服务以及电信服务衍生出的服务在并非没有合理理由的前提下，直接或间接的区别处理。只要联邦网络管理局按照第1款的规定对公共电信运营者施以义务，第42条第4款适用。

（3）按照第1款的规定采取的措施必须客观、透明、无歧视。第21条第1款第2项及第4条适用。

【第19条】至【第26条】

（略）

第三节至第五节

【第26条】至【第43条】

（略）

第三章　消费者及顾客保护

【第43a条】合同

（1）公共电信服务提供者应为消费者，并在其他终端用户的要求下，在合同中以明确、完整及易于理解的方式提供如下信息：

1. 姓名及可送达的地址；如果提供者为法人则应明确法人的类型、住所、管辖法院。

2. 所提供电信服务的种类及最重要的技术服务数据，特别是第2款、第3款第1项。

3. 到连接建立的预期等待时间。

4. 所提供的维护服务、客户服务以及与上述服务建立连接的可能性。

5. 所提供电信服务的价格详情。

6. 公共电信服务提供者可普遍获取的、完整、有效的价格表的获取途径。

7. 合同期限，包括最小使用范围及最短使用时间，其有时为利用某些通过广告措施而提供的使用为必要。

8. 就合同的个别服务或整个合同关系进行延长或终止的条件，包括按照第46条的规定变更服务提供者的条件，转让电话号码及其他参加者标志的价格，以及因终止合同关系而到期的包括终端设备费用负担在内的资费。

9. 服务提供者未遵守提供服务最重要的技术数据所可能导致的赔偿或补

偿的规则。

10. 按照第47a条所进行的法庭外纠纷解决程序的必要步骤。

11. 参加者按照第45m条将其信息登入公开的参加者登记簿的请求权。

12. 企业为应对安全性及完整性瑕疵或者威胁及窘境所采取的措施的种类。

13. 按照第45d条第2款第1句对特定电话号码的禁用请求权，和

14. 按照第45d条第3款对通过手机连接提供的附属服务的使用禁止请求权和结算请求权。

如果公共电信网络提供者对此排他性的控制，则其负有义务，向公共电信服务提供者提供为保证第1句提到信息义务的履行所必要的信息。

（2）属于第1款第2段的信息有：

1. 是否存在附有呼叫地点说明的紧急服务通道信息，以及紧急服务的所有限制的信息。

2. 所有服务和应用的接入和使用限制的信息。

3. 所提供服务质量的最低标准及其他按照第41a条确定的服务质量参数。

4. 所有目的在于避免线路超负荷，由企业为测量和控制数据传输而建立的程序，以及这些程序对服务质量所可能造成的影响的信息。

5. 所有提供者对由其运转的设施的使用所施加的限制。

（3）第2款所要求的最低限度的信息的细节，可有联邦网络管理局在相关协会和企业的残余下在官方公报中明确。联邦网络管理局可以对公共电信服务或者公共电信网络提供者施以义务，提出服务质量的最低水平，建立自我检测或者自助措施，以使参加者可以进行独立的检测。联邦网络管理局还可以就合同变更的通知形式以及撤销权行使应提交的信息做出规定，只要不存在相应的可类比规则。

【第43b条】合同期间

公共电信服务提供者与消费者之间的初始性的最低合同期限不得超过24个月。公共电信服务提供者有义务，为参加者提供订立最长为12个月的合同的可能。

【第44条】损害赔偿请求权和停止侵害请求权

（1）如果企业违反本法、以本法为依据的法令，及以这些法律为依据而分配的义务，或者联邦网络管理局的命令，其对相关主体负有排除及防止再次发生的义务。只要存在违反上述义务的行为即将发生，即发生前述请求权。相关主体是，因违反上述义务而受损害的终端消费者或者竞争者。如果企业

有故意或过失,其对于终端消费者或者竞争者负有因违反义务而导致的损害的赔偿义务。自损害发生起上述企业按照第4句负有金钱赔偿义务。民法典288—289条的规定适用。

(2)以除使用或推荐一般交易条款以外的方式违反本法的规定或者以本法为依据的规定,并且其目的在于消费者保护,可以为消费者保护的利益向其主张第3条排除妨害规范所赋予的法律地位。如果违法行为是交易企业的雇员或受托人所为,也可以对企业所有者提起排除妨害请求权。在其他情形排除妨害请求权规定不受影响。

【第44a条】责任

只要公共电信服务提供者相对于终端使用者并非出于故意负有财产损害赔偿义务,则对每一终端使用者的责任限于12500欧元。基于同一行为或同一导致损害的事实而对多数终端使用者发生的损害赔偿义务,其并非出于故意,则损害赔偿义务在不影响第1句的上限的情况下其总额不超过1000万欧元。基于同一事实而向多数人履行的损害赔偿超过最高限额,则损害赔偿金按比例关系削减,以使所有损害赔偿请求权的总额不超过最高限额。第1—3款的责任限制对迟延履行损害赔偿义务所生的损害赔偿请求权不适用。对于非消费者的终端使用者,可通过合同对第1—3款的责任限额做出相反约定。

【第45条】考虑残障终端用户的利益

(1)在制定服务计划及提供服务的过程中,残障终端用户的利益应为公共电信服务提供者予以考虑。应为残障终端用户保留与多数终端用户同等的接入可能。在服务提供企业以及服务本身的选择上也应如此。

(2)在相关主体所组成的协会及相关企业参加的听证会后,联邦网络管理局有权对第1款所规定的残障终端用户的一般需求进行确定。为确保服务的提供以及服务特征的维护,联邦网络管理局有权对相关企业施以义务。如果相关范围的听证表明,现有的服务特征或者可类比的服务在很大程度上被认为是有效的,联邦网络管理局可以不施以上述义务。

(3)公共电话服务提供者考虑其特殊需求并以可承受的价格为丧失听力或听力障碍的终端用户提供沟通服务。联邦网络管理局在相关协会和企业的参与下确定这些服务的需求状况。如果企业提供非必需的沟通服务,则联邦网络管理局授权服务提供者以可承受的价格提供该服务。因所提供的非用户必需服务所导致的非应通过用户支付以抵偿的成本,应由企业独自承担。由企业承担的成本份额,应按照企业所提供的呼出连接占所有承担付款义务的企业所提供的呼出连接总量的比重来计算,并由联邦网络管理局确定。企业无需承担小于占呼出连接总量0.5%的支付义务；未由上述企业承担的成本份额由其他公司按照第5句的规定承担。联邦网络管理局通过行政性的规定确定具体的程序。

【第45a条】土地利用

（1）如果参加者在公共电信服务提供者的要求下，未在一个月内按照本法附件提供物权性权利人关于缔结土地使用合同的申请或者物权性权利人解除使用合同，则为公共电信网提供入口的公共电信服务提供者，可以不遵守期限的解除与参加者的合同。

（2）如果上述申请如期到达且之前的使用合同没有解除，而公共电信服务提供者未在一个月内对所有权人就缔结使用合同的申请发出其签名的承诺，参加者可以不遵守期限的解除合同。

（3）如果所有权人未续签使用合同，并且现存公共电信服务提供者的管线及设施与另一提供者的共同使用并不危及或妨害公共电信服务提供者依据合同履行义务，使用合同的权利人应允许其他公共电信服务提供者共同使用位于土地之上及其地上建筑上的管线及设施。为提高服务效率，公共电信服务提供者可以对共同使用主张支付费用。

（4）土地所有人将土地转让给第三人，民法典第566条适用。

【第45b条】排除干扰服务

如果公共电信服务提供者占有显著市场地位，参加者有权要求公共电话服务提供者，无论白天、夜晚抑或节假日，不迟延的处理干扰。

【第45c条】规范性的技术服务

（1）公共电信服务提供者相对于参加者负有义务，为终端用户提供公共电信时遵守按照欧盟2002/21/EG指令第17条第4款的有效规范及技术性要求。

（2）联邦网络管理局应将有效的规范及技术性要求在公开的出版物中提示。

【第45d条】网络接口

（1）固定位置的公共电信服务网络接口应在与参加者协商同意下在合适的位置安装。

（2）参加者可以要求公共电话服务提供者和公共电信网络连接提供者，在技术允许的条件下，禁止第3条第18a段意义上的特定电话号码使用其网络接口。可在负担费用义务的条件下解除电话号码禁止。

（3）参加者可以要求公共电话服务提供者和公共电信网络连接提供者，

禁用与其手机连接的网络连接所附带的服务的确认和清算。

脚注：

（第45d条第2款：根据2012.5.3.I958（1717）号法律第5条第2款第2句，因按照第45n条第1款及第6款第1段（2012年5月3日版）所制定的法令，不再适用。）

（第45d条第3款：根据2012.5.3.I958（1717）号法律第5条第2款第2句，因按照第45n条第1款及第6款第2段（2012年5月3日版）所制定的法令，不再适用。）

【第45e条】单次通话凭据请求权

（1）参加人可以向公共电信服务提供者随时要求单次通话的账单（单次通话凭据），其至少应包含查询账单部分数额所需要的说明，除非出于技术障碍导致个别通话凭据无法提供或者因服务的种类导致根本无法提供。关于保护个人数据的法律规范不受影响。

（2）联邦网络管理局有权通过行政命令在其官方公告中确定，通常情况下第1款第1句的单个通话凭据所要求的信息，以及该信息至少应采取的形式。参加者可以基于联邦网络管理局的所确定的要求主张单次通话凭据的提供，对此无需支付费用。

【第45f条】先予付款的服务

参加人应有如下权利，在先行支付的基础上接入公共电信网络或者使用公共电话服务。联邦网络管理局可以行政命令在其官方公告中确定细节。对不提供服务的情形，联邦网络管理局应予明确列出。对于程序，第81条第2、4、5款适用。

【第45g条】连接价格预期

（1）在结算的问题上公共电信服务提供者有义务：

1. 将计时费率型连接的公共电信服务的服务期间和计费时点以定期的与官方时间标准相协调的方式确定。

2. 确定费率相关的空间区域。

3. 按照第3款规定的程序明确流量型计费连接公共电信服务的可让与数据流量。

4. 按照已确定连接数据计算金钱债务的体系、程序和技术措施，以实现结算准确性及与合同约定应支付费用一致性的常规控制。

（2）第1款第1、2、3段以及第4段的计算准确性及费用金额的正确性应通过质量保证体系加以保障，或者通过一年一次公开选任并经宣誓的鉴定人或者其他类似人员加以审核。为证明遵守上述规定，应向联邦网络管理局提交经注册公证人员对质量保障体系出具的审查证明或者公开确立并经宣誓的鉴定人的审查结果。

（3）联邦网络管理局在咨询联邦信息安全局就第1款第1、2、3、4段所规定的流量型计费连接的费用确定体系和程序，并在经相关企业、专业人士和消费者团体的听证后，通过行政命令在官方公报中明确。

【第45h条】账单内容，部分给付

（1）如果公共电信服务提供者向参加人递交账单，并且该账单包含应向第三方支付的内容，则公共电信服务提供者须以突出且清晰的形式明确下属内容：

1. 账单中的服务的具体名称。
2. 第三方网络服务提供者的名称和地址。
3. 对第45p条规定的参加者的信息权利的提示。
4. 网络服务提供者和账单中第三方提供者的免费客服电话号码，参加者可按照第45p条的规定获取相关信息。
5. 应向各服务提供者支付的费用总额。第45e条的规定不受影响。参加者向账单中确定的提供者支付费用总额，其支付相对于账单中列明的其他服务提供者发生履行的效力。

（2）如果参加者在支付前或在支付过程中没有另外说明，向账单中的服务提供者对账单明确的债务的部分支付按账单债务总额的比例发生清偿的效力。

（3）账单列明的企业应在账单中向账单接收人提示，其有权对账单中列出的债务提出抗辩。

（4）网络服务的其他参与提供者或通过与参加者网络运营者相连接而为终端用户提供服务的运营者，其所提供的服务，出于营业税的目的视为参加者网络运营者以自己的名义并且为网络服务的其他参加提供者或服务提供者向终端用户提供服务。这同样适用于网络服务的其他参加提供者或者为网络服务的参与提供者提供服务者，其以自己的名义并且为参加者网络运营者或其他的网络服务的参与提供者结算的情形。

（5）为了按照第45p条所规定的因参加者所享有的信息权利所要求的最低限度的明晰和可执行的提示，对于按照第1款第1句第3段应在账单中说明的细节，联邦网络管理局可以行政命令在官方公告中确定。

【第 45i 条】异议

（1）参加者可在 8 个月内对电信服务提供者的结算账单提出异议。在异议情形，除非异议不是因技术方面的原因所引起，电信服务提供者应在维护其他用户个人数据保护的前提下，将在账单中列明的连接流量按照其个别的连接数据进行划分，并进行技术方面的检验。参加者可在异议期内要求，服务提供者向其提供关于费用的证据并且要求告知技术检验的结果。如果第 3 句所要求的没有在 8 个月的期间内提供，则到该日为止发生的逾期请求权消灭；账单所主张的债务随第 3 句所述参加者的要求而到期。联邦网络管理局公布，何种技术检验的程序为适宜。

（2）如果出于技术方面的原因未保存数据，或者在没有异议的情形所保存的数据在第 1 款第 1 句所规定的时间经过或者按照与提供者约定的期限、按照法定的义务而被删除，则服务提供者既不负有所提供的连接服务的证明义务也不承担第 1 款个别连接的提供咨询的义务。如果参加者按照第 1 句以明确的意思要求遵守第 1 句删除或者不保存其数据，第 1 句适用。

（3）公共电信服务提供者有义务提供证据，其所提供的电信服务或者电信网连接服务直到传输时点，在该时点为参加者提供网络接入服务，为无技术故障的提供。如果按照第 1 款的技术检查存在故障，并且其对异议服务费计算相对于参加者有不利影响，或者技术检查在异议提出的 2 个月后完成，将同时视为在账单中明确的连接费用没有正确计算。

（4）如果参加者证明服务提供者所主张的给付不应归属于他，则该提供者无权向该参加者主张资费请求权。如果事实或者主张证明，第三人通过对公共电信网络进行未授权的更改对账单中所陈列的连接费用发生影响，该请求权同样消灭。

【第 45j 条】连接流量计算不正确情形的资费义务

（1）在第 45i 条第 3 款第 2 句实际的连接费用无法确定的情形，公共电信服务提供者可以向参加者主张如下数额，即参加在过去 6 个结算时间里的平均资费作为应计费时间的计费标准。如果参加者可以证明，其在结算时间内对网络的使用并非或者远未达到平均额度，则上述计费标准不适用。如果根据事实情况，对于是否应将提供者所主张的给付归结于参加者存在显著的疑问，则第 1 句和第 2 句适用。

（2）如果在提供者与参加者之间的交易关系少于 6 个无异议的结算期，则以现存的结算时间计算第 1 款的平均资费。如果在前一年的结算时间段内可类比的情形下存在更低的费用，则以该费用代替第 1 款计算出的平均资费。

（3）服务提供者按照平均资费主张，则该费用在参加者提出异议的两个月后视为到期。

【第45k条】禁用

（1）公共电话服务提供者按照本法仅可根据第2款至第5款及第45o条第3句，对应向参加者提供的给付全部或部分拒绝。第108条第1款不受影响。

（2）如果参加者在扣减可能的前期支付后仍有至少75欧元的迟延，而服务提供者已至少提前两周以书面的方式对此做出提示，并且已向参加者提示其享有向法院提起诉讼的权利，服务提供者可基于付款迟延实施禁用。在计算第1款的数额时，参加者享有的抗辩已最终成立的债务，不予考虑。第45h条第1款第1句意义上的有争议的第三方债务也同样不予考虑。即使上述债务转让，也同样不予考虑。如果服务提供者之前依据第45j提出按照平均资费进行暂时性支付，则第2句至第4句的规定不适用。

（3）一旦合同关系解除，服务提供者即可停止履行。

（4）如果与过去6个结算时间相比连接流量显著增多并且资费在显著程度上提高，并且事实足以确证参加者将对资费提出异议，则服务提供者可以实施禁用。

（5）只要在技术上可能并且有合适的理由，禁用仅应限于特定的给付。只要禁用的原因继续存在，禁用即可延续。包括其他电信连接的后续全面网络接入禁用可在已禁用电信连接最早一周后实施。

【第45l条】快速拨号服务的长期债务关系

（1）参加者可以向公共电信服务的附带服务提供者要求提供无偿的说明，只要该服务提供者本月的快速拨号费用请求权数额超过20欧元。服务提供者仅对不迟延的发送说明负有义务。参加者在月份开始之前按照第1句要求提供说明，而在该月份之内未提供说明，提供者对于超过20欧元的部分不得主张。

（2）对于快速拨号的长期债务关系，参加者可以在结算期届满之日起1周之内向提供者解除。结算期间不得长于1个月。参加者可以不顾第1句，以实际发生为基础，在任何时间并且不遵守期限的解除快速拨号中的长期债务关系。

（3）在订立快速拨号长期债务关系之前，在此对于提供者的资费请求权向参加者发出的电子信件具有决定性，提供者应向参加者提供关于合同内容的明确的信息。属于合同重要内容的，尤其是应予支付的价格，以及税额、对快速拨号的说明，结算期间，在结算期间内快速拨号的最高支付额度，在按照履行的种类为可能的情形，解除权及解除权行使的必要步骤。如果参加者对按照第1句的信息未予确认,快速拨号的长期债务关系不发生;参加者已支付的部分应予返还。

【第45m条】登入参加者公共登记簿

(1)参加者可以在任何时间向公共电话服务提供者主张,将其姓名、地址与电话号码一起,无偿登入可一般获取的、并非必然属于服务提供者的参加者登记簿,或者将其登记再次删除。提供者有义务更正不正确的登入。只要不违反个人数据保护法,参加者可在任何时候进一步的要求,将连接的公共使用人的姓名登入;对于该登入可以要求支付费用。

(2)第1款的请求权也赋予通话电信服务转售人的参加者。

(3)第1、2款对于登入问讯服务登记簿同样适用。

【第45n条】透明、信息公开和成本控制的额外服务标志

(1)联邦经济和技术部有权在与联邦内政部、联邦司法部、联邦营养、农业和消费者保护部协商一致的基础上,并在联邦议会的同意下,以法令的方式公布关于支持透明度、信息公开和公共电信市场上目的在于控制成本的附带性服务标志的框架规定。

(2)公共电信网络提供者和公共电信服务提供者可在第1款的法令中被赋予承担透明、可比较、充分和及时的信息公布义务:

1. 对现有的价格和费率。

2. 对解除合同发生的费用。

3. 向终端用户和消费者所提供服务的接口及其使用的一般条件。

4. 关于服务质量及为保障残障终端用户获得同等接入条件的措施。

(3)在第2款第2句、第3句公共电信网络提供者和公共网络服务提供者有义务公布:

1. 姓名和地址,如为法人还需提供法人类型,住所和管辖法院。

2. 所提供服务的范围。

3. 所提供服务、服务标志、等待服务的价格构成,包括可能发生的特定终端用户群的特别价格以及终端设施的费用。

4. 损害赔偿及补偿规则的具体内容及其实施,

5. 一般交易条件、最少服务期间和第46条规定的变更服务提供者的程序、解约条件和程序以及手机号码及其他标志转让的直接费用。

6. 通常的并且涉及提供者的争议解决程序。

7. 电信服务终端用户的基本权利信息,特别是

a) 关于个别连接证明,

b）关于受限制的和终端用户免费的去电禁止、快速拨号，技术上可能其他类似的应用的禁止，

c）以先支付为条件的公共电信网的使用，

d）长期性的网络连接费用的分摊，

e）禁用情形的延缓付款及，

f）语音选择及多频率选择程序的服务标志和来电显示，

（4）在按照第1款的法令中公共电信服务网的提供者和公共电信服务提供者可另外负有如下义务，

1. 对于适用特别价格制度的号码或者服务，应向其参加者提供其价格的费率；对于个别服务种类可以要求，这些信息应在建立连接之前直接向参加者提供。

2. 对于服务热线或者呼叫中心的变更，应向已登记的参加者通知。

3. 向参加者就服务及应用的取得、使用限制的变更进行说明。

4. 为避免网络连接超负荷运转的数据交换测量和控制程序相关信息的说明，以及这些程序对网络服务质量的可能的影响。

5. 按照第欧盟2002/58/EG号指令第12条，参加者所享有的对其个人数据是否登入参加者登记簿的权利以及相关数据的说明。

6. 关于残障参加者通常所享有的特定产品和服务的详细信息的说明。

如果合乎目的性，在法令中也可对独立或者共同管理进行规定。

（5）说明应以清晰、易于理解和易于获取的方式公布。在第1款的规定的法令中可以就公布的地点和形式做出进一步的要求。

（6）在第1款的规定的法令中公共电话服务和公共电信网络提供者负有如下义务，

1. 建立一项制度，据此参加者可在向呼出服务提供者、快速拨号服务提供者或者其他类似的应用或者特定的号码无须支付费用的进行禁用。

2. 建立一项制度，据此参加者可要求服务提供者对某些对其移动电话利用进行确认和其他附带性服务的结算无须支付费用的在网络提供端禁用。

3. 保障消费者以分期付款享有公共电信网连接。

4. 建立一项制度，据此参加者可以向服务提供者要求提供关于更优惠价格的服务费率信息，或者

5. 建立一项合适的制度，以控制公共电信服务的费用，包括关于非正常或者过度的消费者行为的无偿性的警示性提示。其建立在如下规范的基础之上：欧洲议会第717/2007号法令第6a条第1至3款，及2007年7月27日关

于在欧盟范围内手机漫游费率的法令，以及 2002/21/EG 指令的修改（AB1. L171，2007 年 6 月 29 日，第 32 页），其最终以欧盟 544/2009 号法令（AB1. L171，2009 年 6 月 29 日，第 12 页）修改。

第 1 款附带服务标志的提供义务在考虑相关主体的观点后，如其已在服务标志获取前有足够程度的存在，则不予考虑。

（7）第 1 款所规定的联邦经济和技术部的权限可授权联邦网络管理局行使。联邦网络管理局的法令应由联邦内政部、联邦司法部、联邦营养、农业和消费者保护部及联邦议会的同意。

（8）联邦网络管理局可在其官方公报中或者在其网页上实时公布对终端使用者有意义的信息。其他的法律规范，即保护个人数据和表达自由的规定不受影响。在提供第 1 款类似的信息的情形，如果不能无偿或者以合适的价格向市场提供，联邦网络管理局可以互动式的指引或其他类似的技术，独自或者通过第三方提供。因第 3 句所规定的信息提供，联邦网络管理局或者第三方可免费使用电信网络提供者或者公共电信服务提供者所公布的信息。

【第 45o 条】电话号码滥用

电信网络入网手机用户应被书面告知，在特定情形发送或传送信息、物品等为法律所禁止。如其有准确的信息在其网络中的电话号码的使用违反第 1 句的规定，则有义务不迟延的采取适当措施阻止再次发生。在重复或者严重违反法定禁止，服务提供者在较短期限书面警示无果的情况下有义务禁用该号码。

【第 45p 条】附带性服务的问询请求权

（1）如果公共电信服务提供者向参加者提交的账单，包含第三方所提供服务的报偿请求权，应在参加者要求下不迟延的向其免费提供如下信息：

1. 第三方的姓名和地址。

2. 住所地在国外的服务提供者应另外提供在国内的一般授权代表人的可送达地址。该义务同样适用于网络服务的参加提供者。

（2）在连接之外的第三方给付提供者，应在参加者的要求下，对报偿请求权的原因事实及所提供服务的客体内容，特别是所提供给付的种类，进行说明。

【第 46 条】提供者变更和搬迁

（1）除非参加者要求，公共电信服务提供者和公共电信网络运营者应确保，在提供者变更的合同约定或技术前提存在前，由终止服务企业所提供的给付相对于参加者不发生中断。在提供者变更对参加者的给付中断不得长于

1个月。如果变更在此期限内未完成,则适用第1句。

(2)终止服务的企业在自合同约定的给付停止到按照第1款第1句的给付义务终结期间享有报酬支付请求权。该报酬的数额按照合同约定的条件所应支付的50%扣减后计算,除非终止服务企业申明,由参加者承担提供者变更的失败。终止服务企业应在第1款第1句的情形与参加者按明确的日期进行结算。在提供者变更结束前不发生接续企业的资费请求权。

(3)为保障第1款的提供者变更,公共电信网运营者应确保,参加者的电话号码不依赖于提供电话服务的终止服务企业,如下述的得以维持:

1. 在与特定地域绑定的电话的情形,在特定地域,并且
2. 在非地域绑定情形,在一个地域。

第1句的规则仅限于在电话服务所确定的号码地域或者号码部分地域适用。电话服务的电话号码从特定地域到无特定地域或者相反应予禁止。

(4)为保证第1款的提供者变更,公共电信服务提供者应确保,其终端使用者的电话号码在公共电信服务提供者变更的情形按照第3款得以保持。技术性电话号码激活应在1天之内完成。对于公共电话服务提供者上述第1句与下述措施一同适用,即终端使用者在任何时间可以要求将取得的电话号码转让。终端使用者与公共电话服务提供者之间既存的合同不受影响;接续提供者应向终端使用者在订立合同前以书面形式提示。终止服务企业在此情形有义务,告知终端使用者之前的所有到期费用。在终端使用者要求下终止服务企业应向其提供一个新的号码。

(5)参加者只承担在提供者变更期间的账单费用。这同样适用于网络运营者向公共电信服务提供者所应承担的费用。该费用受第38条第2—4款所规定措施的事后调整。

(6)公共电信网络运营者应在其网络中确保,所有的呼叫在欧洲的电话号码空间内进行。

(7)参加者建立或变更运营者选择的意思表示或者其对意思表示传达人的委托应以书面的方式。

(8)如果消费者变更住所,只要消费者告知新住所,与消费者订立公共电信服务合同的公共电信服务提供者有义务,将合同所约定的给付在不改变所约定的合同期间及其他合同内容的情形下向新住所履行。提供者可以对因搬家而产生的费用主张适当的补偿,其数额不超过订立新合同所应发生的报酬数额。如果未向新住所履行,消费者有权在3个月的解除期限的第3个月的月末解除合同。在任何情形,如公共电信服务者获知消费者搬迁,其有义

务向公共电信网络提供者不迟延的通知消费者搬迁的事实。

（9）联邦网络管理局可对第8款第4条的提供者变更和告知义务的程序做出详细的规定。在此，如下应被特别考虑：

1. 合同权利。
2. 技术的发展。
3. 参加者服务一致性得到保障的必要性，以及
4. 需要采取的措施，以保证参加者在整个更替程序中得到保护，并且不违背其意思被转给其他提供者。

对于非消费者的参加者，且公共电信服务提供者与其达成个别性的约定，联邦网络管理局可以做出与第1、2款不同的规定。本法第二章及第77a条第1款、第2款的权利不受影响。

【第47条】参加者数据的提供

（1）在尊重应予适用的个人数据保护规则之下，每个提供公共电信服务及向终端使用者提供电话号码的企业负有义务，为了按照第2款第4句的规定提供公共咨询服务、按照第95条第2款第1句为向另一通话者介绍通话者信息及参加者登记簿的目的，在申请下向其他企业提供参加者的数据。数据应不迟延并无歧视的提供。

（2）参加者的数据是指按照第104条的措施在参加者登记簿中公布的数据。在电话号码之外还有应与公开的数据，如姓名、地址及其他如职业、部门、连接的种类及公共使用人，只要其向企业提供上述数据。除此之外，在尊重应与适用的数据保护规范之下，也包括所有按照技术水平以保护消费者权利形式所编辑的信息、关联、归类、区分，其对于按照第1句的规定在公共电信问询服务和参加者登记簿中公开的这些数据为必要。数据应完全和在内容以及技术上做出如此的处理，即按照现有的技术水平容易的、在有利于消费者的参加者登记簿或者相应的问询服务数据库中登记。

（3）企业之间对第1、2款规定的权利义务发生争议，适用第133条。

（4）对参加者数据的转让可以主张报酬；其一般处于第38条第2—4款所规定的措施的事后规制之下。如果企业该企业在市场上对于向终端使用者提供给付处于市场支配地位，则该报偿应仅处于第31条的批准义务之下。

【第47a条】调解

（1）参加者与公共电信网运营者之间或者与公共电信服务提供者之间，就后者是否已向参加者履行所负担的义务发生争议，而该义务涉及提供网络或提供服务合同的内容或合同的履行，且其与下述规则相联系，参加者可向

联邦网络管理局申请启动调解：

1. 第43a条，43b条，45—46条或者以上述规则为基础而制定的法令和第84条或者

2. 欧洲议会第717/2007号法令第6条a第1—3款，及2007年7月27日关于在欧盟范围内手机漫游费率的法令，以及2002/21/EG指令的修改（AB1. L171，2007年6月29日，第32页），其最终以欧盟544/2009号法令（AB1. L171，2009年6月29日，第12页）修改。

（2）为实施调解联邦网络管理局听取参加者和提供者的意见。其应促成两者之间达成具有拘束力的合意。

（3）调解程序终止，如果

1. 调解申请被驳回。

2. 参加者与提供者达成一致，并通知联邦网络管理局。

3. 参加者和提供者一致表示，争议已解决。

4. 联邦网络管理局书面通知参加者和提供者，调解程序将无法达成一致，或者

5. 联邦网络管理局确定，第1款的所规定事实不再具备。

（4）联邦网络管理局应在其所发布的调解法令中，进一步明确调解程序的细节。

【第47b条】相反约定

不得违反参加者的利益，对本章规定或以本章规定为据的法令作出相反约定。本法另有规定的除外。

第四章至第六章

【第48条】至【第87条】

（略）

第七章　电信保密、数据保护、公共安全

第一节　电信秘密

【第88条】电信保密

（1）电信内容及其详细情况，特别是一个人是否从事了或曾从事过电信活动的事实，应遵守电信保密。保密也包括与不成功的呼叫尝试相关的详细

情况。

（2）每个服务提供者都有义务维护电信保密。这种对电信保密的维持义务也适用于导致这类义务的活动结束之后。

（3）所有依照第2款负有义务的人，都应被禁止为自己或其他人提供超出营业电信服务及对技术系统的保护所需的任何与电信有关的内容或详细信息。对于有关电信秘密的知识，只有在用于第1句中提到的目的时，才能被使用。这些知识对于其他的目的，特别是传递给他人，只有在法律允许或是被其他法律规定，并明确的电信活动相关才被允许。《刑法》的第138条规定的报告义务优先。

（4）当电信系统设在船上或是飞机上，他的保密义务并不适用于机长，船长或是他们的副手。

【第89条】禁止截听义务，接收设备运营者的保密义务

通过无线电设备的截听，应只允许用于无线电设备的操作人员、依照1997年6月23日的《广播法》（联邦法律公报第一部分第1494页）的业余无线电爱好者、一般公众或是未特别确定的人群的信息。通信的内容和他们被接收的事实除了在第1句中提到的情况，即使是其无意的接收到的，甚至是根据第88条还没有被同意为应保密的，都不能传递给其他人。应依据第88条第4款适用。基于法律特别授权的截听和信息扩散不受影响。

【第90条】滥用传输和其他电信设备

（1）应禁止拥有，生产，销售，进口或是以其他方式引进该法案规定范围内的发射设备，如为了另一个客体或是在一个客体日常使用目的伪装下，在这种情况下，特别是适用于截听另一个人在没有察觉下的非公众性谈话或是拦截另一个人在没有察觉下的相片。拥有这样的禁令的传输设备，并不适用于任何人已获得或是取得对传输设备的实际控制。

1. 作为一个执行机构，执行机构的成员，法定代表或是根据第2款被授予代理权的合伙人；

2. 根据第2款，从另一个人的授权或授权给其他人，如果他一直遵从对方关于行使发射设备的实际控制所给予的服务或雇佣关系的指示，或者在法院命令以及在一个公共授权的实际控制下的活动；

3. 作为执行官或是在执法程序中的执法人员；

4. 暂时从一个根据第2款的授权人，以安全监护为目的或是非商业运输工具的授权人；

5. 只用于商业用途的运送或是贮存；

6. 在发现提供并没有过分的拖延给遗失者,所有者时,其他任何一方有权获取设备或是官方对取得失物报告负责;

7. 由临终的人所给予的发射设备的授权人不得无故拖延或是使设备永久无法使用;

8. 由于主要组成部分的去除而变得无法使用时,这样的人应即时的以书面形式向联邦网络管理局发出收购通知,说明他的特殊性,设备的类型,其商标和任何设备的制造编号,以及提出初步的证据证明,该设备已经仅以收藏的目的而被收购。

(2)联邦最高和各州主管当局应允许由于公众利益,特别由于公众安全的原因的例外情况。第1款第1句不适用于联邦经济与出口管制局已批准出口的发射设备。

(3)应禁止在公共场合或是在通信用于相对较多数量人群的地方做广告,以表示发射设备适用于截听没有察觉到它的,非公开的讲话或是其他人在没有察觉的情况下被截取照片。

第二节 数据保护

【第91条】使用范围

(1)本章规定了对电信用户的个人数据和在这些数据的收集和使用方面的经营者以及在商业基础上提供或支持电信服务的人士的保护。详细地说,关于通信秘密,在确定或是可识别的法人或是合伙人的情况下,在某种程度上它们是可以获得权利,履行承诺的,它们应当与个人数据有同样的地位。

(2)对在各联邦州公共部门的封闭用户组,本章适用于州相关的数据保护立法,联邦地方数据保护法的附带条件。

【第92条】

(已废除)

【第93条】提供信息义务

(1)签订合同时,服务的提供者应以易于理解的形式,依据数据处理的基本事实,告知其参加人收集和使用其私人数据的性质,程度,地点和目的。还应当注意用户应被允许有选择的机会。服务提供者应告知用户关于收集和使用私人资料的一般相关信息。联邦提供信息的权利不受《数据保护法》的影响。

(2)除了第1款的规定,服务提供者在一个损害网络安全的特定的风险情况下,参加人在存在于服务提供者的使用范围所采取的措施之外的风险时,可能的补救包括对可能产生的费用的补偿。

（3）如果损害了对个人数据的保护，参加人或是受到影响的人有第109a条第1款第2句以及第2款所规定的权利。

【第94条】电子许可

许可也可以通过电子的方式发送，当服务提供者能够确定：

1. 参加人或者用户已经给了他明确的意思表示；
2. 许可已被记录；
3. 参加人或用户能够随时获取他对许可的声明；以及
4. 参加人或用户能够在任何时候撤回他的声明，并对未来产生影响。

【第95条】合同关系

（1）服务提供者可以在第3款第3段所规定的范围内要求收集和使用用户的数据。在与另一个服务提供者的合同关系下，服务提供者可以收集和使用参加人的数据和他其他的服务提供者的参加人数据，以执行服务提供者之间的合同。传输客户资料给第三方若没有得到这部分的同意或是另一个法律的允许，应得到用户的许可。

（2）服务提供者可能会以为用户咨询，推广自己的产品，和市场研究为目的，用到第1款第2句在所需范围内，限于参加人的同意而使用参加人的客户数据。在现有的客户关系中的服务提供者，可以合法地收到参加人的电话号码，邮件地址，包括他的电子地址的通知，可以根据第1句中提到的目的，并借此将文字或是图片信息传输到电话或是邮件地址中，除非参加人反对这样使用。根据第2句使用的电话号码或是地址，只有当为根据第1句提到的目的而对参加人的电话号码和地址进行储存或是其首先被储存，并在任何情况下，把消息发送给这样的电话号码或是地址时才被允许。给定的信息的形式应清晰可见，以使他可以在任何时候以书面或是电子的形式来反对信息的发送。

（3）当合同关系终止时，用户的数据将被在合同终止的日历年度届满后的一年，由服务提供者删除。《联邦数据保护法》第35条第3款适用。

（4）在建立或是修改一个合同关系或与提供通信服务有关的时候，当有必要证实参加人的特殊性的时候，服务提供者可能会要求其出示身份证。服务提供者可以复印他的身份证。当对合同所需要的特别结论已经成立时，服务提供者应即时的销毁身份证的复印件。服务提供者不得使用第1条中允许的数据以外的数据。

（5）电信服务提供，不能是由于参加人不能够或是不能够以合理的方式，通过别的途径而获得电信服务，才同意为了其他目的而使用他的数据。

【第96条】数据传输

（1）在本条，服务提供者可以在以下的目的范围内收集和使用传输数据——

1. 号码或是其他线路的识别问题或是终端，个人授权码，以及使用过的客户卡卡号，使用过的手机位置数据；

2. 连接的开始与结束，所表示的日期和时间，相关的收费，传输的数据量；

3. 由用户使用的电信服务；

4. 固定连接的终止点，使用的开始和结束，日期和时间的表示，相关的收费，传输的数据量；

5. 为安装和维护电信连接所需的其他必要的传输数据，以及用于计费目的。

只有当依照第1句以及其他法律条文所提及的目的，或是对进一步连接的建立是必要的时候，才可对传输数据进行使用。否则，传输数据要在连接终止后应不迟延的被服务提供者删除。

（2）超出第1句而对传输数据的收集和使用不被允许的。

（3）如果参加人许可，服务提供者可以以营销电信服务，整形电信服务以满足市场的需要或是为了持续提供必要的增值服务为目的，使用参加人相关的传输信息。被呼叫方的数据应被无延迟的匿名。服务提供者只有在呼叫方同意的情况下，才能根据第1句所指的目的使用与目的地号码有关的传输数据。在此情况下，被呼叫方的数据要被即时的匿名。

（4）获得许可时，服务提供者要通知参加人那些根据第3款第1句的目的，将被处理的数据类型和存储时间。此外，参加人具有随时撤回其许可的可能性。

【第97条】收费和计费

（1）服务提供者可以用规定在第96条第1款中的范围内的传输数据，向参加人收费和计费。当服务提供者提供的服务通过第三方运营者的公共电话网络，这样的运营者可以发送给服务提供者为提供服务所收集的传输数据。服务提供者与第三方签订合同收取费用的，可以根据第2款所指的数据范围向第三方提供详细账单并收取费用。第三方应依照第88条和数据保护第93，95—97，99，100条执行合同以保护电信隐私。《联邦数据保护法》第11条并不受影响。

（2）服务提供者可以为合适的电信服务计费并收费，校准当前的精度，收集和使用以下第3至第6条有关服务中的个人数据——

1. 根据第96条第1款的传输数据。

2. 参加人的地址或账单的收据，线路的类型，在常规账单的计算期间所产生的使用单元总数，传输数据的流量，应付的总金额。

3. 其他计费相关信息，如提前付款，付款入账之日，支付欠款，催告，中断和恢复，提交投诉和处理，延长付款时间的申请和批准，分期付款和提供担保。

（3）服务的提供者应在连接终止后，按照传输数据第96条第1款中第1至3以及第5条，无迟延地收取费用。传输数据可以在账单发出后6个月内被存储。所有不需要的数据应被不迟延的清除。当按照第2句在期满以前的时间，参加人提出对账单金额的异议，传输数据可以被储存至此异议最终被解决的时刻。

（4）只要对服务提供者和其他的服务提供者，或是参加人以及其他的服务提供者和他们的参加人之间的计费是必要的，服务提供者可以使用传输数据。

（5）账单由与电信服务提供有关的服务提供者，包括对第三方服务的支付所提供的服务的提供者，可以在他们被要求的范围内向第三方传送客户数据或传输数据。例如使第三方在与参加人的关系中主张权利。

【第98条】数据定位

（1）与公共电信网络用户或是公开可以使用的电信服务有关的数据定位，在为了具有持续且必要的增值服务在一定时间内，在他们被匿名或是得到参加人在一定范围内的许可时才可以被处理。在这种情况下，提供者的增值服务要通过文本消息或是终端，通知每一个移动电话的用户他对数据定位的确定。这不适用于只在终端显示数据定位的情况。对一个服务的数据定位有增值处理，移动电话的定位数据的向其他参加人或是非增值服务提供者的第三人的发送，参加人必须除了第94条的规定外，向增值服务的提供者明确的特别的以书面形式表示同意。在这种情况下，第2句的义务适用于增值服务的提供者。增值服务的提供者可以根据第2句在必要的日期内履行他的义务。参加人应通知他许可内的共同用户。许可可以被随时撤回。

（2）当已获得参加人对数据定位处理的许可后，参加人应继续有可能，使用一个简单免费的方法，暂时拒绝这些数据对每个连接到网络的处理或是发送通信。

（3）对于连接端口下的紧急呼叫号码112或110，124124，或是116，117，服务提供者应当保证不排除每个电话或每个线路基本数据的定位传输。

（4）按照第1句和第2句对数据定位的处理，必须对于增值服务的措施具有必要性，以及要限于个人，其受公共电信网络提供者，或是第三人提供的增值服务的委托。

【第99条】分项收费清单

（1）参加人应在账单发送和他已经以书面形式在相关计费期间之前提出关于他有责任对相关呼叫付费的详细清单时，收到数据被存储的通知。按照参加人的请求，其也可以收到所有连接的数据。参加人决定不对于呼叫号码进行缩短，或是省略最后三位数字。就住宅电话线路，只有在参加人以书面形式进行了声明，通知了所有的共同线路的用户，并将即时的通知未来的共同用户，他对传输数据计费披露的时候，才被允许披露此信息。关于商业和公共部门的线路，对这些信息的披露只有在参加人以书面的形式进行了声明，他的工作人员已被告知，新的工作人员也将会被无延迟告知，以及工会或者员工代表依照法定的要求已参与，或是这种参与是没有必要的时候才被允许。在公法中的宗教团体，在其区域已经制定了自己的员工代表规则的，适用第4句。这个可以被认作是员工代表的行为是代表了他们工作委员会的行为。此外，参加人应在发送账单后被通知数据已被存储，如果他对账单的费用提出反对。如果参加人有责任部分或是全部对他的来电进行支付，那么他的分项计费单上只显示去除了最后三位数字的来电号码。第2—7句不适用于向封闭用户组，和他们的成员提供服务的提供者。

（2）根据第1款第1句，此分项计费不允许提供给公共机构，社会组织，教会管辖中的人，只提供匿名咨询，主要是通过电话连接有情感或是社会的压力，他们自己或是他们的雇员被证实有特殊的不可泄露机密的义务。这只适用于联邦网络管理局已经将此种呼叫进行了注册的情况。对咨询的服务被规定在第1句中，除了在《刑法典》第203条第1款第4和第4a段中提到的群，值得注意的是电话危机咨询服务和医疗机构。联邦网络管理局要访问这些已注册的线路持有人的线路，应遵照申请，当他们已经证明了其职权范围在于第1句从公共机构或是公司，一个公法组织或是从基金会得到认证。这个登记一直保持在自动程序中的复审可被使用。服务提供者应每季度访问存储器并不迟延的在任何机会相应改变他的计费程序。第1句至第6句不适用于向封闭用户组，以及仅对他们中成员提供服务的提供者。

（3）在使用客户卡时，应对可能泄露的存储传输数据进行说明。如果这种说明由于技术原因或是由于无法合理预期的发卡机构是不必要的，参加人必须根据第1款第3句或第4句作出声明。

【第100条】电信设备故障和电信服务欺诈

（1）如有需要，服务提供者可为了检测，定位和排除故障以及操控电信系统而收集和使用参加人的客户数据和传输信息。

（2）如果为了改变工具和识别定位网络故障的业务需要，电信系统的运营者和他授权的代表应被允许打破现有的连接。在打破连接时可能出现的记录，必须立即删除。打破应通过声音信号，并明确地通知给相关的当事人。如果这个在技术上是不可行的，这个企业委托的数据保护负责人必须及时地报告详细的过程和每个措施的情况。这些信息由企业委托的数据保护负责人保留两年。

（3）为了发现并停止对于秘密使用服务和其他非法使用电信网络服务的需要，并有充分的理由证明并作书面记录，服务提供者可以收集和使用客户信息和传输信息。为了在第1句中所提到的证实非法使用电信网络和服务目的的时候，服务提供者可以根据第96条通过此种方式从全部不超过6个月的传输信息中收集传输信息。特别是，服务提供者根据第1句可以从客户信息和传输数据中设立一个虚拟的数据文件，来提供关于个人参加人收入产生，被申请的合适的欺诈行为标准，在有理由假设秘密对服务的使用已被证实时允许的网络连接。其他所有有关的通信数据应被即时的删除。监管当局和联邦数据保护专员应按照第1句，即时的获得所有程序的介绍和任何修改的通知。

（4）关于第3款第1句所提到的情况，服务提供者应在一个给定的情况下，在必要澄清和制止规定行为的范围内，收集和使用控制信号。收集和使用其他任何通信内容是不被允许的。联邦网络联邦网络管理局应按照第1句在给定的情况下得到措施的通知。对此措施的目的，相关的当事人要被尽可能的被建议，而不是对此进行妥协。

【第101条】来电信息

（1）服务提供者应根据书面申请，给予任何参加人在程序文件中的争论一个结论，如果他是恶意或是滋扰呼叫信息的对象，以及对他的线路呼叫来自超过一个网络。信息只会涉及提交申请后的呼叫。服务提供者应收集，使用和披露给他的参加人该线路持有人的相关电话号码，姓名，地址，日期，呼叫尝试开始时间的信息。第1句和第2句不适用于服务提供者对于封闭用户组所提供的服务。

（2）根据第1款第3句的披露应只限于参加人已经实现减少了日期，时间或是任何其他合适的标准，但仍不能以任何形式排除此滥用程序的情况。

（3）在信息向多于一个网络提供的情况下，其他的服务于网络连接的通信服务提供者，有义务给予参加人的服务提供者提供有关恶意或是骚扰电话的信息。

（4）被确定的线路呼叫的持有人必须被告知其信息已被公开。除非当申请者以决定性的书面形式辩称，任何形式的披露都会带给他显著的不利，这些与不利于主叫方的合法权益相比，明显更为严重。在参加人涉嫌恶意或是骚扰电话的线路来源于通过另一种方式的对信息的披露时，对此披露的告知应取决于对其的请求。

（5）监管当局和联邦数据保护专员应无延迟的收到对第1—4款的介绍和任何的修改程序的通知。

【第102条】线路识别显示及限制

（1）如果服务提供者提供主叫线路识别显示，主叫方和被叫方应有可能用一个简单且免费的方法，拒绝显示在每一个线路或是每一个呼叫基础上的电话号码。被叫方应有可能用一个简单且免费的方法，拒绝从一个主叫方的电话号码拒绝被显示的来电。

（2）除了第1款的规定，呼叫者用手机所拨打的电话做广告时，其呼叫号码的显示不应受到限制，或是由服务提供者安排，他应当受到限制；呼叫者应保证，被呼叫者能获知呼叫电话号码。

（3）第1句和第2句不适用于服务提供者对于封闭用户组所提供的服务。

（4）应参加人的申请，服务提供者应对来电线路的电话号码被排除显示在连接线路上的线路免于收费。在参加人的要求下，这些线路应被提供者在参加人公共登记簿（104条）标出。当根据第2句已经进行了标注时，只有当这些标注已经在最新版的公共登记簿中被标注时，这些线路的主呼叫号码才能有可能被标注。

（5）如果参加人选择不申请访问第104条所规定的参加人登记簿内，他的线路的电话号码将不被标注在他的线路所连接的线路上，除非参加人明确地表示愿意被标注。

（6）当连接线路已提供识别显示，被叫方应可使用一个免费的简单方法，来避免连接线路被标志于主叫方，第3句适用。

（7）第1款至第3款以及第6款也适用于来自其他国家的呼叫，如果他们相关的主叫方或是被叫方在德国。

(8)在呼叫紧急号码112或110,以及电话号码124124或116,117时,服务提供者应确保主叫线路的识别显示不排除在每次呼叫和每次线路的基础上。

【第103条】自动呼叫转移

服务提供者有义务给予他的参加人一种用简单且免费的方式,停止他的呼叫被自动的转发到他们的终端作为一种第三方的行为结果,如果这在技术上是可行的。第1句并不适用于服务提供者对于封闭用户组以及他们成员所提供的服务。

【第104条】参加人登记簿

当参加人要求时,他们可以将自己的名称,地址和其他信息,如职业,线路的分支和类型输入至公共印刷或是电子登记簿。参加人可以指明什么信息可以在登记簿中出版。应参加人的要求,共同用户同意,也可以被输入。

【第105条】登记簿信息

(1)电话号码的信息包括在登记簿上的,应根据第104条和在第2、3款中的规定而被提供。

(2)以电话系统上的参加人电话号码的方式提供的信息,只有在已被适当告知他们可以拒绝同意他们的电话号码被使用,但是他们并没有使用这项权利的时候才可以。根据104条除了电话号码以外的其他数据信息,只有参加人同意对于这些额外数据可以被传递时,才可以被显示。

(3)通过一个电话系统提供参加人名字或是名称和住址信息时,只有在该用户被告知他的服务提供者有可能将他的数据包括在参加人登记簿中,并没有被拒绝的情况下才被允许。

(4)所有根据第2款第1句和第3款或是第2款第2句的给予同意的规定,拒绝给予同意的都会被即时地记录在服务提供者的客户文件或是登记簿建立所根据的第1款的信息中。拒绝或是同意也应当注意到其他的服务提供者,如果他们有理由期望知道拒绝或是同意会记录在服务提供者的登记簿中,以及根据第1款的信息提供者。

【第106条】电报服务

(1)有关电报业务处理和传递的数据和文件,可以存储至已证明按照在与参加人签订的合同已有合适的电报服务。数据和文件应最晚在服务提供后的6个月内被删除。

(2)只有当服务提供者对在与参加人的合同中规定的传输故障承担责任的时候,有关电报业务处理和传递的数据和文件,才可以存储至发送以后。

与国内有关的电报数据和文件,应最晚在 3 个月内被服务提供者删除。与国外有关的电报的数据和文件,应最晚在 6 个月内被服务提供者删除.

(3)对于删除时间的限制,应起始于电报发出后的那个月的第一天。删除可能会由于起诉程序而暂停或是由于国际协定需要一个较长的存储期。

【第107条】中间存储和转发系统

(1)在开展服务需要中间存储的方面,服务提供者可以处理通信的内容,尤其是参加人的语音,声音,文本和图形信息,在以下条件的基础上作为服务的一部分:

1. 处理仅发生在服务提供者的电信系统中的中间存储,除非通信内容是被参加人要求,再次路由到其他提供者的电信系统中或通过参加人输入;

2. 只由参加人决定,通过他的输入,内容,范围和处理方式;

3. 只由参加人决定谁可以输入和访问通信内容(当事人有权访问);

4. 服务提供者有可能会通知参加人,收件人访问了信息;

5. 只有在与参加人签订了合同的条件下,服务提供者才有可能删除通信信息。

(2)服务提供者在他的承诺或是第三方对通信的承诺下,采取必要的技术和组织措施,以排除传输错误和未经授权的披露。只有当时间和精力的花费与对保护寻求的目的是合适的时候才可以采取措施。措施是为了寻求必要的达到保护目的的方式而进行的调整。

第三节 公共安全

【第108条】紧急呼叫

(1)任何人提供公共可用的拨打国内长途电话服务的一个或多个电话号码时,应承担提供所有用户免费使用在欧洲统一的紧急呼叫号码112以及其他国家急救号码110或是通过相应的数字信号所引导的号码(急救呼叫连接)。任何人操作用于公共可用的电话服务时,应使得这些呼叫的转接服务可以获得或是电信网络的通畅,以确保根据第4句,或是在必要的情况下参加,允许访问应被要求没有迟延地将紧急呼叫传送到当地紧急服务中心,他要采取一切必要的措施,以确保任何时候的紧急呼叫。服务的提供者根据第1和第2句应确保第6句中的,紧急呼叫的询问机构也得到紧急呼叫连接的发送,包括

1. 从紧急呼叫连接中产生的连接的号码,以及

2. 从紧急呼叫连接中产生的用以确定紧急呼叫所在位置的所需的信息。

紧急呼叫的连接要比其他连接具有优先性，与他根据《邮政和电信安全法》是一致的。根据条例的第 3 款用于对滥用紧急呼叫的追踪有必要的数据，根据第 3 和第 5 句免费提供。紧急呼叫连接所产生的费用，服务提供者自行负担；并没有对此的补偿。

（2）在紧急呼叫的连接方面，对于有语言和听觉障碍的使用电报机传输的用户，第 1 款适用。

（3）德国联邦经济与劳动部应有权在联邦议会，联邦内政部和联邦健康与社会保障部的同意下，使以下条例具有法律效力

1. 确定行政区的紧急呼叫机构以及其对农村或城镇的呼叫职责，以及行政之间的表决权和参加人和移动电话的服务提供者的原则，以及对紧急呼叫连接的建立有必要的原则，

2. 建立紧急呼叫连接与每个地方的负责紧急呼叫的机构或是代理机构，

3. 履行紧急呼叫连接所带来的义务，包括

a）根据第 1 和第 3 款对数据的传输以及

b）允许的根据第 1 款和第 3 款第 1 点对于在特殊情况下，数据传输在不可避免的技术条件下的偏差

4. 对合适的数据进行提供和传输，以使紧急服务中心对任何滥用紧急呼叫进行起诉；

5. 通过自动呼叫设备设立紧急呼叫和

6. 监管当局在这领域的责任规定在第 1—5 段。特别是在对数据的准确性和可信性的确定，从紧急呼叫连接出发，对于地点的确定有必要的。

如果不涉及对网络运营者在第 1 款中的义务，联邦在对紧急呼叫服务中心的规定时不受本款的影响。

（4）对于在第 3 款第 1 句第 1—5 段中的所规定的主体的技术细节，特别是对紧急呼叫连接位置的准确性和可靠性的说明，由联邦网络管理局在技术指令中进行规定；其中要考虑到规定中关于第 3 款的规定。联邦网络管理在制定技术指令时，应有以下人员的参与

1. 根据第 1 款第 1 句和第 1 句，第 2 款，由服务提供者和电信网络运营者组成的协会，

2. 由联邦内政部进行命名的紧急服务中心的代表，

3. 由电信网络制造者和紧急呼叫服务中心设置的技术设备的制造者。

在确定技术指令时，国际标准应被考虑；对于偏离标准的要说明理由。技术指令由联邦网络管理局公布在他的官方网络上；所有人根据第 1 款第 1

句至第3句,以及第2款都有义务,在技术指令公布后不超过1年内,适应其要求,除非在一个较长的过渡阶段被规定有特别的义务。在修订指令,无缺陷的技术设施配置指令按要求修改后,要不迟于3年生效。

【第109条】技术保障

(1)每一个服务提供者都应当作出适当的技术安排或是采取其他的保护措施

1. 对电信秘密的保护;

2. 对个侵犯人数据的保护。

在此要考虑到技术状况。

(2)任何人经营电信系统服务以提供公共电信服务应该,另外,有适当的技术安排或是采取其他措施以保护电信和数据处理系统运作,以达到

1. 抵制任何对于电信网络有严重危害的目的,并抵制外部攻击和自然灾害;

2. 掌握对电信安全和服务的风险。

特别是应采取措施,来保护电信和数据处理系统以禁止未经授权的访问,以及对用户和连接到一起的网络的安全侵害尽可能的少。经营公共电信网络的人,要采取措施,以确保其网络的正常运行,以及网络服务的持久使用。技术安排和其他的保护措施要与所需要的技术或是经济需要相当,不能作出超出保护电信网络的行为,《联邦数据保护法》的第11条第1款适用。

(3)对于合并使用网站或是技术设施,每一个参与者都要根据第1款和第2款履行义务,除非某些义务是规定参与者不用履行的。

(4)任何人经营电信系统服务以提供公开电信服务的,应当指定一个安全专员,并制定安全原则,列明

1. 哪种电信系统是被使用的和提供哪种公共电信服务;

2. 任何潜在的危险,以及

3. 哪些技术安排或是其他保障被制定或是落实到位或是根据第1款和第2款的义务被计划。

安全概念是由公共电信网络运营者在不迟延的情况下向联邦网络管理局在电信服务提供开始之后所提交,公共电信服务提供者有义务为联邦电信管理局提供电信服务安全理念。并附有技术安排和其他的特殊具有的保护措施,或是被即时的实施。如果联邦网络管理局建立的安全概念本身或是他的实施过程中有不足之处,可以要求运营者即时的消除。如果该系统的如安全概念根据情况是变化的,根据第2句或是第3句,要有义务适应此概念,联邦网

络管理局要指明变化。联邦网络管理局可以对安全概念的贯彻进行审查。

（5）公共电信网络运营者和公共电信服务提供者应向联邦网络管理局即时的报告电信网络和电信服务的安全侵犯包括故障，只要他们对电信网络或是电信服务的运行造成了影响。联邦网络管理局可以根据第1句要求义务人出具关于安全侵犯和补救措施的详细报告。必要时联邦网络管理局要向联邦议会报告关于欧盟其他国家和网络信息安全管理局的国家管理行政机构关于侵犯安全的信息技术安全。联邦网络管理局可以告知公众，或是根据第1句要求义务人，如果最后得出结论，对于安全侵犯的公开关系到公众的利益。联邦网络管理局向欧洲网络与信息安全中心和联邦安全与信息技术中心每年提供一个对于侵犯补救措施的总结报告。

（6）联邦网络管理局与联邦信息技术安全局以及联邦数据保护与信息自由专员，制作以第4款的安全概念和相关的技术要求以及其他根据第1和第2句的措施为基础的，对电信和数据处理系统的运营，以及对个人数据处理登记簿。他们给公共电信网络的生商和运营者协会以及公共电信服务提供者协会发表意见的机会。该登记簿由联邦网络管理局发布。

（7）联邦网络管理局可以命令，公共电信网络运营者或是提供公开电信服务的提供者通过独立的有资格的机构或是一个国家主管当局对其进行审查，以确定是否符合第1至第3句的要求。根据第1句的义务人要即时的将检查报告发送给联邦网络管理局。他自己承担审查的费用。

【第109a条】数据安全

（1）公共电信服务的提供者，在损害了个人数据保护的情况下，应即时的向联邦网络管理局和联邦数据与信息自由专员报告此项损害。如果认为此项损害造成了参加人的个人信息保护和其他人的权利或是合法利益的严重损害，电信服务提供者应即时地通知此项损害。如果能证明有安全概念，这项损害说涉及的个人数据会通过合适的技术措施进行保护，特别是使用被认为是使用安全加密的程序储存的，就没有报告的义务。独立于第3句，联邦网络管理局如果认为电信服务的提供者有可能对个人信息保护产生不利影响的损害，他可以要求其承担报告的义务。此外《联邦数据保护法》第42a条第6句适用。

（2）相关人的报告至少要包括：

1. 损害个人数据保护的性质。
2. 给予可以继续获取信息的联系机构，以及
3. 对于有可能对个人数据保护产生不利影响的损害的限制，所采取措施

的建议。

向联邦网络管理局和联邦数据与信息自由专员的报告中，电信服务的提供者要即时根据第1句，给出个人数据保护损害的后果和计划或已采取的措施。

（3）电信服务提供者应制作关于个人信息保护损害的列表，其中包括的信息有：

1. 损害的范围。
2. 损害的影响以及
3. 补救的措施。

此报告应使联邦网络管理局和联邦数据与信息自由专员对其根据第1款和第2款的规定所进行的检查成为可能。列表中只包含为了目的所需的必要信息而且不考虑到已经超过了5年的损害。

（4）技术实施措施在欧洲委员会根据2002年第58个法案第4条第5款的规定下，联邦网络管理局的规定可以在必要的对个人数据损害保护的报告下，对此有关于形式，程序的方式和范围作出让步。

【第110条】监控措施的安置，信息的提供

（1）任何人通过公开提供的电信服务而操作的电信系统装置，应当，

1. 从开始操作的时候，用他自己的经费，即时的提供按照法律规定实施电信拦截并对此实施做组织出技术安排的设施措施。

1a. 当监控的可能性只有通过两个或是多个电信设备同时操作，才能确保电信设备必要的用于记录和恢复的在其监视下的电信自动控制可能性，以及使这样的控制成为可能。

2. 在操作开始后即时的面对面联邦网络管理局。

a）宣布他按照第1段已经做出了安排；

b）提名一个位于联邦德国机构，以接收对他关于电信截取的司法规定。

3. 向联邦网络管理局证明，不收取任何费用，技术设施和根据第1段的规定的组织安排符合根据第2款规定的服务和根据第3款规定的技术拦截；为此，他将即时的并在开始操作的1个月内

a）发送给联邦网络管理局为准备对其进行核查遵守情况所需要的文件；以及

b）同意联邦网络管理局的对遵守情况进行确定的日期；

他将对联邦网络管理局在检查其是否符合要求时进行协助；

4. 允许联邦网络管理局，在一个给定的特殊要求下，对他的技术和组织

安排免费进行重新审查；以及

  5. 根据第 10 条法案的第 5 和 8 款允许在其住所内安装和操作实施工具的措施，以及允许对此措施有责任的补助工作人员和 10 条法案委员会的成员和工作人员（法案第 10 条第 1 款第 2 句）为履行法定职能而访问此设备。

  任何没有自己经营的电信系统而提供公共电信服务的人，当选择电信系统的运营者的时候，应确定后者可以根据第 2 款以及根据第 3 款规定的技术性拦截，即时的执行关于电信拦截的司法命令，并在他提供的电信服务开始之后。即时的通知联邦网络管理局，他的参加人所涉及哪些司法拦截命令已被执行，以及与电信截取有关的在联邦德国的那个机构的地址被标出。根据第 1 句第 2 段 b）和第 2 句所规定中的数据有任何的变化，要被即时的通知给联邦网络管理局。如果在第 3 款中所规定的服务尚不能提供，根据第 1 句第 1 段和第 1a 段对技术设施的配置有义务的人，应取得监管当局的同意。第 1 句至第 4 句不适用于根据第 2 款对解除有关的电信系统的规定。《刑事诉讼法》第 100b 条第 3 款第 1 句，10 条法案第 2 条第 1 款第 3 句，《联邦刑事犯罪局法》第 201 条第 5 款第 1 句，以及通过警方预防电信拦截的州相关规定，不受影响。

  （2）联邦政府应有权，通过联邦议会同意的法律规范

  1. 制定如下规则：

  a）对于实施拦截的技术的基本要求和组织的关键要素，给予包括实施拦截方法和通过一个承接代理人给予咨询；

  b）根据第 3 款的技术指令安排方面的范围；

  c）根据第 1 款第 1 句第 3 和第 4 段所规定的遵守示范；以及

  d）根据第 1 款第 1 句第 5 段所规定的对于忍受义务的详细规定；以及

  2. 确定

  a）什么情况以及在什么条件下遵守一定的技术要求，可以被临时免除；

  b）由于技术上的原因，联邦网络管理局可以允许在特殊技术要求方面的特例；以及

  c）考虑到基本技术或是其他合理的原因，应降低第 1 款第 1 句第 1 段的要求，在电信系统和相关的提供的技术服务设施不需要提供或是不必采取组织措施。

  （3）联邦网络管理局应规定，制定技术指令应有授权机构的咨询和行业协会的参与，制造商的技术细节必须保证一个对拦截通信的完整记录以及将配置的程度提交给授权机构。国际技术标准应予以考虑；对于和标准的不一

致应加以说明。技术指令应被联邦网络管理局公布在"官方公报"上。

（4）任何人为拦截实施的制造或是分销技术设施，可能需要联邦网络管理局的验证，通过对一个特殊电信系统的一个类型的样品交互影响测试，来确定是否依据第2款和第3款关于技术指令方面的规定在法律和技术方面已得到满足。联邦网络联邦网络管理局应适当的评估环境，允许临时在技术要求上的偏差，确保在原则上提供拦截设施，只在联邦网络管理局同意的情况下对技术设施进行微小的调整。监管当局应以书面的形式向制造商或是分销商出具测试结果。监管当局应遵守技术示范设施与有义务根据第1款第1句第3段或是第4段的人员提供的合适的技术，出具测试结果。在此概念框架下的同意，制造商在联邦经济与劳工局之前开始实施的提供，被认为是第3句的含义。

（5）在第1款规定下的任何人并结合第2款做出安排，是符合条例要求和按照第3款规定的在他们出版后不超过一年，除非为了特别的义务而确定了一个更长的期间。无缺陷技术配制对于义务人已经提供的对通信服务的设置，应在修订一个指令的情况下，在三年之内使他的调整要求生效。义务人在根据第1款第1句第3段的过程中证实有技术或是组织安排上的缺点，或根据第1款第1句第4段进行重新检查的，义务人应在监管当局提出的一个合理的期间内消除这些缺点；当在操作过程中发现缺点时，尤其是当拦截已经进行，义务人对消除缺点并没有拖延。如果根据第4款类型样品的技术设施已经经过测试，并且截止日期被设为缺点的消除，联邦网络管理局应在根据第3句在关于消除缺点的特殊性上考虑截止日期。

（6）每一个在他的通信系统中租用第三方网络终端并提供公开服务的电信系统运营者应该无延迟的允许由法律授权的机构开展电信拦截，并按照他们的要求作为优先事项，在拦截下获得传输信息的网络终端。此终端的技术配置应被规定在第2款中。对优先或是提前供给或是故障维修的特别关税或是附加税的例外，此收费表应在提供和使用方面适用于大众。任何特殊合同约定的折扣将不受第3句的影响。

（7）由法律授权的机构所运营的电信系统和以秘密访问通信的方式或是网络运营，应得到监管当局对于技术配置方面的同意。联邦网络管理局应在合理的时间期限内对技术的配置进行评论。

（8）（已废除）

（9）（已废除）①

【第111条】来自社会保障部门的信息请求数据

（1）任何人以商业性质提供伙食协助提供电信服务和以此分配电话号码或是向被其他方分配的电话号码提供电信连接，该信息程序根据第112和113款，应没有迟延的收集，提前激活并储存

1. 电话号码和其他线路识别信号；
2. 分配持有人的姓名和地址；
3. 自然人的出生日期；
4. 固定电话的地址；
5. 在一个移动终端旁的移动接收设备将被放弃使用，此设备的设备编号；
6. 合同开始的日期。

即使这样的数据并不以运营为目的；在已知的情况下，合同终止之日的信息同样被储存了。第1句也适用于不包括在参加人登记簿（104款）中的数据。义务人根据第1句接收到任何改变的通知，要即时地改正其数据；在这方面义务人应随后收集和存储第1句中还没有记录的数据，如果收集数据也许没有特殊的困难。当合同关系结束后，数据将在合同终止后的那年后的日历年度被删除。不用支付数据收集和存储的补偿。对于根据第113款的信息存储程序的方式，是可以选择的。

（2）如果根据第1款第1句或是第3句服务提供者与销售伙伴合作营运，这样的伙伴应根据第1款第1句和第3句不迟延的收集数据，并传输给服务提供者，数据的收集依据第95款；第1款第2句也相应适用。第1句也适用有与数据有关的变化，因为销售伙伴在正常的生意交易中会收到他们的通知。

（3）规定在第1款第1句或是第3句中的数据不需要随后为此提供已经生效了的合同关系进行收集，除了依据第1款第4句在下的收集。

（4）数据将被在合同关系结束后的日历年的下一年被删除。

（5）对于数据收集和储存没有赔偿的保证。

【第112条】自动化信息程序

（1）任何人提供可公开使用的电信服务，应即时的根据第111条第1款第1，3句和第4句以及第2款将信息存储至客户数据文件，在文件中包含电话号码和为了未来市场或是其他使用分配给其他电信服务提供者的电话号码分配配额，也包括端口号和当前移动服务代码。该义务人也可以根据《联邦

---

① 第110条第8款：在2007年报告年度的最后一次适用，参见刑事诉讼法实施法第12条。

数据保护法》的第 11 条委托其他的机构对客户数据进行处理。第 111 条第 1 款第 4 和第 4 款相应的适用于对客户数据文件的修改。涉及端口号，电话号码和相关的移动服务代码将不在电话号码返回到原先分配的网络运营者之后的期限届满后的一年删除。义务人应确保

1. 联邦网络管理局可以在任何时候，通过德国联邦自动化程序检索到客户数据文件的相关信息；

2. 数据可以借助于使用不完整的搜索数据或是有相似功能的数据检索。

义务人和他的委托人应通过技术或是组织的方法确定，他的检索不被发现。联邦网络联邦网络管理局允许客户数据被检索，只有当检索是必要用于

1. 当追究违法或是根据法律损害了不正当竞争；

2. 为了完成第 2 款中的机构的咨询。

机构应即时的审查，它在何种程度上需要对传播的数据进行必要的答复，要立即删除不需要的数据；这也适用于联邦网络联邦网络管理局根据第 7 款第 1 段的对数据的检索。

（2）根据第 1 款来自用户数据文件的信息应提供给

1. 法院和刑事检察机关；

2. 为了避免危险的目的联邦和各州警察执法机关；

3. 海关犯罪办公室和海关调查办公室对刑事诉讼，以及海关犯罪办公室为了准备和执行根据《海关缉私执勤法》的第 23a 条的措施；

4. 联邦和州的当局对宪法的保护，联邦武装部队反情报局和联邦情报局；

5. 根据第 108 条和服务中心的海上移动紧急号码"124124"的紧急服务中心；

6. 联邦金融监管局；和

7. 根据对行政执行部门提供的根据《未申报工作法》的第 2 条第 1 款在州的立法下当局应通过中央调查办公室负责，

根据在第 4 条中的规定，在任何时候，只要这些信息需要履行他们的法律职能以及要求通过自动化的程序提交给联邦网络管理局。

（3）联邦经济与劳动部对于与联邦总理府，联邦内政部，联邦司法部，联邦财政部和联邦国防部达成一致的问题，应授予其法律效力并要求德国联邦参议院的同意，以下的事项被规定

1. 技术程序方面的基本要求，对于

a) 向联邦网络管理局的传输请求

b) 义务人通过联邦网络联邦网络管理局检索数据，包括用于资料库的数据类型；以及

c) 当局对联邦网络管理局所传输的数据进行检索；

2. 安全应被遵守的要求；以及

3. 在使用不完整搜索数据进行检索和用有相似功能的进行检索，以说明在字符序列包括在搜索中所提供的部门对条例的促进。

a) 对输入数据程度的最低要求，要尽可能精确的识别，与搜索有关的人；

b) 在询问中允许使用的字符，

c) 对于语言使用方法的要求，要确保，人，街道或是地方的名称不同的写法以及偏差，交换，遗漏或是在搜索，或是搜索结果中另外的名称部分中所给的附加。

d) 联邦网络界在答复数据时所允许传输的数量，以及

4. 除了第1款第1句，由于比例的原因，自动询问程序中不应保留客户的信息；第111条第1款第5句适用。

在其他方面，部门也依据条例的第2款第5至7段的规定，限制了技术问题。监管当局的技术指令应在由有关商会参与以及授权机构和带入行的最先进的，如有需要时，还有联邦网络管理局公布的官方公报中，确定自动检索程序的技术细节。根据第1款的义务人和授权机构对技术指令的要求，不能迟于其出版后的一年。在修改指令的情况下，对指令的无缺陷技术的设备配置，应根据修改后的要求应在3年内生效。

（4）根据第2款所指的主管机关的要求，监管当局根据有关当局根据第1款的相关请求，为其检索和传输客户数据文件。只有在有特殊理由的时候委员会才会对传输的受理进行审查。受理的责任是

1. 在第1款第7句第1段的情况下的联邦网络联邦网络管理局和

2. 在第1款第7句第2段第2句中所指的机构。

为了数据的保护目的，其应由主管机构进行控制，监管当局应记录每次检索的时间，在检索过程中使用的数据，检索到的数据，检索的人，提出请求的机关和请求机关的参考号码。使用记录的数据用于其他任何的目的是不被允许的。数据记录在1年后会被删除。

（5）义务人根据第1款所做的，在他责任范围内的所有的技术安排，作为为此服务而需求的信息服务，由他负担费用。这也包括为防止未经授权的访问而采购的对确保调试和保护所购买的设备，安装一个适合的电信连接，

参与进一个封闭组用户系统并根据条例第3款和技术指令，继续提供所有的这些安排。对通过自动化程序的信息提供的补偿，并不给义务人。

【第113条】手动信息程序

（1）任何人商业的提供或是协助提供电信服务，应在一个给定的情况下，在主管机构的要求下无延迟的向其提供，根据第95和111条所规定的对刑事或行政犯罪的起诉，为避免危害公众安全或秩序以及为了体现联邦和州的立法功能对宪法的保护，联邦情报局和联邦武装部队反情报局要求的已收集的数据信息。义务人根据第1句应通过访问终端设备或是在此设备中或是网络中保护的存储仪器或单元提供信息数据，特别是个人识别码（PINs）或是个人解锁键（PUKs），根据《刑事诉讼法》第161条第1款第1句或第163条第1款来索取信息，为避免对公共安全的危害，联邦和州的治安立法机关提供的数据收集或《联邦宪法保护法案》的第8条第1款，州宪法保护立法相应的规定，《联邦情报法》第2条第1款，或《联邦武装部队反情报法》第4条第1款；这样的数据不被传输到任何其他的公共或私人机构。对于电信隐私数据的访问，应尽在相关立法允许的条件下才可以。义务人应当对他的客户和第三方提供的信息保持面对面的沉默。

（2）根据第1款义务人做出在他的责任范围内提供这样的安排，他自己支付费用。联邦宪法保护办公室，联邦情报局和联邦军事反情报局可以对他们发出的信息根据《司法赔偿和补偿法》的第23条和附件3确定和给予补偿；规定在《司法赔偿和补偿法》的第2条第1至第4款的时效条款适用。①

【第113a条】数据的存储义务

（1）向终端用户提供公开电信服务的服务提供者，有义务根据第2款至第5款对在服务中产生的使用或是对传输数据的加工，在国内或是欧盟的其他国家存储6个月。向终端用户提供电信服务的服务提供者，没有产生或是加工自己的传输数据，应确保，根据第1句的数据被储存，以及按照联邦网络管理局的要求向其报告，谁储存了这些数据。

（2）公共电信服务的提供者应存储：

1. 主叫方和被叫方的电话号码或是其他呼叫标志，以及其他转发或是继续呼叫的连接；

2. 根据给定的时区的日期和时间，呼叫的开始和结束；

---

① 第113条第1款第2句：按照联邦宪法法院在2012年1月24日作出的判决号为BVerfGE v. 24.1.2012 I 460 – 1BvR 1299/05 – 的判决主旨所确立的规则，与《基本法》第10条第1款的规定相违背，因而无效。

3. 当电话服务可以提供不同的服务的时候，提供所被使用的服务；

4. 在移动电话服务方面。

a）移动电话参加人主叫方和被叫方连接的国家标志；

b）主叫方和被叫方终端的国际标志；

c）通过主叫方和被叫方的连接，在连接开始时使用的无线电区标志；

d）在预付匿名服务中，第一个激活无线电区服务的日期和时间；

5. 在网络电话服务中的主叫方和被叫方连接的网络协议地址。

第1句比照适用于传输短信，多媒体消息或是相似的消息；根据第1句第2段信息发送和接收的时间点将被储存。

（3）电子邮件服务提供者储存：

1. 发送信息时电子邮件信箱和发送人的网络协议地址，以及每个接收信息的电子邮件地址的信息；

2. 在信息访问电子邮件时，电子邮件的发送人以及接收人和发送电信设备的网络协议地址；

3. 在访问电子邮件时的标志和访问者的互联网协议地址；

4. 在第1至第3点中提到的，根据给定的时区的日期和时间，使用服务的时间点。

（4）互联网接入服务的提供者，储存：

1. 给互联网使用的参加者所分配的互联网协议地址；

2. 一个唯一的关于网络使用进行的标志；

3. 根据给定的时区的日期和时间，使用服务的时间点，分配互联网使用的开始和结束。

（5）电信服务的提供者根据第96条第2款所规定的目的存储和记录传输信息，即使是没有应答或是由于网络管理的干预是不成功的，传输信息也要按照规定被存储。

（6）电信服务提供者根据这一规定的措施所储存的情况发生变化，其有义务根据给定的时区的日期和时间，对原来和新的时间点的情况进行改写。

（7）提供移动无线网络的提供者，有义务，根据条例的措施提供无线电区存储的名称和数据，以使从该数据获取无线电天线以及主辐射方的地理位置。

（8）根据规定，关于被访问的网站通信和数据的内容不被存储。

（9）根据第1至第7款，存储数据应立即对授权机构的询问进行答复。

（10）根据此规定的义务人，应注意确保已存储的传输数据在电信所需考虑的范围内的质量和对其进行保护。在此框架内,他应通过技术和组织措施确保,只有他所特别授权的人才可以访问已存储的数据。

(11)根据此规定的义务人,应根据第1句所规定的期限,对根据此规定所存储的数据在期满后的1个月内删除,或是确保删除。

脚注

第113a条:根据联邦宪法法院判决号为 BVerfGE v. 2. 3. 2010 I 272 – 1BvR 256/08,1BvR 263/08,1BvR 586/08 – 的判决主旨所确立的规则,违反《基本法》第10条第1款,是无效的。

【第113b条】对113a条中存储数据的使用

根据第113a条的义务人只可以在根据第113a条存储义务的基础上,存储数据

1. 为了追究犯罪行为的责任

2. 为了避免严重的威胁公共安全或是

3. 履行联邦或是州的联邦宪法保护机构的法律职责,在联邦情报局和联邦军事反情报局的向主管部门的发送要求下,只要在第113a条中有法律规定的,以及在特定情况下的发送;按照第113条规定的为其他目的的例外,其不可以使用数据。第113条第1款第4句适用。

脚注

第113b条:第113a条:根据宪法联邦法院判决号为 BVerfGE v. 2. 3. 2010 I 272 – 1BvR 256/08,1BvR 263/08,1BvR 586/08 – 的判决,主旨所确立的规则,违反《基本法》第10条第1款,是无效的。

【第114条】联邦情报局的信息请求

(1)任何人提供公众可使用的电信服务或是经营用于公众可使用的电信服务的传输路径,在联邦经济与劳动部的请求下,应免费向其提供电信服务的结构和网络以及即将发生的改变的信息。参加人特定的通信活动和客户数据,不是此信息提供的主体。

(2)根据第1条所请求的信息,只有当对此信息的请求来自联邦情报局,以及信息根据10条法案的第5和第8条被要求履行其功能的时候才被允许。根据本款不可以为了其他目的而获得对信息的使用。

【第115条】义务的控制和实施

(1)联邦网络管理局可以发布命令或是采取其他措施确保对第7条条例的遵守,以及依据其颁布的具有法律效力的条例和可使用的技术规范。义务人应当在联邦网络管理局的要求下提供必要的信息。联邦网络管理局为了证

实对义务的遵守，被授权在正常的营业和工作时间内，访问并检查经营场所和生产基地。

（2）根据《行政强制实施法》，联邦网络联邦网络管理局可以设立一下经济处罚——

1. 根据108条第1款，110条第1，5，或第6款，依据108条第3款，110条第2款，112条第3款第1句，依据108条第4款的技术条例，依据110条第3款和112条第3款第3句的技术条例，制定不超过50万欧元的强制履行义务罚款；

2. 根据第109条，109a条，112条第1款，第3款第4句，第5款第1和2句以及第114条第1款，制定不超过10万欧元的强制履行义务罚款；以及

3. 根据第111条第1款和第2、4款，以及第113条第1款和第2款第1句，制定不超过2万欧元的强制履行义务罚款。

在屡次损害第111条第1、2款或第4款，第112条第1款和第3款第4句，第5款第1、2句或是第113条第1款和第2款第1句的规定的情况下，此义务人的活动将被条例或是联邦网络管理局进行限制，他的客户群知道合同期满或是直到他所应承担的义务被确保履行之后，才可以改变。

（3）在第7部分规定的不履行义务中，联邦网络管理局可以另外的，全部或是部分禁止与电信系统有关或是与电信的商业服务有关的操作。如果之前所采取的强制其正确行使行为的力度不够。

（4）对于为了商业电信服务而被收集，处理或是使用的自然人或是法人的数据，由联邦数据保护专员根据《联邦数据保护法》第21条，24—26条第1至第4款进行的监督，应适用于在《联邦数据保护法》在第38条中所规定的监督。联邦数据保护专员应向联邦网络管理局提出控告，并在对情况的评估后向其递交任何进一步的监测结果。

（5）在10条法案中规定的电信隐私，应被限制在特别规定在第1款和第4款中的监测范围内。

【第116条】至【第152条】

（略）

联邦数据保护法[*]

第一章 总则和一般规定

【第1条】立法目的和适用范围

（1）为保护个体在其个人数据处理过程中人格权免受侵害，制定本法。

（2）本法适用于如下主体对个人数据的收集、处理和使用：

1. 联邦公共机构；

2. 各州的公共机构，只要数据保护未得到州立法规范并且

a）该州立公共机构在实施联邦立法，或者

b）该公共机构作为司法机构而行为且不涉及行政管理事务；

3. 非公共主体，只要其使用数据处理设备处理、使用数据或者为此目的而收集数据，以及为了使数据成为自动文档或成为非自动文档而处理、使用以及为此目的而收集数据。非公共主体仅为个人或者家庭目的而收集、处理以及使用数据的行为不受本法调整。

（3）联邦其他法律对个人数据及其公布另有规定的，优先适用其他法律。遵守法定保密义务的义务以及遵守法律未规定的保守职业或特别职务秘密的义务不受影响。

（4）在调查案情时如涉及个人数据处理的，本法规定优先于行政程序法的规定予以适用。

（5）位于欧盟其他成员国或者欧洲经济区协议的其他缔约国的责任人在德国收集、处理或者使用个人数据的，不适用本法，除非该行为由其在德国

---

* 德国《联邦数据保护法》（Bundesdatenschutzgesetz，缩写为 BDSG），本法于1990年12月20日由德国联邦议会通过。本法第10条第4款第3句和第4句在公布后24个月的第1天生效，其他条款于公布后第6个月的第1天生效。本法公布于1990年12月29日。2003年1月14日和2009年8月14日联邦议会又对本法做了部分修订。本译文依据2009年8月14日版本译出。

** 译者：沈建峰，中国劳动关系学院法学系。

的分支机构完成。非位于欧盟其他成员国或者欧洲经济区协议其他缔约国的责任人在德国收集、处理或者利用个人数据的,适用本法。本法所述责任人,也用于指称位于德国的代表人。如数据介质仅为过境德国而使用,则本款第2句和第3句不适用。本法38条第1款第1句效力不受影响。

【第2条】公共机构和非公共机构

(1)联邦公共机构是指联邦机关、联邦司法组织以及其他公法上设立的联邦机构,联邦直属的公法性实体、机构、基金会以及上述机构无论何种形式的联合。如用德国邮政的特别财产依法设立的企业依据《邮政法》享有专营权,则视其为公共机构。

(2)州公共机构是指州机关、州司法组织、其他公法上设立的州立机构,以及镇、镇的联合、其他处于州监督之下的公法法人及其无论何种形式的联合所设立的公法上的机构。

(3)联邦以及州立公共机构成立的、承担着公共管理职能的私法上的联合不论是否有非公共机构参与,符合如下条件的,视为联邦公共机构:1. 其从事跨州活动;2. 联邦拥有绝对多数股份或者享有绝对多数表决权。在其他情况下视其为州立公共机构。

(4)非公共机构是指不属于上述1—3款的自然人、法人、合伙以及其他私法上的人的联合。如果非公共机构承担了公共管理的主权职责,在此范围内其属于本法所称公共机构。

【第3条】其他概念界定

(1)个人数据是指关于确定或可得以确定的自然人(数据当事人)人身情况或者客观情况的具体陈述。

(2)自动处理是指使用数据处理设备收集、处理或者使用个人数据。非自动文档是指任何非自动收集的、按照类型排列、可根据确定标记获取以及使用的个人数据。

(3)收集是指获取当事人的数据。

(4)处理是指对个人信息的存储、修改、传输、屏蔽以及删除。具体而言,不考虑在此过程中所使用的程序:

1. 存储指为了再次处理或使用而将个人数据收纳、录制以及保存在数据介质上;

2. 修改指对已存储的个人数据做内容上的改变;

3. 传输指将存储或者通过数据处理而获得的个人数据以如下方式披露给第三人:

a）将数据转交给第三人，或者

b）第三人查阅或提取随时准备好供查阅或检索的数据；

4. 屏蔽指对已存储的个人数据做标记，以限制其再次处理或被使用；

5. 删除指使已存储的个人数据无法识别。

（5）使用指不涉及处理的、对个人数据的任何利用。

（6）匿名指通过修改个人数据使有关人身情况或者客观情况的具体陈述无法或者只能通过耗费巨大时间、费用或者劳动力才可指向确定的或可得以确定的自然人。

（6a.）假名指用其他标志替代姓名或者身份符号，以便无法确认数据当事人或者实质性增加确认数据当事人的困难。

（7）责任人指任何为自己收集、处理或者使用个人数据的个人或者机构以及委托他人从事上述行为的个人或机构。

（8）接收人是指任何收取个人信息的个人或者机构。第三人是指责任人之外的任何人或者机构。数据当事人以及在德国、欧盟其他成员国或者欧洲经济区协议的其他缔约国受委托而收集、处理以及使用个人信息的个人或者机构不属于第三人。

（9）涉及种族出身、人种出身、政治倾向、宗教或哲学信仰、工会成员身份、健康以及性生活的陈述属于特殊种类的个人信息。

（10）移动的个人（数据）存储和处理媒介是指具备如下条件的数据介质：

1. 该介质为数据当事人而发行；

2. 在该介质上个人数据除了可以存储还可以由发行人或者其他人自动处理；

3. 涉及该介质时，数据当事人只能通过使用媒介而影响该处理。

（11）工作人员指：

1. 劳动者；

2. 为了职业教育而被雇佣者；

3. 分担劳动给付的参与人以及职业倾向查明或劳动试用期的参与人；

4. 在为残疾人而设立的得到承认的作坊受雇佣者；

5. 根据青年自愿服务法而被雇佣者；

6. 因经济上不能自主而被视为准劳动者的人，在家庭中劳动的雇员以及与其类似的人也属于此；

7. 求职者以及工作关系终止者；

8. 联邦公务员、法官、士兵以及服民事役者。

【第3a条】数据避免与数据节制原则

个人数据的收集、处理、使用以及数据处理系统的选择和构建应符合尽可能少的收集、处理和使用个人信息的目标。特别是根据使用目的可能并且相对于本法追求的保护目的并不带来不合理花费的，应对个人信息进行匿名或使用假名。

【第4条】数据收集、处理和使用的许可

（1）只有本法、其他法律允许或者要求时以及数据当事人同意时才允许收集、处理或者使用个人数据。

（2）个人数据应在数据当事人处收集。未经数据当事人同意，只有符合如下条件之一的，才可收集他人数据：

1. 法律对此有规定或者以此为必要前提；
2. 不侵害对数据当事人重要的值得保护的利益；并且

a）需要履行的管理职责根据其类型和事务目的使得从其他人或者机构处收集数据成为必要；或

b）从信息当事人出收集数据需要付出不合理的成本。

（3）如果从数据当事人处收集个人数据，当数据当事人未通过其他方式知悉如下信息时，责任人应当告知数据当事人：

1. 责任人的身份；
2. 收集、处理以及使用个人信息的目的；
3. 接收人的类型，如数据当事人根据个案的情况不必然知悉信息将传输给该接收人的。如个人数据根据规定提供信息义务的法律而收集，或提供信息是给予特定法益的前提，则必须向数据当事人对此做出说明，否则应向数据当事人指出，其可自愿决定是否提供数据。根据个案的具体情况必要的或者数据当事人要求的，应向数据当事人说明该法律规定以及拒绝提供数据的后果。

【第4a条】同意

（1）只有建立在数据当事人自由决定基础上的同意才是有效的。必须向数据当事人指出收集、处理和使用个人数据的既定目的，在根据个案的具体情况必要时或数据当事人要求时，还应向数据当事人指出拒绝同意的后果。除非根据特定情况，采取其他形式更为妥当，则同意应当采取书面形式。如同意和其他表示一同以书面形式做出，同意必须采取显著的标志方式。

（2）在科学研究领域，采取书面形式将会严重影响特定研究目的的，属于本条第1款第3句所述的特别情况。在这种情况下，应对按照本条第1款第2句进行了提示以及对特定研究目的产生重大影响的原因予以书面记录。

（3）在收集、处理以及使用特殊个人数据（本法第3条第9款）时，必须获得当事人明确地对该特殊数据的同意。

【第4b条】向国外、国际机构以及跨国机构传输数据

（1）只要数据传输全部或者部分通过属于欧共体法律调整范围的行为完成，向如下机构传输个人数据依据适用于该传输的法律或协定分别适用本法第15条第1款、16条第1款以及28条至30a条：

1. 欧盟其他成员国；
2. 欧洲经济区协议的其他缔约国；
3. 欧共体的组织或机构。

（2）向本条第1款所述的机构传输数据，但该传输全部或者部分未通过属于欧共体法律调整范围的行为完成，以及向其他国家、国际机构以及跨国机构传输数据的，适用本条第1款规定。如数据当事人对排除传输享有更值得保护的利益，特别是当本款第1句所述之机构不能提供适当的保护水平的，应停止传输。如传输为联邦公共机构出于紧迫事由防卫时履行职责或者出于紧迫原因履行国际或国家间处理危机、避免冲突或采取人道主义措施的义务所必须时，不适用上述第2句。

（3）适当的保护水平应根据所有对数据传输或数据传输的类型重要的情况予以判断。特别应考虑数据类型、特定目的、计划处理的时间、来源国以及最终国、对相关接收人适用的法律以及对接收人有效的职业规则和保密措施。

（4）在本法16条第1款第2项规定的情况下，传输机构应就数据传输通知数据当事人。如可预见数据当事人可通过其他方式获悉数据传输或通知会危及共公安全、联邦以及州的福祉的，不适用本款第1句的规定。

（5）传输机构对传输许可负责。

（6）必须向被传输机构告知数据传输所要实现的目的。

【第4c条】例外规定

（1）如向第4b条第1款所述机构之外的机构传输数据，传输通过全部或者部分属于欧共体法律调整范围的行为完成，即使该机构无法提供适当的保护，在具备在如下条件之一时，也可进行该数据传输：

1. 数据当事人同意；
2. 传输为履行数据当事人和责任人之间的合同或者为落实因数据当事人

而采取的先合同措施所必要；

3. 传输为责任人和第三人缔结或履行为了数据当事人的利益而缔结或已缔结的合同所必要；

4. 传输为维护重要公共利益或为在法庭上主张、实施或保护法律请求所必要；

5. 传输为保护数据当事人极其重要的利益所必要；

6. 传输根据为使公众知情而制作的索引完成，并且在具体情况下，当法律规定的条件具备时，全体公众或所有证明享有合法权益的人均可获悉该目录。

应当向被传输数据者指出，所传输的数据仅允许为实现它之所以被传输的目的而处理和使用。

（2）在本条第1款规定的情况之外，相关监督机构可以批准向本法第4B条第1款所述机构之外的机构传输个别数据或者传输特定种类的数据，只要责任人保证为人格权以及与其相关的权利的行使提供足够的保护。该保证特别可以通过合同条款或者有约束力的企业规则来体现。联邦数据保护和信息自由专员是监督邮政和通信企业的负责机构。如信息传输通过公共机构完成，应根据第1句进行审查。

（3）州应将根据第2款第1句做出的决定通知给联邦。

【第4d条】报告义务

（1）在自动处理开始之前，非公共责任人向相关监管机构，联邦公共责任人以及邮政和通信企业向联邦数据保护和信息自由专员根据本法第4e条的规定履行报告义务。

（2）如责任人已任命数据保护专员，则免除报告义务。

（3）如责任人为了个人目的而收集、处理和使用数据，在此过程中原则上最多9个人持续从事个人数据的收集、处理和使用，并且或者征得数据当事人的同意或者该收集、处理和使用为与数据当事人成立、执行或者终止一项法律行为性质或者准法律行为性质的债之关系所必须，则免除报告义务。

（4）涉及个人数据被有关当事人经营性的为如下目的之一而存储的自动处理，不适用本条第2、3款：

1. 为了传输目的；

2. 为了匿名传输目的；

3. 为了市场调查或观点调查目的。

（5）如自动处理将引发对数据当事人的权利和自由的特别风险，则在开始处理之前应对其进行审查（预先控制）。除非存在着法定义务或者数据当事人同意或者该收集、处理和使用为与数据当事人成立、执行或者终止一项法律行为性质或者准法律行为性质的债之关系所必要，则在如下情况下，特别应进行预先控制：

1. 处理的是特殊个人信息（第3条第9项）；

2. 被处理的信息被用于评价数据当事人的人格，包括他的能力、成绩和行为。

（6）预先控制由数据保护专员负责。他在收到依据本法第4g条第2款第1句建立的一览表后，开始进行预先审查。有疑问时，他应求助于监管机构，或者对邮政和通信企业而言，他应求助于联邦数据保护和信息自由专员。

【第4e条】报告义务的内容

对自动数据处理的进行存在报告义务的，应陈述如下事项：

1. 责任人的姓名或名称；

2. 股东、董事、经理或者其他依法律规定或者企业规章而任命的负责人以及受托领导数据处理的人；

3. 责任人的地址；

4. 数据收集、处理和使用的目的；

5. 对所涉及的人群以及与该人群有关的数据或数据类型的描述；

6. 可能会分享数据的接收人或接收人范围；

7. 数据删除的通常期限；

8. 已计划向第三国的数据传输；

9. 足已初步判断根据本法第9条采取的确保数据处理安全的措施是否妥当的一般性说明。

本法第4d条第1款和第4款适用于变更根据本条第1句所做说明以及有义务报告的行为开始和结束的时点。

【第4f条】数据保护专员

（1）自动处理个人数据的公共和非公共机构必须以书面形式任命一名数据保护专员。非公共机构应于开始运营之后最长不超过一个月完成该任命。上述规定适用于以其他方式收集、处理和使用个人数据并且原则上不少于20名工作人员的机构。上述第1句和第2句不适用于原则上最多持续雇佣9人从事个人数据处理的非公共机构。在为公共机构结构所必须时，可以为数个领域任命一名数据保护专员。非公共机构从事需要预先控制的自动数据处理或者为了传输目的、为了匿名传输目的以及为了市场调查或观点调查目的而经营性的处理个人数据的，无论其为自动数据处理雇有多少人员，均应任命一名数据保护专员。

（2）只有具备完成职责所必需的专业知识和可靠性的人才可以被任命为数据保护专员。必要专业知识的范围应特别根据数据处理责任人的规模、责任人收集以及使用的个人数据的保护需求等来确定。也可任命责任人工作人员之外的人作为数据保护专员；数据保护专员的监督可涉及属于职业秘密、特别是职务秘密，尤其是《征税条例》第30条规定的税收秘密的个人信息。经监管机构同意，公共机构可从其他公共机构中任命一名公职人员作为数据保护专员。

（3）数据保护专员直接隶属于公共或者非公共机构的负责人。在处理数据保护领域的业务时，其免受指示。他不得因履行职责而受到歧视。对数据保护专员的任命可以适用《德国民法典》第626条的规定予以撤回，在非公共机构，也可应监管机构的要求而撤回。根据第1款任命的数据保护专员，不得被解除其劳动关系，除非出现了责任人基于重要事由无须遵守解雇期限即有权解除劳动关系的事由。在撤回数据保护官员任命、终止职务后一年内不得解除其劳动关系，除非出现了责任人基于重要事由无须遵守解雇期限即有权解除劳动关系的事由。为了维持履行职责所必要的专业知识，责任人应确保数据保护专员有机会参加继续教育或深造活动并承担其费用。

（4）数据保护专员有义务为数据当事人的身份以及足以推断出数据当事人的情况保守秘密，除非数据当事人免除了其此项义务。

（4a）如果针对特定数据，责任人的负责人或其他受雇于公共机构或非公共机构的人员出于职业原因享有拒绝作证权，则数据保护专员在从事职务过程中知悉该数据时，他及其辅助人也享有拒绝作证权。该权利的行使由出于职业原因而享有作证拒绝权的人来决定，除非在可预见的时间内他无法做出决定。在数据保护专员享有作证沉默权的范围内，他的文件和其他书面文字禁止扣押。

（5）公共和非公共机构必须支持数据保护专员履行职务，特别是在其履行职务所必要的范围内，提供辅助人以及工作场所、机构、设备、资金供其支配。数据当事人可随时求助于数据保护专员。

【第4g条】数据保护专员的职责

（1）数据保护专员应致力于本法及其他数据保护规定的遵守。为实现此目的，在有疑问时，数据保护专员可求助于对责任人的数据监督负责的相关机构。他可以根据本法第38条第1款第2句提出咨询要求。特别是，他必须：

1. 对按规定使用处理个人数据的数据处理程序进行监督；为实现此目的，自动处理个人数据的计划必须通知他；

2. 通过适当的措施使从事个人数据处理的人员熟知本法以及其他法律关于数据保护的规定，熟知数据保护的任何特别要求。

（2）责任人应向数据保护专员提供本法第4e条第1句所规定之陈述以及有权获取数据者的概览。在有人提出申请时，数据保护专员应以妥当的方式向申请人提供本法第4e条第1句第1—8项的陈述。

（2a）在不存在设置数据保护专员义务的非公共机构，该非公共机构的负责人必须以其他方式确保本条第1、2款规定的职责实现。

（3）第2款第2句不适用于本法第6条第2款第4句所述机关。在机关的数据保护专员与机关负责人取得一致意见时，第1款第2句可得到适用。机关的数据保护专员与机关负责人之间的争议由上级联邦机关裁决。

【第5条】数据保密

从事数据处理的工作人员未经许可禁止收集、处理以及使用个人数据（数据保密）。非公共机构的上述人员从事工作时有保守数据秘密的义务。在工作结束后，上述义务继续存续。

【第6条】数据当事人的权利

（1）禁止通过法律行为排除或限制数据当事人的知情权（本法第19条、第34条）、更正权、删除权以及屏蔽权（本法第20条、35条）。

（2）如数据由多个有权存储者自动存储且数据当事人无法确定该数据在哪个存储者处存储，则其可向任一有权存储者提出主张。被提出主张者有义务将数据当事人的诉求转告给存储数据者。数据当事人应被告知其诉求已被转告及其被转告者。本法第19条第3款所述之人、检察机关、警察机关以及在履行其法定职责过程中在《征税条例》适用范围内为监督和检查而存储个人数据的财政管理公共机构可不告知数据当事人而告知联邦数据保护和信息自由专员。在这种情况下，应按照第19条第6款规定做进一步处理。

（3）有关数据当事人行使本法以及其他数据保护法律所规定权利的个人数据，责任人只有在履行从该权利行使中产生的义务时才允许使用。

【第6a条】个别决定的自动处理

（1）对数据当事人产生法律效果或重大影响的决定不可唯一依靠经自动处理的、用以评价个体人格特征的个人数据做出。特别是在如下情况下，也即非通过自然人做出内容性评价以及建立在此评价基础上的决定时，应认定存在着唯一依靠经自动处理数据而做出的决定。

（2）有如下情况之一的，上述规定不得适用：

1. 上述决定在缔结或履行合同关系以及其他法律关系的框架中做出并且该决定满足了数据当事人的诉求。

2. 数据当事人的合法权益通过妥当的方式得以确保并且责任人将第1款所述决定存在的事实通知了数据当事人，同时在数据当事人提出要求时，向其通知并解释了该决定做出的实质理由。

（3）数据当事人根据本法第19条和第34条享有的知情权涵盖有关其自身数据自动处理程序的逻辑结构。

【第6b条】通过光电设备监控公共场所

（1）只有在如下情况下并且不存在数据当事人更值得保护的利益时才可以通过光电设备（视频监控）监控公共场所：

1. 公共机构为履行职责；

2. 实现居住者权；

3. 为具体确定的目的而实现合法权益。

（2）监控的情况以及责任人应通过妥当方式予以标志。

（3）只有为实现所追求的目的必要并且不存在数据当事人更值得保护的利益时才可以处理和使用通过第1款而获取的数据。只有为避免对国家和公共安全的危险以及追究刑事犯罪所必要的范围内，才可以为了其他目的处理和使用上述数据。

（4）如通过视频监控获取的是确定人的数据，则应根据本法第19a条和第33条就数据的处理和使用通知该人。

（5）数据为实现其目的所不必要的，或继续存储数据有违数据当事人更值得保护的利益的，应立即删除该数据。

【第6c条】移动式个人数据存储和处理媒介

（1）移动式个人数据存储和处理媒介的发行者或全部或部分在这种媒介上自动处理、刻录、修改个人数据者或随时准备从事上述行为者在数据当事人尚未知悉如下信息时，应予以告知：

1. 责任人的身份和地址；

2. 以普通人可理解的方式告知媒介的工作方式，包括被处理的个人相关数据类型；

3. 数据当事人如何行使本法第19条、第20条、第34条以及第35条所规定的权利；

4. 在媒介丢失或毁损时可采取的措施。

（2）根据第1款负有义务的人应负责在适当的范围内提供实现知情权所必要的设施和设备供免费使用。

（3）在媒介上处理数据的数据交换过程对数据当事人来说必须可清楚识别。

【第7条】损害赔偿

责任人通过依据本法或者其他数据保护法律不允许的或不正确对他人个人数据的收集、处理或使用致他人遭受损害的，其或其责任承担人应向数据当事人承担损害赔偿义务。如责任人根据案件情况已经尽到了可能的注意义务，则免除其损害赔偿责任。

【第8条】公共机构自动数据处理时的损害赔偿

（1）公共机构通过依据本法或者其他数据保护法律不允许的或不正确的对他人个人数据的收集、处理或使用致其遭受损害的，其责任承担人无论是否有过错，均应对数据当事人承担损害赔偿义务。

（2）在严重侵害人格权时，应对数据当事人遭受的非财产损害以金钱方式予以适当赔偿。

（3）本条第1、2款规定的请求权总额总共不得超过13万欧元。如因同一事件引起对多人的损害赔偿，且赔偿总额超过13万欧元的，则按照总额和最高额的比例关系，缩减对每个人的损害赔偿额度。

（4）一个自动处理有多个有权存储者且受害人无法确定实际存储者的，所有存储者承担连带责任。

（5）对损害的发生数据当事人也有过错的，适用《德国民法典》第254条。

（6）上述损害赔偿请求权的诉讼时效适用《德国民法典》侵权行为诉讼时效的规定。

【第9条】技术和组织措施

自行或受委托收集、处理或使用个人数据的公共和非公共机构应采取必要技术和组织措施保障本法规定，特别是本法附件所规定的要求得以落实。必要措施是指有关措施的花费和它所追求的保护目标存在适当比例关系的措施。

【第9a条】数据保护检查

为了改善数据保护和数据安全，数据处理系统或程序的供货方以及处理数据的责任人应让中立且可靠的鉴定人对其数据保护理念和技术设施进行检查和评估并公布该检查结果。对检查和评估、程序和鉴定人选择及许可的进一步要求通过特别法调整。

【第10条】自动提取程序的设置

(1)只有顾及数据当事人值得保护的利益、参与人的职责或商业目的之后仍然认为是妥当的,才可设置通过提取而传输个人数据的自动程序。

(2)数据分享人必须确保提取程序的许可是可控制的。此外,他必须以书面形式明确:

1. 检索程序的动因和目的;
2. 被传输数据的第三人;
3. 被传输的数据类型;
4. 本法第9条所要求的技术和组织措施。

在公共领域,也可由专业监管机构作出必要规定。

(3)设置有本法第12条第1款所述责任人参与的提取程序的,应通知联邦数据保护和信息自由专员并同时告知其本条第2款所要求规定的内容。只有管辖存储者或提取者的联邦或者州的部同意时,才可设置本法第6条第2款和第19条第3款所述责任人参与的提取程序。

(4)被传输数据的第三人对单个提取的许可承担责任。存储者仅在存在合理怀疑时才需要审查提取是否许可。存储者必须确保至少可以通过适当的抽样程序确认或者复查个人数据的传输。在个人数据的整体状态被提取或者传输(批处理)时,仅需确保该整体状态被提取或者传输的许可可得以确认和复查。

(5)本条1—4款不适用于提取公共数据。公共数据是指,任何人都可使用的数据,无论该使用是否需要提前登记、提前许可或者缴纳费用。

【第11条】委托从事个人数据收集、处理以及使用

(1)如委托他人收集、处理和使用个人数据,委托人对本法以及其他数据法律得到遵守负责。应向委托人主张本法第6、7、8条所述权利。

(2)委托人必须谨慎选择受托人,特别应考虑受托人采取技术和组织措施的能力。委托应采取书面形式,并特别应确认如下细节:

1. 委托的对象和期限;
2. 收集、处理以及使用数据的范围、种类和目的,数据的种类以及数据当事人的范围;
3. 根据本法第9条所要采取的技术和组织措施;
4. 数据的更正、删除和屏蔽;
5. 受托人根据本条第4款所承担的义务,特别是他所采取的控制措施;

6. 可能的进行转委托的权利;
7. 委托人的检查权以及受托人相应的容忍和配合义务;
8. 受托人及其工作人员违反数据保护法律或委托规则时的通知;
9. 委托人所保留的对受托人的指示权范围;
10. 数据介质的返还以及委托结束时受托人存储数据的删除。

在公共机构,该规则也可由专业监督机构颁布。委托人必须从数据处理开始直至整个数据处理过程都经检查而确信受托人遵守了技术和组织措施。其结果应予以记录。

(3)受托人只能在委托人指示的范围内收集、处理和使用数据。如果他认为委托人的指示违反了本法或者其他数据保护的法律,应及时向委托人指出。

(4)对受托人除适用本法第5条,第9条,第43条第1款第2、10、11项,第2款第1至3项,第3款以及第44条外,仅适用数据保护控制和监督的规定,更确切地说:

1. 对公共机构和公共主体拥有多数份额或多数表决权并且委托人是公共机构的非公共机构适用本法第18条、24—26条以及州数据保护法中的相关规定。

2. 其他作为服务企业经营受托收集、处理和使用个人数据业务的非公共机构适用本法第4f条、4g条,以及38条的规定。

(5)在委托其他机构检测、维护自动处理程序或数据处理设备且其不可避免会触及个人数据时,适用本条1—4款的相应规定。

第二章 公共机构的数据处理

第一节 数据处理的法律依据

【第12条】适用范围

(1)本节适用于未作为公法上的企业参与市场竞争的联邦公共机构;

(2)在数据保护未受州法调整的范围内,本法第12条至16条、19条至20条也适用于州立公共机构,只要其符合如下条件之一:

1. 执行联邦法律并且未作为公法上的企业参与市场竞争;
2. 作为司法机关并且不涉及管理事务。

(3)本法第23条第4款相应适用于州数据保护专员。

(4)为了过去、现存以及将来的雇佣关系而收集、处理和使用个人数据的，适用本法第 28 条第 2 款第 2 项及 32 条至 35 条的规定而不适用第 13 条至第 16 条以及第 19 条至第 20 条的规定。

【第 13 条】数据收集

（1）责任人履行职责必须知悉个人数据的，允许其收集个人数据。

（1a）不是在数据当事人处而是在非公共机构处收集个人数据的，必须向该机构指明其答复义务的法律依据，如没有此依据应告知其有说明的自由。

（2）具备如下条件之一的，才允许收集特殊个人数据（第 3 条第 9 款）：

1. 有法律规定或者重大公共利益迫切需要收集的；

2. 数据当事人根据本法第 4a 条第 3 款同意收集的；

3. 数据当事人因为身体或法律原因无法同意，但为保护其或者第三人极其重要的利益又必须收集的；

4. 涉及数据当事人已明确公开的数据的；

5. 为防范对公共安全重大威胁所必需的；

6. 为防止对公共福利重大不利后果或保障重大公共福利诉求所必需的；

7. 为疾病预防、医学诊断、健康照管、手术以及医疗服务机构的管理目的所必须，且该数据处理由医务人员或者其他负有相应保密义务的人员完成的；

8. 为科学研究的进行所必须，并且落实该研究计划的科学意义明显大于数据当事人排除个人数据收集的利益，同时该研究目的又无法通过或者只能支出不成比例的高额花费才能通过其他方式实现的；

9. 为联邦公共机构在紧迫事由防卫时完成职责或完成国际或国家间处理危机、避免冲突和采取人道主义措施的职责所必需的。

【第 14 条】数据的存储、修改和使用

（1）只有履行责任人职责范围内的任务所必要并且有关数据是为此职责而收集的，才可以对数据进行存储、修改和使用。如果先前没有收集行为，则数据只能为其所以存储的目的而修改和使用。

（2）只有具备如下条件之一的，才可以为其他目的而存储、修改和使用数据：

1. 法律对此有明文规定或者该行为是实现法律规定的必要前提；

2. 数据当事人同意；

3. 明显为了数据当事人的利益且没有理由认为数据当事人在知悉该其他目的时会拒绝同意；

4. 因为存在数据当事人做虚假陈述的事实依据，必须对其陈述进行复核；

  5. 数据属于公共数据或可以对责任人公开，除非数据当事人值得保护的利益明显排除这种目的改变；

  6. 为防止对公共福利重大不利后果、对公共安全重大威胁或保障重大公共福利诉求所必要；

  7. 为追究违法或者犯罪行为，执行或者实施刑罚、《德国刑法典》第11条第1款第8项所规定的措施、《青少年法院法》意义上的管教措施或惩戒措施以及罚金规定而必要；

  8. 为防止对他人权利的重大不利影响而必要；

  9. 为科学研究的进行所必要，且落实该研究计划的科学意义明显大于数据当事人排除个人数据收集的利益，同时该研究目的又无法通过或者只能支出不成比例的高额花费才能通过其他方式实现。

  （3）为实现对责任人的监督和监控权力，对责任人查账或实施组织调查而从事的数据处理和使用，不属于为其他目的而处理或使用数据。在数据当事人不存在其他更值得保护的利益时，为了教育或考试目的而由责任人进行的数据处理或使用也不属于为其他目的处理或使用。

  （4）仅为数据保护控制、数据安全或为保障数据处理设施合规运行而存储的个人数据，仅可用于上述目的。

  （5）只有具备如下条件之一的，才允许为了其他目的而存储、修改或使用特殊个人数据（第3条第9款）：

  1. 本法第13条第2款第1—6项或第9项规定的允许收集的前提已经具备；

  2. 为科学研究进行所必要，且落实该研究计划的科学意义明显大于数据当事人排除个人数据收集的利益，同时该研究目的又无法通过或者只能支出不成比例的高额花费才能通过其他方式实现。

  根据前款第2项进行利益权衡时在公共利益的范畴内应特别顾及研究计划的科学意义。

  （6）为第13条第2款第7项所述目的而存储、修改和使用特殊个人数据（第3条第9款）的，应遵守第13条第2款第7项所述之人应遵守的保密义务。

  【第15条】向公共机构传输数据

  （1）只有在同时符合如下条件时，才可向公共机构传输数据：

  1. 为实现被传输机构或接受传输数据的第三人职权范围内的任务所

必要；

2. 使用符合本法第14条规定的前提条件。

（2）传输者对传输是否许可承担责任。应接收数据的第三人要求而向其传输数据的，由该第三人承担责任。在这种情况下，除非存在需要审查传输是否允许的特别理由，传输者只需要审查传输请求是否属于第三人的职务范围。本法第10条第4款不受本款影响。

（3）接收数据的第三人可按照向其传输数据的目的而处理和使用数据。只有符合本法第14条第2款规定时，才可为其他目的而处理或使用数据。

（4）本条第1—3款适用于向公法上的宗教团体传输个人数据，只要能确认，该宗教团体采取了足够的数据保护措施。

（5）根据本条第1款可传输的数据和数据当事人或第三人的其他数据以不可分割的或者只有花费不合理的费用才可分割的方式结合在一起的，只有在数据当事人或第三人合法的保密权益非明显重要的情况下，该数据才允许传输，但不允许使用该其他数据。

（6）在公共机构内部传输个人数据也应适用上述第5款。

【第16条】向非公共机构传输数据

（1）只有具备如下条件之一的，才可向非公共机构传输个人数据：

1. 为传输机构履行职权范围内的任务所必要并且满足了本法14条规定的使用前提；

2. 接收数据的第三人令人信服地指出了其对知悉被传输信息的正当利益并且数据当事人对排除传播不享有值得保护的利益。特殊个人数据（第3条第9款）的传输不适用上一句后半段的规则，只有在该数据的使用根据第14条第5和6款的规定被许可或该传输为主张、行使或保护法律上的请求权所必须时才允许。

（2）传输者对传输是否许可承担责任。

（3）在本条第1款第2项规定的情况下，由传输人就数据传输通知数据当事人。可预期数据当事人可以通过其他方式知悉该传输或通知将危害共公共安全或通知将导致对联邦或州福利的不利后果时，可以不为上述通知。

（4）接收数据的第三人只能按照向其传输数据的目的处理和使用数据。传输者必须向其指出这一点。只有在传输根据本条第1款得以允许并且传输者同意时，才可以为其他目的处理和使用数据。

【第17条】（已删除）

【第18条】联邦行政机构对数据保护的执行

（1）最高联邦机关、联邦铁路财团主席以及由联邦政府或者最高联邦机关单独进行法律监督的联邦直属机构、组织和公法上的基金会必须确保在其业务范围内本法以及其他数据保护法律的执行。上述规定也适用于用德国邮政特别财产依法设立的依据《邮政法》享有专营权的企业的董事会。

（2）公共机构应设立其所使用的数据处理设备的目录。对于自动数据处理，其应书面形式设置本法第4e条规定的说明以及数据处理的法律依据。但服务于一般行政目的并且数据当事人的知情权没有根据本法第19条第3、4款受到限制的自动处理除外。对于以同样或类似方式多次运转的自动数据处理，可一体的设置说明。

第二节 数据当事人的权利

【第19条】对数据当事人的答复

（1）在数据当事人提出申请时，应就如下问题对其答复：

1. 涉及其本人的已存储的信息以及该信息的出处；
2. 数据被进一步传播的接受人或接收人范围；
3. 数据存储的目的。

在申请书中，申请人应详尽说明需答复的个人数据类型。个人数据既没有被自动处理又没有以非自动文档的方式被存储的，只有数据当事人的说明足以使找到数据成为可能并且作出答复所支出的花费和数据当事人的知情利益相比不是特别不成比例时，才可作出答复。责任人根据符合义务的裁量决定答复的程序，特别是答复形式。

（2）因法定的、章程规定的或合同规定的保管义务而不得删除因而存储的个人数据，仅为个人数据安全或者数据监督而存储的数据，以及作出答复将支付不成比例花费的个人数据不适用第1款的规定。

（3）答复涉及向宪法保护机构、联邦情报机构、军队反间谍机构传输个人数据问题的，以及涉及向联邦国防部的其他机构传输涉及联邦安全的个人数据问题的，应征得上述机构同意才可以答复。

（4）在如下情况之一并且数据当事人得到答复的利益相对不重要时，应停止答复：

1. 答复危及责任人依规定履行职责范围内的任务；
2. 答复危及公共安全和秩序或者会给联邦或者州的福祉带来不利影响；
3. 数据或者数据被存储的事实依法或者依据其本质，特别是因第三人重要的合法权益，必须保密。

（5）告知拒绝答复的事实和法律理由将危及拒绝答复所要实现的目的的，拒绝答复无须说明理由。在这种情况下，应向数据当事人指出，他可求助于联邦数据保护和信息自由专员。

（6）未给予数据当事人答复的，应当事人的要求，应将答复交给联邦数据保护和信息自由专员，但应由相关负责的联邦机构确认，这样做不会危及联邦或州的安全。只要责任人未同意做进一步答复，不允许从联邦数据保护和信息自由专员对数据当事人的通知中推断责任人的认知状态。

（7）答复应为无偿。

【第19a条】告知

（1）在数据当事人不知情时收集其数据的，应告知其数据被存储的事实、责任人的身份以及数据被收集、处理和使用的目的。数据当事人无法预知数据将向他人传输的，也应告知其数据接收人或数据接收人的范围。如计划传输的，应最晚在第一次传输之时通知数据当事人。

（2）有如下情况之一的，不存在告知义务：

1. 数据当事人已通过其他途径获悉数据被存储或传输；
2. 通知数据当事人将导致不合理的花费；
3. 法律对个人数据的存储或传输有明确规定。

责任人应以书面形式确认，在哪些条件下可免除上述第（2）、（3）种情况下的告知义务。

（3）本法第19条第2—4款也可适用。

【第20条】数据的更正、删除及屏蔽；异议权

（1）个人数据不正确的，应被更正。已确认既非自动处理又不是以非自动文档形式存储的个人数据不正确的，或者数据当事人对其正确性提出争议的，应以妥当方式对此予以记录。

（2）有如下情况之一的，应删除自动处理或以非自动文档形式存储的个人数据：

1. 其存储不被许可；
2. 知悉该数据对责任人实现其职权范围内的任务已不再必要。

（3）在如下情况下应屏蔽而不是删除数据：

1. 删除违反法律、章程或者合同规定的保存期限；
2. 有理由认为删除数据会侵害数据当事人值得保护的利益；
3. 因为存储的特别方式，删除不可能或者需要花费不合理的高额成本。

（4）数据当事人对个人数据的正确性提出争议，但又无法确定其是否正

确的，应将自动处理的或以非自动文档形式存储的个人数据予以屏蔽。

（5）数据当事人向责任人提出异议且审查后认为数据当事人值得保护的利益比责任人收集、处理和使用数据的利益更重要的，不得为自动处理或将其处理为非自动文档形式而收集、处理以及使用数据。但收集、处理和使用数据是法律规定的义务的，不适用上句规定。

（6）有关机构在个案中确认不屏蔽数据将会影响数据当事人值得保护的利益并且该数据对有关机构完成职务不再必要的，应屏蔽既非自动处理，又非以非自动文档形式存储的个人数据。

（7）同时具备如下条件的，才可未经数据当事人许可传输或使用被屏蔽的个人数据：

1. 为科学目的、为消除证据困境或者为了责任人或第三人更重要的利益不得不传输或使用数据，

2. 如该数据未被屏蔽，其就是为上述目的而被传播或使用的。

（8）通知不花费不合理费用且不与数据当事人值得保护的利益相冲突的，在数据传输中应向为了存储而向其进一步传递数据的人通知不正确数据被更正、争议数据被屏蔽以及数据因为不允许存储而被删除或屏蔽的事实。

（9）《联邦档案法》第2条第1—6款、第8款以及第9款也应适用。

【第21条】向联邦数据保护和信息自由专员投诉

任何人如认为联邦公共机构对其个人数据的收集、处理或使用侵害了其权利，均可求助联邦数据保护和信息自由专员。但仅可对联邦法院在管理事务中收集、处理和使用个人数据的行为适用上述规定。

第三节 联邦数据保护和信息自由专员

【第22条】联邦数据保护和信息自由专员的选举

（1）德国联邦议会根据联邦政府的建议以全体议员的过半数选举联邦数据保护和信息自由专员（以下简称联邦数据保护专员）。选举时联邦数据保护专员必须年满35周岁。当选者由联邦总统任命。

（2）联邦数据保护专员应当内务部长之面，作如下宣誓："我宣誓，我将尽全部之力为德意志民族谋福祉，增加德意志民族之利益，避免德意志民族之损害，尊重并捍卫基本法和联邦法律，认真履行职责，公正待人。愿上帝保佑。"宣誓可不包含最后一句宗教性保证。

（3）联邦数据保护专员任期5年，可连选连任一次。

（4）联邦数据保护专员根据本法与联邦存在公法上的职务关系。他独立

行使职权，仅服从法律。他处于联邦政府的法律监督之下。

（5）联邦数据保护专员设立于联邦内务部，处于联邦内务部的职责监督之下。应为联邦数据保护专员配备履行职务所必要的人员和物质条件；这些人员和物质条件应在联邦内务部的预算中单独开列。其职员经联邦数据保护专员同意而任命。其职员之调离、调遣或者转岗应经联邦数据保护专员同意，除非该职员对上述举措表示同意。

（6）如联邦数据保护专员暂时无法履行职务，联邦内务部长可委派他人代行职务。联邦数据保护专员应对此知悉。

【第23条】联邦数据保护专员的法律地位

（1）自其任命书公布之日起，联邦数据保护专员任职开始。在其任期期限届满或被免职时，其职务终止。

应联邦数据保护专员要求或一名终身法官认为足以导致免除职务的原因出现时，根据联邦政府的建议，联邦总统可免除联邦数据保护专员职务。在职务终止时，联邦数据保护专员将收到联邦总统签发的证书。免职自该证书公布之日起生效。应联邦内务部长请求，联邦数据保护专员有义务在其继任者任命之前继续履行职务。

（2）联邦数据保护专员除本职工作外，不得担任其他支付薪金的职务，从事其他行业或者职业，既不能成为以营利为目的的企业的领导层、监事会或管委会成员也不能成为联邦或州政府以及立法机构的成员。禁止联邦数据保护专员在法庭之外出具接受报酬的鉴定。

（3）联邦数据保护专员应向联邦内务部报告其因职务关系而收到的礼物。联邦内务部有权决定该礼物的使用。

（4）联邦数据保护专员有权就将其作为联邦数据保护专员而倾诉事实的人以及他所倾诉的事实拒绝作证。联邦数据保护专员的工作人员也享有该权利，但联邦数据保护专员有权决定他是否行使该权利。在联邦数据保护专员享有拒绝作证权的范围内，不得要求他出示或提供文件或者其他书面材料。

（5）联邦数据保护专员在任职结束后有义务对其因职务原因而知悉的事务保持沉默。对业务往来中的通知、已公开的或者根据其意义并不需要保密的事实也是如此。即使不再担任职务，非经联邦内务部批准，联邦数据保护专员不得就上述事项在法庭上或者法庭外说明或解释。此规定不妨碍法律规定的检举犯罪的义务以及在自由民主的基本秩序受到威胁时，为维护它而发表意见。《征税条例》第93条、97条、第105条第1款、第111条第5款结合第105条第1款和116条第1款不适用于联邦数据保护专员及其工作人员。

上述第5句不适用于财政机关为执行存在重大公共利益的针对犯罪行为的程序以及与其相关的税收程序必须知悉有关信息的情况和申报义务人或为其工作的人员故意错误陈述的情况。联邦数据保护专员确认违反数据保护的,有权检举此行为并就此通知数据当事人。

(6)只有说明会给联邦或州的福祉带来不利后果、说明将会危及公共职责的履行或说明将使得公共职责的履行变得异常困难的,联邦内务部才可拒绝批准上述作证。批准将会给职务利益带来不利后果的,可以拒绝批准鉴定的作出。《联邦宪法法院法》第28条的效力不受本规定影响。

(7)从任职当月开始至职务终止当月结束,在出现本条1—6款规定情况时至事务结束的当月止,联邦数据保护专员就其职务履行可获得联邦公务员薪金级别B9的薪金。《联邦差旅费法》和《联邦搬家费法》对其适用。此外,《联邦部长法》第12条第6款以及第13条至第20条和第21a条第5款也应对其适用,但在适用时《联邦部长法》第15条第1款的4年任职期间应改为5年,第21a条第5款的薪金级别B11应改为薪金级别B9。如适用《公务员供养法》对其更加有利且联邦数据保护专员在当选前作为公务员或法官至少占据一个在任职期间一般最终能达到薪金级别B9的职位,则联邦数据保护专员的退休金可不适用上述第3句及《联邦部长法》第15条至第17条以及第21a条第5款,而应将其任职期间折合为职务期间适用《公务员供养法》计算。

(8)第5款第5句至第7句适用于负责检查各州的数据保护法律是否得到遵守的公共机构。

【第24条】联邦数据保护专员的检查

(1)联邦数据保护专员负责检查在联邦公共机构本法以及其他数据保护法律的遵守。

(2)联邦数据保护专员也可检查:

1. 从联邦公共机构获得的关于通信、邮政以及电信往来的内容和其他情况的个人数据;

2. 属于职业或特别职务秘密,特别是《征税条例》第30条的税收秘密的个人数据。

基本法第10条规定的通信、邮政和电信秘密之基本权利因此而受到限制。根据第10法案(也即《通信、邮政和电信秘密限制法》——译者注)第15条由有关委员会监督的个人数据不属于联邦数据保护专员检查的范围,但相关委员会请求联邦数据保护专员对特定过程或特定领域的数据保护规范是否得到遵守进行检查并仅向其报告的除外。如被检查的数据当事人在个案中反对联邦数据保护专员监督涉及其他数据,安全核查档案中的个人数据也不由联邦数据保护专员检查。

(3)联邦法院只有在管理事务中才受联邦数据保护专员的检查。

(4)联邦公共机构有义务支持联邦数据保护专员及其委托之人履行职责。在此,他们特别应:

1. 对其问题进行答复,向其提供关于所有情况,特别是和存储数据以及数据处理程序有关情况的认识。

2. 允许其随时进入办公场所。

本法第6条和第19条第3款所述机构仅向数据保护专员及其书面委托之人提供支持。但最高联邦机构在个案中确认答复或审阅将危及联邦或州之安全的,不适用第2句的规定。

(5)联邦数据保护专员应向公共机构通知其检查的结果。与此同时,他可提出改善数据保护,特别是消除个人数据处理和使用方面既存瑕疵的建议。本法第25条不受此规定影响。

(6)第2款适用于负责检查各州的数据保护法律是否得到遵守的公共机构。

【第25条】联邦数据保护专员的指责

(1)联邦数据保护专员确认违反本法规定或其他数据保护规定以及在个人数据处理和使用过程中存在瑕疵的,应就此向如下对象提出指责:

1. 在联邦行政管理方面,向负责的最高行政机构;

2. 在联邦铁路财团,向财团主席;

3. 在享有专营权的用德国邮政特别财产依法设立的企业,向其董事会;

4. 在联邦直属的公法性实体、机构、基金会以及上述机构无论何种形式的联合,向其理事会或其他有权代表的机构;

并要求上述对象在其所确定的时间内发表意见。在第1句第4种情况下,联邦数据保护专员应立即通知该机构的监管机构。

(2)如涉及不重要的或在此期间已经纠正了的瑕疵,则联邦数据保护专员可不再指责或不要求发表意见。

(3)发表的意见应包含针对联邦数据保护专员的指责而采取之措施的说明。第1款第1句第4项所述机构应同时向监管机构抄送向联邦数据保护专员发表意见的副本。

【第26条】联邦数据保护专员的其他职责

(1)联邦数据保护专员每两年向联邦议会做一次工作报告。向联邦议会和公众报告数据保护的实质进展。

(2)应联邦议会或联邦政府的要求,联邦数据保护专业应出具鉴定或做出报告。应联邦议会、诉愿委员会、内政委员会以及联邦政府的要求,联邦数据保护专员应进一步调查公共机构数据保护事务及过程。联邦数据保护专员可随时求助于联邦议会。

(3)联邦数据保护专员可向联邦政府和本法第12条第1款所述联邦机构提出改善数据保护的建议,就数据保护事宜向其提供咨询。如有关建议或咨询无法直接针对本法第25条第1款第1—4项所述的机构,联邦数据保护专员可向其发出通知。

(4)联邦数据保护专员应与负责检查各州的数据保护法律是否得到遵守的公共机构以及本法第38条规定的监管机构合作。本法第38条第1款第4、5句应予以适用。

第三章 非公共机构和公法上的竞争企业对数据的处理

第一节 处理数据的法律基础

【第27条】适用范围

(1)本节规定适用于如下机构使用数据处理设备处理、使用个人数据以及为此而收集个人数据或者将个人数据处理、使用成非自动文档以及将非自动文档处理、使用为自动数据或为此收集数据:

1. 非公共机构;

2. a)作为公法上企业参与竞争的联邦公共机构;

b)执行联邦法律且数据保护未受州法调整的、作为公法上企业参与竞争的州公共机构。

仅为个人或家庭目的而收集、处理或使用数据的,不适用上述规定。对上述2.b)所述主体适用第18条、21条以及24—26条的规定而不适用38条的规定。

(2)除了非自动文档,本节规定不适用于处理和使用显然不是从自动处理中获得的个人数据。

【第28条】为个人营业目的而收集和存储数据

(1)有如下情况之一的,允许为实现个人营业目的而获取、存储、修改、传输或使用个人数据:

1. 为与数据当事人缔结、履行或者终止法律行为或准法律行为性质的债权关系所必要；

2. 为维护责任人的合法权益所必要并且没有理由认为数据当事人排除处理和使用的利益更重要；

3. 有关数据是公共数据或者允许责任人公开的数据，除非数据当事人排除处理和使用的利益明显比责任人的正当利益更重要。

在收集个人数据时，该数据被处理和使用的目的就应被具体确定。

（2）有如下条件之一的，允许为了其他目的传输和使用数据：

1. 在第1款第1句第2、3项规定的前提下；

2. 为维护第三人合法权益或保护国家安全或公共安全免遭危险或为追究犯罪所必要，并且不存在认为数据当事人排除处理和使用的利益更重要的理由。

3. 为执行科学研究的研究机构的利益所必要，且实施该研究计划的科学意义明显大于数据当事人排除个人数据收集的利益，同时该研究目的又无法通过或只能支出不成比例的高额花费才能通过其他方式实现。

（3）经数据当事人同意的或在数据当事人非书面形式同意时，以本条3a款规定的方式向责任人做出同意意思的，允许以地址出售或广告为目的的个人数据处理和使用。此外，以目录形式或其他形式整理的涉及数据当事人群体属性、职业名称、行业名称、业务名称、姓名、头衔、学术级别、地址和出生年等群体成员身份的个人数据在为实现如下目的而必要时，允许处理和使用：

1. 为给自己的供给做广告，责任人根据本条第1款第1句第1项从数据当事人处或从普通人均可获得的地址簿、电话号码簿、行业目录或类似目录中收集数据当事人除群体属性之外的数据。

2. 就数据当事人的职业活动，向其办公地址发布广告；

3. 为根据《所得税法》第10b条和第34g条而享有税收优惠的捐赠发布广告。

为本款第2句第1项的目的，责任人也可以进一步存储此项所述数据外的其他数据。如数据的传输根据第34条第1a款第1句而被存储，则根据上述第2句整理的数据也可为广告目的而传输；但必须在广告中清楚表明首次收集数据者。不依赖于第2句规定的前提，如向数据当事人提出做广告的请求时，其可清楚识别对数据使用负责的机构，则个人数据可被用于他人供给的广告。只有在数据当事人不存在更值得保护的利益时，才允许本款2—4句规定的数据处理和使用。根据第1、2、4句传输的数据仅可用于它之所以被传播的目的。

（3a）如本法第4a条规定的同意非以书面形式而是以其他形式做出，责任人应以书面形式对数据当事人的同意内容予以确认，但同意是以电子形式表示且责任人确保同意被记录，数据当事人可随时调取同意的内容，同意可随时面向将来而撤回的除外。如同意和其他表示一同以书面形式做出，其应以在打印技术上清楚的形式予以特别突出。

（3b）如数据当事人不同意，就不能或难以通过其他方式获得同样合同给付的，责任人不得将合同的缔结依赖于数据当事人根据上述第3款第1句做出的同意。在上述情况下做出的同意无效。

（4）数据当事人反对责任人为广告或市场调查及观点调查目的而处理或使用其个人数据的，不允许为此目的而处理或使用个人数据。在提出将个人数据用于做广告或市场调查及观点调查目的的请求时以及在第1款第1句第1项规定的情况下，在建立法律行为性质或准法律行为性质的债权关系时，应根据第1句告知数据当事人责任人及数据当事人的反对权。请求人使用数据当事人不知悉存储人的个人数据的，他必须确保数据当事人知悉数据来源。数据当事人反对第三人处理或使用根据第3款规定在其目的范围内传输给第三人的用于广告或市场调查及观点调查目的的数据的，第三人禁止将数据使用于此目的。在第1款第1句第1项规定的情况下，反对并不要求使用缔结法律行为或准法律行为债权关系所要求的严格形式。

（5）被传输数据的第三人只可根据之所以将数据传输给其他目的而处理和使用数据。对非公共机构来说，只有在第2、3款规定的前提条件下，对公共机构来说，只有在第14条第2款规定的前提条件下才可为其他目的而使用传输给其他数据。传输者必须向其指出这一点。

（6）数据当事人未根据第4a条第3款予以同意，但具备如下条件之一的，允许为个人营业目的而收集、处理和使用特殊数据：

1. 为保护数据当事人或者第三人极其重要的利益所必要，且数据当事人因为身体或者法律原因无法同意；

2. 涉及数据当事人已明确公开的数据；

3. 为主张、行使或保护法律上的请求所必要并没有理由认为数据当事人对排除数据的收集、处理和使用享有更重要的利益；

4. 为科学研究的进行所必要，且落实该研究计划的科学意义明显大于数据当事人排除个人数据收集的利益，同时该研究目的又无法通过或者只能支出不成比例的高额花费才能通过其他方式实现。

（7）为疾病预防、医学诊断、健康照管、手术和医疗服务机构的管理目的所必须，且该数据处理由医务人员或者其他负有相应保密义务的人员完成的，可以收集特殊个人数据（本法第3条第9款）。为上一句所述目的处理或使用数据时，应遵守上一句所述人员应承担的保密义务。只有医生授权时，才允许其他不属于《刑法典》第203条第1和第3款所规定的从事确诊、治疗、缓解疾病或生产、运营辅助工具职业之人为了第1句所述目的收集、处理和使用个人健康数据。

（8）只有在第6款第1—4句或第7款第1句所规定的前提下，才可为了其他目的而传输或使用特殊个人数据（本法第3条第9款）。对保护国家安全或公共安全免遭重大威胁、对追究犯罪具有重大意义时，也允许传输或使用特殊个人数据。

（9）以政治、哲学、宗教和工会活动为导向且不以营利为目的的组织，在其活动所必要的范围内，允许收集、处理和使用特殊个人数据（第3条第9款）。上述规定仅适用于其成员的个人数据以及根据营业目的与其保持稳定联系之人的个人数据。只有在本法第4a条第3款规定的前提下，才允许向组织之外的人或者机构传输上述数据。本条第2款第2项（2）的规定也适用。

【第28a条】 向信息服务机构传输数据

（1）只有债的关系中规定的给付已到期但尚未履行，传输对于保障责任人或第三人的合法权益必要且符合下列条件之一的，才允许向信息服务机构传输关于债权的个人信息：

1. 债权已得到发生法律效力的判决或先予执行判决确认或根据《民事诉讼法》第794条存在债之名义；

2. 债权根据《支付不能法》第178条的规定得到确认并且债务人在审查期限内没有提出异议；

3. 数据当事人明确承认该债权；

4. a）数据当事人在债权履行期限届满后至少被催告两次，

b）从第一次催告到数据被传输存在至少4周时间，

c）责任人在信息被传输前但不早于第一次催告时及时通知了数据当事人，并且

d）数据当事人对债权没有异议。

5. 作为债权基础的合同关系因为给付迟延被解除且责任人就将进行的传输通知了数据当事人。

如果责任人本人根据第29条的规定使用该数据,则上述第1句应适用。

(2)为了根据第29条第2款规定将来进行传输,信用机构可以将涉及《信用法》第1条第1款第2句第2项、第8项或第9项规定的银行交易合同之缔结、依约履行以及结束的个人信息向信息服务机构传输,但数据当事人排除传输的值得保护的利益明显比信息服务机构知悉信息的利益更重要的除外。上述第1句不适用于以开设没有透支可能的户头为对象的转账合同。即使数据当事人同意,也不得为了第29条第2款规定的将来传输向信息服务机构传输数据当事人行为方式的数据,这些数据在先合同信任关系的范围内服务于市场的透明性。

(3)如信息服务机构存储了最初传输来的数据,则作为第1、2款传输基础的事实事后发生改变的,责任人必须在知悉后半个月内通知信息服务机构。信息服务机构应向传输人通知最初传输来的数据已被删除的事实。

【第28b条】信用记录

为决定与数据当事人缔结、履行或终止合同,允许获取或者使用数据当事人特定将来行为的概率值,如果:

1. 计算可能性而使用的数据基于科学承认的数学统计程序被证明对于计算特定行为的概率值非常可观;

2. 在通过信息服务机构计算概率值时,存在第29条规定的传输所要使用的数据的前提以及在其他情况下存在第28条规定的允许使用的前提;

3. 计算概率值所使用的不仅仅是地址数据;

4. 如要使用地址数据,在计算概率值前应通知数据当事人。该通知应予以记录。

【第29条】以传输为目的的经营性数据收集、存储

(1)具备如下条件之一的,允许以传输为目的经营性的,特别是为了广告、信息服务或地址交易目的,而收集、存储、修改和使用个人数据:

1. 没有理由认为,数据当事人对于排除数据收集、存储、修改享有更值得保护的利益;

2. 该数据可以从公开途径获取或者该数据对责任人是开放的,但数据当事人对排除数据收集、存储、修改明显享有更值得保护的利益的除外;

3. 具备了第28a条第1款和第2款规定的前提;第28a条第2款第4句规定的数据不得收集或存储。

本法第28条第1款第2句和第3款至第3b款的规定在这种情况下应予以适用。

（2）同时具备如下条件的，允许第1款所述目的范围内的个人数据传输：

1. 被传输数据的第三人已令人信服的说明其对知悉数据享有合法权益；

2. 没有理由认为，数据当事人对于排除数据传输享有更值得保护的利益。

本法第28句第3—3b款的规定在这种情况下应予以适用。在根据上述第1句第1项进行传输时，由传输机构记录存在合法权益的原因以及被传输数据的第三人说明的种类和方式。在自动提取程序中传输时，由被传输的第三人承担记录义务。传输人应根据本法第10条第4款第3句实施抽样程序，并应确定和复查在个案中存在合法权益。

（3）如从基础性的电子或打印目录或索引中可知悉数据当事人存在相反意思的，不得将个人数据收录入电子或打印的地址目录、电话号码目录、行业目录或类似目录中。数据接收人必须确信，在接收目录或索引时，电子或打印的目录或索引中的标志也被接收。

（4）处理和使用被传输的数据适用本法第28条第4款和第5款。

（5）本法第28条第6—9款应适用。

（6）为传输目的而获取、存储、修改用以评价消费者信用的经营性个人数据者应向对待本国出借人的数据要求一样，对待来自其他欧盟成员国或欧洲经济区协议缔约国的出借人的信息要求。

（7）基于本条第6款所述机构的数据而拒绝缔结消费信贷合同或者与消费者缔结其他有偿资金帮助合同的人应毫无迟延的向消费者就此以及所获取的信息为通知。危及公共安全或秩序的，可不予通知。本法第6a条不受本条影响。

【第30条】以匿名传输为目的的经营性数据收集、存储

（1）以匿名传输为目经营性的收集、存储数据的，必须将可将对人或者事的具体描述指向于确定或可得以确定的自然人的标志单独存储。只有在实现存储目的或科学目的所必要时，才可以将该标志和具体描述组合。

（2）具备如下条件之一的，允许修改个人数据：

1. 没有理由认为，数据当事人对于排除数据修改享有更值得保护的利益；

2. 该数据可以从公开途径获取或者该数据对责任人是开放的，除非数据当事人对排除数据修改明显享有更值得保护的利益。

（3）不允许存储的数据应被删除。

（4）本法第29条不得适用；

（5）本法第28条第6—9款应适用。

【第30a条】为市场调查或观点调查目的而经营性的收集、处理个人数据

（1）具备如下条件之一的，允许为市场调查或观点调查目的而经营性的收集、处理以及使用个人数据：

1. 没有理由认为，数据当事人对于排除数据收集、存储、修改享有更值得保护的利益；

2. 该数据可以从公开途径获取或者该数据对责任人是开放的，并且数据当事人对排除数据收集、存储、修改享有的利益并不明显比责任人的利益更重要。

只允许为了特定研究计划而收集、处理和使用特殊个人数据（第3条第9款）。

（2）为市场调查或观点调查目的而收集、处理的个人数据仅可为上述目的而处理或使用。无法从公开途径获取且对责任人不开放的数据仅可为了它之所以被收集所服务的研究计划而被处理和使用。只有在其被匿名，以至于无法辨别该数据是涉及谁的信息时，才允许为了其他目的而处理和使用该数据。

（3）在数据为之收集的研究项目可能时，个人数据应被匿名。在此之前，必须将可将对人或者事的具体描述指向于确定或可得以确定的自然人的标志单独存储。只有在实现存储目的或科学目的所必要时，才可以将该标志和具体描述组合。

（4）本法第29条不适用。

（5）本法第28条第6—9款应适用。

【第31条】特别的目的限制

仅为数据保护监控、数据安全或者为保障数据处理设备合规运作而存储的个人数据仅得用于此目的。

【第32条】为了用工关系而收集、处理或使用数据

（1）雇员的个人数据对建立用工关系，或在用工关系建立后对其实施或终止必要的，可为用工关系而收集、存储和使用个人数据。只有得到记录的事实依据足以证明用工关系中的数据当事人从事了犯罪行为，收集、处理和使用是必要的，并且员工排除收集、处理和使用数据的利益相对不重要，特别是在数据种类和数据范围与收集、使用和处理的动因非不成比例时，才可以为揭露犯罪行收集、处理和使用员工的个人信息。

（2）个人数据被收集、处理和使用，但没有对其进行自动处理，没有将其处理、使用为非自动文档，没有从非自动文档对其处理和使用，也没有为将其处理或使用为非自动文档而收集的，也应适用本条第1款。

（3）员工利益代表的参与权不受本条影响。

第二节 数据当事人的权利

【第33条】对数据当事人的告知

（1）为个人目的在数据当事人不知情时第一次存储个人数据的，应告知数据当事人存储的事实，数据的类型，获取、处理以及使用数据的特定目的以及责任人的身份。个人数据当事人不知情的情况下为了传输而经营性存储的，应告知数据当事人第一次传输的事实以及传输数据的类型。如根据个案的具体情况，数据当事人无法预料数据接收人范围，在第1句和第2句所述情况下，也应告知数据当事人接收人的范围。

（2）存在下列情况之一的，不存在告知义务：

1. 数据当事人可以以其他方式知悉数据被存储或传输的；

2. 因依据法律、章程或合同中的保管条款个人数据不得删除，所以个人数据才被存储的或个人数据仅为了数据安全或数据监控而存储并且通知要花费高额成本的；

3. 数据根据法律规定或其本质，也即因为第三人重要的合法利益，而必须保持秘密状态的；

4. 法律明确规定了数据的存储或处理的；

5. 存数或传输为科学研究目的所必要并且通知要花费高额成本的；

6. 主管公共机构确认，让责任人知悉数据危害公共安全及秩序或者会给联邦或州的福祉带来不利后果；

7. 数据为个人目的而存储，并且

a）数据从公开途径获取且因为涉及当事人太多，告知成本过高，或

b）告知将严重危害责任人的经营目的，但数据当事人对通知的利益远大于该危害的除外；

8. 为传输而经营性的存储数据，并且

a）数据从公开途径获取，如涉及特定人，该人已公开该数据，或者

b）涉及以目录形式或者其他形式整理的数据，同时因为涉及当事人太多，告知成本过高；

9. 被存储的数据为市场调查或观点调查目的而从公开途径获取并且因为涉及当事人太多，告知成本过高。

责任人应以书面形式确认，根据本款第1句1—7项的哪一项前提而不用告知。

【第34条】对数据当事人的答复

（1）应数据当事人要求，责任人应对如下问题予以答复：

1. 涉及其本人的、已存储的数据以及该数据的出处；
2. 数据被进一步传播的接受人或接收人范围；
3. 数据存储的目的。

数据当事人应详尽标明其要求被答复的个人数据的类型。个人数据为传输目的而经营性的被存储的，即使数据来源和接收人的信息未被存储，也应就其来源和接收人予以答复。保护商业秘密的利益比数据当事人的知情利益更重要的，可以拒绝答复数据来源和接收人。

（1a）在本法第28条第3款第4句规定的情况下，传输人必须在传输结束后两年内存储数据来源以及接收人，并应根据数据当事人的要求告知其数据来源和接收人。接收人也应适用第1句。

（2）在第28b条规定的情况下，做决定的负责人应根据数据当事人要求应向其答复如下情况：

1. 在答复要求到达前6个月内收集的或第一次存储的概率值；
2. 为了计算概率值而使用的数据类型；
3. 以一般人可理解的形式表述的、详尽的概率值形成过程和意义。

如做出决定的责任人

1. 以不涉及个人的形式存储计算概率值所使用的数据，但在计算时又恢复了与个人的关联的，或
2. 使用在他人处存储的数据的，

应适用第1句。

如是他人而不是作决定的责任人计算

1. 概率值，或
2. 概率值的一部分，

则他必须应做出决定的责任人的要求向其传输按照第1句和第2句履行答复要求所必要的说明。在第3句第1项规定的情况下，如做出决定的责任人不亲自为答复，为了数据当事人主张其答复请求，其应毫无迟延的向数据当事人指出该他人的姓名、地址以及表明具体情况所必要的说明。在这种情况下，计算概率值的其他人应根据本款第1、2句的规定向数据当事人无偿履行答复请求。做决定的责任人主张第4句规定之权利的，其所承担的计算概率值者所承担的义务免除。

（3）为传输目的而经营性的存储个人数据者，应依据数据当事人请求告

知所存储的与其有关的个人数据，即使该数据既未被自动处理又未以非自动文档形式存储。还应向数据当事人就如下数据为答复：

1. 该数据目前还不是个人数据，但在与责任人答复的关联中该数据将成为个人数据；

2. 数据责任人未存储，但为答复目的而使用的数据。

保护商业秘密的利益比数据当事人的知情利益更重要的，可拒绝答复数据来源和接收人。

（4）为传输目的而经营性的收集、存储以及修改个人数据者，依据数据当事人的要求，应向其答复如下问题：

1. 在答复请求到达前 12 个月内所传输的数据当事人将来特定行为的概率值以及被传输人的姓名和其所知悉的被传输人的最新地址；

2. 在答复请求时根据计算者所使用的程序所得的概率值；

3. 根据第 1 项和第 2 项计算概率值所使用的数据类型；

4. 以一般人可理解形式详尽表述的概率值形成过程以及意义。

如责任人

1. 以不涉及个人的形式存储计算概率值所使用的数据，但在计算时又恢复了与个人的关联，或

2. 使用在他人处存储的数据的，

应适用第 1 句。

（5）依据本条第 1a. 款至第 4 款所规定为向数据当事人答复而存储的数据仅可为此目的以及数据监督目的而使用；不得为其他目的使用。

（6）应要求所做答复应以书面形式做出，除非根据特别情况其他形式的答复也是适当的。

（7）根据本法第 33 条第 2 款第 1 句第 2、3 以及 5—7 项不存在通知义务的，则不存在答复义务。

（8）答复应为免费。如个人数据为传输目的而经营性的被存储，则数据当事人每年可要求以文本形式答复一次。如数据当事人针对第三人将答复用于经济目的，则第一次以外的答复可以为有偿。报酬不得超过由答复所直接引起的可归责的费用。有如下情况之一的，不得要求报酬：

1. 特定情况使得当事人有理由认为存数的数据是不正确的或者数据是不允许存储的；

2. 答复表明，数据必须根据第 35 条第 1 款更正或根据 35 条第 2 款第 2 句第 1 项被删除。

（9）如答复是无偿的，应给与数据当事人在答复请求范围内自行获取与其有关数据的可能性。

【第35条】数据的更正、删除和屏蔽

（1）个人数据不正确的，应被更正。已被评估的数据应清楚标志为已评估数据。

（2）除第3款第1、2项规定的情况外，个人数据可随时被删除。有如下情况之一的，必须删除个人数据：

1. 数据存储不被许可的；

2. 数据涉及种族出身、人种出身、政治倾向、宗教或哲学信仰、工会成员身份、健康、性生活、遭刑罚处罚或违法行为且责任人无法证明上述数据的正确性的；

3. 为个人目的而收集的数据，一旦知悉其对于实现存储目的不再必要的；

4. 为传输目的而经营性处理的数据，当每4个自然年度结束时的核查认为已经没有存储必要，如果是涉及已完成的事实关系且数据当事人不反对删除，则从第一次存储的自然年开始起算第3个自然年度结束时核查认为已经没有存储必要的。

根据本法第28a条第2款第1句或第29条第1款第1句第3项存储的个人数据，如当事人要求，应在合同终结时删除。

（3）有下列情况之一的，应屏蔽数据而不是删除数据：

1. 在本条第2款第2句第3项规定的情况下，删除有违法律规定、章程规定或合同约定的保管义务的；

2. 有理由认为，删除将侵害数据当事人值得保护的利益的；

3. 因为存储的特别类型，不能删除或删除将花费不合理的高成本的。

（4）此外，数据当事人对数据真实性提出异议并且既无法证明其正确又无法证明其不正确的，也应屏蔽数据。

（4a）数据被屏蔽的事实不允许传输。

（5）如数据当事人在责任人处提出异议或核查认为因其特殊的人身关系数据当事人值得保护的利益比责任人收集、处理或使用数据的利益更重要的，不得为自动处理或将数据处理为非自动文档而收集、处理或使用数据。如果法律规定了收集、处理或使用数据的义务，则不适用第1句的规定。

（6）除本条第2款第2项规定的情况外，无法证明正确性或正确性存在异议的个人数据，如从公开途径获得并为文献资料目的而存储，则不必在为

传输而经营性存储时更正、屏蔽或删除。根据数据当事人的要求，在存储期间应为此数据附上反对说明。未附带该反对说明，不得传输该数据。

（7）在数据传输范围内为存储而进一步传递数据的人负责更正不正确的数据、屏蔽有争议的数据以及删除或屏蔽不允许存储的数据，如果上述行为不需要花费过高的成本并且不与数据当事人的利益相悖的。

（8）未经数据当事人同意，被屏蔽的数据只有同时具备如下条件时才可传输或被使用：

1. 为科学目的、为消除证明困境或者出于在责任人或者第三人重要利益方面存在的其他原因传输或使用数据不可避免；

2. 如数据没有被屏蔽，它就是为此目的而被传输或使用的。

第三节 监管机构

【第36条】（已删除）

【第37条】（已删除）

【第38条】监管机构

（1）监管机构监督本法、其他数据保护法律的实施，只要该法律调整个人数据的自动处理或将个人数据处理、使用为非自动文档或将非自动文档处理或使用为自动数据；以及监督在本法第1条第5款所规定情况下欧盟成员国法律的实施。监管机构为数据保护专员和责任人的所有需求提供咨询意见和支持。监管机构只能为监管目的而使用由其存储的数据；本法第14条第2款第1至3项、第6和第7项相应适用。监管机构为了监管目的可以向其他监管机构传输数据。监管机构应其他欧盟成员国监管机构的要求可以提供补充性协助（职务协助）。监管机构确认存在违反本法或其他数据保护法律的行为的，有权通知责任人、向负责追究或制裁的机构检举违法行为以及在严重违法的情况下，通知工商业监督机构采取工商业法上的措施。监管机构应至少每两年出版一次行动报告。本法第21条第1句、第23条第5款第4—7句的规定适用于此。

（2）监管机构应设置包含本法第4a条规定的有登记义务的自动处理和本法第4e条第1句规定内容的目录。任何人均可查阅该目录。查阅权不涵盖本法第4e条第1句第9项规定的内容以及涉及有权获取人的内容。

（3）被监管者以及其所领导的受托人应依监管机构的要求毫不迟延地向其答复其履行职责所必要的信息。如有关问题的回答将会置答复义务人或《民事程序法》第383条第1款第1—3项所列的他的亲属遭受刑事追诉或

《违警法》规定程序的威胁，则答复义务人可拒绝答复。应向答复义务人指出这一点。

（4）为履行监管机构委托给他的职责所必要的，受监管机构委托而监管的人有权在运营时间以及经营时间进入责任人的不动产或经营区域进行检验和查看。他可以查看经营材料，特别是本法第4g条第2款第1句规定的概要、存储的个人数据以及个人数据处理程序。第24条第6款可适用于此。答复义务人应容忍上述措施。

（5）为保障本法以及其他数据保护法律得到遵守，监管机构可以指示采取措施消除在收集、处理和使用个人数据时的违法行为以及技术或组织上的瑕疵。在严重违法或严重瑕疵时，特别是存在对人格权的特别威胁时，如果违法或者瑕疵违反本款第1句的指示且即使缴纳罚金也不能在适当时间内被消除的，监管机构可以禁止从事收集、处理、使用或者投入使用个别程序。数据保护专员不具备履行职责所必要的专业知识和可信赖性的，监管机构可以要求辞退他。

（6）州政府或其授权的机构应确定负责监督落实本节适用范围内数据保护的机构。

（7）工商业法例对处于本节规定规制下的工商企业的适用不受影响。

【第38a条】促进数据保护法上规则落实的行为规则

（1）职业协会或代表特定责任人的其他协会可向负责的监管机构提交促进数据保护法上规则落实的行为规则草案。

（2）监管机构应审查提交给其的促进数据保护法上规则落实的行为规则草案与现行数据保护法律是否相符合。

第四章 特别规定

【第39条】属于职业或特定职务秘密的个人数据的目的约束

（1）负有保密义务的责任人在履行其职业或职务义务时支配的属于职业或特定职务秘密的个人数据仅可由责任人为该数据之所以被收集的目的而处理和使用。向非公共机构的传输必要经过保密义务人的同意。

（2）只有特别法允许改变目的时，才为其他目的处理和使用该数据。

【第40条】研究机构对个人数据的处理和使用

（1）为科研目的而收集或存储的个人数据仅可为科研目的而处理和使用。

（2）根据科研目的只要可能，就应当对个人数据匿名。在此前必须将可将对人或者事的具体描述指向于确定或可得以确定的自然人的标志单独存储。只有为实现科研目的所必要时，才可以将该标志和具体描述组合。

（3）具备如下条件之一的，科研机构才可将个人数据公布：

1. 数据当事人同意；

2. 公布对说明关于历史事件的研究结论不可避免。

【第41条】媒体对个人数据的收集、处理和使用

（1）州应在立法中规定，新闻企业或新闻辅助企业仅为本身的新闻编辑或文献目的收集、处理和使用个人数据的，也应适用本法第5条、第9条以及第38a条的规定以及根据第7条与上述条文相关的责任规则。

（2）德国之声广播电台从事的新闻编辑性的收集、处理和使用个人数据引起数据当事人发布反对声明的，该反对声明应作为存储数据并与数据本身同期保存。

（3）如任何人被德国之声广播电台的报道侵害了人格权，则其可要求就作为报道基础的、涉及其人格的、被存储的数据做出答复。在如下情况下，权衡各方当事人值得保护利益后，答复可以拒绝：

1. 在准备、制作、传播广播节目时发挥或曾发挥职业性的、新闻工作者作用的人的数据排除此答复的；

2. 向编辑部门提供文章、材料以及通知的投稿人或知情人的数据排除此答复的；

3. 告知通过调查或通过其他方式所得数据将影响德国之声广播电台通过探知信息状态而要实现的新闻职责的。

数据当事人可要求更正不正确的数据。

（4）此外，对德国之声广播电台应适用本法第5条、第9条以及第38a条的规定。在涉及管理事务时不适用本法第24—26条，而适用本法第42条。

【第42条】德国之声广播电台的数据保护专员

（1）德国之声广播电台应任命数据保护专员，履行联邦数据保护与信息自由专员的职责。任命经台长建议由管理委员会完成，任期4年，在此期间允许重新任命。数据保护专员可同时承担广播机构中的其他任务。

（2）数据保护专员监督本法以及其他数据保护法律的遵守。其独立履行职责，仅服从法律。此外，他受管理委员会的职责和法律监督。

（3）任何人根据本法第21条第1句均可向数据保护专员求助。

（4）数据保护专员向德国之声广播电台的机构每两年发布一次行动报告，第一次发布的时间是1994年1月。此外，其还可就德国之声广播电台机构的

决议发布特别报告。数据保护专员应同时将行动报告传输给联邦数据保护和信息自由专员。

（5）德国之声广播电台应依据本法第 23 条至第 26 条为其业务范围制定规则。第 4f 条和 4g 条的规定不受此影响。

【第 42a 条】不法获取数据时的通知义务

如本法第 2 条第 4 款意义上的非公共机构或公共机构根据第 27 条第 1 款第 1 句确认，他所存储的 1. 特殊个人数据（本法第 3 条第 9 款）；

2. 涉及职业秘密的个人数据；

3. 涉及犯罪行为、违警行为以及涉嫌犯罪或违警行为的个人数据；

4. 有关银行或信用卡账户的个人数据被不法传输或以其他方式被第三人不法知悉，并严重危及数据当事人的权利和值得保护的利益的，其应根据第 2 句至第 5 句的规定，立即通知负责的监管机构和数据当事人。一旦采取了或无法立即采取保护数据安全的适当措施并且不再进行刑事追诉的，应立即通知数据当事人。对数据当事人的通知中应包含对不法知悉情况的说明以及减少可能的不利后果的措施建议。对监管机构的通知还应包含对不法知悉可能的不利后果的说明以及责任人已采取的措施的说明。如对数据当事人的通知需要支出不合理的花费，特别是在数据当事人人数众多的情况下，可通过广告或通过其他就其效果而言对数据当事人的知情来说相同的措施来公开信息而不再通知。上述该广告应至少包含半个版面并发布在至少两个州范围发行的日报上。通知义务人所发布的通知只有经通知义务人同意才可用于针对他或针对《刑事程序法》第 52 条第 1 款所规定的他的亲属的刑事程序或违警程序。

第五章　附　　则

【第 43 条】罚款规则

（1）故意或过失实施的如下行为属于违警行为：

1. 违反本法第 4d 条第 1 款和第 4e 条第 2 句，没有报告、没有正确报告、没有完整报告或没有及时报告；

2. 违法本法第 4f 条第 1 款第 1 句或第 2 句以及第 3 句或第 6 句，没有委任、没有以规定的方式委任或没有及时委任数据保护专员；

2a. 违反本法第 10 条第 4 款第 3 句，不确保数据传输可确认并可复核；

2b. 违反本法第 11 条第 2 款第 2 句没有正确委托、没有完整委托或没有以规定方式委托以及违反本法第 11 条第 2 款第 4 句，没有确信从数据处理开始时受托人所采取的技术和组织措施得到遵守。

3. 违反本法第 28 条第 4 款第 2 句，没有正确通知或没有及时通知以及没有确信数据当事人已经知悉；

3a. 违反本法第 28 条第 4 款第 4 句要求严格形式；

4. 违反本法第 28 条第 5 款第 2 句传输或使用个人数据；

4a. 违反本法第 28a 条第 3 款第 1 句没有通知、没有正确通知、没有完整通知或没有及时通知；

5. 违反本法第 29 条第 2 款第 3 或 4 句，没有记录该处所要求的原因以及说明的种类和方式；

6. 违反本法第 29 条第 3 款第 1 句，将个人数据收录入电子或打印的地址目录、电话号码目录、行业目录或类似目录中；

7. 违反本法第 29 条第 3 款第 2 句，不能确信标志也被接收；

7a. 违反本法第 29 条第 6 款，未正确处理信息要求；

7b. 违反本法第 29 条第 7 款第 1 句，未告知、未正确告知、未完整告知以及未及时告知消费者；

8. 违反本法第 33 条第 1 款，未通知、未正确通知以及未完整通知数据当事人；

8a. 违反本法第 34 条第 1 款第 1 句以及第 3 句，第 34 条第 1a 款，第 34 条第 2 款第 1 句以及第 2 句，第 34 条第 2 款第 5 句，第 3 款第 1 句、第 2 句，第 4 款第 1 句以及第 2 句，未答复、未正确答复、未完整答复以及未及时答复或者违反第 34 条第 1a 款未存储；

8b. 违反本法第 34 条第 1 款第 3 句，未传输、未正确传输、未完整传输以及未及时传输说明；

8c. 违反本法第 34 条第 2 款第 4 句未向或未及时向数据当事人指出其他人；

9. 违反本法 35 条第 6 款第 3 句未附带反对说明而传输数据；

10. 违反本法第 38 条第 3 款第 1 句或第 4 款第 1 句未答复、未正确答复、未完整答复或未及时答复以及未容忍有关措施；

11. 违反本法第 38 条第 5 款第 1 句规定的可执行的指示而行为。

（2）故意或过失实施的如下行为属于违警行为：

1. 未经授权收集或处理非经公开途径获得的个人数据；

2. 未经授权为通过自动处理程序提取非经公开途径获得的个人数据做好

准备；

3. 未经授权提取非经公开途径获得的个人数据以及为本人或他人从自动处理或非自动文档中获取非经公开途径获得的个人数据；

4. 通过不实陈述骗取他人传输非经公开途径获得的个人数据；

5. 违反本法第16条第4款第1句、第28条第5款第1句以及第29条第4款、第39条第1款第1句或第40条第1款，将被传输的数据用作其他目的；

5a. 违反第28条第3b款，将合同缔结取决于数据当事人的同意；

5b. 违反第28条第4款第1句，为广告以及为市场调查或观点调查目的而处理或使用数据；

6. 违反本法第30条第1款第2句、第30a条第3款第3句或第40条第2款第3句，将上述条文中所述表示和具体陈述结合；

7. 违反本法第42a条第1款，未通知、未正确通知、未完整通知或未及时通知。

（3）对第1款所述违警行为可处以5万欧元以下罚款，对第2款所述违警行为可处以30万欧元以下罚款。罚款数量应超过从违法行为中所得经济收益的数额。如第1句所述数额未超过从违法行为中所得经济收益的数额，则罚款数额可超过第1句的规定。

【第44条】刑罚规则

（1）为获得报酬或以为自己或他人获利或以给他人带来损害为目的故意从事本法第43条第2款规定的行为，处以两年以下的自由刑或罚金刑。

（2）上述行为不告不理。数据当事人、责任人、联邦数据保护和信息自由专员以及监管机构有权提起诉讼。

第六章 过渡规定

【第45条】当前适用

2001年5月23已经开始的对个人数据的收集、处理和使用，应从此刻起3年内使之符合本法规定。只要本法规定在欧洲议会95/46/EG指令和1995年10月24日《在处理个人数据时保护自然人以及自由数据交换的建议》适用范围之外的法律规范中得到适用，2001年5月23已经开始对个人数据的收集、处理和使用，应从此刻起5年内使之符合本法规定。

【第46条】概念界定的扩张生效

（1）如在联邦特别法律规范中使用"数据"这一概念，数据是指（1）通过自动处理程序按照确定标志可使用的个人数据集合（自动数据），或（2）按类型建构且可按确定标志排列、重组以及被使用的任何其他的个人数据集合（非自动文档）。

文件和文件汇编不属于此处所述数据，除非该文件或文件汇编可以通过自动处理程序重组或使用。

（2）如在联邦特别法律规范中使用"文件"这一概念，文件是指任何服务于职务或劳务目的且不属于第1款所述数据的材料；照片和录音媒体也属于文件。预备草案和不属于某一过程构成部分的笔记不是文件。

（3）如在联邦特别法律规范中使用"接收人"这一概念，接收人是指任何责任人之外的人或者机构。数据当事人以及在本国、在任何欧盟成员会或欧洲经济区协议的缔约国受委托收集、处理以及使用个人数据的人不是接收人。

【第47条】过渡规则

对2009年9月1日前收集或存储的数据之处理和使用，第28条按照此前有效的条款继续适用，其中1. 为市场调查或观点调查目的可适用至2010年8月31日；2. 为广告目的可适用至2012年8月31日。

【第48条】联邦政府的报告

联邦政府应

1. 在2012年12月31日前向联邦议会报告本法第30a条和42a条的效果；

2. 在2014年12月31日前向联邦议会报告本法第28条和29条修正后的效果。如联邦政府认为应提出立法措施建议，上述报告应包含该建议。

附件（附于第9条第1句）

如个人数据被自动处理或使用，则机关内部或企业内部的组织应按照可满足数据保护特殊要求的方式建构。在此应特别采取如下可分别适用于保护不同种类个人数据或数据范围的措施：

1. 禁止未经授权进入处理或使用个人数据的设施（进入监控）；

2. 阻止未经授权使用数据处理系统（登录监控）；

3. 确保有权使用数据处理系统者仅可获取它有权获取的数据，以及个人数据在被处理、使用时以及存储后未经授权不得被读取、拷贝、修改或移除（获取监控）；

4. 确保个人数据在电子传输时或在其被输送或存储到数据介质期间未经

授权不得被读取、拷贝、修改或移除，以及确保预定向哪些人通过数据传输设施传输个人数据是可复查和可确定的（传送监控）；

5. 确保事后可以核查和确定是否有人以及哪个人向数据处理系统输入、改变以及移除了个人数据（输入监控）；

6. 确保受委托而处理的个人数据仅可根据委托人的指示而被处理（委托监控）；

7. 确保个人数据受到意外毁损或丢失保护（处分监控）；

8. 确保为不同目的而收集的数据能分别处理。

第2句第2—4项规定的措施特别是指使用与技术发展水平相适应的加密程序。

关于电子签名框架的法律***

联邦议院通过如下法律：

第一章　总　　则

【第1条】目的与适用范围

（1）本法之目的在于创设电子签名之框架。

（2）只要法律未对电子签名予以特别规定，则可自由选用电子签名。

（3）为了公法上的行政管理行为而制定的法规可以规定，使用经认证的电子签名应符合附加要求。这些要求必须是客观的、相称的和无歧视性的，并且只限于特定的应用的范围。

【第2条】定义

在本法意义上，

1．"电子签名"是指附于其他电子数据，或者与之有逻辑联系的并用于进行身份验证的电子形式的数据。

2．"高级电子签名"是指第1项意义上的、符合下列条件的电子签名：

a）属于签名密钥持有人专有；

b）可用于鉴别签名密钥持有人；

c）其生成方式处于签名密钥持有人的单独控制之下；并且

d）电子签名与数据密切关联，使它能发现数据的任何事后改动。

3．"合格的电子签名"是指第2项意义上的、符合下列条件的电子签名：

a）以该签名生成时有效的合格证书为依据，并且

---

* 德国《关于电子签名框架的法律》（Gesetz über Rahmenbedingungen für elektronische Signaturen），简称《电子签名法》（Signaturgesetz – SigG），于2001年5月16日由德国联邦议院通过，并于2001年5月22日起施行；此后德国联邦议院又于2005年、2007年和2009年通过立法对本法进行了局部修订。本法系根据2009年7月17日立法第4条修订后的最终文本翻译。——译者注

** 译者：邹国勇，武汉大学WTO学院副教授。

b）由安全的签名生成设备生成。

4. "签名密钥"是指如私人密钥一样的、用于生成电子签名的独特电子数据。

5. "签名验证密钥"是指如公共密钥一样的、用于验证电子签名的电子数据。

6. "证书"是指用以将签名验证密钥分配给某人并确认此人身份的电子证书。

7. "合格证书"是指由至少符合本法第 4 条至第 14 条或者第 23 条的要求以及第 24 条所指法规的相关规定的认证服务提供者，向满足第 7 条所述条件的自然人签发的第 6 项意义上的电子证书。

8. "认证服务提供者"是指签发合格证书或者合格的时间戳的自然人或法人。

9. "签名密钥持有人"是指占有签名密钥的自然人；对于合格的电子签名，"签名秘钥持有人"必须由合格证书分配给相应的签名验证密钥。

10. "安全的签名生成设备"是指用于存储和应用签名密钥的软件或硬件设备，这种设备至少符合本法第 17 条或第 23 条要求和第 24 条所指法规的相关规定，并且被确定用于合格的电子签名。

11. "签名应用部件"是指具有下列特定用途的软件及硬件产品：
a）为生成或者验证合格的电子签名的程序传输数据，或者
b）验证合格的电子签名或者查证合格证书，并显示其结果。

12. "认证服务的技术部件"是指具有下列特定用途的软件或硬件产品：
a）生成签名密钥并传送到安全的签名生成设备；
b）让合格证书接受公众查证，必要时可供检索，或者
c）生成合格的时间戳。

13. "合格的电子签名产品"是指安全的签名生成设备、签名应用部件和用于认证服务的技术部件。

14. "合格的时间戳"是指至少满足本法第 4 条至第 14 条以及第 17 条或第 23 条要求和第 24 条所指法规的相关规定的认证服务提供者出具的、证明已在特定时间向其提交特定电子数据的电子证书。

15. "自愿的资质认定"（freiwillige Akkreditierung）是指授予从事认证服务的许可证的程序，且与特别权利和义务相关联。

【第 3 条】主管当局

本法及第 24 条所指法规意义上的主管当局，其职责由负责电力、燃气、电信、邮政和铁路的联邦网络局承担。

第二章 认证服务提供者

【第4条】一般要求

（1）在本法范围内，从事认证服务不需审批。

（2）只有证明具有从事认证服务所需的可靠性、专业知识以及第12条规定的清偿保证金，并符合本法以及第24条第1项、第3项和第4项所指法规规定的从事认证服务的其他条件者，方可从事认证服务。具有所需可靠性，是指其作为认证服务提供者保证遵守有关营业活动的法律规定。具备所需的专业知识，是指从事认证服务的人员掌握了从事该工作所需的知识、经验和技能。从事认证服务的其他条件，是指在安全方案上向主管当局呈报了符合本法和第24条第1项、第3项和第4项所指法规的安全要求的措施，并予以适当的、实际的执行。

（3）开始从事认证服务者，必须最迟于开始经营时将此呈报主管当局。在呈报的同时，应以适当形式说明已具备第2款所规定的条件。

（4）应确保在从事认证服务的整个期间内满足第2款规定的条件。如果出现不再符合该条件的情形，应立即告知主管当局。

（5）认证服务提供者可将本法和第24条所指法规规定的职责，包括第2款第4句所指的安全性措施，一并移交给第三人。

【第5条】合格证书的颁发

（1）认证服务提供者必须确定合格证书的申请者身份可靠。为此，认证服务提供者可在征得申请人同意时使用其此前已收集的个人数据，前提是这些数据能认定第1句所指的申请者身份的可靠性。他应通过合格证书确认将签名验证密码分配给一个身份确定的人，并让任何人可随时通过公共通信联系方式对该证书进行查证和检索。合格证书仅在征得签名密钥持有人同意时方可进行检索。

（2）应申请者的要求，合格证书可载明有关申请者对第三人的代理权以及与职业相关的或其他个人资料（特性）。涉及代理权的资料，应有征得第三人同意的证明；与职业相关的或者其他个人资料，应由职业相关部门或者其他资料的主管部门确认。有关对第三人的代理权的资料，仅在证明有第2句所述之同意时，与申请者职业有关的或其他个人资料仅在提供第2句所述之确认时，方能载入合格证书。其他个人资料仅在征得当事人同意后方能载入合格证书。

（3）认证服务提供者应申请人的要求，在认证证书中用假名（假名）代替其真名。如果认证证书中含有对第三人的代理权的资料或者与职业相关的或其他个人资料，使用假名则需征得该第三人或职业或其他资料主管部门的同意。

（4）认证服务提供者须采取预防措施，以免合格证书中的数据不被毫无觉察地伪造或篡改。其还应采取其他预防措施，以确保签名密钥的保密性。禁止将签名密钥存储于安全的签名生成设备之外。

（5）为从事认证活动，认证服务提供者聘用的人员和使用的合格电子签名产品必须可靠，至少符合本法第4条至第14条以及第17条或者第23条及第24条所指法规的要求。

（6）认证服务提供者必须以适当方式证实申请人具有相应的安全的签名生成设备。

【第6条】通知义务

（1）认证服务提供者必须将有利于合格电子签名的安全及其可靠性验证的必要措施通知第5条第1款所指的申请者。他还须向申请者说明，在现有的签名因到期而使安全值降低之前，应根据需要用一个合格的电子签名对数据进行重新签署。

（2）认证服务提供者须通知申请者，合格的电子签名与亲笔签名在法律关系中具有同等的效力，但法律另有规定的除外。

（3）为履行第1款及第2款所指通知义务，应向申请者提交书面通知，由申请者收悉后进行书面确认，这是签发合格证书的前提条件。如果申请者此前已被按照第1款和第2款通知，则不必再次通知。

【第7条】合格证书的内容

（1）合格证书必须含有下列内容，并载有合格的电子签名：

1. 签名密钥持有人的名称，在可能发生变动时可予以补充，或者分配给签名密钥持有人的不可变更、但可辨别的假名；

2. 分配的签名验证密钥；

3. 签名密钥持有人的签名验证密钥以及认证服务提供者的签名验证密钥得以使用的算法名称；

4. 证书的序列号；

5. 证书有效期的起止时间；

6. 认证服务提供者的名称及其设立地国；

7. 有关签名密钥的使用是否仅限于特定的应用类型或者范围的资料；

8. 涉及合格证书的资料，以及

9. 根据签名密钥持有人的属性所需的其他信息。

（2）属性也可载于特别的合格证书（合格的属性证书）中。对于一份合格的属性证书，如果合格的属性证书的使用未对资料做出要求，可用相关的合格证书中的确切参考数据来代替第1款的资料。

【第8条】合格证书的吊销（sperren）

（1）如果签名密钥持有人或其代理人要求吊销合格证书，证书系根据不符合第7条规定的虚假资料而签发，认证服务提供者终止经营且另一认证服务提供者未继续经营该业务或者主管当局根据第19条第4款下达了吊销命令，则认证服务提供者须立即吊销合格证书。证书的吊销应标明其开始生效的时间。吊销不具有溯及力。如果合格证书系根据虚假资料而签发，认证服务提供者对此可另加标注。

（2）如果合格证书含有第5条第2款所述的资料，则在不具备将有关职业或其他个人资料载入合格证书的条件时，第三人或者职业相关部门或其他资料的主管部门可要求吊销第1款所指的相关证书。

【第9条】合格的时间戳

如果认证服务提供者签注了合格的时间戳，则第5条第5款相应地予以适用。

【第10条】存档

（1）认证服务提供者必须将遵守本法及第24条第1项、第3项和第4项所指法规的安全措施以及所签发的合格证书按照第2句的标准存档，以便随时对数据及其真伪进行查证。存档工作应立即进行，这样其事后不能被毫无觉察地修改。该规定尤其适用于合格证书的签发和吊销。

（2）允许签名密钥持有人要求查询与其相关的数据和程序步骤。

【第11条】责任

（1）如果认证服务提供者违反本法或者第24条所指法规的要求，或者合格电子签名的产品或其他技术安全装置失效，则他应赔偿第三人因信赖合格证书、合格时间戳或第5条第1款第3句所述之答复中的资料而遭受的损失。但是，如果第三人已知或理应知道资料有瑕疵者，则不发生赔偿义务。

（2）如果认证服务提供者在行为上无过错，则不负有赔偿义务。

（3）如果合格证书对签名密钥的使用在应用类型和范围上有限制，则仅在此限制内负有赔偿义务。

（4）对于第4条第5款所述之受委托的第三人以及对第23条第1款第2项所指外国证书的承诺，认证服务提供者承担如同对自己行为一样的责任。《民法典》第831条第1款第2句不予适用。

【第12条】清偿保证金

认证服务提供者有义务交存适当的清偿保证金,以便履行因其违反本法或第24条所指法规的要求或者因合格电子签名产品或者其他技术安全装置失效造成损害的法定赔偿义务。对于第1句所指类型的责任事件造成的损害,其最低赔偿数额为250000欧元。

【第13条】停止营业

(1)认证服务提供者应立即将其停止营业的事宜呈报主管当局。他必须负责在停止营业时将有效的合格证书交由其他认证服务提供者承接,或者吊销这些证书。他还应将其停止营业以及合格证书由其他认证服务提供者承接等事项告知有关的签名密钥持有人。

(2)认证服务提供者应将第10条所指存档移交给根据第1款规定承接证书的认证服务提供者。如果无任何其他的认证服务提供者承接存档,则由主管当局承接。只要在技术上不会产生不相称的巨额开支,主管当局在具有合法利益时应对第2句所指存档作出答复。

(3)认证服务提供者应立即向主管当局提交开始破产程序的申请。

【第14条】数据保护

(1)认证服务提供者仅可直接从当事人本人或者为了签发合格证书的目的收集个人数据;在向第三者收集数据时,应征得其同意。为了非第1句所述的其他目的使用数据时,只能在本法许可的范围内或者征得当事人的同意。

(2)如果为了追究刑事犯罪或违法行为,防止公共安全或公共秩序不受危险侵害,或者为了履行联邦和各州的宪法捍卫机构、联邦情报局、军事反情报局或财政局的法定职责的需要,或者法院在未决诉讼中根据现行法律规定做出决定,则认证服务提供者应根据请求将签名密钥持有人身份的数据告知主管部门。所做答复应予存档。一旦不再影响其履行法定职责或者签名密钥持有人对通知具有更大利益,则提出请求的机关应将告知数据的情况通知签名密钥持有人。

(3)如果电子签名证书系由第2条第8项所述的认证服务提供者以外的其他人所签发,则第1款和第2款相应适用。

第三章 自愿的资质认定(Akkreditierung)

【第15条】认证服务提供者的自愿资质认定

(1)认证服务提供者可应主管当局的请求接受资质认定;主管当局在进

行资质认定时可聘用私人机构。如果认证服务提供者证明自己符合本法以及第24条所指法规的规定时，应授予资质认定证书。经资质认定的认证服务提供者取得主管当局颁发的认证标志。以其合格证书为根据的合格电子签名（附有提供者资质认定的合格电子签名）所需的、经全面审核的技术和管理安全性证明，可凭此认证标志交付印制。他们可自称为经资质认定的认证服务提供者，并可在法律关系和交易中援引该已予证明的可靠性。

（2）为满足第1款所述的前提条件，第18条所指机构必须对第4条第2款第4句所指的安全方案的适宜性和实际执行情况进行审查和确认。审查和确认应根据安全性的重大变化定期地进行。

（3）必要时，资质认定可以规定有附加条款，以确保在开始经营时和经营期间满足本法和第24条所指法规规定的前提条件。

（4）如不满足本法和第24条所指法规规定的前提条件，应拒绝进行资质认定；第19条相应适用。

（5）未履行本法或第24条所指法规规定的义务或者存在第4款所指的拒绝理由时，如果第19条第2款的措施未能奏效，则主管当局应撤销资质认定，或者在资质认定时已存在撤回理由时，撤回该资质认定。

（6）在撤销或撤回资质认定的情况下，或者在经资质认定的认证服务提供者停止营业时，主管当局应确保由另一经资质认定的认证服务提供者承接经营或者与签名密钥持有人解除合同。如果营业活动未继续进行，在申请开始破产程序时也适用该规定。如果无任何其他经资质认定的认证服务提供者承接第13条第2款的存档，则应由主管当局承接；第10条第1款第1句相应适用。

（7）对于合格电子签名的产品，必须根据科学和技术状况充分地审查是否符合第17条第1款至第3款和第24条所指法规的要求，并由第18条所指机构予以确认；第1款第3句相应适用。经资质认定的认证服务提供者：

1. 仅可将已按第1句审查和确认的合格电子签名的产品使用于其认证活动；

2. 仅可为证明其已具有依照第1句审查和确认的、安全的签名生成设备的人签发合格证书；

3. 应在第6条第1款范围内将已依照第1句审查和确认的签名应用部件通知签名密钥持有人。

【第16条】主管当局的证书

（1）主管当局为经资质认定的认证服务提供者签发其营业所需的合格证

书。关于由经资质认定的认证服务提供者颁发和吊销合格证书的条款相应地适用于主管当局。如果经资质认定的认证服务提供者停止经营或者其资质认定被撤回或撤销时,主管当局应吊销由其签发的合格证书。

(2)主管当局必须让任何人可随时通过公共通信联系方式查证并检索:

1. 经资质认定的认证服务提供者的名称、地址和通信联系方式;

2. 资质认定的撤销和撤回;

3. 由其签发的合格证书及其吊销情况;

4. 经资质认定的认证服务提供者的营业活动的终止和取消。

(3)必要时,认证服务提供者或制造商为自动验证第15条第7款所指产品而必需的电子证书,亦应由主管当局签发。

第四章 技术安全

【第17条】合格的电子签名产品

(1)为存储签名密钥以及为生成合格的电子签名,应使用安全的、能可靠地发现伪造签名和篡改已签署的数据的行为并能防止非法使用签名密钥的签名生成设备。如果签名密钥自动地生成于安全的签名生成设备,则第3款第1项相应适用。

(2)为了描述待签署的数据,需采用的签名应用部件应能事先明确显示合格电子签名的生成过程和检测出哪些数据与签名有关。为了验证已签署的数据,所需的签名应用部件应确认:

1. 哪些资料与签名相关;

2. 被签署的数据是否未被更改;

3. 签名应属于哪个签名密钥持有人;

4. 签名所依据的合格证书和相应合格属性证书的内容,以及

5. 对第5条第1款第2句所指证书进行查证的结果。

签名应用部件必须能根据需要充分地识别有待于签署的或者已经签署的数据的内容。签名密钥持有人应使用这种签名应用部件或者采取其他适当措施来保证合格电子签名的安全。

(3)验证服务的技术部件必须含有预防措施,以便

1. 在生成和传送签名密钥时保证签名密钥的唯一性和保密性,并排除将资料存储于安全的签名生成设备之外的可能性;

2. 防止第5条第1款第2句所指的可查证和检索的合格证书不被未经授

权者更改和检索,以及

3. 在生成合格的时间戳时排除被伪造和篡改的可能性。

(4)是否符合第1款和第3款第1项以及第24条所指法规规定的要求,由第18条所指机构确认。合格电子签名产品的制造商的声明足以满足第2款和第3款第2项、第3项的要求。制造商最迟应在产品销售之前,向负责电力、燃气、电信、邮政和铁路的联邦网络局处提交书面声明。符合本法和第24条所指法规的要求的制造商声明,在负责电力、燃气、电信、邮政和铁路的联邦网络局的官方公报上公布。

【第18条】对检验和确认机构的认可

(1)如果自然人或法人证明具有业务所需的可靠性、独立性和专业知识,则主管当局根据申请认可其为第17条第4款或者第15条第7款第1句的确认机构或者第15条第2款的检验和确认机构。可以对该认可进行内容上的限制,附加临时或期限以及税赋规定。如果主管当局在3个月内未对申请做出决定,视为予以认可;行政诉讼法中有关假定批准的规定相应适用。

(2)根据第1款予以认可的机构应公正地、不受任何指使地、认真地履行自己的职责。它们应将检验和确认的结果进行存档,并在停止经营时将存档移交给主管当局。

第五章 监 管

【第19条】监管措施

(1)主管当局有义务监督本法和第24条所指法规的遵守情况;该当局在进行监督时可聘用私人机构。认证服务提供者一旦开始营业,即受主管当局的监管。

(2)主管当局可对认证服务提供者采取措施,以确保其遵守本法和第24条所指法规。

(3)如果事实证明认证服务提供者具有下列情况,并且第2款所指措施未能奏效时,主管当局可暂时地、部分地或全部地禁止认证服务提供者营业:

1. 不具有从事认证服务所需的可靠性;
2. 不能证明具有从业所需的专业知识;
3. 不具有必需的清偿保证金;
4. 所使用的产品不适合于合格的电子签名;或者
5. 不满足本法和第24条所指法规规定的从事认证服务的其他条件。

（4）如果事实证明，合格证书系伪造或者不具有充分的防伪安全性，或者安全的签名生成设备具有安全性瑕疵且能被毫无觉察地伪造合格的电子签名或者毫无觉察地篡改已签署的数据，则主管当局可命令吊销该合格证书。

（5）由认证服务提供者签发的合格证书的效力，不受禁止营业和停止经营以及撤回及撤销资质认定的影响。

（6）已呈报情况的认证服务提供者以及根据第13条停止经营或根据第19条第3款被禁止营业的认证服务提供者，主管当局必须使其名称可由任何人通过公共通信联系方式检索。

【第20条】协助义务

（1）认证服务提供者以及根据第4条第5款为认证服务提供者工作的第三人应准许主管当局和该当局委托的人员在正常的营业时间进入店房和经营场所，并根据要求将相关书籍、账目、凭证、文件和其他资料以适当的方式提交审查，即使这些资料采用电子形式也不例外，并做出答复和予以必要的支持。

（2）有义务做出答复者，如果其本人或《民事诉讼法》第383条第1款第1项至第3项所指的任何成员之一将有因刑事犯罪或治安处罚程序而被追究责任的危险，则可拒绝做出答复。他应该被提示这项权利。

第六章　最后条款

【第20a条】通过统一机构予以处理的程序

本法或者根据本法制定的法规所指的行政诉讼程序，可以通过一个统一的机构根据行政诉讼法的规定来处理。

【第21条】罚款规定

（1）具有下列情况者，不论故意或者疏忽，均为违章行为：

1. 从事认证服务违反第4条第2款第1句和第24条第1项、第3项和第4项所指法规；

2. 违反第4条第3款第1句或者第13条第1款第1句，未呈报、未正确地呈报或者未及时地呈报；

3. 违反第5条第1款第1句和第24条第1项所指法规，未验证、未正确地验证或者未及时地验证某人身份；

4. 违反第5条第1款第3句和第24条第1项所指法规，未保持合格证书的可查证性；

5. 违反第 5 条第 1 款第 2 句，让合格证书处于可被检索状态；

6. 在合格证书中载入的资料违反第 5 条第 2 款第 3 句或第 4 句；

7. 违反第 5 条第 4 款第 2 句和第 24 条第 1 项所指法规，未采取或未正确地采取预防措施；

8. 违反第 5 条第 4 款第 3 句存储签名密钥；

9. 违反第 10 条第 1 款第 1 句和第 24 条第 1 项所指法规，对安全措施或合格证书未进行存档，或者未正确地、及时地存档；

10. 违反第 13 条第 1 款第 2 句和第 24 条第 1 项所指法规，未负责将合格证书由另一认证服务提供者承接，并且未吊销或未及时地吊销合格证书，或者

11. 违反第 13 条第 1 款第 3 句和第 24 条第 1 项法规，未通知、未正确地或未及时地通知签名密钥持有人。

（2）在第 1 款第 1 项、第 7 项和第 8 项情况下的违章行为，处以 50000 欧元以下的罚款，其他情况下的违章行为，处以 10000 欧元以下罚款。

（3）负责电力、燃气、电信、邮政和铁路的联邦网络局，为《治安处罚法》第 36 条第 1 款第 1 项意义上的行政管理机构。

【第 22 条】费用和缴费

（1）主管当局可以收取因下列官方行为支出的成本（费用和开支）：

1. 根据第 15 条和第 24 条所指法规为认证服务提供者的自愿资质认定采取的措施；

2. 在签发第 16 条第 1 款所指合格证书以及签发第 16 条第 3 款所指证书方面的措施；

3. 根据第 18 条和第 24 条所指法规对检验和确认机构予以认可的措施；

4. 根据第 19 条第 1 款至第 4 款、第 4 条第 2 款至第 4 款以及第 24 条所指法规进行监管方面的措施。

主管当局在执行监管时因雇请私人机构而产生的行政管理开支，也可收取费用。因第 1 句所指官方行为收取的费用，用以支付行政管理开支。

（2）已根据第 4 条第 3 款呈报经营情况的认证服务提供者，必须向主管当局缴纳作为年度捐税收取的税费，以支付为长期满足第 19 条第 6 款条件而支出的行政管理开支。已根据第 15 条第 1 款取得资质认定的认证服务提供者，必须向主管当局缴纳作为年度捐税收取的税费，以支付为长期具备第 16 条第 2 款条件而支出的行政管理开支。

【第 23 条】外国的电子签名及电子签名产品

（1）具有欧盟其他成员国或者《欧洲经济区协定》缔约国的外国合格证

书的电子签名，只要其符合欧盟议会和理事会1999年12月13日的《关于电子签名的共同体框架第1999/93号指令》（《欧洲共同体官方公报》2000年第L13号，第2页）有效文本第5条第1款的规定，则与合格的电子签名具有同等效力。来自第三国的电子签名，如果其证书是由该国的认证服务提供者公开签发的合格证书，并被确定用于《第1999/93号指令》第5条第1款意义上的电子签名，则与合格的电子签名具有同等效力，并且如果：

1. 认证服务提供者符合指令的要求，并在欧盟成员国或者《欧洲经济区协定》其他缔约国境内经过资质认定，或者

2. 在共同体内设立、符合指令要求的认证服务提供者为该证书担保，或者

3. 证书或者认证服务提供者在欧盟与第三国或国际组织之间签署的双边或多边协议范围内被认可。

（2）第1款所指的电子签名，如果证明具有同等的安全性，则与第15条第1款所指的具有提供者资质认定的合格电子签名具有同等效力。

（3）经欧盟其他成员国或《欧洲经济区协定》其他缔约国确认的、符合现行文本的《第1999/93号指令》要求的电子签名产品，予以认可。来自第1句所指国家或者第三国的电子签名产品，如果证明具有同等的安全性，则视同按照第15条第7款检验的合格电子签名的产品。

【第24条】法规

为实施本法第3条至第23条的规定，联邦政府有权以法规形式制定有关下列事项的法律规定：

1. 与第4条第2款和第3款，第5条及第6条第1款，第8条、第10条、第13条和第15条所指的认证服务提供者开始营业、经营期间以及停止经营有关的义务安排；

2. 缴费义务情况、资费以及缴费金额和主管当局收取费用的程序；如果行政管理开支尚未由所缴纳的费用支付，则在计算应缴费用时以行政管理开支（人事费用和实物开支）以及投资费用为依据；

3. 第7条所指合格证书的内容设置和有效期；

4. 为履行第12条的清偿保证金义务而准许的保证金交付及其范围、金额和内容设置；

5. 对第17条第1款至第3款所指合格的电子签名产品的具体要求以及根据第17条第4款和第15条第7款对这些产品的检验，并确认其是否符合要求；

6. 第 18 条所指检验和确认机构的认可程序以及经营活动的细节；

7. 用第 6 条第 1 款第 2 句规定的合格电子签名重新签署数据的期限以及程序；

8. 认定第 23 条所指的外国电子签名和外国的电子签名产品是否具有同等安全性的程序。

【第 25 条】过渡条款

（1）根据经 1998 年 12 月 19 日立法（《联邦法律公报》第一部分第 3836 页）修订的 1997 年 7 月 22 日《签名法》（《联邦法律公报》第一部分第 1870、1872 页）审批的认证机构视已经过第 15 条意义上的资质认定。此类认证机构必须在本法生效后 3 个月内向主管当局提交第 12 条所指的清偿保证金证明。

（2）本法生效前，第 1 款所指认证机构根据经 1998 年 12 月 19 日立法（《联邦法律公报》第一部分第 3836 页）修订的 1997 年 7 月 22 日《签名法》（《联邦法律公报》第一部分第 1870、1872 页）第 5 条签发的证书与合格证书具有同等效力。认证机构应在本法生效后 6 个月内按照第 6 条第 2 款规定以适当的方式通知第 1 句所指证书的持有人。

（3）主管当局根据 1998 年 12 月 19 日立法（《联邦法律公报》第一部分第 3836 页）修订的 1997 年 7 月 22 日《签名法》（《联邦法律公报》第一部分第 1870、1872 页）第 4 条第 3 款第 3 句和第 14 条第 4 款对检验和确认机构的认可，只要符合本法第 18 条的规定，其效力予以保持。

（4）经检验和确认符合 1997 年 7 月 22 日《签名法》（《联邦法律公报》第一部分第 1870、1872 页）第 14 条第 4 款要求的技术部件，视同本法第 15 条第 7 款所指的合格电子签名的产品。

刑法典（节选）***

总　则

第一章　刑　法

第二节　用　语

【第 11 条】人和物的概念

（1）本法意义上的

1. 亲属：

指下列范围的人：

a）直系亲属和直系姻亲，配偶，生活伴侣，有婚约者，也包括《生活伴侣法》意义上的，兄弟姐妹，兄弟姐妹的配偶或生活伴侣，配偶或生活伴侣的兄弟姐妹，如果建立这种关系的配偶关系或生活伴侣关系不再存在，或者亲属关系或姻亲关系已消灭，不发生影响，

b）养父母和养子女；

2. 公务员：

指按照德国法律的

a）公职人员或法官；

b）其他公法上的职务关系中的人；

c）其他情形下，被任命在机关或其他机构或受其委托履行公共管理任务

---

* 德国《刑法典》（Strafgesetzbuch），渊源于 1871 年 5 月 15 日的德意志帝国刑法典，其于 1872 年 1 月 1 日生效。此后，尤其是 1945 年以后，经历了多次修订。现行刑法典文本于 1998 年 11 月 13 日颁布（联邦法律公报 BGBl. I 第 3322 页）。本法依据 2013 年 1 月 21 日立法第 5 条被进行了最近一次修改（联邦法律公报 BGBl. I 第 95 页）。本文按照最新文本而译。

** 译者：刘珊，中国政法大学中德法学院比较法学硕士，现为德国慕尼黑大学博士研究生。

的人，不论为了任务的履行所选择的组织形式。

3. 法官：

指按照德国法律的职业法官和名誉法官；

4. 对公共职务特别负有义务的人：

指，非公务员，但是

a）在机关或其他机构从事公共管理任务的人，或者

b）在为机关或其他机构履行公共管理任务的社团或其他联合体、工厂或企业从业或者为其开展活动的人，并且该类人员基于法律正式被赋予履行其职责的义务；

5. 违法行为：

仅指实现了刑法构成要件的行为；

6. 犯罪行为的实施：

指未遂和既遂；

7. 机关：

也包括法院；

8. 措施：

指各种矫正和保安处分、追缴、没收和使不可使用；

9. 报酬：

指存在于财产利益中的对等给付。

（2）如果某行为实现了一个法定的构成要件，该构成要件要求就行为而言以故意为前提，但该行为就其所引发的特别后果而言过失也已足够，则该行为符合本法意义上的故意。

（3）指引参阅本条款的其他法律规定中的声音与图像载体、数据存储器、图片和其他表现形式，视同为文书。

第二章　告诉　授权　刑罚要求

【第77条】告诉权人

（1）如果行为因告诉才可被追究，只要法律无不同规定，被害人可提起告诉。

（2）被害人死亡的，在法律规定的情况下告诉权转移至其配偶、生活伴侣和子女。被害人既无配偶或生活伴侣又无子女的，或者他们在告诉期届满前死亡的，告诉权转移至其父母，并且，如果父母在告诉期届满前死亡的，

告诉权转移至其兄弟姐妹和（外）孙子女。如某亲属参与了该行为或者其亲属关系消灭，其被排除出告诉权转移的范围。如果对行为的追究违背被害人所明确表示的意愿，告诉权不发生转移。

（3）如果告诉权人为无行为能力或限制行为能力人，个人事务的法定代理人和有权对告诉权人个人进行照料的人，可以提起告诉。

（4）多人有告诉权的，可各自独立提起告诉。

【第77b条】告诉期限

（1）因告诉才可被追究的行为，如告诉权人在3个月的告诉期限届满前没有提出告诉，则不再被追究。如果期限结束日为星期日、公共节假日或星期六，则以下1个工作日为期限结束日。

（2）期限自告诉权人知悉行为和行为人之日起计算。如果行为的可被追究性也取决于对婚姻关系的无效或解除的决定，在此情况下，在告诉权人获悉决定的法律效力前告诉期限不能开始计算。告诉由法定代理人和有权照料的人提起的，告诉期限取决于其获悉该情况的时间。

（3）如果告诉权人或参与行为的人为多数，其行使告诉权的期限和对其行使告诉权的期限分别计算。

（4）因被害人死亡而告诉权转移至亲属的，告诉期限最早至其死亡后3个月，最迟至其死亡后6个月终结。

（5）调解机关收到依据《刑事诉讼法》第380条提出的实施赔偿的请求的，直至依据《刑事诉讼法》第380条第1款第3句开具证明时，告诉期限暂停计算。

分　　则

第一章　危害和平、叛乱和危害民主法治国

第三节　危害民主法治国

【第86条】传播违宪组织的宣传品

（1）将下列宣传品在国内传播，为国内或国外的传播而制作、存储、输入或输出或以数据存储形式使公众可获得，[①] 处以3年以下自由刑或罚金刑：

---

① 根据德国《刑法典实施法》（EGStGB）第296条第2项，第86款第1条不适用于德国《刑法典》空间适用效力范围以外的持续、常规发行并且被进行一般性、公众传播的报纸、杂志。

1. 被联邦宪法法院宣告为违宪的政党，或被无可辩驳地确认为该政党替代组织的政党或社团的宣传品，

2. 因违反宪法秩序或民族谅解的思想而被无可辩驳地地禁止的社团，或被无可辩驳地确认为该类被禁社团的替代组织的宣传品，

3. 为上述第1项和第2项中所述的政党或社团的目的开展活动的、本法空间效力范围以外的政府、社团或机构的宣传品，或者

4. 根据宣传品的内容被确定为继续追求以前的国家社会主义组织的目标的。

（2）第1款意义上的宣传品仅仅指内容违反自由民主基本秩序和民族谅解思想的文书（第11条第3款）。

（3）如果宣传品或行为是服务于国民的教育、对违宪企图的防御、艺术或科学、科研或教学、对时事发生经过或历史进行报道，第1款不适用。

（4）罪责轻微的，法院可依据本规定免除刑罚。

【第86a条】使用违宪组织的标志

（1）下列行为人被处以3年以下自由刑或罚金刑，

1. 其在国内传播第86条第1款第1项、第2项和第4项所描述的政党或社团的标志，或公开地、在集会中或在由其传播的文书中（第11条第3款）使用该类标志，

2. 为在国内或国外的以第1项中的方式方法进行的传播和使用而进行制作、存储、输入或输出展现或含有该类标志的物品，

（2）第1款意义上的标志是指旗帜、符号、制服、口号、问候语。类似的易混淆的标志视同为第1句所称的标志。

（3）第86条第3款和第4款获得相应适用。

第六章 对抗国家权力

【第111条】公开煽动犯罪行为

（1）公开地、在集会中或通过文书的传播（第11条第3款）煽动某一违法行为的，处以与教唆犯（第26条）同样的刑罚。

（2）煽动未果的，处以5年以下自由刑或罚金刑。其刑罚不得重于煽动产生结果的情形下的刑罚；适用第49条第1款第2项。

第七章 妨害公共秩序的犯罪行为

【第130条】煽动民众

（1）以适合于扰乱公共安宁的方式

1. 煽动对部分民众的仇恨或挑唆对其采取暴力或专制措施，

2. 以辱骂、恶意轻蔑、诽谤部分民众来侵犯他人的人格尊严，行为人被处以3个月以上5年以下自由刑。

（2）下列行为人被处以3年以下自由刑或罚金刑，

1. 将下列情形的文书（第11条第3款），即文书煽动对部分民众的仇恨或对某一国籍、种族、宗教群体的仇恨或对某一由其民族特点所决定的群体的仇恨，挑唆对其采取暴力或专制措施，或以辱骂、恶意轻蔑、诽谤部分民众或前述群体来侵犯他人的人格尊严，进行

a）传播；

b）公开陈列、张贴、演示或使他人可获得；

c）向18岁以下的人提供、转让或使其可获得；

d）制作、获得、供给、存储、提供、昭告、叫卖、进行输入或输出的行为，以将文书或出自该文书的内容在字母a到c的意义上使用，或使他人的该类使用成为可能，或者，

2. 以广播、媒体或远程服务就第1项所述内容进行展现和传播。

（3）行为人以适合于扰乱公共安宁的方式，公开地或在集会上将在国家社会主义统治下所进行的、按《国际罪行法典》第6条第1款所描述方式的行为，进行赞同、否认或予以低估，被处以5年以下自由刑或罚金刑。

（4）以对国家社会主义的暴力和专制措施进行赞同、颂扬、正当化而公开地或在集会上以侵犯牺牲者尊严的方式来扰乱公共和平的，被处以3年以下自由刑或罚金刑。

（5）第2款同样适用于带有第3款和第4款中所描述内容的文书（第11条第3款）。

（6）在第2款的情形下，也与第5款相连，以及在第3款和第4款的情形下，相应地适用第86条第3款。

【第131条】暴力描述

（1）将下列情形的文书（第11条第3款），即文书描绘针对人类或与人类类似的生物实施的残酷的或其他非人性的暴力行为，其描绘方式为表达对

此类暴力行为的颂扬或低估或以侵犯人格尊严的方式展现过程的残酷和非人性，进行：

a）传播，

b）公开陈列、张贴、演示或使他人可获得，

c）向18岁以下的人提供、转让或使其可获得，

d）制作、获得、供给、存储、提供、昭告、叫卖、进行输入或输出的行为，以将文书或出自该文书的内容在第1项至第3项的意义上使用，或使他人的该类使用成为可能，行为人被处以一年以下自由刑或罚金刑。

（2）以广播、媒体或远程服务就第1款所述内容进行展现和传播的，处以同样的刑罚。

（3）如果行为是服务于对时事发生经过或历史进行的报道，第1款和第2款不适用。

（4）如果行为人是对其负有照料权的人，第1款第3项不适用；如果照料权人通过提供、转让、提供获得途径而严重违反其教育义务，该条不适用。

【第138条】对被计划的犯罪行为知情不报

（1）在下列行为的实行或结果还能被制止或避免的时间内，确实可信地获悉了其意图或实行，却没有及时向机关或被威胁到的人通报的，被处以5年以下自由刑或罚金刑，

1. 准备侵略战争（第80条），

2. 第81条至第83条第1款情形中的叛乱，

3. 第94条至第96条、第97a条或第100条情形中的叛国或威胁外部安全，

4. 第146条、第151条、第152条情形中的伪造货币或有价证券，或第152b条第1款至第3款情形中的伪造带有保证功能的支付卡和伪造欧元支票的样张，

5. 谋杀（第211条）或故意杀人（第212条）或种族屠杀（《国际罪行法典》第6条）或反人类犯罪（《国际罪行法典》第7条）或战争犯罪（《国际罪行法典》第8条、第9条、第10条、第11条或第12条），

6. 第232条第3款、第4款或第5款，第233条第3款情形下的针对个人自由进行的犯罪行为，各自在其为重罪的范围内，第234条、第234a条、第239a条或第239b条的针对个人自由进行的犯罪行为，

7. 抢劫或抢劫性勒索（第249条至第251条或第255条），或

8. 第306条至第306c条或第307条第1款至第3款，第308条第1款至

第4款，第309条第1款至第5款，第310条，第313条，第314条或第315条第3款，第315b条第3款或第316a条或316c条情形下的公共危险犯罪行为。

（2）在犯罪行为的实行或结果还能被制止或避免的时间内，确实可信地获悉了：

1. 第89a条的犯罪行为的实行，

2. 第129a条的犯罪行为的意图或实行，也与第129b条第1款第1句和第2句相连，却没有毫不迟延地向机关通报的，被处以同样的刑罚。第129b条第1款第3句至第5句在第2项的情形下获得相应适用。

（3）尽管其已经确实可信地获悉了违法行为的意图和实行，出于轻率疏忽没有进行告发的，被处以一年以下自由刑或罚金刑。

第十三章 妨害性自决权的犯罪行为

【第184条】传播色情文书

（1）将色情文书（第11条第3款），

1. 向18岁以下的人提供、转让或使其可获得，

2. 在18岁以下的人可到的地方，或可以被其观看的地方陈列、张贴、演示或以其他形式使其可获得，

3. 在营业场所以外的个别交易中，在顾客通常不进入的商亭或其他销售点，在邮寄方式的交易中或在营利性书籍借阅处或书籍传阅中向他人提供或转让，

3a. 以营利性出租或类似的、营利性提供使用的方式向他人提供或转让，在不满十八岁的人不能进入而且也不能观看到的商店内除外，

4. 以邮寄方式的交易而进行的输入，

5. 公开地在十八岁以下的人可到的地方或可以被其观看的地方，或者通过文书传播在与所属交易有关的商业往来以外的范围内，提供、昭告、叫卖，

6. 在无他人要求的情况下使文件到达他人手中，

7. 有偿在公开电影放映中展示，而且全部或主要报酬是为此放映而被获得，

8. 制作、获得、供给、存储、进行输入的行为，以将文书或出自该文书的内容在第1项至第7项的意义上使用，或使他人的该类使用成为可能，

9. 进行输出的行为，以将文书或出自该文书的内容在违反当地所适用的

刑法规则的情况下被传播、使其可公开获得或使该类使用成为可能，行为人被处以一年以下自由刑或罚金刑。

（2）如果行为人是对其负有照料权的人，第1款第1项不适用；如果照料权人通过提供、转让、提供获得途径而严重违反其教育义务，该条不适用。如果行为是在商业往来中与营利性借用者进行的，第1款第3a项不适用。

第十四章 侮 辱

【第185条】侮辱

侮辱被处以一年以下自由刑或罚金刑，而且，如果侮辱是以暴力动手的方式进行的，则被处以两年以下自由刑或罚金刑。

第十五章 侵害个人生活领域与秘密

【第201a条】以图像记录侵犯最高人身性的生活领域

（1）行为人在无权的情况下对处于某一住所内或其他针对向内窥视而尤其被保护的空间内的人进行图像制作、转录并且因此侵犯其最高人身性的生活领域，被处以一年以下自由刑或罚金。

（2）对基于第1款的行为而被制作的图像进行使用或使第三人可获得，被处以同样的刑罚。

（3）行为人在有权的情况下对处于某一住所内或其他针对向内窥视而尤其被保护的空间内的人所制作的图像，却在无权的情况下故意使第三人可获得并且因此侵犯其最高人身性的生活领域，被处以一年以下自由刑或罚金。

（4）行为人或参与人所使用的图像载体以及图像记录设备或其他技术工具可被没收。第74a条获得适用。

【第202a条】数据探知

（1）行为人在无权的情况下突破准入安全措施，为自己或他人探知并非为其服务的而且针对无权进入行为被特别安全保存的数据，被处以3年以下自由刑或罚金刑。

（2）第1款意义上的数据仅指以电子的、磁性的或其他非直接感知的方式被存储的或被传送的数据。

【第202b条】数据拦截

行为人在无权的情况下使用技术手段从非公共数据传输中或从某数据处

理装置的电磁放射中为自己或他人获取并非为其服务的数据(第 202a 条第 2款),若在其他规定中未有更严厉的刑罚,被处以两年以下自由刑或罚金刑。

【第202c条】对数据探知和数据拦截的准备

(1)行为人对第 202a 条或第 202b 条的犯罪行为以下列方式进行准备,其对

1. 能实现数据(第 202a 条第 2 款)进入的密码或其他安全码,或

2. 以实现此类行为为目的的计算机程序进行制作、为自己或他人获取、出售、转让给他人、传播或以其他方式提供可获得性,被处以一年以下自由刑或罚金刑。

(2)第 149 条第 2 款和第 3 款获得相应适用。

【第203条】侵犯私人秘密

(1)行为人在无权的情况下披露他人秘密,主要是属于个人生活领域的秘密或企业秘密或商业秘密,该秘密是行为人基于其下列身份而被倾吐或告知的:

1. 医生、牙医、兽医、药剂师或其他医疗职业的所属人员,此处的医疗职业要求经国家规定的职业培训才可进行执业行为或采用职业称谓。

2. 通过国家承认的科学结业考试的职业心理专家。

3. 律师、专利律师、公证员、法律指定程序中的辩护人、会计师、宣誓的账簿审查人、税务咨询师、税务被委托人,或律师、专利律师、会计师、账簿审查或税务咨询公司的机构或机构成员。

4. 婚姻顾问、家庭顾问、教育顾问或青少年问题顾问,以及咨询机构的负责瘾癖问题的咨询人员,此处的咨询机构是指被机关或团体、教育(或慈善)机构或公法上的基金会承认的机构。

4a. 按照《妊娠冲突法》第 3 条和第 8 条被承认的咨询机构的成员或被委托人。

5. 国家承认的社会工作者或国家承认的社会教育学家。

6. 私人医疗保险、事故保险、生命保险机构的企业或私人医生、税务咨询师、律师的结算机构的所属人员。

行为人被处以一年以下自由刑或罚金刑。

(2)下列情形被处以同样刑罚,如行为人在无权的情况下披露他人秘密,主要是属于个人生活领域的秘密或企业秘密或商业秘密,该秘密是行为人基于其下列身份而被倾吐或告知的:

1. 公务员。

2. 对公共职务特别负有义务的人。

3. 依据《人身代表法》承担任务或权限的人。

4. 为联邦或州的某一立法机构开展工作的调查委员会成员，其他委员会成员，其他本身不是立法机构成员的参议会的成员，或者身为此类委员会或参议会助手的人员。

5. 公共聘请的专家，其被法律正式赋以对其职责有良知地予以履行的义务。

6. 被法律正式赋以义务，即有良知地履行其在科学研究计划执行中的保密义务的人。

就公共管理任务而被包括的对他人个人情况或事实情况的个别说明，视同为第1句意义上的秘密；但是，若该类个别说明是为了公共管理而向其他机关或机构透露，而且法律也不予禁止，第1句不适用。

(2a) 如果数据保护的被委托人无权地将该条款意义上的秘密公开，该秘密是第1款和第2款中所提及的人基于其职业特色而获悉的或被告知的，并且，是行为人在履行其作为数据保护被委托人的任务时所获悉的，第1款和第2款相应地适用。

（3）律师协会的其他成员视同为第1款第3项所称的律师。为其职业活动提供辅助的人和为其职业活动作准备的人，视同为第1款和第1句所称人员。负有保守秘密的人死亡后，从死者处或从遗物中获悉秘密的人，视同于第1款和第1句、第2句所称人员。

（4）行为人在所涉人员死亡后将其秘密在无权的情况下公开的，第1款至第3款获得适用。

（5）如果行为人有偿，或意图使自己或他人获得利益或损害他人利益而采取上述行为，刑罚为两年以下自由刑或罚金刑。

【第204条】利用他人秘密

（1）行为人根据第203条的规定负有保密义务，却在无权的情况下将他人秘密，主要是企业秘密或商业秘密，加以利用的，被处以两年以下自由刑或罚金刑。

（2）第203条第4款获得相应适用。

【第206条】侵犯邮政或通信秘密

（1）行为人在无权的情况下向他人通报事实情况，该事实情况属于邮政和通信秘密而且是因其作为按营业范围提供邮政和通信服务的企业的持有人或职员而获悉的，被处以五年以下自由刑或罚金刑。

（2）下列情形被处以同样刑罚，如果作为第1款中所称企业的持有人或

职员，在无权的情况下，

1. 拆开所被交托给此类企业以传送的、缄封的邮寄物，或者借助技术手段在不打开缄封的情况下获悉其内容。

2. 将所被交托给此类企业以传送的邮寄物扣压，或

3. 允许或促成在第1款中或第1项或第2项中的某行为。

（3）第1款和第2款对下列人员同样适用，

1. 对第1款所称企业履行监督义务的人。

2. 被此类企业委托或具备此类企业授权的情况下被委托从事邮政和通信服务的人，或

3. 被委托制作为此类企业的运营所服务的设备或被委托参与该工作的人。

（4）行为人在无权的情况下向他人通报事实情况，行为人虽为邮政和通信领域之外的公务员，但该事实情况却是基于行为人有权的或无权的在邮政和通信领域的干预而获悉的，行为人被处以两年以下自由刑或罚金刑。

（5）特定人之间邮政往来的详细情况和邮寄物的内容属于邮政秘密。通信往来内容和其详细情况，尤其是某人是否参与以及是否曾参与某一通信过程这一事实，属于通信秘密。通信秘密也包括未成功的连接尝试的详细情况。

第二十二章　诈骗和背信

【第263条】诈骗

（1）行为人有使自己或第三人获得违法的财产利益的意图，以制造虚假事实或歪曲、隐瞒真实情况来引起或维持错误，给他人财产带来损害的，被处以五年以下自由刑或罚金刑。

（2）犯罪未遂亦应被处罚。

（3）特别严重的情形，被处以6个月以上10年以下的自由刑。通常，特别严重的情形是指，当行为人

1. 职业地实施，或作为旨在继续实施伪造文书或诈骗而成立的团伙的成员而实施。

2. 引发大规模的财产损失，或带有下列意图而实施，即通过继续实施诈骗将大量的人带入财产损失的危险中。

3. 将他人带入经济困境。

4. 滥用其公务员职权与地位，或

5. 保险诈骗，为此目的，行为人或他人将具有显著价值之物放入火中，或通过放火将其全部或部分损毁，或使船只沉没，或使船只搁浅，此后假装发生了保险事故。

（4）第243条第2款以及第247条、第248a条相应适用。

（5）行为人作为团伙成员职业地实施诈骗，该团伙是为了继续实施第263条至第264条或第267条至269条的犯罪行为而成立的，行为人被处以一年以上10年以下自由刑，在较轻微的严重情形中被处以6个月以上5年以下自由刑。

（6）法院可命令行为监督（第68条第1款）。

（7）行为人作为团伙成员实施诈骗，该团伙是为了继续实施第263条至第264条或第267条至269条的犯罪行为而成立的，适用第43a条和第73d条的规定。如果行为人是职业地实施诈骗，第73d条的规定也获得适用。

【第263a条】计算机诈骗

（1）行为人有使自己或第三人获得违法的财产利益的意图，以对程序的不正确塑造、对不正确或不完整的数据的应用、对数据的在无权的情况下的使用或其他可能的对操作过程的无权的影响来影响数据处理的结果，给他人财产带来损害的，被处以5年以下自由刑或罚金刑。

（2）第263条第2款至第7款相应适用。

（3）行为人为第1款的犯罪行为作准备，对旨在实施该行为的计算机程序进行制作、为自己或他人设法弄到、获得进入渠道、保管或转让给他人，被处以三年以下的自由刑或罚金刑。

（4）在第3款的情形下，第149条第2款和第3款获得相应适用。

【第265a条】骗取给付

（1）行为人带有不支付报酬的意图，骗取自动售货机或服务于公共目的的通信网的给付、交通工具的运载或对某一活动或机构的入场，若在其他规定中未有更严厉的刑罚，被处以一年以下自由刑或罚金刑。

（2）犯罪未遂亦应被处罚。

（3）第247条和第248a条获得相应适用。

第二十三章　伪造文书

【第268条】伪造技术性记载

（1）为在法律事务交往中的欺骗而实施下列行为的，被处以5年以下自

由刑或罚金刑，

1. 制作不真实的技术性记载或伪造技术性记载，

2. 使用不真实的或被伪造的技术性记载。

（2）技术性记载是对数据、测量值和计算值、状态或发生经过的描述，该描述是通过技术装置全部或部分地自动完成，使得记载标的能够被一般性地或被内行人辨认，并且其被用来证明法律上的某一显著事实，不论这一用途是在制作中还是之后被赋予的。

（3）如果行为人通过对记载过程的干扰性影响来影响记载的结果，视同为制作不真实的技术性记载。

（4）犯罪未遂亦应被处罚。

（5）第267条第3款和第4款获得相应适用。

【第269条】伪造极具证据价值的数据

（1）行为人为在法律事务交往中的欺骗而将极具证据价值的数据进行存储或改变，以至于根据该数据可能会出现不真实的或伪造的文书，或行为人使用上述情形下被存储或改变的数据，被处以5年以下自由刑或罚金刑。

（2）犯罪未遂亦应被处罚。

（3）第267条第3款和第4款获得相应适用。

【第270条】在数据处理时进行法律事务交往中的欺骗

对法律事务交往中的数据处理施加的错误影响，视同为法律事务交往中的欺骗。

【第271条】间接的错误登记证明

（1）行为人导致，对权利或法律关系有显著意义的声明、协商或事实在公共文书、账簿、数据库或登记簿中被登记或被储存为已作出或已发生，同时，这些声明、协商或事实却根本没有进行或发生，或是以其他方式、或由不符合身份的人、或由另外的人所作出或发生的，行为人被处以3年以下自由刑或罚金刑。

（2）下列情形被处以同样刑罚，如果行为人为在法律事务交往中的欺骗而使用第1款中所述种类的虚假的登记证明或数据存储。

（3）行为人有偿地或意图使自己或第三人获得利益或意图损害他人而实施该行为的，刑罚为3个月以上5年以下自由刑。

（4）犯罪未遂亦应被处罚。

【第274条】扣压文书；改变边界标志

（1）对下列行为处以5年以下自由刑或罚金刑，

1. 怀有为他人带来不利的意图，将根本不属于自己或不仅仅属于自己的文书或技术性记载销毁、损坏或扣压。

2. 怀有为他人带来不利的意图，将其不能支配或不能排他性支配的极具证据价值的数据（第202a条第2款）删除、扣压、使之不可用或改变，或

3. 怀有为他人带来不利的意图，将界碑石、其他用来标明边界或水位的标志拿走、毁灭、使之不可被辨认、挪移、错误放置。

（2）犯罪未遂亦应被处罚。

第二十七章　财物损坏

【第303a条】数据更改

（1）违法将数据（第202a条第2款）删除、扣压、使之不可用或更改的，被处以两年以下自由刑或罚金刑。

（2）犯罪未遂亦应被处罚。

【第303b条】计算机破坏

（1）将对于他人来说具有重要意义的数据处理通过下列方式进行干扰的，

1. 实施第303a条第1款的行为，或

2. 怀有为他人带来不利的意图，输入或传送数据（第202a条第2款），或将某数据处理装置或数据载体毁坏、损害、使之不可使用、去除或改变，处以3年以下自由刑或罚金刑。

（2）如果所涉及的是对于其他工厂、企业或机关来说具有重要意义的数据处理，刑罚为五年以下自由刑或罚金刑。

（3）犯罪未遂亦应被处罚。

（4）对第2款的特别严重的情形，被处以6个月以上10年以下的自由刑。通常，特别严重的情形是指，当行为人

1. 引发大规模的财产损失。

2. 职业性地实施，或作为旨在继续计算机破坏而成立的团伙的成员而实施。

3. 通过其行为严重损害了对民众生活必备物品或服务的供给，或严重损害了联邦德国的安全。

（5）对第1款犯罪行为所进行的准备相应适用第202c条。

第二十八章 公共危险的犯罪行为

【第317条】扰乱通信设施
（1）行为人通过下列方式阻碍或危害服务于公共目的的通信设施的运营，即其对服务于该运营的物品实施毁坏、损害、去除、改变或使之不可使用，或将用于该运营的电力切断，被处以5年以下自由刑或罚金刑。
（2）犯罪未遂亦应被处罚。
（3）过失地实施行为的，被处以一年以下自由刑或罚金刑。

数字经济信任法案（节选）*

2004年6月21日 2004-575号

本法，经国民议会和众议院参考宪法委员会2004年6月10日第2004-496DC号决定通过，由总统于2004年6月21日颁布实施，内容如下：

第一编 在线通信自由

第一章 公共网络通信

【第1条】

I.——1986年9月30日86-1067号《通信自由法案》第1条作出如下修改：

"【第1条】

公民有通过电子途径进行公共通信的自由。

非因保护公民的人格尊严、保护他人的人身自由或财产权利、保护公民的言论自由、维护公共秩序或国家安全、满足公共服务的需求、通信技术手段的限制或者发展电子音像产业的需要，任何人不得以任何手段限制公民进行公共电子通信的自由。

电子音像服务是指以本法第2条规定的方式或其他合理方式为公众提供音像、电影、声音作品的视听通信服务。"

II.——1986年9月30日86-1067号《通信自由法案》第2条作出如下修改：

---

* 译者：冯源，北京大学法学院。

"【第2条】

电子通信指利用电磁学技术传播、传送或接收符号、信号、文字、图像或声音的通信方法。

公共电子通信指利用电子通信技术手段向公众传播符号、信号、文字、图像、声音或一切不适合通过私人书信表达的信息的通信方法。

视听通信指利用广播、电视或其他任何公共电子通信手段向公众传播信息的方法,但不包括2004年6月21日2004-575号《数字经济信任法案》第1条规定的公共网络通信。

向公众播放由连续图像和声音序列组成的节目的公共电子通信服务,视为电视服务。

向公众播放由连续声音序列组成的节目的公共电子通信服务,视为广播服务。"

III.——1986年9月30日86-1067号《通信自由法案》第3条后加入第3—1条内容如下:

"【第3-1条】

高等音像委员会作为独立机构,依照本法规定,保障广播电视利用任何电子通信手段进行信息传播的自由。

高等音像委员会维护信息处理的公平原则;监督广播和电视部门的独立性和公正性;促进行业自由竞争,帮助建立出版商和发行商之间的非歧视性关系;保障广播电视节目的质量和多样性,支持法国音像作品的创作和生产,致力于维护法国语言和文化的纯洁性,并促进其传播。高等音像委员会可以为提高广播电视节目质量提出议案。

高等音像委员会为履行上述职能,可以向广播电视通信服务的出版商或发行商以及本法第30—5条涉及的出版商提出建议,并刊登在法兰西共和国政府公报上。"

IV.——根据1986年9月30日86-1067号《通信自由法案》第1条的规定,本法重申,公民有通过电子途径进行公共通信的自由。

非因保护公民的人格尊严、保护他人的人身自由或财产权利、保护公民言论自由的权利、维护公共秩序或国家安全、满足公共服务的需求、通信技术手段的限制或者发展电子音像产业的需要,任何人不得以任何手段限制公民通过电子途径进行公共通信的自由。

公共电子通信指利用电子通信技术手段向公众传播符号、信号、文字、图像、声音或任何不适合通过私人书信传播的信息的通信方法。

公共网络通信指根据客户要求，利用电子通信技术手段向公众发布电子数据，并可实现数据发布者和接受者之间信息交流的通信方法。

电子邮件指由一个公共通信网络发出的，存储在收件人服务器或终端设备上，并最终被收件人查收的文字、声音或图像信息。

【第2条】

I. ——1982年7月29日《视听通信法案》第93条、93-2条和93-3条中的"视听通信"替换为"公共电子通信"；

II. ——1881年7月29日《出版自由法案》第23条中的"视听通信"替换为"公共电子通信"；

III. ——《刑法典》第131-10条、131-35条和131-39条中的"视听通信"替换为"公共电子通信"；

IV. ——《刑事诉讼法典》第177-1条和212-1条中的"视听通信"替换为"公共电子通信"；

V. ——《选举法典》第L.49条和第L.52-2条中的"视听通信"替换为"公共电子通信"；

VI. ——1971年12月31日71-1130号《关于司法和法律若干职业改革的法案》第66条中的"视听通信"替换为"公共电子通信"；

VII. ——1984年7月16日84-610号《关于组织和推广体育运动的法案》第18-2条、18-3条和18-4条中的"视听通信"替换为"公共电子通信"。

【第3条】

国家、地方行政组织、公共机构和从事公共服务的个人负责监督新信息技术的应用能够保证公务人员和残障人员行使公务。

【第4条】

开放标准指技术规范是公开的且可以不受限制地访问或使用的通信协议、互联协议、交换协议或数据格式。

第二章　网页寄存服务供应商

【第5条】略

【第6条】

I. ——1. 网页寄存服务供应商，应向客户告知能够限制浏览信息的技术手段，并向用户提供至少一种技术手段。

2. 应客户的要求有偿或无偿提供关于信号、文字、图片、音频或任何形式信息的寄存服务的供应商（自然人或法人），不知道信息含有违法内容的，或确知信息含有违法内容后立即停止该服务的，不对其行为承担民事责任。

供应商授意或指使客户的情况除外。

3. 网页寄存服务供应商，不知道信息含有违法内容的，或确知信息含有违法内容后立即停止服务的，亦不对其行为承担刑事责任。

供应商授意或指使客户的情况除外。

4. 任何人以屏蔽或中断网络信息传播为目的，确知某信息不包含非法内容，而向网页寄存服务供应商举报为非法信息的，处以一年监禁，并处罚金15000欧元。

5. 网页寄存服务供应商接到关于所寄存信息的举报，若包含以下内容的，则推定供应商了解所寄存信息的内容：

. 举报的日期；

. 若举报人为自然人：举报人的姓名、职业、住址、国籍、出生日期和地点；若举报人为法人：举报人的组织形式、名称、所在地和法定代表人

. 若信息寄存人为自然人：信息寄存人的姓氏和住所；若信息寄存人为法人：信息寄存人的名称及所在地；

. 寄存信息的内容描述和准确位置；

. 撤销信息的理由，包括法律条款的引用和信息内容违法证据

. 发给信息作者或发布者的要求撤销或修改信息的信函复印件，或不能与作者或发布者取得联系的证据。

6. 网页寄存服务供应商不是1982年7月29日82-652号《视听通信法案》第93—3条所述的制造商。

7. 网页寄存服务供应商不承担审查信息合法性的义务，亦不承担调查相关违法活动的义务。

此义务豁免原则不能对抗司法部门要求进行的任何特定或暂时性的监督活动。

根据1881年7月29日《出版自由法案》第24条第5款和第8款及《刑法典》第227-23条的规定，网页寄存服务供应商有协助抵制反人类言论、煽动民族仇恨和儿童淫秽色情内容等违法内容传播的义务。

为此，网页寄存服务供应商有设置方便快捷的举报途径的义务，使任何人可以向其举报违法信息。网页寄存服务供应商也有将客户可能寄存的违法信息立即通知有关部门的义务，以及向公众告知违法信息举报方法的义务。

若网页寄存服务供应商未履行上述义务，按照本条 IV 第 1 款的规定处理。

8. 司法机关可以通过提起紧急审理程序或特别诉讼，要求网页寄存服务供应商采取适当措施，以预防或停止由寄存信息内容造成的损失。

II. ——网页寄存服务供应商应依法保管其所寄存信息内容的创作者的个人信息，以便日后查询识别。

网页寄存服务供应商应向网页编辑人提供必要的技术手段，使其达到第 3 款规定的识别条件。

司法机关可以从网页寄存服务供应商处依法获取第一段所述的个人信息的数据。

司法机关在处理这些数据时可适用刑法典第 226-17．226-21 和 226-22 条的规定。

最高行政法院可以根据国家信息技术和自由委员会的意见发布行政法规，对这些数据的范围、保管的期限和限制条件作出规定。

III. ——1. 使用网页寄存服务的网页编辑人，应当依照开放标准向社会公布以下信息：

a) 若网页编辑人为自然人：其姓名、住址和联系方式。若网页编辑人为经过登记的公司股东或企业合伙人：其登记号；

b) 若网页编辑人为法人：其名称、住所和联系方式。若网页编辑人为经过登记的公司或企业法人：其登记号、注册资本和住所；

c) 出版负责人或共同负责人的姓氏，或根据 1982 年 7 月 29 日 82-652 号《视听通信法案》第 93—2 条的规定，其他对发布信息的内容负责的人的姓氏；

d) 网页寄存服务供应商的姓氏、名称、住所和联系方式。

2. 非职业的网页编辑人，为了保护其匿名权，可以只向社会公开网页寄存服务供应商的姓氏、名称，以及住所。但此匿名权不能对抗其向网页寄存服务供应商提供基本个人信息的义务。

依据《刑法典》第 226-13 条和第 226-14 条网页寄存服务供应商有保守客户个人信息不被泄露的义务。此义务不能对抗司法机关对于客户信息的依法审查。

IV. ——网页寄存服务中任何被指出或点名的人员，对于要求修改或删除其可能发布的信息的诉请，享有申辩权（此规定被宪法委员会 2004 年 6 月 10 日 2004-496DC 号决定裁定违宪）。

行使申辩权的催告应向出版负责人发出。当客户为非专业的网页编辑人且保持匿名时,行使申辩权的催告应向网页寄存服务供应商发出,并由供应商转达给出版负责人。推定催告向公众发出后最晚3个月为接收人收悉。

出版负责人须在收到催告后3日内刊登被指出或点名的人员的申辩,否则处以罚款3750欧元,可依法加处其他惩罚,并承担损害赔偿责任。

刊登申辩的条件按照1881年7月29日《出版自由法案》第13条的规定执行。刊登申辩应当免费。

最高行政法院可以发布行政法规规定本条款的实施细则。

V. ——网页寄存服务适用1881年7月29日《出版自由法案》第Ⅳ章和第Ⅴ章的规定,其取得时效适用该法第65条的规定(此规定被宪法委员会2004年6月10日2004-496DC号决定裁定违宪)。

VI. ——1. 任何自然人、法人的法定代表人或实际执行人提供网页寄存服务时,违反了Ⅰ第7项第4款的规定,或没有按照Ⅱ的要求保存客户信息,或没有按照司法机关的要求向其提供这些信息的,处1年监禁,并处罚金75000欧元。

法人提供网页寄存服务违反以上规定的,可以依照《刑法典》第121-2条规定承担刑事责任,依照《刑法典》第131-38条规定处以罚金,或依照《刑法典》第131—39条第2项、第9项处以其他刑罚。其中从事专业网页寄存服务的法人,违反第131—39条第2项规定,且违法行为已经实施的,判处的最高刑期为5年。

2. 任何自然人、法人的法定代表人或实际执行人使用网页寄存服务发布信息,违反第3款规定的,处1年监禁,并处罚金75000欧元

法人使用网页寄存服务发布信息违反以上规定的,可以依照《刑法典》第121-2条规定承担刑事责任,依照《刑法典》第131-38条规定处以罚金,或依照《刑法典》第131—39条第2项、第9项处以其他刑罚。其中从事专业网页编辑的法人,违反第131—39条第2项规定,且违法行为已经实施的,处以最高5年监禁。

【第7条】

网页寄存服务供应商以广告宣传为目的,声称可以提供寄存文件下载服务的,必须在广告中清晰地注明"盗版危害艺术创作"。

【第8条】

Ⅰ. ——《知识产权法典》第L.332-1条第5款后插入以下两段:

"4. 通过网页寄存服务存储的信息如果损害作者作者权,应责令网页寄

存服务供应商删除或屏蔽该信息。此时，本法第 L.332-2 条规定的时限缩短至 15 天。"

"高等法院院长在同样情形下可应第二卷中所述的邻接权人要求作出上述裁定。"

II.——《知识产权法》第 L.335-6 条第二段在"法院指定的报纸上"加入"或法院指定的网页寄存页面上"

【第 9 条】

I.——根据《邮政和电信法典》第 L.32-3-2 条现加入第 L.32-3-3 条和第 L.32-3-4 条内容如下：

"【第 L.32-3-3 条】在电信网络上传播信息或提供电信网络访问服务的人员，当其自身为信息发布者，或者可以选择客户，或者可以选择或修改信息内容的，应当对电信网络上的信息内容承担民事或刑事责任。

【第 L.32-3-4 条】以提高信息传播效率为唯一目的，为网页寄存服务供应商提供自动、中介性或临时性信息存储服务的人员，不对所存储的信息内容承担民事或刑事责任，有下列情况之一的除外：

1. 修改存储信息、违反信息访问条件和信息更新规则或妨碍用于获取数据的技术的正常合法使用的；

2. 知道初始传播的内容在网络上已被删除，或者知道对该内容的访问已经中断，或者知道司法机关已责令在网络上删除该内容或中断其访问服务，却没有立即删除存储的内容或中断其访问服务的。"

II.——《邮政和电信法典》第 L.32-6 条加入 II，内容如下：

"II.——根据 2001 年 7 月 11 日 2001-616 号《马约特岛法案》第 3 条 I 第 8 项的规定，在不影响其在马约特岛的完全适用前提下，本法第 L.32-3-3 条和第 L.32-3-4 条在新喀里多尼亚、法属波利尼西亚、瓦利斯群岛和富图纳群岛以及法属南半球和南极领地同样适用。"

第三章　通信管理

【第 10 条】略

【第 11 条】略

【第 12 条】略

【第 13 条】略

第二编 电子商务

第一章 总 则

【第14条】

电子商务指通过电子途径远程提供商品或服务的经济活动。

电子商务包括提供在线信息交换、商业沟通、搜索工具、数据访问和恢复、通信网络接入、网络信息寄存等活动。电子商务的支付方和使用方可以分离。

自然人在法国长期定居,从事电子商务经营活动的,视为法国电子商务经营者。法人从事电子商务经营活动,其主要经营活动场所在法国的,不论其总部所在地,都视为法国电子商务经营者。

【第15条】

I. ——电子商务经营者应按照与消费者的合同约定充分履行义务。若此义务应由其他经营者履行,已履行义务人对应履行义务人享有追偿权。

电子商务经营者如果能够证明未履行义务是由于消费者、善意第三人或不可抗力的因素造成,则相应地减免责任或不承担责任。

II. ——《消费法典》第 L. 121-20-3 条补充以下条款:

"不论远程订立的合同义务是由订立合同的经营者实施还是由其他服务商实施,经营者负责向消费者保证良好地履行这些义务,且不影响消费者对其他服务商行使诉权。

但是,如果经营者能够证明合同的未履行或劣质履行是归结于消费者的原因或归结于合同之外第三者的不可预见、不可克服的客观原因,或归结于不可抗力,则可以免除经营者的全部或部分责任。"

【第16条】

I. ——除以下活动外,第14条涉及的电子商务活动可以在法国境内自由开展:

1. 赌博(包括授权和非授权的赌马和博彩活动)
2. 代理和法律援助活动
3. 根据1945年11月2日第45-2590号裁定第1条规定的公证活动

II. ——此外,当第14条涉及的电子商务活动在法国以外的欧共体成员国内开展时,需要遵守以下规定:

A.《保险法典》第 L. 361-1 至第 L. 364-1 条关于在欧共体成员国境内自由开展和提供保险服务的规定；

B.《货币和金融法典》第 L. 214-12 条关于动产集体投资机构的宣传和推销的规定；

C.《商法典》第四卷第二、三编中关于反竞争措施和经济集中的规定；

D. 关于禁止或授权未经对方同意通过电子邮件发送广告的规定；

E.《税法通典》中的规定；

F.《知识产权法典》中关于权利保护的规定。

【第 17 条】

第 14 条规定的活动服从从事该活动的自然人或法人的所在地所属的成员国家法律。上述自然人或法人以及商品或服务的消费者有共同意愿的除外。

在适用前款规定时，不得出现下列情况：

第 3 条，根据法国签署的国际条约，剥夺法国法律中关于合同义务的强制性规定对在国家领土上有居住地点的消费者所给予的保护。根据本条宗旨，关于合同义务的强制性规定包括对订立合同的决策有重大影响的关于合同内容的规定，比如对消费者权利的规定；

第 4 条，违反法国法律强制性规定的创设或转移于在国家领土上不动产产权的合同；

第 5 条，违反《保险法典》第 L. 181-1 条至第 L. 183-2 条的规定，对一个或多个欧洲经济区国家领土内存在的风险和义务订立保险合同。

【第 18 条】

根据最高行政法院的法令，对于危害公共安全和社会秩序、损害未成年人身心健康、损害公众健康、危害国家安全和损害消费者或《货币金融法典》第 L. 411-2 条规定范围以外投资者的利益的电子商务活动，有关部门可以对其采取限制措施。

【第 19 条】

在不违反国家现行法律和行政法规关于信息披露的相关规定的前提下，电子商务经营者应当依照开放标准简明、直接和持续地向消费者披露以下信息：

1. 若经营者为自然人：自然人的姓名；若经营者为法人：法人名称；

2. 经营者的经营场所、电子邮箱地址以及经营者的电话号码；

3. 若经营者为经过登记的公司或企业法人：公司或企业法人的登记号、注册资本、住所；

4. 若依据《税法通典》的规定，经营者需要缴纳增值税：经营者的个人识别码；

5. 若经营活动需要得到有关部门的许可：颁发许可证明的部门的名称和地址；

6. 若经营者为受管理的职业人员：应用职业规范说明、经营者的职业名称、授予职业名称的成员国家以及经营者注册的行业组织名称。

在不违反《消费法典》第 L.121-1 条关于反对虚假广告的规定和国家现行法律和行政法规关于价格信息披露的相关规定的前提下，电子商务经营者在提到一款价格时，尤其当价格中包含税款和寄送费用时，即使不能提供合同，也应当清晰明确地告知价格。

对于违反本条规定的违法行为，依照《商法典》第 L.450-1 条第 1 款、第 3 款和第 4 款、第 L.450-2 条、第 L.450-3 条、第 L.450-4 条、第 L.450-7 条、第 L.450-8 条、第 L.470-1 条和第 L.470-5 条进行调查和举证。

第二章　电子广告

【第 20 条】

位于公共通信服务网络上的广告，无论采用何种形式，都应当使其观众清晰地识别出广告主。

适用本条款时，不能违反《消费法典》第 L.121-1 条关于反对虚假广告的规定。

【第 21 条】

在《消费法典》第 L.121-15 条后，加入第 L.121-15-1 条、第 L.121-15-2 条和第 L.121-15-3 条内容如下：

"【第 L.121-15-1 条】

通过电子邮件发出的广告和促销报价，如折扣、奖励、礼物以及促销竞赛或促销游戏等，应当自收件人收到时起便可被清晰地识别；若因技术原因无法实现的，应当在信件内容中能够清晰地将其识别。

【第 L.121-15-2 条】

在不违反本法第 L.121-1 条关于反对虚假广告的规定的情况下，当广告主通过电子途径发出促销报价、竞赛或游戏的广告时，应以清晰易懂的方式说明客户享受促销报价以及参与促销竞赛或游戏所应遵守的规定。

【第 L.121-15-3 条】

第 L.121-15-1 条和第 L.121-15-2 条同样适用于向经营者发出的广

告、报价、竞赛或游戏。

违反第 L.121-15-1 条和第 L.121-15-2 条规定的犯罪行为,将处以第 L.121-6 条规定的刑法。对于这些犯罪,将依照第 L.121-2 条的规定进行调查和举证。第 L.121-3 条和第 L.121-4 条的规定也同样适用。"

【第 22 条】

Ⅰ.——《邮政和电信法典》第 L.33-4-1 条作出如下修改:

"【第 L.33-4-1 条】

未经自然人的同意,禁止以产品推广为目的,利用自然人的个人信息,通过自动呼叫装置、传真机或电子邮件向自然人发送广告。

为此,只有当自然人作出接受将其个人信息用于商家的产品推广活动的自由的、特定的和知情的意思表示后,商家才可以利用经自然人许可的个人信息向其发送广告。

发送旨在直接或间接推销产品、服务的信息或显示产品生产者或服务提供者形象的行为,构成一种产品推广活动。

特别地,如果收件人的个人信息是商家依照 1978 年 1 月 6 日 78-17 号《信息、文件和自由法案》的规定,在某次销售或服务时直接向收件人收集的,并且如果发送的广告是关于同一商家的同类产品或服务的,且如果收件人在每次收到产品推广的电子邮件时,都有机会向商家明确地拒绝再次收到类似广告,并且除发送拒绝信的费用外不需要再支付其他费用的,则允许商家通过电子邮件进行产品推广活动。

在任何情况下,禁止以产品推广为目的,通过自动呼叫装置、传真机或电子邮件向收件人发送不显示发件人有效信息的广告,导致收件人无法除支付信息费外无偿要求发件人停止发送广告。同样禁止隐藏广告主身份信息的广告,以及涉及与推销的产品或服务无关的内容的广告。

国家信息和自由委员会根据 1978 年 1 月 6 日 78-17 号《信息、文件和自由法案》确定的管辖权范围和本条款的规定,监督商家利用客户个人信息进行产品推广的活动。为此,国家信息自由委员会可以通过任何方式接受对于违法本条规定的违法行为提起的申诉。

对于违反本条规定的违法行为,依照《商法典》第 L.450-1 条第 1 款、第 3 款和第 4 款、第 L.450-2 条、第 L.450-3 条、第 L.450-4 条、第 L.450-7 条、第 L.450-8 条、第 L.470-1 条和第 L.470-5 条进行调查和举证。

最高行政法院在必要时可对本条适用的具体条件作出规定,尤其是针对使用的不同技术手段作出规定。"

II. ——《消费法典》第 L. 121-20-5 条作出如下修改:
"应适用《邮政和电信法典》第 L. 33-4-1 条的规定,其内容如下:
'【第 L. 33-4-1 条】
未经自然人的同意,禁止以产品推广为目的,利用自然人的个人信息,通过自动呼叫装置、传真机或电子邮件向自然人发送广告。

为此,只有当自然人作出接受将其个人信息用于商家的产品推广活动的自由的、特定的和知情的意思表示后,商家才可以利用经自然人许可的个人信息向其发送广告。

发送旨在直接或间接推销产品、服务的信息或显示产品生产者或服务提供者形象的行为,构成一种产品推广活动。

特别地,如果收件人的个人信息是商家依照 1978 年 1 月 6 日 78-17 号《信息、文件和自由法案》的规定,在某次销售或服务时直接向收件人收集的,并且如果发送的广告是关于同一商家的同类产品或服务的,且如果收件人在每次收到产品推广的电子邮件时,都有机会向商家明确地拒绝再次收到类似广告,并且除发送拒绝信的费用外不需要再支付其他费用的,则允许商家通过电子邮件进行产品推广活动。

在任何情况下,禁止以产品推广为目的,通过自动呼叫装置、传真机或电子邮件向收件人发送不显示发件人有效信息的广告,导致收件人无法除支付信息费外无偿要求发件人停止发送广告。同样禁止隐藏广告主身份信息的广告,以及涉及与推销的产品或服务无关的内容的广告。

国家信息和自由委员会根据 1978 年 1 月 6 日 78-17 号《信息、文件和自由法案》确定的管辖权范围和本条款的规定,监督商家利用客户个人信息进行产品推广的活动。为此,国家信息自由委员会可以通过任何方式接受对于违法本条规定的违法行为提起的申诉。

对于违反本条规定的违法行为,依照《商法典》第 L. 450-1 条第 1 款、第 3 款和第 4 款、第 L. 450-2 条、第 L. 450-3 条、第 L. 450-4 条、第 L. 450-7 条、第 L. 450-8 条、第 L. 470-1 条和第 L. 470-5 条进行调查和举证。

最高行政法院在必要时可对本条适用的具体条件作出规定,尤其是针对使用的不同技术手段作出规定。'"

III. ——商家于本法颁布前依照 1978 年 1 月 6 日 78-17 号《信息、文件和自由法案》合法取得客户个人信息,并试图用于产品推广的,在不违反《邮政和电信法典》第 L. 33-4-1 条、《消费法典》L. 121-20-5 条以及本条 I、II 规定的前提下,可以在本法颁布后的 6 个月内,通过电子邮件向客户发送知情同意书。在经客户同意的情况下，可以利用客户的个人信息进行产品推广活动。6 个月后客户没有签署知情同意书的，视为不同意将其个人信息用于商家的产品推广活动。

【第 23 条】略

【第 24 条】略

第三章　以电子形式产生之债

【第 25 条】

I. ——《民法典》第 1108 条后，加入第 1108 – 1 条和第 1108 – 2 条内容如下：

"【第 1108 – 1 条】

证明法律行为有效性的书面文字，可以按照第 1316 – 1 条与第 1316 – 4 条规定的条件采用电子形式制作与保存；公证文书的制作与保存，可以按照第 1317 条第 2 款规定的条件采用电子形式进行。

要求义务人本人手书文字的，也可以采用电子形式，但须保证电子文字的制作过程只能由本人完成。

【第 1108 – 2 条】

对以下文书，不适用第 1108 – 1 条的规定：

有关亲属权与继承权的私署文书；

有关人或物的担保的民事性质或商业性质的私署文书，但为职业需要订立的文书除外。"

II. ——《民法典》第三卷第三编第六章后，加入第七章，内容如下：

第七章　采用电子形式订立的合同①

---

① 根据 2005 年 6 月 16 日第 2005 – 674 号法案，本法案中的第 1369 – 1 条、第 1369 – 2 条和第 1369 – 3 条依次改为第 1369 – 4 条、第 1369 – 5 条和第 1369 – 6 条成为《民法典》第三卷第三编第七章的第二节；本章新加入第一节、第三节和第四节，内容如下：
"第一节　采用电子形式订立合同情况下的信息交换
【第 1369 – 1 条】
可以采用电子途径提出订立合同的条件或者提供有关财产或服务的信息。
【第 1369 – 2 条】
如果收件人同意使用电子邮件，可以通过电子邮件向其传送为订立合同而要求提供的信息，或者传送在履行合同过程中提供的信息。
【第 1369 – 3 条】
从事职业的人只要告知其电子通信地址，向其提供的信息便得经电子邮件发送。
如果这些信息必须载于表格，该表格经电子邮件提交应填表格的人。（转下页）

【第 1369-1 条】

任何人以职业名义通过电子途径提供产品或服务时,应当使用可以保存和复制的方法提出合同条件。在不违反要约明确的有效性条件的前提下,只要通过电子途径可以接触产品或服务的提供者,该提供者即承担上述义务。

要约应当注明以下事款:

为通过电子途径订立合同而应当遵守的后续步骤;

能够让使用者在订立合同之前鉴别在取得数据资料时出现的错误并进行更正的技术手段;

为订立合同而建议采用的语言;

在转存合同的情况下,要约人转存合同的方式以及取得已转存合同的条件;

通过电子途径查询要约人在相应情况下应当遵守的行业与商业规则。

【第 1369-2 条】

为使合同有效订立,要约的收件人在确认订单并表示接受之前,应当有审查订单细节和价款总额以及更正可能出现的错误的机会。

(接上页)第三节 通过电子途径发送或提交信件、文书

【第 1369-7 条】

与订立或者履行合同有关的普通信件得经电子邮件发送。

在电子手段符合最高行政法院提出资政意见后颁布的法令确定的条件时,发送电子邮件的日期由电子手段产生,其有效性得到推定,有相反证据时除外。

【第 1369-8 条】

与订立或履行合同有关的挂号信得经电子邮件发送,但应当符合以下条件:该邮件经第三人传送,传送手段可以鉴别该第三人并能指明发送人,可以保障收件人身份并确定信件是否已经传到收件人。

挂号信的内容,由发件人选择,可以由第三人打印在纸张上发送收件人或者可以通过电子途径发送。在后一种情况下,如果收件人不是职业从业者,他应当要求通过这种手段发送或者在此前的交换往来过程中已接受过这种做法。

在发信或者收信日期均产生于电子途径时,如此种方法符合最高行政法院提出资政意见后颁布的法令确定的条件,其有效性得到推定,有相反证据时除外。

收信人得经电子途径或者通过其他任何可以保存信件的手段发出收到信件的通知。

最高行政法院提出资政意见后颁布的法令确定本条的适用条件。

【第 1369-9 条】

除第 1369-1 条与第 1369-2 条规定的情况之外,用电子形式提交一份文书,在收件人能够知道该文书并予接受时,即为实际提交。

如果有条款规定影响收件人宣读文书,按照第 1 款规定的条件将电子文字传送给收件人即等于宣读。

第四节 形式上的特定要求

【第 1369-10 条】

在要求纸载文书必须遵守可读性或专门格式之特别条件的情况下,采用电子形式的文书应符合类似的要求。

通过电子手段可以下载表格并以相同途径返回时,即认为电子途径可以满足有关采用表格的要求。

【第 1369-11 条】

在要求发送一式多份的文书时,如果文书能够为收件人打印,即属电子形式的文书符合此款要求。"

要约人应当在合理的期限内通过电子途径确认向其发出的订单。

订货、确认接受要约以及收货回执,在双方当事人均可进入相关邮件时,视为已经收悉。

【第 1369 - 3 条】

仅通过发送电子邮件订立的产品供给或服务给付合同,不适用第 1369 - 1 条第 1 项至第 5 项以及第 1369 - 2 条前两款的规定。

此外,在职业人员之间订立的协议,可以不适用第 1369 - 1 条第 1 项至第 5 项以及第 1369 - 2 条的规定。

【第 26 条】

在《宪法》第 38 条规定的条件下,为了满足以电子途径订立合同的履行,政府可以通过颁布法令,明确《民法典》第 1108 - 1 条规定以外的关于合同订立、效力以及影响的法律适用规定。

前款所述的政府法令,应当在本法颁布后的年份中制定。

在法令颁布后的 6 个月内,应当向议会提交申请批准提案。

【第 27 条】

《消费法典》第 L. 134 - 1 条后加入第 L. 134 - 2 条内容如下:

"**【第 L. 134 - 2 条】**

当合同通过电子途径订立并涉及等于或高于行政法规所规定的总金额时,签约的经营者,应当在该行政法规规定的期限内,保存合同的书面文本,并且保证在共同签约人提出请求后,可以随时查阅书面文本。"

【第 28 条】

根据相关行政法规,本法第 19 条和第 25 条规定关于合同条款的告知义务和传输义务对于无线电移动通信的终端设备同样适用。

第三编　数字经济安全

第一章　密码技术和密码服务

【第 29 条】

密码技术指利用特定的设备或软件,根据一定的加密规则实现的信息数据或信号数据转换的技术手段,包括数据加密和数据解密两种形式。密码技术主要用于保证数据存储和传输的安全性、秘密性、真实性和完整性。

密码服务指应用密码技术为他人数据安全服务的活动。

第一节 密码技术的使用、提供、引进、转让、进口和出口

【第30条】

I. ——公民和法人有使用密码技术的自由。

II. ——公民和法人有提供、从欧盟成员国家引进或向欧盟成员国家转让、进口和出口专门用于身份验证或完整性检查的密码技术的自由。

III. ——提供、从欧盟成员国家引进或进口不只用于身份验证或完整性检验的密码技术的，应当事先向总理提交申请，但有下述第2款情况的除外。供应商或从事密码技术转移或进口的人员应当向总理提交有关密码技术的说明，以及相关应用程序的源代码。最高行政法院可以制定行政法规规定以下事款：

1. 规定密码服务得到批准需满足的条件，以及总理批准申请的时限；
2. 当密码技术涉及国家和公共安全利益时，规定此类密码技术的范围。提供、从欧盟成员国家引进或进口此类密码技术的，可免除行政审批程序。

IV. ——向欧盟成员国家转让或出口不止用于身份验证或完整性检验的密码技术的，应当事先向总理提交申请，但有下述第2款情况的除外。最高行政法院可以制定行政法规规定以下事款：

1. 规定密码服务得到批准需满足的条件，以及总理批准申请的时限；
2. 当密码技术涉及国家和公共安全利益时，规定此类密码技术的范围。向欧盟成员国家转让或出口此类密码技术的，或可遵从第3款的规定，或可免除行政审批程序。

第二节 密码服务

【第31条】

I. ——提供密码服务应当向总理申报。最高行政法院可以对申报条件作出具体规定。其中，当密码技术与密码服务涉及国家和公共安全利益时，最高行政法院可以规定免除一切行政审批程序。

II. ——从事密码服务的人员应当保守数据秘密，违者按照《刑法典》第226-13条和第226-14条处理。

【第32条】

保密性密码服务供应商因数据完整性、保密性或可用性受到破坏而给客户造成损失的，应当承担责任。受托人能证明自己不存在故意或过失的除外。

【第33条】

密码服务供应商已向客户出示授权许可证,且客户已对密码服务供应商的资格表示信任的,若有以下情况,致使客户利益受到损害的,密码服务供应商应承担责任:

授权许可证的内容在出示时为虚假的;

因委托加密的数据不完整而使客户误认为该服务符合许可证授权范围的;

密码服务供应商在出示许可证时没有让客户检查,导致客户对许可证授权范围理解有误的;

在前款中,密码服务供应商没有申请注销许可证,并且将此消息告知他人的。

上述情况中,密码服务供应商能证明自己不存在故意或过失的,不承担责任。

若因许可证上的用途超出使用或交易价值的界限而造成损失,而此界限在许可证上明确注明且可以被使用者获知时,密码服务供应商不对损失承担责任。

密码服务供应商应为其职业活动可能产生的民事赔偿责任提供保险证明,或为因看到授权许可证而建立信任关系的客户提供足额的财务担保,以清偿可能发生的债务。

第三节 行政处罚

【第34条】

有偿或无偿提供加密服务的供应商,违反本法第30条规定的义务的,总理在征求相关当事人意见并具体了解情况后,可宣布禁止该密码技术的流通和使用。

该禁令的适用范围覆盖法国全境。禁令可一并作出以下处罚:

1. 要求密码服务供应商从流通者处收回已被禁止的密码技术;
2. 要求密码服务供应商从流通者处召回已出售的密码设备。

当本法第30条规定的义务被履行时,上述被收回的密码技术可以重新使用。

第四节 刑事处罚

【第35条】

I. ——依据本法第30条的规定,

1. 未经申报并获得批准，提供、转让、进口或出口密码技术的，处 1 年监禁，并处罚金 15000 欧元；

2. 未经申报并获得批准，向其他欧盟成员国出口或转让密码技术，且不符合相应审批豁免条件的，处 2 年监禁，并处罚金 30000 欧元。

在适用本法时，《海关法典》同样适用。

Ⅱ.——出售或出租已根据本法第 34 条被禁止的密码技术的，处两年监禁，并处罚金 30000 欧元。

Ⅲ.——提供保密性密码服务，违反本法第 31 条规定的义务的，处两年监禁，并处罚金 30000 欧元。

Ⅳ.——违反本条规定的自然人，并处以下列刑罚：

1. 根据《刑法典》第 131-19 条和第 131-20 条的规定，禁止签发支票，签发人撤回资金或持有许可证的除外；禁止使用信用卡付款；

2. 根据《刑法典》第 131-21 条的规定，没收为实施违法行为使用的工具和违法所得，但应依法予以返还的除外；

3. 根据《刑法典》第 131-27 条的规定，最多 5 年内禁止担任公职、禁止从事与犯罪活动相关的职业活动或社会性活动；

4. 根据《刑法典》第 131-33 条的规定，最多 5 年内关停与犯罪活动相关的公司或机构；

5. 根据《刑法典》第 131-34 条的规定，最多 5 年内排除参与公共工程。

Ⅴ.——违反本条规定的法人，根据《刑法典》第 121-2 条的规定，应当承当刑事责任，并处以下列刑罚：

1. 根据《刑法典》第 131-38 条的规定，处罚金；

2. 根据《刑法典》第 131-39 条规定的其他刑罚。

Ⅵ.——《邮政和电信法典》第 L.39-1 条加入第 4 项①，内容如下：

"商品化或安装意图使各种类型的移动电话瘫痪的装置，无论是发射装置还是接收装置，处以 6 个月监禁，并处罚金 3 万欧元。在第 L.33-3 条所述的情况下除外。"

【第 36 条】

除依照《刑事诉讼法典》执法的司法警察，以及在其职权范围内，依照《海关法典》执法的海关稽查人员、由总理任命且按照最高行政法院规定的

---

① 该款经 2011 年 8 月 24 日 2011-1012 号法令第 41 条修改为："实施了第 33-3-1 条所禁止的活动之一的，处以 6 个月监禁，并处罚金 3 万欧元。在该条第 2 款所述的情况下除外。"

条件宣誓的公务人员，可以调查本法第 30 条、31 条和 34 条规定的违法行为的笔录。

前款所述由总理任命的公务人员，为了调查违法行为、取得并复制专业文件、收集情报和证据，可以进入专业使用的交通工具，以及室内或室外的职业场所，但会影响到私人住宅的不在此列。公务人员进入这些场所只能在其向公众开放的时间，在其他情况下，在 8 时至 20 时之间。

调查违法行为的行动应事先通知法兰西共和国的检察官。检察官可以反对这些行动。违法行为的笔录应在制作后的 5 日内提交给检察官，并向当事人发送笔录副本。

由总理任命的公务人员在执行上述任务中，经高等法院院长或由院长指派的审判法官的司法授权，且事先报告检察官后，可以一并查封扣押第 29 条所述的密码技术。报告应当包含能够证明查封扣押为必要的所有信息。此报告由授权查封扣押的法官完成并提交。

查封扣押的设备和软件应当立即盘点清查。清单现场汇入笔录。笔录和清单的原件在其制作完成后的 5 日内，转交授权查封扣押的法官，并最终编入案卷。

高等法院院长或由院长指派的审判法官可以在任何时间，依职权或依当事人的请求，下令撤销查封扣押。

妨碍本条规定调查活动正常进行，或拒绝提供相关信息或文件的，处以 6 个月监禁，并处罚金 7500 欧元。

【第 37 条】
根据《刑法典》第 132－78 条的规定，现加入第 132－79 条内容如下：
"【第 132－79 条】
违反 2004 年 6 月 21 日 2004－575 号《数字经济信任法案》第 29 条的规定，使用密码技术造成犯罪的，或为实施犯罪制造条件的，最高刑期依以下情形加重：

1. 依法应当处以 30 年监禁的，最高刑期加至无期徒刑；
2. 依法应当处以 20 年监禁的，最高刑期加至 30 年监禁；
3. 依法应当处以 15 年监禁的，最高刑期加至 20 年监禁；
4. 依法应当处以 10 年监禁的，最高刑期加至 15 年监禁；
5. 依法应当处以 7 年监禁的，最高刑期加至 10 年监禁；
6. 依法应当处以 5 年监禁的，最高刑期加至 7 年监禁；
7. 依法应当处以 3 年以下监禁的，最高刑期加至原有刑期的 2 倍。

若犯罪行为人在司法机关或行政机关要求下，向司法机关或行政机关交出了加密信息和解密规则，版本清晰、确认无误的，可以不适用上述加重刑期的规定。"

第五节 国家取得密码数据的破译方法

【第38条】

《刑事诉讼法典》第230-1条第1款后，加入如下内容：

"如果上述当事人是法人的，其法定代表人经检察官或受理法院的批准，报告法人内部将以法人名义执行该行动的一个或数个自然人姓名。除非其属于第157条所列人员，该一个或数个自然人应该第160条第1款规定书面立誓。"

第六节 其他规定

【第39条】

本章所有规定不影响1939年4月18日《关于战争物资、武器和弹药管理制度法令》的适用，不影响专为生产研发武器和给养调遣部队而设计的密码技术的使用，亦不影响专为国防部设计的用于保卫国防秘密的密码技术的使用。

【第40条】

Ⅰ.——1990年12月29日90-1170号《电信管理法案》第28条自本章生效起废止。

Ⅱ.——1990年12月29日90-1170号《电信管理法案》第28条关于提供、进口和出口密码技术的审批和申报的规定及其适用文本，保留效力至该条文规定的期限。由专为他人管理密码技术的加密规则的机构发出的知情承诺书效力相当于第31条规定的申报。

第二章 网络犯罪

略

第四编 卫星系统

略

第五编　信息和通信技术发展

第一章　数字服务在法国领土的覆盖

略

第二章　电信领域的自由竞争

略

第六编　尾　编

略

法兰西共和国总统

杰克·希拉克

2004 年 6 月 21 日于巴黎

关于信息社会中作者权和邻接权的法案(节选)*

2006年8月1日 2006-961号

本法,经国民议会和众议院参考宪法委员会2006年7月27日第2006-540DC号决定通过,由总统于2006年8月1日颁布实施,内容如下:

第一编 信息社会中作者权和邻接权的协调性问题

第一章 作者权和邻接权的例外情形

【第1条】

I.——《知识产权法典》第L.122-5条作出如下修改:

1. 删除第3项的最后一款;

2. 第3项后增补e,内容如下:

(作品发表后,在明确指出作者姓名和出处的情况下,作者不得禁止)

e. 对作品节选的展示和复制,当且仅当这些展示和复制以教学研究为款的而不包含任何游戏或娱乐用途。这些展示和复制应当主要面向直接相关的大、中、小学学生或教学研究人员,其使用不得涉及任何商业活动,且其酬劳在不违反第L.122-10条关于静电复制权转让的规定的前提下,按照定额标准经磋商确定。这些展示和复制的对象不包括为教育款的而创作的作品、乐谱和为数字化出版而创作的作品。

3. 增补以下内容:

(作品发表后,作者不得禁止)

---

* 译者:冯源、吴梅,北京大学法学院。

6. 过渡性的或附属性的临时复制，当且仅当该复制是某项技术方案的完整或主要组成部分，且该复制的唯一款的是保证作品的合法使用或借助中介网络使其在第三人之间传播。但是该复制只能用于除软件和数据库以外的作品，且其自身不得具有经济价值。

7. 由法人和向公众开放的机构，如图书馆、档案馆、文献中心和多媒体文化场所等进行的复制和展示，当且仅当这些复制和展示是为了满足患有一种或多种运动、身体、感官、精神、认知或心理功能缺陷的人群的纯私人性质的查询需要，该人群的残疾程度不得低于相关行政法规规定的等级，且得到省级特殊教育委员会、职业定向及转型技术委员会或者《家庭和社会行为法典》第 L. 146－9 条规定的残疾人权利及自治委员会的承认，或经医疗证明书确诊为矫正后的阅读障碍。本项规定的法人或机构进行作品的复制和展示活动时，不得以营利为款的，且须遵守有关残疾等级的规定，其名单由行政机关确定。

第 7 项第 1 款规定的法人和机构，应当结合公司章程、会员或用户数量、拥有的实物和人力资产规模以及所提供的服务，证明其为上述残障人群提供支持的设计、实施和宣传是有效职业行为。

在印刷作品依法缴送后两年内，第 7 项第 1 款规定的法人和机构可以申请将作品出版的电子文档缴送国家书籍中心或由相关行政法规指定的机构备案。这一中心或机构，依照 2004 年 6 月 21 日 2004－575 号《数字经济信任法案》第 4 条规定的开放标准，将电子文档提供上述法人和机构使用，并确保文档的保密性和访问安全性。

8. 由公共图书馆、博物院或档案馆在不追求任何经济或商业利益的情况下实施的，为了保存或者为了便于现场查阅，而对作品进行的复制。

9. 报刊、广播电视或网络媒体，仅以报道实时信息为目的，对图像、雕塑或建筑艺术作品进行的整体或部分的复制或展示。复制与展示的内容须与实时信息直接相关。

第 9 项第 1 款的规定不适用于自身即为提供信息的作品，尤其是摄影和插图作品。

若这些复制或展示不满足第 9 项第 1 款的规定，尤其是因为数量或格式原因而不能满足时，需依照相关行业内现行的协议或费率，向作者支付报酬。

本条规定的例外情形不能妨碍对作品的正常使用，也不能侵犯作者的正当权益。

最高行政法院可以发布行政法规对本条的适用，尤其是第 3 项 d 关于资料的特征和发行条件的规定、第7项关于行政机关的规定以及第7项第3款关于备案机关的选定和数字资料的访问条件的规定,作出具体要求。

Ⅱ.——《知识产权法典》第L.122-5条第3项e的规定,自2009年1月1日起实施;

Ⅲ.——《知识产权法典》第L.122-7条后,增补第L.122-7-1条内容如下:

在不侵犯可能的合著者和第三人的权利,且在不违背已经签订的合同的情况下,作者可以将自己的作品无偿地供公众使用。

Ⅳ.——《社会安全法典》第L.382条第3款①中,将"根据部门集体协议所规定的条件,或当协议在1993年1月27日93-121号法案第22条Ⅲ确定的日期前达成且涉及诸多社会措施时,根据最高行政法院的行政法规所规定的条件",改为"根据新闻出版业明确的职业协议所规定的条件,或在2006年8月1日2006-961号《关于信息社会中作者权和邻接权的法案》颁布两年之后,根据最高行政法院的行政法规所规定的条件。

【第2条】

Ⅰ.——《知识产权法典》第L.211-3条作出如下修改:

1. 第3项增补以下内容:

(在能充分识别出处的情况下,本编开列权利的受益人不得禁止:)

——复制或向公众传播受到邻接权保护的作品节选,当且仅当这些复制和传播以教学研究为款的且不包含任何游戏或娱乐用途。这些复制或传播应当主要面向直接相关的大、中、小学学生或教学研究人员,其使用不得涉及任何商业活动,且其酬劳应按照定额标准经磋商确定。这些复制和传播的对象不包括为教育款的而创作的作品。

2. 增补以下内容:

(本编开列权利的受益人不得禁止:)

5. 过渡性或附属性的临时复制,当且仅当该复制是某项技术方案的完整或主要组成部分,且该复制的唯一款的是保证受邻接权保护的作品的合法使用或借助中介网络使其在第三人之间传播。但是,该复制自身不得具有经济价值。

---

① 《社会安全法典》第382-1条第3款内容为:"《劳动法典》第L.761-2及后续条款所规定的专业新闻摄影作品的创作者,根据新闻出版业明确的职业协议所规定的条件,或在2006年8月1日2006-961号《关于信息社会中作者权和邻接权的法案》颁布两年之后,根据最高行政法院的行政法规所规定的条件,以收取对其摄影作品在出版之外的使用费为名义,主张对其摄影作品的出版使用进行额外收费,受到本条规定的保护。"

6. 在第 L.122-5 条第 7 项规定的条件下，复制或向公众传播表演、录音、录像或节款。

7. 由公共图书馆、博物院或档案馆在不追求任何经济或商业利益的情况下实施的，为了保存或者为了便于现场查阅而对表演、录音、录像或节款进行的复制。

本条规定的例外情形不能妨碍表演、录音、录像或节款的正常开发经营，也不能侵犯艺术表演者、制片人或音像传播企业的合法权益。

II. ——《知识产权法典》第 L.211-3 条第 3 项最后一款的规定，自 2009 年 1 月 1 日起实施。

【第 3 条】

I. ——《知识产权法典》第 L.342-3 条作出以下修改：

1. 第 2 项后，增补第 3 项、第 4 项，内容如下：

（权利人将数据库提供给公众使用后，权利人不得禁止：）

3. 在第 L.122-5 条第 7 项规定的条件下，对数据库的提取和再使用；

4. 对数据库内容在质量上或数量上的实质部分的提取和再使用，当且仅当这些提取和再使用以教学研究为唯一款而不包含任何游戏或娱乐用途。这些提取和再使用应当主要面向直接相关的大、中、小学学生或教学研究人员，指明内容出处，其使用不得涉及任何商业活动，且其酬劳应按照定额标准经磋商确定。这些提取或再使用的对象不包括为教育款的或为将作品数字化出版而创作的数据库。

2. 增补以下内容：

本条规定的例外情形不能妨碍数据库的正常使用，也不能侵犯数据库开发人的合法权益。

II. ——《知识产权法典》第 L.342-3 条第 4 项的规定，自 2009 年 1 月 1 日起实施。

【第 4 条】

I. ——《知识产权法典》第 L.122-3 条后，增补第 L.122-3-1 条内容如下：

【第 L.122-3-1 条】

若作品的 1 件或数件实物经作者或作者权继受者同意，得以在欧盟成员国或欧洲经济协定区成员国领土内首次销售，那么作品的实物在欧盟成员国和欧洲经济协定区成员国内的销售将不再被禁止。

II. ——《知识产权法典》第 L.211-5 条后，增补第 L.211-6 条内容如下：

【第L.211-6条】

受邻接权保护的录制作品的一件或数件实物，若经邻接权人或邻接权继受者同意，得以在欧盟成员国或欧洲经济协定区成员国领土范围内首次销售，那么该录制作品在欧盟成员国或欧洲经济协定区成员国内的销售将不再被禁止。

【第5条】略

【第6条】略

第二章　邻接权的有效期

【第7条】

《知识产权法典》第L.211-4条作出如下修改：

【第L.211-4条】

本编所述的财产权的有效期为自下列事件发生后次年1月1日起的50年。

1. 艺术表演者的表演。但是如果表演的录制作品在上述期限内以实物形式向公众提供或向公众传播的，艺术表演者财产权的有效期为自这些提供或传播首次发生后次年1月1日起的50年；

2. 录音制品制作者首次固定一段声音。但是如果录音作品在上述期限内以实物形式向公众提供的，录音制品制作人财产权的有效期为自该提供首次发生后次年1月1日起的50年。如果没有向公众提供，则有效期为自首次向公众传播后次年1月1日起的50年；

3. 录像制品制作者首次固定有伴音或无伴音的一组画面。但是如果录像制品在上述期限内以实物形式向公众提供或向公众传播的，录像制品制作者财产权的有效期为自这些提供或传播首次发生后次年1月1日起的50年；

4. 音像传播企业首次向公众传播第L.216-1条所述的节目。

【第8条】

删除《知识产权法典》第L.212-7条的最后一句话。①

---

① 该条最后一句话为"该获酬权在艺术表演者死亡时终止"。

第三章　私人复制品的费用

【第9条】略
【第10条】略

第四章　保护性与告知性技术措施

【第11条】

I.——《知识产权法典》第 L.131-8 条后，增补第 L.131-9 条内容如下：

【第 L.131-9 条】

合同赋予制作人使用第 L.331-5 条所述的技术措施以及第 L.331-22 条所述的电子信息的权利，同时明确每种使用模式所追求的款标，以及作者可以获得这些技术措施的主要特征或制作人借以保证作品使用的电子信息的条件。

II.——《知识产权法典》第 L.212-10 条后，增补第 L.212-11 条内容如下：

【第 L.212-11 条】

第 L.131-9 条的规定适用于制作人和艺术表演者之间依照本法第 L.212-3 条和第 L.212-4 条制定的相当于使用许可的合同。

【第12条】

将《知识产权法典》第三卷第三编第一章总则分为两节，第一节命名为"程序性一般规定"，包括从第 L.331-1 条至第 L.331-4 条第二节命名为"保护性技术措施和告知性技术措施"。

【第13条】

《知识产权法典》第三卷第三编第一章第二节中，增补第 L.331-5 条内容如下：

【第 L.331-5 条】

用于防止或限制使用未经作者或作者权邻接权人许可的，除软件、表演、录音、录像或节目外的作品，而采取的有效的技术措施，在本编规定的条件内予以保护。

上述技术措施指凭借其正常功能能够实现预期保护款的任何技术、设备或部件。当作者权人或邻接权人运用密码,诸如加密、干扰或其他任何将保护对象加以转换的保护方法,或者运用对非法复制进行控制的机制,使作品免遭前项所述的非法使用时,技术措施可视为有效。

协议、格式以及加密、干扰或转换方法自身并不被认为是本条所说的技术措施。

技术措施不能妨碍尊重作者作者权的交互性操作的有效实施。技术措施的提供者根据第 L.331-6 条和第 L.331-7 条规定的条件提供交互性操作所必需的信息。

本章的规定不影响 1986 年 9 月 30 日 86-1067 号《传播自由法案》第 79-1 条至第 79-6 条和第 95 条规定的司法保护的实施。

技术措施不得限制在本法授权的或权利人许可的范围内对作品或对象的自由使用。

本条的适用,不得违反本法第 L.122-6-1 条的规定。

【第 14 条】

《知识产权法典》第三卷第三编第一章第二节中,增补第 L.331-6 条和第 L.331-7 条内容如下:

【第 L.331-6 条】

第 L.331-17 条中规定的技术措施管理总署,负责监督第 L.331-5 条中的技术措施不会因互相不兼容或无法交互操作,而给作品的使用造成未经除软件外的作品作者权人或表演、录音、录像、节款的邻接权人明确许可的额外限制。

【第 L.311-7 条】

任何软件开发商、技术系统制造商和任何服务的运营商,在无法得到交互性操作所必需的信息时,可以请求技术措施管理总署在尊重各方当事人权利的条件下保证有关系统和服务的交互性操作,并从技术措施的权利所有人处获取交互性操作所必需的信息。技术措施管理总署应在接到请求后的 2 个月内作出裁定。

交互性操作所必需的信息指特定的技术文件或程序接口,能够使某一技术设备,在依照 2004 年 6 月 21 日 2004-575 号《数字经济信任法案》第 4 条所述的开放标准的情况下,并在遵守对受保护作品或对象的使用条件的规定下,访问到受技术措施保护的作品或对象和电子附件形式的信息。

技术措施的权利所有人不得要求技术措施的受益人放弃出版其独立的和可交互操作的程序的源代码和技术文件,除非他能够证明该出版将给技术措施的安全性和有效性带来严重的损害。

技术措施管理总署可以确认由各方当事人提出的旨在结束违反交互性操作的行为的合同。在无法达成合同时，技术措施管理总署在听取各方当事人陈述意见后，可以决定驳回请求，或在加处逾期罚款的情况下，发布命令规定请求人可以获得交互性操作所必需的信息的条件，为保护技术措施的有效性和完整性请求人应当遵守的义务，以及访问和使用受保护内容的条件。技术措施管理总署负责清算逾期罚款。

技术措施管理总署因其命令没有被执行，或因经其确认的合同没有被遵守，有权力加处罚款。罚款的金额应依据当事人的实际损失、受罚款机构或企业的实际情况以及违反交互性操作行为的再发可能性而确定。罚款的数额根据个案情况而定，且应有充分依据。罚款的最高额度为，企业在违反交互性操作的行为实施前的财务年度中，实现的最高税前全球营业额的5%；企业以外的其他主体为受罚对象时，罚款的最高额度为150万欧元。

技术措施管理总署应在保守受法律保护的秘密的条件下，向社会公开其作出的决定。相关当事人在收到决定后可以向巴黎上诉法院提起上诉。提起上诉后，该决定将中止执行。

技术措施管理总署署长可以向竞争委员会移送其所知道的在技术措施领域发生的滥用市场支配地位和限制自由竞争的案件。这些案件可以根据《商法典》第L.464-1条的规定，可以进入紧急审理程序。技术措施管理总署署长同样可以对在其职权内的任何问题向竞争委员会咨询。竞争委员会应向技术措施管理总署通报所有属于其职权范围内的案件，并针对属于本法第L.331-5条所述的技术措施领域内的案件向其征求意见。

【第15条】

进口、从欧盟成员国引进、提供或编辑可以处理受保护作品的软件，以及通过技术措施整合实现直接或间接远程操控程序或访问个人数据的软件，须事先向信息系统安全的国家主管部门申请。提供人、编辑人、进口商或引进者应当向主管部门提交相关软件的详细说明和源代码，可能时一并提交使用的源代码库，以及用于获得此软件的全部工具和方法。如果软件建立在源代码库上，且软件组件为第三方制造、进口或设计，负责信息安全的国家主管部门可以要求第三方提供以上资料。关于批准申请和提交技术信息的具体条件，由最高行政法院发布的行政法规规定。

只有在不违反1978年1月6日78-17号《信息、文件和自由法案》的规定且不损害该法案所保护的秘密和公共秩序时，上述软件才能应用于对保护作品附属权利所必需的数据的自动处理系统。

对于负责管理《国防法典》第 L. 1332 – 1 条至第 L. 1332 – 7 条述及的重要设施的国家、地方政府部门以及公共或私人机构的数据，国家有权规定上述软件用于此类数据的自动处理系统的条件。

本条实施的具体条件，以及数据自动处理系统的特性，由最高行政法院发布的行政法规规定。

【第 16 条】

《知识产权法典》增补第 L. 331 – 8 条至第 L. 331 – 16 条内容如下：

第 L. 331 – 8 条

享受私人复制例外情形和本条明确的其他例外情形的权利，受到本条和第 L. 331 – 9 条至第 L. 331 – 16 条的保护。

第 L. 331 – 17 条中规定的技术措施管理总署，负责监督保护性技术措施的执行不至于损害以下例外情形中受益人的利益：

——第 L. 122 – 5 条第 2 项、第 3 项 e（自 2009 年 1 月 1 日起实施），以及第 7 项和第 8 项；

——第 L. 211 – 3 条第 2 项、第 3 项最后一款（自 2009 年 1 月 1 日起实施），以及第 6 项和第 7 项；

——第 L. 342 – 3 条第 3 项，以及第 4 项（自 2009 年 1 月 1 日起实施）。

除第 L. 331 – 9 条至第 L. 331 – 16 条的规定外，技术措施管理总署还可以制订上述例外情形的实施细则，尤其是依照受保护作品或对象的类型，以及不同的公共传播模式和可用的保护技术所提供的可能性，在私人复制例外情形的范围内明确经许可的最低复制数量。

【第 L. 331 – 9 条】

权利人可以运用第 L. 331 – 5 条规定的保护性技术措施，以限制复制的数量。但是权利人应采取有效措施，防止保护性技术措施妨碍第 L. 331 – 8 条规定的例外情形受益人的活动。权利应通过与注册的消费者协会和其他相关当事人的共同协商来确定这些技术措施。

在技术允许的情况下，本条规定可以将享有例外情形的权利附加于对作品、录音、录像或节目的合法获取中，并监督这些例外情形不至于妨碍作品的正常使用，也不会对受保护作品或对象所有人的权益造成不正当侵害。

【第 L. 331 – 10 条】

作品或受邻接权保护的对象根据各方当事人的合同约定向公众开放，使得任何人在任何时间地点都可以获得访问的，权利人不必一定按照第 L. 331 – 9 条的规定采取行动。

【第 L. 331-11 条】

出版商和电视服务发行商不得利用技术措施,包括在第 L. 122-5 条第 2 项和第 L. 211-3 条第 2 项的条件下通过载体或采用数字格式的技术措施,剥夺公众享受私人复制的例外情形的权利。

高等音像委员会在 1986 年 9 月 30 日 86-1067 号《传播自由法案》第 42 条和第 48-1 条规定的条件下,监督前款中义务的遵守。

【第 L. 331-12 条】

作品、录音、录像或节目的欣赏条件,以及因运用保护技术措施可能导致的,对第 L. 122-5 条第 2 项和第 L. 211-3 条第 2 项享所述的享有私人复制例外情形的权利的限制,应告知使用者。

【第 L. 331-13 条】

第 L. 331-8 条规定的例外情形受益人,或代表受益人的授权法人,可以就任何因第 L. 331-5 条规定的技术措施限制了享有例外情形的权利而引发的争议向技术措施管理总署投诉。

【第 L. 331-14 条】

法人和第 L. 122-5 条第 7 项所述的向社会开放的机构,从事为残障人群提供受保护作品或对象的复制或展示的,可以就任何关于以数字文件格式传播印刷文本而引发的争议向技术措施管理总署投诉。

【第 L. 331-15 条】

技术措施管理总署应在尊重各方权益的基础上,积极推进当事人和解。由技术措施管理总署草拟的和解协议书具有法律约束力。该和解协议书应提交初审法院书记室备案。

技术措施管理总署在接到投诉后 2 个月内不能达成当事人和解的,在听取各方当事人陈述意见后,可以决定驳回起诉,或在加处逾期罚款的情况下,发布命令采取适当措施以保护享受例外情形的权利。技术措施管理总署负责清算逾期罚款。

技术措施管理总署发布的决定或和解协议书应在保守受法律保护的秘密的条件下向社会公开。决定或和解协议书发布后,各方当事人可以向上诉法院提出上诉。提出上诉后,已发布的决定或和解协议书将中止执行。

【第 L. 331-16 条】

最高行政法院可以发布行政法规对本节的适用条件,以及第 L. 331-12 条所列的作品、录音、节目或录像使用者的告知方法作出具体规定。

【第 17 条】

《知识产权法典》增补第 L.331-17 条至第 L.331-21 条内容如下：

【第 L.331-17 条】

技术措施管理总署是独立的行政机构，它从事针对保护与识别受作者权和邻接权保护的作品和对象的技术措施的监督工作。

技术措施管理总署每年向政府和议会提交报告，汇报在保护性技术措施领域它所观察到的突出变革，以及这种变革将对文化传播产生的影响。议会可以就应对这种变革的立法框架的实施情况向该部门提出质询。

技术措施管理总署还须汇报它依据第 L.331-8 条界定的私人复制的范围，以及依据第 L.331-7 条作出的行政决定。

【第 L.331-18 条】

技术措施管理总署由法定的 6 名成员组成。

除第 L.311-5 条所述的参加委员会工作并拥有决议权的委员会主席外，其他五名成员包括：

1. 由最高行政法院副院长任命的 1 名最高行政法院顾问；
2. 由最高法院首席院长任命的 1 名最高法院顾问；
3. 由审计法院首席院长任命的 1 名审计法院顾问；
4. 由技术学院主席任命的 1 名在信息技术方面造诣深厚的成员；
5. 由文学和艺术产权高等理事会主席任命的 1 名文学和艺术产权高等理事会会员。

成员的任期为 6 年，不可撤销，也不可延续。

若 1 名成员的位置出现空缺，以余下任期为限任命 1 位新成员。

技术措施管理总署署长由前三项中人员经选举担任。

【第 L.331-19 条】

技术措施管理总署的成员不得兼任本卷第二编所述公司，或任何从事录音、录像生产活动的公司，或任何提供受保护作品下载服务的公司的高管或雇员，亦不得有曾经在这些公司工作过的经历。

该部门成员不得持有上述公司的股份。

对于在该部门成员在以决议日计的近 3 年内，担任过某公司职务或持有某公司委托书，则该成员不能参加该公司根据《商法典》第 L.233-16 条所控制的公司的决议。

【第 L.331-20 条】

技术手段管理总署下设由秘书长领导的部门。

负责向总署汇报文件的传达人员，由总署署长根据文化部长的提名任命。

总署可以向专家咨询意见。在起草年度财政法案时，总署应报告为完成其任务所需的必要经费。此项经费应列入国家财政预算。

总署署长决定经费开支，并向审计法院报告经费使用情况。

【第 L. 331 -21 条】

技术手段管理总署的决定实行多数票决制。当出现票数相同的情况时，总署署长拥有决定权。

最高行政法院可以制定行政法规对投票程序和文件汇报作出规定。

【第 18 条】

《知识产权法典》增补第 L. 331 -22 条内容如下：

【第 L. 331 -22 条】

与作品附属权利的状态相关的电子信息，除软件、表演、录音、录像或节目外，当信息的一部分、编码或编号在复制作品时被一同复制的，或在作品、表演、录音、录像或节目向公众传播时出现的，在本编所述的条件下受到保护。

电子信息是指有权利人提供的用于识别作品、表演、录音、录像、节目或权利人任何信息，关于作品、表演、录音、录像或节目的使用方法和条件的任何信息，以及体现全部或部分前述信息的所有编号或编码。

【第 19 条】略

【第 20 条】《知识产权法典》第 L. 335 -1 条作出如下修改：

【第 L. 335 -1 条】

非法复制的录音录像制品、非法生产或进口的样品或对象，以及损害第 L. 331 -5 条和第 L. 331 -22 条规定的技术措施和信息的任何样品、产品、设备、装置、部件或工具和专门用于此类违法行为的器材，一经发现有违反第 L. 335 -4 条至第 L. 335 -4 -2 条规定的情形，司法警察可对其进行扣押。

【第 L. 21 条】

《知识产权法典》第 L. 335 -2 条后，插入第 L. 335 -2 -1 条内容如下：

【第 L. 335 -2 -1 条】

有以下行为的，处 3 年监禁，并处 30 万欧元罚金：

1. 以任何形式，故意出版、向公众提供或向公众传播未授权向公众提供的受保护软件；

2. 故意促使第一项中所述软件的使用，包括通过广告宣传的方式；

（此规定被宪法委员会 2006 年 7 月 27 日第 2006 -540DC 号决定裁定违宪）

【第22条】

《知识产权法典》第L.335-3条后,插入第L.335-3-1条和第L.335-3-2条内容如下:

【第L.335-3-1条】

I.——非以研究为目的,通过解码、解密或避开、干扰、删除保护控制装置的手段破坏对作品的保护,从而故意侵害第L.331-5条列举的有效技术措施,且该侵害是通过使用第2款列举的应用技术、装置或部件以外的方式实现的,处罚金3750欧元。

II.——通过以下任何一种方式,直接或间接获取或向他人提供经专门设计或改造的,用于侵害第L.331-5条列举的有效技术措施的,处6个月监禁,并处罚金3万欧元:

1. 非以研究为目的,制造或进口应用技术、装置或部件;

2. 以销售、出借或出租为目的而持有,为同样目的而出价或以任何形式向公众提供应用技术、装置或部件;

3. 为同样目的而提供服务;

4. 促使利用或订购、设计、组织、复制、分发或传播宣传第1项至第3项所述行为的广告。

III.——在本法规定的权利范围内,出于保护信息安全而采取的行为,不适用本条规定。(此规定被宪法委员会2006年7月27日第2006-540DC号决定裁定违宪)

【第L.335-3-2条】

I.——非以研究为目的,借助非必须使用专门设计或改造的应用技术、装置或部件的个人手段,故意删除或修改第L.331-22条所列的信息,侵犯作者作者权、掩饰这种侵权行为或给侵权提供便利的,处罚金3750欧元。

II.——采取以下任何一种方式,直接或间接获取或故意为他人提供经专门设计或特别改造的方法,为了侵犯作者作者权、掩饰这种侵权行为或为给侵权提供便利,删除或修改第L.331-22条所列信息的,处6个月监禁,并处罚金3万欧元:

1. 非以研究为目的,制造或进口应用技术、装置或部件;

2. 以销售、出借或出租为目的而持有,为同样目的而出价或以任何形式向公众提供应用技术、装置或部件;

3. 为同样目的而提供服务;

4. 促使利用或订购、设计、组织、复制、分发或传播宣传第1项至第3

项所述行为的广告。

Ⅲ.——故意直接或间接进口、分发、以任何形式向公众提供或向公众传播第 L.331－22 条所列信息已被删除或修改的作品,侵犯作者作者权、掩饰这种侵权行为或给侵权提供便利的,处 6 个月监禁,并处罚金 3 万欧元。

Ⅳ.——在本法规定的权利范围内,出于保护信息安全而采取的行为,不适用本条规定(此规定被宪法委员会 2006 年 7 月 27 日第 2006－540DC 号决定裁定违宪)。

【第 23 条】
《知识产权法典》第 L.335－4 条后,插入第 L.335－4－1 条和第 L.335－4－2 条内容如下:

【第 L.335－4－1 条】
Ⅰ.——非以研究为目的,通过解码、解密或避开、干扰、删除保护控制装置的手段破坏对表演、录音、录像或节目的保护,从而故意侵害第 L.331－5 条列举的有效技术措施,且该侵害是通过使用第 2 款列举的应用技术、装置或部件以外的方式实现的,处罚金 3750 欧元。

Ⅱ.—通过以下任何一种方式,直接或间接获取或向他人提供经专门设计或改造的,用于侵害第 L.331－5 条列举的有效技术措施的,处 6 个月监禁,并处罚金 3 万欧元:

1. 非以研究为目的,制造或进口应用技术、装置或部件;

2. 以销售、出借或出租为目的而持有,为同样目的而出价或以任何形式向公众提供应用技术、装置或部件;

3. 为同样款的而提供服务;

4. 促使利用或订购、设计、组织、复制、分发或传播宣传第 1 项至第 3 项所述行为的广告。

Ⅲ.——在本法规定的权利范围内,出于保护信息安全而采取的行为,不适用本条规定。(此规定被宪法委员会 2006 年 7 月 27 日第 2006－540DC 号决定裁定违宪)

【第 L.335－4－2 条】
Ⅰ.——非以研究为款的,借助非必须使用专门设计或改造的应用技术、装置或部件的个人手段,故意删除或修改第 L.331－22 条所列的信息,侵犯作者作者权的邻接权、掩饰这种侵权行为或给侵权提供便利的,处罚金 3750 欧元。

Ⅱ.——采取以下任何一种方式,直接或间接获取或故意为他人提供经专门设计或特别改造的方法,为了侵犯作者作者权的邻接权、掩饰这种侵权行为或为给侵权提供便利，删除或修改第 L.331-22 条所列信息的，处 6 个月监禁，并处罚金 3 万欧元：

1. 非以研究为目的，制造或进口应用技术、装置或部件；
2. 以销售、出借或出租为目的而持有，为同样目的而出价或以任何形式向公众提供应用技术、装置或部件；
3. 为同样目的而提供服务；
4. 促使利用或订购、设计、组织、复制、分发或传播宣传第 1 项至第 3 项所述行为的广告。

III.——故意直接或间接进口、分发、以任何形式向公众提供或向公众传播第 L.331-22 条所列信息已被删除或修改的表演、录音、录像或表演，侵犯作者作者权的邻接权、掩饰这种侵权行为或给侵权提供便利的，处 6 个月监禁，并处罚金 3 万欧元。

IV.——在本法规定的权利范围内，出于保护信息安全而采取的行为，不适用本条规定（此规定被宪法委员会 2006 年 7 月 27 日第 2006-540DC 号决定裁定违宪）。

【第 24 条】略

【第 25 条】

《知识产权法典》第 L.335-10 条后，增补第 L.335-12 条内容如下：

网页寄存服务的所有者应当监督该服务不被用于复制或展示须经而未经第一卷和第二卷所述的作者权人授权的作品，同时应当采取网页寄存服务供应商根据 2004 年 6 月 21 日 2004-575 号《数字经济信任法案》第 6 条第 1 款第 1 项的规定而建议的安全措施。

【第 26 条】略

【第 27 条】

《知识产权法典》第 L.335-10 条后，增补第六章，内容如下：

第六章 预防非法下载

【第 L.336-1 条】

当软件被主要用于非法使用受文学艺术产权保护的作品或制品时，大审法院院长通过紧急程序，可以采取任何符合艺术品状态的必要措施，也可以加处罚款，以保护该权利。

上述措施不能够歪曲软件的主要特征或初始用途。

第 L.332-4 条适用于本条规定的软件。

【第28条】

《知识产权法典》第 L.335-10 条后,增补第 L.336-2 条内容如下:

【第 L.336-2 条】

网页寄存服务供应商应向客户告知非法下载和使用艺术作品的风险。最高行政法院可以发布行政法规对告知方法作出规定。

【第29条】

《知识产权法典》第 L.342-3 条后,增补第 L.342-3-1 条和第 L.342-3-2 条内容如下:

【第 L.342-3-1 条】

第 L.331-5 条规定的,为防止或限制根据第 L.342-1 条未经制作者授权而使用数据库的有效技术措施,受到第 L.335-4-1 条的保护。

运用前项所述的保护性技术措施的数据库制作者,应在第 L.331-8 条所述条件下,保证技术措施的运用不会剥夺第 L.342-3 条规定的例外情形受益人的实际权利。

任何因享受第 L.342-3 条规定的,包含本条第1项所述技术措施的例外情形的权利,而引发的争议,由第 L.331-17 条规定的技术措施管理总署裁决。

【第 L.342-3-2 条】

与第 L.331-22 条规定的数据库制作者的权利状态相关的电子信息,受第 L.335-4-2 条的保护。

【第30条】

I.——《知识产权法典》第 L.132-20 条增补第4项,内容如下:

4. 授权通过无线电波远程传播作品,包括在住宅楼或住宅楼群中由所有人、共有人或其代理人安装的内部网络中的非商业性质的传播。该传播的唯一目的在于,使每户住宅都能连接到区域内的公共装置以接收无线电波。

II.——《知识产权法典》第 L.216-1 条后,增补第 L.216-2 条内容如下:

【第 L.216-2 条】

授权利用无线电波远程提供艺术表演者的表演、录音、录像或音像传播企业的节目,包括在住宅楼或住宅楼群中由所有人、共有人或其代理人安装的内部网络中的非商业性质的传播。该传播的唯一目的在于,使每户住宅都能连接到区域内的公共装置以接收无线电波。

第二编　国家和地方公务员以及行政性公立机构的工作人员的作者权

【第31条】

I. ——《知识产权法典》第L.111-1条第3款作出以下修改：

除本法典规定的特殊情况外，智力作品的作者订有或订立劳务合同或雇佣合同，不影响其享有第一段规定的任何权利。除同样的特殊情况外，当智力成果的作者是国家或地方公务员、行政性公立机构的工作人员、具有法人资格的独立行政机关工作人员或者法兰西银行员工时，也不影响其享有同样的权利。

II. ——第L.111-1条增加第4款：

公务人员作者若根据其职位级别或职务规范，不需要经上级部门事先审查而发表作品的，不适用第L.121-7-1条和第L.131-3-1条至第L.131-3-3条的规定。

【第32条】

《知识产权法典》第L.121-7条后增补第L.121-7-1条内容如下：本法，经国民议会和众议院参考宪法委员会2006年7月27日第2006-540DC号决定通过，由总统于2006年8月1日颁布实施，内容如下：

第一编　信息社会中作者权和邻接权的协调性问题

第一章　作者权和邻接权的例外情形

【第1条】

I. ——《知识产权法典》第L.122-5条作出如下修改：

1. 删除第3项的最后一款；

2. 第3项后增补e，内容如下：

（作品发表后，在明确指出作者姓名和出处的情况下，作者不得禁止）

e. 对作品节选的展示和复制，当且仅当这些展示和复制以教学研究为目的而不包含任何游戏或娱乐用途。这些展示和复制应当主要面向直接相关的大、中、小学学生或教学研究人员，其使用不得涉及任何商业活动，且其酬劳在不违反第L.122-10条关于静电复制权转让的规定的前提下，按照定额标准经磋商确定。这些展示和复制的对象不包括为教育目的而创作的作品、乐谱和为数字化出版而创作的作品。

3. 增补以下内容：

（作品发表后，作者不得禁止）

6. 过渡性的或附属性的临时复制，当且仅当该复制是某项技术方案的完整或主要组成部分，且该复制的唯一目的是保证作品的合法使用或借助中介网络使其在第三人之间传播。但是该复制只能用于除软件和数据库以外的作品，且其自身不得具有经济价值。

7. 由法人和向公众开放的机构，如图书馆、档案馆、文献中心和多媒体文化场所等进行的复制和展示，当且仅当这些复制和展示是为了满足患有一种或多种运动、身体、感官、精神、认知或心理功能缺陷的人群的纯私人性质的查询需要，该人群的残疾程度不得低于相关行政法规规定的等级，且得到省级特殊教育委员会、职业定向及转型技术委员会或者《家庭和社会行为法典》第 L. 146-9 条规定的残疾人权利及自治委员会的承认，或经医疗证明书确诊为矫正后的阅读障碍。本项规定的法人或机构进行作品的复制和展示活动时，不得以营利为款的，且需遵守有关残疾等级的规定，其名单由行政机关确定。

第 7 项第 1 款规定的法人和机构，应当结合公司章程、会员或用户数量、拥有的实物和人力资产规模以及所提供的服务，证明其为上述残障人群提供支持的设计、实施和宣传是有效职业行为。

在印刷作品依法缴送后 2 年内，第 7 项第 1 款规定的法人和机构可以申请将作品出版的电子文档缴送国家书籍中心或由相关行政法规指定的机构备案。这一中心或机构，依照 2004 年 6 月 21 日 2004-575 号《数字经济信任法案》第 4 条规定的开放标准，将电子文档提供上述法人和机构使用，并确保文档的保密性和访问安全性。

8. 由公共图书馆、博物院或档案馆在不追求任何经济或商业利益的情况下实施的，为了保存或者为了便于现场查阅，而对作品进行的复制。

9. 报刊、广播电视或网络媒体，仅以报道实时信息为款的，对图像、雕塑或建筑艺术作品进行的整体或部分的复制或展示。复制与展示的内容须与实时信息直接相关。

第 9 项第 1 款的规定不适用于自身即为提供信息的作品，尤其是摄影和插图作品。

若这些复制或展示不满足第 9 项第 1 款的规定，尤其是因为数量或格式原因而不能满足时，需依照相关行业内现行的协议或费率，向作者支付报酬。

本条规定的例外情形不能妨碍对作品的正常使用，也不能侵犯作者的正当权益。

最高行政法院可以发布行政法规对本条的适用，尤其是第3项d关于资料的特征和发行条件的规定、第7项关于行政机关的规定，以及第7项第3款关于备案机关的选定和数字资料的访问条件的规定，作出具体要求。

II. ——《知识产权法典》第L.122-5条第3项e的规定，自2009年1月1日起实施；

III. ——《知识产权法典》第L.122-7条后，增补第L.122-7-1条内容如下：

在不侵犯可能的合著者和第三人的权利，且在不违背已经签订的合同的情况下，作者可以将自己的作品无偿地供公众使用。

IV. ——《社会安全法典》第L.382条第3款①中，将"根据部门集体协议所规定的条件，或当协议在1993年1月27日93-121号法案第22条III确定的日期前达成且涉及诸多社会措施时，根据最高行政法院的行政法规所规定的条件"，改为"根据新闻出版业明确的职业协议所规定的条件，或在2006年8月1日2006-961号《关于信息社会中作者权和邻接权的法案》颁布两年之后，根据最高行政法院的行政法规所规定的条件。"

【第2条】

I. ——《知识产权法典》第L.211-3条作出如下修改：

1. 第3项增补以下内容：

（在能充分识别出处的情况下，本编开列权利的受益人不得禁止：）

——复制或向公众传播受到邻接权保护的作品节选，当且仅当这些复制和传播以教学研究为款的且不包含任何游戏或娱乐用途。这些复制或传播应当主要面向直接相关的大、中、小学学生或教学研究人员，其使用不得涉及任何商业活动，且其酬劳应按照定额标准经磋商确定。这些复制和传播的对象不包括为教育款的而创作的作品。

2. 增补以下内容：

（本编开列权利的受益人不得禁止：）

---

① 《社会安全法典》第382-1条第3款内容为："《劳动法典》第L.761-2及后续条款所规定的专业新闻摄影作品的创作者，根据新闻出版业明确的职业协议所规定的条件，或在2006年8月1日2006-961号《关于信息社会中作者权和邻接权的法案》颁布两年之后，根据最高行政法院的行政法规所规定的条件，以收取对其摄影作品在出版之外的使用费为名义，主张对其摄影作品的出版使用进行额外收费的，受到本条规定的保护。"

5. 过渡性或附属性的临时复制，当且仅当该复制是某项技术方案的完整或主要组成部分，且该复制的唯一目的是保证受邻接权保护的作品的合法使用或借助中介网络使其在第三人之间传播。但是，该复制自身不得具有经济价值。

6. 在第 L.122-5 条第 7 项规定的条件下，复制或向公众传播表演、录音、录像或节目。

7. 由公共图书馆、博物院或档案馆在不追求任何经济或商业利益的情况下实施的，为了保存或者为了便于现场查阅而对表演、录音、录像或节目进行的复制。

本条规定的例外情形不能妨碍表演、录音、录像或节目的正常开发经营，也不能侵犯艺术表演者、制片人或音像传播企业的合法权益。

II. ——《知识产权法典》第 L.211-3 条第 3 项最后一款的规定，自 2009 年 1 月 1 日起实施。

【第 3 条】

I. ——《知识产权法典》第 L.342-3 条作出以下修改：

1. 第 2 项后，增补第 3 项、第 4 项，内容如下：

（权利人将数据库提供给公众使用后，权利人不得禁止：）

3. 在第 L.122-5 条第 7 项规定的条件下，对数据库的提取和再使用；

4. 对数据库内容在质量上或数量上的实质部分的提取和再使用，当且仅当这些提取和再使用以教学研究为唯一款而不包含任何游戏或娱乐用途。这些提取和再使用应当主要面向直接相关的大、中、小学学生或教学研究人员，指明内容出处，其使用不得涉及任何商业活动，且其酬劳应按照定额标准经磋商确定。这些提取或再使用的对象不包括为教育款的或为将作品数字化出版而创作的数据库。

2. 增补以下内容：

本条规定的例外情形不能妨碍数据库的正常使用，也不能侵犯数据库开发人的合法权益。

II. ——《知识产权法典》第 L.342-3 条第 4 项的规定，自 2009 年 1 月 1 日起实施。

【第 4 条】

I. ——《知识产权法典》第 L.122-3 条后，增补第 L.122-3-1 条内容如下：

【第 L.122-3-1 条】

若作品的 1 件或数件实物经作者或作者权继受者同意，得以在欧盟成员国或欧洲经济协定区成员国领土内首次销售，那么作品的实物在欧盟成员国和欧洲经济协定区成员国内的销售将不再被禁止。

Ⅱ.——《知识产权法典》第 L.211-5 条后，增补第 L.211-6 条内容如下：

【第 L.211-6 条】

受邻接权保护的录制作品的 1 件或数件实物，若经邻接权人或邻接权继受者同意，得以在欧盟成员国或欧洲经济协定区成员国领土范围内首次销售，那么该录制作品在欧盟成员国或欧洲经济协定区成员国内的销售将不再被禁止。

【第 5 条】略

【第 6 条】略

第二章　邻接权的有效期

【第 7 条】

《知识产权法典》第 L.211-4 条作出如下修改：

【第 L.211-4 条】

本编所述的财产权的有效期为自下列事件发生后次年 1 月 1 日起的 50 年。

1. 艺术表演者的表演。但是如果表演的录制作品在上述期限内以实物形式向公众提供或向公众传播的，艺术表演者财产权的有效期为自这些提供或传播首次发生后次年 1 月 1 日起的 50 年；

2. 录音制品制作者首次固定一段声音。但是如果录音作品在上述期限内以实物形式向公众提供的，录音制品制作人财产权的有效期为自该提供首次发生后次年 1 月 1 日起的 50 年。如果没有向公众提供，则有效期为自首次向公众传播后次年 1 月 1 日起的 50 年；

3. 录像制品制作者首次固定有伴音或无伴音的一组画面。但是如果录像制品在上述期限内以实物形式向公众提供或向公众传播的，录像制品制作者财产权的有效期为自这些提供或传播首次发生后次年 1 月 1 日起的 50 年；

4. 音像传播企业首次向公众传播第 L.216-1 条所述的节目。

【第 8 条】

删除《知识产权法典》第 L.212-7 条的最后一句话。①

---

① 该条最后一句话为："该获酬权在艺术表演者死亡时终止。"

第三章 私人复制品的费用

【第9条】略

【第10条】略

第四章 保护性与告知性技术措施

【第11条】

I. ——《知识产权法典》第 L.131－8 条后，增补第 L.131－9 条内容如下：

【第 L.131－9 条】

合同赋予制作人使用第 L.331－5 条所述的技术措施以及第 L.331－22 条所述的电子信息的权利，同时明确每种使用模式所追求的款标，以及作者可以获得这些技术措施的主要特征或制作人借以保证作品使用的电子信息的条件。

II. ——《知识产权法典》第 L.212－10 条后，增补第 L.212－11 条内容如下：

【第 L.212－11 条】

第 L.131－9 条的规定适用于制作人和艺术表演者之间依照本法第 L.212－3 条和第 L.212－4 条制定的相当于使用许可的合同。

【第12条】

将《知识产权法典》第三卷第三编第一章总则分为两节，第一节命名为"程序性一般规定"，包括从第 L.331－1 条至第 L.331－4 条第二节命名为"保护性技术措施和告知性技术措施"。

【第13条】

《知识产权法典》第三卷第三编第一章第二节中，增补第 L.331－5 条内容如下：

【第 L.331－5 条】

用于防止或限制使用未经作者或作者权邻接权人许可的，除软件、表演、录音、录像或节目外的作品，而采取的有效的技术措施，在本编规定的条件内予以保护。

上述技术措施指凭借其正常功能能够实现预期保护款的任何技术、设备或部件。当作者权人或邻接权人运用密码,诸如加密、干扰或其他任何将保护对象加以转换的保护方法,或者运用对非法复制进行控制的机制,使作品免遭前项所述的非法使用时,技术措施可视为有效。

协议、格式以及加密、干扰或转换方法自身并不被认为是本条所说的技术措施。

技术措施不能妨碍尊重作者作者权的交互性操作的有效实施。技术措施的提供者根据第 L. 331-6 条和第 L. 331-7 条规定的条件提供交互性操作所必需的信息。

本章的规定不影响 1986 年 9 月 30 日 86-1067 号《传播自由法案》第 79-1 条至第 79-6 条和第 95 条规定的司法保护的实施。

技术措施不得限制在本法授权的或权利人许可的范围内对作品或对象的自由使用。

本条的适用,不得违反本法第 L. 122-6-1 条的规定。

【第 14 条】

《知识产权法典》第三卷第三编第一章第二节中,增补第 L. 331-6 条和第 L. 331-7 条内容如下:

【第 L. 331-6 条】

第 L. 331-17 条中规定的技术措施管理总署,负责监督第 L. 331-5 条中的技术措施不会因互相不兼容或无法交互操作,而给作品的使用造成未经除软件外的作品作者权人或表演、录音、录像、节目的邻接权人明确许可的额外限制。

【第 L. 311-7 条】

任何软件开发商、技术系统制造商和任何服务的运营商,在无法得到交互性操作所必需的信息时,可以请求技术措施管理总署在尊重各方当事人权利的条件下保证有关系统和服务的交互性操作,并从技术措施的权利所有人处获取交互性操作所必需的信息。技术措施管理总署应在接到请求后的 2 个月内作出裁定。

交互性操作所必需的信息指特定的技术文件或程序接口,能够使某一技术设备,在依照 2004 年 6 月 21 日 2004-575 号《数字经济信任法案》第 4 条所述的开放标准的情况下,并在遵守对受保护作品或对象的使用条件的规定下,访问到受技术措施保护的作品或对象和电子附件形式的信息。

技术措施的权利所有人不得要求技术措施的受益人放弃出版其独立的和可交互操作的程序的源代码和技术文件,除非他能够证明该出版将给技术措施的安全性和有效性带来严重的损害。

技术措施管理总署可以确认由各方当事人提出的旨在结束违反交互性操作的行为的合同。在无法达成合同时，技术措施管理总署在听取各方当事人陈述意见后，可以决定驳回请求，或在加处逾期罚款的情况下，发布命令规定请求人可以获得交互性操作所必需的信息的条件，为保护技术措施的有效性和完整性请求人应当遵守的义务，以及访问和使用受保护内容的条件。技术措施管理总署负责清算逾期罚款。

技术措施管理总署因其命令没有被执行，或因经其确认的合同没有被遵守，有权力加处罚款。罚款的金额应依据当事人的实际损失、受罚款机构或企业的实际情况以及违反交互性操作行为的再发可能性而确定。罚款的数额根据个案情况而定，且应有充分依据。罚款的最高额度为，企业在违反交互性操作的行为实施前的财务年度中，实现的最高税前全球营业额的5%；企业以外的其他主体为受罚对象时，罚款的最高额度为150万欧元。

技术措施管理总署应在保守受法律保护的秘密的条件下，向社会公开其作出的决定。相关当事人在收到决定后可以向巴黎上诉法院提起上诉。提起上诉后，该决定将中止执行。

技术措施管理总署署长可以向竞争委员会移送其所知道的在技术措施领域发生的滥用市场支配地位和限制自由竞争的案件。这些案件可以根据《商法典》第 L.464-1 条的规定，可以进入紧急审理程序。技术措施管理总署署长同样可以对在其职权内的任何问题向竞争委员会咨询。竞争委员会应向技术措施管理总署通报所有属于其职权范围内的案件，并针对属于本法第 L.331-5 条所述的技术措施领域内的案件向其征求意见。

【第15条】

进口、从欧盟成员国引进、提供或编辑可以处理受保护作品的软件，以及通过技术措施整合实现直接或间接远程操控程序或访问个人数据的软件，须事先向信息系统安全的国家主管部门申请。提供人、编辑人、进口商或引进者应当向主管部门提交相关软件的详细说明和源代码，可能时一并提交使用的源代码库，以及用于获得此软件的全部工具和方法。如果软件建立在源代码库上，且软件组件为第三方制造、进口或设计，负责信息安全的国家主管部门可以要求第三方提供以上资料。关于批准申请和提交技术信息的具体条件，由最高行政法院发布的行政法规规定。

只有在不违反1978年1月6日78-17号《信息、文件和自由法案》的规定且不损害该法案所保护的秘密和公共秩序时，上述软件才能应用于对保护作品附属权利所必需的数据的自动处理系统。

对于负责管理《国防法典》第L.1332-1条至第L.1332-7条述及的重要设施的国家、地方政府部门以及公共或私人机构的数据,国家有权规定上述软件用于此类数据的自动处理系统的条件。

本条实施的具体条件,以及数据自动处理系统的特性,由最高行政法院发布的行政法规规定。

【第16条】

《知识产权法典》增补第L.331-8条至第L.331-16条内容如下:

【第L.331-8条】

享受私人复制例外情形和本条明确的其他例外情形的权利,受到本条和第L.331-9条至第L.331-16条的保护。

第L.331-17条中规定的技术措施管理总署,负责监督保护性技术措施的执行不至于损害以下例外情形中受益人的利益:

——第L.122-5条第2项、第3项e(自2009年1月1日起实施),以及第7项和第8项;

——第L.211-3条第2项、第3项最后一款(自2009年1月1日起实施),以及第6项和第7项;

——第L.342-3条第3项,以及第4项(自2009年1月1日起实施)。

除第L.331-9条至第L.331-16条的规定外,技术措施管理总署还可以制订上述例外情形的实施细则,尤其是依照受保护作品或对象的类型,以及不同的公共传播模式和可用的保护技术所提供的可能性,在私人复制例外情形的范围内明确经许可的最低复制数量。

【第L.331-9条】

权利人可以运用第L.331-5条规定的保护性技术措施,以限制复制的数量。但是权利人应采取有效措施,防止保护性技术措施妨碍第L.331-8条规定的例外情形受益人的活动。权利应通过与注册的消费者协会和其他相关当事人的共同协商来确定这些技术措施。

在技术允许的情况下,本条规定可以将享有例外情形的权利附加于对作品、录音、录像或节目的合法获取中,并监督这些例外情形不至于妨碍作品的正常使用,也不会对受保护作品或对象所有人的权益造成不正当侵害。

【第L.331-10条】

作品或受邻接权保护的对象根据各方当事人的合同约定向公众开放,使得任何人在任何时间地点都可以获得访问的,权利人不必一定按照第L.331-9条的规定采取行动。

【第 L. 331 – 11 条】

出版商和电视服务发行商不得利用技术措施,包括在第 L. 122 – 5 条第 2 项和第 L. 211 – 3 条第 2 项的条件下通过载体或采用数字格式的技术措施,剥夺公众享受私人复制的例外情形的权利。

高等音像委员会在 1986 年 9 月 30 日 86 – 1067 号《传播自由法案》第 42 条和第 48 – 1 条规定的条件下,监督前款中义务的遵守。

【第 L. 331 – 12 条】

作品、录音、录像或节目的欣赏条件,以及因运用保护技术措施可能导致的,对第 L. 122 – 5 条第 2 项和第 L. 211 – 3 条第 2 项享所述的享有私人复制例外情形的权利的限制,应告知使用者。

【第 L. 331 – 13 条】

第 L. 331 – 8 条规定的例外情形受益人,或代表受益人的授权法人,可以就任何因第 L. 331 – 5 条规定的技术措施限制了享有例外情形的权利而引发的争议向技术措施管理总署投诉。

【第 L. 331 – 14 条】

法人和第 L. 122 – 5 条第 7 项所述的向社会开放的机构,从事为残障人群提供受保护作品或对象的复制或展示的,可以就任何关于以数字文件格式传播印刷文本而引发的争议向技术措施管理总署投诉。

【第 L. 331 – 15 条】

技术措施管理总署应在尊重各方权益的基础上,积极推进当事人和解。由技术措施管理总署草拟的和解协议书具有法律约束力。该和解协议书应提交初审法院书记室备案。

技术措施管理总署在接到投诉后 2 个月内不能达成当事人和解的,在听取各方当事人陈述意见后,可以决定驳回起诉,或在加处逾期罚款的情况下,发布命令采取适当措施以保护享受例外情形的权利。技术措施管理总署负责清算逾期罚款。

技术措施管理总署发布的决定或和解协议书应在保守受法律保护的秘密的条件下向社会公开。决定或和解协议书发布后,各方当事人可以向上诉法院提出上诉。提出上诉后,已发布的决定或和解协议书将中止执行。

【第 L. 331 – 16 条】

最高行政法院可以发布行政法规对本节的适用条件,以及第 L. 331 – 12 条所列的作品、录音、节目或录像使用者的告知方法作出具体规定。

【第 17 条】

《知识产权法典》增补第 L.331-17 条至第 L.331-21 条内容如下：

【第 L.331-17 条】

技术措施管理总署是独立的行政机构，它从事针对保护与识别受作者权和邻接权保护的作品和对象的技术措施的监督工作。

技术措施管理总署每年向政府和议会提交报告，汇报在保护性技术措施领域它所观察到的突出变革，以及这种变革将对文化传播产生的影响。议会可以就应对这种变革的立法框架的实施情况向该部门提出质询。

技术措施管理总署还须汇报它依据第 L.331-8 条界定的私人复制的范围，以及依据第 L.331-7 条作出的行政决定。

【第 L.331-18 条】

技术措施管理总署由法定的 6 名成员组成。

除第 L.311-5 条所述的参加委员会工作并拥有决议权的委员会主席外，其他 5 名成员包括：

1. 由最高行政法院副院长任命的 1 名最高行政法院顾问；
2. 由最高法院首席院长任命的 1 名最高法院顾问；
3. 由审计法院首席院长任命的 1 名审计法院顾问；
4. 由技术学院主席任命的 1 名在信息技术方面造诣深厚的成员；
5. 由文学和艺术产权高等理事会主席任命的 1 名文学和艺术产权高等理事会会员。

成员的任期为 6 年，不可撤销，也不可延续。

若 1 名成员的位置出现空缺，以余下任期为限任命 1 位新成员。

技术措施管理总署署长由前三项中人员经选举担任。

【第 L.331-19 条】

技术措施管理总署的成员不得兼任本卷第二编所述公司，或任何从事录音、录像生产活动的公司，或任何提供受保护作品下载服务的公司的高管或雇员，亦不得有曾经在这些公司工作过的经历。

该部门成员不得持有上述公司的股份。

对于在该部门成员在以决议日计的近 3 年内，担任过某公司职务或持有某公司委托书，则该成员不能参加该公司根据《商法典》第 L.233-16 条所控制的公司的决议。

【第 L.331-20 条】

技术手段管理总署下设由秘书长领导的部门。

负责向总署汇报文件的传达人员，由总署署长根据文化部长的提名任命。

总署可以向专家咨询意见。在起草年度财政法案时，总署应报告为完成其任务所需的必要经费。此项经费应列入国家财政预算。

总署署长决定经费开支，并向审计法院报告经费使用情况。

【第 L.331-21 条】

技术手段管理总署的决定实行多数票决制。当出现票数相同的情况时，总署署长拥有决定权。

最高行政法院可以制定行政法规对投票程序和文件汇报作出规定。

【第 18 条】

《知识产权法典》增补第 L.331-22 条内容如下：

【第 L.331-22 条】

与作品附属权利的状态相关的电子信息，除软件、表演、录音、录像或节目外，当信息的一部分、编码或编号在复制作品时被一同复制的，或在作品、表演、录音、录像或节目向公众传播时出现的，在本编所述的条件下受到保护。

电子信息是指有权利人提供的用于识别作品、表演、录音、录像、节目或权利人任何信息，关于作品、表演、录音、录像或节目的使用方法和条件的任何信息，以及体现全部或部分前述信息的所有编号或编码。

【第 19 条】略

【第 20 条】《知识产权法典》第 L.335-1 条作出如下修改：

【第 L.335-1 条】

非法复制的录音录像制品、非法生产或进口的样品或对象，以及损害第 L.331-5 条和第 L.331-22 条规定的技术措施和信息的任何样品、产品、设备、装置、部件或工具和专门用于此类违法行为的器材，一经发现有违反第 L.335-4 条至第 L.335-4-2 条规定的情形，司法警察可对其进行扣押。

【第 L.21 条】

《知识产权法典》第 L.335-2 条后，插入第 L.335-2-1 条内容如下：

【第 L.335-2-1 条】

有以下行为的，处 3 年监禁，并处 30 万欧元罚金：

1. 以任何形式，故意出版、向公众提供或向公众传播未授权向公众提供的受保护软件；

2. 故意促使第 1 项中所述软件的使用，包括通过广告宣传的方式；

（此规定被宪法委员会 2006 年 7 月 27 日第 2006-540DC 号决定裁定违宪）

【第22条】

《知识产权法典》第L.335-3条后，插入第L.335-3-1条和第L.335-3-2条内容如下：

【第L.335-3-1条】

I.——非以研究为款的，通过解码、解密或避开、干扰、删除保护控制装置的手段破坏对作品的保护，从而故意侵害第L.331-5条列举的有效技术措施，且该侵害是通过使用第2款列举的应用技术、装置或部件以外的方式实现的，处罚金3750欧元。

II.——通过以下任何一种方式，直接或间接获取或向他人提供经专门设计或改造的，用于侵害第L.331-5条列举的有效技术措施的，处6个月监禁，并处罚金3万欧元：

1. 非以研究为款的，制造或进口应用技术、装置或部件；

2. 以销售、出借或出租为款的而持有，为同样款的而出价或以任何形式向公众提供应用技术、装置或部件；

3. 为同样款的而提供服务；

4. 促使利用或订购、设计、组织、复制、分发或传播宣传第1项至第3项所述行为的广告。

III.——在本法规定的权利范围内，出于保护信息安全而采取的行为，不适用本条规定。（此规定被宪法委员会2006年7月27日第2006-540DC号决定裁定违宪）。

【第L.335-3-2条】

I.——非以研究为款的，借助非必须使用专门设计或改造的应用技术、装置或部件的个人手段，故意删除或修改第L.331-22条所列的信息，侵犯作者作者权、掩饰这种侵权行为或给侵权提供便利的，处罚金3750欧元。

II.——采取以下任何一种方式，直接或间接获取或故意为他人提供经专门设计或特别改造的方法，为了侵犯作者作者权、掩饰这种侵权行为或为给侵权提供便利，删除或修改第L.331-22条所列信息的，处6个月监禁，并处罚金3万欧元：

1. 非以研究为目的，制造或进口应用技术、装置或部件；

2. 以销售、出借或出租为目的而持有，为同样目的而出价或以任何形式向公众提供应用技术、装置或部件；

3. 为同样目的而提供服务；

4. 促使利用或订购、设计、组织、复制、分发或传播宣传第1项至第3

项所述行为的广告。

Ⅲ. ——故意直接或间接进口、分发、以任何形式向公众提供或向公众传播第 L.331-22 条所列信息已被删除或修改的作品,侵犯作者作者权、掩饰这种侵权行为或给侵权提供便利的,处 6 个月监禁,并处罚金 3 万欧元。

Ⅳ. ——在本法规定的权利范围内,出于保护信息安全而采取的行为,不适用本条规定(此规定被宪法委员会 2006 年 7 月 27 日第 2006-540DC 号决定裁定违宪)。

【第 23 条】

《知识产权法典》第 L.335-4 条后,插入第 L.335-4-1 条和第 L.335-4-2 条内容如下:

【第 L.335-4-1 条】

Ⅰ. ——非以研究为目的,通过解码、解密或避开、干扰、删除保护控制装置的手段破坏对表演、录音、录像或节目的保护,从而故意侵害第 L.331-5 条列举的有效技术措施,且该侵害是通过使用第 2 款列举的应用技术、装置或部件以外的方式实现的,处罚金 3750 欧元。

Ⅱ. ——通过以下任何一种方式,直接或间接获取或向他人提供经专门设计或改造的,用于侵害第 L.331-5 条列举的有效技术措施的,处 6 个月监禁,并处罚金 3 万欧元:

1. 非以研究为目的,制造或进口应用技术、装置或部件;

2. 以销售、出借或出租为目的而持有,为同样目的而出价或以任何形式向公众提供应用技术、装置或部件;

3. 为同样目的而提供服务;

4. 促使利用或订购、设计、组织、复制、分发或传播宣传第 1 项至第 3 项所述行为的广告。

Ⅲ. ——在本法规定的权利范围内,出于保护信息安全而采取的行为,不适用本条规定。(此规定被宪法委员会 2006 年 7 月 27 日第 2006-540DC 号决定裁定违宪)。

【第 L.335-4-2 条】

Ⅰ. ——非以研究为目的,借助非必须使用专门设计或改造的应用技术、装置或部件的个人手段,故意删除或修改第 L.331-22 条所列的信息,侵犯作者作者权的邻接权、掩饰这种侵权行为或给侵权提供便利的,处罚金 3750 欧元。

Ⅱ. ——采取以下任何一种方式,直接或间接获取或故意为他人提供经专门设计或特别改造的方法，为了侵犯作者作者权的邻接权、掩饰这种侵权行为或为给侵权提供便利，删除或修改第 L.331-22 条所列信息的，处 6 个月监禁，并处罚金 3 万欧元：

1. 非以研究为目的，制造或进口应用技术、装置或部件；

2. 以销售、出借或出租为目的而持有，为同样目的而出价或以任何形式向公众提供应用技术、装置或部件；

3. 为同样目的而提供服务；

4. 促使利用或订购、设计、组织、复制、分发或传播宣传第 1 项至第 3 项所述行为的广告。

Ⅲ. ——故意直接或间接进口、分发、以任何形式向公众提供或向公众传播第 L.331-22 条所列信息已被删除或修改的表演、录音、录像或表演，侵犯作者作者权的邻接权、掩饰这种侵权行为或给侵权提供便利的，处 6 个月监禁，并处罚金 3 万欧元。

Ⅳ. ——在本法规定的权利范围内，出于保护信息安全而采取的行为，不适用本条规定（此规定被宪法委员会 2006 年 7 月 27 日第 2006-540DC 号决定裁定违宪）。

【第 24 条】略

【第 25 条】

《知识产权法典》第 L.335-10 条后，增补第 L.335-12 条内容如下：

网页寄存服务的所有者应当监督该服务不被用于复制或展示须经而未经第一卷和第二卷所述的作者权人授权的作品，同时应当采取网页寄存服务供应商根据 2004 年 6 月 21 日 2004-575 号《数字经济信任法案》第 6 条第 1 款第 1 项的规定而建议的安全措施。

【第 26 条】略

【第 27 条】

《知识产权法典》第 L.335-10 条后，增补第六章，内容如下：

第六章　预防非法下载

【第 L.336-1 条】

当软件被主要用于非法使用受文学艺术产权保护的作品或制品时，大审法院院长通过紧急程序，可以采取任何符合艺术品状态的必要措施，也可以加处罚款，以保护该权利。

上述措施不能够歪曲软件的主要特征或初始用途。

第 L.332-4 条适用于本条规定的软件。

【第28条】

《知识产权法典》第 L.335-10 条后，增补第 L.336-2 条内容如下：

【第 L.336-2 条】

网页寄存服务供应商应向客户告知非法下载和使用艺术作品的风险。最高行政法院可以发布行政法规对告知方法作出规定。

【第29条】

《知识产权法典》第 L.342-3 条后，增补第 L.342-3-1 条和第 L.342-3-2 条内容如下：

【第 L.342-3-1 条】

第 L.331-5 条规定的，为防止或限制根据第 L.342-1 条未经制作者授权而使用数据库的有效技术措施，受到第 L.335-4-1 条的保护。

运用前项所述的保护性技术措施的数据库制作者，应在第 L.331-8 条所述条件下，保证技术措施的运用不会剥夺第 L.342-3 条规定的例外情形受益人的实际权利。

任何因享受第 L.342-3 条规定的，包含本条第一项所述技术措施的例外情形的权利，而引发的争议，由第 L.331-17 条规定的技术措施管理总署裁决。

【第 L.342-3-2 条】

与第 L.331-22 条规定的数据库制作者的权利状态相关的电子信息，受第 L.335-4-2 条的保护。

【第30条】

I. ——《知识产权法典》第 L.132-20 条增补第4项，内容如下：

4. 授权通过无线电波远程传播作品，包括在住宅楼或住宅楼群中由所有人、共有人或其代理人安装的内部网络中的非商业性质的传播。该传播的唯一目的在于，使每户住宅都能连接到区域内的公共装置以接收无线电波。

II. ——《知识产权法典》第 L.216-1 条后，增补第 L.216-2 条内容如下：

【第 L.216-2 条】

授权利用无线电波远程提供艺术表演者的表演、录音、录像或音像传播企业的节目，包括在住宅楼或住宅楼群中由所有人、共有人或其代理人安装的内部网络中的非商业性质的传播。该传播的唯一款的在于，使每户住宅都能连接到区域内的公共装置以接收无线电波。

第二编　国家和地方公务员以及行政性公立机构的工作人员的作者权

【第 31 条】

I.——《知识产权法典》第 L.111-1 条第 3 款作出以下修改：

除本法典规定的特殊情况外，智力作品的作者订有或订立劳务合同或雇佣合同，不影响其享有第一段规定的任何权利。除同样的特殊情况外，当智力成果的作者是国家或地方公务员、行政性公立机构的工作人员、具有法人资格的独立行政机关工作人员或者法兰西银行员工时，也不影响其享有同样的权利。

II.——第 L.111-1 条增加第 4 款：

公务人员作者若根据其职位级别或职务规范，不需要经上级部门事先审查而发表作品的，不适用第 L.121-7-1 条和第 L.131-3-1 条至第 L.131-3-3 条的规定。

【第 32 条】

《知识产权法典》第 L.121-7 条后增补第 L.121-7-1 条内容如下：

【第 L.121-7-1 条】

公务人员对于其依职权或命令所创作的作品，行使第 L.111-1 条第三段所述的发表权时，应当遵守公务员法和雇用他的公共法人的组织、运行和业务规范。

公务人员不得：

1）妨碍上级主管部门为了公共利益，在不损害其荣誉和声誉的情况下对作品进行修改；

2）行使追悔或撤销权，除非有上级主管部门的同意。

【第 33 条】

《知识产权法典》第 L.131-3 条之后增补第 L.131-3-1 至第 L.131-3-3 条内容如下：

【第 L.131-3-1 条】

执行涉及公共利益的任务中，为完成任务所必需时，国家公务人员依职权或命令所创作作品的使用权从完成之日起就全部转让给国家。

对于上述作品的商业使用，国家对于公务人员作者仅享有优先权。对于具有科技或科学、文化和职业性质的公共机构开展的科研活动,且当该活动成为与私法法人签订的合同标的的,不适用此规定。

【第L.131-3-2条】

第L.131-3-1条适用于地方公务员、行政性公立机构的工作人员、具有法人资格的独立行政机关工作人员和法兰西银行员工依职权或命令所创作的作品。

【第L.131-3-3条】

最高行政法院可以制定行政法规规定第L.131-3-1条和第L.131-3-2条的实施细则。尤其当雇佣公务人员作者的公共法人,即作品使用权的受让人,从作品的非商业用途或符合第L.131-3-1条第2款最后一句所述情况的商业用途中获取利益时,行政法规应规定公务人员作者可以分享该利益的条件。

第三编 税务机构的相关法令(略)

第四编 法定缴送(略)

第五编 其他规定(略)

【第L.121-7-1条】

公务人员对于其依职权或命令所创作的作品,行使第L.111-1条第三段所述的发表权时,应当遵守公务员法和雇用他的公共法人的组织、运行和业务规范。

公务人员不得:

1)妨碍上级主管部门为了公共利益,在不损害其荣誉和声誉的情况下对作品进行修改;

2)行使追悔或撤销权,除非有上级主管部门的同意。

【第33条】

《知识产权法典》第L.131-3条之后增补第L.131-3-1至第L.131-3-3条内容如下:

【第L.131-3-1条】

执行涉及公共利益的任务中,为完成任务所必需时,国家公务人员依职权或命令所创作作品的使用权从完成之日起就全部转让给国家。

对于上述作品的商业使用，国家对于公务人员作者仅享有优先权。对于具有科技或科学、文化和职业性质的公共机构开展的科研活动，且当该活动成为与私法法人签订的合同标的的，不适用此规定。

【第 L.131-3-2 条】

第 L.131-3-1 条适用于地方公务员、行政性公立机构的工作人员、具有法人资格的独立行政机关工作人员和法兰西银行员工依职权或命令所创作的作品。

【第 L.131-3-3 条】

最高行政法院可以制定行政法规规定第 L.131-3-1 条和第 L.131-3-2 条的实施细则。尤其当雇佣公务人员作者的公共法人，即作品使用权的受让人，从作品的非商业用途或符合第 L.131-3-1 条第 2 款最后一句所述情况的商业用途中获取利益时，行政法规应规定公务人员作者可以分享该利益的条件。

法兰西共和国总统

杰克·希拉克

2006 年 8 月 1 日于巴黎

促进网络作品传播与保护法案（节选）*

2009年6月12日 2009-669号

本法，经国民议会和众议院参考宪法委员会2009年6月10日第2009-580DC号决定通过，由总统于2009年6月12日颁布实施，内容如下：

第一章 《知识产权法典》修订部分

【第1条】

知识产权法典第L. 132-27条加入如下一款：

"生产者代表组织、作家行业组织以及第三卷第二篇所述权利的税收和再分配公司可以联合撰写确立一部职业惯例简编。"

【第2条】

知识产权法典因此修改如下：

A.——在第L. 331-5条第4款的最后，原"第L. 331-6条及第L. 331-7条""的引用替换为第L. 331-39条第1款及第L. 331-40条"；

B.——在第L. 331-6条的开头，"第L. 331-17条所规定的技术措施管理总署"替换为"该机构"；

C.——第L. 331-7条因此修改如下：

1. 在第1款第二句、第4款第一句和最后一句、第五及第6款第一句以及最后一款最后两句中，"总署"替换为"最高总署"；

2. 第一及最后一款的第一句话中，"技术措施管理总署"替换为"最高总署"；

D.——第L. 331-8条因此修改如下：

1. 第1款中，"在本条中由本条及第L. 331-9条至第L. 331-16条的规

---

* 译者：顾晨，北京大学法学院。

定确保"替换为"在第 L.331-39 条第 2 款中由第 L.331-7 条至 L.331-10 条，第 L.331-41 条至第 L.331-43 条及第 L.331-45 条";

2. 在第 2 款的开头，"第 L.331-17 条所规定的技术措施管理总署"替换为"该机构";

3. 在第 5 款之后，加入两款规定，内容如下：

"-以及在第 331-4 条中，该机构同时对保护技术措施的实施进行监督，防止其妨碍受益人依照遗产法典第 L.132-4 条及第 L.132-5 条至第 L.132-6 条的规定以收集、保管和现场咨询为目的进行复制。"

4. 在最后一款，"第 L.331-9 条至第 L.331-16 条总署"替换为"本法典第 L.331-7 条至第 L.331-10 条，第 L.331-41 条至第 L.331-43 条及第 L.331-45 条最高总署";

E.——在第 L.331-9 条第 1 款第二句中，"在第 L.331-8 条中"的引用替换为"第 L.331-39 条第 2。款";

F.——在第 L.331-10 条中，"第 L.331-9"的引用替换为"第 L.331-7 条";

G.——在第 L.331-13 条中，"在第 L.331-8 条中"替换为"在第 L.331-39 条第 2。条中"，"技术措施管理总署"替换为"最高总署";

H.——在第 L.331-14 条中，"技术措施管理总署"替换为"最高总署";

I.——第 L.331-15 条因此修改如下：

1. 在第 1 款第一句中，"技术措施管理总署"替换为"最高总署";

2. 在第 2 款第一及第二句中，"总署"替换为"最高总署";

J.——第 L.331-16 条因此修改如下：

1. 在第一句的最后，"节"替换为"小节";

2. 在第二句的最后，"第 L.332-12 条"的引用替换为"第 L.332-10 条";

K.——第 331-17 条因此修改如下：

1. 第 1 款修改如下：

a）删去第一句；

b）在第二句开头，"其承担一项总体任务"替换为"以其管理任务的名义及";

c）加入以下内容，"最高总署执行下列职能"：

2. 最后两款修改如下：第 L.331-40 条所规定的人员之一可以向最高总署就任何有关技术措施的联合运作的问题征询意见，

"第 L.331-39 条第 2 款所述例外情况之一的受益人或受其授权的代表法

人也可以就该例外情况规定的实施问题向其征询意见。";

L.——对因本条而编写的第 L.331-6 条至第 L.331-17 条及第 L.331-22 条进行如下重新编号：

1. 第 L.331-6 条成为第 L.331-39 条的 1。款；
2. 第 L.331-7 条成为第 L.331-40 条；
3. 第 L.331-8 条第 1 款成为 L.331-6 条；
4. 第 L.331-8 条第 2 至最后一款成为第 L.331-39 条第 2 款；
5. 第 L.331-9 条成为第 L.331-7 条；
6. 第 L.331-10 条成为第 L.331-8 条；
7. 第 L.331-11 条成为第 L.331-9 条；
8. 第 L.331-12 条成为第 L.331-10 条；
9. 第 L.331-13 条成为第 L.331-41 条；
10. 第 L.331-14 条成为第 L.331-42 条；
11. 第 L.331-15 条成为第 L.331-43 条；
12. 第 L.331-16 条成为第 L.331-45 条；
13. 第 L.331-17 条第 1 款成为第 L.331-39 条第 1 款；
14. 第 L.331-17 条第 2 及第 3 款成为第 L.331-44 条；
15. 第 L.331-22 条成为第 L.331-11 条；

M. 废除第 L.331-18 条至第 L.331-21 条。

【第 3 条】

知识产权法典第 L.131-9 条，第 L.332-1 条，第 L.335-1 条，第 L.335-3-2 条，第 L.335-4-2 条以及第 L.342-3-2 条"第 L.331-22 条"的引用被替换为"第 L.331-11 条"。

【第 5 条】

《知识产权法典》第一部分第三卷第三编第一章增补第三节，内容如下：

"第三节　网络著作传播与权利保护高级公署

第一小节　管辖权、组成和机构

【第 L.331-12 条】

网络作品传播与权利保护高级公署是一个独立的公共权力机关，具有法人资格。

【第 L.331-13 条】

高级公署确保完成以下任务：

1. 对提供网页寄存服务的电子通信网络上具有作品权或邻接权的作品和

对象的合法或非法使用加强监督,并鼓励合法供应的发展。

2. 保护提供网页寄存服务的电子通信网络上的作品和对象的权利不受侵犯;

3. 对受作品权或邻接权保护的作品和对象的保护与识别技术措施进行管理和监督。

为完成这些任务,高级公署可以提出对法律法规作出任何修订的建议,可以就任何有关文学和艺术知识产权保护的法律或法规草案向政府提供咨询,也可以就任何与其职权有关的问题向政府或议会委员会提供咨询。

【第L.331-14条】

高级公署每年向政府和议会提交报告,总结其活动、任务的执行情况和财务情况,并汇报各相关领域的专业人士对其义务和职责的履行情况。此报告向社会公开。

【第L.331-15条】

高级公署下设一个特委会和一个权利保护委员会。特委会主席任高级公署署长。

除非法律另有规定,特委会负责执行委托于高级公署的任务。在行使职权时,特委会和权利保护委员会成员不接受任何机关的指示。

【第L.331-16条】

高级公署的特委会由包括院长在内的9位成员组成,其中院长根据行政法规任命,一届任期为6年:

1. 由最高行政法院副院长任命的1位最高行政法院在职成员;

2. 由最高法院首席院长任命的1位最高法院在职成员;

3. 由审计法院首席院长任命的1位审计法院在职成员;

4. 由文学和艺术产权高等理事会主席任命的1名文学和艺术产权高等理事会会员;

5. 由分管电子通信、消费和文化的各部长联名推荐的3名能够胜任者;

6. 由国民大会主席和上议院院长分别任命的2名能够胜任者。

特委会主席从1、2、3项中的人选中产生。

对于依1—4项规定任命的成员,依照同样的条件选定候补成员。

若特委会成员出现空缺,无论出于何种原因,应依照本条上述规定,以余下任期为限任命1位新成员。

成员的任期不可撤销,也不可延续。

除辞职外,只有当特委会依照其规定的条件认定为某成员无法工作时,该成员的职务才能够被终止。

【第 L.331-17 条】

权利保护委员会负责实施第 331-26 条所述的措施（此规定依照宪法法院 2009 年 6 月 10 日的第 2009-580DC 号决定裁定违宪）。

委员会由包括主席在内的 3 人组成，其中主席根据行政法规任命，一届任期为 6 年：

1. 由最高行政法院副院长任命的 1 位最高行政法院在职成员；
2. 由最高法院首席院长任命的 1 位最高法院在职成员；
3. 由审计法院首席院长任命的 1 位审计法院在职成员；

依照同样的条件选定候补成员。

若权利保护委员会成员出现空缺，无论出于何种原因，应依照本条上述规定，以余下任期为限任命 1 位新成员。

成员的任期不可撤销，也不可延续。

除辞职外，只有当特委会按照其规定的条件认定为某成员无法工作时，该成员的职务才能够被终止。

特委会和权利保护委员会成员的职务不得兼任。

【第 L.331-18 条】

I. 高级公署的成员和秘书长不得兼任、在最近 3 年内担任或曾担任：

1. 本卷第二编述及的公司的高管、职员或顾问；
2. 从事录音或录像制作活动的或从事受作品权或邻接权保护作品的出版活动的企业的高管、雇员或顾问；
3. 视听通信企业的高管、雇员或顾问；
4. 提供受作品权或邻接权保护的作品或对象的使用服务的企业的高管、雇员或顾问；
5. 提供网页寄存服务的企业的高管、雇员或顾问。

II. 在终止职务后，高级公署成员及其秘书长受《刑法典》第 432—13 条的约束。

高级公署成员和秘书长不得直接或间接持有本条第 1 款所述的公司或企业的股份。

每位成员受任命时，应提交利益申报单，模板由行政法规确定。

若高级公署的任何成员在以决议日计的 3 年内，担任过某公司职务或持有某公司的委托书，则该成员不能参加有关该公司根据《商法典》第 233—16 条规定的所管控的公司的决议。

【第 L.331-19 条】

高级公署下设数个部门，由署长统一管辖。秘书长由署长任命，负责开展和协调各部门业务。

高级公署成员和秘书长的职务不得兼任。

高级公署制定其内部的规章，并制定适用于其成员和各部门人员的职业道德规范。

负责预审有关高级公署的文件的报告员，由署长任命。

高级公署可以求助于专家。也可以在需要的时候，向行政机关、外部机构或电子通信网络用户的代表组织征询意见，也可以接受这些机关或组织的咨询。

在制定年度财政法案时，高级公署应提出完成其任务所必要的经费。

署长向审计法院报告高级公署的账目。

【第 L.331-20 条】

特委会和权利保护委员会的决定经半数以上票数同意通过。在特委会内部，若出现票数相同的情况，特委会主席的投票具有决定权。

【第 L.331-21 条】

为了权利保护委员会行使其职权，高级公署配有由署长授权的宣誓公务人员。授权条件由最高行政法院的行政法规确定。该授权不得对抗获取受法律保护的机密所必须遵守的程序的规定。

权利保护委员会成员和上述宣誓公务人员在第 331-24 条规定的条件下，受理向其提交的争议，并对事实进行审查（此规定被宪法委员会 2009 年 6 月 10 日第 2009-580DC 号决定裁定违宪）。

根据程序需要，权利保护委员会成员和上述宣誓公务人员可以获得以任何介质存储的一切文件，包括依《邮政和电信法典》第 34-1 条的规定的电子通信运营商和 2004 年 6 月 21 日 2004-575 号《数字经济诚信法案》第 6 条第 1 款和第 2 款所述运营商存储和处理的数据。

他们也可以获取前款所述文件的复印件。

网页寄存服务的客户，未经第一卷和第二卷所述的权利人许可，而以复制、展示、向公众提供或传播受保护的作品或对象为目的使用在线公共通信服务的，权利保护委员会成员和上述宣誓公务人员可以从电子通信运营商处取得该客户的身份信息、通信地址、电邮地址和电话号码。

【第 L.331-22 条】

高级公署的成员和公务人员应当，根据《刑法典》第 413-10 条在不影响起草意见书、建议书和报告的前提下，根据《刑法典》第 226-13 条所规定的条件，对他们因职权而掌握的事实、行为或资料，保守职业秘密。

在1995年1月21日95-73号《有关安全的指导和规划法案》第17-1条规定的条件下，授予本法典第331-21条所述的公务人员职务之前，必须对其进行行政调查，以确认其行为举止与所授予的职责或任务相称。

此外，公务人员应当遵守道德规范，并遵守最高行政法院颁布的行政法规规定的职业道德守则。

第二小节对发展合法服务项目的鼓励，以及对电子通信网络上受作品权或邻接权保护的作品和对象的合法或非法使用的监管任务

【第L.331-23条】

为鼓励发展商业性或非商业性的合法服务项目，并对电子通信网络上受作品权和邻接权保护的作品和对象的合法或非法使用进行监管，高级公署每年应按照行政法规规定的清单发布指令，并在第331-14条述及的报告中汇报合法供应的发展情况。

在最高行政法院颁布的行政法规所规定的条件下，高级公署应为网页寄存服务供应商所提供的服务授予一个标志，以便这些服务的用户能够清楚地识别其合法性。应定期对此类标志进行复查。

高级公署监督门户网站对这些服务项目的链接的建立、发展和更新。

此外，高级公署应对由技术设计人员、受保护作品和对象的权利人以及网页寄存服务供应商在内容识别和审查的技术领域进行的实验进行评估，并在第331-14条述及的报告中汇报这一领域的主要发展趋势，尤其是与此类技术的有效性相关的问题。

高级公署应识别并研究电子通信网络上用于非法使用受作品权或邻接权保护的作品和对象的技术，并在第331-14条述及的报告中提出解决方案。

第三小节对具有作品权或邻接权的作品和对象的保护任务

【第L.331-24条】

权利保护委员会在接到公务人员的提案后采取行动。此公务人员应根据第331-2条规定的条件宣誓并核准，并由下列机构任命：

——依法建立的职业维护机构；

——薪酬收缴和分配协会；

——国家电影中心。

权利保护委员会也可以根据国家监察机关向其转达的情报采取行动。

权利保护委员会不受理6个月以前发生的事实所引起的纠纷。

【第 L.331-25 条】

权利保护委员会的行动是为终止第 336-3 条所规定的义务未履行而采取的必要措施。

【第 L.331-26 条】

当权利保护委员会接到有不遵守第 336-3 条规定义务之虞的事实纠纷时,可以以其名义,通过电子途径或通过与用户缔结合同的网页寄存服务供应商,向用户发送盖有其印章的意见书,向其重申第 336-3 条的规定,并告诫其遵守相关义务(此规定被宪法委员会 2009 年 6 月 10 日第 2009-580DC 号决定裁定违宪)。该意见书应同时包含关于在线文化内容的合法服务项目、关于预防违反第 336-3 条所规定义务的安全保障手段,以及关于不尊重作品权和邻接权的行为对艺术创作更新和文化产业经济所造成的危害的信息。

自上述意见书发出之日起 6 个月内,若再次发生有不遵守第 336-3 条规定义务之虞的事实,委员会可根据前目规定的条件,通过电子途径发送与之前内容相同的意见书。此意见书应以挂号信,或其他能够证明发送日期的方法寄送。

依本条规定发送的意见书,应包括有不遵守第 336-3 条规定义务之虞的事实被发现的日期和时间。但是,意见书不应透露此事实所涉及的受保护作品和对象的内容。意见书中还应包括收件人可以向权利保护委员会表达意见,以及可以获取关于不遵守义务的事实所涉及的受保护作品和对象内容的详细描述的电话号码、邮政地址和电子邮件地址。(此规定被宪法委员会 2009 年 6 月 10 日第 2009-580DC 号决定裁定违宪)

【第 L.331-32 条】

在向防止非法使用网页寄存服务的安全保障措施的设计师、网页寄存服务供应商以及受本卷第二编规定管理的公司和依法建立的职业维护机构进行咨询后,高级公署向社会发布这些安全措施的相关技术规范(此规定被宪法委员会 2009 年 6 月 10 日第 2009-580DC 号决定裁定违宪)。

在对这些安全措施是否符合上述技术规范及对其有效性进行评估后,高级公署公布标示这些安全措施的评级清单(此规定被宪法委员会 2009 年 6 月 10 日第 2009-580DC 号决定裁定违宪)。应定期对该清单进行复查。

最高行政法规可以发布行政法规对安全措施的评估程序和评级方法作出具体规定。

(此规定被宪法委员会 2009 年 6 月 10 日第 2009-580DC 号决定裁定违宪)

【第 L.331-35 条】

网页寄存服务供应商,在与其客户缔结的合同中,应清晰地列示第 336-3

条的规定和权利保护委员会可能采取的措施（此规定被宪法委员会2009年6月10日第2009-580DC号决定裁定违宪），并明确侵犯作品权和邻接权会遭受的刑事和民事处罚。

此外，网页寄存服务供应商应向其新客户和续约客户，告知有关在线文化内容的合法供应、预防不遵守第336-3条所规定义务的安全保障手段，以及不尊重作者权和邻接权的行为对艺术创作更新和文化产业经济的危害的信息。

【第L.331-36条】

权利保护委员会在行使本小节所赋予的职权的必要期间内，可以保存其使用的技术数据（此规定被宪法委员会2009年6月10日第2009-580DC号决定裁定违宪）。

【第L.331-37条】

高级公署可以授权对违反本小节规定的诉讼被告人的个人数据进行自动处理。

该处理旨在通过权利保护委员会实施本小节所述的保护措施和程序附属行为（此规定被宪法委员会2009年6月10日第2009-580DC号决定裁定违宪）。

根据国家信息技术和自由委员会的意见，最高行政法院颁布行政法规，规定本条的实施细则，尤其需要明确下列事项：

——登记数据的种类及其保留期限；

——有资格接收这些数据的收件人，尤其是网页寄存服务供应商；

——相关当事人可以依据1978年1月6日78-17号《信息、文件和自由法案》向高级公署主张获取与其有关的数据的权利时所应遵守的条件。

【第L.331-38条】

最高行政法院可以颁布行政法规，规定向高级公署的特委会和权利保护委员会提交文件的程序和文件处理规则。（此规定被宪法委员会2009年6月10日第2009-580DC号决定裁定违宪）"

【第6条】略。

【第7条】略。

【第8条】略。

【第9条】略。

【第10条】略。

【第11条】

《知识产权法典》第一部分第三卷第三编第六章加入第L.336-3条和第

L.336-4条内容如下：

"【第L.336-3条】

网页寄存服务的所有者，有义务监督其服务不会导致未经第一卷和第二卷规定的权利人授权，对受作者权和邻接权保护的作品或对象以复制、展示、向公众提供或传播为目的的使用（此规定被宪法委员会2009年6月10日第2009-580DC号决定裁定违宪）。

未履行上述义务的网页寄存服务所有者并不因此承担刑事责任。

【第L.336-4条】

用于网页寄存服务的受保护的作品或对象的授权使用的基本特征，应根据本法典第331-10条和《消费法典》第111-1条的规定，以清晰明了的方式使使用者获知。"

【第12条】略。

第二章 2004年6月21日2004-575号《数字经济信任法案》的修订部分

【第13条】

2004年6月21日2004-575号《数字经济信任法案》第6条第1款第一项加入以下内容：

"网页寄存服务供应商还应向客户告知能够预防违反《知识产权法典》第336-3条所规定义务的安全保障措施，并向客户提供至少一种《知识产权法典》第331-32条第二目所述清单中列出的措施。"

第三章 《邮政和电信法典》的修订部分

【第14条】略。

第四章 《教育法典》的修订部分

【第15条】

《教育法典》第L.312-6条加入以下内容：

"在这些教育范围内，告知学生非法下载和使用受作品权或邻接权保护的作品或对象对艺术创作造成的危害。"

【第16条】
《教育法典》第 L.312-9 条加入以下内容：
"在此范围内，尤其是中学生对信息和互联网专利做准备时，教师对此事先进行了解，并告知学生与在线公共通信服务的使用有关的风险、非法下载和使用受艺术创作的作品权或邻接权保护的作品或对象的危害，以及违法伪造所受的处罚。同时也告知提供受作品权或邻接权保护之物的合法服务项目的存在。"

第五章 《电影产业法典》的修订部分

【第17条】
电影产业法典第二卷加入第四章，内容如下：
"第四章　电影作品的开发期限
【第30-4条】至【第30-8条】略。"

第六章　尾　编

略。

法兰西共和国总统
尼古拉·萨科奇
2009年6月12日于巴黎

关于互联网上文学艺术产权刑事保护的法案（节选）*

2009年10月28日2009-1311号

本法，经国民议会和众议院参考宪法委员会2009年10月22日第2009-590DC号决定通过，由总统于2009年10月28日颁布实施，内容如下：

【第1条】

经2009年6月12日2009-669号《促进网络作品传播与保护法案》修订后的《知识产权法典》，现在其第L.331-21条后，加入第L.331-21-1条内容如下：

"【第L.331-21-1条】

权利保护委员会成员，以及第L.331-21条所述的向司法机关宣誓的授权公务人员，可以对有构成本编述及的违法行为之虞的，且被处以禁止使用第L.335-7条和第L.335-7-1条所述的网页寄存服务的附加刑的犯罪事实进行确认。

此外，上述人员可以收集涉案人员的意见，并在传唤通知中提及该权利。

当涉案人员要求进行听证时，上述人员须召开听证会。任何参加听证会的涉案人员都有选择法律顾问并获得帮助的权利。

涉案人员有权利获得听证会笔录的副本。"

【第2条】

经2009年6月12日2009-669号《促进网络作品传播与保护法案》修订后的《知识产权法典》，再进行以下修改：

删除第L.331-22条最后一目；

废除第L.331-25条。

---

* 译者：冯源，北京大学法学院。

【第3条】

经2009年6月12日2009-669号《促进网络作品传播与保护法案》修订后的《知识产权法典》，再进行以下修改：

第L.331-26条进行以下修改：

第1款第一句加入："警告他根据第L.335-7条和第L.335-7-1条其可能接受的处罚"。①

第2款最后一句，"可以"改为"应当"，"发送日期"改为"送达日期"。②

第L.331-35条第1款第二句加入"和根据第L.335-7-1条"③

【第4条】

经2009年6月12日2009-669号《促进网络作品传播与保护法案》修订后的《知识产权法典》，现在其第L.331-36条后，加入以下内容：

"网页寄存服务供应商应当向权利保护委员会告知其中断服务的起始日期；权利保护委员会应在中断服务结束时删除与客户相关的个人数据。"

【第5条】

经2009年6月12日2009-669号《促进网络作品传播与保护法案》修订后的《知识产权法典》，其第L.331-37条第二目中"和程序附属行为"改为"、程序附属行为、职业维护机构和税务机构对司法机关可能的扣押的告知规范，以及第L.335-7条第五目所述的通知行为。"

【第6条】

I.—《刑事诉讼法典》第398-1条第9项后，加入第10项，内容如下：

"10.对于通过网页寄存服务实施的，《知识产权法典》第L.335-2条、第L.335-3条和335-4条所述的犯罪行为，由1名代主席刑事审判权的法官组成的轻罪法庭审判。"④

II.—《刑事诉讼法典》第495-6条后，加入第495-6-1条内容如下：

---

① 第L.331-26条第一目第一句为："当权利保护委员会接到有违反第L.336-3条规定义务之虞的事实纠纷时，它可以以自己的名义，通过电子途径或通过与用户缔结合同的网页寄存服务供应商，向用户发送盖有其印章的意见书，向其重申第L.336-3条的规定，告诫其遵守相关义务，并警告他根据第L.335-7条和第L.335-7-1条其可能接受的处罚。"

② 第L.331-26条第二目最后一句为："此意见书应当通过挂号信寄送，或通过其他能够证明送达日期的方法寄送。"

③ 第L.331-35条第一目第二句为："网页寄存服务供应商，在与其客户缔结的合同中，应清晰地列示第L.336-3条的规定和权利保护委员会可能采取的措施，并明确侵犯作者权和邻接权和根据第L.335-7-1条会遭受的刑事和民事处罚。"

④ 法国《刑事诉讼法典》规定，轻罪法庭（tribunal de correctionnel）在一般情况下须由1名主席和2名法官组成，但在《刑事诉讼法典》第398-1条所规定的情况下仅有1名法官组成。

【第 495-6-1 条】

对于通过网页寄存服务实施的,《知识产权法典》第 L.335-2 条、第 L.335-3 条和 335-4 条所述的犯罪行为,也可以通过有本节规定的刑事诉讼简化程序审理。(此规定被宪法委员会 2009 年 10 月 22 日第 2009-590DC 号决定裁定违宪)

【第 7 条】

《知识产权法典》第 L.335-6 条后,加入第 L.335-7 条内容如下:

"【第 L.335-7 条】

网页寄存服务供应商实施了违反第 L.335-2 条、第 L.335-3 条和第 L.335-4 条规定的犯罪行为的,可处责令其最长在一年期限内中断服务入口的附加刑,并处禁止在同样期限内与任何客户签订网页寄存服务合同。

如果购买网页寄存服务的合同是涵盖如电话电视服务等其他类型服务的混合型商业合同,中断网页寄存服务不影响其他类型服务的供应。

中断网页寄存服务并不会将服务订购费用转嫁到供应商身上。中断服务期间不适用《消费法典》第 L.121-84 条的规定。

中断服务期间撤销预订服务的费用由客户承担。"

当本条规定的中断服务判决作出后,该判决应告知网络作品传播与权利保护高级公署,后者责令网页寄存服务供应商在收到通知后 15 日的期限内执行该判决,中断涉案客户的服务供应。

网页寄存服务供应商不在规定期限内执行中断服务的判决的,处最高 5000 欧元的罚金。

本条所述的附加刑不适用《刑事诉讼法典》第 777 条第 3 项的规定。

【第 8 条】

《知识产权法典》第 L.335-6 条后,加入第 L.335-7-1 条内容如下:

"【第 L.335-7-1 条】

如果权利保护委员会已经通过挂号信或其他可以证明送达日期的方式,向网页寄存服务供应商发出建议其针对网络登录入口采取安全保障措施的建议书,而网页寄存服务供应商却因明显疏忽过失,触犯了本法典规定的第五级罪名的,在法规有明确规定的情况下,可以根据相同的条件处以第 L.335-7 条规定的附加刑。

明显疏忽过失的确认以上述建议书送达之日起 1 年内的事实行为作为基础。

在此情况下,中断服务的最长期限为 1 个月。

被处以本条规定的附加刑的网页寄存服务供应商，在中断服务期间又与他人签订网页寄存服务预定合同的，处最高3750欧元的罚金。"

【第9条】

《知识产权法典》第L.335-6条后，加入第L.335-7-2条内容如下：

"【第L.335-7-2条】

判处第L.335-7条和第L.335-7-1条规定的附加刑和确定刑期时，司法机关应综合考虑犯罪行为的情节和严重性，以及犯罪行为人的主观因素，尤其是其职业或社会活动和其社会经济地位。判处刑期的长短应综合考虑知识产权的保护和维护特别是在其住所内的言论和传播自由之间的协调。"

【第10条】

经2009年6月12日2009-669号《促进网络作品传播与保护法案》修订后的《知识产权法典》，在其第L.336-3条第2款①后，加入"第L.335-7条和第L.335-7-1条规定的情况除外。"

【第11条】

《刑事诉讼法典》第434-41条加入："《知识产权法典》第L.335-7条规定的附加刑执行期内，禁止与他人重新订立网页寄存服务预订合同。"

【第12条】略

【第13条】略

法兰西共和国总统

尼古拉·萨科奇

2009年10月28日于巴黎

---

① 第L.336-3条第2款为"未履行上述义务的网页寄存服务所有者并不因此承担刑事责任，第L.335-7条和第L.335-7-1条规定的情况除外"。

关于开放在线博彩产业的竞争和管理的法案（节选）*

2010年5月12日 2010-476号

本法，经国民议会和众议院参考宪法委员会2010年5月12日第2010-605DC号决定通过，由总统于2010年5月12日颁布实施，内容如下：

第一章 关于博彩产业的一般规定

【第1条】
赌博和博彩不是一种普通的贸易活动或服务；根据欧盟法附加性原则，从维护公共秩序、公共安全、健康和未成年人保护等关键角度，对其进行严格限制。

【第2条】
博彩是一种主要基于随机性而非技巧和智力组合以获得收益的付费游戏。

【第3条】
I.——有关金钱和投机游戏方面的国家政策的目标是限制和规范游戏的供应与消费以及控制游戏的开发，为了：

1. 防止过度或病态游戏及保护未成年人；
2. 确保游戏操作的公平、可靠及透明；
3. 防止诈骗或犯罪活动、洗钱及恐怖主义资助；
4. 对不同种类游戏的有序公平发展进行监督，以避免相关领域的一切经济动荡；

II.——考虑到对公共秩序和社会秩序有所损害的风险，金钱和运气游戏的开发受国家独家授权制度的管理。出于同一动机，在本法规定的条件下，

---

* 译者：顾晨，北京大学法学院。

需要玩家掌握诀窍且多名玩家同时参与的在线游戏和赌博受许可制度的管理。

III.——1. 在总理名下设立游戏咨询委员会，管理整个金钱和运气游戏产业，负责集中来自于各游戏管制机关和操作商的信息，负责确保金钱和投机游戏产业的管理符合第I款规定的总体目标，以及负责就有关该产业的所有问题和过度游戏风险的公众信息两方面的问题作出意见。

2. 委员会包含1个特委会，由19名委员组成，秘书长由总理府下的部门确定。主席由1名议会成员担任。也包含1个游戏观察会，由8名成员组成；以及2个咨询委员会，其成员可以同时为特委会委员，分别负责实施庄家赌博与赌场游戏、和独家许可游戏与赌博的规范政策。

【第4条】

I.——赛马赌博和题与赌博是指一种包含货币价值的赌注的赌博，其最终收益取决于玩家对法国或外国合法组织的现实赛马赛事或体育比赛的结果预测的准确性。

II.——同注分彩式赌博是指以获胜的玩家分享全部参赌总金额的赌博，该总额为在比赛开始之前由所有玩家汇集完成的扣除依现行立法和规章所规定的一切性质的预先扣除费以及经营者提成后的金额，其中经营者处于与赌博结果无利害关系的中立地位。

赔率赌博是指在体育竞赛开始前或进行过程中，经营者对玩家所参与赌博的这些竞赛的事后结果的可能性进行估计，并向玩家提供相关的赔率。收益由经营者向玩家担保，以下注的倍数表示并确定。

【第5条】

未成年人，即使是非限制行为能力人，不得参与除1836年5月21日有关彩票赌博禁令的法案中第5、6及7条所述乐透彩票的例外规定外，须经法律授权才可向公众提供的金钱和投机游戏。经合法授权的金钱和投机游戏的经营者有责任阻止未成年人，即使是非限制行为能力的，参与其提供的游戏或赌博。

经营者不得资助或支持专门面向未成年人的活动的组织或开展。

在线博彩经营者在连接其网站的一切途径上均须设置一条警告信息，提醒未成年人禁止参与博彩。玩家在注册及每次登录网站时都必须提供出生日期。

第二章 受许可的在线博彩的类别

【第10条】

本法所称：

1. 在线游戏和赌博是指,以在线通信服务为唯一参与媒介的一种游戏和赌博。若游戏或赌博存储于唯一或主要用于游戏或赌博项目的终端设备上,且可为玩家在公共场所或向公众开放的私人场所中使用的,不属于在线博彩;

2. 在线游戏和赌博经营者是指,经常向公众提供,包含货币价值的赌注的且其条款明确规定于经玩家接受的参加游戏合同的规章中的,在线游戏或赌博服务的任何个人;

3. 在线玩家或赌客是指,接受由一个在线游戏和赌博经营者所提供的参加游戏的合同的任何个人。玩家参与博彩的全部金额,包括盈利所得的部分,构成赌金;

4. 在线玩家的账户是指,由一个在线游戏和赌博经营者就一个或多个游戏给予每个玩家的账户有关游戏和赌博的赌金、收益、财务变动和玩家相对于经营者的资产余额。

【第11条】

I. ——略

II. ——只有同注分彩式的在线赛马赌博在作为赌博对象的赛事开始前事先登记的组织和投注是受许可的。对同注分彩式赌博的投注所作出的规则不妨碍经许可的赌博经营者运用赢利提成机制,只要该提成操作具有针对性且不影响赌博互相投注的特性。

【第12条】

I. ——作为上述1836年5月21日法案第1和第2条的规定和1983年7月12日第83-628号有关博彩的法案第1条的规定的例外,任何具有本法第21条所属的许可资格的个人,在本法规定的条件下,作为在线体育赌博经营者,可以组织这些赌博的投注。这些体育赌博只能涉及由在线游戏管理总署依法定条款规定的竞赛种类之一。

II. ——对于每种体育运动,总署依法定条款确定赌博的依据结果的种类和相应游戏的步骤。

III. ——规制同注分彩式赌博投注的规则不妨碍依第21条取得许可的赌博经营者运用赢利提成机制,只要该提成操作具有针对性且不影响赌博互相投注的特性。

IV. ——只有本法第4条所指的同注分彩式或赔率式在线体育赌博的组织和投注是受许可的。

【第13条】

I. ——在马术或体育赛事的在线赌博方面,只有通过以在线公共通信服务为唯一媒介的数字数据传输方式储存于账户中的赌博的组织和投注是受许可的。

II.——受许可的体育和马术赌博的种类、决定其技术规则的原则、与按许可种类的参与金额相比向玩家支付的平均金额的最大比例的原则,其中包括派彩的对价,均通过法令加以确定。

【第14条】

I.——作为上述1983年7月12日第83-628号法案第1条的规定的例外,任何依本法第21条规定取得许可资格的个人,作为在线庄家赌博的经营者可以在本法规定的条件下组织此类赌博。

II.——为了I的实施,在线庄家赌博只可以提供基于随机性和诀窍的分彩赌博,其中,诀窍指玩家在随机性介入之后考虑到其他玩家的行为,决定做出可能修改其盈利预期的策略。

III.——根据直接访问许可经营者网站的玩家的提议,以在线公共通信服务为唯一媒介的数字数据传输方式将操作存储于账户中。

IV.——II所述庄家赌博的种类以及决定其技术规则的原则通过法令加以确定。

第三章 申请许可经营在线博彩的企业的义务

【第15条】

申请许可的企业,作为在线游戏或博彩的经营者,证明其所有人的身份、地址,若为法人,证明其办公场所、法律组织形式、其高管的身份和地址。若企业本身、其所有人,或在法人企业情况下,其高管或其社会代理人之一,曾受到第21条III所述法令规定的刑事处罚或第43条所述行政处罚的,企业应提供相关信息。

在企业为股份公司的情况下,企业提交有关其所有持有超过5%资产或投票权的法人或自然人的信息,若存在商业法典第L233-16条所指直接或间接控制企业的个人,也提交此人或这些人的信息。

企业通过人力或物力手段证明并汇报所有能证明其财务稳定性及其有能力依照法定和规定义务承担必要投资的审计和财务信息。若为私人企业,企业须汇报企业主的留置资产和合同债务的总额。

申请许可的企业的办公场所、分支机构或设备不得位于税收总则第238-0A条所指的不合作国或地区。

在许可之后若对上诉这些要素进行任何修改,在第21条V规定的条件下,上报在线游戏管理总署。

【第16条】

申请许可的企业,汇报其性质、特征、在线游戏网站的经营、组织或服务分包及其向公共提供的在线游戏或赌博的操作的所有条款,以及其计划使用的游戏和博彩处理的平台及软件的特征。

对其提供的每个游戏,企业描述其游戏数据处理的步骤及将这些数据实时或延时提交至在线游戏管理总署的管理的方法。

提供有关供应合同、在线游戏或赌博的外包合同的知识。

有义务使在线游戏管理总署认可的代表进入第31条所述数据的存放载体的所在地。

自证其具有维持其提供的游戏符合相应规定的能力,指定一位或数位居住地在法国的个人,作为责任人。

若企业在他国设立,在于设立国合法经营同类在线游戏或赌博的前提下,企业提交有关其在该国所遵守的基本规定、规范性的监管和处罚制度的信息。

第四章 打击诈骗

略

第五章 许可授予制度

【第21条】

I.——在线游戏管理总署向第11、12、14条所述在线游戏或赌博的经营者授予许可,与马术博彩、体育博彩或庄家赌博相区别。有效期为五年。可续期,但不可转让。

许可受益人应遵守对其适用的第20条所述的义务细则及本法所规定的其他义务。

II.——在线游戏或赌博经营者,若其工作地址位于一个欧洲共同体的成员国或属于与法国缔结了包含打击诈骗和逃税行为的行政协助条款的协议的欧洲经济区的协定成员之一,不得申请I.中所述协议或要求续期。

然而,在如《税法通典》第238-0A条所定义的非合作国或地区设立的,或依照《商法典》第233-16条由在此类国家或地区设立的公司所控制的在线游戏或赌博经营者，不得申请第 1 款所述的许可。

III.——总署对一切拒绝许可或续期的决定应说明理由。只有当申请者就其经营活动、维护公共秩序、打击洗钱和资助恐怖活动、维护必要的公共安全以及打击过度或病态博彩方面应持续负有的义务存在技术、经济或财务能力的不足时，才能拒绝许可或续期。

也可以因作出申请的经营者受到第 43 条所述的处罚之一，或其企业、其所有者或其法人、高管或社会代理人之一受到按国家最高行政法院的法令所列举的刑事处罚种类之一，而作出拒绝的决定。

IV.——转让许可的决定中，须写明经许可的在线游戏或赌博的特征，以及，在必要情况下，附加于许可资格持有者的特殊义务，包括游戏和赌博服务及组织的细则，以方便在线游戏管理总署对其活动进行管控。

V.——对许可申请的组成信息所进行的一切修改，应在第 8 条规定的由最高行政法院通过法令确定的期限内，告知在线游戏管理总署。若修订有可能影响许可申请的基础要素的，尤其是一切对运营者资本金或财务状况的显著变更，总署可以自主决定，要求经营者在一个月期限内重新递交许可申请。

VI.——在对许可申请进行审查的过程中，总署检查第 16 条最后一款所述的要素，在必要时，由申请许可的经营者向其通告。

VII.——总署设立并更新持有 I. 所述许可资格的在线游戏或赌博经营者的名单，且明确受许可的游戏或赌博的类型。

这一名单公布于政府公报，将对马术博彩的许可公布于一个马术新闻的国家性日报上，将对于体育博彩的许可公布于一个体育新闻的国家性日报上。

VIII.——最高国家行政法院发布法令规定授予许可的具体条款。

第六章　经许可的在线博彩经营者的义务和反洗钱

【第 22 条】略

【第 23 条】

I.——获得许可资格的在线游戏或赌博的经营者应遵守本法第 15 条至第 25 条的规定。

II.——在第 31 条所规定的介质投入运营之日起 6 个月期限内，在线游戏或赌博经营者向游戏管理总署递交一份相应的证明文件，其中写明依据有关第 31 条至第 38 条其应遵守的义务。经营者可从总署订立的一份名单中选择一个独立机构，出具该证明。证明文书的费用由该在线游戏或赌博的经营者承担。

Ⅲ.——在取得第21条所述许可之日起一年期限内,在线游戏或赌博经营者向在线游戏管理总署递交一份相应的证明文件,其中写明依据有关第31条至第38条其应遵守的义务。经营者可从本条Ⅱ.所述名单中选择一个独立机构,出具该证明。证明文书的费用由该在线游戏或赌博的经营者承担。

该证明文件需要每年进行更新。

Ⅳ.——若经营者不履行适用于其活动的立法性或规章性义务时,在线游戏管理总署向其发出催告,责令整改以,并在第43条Ⅱ.规定的条件下,并服从于一份新的许可。

Ⅰ.——在线游戏或赌博的经营者,为了使在线游戏或赌博满足第21条所述的许可对象的规定,必须开通一个专用的网站,其链接只能为以".fr"为结尾的一级域名。

Ⅱ.——一切在线公共通信服务上指向经营者或其分支机构的网站地址的链接,或来自于一个位于法国境内的访问节点或在认证玩家后,通过一个居住在法国的玩家的账户,由经营者负责转引至该专用网站。

第七章 防止沉迷赌博和病态赌博

略

第八章 博彩经营的透明度

略

第九章 利益冲突的防御措施

略

第十章 在线游戏管理总署

【第34条】

Ⅰ.——在线游戏管理总署是一个独立的行政机关,监督依第11、12和14条所规定的受许可的在线游戏和赌博的政策执行。

监督在线游戏或赌博的运营，且参与打击非法网站和诈骗。

向具有管辖权的部门提出第20条Ⅱ.所述的义务细则。就一切有关许可经营在线游戏产业的文本计划向政府提出建议。在《宪法》第43条规定的委员会之一的主席提出要求时，总署将其一切有关法案的建议公布于众。

可以向政府提出其认为对贯彻本法第3条所述的金钱和博彩游戏的政策所必要的立法和规范修订的建议。

Ⅱ.——总署对在线游戏或赌博经营者的许可申请的文书进行预审，考察其是否符合第3条所述的金钱和博彩游戏的政策目标后，授予许可。

Ⅲ.——总署确定受许可的在线游戏和赌博的经营者的平台和软件的技术特征，核准经营者所使用的游戏和赌博软件。

定期对经营者的游戏平台的安全水平进行评估。

在必要情况下，依照第13、14条所述的法令，确定在线游戏的技术参数。

总署确保依第23条规定所颁发的证书的质量，并可以对认证机构名单进行修订。

Ⅳ.——总署为防止过度或病态游戏，对许可经营者的行为的结果进行评估，并可以向其就此问题提出建议。

可以决定对包含奖励玩家的商业性服务项目进行限制，并说明理由。

Ⅴ.——为了对经营者遵守立法和规范性规定以及义务细则条款的情况进行控制，总署署长可以以国家名义，与欧共体的其他成员国的游戏管理机关缔结协议，或与已经加入为管理欧洲经济区内在线游戏或赌博经营者在上述机关和总署间进行工作结果信息互通的协议的其他签约国缔结协议。

Ⅵ.——总署每年向共和国总统、总理和议会递交公共报告，汇报其任务的执行情况。

【第35条】

Ⅰ.——总署由1个特委会、1个处罚委员会，以及在必要情况下设立的特别委员会组成。除有关作出处罚的决定之外，若非依照第37条Ⅰ.外另有规定的，总署的职权由特委会行使。

特委会由7名成员组成，因其经济、法律或科技方面的特长而任命。包括特委会主席在内的3位成员的任命需通过法令。2名由国民大会的主席任命，2名由参议院院长任命。

总署署长受不得兼任公共职务的规则的制约。若主席一职由公务员担任，则有权依照退休公民和军人的年金法典规定的条件领取年金。

成员任期为6年，不可撤职或续期。在6年期满后，成员继续行使职务直至特委会新的构成人员召开第一次大会为止。

在无论出于何种原因除主席外的特委会成员席位有空缺的情况下，以余下任期为限选拔人员接替。若任期小于2年，则可以依照前款所述规定例外续期1次。

依照国家最高行政法院法令规定的条款，除特委会主席之外，特委会每三年更新一半的成员。每名成员的任期自受任命后第一次特委会大会之日起计算。

II.——在法令规定的条件下，特委会还可以设立特别委员会，并可自行任命称职的人员。

【第38条】

总署对经许可的在线游戏或赌博的经营者的活动进行持续监管，以确保其遵守第3条所述目标。以此为目的，经营者向总署提交有关下列内容的数据：

1. 每个玩家的身份信息、地址和其位于在线公共通信服务上的地址。

2. 每个玩家的账户，尤其是注册日期，以及第17条最后一款所述的支付账户的相关信息。

3. 每个玩家参与的游戏或赌博事件，协助性的操作以及一切其他与玩家账户余额状况相关的数据。

4. 与应用游戏的材料、平台和软件的升级和维护有关的事件。

最高行政法院，参考国家信息和自由委员会的意见，发布法令，确定在线游戏或赌博经营者必须向总署提交的数据清单，明确这些数据的储存和传递的技术条款、经营者对这些数据进行备案的期限以及总署基于这些数据所实施的管控的条款。

【第43条】

I.——在《货币和财政法典》第561-37条及第561-38条规定的范围内，总署的处罚委员会可以在本条规定的条件下，对持有本法第21条规定的许可的在线游戏或赌博经营者进行处罚。

II.——在获授权的在线游戏或赌博的经营者不履行适用于其活动的法律和规范性义务的情况下，尤其是本法第7条的规定，在《货币和财政法典》第561-37条及第561-38条规定的范围内，总署特委会向其发出催告，要求其在不得少于1个月不得多于6个月的期限内履行义务，在行为严重且反复的情况下，可以再次催告。

在前款规定的期限内，在线游戏或赌博经营者服从催告的，必须在1个月期限内依照本法第23条的规定重新进行认证。

若经营者不服从，或在新的认证程序开始后，特委会认定经营者所采取的改正措施不充分的，特委会可以决定启动处罚程序，记录当事人的申诉并通告处罚委员会。

III. ——总署的处罚委员会可以，在作出 IV. 至 VI. 的处罚决定前，进行其认为有必要的听证，并听取任何人的意见。

第45条规定的最高行政法院法令，规定在何种条件下可以向第三人通告包含商业秘密的文件。

IV. ——考虑到不履行行为的严重性，处罚委员会可以作出下列处罚：

1. 警告；
2. 缩短许可期，至多1年；
3. 暂时吊销许可，最多3个月；
4. 撤销许可，并可同时处以禁止至多3年内重新申请许可的处罚。

V. ——总署的处罚委员会可以，代替第4款规定的处罚或在此基础上，作出金钱处罚，数额与行为严重性、当事经营商的状况、造成损失的规模以及从中获取的好处相当，不能超过属于许可范围的活动的最后一次已完成操作的税后营利额的5%。若属于再犯的情况，则上限为10%。若没有先行为可以确定上限的，处罚金额不得超过150000欧元，若重复违反同一义务，则上调至375000千欧元。

当违反义务的行为由违反刑法的行为构成时，金钱处罚的数额不得超过刑事罚款的上限。当处罚委员会作出的金钱处罚在刑事法官就同一事实或同一关联事实作出最终裁决前已经生效，则后者可以下令将这一金钱处罚计入刑事罚款。

VI. ——当一个在线游戏或赌博的授权经营商通告了不确切的信息、决绝向公务员或向依第42条 II. 而具有资格的代理人提供调查所需信息或妨碍调查的，在总署或受总署署长委托的总署成员进行催告后，仍无效果的，处罚委员会可以作出金钱处罚，总额不得超过3万欧元。

VII. ——处罚委员会另外可以决定，对受到 IV. 至 VI. 所述处罚的自然人和法人：

1. 将作出的处罚决定公布于政府公报上；
2. 在《刑法典》第131-35条规定的条件下，张贴或传播这一决定。

第十一章　财政条款

略

第十二章　打击非法赌博网站的措施

【第57条】

I.——无论何人以何种方式，对未经独家授权或第21条规定的许可的赌博或金钱博彩游戏的网站进行广告宣传的，处以10万欧元的罚款。法庭可以将用于非法活动宣传费用的金额的四倍定为处罚金额。

无论何人以何种方式，以推广未持有第21条规定许可的在线游戏网站为目的，向公众传播这些未经授权的网站所提供的赔率和赔率报告的，同样也受到这些处罚。

II.——上述1836年5月21日法案的第4条第2款第1句中，金额"3万欧元"改为金额"10万欧元"。

III.——上述1891年6月2日法案的第4条最后一款第1句中，金额"3万欧元"改为金额"10万欧元"。

IV.——上述1983年7月12日第83-628号法案的第1条最后一款第1句中，金额"3万欧元"改为金额"10万欧元"。

【第59条】

为了对利用在线赌博或金钱或博彩游戏作出违法但尚不具备刑事责任的行为进行监督、搜集证据及寻找违法行为人，内政部指派的司法警察和官员，海关部门指派的海关人员，可以：

1. 化名参与游戏或博彩网站上的电子交易，尤其是参与一轮在线游戏，无论该网站是否得到许可授权；

2. 通过这一方式打探、取得或保留有关嫌疑人作为这些违法行为的行为人的信息数据。这些数据可以转交给在线游戏管理总署。

即使这些行动未果，也不能唆使他人作出违法行为或违反第5条所述禁令。

在本条第1款所述人员范围中的司法警察、官员以及海关人员，在1984年1月11日第84-16号法令规定的有关国家公共职能的法定规范的条件下，受总署任用。

【第61条】

总署通过一切合法途径确立接受日期,向未经独家授权或第21条规定的许可的在线游戏或博彩经营者发出催告,重申第56条关于可能招致的处罚的规定和本条 II. 的规定,命令这些经营者遵守这一禁令并要求其于8日内对自己的行为进行陈述说明。

期限到期后,若有关经营者仍未执行停止提供博彩或金钱赌博游戏服务的命令时,总署署长可以要求巴黎大审法庭庭长,以紧急审理的形式,判决终止2004年6月21日第2004–575号《数字经济诚信法案》第6条 I. 第2项,以及在必要情况下第1项的所述人员提供此服务。

总署署长也可以要求巴黎大审法庭庭长,以紧急审理的形式,采取一切措施,终止搜索引擎或地址簿中对本条第2款所述经营者的网站的引用。

在第1款规定的情况下,总署也可以应公共部门和一切有利益关系的自然人或法人的要求采取行动。

行政法规可对2004年6月21日第2004–575号《数字经济诚信法案》第6条 I. 的第1项所述人员因履行本法规定的义务而支付的额外费用进行补偿的条件作出规定。

第十三章 经营体育赛事的相关规定和打击体育赛事中的欺诈和作弊

略

第十四章 关于博彩活动专营制度的规定

略

第十五章 临时性和终局性规定

略

法兰西共和国总统
尼古拉·萨科奇
2010年5月12日于巴黎

1990年禁止滥用电脑法*

1990年第18章

本法旨在保护电脑资料免受未经授权的使用或修改；及其他相关目的。（1990年6月29日）

经女王陛下的最高权威批准，经上议院神职议员、世俗议员，以及下议院的建议和许可，本届议会颁布本法如下：

电脑滥用罪行

1. 未经授权获取电脑资料

（1）行为人实施以下行为，构成本罪：

为取得电脑存储的程序或数据，或使该行为成为可能，而操作电脑；

获取资料行为本身，或使获取资料成为可能的行为是未经授权；

操作电脑时，对行为性质有明确认识。

（2）实施本条犯罪，行为人的犯罪故意不必针对以下特定对象：

（a）特定程序或数据；

（b）特定种类的程序或数据；

（c）特定电脑中的程序或数据。

（3）行为人构成本罪应受以下处罚：

（a）经英格兰、威尔士的简易程序裁决，应判处不超过12个月的监禁，或科处不超过法定最高额的罚金，或两者并处。

（b）经苏格兰简易程序裁决，应判处不超过6个月的监禁，或科处不超过法定最高额的罚金，或两者并处。

（c）经公诉程序裁决，应判处不超过2年的监禁，或科处罚金，或两者

---

* 译者：谢舒婷，北京大学法学院。
校对：顾晨，北京大学法学院。

并处。

2. 为实施或帮助实施进一步的犯罪，而未经授权获取电脑资料

（1）若行为人出于以下目的实施本法第1条的行为（未经授权获取电脑资料），则构成本罪：

（a）实施适用本条规定的犯罪行为；（b）帮助自己或他人实施进一步的犯罪。

（2）本条适用于符合以下条件的犯罪：

（a）法律已规定其刑罚；

（b）行为人已满21周岁（英格兰、威尔士规定为18周岁）并且没有犯罪前科，可能被判处5年监禁（英格兰、威尔士法律规定，可判处监禁，但必须受到《1980年治安法院法》的限制）。

（3）进一步的犯罪既可与未经授权获取电脑资料的行为同一时间进行，也可在该行为之后进行。

（4）即使进一步的犯罪行为不可能实施，行为人仍可构成本罪。

（5）行为人构成本罪应受以下处罚：

（a）经英格兰、威尔士的简易程序裁决，应判处不超过12个月的监禁，或科处不超过法定最高额的罚金，或两者并处；

（b）经苏格兰简易程序裁决，应判处不超过6个月的监禁，或科处不超过法定最高额的罚金，或两者并处；

（c）经公诉程序裁决，应判处不超过5年的监禁，或科处罚金，或两者并处。

3. 未经授权故意或过失损害电脑运行的行为

（1）行为人实施以下行为，构成本罪：

（a）未经授权操作电脑；

（b）明知该行为未经授权；

（c）符合本条第（2）款或第（3）款的规定。

（2）若行为人有以下目的，则适用本款规定：

（a）损害电脑运行；

（b）防止或阻碍他人获取电脑储存的程序或数据；

（c）损害程序运行，或削弱数据的可靠性；

（d）使（a）项至（c）项所列事项成为可能。

（3）行为人出于疏忽大意的过失，造成了本条第（2）款（a）项至（d）项所列后果，适用本款规定。

（4）第（2）款规定的故意，和第（3）款规定的疏忽大意的过失，皆不必针对：

（a）特定的电脑；

（b）特定的程序或数据；

（c）特定种类的程序或数据。

（5）本条中：

（a）实施行为包括促使行为实现的方式；

（b）行为是指一系列的行为；

（c）损害、防止或阻碍的行为包括暂时性的行为；

（6）行为人构成本罪应受以下处罚：

（a）经英格兰、威尔士的简易程序裁决，应判处不超过12个月的监禁，或科处不超过法定最高额的罚金，或两者并处；

（b）经苏格兰简易程序裁决，应判处不超过6个月的监禁，或科处不超过法定最高额的罚金，或两者并处；

（c）经公诉程序裁决，应判处不超过5年的监禁，或科处罚金，或两者并处。

3A. 制造、提供或谋取第1条、第3条犯罪所需的物品

若行为人制造、改造、提供或承诺提供物品以实施或帮助实施第1条、第3条规定的犯罪时，则构成本罪。

若行为人提供或承诺提供可能会用于实施或帮助实施第1条、第3条规定的犯罪时，则构成本罪。

若行为人以实施或帮助实施第1条、第3条规定的犯罪为目的，谋取犯罪所需物品时，则构成本罪。

本条所指"物品"，包括电子形式的程序或数据。

行为人构成本罪应受以下处罚：

（a）经英格兰、威尔士的简易程序裁决，应判处不超过12个月的监禁，或科处不超过法定最高额的罚金，或两者并处；

（b）经苏格兰简易程序裁决，应判处不超过6个月的监禁，或科处不超过法定最高额的罚金，或两者并处；

（c）经公诉程序裁决，应判处不超过5年的监禁，或科处罚金，或两者并处。

司法管辖

4. 对第1条、第3条犯罪的地域管辖范围

（1）除了本条列举的，以下两点对构成第1条、第3条犯罪没有影响：

（a）犯罪行为或可被证明为犯罪所必需的事件是否发生在被告人原籍国；

（b）被告人实施犯罪时是否位于原籍国。

（2）除下面第（3）款规定之外，犯罪行为应与国内管辖存在至少1项显著联系。

（3）实施第1条犯罪无须此种联系，但在第2条犯罪诉讼中，则应证明存在此种联系。

（4）根据以下第8条规定：

（a）第1条所述犯罪确实存在此种联系；且

（b）在第2条犯罪的诉讼程序中，该犯罪行为受到指控。

被告人在原籍国以外的地方企图实施或促进在原籍国内进行第2条所述罪行，同样适用第2条规定。

（5）本条规定不损害苏格兰法院管辖权。

（6）本法规定的"原籍国"是指：

（a）适用本法的英格兰和威尔士地区；

（b）适用本法的苏格兰地区；

（c）适用本法的北爱尔兰地区。

5. 与国内管辖的重要联系

（1）本条以下规定是对第4条的解释。

（2）关于第1条犯罪，以下2点都属于"与国内管辖的重要联系"：

（a）被告人操作电脑时，其位于原籍国；

（b）被告人实施某一行为以获取或企图获取非法途径以访问储存有程序或数据的电脑时，该电脑位于原籍国。

（3）关于第3条犯罪，以下2点都属于"与国内管辖的重要联系"：

（a）被告人实施未经授权的行为（或促使其完成）时，位于原籍国；

（b）未经授权的行为是针对位于原籍国的电脑。

6. 与本法规定犯罪有关的未完成犯罪之地域范围适用

（1）共谋实行本法所规定犯罪，以下问题对被告人定罪不具有实质影响：

（a）被告人在何处进行共谋；

(b)被告人是否在原籍国有任何作为、不作为或其他事件；
（2）预备实施本法第3条犯罪，以下问题对被告人定罪不具有实质影响：
（a）预备行为在何处进行；
（b）预备行为是否在原籍国造成影响。
（3）煽动实施本法所规定犯罪，煽动行为在何处进行对被告人定罪不具有实质影响。
（4）本条不适用于苏格兰地区。

7. 对应于本法所规定犯罪，与对外法规所规定犯罪有关的未完成犯罪之地域范围适用
（1）已废止；
（2）已废止；
（3）以下条款应补充于《1981年犯罪未遂法》第1条第（1）款之后：
"（1A）根据《1990年禁止滥用电脑法》（与对外法律相关）第8条规定，若行为符合本款规定，则被告人的意图应被视为犯罪从而适用本条规定。
(1B)前款所规定的行为构成如下：
（a）行为地在英格兰及威尔士；
（b）行为符合第（1）款规定构成要件，超出了《1990年禁止滥用电脑法》第3条所规定犯罪的预备行为，但若行为实行终了，又不具备在英格兰及威尔士地区的可诉性。"
（4）根据以下第8条规定，若被告人在英格兰及威尔士地区的行为实际构成煽动实施本法所规定犯罪，但行为人之意图在英格兰及威尔士地区并不具备可诉性，则：
（a）被告人之意图应被视为构成本法所规定犯罪，以达到对该行为之煽动性进行指控的目的；
（b）任何此类指控相应地在苏格兰及威尔士地区具备可诉性。

8. 外部法关联性。
被告人构成第4条第（4）款所规定的可诉性犯罪，仅当他意图实施或帮助实施的行为包括已生效的法律所规定的犯罪行为，并且该行为的整体或部分都预期发生。
已废止；
（3）被告人构成《1981年犯罪未遂法》第1条第（1A）款，或第7条第（4）款所规定的可诉性犯罪，仅当行为人的意图包括实施已生效的法律所规定的犯罪行为，并且该行为的整体或部分都预期发生。

（4）本条旨在说明，无论该法是否明文规定，在任何地点实施法律规定的可罚行为，构成对该法规定的犯罪。

（5）根据本条第（7）款的规定，被告人应满足第（1）款或第（3）款规定的条件，除非其不在法院提供规则后，向控方送达记载以下内容的通知书：

（a）基于相关行为的事实情况，被告人认为其并不符合上述条件；

（b）被告人认为其不符合上述条件的理由；

（c）要求控方表明被告人满足上述条件的理由。

（6）上述第（5）款所指"相关行为"，包括：

（a）当第（1）款规定的条件还未达成，被告人意图实施的行为或意图帮助实施的行为；

（b）（已废止）；

（c）当第（3）款规定的条件还未达成，被告人的意图、目的。

（7）法院若认为合理，可允许辩方向控方要求其表明被告人满足上述条件的理由，并且无须第（5）款所要求的通知书。

（8）根据第（7）款规定，苏格兰地区拥有正式司法管辖权的法院可允许辩方向控方要求其表明被告人满足上述条件的理由，控方应具备足够能力调查证人，或提出不包括在辩方提出的抗辩理由中的其他证据。

（9）在刑事法庭，关于被告人是否符合上述条件，应由法官决定。

（10）在高等刑事法院和郡法院，关于被告人是否符合上述条件，应由法官决定，或根据案件情况由郡治安官决定。

9. 是否为英国公民身份不影响定罪

（1）在英格兰和威尔士地区进行本法规定犯罪的诉讼时，被告人在作为、不作为或为其一经证明需对被告人定罪的行为时是否为英国公民，不影响定罪。

（2）本条适用于以下犯罪：

（a）本法所规定的犯罪；

（c）意图实施第3条所规定的犯罪；

（d）煽动实施本法所规定犯罪。

其他规定和一般原则

10. 执法权的保留

第1条第（1）款在不影响以下法令实施时具有效力：

（a）英格兰和威尔士地区关于检验、搜查、扣押等权力的法令；

（b）苏格兰地区关于检查、搜查、扣押等权力的法令或法治原则。

并且，对于具备第1条第（1）款所规定的故意而未经授权的实施行为，任何旨在禁止从执法人员处获得许可、从而获取程序或数据的法令都不得授予其效力。

本条所指执法人员，包括治安官以及其他具有调查犯罪职责的人员；禁止从以上执法人员处获得许可，包括被具有控制访问权的人员依照操作规则而取消资格，从而无权接触电脑资料的执法人员。

11. 第1条犯罪的诉讼程序

（1）已废止；

（2）根据本条第（3）款规定，第1条犯罪的诉讼程序可持续6个月，期限从公诉人凭借其知识经验；认为收集的证据对保证诉讼程序进行已足够充分之日起算。

（3）根据本条规定，所有起诉时限从犯罪行为实施开始，都不得超过3年。

（4）由公诉人签署，或代表公诉人意见的证明书，其中所载的、公诉人认为其收集证据对保证诉讼程序进行已足够充分的日期中所指的证据，应当是判断案件真相的决定性证据。

（5）说明案件真相、被认为已签署的证明书，应视作已签署，除非证实存在相反情况。

（6）（已废止）；

（7）本条不适用于苏格兰地区。

12. 在第2条、第3条犯罪的诉讼过程中，对被告人所实施的第1条犯罪进行定罪。

（1）若在审判过程中，对被告人进行以下方面的控告：

（a）构成第2条犯罪；

（b）构成第3条犯罪或犯罪预备；

陪审团发现被告人没有实施所指控的犯罪，但发现在之前的诉讼中，基于案件事实，被告人可能实施了第1条犯罪但未被定罪，并且该诉讼仍在第11条规定的期限之内。

（2）对于因本条规定而非第1条规定而被定罪的个人，刑事法庭的权力和职责应与治安法院根据第1条规定对其定罪时相同。

（3）本条规定不影响《1967年刑法》第6条第（3）款（公诉庭审中对

裁量起诉犯罪的定罪）的效力。

（4）本条不适用于苏格兰地区。

13. 苏格兰地区诉讼程序

（1）存在以下情形之一的，郡治安官对第1条和第2条所规定的犯罪拥有管辖权：

（a）当被告人的行为使电脑运行其功能时，其位于郡治安官辖区内；或

（b）被告人实施行为以确保或试图确保其能够未经授权获得存有程序或数据的电脑的资料时，其位于郡治安官辖区内；

（2）存在以下情形之一的，郡治安官对第3条所规定的犯罪拥有管辖权：

（a）被告人实施未经授权的行为（或促使其完成）时，其位于郡治安官辖区内；或

（b）未经授权的行为是针对位于郡治安官辖区内的电脑。

（3）（已废止）；

（4）（已废止）；

（5）（已废止）；

（6）（已废止）；

（7）（已废止）；

（8）在被告人被指控实施了第2条或第3条犯罪的诉讼中，发现被告人并没有实施所指控的犯罪，但发现在之前的诉讼中，基于案件事实，被告人可能实施了第1条犯罪但未被定罪。

（9）无论控诉内容是否包含对实施第1条犯罪的指控，都应适用第（8）款规定。

（10）根据第（8）款规定，行为人被发现实施了第1条犯罪，则行为人应承担第1条规定所列举的责任。

（11）本条仅适用于苏格兰地区。

14. 针对第1条犯罪的搜查令

（1）当巡回法官或地区法官（治安法院）接受治安官的宣誓，相信以下情形有正当的理由时：

（a）在某些处所，行为人已经或将要实施第1条犯罪；

（b）在以上处所中找到了证明行为人已经或将要实施第1条犯罪的证据；

可向治安官下达搜查令，以允许其在必要时通过合理的武力进入并搜查该处所。

（2）第（1）款所授予的权力不包括搜查《1984年警察与刑事证据法》第

9条第（2）款所规定的物品（有特许权、排除搜查、需经特别程序搜查）。

（3）本条规定的搜查令还可包括以下内容：

（a）授权他人与治安官共同执行搜查令；

（b）自颁布后在3个月内持续有效。

（4）治安官根据本条规定执行搜查令时，合理地相信某物品是证明行为人已经或将要实施第1条犯罪的证据，可缴获该物品。

（5）本条所指"处所"，包括土地、建筑物、移动式构筑物、交通工具、船舶、航空器以及气垫船。

（6）本条不适用于苏格兰地区。

【注释：本条仅适用于英格兰和威尔士地区。】

15.《1989年引渡法》附表1所规定的引渡制度

（已废止。）

16. 对北爱尔兰地区的适用

（1）本条规定在北爱尔兰地区修改并适用本法。

（2）在第2条第（2）款（b）项中：

（a）"英格兰和威尔士地区"改为"北爱尔兰地区"；

（b）"《1980年治安法院法》第33条"改为"《1981年治安法院命令（北爱尔兰地区）》第46条第（4）款"。

（3）第3条第（6）款中"《1971年刑事损害法》"改为"《1977年刑事损害命令（北爱尔兰地区）》"。

（4）本条第（7）款应替换第7条第（3）款；第7条第（3）款中"英格兰和威尔士地区"改为"北爱尔兰地区"。

（5）（已废止）；

（6）（已废止）；

（7）以下段落应补充于该法令第3条第（1）款之后：

"(1A) 根据《1990年禁止滥用电脑法》第8条（外部法关联性）规定，若行为符合本段规定，则行为人的意图应被看作实施了本条所规定的犯罪。

(1B) 第（1A）款的规定对以下行为适用：

（a）行为实施地在北爱尔兰地区；

（b）行为符合第（1）段的规定，并已超出了《1990年禁止滥用电脑法》第3条所规定犯罪的犯罪预备，但是已完成犯罪在北爱尔兰地区并不具备可诉性。"

（8）第8条中：

（a）已废止；

（b）第（3）款中"《1981年犯罪未遂法》第1条第（1A）款"改为"该法令第3条第（1A）款"。

（9）第9条第（1）款、第10条中"英格兰和威尔士地区"改为"苏格兰地区"。

（10）第11条中，以下内容应补充在第（2）款之前：

"（1）有以下情形之一的，北爱尔兰地区郡辖区所属的治安法院可以审理并判决。

针对第1条犯罪的指控，或者对该指控进行初步调查：

（a）当被告人操作电脑运行时，其位于郡辖区内；

（b）被告人实施行为以确保或试图确保能未经授权获得储存有程序或数据的电脑的资料时，其位于郡治安官辖区内。"

（11）第12条第（3）款中"《1967年刑事法》第6条第（3）款"改为"《1967年刑事法（北爱尔兰地区）》第6条第（2）款"。

第14条中：

（a）第（1）款中"巡回法官"改为"地方法院法官"。

（b）第（2）款中"《1984年警察与刑事证据法》第9条第（2）款"改为"《1989年警察与刑事证据命令（北爱尔兰地区）》第11条第（2）款"。

16A. 北爱尔兰地区针对第1条犯罪的搜查令规定

（1）当地方法院法官接受治安官的宣誓，相信以下情形有正当的理由时：

（a）在某些处所，行为人已经或将要实施第1条犯罪；

（b）在以上处所中找到了证明行为人已经或将要实施第1条犯罪的证据；

可向治安官下达搜查令，以允许其在必要时通过合理的武力进入并搜查该处所。

（2）第（1）款所授予的权力不包括搜查《1989年警察与刑事证据命令（北爱尔兰地区）》第11条第（2）款所规定的资料（有特许权、排除搜查、需经特别程序搜查）。

（3）本条规定的搜查令还可包括以下内容：

（a）授权他人与治安官共同执行搜查令；

（b）自颁布后在28天内保持效力。

（4）治安官根据本条规定执行搜查令时，合理地相信某物品是证明行为人已经或将要实施第1条犯罪的证据，可缴获该物品。

（5）本条所指"处所"，包括土地、建筑物、移动式构筑物、交通工具、船舶、航空器以及气垫船。

（6）本条仅适用于北爱尔兰地区。

17. 解释规则

（1）以下条款规定本法的解释规则。

（2）若行为人操作电脑实施了以下行为，则视作行为人成功获取了电脑中储存的程序或数据：

（a）修改或删除了程序或数据；

（b）将程序或数据复制、移动到了其他存储介质中，或者原电脑中的其他位置中；

（c）使用了程序或数据；

（d）将程序或数据输出了电脑（播放或其他方式）；获取程序或数据（意图成功获取，或者确保能成功获取）的方式在行为人的理解范围内。

（3）根据第（2）款（c）项，当行为人操作电脑运行以下功能时，视作其使用了程序：

（a）程序被执行；

（b）操作电脑运行的功能本身就是程序的一部分。

（4）根据第（2）款（d）项：

（a）若程序组成部分的指令被输出，视作程序被输出；

（b）指令或者其他数据被输出的形式（无论指令是否被执行，或数据是否被加工处理）不影响其被输出的结果。

（5）存在以下情形的，行为人获取电脑中储存的程序或数据的方法是未经授权的：

（a）行为人本身无权管制获取程序或数据的方法；

（b）行为人没有从有权管制的人那里取得以该方法获取程序或数据的许可，本款不得对抗第10条规定。

（6）电脑中储存的程序或数据，包括暂时存在电脑中的移动存储介质中的程序或数据，此种情况下，电脑被视作包含了存储在此类介质中的程序或数据。

（7）（已废止）；

（8）当行为人（实施某行为或导致行为结果发生的人）存在以下情形时，其针对电脑实施的行为是未经授权的：

（a）行为人本身对该电脑不承担责任，并且无权决定是否可以实施该行为；且

（b）行为人没有从权利人处取得实施行为的许可。本款所指"行为"，包括一系列的实施行为。

（9）根据第4条第（6）款确定原籍国。

（10）所指"程序"，包括程序组成部分。

18. 引用、生效等相关规定

本法被引用时写作《1990年禁止滥用电脑法》。

本法自通过之日起2个月后生效。

若所有犯罪行为或其他对定罪所必需的事实证据均发生在本法生效前，则不认为行为人实施了犯罪。

英国三R安全网络规则[*]

R3 安全网络：分级，报告，责任。

针对网络儿童色情及网络非法信息、网络服务提供商联合会执行委员会通过并推荐的一项产业建议。

LINX 即伦敦网络交换商。

安全网络基金会
1996 年 9 月 23 日

介绍

1. 本文件提出了一项处理网络非法材料，特别是处理与儿童色情作品相关的内容的产业建议。该提议是由网络服务提供商联合会（ISPA）、伦敦网络交换商（LINX）、安全网络基金会的主要人员制定的一揽子方法。本文件提出正在讨论中的产业建议，由贸易工业部促进该建议在服务提供商、首都警方与内政部之间实施。

2. 开发网络以进行全球规模的通信、教育、娱乐、经商的潜力是巨大的。大量信息能够以相对小的成本通过多媒体方式送往全球各地。相对而言，网络非法材料所占比重非常小。网络的好处远远大于它的坏处。但是，网络的负面问题不容忽视，它们正在成为公众、议会、商业以及法律所面对的紧迫问题。

消费者、商人都必须确信网络是一个安全的工作、学习和娱乐的场所。

3. 这些建议当下特别关注的是儿童色情问题，但这些一揽子方法在不久的将来也许会应用于其他类型的网络不良信息。提议者坚定不移地决心将儿童色情作品从网络中清除出去。

---

[*] 译者：彭定义，北京大学法学院。
校对：顾晨，北京大学法学院。

4. 该一揽子方法互相关联,并提出了一系列关键技术和政策问题。这只是一个开始而不是最终解决方案,大量的技术细节问题有待探索。不存在一个单一的方法能够在单个国家范围内完全解决这个问题,仍有大量的准备需要做。这些建议使英国产业向前迈进了坚实的第一步,并且它们提供了一个平台,在这个平台上这个产业能走得更远。

5. 这些建议的原则已经被网络服务提供商联合会执行委员会、伦敦网络交换商、安全网络基金会采纳和推荐。网络服务提供商和伦敦网络交换商的工作组将根据该建议与安全网络基金会合作确立技术或法律界限,并确定合适的实施主体。机构内外的任何有责服务提供商都应支持并实施该一揽子方法。

原则

6. "R3-安全网络"建立在一系列简单原则之上。网络并非法律真空地带。

7. 总体而言,本文件适用于网络活动与非网络活动。如果某活动在线下是非法的,则该活动在线上也是非法的,反之亦然。有责服务提供商希望本文件在线上、线下平等适用。例如,英国法律中就有明确地对网络儿童色情作品的责任追究机制。

8. 待解决问题与合法材料的审查或言论自由无关。这些问题包括:如何通过民主的程序来处理这些社会上认为是法律不可接受的资料或活动。核心问题是犯罪。合法,但也许具有侵犯性的资料引起的是另一个完全不同的问题。用户应该有技术和方法、并根据他们的个人标准去判断他们自己或他们的家庭成员的上网经历的性质;因此,应当既支持个人负责也支持网络多样性和言论自由的传统。

责任

9. 服务提供商必须对服务条款负责。他们需要实施合理、实际、适当的方法阻止以非法目的使用网络的行为,并在非法资料和非法行为被识别时提供应对机制。服务提供商无须对执法负责。终端用户应当对他们放到网上的内容负责。警察应负责执法。

自我保护

10. 通过采取适当的措施,全行业中服务提供商能对最终用户和自身提供保护。全体有责服务提供商希望阻止儿童色情作品,并希望看到儿童色情作品被去除,这显然是对公众的保护。就何为合理、实际且适当的措施达成一项共识,也能使服务商在受到故意允许其所提供的服务用于传播非法资料的指控时，进行抗辩。

机构和管辖

11. 判断何种资料或活动是非法的法律对该国消费者权益产生影响。这些建议与在英国境内提供网络访问的服务提供商有关。这些建议旨在避免任何域外的影响。在英国设立的服务提供商将采用英国法律作为他们在英国的行为的相关标准——无论资料来源何处。但是，如果该资料或服务由他们的英国用户提供，则英国服务商所采纳的方法只能针对来源提出问题。希望其他国家也能建立相似措施能以扩展其在整个网络中提供的保护。

方法

12. 该"R-3安全网络"规则由三个关键因素组成：分级（Rating），报告（Reporting），责任（Responsibility）。

概览

13. 对网络服务提供商和用户而言，该措施提供了一个独立的基础，以支持建立在分级和报告非法资料基础上的责任政策。它优先考虑儿童色情问题，但是也可能在将来适用于处理其他形式的非法资料。该措施也支持对合法资料的分级，以便用户能根据他们的标准判断他们自己的上网经历性质。

安全网络基金会

14. 安全网络基金会已经建立，并独立完成接收和处理关于网络儿童色情作品（及其他非法资料）的投诉；并支持分级系统的发展。

分级服务

15. 基金会将为各用户新闻组的日常内容提供法律指示或者进行分级。该分级能指明该组日常内容是否包含非法资料以及涉及何种非法内容（儿童色情作品、版权侵权等）。

16. 作为一项独立活动，这个基金会也致力于协助或赞助对合法资料的分级，以使用户能够利用因特网内容选择平台（PICS）的启用工具根据他们自己的标准对其自身上网经历进行自定义。

热线服务

17. 基金会将建立一个受理关于公众可获知资料的投诉热线，可通过自动电话、邮件、电邮或者传真接收投诉。这些投诉将被转换成标准形式，并能立即传递给参与的服务提供商和其他适格主体。一项类似的方法已经被荷兰采纳，且运行良好，并得到1996年8月27—31日召开于斯德哥尔摩德的第一届世界反对针对儿童的商业性剥削大会的认可。

18. 基金会将依照标准化目录标准判断这些投诉是否正当。实际上，热线会为单独新闻机构文章或网页提供一项合法性的评级。以对投诉进行回应。

19. 若非法资料来自英国，基金会将试图追踪其来源，并告知作者他们已触犯法律，并要求他们删除侵犯性资料。若作者并未采取相关行动，基金会将要求相关服务提供商采取行动，并将细节材料移交国家刑事情报警察局（NCIS）。行动的确认信息将传达给投诉者。

20. 若资料来自英国境外，基金会将把可用细节材料移送至可对其进行鉴别的外国服务提供商，并将材料移送国家刑事情报警察局，该局将联系有适当管辖权的警方。

其他服务

21. 基金会也将资助发现、追踪、删除网络非法资料的方法的研究和发展。

资金

22. 安全网络基金会将从服务商联合会，特别是和网络服务提供商联合和伦敦网络交换商，还有其他支持清除网络儿童色情作品（及其他非法资料）的机构处寻求资金支持。鼓励英国所有有责服务提供商向基金会提供支持和资金。达维慈善信托已经提供了高达50万英镑的启动资金。

有责服务提供商政策

23. 网络安全基金会负责针对非法资料提供分级和报告服务。为了达到预期效果，该项措施的实行也依赖于上传资料用户以及有责服务提供商担负其责任。特别是有关用户对资料进行评级的政策，以及有关去除儿童色情作品和追踪非法资料来源者的政策。在涉及万维网和用户网新闻组的方面，这些是最为紧迫的问题。其他政策也应逐步制定和扩展。

针对万维网网页的政策

24. "3R 安全网络"规则为万维网建立了网络内容选择平台和互联网娱乐软件顾问委员会分级服务计划。"3R 安全网络"建议服务提供商：

·促进使用网络内容选择平台启动软件接入万维网；

·要求他们的所有用户使用互联网娱乐软件顾问委员会分级服务计划以对他们自己的网页进行分级；

·删除他们服务器上持续且故意错误分级的网页；

·若用户不能合作地删除被他们识别和判断为包含儿童色情作品（或其他非法资料）的网页，则删除该网页。

25. 网络内容选择平台是一个公开的产业标准，已经或正在被其他主要网页浏览开发者和其他主要访问控制软件开发者采用。互联网娱乐软件顾问委员会分级服务计划提供了一个基于网络内容选择平台的分级安排，根据语言、裸露、性和暴力程度对内容进行分级。

26. 这些措施与网络安全基金会提供的处理非法资料所的服务相配合。此外，它们进一步提供了网络用户得以保护自身和家庭免于接触那些虽然合法但他们自认为受到侵犯的资料的方法。

针对用户网新闻组的政策

27. 该规则扩展了针对用户网新闻组的标准，并建议服务提供商应当：

○支持发展一项新的网络标准，为新闻机构根据他们的日常内容提供传输分级（目前 Demon 网络和娱乐软件咨询协会正在开发）。

○帮助提供所有用户网组的评级来源。

○当该标准可行时，修改新闻服务器以便向终端用户软件提供组评级。

○可行时，推广网络内容选择平台新闻软件。

○当新闻文章被他们识别和判断包含非法资料时，在合理时间内，将其从他们的服务器上删除。

28. 这些措施与网络安全基金会对新闻机构日常内容的合法分级和用户对他们上传网络的资料提供的评级配合使用。基于上传资料用户负责原则，安全网络基金会认为长期来看，应鼓励用户在上传新闻机构文章时对其分级。建议采取第一个步骤，即对机构日常内容进行分级，不管是否由安全网络基金会或其他来源提供。这将帮助用户和服务提供商理解这些组内资料的性质，并帮助将有责行动告知他们。

追踪政策

29. "3R 安全网络"规则的一个核心是它试图确保用户对他们上传网络的资料负责。因此，能够追踪儿童色情作品和其他非法资料的来源十分重要。在这个背景下，适用于其他服务的匿名制会被滥用于隐蔽犯罪者的身份。

30. 在许多情况下，匿名本身能有助于达成有用的目的。但是必须指出，上传非法资料时滥用匿名是一个问题。允许用户使用真正匿名的（如不可追踪的）账户十分危险，但提供必要时可追踪的匿名服务却不会导致风险。因此建议服务提供商应当：

○与安全网络基金会合作弥补已知漏洞，并识别和调查一系列合适的方法以提供适当措施以便能更好地追踪，例如：

■痕迹审查条款如 X – NNTP – Posting – Host 和 X – Mail2News – Path。

■对"免费试用"（可能是匿名滥用最主要的来源）用户采取确保其身份识别的合理步骤，包括但不限于来电显示、试用初对信用卡细节进行核实。

■发展更新更好的技术处理方法。

○确保在英国运营的匿名服务器（如 re – mailers）记录身份细节并确保警察在需要时可依据《数据保护法》28.3 条利用该记录。

其他问题上的政策发展

31. 网络儿童色情作品和网络非法信息问题的性质随着时间推移将会有所发展。"3R 网络安全"规则识别这一变化，并建议服务提供商应当通过他们的交易联合会，与网络安全基础、警察、政府和其他利益群体合作，继续工作。这也许将需要不时借助于已有警察力量或者增加另外的警察力量来负责此新服务。

提议者

32. 鼓励所有有责服务提供商支持和采纳本产业建议。这些建议的细节陈述如下。

网络服务提供商联合会的执行委员会

33. 网络服务提供商联合会是最近建立的代表网络产业利益的交易联合会。它的目标是为其成员提供机会，以参与日渐增多的政府、欧盟和其他国际组织间的谈话。意图是鼓励公开且竞争的环境，抵制反竞争政策和实践。目前拥有 60 个成员，包括接入提供商、网络咖啡屋、其他与网络有关的企业联合会。

伦敦网络交换会 34. 伦敦联合会（www.linx.net）是一个代表英国 28 个最主要网络交换提供商的非营利性联合会。自 1994 年 10 月起管理连接各提供商网络的中枢，以进行英国网络流量交换。其成员都将自己的国际链接接入全球网络，其中的大部分向英国顾客提供接入服务。

安全网络基金会

35. 基金会由 Pipe 公司的前主席彼得·达维发起。它将是一个非盈利、有担保的有限责任公司。

36. 为了推进"3R 安全网络"规则，基金会将由其他独立方组成管理董事会。该董事会由拥有各种不同背景的董事组成，包括儿童保护组织、警方、网络服务提供商交易联合会。一旦安全网络基金会根据"3R 安全网络"规则转变成自营组织，则达维先生将辞去会长职务。

2003年通信法*

本法旨在说明通信管制局的功能；制定监管电子通信网络和服务供应、电子波频谱的使用方面的规定；制定监管广播事业和电视与广播服务供应方面的规定；制定包括报纸和其他媒体事业的兼并方面的，以及与之相关的，修改《2002年企业法》方面的规定；以及其他相关目的。

第一部分 通信管制局的规定

1. 略
2. 略
3. 略
4. 履行社会义务的职责

（1）略

（2）略

（3）第一项社会要求是，促进以下方面的竞争——

（a）与提供电子通信网络和电子通信服务相关的方面；

（b）与提供用于电子通信网络和电子通信服务相关的服务和设施相关的方面；

（c）与提供用于电子通信网络和电子通信服务的通讯录的相关方面。

（4）略

（5）略

（6）第四项社区要求是，在可以操作的层面上，应当充分考虑通信管制局实现其功能的有利条件，从而使其履行职责的方式不支持——

（a）某种电子通信网络、电子通信服务或相关设施；

---

* 译者：李传慧、谢舒婷，北京大学法学院。
校对：顾晨，北京大学法学院。

(b)某种提供或允许使用这种网络、服务或设施的方式。

(7)第5项社会要求是,按照通信管制局认为对本条第8款列举的目的有益的要求,鼓励、支持网络访问的供应以及服务互通性的发展。

(8)其目的是保证——

(a)电子通信网络、电子通信服务和相关设施市场上的有效和可持续竞争;

(b)通信服务提供商和相关设施提供商的客户获得最大利益。

(12) 在本条中——

"制度指令"是指欧洲议会和欧洲理事会2002/21/EC号指令,是关于电子通信网络和服务的普遍监管制度。

"网络访问"和"服务互通性"的含义在第二部分第1章中有相应规定。

5. 网络与频谱功能方面的指导

略

略

略

(4)事务大臣无权通过本条的任何规定指令通信管制局暂停或限制:

(a)他人提供电子通信网络或电子通信服务的权利;

(b)他人提供相关设施的权利。

6. 略

7. 略

8. 略

9. 略

10. 鼓励使用简便可用设备的责任

(1)通信管制局的职责是采取相关措施并达成相关协议,从而支持其他人保证——

(a)国内电子通信设备得到充分发展,能够在不需修改的前提下非常容易地被最广泛的群体(包括有残疾的人)使用;

(b)国内电子通信设备能够被希望使用它的人广泛使用。

(4)在本条中,"电子通信设备"是指被设计或改装用于发送或接收通过电子通信网络方式传输的通信或其他信号的设备。

(5)根据本节目的,除非其设计或改装仅仅是为了商业目的或与商业相关的目的,否则电子通信设备是指国内电子通信设备。

(a)本条中,"信号"包括语音、音乐、声音、视觉影像、通信说明或

数据说明;

(b)略

11. 促进媒体素养的责任

(1)通信管制局的职责是采取相关措施并达成相关协议,从而保证——

(a)带来,或鼓励其他人带来,对通过电子媒介传播的材料的类型和特征的更好的公众理解;

(b)带来,或鼓励其他人带来,对通过电子媒介方式传播的材料的选取、提供过程有更好的公众意识和公众理解;

(c)带来,或鼓励其他人带来,公众意识对监管或可以监管通过电子媒介方式传播的材料的体系的发展;

(2)在本条中,提到某种东西通过电子媒介方式的传播是指——

(a)通过广播使其能够被公众成员或部分公众成员接收;

(b)通过电子通信网络的方式传播给公众或部分公众。

12. 略

13. 内容委员会的职能

(1)略

(2)主管人员的职责应当包括,在其职责范围和通信管制局可以决定的限制和同意范围内,代表通信管制局履行——

(a)与通过广播或其他电子通信网络的方式传播的内容相关的职责;

(b)推动公众对与电子媒介方式传播的事物相关的理解和意识有关的职责。

(3)略

(4)略

(5)略

(6)略

(7)在本条中,提到某种东西通过电子媒介方式的传播是指——

(a)通过广播使其能够被公众成员或部分公众成员接收;

(b)通过电子通信网络的方式传播给公众或部分公众。

14. 消费者调查

(1)通信管制局应当为查明以下事实作出安排——

(a)公众关于电子通信网络和电子通信服务提供方式的观点随时间的变化;

(b)公众关于相关设施提供方式的观点随时间的变化;

（c）电子通信服务和相关设施市场的消费者，关于电子通信网络、电子通信服务和相关设施提供方式的体验；

（d）这些消费者对通信提供商和相关设施制造商对于投诉处理的相关经历；

（e）这些消费者对通信提供商和相关设施制造商对于争端解决的相关体验；

（f）这些消费者对于与提供电子通信网络、电子通信服务、相关设施的经历伴随的或相关的其他利益或体验。

（3）这些安排相关的事项不包括（除非第（4）至第（6）款中授权或要求）与以下事项相关的公众观点——

（a）广播或以其他电子通信网络方式传播的内容；

（b）公众在电子通信服务市场上相关的广播或其他传播的经历或利益。

（4）通信管制局应当为查明以下事实作出安排——

（a）公众对于电视和广播服务节目的观点随时间的变化；

（b）以上节目，或其他通过电子媒介方式传播的材料对于收看、收听或接收该节目或材料的公众在态度或行为方面的影响；

（5）略

（6）略

（7）略

（8）在本条中，提到某种东西通过电子媒介方式的传播是指——

（a）通过广播使其能够被公众成员或部分公众成员接收；

（b）通过电子通信网络的方式传播给公众或部分公众。

15. 略

16. 消费者咨询

（1）通信管制局的职责也应当包括建立和保存对其同以下各方共同履行职责方面咨询的有效计划——

（a）通信管制局享有职权的电子通信服务和相关设施市场的消费者；

（b）与以上服务或设施相关的电子通信设备市场的消费者；

（c）在能够使用相关通讯录的电子通信网络和电子通信服务市场上的消费者。

（2）略

（3）这些计划必须保证消费者小组能够提供建议的事项包括国内的、小型商业消费者的、与以下事项相关的利益——

（a）电子通信网络的提供；

（d）能够在电子通信网络和电子通信服务中使用的相关通讯录的提供；

（4）这些服务和设施是指——

（a）电子通讯服务；

（b）相关设施；

（c）通讯录查询设施；

（d）提供通讯录查询中需要的相关信息的服务和提供电子节目指南的服务；

（e）可以提供给公众的、以上未提及的服务或设施——

（i）通过电子通信网络方式传输的；

（ii）提供服务或设施者与每个公众成员之间达成协议的过程中。

（5）消费者小组可以提出意见的事项不包括与广播内容或通过其他电子通信网络方式传播的内容相关的事项。

（6）略

（7）略

（8）略

（9）略

（10）略

（11）略

（12）略

（13）在本条中——

"国内小型商业消费者"是指符合以下规定者——

（a）第（4）款中提到的电子通信服务和相关设施市场的消费者或为这种电子通信服务和相关设施设计或改装的设备市场的消费者；

（b）以下任意一种——

（i）通信服务供应商或制造相关设施的制造商；

（ii）由10人以上（作为雇员或义工或其他）一起工作的行业的市场消费者；

"电子节目指南"是指由以下各项组成的一种服务——

（a）由非指南提供者所提供的1个或多个节目服务中包含的某些或所有节目的列表、宣传，或者列表加宣传；

（b）获得全部或部分节目服务或指南中列出或宣传的服务的设备。

17条至24条略

25. 社会需求需提供的信息

(1)满足以下条件,则适用本条规定——

(a)为使自己可以发挥在电子通信网络、电子通信服务、或相关设施方面的作用,欧洲委员会要求通信管制局向其提供信息;

(b)要求提供的信息是通信管制局在根据以下规定履行其职责的过程中获取的信息——

(i)第二部分;

(ii)与管理第二部分中未规定的射频频谱相关的法规。

26. 消费者的信息和建议的公布

(1)略

(2)这些人是指——

(a)通信服务提供商的消费者;

(b)制造相关设施的制造商的消费者;

(c)使用电子通信网络、电子通信服务或相关设施的用户;

(d)广播和电视服务的提供对象,或其他能够利用这些广播和电视服务的人。

27. 略

28. 略

29. 略

30. 略

31. 略

第二部分　网络、服务和射频

32. 电子通信网络和电子通信服务的含义

(1)在本法中,"电子通信网络"是指——

(a)通过使用电能、磁能或电磁能的方式传播信号的传输系统;

(b)在该传输系统中,提供电子通信服务或者与电子通信服务相关者使用以下方式或设备传输信号——

(i)传输系统中包含的设备;

(ii)转换或发送信号所使用的设备;

(iii)软件和存储数据。

(2)在本法中,"电子通信服务"是指,除内容服务之外,存在于或其主要特征是通过电子通信网络传输信号的服务。

(3)在本法中,"相关设施"是指符合以下规定的设施——

(a)在使用电子通信网络或电子通信服务过程中能够使用的设施(不论其是否由制造该设施的人所提供);

(b)为实现以下目的而提供的设施——

(i)使该电子通信网络和电子通信服务的提供得以实现;

(ii)使通过电子通信网络或电子通信服务的方式传输的其他服务的提供得以实现;

(iii)支持提供其他服务。

(4)在本法中——

(a)提及电子通信网络的供应,应当包括电子通信网络的建立、维持和运行;

(b)在受其他的人的指令或控制,某人被雇佣或参与提供电子通信网络或电子通信服务的情形下,提供电子通信网络或电子通信服务者仅指该其他的人;

(c)略

(5)第(4)款中的(a)(b)项适用于第(1)款中规定的传输系统的供应,正如其适用于本法中规定的电子通信网络的供应一样。

(6)略

(7)在第(2)款中,"内容服务"是指存在于以下一者或两者中均的服务——

(a)包含在通过电子通信网络方式传播的信号中的资料的提供;

(b)对以此类网络传送的信号内容进行编辑控制。

(8)略

(9)根据本条规定,认为软件和储存数据为了特定目的正在被使用的情况如下:

(a)为了特定目的,已安装软件或者储存数据;

(b)软件和数据能够被使用。

33. 提前通知通信管制局

(1)任何人不得——

(a)提供指定电子通信网络;

(b)提供指定电子通信服务;

(c)提供指定相关设施;

除非，在提供这种网络、服务或设施之前，他已经提前通知通信管制局，并告知其提供这种网络、服务或设施的目的。

（2）如果一种电子通信网络、电子通信服务或相关设施是目前通信管制局指定的、在提供时需要提前通知的网络、服务或设施，则该电子通信网络、电子通信服务或相关设施应当视为根据本节目的指定的网络、服务或设施。

（3）略

（4）略

（5）通信管制局可以要求通知包含以下内容：

（a）略

（b）略

（c）略

（d）详细确认一个以上的、在英国境内有住址、为了有关指定的网络、服务或设备的事项的目的、为了发出通知的主体的利益、被授权以其英国地址接收服务的主体；

（e）详细确认一个以上的主体，在提供的指定网络、服务或设备造成意外事件，或者意外事件影响到提供该网络、服务或设备时，能够联系到该主体；

（6）本条第5款所要求的相关建议的公告，可以是发出通知的主体认为合适的、包含以下内容的公告：

（a）提供通知中所说的网络或者服务，或者提供通知中所说的设备；

（b）依照通知内容，对通知中所说的网络、服务或者设备进行变更；

（c）停止提供通知中所说的网络或者服务，或者停止提供通知中所说的设备。

（7）略

（8）声明具有以下内容：

（a）宣布发出通知的主体可以自我授权，就通知中所提的有关网络、服务或者设备的事项，为了自身利益而接受服务；

（b）略

（9）本条第3款所指，在有显著差异的情况下提供通知中所说的网络、服务或者设备，是指在发生了本条第5款（a）到（f）项中的情况后，继续提供以上网络、服务或者设备。

（10）略

（11）如果一种电子通信网络、电子通信服务或相关设施是目前根据本节目的指定的,则当行为人提供这种网络、服务或设施时——

(a)本条所规定的行为人必须履行的、在开始提供网络、服务或者设备之前发出通知的义务应当生效,发出通知的义务必须在通知中的指示生效之后、开始提供网络、服务或者设备之前的这段时间内履行;

(b)通知是指说明主体已经开始提供网络、服务或者设备(不是说明主体打算实施该行为)的告示。

34. 根据第33条的目的需求和选任

(1)略

(2)略

(3)略

(4)根据第33条的规定制定指示,可以参考对网络、服务或者设备进行的说明或者其他相关因素来制定,并且通信管制局认为合适。

35. 略

36. 略

37. 略

38. 固定收费项目

(1)在一个收费年度内,适用本条规定的主体应当就以下服务向通信管制局缴纳规定的费用:

(a)提供网络、服务或设备;

(b)略

(c)略

(d)适用电子通信准则方面,

(2)在某一时段内从事了以下行为或符合以下规定者,适用本条规定——

(a)提供了某种电子通信网络,而在该种电子通信网络在该时段内被指定;

(b)提供了某种电子通信服务,而在该种电子通信服务在该时段内被指定;

(c)提供了某种相关设施,而在该种相关设施在该时段内被指定;

(d)根据第66条的规定,某一非通信服务提供商者被指定的情况下;

(e)适用SMP条件的情况下的设备供应商;

(f)根据第106条规定所作的指示,而非基于供应指定电子通信网络的目的,适用电子通信准则者。

（6）第1章规定的相关作用包括——

（a）略

（b）略

（c）略

（d）略

（e）略

（f）略

（g）略

（h）略

（i）保证电子通信网络、电子通信服务、相关设施监管方面的国际合作；

（j）保证电子通信网络、电子通信服务、相关设施监管方面的协调一致和标准化；

（k）电子通信网络、电子通信服务、相关设施市场中的市场分析和运行控制监测。

（7）如果某一目的是确保以下其中一项或几项的有效性，则该目的符合第一章中第（5）(b)项所设定的目的——

（a）提供电子通信网络或电子通信服务的监管；

（b）提供相关设施的监管。

39. 关于固定费用的附加条款

（1）略

（2）根据第38条确定的一个收费年度的收费项目可规定，存在以下情况时，应在合理的根据上扣减费用：

（a）根据缴费主体提供的网络、服务或设备进行收费，而缴费主体并没有提供网络、服务或设备；

（b）(c) 略

（d）电子通信规则不适用于某人的情形。

（3）存在以下情况时，同样可以确定此类收费项目（根据第4款规定），使全部或部分收费以以下情况为根据：

（a）在收费项目确定前并在一个收费年度之内，提供网络、服务或设备；

（b）(c) 略

（d）在征收年度内电子通信规则适用于某人的情形。

40. 略

41. 略

42. 略

43. 略

44. 略

45. 略

46. 略

47. 略

48. 略

49. 第45条条件下的指导和批准

（2）行为人不得给予、变更或者收回其指导、批准或者许可，除非其认为这样做：

（a）对有关的网络、服务、设备或者名录而言是客观、正当的；

50. 略

51. 与通用条件相关的事项

（1）受第52条至第64条的影响，可以设定为第45条规定的通用条件的条件是以下各段中规定的一项或几项条件——

（a）制定通信管制局认为对保护公共电子通信服务的终端用户利益有益的条款的条件；

（b）制定通信管制局认为合适的、能够保障服务互通性和网络访问的条款；

（c）制定通信管制局认为对保证电子通信网络的恰当和有效运行有益的条款的条件；

（d）使根据第71条作出的决议或制定的规章生效的条件；

（e）规定或管理电子通信网络、电子通信服务和相关设施在灾难发生时的供应、可用性和使用的条件；

（f）制定通信管制局认为，通过阻止或避免个人暴露于操作电子通信网络的过程中产生的电磁场，从而对保证保护公共健康有益的条款的条件；

（g）规定遵守相关国际标准的条件。

（2）根据第（1）（a）项设定保护电子通信服务终端用户利益的条件的权力，包括为该目的而设定以下相关条件的权力——

（a）与提供公共电子通信服务相关的、有关商品、服务或设施的提供、供应和制造方面；

（3）设定与一种电子通信网络或电子通信服务相关的通用条件的权力不包括以下权力——

（a）根据网络或者服务供应商的身份设定能够对其适用的条件；

（b）设定能够根据网络或者服务供应商的身份而改变的条件。

（5）第（1）(c)项所设定的条件包括，制定通信管制局认为对阻止或限制以下过程产生的电磁干扰有益的、符合社区义务的条款——

（a）提供电子通信网络或电子通信服务；

（b）干扰网络、服务传送或者提供的通信，或者妨碍收到此类通信。

（6）在本条中，"电磁干扰"是指，在提供电子通信网络或电子通信服务的过程中产生的或与之相关的，通过电磁能的发射或反射所造成的干扰。

52. 略

53. 略

54. 略

55. 略

56. 略

57. 保证获取电话号码的条件

（1）通用条件中可以规定的要求包括，通信管制局认为对保证公共电子通信服务的每一位终端用户都能够通过该服务实现对以下目的有益的要求——

（a）打电话，或将电子通信传达给每一普通电话号码；

（b）接听每个打给他的电话，或通过普通电话号码识别的设备所提供的服务传输给他的其他电子通信。

（2）一个普通电话号码是指——

（a）符合全国电话编号方案的、用于识别电子通信的目的地或接受者的号码；

（b）

（3）在本条中，"电子通信"的含义同第56条中规定的相同。

58. 关于号码分配和采纳的条件

（1）通用条件包括以下条件——

（b）管理通信服务提供商为提供电子通信网络或电子通信服务而使用非分配给他的电话号码；

59. 略

60. 略

61. 电话号码分配的取消

（1）略

（2）存在以下情况时，可以授权取消原有分配（根据第62条的规定）：

（a）略

（d）取消原有分配的决定是在编号条件所规定的情形下做出的，并且为了保障实现通信管制局认为的、最合理有效的号码使用，取消原有分配的决定还包括提出适合作为电话号码使用的号码和其他数据；

62. 略

63. 电话编码职能等一般责任

（1）略

（2）通信管制局的职责同样在于，在实现其职能的过程中，确保没有通信服务提供商基于与其本身或者其用户在电话号码的采用方面的目的，为阻止其他通信服务提供商而采取的，对其他供应商提供的电子通信网络或电子通信服务的不当歧视。

（3）在本条中，"号码"的含义同第56条中规定的相同。

64. 必须履行的职责

（1）通用条件可以包括，制定通信管制局认为对保证特定服务的传播或以条件中描述的电子通信网络方式传播有益的条款。

（2）包括本条允许的条款的通用条件不要求（受第（4）款的影响）某一服务被广播或以电子通信网络方式传播，除非——

（a）该服务包含在必须履行的服务列表中；

（b）该要求的效用局限于网络，而网络是公共电子通信服务提供的方式，且是多数终端用户接收电视节目的主要方式。

（3）略

（4）略

（5）根据本条规定、被授权制定条款所需的一般条件，不得与国务大臣颁发的命令中的、与以下事项有关的限制条款相抵触：一般条件要求的、广播或者传送特定服务、服务说明所需的有效容量规定。

（6）国务大臣根据本条第5款规定制定命令，必须注意以下事项：

（a）略

（b）确保每个提供服务的网络的有效容积是合理的，如此，遵守根据本条规定设定的条件符合其所保障的公共利益。

（7）略

（8）略

（9）略

(10)在判断增添或者移除必须提供的服务清单中某个服务项目是否符合第9款规定时,国务大臣必须注意以下事项:

(a)略

(b)在符合根据本条规定所设立的条件时,所欲增添的服务项目(之前不包括在清单中)达到合理的技术标准的程度;

(c)在满足了前项条件的要求后,每个网络用以广播或者其他传送通讯的方式所剩余的有效容量。

65. 普遍服务条件所保证的责任

(2)这些东西是指——

(a)电子通信网络和电子通信服务;

(b)作为电子通信服务的一部分或者与其相关的设施;

(c)电子通信服务的特定计费方式或收费方式;

(d)在使用电子通信网络或电子通信服务的相关场合可以使用的通讯录;

(e)为了利用网络、服务的相关目的而使用的名录查询设施。

66. 普遍服务供应商的选任

略

略

(3)基于与以下相关的条件目的,这些规章可以指定某一非通信服务提供商为指定服务提供商——

(a)提供能够在使用电子通信网络或电子通信服务的相关场合使用的通讯录;

(b)提供为了利用网络、服务的相关目的而使用的名录查询设施。

67. 略

68. 略

69. 通讯录和通讯录查询设施

(1)当普遍服务条件规定指定普遍服务提供商实施以下行为时,适用本条规定——

(a)提供能够在使用电子通信网络或电子通信服务的相关场合使用的通讯录;

(b)提供为了利用网络、服务的相关目的而使用的名录查询设施。

(2)与访问相关的条件,包括与提供此类网络访问和服务互通性相关的条件,并且以上条件有利于通信管制局保障实现以下目的:

(a)略

(b)略

(c)公共电子通信服务的终端用户可能获取的最大利益。

(3)与访问路径相关的条件可以包括,通信管制局认为对保证适用电子通信准则的人,在没有其他可以选择的、可行的计划时,对参与包含以下内容的计划有益的条件——

(a)共同使用电子通信设备;

(b)分摊和承担共同使用电子通信设备中产生的费用。

(4)与访问路径相关的条件是指——

(a)具有技术或操作性质的;

(b)通信管制局认为对保证电子通信网络按照第87条第(3)款规定的SMP服务条件合理运行有益的;

(c)可以适用于以下主体的——

(i)SMP服务条件所要求的、授权进行网络访问的主体;

(ii)略

70. 略

71. 略

72. 略

73. 略

74. 访问路径条件的特定种类

(1)第73条第(2)款可以规定的条件包括,为保证公共电子通信服务的终端用户可以通过一系列电子通信网络进行终端对终端连接,所设定的以下条件——

(a)向控制该网络访问的主体施加义务;

(b)要求网络互联。

(2)第73条第(2)款可以规定的条件也包括,当通信管制局认为对保证以下规定内容有必要时,为使用应用程序接口或电子节目指南而提供设施的人设定义务——

(a)任何人能够访问通信局确定的以数字形式提供的节目服务;

(b)提供使用应用程序接口或电子节目指南所用的设施应当按照相关条款的规定,而这些条款应当——

(i)公正和合理;

(ii)不包括或引起任何针对其他人的不当歧视或不当描述。

(3)在本条中——

"应用程序接口"是指与本条第4款所提事项有关、允许软件利用其他软件中所含设备的一种设施。

"电子节目指南"是指任何人访问包含以下内容的服务所使用的一种设施——

（a）一个或多个节目服务中包含的某些或所有节目的列表、宣传，或者列表加宣传；

（b）获得全部或部分节目服务或指南中列出或宣传的服务的设施。

"终端对终端连接"是指——

（a）使同一公共电子通信服务的不同用户能够相互交流的设施；

（b）使不同公共电子通信服务的终端用户，使用其作为终端用户的服务，能够相互交流的设施。

（4）第（3）款所提到的事项，在"应用程序接口"的定义是指——

（a）允许任何人访问节目服务；

（b）允许任何人，而非通信服务提供商或提供相关设施的提供商，通过节目服务广播或传输的方式使用电子通信网络；

（c）允许任何人成为一种公共电子通信服务的终端用户。

77. 特权供应商条件的实施

（1）略

（2）略

（3）第45条设定的特权供应商条件中包含的条款，通信管制局认为对实现以下其中一项或几项目的有益的条款——

（a）规定该适用该条款的供应商对其公共电子通信网络或公共电子通信服务以及其他事项分别设立专账；

（4）略

（5）略

（6）第（4）款中提到的通信活动是指行为人在以下任一或全部行为中的活动，或与以下任一或全部行为相关的活动——

（a）提供一种或多种电子通信网络；

（b）提供一种或多种电子通信服务。

（7）略

（8）略

（9）在本条中——

"非通信服务"是指，与个人相关的，而非提供以下事物的服务或提供与以下相关的事物的服务——

（a）一种电子通信网络；

（b）一种电子通信服务；

78条至86条略

87. 网络访问的条件

（1）当通信管制局作出决定，认为本条规定适用的主体在指定的服务市场中拥有重大市场力量，则其应当实施以下措施：

（a）根据本条规定的授权设定SMP条件，并且其认为该条件对涉及相关网络或者相关设备的主体能够合理适用；

（2）本条适用于——

（a）提供公共电子通信网络的人；

（b）通过此类网络提供相关设备的主体。

（3）经本条款授权，SMP条件可要求主导供应商向通信管制局上交以下接受通信管制局管理的权利：

（a）提供对相关网络的访问；

（b）对相关网络的使用；

（4）在特定情况下，根据第3款授权决定设定何种条件时，通信管制局必须特别注意以下事项：

（a）根据市场发展情况，考虑安装和使用能够减少网络访问的设备的技术和经济可行性；

（b）提供被推荐的网络访问的可能性；

（c）最初提供与被推荐的网络访问权限相关的网络或者其他设备的主体，其所做的投资；

（d）略

（e）略

（f）保证在成员国内提供电子通信服务的有利条件。

（5）根据第3款规定授权设定的条件，可以包括含有以下内容的条款：

（a）保障网络访问要求的制定和对其遵守的公平和合理；

（6）根据本条规定授权设定的SMP条件，也可包括含有以下内容的条件：

（a）要求主导供应商不得就与网络访问或者相关设备实用性有关的事项、对特定主体实行不合理的歧视；

（7）根据本条规定授权设定的SMP条件，也可要求主导供应商对有关以下内容的事项分别进行审计：

（a）对相关网络的网络访问；

（8）略

（9）根据本条规定授权设定的 SMP 条件，也可包括（根据第88条的规定）对主导供应商施加的、包含以下内容的条件：

（a）通信管制局所指导管理的、与提供网络访问或者相关设备实用性等事项相关的价格管制；

（10）略

（11）略

（12）本条中：

"访问合同"是指：

（a）约定适用本条规定的主体向另一方提供对相关网络的网络访问的合同；

（b）"相关设施"，与适用于本条规定的个人相关，是指其提供的、与公共电子通信网络相关的设施；

"相关网络"，与适用于本条规定的个人相关，是指其提供的公共电子通信网络。

88. 网络访问定价的条件

存在以下情形时，通信管制局应当设立第87条第9款规定的 SMP 条件：

（a）略

（b）对于他们而言，这些条件的设定也符合以下目的：

（i）提高效率；

（ii）推动可持续竞争；

（iii）给以公共电子通信服务的终端用户可能的最大利益。

（2）略

（3）根据本节目的，如果主要供应商出现以下情形，则价格反常将对公共电子通信服务的终端用户产生反作用，从而引发相关风险——

（a）将价格固定和保持在一个极端的高位；

（b）过分压价。

（4）略

（5）本条中，"主导供应商"的含义与第87条的规定相同。

89. 特别情况下，网络访问条件的规定

（1）存在以下情形时，适用本条规定：

（a）略

（b）该行为人是电子通信网络的提供商，或是提供相关设施的提供商；

（c）通信管制局认为存在特别情况，使得有关提供网络访问的条件对主导供应商适用，并且，本条以外所规定的条件也对其适用。

90. 关于承运人选择和预选的条件

（1）满足以下条件，则适用本条规定——

（a）通信管制局已经确定，某人（"主要提供商"）在指定服务市场拥有巨大的市场影响力；

（b）通信管制局认为，该市场是与通过固定位置沟通的方式提供公共电子通信网络的供应服务相关的市场。

（2）略

（3）本条规定的 SMP 条件是指，要求主要供应商实施以下一项或两项行为的条件——

（a）向其提供公共电子通信服务的所有用户制造相关沟通设施；

（b）为实现向其用户制造相关设施的目的，制造并向提供电子通信服务的提供商提供互相联络的设施。

（4）当通信管制局设定条件并要求主要供应商制造和提供相关沟通设施时，通信管制局也应当设定符合以下条件的、其认为合适的 SMP 条件——

（a）略

（b）保证向公共电子通信服务的用户征收的相关费用不构成用户使用设施的阻碍因素。

（5）当通信管制局根据本条设定的条件可以包括设定义务的条款，即以下一项或两项的提供应当依照条件规定进行——

（a）正在考虑中的相关沟通设施；

（b）应当向提供电子通信服务者提供的相互联络的设施。

（6）在本条中，"相关沟通设施"是指具有以下功能的设施——

（a）允许他人，作为通过电子通信网络的方式向其提供公共电子通信服务的对象，选择他们希望使用的公共电子通信服务；

91. 针对终端用户服务的监管条件

（1）当——

（a）略

（b）相关市场是向终端用户提供公共电子通信服务的市场；

（c）通信管制局可以在其认为合适时，向提供商设定和适用本条规定的

SMP 条件。

（2）略

（3）略

（4）略

（5）本条规定的 SMP 条件是，通信管制局有时向主要提供商制定的、与公共电子通信服务的提供商向其服务的终端用户提供服务相关的法规管制。

92. 关于租用线的条件

（1）略

（2）略

（3）略

（4）在本条中，"租用线"是指一种电子通信服务，其供应存在于相同或不同电子通信网络的固定条点之间的预定的固定传输容量。

93. 关于设备供应的条件

（1）当通信管制局已经确定某人（"主要提供商"）在指定的设备市场拥有巨大的市场影响力时，通信管制局可以——

（a）根据本条规定，设定他们认为合适的 SMP 条件，适用于提供电子通信设备相关方面的人；

（b）向以上行为人适用 SMP 条件。

（2）本条规定授权设定以下各种 SMP 条件——

（a）要求主要提供商在提供电子通信设备和条件中提到的其他事项上分别设立专账的条件；

（3）本条同时授权 SMP 条件中设定与电话（在电子通信网络中已经硬线化了）使用相关的价格控制。

（4）本条设定的条件，不能制定与提供电子通信设备相关的条款，除非这些设备是主要提供商拥有巨大市场影响力领域的设备种类。

（5）根据本节目的，电话对于电子通信网络已经硬线化是指，为使其能够在电子通信网络中使用——

（a）其必须与网络设备连接；

（b）略

94. 略

95. 略

96. 略

97. 第 96 条下的罚款数额

（1）略

（2）略

（3）略

（4）略

（5）在本条中——

"相关商业"是指（受第（3）款发布的命令和第（6）（7）款规定的影响），存在于以下一项或多项活动中的、指定提供商所从事的任何商业活动——

（a）电子通信网络的供应；

（b）电子通信服务的供应；

（c）相关设施的供应；

（d）与此类网络或者服务相配套使用的名录；

（e）使用此类网络或者服务所需的名录查询设施；

（6）当违反 SMP 设备条件时，相关商业是指存在于提供电子通信设备的活动中的、违法行为的罚款对象所从事的商业活动。

98. 应对紧急情况的权力

（1）略

（2）根据本节目的，如果一个违法行为导致，或造成了以下直接风险，则该事件可以认定为紧急事件——

（a）略

（b）略

（c）对于使用电子通信网络、电子通信服务或相关设施的用户造成了严重的经济或运行问题。

（3）略

（4）通信管制局同样有权向违反规定的提供商发出以下指令——

（a）指令违反规定的供应商提供电子通信网络、电子通信服务、相关设施的权利暂停（或是所有权利全面暂停，或是与特定网络、服务或设施相关的权利暂停）；

（b）指令权利受到指示设定的相关限制。

（5）本条第 4 款规定的指导：

（a）必须详细说明与其有关的网络、服务和设备；

（b）略

（6）略

(7)略

(8)通信管制局有权撤销第4款规定的,与以下内容有关的指导:

(a)略

(b)略

(c)与网络、服务或者设备的整体或部分有关。

99. 略

100. 针对违例事项的暂停服务规定

(1)略

(2)根据本条发布的指令是——

(a)指令违反规定的供应商提供电子通信网络、电子通信服务、相关设施的权利暂停(或是所有权利全面暂停,或是与特定网络、服务或设施相关的权利暂停);

(b)指令权利受到指示设定的相关限制。

(3)本条所规定的指导:

(a)必须详细说明与其有关的网络、服务和设备;

(b)略

(4)略

(5)略

(6)若通信管制局认为适合(无论是否由对其提出的交涉或者建议而引起),则可以根据本条规定对以下事项撤销指导或者变更条件:

(a)略

(b)略

(c)与网络、服务或者设备的整体或部分有关的事项。

101. 因违反条件而暂停设备提供

(1)通信管制局可以根据本条规定,向提供电子通信设备的提供商("违反规定的提供商")发出指令,如果通信管制局确定——

(a)该提供商正在或已经严重或多次违反了SMP设备条件;

(b)通信管制局试图通过向违规提供商处以罚款或根据第95条的要求向他们发出执行通知书要求他们遵守相关条件的努力已经失败;

(c)作出该指令对于该违反规定的严重性(当条件被反复违反)而言是合适和适当的。

(2)根据本条发布的指令是——

(a)指令违反规定的供应商停止提供电子通信设备(或是概括性的停止

供应所有设备,或是只停止提供特定种类的设备);

(b)指令对违反规定的提供商在电子通信设备的供应上作出限制(或是概括性的限制供应所有设备,或是只限制供应特定种类的设备)。

102. 第100条与101条指令的程序

(1)略

(2)略

(3)略

(4)略

(5)如果某一违法行为将导致,或造成以下直接风险,则该违法行为属于本款规定的范围——

(a)略

(b)略

(c)对使用电子通信网络、电子通信服务或相关设施的用户造成了严重的经济或运行问题。

103. 根据第98条、第100条和第101条所作指令的实施

(1)有如下提供电子通信网络、电子通信服务或相关设施的行为者,构成违法——

(a)根据第98条第(4)款或第100条发出的指令,其实施以上供应行为的权利已经被暂停;

(b)违反指令中规定的限制范围。

(2)有提供电子通信设备的行为者,构成违法——

(a)根据第101条的规定发出的指令,提供这种设备的行为是被禁止的;

(b)违反指示中规定的限制范围。

104. 略

105. 对网络访问问题的讨论和决定

(1)存在以下情况时,适用本条规定:

(a)通信管制局认为网络访问问题已经产生,并且需要对此作出决定;

(b)略

(2)略

(3)略

(4)略

(5)本条所规定的通知,必须以通信管制局认为合理的且能够引起行为主体注意的方式公布,通信管制局所认为的行为主体是指对已发生的网络访

问问题作出决定的行为会对其产生影响的主体。

(6)在本条中,"网络访问问题"是指与网络访问相关的问题,或特定情形下网络访问中规定的条款或条件。

106. 电子通信准则的适用

在本章中,"电子通信准则"是指《1984年电子通信法》(第12章)附表2中所规定的准则。

略

(3)电子通信准则在以下主体产生效力——

(a)对于适用通信管制局所作指令的人;

(b)当事务大臣或北爱尔兰地区部长大臣正在提供或提议提供电子通信网络时,适用于当该事务大臣或部长大臣。

(4)本条中,适用于个人的通信准则的唯一目的是——

(a)其提供电子通信网络的目的;

(b)其提供一系列导管,用于为电子通信网络提供商提供通信网络的目的。

(5)规定任何人均可适用电子通信准则的指示中可以规定,该准则在任何人符合以下条件时具有效力——

(a)仅与指示中指定或描述的地点或位置相关;

(b)仅为了提供电子通信网络或指令中指定或描述的部分电子通信网络;

(c)仅为了提供导管系统或指令中指定或描述的部分导管系统。

(6)事务大臣可以通过发布命令,规定电子通信准则对于,以一个不同的数量暂时替代准则第16(3)段中规定的数量(最小补偿)的所有目的,拥有效力。

107. 指令适用电子通信准则的程序

(1)通信管制局不会对某人作出适用电子通信准则的指令,除非其申请适用该电子通信准则。

(2)如果通信管制局发布一则通知,说明其以下方面的规定——

(a)申请作出适用电子通信准则的指令的内容;

(b)申请方式;

则,申请必须根据该规定、在规定生效期间作出。

(3)略

(4)在考虑是否对某人适用电子通信准则时,通信管制局必须特别考虑以下事项——

（a）当对某人适用准则时，对电子通信网络或导管系统的公众所带来的利益；

（b）略

（c）对与鼓励电子通信设备共享使用的需要；

108. 适用电子通信准则者的登记

（1）建立和保存，根据第106条的规定所作指示，适用电子通信准则者的登记册，是通信管制局的职责。

109. 适用电子通信准则的限制和条件

（1）根据通信管制局作出的指令而对某人适用电子通信准则的情况下，该准则的适用受事务大臣制定的规章中所设定的限制和条件的影响。

（2）在根据本条规定行使其制定规章的权利时，事务大臣应当对以下事项有所考虑——

（a）略

（d）鼓励共享使用电子通信设备的需要；

（3）事务大臣通过制定规章对电子通信准则的适用作出限制和规定条件的权力，包括作出与以下事项相关的限制和条件的权力——

（a）规章中指定行为人根据规章的规定作出决定；

（b）规章中指定行为人所作的授权或同意；

（c）任何人的观点。

110. 限制和条件实施

当通信管制局有足够理由确定某一适用电子通信准则者正在违反或已经违反了根据第109条所作的限制或条件的规定，则通信管制局可以根据本条规定向其发出一则通知。

111. 略

112. 略

113. 电子通信准则适用的暂停

（1）如果通信管制局确定某行为人符合以下条件，则可以暂停其对于电子通信准则的适用——

（a）其正在或已经严重违反或多次违反规定，未支付第38条所规定的行政费用（或是全部未支付，或是部分未支付）；

（b）为收回未清偿的费用而采取的诉讼以失败告终，没能保证违反规定的提供商完全按照规定支付固定行政费用，或者对于保证其遵守规定不具有相当把握；

(c)试图通过第41条规定的处以罚金的方式,保证其遵守相关规定的尝试已经失败;

(d)暂停电子通信准则的适用对于该严重(相关规定被反复违反)违反规定的行为是合理和适当的。

(2)通信管制局可以,在第(3)款规定的范围内,在满足以下条件时,对行为人暂停适用电子通信准则——

(a)根据第106款规定所作的指令,该电子通信准则已经适用于所有人;

(b)通信管制局根据第42条、第100条、第132条或第140条的规定作出指示,暂停或限制行为人提供部分或全部电子通信网络的权利。

(3)根据第(2)款规定,对于任何人,暂停其适用电子通信准则的限度不应当超过,为禁止其提供电子通信网络而通过暂停或限制其提供全部或部分这种网络的权利,而适用准则的目的。

(4)通信管制局可以,在第(5)款所规定的限度范围内,在满足以下条件时,对行为人暂停适用电子通信准则——

(a)根据第106条规定所作的指令,该电子通信准则已经适用于所有人;

(b)略

(5)根据第(4)款规定,对于任何行为人,暂停其适用电子通信准则的限度,不应当超过以下关于准则的适用——

(a)在作出暂停决定时尚未存在的全部或部分电子通信网络的适用;

(b)暂不存在,或并未用于电子通信网络的全部或部分导管系统的适用;

(c)为其他目的的适用,在这些目的中,当暂停适用电子通信准则时,不需要停止提供全部或部分电子通信网络。

(6)略

(7)略

(8)对于一个行为人,暂停适用电子通信准则——

(a)如果该暂停决定是根据第(2)款作出的,并且关于电子通信网络的暂停或限制停止生效,则该暂停适用准则的决定将失效;但是

(b)根据以上规定,当通信管制局收回(a)中对电子通信网络暂停或限制的规定时,则暂停适用电子通信准则的决定继续生效。

(9)在第(8)款中,提及电子通信网络的暂停或限制,在与电子通信准则的暂停适用相关的情况下,是指暂停或限制提供部分或全部电子通信网络的权利,同时也是对根据第(2)款规定的电子通信准则暂停适用的暂停或限制。

(10)受第(11)款规定的影响,当行为人被暂停适用电子通信准则时,其将无权从事该准则中授权的行为。

(11)当某行为人被暂停适用电子通信准则时,除非根据第117款发出的命令的规定,否则该准则的暂停适用不——

(a)影响(协议原始各方)任何根据该准则目的而达成的协议或符合该准则规定的任何协议的效力;

(b)影响任何在暂停适用准则之前,根据准则所从事的行为的效力;

(c)要求拆除或禁止适用,在暂停适用准则之前,根据准则前提而依法安装的,设备。

114. 根据第113条发出指令的程序

(1)除紧急情况外,通信管制局不会根据第113(4)款的规定发出暂停某行为人适用电子通信准则指令,除非通信管制局已经——

(a)向相对人发出通知,并告知他们根据第117条的规定可以采取的措施(如果有的话);

(b)已经向相对人提供机会,使其能对提议发表意见,使其能针对出现的情况提出补救措施;

(c)充分考虑相对人在允许的时间内向其作出的说明或提议。

(2)略

(3)略

(4)略

(5)相关情形属于本款规定范围,如果这些违法行为将导致,或造成以下直接风险——

(a)略

(b)略

(c)对使用电子通信网络、电子通信服务或相关设施的用户造成了严重的经济或运行问题。

115. 代码应用的更改及撤销

(1)略

(2)当有人申请取消其适用电子通信准则时,通信管制局可以撤销其适用电子通信准则的决定。

(3)在任何情况下,如果通信管制局认为,适用电子通信准则者并非符合准则的适用目的的电子通信网络或导管系统的提供商,通信管制局可以废除其适用电子通信准则的决定。

(4)根据第 106 条发出的进一步指令,根据本条规定所作的修改或废除,对于已经根据指令适用电子通信准则者而言,已经修改或废除。

116. 适用电子通信准则者发出的中止适用通知

(1)根据第 106 条发出的指令,当行为人为实现提供以下事物的目的而适用电子通信准时,适用本条规定——

(a)一种非根据第 33 节目的指定的电子通信网络;

(b)略

(2)若行为主体停止提供网络或者导管系统,则其必须将此事实告知通信管制局。

117. 中止电子通信准则适用的过渡性计划

(1)当出现以下情况时,通信管制局可以通过发布命令而制定包含他们认为合适的过渡性条款的计划——

(a)电子通信准则已经停止或将要停止对任何人("之前的运营商")适用;

(b)略

(2)略

(3)根据本条发布的命令中包含的计划可以,特别地——

(a)略

(b)略

(c)允许将设备保留在任何地方,直到其接下来因为其他任何人提供电子通信网络、电子通信服务或导管系统而使用;

118. 对土地等的强制性征收

附表 4(规定电子通信网络提供商,在适用电子通信准则并且被提名进入相关领地时,可以强制性征收土地)具有效力。

119. 提供与诉讼相关的帮助的权力

(1)当诉讼中的实际或可能的某一方符合第(2)款(除运营商外,是指电子通信准则含义范围内的)规定的范围,并经当事人向通信管制局提出申请,要求根据本条规定获得诉讼相关帮助时,适用本条规定。

(2)符合本款规定的诉讼是实际或可能的诉讼,该诉讼正好决定以下产生或与以下相关的问题——

(a)根据第 106 条规定发出的指令中规定的、任何行为人都适用的电子通信准则;

(b)略

120. 规制优惠费率服务的条件

（1）略

（2）略

（3）略

（4）略

（5）略

（6）略

（7）根据本章目的，满足以下条件，则某一服务为优惠费率服务——

（a）略

（b）略

（c）要求向提供电子通信服务者、以该服务提供的方式支付费用；

（d）该收费的征收是通过使用该电子通信服务者进行的。

（8）如果某一服务的供应包含在以下供应中，则该服务符合本款规定的范围——

（a）通过电子通信网络传播的交流内容的供应中；

（b）允许电子通信服务的使用者，通过该服务的方式传播信息，利用向其提供的设施。

（9）略

（10）符合以下条件者，适用本条规定——

（a）该行为人为用于提供相关服务的电子通信服务的提供商；

（b）根据与符合第（9）款（a）至（d）项规定的相关服务的提供商所达成的协议，该行为人有权保留其收到的部分或全部费用，该费用产生于与提供相关服务或基于相关服务目的使用的电子通信服务。

（11）符合以下条件者，符合本条规定——

（a）该行为人为用于提供相关服务的电子通信网络的提供商；

（b）网络供应商与第9款（a）到（d）项所规定的、提供相关服务的主体之间达成了使用网络提供服务的协议。

（12）符合以下条件者，符合本条规定——

（a）该行为人为用于提供相关服务的电子通信网络的提供商；

（b）该主体与中介服务商或者第（10）或（11）款所规定的、提供相关服务的主体之间达成了协议，授权使用网络提供保险费率服务或者包含该服务的服务项目。

（13）略

（14）略

(15)在本条中——

"中介服务提供者"是指符合以下条件者——

(a)提供用于供应相关服务或电子通信网络的电子通信服务的人;

(b)是某一协议的一方当事人——

(i)符合第(9)款(a)项至(d)项规定的相关服务的提供商,

(ii)另一中介服务提供商,

与提供优惠费率服务的电子通信服务或网络的使用相关,或者与包含或可能包含优惠费率服务的服务使用相关。

121. 略

122. 略

123. 略

124. 略

125. 非法获取电子通信服务

(1)任何人,当其——

(a)非法获取电子通信服务;并且

(b)这样做的目的是为逃避支付提供该项服务所应支付的费用,

则,其行为构成违法。

126. 违反第125条装置的所有或提供

(1)如果行为人出于第(3)款中规定的目的,占有或支配用于以下目的的事物,则其的行为构成违法——

(a)为获取电子通信服务;

(b)与获取电子通信服务相关的目的。

(2)略

(3)如果行为人意欲实施以下行为,其行为目的符合本条规定——

(a)使用该事物以非法获取电子通信服务;

(b)略

(4)略

(5)略

(6)本条中,在使用某设施记录数据的情况中,对某设施的使用包括使用其中记录的数据。

127. 公共电子通信网络的不合理使用

(1)实施以下行为者,其行为构成违法——

(a)通过公共电子通信网络的方式发出信息或其他事物,而该发出的信息或其他事物非常具有侮辱性或具有下流、淫秽、恐吓的特点；

（b）其行为导致具有（a）项中描述特点的信息或其他事物得以发出。

（2）为给他人造成干扰、不便或不必要的紧张，行为人实施的以下行为构成违法——

（a）通过电子通信网络的方式向他人发出的、其明知为不真实的信息；

（b）其行为导致具有（a）项中描述特点的信息被发出；

（c）持续利用电子通信网络。

（3）略

（4）第（1）、（2）款的规定不适用于提供节目服务（在《1990年广播法》（第42章）规定的含义范围内）过程中所为的行为。

128. 对滥用电子通信网络和电子通信服务发出通知

（1）当通信管制局确定有足够理由认定某人已经构成持续滥用电子通信网络或电子通信服务，则可以根据本条规定向该人发出通知。

（2）略

（3）略

（4）略

（5）根据本章目的，符合以下条件，则可认定行为人构成滥用电子通信网络或电子通信服务——

（a）其使用网络或者服务的行为造成了或者可能会造成其他主体遭受不必要的困扰、不便或者焦虑；

（b）其使用网络或者服务的行为，参与了造成或者可能会造成其他主体遭受不必要的困扰、不便或者焦虑的行为之中。

（6）根据本章规定，行为主体被视为持续地滥用网络或者服务的情形，包括其滥用行为在一定数量的场合的中重复，并且其滥用行为表现为如下方面：

（a）一种行为或者实践；

（b）对其他主体遭受困扰、不便或者焦虑这一结果的忽视。

（7）在判断一定数量的场合中的滥用行为是否构成本章所规定的持续滥用时，不必考虑以下因素：

（a）滥用行为在某些场合与网络相关，在另一些场合与服务相关；

（b）在不同的场合使用不同的网络或者服务。

（8）如果事务大臣认为有其他合适的替代方法处理该问题，则可以通过发出命令，规定命令中指定的一种使用方式不被认定为本章所规定的滥用电子通信网络或电子通信服务。

129. 停止持续滥用通知的执行

（1）略

（2）当通信管制局确认以下事项时，可以对其已经发出通知的滥用网络或服务的相对人发出执行通知——

（a）相对人已经在通知指明的一方面或几方面构成持续滥用电子通信网络或电子通信服务；

130. 持续滥用行为的处罚

（1）略

（2）如果行为人已经在通知指明的一方面或几方面构成持续滥用电子通信网络或电子通信服务，则通信管制局可以对其处以罚款。

131. 略

132. 规定暂停或限制提供商权利的权力

（1）如果事务大臣有足够理由认定有必要采取行动以保证——

（a）保护公众免受对公共安全和公共健康的威胁；

（b）国家安全的利益，

事务大臣可以通过向通信管制局发出指令，要求通信管制局根据第（3）款的规定向提供电子通信网络、电子通信服务或相关设施的人（"相关提供商"）发出指令。

（2）略

（3）根据本条所作的指令是——

（a）指令暂停相关供应商提供电子通信网络、电子通信服务或相关设施的权利（或是暂停全部权利，或是暂停与特定网络、服务或设施相关的权利）；

（b）指令权利受到指示设定的相关限制。

（4）本条第3款所规定的指导：

（a）必须详细说明与其有关的网络、服务和设备；

（b）略

133. 根据第130条所作指令的实施

（1）如果行为人提供电子通信网络、电子通信服务或相关设施的行为符合以下规定，则其的行为构成违法——

（a）根据第132条所作指令，该行为人提供这种网络、服务或设施的权利已经暂停；

（b）违反根据第132条所作的指令中对其权利行使所作的限制。

134 出租或许可的限制

（1）当包含在租约、许可证或其他与前提相关的协议中的条款中规定，可以向该租约、许可证或协议持有者发出禁止或限制其以下相关选择权时，适用本条规定——

（a）该行为人可以获取电子通信服务或某种特定电子通信服务的对象；

（b）该行为人计划向其提供电子通信服务或某种特定电子通信服务的对象；

以上选择对象限于与前提有利益关系的人，由这些具有利益关系的人所选定的人，或者二者之一。

（2）本条同样适用于——

（a）包含在一个1年以上期限且可以向承租者关于电子通信事务方面作出电子通信事项方面禁止或限制规定的租约中所包含的条款；

（b）略

（3）略

（4）符合第（2）款中（a）项或（b）项规定的条款，当出租人未就以下存疑问题作出肯定，以及出租人被不合理地要求不能拒绝同意时，具有效力——

（a）与承租者根据租约在室内所为的行为相关；

（b）与向承租者提供电子通信服务相关的目的。

（5）当一项条款符合第（1）或（2）款的规定，要求出租人、许可人或协议一方当事人作出不能不合理的拒绝同意——

（a）与电子通信事务相关的；

（b）占有者从特定人处获得电子通信服务场地。

认定该同意是否被不合理的拒绝，应当考虑所有情况和没有任何人可以不合理地被阻止获得电子通信网络或电子通信服务的原则。

（6）略

（7）在本条中，提及电子通信事务即指——

（a）电子通信网络或电子通信服务的供应；

（b）电子通信设备与相关电子通信网络的联系，或电子通信网络之间的联系；

（c）基于与电子通信网络、电子通信服务相关目的，对电子通信设备的安装、维护、调整、维修、改装或使用。

（8）在本条中——

"改装"的含义同其在电子通信准则中的含义相同;

"相关电子通信网络"是指——

(a)根据本节目的,由事务大臣通过发布命令指定的公共电子通信网络;

(b)与(a)项中的公共电子通信网络(直接或间接)相关的电子通信网络。

(9)略

(10)本条的解释不应当影响电子通信准则中第2(3)段(承租人等必须遵守由所有人根据电子通信准则所授权的权利)的操作。

135. 第一章所述职能实施所需信息

(1)略

(2)有以下行为者适用本法规定——

(a)略

(b)略

(c)略

(d)略

(e)提供电子通信设备的人;

136. 实现相关目的所需信息

(1)略

(2)该目的是——

(a)考虑到发行;

(b)符合公共电子通信服务终端用户的利益;

对服务的质量和价格的相对综合考虑。

(3)通信管制局可以同时规定——

(a)通信提供商,或

(b)向其他人提供相关设施的提供商。

在通信局认为合适的情况下,基于统计目的,向其提供与电子通信网络、电子通信服务或相关设施有关的信息。

137条至140条略

141. 违反信息规定而暂停设备供应

(1)如果提供电子通信设备者("违规供应商")符合以下条件,则通信管制局可以根据本条规定向其发出指令——

(a)其正在或已经严重违反或多次违反第135条的规定;

(b)为保证违法者遵守被违反的规定,根据第139条规定处以罚款或根据第144条规定向违法者提起诉讼的尝试均告失败；

（c）作出该指令对于该违反规定的严重性（当条件被反复违反）而言是合适和适当的。

（2）根据本条发出的指令是——

（a）要求违反规定的供应商停止供应电子通信设备（或是全面停止供应所有设备，或是只停止供应特定种类的设备）；

（b）要求对违反规定的供应商在电子通信设备的供应上作出限制（或是全面限制其供应所有设备，或是只限制供应特定种类的设备）。

142. 略

143. 根据第140条、第141条所作指令的执行

（1）如果行为人提供电子通信网络、电子通信服务或相关设施的行为符合以下条件，其行为构成违法——

（a）根据第140条所作指令，其提供这种网络、服务或设施的权利已经暂停；

（b）违反第140条所作的指令中对其权利行使所作的限制。

（2）如果行为人提供电子通信设备的行为符合以下条件，其的行为构成违法——

（a）根据第141条的规定发出的指令，提供这种设备的行为是被禁止的；

（b）违反指示中规定的限制范围。

144. 略

145. 略

146. 通信管制局提供信息的规定

根据本条规定，通信管制局必须依从行为主体提出的要求，并且：

（a）略

（b）略

（c）向该主体提供其转让网络访问权利所必需的信息；

147. 略

148. 与电子通信网络相关的地方当局的权力

（1）地方当局为提供公共电子通信网络或公共电子通信服务，可以借债。

（2）地方当局可以——

（a）提供部分不在其领域内的公共电子通信网络；

（b）提供电子通信服务，即使其部分用户不在其管辖领域内。

149. 企业、贸易和投资部门所设立的专项基金

（1）根据本条的规定，企业、贸易和投资部门可以向从事以下内容的活动或者参与与以下内容相关的商业活动的主体支付费用：

（a）向北爱尔兰地区提供电子通信网络和电子通信服务；

（b）提高此类网络或者服务的程度、质量和可靠性。

150. 地方议会所设立的专项基金

（1）当北爱尔兰地区的地方议会认为以下行为的实施对其所在地区有利时，适用本条规定：

（a）对于由特定公众提供公共电子通信网络或公共电子通信服务；

（b）为了提供网络或者服务的需要，而由特定主体提供相关设备；

（c）需要继续提供目前由特定主体提供的网络、服务或者设备。

（2）地方议会可以以其认为适当的数额，向提供网络、服务或者设备的主体支付费用，以补偿其损失。

（3）根据本条规定：

（a）对于网络而言，其每一部分是否适合于该议会所在地区并不重要；

（b）略

151. 第1章的释义

（1）在第1章中——

"访问指令"是指欧洲议会和欧洲理事会2002/19/EC号指令，关于电子通信网络和相关设施的访问和相互联系。

"电子通信设备"是指——

（a）与SMP设备条件相关，在第141条中，是指被设计或改装用于发送或接收通过电子通信网络方式传输的通信或其他信号（在第32条的定义范围内）的设备。

（b）在其他情况下，与其电子通信准则中的含义相同。

"电子通信准则"的含义见第106（1）款的规定。

"终端用户"，在与公共电子通信服务相关的领域，是指——

（a）通信服务提供商以外的公共电子通信服务提供商的用户；

（b）非以通信提供商的身份使用公共电子通信服务的人；

（c）由第（a）段中规定的授权使用公共电子通信服务的人。

"制度指令"是指欧洲议会和欧洲理事会2002/21/EC号指令，关于电子通信网络和电子通信服务的普遍监管制度。

"滥用"，在与电子通信网络或电子通信服务相关的领域，其解释应当符合第128条中第（5）和（8）款规定的，其同源表述也应作相应解释。

"持续的"和"持续地",在与滥用电子通信网络或电子通信服务的相关的领域,其解释应当符合第 128 条中第（6）款和（7）款的规定。

"公共通信服务提供商"是指——

（a）公共电子通信网络提供商;

（b）公共电子通信服务提供商;

（c）制造并提供与公共电子通信网络或公共电子通信服务相关的设施的提供商。

"公共电子通信网络"是指全部或主要用于向公众提供电子通信服务的电子通信网络。

"公共电子通信服务"是指向公众提供的任何一种电子通信服务。

"服务的互操作性"是指不同电子通信服务之间的相互操作性;

"普遍服务指令"是指欧洲议会和欧洲理事会 2002/22/EC 号指令,关于电子通信网络和电子通信服务的普遍服务和用户权利。

（2）在本条中,提及相互联系则指,一项公共电子通信服务与另一公共电子通信服务之间的,为使其用户能够实施以下行为而产生的联系（不管是直接联系或间接联系,物理联系或逻辑联系,或物理与逻辑联系的结合）——

（a）不同用户之间的沟通;

（b）对通过其他服务（该网络供应商或者其他主体提供）而获得的服务进行利用;

（3）本章中,网络访问是指:

（a）公共电子通信网络之间的相互联系;

（b）提供网络访问,包括提供任何此类服务、提供任何此类设备或者设立任何此类安排。

（4）第（3）（b）项中提及的事物是指——

（a）由另一通信服务提供商提供的任何电子通信网络或电子通信服务;

（b）此类网络中的设备,或者为了此类网络或者服务的目的而使用的设备;

（c）与网络或者服务相关的其他相关设备所提供的设备;

（d）由其他人提供的、能够用于提供电子通信服务的服务或设施。

第二章　频谱使用

152. 略

153. 略

154. 通信管制局执行频谱职能时的义务

（1）略

（2）在履行颁布的法规中规定的职责时，通信管制局应当推动——

（a）略

（d）电子通信服务供应方面的竞争。

155 条至 184 条　略

第三章　争议与控诉

185. 通信管制局的争议规定

（1）当有关提供网络访问的争议符合以下情况时，适用本条规定：

（a）不同通信供应商之间的争议；

（b）通信供应商与提供相关设备的个人之间的争议；

（c）提供相关设备的不同个人之间的争议；

（d）争议内容是第 74 条第（1）款所规定的，并且争议发生在提供相关设备、同时也是通信供应商的个人，与该款所规定的个人之间；

（e）争议内容是第 74 条第（1）款所规定的，并且争议发生在该款所规定的个人之间。

第（2）至（7）项　略

（8）根据本条规定：

（a）有关提供网络访问的争议，包括关于在特定情况中、提供网络访问所必备的条件的争议；

（b）略

186 条至 188 条　略

189. 涉及其他成员国的争议

（1）略

（2）略

（3）根据第（2）款的目的，在成员国内进行的活动，包括通过全部或部分在该成员国境内的电子通信网络所进行的活动。

190 条至 196 条　略

197. 第三章解释

（1）本章中，"网络访问"的含义在本部分第 1 章里有规定；

第三部分 电视与广播服务

第一章 BBC，C4C 威尔士当局以及盖尔语媒体服务

略

第二章 独立电视服务的监管架构

211 条至 231 条 略

232."电视许可内容服务"的含义

(1)在本条中,"电视许可内容服务"是指（受第 333 条规定的影响）符合第（2）款规定的,其提供的目的是为了保证公众能够通过以下一种或两种方式接收服务——

(a)该服务（不管是通过该服务提供者还是其他人）通过卫星进行广播;

(b)通过使用电子通信网络,以任何方式对该服务（不管是通过该服务提供者还是其他人）进行传播。

(2)符合以下条件,则一项服务属于本条规定——

(a)作为一项服务提供（不管是通过数字方式还是其他类似形式）给公众接收;

(b)由电视节目或电子节目指南,或者二者共同组成。

(3)当——

(a)一项由电视节目、电子节目指南,或者由二者共同组成（"主要服务"）的服务由提供商当作一项服务提供给公众成员接收,

第（1）款发生效力,正如主要服务和其他类似服务或设施是相关辅助服务,而非双路服务组成的符合第（2）款规定的一项单一服务。

(4)略

(5)根据本节目的,一项服务如果由电子通信网络方式提供,且其主要特征是其提供的目的包括使用部分或全部网络达到以下一项或两项目的,则其为双路服务——

(a)通过服务提供者向服务使用者传播视觉图像或声音（或二者）;

(b)通过用户接收服务、服务提供者提供服务或其他使用服务的用户,

传播视觉图像或声音（或二者）。

（6）在本条中——

"电子节目指南"是指由以下各项组成的一种服务——

（a）由非指南提供者所提供的一个或多个节目服务中包含的某些或所有节目的列表、宣传，或者列表加宣传；

（b）获得全部或部分节目服务或指南中列出或宣传的服务的设备。

"相关辅助服务"，与主要服务相关，是指由主要服务提供商提供的服务或设施，由以下方面组成或能够访问以下内容——

（a）略

（b）一项非电子节目指南，而与宣传或列举节目相关的服务（除广告外）；

233. 不属于电视许可内容服务

（1）略

（2）略

（3）一项通过电子通信服务方式提供的服务，如果符合以下条件，则不属于电视许可内容服务——

（a）它仅是构成由电子通信服务方式提供的服务的一部分，或者是可以通过此方式提供的众多服务的其中一种；

（b）略

（4）略

（5）符合以下条件，则一项服务不是电视许可内容服务——

（a）通过电子通信网络方式传播给在同一建筑下的公众；

（b）该网络整个属于该建筑中，并与该建筑外的其他电子通信网络没有联系。

234 条至 244 条　略

第三章　独立广播服务的监管架构

245. 略

246. 略

247. "广播许可内容服务"的含义

（1）在本部分中，"广播许可内容服务"是指（受第二百是十八条的影响）符合第（2）款规定的，提供的目的是为了保证公众能够通过以下一种或两种方式接收的服务——

（a）该服务（不管是通过该服务提供者还是其他人）通过卫星进行广播；

（b）通过使用电子通信网络的任何方式对该服务（不管是通过该服务提供者还是其他人）进行传播。

248. 属于广播许可内容服务

（1）略

（2）一项通过电子通信服务方式提供的服务，如果符合以下条件，则不属于广播许可内容服务——

（a）该服务仅是构成由电子通信服务方式提供的服务的一部分，或是可以通过此方式提供的众多服务的其中一种；

（b）略

（3）略

（4）根据本节目的，一项服务如果由电子通信网络方式提供，且其主要特征是其提供的目的包括使用部分或全部网络达到以下一项或两项目的，则其为双路服务——

（a）通过服务提供者向服务使用者传播视觉图像或声音（或二者）；

（b）通过用户接收服务、服务提供者提供服务或其他使用服务的用户，传播视觉图像或声音（或二者）。

（5）符合以下条件，则一项服务不是广播许可内容服务——

（a）通过电子通信网络方式传播给在同一建筑下的公众；

（b）该网络整个属于该建筑范围中，并与该建筑外的其他电子通信网络没有联系。

249 条至 262 条　略

第四章　监管规定

263 条至 271 条略

272. 与网络相关的、必须提供服务的义务规定

（1）以下事项的管理制度，包括通信管制局认为合理的、有利于保障实现本条规定所列的三项目标的条件：

（a）每个获得许可的公共服务频道；

（b）略

（2）第一项目标是，以数字化形式提供的频道服务或者其他服务，能够

全天候供应,并且能够通过适当的网络进行广播或者分配(不与同意条款相抵触)。

(3)第二项目标是,提供频道服务或者其他服务的主体,能够确保其安排设立并生效,并确保完成以下事项:

(a)以数字化形式提供的频道服务或者其他服务,能够通过适当的网络进行广播或者分配;

(b)根据其安排对频道服务或者其他服务进行的广播和分配,能够使尽可能多的用户通过适当的网络获得该服务。

(4)第三项目标是,必须保证根据第二项目标的需要制定并生效的安排,能够禁止对有关提供网络的行为征收以下费用:由授权通过该网络、以一种合理的形式接收频道服务或者其他服务的行为而(直接或间接)产生的费用。

(5)略

(6)略

(7)在本条中——

"适当的网络"是指(受第(8)款的影响)一种电子通信网络,通过该网络可以向大量终端用户提供其作为接收电视节目主要方式的公共电子通信服务。

(8)根据本节目的,一个电子通信网络如果仅仅向英国境内的部分地区或本地提供频道或其他服务,则不属于适当的网络;除非其借以传播的电子通信网络是由该特定地区或本地提供商提供的。

(9)在第(7)款中,"公共电子通信服务"和"终端用户"的含义同第二部分中规定的含义相同。

273 条至 289 条　略

290. 安排建议书

(1)对地区第 3 频道牌照的申请,除了需要《1990 年通信法》第 15 条第 3 款(b)项所提的建议书之外,还需要申请者对加入联网安排的建议书。

(2)略

(3)略

(4)根据本部分的规定,联网安排必须符合以下条件:

(a)对所有地区第 3 频道牌照持有者适用;

(b)略

291. 制定并维持已批准的联网安排

各个地区第3频道的管理制度,包括在以下情况时,通信管制局认为对确保牌照持有者尽力维持已批准的联网安排效力的有利的条件:

(a)略

(b)通信管制局根据第292条的规定设立的联网安排不产生效力。

(2)本条中,"经批准的联网安排"是指通信管理局根据附表11暂时批准的联网安排。

(3)《1998年竞争法》(第41号法律)附表2第5条(联网安排不包括在第1章禁令中)中,第1款规定替换为以下内容:

"(1) 第1章禁令不适用于符合以下情况的联网安排:

(a)根据《2003年竞争法》第291条对牌照条件的规定,联网安排已经过批准;

(b)根据《1990年广播法》附表4的规定,联网安排被视作已经过批准。"

(4)该条第4款规定替换为以下内容:

"(4) 本条'联网安排'的含义与《2003年通信法》第三部分的规定相同。"

292. 通信管制局实施安排的权力

(1)略

(2)通信管制局必须:

(a)确定牌照持有者和其他地区第3频道的供应商共同设立联网安排的日期(联网日期);

(b)开始计算通知中的日期。

(3)联网日期必须确定在以下时间之前:通信管制局认为联网安排应该已设立,若在被授予牌照的个人开始提供服务之前,经批准的联网安排就将充分施行。

(4)存在以下情况时,通信管制局可以将其认为合适的联网安排施加给所有地区第3频道供应商:

(a)联网日期到来之日,没有合适的联网安排;

(b)联网安排停止对所有的地区第3频道供应商适用。

(5)根据本条第(4)款的规定,存在以下情况时,联网安排被认为是适当的:

(a)略

(b)通信管制局认为,当持有牌照的主体开始提供服务时,已经批准的联网服务生效。

（6）略

（7）各个地区第3频道的管理制度，包括通信管制局认为对保证牌照持有者依从联网安排条款有利的条件。

（8）存在以下情况时，原有的联网安排应当停止生效，其他已经批准的联网安排产生效力：

（a）原有的联网安排是根据本条的规定设立的；

（b）其他的联网安排是由受原有联网安排约束的牌照持有者所共同设立的；

（c）其他的联网安排已经过通信管制局的批准。

（9）本条中：

"已批准的联网安排"的含义与第291条中的规定相同；

"地区第3频道的供应商"是指将被授权提供地区第3频道的服务，并且其牌照生效时即可提供该服务的主体。

293. 对已批准的联网安排的审议

通信管制局必须履行对已生效的联网安排进行经常性的一般审议的职责。

（2）略

（3）略

（4）略

（5）若根据本条的规定对联网安排进行了审议，通信管制局确信需要对暂时生效的联网安排进行变更，则通信管制局可：

（a）要求地区第3频道牌照持有者实行其提议的变更措施；

（b）若是通信管制局设立的联网安排，则由其自己实施变更措施。

（6）通信管制局不得行使本法或者《1990年通信法》所规定的权力去变更已生效的联网安排对地区第3频道牌照持有者的要求，除非存在以下情况：

（a）根据本条的规定对联网安排进行了审议；

（b）取得了牌照持有者的同意。

（7）略

（8）本条中，"经批准的联网安排"的含义与第291条的规定相同。

294. 关于联网安排的附加条款

附表11（关于批准、强制执行、变更联网安排的规定）生效。

295条至309条　略

310. 节目指南操作的准则

对指导电子节目指南供应的电子通信准则的拟定、时常检查和修改是通信管制局的职责。

略

（3）准则规定的操作应当同样包括电子节目指南中的以下特点，通信管制局认为这些特点对保证有视力、听力或视听残疾的公众是合适的——

（a）在实际可行的范围内，对于无残疾者可以按照同样目的充分利用该指南；

（b）被告知，并且能够利用，向残疾者提供的任何与列出或宣传的节目相关的帮助。

（4）略

（5）略

（6）略

（7）略

（8）在本条中，"电子节目指南"是指由以下各项组成的一种服务——

（a）由非指南提供者所提供的一个或多个节目服务中包含的某些或所有节目的列表、宣传，或者列表加宣传；

（b）获得全部或部分节目服务或指南中列出或宣传的服务的设备。

311. 遵守第310条规定的准则的条件

（1）每种存在于或包含电子节目指南的服务的管理制度都包括，通信管制局认为对保证在提供服务时准则被充分遵守是合适的所有条件。

（2）在本条中，"电子节目指南"的含义同第310条中的含义相同。

312条至329条　略

330. 禁止令的影响

（1）略

（2）略

（3）略

（4）在本条中，"一揽子电缆服务"是指（受第（5）款规定的影响）这样一种服务，通过该服务将节目服务打包在一起然后进行传播——

（a）通过电子通信服务的方式；

（b）略

（5）符合以下条件，则通过电子通信服务方式传播的节目服务并不构成一揽子电缆服务——

（a）这些节目服务的传播仅仅构成通过电子通信服务方式传播的服务的

一部分；

(b) 略

331 条至 347 条略

第五章 媒体所有权及控制

348. 略

349. 地方当局所持执照

(1) 略

(2) 在《1972年地方政府法》(第70章) 第142条规定地方当局提供与其活动相关的信息里，在第(1A)款后应当插入——

"(1AA) 地方当局可以——

(a) 为广播或传播符合第(1AB)款规定的信息，提供电子通信网络或电子通信服务；

(b) 与此类网络或者服务供应商商议通过网络或者服务、将此类信息进行广播或者分配。

(1AB) 略

(1AC) 第(1AA)款中的内容并不授权地方当局从事任何违反以下法规的行为——

(a)《1949年无线电报条例》；

(b)《1990年广播法》；

(c)《1996年广播法》；

(d)《2003年通信法》。

并且，在第(1AA)款中，'电子通信网络'和'电子通信服务'的含义同其在《2003年通信法》中的含义相同。"

350 条至 357 条　略

第六章　关于电视和广播服务的其他规定

358. 略

359. 略

360. 1990年和1996年法规的修改

在1990年法规第201条(节目服务)中，在第(1)款中——

（a）略

（b）在（c）段，"电信系统"应该替换为"电子通信服务（在《2003年通信法》规定的含义范围内）"。

361."公众可接受的"含义

（1）略

（2）略

（3）略

（4）第二个条件是，它只对服务的用户所作选择进行回应，即任何事物（无论是否加密）——

（a）

（b）或者通过其他电子通信网络的方式进行传播。

362.略

第四部分　电视接收许可

363条至366条　略

366.有关经销商通知规定的解释

（1）略

（2）略

（3）第（1）款之后应插入以下内容：

"（1A）根据第1款规定，对电视进行定义的条款可规定，电视包括运行设备时使用的软件。"

368."电视接收器"和"使用"的含义

（1）略

（2）根据本条规定对电视接收器进行定义的条款，可以规定，电视接收器包括运行设备时使用的软件。

第五部分　通信市场的竞争

369.与通信管制局具有竞争作用相关的事项

（1）在本章中，提及通信事项即指以下一项或多项——

（a）提供电子通信网络；

（b）提供电子通信服务；

（c）提供或制造由以下方式提供或制造的服务或设施——

（i）通过电子通信网络或电子通信服务的方式，或者与电子通信网络或电子通信服务的供应（由同一人或者其他人提供）相关。

370. 略

371.

（1）略

（2）略

（3）略

（4）略

（5）略

（6）《1998年竞争法》（根据《1990年通信法》制定的联网安排出版目录不在第1章禁令中）附表2第5条中：

（a）第2款中，"独立电视委员会（ITC）"替换为"通信管制局"；

（b）第3款中，"独立电视委员会"替换为"通信管制局"。

372条至395条　略

396. 通过电子手段所实施事项的时间和地点

（1）为实现第394（2）款中指定的法令目的，事务大臣可以通过发布命令，指定——

（a）根据法令规定，通过电子通信网络的方式实施相关行为的时间；

（b）略

（2）第（1）款中所规定的条款包括电子地址所在地的国家或地区。

（3）事务大臣发布的命令同样可以规定法律诉讼方面的事项——

（a）通过电子通信网络方式所实施的事项应当符合第394（2）款中指定的相关法令的要求；

（b）第（1）（a）项和（b）项中提及的事项。

397. 兰开斯特公爵土地的购买

（1）兰开斯特公爵郡大臣或委员会，在其认为合适时，可以与以出售为目的提供公共电子通信网络者达成协议，并且可以独立以他们认为足够的对价，出售任何符合以下条件的土地——

（a）属于女王陛下并由兰开斯特公爵占有的土地；

（b）任何人为提供网络服务所需要，或者与提供网络服务相关的土地。

（2）在本条中，"公共电子通信网络"的含义同第二部分第1章中规定的含义相同。

398条至404条　略

405. 一般释义

（1）在本法中，除非根据上下文有其他解释，否则——

"通信服务提供商"是指提供电子通信网络或电子通信服务者（在第32（4）款规定的含义范围内）。

有关通信供应商或者提供相关设备的个人的"客户"含义如下（其对网络、服务或者设备的使用或者可能使用是为了商业目的）：

（a）在商业过程中，网络、服务或者设备的提供对象；

（b）通信供应商或者提供设备的个人确保所提供的网络、服务或者设备所服务的对象；

（c）希望成为前两项所指网络、服务或者设备的提供对象或者服务对象。

"电子通信网络"和"电子通信服务"的含义参见第32条的规定。

"提供"及其同源表述，与电子通信网络、电子通信服务或相关设施有关，应当按照第32（4）款的规定进行解释。

（2）略

（3）略

（4）在本法中，"访问"的引用——

（a）与电子通信网络或电子通信服务相关，是指获取和使用这种网络或服务的机会；

406. 略

407. 略

408. 预期功能执行的过渡性条款

（1）当根据第411条发布的命令使得以下条款生效，并且该命令规定：同意通信管理局总负责人或者国务大臣在过渡性阶段实施特定的网络、服务功能，或者特定的频谱功能，并且以下条款在特定的时间生效时，适用本条规定：

（a）第一、二、六部分的条款；

（b）第五部分第1章的条款。

（2）略

（3）略

（4）略

（5）略

（6）略

(7)本条中,"网络和服务功能"是指本法规定的、通信管制局所具有的以下功能:

(a)第24.25条规定的功能;

(b)第二部分第1章规定的功能;

(c)第二部分第3章规定的功能,但不包括与以下内容有关的功能:

(i)有关无线电频谱管理的法令所授予、施加或规定的权利义务的争议;

(ii)根据以上法令做出的决定;

(d)第五部分第1章规定的功能,但不包括与广播等事项有关的功能;

(e)本法附表18规定的、关于废止牌照(附表对其含义有规定)的功能。

隐私和电子通信条例*

2003 年第 2426 号法律
起草完成时间：2003 年 9 月 18 日
提交议会时间：2003 年 9 月 18 日
生效日期：2003 年 12 月 11 日

出于执行《1972 年欧洲共同体法（2）》第 2 条所规定的有关电子通信的事项的目的，国务大臣作为管理此类事项的指定长官，被授权（1）制定以下条例：

引称与生效规定

1. 这些条例统称为《2003 年隐私和电子通信条例》，2003 年 12 月 11 日起生效。

解释规定

2.（1）本条例中：

"账单"包括发票、账单、报表及其他类似文件，开账单的行为也应根据相应意思进行解释；

"呼叫"是指利用公共电话服务建立双向即时通信连接；

"通信"是指通过公共电子通信服务在有限的主体之间交换、传送的信息，但是不包括作为节目服务的一部分而被传送的信息，除非收到此类信息的订户、用户可被识别；

"通信供应商"的定义在《2003 年通信法（3）》第 405 条中有规定；

"社团订户"是指该订户为：

（a）《1985 年公司法（4）》第 735 条第 1 款中规定的公司；

（b）根据皇家宪章、专利许可证而设立的注册公司；

---

* 译者：谢舒婷，北京大学法学院。
校对：彭定义，北京大学法学院。

（1）S. I. 2001/3495。

（2）1972年第68号法律。

（3）2003年第21号法律；关于第405条的生效规定，参阅第411条第2.3款。

（4）1985年第6号法律。

（c）苏格兰地区的合伙企业；

（d）单一法人；

（e）其他作为法人存在而与其成员相区别的法人团体、实体组织。

"指令"是指2002年7月12日欧洲议会和欧盟委员会发布的指令2002/58/EC，有关电子通信部门的个人数据处理以及隐私保护（关于隐私以及电子通信的指令）（5）；

"电子通信网络"的定义在《2003年通信法（6）》第32条中有规定；

"电子通信服务"的定义在《2003年通信法（6）》第32条中有规定；

"电子邮件"是指通过公共电子通信网络传送的文本、语音、声音以及图像，可以在被接收之前一直储存在网络或接收者终端设备中，也包括通过短信服务发送的消息。

"法令"包括苏格兰议会制定和颁布的法律，以及根据议会法律制定和颁布的法律文件。

"个体"是指个人，并且包括个人所组成的非法人团体；

"信息委员会"和"委员会"是指根据《1998年数据保护法（7）》第6条所设立的英国信息委员会；

"信息社会服务"的定义在《2002年电子商务条例（8）》第2条第1款中有规定；

"定位数据"是指电子通信网络中运行的、表明公共电子通信服务用户所使用的终端设备的地理位置的数据，包括含有以下内容的数据：

（f）终端设备所在地点的纬度、经度以及海拔高度；

（g）用户的行进方向；

（h）定位信息被记录下来的时间。

"OFCOM"是指根据《2002年通信办公室法（9）》第1条所设立的通信办公室；

"节目服务"的定义在《1990年广播法（10）》第201条中有规定；

"公共电子通信网络"的定义在《2003年通信法（11）》第151条中有规定；

"公共电子通信服务"的定义在《2003年通信法》第151条中有规定；

（5）OJ No L201，31.07.02，p.37。

（6）关于第32条的生效规定，参阅 S.I.2003/1900（第77号法律）第2条第1款。

（7）1998年第29号法律；第6条因《2000年信息自由法》（第36号法律）第18条第4款，附表2第一部分第13条第1、2款的规定而被修正。

（8）S.I.2002/2013。

（9）2002年第11号法律。

（10）1990年第42号法律；第201条因《1996年广播法》（第55号法律）第148条第1款，附表10第11条的规定而被修正。

（11）有关第151条的生效规定，参阅 S.I.2003/1900（第77条法律）第2条第1款。

"订户"是指为了获得公共电子通信服务供应商提供的服务，而与其订立合同的当事人；

"流量数据"是指为了记录电子通信网络上传送的通信，以及此类通信产生的账单而加工处理的数据，它包括通信路径、通信时间、通信时长的数据；

"用户"是指使用公共电子通信服务的个人；"增值服务"是指对流量数据，以及通信传送、通信账单所必需的定位数据进行加工处理的服务。

（2）本条例中，在本条第1款中无规定、而在《1998年数据保护法》中有规定的相关用语，采用《1998年数据保护法》中的定义。

（3）在本条例中，本条第1款和《1998年数据保护法》都无规定、而在欧盟指令中有规定的相关用语，采用欧盟指令所规定的定义。

（4）本条例中"连线"的含义，在不与第3条规定相抵触的情况下，应包括任何拥有电话连线功能的事物，"连接"的含义也应作相应解释。

《1999年电信（数据保护和隐私）条例》的撤销

3.《1999年电信（数据保护和隐私）条例（12）》、《2000年电信（数据保护和隐私）条例（修正案）（13）》因本条例生效而撤销。

本条例与《1998年数据保护法》的关联性

4. 本条例不减轻《1998年数据保护法》中规定的对个人资料进行加工处理的个人责任。

对公共电子通信服务的保障

5.（1）根据本条第2款规定，公共电子通信服务供应商（服务供应商）应当采取适当的技术和组织措施来保障服务安全。

（2）必要时，本条第1款所规定的措施应由服务供应商以及电子通信网络供应商同时实施，并且网络供应商应当遵守服务供应商提出的合理要求。

（3）虽然本条第1款规定了保障措施，但是公共电子通信服务的安全性仍然存在重大的风险，为此，服务供应商应当告知订户以下事项：

（a）风险的性质；

（b）订户应对风险时可以采取的适当措施；

（c）订户采取风险应对措施的大概费用。

（4）本条第1款所规定的保障措施，只有考虑到以下因素，才应当被认为是适当的：

（a）技术发展的现状；

(12) S. I. 1999/2093.

(13) S. I. 2000/157.

（b）实施措施的费用与措施所应对的风险，应当是符合比例的。

（5）对于本条第3款所规定的告知事项，服务供应商履行告知义务时不应当收取任何费用，订户接收和收集告知信息的费用不计在内。

通信机密性

6.（1）根据本条第4款规定，任何人不得在订户、用户的终端设备中通过电子通信网络储存信息或者获取被储存的信息，除非满足本条第2款所列条件。

（2）存在以下情况时，可以在订户、用户的终端设备中通过电子通信网络储存信息或者获取被储存的信息：

（a）订户、用户对行为人储存信息、获取信息的目的已有清楚、全面的认识；

（b）订户、用户有拒绝行为人储存信息、获取信息的权利而放弃该权利。

（3）行为人多次在订户、用户的终端设备中通过电子通信网络储存信息或者获取被储存的信息，其初次行为满足第2款所列条件即可。

（4）存在以下情形时，不适用本条第1款规定：

（a）储存信息、获取信息的目的是为了在电子通信网络中传送或帮助传送通信；

（b）储存信息、获取信息的行为对于提供订户、用户所要求的信息社会服务是非常必要的。

对流量数据进行加工处理的限制

7.（1）根据本条第2、3款规定，与订户、用户有关的、经过公共通信

供应商加工、储存的流量数据,在不是为了传送通信的目的下,应具备以下条件:

(a)被清除;

(b)与个人相关时,数据应被修改以防止构成订户、用户的个人信息资料;

(c)与社团订户相关时,若订户实质上是个人,则数据应被修改以防止构成个人信息资料。

(2)当流量数据为公共通信供应商所有,其目的是计算订户应付的费用、互联费用时,在本条第5款所规定的时间之前,该数据应经过该供应商的加工、储存。

(3)存在以下情形时,公共电子通信服务供应商应当对与订户、用户相关的流量数据进行加工、储存:

(a)加工、储存数据的目的是为了出售电子通信服务,或者向订户、用户提供增值服务;

(b)与流量数据有关的订户、用户已同意加工、储存数据;

(c)加工、储存数据的行为只能在(a)项所规定的目的所必需的期间内进行。

(4)订户、用户根据本条第3款的规定同意了加工、储存数据的行为,其也可在任何时间收回其许可。

(5)本条第2款所指的时间,是指付款所需的法定程序的到期时间,或者是在法定期限内所确定的程序履行完毕的时间。

法定程序履行期限的确定:

(a)若诉讼时效期间(不得因法院命令或其他任何原因而延长)内当事人没有提出诉讼请求,则法定程序履行期限应在普通诉讼时效期间结束之日时确定;

(b)若当事人提起了诉讼,则法定程序履行期限应在诉讼结束时确定。

(7)本条第6款所指的诉讼,包括申请许可的行为。

第7条所规定的加工流量数据的附加条款

8. (1)根据第7条第2、3款的规定对流量数据进行加工处理的行为,不应由公共通信供应商来实施,除非订户、用户已获知了流量数据的类型、加工数据所需的时间等信息,或者根据第3款的规定,其在同意加工行为之前,已获知了有关信息。

(2)根据第7条规定对流量数据进行加工处理,应当受到本条第3款所列事项的目的限制,并且只能由公共通信供应商或者有权限的个人来实施。

(3)本条第2款所提的事项如下:

(a)账单、流量管理;

(b)客户查询;

(c)防治、检查舞弊行为;

(d)出售电子通信服务;

(e)提供增值服务。

(4)为了更好地实施法令中有关争议解决(通过法定程序或其他方式)的条款,不得妨碍向主管部门提供流量数据。

账单明细与隐私

9.(1)经订户要求,公共电子通信服务供应商应当提供不包括明细项目的账单。

(2)通信办公室根据《2003年通信法》第一章第二部分的规定行使职权时,应当注意协调订户获取明细账单的权利与通话用户的隐私权之间的冲突,包括提供足够的、可供选择的加强通信隐私的方法,以及订户、用户可接受的付款方式。

防止显示来电识别—对呼出电话的规定

10.(1)根据第15、16条的规定,当设备能够显示来电号码时,对呼出电话的规定适用本条。

(2)公共电子通信服务供应商应当向呼出用户提供简单的方法,以防止其来电识别信息显示在与其有关的连接线路上。

(3)关于订户所使用的线路,以及从其线路中发出的所有呼叫,公共电子通信服务供应商应向订户提供简单的方法以防止以上信息显示在其他的连接线路上。

(4)根据本条第2、3款规定所提供的方法、措施,不得收取任何费用。

防止显示来电识别或连接号码—对呼入电话的规定

11.(1)对呼入电话的规定适用本条。

(2)当设备能够显示来电识别时,公共电子通信服务供应商应当向被呼叫的订户提供简单的方法以防止来电识别信息显示在连接线路上,订户合理使用设备无需付费。

(3)当设备在呼叫接通之前就能够显示来电识别信息,但呼叫用户、订户已采取措施防止显示来电识别,则公共电子通信服务供应商应当向被呼叫的订户提供简单的方法以拒接电话。

(4)当设备能够显示连接号码时,公共电子通信服务供应商应当免费向被呼叫的订户提供简单的方法以防止连接号码显示在其他呼叫线路上;

(5)本条"被呼叫的订户"是指接收呼叫的一方,其线路是被呼叫线路(无论其是不是已连接线路)。

第10、11条的信息公开规定

12.当公共电子通信服务供应商提供设备以显示来电识别或连接号码时,其应当向公众提供关于此类设备实用性的信息,包括第10、11条中所规定的有关的选择信息。

第10、11条的通信供应商的合作规定

13.为了更好地实施第10、11条的规定,通信供应商应当遵守公共电子通信服务供应商的合理要求,并可以利用具有来电识别功能的设备。

对定位数据进行加工处理的限制

14.(1)对流量数据进行加工处理的行为不适用本条规定。

(2)只有存在以下情形时,才能对公共电子通信网络或者公共电子通信服务中的、与订户、用户相关的定位数据进行加工处理:

(a)从定位数据中无法识别订户、用户;

(b)对提供增值服务而言是必要的,并且取得了订户、用户的许可。

(3)在本条第2款(b)项的情况中,在取得订户、用户的许可之前,公共通信供应商必须向订户、用户提供以下数据信息:

(a)将被加工处理的定位数据的类型;

(b)加工处理定位数据的目的和所需时间;

(c)是否会为了提供增值服务的需要而将定位数据传送给第三方。

(4)在本条第2款(b)项的情况中,已许可对定位数据进行加工处理的订户、用户,享有以下权利:

(a)能够在任何时间收回该许可;

(b)在涉及公共电子通信网络的连接和通信传送的问题上,订户、用户可以通过简单的方法收回其许可,不计费用。

(5)根据本条规定对定位数据进行加工处理的行为——

(a)只能由以下主体实施:

(i)公共通信供应商;

(ii)提供增值服务的第三方;

(iii)隶属于(i)、(ii)中所列主体的其他个人;

(b)当实施加工处理数据的行为是为了提供增值服务的需要,则应当对该行为进行目的限制。

对恶意电话和骚扰电话的追踪

15.（1）当存在以下情况时，通信供应商可以取消原来实施的防止显示来电识别的措施：

（a）订户要求对接收到的恶意电话或骚扰电话进行追踪；

（b）供应商确信该行动对追踪此类电话是必要且有利的。

（2）提供公共电子通信服务的合同中与此类防止措施有关的条款，违反本条第1款规定则无效。

（3）对于追踪恶意电话和骚扰电话的行为，本条例允许通信供应商向享有合法利益的个人提供具有实用性、并且包含在本条第1款规定的情况下呼叫订户的来电识别信息的数据。

紧急呼叫

16.（1）根据本条规定，"紧急呼叫"是指国家紧急救援电话999和欧洲统一紧急呼叫电话112所接收到的呼叫。

（2）为了加强对紧急呼叫的反应能力：

（a）所有此类紧急呼叫被排除在第10条规定的要求之外；

（b）任何人不得被授权实施防止在连接线路上显示来电识别的措施；

（c）不得对根据第14条第2款规定对定位数据进行加工处理的行为进行限制。

自动呼叫转移的终止规定

17.（1）存在以下情况时：

（a）第三方采取行动，使得原本接往其他线路的呼叫自动转移到订户的线路中；

（b）订户要求电子通信服务供应商（订户的供应商）停止转移此类呼叫，

则订户的供应商应当确保在没有不可避免的迟延情况下，转移行为能立刻终止，供应商不得收取任何费用。

（2）根据本条第1款规定，其他通信供应商应当遵守订户的供应商所提出的合理要求，以协助防止此类呼叫转移。

订户名录

18.（1）本条适用于有关订户名录的规定，订户名录无论是印刷版还是电子版，都应当能被公众所使用，方式包括向公众提供号码查询服务。

（2）名录中不应当记载个体订户的个人资料，除非订户存在以下情况：

（a）个人资料收集者已告知订户记载其个人资料的名录的目的；

（b）订户有权决定名录制作者认为具有重要性的个人资料是否应被记载，而其放弃行使这一权利；

（3）当名录上记载个体订户的个人资料，并且载有名录的设备允许使用者仅通过电话号码就可获知该号码用户的个人资料，则

（a）根据本条第2款（a）项的规定所告知的信息，应包含该设备的信息；

（b）根据本条第2款（b）项规定，必须取得订户对将其个人资料载入载有名录的设备中的明示同意。

（4）当订户已向名录制作者提出其不愿将其数据资料载入名录，则名录不应当记载有关社团订户的数据资料。

（5）当个体订户的数据资料已被载入名录中，则该订户可以在任何时间核实、纠正、取回其资料，并不用因此而支付费用。

（6）当订户根据本条第5款的规定提出取回、纠正其数据资料的要求，其要求应被视作未申请将其资料载入名录制作者收到此要求之前制作的那一版本中。

（7）根据本条第6款的规定，名录在初次出版后再做修订的，修订后的名录应被视作新的版本。

（8）本条中"电话号码"的含义与《2003年通信法（14）》第56条第5款规定的含义相同，不包括作为互联网域名、互联网地址以及合并了互联网域名、互联网地址的地址或标志的号码，包括电子邮件地址。

自动呼叫系统的使用规定

19.（1）任何人不得传送或者唆使传送包含以下内容的通信：通过自动呼叫系统进行直销的记载事项，不包括本条第2款中所规定的情形。

（14）2003年第21号法律；第56条第5款的生效规定，参阅S.I. 2003/1900（第77号法律）第2条第1款。

（2）本条第1款规定的情形是指，被呼叫线路的订户事先已告知呼叫者，其暂时同意呼叫者传送或者唆使传送此类通信。

（3）订户不得允许他人使用其线路实施违反本条第1款的行为。

（4）本条所规定的"自动呼叫系统"具有以下功能：

（a）依照系统内部指示，自动向一个以上的终端发出呼叫电话；

（b）向部分或全部终端的使用者传送非自然语音的声音文件。

利用传真机进行直销的规定

20.（1）任何人不得传送或者唆使传送包含以下内容的、未经订户许可传送的通信：通过传真机进行直销，并且被呼叫的线路为以下主体所有：

（a）个体订户，不包括本条第 2 款中规定的情形；

（b）社团订户，其事先已通知呼叫者此类通信不得传送到该线路中；

（c）线路为其订户所有，并且线路号码已登记在根据第 25 条规定所制作的注册表中。

（2）本条第 1 款（a）项规定的情形是指，个体订户事先已告知呼叫者，其暂时同意呼叫者传送或者唆使传送此类通信。

（3）订户不得允许他人使用其线路实施违反本条第 1 款的行为。

（4）当传送通信行为作出时，线路号码已被登记在注册表上，但登记时间少于 28 天，则行为人不应当被认为违反了本条第 1 款（c）项规定。

（5）当订户已将其线路号码登记在根据第 25 条规定制作的注册表中，并且事先已告知呼叫者其暂时不反对呼叫者传送或者唆使传送此类通信，则呼叫者可以实施传送行为，即使该线路号码已被登记在册。

（6）当订户根据本条第 5 款的规定对呼叫者进行了通知：

（a）订户可以在任何时间收回其通知；

（b）订户收回其通知后，呼叫者不得再进行传送通信行为。

（7）本条规定不得与第 19 条规定相抵触，否则无效。

以直销为目的、未经许可的呼叫

21.（1）存在以下情形时，任何人不得使用或者唆使使用公共电子通信服务发出以直销为目的的、未经许可的呼叫：

（a）被呼叫线路的订户事先已告知呼叫者，此类呼叫暂时不得传送到该线路中；

（b）订户的线路号码已登记在根据第 26 条规定制作的注册表中。

（2）订户不得允许他人使用其线路实施违反本条第 1 款的行为。

（3）当传送通信行为作出时，线路号码已被登记在注册表上，但登记时间少于 28 天，则行为人不应当被认为违反了本条第 1 款（b）项规定。

（4）当订户已将其线路号码登记在根据第 26 条规定制作的注册表中，并且事先已告知呼叫者其暂时不反对呼叫者传送或者唆使传送此类通信，则呼叫者可以实施传送行为，即使该线路号码已被登记在册。

（5）当订户根据本条第 4 款的规定对呼叫者进行了通知：

（a）订户可以在任何时间收回其通知；

（b）订户收回其通知后，呼叫者不得再进行传送通信行为。

使用电子邮件进行直销的规定

22.（1）通过电子邮件将未经订户许可的通信传送给个体订户的行为，适用本条规定。

（2）排除本条第3款所规定的情形，任何人不得为了直销目的，利用电子邮件传送或者唆使传送未经订户许可的通信，除非邮件接收者事先已告知发送者，其暂时允许发送者传送或者唆使传送此类通信。

（3）存在以下情形时，行为人可以为了直销目的传送或者唆使传送电子邮件：

（a）行为人向邮件接收者出售产品或服务，其在销售、协商过程中已经获得了邮件接收者的联系方式；

（b）直销的产品、服务与行为人在之前的销售、协商过程中出售的产品、服务相类似；

（c）邮件接收者在最初以及后来的通信中，有权通过简单的途径（送达通知的费用不免除，其余服务不收取费用）拒绝他人为了直销目的使用其联系方式，但其放弃行使这一权利。

（4）订户不得允许他人使用其线路实施违反本条第2款的行为。

关于隐藏身份、地址的行为人使用电子邮件进行直销的规定

23. 存在以下情形时，任何人不得为了直销目的，利用电子邮件传送或者唆使传送通信：

（a）传送通信的行为人的身份是伪装的或者是被隐藏的；

（b）通信接收者得以发送请求、要求停止通信的有效地址未被提供。

第19.20、21条的信息查询规定

24.（1）当行为人为了直销目的、使用或者唆使使用公共电子通信服务时，该服务应确保能够提供与以下通信有关的信息：

（a）第19条（自动呼叫系统）和第20条（传真机）中规定的通信，具体内容见本条第2款（a）（b）项规定；

（b）第21条（电话呼叫）中规定的通信，具体内容见本条第2款（a）项；若呼叫接收者要求，则见本条第2款（b）项。

（2）本条第1款中所指通信具体内容，包括以下两点：

（a）行为人姓名；

（b）允许他人免费获知的行为人的地址或者电话号码。

根据第 20 条设立的登记规定

25.（1）根据第 20 条规定，通信办公室应当对记载订户号码的注册表的印刷版、电子版进行维持和更新，这些登记订户（个体订户得从第 20 条第 1 款（a）项和第 2 款规定中受益）已表明暂时不希望收到以传真方式发送的、以直销为目的、未经许可并来自未知线路的通信。

（2）当通信办公室有理由相信某一号码已不再分配给某一订户，并且其已收到订户的通知，则通信办公室应当根据本条第 1 款的规定将该号码移除出注册表。

（3）对于注册表中的登记信息，应以下主体的以下请求，通信办公室应当在根据本条第 4 款的规定收取费用的前提下，向请求获取该信息的个人或者订户提供该信息，除非这种做法不合理，也不具有可行性：

（a）其他个人希望传送或者唆使传送本条第 1 款所提及的通信；

（b）订户允许他人使用其线路来传送此类通信。

（4）根据本条第 3 款规定，通信办公室提供以下信息时，应收取相应费用：

（a）来自不同形式的注册表的登记信息；

（b）来自注册表整体或者不同部分的登记信息。

收取费用的项目应当经过国务大臣确认，认为收取的或者应当收取的费用与通信办公室根据本条第 1、2、3 款的规定实施行为的成本相符合。

（5）通信办公室根据本条第 1、2、3 款规定履行的职责，除了根据第 3 款规定决定收费项目之外，其他职责可通过签订合约委托他人代为履行。

根据第 21 条设立的登记规定

26.（1）根据第 21 条规定，通信办公室应当对记载订户号码的注册表的印刷版、电子版进行维持和更新，这些登记订户已表明暂时不希望收到、以直销为目的、未经许可并来自未知线路的通信。

（2）当通信办公室有理由相信某一号码已不再分配给某一订户，并且其已收到订户的通知，则通信办公室应当根据本条第 1 款的规定将该号码移除出注册表。

（3）对于注册表中的登记信息，应以下主体的以下请求，通信办公室应当在根据本条第 4 款的规定收取费用的前提下，向请求获取该信息的个人或者订户提供该信息，除非这种做法不合理，也不具有可行性：

（a）其他个人希望传送或者唆使传送本条第 1 款所提及的通信；

（b）订户允许他人使用其线路来传送此类通信。

（4）根据本条第3款规定，通信办公室提供以下信息时，应收取相应费用：

（a）来自不同形式的注册表的登记信息；

（b）来自注册表整体或者不同部分的登记信息。

收取费用的项目应当经过国务大臣确认，认为收取的或者应当收取的费用与通信办公室根据本条第1、2、3款的规定实施行为的成本相符合。

（5）通信办公室根据本条第1、2、3款规定履行的职责，除了根据第3款规定决定收费项目之外，其他职责可通过签订合约委托他人代为履行。

合同变更的规定

27. 订户与公共电子通信服务供应商之间、公共电子通信服务供应商与电子通信网络供应商之间签订的合同条款若与本条例规定相抵触，则该条款无效。

国家安全的规定

28. （1）若为了保障国家安全而赋予通信供应商豁免权，则本条例不得要求或者限制供应商的行动（包括加工处理数据）。

（2）根据本条第4款的规定，关于豁免权的授予，内阁成员签署的证书是证明其是为了保障国家安全需要的决定性证据。

（3）本条第2款所规定的证书，可以通过一般说明规定其在何种情况中适用，并且可以表示其会产生预期效果。

（4）任何利益受到签发证书行为影响的个人，可以向法院起诉该签发行为。

（5）在本条第4款所规定的情形下，若法院发现，根据法院在受理司法审查申请时所遵循的原则，内阁成员并没有正当理由签发该证书，则法院可以受理诉讼并撤销该证书。

（6）在根据本条例规定进行的诉讼中，通信供应商称其是在规定的情形下适用证书，但其他诉讼当事人认为供应商不是在规定的情形中适用证书，则在不违反本条第7款规定的法院决定的情况下，应当最终推定按照其他诉讼当事人的要求去适用证书。

（7）在本条第6款规定的诉讼中，法院可以决定不按照其他诉讼当事人的要求去适用证书。

（8）本条中：

（a）"法院"是指《1998年数据保护法（15）》第6条规定的资讯法庭；

（b）本条和本条例都适用《1998年数据保护法》第28条第8、9、10、12款以及附表6的规定；

（c）本条例适用《1998年数据保护法》第58条的规定，本条第4、7款对法院职责的规定适用《1998年数据保护法》中对法院职责的规定；

（d）本条例对法院职责的规则制定适用《1998年数据保护法》第67条第1、2款以及第5款（f）项的规定。

法律要求、法律实施的规定

29.（1）存在以下情形时，本条例不得要求或者限制通信供应商的行动（包括加工处理数据）：

（a）遵守本条例规定的要求会导致以下后果：

（i）与其他法令或者法院命令相抵触；

（ii）不利于防治、侦查犯罪，或者不利于逮捕、起诉罪犯；

（b）存在以下必须授予豁免权的情形：

（i）执行法律程序（包括预期的法律程序）的需要；

（ii）获取法律意见的需要；

（iii）确立、行使、保护法律权利的需要。

行为违反本条例规定的法律赔偿程序

30.（1）任何因他人实施违反本条例规定的行为而遭受损失的个人，有权通过诉讼程序获得赔偿。

（2）在根据本条规定进行的诉讼中，被告方应当承担证明自己已尽合理的注意义务以遵守相关法律规定的举证责任。

（3）本条规定不得与第31条规定相抵触。

（15）1998年第29号法律。

执法规定——《1998年数据保护法》第五部分规定的扩展适用

31.（1）《1998年数据保护法》第五部分以及附表6和附表9的规定在本条例中适用，并且仅在不与附表1的修订条款相抵触的情况下生效。

（2）第32.33条中"执法职能"是指根据本条第1款中涉及的条款规定而派生的、赋予信息委员会的职能。

（3）本条规定不得与第30条规定相抵触。

对信息委员会执法职能的要求

32. 当存在违反本条例规定的行为时，通信办公室或者受到该行为侵害的个人可以请求信息委员会行使执法职能，但是无论信息委员会是否被如此请求，执法行为只能由信息委员会实施。

对信息委员会技术咨询的规定

33. 通信办公室应当遵守信息委员会提出的合理要求、服从信息委员会的执法行动,并向其征求技术、电子通信等相关方面的建议。

《2000 年电信条例(修正案)(合法商业惯例)(通信窃听)》

34. 《2000 年电信条例(修正案)(合法商业惯例)(通信窃听)(16)》第 3 条第 3 款规定替换为以下内容:

"(3)满足以下条件时,第 1 款(a)项(i)目中所规定的行为才得以实施:2002 年 7 月 12 日欧洲议会和欧盟委员会发布的指令 2002/58/EC,其中第 5 条电子通信部分关于个人数据的加工处理以及隐私保护的规定许可实施该行为。"

《2003 年电子通信(普遍服务)规则(修正案)》

35. (1)《2003 年电子通信(普遍服务)规则(17)》附表第 2 条第 2 款和第 3 条第 2 款中,"《1999 年电信(数据保护和隐私)条例》"替换为"《2003 年隐私和电子通信条例》"。

(2)本条第 1 款规定的生效无须考虑《2003 年通信法(18)》第 65 条(规定了普遍服务规则的修订程序)的规定。

过渡性条款

36. 附表 2 的条款生效。

(16) S. I. 2000/2699。

(17) S. I. 2003/1094。

(18) 2003 年第 21 号法律;第 65 条的生效规定,参阅 S. I. 2003/1900(第 77 号法律)第 2 条第 1 款规定。

2003 年 9 月 18 日

斯蒂芬·蒂姆斯

国家能源、电子商务、邮政大臣,贸易工业部部长

个人信息保护法*

平成十五年五月三十日第五十七号法律
（2003年5月30日第57号法律）
最终修订：平成二十一年六月五日第四十九号法律
（2009年6月5日第49号法律）

第一章 总 则

【第一条】【目的】

伴随信息通信社会的高速发展，个人信息的利用显著扩大。鉴于这一情况，本法对与个人信息的正当处理相关的基本理念和政府基本方针的制定，以及其他与个人信息保护相关的政策措施的基本事项加以规定，在对国家以及地方公共团体的职责等加以明确的同时，通过对个人信息处理从业人员应当遵守的义务等加以规范，以期在充分考虑个人信息有用性的同时，保护个人的权益。

【第二条】【定义】

本法所称的"个人信息"是指，与个人生存相关的信息，该信息包括姓名、出生年月日以及其他根据记述能够对特定的个人进行识别的信息（包括能够容易地与其他的信息相比照，从而能够依此对特定的个人进行识别的信息）。

2[①] 本法所称的"个人信息数据库等"是指，包含个人信息的信息集合物，如下所述。

（一）系统地构成能够利用电子计算机检索出特定的个人信息的物体

（二）除前项所指的物体外，用政策命令规定的，作为系统构成的一部

---

* 译者：张久琳，北京大学法学院。
[①] "2"指"第2款"下同。

分，能够容易检索出特定个人信息的物体

3 本法所称"个人信息处理服务提供者"是指，将个人信息数据库供其业务使用的人员。但是，以下所列情况除外。

（一）国家机关

（二）地方公共团体

（三）独立行政法人等（指《关于保护独立行政法人等所持有的个人信息的法律》（2003年第59号法律）第2条第1款规定的独立行政法人等。下同。）

（四）地方独立行政法人（指《地方独立行政法人法》（2003年第118号法律）第2条第1款规定的地方独立行政法人。下同。）

（五）从其处理的个人信息数量以及利用方法的角度考虑，由政令加以规定的，作为个人权益受到损害可能性较小的人员

4 本法所称"个人数据"是指，构成个人信息数据库等的个人信息。

5 本法所称"持有的个人数据"是指，从事个人信息处理的从业者，有权公开、修订其内容、追加或者删除、停止利用、消去以及停止向第三人提供的个人数据，但是，政令规定的由于明确其存在与否而损害公共利益及其他利益的个人数据，或者根据政令的规定应在1年期间内清除的个人数据除外。

6 本法关于个人信息中所称的"本人"是指，通过个人信息能够识别出的特定的个人。

【第三条】【基本理念】

鉴于个人信息，应当在尊重个人人格的理念指导下，慎重地进行处理，必须设法正当地进行处理。

第二章 国家以及地方公共团体的职责等

【第四条】【国家的职责】

国家有责任和义务根据本法的规定，综合制定为确保正当处理个人信息所必要的政策措施，并加以实施。

【第五条】【地方公共团体的职责】

地方公共团体有责任和义务根据本法的规定，在适应地方公共团体区域特性的情况下，制定为确保正当处理个人信息所必要的政策措施，并加以实施。

【第六条】【法制上的措施等】

鉴于个人信息的性质以及利用方法，政府为谋求进一步保护个人的权益，特别是对于有必要确保其正当处理的严格实施的个人信息，可以为采取保护上的特别措施而采取必要的法制上的措施及其他措施。

第三章 个人信息保护相关的政策措施等

第一节 个人信息保护相关的基本方针

【第七条】
政府为设法综合且整体地推进关于个人信息保护的政策措施，必须制定关于个人信息保护的基本方针（以下称"基本方针"）。

2 基本方针，应当根据以下所列事项予以规定。
（一）推进关于保护个人信息的政策措施相关的基本方向
（二）国家应该采取的，为保护个人信息的措施相关的事项
（三）地方公共团体应该采取的，为保护个人信息的措施相关的基本事项
（四）独立行政法人等应该采取的，为保护个人信息的措施相关的基本事项
（五）地方独立行政法人应该采取的，为保护个人信息的措施相关的基本事项
（六）从事个人信息处理的从业者以及第四十条第1款规定的认定个人信息保护团体应该采取的，为保护个人信息的措施相关的基本事项
（七）顺畅处理关于个人信息处理投诉相关的事项
（八）其他推进关于个人信息保护的，与政策措施相关的重要事项

3 内阁总理大臣，必须听取消费者委员会的意见，制订基本方针的方案，请求内阁会议的决定。

4 内阁总理大臣，在根据前项的规定作出内阁会议决定时，必须毫不迟延地公布基本方针。

5 前两项的规定，准用于有关基本方针的变更。

第二节 国家的政策措施

【第八条】【对地方公共团体等的支援】
国家为支援地方公共团体制定或者实施关于个人信息保护相关的政策措施，以及确保国民或者从业人员等进行正当处理个人信息相关的活动提供信

息,从业人员等为设法正当且有效地实施所应当采取的措施,从而制定方针并采取其他必要措施。

【第九条】【为处理投诉而采取的措施】

为正当且迅速地处理本人提出的因从业人员处理个人信息而产生的投诉,国家应采取必要的措施。

【第十条】【为确保正当处理个人信息的措施】

国家和地方公共团体,通过合理地分担职责,为确保正当处理下一章规定的从事个人信息处理的从业者的个人信息,应采取必要的措施。

第三节 地方公共团体的政策措施

【第十一条】【地方公共团体等所持有的个人信息的保护】

地方公共团体,通过审查其持有的个人信息的性质和持有该个人信息的目的等因素,为确保正当处理其持有的个人信息而必须努力采取必要的措施。

2 地方公共团体,对于与其设立相关的地方独立行政法人,为应对其性质以及业务内容,为确保正当处理其持有的个人信息必须努力采取必要的措施。

【第十二条】【对区域内从业人员等的支援】

地方公共团体,为确保该区域内的从业人员以及居民正当处理个人信息,必须努力采取必要的措施予以支援。

【第十三条】【对投诉处理的斡旋等】

地方公共团体,对于因处理个人信息而发生的本人对从业人员的投诉,为使该投诉能够正当且迅速地得到处理,必须对处理投诉加以斡旋并为采取其他必要措施而作出努力。

第四节 国家以及地方公共团体的协作

【第十四条】

国家以及地方公共团体,应当采取与个人信息保护相关的政策措施,并相互协作。

第四章 个人信息处理服务提供者的义务等

第一节 个人信息处理服务提供者的义务

【第十五条】【利用目的的特定化】

个人信息处理服务提供者服务提供者，在处理个人信息之际，必须尽可能将其利用目的（以下称"利用目的"）特定化。

2 个人信息处理服务提供者服务提供者，在变更利用目的的场合，不得超过具有与变更前利用目的相当关联性的被合理认可范围。

【第十六条】【利用目的的限制】

个人信息处理服务提供者，在事先没有征得本人同意的情况下，不得超过依据前条规定的为达成特定的利用目的所必要的范围来处理个人信息。

2 个人信息处理服务提供者，因合并及其他事由，从其他个人信息处理服务提供者处继承业务的同时取得个人信息时，如果没有征得本人同意，不能超过其继承前为达成该个人信息利用目的所必要的范围来处理该个人信息。

3 前两款的规定，在下列所示场合，不予适用。

（一）根据法令规定的场合

（二）在有必要对人的生命、身体或者财产加以保护时，取得本人的同意有困难的场合。

（三）在有必要提高公众卫生或者推进儿童健康成长时，取得本人的同意有困难的场合。

（四）国家机关、地方公共团体或者其他接受其委托的人员，为完成法令规定的事务，在有必要进行协作时，可能会由于征得本人的同意而给该事务的完成造成障碍的场合。

【第十七条】【正当的取得】

个人信息处理服务提供者，不得利用虚假及其他不正当的手段取得个人信息。

【第十八条】【取得之际对利用目的的通知等】

个人信息处理服务提供者，取得个人信息之后，除事先公布其利用目的的情况，必须迅速及时地将其利用目的通知本人，或者予以公布。

2 个人信息处理服务提供者，不论前项的规定如何，都在与本人签订合同的过程中，取得合同书及其他书面资料（包括以电子的方式、电磁的方式及其他通过人的知觉不能识别的方式制作的纪录。以下同该项。）记载的该本人的个人信息的及其他通过本人直接取得书面记载的该本人的个人信息的情况下，都必须事先向本人明示该个人信息的利用目的。但是，有必要对人的生命、身体或者财产进行紧急保护时，不在此限。

3 个人信息处理服务提供者，在变更利用目的时，对于变更后的利用目的，必须通知本人，或者予以公布。

4 前三款的规定，在下列所示场合，不予适用。

（一）由于将利用目的通知本人，或者予以公布，可能会使本人或者第三人的生命、身体、财产及其他权利利益遭受损害的场合

（二）由于将利用目的通知本人，或者予以公布，可能会使该个人信息处理服务提供者的权利或者正当的利益遭受损害的场合

（三）国家机关或者地方公共团体为完成法令规定的事务而需要协作时，由于将利用目的通知本人，或者予以公布，可能会给该事务的完成造成障碍的场合。

（四）鉴于取得的状况，可以认定利用目的明确的场合

【第十九条】【确保数据内容的正确性】

个人信息处理服务提供者，在为达成利用目的所必要的范围内，必须为保证个人信息是正确的且是最新的而作出努力。

【第二十条】【安全管理措施】

个人信息处理服务提供者，为防止其所处理的个人数据的泄漏、灭失或者毁损及为使其他个人数据得以安全管理，必须采取必要且正当的措施。

【第二十一条】【对从业人员的监督】

个人信息处理服务提供者，在让从业人员处理个人数据时，为谋求对该个人数据的安全管理，对于该从业人员，必须进行必要且正当的监督。

【第二十二条】【委托方的监督】

个人信息处理服务提供者，在委托他人处理个人数据的全部或者一部分的场合，为谋求其处理的受委托的个人数据的安全管理，必须对接受委托的人员进行必要且正当的监督。

【第二十三条】【向第三者提供的限制】

个人信息处理服务提供者，除以下所列场合之外，在没有事先征得本人同意的情况下，不得向第三者提供个人数据。

（一）根据法令规定的场合

（二）在有必要保护人的生命、身体或者财产时，征得本人的同意有困难的场合。

（三）在为提高公众卫生或者推进儿童健康成长方面，有特殊需要时，征得本人的同意有困难的场合。

（四）国家机关、地方公共团体或者其他接受委托者在完成法令规定的事务且有必要对其予以协作时，由于征得本人的同意，可能给该事务的完成造成障碍的场合。

2 个人信息处理服务提供者,关于向第三者提供的个人数据,应本人的要求,应当停止向第三者提供能够识别该本人的个人数据的场合,对于以下所列事项,在事先通知本人,或者本人处于容易知晓的状态时,不管前项的规定如何,都可以将该个人数据提供给第三者。

(一)将提供给第三者作为利用目的

(二)提供给第三者的个人数据的项目

(三)向第三者提供的手段或者方法

(四)应本人的要求,停止向第三者提供能够识别该本人的个人数据。

3 个人信息处理服务提供者,在变更前款第二项或者第三项所列事项的场合,对于变更的内容,必须事先通知本人,或者使本人处于容易知晓的状态。

4 在以下所列场合,接受该个人数据提供的人员,对于前三款规定的适用,不属于第三者。

(一)个人信息处理服务提供者,在为达成利用目的所必要的范围内,委托处理个人数据的全部或者一部分的场合

(二)因合并及其他事由而继承业务的同时,提供个人数据的场合

(三)特定的当事人共同利用个人数据的场合,将其宗旨及共同利用个人数据的项目、共同利用人的范围、利用人的利用目的以及对于该个人数据的管理负有责任的当事人的姓名或者名称,事先通知本人,或者使本人处于易于知晓的状态的场合。

5 个人信息处理服务提供者,变更前项第三号规定的利用人的利用目的或者对于个人数据的管理负有责任的当事人的姓名或者名称的场合,关于变更的内容,必须事先通知本人,或者使本人处于易于知晓的状态。

【第二十四条】【持有个人数据的相关事项的公布等】

个人信息处理服务提供者,关于所持有的个人数据,对于以下所列事项,必须使本人处于知晓的状态(包含应本人的要求毫不迟延地予以回答的场合)。

(一)该个人信息处理服务提供者的姓名或者名称

(二)所有持有个人数据的利用目的(符合第18条第4款第1项至第3项所示场合除外。)

(三)为应对根据下一款、下一条第1款、第26条第1款或者第27条第1款或者第2款的规定所提出的要求而进行的程序(根据第30条第2款的规定,规定手续费的数额时,包含其手续费的数额。)

(四)除前三项所列内容外,为确保正当处理所持有的个人数据相关的

必要事项，用政令予以规定

2 从事个人信息处理的工作人员，被本人请求告知能识别本人的所持有个人数据的利用目的时，对于本人，必须毫不迟延将其通知本人。但是，以下所列的任意一项的场合，均不在此限。

（一）根据前项的规定，能够识别该本人所持有个人数据的利用目的明确的场合

（二）符合第18条第4款第1项至第3项所规定的场合

3 个人信息处理服务提供者，根据前项的规定所要求的决定不通知持有个人数据的利用目的时，对于本人，必须毫不迟延地通知该决定。

【第二十五条】【公开】

个人数据处理服务提供者，应本人的要求，公开能够识别该本人的所持有的个人数据（包括能够识别该本人的所持有个人数据不存在时告知该意思的情况。下同。）时，对于本人，根据用政令加以规定的方法，必须毫不迟延地公开该持有的个人数据。但是，因公开而符合以下所列任意一项的场合，不予公开其全部或者其中一部分。

（一）本人或者第三者的生命、身体、财产及其他权利利益可能遭受损害的场合

（二）可能对该个人信息处理服务提供者正当实施业务产生显著障碍的场合

（三）违反其他法令的规定的场合

2 个人信息处理服务提供者，根据前项规定所要求的决定不公开所持有个人数据的全部或者一部分时，对于本人，必须毫不迟延地通知该决定。

3 根据其他法令的规定，对于本人，利用第1款所规定的方法相当的方式，公开能够识别该本人的所持有个人数据的全部或者一部分的情况下，对于该全部或者一部分的所持有个人数据，同款的规定，不予适用。

【第二十六条】【修正等】

个人信息处理服务提供者，本人以能够识别该本人所持有个人数据的内容不是事实为理由，要求修订、追加或者消除（以下称该条的"修正等"）该持有的个人数据的场合，根据其内容修订等相关的其他法令的规定，制定特别程序的场合除外，在为达成利用目的所必要的范围内，必须毫不迟延地进行必要的调查，并根据其结果，对于该持有个人数据的内容进行修正等。

2 个人信息处理服务提供者，对于根据前款的规定所要求的持有个人数据内容的全部或者一部分进行修正等的场合，或者决定不进行修正时，必须

毫不迟延地将该意思表示（已进行修正等的，包括其内容。）通知本人。

【第二十七条】【停止利用等】

本人以个人信息处理服务提供者违反第16条的规定进行处理能够识别该本人所持有的个人数据为由，或者违反第17条的规定取得该个人数据为由，要求停止利用或者删除该持有个人数据（以下称该条的"停止利用等"）时，查明该要求有理由时，必须在为纠正违法行为所必要的限度内，毫不迟延地，对该持有的个人数据停止利用等。但是，对该持有的个人数据停止利用等需要高额的费用及其他进行停止利用等有困难时，为保护本人的权益采取必要的可替代的措施的，不在此限。

2 个人信息处理服务提供者，被本人以违反第23条第1款的规定将能够识别该本人的持有个人数据，向第三人提供为由，要求停止将该持有的个人数据向第三人提供的情况下，查明该请求有理由时，必须毫不迟延地，停止向第三人提供该持有的个人数据。但是，停止向第三人提供该持有的个人数据，需要高额费用时及停止向其他第三人提供有困难的场合，为保护本人的权利利益采取可替代的必要措施时，不在此限。

3 个人信息处理服务提供者，根据第1款的规定，被要求对于持有的个人数据的全部或者一部分停止利用或者决定不停止利用时，或者根据前款的规定被要求停止向第三者提供所持有的个人数据的全部或者一部分的，或者决定不停止向第三者提供时，必须毫不迟延地将该决定通知本人。

【第二十八条】【理由的说明】

从事个人信息处理的工作人员，根据第24条第3款、第25条第2款、第26条第2款或者前条第3款的规定，对于本人要求的措施的全部或者一部分，通知不予采取该措施或者通知采取与该措施不同的措施的情况下，必须努力向本人说明其理由。

【第二十九条】【应对公开等请求的程序】

个人信息处理服务提供者，根据第24条第2款、第25条第1款、第26条第1款或者第27条第1款或者第2款的规定的要求（以下称该条的"公开等的请求"）相关，用政令加以规定时，能够规定接受该请求的方法。在这种情况下，本人依据该方法，必须要求公开等。

2 个人信息处理服务提供者，对于本人，要求公开等相关的情况下，能够要求提示足够的事项从而将作为该对象的持有个人数据特定化。在该种情况下，个人信息处理服务提供者，为使本人能够容易且确实提出公开等要求，必须采取提供有益于该持有的个人数据特定化的信息及其他考虑本人的便利性所正当的措施。

　　3　公开等的要求，根据政令的规定，可以由代理人进行。

　　4　个人信息处理服务提供者，根据前3款的规定，制定为应对公开等请求的程序时，必须考虑不要对本人课以过重的负担。

【第三十条】【手续费】

　　个人信息处理服务提供者，根据第24条第2款的规定通知利用目的或者根据第25条第1款的规定被要求公开时，可以征收与该措施的实施相关的手续费。

　　2　个人信息处理服务提供者，根据前款的规定征收手续费的时，必须查明实际费用在被认定为合理的范围内，规定该手续费的数额。

【第三十一条】【个人信息处理服务提供者对投诉的处理】

　　个人信息处理服务提供者，必须努力对与个人信息的处理相关的投诉进行正当且迅速的处理。

　　2　个人信息处理服务提供者，为达成前款的目的，必须努力整顿必要的体制。

【第三十二条】【报告的征收】

　　主管大臣，在施行本节规定的必要限度内，对于个人信息处理服务提供者，能够提交与个人信息处理相关的报告。

【第三十三条】【建议】

　　主管大臣，在施行本节规定所必要的限度内，对于从事个人信息处理的工作人员，可以进行与个人信息处理相关所必要的建议。

【第三十四条】【劝告及命令】

　　主管大臣，对于个人信息处理服务提供者，在违反第16条至第18条，第20条至第27条或者第30条第2款的规定的情况下，被认定有必要保护个人的权利利益时，可以劝告该个人信息处理的业者，为中止该违法行为及其他为纠正违法行为而应该采取必要的措施。

　　2　主管大臣，根据前款的规定接受劝告的个人信息处理服务提供者在因为没有正当理由采取与该劝告相关的措施的情况下，被认定个人的重大权利利益有迫切遭受侵害之嫌时，对于从事该个人信息处理的工作人员，可以命令其采取与该劝告相关的措施。

　　3　主管大臣，不管前两款的规定如何，个人信息处理服务提供者，在违反第16条、第17条、第20条至第22条或者第23条第1款的规定的情况下，由于个人的重大权益有遭受损害的事实而被认定必要采取紧急措施时，对于该个人信息处理的业者，为中止该违法行为及其他为纠正违法行为，可以命令其采取必要的措施。

【第三十五条】【主管大臣的权限行使的限制】

主管大臣，根据前三条的规定，对于个人信息处理服务提供者，进行征收报告、建议、劝告或者命令时，不得妨碍表达的自由、学术的自由、信教的自由以及政治活动的自由。

2 依照前项规定的宗旨，主管大臣，不得向个人信息处理服务提供者，对于第 50 条第 1 款各项所示的人员（限于根据各自规定的目的处理个人信息的情况。），提供个人信息的行为，行使该权限。

【第三十六条】【主管大臣】

本节规定的主管大臣，如下所述。但是，内阁总理大臣，为顺利实施本节的规定而认定有必要情况下，个人信息处理服务提供者在处理个人信息的过程中，对于特定的事项，可以将特定的大臣或者国家公安委员会（以下称"大臣等"。）指定为主管大臣。

（一）个人信息处理服务提供者，在处理个人信息的过程中，关于与雇用管理相关的事项，厚生劳动大臣（关于与船员的雇用管理相关的事项，为国土交通大臣）以及从事该个人信息处理的业者，掌管所进行事业的大臣等

（二）个人信息处理服务提供者，在处理个人信息的过程中，对于前项所列事项之外的事项，掌管从事该个人信息处理业者所进行的事业的大臣等

2 内阁总理大臣，根据前款但书的规定，指定主管大臣时，必须公开其决意。

3 各主管大臣，在施行本节规定之际，相互间必须紧密联络，并相互协作。

第二节 民间团体对个人信息保护的推进

【第三十七条】【认定】

个人信息处理服务提供者，以确保正当处理个人信息为目的，进行以下所示业务的法人（包括非法人但规定有代表人或者管理人的团体。与下一条第 3 项 2 中的规定同。），可以接受主管大臣的认定。

（一）作为业务对象的个人信息处理服务提供者（以下称"对象事业者"），关于个人信息的处理，根据第 42 条的规定，处理相关投诉

（二）关于有益于确保正当处理个人信息的事项，向对象事业者提供信息

（三）除前两项所示内容外，为确保正当处理对象事业者的个人信息相关的必要业务

2 欲接受前款认定的人员，必须根据政令的规定，向主管大臣提出申请。

3 主管大臣，在进行第1款的认定时，必须公开其决议。

【第三十八条】【资格欠缺条款】

符合以下各项的任意规定者，不能接受前条第1款的认定。

（一）根据本法的规定被处以刑罚，自执行完毕，或者自无需执行之日起未超过2年的人员

（二）根据第48条第1款的规定，取消认定，自取消之日起未超过2年的人员

（三）从事该业务的工作人员（包括非法人但规定有代表者或管理人的团体中的代表者或者管理人。以下同该条。）中，有符合以下任意一种的人员

1. 被处监禁以上刑罚，或者依本法规定被处刑罚的，自执行完毕，或者自无需接受执行之日起未经过2年的人员

2. 根据第48条第1款的规定取消认定的法人，在取消之日前30日内，自取消之日起未经过2年的工作人员

【第三十九条】【认定的标准】

主管大臣，对于第37条第1款规定的认定的申请，若不符合以下各事项，不予认定。

（一）为正当且确实地进行第37条第1款各项所示业务，规定必要的业务实施方法。

（二）为正当且确实地进行第37条第1款各项所示业务，拥有足够的知识、能力及经营管理的基础。

（三）在进行第37条第1款各项所示业务以外业务时，因进行该业务，同款各项所示业务无不公正之虞。

【第四十条】【废止的申报】

接受第37条第1款的认定的人员（以下称"认定个人信息保护团体"），欲废止该认定相关的业务（以下称"认定业务"）时，根据政令的规定，必须事先向主管大臣申报其决意。

2 主管大臣，接到依前款的规定的申报时，必须公布其决意。

【第四十一条】【对象事业者】

认定个人信息保护团体，对于该认定个人信息保护团体的构成人员的个

人信息处理服务提供者或者认定业务的对象，必须将获得同意的从事个人信息的业者作为对象事业者。

2 认定个人信息保护团体，必须公布对象事业者的姓名或者名称。

【第四十二条】【投诉的处理】

认定个人信息保护团体，对于处理对象事业者的个人信息的投诉，本人等提出解决相应问题的申报时，为应对其提议，向申报人做必要的建言，在调查与其投诉相关情况的同时，对于该对象事业者，必须通知该投诉的内容，以期迅速解决该投诉。

2 认定个人信息保护团体，认定有必要解决与前项申报相关的投诉时，对于该对象事业者，可以寻求依书面或者口头的形式予以说明，或者要求提出资料。

3 认定个人信息保护团体有依前款规定的需求时，对象事业者若没有正当的理由，不能拒绝。

【第四十三条】【个人信息保护准则】

认定个人信息保护团体，为确保正当处理对象事业者的个人信息，对于为了利用目的特定化、安全管理的措施，应本人的要求的程序及其他事项，必须努力制定符合本法规定宗旨的准则（以下称"个人信息保护准则"），并予以公布。

2 认定个人信息保护团体，依前款的规定，公布个人信息保护准则时，对于对象事业者，为遵守该个人信息保护准则而必须努力采取必要的指导、劝告及其他措施。

【第四十四条】【禁止目的之外的利用】

认定个人信息保护团体，在实施认定业务之际，不得将得知的信息利用在供认定业务之用以外的目的。

【第四十五条】【名称的使用限制】

不是认定个人信息保护团体的人员，不得用认定个人信息保护团体这一名称，或者与之相混淆的名称。

【第四十六条】【报告的征收】

主管大臣，在施行本节规定所必要的限度内，对于认定个人信息保护团体，可以提交与认定业务相关的报告。

【第四十七条】【命令】

主管大臣，在施行本节规定所必要的限度内，对于认定个人信息保护团体，可以命令其改善认定业务的实施方法，变更个人信息保护准则及采取其他必要的措施。

【第四十八条】【认定的取消】

主管大臣，在认定个人信息保护团体符合以下任意一项规定时，可以取消其认定。

（一）符合第38条第1款或者第3款规定的场合。

（二）不符合第39条任意1项规定的场合。

（三）违反第44条规定的场合。

（四）不服从前条所规定的命令的场合。

（五）运用不正当的手段，接受第37条第1款规定的认定的场合。

2　主管大臣，依前款的规定取消认定的场合，必须公布其决议。

【第四十九条】【主管大臣】

本节规定中的主管大臣，如下所述。但是，内阁总理大臣，在认为对于顺利实施本节规定有必要时，在接受第37条第1款的认定的人员中，对于特定事项，可以将特定的大臣等指定为主管大臣。

（一）对于设立接受许可或者认可的认定个人信息保护团体（包括接受第37条第1款规定认定的人员。与下一款同），对其设立予以许可或者认可的大臣等

（二）对于前项所示之外的认定个人信息保护团体，掌管该认定个人信息保护团体的对象事业者进行的事业的大臣等

2　内阁总理大臣，依前款但书的规定，指定主管大臣时，必须公布其决议。

第五章　杂　则

【第五十条】【适用例外】

个人信息处理服务提供者中，对于以下各项所列人员，处理其个人信息的目的的全部或者部分分别属于各项的规定目时，不适用前章的规定。

（一）广播机关、报社、通讯社及其他报道机关（包括以报道为业的个人）以供报道之用为目的

（二）以著述为业的人员以供著述之用为目的

（三）大学及其他以学术研究为目的的机关、团体或者其所属的人员以供学术之用为目的

（四）宗教团体　以供宗教活动（包括附随于此的活动。）之用为目的

（五）政治团体　以供政治活动（包括附随于此的活动。）之用为目的

2　前款第1项规定的"报道"是指，让不特定多数人知道客观事实的活动（包括基于此叙述的意见或者见解）。

3　第1款各项所列的个人信息处理服务提供者，为个人数据的安全管理而采取必要且正当的措施、解决与处理个人信息相关的投诉以及亲自采取为确保正当处理其他个人信息而必要的措施，并且，必须公布该措施的内容。

【第五十一条】【地方公共团体处理的事务】

属于本法规定的主管大臣的权限的事务，依据政令的规定，可以由地方公共团体的负责人及其他执行机关进行。

【第五十二条】【权限或者事务的委任】

按照本法，属于主管大臣的权限或者事务的事项，依政令的规定，可以委任于其所属职员。

【第五十三条】【公布施行的状况】

内阁总理大臣，对于相关行政机关（根据法律的规定指设置内阁的机关（内阁府除外）及内阁所辖下的机关、内阁府、宫内厅、《内阁府设置法》（1999年第89号法律）第49条第1款以及第2款的规定的机关，和《国家行政组织法》（1948年第120号法律）第3条第2款的规定的机关。同下一条。）的负责人，可以就本法的施行状况要求报告。

2　内阁总理大臣，应当每年度总结前项报告，并公布其概要。

【第五十四条】【联络及协作】

内阁总理大臣以及本法施行的相关行政机关的负责人，相互之间必须紧密联络并相互协作。

【第五十五条】【对政令的委任】

除本法规定的内容外，对于本法的实施所必要的事项用政令加以规定。

第六章　罚　　则

【第五十六条】

对于违反依第34条第2款或者第3款的规定命令的人员，处以6个月以下有期徒刑或者30万日元以下的罚金。

【第五十七条】

对于不依第32条或者第46条的规定进行报告，或者提交虚假报告的人员，处以30万日元以下的罚金。

【第五十八条】

法人（包括规定有代表者或者管理人的非法人团体。以下同该款。）的代表人、法人或者自然人的代理人、使用人及其他从业人员，与其法人或者自然人的业务相关，违反前两条规定的行为的场合，除处罚行为人外，对于其法人或者自然人，各课以本条的罚金刑。

2 对于非法人团体，适用前款规定的场合，其代表人或者管理人，除依其诉讼行为代表非法人团体外，将法人作为被告人或者嫌疑人的场合，适用与刑事诉讼法相关法律的规定。

【第五十九条】

符合以下任意一项规定的当事人，处以10万日元以下的罚款。

（一）不依照第40条第1款的规定予以申报，或者进行虚伪申报的当事人

（二）违反第45条规定的当事人

保证青少年安全安心上网环境的整顿法*

平成二十年六月十八日第七十九号法律
（2008年6月18日第79号法律）
最终修订：平成二十一年七月八日第七十一号法律
（2009年7月8日第71号法律）

第一章 总 则

【第一条】【目的】

针对对青少年有害的信息在互联网上大量传播的状况，为使青少年提高合理利用互联网的能力，本法对相关的必要措施加以规定的同时，也针对过滤危害青少年信息的软件性能的提高及普及利用作出规定，并对减少其他青少年利用互联网浏览有害信息的途径的措施加以规范，旨在使青少年能够安全安心利用互联网，从而保护青少年的利益。

【第二条】【定义】

本法所称"青少年"是指未满18周岁的人。

2 本法所称"保护人"是指有监护权的人或者监护人，也可以是具有类似标准的人。①

3 本法所称"青少年有害信息"是指，利用网络供公众浏览（包括视听，下同）的，对青少年的健康成长造成严重妨害的信息。

4 前款所称的青少年有害信息，如下所述。

（一）直接并公开承办犯罪或者是触犯法律的行为、提供中介服务，或

---

* 译者：张久琳，北京大学法学院。
　校对：赵璐，北京大学法学院。
① 数字为法律原文中所带，应予保留，2即为第2款。原文中第1款未标注1，为保持与原文相对应，此处尊重原文格式，不做更改。

者引诱,也包括直接并公开提供引诱自杀的信息。

(二)对人的性行为或者是性器官等进行猥亵描述,及其他使人感到异常兴奋或刺激性欲的信息。

(三)对杀人、判处刑罚、虐待等场面进行凄惨地描述,及其他内容异常残暴的信息。

5 本法所称"互联网连接服务"是指,使互联网连接成为可能的无线电通信服务。(即指《无线电通信事业法》(1984年第86号法律)第2条第3款所规定的无线电通信劳务。下同。)

6 本法所称"提供互联网连接服务的业者"是指,提供互联网连接服务的无线电通信业者。(即指《无线电通信事业法》第2条第5款所规定的无线电通信从业人员。下同。)

7 本法所称"便携式电话的互联网连接服务"是指,使从便携式电话终端或者是PHS终端进行互联网连接成为可能的无线电通信服务,由于青少年利用这个浏览有害信息的可能性较高,所以用政令加以规定。

8 本法所称"提供便携式电话的互联网连接服务的业者"是指,提供便携式电话互联网连接服务的无线电通信从业人员。

9 本法所称"青少年有害信息的过滤软件"是指,利用互联网供公众浏览的信息在根据一定的标准进行区分的基础上,为限制互联网利用者浏览对青少年有害的信息而编制的程序。(即是针对电脑的指令,为了能够得到一种结果而组织起来的程序。)

10 本法所称"青少年有害信息的过滤服务"是指,利用因特网供公众阅览的信息通过一定的标准进行区分,从而提供限制上网者阅览对青少年有害的信息的服务,另外通过青少年有害信息的过滤软件,限制阅览青少年有害信息,青少年有害信息过滤软件的启动者持续地通过网络提供的该服务。

11 本法所称"特定服务器管理者"是指,利用通过互联网供公众阅览信息的服务器(以下称"服务器"),应他人的要求利用互联网使公众处于能够阅览信息的状态,提供该项阅览服务的人。

12 本法所称"发送信号"是指,在特定服务器中,为使公众能够阅览而利用互联网输入的信息。

【第三条】【基本理念】

为使青少年能够安全安心利用互联网的政策措施是,青少年自己自主地使用信息通信设备,在适当地取舍选择互联网上流通的信息后加以利用的同时,旨在掌握适当地利用互联网进行信息发送的能力(以下称"适当地活用互联网的能力")。

2 推进与青少年能够安全安心地利用互联网的环境设备相关的政策措施是，提高青少年有害信息过滤软件的性能及普及对其的利用，进行与青少年利用互联网相关事业的人员通过实施为防止青少年浏览有害信息而设置的措施，旨在尽可能减少青少年浏览有害信息的机会。

3 推进青少年能够安全安心利用互联网的环境设备相关的政策措施在于，考虑自由的表现活动的重要性以及多样的主体能够向世界展示多样的表现活动这一互联网的特性，民间的自主性和主体间的配合有重要的作用，国家以及地方公共团体必须予以尊重。

【第四条】【国家以及地方公共团体的职责】

国家以及地方公共团体，基于前条的基本理念，为使青少年能够安全安心利用互联网而有制定政策措施，以及实施的责任义务。

【第五条】【关联事业者的职责】

从事与青少年利用互联网相关事业的人员，在适应该事业特性，为尽可能减少青少年利用互联网浏览青少年有害信息的机会而采取措施的同时，采取相关措施为使青少年能够掌握恰当利用互联网的能力而努力。

【第六条】【监护人的职责】

监护人应当认识到青少年有害信息在互联网上大量传播这一现状，按照自己的教育方针以及青少年的发展阶段，在保护青少年方面，适当把握利用互联网状况的同时，通过青少年有害信息过滤软件的利用及其他方法，恰当管理互联网的利用，以及为促进青少年掌握恰当利用互联网的能力而努力。

2 监护人应当特别留意在通过移动电话终端以及 PHS 终端不适当利用互联网的场合中，产生的青少年卖淫、犯罪侵害、欺辱等各种各样的问题。

【第七条】【联合协作体制的整备】

国家以及地方公共团体，为使青少年能够安全安心利用互联网而采取措施，为配合这一举措而努力整备关联机关、从事与青少年利用互联网相关事业的人员以及从事相关活动的民间团体相互之间的联合协作体制。

第二章 基本规划

【第八条】删除

【第九条】删除

【第十条】删除

【第十一条】删除

【第十二条】

《儿童、年轻人育成支援推进法》(2009年第71号法律)第26条规定的儿童、年轻人育成支援推进总部(指第3项的"总部")。制定与为使青少年能够安全安心利用互联网的政策措施相关的基本规划(以下称"基本规划")并推进其实施。

2 基本规划,如下所述。

(一)为使青少年能够安全安心利用互联网的政策措施的基本方针

(二)正当利用互联网相关的教育以及推进启发活动相关的政策措施有关的事项

(三)提高青少年有害信息过滤软件的性能以及普及其利用的相关政策措施有关的事项

(四)进行对青少年正当利用互联网相关活动的民间团体等的支援及其他为使青少年能够安全安心利用互联网的政策措施有关的重要事项

3 本法,按照第1款的规定制定基本规划的时候,必须毫不迟延地公布基本规划。

4 前款的规定,根据基本规划的变更而适用。

第三章 与合理利用互联网相关的教育及启发活动的推进等

【第十三条】【与正当利用互联网相关的教育的推进等】

国家以及地方公共团体,为使青少年能够掌握正当利用互联网的能力,在学校教育、社会教育以及家庭教育上,采取与推进正当利用互联网相关教育所必要的政策措施。

2 国家以及地方公共团体,为使青少年掌握正当利用互联网的能力而促进开发和普及效果性手段,为此,采取相关的政策措施,如研究的支援、信息的收集和提供,以及其他必要的政策措施。

【第十四条】【在家庭,青少年有害信息过滤软件利用的普及】

国家以及地方公共团体,在家庭,青少年利用互联网的场合,为谋求青少年有害信息过滤软件的普及而采取必要的政策措施。

【第十五条】【正当利用互联网相关的宣传启发】

除前两条所规定的内容之外,国家以及地方公共团体,为有助于青少年健康成长，通过青少年有害信息过滤软件对限制青少年有害信息的浏览等与正当利用互联网相关的事项进行宣传及其他启发活动。

【第十六条】【相关人员的努力义务】

进行与青少年利用互联网相关事业的人员及其他相关人员，根据该事业等特性，在利用互联网之际，为青少年提供掌握正当利用互联网能力的学习机会，为青少年有害信息过滤软件的普及活动及进行其他启发活动而付出努力。

第四章 对青少年有害信息过滤服务的提供义务等

【第十七条】【提供移动电话互联网连接服务的从业人员对青少年有害信息过滤服务的提供义务】

提供移动电话互联网连接服务的从业人员，提供互联网连接服务合同的相对方以及青少年作为移动电话终端或者 PHS 终端使用者的情况下，以利用青少年有害信息过滤服务为条件，必须提供移动电话互联网连接服务。但是，青少年的监护人，没有申报利用青少年有害信息过滤服务意图的情况不在此限。

2 为使受保护的青少年使用移动电话终端及 PHS 终端，准备缔结接受移动电话互联网连接提供服务合同的监护人，在该合同缔结之时，必须对移动电话互联网连接服务提供商提出该申请。

【第十八条】【互联网连接服务提供商的义务】

互联网连接服务提供商，在被接受互联网连接服务提供的用户要求的时候，必须提供青少年有害信息过滤软件以及青少年有害信息过滤服务。但是，在青少年浏览青少年有害信息造成的影响轻微的情况下，用政令加以规定的不在此限。

【第十九条】【具有互联网连接功能的设备制造商的义务】

供青少年使用的具有互联网连接功能的设备（移动电话终端以及 PHS 终端除外）制造商，采取措施使青少年有害信息过滤软件的嵌入保存及依照其他方法利用青少年有害信息过滤软件和青少年有害信息过滤服务变得容易的基础上，必须售卖该设备。但是，青少年浏览青少年有害信息造成的影响轻微的情况用政令规定的，不在此限。

【第二十条】【青少年有害信息过滤软件开发商等的努力义务】

青少年有害信息过滤软件开发商以及青少年有害信息过滤服务提供商，

在尽可能限制浏览青少年有害信息的同时，考虑如下所示事项，必须努力开发青少年有害信息过滤软件，并且提供青少年有害信息过滤服务。

（一）限制浏览的信息，在应对青少年的发展阶段以及利用者的选择上，能够极其细致地加以设定

（二）对于没有限制浏览必要的信息，应该尽可能减少对浏览的限制

2 除前款规定的内容之外，青少年有害信息过滤软件的开发商以及青少年有害信息过滤服务的提供商，对于其开发的青少年有害信息过滤软件和其提供的青少年有害信息过滤服务，必须在提高其性能及利用的便利性上作出努力。

【第二十一条】【在发送青少年有害信息的情况下,特定服务器管理人员的努力义务】

特定服务器管理人员，在知道利用其管理的特定服务器，向他人发送青少年有害信息的时候以及想要亲自发送青少年有害信息的时候，对于该青少年有害信息，必须为采取使青少年不能利用互联网进行浏览的措施（以下称"青少年浏览防止措施"）而作出努力。

【第二十二条】【对于青少年有害信息的国民联络受理体制的建设】

特定服务器管理人员，对于利用其管理的特定服务器发送的青少年有害信息，必须为建设国民的联络受理体制而作出努力。

【第二十三条】【与青少年浏览防止措施相关的记录制作及保存】

特定服务器管理人员，在采取青少年浏览防止措施的时候，必须为制作与该青少年浏览防止措施相关的记录，并且加以保存。

第五章 进行与合理利用互联网相关活动的民间团体等

第一节 过滤服务的推进机构

【第二十四条】【过滤推进机构的登记注册】

以青少年有害信息过滤软件性能的提高以及利用的普及为目的，进行以下所示任意一项业务（以下称"过滤推进义务"）的人员，都有资格接受总务大臣以及经济产业大臣的登记注册。

（一）进行与青少年有害信息过滤软件以及青少年有害信息过滤服务相关的调查研究、普及和启发活动

（二）推进青少年有害信息过滤软件的技术开发

2 意图接受前款的登记注册（以下只称"登记注册"）的人员，根据总

务省令以及经济产业省令的规定，必须向总务大臣以及经济产业大臣提出申请

3 以下各项提到的任一相关人员，不能接受登记注册。

（一）根据第26条的规定，取消登记注册的，从取消之日起尚未经过两年的人员

（二）法人的职员中，有符合前款规定的相关人员

4 总务大臣以及经济产业大臣，进行第2款申请的人员，在符合如下所示所有要件的时候，必须登记注册。

（一）有能够利用互联网功能的设备，并且，如下任一相关人员都可进行过滤推进业务

1 具有1年以上从事与开发青少年有害信息过滤软件和进行青少年有害信息过滤服务相关的实务经验的人员

2 具有与下列人员同等及以上能力的人员

（二）为正当进行过滤推进业务而采取下列措施

1 为正当进行过滤推进业务而配备管理人员。

2 与过滤推进业务的管理以及确保其正当实施相关的文书制作。

5 登记注册，即在过滤推进机构的登记注册簿上记载下列所示事项。

（一）登记注册年月日以及登记注册号

（二）接受登记注册的人员（以下称"过滤推进机构"）的姓名或者名称以及住所，法人还需注明其代表人的姓名

（三）过滤推进机构是进行过滤推进业务的事务所所在地

6 过滤推进机构，欲变更前项第2款或者第3款所示事项时，根据总务省令以及经济产业省令的规定，必须将其意图上报总务大臣以及经济产业大臣予以备案。

【第二十五条】【业务的废止】

过滤推进机构，在过滤推进业务停止或者废止的时候，根据总务省令以及经济产业省令的规定，必须上报总务大臣以及经济产业大臣。

2 根据前项的规定，提出废止过滤推进业务的时候，与该过滤推进机构相关的注册登记，自动失效。

【第二十六条】【注册登记的取消】

总务大臣以及经济产业大臣在过滤推进机构符合以下任意一项时，可以取消注册登记。

（一）符合第24条第3项第2款规定的场合

（二）认可不符合第24条第4项各款中任意一款规定的场合

（三）违反第24条第6项或者前条第1项规定的场合

（四）使用不正当的手段接受登记注册的场合

（五）根据下一条的规定，不提出报告或者不提交资料，或者提出虚假报告、提交虚假资料的场合

【第二十七条】【提出报告或者提交资料】

总务大臣以及经济产业大臣，为确保过滤推进业务正当运营而在必要限度范围内，可以要求过滤推进机构提出与其业务状况相关的报告或者提交相关资料。

【第二十八条】【公示等】

总务大臣以及经济产业大臣，在下列场合，其意图必须在官方报告中予以公示。

（一）登记注册的时候

（二）根据第24条第6款的规定提出申请的时候

（三）根据第25条第1款的规定提出申请的时候

（四）根据第26条的规定取消登记注册的时候

2 总务大臣以及经济产业大臣，根据前款规定进行公示的场合，将该公示的日期以及内容通过利用互联网及其他方法进行公布。

【第二十九条】【对总务省令以及经济产业省令的委任】

除本节规定的内容外，与过滤推进机构以及过滤推进业务相关的必要事项，通过总务省令以及经济产业省令加以规定。

第二节 对进行与合理利用互联网相关活动的民间团体等的支援

【第三十条】

国家以及地方公共团体，针对以下所示民间团体或者事业人员必要的支援而作出努力。

（一）过滤推进机构

（二）制作与青少年有害信息过滤软件的性能相关的指导方针的民间团体

（三）开发或者提供青少年有害信息过滤软件的工作人员以及提供青少年有害信息过滤服务的工作人员

（四）进行为使青少年掌握正当利用互联网能力的活动的民间团体

（五）受理与青少年有害信息相关的通报，针对特定服务器管理人员采

取措施，提出该邀请活动的民间团体

（六）根据青少年有害信息过滤软件，收集没有限制浏览必要的相关信息，并将该信息提供给青少年有害信息过滤软件的开发商及其他相关工作人员，进行该项活动的民间团体

（七）青少年浏览防止措施、限制青少年浏览的信息更新及其他青少年能够安全安心利用互联网的环境整备相关问题上，针对采取相关措施而产生的民事纠纷，为意图不依靠诉讼程序加以解决的当事人，而作为公正的第三人谋求解决该纠纷进行相关活动的民间团体

（八）进行其他相关活动的民间团体

第六章 杂 则

【第三十一条】【针对过渡措施的命令的委任】

根据本法的规定，制定命令，或者在修改、废止的场合，根据该命令、制定或者进行与修改废止相关的合理且必要的判断范围内，可以规定其所必要的过渡措施。

附则 摘 要

【第一条】【施行日期】

本法自公布之日起，在未超过1年的范围内，自政令规定之日起施行。

【第二条】【过渡措施】

与本法的施行相关的必要过渡措施，用政令加以规定。

【第三条】【检讨】

政府，在本法施行后3年内，对于本法的施行状况进行检讨，并根据其结果采取必要的措施。

【第四条】

对于利用互联网供公众浏览的内容涉及犯罪或者触及刑罚法令行为的信息，服务器管理人员在采取防止公众浏览该信息的措施的场合，关于该服务器管理人员即该信息的发送人员的损害赔偿限度，在本法施行后立刻进行检讨，并根据其结果采取必要的措施。

附则 平成二十一年七月八日第七十一号法律摘要

（2009年7月8日第71号法律）

【第一条】【施行日期】

本法自公布之日起在尚未超过 1 年的范围内,自政令规定之日起施行。

(作为青少年能够安全安心利用互联网的环境整备等相关的法律之一,与修正相伴的过渡措施)

【第四条】

根据前条的规定修正前的《保证青少年安全安心上网环境的整顿法》(以下指本条的"旧法")第 8 条第 1 款规定的互联网青少年有害信息对策环境整备推进会议即是根据旧法第 12 条第 1 款的规定制作的同款的基本规划,自本法施行后,视作本部依据前条的规定,根据修正后的《保证青少年安全安心上网环境的整顿法》第 12 条第 1 款的规定,制作的同款的基本规划。

建立高度信息通信互联网社会的
基本法（IT 基本法）*

平成十二年十二月六日第一百四十四号法律①
（2000 年 12 月 6 日第 144 号法律）

第一章　总　　则

【第一条】【目的】

鉴于准确对应由于信息通信技术的活用以世界规模产生的急剧且大幅度的社会经济结构的变化的紧要性，为了建立高度信息通信互联网社会，制定涉及基本理念及制定措施的基本方针，明确国家及地方公共团体的责任和义务，而且设置高度信息通信互联网社会推进战略本部，与此同时制定建立高度信息通信互联网社会的重点计划，由此迅速且有重点地推进关于高度信息通信互联网社会建立的措施，制定本法。

为了妥当对应信息通信技术的活用所带来的世界归还的剧烈变动以及社会经济构造的大幅变动，建立高度信息互联网社会，制定关于高度信息通信网络社会的形成的基本理念以及实施方略的基本方针，明确国家与地方公共团体的责任和义务，在设置建立高度信息通信社会网络的社会推进本部的同时，制定关于高度信息通信网络社会的形成的重点计划，并由此关于促进信息通信网络社会的具体方针的迅速及重点的实施。

【第二条】【定义】

本法所称"高度信息通信互联网社会"是指通过使用因特网及其他高度

---

* 译者：Kozue Yoshimatsu，北京大学法学院。
校对：黄成，北京大学法学院。
① 此为法律制定年份。

信息通信互联网，自由而安全的从世界范围内获得、共有及多种多样的信息或者知识，成为可以在所有领域上具有创造性和活力的发展的社会。

【第三条】【建成所有国民享受信息通信技术的恩惠的社会】

建立高度信息通信互联网社会，让所有的国民拥有能够自主的、便利的利用因特网及其他的高度信息通信互联网的机会，通过这种利用机会可以创造性且为最大限度发挥各自的能力，并以实现所有的国民都可以享受信息通信技术的恩惠的社会为宗旨。

【第四条】【经济结构改革的推进及产业国际竞争力的强化】

建立高度信息通信互联网社会，应当促进利用电子商务及其他的高度信息通信互联网的经济活动（以下称"电子商务等"）、促进中小企业者及其他的经营者的经营效率及生产率的提高、促使新兴行业的出现以及增加就业，以此促进经济结构改革及强化产业的国际竞争力。

【第五条】【能确感受到宽裕和富裕的国民生活的实现】

建立高度信息通信互联网社会，通过因特网及其他的高度信息通信互联网，向国民全方位提供高质量信息流通及价格低廉而多样化的服务，以此提高生活的便利性，促进生活方式的多样化以及扩大消费者进行自主且合理选择的机会，以此为实现能确感受到宽裕和富裕的国民生活的做出贡献。

【第六条】【有活力的地域社会的实现以及居民福利的提高】

建立高度信息通信互联网社会，通过信息通信技术的活用，提供区域经济的合理，创造具有地域特色的就业机会以及郑家地域内及地域之间的多种多样的交流的机会，以此提高居民生活的充实度和便利性，为实现具有丰富个性而充满活力的地域社会及提高地域居民的福利的做贡献。

【第七条】【国家及地方公共团体与民间的分工】

在建立高度信息通信互联网社会时，原则上民间起主动性作用，国家及地方公共团体应当以促进公平竞争、完善法规，消除建立高度信息通信互联网社会的主要的障碍，以及整备环境使其他的民间能充分地发挥活力为政策实施的中心。

【第八条】【缩小利用的机会等的差距】

在建立高度信息化通信互联网社会时，鉴于地理限制、年龄、身体条件及其他的原因等造成在人们在利用信息通信技术的机会或者有效利用的能力方面存在差距，而这种差距会阻碍协调且一体化的高度信息通信互联网社会的简历，所以必须积极地缩小这种差距。

【第九条】【伴随社会经济结构变化的新课题对应】

在建立高度信息通信互联网社会时,对于伴随信息通信技术的利用而产生社会经济结构的变化所产生的雇佣及其他的领域的各种新的课题,应当切实并积极予以应对。

【第十条】【国家及地方公共团体的职责】

国家有根据从第3条到前条所定的建立高度信息通信互联网社会的基本理念(以下称"基本理念"),制定关于建立高度信息通信互联网社会的措施并实施的职责和义务。

【第十一条】

地方公共团体有根据基本理念,对于高度信息通信互联网社会的建立,在与国家进行适当分工的基础上,发挥各地方公共团体的区域特性的自主的措施,及有实施措施的职责。

【第十二条】

国家及地方公共团体,为了迅速且有重点地实施关于建立高度信息通信互联网社会的措施,应互相进行合作。

【第十三条】【法制上的措施等】

政府为了实施关于建立高度信息通信互联网社会的措施,应当采取法制方面和财政方面必要的措施及其他的措施。

【第十四条】【统计等的实施及公开】

政府应实施关于建立高度信息通信互联网社会的统计,以及总结其他的有利于建立高度信息通信互联网社会的资料,并利用因特网及其他的适当方法随时公开。

【第十五条】【加强国民理解的措施】

政府应通过宣传活动等,采取必要的措施,以加强国民对于建立高度信息通信互联网社会的理解。

第二章 关于措施制定的基本方针

【第十六条】【对一体化推进高度信息通信互联网的进一步扩充】

在制定关于建立高度信息通信互联网社会的措施时,鉴于进一步扩充高度信息通信互联网,充实通过互联网提供的文字、语音、映像及其他的信息,以及为活用信息通信技术所不可缺少的能力的习得,在相互紧密合作的基础上,应当对这些进行一体化推进。

【第十七条】【建立世界最高标准的高度信息通信互联网社会】

在制定关于建立高度信息通信互联网社会的措施时，为了促进广大国民能以低廉价格能利用的世界最高标准的高度信息通信互联网社会的建立，应当促进经营者之间的公平竞争并且应采取其他必要的措施。

【第十八条】【振兴教育和学习以及培养人才】

在制定关于建立高度信息通信互联网社会的措施时，为了振兴使所有的国民能活用信息通信技术的教育及学习，并为了培养有担负高度信息通信互联网社会的发展的专业性知识及技术的创造型人才，应采取必要的措施。

【第十九条】【促进电子商务等】

在制定关于建立高度信息通信互联网社会的措施时，为了完善法规和新的准则、适当地保护及利用知识产权、保护消费者及促进电子商务等，应当采取必要的措施。

【第二十条】【行政的信息化】

在制定关于建立高度信息通信互联网社会的措施时，为了提高国民的便利性，并为了促进行政运营的简化、效率化及透明度的提高，在国家及地方公共团体的事务中，应当扩大因特网及其他的高度信息通信互联网的利用，为此应采取必要的措施，以积极促进行政的信息化。

【第二十一条】【在公共领域活用信息通信技术】

在制定关于建立高度信息通信互联网社会的措施时，为了提高国民的便利性，应当采取必要措施促进基于信息通信技术的活用的公共领域的服务的多样化和质量的提高。

【第二十二条】【确保高度信息通信互联网的安全性等】

在制定关于建立高度信息通信互联网社会的措施时，为了确保高度信息通信互联网的安全性及可靠性、保护个人信息及能够使其他国民放心地利用高度信息通信互联网，应采取必要的措施。

【第二十三条】【推进研究开发】

在制定关于建立高度信息通信互联网社会的措施时，鉴于迅速的技术革新是今后发展高度信息通信互联网社会的基础，也是强化我们国家产业的国际竞争力的源泉，应当采取必要的措施，在国家、地方公共团体、大学、经营者等的互相密切的联合下，在信息通信技术领域推进具有创造性的研究开发。

【第二十四条】【国际合作及贡献】

在制定关于建立高度信息通信互联网社会的措施时，鉴于世界范围内高度信息通信互联网的发展，积极地进行完善关于高度信息通信互联网及基于此的电子商务及其他的社会经济活动的国际规格和准则等，并且为了研究开发的积极地进国际联合及对发展中地区技术援助及其他的国际合作，为此应采取必要的措施。

第三章　高度信息通信互联网社会推进战略本部

【第二十五条】【设置】
为了迅速且有重点地推进关于建立高度信息通信互联网社会的措施，在内阁设置高度信息通信互联网社会推进战略本部（以下称"本部"）。

【第二十六条】【主管事务】
本部主管下列事务。
一　制定关于建立高度信息通信互联网社会的重点计划（以下称"重点计划"），并推进其实施。
二　除上述之外，还有审议关于建立高度信息通信互联网社会的重要措施的规划，并推进实施该措施。

【第二十七条】【组织】
本部由高度信息通信互联网社会推进战略本部长，高度信息通信互联网社会推进战略副本部长及高度信息通信互联网社会推进战略本部员组成。

【第二十八条】【高度信息通信互联网社会推进战略本部长】
本部的部长为高度信息通信互联网社会推进战略本部长（以下称"本部长"），由内阁总理大臣担任。
【第2款】①本部长，总负责本部的事务，指挥并监督所属部门的职员。

【第二十九条】【高度信息通信互联网社会推进战略副本部长】
本部还有高度信息通信互联网社会推进战略副本部长（以下称"副本部长"），由国务大臣担任。
【第2款】副本部长协助本部长履行职务。

【第三十条】【高度信息通信互联网社会推进战略本部员】
本部还有高度信息通信互联网社会推进战略本部员(以下称"本部员")。
【第2款】本部员由下列人员担任。
一　本部长及副本部长以外的所有国务大臣。

---

① 日文法规中"2、3、4"等，即表示中文中的"第2款、第3款、第4款"等。原文中未标注"1"，即未标注"第1款"。

二 由内阁总理大臣从对建立高度信息通信互联网社会具有真知灼见的人中任命

【第三十一条】【提交资料及其他的合作】

为了执行某主管事务,本部在认为必要的时候,能对相关行政机关、地方公共团体及独立行政法人(独立行政法人通则法(平成十一年/1999年)法律第103号第2条第1款规定的独立行政法人)的最高领导以及特殊法人(根据法律直接设立的法人或根据特别法律以特别的设立行为设立的法人,而且可适用总务省设置法(平成十一年/1999年)法律第91号)第4条第15项规定)的代表者,要求其提交资料、陈述意见、说明及提供其他必要的合作。

2 为了执行某主观事务,在本部认为必要的时候,可以要求前项规定的人以外的人提供必要的合作。

【第三十二条】【事务】

关于本部的事务在内阁官房处理,接受命令的内阁官房副长官候补接也可处理。

【第三十三条】【主任大臣】

关于本部涉及的事项,内阁法(昭和二十二年法律第5号)所称主任大臣为内阁总理大臣。

【第三十四条】【委任政令】

除该法律规定的之外,关于本部的必要事项由政令规定。

第四章 建立高度信息通信互联网社会的重点计划

【第三十五条】

本部应根据该章规定的事项,制定重点计划。

【第2款】重点计划是针对下列事项来制定的。

一 关于为了建立高度信息通信互联网社会,关于政府应迅速且有重点落实的措施的基本方针

二 为了促进世界最高标准的高度信息通信互联网社会的建立,政府应迅速且有重点地采取的措施

三 关于振兴教育和学习以及培养人才,政府应迅速且有重点地采取的措施

四 关于促进电子商务等,政府应迅速且有重点地采取的措施

五　关于推进行政的信息化及在公共领域的活用信息通信技术，政府应迅速且有重点地采取的措施

六　关于确保高度信息通信互联网的安全性及可靠性，政府应迅速且有重点地采取的措施

七　除上述项规定的之外，为了建立高度信息通信互联网社会的措施中政府应当迅速且有重点地推进的必要事项

【第3款】重点计划原则上要制定措施的具体目标及完成期间。

【第4款】本部根据第1项的规定制定重点计划的时候，应利用因特网及其他适当的方法无延迟进行公布。

【第5款】本部适时调查根据第3项的规定所制定的目标的完成状况，并利用因特网及其他适当的方法无延迟的公布结果。

【第6款】第四项的规定，适用于重点计划的变更。

附　　则

【施行日期】

1　本法律从2001年1月6日（平成十三年一月六日）开始实施。

【探讨研究】

2　在本法实施后3年之内，政府对本法律的实施状况进行探讨研究，并根据其结果采取必要的措施。

关于电子签名与地方团体认证业务相关的法律[*]

平成十四年十二月十三日法律第一百五十三号
（2002 年 12 月 13 日第 153 号法律）[①]
最后修改：平成二十一年七月十五日第七十号法律
（2009 年 7 月 15 日第 77 号法律）

第一章 总 则

【第一条】【目的】

本法目的是规定关于电子签名与地方公共团体认证业务有关的制度和其他必要事项，促进利用电磁方式的申请、申报及其他手续的电子签名的顺利推行，以提高居民的便利性和促使国家、地方的公共团体行政运营的简便化、效率化。

【第二条】【定义】

本法所称"电子签名"是指与电子签名以及认证业务有关的法律（2000 年第 102 号法律（平成十二年第 102 号法律））第 2 条第 1 款中所规定的，同时还符合总务省令中确定的基准的电子签名；

2 [②]本法所称"认证业务"是指在自行使用电子签名时，按照使用该业务的人（下称"使用人"）、第 74 条第 4 款规定的签名核实人以及该条第 6 款规定的团体签名核实人的要求证明使用人签名核实符号（该使用人使用的电

---

[*] 译者：黄成，北京大学法学院。
　　校对：高凤，北京大学法学院。
[①] 对于法律制定的年份，日语原文采取天皇年号纪年，翻译时在标注公元纪年的同时保留日文原有纪年。下同
[②] 2 即为第 2 款。原文第 1 款未标注 1，为保持与原文的对应，此处尊重原文格式，不做更改。下同

子签名符号（下称"使用人签名符号"）是指并与总务省的规定相对应的、用于确认该电子签名符号为相应使用人所有的符号。下同）为该使用人本人所有的业务。

第二章　认证业务

第一节　电子证明书

【第三条】【电子证明书的发行】

居民基本台账所登记的相对人，可以通过备置登记了本人的居民基本台账的市町村（包含特别区，下同）的市町村长（包含特别区区长，下同），向管辖该市町村的都道府县的都道府县知事申请发行与自己相关的电子证明书（电子证明书是指为了证明使用人签名核实符号为该使用人本人所有而制作的电磁性记录（是指通过电子、磁性的方式以及其他人的知觉无法识别的方式制作的、可供计算机进行信息处理用的记录，下同）。

2　进行上一条申请者（在本条中下称"申请人"），必须依据政令的规定，向备置登记了本人的居民基本台账的市町村的市町村长（下称"住所地市村町村长"）提交申请书（本条中下称申请书）。该申请书应当包含由申请人住民票上记载的与住民基本台账法（1968年第81号法律（昭和42年第81号法律））第7条第1款到第款项以及第7项所规定的事项（该项法律所规定的是"住所"）；

3　住所地的市町村长接受上一条所称申请书时，应当确认申请人是相应市村町村备置的住民基本台账中所记录的人（本条中下称"使用人确认"），根据确认使用人的需要，有权依据总务省的规定要求申请者出示或者提交相关的证明文件；

4　申请者接受来自住所地市町村长的使用者确认时，应当利用住所地市町村长所提供的计算机，按照总务省确定的标准，制作使用者签名符号和与此相对应的使用者签名核实符号，并将此记录于住民基本台账法第31条之44的第1款所指定的住民基本台账卡和其他总务省规定电磁型记录媒介（与电磁性记录相关的记录媒介。下同），同时将该使用者签名核实符号通知住所地市町村长；

5　住所地市町村长应当按照总务省确定的规则，将进行使用者确认的申请者的申请书内容和使用者签名核实符号通知都道府县知事；

6　都道府知事在收到上一条所称通知后，应当按照总务省制定的规则，进行电子签名并发行与该申请相关的电子证明书，并将这一事项通知住所地市町村长；

7 住所地市町村长在收到上一条所称通知后，应当按照总务省制定的规则，将与该通知相关的电子证明书记录于第 4 款所规定的电磁性记录媒介并提供给申请者；

8 第 5 款所称申请书的内容、使用者签名核实符号的通知以及第 6 款所称电子签名的通知，应当按照总务省所制定的规定，利用住所地市町村长或者都道府县知事所提供的电子计算机通过电子通信网络发送到对方（即都道府县知事或者住所地市町村长）所提供的电子计算机。

【第四条】【使用者签名符号的正确管理】

使用者应当按照总务省制定的规制，正确管理自己的签名符号，避免遗失、灭失以及损坏。

【第五条】【电子证明书的有效期间】

电子证明书从发行之日起 3 年内有效。

【第六条】【禁止重复发行电子证明书】

使用者除非本人的电子证明书出现第 15 条第 1 款所称的丧失效力的情形，不得再次接受电子证明书的发行。

【第七条】【电子证明书的记录事项】

电子证明书所记录的事项如下：

一 电子证明书的发行序号、发行年月日以及有效期限

二 总务省规定的使用人签名核实符号以及与该符号相关的事项

三 使用人的住民票上记载的内容中与住民基本台账法第 7 条第 1 项到第 3 项以及第 7 项相关的事项。（该项法律所记载的是关于住所的事项）

四 总务省规定的其他事项

【第八条】【发行记录的保存】

发行电子证明书的都道府县知事，应当按照总务省的制定的规定，将该电子证明书（包含与该电子证明书有关的都道府县知事的电子签名的电磁性记录。下称"发行记录"）保存于电磁性记录媒介上，并遵守政令中的从发行之日起算的保存期限规定。

【第九条】【申请电子证明书失效】

使用者可以向发行该电子证明书的都道府县知事申请电子证明书失效；

2 上一条所规定的申请适用第 3 条第 2 款、第 3 款、第 5 款以及第 8 款的规定。在此情形下，该条第 5 款中的"申请书的内容和利用者签名核实符

号"被"申请书的内容"所替代，该条第 8 款中的"申请书的内容和使用者签名核实符号的通知以及第 6 款所规定的电子证明书的通知"被"申请书内容的通知"所替代，"住所地市町村长或都道府县知事"被"住所地市町村长"所替代，"都道府县知事或住所地市町村长"被"都道府县知事"所替代；

3　使用者可以依据前款所使用的第 3 条的第 2 款、第 3 款、第 5 款和第 8 款的规定以及总务省令确定的规则，利用该使用者所提供的电子计算机通过电子通信网络向发行该使用者电子证明书发送第 1 款所称申请。在此情形下，该使用人必须利用依据该条第 4 款的规定所制作的使用人签名符号，在该申请上进行电子签名；

4　第 1 款所规定的申请不适用于关于行政手续中利用信息通信技术的法律（2002 年第 151 号法律（平成十四年第 151 号法律））第 3 条的规定。

【第十条】【使用人签名符号遗失等情形下的申报】

当依据第三条第 4 款的规定制作的使用人的电子签名符号出现遗失、灭失或者损坏，或者出现记录使用人签名符号的电磁性媒介无法使用的情形，使用人必须经由住所地市村町长，及时向发行该使用者电子证明书的都道府县知事提交相应申请；

2　上一条所称申报适用于第 3 条第 2 款、第 3 款、第 5 款以及第 8 款的规定。在此情形下应进行如下替换，该条第 2 款中的"希望进行申报的人"替换"希望申请的人"、"申报人"、"申报书"分别替换"申请人"、"申请书"，"申报书的内容的通知"替换该条第 8 款中"申请书的内容、使用人签名核实符号的通知以及第 6 款所规定的电子证明书的通知"，"住所地市村町长"替换"住所地市村町长和都道府县知事"，"都道府县知事"替换"都道府县知事和住所地市村町长"。

【第十一条】【失效申请等信息的记录】

都道府县知事在收到依据第 9 条第 1 款的规定提交的申报以及依据第 10 条第 1 款提交的申请时，应当立即按照总务省令的规定通过电磁性记录媒介记录以下内容：与该申请和申报相对应的电子证明书的发行号码、依据第 9 条第 1 款的规定进行申请和依据第 10 条进行申报的事实以及按照该条相应规定记录这一事实（下称"失效申请等信息"）年月日。同时，此电磁性记录媒介中所记录内容，必须从记录日起按照总务省政令规定的法定期间进行保存。

【第十二条】【异动等失效信息的记录】

都道府县知事在向利用者通知住民基本台账第 30 条之 8 的第 3 款所规定的事项时，应当立即按照总务省的规定通过电磁性记录媒介记录以下事项：与该通知相对应的使用者所发行的电子证明书的号码、存在这一通知的事实以及依据该条的规定记录这一事实的年月日（下称"异动失效信息"）。同时，此电磁性记录媒介中所记录内容，必须从记录日起按照总务省政令规定的法定期间进行保存。

【第十三条】【记录错误等相关信息的记录】

都道府县知事，除上条规定之外，对于该都道府县知事发行的电子证明书所记载的事项，如果发现与该使用者的住民票上记载的事项不一致或者其他记录错误、记录遗漏（下称"记录错误"）时，应当立即按照总务省的规定通过电磁性记录媒介记录以下事项：存在记录错误的电子证明书的发行号码、存在记录错误的事实以及按照相应条款规定记录以上信息（下称与"记录错误"相关的信息）的年月日。同时，此电磁性记录媒介中所记录内容，必须从记录日起按照总务省政令规定的法定期间进行保存。

【第十四条】【与发行者的签名符号遗漏等有关信息的记录】

都道府县的知事，当知道所发行的电子证明书中相应的发行者签名符号（该电子证明书发行时都道府县知事对该电子证明书进行电子签名所使用的符号。本条中下同）出现遗漏、灭失或者损坏（本条中下称"发行者签名符号遗漏等"）时，应当立即按照总务省的规定通过电磁性记录媒介记录以下信息：出现遗漏的电子证明书的发行号码、出现遗漏的事实以及按照本条规定记录以上事项（下称与发行者的签名符号遗漏等有关的信息的记录）的年月日。同时，此电磁性记录媒介中所记录内容，必须从记录日起按照总务省政令规定的法定期间进行保存。

【第十五条】【电子证明书的失效】

电子证明书在出现以下任何一种情形时失效：

一　都道府县知事按照第 11 条的规定记录了失效申请等信息

二　都道府县知事按照第 12 条的规定记录了异动等失效信息

三　都道府县知事按照第 13 条的规定记录了记录错误等相关信息

四　都道府县知事按照上条规定记录了与发行者签名符号遗漏等有关的信息

五　电子证明书有效期届满

2　都道府县知事在出现上条第 3 款规定的电子证明书失效的情形时，必须迅速告知接受该电子证明书的使用者该电子证明书存在错误以及已经失效；

3　都道府县知事在出现上条第 3 款规定的电子证明书失效的情形时，必须按照总务省的规定无拖延地公布这一事实。

【第十六条】【失效文件的制作等】

都道府县知事应当按照总务省的规定，定期制作失效信息文件（在一定的时点上保存的失效情报是指（依据第 11 条的规定保存的失效申请等信息、依据第 12 条规定保存的异动等失效信息、依据第 13 条规定保存的与记录错误相关的信息以及依据第 14 条的规定保存的发行者签名遗漏等相关信息。下同）的集合物，并将这些失效信息体系性的组织成能够通过电子计算机进行的状态，下同），并从制作之日起按照政令规定进行保存。

第二节　对签名核实者等提供失效信息

【第十七条】【向都道府县知事申报等】

当下列主体收到使用者需要使用电子签名的信息的通知时，为了确认该电子签名是由相应使用者所进行的，而向都道府县知事请求提供下一条第 1 款所规定的与保存期限相关的失效信息以及该条第 2 款所规定的与保存期限相关的失效信息文件的情形下（仅限于以下情形：第 4 项以及第 5 项所列举的主体在进行与电子签名以及认证业务相关的法律的第 2 条第 3 款所规定的特定认证业务；第 6 项所列举的团体在向关于行政手续等利用通信技术的法律第 2 条第 2 项所规定的行政机关等（下称"行政机关"）以及法院提交申请、申报以及其他手续时提交必要的电磁性记录），必须按照总务省令的规定，提前向都道府县知事提交申请获取以上信息；

一　行政机关等

二　法院

三　由于向行政机关提交申请、申报以及其他手续时所伴随的必要事项，而通过电磁性方式接受对方提供的信息、向行政机关提供信息以及提供咨询的业务，同时得到了行政厅依据法律规定所进行的制定、登陆、认定或者承认的主体

四　电子签名以及认证业务相关的法律第 8 条规定的认定认证从业者

五　电子签名以及认证业务相关的法律第 2 条第 3 款规定的，总务大臣认可的符合关于开展特定认证业务者的政令所确定的基准的从业者

六　政令所确定的向行政机关以及法院提交申请、申报以及其他手续时需要提供必要的电磁性的团体

2　上条第 5 项的所称认定（下条中简称"认定"）应当在不超过政令规

定的1年的周期内，每个周期进行更新，否则超过周期则失效；

3　总务大臣在出现以下任何一种情形时有权取消认定；

一　被认定者不再符合第1款第5项的政令规定的基准

二　被认定者违反第19条、第25条第1款以及第26条第1款的规定

三　接受受理认定的机构的委托而从事第25条第1款规定的接受失效信息等的电子计算机处理（电子计算机处理是指（使用电子计算机进行信息的输入、汇集、编集、加工、修正、更新、检索、删除、输出以及与此相类似的处理）以及为了信息的录入而进行作业准备或者电磁性记录媒介的保管。下同）等的主体，违反了适用于该条第2款、该条第1款的规定

四　被认定者、其负责人或者其员工违反了第27条第1款的规定

五　接受被认定者委托而从事第25条第1款所规定的失效信息的电子计算机处理等的主体及其负责人或者员工违反了第27条第2款的规定

六　接受被认定者委托而从事第25条第1款规定而从事失效信息的电子计算机处理等的主体或者曾经从事过这种业务的主体违反第28条第1款的规定

4　受理第1款申报的都道府县知事以及该申报的提交者（下称"署名审核者"），按照该都道府县知事依据下一条第2款的规定应当提供的情报的范围以及其他应当提供的事项等，提前形成共同意见并必须按照总务省令的规定提前缔结相关约定；

5　下文所列团体或机关，对于该团体或机关管辖下的机构，依据政令所规定的事项，为了做出第19条之2的第1款所规定的答复，而依据下一条第1款以及该条第2款分别向都道府县知事请求提供该款所规定的与保存期间相关的失效信息以及依据该款所规定的失效信息文件。在此情形下（仅限于第1项所列举的团体所属的机构依据法律的规定接受他人的委托而向行政机关、法院提交申请、申报以及履行其他手续，以及第2项所列举的团体和机关所属的机构的向行政机关以及法院提交申请、申报以及履行其他必要的手续时需要提供必要的电磁性记录的情形。）应当依据总务省令的规定事先向该都道府县知事提交提供信息的请求以及第19条之2第1款所规定的受理回复者（下称"签名确认人"）的范围：

一　政令所规定的根据法律的规定接受他人的委托，向行政机关等以及裁判所提出申请、申报以及其履行其他手续的人所属的团体

二　政令所规定的向行政机关等以及法院提供进行申请、申报和履行其他手续时所必需的电磁性记录的人所属的团体或机关

6 第4款的规定适用于前款所称受理申报的都道府县知事以及该申报的提交者（下称团体签名验证者）。

【第十八条】【对签名验证者等的失效信息提供等】

都道府县知事当签名验证者以及团体签名验证者（下称"签名验证者"）依据下条第1款以及第19条之2的第1款请求进行确认时，应当按照政令的规定及时提供涉及保存期间的失效信息（在第11条至第14条所规定的保存期间以内的失效信息，下同）；

2 都道府县知事，应签名验证者的要求，依据政令的规定可以提供涉及保存期间的失效信息文件（指在第16条规定的保存期间以内的失效信息。下同）；

3 都道府县知事，在出现以下各款情形的任何一种或认定有出现的可能的情况下，有权停止对签名验证者提供第2款所规定的涉及保存期间的失效信息和失效信息文件；

一 签名验证者违反下一条、第19条第2款或者第3款、第25条第1款以及第26条第1款或第2款

二 受签名验证者委托而从事第25条第1款所规定的受领失效信息业务的个人，违反适用本款的本条第1款的规定

三 签名验证者等或者其负责人或者职员以及其他相关人员违反第27条第1款的规定

四 受签名验证者委托而从事第25条第1款所规定的受领失效信息业务的机构或者其负责人、职员以及其他相关人员违反第27条第2款的规定

五 受签名验证者的委托而从事或者曾经从事第25条第1款所规定的受领失效信息等的电子计算机处理等相关业务的个人或机构违反第28条第1款规定

4 都道府县知事，在出现以下各项中的任何一种情形，或者有出现的可能性时，特别是当认为有必要时，有权停止对团体签名验证者提供第1款以及第2款所规定的涉及保存期间的失效信息以及失效信息文件；

一 签名确认者违反第19条之3、第25条第3款、第26条第3款的规定

二 受签名确认者委托而从事第25条第3款所规定的受领回答的电子计算机处理者违反适用于本条第4款的本条第3款的规定

三 签名确认者、其负责人或者其职员违反适用于第27条第3款的本条第1款的规定

四 受签名确认者委托而从事第25条第3款所规定的受领回答的电子计

算机处理等相关业务者或者其负责人或者其职员以及相关人员违反适用于第27条第3款的本条第2款的规定。

　　五　受签名确认者委托而从事或者曾经从事第25条第3款所规定的受领回答的电子计算机处理等相关业务者或者其负责人或者其职员以及相关人员违反适用于第28条第2款的本条第1款的规定。

　　5　都道府县知事应当每年至少一次、对依据第1款以及第2款所提供涉及保存期间的失效信息和失效文件的状况，按照总务省的规定制作报告书并进行公开。

【第十九条】【签名验证者的义务】

　　签名验证者受理使用者提供的、与该使用者有关的使用了签名符号的电子签名信息以及电子证明书的通知时，应当按照第15条第1款的规定确认该电子证明书未失效以及确认与该电子证明书所记载的电子签名验证符号相对应的通过使用者签名符号所进行的相应电子签名；

　　2　签名验证者对于使用者所通知的电子证明书以及与之相关的其他信息中的电子签名，不得用于确认与该电子证明书所记载的电子签名验证符号无关的其他目的。

【第十九条之二】【团体签名验证者的义务】

　　当签名确认者依据下一条第1款的规定请求进行签名确认时，团体签名验证者对依据第18条第1款以及第2款的规定所受理的涉及保存期间的失效信息和失效文件，依据第15条第1款的规定确认与该请求相关的电子证明书尚未失效，应当依据政令的规定及时答复确认结果；

　　2　无论是否违反前款规定，团体签名验证者在出现第18条第4款各项情形中的任何一项时或者被认定为有出该情形的可能时，有权不进行前款所规定的答复；

　　3　团体签名验证者在从签名确认者处接受涉及通过使用者签名符号所进行的电子签名的信息以及电子签名的通知时，该电子证明书只能用于以下目的：用于确认与该电子证明书一同被通知的信息中所包含的电子签名是利用能够与使用者签名验证符号相对应使用者签名符号所进行的，而不得用于其他目的。

【第十九条之三】【签名确认者的义务】

　　签名确认人对于从使用者处受领的与该使用者相关的通过使用者签名符号进行电子签名的信息及电子证明书的通知时（仅限于第17条第5款第1项所列举的团体所属的签名确认者基于法律的规定接受他人的委托而向行政机

关等以及法院提交申请、呈报和履行其他手续的情形、同款第 2 项所列举的团体以及机关所属的签名认证者向行政机关以及法院提供进行申请、申报以及履行其他手续所必需的电磁记录的情形），应当按照第 15 条第 1 款的规定确认该电子证明书尚未失效以及确认该电子证明书所记载的电子签名是通过与签名验证符号相对应的签名符号所进行的；

2　署名确认者对于使用者所通知的电子证明书以及与之相关的其他信息中的电子签名应当用于确认该电子证明书所记载的电子签名是通过与签名验证符号相对应的签名符号所进行的，而不得用于其他目的。

第三章　认证业务信息等的保护

【第二十条】【确保认证业务信息的安全】

都道府县知事在进行发行记录、失效信息以及失效信息文件（下称"认证业务信息"）的电子计算机处理时，为了防止认证业务信息泄露、灭失及损失，保证业务信息得到妥善的管理，必须采取必要的措施；

2　前款规定适用于受都道府县知事委托进行认证业务信息的电子计算机处理的情形。

【第二十一条】【对利用及提供认证业务信息的限制】

都道府县知事，在依据第 11 条至第 14 条的规定进行为了记录失效信息而利用发行记录的情形、依据第 18 条第 1 款的规定而提供涉及失效信息的情形或者依据同条第 2 款的规定提供涉及失效信息的文件情形以及利用认证业务信息的情形，以上情形除得到相关当事人同意的事务外，不得利用或者提供认证业务信息。

【第二十二条】【都道府县职员的保守秘密义务】

从事与电子证明书的发行有关的电子计算机处理事务以及与认证业务信息有关的电子计算机处理等事务的都道府县的职员以及相关人员，对于因从事该事务而获知的与电子证明书的发行或者认证业务信息相关的秘密以及与电子证明书的发行有关的电子计算机处理或者与认证业务信息的电子计算机处理等有关的秘密，不得泄露；

2　受都道府县知事委托而从事与电子证明书的发行有关的电子计算机处理以及认证业务信息的电子计算机处理者及其负责人或员工以及相关人员，对于因受托业务而获得的与电子证明书的发行或者电子认证业务信息相关的秘密以及与电子证明书的发行有关的电子计算机处理或者与认证业务信息的电子计算机处理等有关的秘密，不得泄露。

【第二十三条】【市村町的职员等的保守秘密义务】

从事与提供电子证明书相关的电子计算机处理事务的市町村的职员及相关人员，对于因该事务而获知的与提供电子证明书有关的电子计算机处理等的有关秘密，不得泄露；

2 受市町村长委托而从事与提供电子证明书有关的电子计算机处理者或者其负责人或者其职员以及相关人员，对于因受托事务而获知的与提供电子证明书有关的电子计算机处理等有关的秘密，不得泄露。

【第二十四条】【受托进行认证业务信息等的相关计算机处理的受托者的义务】

受都道府县知事委托从事或者曾经从事与电子证明书的发行相关的电子计算机处理等以及与认证业务信息的电子计算处理等相关事务者，应当对于因受托事务而获知的秘密不得无端告知他人或者用于不当目的；

2 受市町村长委托而从事或者曾经从事与提供电子证明书有关的电子计算机处理等有关事务者，对于因受托事务而获知的事项不得无端告知他人或者用于不当目的。

【第二十五条】【确保从签名验证者处受领的失效信息的安全等】

签名验证者对于依据第18条第1款以及第2款的规定受领涉及保存期限的失效信息以及失效信息文件，以及在进行依据以上规定受领的涉及保存期限的失效信息以及失效信息文件（下称"受领的失效信息"）的电子计算机处理时，为了防止失效信息泄露失，以及为了保证失效信息得到妥善的管理，必须采取必要的措施；

2 前款规定适用于受签名验证者委托而从事失效信息的电子计算机处理等事务的情形；

3 依据第19条之2第1款的规定受理答复的签名确认者对于依据该款所获得答复（下称"受领的答复"）的电子计算机处理，签名确认者为了防止受领的失效信息泄露，以及为了保证受领信息得到妥善管理，必须采取必要的措施；

4 前款的规定适用于受签名确认者委托而从事受领的答复的计算机处理等事务的情形。

【第二十六条】【对签名验证者提供及利用受领的失效信息的限制】

签名验证者依据第19条第1款的规定确认电子证明书是否失效时，在必要的范围内，可以利用受领的失效信息。但是不得在此目的之外利用或者提供全部或者部分失效信息；

2 团体签名验证者，依据第19款之2第1款的规定确认电子证明书是否失效以及答复该确认结果时，在必要的范围内，可以利用受领的失效信息。但是不得在此目的之外利用或者提供全部或者部分失效信息；

3 签名认证者，依据第19条之3第1款的规定确认电子证明书是否失效以及答复该确认结果时，在必要的范围内，可以利用受领的失效信息。但是不得在此目的之外利用或者提供全部或者部分失效信息。

【第二十七条】【签名验证者等的职员等的秘密保守义务等】

从事受领的失效信息等的电子计算机处理等相关事务的签名验证者、其负责人或者其职员以及相关人员，因所从事的事务而得知的与受领的失效信息等相关秘密以及与受领的失效信息等的电子计算机处理等相关的秘密，不得泄露；

2 受签名验证者委托而从事失效信息的电子计算机处理等的机构或者其负责人或者其职员以及相关人员，由于受托业务而获知的与失效受领信息相关的秘密以及与受领的失效信息等的电子计算机处理等相关的秘密，不得泄露。

【第二十八条】

受签名验证者委托而从事或曾经受委托而从事受领信息的电子计算机处理等相关事务者，对于因受托事务而获知的事项无正当理由不得告知他人或者用于不当目的；

2 前款的规定适用于签名验证者。在此情形下，该款中的"受领的失效信息等"替换为"受领的答复"。

【第二十九条】【本人的认证业务信息的公开】

任何人有权依据政令规定的方法，请求都道府县知事公开与本人相关的认证业务信息（与本人相关的认证业务信息不存在时，也应当做出相应告知。下同）；

2 都道府县知事在发生前款所称请求时，应当按照政令规定的方法向请求者提供与之相关的认证业务信息。

【第三十条】【公开的期限】

前条第2款所称公开，应当自收到该公开请求起30日内进行；

2 都道府县知事，当存在事务处理上的困难或者其他正当的理由而无法按照前款规定的期限进行公开时，应当按照政令规定的方法将无法按时公开的理由以及公开的期限通知请求人。

【第三十一条】【本人的认证业务信息的更正】

依据第29条第2款获知公开信息的请求者依据政令规定的方法，请求都道府县知事对于公开的本人认证业务信息内容的全部或者一部分进行订正、追加或者删除（本条中下称"订正等"）时，都道府县知事应当无拖延的展开调查，并必须基于调查结果订正相关的认证业务信息的内容。

【第三十二条】【投诉的处理】

都道府县知事以及市町村长，对于针对本都道府县以及市町村所实施事务的投诉，应当努力按照本法的规定妥善而迅速的进行处理。

【第三十三条】【与认证业务相关的信息的适当使用】

都道府县知事以及市町村长对于因实施认证业务及与之相关的附随业务而获知的信息，只能用于认证业务及与之相关的附随业务，不得用于其他目的。

第四章 指定认证机关

【第三十四条】【指定认定机关的指定等】

都道府县知事可以将以下所列举的与认证业务相关的事务交由总务大臣指定的机关（下称"认证指定机关"）办理；

一 第3条第5款所规定的电子证明书的发行申请书的内容、与受理使用者签名符号相关的通知有关的电子计算机处理等、同条第6款所规定的与电子证明书的发行有关的电子计算机的处理等以及与同款所规定的通知有关的电子计算机的处理等

二 第8条所规定的关于发行记录的记录的电子计算机处理等，以及发行记录的保存

三 适用于第9条第2款的第3条第5款所规定的，与受理电子证明书的失效申请书的内容有关的通知的电子计算机处理等，以及第9条第3款所规定的受理电子证明书失效的申请的电子计算机处理等

四 适用于第10条第2款的第3条第5款所规定的有关受理使用者签名符号泄密的申报书的内容的通知的电子计算机处理等

五 从第11条至第14条所规定的有关失效信息的电子计算机处理等以及失效信息的保存

六 第15条第2款所规定的通知以及同条第3款规定的公告

七 第16条所规定的失效信息文件的制作和保存

八 第18条第1款所规定的有关涉及保存期限的失效信息的提供的电子计算机处理等，以及同条第2款所规定的涉及保存期限的失效信息文件的提

供的电子计算机处理等

　　九　第 18 条第 3 款以及第 4 款所规定的有关停止提供涉及保存期限的失效信息和失效信息文件的电子计算机处理；

　　十　第 18 条第 5 款所规定的报告书的制作和公布

　　十一　前述各款事务的附随事务

　　2　对指定认证机关的指定，依开展认证业务的机构的申请进行；

　　3　依据第 1 款的规定将认证业务交由指定认证机关办理的都道府县知事（下称"委任都道府县知事"），不办理认证业务以及从第 29 条至第 31 条第 6 款所规定的事务；

　　4　委任都道府县知事允许指定认证机关在办理第 1 款中所规定的第 3 条第 6 款所称的有关发行电子证明书的电子计算机处理的业务时，收取手续费（第 6 条中指"发行手续费"）作为认证机关的收入；

　　5　委任都道府县知事允许指定认证机关在办理以下业务时收取手续费（在下一款中指"提供信息手续费"）作为指定认证机关的收入，即：第 1 款所规定的指定认证机关所办理的第 18 条第 1 款所称的涉及提供保存期限的失效信息的电子计算机处理等，以及同条第 2 款所规定的提供涉及保存期限的失效信息的文件的电子计算机处理等；

　　6　第 2 款中所称发行手续费和提供信息手续费的金额，依据委任都道府县知事所管辖的都道府县的条例，由指定认证机关确定。在此情形下，指定认证机关必须事先就相应的发行手续费和提供信息手续费的金额取得委任都道府县知事的批准。

【第三十五条】【向指定认证机关通知异动等失效信息】

　　委任都道府县知事（不包括住民基本台账法第 30 条第 3 款所规定的委任都道府县知事。下款同），在收到本法第 30 条之 8 第 3 款所规定的通知时，应当迅速将该通知相关的异动等失效信息通知指定认证机关；

　　2　在进行前款所称通知时，应当依据总务省令的规定，从委任都道府县知事所使用的电子计算机通过电子通信网络向指定认证机关所使用的电子计算机发送信息。

【第三十六条】【指定的基准】

　　总务大臣对于依据第 34 条第 2 款的申请，如果认定符合下列基准则必须指定其为指定认证机关。

　　一　具有关于职员、设备、认证事务等（是指指定认证机关所开展的认证事务以及适用于第 53 条第 1 款的第 29 条至第 31 条所指定的事务。下同）

的实施方法以及其他事项的认证事务实施计划,认证事务等能够适当而切实的得到实施,以及能够恰当保护认证业务信息

二 该法人具有能够保证前款所称的认证业务等的实施计划得到适当而切实的实施所必需的管理性、技术性基础

三 如果申请者存在认证业务之外的业务,则该业务的开展不至于导致认证业务出现难以恰当开展的风险

2 总务大臣对于依据第34条第2款的规定进行申请的机构,如果出现以下情形之一,则不应当将其指定为指定认证机关。

一 因违法本法被判处刑罚尚未执行完毕结束或者执行完毕日起算尚未满两年的

二 依据第49条第1款以及第2款的规定被取消指定,从指定被取消之日起算尚未满2年的

三 其职员中有人出现以下情形中的任何一种

1. 第1款所规定的情形;

2. 依据第40条第2款的规定发出命令将其免职,从免职之日起算未满2年的。

【第三十七条】【指定的公示等】

总务大臣在进行指定认证机关的指定时,必须将相关指定认证机关的名称、主要事务所所在地以及进行该指定的日期进行公示;

2 指定认证机关的预计变更名称以及主要事务所所在地时,应当在变更日两周前将此事呈报给委任总务大臣;

3 总务大臣在收到前款所称呈报时应当将其公示。

【第三十八条】

委任都道府县知事,在依据第34条第1款的规定委托指定认证机关进行指定认证业务时,应当向总务大臣报告此事,并公示将认证事务交由指定认证机关的日期;

2 指定认证机关的预计变更名称以及主要事务所所在地时,应当在变更日两周前将此事呈报给委任都道府县知事;

3 委任都道府县知事在收到前款所称呈报时应当将其公示。

【第三十九条】【认证业务信息保护委员会的设置】

指定认证机关应当设置认证业务信息保护委员会;

2 认证业务信息保护委员会可以应认证机关的代表者的咨询,调查、审查有关认证业务信息的保护的事项,以及向认证机关的代表者阐述与此相关

的必要意见；

3 认证业务信息保护委员会的委员，由指定认证机关的代表者从学识和经验兼备者中挑选并任命。

【第四十条】【负责人的任命】

指定认证机关的负责人的选任以及免职必须得到总务大臣的认可，否则不产生效力；

2 当认证机关的负责人违反本法律、基于本法律的命令或者处分或者第42条第1款的认证事务管理规程时，做出了与认证业务有关的不恰当行为时，总务大臣有权命令指定认证机关将其负责人免职。

【第四十一条】【负责人等的保守秘密义务】

指定认证机关的负责人或者其职员（包含指定认证业务信息保护委员会的委员。第3款中同）以及担任相关职务的人，对于因从事认证事务而获知的秘密不得泄露；

2 受指定认证机关的委托而从事有关证明书的发行的电子计算机处理以及认证业务信息的电子计算机处理等机构及其负责人或者职员及其相关人员，对于因受托事务而获知的关于电子证明书的发行或者认证业务信息的秘密以及关于有关电子证明书的发行的电子计算机处理或者认证业务信息的电子计算机处理等的秘密，不得泄露；

3 在对从事指定认证业务的指定认证机关的负责人及其职员适用刑法（1907年第45号法律（明治四十年第四十五号法律））及其他罚则时，将其视同依据法令从事公务的职员。

【第四十二条】【认证事务管理规章】

指定认证机关对于总务省令所规定的有关认证业务等的实施的相关事务，应当制定认证事务管理规章，并必须得到总务大臣的批准。进行规章变更时执行同样规则。

2 指定认证机关在依据前款后半部分规定的变更认证事务管理规章时，必须听取都道府县知事的意见。

【第四十三条】【事业计划的批准等】

指定认证机关，应当在每一事业年度制作事业计划和收支预算，并应当在该事业年度开始前（在接受指定日的事业年度，应当在接受指定后无延迟的）获得总务大臣的批准。对此进行变更时遵循同样规定。

【第四十四条】【补助金】

委任都道府县知事对于所管辖的都道府县的指定认证机关，对于办理委任都道府县知事交付的认证业务所需的费用的全部或一部分拨付相应金额的补助金；

2　对于前款的补助金的额度，由相应委任都道府县知事与指定认证机关协商决定。

【第四十五条】【账簿的备置】

指定认证机关应当依据总务省令的规定，对于与认证事务相关的事务按照总务省令的要求记载于账簿并保存。

【第四十六条】【监督命令等】

总务大臣为了保证所委托的认证业务的恰当实施，在认为必要时，有权对指定认证机关下达与认证事务等有关的监督上的必要命令；

2　委任都道府县知事为了保证所委托的认证业务的恰当实施，在认为必要时，有权指示指定认证机关采取必要的措施促使认证业务的恰当实施。

【第四十七条】【报告以及现场检查】

总务大臣为了保证所委托的认证业务的恰当实施，在认为必要时，有权要求指定认证机关对认证事务的实施状况作出必要的报告，或者派遣职员前往指定认证机关的事务所进行现场检查，检查认证事务等的实施状况以及设备、账簿、文件及其他物品，或者讯问相关人员；

2　委任都道府县知事为了保证所委托的认证业务的恰当实施，在认为必要时，有权要求指定认证机关对认证事务的实施状况作出必要的报告，或者派遣职员前往进行相应认证业务的指定认证机关的事务所进行现场检查，检查认证事务等的实施状况以及设备、账簿、文件及其他物品，或者讯问相关人员；

3　执行第 2 款所称履行现场检查职责的职员，应当随身携带证明文件，当相对人提出请求时必须出示；

4　第 1 款以及第 2 款所规定的现场检查的权限不得解释为以搜查犯罪为目的而许可的搜查。

【第四十八条】【事务的中止、废止】

指定认证机关未经总务大臣的许可，不得中止或者废止认证事务的全部或者一部分；

2　总务大臣只有在中止或废止指定认证机关的认证事务等的全部或一部分无损于认证事务的恰当且切实的实施时才能进行前款所规定的批准。

【第四十九条】【指定的取消等】

总务大臣当指定认证机关出现第 36 条第 2 款第 1 项以及第 3 款的任何一

种情形时，必须取消对其的指定；

2 当指定认证机关出现以下各项中的任何一种情形时，总务大臣有权取消指定或者命令其在规定的期间内停止认证事务的全部或者一部分；

一 被认为不再满足第36条第1款各项的条件的

二 违反第43条第1款或者第3款、第45条以及前条的第1款的规定的

三 违反依据第40条第2款、第42条第3款以及第46条第1款所颁布的命令

四 不依据根据第42条第1款的规定得到批准的认证事务章程开展认证工作的

五 采用不正当手段接受指定认证机关的指定

3 总务大臣在依据第2款的规定取消指定，或者依据前款的规定命令指定认证机关停止全部或者部分认证事务的，应当将其通知都道府县知事，同时将其公示。

【第五十条】【解除认证事务的委任】

委任都道府县知事，当不再委托指定认证机关开展指定认证事务时，应当提前3个月将此通知指定认证机构；

2 委任都道府县知事，当不再委托指定认证机关开展指定认证事务时，应当向总务大臣报告此事，并进行公示。

【第五十一条】【由委任都道府县知事实施认证事务等】

委任都道府县知事在出现以下情形的，可以不受第34条第3款的约束，开展相应认证事务的全部或者一部分。即：在指定认证机关依据第48条第1款的规定中止认证事务的全部或者一部分时、总务大臣依据第49条第2款的规定命令指定认证机关停止认证事务的全部或者一部分时、当指定认证机关因天灾或者其他事由完成认定事务的全部或者一部分存在困难而总务大臣认为必要时。

2 总务大臣当委托都道府县知事依据前款规定开展认证业务的事由出现时，或者委托都道府县知事依据前款规定开展认证业务的事由消失时，必须将此迅速的告知都道府县知事。

3 委任都道府县知事当收到依据前款的通知时，应当将其公示。

【第五十二条】【关于认证事务的移交对省令的授权】

依据前条第1款的规定委任都道府县知事开展认证事务的情形、总务大臣依据第48条第1款的规定批准认证事务等的废止、第49条第1款或第2款的规定取消指定的情形，以及委任都道府县知事不在将认定事务交由指定认证机关进行的情形。在以上情形中所出现的认证事务的移交以及其他必要事

项,由总务省令规定。

【第五十三条】【认证业务信息保护的相关规定的适用等】

第 20 条、第 21 条、第 24 条第 1 款以及第 29 条至第 33 条中的规定,适用于指定认证机关。在此情形下,第 21 条中的"在依据第 11 条至第 14 条的规定进行为了记录失效信息而利用发行记录的情形、依据第 18 条第 1 款的规定而提供涉及失效信息的情形或者依据同条第 2 款的规定提供涉及失效信息的文件情形以及利用认证业务信息的情形"替换为"依据第 34 第 1 款的规定开展同款第 5 款以及第 8 款所列举的认证业务的实施相关的事务的情形",第 32 条中的"都道府县知事以及市村町长"替换为"指定认证机关"、"该都道府县以及市村町所处理的事务"替换为"指定认证机关所处理的认证事务等",第 33 条中"都道府县知事以及市村町长"替换为"指定认证机关";

2 指定认证机关对于依据适用于前款的第 29 条第 1 款的规定要求公开本人认证业务信息的人,可以按照总务大臣所认可的固定金额征收手续费;

【第五十四条】【关于指定认证机关对处分等不服的复议】

当指定认证机关对于有关认证业务的处分以及不作为出现不服的,有权依据《行政不服审查法》(1926 年第 160 号法律(昭和 37 年第 160 号法律))请求审查。

第五章 杂 则

【第五十五条】【总务大臣的援助等】

总务大臣在进行与地方公共团体的认证业务相关的技术评价的调查以及研究的同时,必须努力为都道府县以及市町村的使用者提供必要的信息、建议以及其他帮助。

【第五十六条】【报告的征收】

总务大臣在本法律实施的必要限度内,有权要求接受第 17 条第 1 款第 5 项所规定的认定者报告其业务的实施状况;

2 都道府县知事在本法律实施的必要限度内,有权要求签名验证者(不包括行政机关等以及法院。第 65 条中同此)以及团体签名验证者报告其业务的实施状况。

【第五十七条】【运行规程】

都道府县知事必须依据总务省令的相关规定,制作有关认证业务实施的手续以及其他必要事项的规程并公布;

2 都道府县知事在意图制作前款所称运行规程之前,应当事先听取都道府县区域内的市町村长的意见。

【第五十八条】【技术基准】

有关用于认证业务的设施以及设备的管理方法,其他认证业务以及与此相关的附带业务的实施相关的必要技术基准由总务大臣确定;

2 除前款规定外,为了在指定都市适用本法的规定,可以由政令做出特别规定。

【第五十九条】【指定都市的特例】

对于在地方自治法(1938年第67号法律(昭和22年第67号法律))第252条之19第1款中的指定都市(下款中称指定都市)适用本法的规定,依据政令的规定,区视为市、区长视为市长;

2 除前款规定外,对于在指定都市适用本法的规定,可以由政令做出特别的规定。

【第六十条】【对政令的授权】

有关本法实施的手续和其他必要事项,由政令规定。

第六章 罚 则

【第六十一条】

在认证业务中对都道府县知事提交虚假申请、使之发行不实电子证明书者,处5年以下徒刑以及300万日元以下罚金;

2 前款的未遂犯亦应处罚。

【第六十二条】

违反第22条、第23条、第27条第1款(包含适用于同条第3款的情形)或者第2款(包含适用于同条第3款的情形)以及第41条第1款或者第2款的规定,泄露秘密者处2年以下徒刑以及百万元以下罚金。

【第六十三条】

违反根据第49条第2款的规定下达的停止认证业务的命令时,对该指定认证机关的负责人以及职员处1年以下的徒刑以及50万元以下的罚金。

【第六十四条】

出现以下各项任何一项时,对于做出违规行为的指定认证机关的负责人以及职员,处30万元以下的罚金。

一 违反第45条的规定,未备置账簿,或者在账簿上进行虚假的记载,以及不保存账簿。

二 不进行第 47 条第 1 款以及第 2 款所要求的报告，或者进行虚假的报告，或者拒绝、妨碍、回避据此进行的检查，或者对于据此进行的质问不回答或者作出虚假回答。

三 未得到第 48 条第 1 款所规定的许可而废止全部认证业务。

【第六十五条】
接受第 17 条第 1 款第 5 项所规定的签名验证者或者团体签名验证者，不进行第 56 条第 1 款所规定的报告以及进行虚假报告，处 30 万元以下罚金。

【第六十六条】
法人代表以及法人或者自然人的代理人、使用人以及其他从业者，对于法人以及自然人的义务，在违反前条的规定时，除了处罚行为人，对于法人以及自然人同样按照该条规定科处刑罚。

附 则

【第一条】【实施日期】
自本法公布起算，在不超过两年的时间范围内，在政令规定的日期实施。但是，第 34 条第 1 款至第 3 款、第 36 条至第 38 条以及 40 条至第 52 条以及附则第 3 条至第 5 条的规定自公布之日起实施。

【第二条】【有关住民台账卡的过渡措施】
自本法实施日（下称实施日）起至部分修改住民台账法的法律（1999 年第 133 号法律（平成十一年第 133 号法律））附则第 1 条第 1 款第 3 项中所规定的实施日的前一天这段时间内，适用第 3 条第 4 款的规定，该款中"住民台账法第 30 条之 44 的第 1 款所规定的住民基本台账卡以及其他总务省令所规定的电磁性记录媒体"替换为"总务省所规定的电磁性记录媒体"。

【第三条】【准备行为】
市町村长、都道府县知事以及制定认证机关，即使在实施日之前，也可以为了实施本法律所规定的事务而进行必要的准备工作。

【第四条】【关于指定认证机关的过渡措施】
于实施日之前被指定为指定认证机关的情形下，尽管存在第 34 条第 1 款的规定，在实施日之前指定认证机关不得实施同款各项所列举的事务。

【第五条】【关于其他过渡措施对政令的授权】
除前三条规定外，与本法实施相关的必要过渡措施由政令规定。

附录（2004年12月3日第152号法律（平成十六年十二月三日第152号法律））

【第一条】【实施日期】

自本法公布起算，在不超过一年的时间范围内，在政令规定的日期实施。

【第三十九条】【有关罚则适用的过渡措施】

对于本法实施前进行的行为以及发生于本法实施之后但是按照本附则的规定被视为发生于本法实施之前的情形时，适用罚则时适用之前的本法实施之前的规定。

【第四十条】【对政令的授权】

除附则第3条至第10条，第29条以及第2条之外，与此法律事实相关的必要的过渡措施由政令规定。

附则（2006年5月26日第44号法律（平成十八年五月二十六日第44号法律））

【第一条】【实施日期】

自本法公布起算，在不超过6个月的时间范围内，在政令规定的日期实施。

【第二条】【过渡措施】

对于本法实施前关于电子签名的与地方团体认证业务相关的法律第34条所规定的委任都道府县知事，当出现与该法第29条第1款规定的公开请求相关的该条第2款所规定的公开以及该法第31条第1款所规定的订正时，按照之前的方式。

附则（2009年7月15日第77号法律（平成二十一年七月十五日第77号法律））

【第一条】【实施日期】

自本法公布起算，在不超过3年的时间范围内，在政令规定的日期实施。但是，以下各款所列举的规定自该规定制定之日起实施。

一　目录的修订规定、第5条以及第8条的修订规定、第19条增加一款的修订规定、第21条、第22条第1款、第26条、第27条第1款以及第2款以及第28条至第30条的修订规定、第四章之二之后增加一章的修订规定、第34条第1款以及第2款、第39条以及第47条第2项的修订规定、第53条的修订规定（不包括该条第1款的改造规定（仅限于删除第24条之2的第1款和第2款））、以及附表中第1之40款的修订规定，以及次条第2款以及第3款、附则第4条至第10条以及第13条至第20条的规定、附则第21条的规定（关于在行政手续中利用信息通信技术的法律［2002年第511号法律（平成十四年第百五十一号法律）］附表住民基本台账法［1967年第81号法律（昭和四十二年法律第八十一号）］的款的修订规定（以及仅限于"第30条之3的第1款"修改为第30条之3的对象以及第30条之46至第30条之48），以及附则第22条所规定的出入国管理及难民认定法以及对于依据与日本国之间的和平条约而脱离日本国籍者的出入国管理相关的法律的部分修订的法律（2009年第79号法律（平成二十一年法律第七十九号）下称"入管法等修订法"）的实施日。

二 附则第3条以及第23条所规定的本法律的公布日和入管法等修订法的公布日中较晚者。

【第二十三条】【检讨】

政府以下人员之外的人，即：滞留于本国的外国人依据出入国管理以及难民认定法第54条第2款的规定而被假释者自该假释之日起经过一定期间、其他现在滞留于本国的外国人依据本法以及与日本国的和平条约而脱离日本国籍者等、根据出入国管理特别法的规定而在可以在留于本国者，依据入管法等该政法附则第60条第1款的主旨，即使在第1项实施日之后出于行政上的方便和利益考虑，也可根据需要可以进一步检讨对此类人的记录的合适的管理方法，并依据此结果采取必要的措施。

关于特定电子通信服务提供者的损害赔偿责任的限制以及发信人信息披露的法律[*]

平成十三年十一月三十日法律第137号①
(2001年11月30日法律第137号)

【第一条】【宗旨】

特定电子通信中的信息流通导致损害发生时,对于特定电子通信服务提供者的损害赔偿责任的限制,以及披露发信人信息的请求权,本法做出以下规定。

【第二条】【定义】

本法中使用的各用语的定义如下。

(一)特定电子通信是指,以不特定人接收为目的的电子通信的播送,但是以公众直接接收为目的的电子通信的播送②除外(本法所称的电子通信,是指《电子通信事业法》(昭和五十九年③法律第八十六号)第二条第一项规定的电子通信,以下各款同);

(二)特定电子通信设备是指,为了供特定电子通信的使用,而提供的电子通信设备(本法所称的电子通信设备,是指《电子通信事业法》第二条第二项规定的电子通信设备);

(三)特定电子通信服务提供者是指,利用特定电子通信设备为他人的通信提供媒介,或者提供特定电子通信设备供他人的通信使用的人;

(四)发信人是指,在特定电子通信服务提供者提供的特定电子通信设

---

* 译者:李子杰,神户大学。
① 此为法律制定年份。
② 以公众直接接收为目的的电子通信的播送指的是,日本《广播法》中所规定的广播。广播行为适用《广播法》,不属于本法的适用对象。译者注。
③ 昭和59年为公元1984年。

备的存储载体（仅限于在该存储载体上所存储的信息是向不特定人播送的情况）上进行信息存储，或者是向该特定电子通信设备的播送装置（仅限于在该播送装置上输入的信息是向不特定人播送的情况）上进行信息输入的人。

【第三条】【损害赔偿责任的限制】

因特定电子通信中的信息流通导致他人权利受到损害时，提供特定电子通信设备以供特定电子通信使用的特定电子通信服务提供者（在本款中，以下称为"相关服务提供者"），如果在技术上有可能采取措施以阻止向不特定人发送侵权信息，并且不存在以下两款所述的任一情形的，其对他人所遭受的损害，不承担赔偿的责任。但是，如果该相关服务提供者是侵权信息的发信人时，不受此限。

（一）该相关服务提供者知道因为特定电子通信中的信息流通，导致他人的权利受到损害的；

（二）有相当的理由认定，该相关服务提供者知道该特定电子通信中的信息流通的存在，并且知道该特定电子通信中的信息流通导致他人的权利受到侵害的。

2 特定电子通信服务提供者采取必要的措施阻止特定电子通信中的信息发送时，对于因采取该阻止措施而对信息的发信人造成的损害，如果该措施是在为阻止侵权信息向不特定人发送的必要的限度内进行，并且符合下列各款所述情形之一的，不承担损害赔偿的责任。[1]

（一）该特定电子通信服务提供者有相当的理由，相信该特定电子通信中的信息流通对他人的权利造成不当损害的。

（二）因特定电子通信中的信息流通使自己的权利受到损害的被侵权人，向该特定电子通信服务提供者，提供侵害自己权利的信息（以下称之为"侵权信息"），被侵害的权利以及被侵害的理由（在本款中，以下称之为"侵权信息等"），并且向其提出要求采取措施以阻止侵权信息发送（在本款中，以下称之为"发送阻止措施"）的申请时，该特定电子通信服务提供者，在询问发信人是否同意对该侵权信息等采取发送阻止措施后，该发信人在接受该询问之日起七日内未做出不同意的回应的。[2]

【第四条】【请求披露发信人的信息等】

因特定电子通信中的信息流通而使自己的权利受到侵害的被侵权人，同时符合下列各项所述情形的，可以请求为了该特定电子通信的使用而提供特

---

[1] 2 为第2款，原文中第1款未标注数字。为尊重原文，建议不做修改。下同。
[2] 第3条第2款。

定电子通信设备的特定电子通信服务提供者（以下称之为"与披露相关的服务提供者"），披露其保有的与权利侵害相关的发信人信息（包含姓名，住所以及其他有助于确定侵权信息发信人的信息，具体范围由总务省省令规定。以下同）。

（一）侵权信息的流通，明显造成披露请求人的权利受到侵害的；

（二）发信人的信息对于披露请求人行使损害赔偿请求权是必需的，或者存在其他要求披露信息的正当理由。

2　与披露相关的服务提供者，基于前款规定收到被侵权人的披露请求时，除了不能联络到与该披露请求有关的侵权信息的发信人，以及其他的特定情况之外，对于是否披露必须听取该发信人的意见[①]。

3　基于第1款的规定而获得发信人信息的人，不得任意使用发信人的个人信息，不得进行不当损害发信人的名誉或者其生活平静的行为[②]。

4　与披露相关的服务提供者，由于其没有同意基于第1款的规定提出的披露请求而对请求人造成损害时，如果该服务提供者没有故意或者重大过失，不承担赔偿责任。但是，如果该与披露相关的服务提供者，是该披露请求相关的侵权信息的发信人时，不受此限[③]。

【附则】

本法施行日期由政令规定，政令规定日期应不超过本法公布之日起6个月内。

---

① 第4条第2款。
② 第4条第3款。
③ 第4条第4款。

关于规范特殊电子邮件的法律*

平成十四年四月十七日法律第26号，
平成二十三年六月二十四日法律第74号最终修订
（2002年4月17日法律第26号，
2011年6月24日法律第74号最终修订）

第一章 总 则

【第一条】【目的】

鉴于，有必要防止因同时对多人发送特殊电子邮件而造成电子邮件收发障碍的情况，为了制定相应措施规范特殊电子邮件的发送，进而创造良好的电子邮件利用环境，促进高度信息通信社会的健全发展，特制定本法。

【第二条】【定义】

本法中使用的下列各用语的含义如下。

（一）电子邮件，是指利用总务省省令中规定的通信方式，通过把通信电文以及其他信息在其所使用的通信终端装置（含输出输入装置，以下同）的显示屏上表示出来，而实现向特定人传送信息的目的的电子通信（本法所称的电子通信，指的是《电子通信事业法》（昭和五十九年①法律第八十六号）第2条第1项中规定的电子通信）；

（二）特殊电子邮件，是指作为电子邮件的发信（从国内的电子通信设备（指《电子通信事业法》第2条第2项中规定的电子通信设备。以下同）进行发信，或者是向国内电子通信设备进行发信）人（仅限于以营利为目的的团体以及从事经营活动的个人），为了对自己或者他人的业务经营进行广告或宣传而发送的电子邮件；

---

* 译者：任张卫，神户大学。
① 昭和59年为公元1984年。

（三）电子邮件地址，是指识别电子邮件用户的文字，号码，记号以及其他符号等；

（四）虚构电子邮件地址，符合下列情形之一的电子邮件地址，均为虚构电子邮件地址。

1 利用具有自动生成多个电子邮件地址功能的程序（指的是对电子计算机输入指令后可以得出某一结果的组合物）来生成的电子邮件地址；

2 目前没有被人用作电子邮件地址的。

（五）电子邮件通信服务，指的是《电子通信事业法》第2条第3项所规定的电子通信服务中，与电子邮件相关的电子通信服务。

第二章 对特殊电子邮件的发送进行规范的措施等

【第三条】【对发送特殊电子邮件的限制】

发信人对不属于下列任一情形之人，不得发送特殊电子邮件。

（一）事先对发信人或者发信委托人（是指委托发送电子邮件的人，但仅限于以营利为目的的团体以及从事经营活动的个人，以下同）发出通知，请求或者同意对其发送特殊电子邮件的人；

（二）除了前一项规定的人以外，根据总务省省令，内阁府令的规定，向发信人或者发信委托人通知了自己的电子邮件地址的人；

（三）除了前两项规定的人以外，与以该特殊电子邮件为手段进行广告和宣传的经营业者有交易关系的人；

（四）除了前三项规定的人以外，基于总务省省令，内阁府令的规定，公布自己的电子邮件地址的团体和个人（在个人的情况下，仅限于从事经营活动的个人）。

2 收到第1款第一项中的通知的人，必须根据总务省省令，内阁府令的规定，保存可以证明有关请求或者同意发送特殊电子邮件的记录[①]。

3 发信人，在收到符合第1款中各项规定的人做出的拒绝其发送特殊电子邮件（或者拒绝其发送关于特定事项的特殊电子邮件）的通知之后（包括发信委托人收到通知的情况），不得违反该通知的意思，发送特殊电子邮件。但是，基于电子邮件接收人的意思，在以广告或者宣传之外的行为为主要目的而发送的电子邮件中，附带进行广告或者宣传的情形，以及总务省省令，

---

① 第3条第2款。

内阁府令做出规定的其他类似情形，不受此限①。

【第四条】【明示义务】

发信人，在发送特殊电子邮件时，必须根据总务省省令，内阁府令的规定，在收信人所使用的通信终端设备的显示屏上正确显示下列各项中规定的事项（第3条第3款的但书中，总务省省令，内阁府令做出规定的情形，不适用下列第二项的规定）。

（一）该发信人（当该电子邮件的发送存在发信委托人时，指的是该发信人或者发信委托人中对该邮件的发送负有责任的人）的姓名或者名称；

（二）总务省省令，内阁府令所规定的，为了接收前条第三项中的拒绝通知所需的电子邮件地址，或者是为了识别电子通信设备所需的文字、号码、记号以及其他符号；

（三）总务省省令，内阁府令规定的其他事项。

【第五条】【禁止发送伪造发信人信息的邮件】

发信人不得伪造用于收发电子邮件的信息中的下列有关发信人的信息（以下称为"发信人信息"），发送特殊电子邮件。

（一）用于发送该电子邮件的电子邮件地址；

（二）为了识别用于发送该电子邮件的电子通信设备的文字，号码，记号以及其他符号。

【第六条】【禁止利用虚构电子邮件地址发送邮件】

发信人不得为了自己或者他人的经营活动，以向多人发送电子邮件为目的，向虚构的电子邮件地址发送电子邮件。

【第七条】【处理命令】

总务大臣以及内阁总理大臣（向虚构的电子邮件地址发送电子邮件的情况时，为总务大臣），对于发信人同时向多人发送特殊电子邮件或其他的电子邮件的情况，认为其没有遵守第3条或第4条的规定的，或者是认定其使用伪造发信人信息的电子邮件或使用虚构的电子邮件地址发送邮件的，当认为有必要防止收发邮件障碍的产生时，可以命令发信人（与这些电子邮件相关的发信委托人，如果接收了与发送该电子邮件相关的第3条第1款第一项或者第二项的通知，保存了同条第3款的记录，以及进行了其他的与该电子邮件相关的部分业务的情况，并且对于该电子邮件的发送，存在可归责于发信委托人的事由时，为该发信人和该发信委托人）采取必要措施以改善电子邮

---

① 第3条第3款。

件的发送方法。

【第八条】【向总务大臣或者内阁总理大臣提出申诉】

特殊电子邮件的收信人,认为存在违反第3条至第5条的规定发送特殊电子邮件的情况时,可以向总务大臣或者内阁总理大臣提出申诉,要求其采取适当的措施。

2 下列各项规定的大臣,在收到根据前款规定提出的申诉(该申诉是对总务大臣以及内阁总理大臣作出时除外)时,应及时把申诉的内容告知各项中规定的与之相对应的大臣。

(一)总务大臣　内阁总理大臣;

(二)内阁总理大臣　总务大臣[①]。

3 电子邮件通信服务的提供者,认为存在违反第6条的规定向虚构电子邮件地址发送邮件的情况时,可以向总务大臣提出申诉,要求其采取适当的措施[②]。

4 总务大臣或者内阁总理大臣收到根据第1款的规定提起的申诉时,需要进行必要的调查,根据调查结果认为有必要时,必须采取本法规定的措施或者其他的适当措施[③]。

5 总务大臣收到根据第3款的规定提起的申诉时,需要进行必要的调查,根据调查结果认为有必要时,必须采取本法规定的措施或者其他的适当措施[④]。

【第九条】【意见等的处理】

特殊电子邮件的发信人对于与特殊电子邮件发送有关的意见,问询,必须诚恳的进行处理。

【第十条】【电子通信经营者的信息提供以及技术开发等】

提供电子邮件通信服务的电子通信经营者(指《电子通信事业法》第2条第5项中规定的电子通信经营者,下同),必须努力向其服务的利用者,提供有助于防止因特殊电子邮件,伪造发信人信息的电子邮件以及向虚构电子邮件地址发送的电子邮件(以下称为"特殊电子邮件等")而产生的电子邮件收发上的障碍的与之服务相关的信息。

2 提供电子邮件通信服务的电子通信经营者,必须努力开发与引进有助

---

① 第8条第2款。
② 第8条第3款。
③ 第8条第4款。
④ 第8条第5款。

于防止因特殊电子邮件等而产生的电子邮件收发上的障碍的技术①。

【第十一条】【拒绝提供电子通信服务】

电子通信经营者认为,伪造发信人信息的电子邮件的发送使自己的电子邮件通信服务不能顺利进行,或对利用者可能产生电子邮件收发上的障碍时,或者认为同时向大量的虚构电子邮件地址的发送电子邮件可能使自己的电子邮件通信服务不能顺利进行时,或者有其他为了防止电子邮件收发上的障碍而拒绝提供电子邮件通信服务的正当理由时,在防止该障碍的必要的范围内,可以拒绝为可能产生该障碍的电子邮件的发信人提供电子邮件通信服务。

【第十二条】【对电子通信经营者团体的指导和建议】

总务大臣,应该努力对一般社团法人,以及作为其会员的电子通信经营者所进行的信息提供工作,以及其他有助于防止因特殊电子邮件等而产生的电子邮件收发上的障碍而进行的工作,提供必要的指导和给予相关的建议。

【第十三条】【研究开发等状况的公布】

总务大臣应每年至少公布一次有助于防止因特殊电子邮件等而产生的电子邮件收发上的障碍的相关技术的研究开发状况,以及提供电子邮件通信服务的电子通信经营者对该技术的利用状况。

第三章 已登记的规范化发信机构

【第十四条】【规范化发信机构的登记】

总务大臣以及内阁总理大臣可以允许已经完成登记的人(以下称为"已登记的规范化发信机构")开展下列业务(以下称为"特殊电子邮件等规范化发信业务")。

(一)对根据第 8 条第 1 款的规定向总务大臣或者内阁总理大臣提出申诉的人或者根据同条第 3 款的规定将要向总务大臣提出申诉的人进行指导和提出建议;

(二)基于总务大臣或内阁总理大臣的要求,进行与第 8 条第 4 款或者第 5 款的申诉相关的事实状况的调查;

(三)收集并提供与特殊电子邮件等相关的信息以及资料。

2 前款的登记由意图从事特殊电子邮件等规范化发信业务的主体提出申请②。

---

① 第 10 条第 2 款。
② 第 14 条第 2 款。

【第十五条】【禁止条款】

符合下列情形之一的，不得进行第 14 条第 1 款的登记。

（一）违反本法或违反根据本法制定的命令，被处以罚金以上的刑罚，自刑罚执行完毕，或者刑罚不再执行之日起未满两年者；

（二）根据第 25 条的规定被取消登记，自取消之日起未满两年者；

（三）法人中从事该业务的业务员符合前两项规定的情形之一的。

【第十六条】【登记准则】

根据第 14 条第 2 款的规定申请登记的申请人，如果其满足下列各项条件，总务大臣及内阁总理大臣必须为其办理登记。与登记相关的必要手续，由总务省省令，内阁府令作出规定。

（一）在《学校教育法》中规定的大学或者专科学校，修完相关电子通信的课程并毕业，并且毕业后从事一年以上与电子邮件通信服务相关的工作，或者具有同等及以上的知识经验且从事电子邮件等规范化发送业务；

（二）采用了下列用于规范特殊电子邮件等规范化发信业务的相关措施。

1 对于从事特殊电子邮件等规范化发信业务的部门，设置了专任的管理人员；

2 制定了有关管理，以及确保特殊电子邮件等规范化发信业务规范运行的文件；

3 设置了按照前项文件的规定对特殊电子邮件等规范化发信业务进行管理以及确保其规范运行的专门部门。

2 登记时，必须在规范化发信机构的登记簿上记载下列事项。

（一）登记年月日及登记编号；

（二）规范化发信机构的姓名或名称，住所，如果该机构属于法人，还须登记其法人代表的姓名；

（三）规范化发信机构从事特殊电子邮件等规范化发信业务的事务所的名称及所在地①。

【第十七条】【登记的更新】

第 14 条第 2 款规定的登记，必须每 3 年更新一次，过期失效。

2 前款规定的登记更新，适用第 14 条第 2 款以及第 15 条，第 16 条的规定②。

---

① 第 16 条第 2 款。
② 第 17 条第 2 款。

【第十八条】【开展特殊电子邮件等规范化发信业务时的相关义务】

已登记的规范化发信机构，必须公正地，并且采用满足第16条第1款的各项规定，并符合总务省省令，内阁府令所规定准则的方式开展特殊电子邮件等规范化发信业务。

【第十九条】【变更的申报】

已登记的规范化发信机构，意图对第16条第2款第2项或者第3项中规定的事项进行变更时，必须在变更日的两周前，向总务大臣以及内阁总理大臣提出申报。

【第二十条】【业务规程】

已登记的规范化发信机构，必须制定关于特殊电子邮件等规范化发信业务的规程（下款中，称之为"业务规程"），并在开展特殊电子邮件等规范化发信业务之前，提交给总务大臣以及内阁总理大臣。对该业务规程进行变更时，也需要履行相同手续。

2 在业务规程中必须规定特殊电子邮件等规范化发信业务的实施方法，以及总务省省令，内阁府令规定的其他事项①。

【第二十一条】【业务的中止与废止】

已登记的规范化发信机构，对特殊电子邮件等规范化发信业务的全部或部分进行中止或废止时，必须根据总务省省令，内阁府令的规定，事先向总务大臣以及内阁总理大臣提出申报。

【第二十二条】【各财务报表等的置备及阅览等】

已登记的规范化发信机构，在每个会计年度结束后3个月内，必须作成包括该会计年度的财产目录，资产负债表以及盈亏计算书或收支计算书在内的业务报告书（作为替代，以电磁记录（是指以电子，磁以及其他通过人的感官不能识别的方式作成，用于电子计算机的信息处理的记录。本条以下同）的方式做成时，包括该电磁记录。在本条第2款以及第38条中，称为"各财务报表"），并在事务所中存置5年。

2 特殊电子邮件的收信人及其他的利害关系人，在已登记的规范化发信机构开展业务的期间内，随时都可以请求进行下列各事项。但是，对第2项及第4项提出请求时，必须支付已登记的规范化发信机构所规定的费用。

（一）当各财务报表以书面形式作成时，请求进行查阅或誊抄；

（二）请求交付前项中的书面形式的各财务报表的副本或抄本；

---

① 第20条第2款。

（三）当各财务报表以电磁记录的方式作成时，对于该电磁记录中记载的事项在利用总务省省令，内阁府令规定的方法时所显示出的信息，请求进行查阅或誊抄；

（四）对于前项电磁记录中记载的事项，请求按照总务省省令，内阁府令的规定以电磁的方式提供，或者请求交付记载该相关事项的书面文件①。

【第二十三条】【合规命令】

总务大臣以及内阁总理大臣，认为已登记的规范化发信机构不符合第16条第1款的各项规定的任意一项时，有权命令该机构采取必要的措施以符合该项规定的要求。

【第二十四条】【改善命令】

总务大臣以及内阁总理大臣，认为已登记的规范化发信机构违反第18条的规定时，有权命令该机构按照该条规定开展特殊电子邮件等规范化发信业务，并且有权要求该机构采取必要的措施以改善特殊电子邮件等规范化发信业务的实施方式。

【第二十五条】【登记的取消等】

已登记的规范化发信机构符合下列情形之一的，总务大臣以及内阁总理大臣有权取消其登记，或者命令其在规定期间内停止全部或部分特殊电子邮件等规范化发信业务。

（一）符合第15条的第一项或第三项规定的情形时；

（二）违反第19条至第21条，第22条第1款或者第23条的规定时；

（三）无正当的理由拒绝第22条第2款各项规定的请求时；

（四）违反前两条规定的命令时；

（五）以不正当的手段取得第14条第1款的登记时。

【第二十六条】【账簿的记载】

已登记的规范化发信机构，必须按照总务省省令，内阁府令的规定，备置账簿，记载并保存与特殊电子邮件等规范化发信业务相关的总务省省令，内阁府令所规定的事项。

【第二十七条】【公示】

总务大臣，内阁总理大臣，对于下列情况，必须在政府公报上进行公示。

（一）根据第14条第1款进行登记时；

（二）存在第19条所规定的申报时；

---

① 第22条第2款。

（三）存在第 21 条所规定的申报时；

（四）根据第 25 条的规定取消第 14 条第 1 款的登记，或者责令停止特殊电子邮件等规范化发信业务时。

第四章 杂 则

【第二十八条】【报告及内部检查】

总务大臣或内阁总理大臣，在本法实施的必要限度内，有权要求特殊电子邮件等的发信人或发信委托人就邮件发送状况作出必要报告，也有权派出工作人员进入发信人或发信委托人的事务所对账簿，材料及其他物品进行检查。

2 总理大臣以及内阁总理大臣，为了确保特殊电子邮件等规范化发信业务的规范运营，在必要的限度内，有权要求已登记的规范化发信机构就特殊电子邮件等规范化发信业务，以及资产状况作出必要报告，也有权派出工作人员进入已登记的规范化发信机构的事务所，对特殊电子邮件等规范化发信业务的状况以及账簿，材料及其他物品进行检查[1]。

3 按照前两款的规定进行内部检查的工作人员，必须携带身份证明并向相关人员出示[2]。

4 第 1 款或第 2 款规定的内部检查的权力，不得解释为允许进行犯罪搜查[3]。

5 下列各项中规定的大臣，在单独行使第 1 款规定的权利时，应及时将结果通知该项规定中相对应的大臣。

（一）总务大臣 内阁总理大臣；

（二）内阁总理大臣 总务大臣[4]。

【第二十九条】【提供发信人相关信息的请求】

总务大臣，在本法实施的必要限度内，有权请求授权使用电子邮件地址或识别电子通信设备的文字，号码，记号等其他符号（仅限于特殊电子邮件等的收信人使用的通信终端设备的显示屏上显示的符号，或者供特殊电子邮件等的收发之用的符号中与发信人相关的符号）的电子通信经营者以及其他人，提供被授权人的姓名或名称，住所以及其他可以确定该被授权人身份的

---

[1] 第 28 条第 2 款。
[2] 第 28 条第 3 款。
[3] 第 28 条第 4 款。
[4] 第 28 条第 5 款。

必要情报。

【第三十条】【向国外执法机关提供信息】

总务大臣，有权向执行与本法相当的国外法令的外国机关（以下称为"国外执法机关"）提供有助于其执行职务（仅限于与本法规定相当的职务，下款同）的信息。

2 根据前款的规定提供的信息，不得用于该国外执法机关的职务执行以外的用途，并且，在没有取得下一款所规定的同意的情况下，必须采取适当的措施以防止该信息用于国外刑事案件的搜查（仅限于搜查对象的犯罪事实已确定后的搜查）或者审判（下一款中称为"搜查等"）①。

3 国外执法机关请求提供信息时，除了符合下列情形之一的，总务大臣可以同意将根据第1款的规定所提供的信息，用作与该请求相关的外国刑事案件的搜查等。

（一）与该请求相关的刑事案件的搜查对象所涉犯罪为政治犯罪的情况，或者认为该请求是以进行政治犯罪的搜查为目的的；

（二）当与该请求相关的刑事案件的搜查对象所涉犯罪行为在日本国内施行时，根据日本的法律不构成犯罪的；

（三）请求国没有保证同意日本作出的同种请求的②。

4 总务大臣做出前款中的同意决定时，对于是否不符合同款第1项以及第2项的规定的问题，必须事先取得法务大臣的确认，对于是否不符合同款第3款的规定这一问题，必须事先取得外务大臣的确认③。

【第三十一条】【权力委任等】

内阁总理大臣将本法规定的权利（政令作出规定的除外）委任给消费者厅长官。

2 本法规定的总务大臣的权力，以及根据前款规定委任于消费者厅长官的权力范围内的事务的一部分，可以根据政令的规定，由都道府县的知事行使④。

【第三十二条】【过渡性措施】

根据本法的规定制定，修改或废止命令时，在该命令中，可以在对制定，修改或废止而言有合理必要的范围内，规定所需要的过渡性措施（包含关于罚则的过渡性措施）。

---

① 第30条第2款。
② 第30条第3款。
③ 第30条第4款。
④ 第31条第2款。

第五章 罚 则

【第三十三条】
违反第 25 条规定的业务停止命令的,处 1 年以下有期徒刑或 100 万日元以下的罚金,或两者并罚。

【第三十四条】
符合下列情形之一的,处 1 年以下有期徒刑或 100 万日元以下罚金。
(一) 违反第 5 条规定的;
(二) 违反第 7 条规定的命令的(有关于第 3 条第 2 款所规定的记录保存的除外)。

【第三十五条】
符合下列情形之一的处 100 万日元以下罚金。
(一) 违反第 7 条规定的命令的(仅限于与第 3 条第 2 款规定的记录保存有关的);
(二) 没有按照第 28 条第 1 款的规定进行报告,或虚假报告的,或者拒绝、妨碍、躲避该款规定的检查的。

【第三十六条】
符合下列情形之一的,处 30 万日元以下罚金。
(一) 没有按照第 21 条的规定进行申报,或者进行虚假申报的;
(二) 违反第 26 条的规定,没有记载该条所规定的事项,或进行虚假记载的,或者没有保存账簿的;
(三) 没有按照第 28 条第 2 款规定进行报告,或进行虚假报告的,或者拒绝、妨碍、躲避该款所规定的检查的。

【第三十七条】
法人代表,或者法人、个人的代理人、雇员及其他从业人员,在法人或个人的业务执行中,实施下列各项规定中的违法行为的,除了对行为人进行处罚外,对该法人处以以下各项所规定的罚金,对个人处以原各条中所规定的罚金。
(一) 第 34 条 3000 万日元以下的罚金;
(二) 第 33 条,第 35 条及前条各条所规定的罚金。

【第三十八条】
违反第 22 条第 1 款的规定,没有备置各财务报表等的,没有在各财务报表中记载应该记载的事项或者进行虚假记载，或无正当理由拒绝第 22 条第 2 款各项规定的请求的，处以 20 万日元以下的罚款。

附　　则

【施行日期】

本法自公布之日起 6 个月内的政令所规定之日起施行。

【讨论】

政府在本法施行后 3 年内，综合考虑电子通信的技术水平以及其他情形，对本法的施行状况进行讨论，并根据该讨论结果采取必要的措施。

利用网络异性交友业务招揽儿童的行为规制法律[*]

平成十五年六月十三日法律第八十三号
（2003 年 6 月 13 日法律第 83 号）
最终修订：平成二十三年六月三日法律第六十一号
（2011 年 6 月 3 日法律第 61 号）
（最终修订前的未施行法令）平成二十三年六月三日法律第六十一号
（2011 年 6 月 3 日法律第 61 号）（未施行）

第一章　总则（第1—5条）
第二章　禁止涉及儿童的招揽行为（第6条）
第三章　对网络异性交友业务的规制（第7—17条）
第四章　提供招揽信息的注册机构（第18—27条）
第五章　细则（第28—30条）
第六章　罚则（第31—37条）
附　则

第一章　总　　则

【第一条】【目的】
　　本法的制定目的是禁止某些利用网络异性交友业务使儿童成为性交等对象的招揽行为，并通过对网络异性交友业务进行必要的规制，保护儿童远离因该业务引起的卖淫及其他犯罪，以保障儿童的健全发展。

---

* 译者：渠遥，北京大学法学院。
　校对：陈璟，北京大学法学院。

【第二条】【定义】

于本法之中，下列各项所列用词的语义如下：

（一）儿童　指未满18岁的人。

（二）网络异性交友业务　该业务指，为满足与异性交往（指与陌生异性的交往。以下解释相同。）的需求，利用网络将关于异性交往的信息置于公众可阅览的状态下进行传送，为接收该信息的有意异性交往者提供相互联络的平台，使其可以利用电子邮件及其他电子通信方式（指《电气通信事业法》（昭和五十九年法律第八十六号）第2条第1款所规定的电子通信。以下解释相同。）与其他与该信息相关的有意异性交往者相互联络。

（三）网络异性交友业务经营者　指进行网络异性交友业务者。

（四）提供招揽信息注册机构　指按照第18条第1款注册的单位。

【第三条】【网络异性交友业务经营者的责任义务】

网络异性交友业务经营者，对其进行的网络异性交友业务须遵守本法及其他相关法令的规定，并极力防止儿童利用网络异性交友业务。

2　对网络异性交友业务提供其必要电子通信劳务（指《电气通信事业法》第2条第3款所规定的电子通信劳务）的单位（此项中简称"劳务提供单位"），须极力防止儿童利用网络异性交友业务。具体包括对儿童可能使用的通信终端设备发出的电子通信做自动利用限制（指自动辨别电子通信并进行限制的功能。此项及下一条中解释相同。）或利用提供拥有该种自动利用限制功能的软件，或通过其他方式进行。

3　除去前两款规定之外，网络异性交友业务经营者及劳务提供单位均须极力保护儿童的健全发展。

【第四条】【家长的责任义务】

儿童的家长（指行使亲权者或监护人），须采用必要措施以防止儿童利用网络异性交往业务，具体包括对儿童可能使用的通信终端设备发出的电子通信做自动利用限制，或利用拥有该种自动利用限制功能的软件，或通过其他方式进行。

【第五条】【国家及地方公共团体的义务】

国家及地方公共团体，需进行相关的教育与启蒙工作，从而加强国民对防止儿童利用网络异性交友业务的认知，并推进有助防止儿童利用异性交友业务的技术开发和普及工作。

2　国家及地方公共团体，需研讨必要的政策，促进单位、国民或上述主体组织的民间团体自发进行能够防止有碍儿童健全发展的行为的、涉及网络异性交友业务的相关活动的开展。

第二章 禁止涉及儿童的招揽

【第六条】

任何人，不得利用网络异性交友业务，进行下列行为（以下称"禁止的招揽行为"）：

（一）招揽儿童成为性交等对象的行为。（具体是指进行性交或类似性交的行为，或以满足自己的性好奇心的目的、触摸他人的或让他人触摸自己的性器官等（此处"性器官等"指性器官、肛门或乳头。以下解释相同）的行为，以下解释相同）

（二）招揽他人（排除儿童。于第五号解释相同）成为儿童的性交等的对象的行为。

（三）表示给付对价，招揽儿童作为异性交往（排除性交等行为。于次号解释相同）对象的行为。

（四）表示接受对价，招揽他人成为儿童的异性交往对象的行为。

（五）除以上所列情形之外，其他招揽儿童作为异性交往的对象，或者招揽他人成为儿童异性交往的对象的行为。

第三章 对网络异性交往交友业务的规制

【第七条】【网络异性交往交友业务的申报】

有意进行网络异性交友业务者，根据国家公安委员会规则，需要将下列事项申报给管辖该业务主要经营事务所（无事务所时为居住地。除第三项之外，以下泛称"事务所"）的都道府县公安委员会（以下称"公安委员会"）。此时，须附加国家公安委员会规则中所指定的书面材料。

（一）姓名或名称及居住地，主体为法人时为代表人的姓名。

（二）在进行该业务的广告或宣传时，提及该业务时而使用的名称（有两个以上时，填写其全部名称）。

（三）成为业务主要据点的事务所所在地。

（四）事务所的电话号码，及其他国家公安委员会规则中要求的联络方式。

（五）主体为法人时，其主管人员的姓名及住所。

（六）对于第 11 条规定的有意异性交往者非儿童的确认办法，及其他按照国家公安委员会规则规定填写的业务相关事项。

2. 进行前项申报的经营者，在其网络异性交友业务废止，或上列事项发生变更时，根据国家公安委员会规则的规定，须向公安委员会进行申报（事务所的变更超越公安委员会的管辖区域的，向变更后的事务所所在地的管辖公安委员会申报）。此时，须附加国家公安委员会规则要求的书面材料。

【第八条】【缺格事由】

符合下列各号任何内容的民事主体，均不能进行网络异性交友业务：

（一）成年的被监护人或禁治产人，或者接受破产手续开始的决定而未被赋权者。

（二）曾经被处禁锢①以上刑罚的，或犯有本法、《儿童福利法》（昭和二十二年法律第一百六十四号）第 60 条第一项、《儿童卖淫、儿童色情行为等的处罚及儿童保护等的相关法律》（平成十一年法律第五十二号）中所规定罪名被处罚款的，在执刑结束后，或自不接受执行之日起计算未经过 5 年的。

（三）在最近 5 年中违反第 14 条或第 15 条第二项第 2 款所派生的命令的。

（四）属于《防止由暴力团员引起的不当行为等的相关法律》（平成三年法律第七十七号）第 2 条第六号中规定的暴力团员（以下在本号中泛称"暴力团员"）的，或自脱离暴力团员身份之日起未满 5 年的。

（五）未成年人（对于不是儿童的未成年人，排除以下两种情形，即在营业方面具备与成年人相同的行为能力的，以及本人为网络异性交友业经营者的继承人且其法定代理人无前号所列各项情形的）。

（六）主体为法人的，其主管人员当中有符合下列情形的成员在内的：

a. 符合第一项至第四项规定情形的人

b. 儿童

【第九条】【禁止出借名义】

进行第 7 条第一项规定的申报的，不得让他人以自己的名义进行网络异性交友业务。

【第十条】【利用禁止的明示等】

根据国家公安委员会规则的规定，网络异性交友业务经营者对其进行的网络异性交友业务做广告或宣传时，需明示儿童不得利用该业务之事宜。

---

① 日本的刑罚方式，属于自由刑的一种。仅将犯人拘禁于监狱而不令劳役的刑罚，分有期与无期。

2 除前项规定的以外,网络异性交友业务经营者,需遵循国家公安委员会规则的规定,向有意利用网络异性交友业务的人,传达儿童不得利用该业务的事宜。

【第十一条】【非儿童身份的确认】

网络异性交友业务经营者,在下列情况下,根据国家公安委员会规则的规定,需要事先确认该异性交往意愿者不是儿童。但符合第二号所列的情况时,如果第一号规定的有意异性交往者,已接受了为由该经营者实施的、为特定本人确认的姓名,年龄及其他事项时,不在此限(此指"确认"仅限于采用国家公安委员会规则所规定的方法所进行的)

(一)为应对有意异性交往者的需求,将其关于异性交往的信息置于公众可以阅览的状态下,并通过网络进行传送时。

(二)为应对其他有意异性交往者的需求,在公众可以阅览的状态下,将前号所规定的该有意者的关于异性交往的信息,通过网络传送给其他有意异性交往者时。

(三)根据前两项规定收到异性交往相关信息的其他有意异性交往者,处于能够利用电子邮件及其他电子通信方式,与该信息相关的、第一项规定的有意异性交往者联络时。

(四)第一项规定的有意异性交往者,处于能够利用电子邮件及其他电气通信方式,与根据第一项或第二项规定接收到异性交往相关信息的其他有意异性交往者联络时。

【第十二条】【有碍儿童健全发展的行为的防止措施】

网络异性交友业务经营者,在知道其业务被利用于禁止的招揽行为时,应当及时采取措施防止公众媒介网络阅览与该行为有关的异性交往信息及相关信息。

2. 除前项规定之外,网络异性交友业务经营者,应当极力采取措施,防止他人利用其业务实施被禁止的招揽行为及其他有碍于儿童健全发展的行为。

【第十三条】【指示】

行为发生时的事务所的管辖地公安委员会判断网络异性交友业务经营者在业务中存在违反本法或基于本法的命令或其他法令规定的情况,且该违反行为具有有碍于儿童健全发展的危险性时,可对该经营人给出防止上必要的指示。

【第十四条】【事业的停止等】

行为发生时的事务所管辖地公安委员会判断网络异性交友业务经营者在

业务中存在属于第 8 条第二号所规定罪名（排除本法第 31 条及与该条相关的第 35 条的罪名。）的行为及其他有碍儿童健全发展的政令所规定的行为时，可在不超过 6 个月的期间内，命令该经营者停止全部或部分业务。

2 网络异性交友业务经营者如有符合第 8 条各项所列情形之一时，该事务所的管辖地公安委员会可命令该经营者废止该网络异性交友业务。

【第十五条】【处分移送通知】

公安委员会根据第 13 条或前条第 1 款规定在对网络异性交友业务经营者发出指示或命令时，如果该经营者的事务所已变更到其他管辖区域内，除就相关处分事宜已给予说明的机会或已完成听证之外，应当及时向该事务所的现管辖地公安委员会，送达国家公安委员会规则指定的处分移送通知书。

2 基于前项（包含准用次项规定的情形）规定送达处分移送通知书时，接受送达的公安委员会，在区分下列各号的情形的前提之下，可以进行各号所规定的处分，而进行送达的公安委员会，虽有第 13 条及前条第 1 款的规定，无权对该案基于该规定进行处分。

（一）如果该网络异性交友业务经营者被判断在业务中违反本法或基于本法的命令及其他法令的规定，在该违反行为被判断会危及儿童的健全发展时，需要给出防止上必要的指示。

（二）如果该网络异性交友业务经营者被判断在业务中犯有前条第 1 款规定的行为时，在不超过 6 个月的期间内，命令该经营者停止全部或部分业务。

3 第一项规定，在公安委员会基于前项规定作处分时准用。

【第十六条】【报告或资料的提交】

公安委员会，在施行第 7 条至前条（排除第 12 条第 2 款）规定的必要限度之内，有权要求网络异性交友业务经营者对其相关业务提交报告或资料。

【第十七条】【对国家公安委员会的报告等】

在符合下列情形之一时，公安委员会须向国家公安委员会报告国家公安委员会规则所规定的事项。此时，国家公安委员会要向各公安委员会通报该报告的有关事项。

（一）接受第 7 条规定的申报时。

（二）基于第 13 条、第 14 条第 1 款或第 15 条第 2 款的规定进行处分时。

2 在网络异性交友业务经营者被判断犯有前项第 2 款规定的，构成处分事由的违反行为时，或被判断违反同号中规定的处分时，公安委员会须对该违反行为发生时事务所的管辖地公安委员会通报国家公安委员会规则所定的事项。

第四章　提供招揽信息的注册机构

【第十八条】【提供招揽信息注册机构的注册】
以确保网络异性交友业务经营者实施第 12 条第 1 款规定的措施为目的，收集异性交往中关于利用该业务从事禁止的招揽行为的相关信息，并将该信息提供给该经营者的业务（以下称作"招揽信息提供业务"）的主体，可接受国家公安委员会的注册。

2　有意接受前项注册（以下简称"注册"）的主体，根据国家公安委员会规则的规定，须向国家公安委员会进行申请。

3　符合下列情形之一者，不能接受注册。

（一）被处禁锢以上刑罚的，或犯有本法、《儿童福利法》第 60 条第 1 款、或《儿童卖淫、儿童色情行为等的处罚及儿童保护等的相关法律》中规定的罪，被处罚金的，在执刑结束后或自不接受执刑之日起计算未经过 2 年的。

（二）基于第 25 条的规定被撤销注册，自撤销之日起计算未经过 2 年的。

（三）主体为法人的，其主管人员当中有成员符合前两项情形之一的。

4. 进行第 2 项申请的主体，符合下列全部要件时，国家公安委员会须对其进行注册。

（一）拥有具备上网功能的通信终端设备，且由符合下列标准之一的、两人以上的工作人员进行前述招揽信息提供业务。

a. 于大学修满《学校教育法》（昭和二十二年法律第 26 号）规定的、为获得学士学位所需的一般科目的学分的，或者，根据同法规定，毕业于短期大学①或高等技术学校，并拥有共计 6 个月以上从事招揽信息提供业务的经验的人

b. 参照 a 中列举的标准，具有同等以上知识及经验的人。

（二）为恰当进行招揽信息的提供业务，已采取下列措施。

a. 在进行招揽信息提供业务的部门里，已设专门的管理员。

b. 已制作完成与确保该业务的恰当实施有关的业务指南及其他文件。

5. 注册时，需在提供招揽信息注册机构的注册簿上记载下列事项。

（一）注册年月日及登录序列号。

---

① 将教学重点放在培养专业技能的大学，通常为两年或三年制。

（二）提供招揽信息注册机构的姓名或名称及居住地，主体为法人时为代表人的姓名。

（三）提供招揽信息注册机构进行招揽信息提供业务时的事务所所在地。

6. 提供招揽信息注册机构，在变更前项第二款或第三款所列事项时，根据国家公安委员会规则的规定，须将该事宜申报给国家公安委员会。

【第十九条】【表示的限制】

非提供招揽信息注册机构的主体，在进行招揽信息提供业务时，不得进行已接受注册等虚假表示及类似的模糊表示。

【第二十条】【信息提供】

国家公安委员会或公安委员会，可应提供招揽信息注册机构的要求，在注册机构恰当进行该业务的必要限度内，对该机构提供关于第7条第一项第一款至第四款所列事项当中，关于网络异性交友业务经营者的相关信息。

【第二十一条】【招揽信息提供业务的方式】

提供招揽信息注册机构，须采取符合第18条第4项各款所列要件及为恰当进行招揽信息提供业务的标准而由由国家公安委员会规则所规定的方法的行为，进行招揽信息提供业务。

【第二十二条】【保密义务】

提供招揽信息注册机构的主管人员及员工或处于该职位的人，不得泄露在招揽信息提供业务中得知的秘密。

【第二十三条】【业务的停止及废止】

提供招揽信息注册机构，在其停止或废止业务时，根据国家公安委员会的规定，须将该事宜申报给国家公安委员会。

2 基于前项规定，有关于废止招揽信息提供业务的申报时，该机构的相关注册将失去效力。

【第二十四条】【改善命令】

提供招揽信息注册机构被判断有违反第21条规定的行为时，国家公安委员会可命令该机构采取必要措施，改善提供招揽信息的业务的方式。

【第二十五条】【注册的撤销】

注册招揽信息提供机构在符合下列情形之一时，国家公安委员会有权撤销其注册。

（一）发生符合第18条第三项第一款或第三款规定内容的事由时。

（二）违反第18条第6项或第23条1项规定时。

（三）违反由前条规定派生的命令时。

（四）采用不正当手段接受注册时。

（五）未提交次条当中规定的报告或资料，或者提交虚假的报告或资料时。

【第二十六条】【报告或资料的提交】

国家公安委员会，可以对提供招揽信息注册机构，在确保该业务的恰当运营上必要的限度内，要求其提交关于业务状况的报告或资料。

【第二十七条】【公示等】

有下列情形时，国家公安委员会需要将其事宜公示于官报。

（一）进行注册时

（二）有基于第18条第6项的申报时

（三）有基于第23条第1项规定的申报时

（四）基于第25条的规定撤销注册时

2 国家公安委员会，在做前项规定的公示时，要将该公示的日期及内容利用网络等方式进行公开发表。

第五章 细 则

【第二十八条】【向方面委员会委任权限】

根据本法规定，隶属于北海道公安委员会权限的工作，根据政令的规定，可委任方面公安委员会①处理。

【第二十九条】【缓和措施】

基于本法的规定，在制定政令或国家公安委员会规则，或在进行修改或废止的决定时，可分别在必要范围内规定所需的缓和措施（包含关于罚则的缓和措施）。

【第三十条】【向国家公安委员会委任】

除本法规定的之外，为实施本法的手续及其他施行本法上必要的事项，由国家公安委员会规则规定。

---

① 由于北海道面积过大，行政上划分北海道为四个方面本部，即北海道的公安委员会的下一级有四个方面公安委员会。

第六章 罚 则

【第三十一条】

违反由第 14 条或第 15 条第 2 项第二款规定所派生的命令的，处 1 年以下的有期徒刑或 100 万日元以下的罚款，或两者并罚。

【第三十二条】

符合下列情形之一的，处 6 个月以下有期徒刑或 100 万日元以下的罚款。

（一）不履行第 7 条第 1 项规定的申报义务而进行网络异性交友业务的

（二）违反第 9 条规定的

（三）违反由第 13 条或第 15 条第 2 项第一款规定派生的指示的

【第三十三条】

违反第 6 条（排除第五号）规定的，处 100 万日元以下罚款。

【第三十四条】

符合下列情形之一的，处 30 万日元以下罚款。

（一）在进行第 7 条第 1 项规定的申报时进行虚假申报，或在同项规定的附件当中，提交有虚假记载的材料的

（二）违反第 7 条第 2 项规定，未进行申报或进行虚假申报，或者在同项规定的附件当中提交有虚假记载的材料的

（三）未提交第 16 条规定的报告或资料，或者提交虚假报告或资料的

【第三十五条】

法人的代表人或法人或者个人的代理人、雇佣的其他员工，在有关该法人或个人的业务当中，有第 31 条、第 32 条或前条中的违反行为的话，除处罚行为人之外，对该法人或个人也分别处以罚款。

【第三十六条】

违反第 22 条规定的，处 20 万日元以下过失罚款。

【第三十七条】

违反第 19 条规定的，处 10 万日元以下过失罚款。

附　则

【第一条】【施行期日】

本法自公布之日起计算，经过 3 个月之日施行。但是第 7 条、第 8 条、第 10 条至第 12 条、第 15 条及第 18 条的规定，自公布之日起计算在不超过 6

个月的范围内的,按照政令当中规定之日起开始施行。

【第二条】【研讨】

自第7条及第8条规定的实施经过3年之后,政府须对这些规定的实施情况加以研讨,在认为有必要时,视其结果采取所需的措施。

附则(平成二十年六月六日法律第五十二号)节选

【第一条】【施行期日】

本法自公布之日起计算在不超过6个月的范围内的,依照政令规定之日起施行。但是,下列各号所列的规定,自各号当中所规定之日起施行。

(一)目录的改正规定(仅限于将"规制"改为"禁止"的部分。)、第3条的改正规定、第4条的改正规定、第二章的章节名称的改正规定及第6条的改正规定(排除在"所列行为"之下增加"(以下称作'禁止的招揽行为'的部分)")以及附则第六条的规定,均为自公布之日起计算经过3个月之日起施行。

【第二条】【缓和措施】

在本法施行时,改正后的《利用网络异性交友业务招揽儿童的行为规制法律》(以下简称"新法")第2条所规定的,在对网络异性交友业务主体适用新法第7条第一项规定时,同项前段中所列的"国家公安委员会规则"是指,"《利用网络异性交友业务进行诱骗儿童行为的规制法律的部分修改法》(平成二十年法律第五十二号)的施行之日起计算1个月之内,由国家公安委员会规制"。

【第三条】

新法第13条、第14条第1项及第15条第2项的规定,适用于本法施行后所实施的行为。

【第四条】

在根据修改前的《利用网络异性交友业务招揽儿童的行为规制法律》(以下简称"旧法")的规定所做的处分、手续及其他行为,视为根据新法的相应规定所实施的处分、手续及其他行为。

【第五条】

对本法施行前实施的行为的罚则适用,依然遵照前例。

【第六条】

自附则第1条第一号所示的规则施行之日起至本法实施的前一日,这一期间内适用旧法第16条规定时,该条中的"第6条",应相应视为"第6条(排除第五款)"。

【第七条】【对政令的委任】

除附则第 2 条至前条规定的之外,在施行本法上必要的缓和措施,另由政令作出规定。

【第八条】【研讨】

政府在本法实施经过 5 年之后,对新法第三章及第四章规定的实施状况加以研讨,认为有必要的,视其结果采取所需的措施。

【第十一条】【调整规定】

如果本法施行之日,在《防止由暴力团员引起的不当行为等的相关法律的部分修改法》附则第 1 条第二号中所示的施行之日之前,则在该期日之前适用《防止由暴力团员引起的不当行为等的相关法律》时,"新法"第六章所规定的罪,视为《防止由暴力团员引起的不当行为等的相关法律》附表所列的罪名。

附则(平成二十三年六月三日法律第 61 号)节选。

【第一条】【施行期日】

本法自公布之日起计算在不超过 1 年的范围内,自政令规定之日(以下称"施行日")起开始施行。

不良网站对策法非法侵入计算机系统禁止法*

平成十一年八月十三日第一百二十八号法律
(1999年8月13日法律第128号)
最后修订：平成二十三年六月二十四日第七十四号法律
(2011年6月24日法律第74号)

【第一条】【目的】

本条例以高度信息交换社会的健全发展为目的，通过同时设定个省公安委员会的援助措施来禁止非法侵入计算机、决定惩罚和防止再发行为，防止通过无线电通信线路进行的和电子计算机有关的犯罪，以及利用过滤防御机能来实现维持有关无线电通信的秩序。

【第二条】【定义】

1　本条例所称"连接管理人"，是指利用（只限于通过该线路电信，以下称"特定利用"）有连接线路电信的电子计算机（以下称特定"电子计算机"）时操作该特定电子计算机管理人员。

2　本条例所称"鉴定符号"，是指特定利用特定电子计算机时，对于从该特定利用有关的连接管理人处取得许可的人员（以下称"利用权利人"）以及该连接管理人员（以下称该项中的"利用权利人等"），该连接管理人为区分和识别该利用权利人等与其他利用权利人而创建的符号，符合以下任意一项的规定或者符合以下任意一项的符号和其他符号的组合：

（一）该连接管理人不可随便把内容告知第三者的符号。

（二）利用该使用权者等的声音、身体或影像的部分或全部，通过该连接管理人设定的方法被创建的符号。

---

*　译者：渡边芳子，北京大学法学院。
　校对：黄成，北京大学法学院。

（三）利用该使用权者等的签名，通过该连接管理人设定的方法被创建的符号。

3. 本条例所称控制连接机能，是指为了自动控制特殊利用特定电子计算机，与进行该特定利用相关的连接管理人。

本法所称"控制限制技能"是指为了对特定电子计算机的特定利用自动进行限制，而由与该特定接入相关的管理者，对该特定电子计算机或者该通过电信线路介入连接该特定电子计算机的附加一种功能，即确认希望进行该特定利用者在特定电子计算机中输入符号与该特定利用所要求的识别符号（包含利用识别符号通过该接入管理者设定的方法所创设的符号以及由识别符号的一部分所组合而成的符号）相符合时，对这一特定利用全部或一部分限制将解除。

【第三条】【禁止非法连接行为】

1 所有人都不可实施非法连接行为。

2 前项规定的非法廉洁行为是指以下行为：

（一）持有连接控制技机能的特定电子计算机，通过该连接控制技能来输入识别符号而启动该特定电子计算机，并在利用该连接控制机能把被控制的特定利用状态变更为可利用状态的行为（这里排除两个行为，一是添加该连接控制机能的连接管理者的行为，二是该连接管理者或该连接管理者或该识别符号的利用权者的许可行为）。

（二）在有连接控制机能的特定电子计算机上，通过电信线路来避免该连接控制机能的特定利用，限制的情报和指令的输入，并启动该特定电子计算机，将受限制的特定利用状态变更为可利用状态的行为（这里包含附加该连接限制机能的连接管理者的行为，以及得到该连接管理者的许可行为）。

（三）通过电信线路连接的其他特定电子计算机拥有的连接限制机能，因而将特定利用的特定电子计算机上连入电信线路，并输入可以避免限制的情报或指令来启动该特定电子计算机，使得受限制的特定利用状态变更为可利用状态的行为。

【第四条】【助长非法连接行为的禁止】

任何人不得将与接入限制功能相关的他人的识别符号与哪台特定电子计算机的特定利用相关这一信息公开，或者应知情者的要求而向与该接入限制功能相关的接入管理则以及拥有利用权以外的人提供。但是，在该连接管理者需要时或得到该连接管理者、该利用权者的许可时，不受此限。

【第五条】【连接管理者的防备措施】
　　将接入功能附加到特定电子计算机的连接管理者,应当努力确认与该特定接入限制功能相关的识别符号和为了确认该连接限制功能而使用的符号得到了应有的管理,与此同时,应当经常验证该连接限制功能的有效性,在认为必要的时候迅速进行功能的升级或者当出现针对该特定电子计算机的不当介入时采取必要的防御措施。

【第六条】【省公安委员会的援助等】
　　在都道府县公委员会(除了包括道警察本部的所在地方面(警察法(1954年法律第一百六十二号)第51条第1项正文规定的内容。下同)的一方面,方面公安委员会。以下和这条同一)确认了非法连接行为以后,该非法连接行为有关的特定电子计算机的连接管理者需要提出援助的理由。当提出的理由真实时,委员会对该连接管理者提供援助。援助的内容包括该非法连接行为的手法、防备该特定电子计算机的非法廉洁行为所需要的应急措施,必要资料的提供、建议、指导,等等。需要添附的资料包括实施该非法连接行为、操作该特定电子计算机时的状况以及可参考的有关资料,等等。
　　2　都道府县公安委员会可委托国家公安委员会制定规则。规则内容包括实施前项所规定的援助时必要的事例分析(是指对与该援助相关的非法介入行为的手法以及实施的原因等进行技术上的调查和分析。下下款中同)事务的部分或全部。
　　3 前款规定的都道府县公安委员会所委托的事例分析的实施事务的从事者不可泄露在实施时所知晓的秘密。
　　4　除前三款所定的事项以外,第1款规定的援助时必要的事项需要由国家委员会规则确定。

【第七条】
　　为了帮助防备拥有连接限制机能的特定电子计算机的非法连接行为,国家公安委员会、总务大臣以及经济产业大臣每年应至少报告一次关于非法连接行为的发生状况以及和连接限制机能有关的技术研究开发的状况。
　　2　除前款所规定事项以外,国家应努力启发、普及有关如何防备连接限制机能有关的特定电子计算机的非法连接行为的知识。

【第八条】【罚则】
　　以下第一项的违法者将被判罚1年以下的徒刑或50万元以下的罚金:
　　(一)第3条第1款规定的违法者。
　　(二)第6条第3款规定的违法者。

【第九条】
第 4 条规定的违法者将被罚 30 万元以下的罚金。

附　　则

本条例自公布之日起 6 个月后开始实施。但是第六条以及第 8 条第 2 款的规定的实施日期由政令在从公布之日起一年内的期间内指定。

附则（1999 年 12 月 22 日　法律第 160 号）摘要

【第一条】【实施日期】
本条例（除第 2 条以及第三条）在 2001 年 1 月 8 日施行。

附则（2011 年 6 月 24 日　法律第 74 号）摘要

【第一条】【实施日期】
1　本条例自公布后第 20 日起实施。但下款的规定由依据下款所确定的日期起实施。
2　第 6 条的规定根据有关网络犯罪的条约在日本国有效日确定。

互联网多媒体广播电视产业法*

[实施:2012.1.15.] [法律第10857号,2011.7.14,部分修正]
广播通信委员会(融合政策科)02-750-2141

第一章 总 则

【第1条】(目的)

在广播电视与通信相互渗透的环境下,本法旨在对利用网络多媒体等技术手段的广播电视产业的经营进行规范,保护使用者的权益,促进相关技术与产业的发展,维护广播电视的公益性并提升国民文化素养,进而加速国家经济的发展,增进公共福利。

【第2条】(定义)

本法所使用的词语意思如下所示:(修正2010年3月22日)

1. "互联网多媒体广播电视"是指通过广域综合信息通信网(无论自有或租赁,但是《电波法》第10条第1款第1项中规定的为经营基础通信产业而使用被分配的电波频率服务的电信线路设备除外),在保证一定服务质量的前提下,以双方网络协议的方式,通过电视信号接收机等设备为使用者提供包括实时性广播电视节目在内的数据、影像、人声、音响及电子商务等综合性内容的广播电视节目;

2. "广域综合信息通信网"是指《信息化促进基本法》第2条第5项之二中规定的广域综合信息通信网,以及《电信通信产业法》第2条第3项中规定的电信线路设备;

3. "实时性广播电视节目"是指对互联网多媒体广播电视内容提供商以及《广播电视法》第2条第3项中规定的广播电视商所编辑、传输并提供的

---

* 译者:杨琳琳,北京大学法学院。
  校对:朴承哲、冯源,北京大学法学院。

广播电视节目内容和编辑方式不做修改,直播提供的广播电视节目;

4."互联网多媒体广播电视产业"是指以下产业:

a. 互联网多媒体广播电视提供产业:为了提供互联网多媒体广播电视节目,由获取第8条第1款中规定的节目内容的互联网多媒体广播电视提供商向使用者提供该节目内容的产业;

b. 互联网多媒体广播电视内容提供产业:向互联网多媒体广播电视提供商提供互联网多媒体广播电视节目内容的产业;

5."互联网多媒体广播电视商"是指以下运营商:

a. 互联网多媒体广播电视提供商:为经营互联网多媒体广播电视提供产业,依照第4条第1款的规定获得许可者;

b. 互联网多媒体广播电视内容提供商:为经营互联网多媒体广播电视内容提供产业,依照第18条第2款的规定进行申请、登记并获得许可或认证者。

【第3条】(与其他法律的关系)

对于互联网多媒体广播电视产业,本法优先于其他法律适用。

第二章 产业许可

【第4条】(互联网多媒体广播电视提供产业的许可等)

①要经营互联网多媒体广播电视提供产业,应当获得广播电视通信委员会的许可。(修正2008年2月29日)

②第1款中规定的许可对象应当为法人。

③要获得第1款中规定的许可者,应当向广播电视通信委员会提交包括以下事项的许可申请书:(修正2008年2月29日)

1. 法人的名称、住所以及法定代表人的姓名;
2. 包括节目内容获取计划在内的产业计划书;
3. 能够证明财务及技术能力的材料;
4. 设备计划书(如果主要设备是通过租赁取得的,则应当包括租赁计划);
5. 其他总统令规定的事项。

④广播电视通信委员会许可互联网多媒体广播电视产业,应当审查以下事项,并将审查结果予以公告:(修正2008年2月29日)

1. 广播电视的公共责任、公平性和公益性是否能够实现;
2. 节目内容获取计划的适当性,以及对于广播电视行业发展的贡献程度;

3. 在付费广播电视市场中的公平竞争保证计划的适当性;

4. 机构组织及人员运行等经营计划的适当性;

5. 财务及技术能力;

6. 申请人为成立中的法人时,该法人是否确实能够成立;

7. 设备计划的适当性;

8. 其他产业经营的必要事项。

⑤删除。(2008年2月29日)

⑥如果没有其他的不合格事由,广播电视通信委员会应当在3个月以内办理许可。(修正2008年2月29日)

⑦关于获得第1款中规定许可的程序、审查评分标准以及其他地必要事项,由总统令规定。(修正2008年2月29日)

【第5条】(许可的有效期间)

第4条第1款中规定的互联网多媒体广播电视提供产业许可的有效期间应当在5年以内,具体期间由总统令规定。

[全文修正2009年5月21日]

【第5条之2】(再许可)

①互联网多媒体广播电视提供商在许可期间结束后,要继续经营互联网多媒体广播电视产业的,应当取得广播电视通信委员会的再许可。

②广播电视通信委员会按照第1款的规定进行再许可时,应当审查第4条第4款中规定的事项及以下事项,并公布审查结果:

1. 是否遵守和履行前次许可的产业计划、许可条件和其他事项;

2. 是否遵守广播电视通信委员会的各项命令,受到罚款处分的内容、次数以及履行与否。

③本条第1款中规定的再许可,适用第4条第2款、第3款、第6款和第7款的规定。

[本条新设2009年5月21日]

【第6条】(产业区域)

①互联网多媒体广播电视提供产业以全国为同一产业区域。但是,对于第4条第1款中规定的产业许可,如果《中小企业基本法》第2条第1款中规定的中小企业提出申请,且广播电视通信委员会认为确有必要,可以另作规定。(修正2008年2月29日)

②《电信通信产业法》第39条第3款第1项及第2项中规定的基础通信运营商在获得第4条第1款中规定的许可后,应当自获得许可之日起,于总统令

中规定的期间以内,为《广播电视法》第 12 条第 2 款中规定的广播电视通信委员会所公告的所有广播电视区域提供服务。但是,由于自然灾害或者其他不可抗力,导致无法在规定的期间内开始提供服务的,广播电视通信委员会可以在总统令中规定的期间以内延长本文中规定的期间。仅限延长一次。(修正 2008 年 2 月 29 日,2009 年 5 月 21 日,2010 年 3 月 22 日)

【第 7 条】(不合格事由)

①有下列情形之一的,不能经营第 4 条第 1 款中规定的互联网多媒体广播电视提供产业:

国家和地方自治团体;

第 8 条及第 9 条中规定的公司,以及超过股份持有限额的法人;

第 24 条第 1 款中规定的许可被撤销未满 3 年者。

②有下列情形之一的,不得在已获得第 4 条第 1 款中规定的许可法人中担任高级管理职务:

未成年人、限定治产人以及禁治产人;

受到破产宣告且权利尚未恢复者;

违反本法、《广播电视法》、《电信通信基本法》、《电信通信产业法》及《关于促进信息通信网的使用及信息保护的法律》等法律,被宣告罚金以上形式的处罚,且已执行完毕(包括视为执行完毕的情况)或者自被免于执行之日起未满 3 年者;

触犯《刑法》第 87 条至第 90 条、第 92 条、第 101 条,《军刑法》第 5 条至第 8 条、第 9 条第 2 款、第 11 条至第 16 条,以及《国家安全保护法》第 3 条至第 9 条,被宣告禁锢以上形式的刑罚,且该刑罚尚未执行完毕或者尚未确定免于执行者,以及处在缓刑期间者;

正在执行《安全保护监督法》中规定的安全保护监督处罚,或者正在执行《治疗监护法》中规定的治疗监护者。

③外国人或外国法人和团体的法定代表人不得在已获得第 4 条第 1 款中规定的许可的法人中担任法定代表人。

【第 8 条】(经营禁止等)

①互联网多媒体广播电视提供商应当以记名的形式发行股票。

②经营《振兴报纸产业法》中规定的报纸业以及《振兴新闻通信法》中规定的新闻通信业的法人(包括总统令规定的特殊关系人),其所持有的互联网多媒体广播电视提供商的股份,不得超过总数的 49%。(修正 2009 年 7 月 31 日)

③《公平竞争和反垄断法》第2条第二项中规定的企业集团中,资产总额等符合总统令中规定标准的企业集团的子公司和分公司(包括总统令中规定的特殊关系人),以及经营《振兴报纸法》中规定的报纸业以及《振兴新闻通信法》中规定的新闻通信业的法人(包括总统令规定的特殊关系人),其所持有的从事综合节目制作和专门报道制作的互联网多媒体广播电视内容提供商的股份,不得超过总数的49%。(修正2009年7月31日,2009年7月31日)

④制作节目的互联网多媒体广播电视提供商,在《广播电视法》第2条及该法实行令第1条之2中规定的电视节目提供、广播节目提供及数据提供等各业务类别中,均不得超过该类运营商总数的1/5。

【第9条】(外国人的股份持有限制等)

①以下三类情况所规定主体中的任意两类,其所持有的互联网多媒体广播电视提供商和互联网多媒体广播电视内容提供商(从事综合节目制作和专门报道制作的互联网多媒体广播电视内容提供商除外)的股份,合计不得超过已发行股份(仅限于有表决权股,包括股份委托证书等有表决权股的等价物及出资股份)总额的49%:

外国的政府或团体;

外国人;

第一大股东为持有其已发行股票总数15%以上的外国政府或团体以及外国人(包括《证券交易法》第2条第20款第一项中规定的特殊关系人,下文亦同)的法人(如为互联网多媒体广播电视提供商,则持有该互联网多媒体广播电视提供商已发行股份总数1%以下的法人除外;如为互联网多媒体广播电视内容提供商,则持有该互联网多媒体广播电视内容提供商已发行股份总数1%以下的法人除外)。

②符合前款任意一种情况者,其所持有的从事综合节目制作和专门报道制作的互联网多媒体广播电视内容提供商的股份不得超过已发行股份的20%。(修正2009年7月31日)

【第10条】(对于超额持有股东等的限制等)

①违反第8条以及第9条时,能够确定违反原因的股份持有者其对持有份额以及超过部分都不得行使表决权。

②广播电视通信委员会对于违反第8条以及第9条者或者能够确定违反原因的股份持有者,应当要求其在6个月以下的规定期限内改正相应事项。(修正2008年2月29日)

③接到第2款中规定的改正命令者,应当在规定的期限内改正相应事项。

【第11条】（许可事项的变更）

①获得第4条第1款中规定的互联网多媒体广播电视提供产业许可者，如果需要变更需要总统令规定的许可事项，应当依照总统令的规定获得变更许可。

②变更许可的程序及审查等适用第4条的规定。

第三章　公平竞争的保障及促进

【第12条】（公平竞争的促进）

①政府应当努力构建互联网多媒体广播电视提供产业的有效竞争体制，营造公平的竞争环境，防止其他产业中的支配力量不当地向互联网多媒体广播电视提供产业转移。

②为实现第1款中关于构筑有效竞争体制和营造公平竞争环境的要求，应当对互联网多媒体广播电视提供产业的竞争情况进行评价，以制定相应的竞争政策。（修正2011年7月14日）

③第2款中规定的对竞争情况的评价，由《广播电视法》第35条之5第1款中规定的广播电视市场竞争情况评价委员会负责。（修正2011年7月14日）

④为了防止其他产业中的支配力量不当地向互联网多媒体广播电视提供产业转移，应当由总统令对具体的方法等进行规定。（修正2011年7月14日）

⑤删除。（2011年7月14日）

【第13条】（市场占有的限制等）

①互联网多媒体广播电视提供商与作为其特殊关系人的另一互联网多媒体广播电视提供商合并计算，在《广播电视法》第12条第2款中规定的广播电视通信委员会公示的各广播电视区域内，其所服务的对象不得超过付费广播电视用户总数的1/3，其中付费广播电视包括互联网多媒体广播电视、综合有线广播电视和卫星广播电视。但是，本法实行后1年以内，不得服务超过1/5的用户。（修正2008年2月29日）

②互联网多媒体广播电视提供商违反第1款的规定时，广播电视通信委员会应当要求该提供商在规定的期限内改正，该期限应当在6个月以内。（修正2008年2月29日）

③接到第2款中规定的改正命令的提供商应当在该期限内改正相应事项。

【第14条】（电信通信设备的同等提供）

①互联网多媒体广播电视提供商受到旨在提供互联网多媒体广播电视服务者关于接入及使用提供相应服务所必需的电信通信设备的请求时，除非有

自身设备不足或保护商业秘密等合理而正当的理由外，不得拒绝。

②互联网多媒体广播电视提供商没有合理而正当的理由时，不得中断或限制其他互联网多媒体广播电视提供商使用其正在使用中的自有设备。

③互联网多媒体广播电视提供商不得将自有设备以不当的差别化价格和条件提供给其他互联网多媒体广播电视提供商。

④第1款至第3款中规定的电信通信设备的范围、设备提供的拒绝、中断、限制事由、设备提供的方法、程序及设备使用价格的计算标准等必要事项由总统令规定。

【第15条】（使用条款的申报等）

①互联网多媒体广播电视提供商应当将其提供服务的费用及使用条件（以下称为"使用条款"）等规定向广播电视通信委员会申报，其中关于使用费用的规定应当获得广播电视通信委员会的许可（包括变更许可）。（修正2008年2月29日）

②要获得第1款中规定的关于服务使用费用的许可（包括变更许可），应当将包括接入费、基本费、使用费、附加服务费、成本等在内的计算费用所依据的材料（如为变更许可，则应当包括原内容与变更后内容的对比表格）提交给广播电视通信委员会。（修正2008年2月29日）

【第16条】（使用者保护）

①互联网多媒体广播电视提供商应当及时处理使用者对其提供的服务提出的意见或投诉。

②互联网多媒体广播电视提供商应当采取一定的措施，保护其在提供服务或电信通信设施的过程中所取得的部分使用者的信息，不能公开所取得的个人信息。但是，取得本人的同意或者根据其他法律的规定符合合法的程序时除外。

③互联网多媒体广播电视提供商违反第2款之规定，不当地提供部分使用者的信息，并对使用者造成损害时，应当做出相应的赔偿。

【第17条】（禁止行为）

①互联网多媒体广播电视提供商不得做出，或要求第三者做出对提供商间的公平竞争以及使用者的利益产生妨害或者可能产生妨害的以下任何一种行为：

1. 没有正当理由，拒绝提供互联网多媒体广播电视服务；

2. 提供违反使用条款内容的互联网多媒体广播电视服务，或者收取与使用合同不符的使用费用；

3. 不适当地使用在提供互联网多媒体广播电视服务的过程中所取得的使用者信息;

4. 在提供互联网多媒体广播电视服务的过程中,不适当地对使用者进行明显的差别化定价的行为;

5. 利用优势地位强迫互联网多媒体广播电视内容提供商签订不适当的协议或者拒绝合理的利润分配安排的行为;

6. 不适当地妨害其他广播电视提供商的广播电视市场,或者妨害其缔结服务提供合同的行为;

7. 没有正当理由,拒绝、中断或者限制其他广播电视提供商使用其提供服务所必要的电线杆、管线、通信电缆沟等电信通信设备的行为。

②广播电视通信委员会与公平交易委员会进行协商后,可以对互联网多媒体广播电视提供商所做出的符合第1款任一类的行为处以罚款。罚款的限额由总统令规定,根据该互联网多媒体广播电视提供商违法行为的内容及程度、违法行为的时间及次数、由于违法行为取得的利益数额等确定具体罚款数额,该数额不得高于其销售额的2%。但是,没有销售收入或者无法计算销售收入时,可以根据总统令的规定,处以不高于5亿元的罚款。(修正2008年2月29日)

③根据第2款的规定被处以罚款者如果未在规定期限内缴纳罚款,广播电视通信委员会应当依照国税滞纳处分进行处理。(修正2008年2月29日)

④第1款中规定行为的具体类型及标准等事项由总统令规定。

第四章 互联网多媒体广播电视内容

【第18条】(内容的提供等)

①《广播电视法》第2条第3项中规定的广播电视提供商、《电信通信产业法》第22条中规定的通信提供商及依照其他法律规定从事节目内容制作与提供产业者,皆可以为互联网多媒体广播电视提供商提供互联网多媒体广播电视节目内容。(修正2010年3月22日)

②根据第1款的规定提供节目内容者,应当向广播电视通信委员会提出申请,并进行登记。但是,专门为互联网多媒体广播电视提供商提供新闻报道以及商品介绍和贩卖的内容者,或者提供由新闻报道、教育、娱乐等综合性节目编辑而成的内容者,应当获得广播电视通信委员会的许可。(修正2008年2月29日)

③第 2 款中申请、登记及许可的具体程序及方法等事项由总统令规定。

【第 19 条】（内容提供产业的发展政策等）除其他法律另有规定外，政府应当为促进互联网多媒体广播电视内容提供商之间的公平竞争和振兴相关产业提供必要的财政支持，并单独制订和实行相关政策，以发展互联网多媒体广播电视内容提供产业。

【第 20 条】（内容平等获取）

①对已经依照第 18 条第 2 款的规定进行申请、登记或者获得许可的互联网多媒体广播电视内容提供商所提供的广播电视节目，广播电视通信委员会根据总统令规定的标准进行公示时（以下称为"主要广播电视节目"），该节目应当以公平合理的价格无差别地提供给其他互联网多媒体广播电视提供商，以使普通国民能够收看收听，且主要广播电视节目的合同行为等不得损害观众或听众的利益，也不得妨害公平交易秩序。（修正 2008 年 2 月 29 日）

②广播电视通信委员会在对第 1 款中的主要广播电视节目进行公示时，应当听取文化体育观光部长官、广播电视提供商及观众或听众的意见。（修正 2008 年 2 月 29 日）

③广播电视通信委员会对于违反第 1 款规定的互联网多媒体广播电视内容提供商，可以要求其停止违法行为或者采取必要的改正措施。在要求其采取改正措施之前，广播电视通信委员会应当规定一定的期限，为相对人提供陈述意见的机会。但是，相对人无故不接受的除外。（修正 2008 年 2 月 29 日）

【第 21 条】（广播电视节目的构成和使用）

①互联网多媒体广播电视提供商可以使用直接使用频道。

②互联网多媒体广播电视提供商所提供的实时性广播电视节目，适用《广播电视法》第 32 条、第 33 条及第 100 条的规定。

③互联网多媒体广播电视提供商提供的实时性广播电视节目，适用《广播电视法》第 70 条第 1 款至第 3 款的规定。此时将"互联网多媒体广播电视提供商"视为"综合有线广播电视提供商"，将"互联网多媒体广播电视提供商所提供的实时性广播电视节目的单位"视为"频道"。

④内容提供商的节目编辑、国内广播电视节目的编辑、外包制作的广播电视节目的编辑、广告、赞助商公告、节目的提供、保障普遍视听权的措施、有序转播的建议、中继等事项适用《广播电视法》第 69 条、第 71 条至第 74 条、第 76 条之 3、第 76 条之 5、第 78 条第 1 款至第 4 款的规定及第 78 条之 2 的规定。此时将"互联网多媒体广播电视提供商以及互联网多媒体广播电视内容提供商"视为"广播电视提供商"。

⑤灾难广播适用《广播电视法》第75条的规定。此时将"互联网多媒体广播电视提供商"视为"广播电视提供商"。

第五章 补 则

【第22条】（产业的中止及终止）

①互联网多媒体广播电视提供商要中止或者终止其全部或者部分产业时，应当在预定中止或者终止的日期前30日将相应事项向接受相应服务者通报，并向广播电视通信委员会申请登记。（修正2008年2月29日）

②互联网多媒体广播电视内容提供商要中止或者终止其全部或者部分产业时，应当将相应事项向广播电视通信委员会申请登记。（修正2008年2月29日）

【第23条】删除。（2010年3月22日）

【第24条】（撤销许可及停业整顿）

①当互联网多媒体广播电视提供商符合以下任一种情况时，广播电视通信委员会应当撤销其依照本法所获得的相应许可，或者责令其进行1年以下的停业整顿。但是，在符合第1款的情况时，必须撤销许可：（修正2008年2月29日）

1. 运用欺骗或其他不正当方法获得第4条第1款中规定的许可时；

2. 获得第4条第1款中规定的许可后1年之内没有开始营业，或者停止营业持续1年以上时；

3. 不履行第10条第2款及第13条第2款的规定时。

②第1款中规定处罚的标准、程序及其他必要事项由总统令规定。

【第24条之2】（听证会）广播电视通信委员会在依据第24条第1款撤销互联网多媒体广播电视提供产业的许可前，应当召开听证会。

［本条新设 2009年5月21日］

【第25条】（罚款）

①互联网多媒体广播电视提供商有第24条第1款中的情形之一的，如果许可的撤销或者停业整顿可能给接受相关服务者造成严重的不便或者损害公共利益，广播电视通信委员会可以将停业整顿或者撤销许可的处罚变更为罚款，具体罚款数额根据其停业整顿或者撤销许可的事由及通过违法行为取得的利益数额等确定，不高于其销售额的3%。（修正2008年2月29日）

②根据第1款的规定被处以罚款者如果未在规定期限内缴纳罚款，广播

电视通信委员会应当依照国税滞纳处分进行处理。（修正2008年2月29日）

③有关第1款中违法行为的具体类型、罚款金额以及其他必要事项由总统令规定。

【第26条】（改正命令等）

①互联网多媒体广播电视提供商有下列情形之一的，广播电视通信委员会应当要求其改正：（修正2008年2月29日）

1. 能够确定其业务处理程序显著地损害使用者的利益时；
2. 由于事故等原因，互联网多媒体广播电视服务的提供被妨碍，但是，没有及时采取必要的措施时；
3. 违反本法以及与本法相关的命令时。

②没有按照第4条第1款的规定获得许可者经营互联网多媒体广播电视内容提供产业时，广播电视通信委员会可以要求其终止提供服务。（修正2008年2月29日）

③没有按照第18条第2款的规定进行申请、登记或者未获得许可者经营互联网多媒体广播电视内容提供产业时，广播电视通信委员会可以要求其终止提供服务。（修正2008年2月29日）

④存在违反第17条第1款的规定的行为时，广播电视通信委员会可以要求其采取停止违法行为、变更使用条款或者删除合同条款等必要的改正措施。（修正2008年2月29日）

第六章 罚 则

【第27条】（罚则）

①有下列情形之一的，处以两年以下有期徒刑以及3000万元以下罚款：

1. 没有按照第4条第1款的规定获得许可，经营互联网多媒体广播电视内容提供产业者；
2. 违反第14条第1款的规定，在没有合理而正当的理由时，拒绝关于接入及使用提供相应服务所必需的电信通信设备的请求者；
3. 违反第14条第2款的规定，在没有合理而正当的理由时，中断或限制其他互联网多媒体广播电视提供商使用其正在使用中的自有设备者；
4. 违反第14条第3款的规定，将自有设备以不当的差别化价格和条件提供给其他互联网多媒体广播电视提供商者；
5. 违反第16条第2款的规定公开信息者；

6. 违反第24条第1款中规定的停业整顿命令者。

②法人代表、法人和自然人的代理人或者雇员及其他员工在处理该法人和自然人的业务过程中，违反第1款第2项至第4项的规定时，除对行为人进行处罚外，同时对该法人和自然人处以相应的罚款。但是，法人和自然人为防止发生违法行为已经尽到足够的注意和监督义务时除外。

【第28条】（罚款）

①有下列情形之一的，处以1000万元以下的罚款：

1. 没有按照第12条第4款的规定提交材料者；

2. 没有按照第15条第1款的规定申报使用条款或者获得使用费用许可，经营互联网多媒体广播电视内容提供产业者；

3. 没有按照第15条第2款的规定提交材料者；

4. 没有按照第16条第2款的规定采取保护使用者信息的措施者；

5. 没有按照第22条的规定进行登记者；

6. 没有按照第26条的规定履行改正命令者。

②第1款中的罚款由广播电视通信委员会（以下称为"征收机关"）根据总统令的规定征收。（修正2008年2月29日）

③不服第2款中的罚款处罚者，可以自受到处罚之日起30日内向征收机关提出异议。

④受到第2款中的罚款处罚者依据第3款的规定提出异议时，征收机关应当立即向有管辖权的法院通报相关情况，接到通报的管辖法院应当根据《非讼事件程序法》对该罚款作出裁判。

⑤没有按照第4款在规定的期限内提出异议并不缴纳罚款时，应当依照国税滞纳处分进行处理。

附则（第10857号，2011年7月14日）

本法自公布之日起6个月后生效。

促进信息通信网络利用以及信息保护法

[2012.9.16 施行]
[第11048号法律,2011.9.15,他法修改]
广播通信委员会(网络规划科)02-750-2720

第一章 总 则

【第1条】(宗旨)本法旨在促进信息通信网络的利用和保护信息通信网络用户的个人信息,形成健康、安全利用信息通信网络的环境,以提高国民生活的质量,增进公共福利。

[2008.6.13 全文修正]

【第2条】(定义)

① 本法中的用语定义如下:(修改 2004.1.29,2007.1.26,2007.12.21,2008.6.13,2010.3.22)

第一章,"信息通信网络"是指使用《信息通信事业法》第2条第6项规定的信息通信设备、计算机和计算机技术,收集、加工、储存、搜索、发送或者接收信息的信息通信系统。

第二章,"信息通信服务"是指《信息通信事业法》第2条第6项所述的信息通信业务和以此提供信息或信息媒介的活动。

第三章,"信息通信服务提供者"是指《信息通信事业法》第2条第8项所述的以营利为目的,利用信息通信事业者的信息通信业务,提供信息或信息媒介的主体。

---

* 译者:金珠喜,北京大学法学院。
　校对:冯源、杨理、盛星宇,北京大学法学院。

第四章,"用户"是指利用信息通信服务提供者所提供的信息通信服务的主体。

第五章,"电子文书"是指通过计算机等具有信息处理功能的设备制作的,用于发送或存储的具有文书形式的标准化电子资料。

第六章,"个人信息"是指与存活的个人相关的信息,通过姓名、居民登记号等识别特定个人的符号、文字、声音、音响和影像等信息(包括虽然不能仅通过该信息识别特定的个人,但在与其他信息相结合的情况下可以识别的信息)。

第七章,"侵害事故"是指通过黑客入侵、电脑病毒、逻辑炸弹、邮件炸弹、服务拒绝或者输出电磁场等方法,攻击信息通信网络或者相关信息系统的情况。

第八章,"信息保护产业"是指关于信息保护产品的开发、生产或者流通产业,或者涉及信息保护领域的咨询业务。

第九章,"论坛"是指以向公众公开为目的,通过信息通信网络,上传符号、文字、声音、音响或影像等信息的计算机软件或设备。

第十章,"通信收费服务"是指从事以下业务的信息通信服务:

A. 将他人销售商品或者提供服务的价款与自己提供的信息通信业务的费用一并收取的业务;

B. 以电子途径发送和接受交易信息,使他人销售商品或提供服务的价款与提供a中所述的信息通信业务的费用得以一并收取,或者代理或中介结算此等对价的业务。

第十一章,"通信收费服务提供者"是指按照第53条规定,过登记并提供通信收费服务的人。

第十二章,"通信收费服务使用者"是指从收费服务提供者处购买或利用商品或服务的人。

② 本法中用语的含义除了①中所述的以外,均按照《促进信息化基本法》所述为准。(修改2008.6.13)

【第3条】(信息通信服务提供者和使用者的责任)

① 信息通信服务提供者应当保护用户的个人信息,并提供健康安全的信息通信服务,以保障用户权益,提高信息利用效率

② 用户(使用者)应当致力于营造健康的信息社会。

③ 政府可以支援信息通信服务提供者团体或者使用者团体,以便在信息通信网络中保障个人信息和青少年的权益。

(全文修正2008.6.13)

【第4条】（促进信息通信网络的利用以及信息保护等）

① 为了构造信息社会，知识经济部长官和广播通信委员会应当促进信息通信网络的利用，使其得到稳定的管理和运行，并保护用户的个人信息（下称"促进信息通信网利用以及信息保护等"）。（修改2011.3.29）

② 第1款所述事项应当包括以下各项措施：

1. 开发、推广有关信息通信网络的技术；
2. 信息通信网络的标准化；
3. 促进信息通信网络的利用，包括信息内容以及第11条所述的开发信息通信网络的扩展性服务；
4. 促进信息通信网络的信息的公共使用；
5. 振兴互联网的利用；
6. 对通过信息通信网收集、处理、保管、利用的个人信息予以保护，开发并推广与此相关的技术；
7. 在信息通信网上的保护青少年权益；
8. 提高信息通信网的安全性和可信性；
9. 其他为促进信息通信网的利用以及保护信息所需的事项。

③ 知识经济部长官或广播通信委员会制订第1款所述的事项时，应当使其与《信息化促进基本法》第5条所述的信息化促进基本计划相一致。（修改2011.3.29）

（全文修正2008.6.13）

【第5条】（与其他法律之间的联系）

关于促进信息通信网络的利用以及保护信息等事项，除非有其他法律做出特别规定以外，均以本法规定为准。但关于第77章的通信收费服务，当本法与《电子金融交易法》发生冲突时，优先适用本法。

（全文修正2008.6.13）

第二章 促进信息通信网络的利用

【第6条】（推进技术开发活动）

① 知识经济部长官为有效推进有关信息通信网络的技术及设备的研发，可以依据总统令的规定，安排相关研究单位从事研究开发、技术合作、技术转让或者技术指导等活动。

② 政府可以向从事第1款所述研究开发活动的研究单位提供该事业所需

的全部或部分费用。

③ 关于第 2 款所述费用的支付以及管理等事项由总统令规定。

（全文修正 2008.6.13）

【第 7 条】（管理和推广与技术有关的信息）

① 知识经济部长官应当对有关信息通信网络的技术以及设备的信息（本条称"与技术相关的信息"）实施系统性且综合性的管理。

② 对与技术相关的信息实施系统性且综合性的管理时，知识经济部长官可以要求有关行政机关以及国立、公立研究单位提供与技术相关的信息和资料。有关单位的领导无特别理由拒绝时，应当接受上述要求。

③ 知识经济部长官应当从事推广与技术相关的信息的事业，促使此类信息得到迅速、便利的运用。

④ 关于第 3 款规定的将推广的有关信息通信网络的技术以及设备的范围，必要的事项由总统令做出规定。

（全文修正 2008.6.13）

【第 8 条】（信息通信网络的标准化及认证）

① 知识经济部长官可以规定并公布有关信息通信网络的标准，并建议信息通信网络或信息通信网络产品的生产者或提供者采用上述标准。但《产业标准化法》第 12 条已规定的韩国产业标准不作变更。

② 信息通信网络产品的生产者或提供者可以获得第 9 条第 1 款规定的认证机关的认证，并可以表示其产品为符合标准的产品。

③ 属于第 1 款的例外情形，并获得了依据《产业标准化法》第 15 条规定的认证时，视为已获得符合第 2 款规定的认证。

④ 未依据第 2 款获得认证的人，不得做出其产品符合标准的表示或者类似其符合标准的表示，也不得将标有类似表示的产品销售或以销售为目的陈列（展示）。

⑤ 对于违反第 4 款规定销售或以销售为目的陈列产品的人，知识经济部长官可以责令收回、退还该产品，或者采取经认证后方做上述表示等必要的改正措施。

⑥ 对自第 1 款至第 3 款所述的标准化对象、方法、程序等认证表示，以及第 5 款规定的收回、退还、改正等事项，有必要进一步做出规定的，以知识经济部令做出规定。

（全文修正 2008.6.13）

【第 9 条】（认证机关的指定等）

① 知识经济部长官可以指定认证机关（下称"认证机关"），认证有关信息通信网络的产品的生产商或供应商的产品符合按照第 8 条第 1 款规定所公布的标准。

② 如果认证机关属于以下任何一种情形时，知识经济部长官可以取消指定或责令在 6 个月以内的一定期限内停止营业。但属于第 1 项规定情形的，应当取消指定。

（a）通过欺骗或其他不正当的方式获得指定

（b）无正当理由连续 1 年以上未实施认证业务

（c）未达到第 3 款规定的指定标准

③ 依据第 1 款和第 2 款规定的认证机关的指定标准、指定程序以及取消指定、停止营业的标准等事项由知识经济部令规定。

（全文修正 2008.6.13）

【第 10 条】（对信息传播的支持）

为保障国家竞争力或维护社会公共利益，政府可以给通过信息通信网络交流信息的传播者提供财政以及技术等支持。

（全文修正 2008.6.13）

【第 11 条】（促进信息通信网络应用服务的发展等）

① 国家机关、地方自治团体以及公共事业单位为促进业务的效率化、自动化、高级化发展、利用信息通信网络应用服务时（下称"信息通信网络应用服务"），政府可以向上述机关提供有必要的支持。

② 政府为促进信息通信网络扩展性服务在民间领域的发展，可以提供财政及技术等方面必要的支持，应当筹划以下各项措施，以培养开发信息通信网络扩展性服务所需的技术人才。

1. 支持各级学校及其他教育机构实施的网络教育；
2. 扩大面向国民的网络教育以及互联网培训；
3. 支持信息通信网专业技术人才的培养事业；
4. 设立针对信息通信网络专业技术人才的培养机构；
5. 支持利用信息通信网络的教育软件的开发和推广；
6. 支持有关信息通信网络的资质制度的落实和专业技术人才的供应；
7. 其他培养有关信息通信网络的技术人才的所需事项。

（全文修正 2008.6.13）

【第 12 条】（构建信息的公共利用体系）

① 为了有效运用信息通信网络，政府可以建议构建信息通信网络之间的联动、标准化及公共利用机制。

② 政府可以向依据第 1 款构建信息公共利用机制的人提供所需的财政和技术等支持。

③ 关于第 1 款和第 2 款规定的建议和支持的事项由总统令规定。

（全文修正 2008.6.13）

【第 13 条】（与促进信息通信网的利用等有关的措施）

① 为了促进公共、地方、产业、生活以及社会福利等各种领域对信息通信网的利用，并为了消除信息差距，知识经济部长官可以按总统令的规定实施与促进技术、设备和应用服务的有效利用、推广等相关的措施。

② 政府可以向参与第 1 款所述的事业的人提供其所需的财政和技术等支持。

（全文修正 2008.6.13）

【第 14 条】（推广互联网的利用）

政府应当引导公共和民间互联网设施的有效利用，并通过有关互联网的培训和宣传等活动来扩大互联网的利用基础，需要筹备并推行消除各地方、性别、年龄之间利用互联网的差距的相关措施。

（全文修正 2008.6.13）

【第 15 条】（改进互联网服务的质量）

① 知识经济部长官应当筹备且推行措施来保护互联网服务用户的权益，并保障互联网服务质量的提高及服务提供的稳定性。

① 为了保护互联网服务用户的权益，并提高互联网服务质量以及保证服务提供的稳定性，知识经济部长官应筹备相关措施。

② 知识经济部长官为推行第 1 款规定的措施，必要时可以征求信息通信服务提供者团体和用户团体等的意见来制定检测、评估互联网服务质量的标准并予以公示。

③ 信息通信服务提供者可以按照第 2 款规定的标准进行互联网服务的质量的自我评价，并可以告知其他用户评价的结果。

（全文修正 2008.6.13）

【第 16 条】修改（2004.1.29）

【第 17 条】修改（2004.1.29）

第三章 通过电子文书中介商应用电子文书

【第18条】（以电子文书中介商处理文书等）

① 国家机关或地方自治团体的领导欲使管理电子文书中介设备的人（下称"电子文书中介商"）依据电子文书处理法令的规定进行许可、批准、核准、备案、申报、申请等（本条下称"许可等"）事宜，应当按照总统令的规定就对象业务和电子文书中介商等事项做出规定并予以公示。

② 按照第1款处理的电子文书和该文书上表示名义人的文字以及《电子署名法》第2条第3款规定的公认电子签名视为相关法令规定的文书及其文书上的签名押印。

③ 按照第1款许可等业务以电子文书处理的，视为依据相关法令规定的程序处理。

④ 关于电子文书中介商的指定要件和指定程序的必要事项由总统令规定。

（全文修正 2008.6.13）

【第19条】（电子文书发收的时间）

① 当电子文书被输入到其制作人以外的人或者制作人的代理人以外的人管理的计算机时，视为发送完成。

② 当电子文书属于以下各项规定的任何一项情形时，视为已被接收。

1. 如果接收人指定了接收电子文书的计算机的，则为当电子文书被输入到该指定计算机时。但当电子文书被输入到指定计算机以外的其他计算机时，则为指接收人打印电子文书时。

2. 如果接收人未指定接收电子文书的计算机的，则当电子文书被输入到接收人管理的计算机时。

（全文修正 2008.6.13）

【第20条】（对电子文书内容的推定等）

① 如果关于电子文书的内容在当事人或利害关系人之间有争议时，则把它推定为电子文书中介商计算机的文本当中所记载的电子文书的内容。

② 电子文书中介商应当按照《关于公共记录文件管理的法律》第19条保管电子文书。

（全文修正 2008.6.13）

【第21条】（限制电子文书等的公开）电子文书中介商未按照法程序或

未经电子文书发送者及接收者的同意,不得把通过电子文书中介设备处理的电子文书或者相关记录予以公开。

(全文修正 2008.6.13)

第四章 个人信息的保护

第1节 个人信息的收集、利用及提供等

【第22条】(个人信息收集、利用等的同意)

① 信息通信服务提供者为利用而收集用户个人信息的,应向用户告知以下各项事项,且征得同意。当变更以下各项之一时,也同样适用上述义务。

1. 以个人信息的收集、利用为目的的;
2. 所收集的个人信息类别;
3. 个人信息的保存、利用期间。

② 信息通信服务提供者属于以下任何一项时,未经第1款规定的同意,也可以收集、利用用户个人信息。

1. 为履行信息通信服务的合同所需的个人信息,为此征得通常意义上的同意,由于经济上、技术上的原因明显困难时;
2. 结算信息通信服务的费用时;
3. 本法或其他法律中令有特别规定时。

(全文修正 2008.6.13)

【第23条】(个人信息收集的限制等)

① 信息通信服务提供者不得收集内容、含义、病历等有可能明显侵犯个人权利、利益或私人生活的个人信息。但按照第22条第1款已征得用户同意的,或其他法律特别允许搜集的个人信息的,可以收集相关个人信息。

② 信息通信服务提供者要收集用户个人信息时,其收集的信息应为提供信息通信服务有必要的最小范围内的信息,且以用户未提供有必要的最小范围以外的个人信息为由,信息通信服务者不得拒绝提供服务。

(全文修正 2008.6.13)

【第23条之2】(限制使用居民登记号等)

① 除以下各项情形以外,信息通信服务提供者不得收集、利用用户的居民登记号。

1. 按照第23条之3规定,被指定为身份认证机关的;
2. 法令允许收集、使用用户居民登记号的;

3. 属于广播通信委员会所公示的因经营上的目的不可避免收集、利用用户居民登记号的信息通信服务提供者。

② 按照第 1 款第 2 项或者第 3 项的规定可以收集、利用居民登记号的，也应当提供不用居民登记号认证用户身份的方法（下称"代替手段"）。

（全文修正 2012. 2. 17）

【第 23 条之 3】（身份认证机关的指定等）

① 广播通信委员会对以下各项进行审查，可以把其认为有能力稳定、可靠地实施代替手段的开发、提供、管理业务（下称"身份认证业务"）的主体指定为身份认证机关。

1. 为保证身份认证业务的稳定性设计的物理上、技术上、管理上的计划措施；
2. 能够履行身份认证业务的技术上、财政上的能力；
3. 相关身份认证业务的设备规模的适当性。

② 身份认证机关在暂停全部或部分身份认证业务时，应当确定暂停期间并至少在暂停日的 30 天前通知用户，且上报广播通信委员会。此时，暂停期间不得超过 6 个月。

③ 身份认证机关废止身份认证业务时，应当至少在废止日的 60 天前通报用户，且上报广播通信委员会。

④ 关于第 1 款至第 3 款所述的各审查事项的具体审查标准、指定程序以及暂停、废止等必要的事项由总统令规定。

（本条新设 2011. 4. 5）

【第 23 条之 4】（停止或撤销指定身份认证业务）

① 广播通信委员会在身份认证机关属于以下各项情形之一时，可以确定 6 个月以内责令停止全部或部分身份认证业务，也可以撤销指定。但属于第 1 项或第 2 项的情形的，应当撤销指定。

1. 通过虚假或其他不正当的手段获得身份认证机关指定的；
2. 被责令停止身份认证业务的人违反该停业命令，未停止业务的；
3. 获指定日期后 6 个月以内未开始身份认证业务，或 6 个月以上继续暂停身份认证业务的；
4. 不符合第 23 条之 3 第 4 项规定的指定标准的。

② 按照第 1 款规定的处分标准、程序以及其他必要的事项，由总统令规定。

（本条新设 2011. 4. 5）

第 2 节删除〈2007.1.26〉

【第 24 条】（限制利用个人信息）

信息通信服务提供者不得把按照第 22 条和第 23 条第 1 款规定的例外规定所收集的个人信息为第 22 条第 2 款各项所述的目的以外其他目的利用。

（全文修正 2008.6.13）

【第 24 条之 2】（同意提供个人信息等）

① 信息通信服务提供者向第三人提供用户个人信息的，除了第 22 条第 2 款第 2 项以及第 3 项的情形以外，均应向用户通知以下各项内容，并需要征得同意。变更以下各项任何内容时，也同样适用上述规定。

1. 被提供个人信息者；
2. 被提供个人信息者的个人信息利用目的；
3. 所提供的个人信息的项目；
4. 被提供个人信息者的个人信息保存及利用期间。

② 按照第 1 款从信息通信服务提供者被提供用户个人信息的人除非经过用户的同意或其他法律有特别规定，均不得把个人信息提供给第三人或为被提供信息的目的以外的用途使用。

③ 第 25 条第 1 款规定的信息通信服务提供者等主体按照第 1 款征求用户同意提供个人信息和按照第 25 条第 1 款征求用户同意委托存管的，应当对该同意项目与按照第 22 条的征求用户同意收集、利用个人信息的项目进行区别，且不得以用户不予同意为由拒绝提供服务。

〈新设 2011.4.5〉

（全文修正 2008.6.13）

【第 25 条】（委托存管个人信息）

① 信息通信服务提供者和按照第 24 条之 2 第 1 款规定从其获得用户个人信息者（下称"信息通信服务提供者等"）委托给第三人能够收集、保管、处理、利用、提供、管理、撤销等（下称"存管"）的业务时，应当向用户告知以下各项全部内容且征求同意。对于变更以下各项中属于任何一项的情形，应与上述情形一视同仁。

1. 受委托存管个人信息者（下称"受托人"）；
2. 委托存管个人信息的业务的内容。

② 信息通信服务提供者等主体为履行有关信息通信服务的合同时，需要按照第 27 条之 2 第 1 款规定将第 1 款各项事项的全部予以公开或以电邮等总统令所规定的方式告知用户的，可以不经第 1 款的关于委托存管个人信息的

同意程序。对于变更第1款各项的任何一个事项的情形，应与上述情形一视同仁。

③ 信息通信服务提供者等主体委托存管个人信息时，应当事先确定受托人存管用户个人信息的目的，而受托人不得超过上述目的存管用户的个人信息。

④ 信息通信服务提供者等主体为防止受托人违反本章规定应当监管受托人。

⑤ 如果受托人违反关于受托存管个人信息业务的规定而导致用户受到损害时，在损害赔偿的责任方面该受托人视为信息通信服务提供者等的员工。

（全文修正 2008.6.13）

【第26条】（因营业转让产生的个人信息转移）

① 信息通信服务提供者等主体由于其全部或部分营业的转让、合并等原因需要把该用户的个人信息转移给其他人时，应当事前把下列各项的全部内容通过在网站上发布、电邮等由总统令所规定的方式通知用户。

1. 个人信息将要转移的事实；

2. 受让个人信息转移的主体（下称"营业受让人等"）的姓名（法人的则指法人名称。本条下同）、地址、电话号码以及其他联系方式；

3. 用户不愿意个人信息被转移时，能够撤回信息提供同意的方法和程序。

② 营业受让人等主体在接受被转移的个人信息后，应当通过在网站上发布、电邮等由总统令所规定的方式及时通知用户该转移的事实。但信息通信服务提供者等主体按照第1款已经通知过该事实的情形除外。

③ 营业受让人等主体仅在信息通信服务提供者等主体可以利用或提供个人信息的原来目的范围内才可以利用或提供个人信息。但从另征得用户同意时除外。

（全文修正 2008.6.13）

【第26条之2】（征得同意的方式）

按照第22条第1款、第23条第1款但书、第24条之2第1款、同条第2款、第25条第1款、第26条第3款但书以及第63条第2款的征得同意（下称"就个人信息收集、提供、利用、提供等做出的同意"）的方式，应当考虑个人信息的收集媒介、行业特征以及用户人数等因素由总统令规定。

（全文修正 2008.6.13）

第 2 节 个人信息的管理及撤销等（新设 2007.1.26）

【第 27 条】（指定负责个人信息管理者）

① 信息通信服务提供者等主体应当指定负责个人信息管理者，该管理者保护用户个人信息且处理用户个人信息相关的问题。但员工人数、用户人数等因素符合总统令所规定的标准的信息通信服务提供者可不予选任。

② 第 1 款但书规定的信息通信服务提供者等主体未选任人信息管理的负责人的，其个体户或代表成为个人信息管理的负责人。

③ 关于信息管理的负责人的资格要件和其他为其选任必要的事项由总统令规定。

（全文修正 2008.6.13）

【第 27 条之 2】（个人信息存管守则的公开）

① 信息通信服务提供者等主体存管用户个人信息的，应当制定个人信息存管守则，并按照总统令所规定的方式予以公开，以供用户随时方便查询。

② 第 1 款规定的个人信息存管守则应当包括以下各项的全部事项。（修改 2012.2.17）

1. 个人信息的收集、利用目的，所收集的个人信息类别以及收集方法；

2. 向第三人提供个人信息的，被提供的第三人姓名（法人的则指法人名称），被提供者的利用目的和所提供的个人信息类别；

3. 个人信息的保存及利用期间、个人信息的撤销程序及撤销方法（按照第 29 条第 1 款各项以外的但书规定应当保存个人信息的，则包括该保存依据和所保存的个人信息类别）；

4. 委托存管个人信息的业务内容和受托人（仅在其被涉及时纳入存管守则）；

5. 用户及其法定代理人的权利和行权方式；

6. 有关安装、运作以及拒绝自动收集互联网上线信息文本等个人信息的程序的事项；

7. 信息管理的负责人的姓名或者负责办理与个人信息有关问题的部门的名称及其电话号码等联系方式。

③ 信息通信服务提供者等主体按照第 1 款规定的个人信息存管守则变更时，应当及时把变更理由和变更的内容按照总统令规定的方式予以通知，并采取以便于用户随时查询变更的事项的措施。

（全文修正 2008.6.13）

【第 27 条之 3】（通知、举报个人信息泄露等）

① 信息通信服务提供者等主体在获悉个人信息流失、被盗、泄露（下称"泄露等"）事实时，应当把以下各项的全部内容及时告知该用户，并向广播通信委员会举报。但如果有正当理由（无法知道用户的联系方式等），可以采取按照总统令规定视为通知的措施。

1. 被泄露等侵害的个人信息类别；
2. 发生泄露等事实的时间；
3. 用户可采取的措施；
4. 信息通信服务提供者的应对措施；
5. 用户可以咨询的相关部门及其联系方式。

② 有关第 1 款规定的通知及举报的方式、程序等有必要进一步规定的事项，在总统令做出规定。

③ 信息通信服务提供者等主体应当筹备对抗个人信息泄露的对策，并研究能够把损失降到最低的措施。

（本条新设 2012.2.17）

【第 28 条】（个人信息的保护措施）

① 信息通信服务提供者等主体存管个人信息的，应当按照总统令规定的标准采取以下各项的技术上、管理上的措施，以避免个人信息流失、被盗、泄露、变造或者损坏。

1. 为安全存管个人信息制定、施行的内部监管计划；
2. 为防范对个人信息的非法接触安装、运作的防范侵入系统等控制接触设置；
3. 防止伪造、变造上线记录的措施；
4. 可以把个人信息安全储存、传送的利用加密技术等的保安措施；
5. 安装、运作杀毒软件等防范通过电脑病毒的侵害的措施；
6. 其他为确保个人信息的安全所需的保护措施。

② 信息通信服务提供者等主体应当将存管用户个人信息的人限制在最小范围内。

（全文修正 2008.6.13）

【第 28 条之 2】（禁止泄露个人信息）

① 目前在存管或者曾经存管过用户个人信息者不得损坏、侵犯或者泄露在受理业务时知晓的个人信息。

② 在明知个人信息被泄露的情况下，任何人不得为营利或不正当的目

接受该个人信息。

（全文修正 2008.6.13）

【第 29 条】（个人信息的撤销）

① 信息通信服务提供者等主体当中存在以下情形时，应当及时撤销该个人信息。但依照其他法律需要保存该个人信息时除外。（修改 2012.2.17）

1. 按照第 22 条第 1 款、第 23 条第 1 款但书规定或者第 24 条之 2 第 1 款、第 2 款征得同意的个人信息已经达到其收集、利用目的或者到第 22 条第 2 款各项所述的目的；

2. 按照第 22 条第 1 款、第 23 条第 1 款但书规定或者第 24 条之 2 第 1 款、第 2 款征得同意的个人信息已经届满其保管、利用期限；

3. 按照第 22 条第 2 款未经用户同意收集、利用的，已经届满第 27 条之 2 第 2 款第 3 项所述的个人信息保管及利用期限；

4. 终止营业的。

② 信息通信服务提供者等主体对于在总统令规定的期限内未利用的用户个人信息，通过撤销等总统令规定的必要措施进行保护。（新设 2012.2.17）

（全文修正 2008.6.13）

第 3 节 用户的权利

【第 30 条】（用户的权利等）

① 用户可以向信息通信服务提供者等主体随时撤回其就个人信息收集、利用、提供所做的同意。

② 用户可以向信息通信服务提供者等主体要求提供或查询与本人有关的下列各项的任何内容，如果有错误的，可以要求纠正。

1. 信息通信服务提供者等主体所持有的用户个人信息；

2. 信息通信服务提供者等主体利用用户个人信息或向第三人提供的情况；

3. 向信息通信服务提供者等主体就个人信息的收集、利用、提供等事项做出同意的情况。

③ 信息通信服务提供者等主体当用户按照第 1 款撤回同意时，应当第一时间采取撤销所收集的个人信息等必要的措施。

④ 信息通信服务提供者等主体当他按照第 2 款被要求查询或提供时，应当第一时间采取必要措施。

⑤ 当信息通信服务提供者等主体按照第 2 款被要求纠正时，应当第一时

间采取纠正措施或者把无法纠正的原因通知用户，且在采取必要措施之前不得利用或提供该个人信息。但按照其他法律收到提供个人信息的请求时，可以提供或利用该个人信息。

⑥ 信息通信服务提供者等主体应当使按照第1款撤回同意或者按照第2款要求查询、提供个人信息或者要求纠正错误的方式比起个人信息的收集方式更加容易。

⑦ 对于营业受让人等准用第1款至第6款规定。此时"信息通信服务提供者等主体"视为"营业受让人等"。

（全文修正 2008.6.13）

【第30条之2】（通知个人信息利用情况）

① 作为信息通信服务提供者等主体符合总统令规定的标准的，应把按照第22条及第23条第1款但书规定所收集的用户个人信息的利用情况（包括按照第24条之2提供以及按照第25条委托存管的情况）定期通知用户。但如联系方式等收集可以通知用户的个人信息的除外。

② 按照第1款应当通知用户的信息种类、通知、通知的周期和方法，以及为通知利用情况所必要的事项由总统令规定。

（本条新设 2012.2.17）

【第31条】（法定代理人的权利）

① 信息通信服务提供者等主体如果要从未满14周岁的儿童收集、利用、提供征得同意，应当征得法定代理人的同意。此时信息通信服务提供者可以向该儿童要求如法定代理人的姓名等为征得法定代理人同意所需的最低程度的信息。

② 法定代理人可以就上述儿童的个人信息行使第30条第1款和第2款规定的用户权利。

③ 对于法定代理人按照第2款撤回同意、要求纠正错误的，准用第30条第3款至第5款规定。

（全文修正 2008.6.13）

【第32条】（损害赔偿）如果用户因信息通信服务提供者等主体违反本章规定的行为受到损失，可向该信息通信服务提供者等主体要求赔偿损失。此时该信息通信服务提供者等主体除非证明其不具有故意或过失，不得免责。

（全文修正 2008.6.13）

第4节 删除（2011.3.29）

【第33条】删除（2011.3.29）

【第33条之2】删除（2011.3.29）

【第34条】删除（2011.3.29）

【第35条】删除（2011.3.29）

【第36条】删除（2011.3.29）

【第37条】删除（2011.3.29）

【第38条】删除（2011.3.29）

【第39条】删除（2011.3.29）

【第40条】删除（2011.3.29）

第五章 信息通信网络上对用户的保护等
（修改2007.1.26）

【第41条】（筹备保护青少年的措施等）

① 广播通信委员会应当筹备措施，以保护青少年免受流通于信息通信网络的淫秽、暴力信息等有害于青少年的信息（下称"青少年有害信息"）的影响。

1. 开发和推广内容筛选程序；
2. 开发和推广保护青少年的技术；
3. 为保护青少年的教育和宣传；
4. 其他为保护青少年在总统令规定的事项。

② 广播通信委员会开展第1款规定的措施时，可以支持《关于设立和运作广播通信委员会的法律》第18条规定的广播通信审议委员会（下称"审议委员会"）、信息通信服务提供者团体、用户团体、其他相关专业机关为保护青少年所从事的活动。

（全文修正 2008.6.13）

【第42条】（对青少年有害的媒体产品）

利用信息通信业者的信息通信业务以公开于众为目的提供信息的人（下称"信息提供者"）提供《青少年保护法》第2条第2项丙目规定的媒体产品时，当该媒体产品属于同法第2条第3款规定的对青少年有害的媒体产品时，应当按照总统令规定的表示方式表明所提供的信息为对青少年有害的媒体产品。

（修改 2011.9.15）

（全文修正 2008.6.13）

【第42条之2】（禁止对青少年有害的媒体产品做广告）

《青少年保护法》第2条第2项丙目规定的媒体产品属于同法第2条第3款规定的对青少年有害的媒体产品的，它的广告内容不得通过信息通信网络以符号、文字、声音、图像或者视频等形式向同法第2条第1款规定的青少年传送，或以未限制青少年接触的措施公开予以展示。

（修改 2011.9.15）

（全文修正 2008.6.13）

【第42条之3】（选任青少年保护主管等）

① 信息通信服务提供者1天平均用户人数、销售额等因素符合总统令规定的标准的，应当为保护青少年免受有害信息的影响选任青少年保护主管。

② 青少年保护主管应当在该经营者高管或者就职于办理与青少年保护有关业务的部门领导地位的人当中选任。

③ 青少年保护主管应当限制、管理信息通信网络的有害青少年的信息，且以为远离有害信息制定青少年保护规划等的措施实行青少年保护业务。

④ 关于第1款规定的青少年保护主管的选任有必要的事项由总统令规定。

（全文修正 2008.6.13）

【第43条】（视频或声音信息提供业者的保管义务）

① 从事未经储存或记载于用户电脑的方式提供对青少年有害的媒体产品（按照《青少年保护法》第2条第2款丙目规定的属于媒体产品并属于同法第2条第3款规定的对青少年有害的媒体产品）的经营者当中，以总统令被指定者需要保管相关信息。（修改 2011.9.15）

② 信息提供者按照第1款保管的期限在总统令做出规定。

（全文修正 2008.6.13）

【第44条】（信息通信网当中的权利保护）

① 如侵犯私生活或者损害名誉等侵犯他人权利的信息，用户不得将其流通于信息通信网络。

② 信息通信服务提供者应当努力阻止第1款所述的信息流通于自己经营、管理的信息通信网络。

③ 广播通信委员会为避免流通于信息通信网络的信息导致如侵犯私生活

或者损害名誉等对他人的侵权行为，可以筹备技术开发、教育、宣传等政策，并建议信息通信服务提供者施行。

（全文修正 2008.6.13）

【第 44 条之 2】（要求删除信息等）

① 以公开于众为目的通过信息通信网络被提供的信息侵犯私生活或者损害名誉等侵犯他人权利的，被侵权人可以通过向存管该信息的人说明侵权事实，要求删除或者发布反驳内容（下称"删除等"）。

② 信息通信服务提供者收到第 1 款规定的对相关信息的删除等要求时，应当在第一时间采取删除、临时措施等必要的措施，并立即通知申请人或信息发布人。此时信息通信服务提供者应当通过在相关论坛上公示等方式让用户知道其已采取措施的事实。

③ 信息通信服务提供者当在其所经营、管理的信息通信网络上不遵守第 42 条规定的表示方法的对青少年有害的媒体产品被发布，或者为采取限制青少年接触的措施而展示的含有对青少年有害的媒体产品的内容的广告时，应当在第一时间予以删除。

④ 信息通信服务提供者虽有按照第 1 款规定的对信息的删除等要求，但难以判断侵权与否或者可以预见利害当事人之间发生纠纷，可以采取临时阻止接触相关信息的措施（下称"临时措施"）。此时临时措施的期间应为 30 天以内。

⑤ 信息通信服务提供者应当事前在合同条款中具体规定关于必要措施的内容、程序等事项。

⑥ 当信息通信服务提供者按照第 2 款对流通于其所经营、管理的信息通信网的信息采取必要措施时，可以减轻或免除由于该信息发生的损失赔偿责任。

（全文修正 2008.6.13）

【第 44 条之 3】（自行采取的临时措施）

① 当信息通信服务提供者认为被流通于其所经营、管理的信息通信网络中的信息存在侵犯他人私生活或者损害他人名誉等侵犯他人权利的情况时，可以自行采取临时性的措施。

② 对于第 1 款规定的临时性措施，准用第 44 条之 2 第 2 款后半部分、同条第 4 款及第 5 款规定。

（全文修正 2008.6.13）

【第 44 条之 4】（自律规制）信息通信服务提供者团体为保护用户且提供安全、可靠的信息通信服务，可以制定和推行信息通信服务提供者行动纲领。

（全文修正 2008.6.13）

【第 44 条之 5】（论坛用户的身份认证）

① 属于以下各项情形之 1 的人，欲设立、经营论坛的，应当采取总统令规定的必要措施（下称"身份认证措施"），包括制定认证用户身份的方法和程序等。

1. 国家机关、地方自治团体、《关于公共机构经营的法律》第 5 条第 3 款规定的公共企业、准政府机构以及《地方公共企业法》规定的地方公共企业、地方事业单位（下称"公共机构等"）；

2. 作为信息通信服务提供者，其所提供的各类型信息通信服务 1 天平均用户分别为十万人以上，且符合总统令规定的相关标准的人。

② 当属于第 1 款第 2 项规定的信息通信服务提供者不实行本人身份措施时，广播通信委员会可以对其责令实行身份认证措施。

③ 政府应当制定有利于开发安全、可靠系统的政策，以供身份认证业务使用。

④ 包括公共机构的信息通信服务提供者，已通过善良管理人的注意实行第 1 款规定的身份认证措施的，可以减轻或免除赔偿因第三人不当使用用户名义所发生损失的责任。

（全文修正 2008.6.13）

（被判决为一般违宪：2010 宪丙 47，2012.8.23，《关于促进信息通信网络的利用以及信息保护等的法律》（经 2008.6.13.法律 第 9119 号修改）第 44 条的 5 第 1 款第 2 项规定属于违宪）

【第 44 条之 6】（要求提供用户信息）

① 由于特定用户发布或流通的信息主张权利受到侵犯者，为提起民、刑事诉讼，通过说明该侵权事实，可以向第 44 条之 10 所述的名誉损坏纠纷调整部请求提供相关信息通信服务提供者所持有的上述特定用户的信息（总统令所规定的最小范围的信息，包括为提起民事、刑事诉讼的姓名、地址等）。

② 名誉损坏纠纷调整部收到第 1 款规定的请求时，除非存在无法与上述特定用户联系等特殊情况，均应当征求该用户的意见并决定是否提供相关信息。

③ 按照第 1 款被提供上述特定用户信息的人，不得为提起民事、刑事诉讼的目的以外的其他目的而利用该用户的信息。

④ 其他关于请求提供用户信息的内容和程序必要的事项由总统令规定。

（全文修正 2008.6.13）

【第 44 条之 7】（禁止流通非法信息等）

① 任何人均不得流通属于下列各项情形之一的信息。（修改 2011.9.15）

1. 属于将淫秽的符号、语言、音响、图像以及视频散布、销售、出租或公然展示的内容；

2. 属于以诽谤他人为目的，通过公然揭示真实或虚假的事实，损坏他人名誉的内容；

3. 属于将引起他人不安的符号、语言、音响、图像以及视频反复送达对方的内容；

4. 属于无正当理由将信息通信系统、数据或程序等损坏、灭失、变更、伪造或阻碍运作的内容；

5. 属于未履行法律法规所规定的义务，包括确定对方年龄、相关表示的义务等，以营利为目的提供《青少年保护法》所规定的对青少年有害的媒体产品的内容；

6. 属于法律法规所禁止的涉性行为的内容；

7. 属于泄露如法律法规进行归类的秘密等国家机密的内容；

8. 属于实施《国家保安法》所禁止的行为的内容；

9. 属于其他以犯罪为目的或教唆、胁从犯罪的内容。

② 对于第 1 款第 1 项至第 6 项的信息，广播通信委员会可经审查委员会的审查，责令信息通信服务提供者或管理、经营论坛的人拒绝、停止或者限制收管。但相关信息属于第 1 款第 2 项以及第 3 项的，不得违反因该信息受害的人具体表明的意思，来责令拒绝、停止或者限制收管。

③ 当第 1 款第 7 项至第 9 项的信息属于下列项目的全部时，广播通信委员会应当向信息通信服务提供者或管理、经营论坛的人责令拒绝、停止或者限制收管该信息。

第 5 条，经相关中央行政机关的领导提出要求

第 6 条，自从收到第 1 项规定的要求当日起，在 7 天以内，经审查委员会的审查，已按照《关于设立和运行广播通信委员会的法律》第 21 条第 4 项规定做出改正要求

第 7 条，信息通信服务提供者或管理、经营论坛的人仍未遵循上述改正要求

④ 对于按照第 2 款和第 3 款规定受到责令的信息通信服务提供者，管理、经营论坛的人，或者相关用户，广播通信委员会应当事前给予提出意见的机会。但属于以下各项情形之一时，可不给予提出意见的机会。

1. 为社会安全或福利，需要紧急予以处分的；
2. 按照总统令的规定属于听取意见显著困难或明显没有必要的情况；
3. 对方明确表示放弃提出意见的机会的意思。

（全文修正 2008.6.13）

【第44条之8】删除（2008.2.29）

【第44条之9】删除（2008.2.29）

【第44条之10】（名誉损坏纠纷调整部）

① 为有效办理涉及在信息通信网上流通且侵犯私生活或者损坏名誉等侵犯他人权利的信息的纠纷的调整业务，审查委员会可以设立名誉损坏纠纷调整部，由5个人以下委员组成，包括1个人以上的具有律师资格的人。

② 名誉损坏调整部的委员，由审查委员会的委员长经审查委员会的同意委任。

③ 对于名誉损坏调整部的纠纷调整程序等事宜，准用第33条之2第2款、第35条至第39条的规定。此时"纠纷调整委员会"则视为"审查委员会"，"涉及个人信息的纠纷"则视为"涉及在信息通信网上流通，且侵犯私生活或者损坏名誉等侵犯他人权利的信息的纠纷"。

④ 关于设立、经营名誉损坏纠纷调整部以及纠纷调整等必要的事项由总统令规定。

（全文修正 2008.6.13）

第六章　确保信息通信网络的稳定性等

【第45条】（确保信息通信网络的稳定性等）

① 信息通信服务提供者采取保护措施，以确保用于提供信息通信服务的信息通信网络的稳定性和信息的可靠性。

② 广播通信委员会可以规定第1款所述保护措施的具体内容，制定信息保护措施和安全评测的方法、程序、手续费的指南（下称"信息保护指南"）予以公示，并建议信息通信服务提供者遵守。

③ 信息保护指南应当包括下列事项：

1. 为防止或应对无正当权限接触、侵入信息通信网络的人，而设立、运行的信息保护系统等，技术上、物理上的保护措施；
2. 为防止非法的信息外流、伪造、删除等而采取的技术上的保护措施；
3. 为确保信息通信网可持续利用状态而采取的技术上、物理上的保护措施；

4. 为使信息通信网稳定且保护信息的，而确保人力、组织、费用以及设计相关方案等管理上的保护措施。

（全文修正 2008.6.13）

【第 45 条之 2】删除（2007.1.26）

【第 45 条之 3】（选任信息保护最高负责人等）

① 信息通信服务提供者为对信息通信系统等进行安保，且安全管理信息，可以选任高管级别的信息保护最高负责人。

② 信息保护最高负责人监管下列各项业务。

1. 设立和管理、运行信息保护管理体系；
2. 分析、评价以及改进信息保护薄弱环节；
3. 预防和应对侵权事故；
4. 设计信息事前保护方案并设计、落实安保措施；
5. 审查信息保护内容的事前保安性；
6. 审查对重要信息的加密设置及保安服务器的适当性；
7. 履行其他按照本法或相关法律为保护信息所需措施。

③ 信息通信服务提供者为共同预防和应对、交流必要信息，以及从事其他总统令所规定的共同事业，可以成立、运行由第 1 款所述最高负责人组成的信息保护最高负责人协会。

④ 政府可以全部或部分支持第 3 款所述信息保护最高负责人协会的活动所需经费。

（本条新设 2012.2.17）

（施行日：2013. 2. 18）第 45 条的 3

【第 46 条】（保护信息汇集通信设施）

① 为他人能够提供信息通信服务而经营、管理聚集信息通信设施的经营者（下称"信息汇集通信设施经营者"）应当采取总统令所规定的保护措施，以保持经营信息通信设施的稳定。

② 信息汇集通信设施经营者为补偿因信息通信设施发生灭失、损坏以及其他运作障碍所导致的损失，应当按照总统令规定参加保险。

（全文修正 2008.6.13）

【第 46 条之 2】（信息汇集通信设施经营者的紧急应对）

① 信息汇集通信设施经营者当存在以下各项情形之一时，可以按照用户协议的约定中止相关服务的全部或一部分。（修改 2009.4.22）

1. 由于在利用信息汇集通信设施的人（下称"设施用户"）的信息系统发生异常现象，而认为可能发生其他设施用户的信息通信网或信息汇集通信设施的信息通信网上严重障碍的；

2. 由于在外部发生侵害事故，而认为可能发生信息汇集通信设施的严重障碍的；

3. 由于重大的侵害事故发生，而广播通信委员会或韩国互联网振兴院要求中止服务的。

② 信息汇集通信设施经营者当按照第1款中止相关服务时，应当立即通知设施用户，同时具体表明中断原因、发生时间、期限和内容等。

③ 信息汇集通信设施经营者当中断原因消失时，应当立即恢复相关服务。

（全文修正 2008.6.13）

【第46条之3】（信息保护安全评测）

① 属于以下各项情形之一的人，每年必须就其信息通信网或信息汇集通信设施，接受广播通信委员会所认定为能够从事安全评测业务的人（下称"安全评测业务机构"）按照信息保护指南进行的信息保护安全评测。此时，安全评测业务机构必须是具有15个人以上的信息保护技术人员，且具有在最近3年内提供信息保护咨询的资历的法人。（修改 2010.3.22）

1. 属于《信息通信事业法》第2条第8项所规定的信息通信经营者，同时在全国范围内提供信息通信服务的人（下称"主要信息通信服务提供者"）；

2. 信息汇集通信设施经营者；

3. 属于信息通信服务提供者，同时其销售额、用户人数等条件符合总统令规定的标准的人。

② 按照第1款接受信息保护安全评测的经营者应当配合安全评测业务机构的信息保护安全评测业务，包括提供相关信息和允许其进入相关设施、场所等，并按照总统令规定向广播通信委员会提交信息保护安全评测的结果。

③ 按照第1款应当实施信息保护安全评测的经营者，如果按照《信息通信基础保护法》第9条接受对薄弱环节进行分析、评价或按照第47条接受信息保护管理体系的认证时，在做过分析、评价或认证的当年，视为已接受第1款所述信息保护安全评测。

④ 安全评测业务机构可以按照第1款所述信息保护安全评测的结果，建议接受安全评测的经营者改进信息保护措施。

⑤ 安全评测业务机构在按照第 4 款建议改进信息保护措施后，应当向广播通信委员会报告建议的内容和处理结果。

⑥ 广播通信委员会按照第 2 款所述的信息保护安全评测结果和第 5 款所述报告的内容，必要时可以向接受信息保护安全评测的经营者作出有关信息保护措施的改进命令。

⑦ 对于第 1 款所述信息保护安全评测的方法、程序、手续费，安全评测业务机构的认定程序，信息保护技术人员的资质条件，信息保护咨询业务经理，以及必要的事项由总统令规定。

⑧ 广播通信委员会当为确认是否符合第 1 款第 3 项所述要件所需时，可以要求相关行政机构、持有相关资料的机关或者信息通信服务提供者供必要的资料或确认事实。

（全文修正 2008.6.13）

【第 47 条】（认证信息保护管理体系）

① 为确保信息通信网络的安全性和可靠性，而设立、运行综合型管理体系（下称"信息保护管理体系"），包括技术上、物理上保护措施的人，可以就其信息保护管理体系是否符合第 2 款所述广播通信委员会公告的标准，接受广播通信委员会或韩国互联网振兴院所规定的机构（下称"信息保护管理体系认证机构"）的认证。（修改 2009.4.22）

② 广播通信委员会可以制定第 1 款所述信息保护认证的管理标准等必要的标准，并予以公告。

③ 获得第 1 款所述接受信息保护管理体系认证的人，可以按照总统令的规定表示或宣传认证内容。

④ 第 1 款所述认证的方法、程序以及其他必要的事项由总统令规定。

⑤ 指定信息保护管理体系认证机关的标准、程序、有效期限等必要的事项由总统令规定。

（全文修正 2008.6.13）

【第 47 条之 2】（取消指定信息保护管理体系认证机构等）

① 当按照第 47 条已被指定为信息保护管理体系认证机构的法人或组织存在以下各项情形之一时，广播通信委员会可以取消指定，或者确定 1 年以内的期限责令停止相关业务的全部或一部分。但属于第 1 项或第 2 项情形的，应当取消指定。

1. 以虚假或其他不正当的方法获得信息保护管理体系认证机构指定的；
2. 在停业期限内办理认证业务的；

3. 无正当原因拒不办理认证业务的；
4. 违反第47条第4款规定的认证业务的；
5. 不再符合第47条第5款所述指定标准的。

② 第1款所述取消指定或停止营业等必要的事项，由总统令规定。

（全文修正 2008.6.13）

【第47条之3】（用户的信息保护）

① 政府可以制定为保护用户信息所需的标准，并把它向用户建议，采取必要措施，包括检查薄弱环节、提供技术上支持等，来预防侵害事故发生且防止损失被扩大。

② 如果信息通信网络发生重大侵害事故，且有可能导致主要信息通信服务提供者的用户信息系统或者信息通信网络发生严重障碍的，则主要信息通信服务提供者应当按照用户协议向该用户要求采取保护措施，用户不予履行的，可以暂时限制其进入相关信息通信网。

③《软件产业振兴法》第2条所述软件经营者如果制作完善保安方面薄弱环节的软件，则应当告知韩国互联网振兴院，并对软件用户而言，应自制作日起1个月以内进行两次以上的通知。（修改 2009.4.22）

④ 第2款所述保护措施等在用户协议规定的具体事项由总统令规定。

（全文修正 2008.6.13）

【第47条之4】（对用户信息的保护）

① 政府可以制定为保护用户信息所需的标准，并把它向用户建议，采取必要措施，包括检查薄弱环节、提供技术上支持等，来预防侵害事故发生且防止损失被扩大。

② 如果信息通信网络发生重大侵害事故，而有可能导致利用主要信息通信服务提供者服务的用户信息系统或者信息通信网发生严重障碍的，则主要信息通信服务提供者应当按照用户协议向该用户要求采取保护措施，用户不予履行的，可以暂时限制其进入相关信息通信网。

③《软件产业振兴法》第2条所述软件经营者如果制作完善保安方面薄弱环节的软件，则应当告知韩国互联网振兴院，并对软件用户而言，应自制作日起在1个月以内2次以上进行告知。（修改 2009.4.22）

④ 有关第2款所述保护措施等需要在用户协议规定的具体事项由总统令规定。

（全文修正 2008.6.13）

（从第47条之3移至（2012.2.17））

【第47条之5】（评定信息保护管理的等级）

① 按照第47条规定获得信息保护管理体系认证的人，可以获得广播通信委员会的信息保护管理等级，以提高企业综合信息保护管理水平，且保证用户对其信息保护服务予以信赖。

② 广播通信委员会可以使韩国互联网振兴院从事有关第1款所述等级评定的业务。

③ 获得第1款所述信息保护管理等级的人，可以按照总统令规定表示涉及等级的内容，或把它用于宣传。

④ 广播通信委员会当发现以下各项情形之一时，可以取消其已评定的等级。

1. 通过虚假或其他不正当的方法获得信息保护管理等级的；
2. 按照第5款规定的等级标准，不再符合标准的。

⑤ 第1款所述评定等级的审查标准以及评定等级的方法、程序、手续费、登记的有效期，第4款所述取消等级的方法、程序以及其他必要的事项由总统令规定。

（本条新设 2012.2.17）

（施行日：2013.2.18）第47条之5

【第48条】（禁止侵害信息通信网络等行为）

① 任何人无正当权限或者超过被允许的接近权限不得侵入信息通信网。

② 任何人无正当理由不得对信息通信系统、数据或者软件等进行损坏、灭失、变更、伪造，也不得把可能阻碍其运行的软件（下称"恶性软件"）进行流传或散布。

③ 任何人不得以阻碍信息通信网络的稳定运作为目的，通过送出大量的信号或数据，以及使信息通信网处理不当指令的方式，造成信息通信网障碍。

（全文修正 2008.6.13）

【第48条之2】（应对侵害事故等）

① 广播通信委员会为适当地应对侵害事故，可以办理以下各项业务，当有必要时可以让韩国互联网振兴院全部或部分办理相关业务。（修改 2009.4.22）

1. 相关侵害事故信息的收集、传播；
2. 侵害事故的预报、警报；
3. 对侵害事故的紧急措施；
4. 总统令规定的其他对侵害事故的应对措施。

② 属于以下各项情形之一的人应当按照总统令规定，向广播通信委员会

或韩国互联网振兴院提供与侵害事故有关的信息,例如不同类型的侵害事故统计、相关信息通信网的流通量统计以及不同进入途径的利用情况统计等。(修改 2009.4.22)

  1. 主要信息通信服务提供者;
  2. 聚集信息通信设施经营者;
  3. 其他总统令规定的经营信息通信网的人。

  ③ 韩国互联网振兴院应当分析第 2 款所述信息,并把它向广播通信委员会报告。(修改 2009.4.22)

  ④ 对于按照第 2 款应当提供信息,却无正当理由拒不提供,或提供虚假信息的经营者,广播通信委员会可以限定期限责令改正。

  ⑤ 对于按照第 2 款被提供的信息,广播通信委员会或韩国互联网振兴院只得在为应对侵害事故所需的范围内正当予以利用。(修改 2009.4.22)

  ⑥ 当为应对侵害事故有必要时,广播通信委员会或韩国互联网振兴院可以向属于第 2 款各项之一的人要求提供人力方面的支持。(修改 2009.4.22)

  (全文修正 2008.6.13)

【第 48 条之 3】(报告侵害事故等)

  ① 当侵害事故发生时,属于以下各项之一的人应向广播通信委员会或韩国互联网振兴院报告该事实。已按照《信息通信基础保护法》第 13 条第 1 款做出通知的,则视为已完成上述报告。(修改 2009.4.22)

  1. 信息通信服务提供者;
  2. 信息汇集通信设施经营者。

  ② 广播通信委员会或韩国互联网振兴院当按照第 1 款受到侵害事故报告或得知侵害事故发生时,应当采取第 48 条的 2 第 1 款各项所述的措施。(修改 2009.4.22)

  (全文修正 2008.6.13)

【第 48 条之 4】(分析侵害事故的原因等)

  ① 如信息通信服务提供者等经营信息通信网的人,当发生侵害事故时,应当分析侵害事故的原因,并防止扩大损失。

  ② 广播通信委员会当在信息通信服务提供者的信息通信网络发生重大的侵害事故时,为防止损失扩大、应对事故、恢复以及防止重发,可以组成具有信息保护专业能力的民官联合调查团,来进行侵害事故的原因分析。

  ③ 广播通信委员会当认为因第 2 款所述原因分析有必要时,可以令信息通信服务提供者和信息汇集通信设施经营者保全相关资料。

④ 广播通信委员会为分析侵害事故原因所需，必要时可以向信息通信服务提供者和信息汇集通信设施经营者要求提交与侵害事故有关的资料，还可以令第2款所述民官联合调查团进入相关当事人的事业场所，就侵害事故的原因进行调查。但提交的资料为按照通信秘密保护法第2条第11项属于通信事实核实资料的，按照同法规定办理。

⑤ 对于按照第4款被提供的资料以及通过调查获悉的信息，广播通信委员会或民官联合调查团不得为分析侵害事故原因和筹备对策以外的目的予以利用，当原因分析结束时，应当立即予以销毁。

⑥ 为组成第2款规定的民官联合调查团和对于按照第4款被提供的侵害事故相关资料给予保护等所需事项由总统令规定。

（全文修正 2008.6.13）

【第49条】（对秘密等的保护）

任何人不得损坏信息通信网络所处理、保管或传送的他人信息，也不得侵犯、冒用或泄露他人秘密。

（全文修正 2008.6.13）

【第49条之2】（禁止通过欺骗行为收集个人信息）

① 任何人不得通过利用信息通信网欺骗的行为，来收集他人信息或引诱他人提供信息。

② 信息通信服务提供者当发现有人违反第1款规定时，应当立即向广播通信委员会或韩国互联网振兴院举报。（修改 2009.4.22）

③ 广播通信委员会或韩国互联网振兴院如受到第2款所述举报或得知违反第1款规定的事实，则应当采取以下各项的必要措施。（修改 2009.4.22）

1. 收集、传播与违法事实有关的信息；

2. 关于类似危害的预报、警报；

3. 防止损失扩大的紧急措施，包括要求对信息通信服务提供者。

【第50条】（限制传送以营利为目的的广告性信息）

① 任何人不得违反收信人明示的拒绝接收意思，通过电子邮件或其他总统令规定的媒体传送以营利为目的的广告性信息。

② 向收信人的电话、传真机传送以营利为目的的广告性信息的人，应当获得该收信人的事前同意。但属于以下各项情形之一时，不需获得事前同意。

1. 通过财物等的交易关系，直接从收信人收集联系方式的人，与自己所经营的财物相关等以营利为目的的广告性信息；

2.《关于在电子商务等当中的消费者保护的法律》第13条第1款所规定

的广告以及《关于访问销售等的法律》第 6 条第 3 款所规定的电话推销。

③ 在从下午 9 点至第 2 天上午 8 点的时间,向收信人的电话、传真机传送以营利目的的广告性信息的人,即使属于第 2 款规定的情形,也应当另行获得收信人的事前同意。

④ 通过电子邮件或总统令所规定的其他媒体传送以营利为目的的广告性信息的人,应当按照总统令规定将下列各项内容明示于广告性信息。

1. 所传送信息的类型及其主要内容;
2. 传送人的名称及其联系方式;
3. 收集电子邮箱地址的来源(仅适用于利用电子邮件方式的情形);
4. 关于容易做出拒绝接受的意思表示的措施以及方法的内容。

⑤ 向收信人的电话、传真机传送以营利目的的广告性信息的人,应当按照总统令规定在广告性信息具体表明下列事项。

1. 传送人的名称及其联系方式;
2. 关于容易做出撤销接受同意的意思表示的措施及其方法的内容。

⑥ 以营利为目的传送光广告的人,不得采取属于下列各项之一的技术性措施。

1. 避免、阻碍广告性信息收信人的拒绝接受或撤销同意接受的措施;
2. 通过组合数字、符号或者文字,自动产生电话号码、电子邮箱地址等收信人的联系方式措施;
3. 为传送以营利为目的的广告性信息,而自动注册电子邮箱地址的措施;
4. 隐蔽广告性信息传送人的身份或广告传送来源的各种措施。

⑦ 以营利为目的传送广告性信息的人,应当按照总统令规定采取必要措施,以免收信人承担拒绝接受或撤销接受同意时发生的金钱上的费用,如电话费等。

(全文修正 2008.6.13)

【第 50 条之 2】(禁止擅自收集电子邮箱地址的行为等)

① 未经互联网网站的经营者或管理者的事前同意,任何人不得通过收集电子邮箱地址的软件或其他技术上装备收集电子邮箱地址。

② 任何人不得销售、流通违反第 1 款收集的电子邮箱地址。

③ 任何人不得在知道是依据第 1 款和第 2 款属于禁止收集、销售以及流通的电子邮箱地址的情况下,把它用在信息中传送。

(全文修正 2008.6.13)

【第50条之3】（委托传送以营利为目的的广告性信息）

① 委托他人传送以营利为目的的广告性信息的人，应当管理、监督该受托人不违反第50条以及第50条之2。

② 第1款所述受委托传送以营利为目的的广告性信息的人，在其违反与该业务有关的法律所发生的损害赔偿责任问题上，视为委托传送信息的人的员工。

（全文修正 2008.6.13）

【第50条之4】（限制提供信息传送服务等）

① 在属于下列各项情形之一时，信息通信服务提供者可以做出拒绝提供相关服务的措施。

1. 由于广告性信息的传送或收信，发生或可能发生提供服务方面的障碍；
2. 用户不愿意接受广告性信息的；
3. 相关信息通信服务提供者通过用户协议所提供的服务被用于传送非法广告性信息的。

② 信息通信服务提供者如果要按照第1款采取拒绝措施，则应当在与该服务的用户签订的用户协议内容中，包括关于拒绝该服务的事项。

③ 信息通信服务提供者如果要按照第1款采取拒绝措施，则应当向接受该服务的用户等利害关系人通知该事实。但预先通知存在困难的，应当在采取拒绝措施后第一时间予以通知。

（全文修正 2008.6.13）

【第50条之5】（安装以营利为目的的广告性软件等）

信息通信服务提供者如果要把显示以营利为目的的广告性信息或收集个人信息的软件在用户电脑或其他总统令规定的信息处理装备，则应获得用户同意。

此时应当告诉用户相关软件的用途及其删除方法。

（全文修正 2008.6.13）

【第50条之6】（普及断绝传送以营利为目的的广告性信息的软件等）

① 广播通信委员会可以开发并普及能够容易把违反第50条所传送的以营利为目的的广告性信息断绝或举报的软件或电脑程序。

② 广播通信委员会为促进开发和普及第1款所述断绝、举报软件或电脑程序，可以向相关公共机构、法人、团体等提供必要的支持。

③ 当信息通信服务提供者的信息通信业务被用于违反第50条传送以营

利为目的的广告性信息时，广播通信委员会可以建议信息通信服务提供者，采取技术开发、教育、宣传等必要措施，以保护收信人。

④ 第1款所述开发、普及的方法和第2款所述支持必要的事项由总统令规定。

（全文修正 2008.6.13）

【第50条之7】（限制发布以营利为目的的广告性信息）

① 任何人不得违反互联网网站经营者或管理者具体表明的拒绝的意思，将以营利为目的的广告性信息发布于互联网网站。

② 互联网网站经营者或管理者可以采取相应措施，例如把违反第1款而发布的以营利为目的的广告性信息等。

（全文修正 2008.6.13）

【第50条之8】（禁止传送用于非法行为的广告性信息）

涉及本法或其他法律所禁止的财物或服务的广告性信息，任何人不得通过信息通信网进行传送。

（全文修正 2008.6.13）

【第51条】（限制把重要信息送出国外等）

① 政府为防止关于国内产业、经济以及科学技术等领域的重要信息通过信息通信网被送出国外，可以要求信息通信服务提供者或用户采取必要措施。

② 第1款所述重要信息的范围如下列各项。

1. 涉及国家安全保障的保安信息和关于主要政策的信息
2. 关于国内开发的高科技技术或者机器内容的信息

③ 对于存管第2款各项所述信息的经营者，政府可以要求采取下列各项措施。

1. 设置能够防止不正当利用信息通信网络的制度上、技术上的装备；
2. 采取能够防止非法破坏或非法操作信息的制度上、技术上的措施；
3. 采取能够防止泄露信息通信服务提供者在存管信息的过程当中得知的重要信息的措施。

（全文修正 2008.6.13）

【第52条】（韩国互联网振兴院）

① 为使信息通信网的高科技化（与构建、完善和管理信息通信网相关的事项除外）和促进信息通信网安全利用的工作，以及与信息通信网的国际合作和面向国外有关的工作得到有效进行，政府设立韩国互联网振兴院（下称"互联网振兴院"）。（修改 2009.4.22）

② 互联网振兴院为法人。(修改 2009.4.22)

③ 互联网振兴院从事下列各项的事业。(修改 2009.4.22)

1. 利用和保护信息通信网；为进行与广播通信的国际合作、涉外有关的工作而实施的法律、政策以及制度调查、研究；
2. 调查、分析关于信息通信网利用、保护情况的统计；
3. 分析信息通信网络利用的负面功能，并研究其对策；
4. 宣传、教育和培训信息通信网络的利用和保护；
5. 开发且标准化与信息通信网络信息保护以及互联网地址资源有关的技术；
6. 支持知识信息保安产业政策，且开发相关技术、培养人力资源；
7. 实施和支持信息保护认证、评价等工作，包括信息保护安全检查、信息保护管理体系认证、信息保护系统评价、认证等；
8. 关于个人信息保护对策的研究，且开发、支持普及保护的技术；
9. 支持经营纠纷调整委员会和个人信息侵犯举报中心；
10. 咨询、解决与广告性信息发送和互联网广告有关的问题；
11. 处理信息通信网侵权事故和分析其原因，且经营应对体系；
12. 《电子签名法》第 25 条第 1 款规定的电子签名认证管理；
13. 支持互联网的有效经营及其运用；
14. 支持保护互联网用户所存储的信息；
15. 支持与互联网有关的服务政策；
16. 支持在互联网上进行用户保护以及扩散健康信息的流通；
17. 《关于互联网地址资源的法律》规定的有关互联网地址资源管理的业务；
18. 支持经营《关于互联网地址资源的法律》第 16 条规定的互联网地址纠纷调整委员会；
19. 支持与广播通信的国际合作、面向国外以及国外宣传有关的工作；
20. 与第 1 项至第 19 项事业相伴随的事业；
21. 其他在本法或其他法律法规以互联网振兴院的业务规定或委托他人进行的事业，以及接受行政安全部长官、知识经济部长官、广播通信委员会或其他行政机关的领导委托的事业。

④ 为支出进行事业所需的经费，政府可以出资捐款。(修改 2009.4.22)

⑤ 关于互联网振兴院，本法未做规定的，准用《民法》上涉及财团法人的规定。(修改 2009.4.22)

⑥ 非互联网振兴院的人，不得使用韩国互联网振兴院的名称。（修改 2009.4.22）

⑦ 为经营互联网振兴院和办理其业务所需的事项由总统令规定。（修改 2009.4.22）

（全文修正 2008.6.13）

（题目修改 2009.4.22）

第七章　通信收费服务（新设　2007.12.21）

【第 53 条】（注册通信收费服务提供者等）

① 欲提供通信收费服务的人，应当按照总统令规定具备下列事项，向广播通信委员会进行注册。（修改 2008.2.29）

1. 财务健全性；
2. 通信收费服务用户保护计划；
3. 能够办理业务的人员和物资设备；
4. 事业规划书。

② 可以按照第 1 款进行注册的人，应当属于《商法》第 170 条规定的公司或者《民法》第 32 条规定的法人，且其资本金、出资总额或者基本财产在 5 亿元以上，不少于总统令规定的金额。

③ 通信收费服务提供者可以不受《信息通信事业法》第 22 条的限制，不进行增值通信业者的备案。（修改 2010.3.22）

④ 对于通信收费服务提供者登记事项的变更、营业转让与受让或者合并与继承、营业承继、营业停止、废止、解散等情况，准用《信息通信事业法》第 23 条至第 26 条的规定。此时，"特殊类型通信业者"视为"通信收费服务提供者"，"特殊类型通信业"视为"通信收费服务提供产业"。（修改 2010.3.22）

⑤ 关于第 1 款规定的注册的具体要件、程序以及其他必要的事项由总统令规定。

（本条新设　2007.12.21）

（将过去的第 53 条移至第 62 条（2007.12.21））

【第 54 条】（注册失格事由）

属于下列各项之一的，不得按照第 53 条进行注册。（修改 2008.2.29）

1. 按照第 53 条第 4 款关闭营业之日起未满 1 年的法人，以及作为在关闭营业的当时该法人的大股东（指总统令规定的出资人，下同），自从关闭之日起未满1年的人；

2. 自从按照第55条第1款取消注册之日起未满3年的法人，以及作为在取消注册的当时该法人的大股东，自从取消之日起未满3年的人；

3. 正在进行《关于债务重整和破产的法律》规定的重整程序的法人以及该法人的大股东；

4. 属于广播通信委员会所规定的未清偿金融交易等商事交易的到期债务的人；

5. 法人的大股东属于第1项至第4项规定的人的。

（本条新设　2007.12.21）

（将过去的第54条移至第63条（2007.12.21））

【第55条】（注册取消命令等）

① 对于属于下列各项之一的收费通信服务提供者，广播通信委员会可以取消注册或限定1年以内的期间来责令停止营业。但属于第1项的，应当取消注册。（修改2008.2.29）

1. 通过虚假或其他不正当的方式进行注册的；

2. 自从按照第53条第1款注册之日起未在1年以内开试营业，或1年以上继续停业的。

② 第1款所规定的处分的标准、程序，以及其他必要的事项，由总统令作出规定。

（本条新设　2007.12.21）

（将过去的第55条移至第64条（2007.12.21））

【第56条】（备案标准条款等）

① 收费通信服务提供者应当指定关于收费通信服务的标准条款，并把它向广播通信委员会进行备案（包括变更事项的备案）（修改2008.2.29）

② 当广播通信委员会认为第1款所述标准条款有可能侵犯收费通信服务提供者利益时，可以建议收费通信服务提供者变更标准条款。（修改2008.2.29）

（本条新设　2007.12.21）

（将过去的第56条移至第65条（2007.12.21））

【第57条】（确保通信收费服务的安全性等）

① 为保障安全提供通信收费服务，通信收费服务提供者应当尽其善良管理人的注意义务。

② 为确保通过通信收费服务进行的交易安全性和可靠性，通信收费服

提供者应当按照总统令规定采取管理上措施，例如制定业务办理指南和会计记账科目等，以及提供技术上措施，如构建信息保护系统等。

（本条新设 2007.12.21）

（将过去的第57条移至第66条（2007.12.21））

【第58条】（收费通信服务的用户权利等）

① 收费通信服务提供者要求销售、提供财物等的对价，应当告知收费通信服务用户下列各项内容。（修改2011.4.5）

1. 利用收费通信服务的日期；
2. 通过收费通信服务进行的买卖、服务交易的对方（利用收费通信服务销售、提供财物或服务且收取对价的人，下称"交易对方"）的商号及其联系方式；
3. 通过收费通信服务购买、利用的金额及其明细；
4. 提供方法及其联系方式。

② 收费通信服务提供者应当提供收费通信服务用户能够查询购买、利用情况的方法，当收费通信服务用户要求获得与购买、利用情况有关的书面资料（包括电子文书，下同）时，应在收到要求之日起2个星期以内予以提供。

③ 收费通信服务用户发现收费通信服务的提供违反自己的意思时，可以要求收费通信服务提供者予以更正（收费通信服务用户的故意或严重过失的除外），而收费通信服务提供者应当自收到更正要求之日起2个星期以内通知处理的结果。

④ 收费通信服务提供者应当把有关收费通信服务的记录，应该在5年以内的范围内按照总统令规定的期间予以保存。

⑤ 关于收费通信服务提供者按照第2款应当提供的购买、利用情况的对象期间、类型和范围、按照第4款收费通信服务应当保存的记录类型和保存的方法等事项的内容由总统令规定。

（本条新设 2007.12.21）

（将过去的第58条移至第67条（2007.12.21））

【第59条】（纠纷解决等）

① 为保护通信收费服务的用户权益，通信收费服务提供者可以成立和经营从事自律性纠纷解决业务的机构或组织。

② 通信收费服务提供者应当按照总统令规定，制定涉及收费通信服务的程序，以供通信收费服务用户提出异议、行使权利救济。

（本条新设 2007.12.21）

（将过去的第59条移至第68条（2007.12.21））

【第60条】(损害赔偿等)

① 通信收费服务提供者在提供通信收费服务的过程中,通信收费服务用户遭受损失时,应当对该损失予以赔偿。但该损失由于通信收费服务用户的故意或者严重过失所发生的除外。

② 按照第1款赔偿损失的,应与接受赔偿的人进行协商。

③ 当经过第2款所述关于损害赔偿的协商,各方无法达成一致,或无法进行协商时,当事人可以向广播通信委员会请求裁决。(修改 2008.2.29)

(本条新设 2007.12.21)

(将过去的第60条移至第69条(2007.12.21))

【第61条】(限制利用通信收费服务)对于属于下列各项之一的人,广播通信委员会可以责令提供服务通信收费服务提供者拒绝、终止或限制提供服务。(修改 2008.2.29,2011.9.15)

1. 违反《青少年保护法》第16条,而向青少年销售、出借、提供对青少年有害的媒体产品的人;

2. 通过属于下列各类的手段,使通信收费服务用户购买、利用财物等,来明显影响通信收费服务用户利益的人;

甲、违反第20条而发送以营利为目的的广告性信息,

丙、欺骗或不正当引诱通信收费服务用户;

3. 销售、提供本法所禁止的财物等的人。

(本条新设 2007.12.21)

(将过去的第61条转移至第70条(2007.12.21))

第八章 国际合作(新设 2007.12.21)

【第62条】(国际合作)

政府进行下列各项业务时,应与其他国家或者国际机构合作。

1. 关于不同国家之间转移个人信息以及个人信息保护的业务;

2. 旨在于信息通信网上保护青少年的业务;

3. 旨在防止信息通信网安全受侵犯的业务;

4. 其他与信息通信服务的健康、安全利用有关的业务。

(全文修正 2008.6.13)

【第63条】(保护转移至国外的个人信息)

①信息通信服务提供者等主体关于用户个人信息,不得签订以违反本法

的事项为内容的合同。

② 信息通信服务提供者等主体把用户个人信息转移至国外的,应当获得用户的同意。

③ 信息通信服务提供者等主体按照第 2 款征求同意时,应当事前把下列事项全部告知用户。

1. 所转移的个人信息项目;
2. 个人信息被转移的国家、时间以及方法;
3. 受转移个人信息的人的姓名(该人为法人的,则指其名称以及其信息管理负责人的联系方式);
4. 受转移个人信息的人的个人信息利用目的以及保存、利用时间。

④ 信息通信服务提供者等主体当按照第 2 款获得同意,把个人信息转移至国外时,应当按照总统令规定采取保护措施。

(全文修正 2008.6.13)

第九章 附则(新设 2007.12.21)

【第 64 条】(提交资料等)

① 广播通信委员会存在下列各项情形之一时,可以令信息通信服务提供者等主体(包括按照第 67 条准用的人。在本条下同。)提交相关物品、文书等。(修改 2011.3.29,2012.2.17)

1. 发现违反本法的事实或得知有其嫌疑的;
2. 关于本法的违反事实,接受举报或受理投诉的;

2-2. 发生或有可能发生严重危害用户信息安全和其可靠性的事件、事故;

3. 其他总统令所规定的为保护用户必要的情形。

② 为对于违反本法而发送以营利为目的的广告性信息的人采取下列各项措施,广播通信委员会可以要求信息通信服务提供者等主体把该广告性信息发送人的姓名、地址、居民登记号、利用期间等资料提供查询或予以提交。

1. 第 4 款所述改正措施;
2. 收取第 76 条所述罚款;
3. 其他类似的措施。

③ 广播通信委员会当认定信息通信服务提供者等主体未按照第 1 款和第 2 款提交资料,或存在违反本法的事实时,可以允许其所属公务员进入信息

通信服务提供者等主体的营业场所调查业务情况、账簿以及文书等。（修改 2011.3.29）

④ 为终止或纠正违反本法的行为，广播通信委员会可以责令违反本法的信息通信服务提供者等主体采取必要的纠正措施，且可以同时让被责令的信息通信服务提供者等主体把接受责令的事实予以公告。此时对于公告的方法、标准以及程序等必要的事项由总统令规定。（修改 2011.3.29）

⑤ 广播通信委员会按照第 4 款责令纠正的，可以把责令纠正的事实予以公开。此时对于公开的方法、标准以及程序等必要的事项由总统令规定。（修改 2011.3.29）

⑥ 广播通信委员会当按照第 1 款和第 2 款要求提交或提供查询时，应当具体明确要求的理由、法律依据、提交期限或者查询时间、需提交或供查询的资料内容等，且以书面方式（包括电子文书）予以告知。（修改 2011.3.29）

⑦ 当按照第 3 款实施调查时，应当在开始调查前 7 天之内，把相关调查时间、调查理由以及调查内容等的调查计划告知相关信息通信服务提供者等主体。但在认为存在紧急情势或如果事前予以通知则难以完成调查目的时，不予告知调查计划。

⑧ 按照第 3 款进行调查的公务员应当持有表示其权限的证件向相关人员出示，且在进入有关场所时把写有姓名、进入时间、进入目的等的文书提交给相关人员。

⑨ 广播通信委员会当按照第 1 款至第 3 款规定接受资料等，或对资料进行查询或调查时，应向该信息通信服务提供者等主体书面告知其结果（调查后欲做责令纠正等处分的，包括该处分决定的内容）。（修改 2011.3.29）

⑩ 为按照第 1 款至第 4 款规定要求提交资料或进行调查等，广播通信委员会可以向互联网振兴院的领导请求技术上的咨询意见，或请求提供其他必要的支持。（修改 2009.4.22，2011.3.29）

当按照第 1 款至第 3 款规定要求提交资料、提供查询，或进行调查等时，应在为实施本法所需的最小范围内进行，而不得为其他目的滥用。

（全文修正 2008.6.13）

【第 64 条之 2】（保护及撤销资料等）

① 对于按照第 64 条从信息通信提供者等主体处接收或收集的文书、资料等，如广播通信委员会要求对其进行保护时，则不得把它向第三人或一般大众予以公开。（修改 2011.3.29）

② 广播通信委员会把通过信息通信网收纳或收集的资料做成电子化时，应当采取制度上、技术上的保安措施。（修改 2011. 3. 29）

③ 除了在其他法律做出特别规定的以外，如发生下列各项之 1 的事由，广播通信委员会则应当按照第 64 条立即撤销所接受或收集的文书、资料等。这同样适用于按照第 65 接受知识经济部长官或广播通信委员会委托，实行全权代理或者代理实行部分权限的人。（修改 2011. 3. 29）

1. 已达到按照第 64 条进行的要求提交资料、进入调查、责令纠正等措施的目的；

2. 对第 64 条第 4 款所述改正命令不服，请求行政审判或提起行政诉讼的，相关行政争讼程序已结束；

3. 按照第 76 条第 4 款的处以罚款的决定未被提起异议，且同条第 5 款规定的异议期限已届满；

4. 按照第 76 条第 4 款的处以罚款的决定被提起异议，管辖法院进行的非讼案件法律程序已结束。

（全文修正 2008. 6. 13）

【第 64 条之 3】（处以罚款等）

① 对于下列各项情形之一的行为，广播通信委员会可以向该信息通信服务提供者处以罚款，且其金额为涉及违法行为的销售额的百分之一以下。但对于存在第 6 项行为的，可处以 1 亿元以下的罚款。（修改 2012. 2. 17）

1. 违反第 22 条第 1 款，未经用户同意，收集用户个人信息的；

2. 违反第 23 条第 1 款，未经用户同意，收集有可能明显侵犯用户个人权利、利益或者隐私的信息的；

3. 违反第 24 条，对个人信息加以利用的；

4. 违反第 24 条之 2，向第三人提供个人信息的；

5. 违反第 25 条第 1 款，未经用户同意，委托他人存管个人信息的；

6. 未按照第 28 条第 1 款第 2 项至第 5 项采取措施，丢失、偷盗、泄漏、编造或者损坏用户个人信息的；

7. 违反第 31 条第 1 款，未经法定代理人同意，收集未满 14 周岁的儿童个人信息的。

② 按照第 1 款处以罚款的，当电子高通信服务提供者等主体拒绝提交核算销售额资料或提叫虚假资料时，可以按照表明经营情况的资料，如类似于该信息通信服务提供者等主体的财务报表等的会计资料以及注册人数和收费标准等，来推定销售额。（修改 2012. 2. 17）

③ 广播通信委员会按照第 1 款处以罚款的，应当考虑下列各项内容。

1. 违法行为的内容和程度；
2. 违法行为的持续时间和次数；
3. 通过违法行为所得到的利益的多少。

④ 第 1 款规定的罚款应当考虑第 3 款来核算，而具体的核算标准和核算程序由总统令规定。

⑤ 按照第 1 款应当缴纳罚款的人在缴纳期限内未予缴纳的，广播通信委员会从缴纳期限过后的下 1 个月开始向其附加征收每年 6% 的滞纳金。

⑥ 按照第 1 款应当缴纳罚款的人在缴纳期限内未予缴纳的，广播通信委员会催其在 1 个规定期限内予以上缴，在该期限内仍未缴纳罚款和第 5 款所述滞纳金的，按照滞纳国税处分的方法来征收。

⑦ 当由于法院判决等原因，退还按照第 1 款征缴的罚款时，应当给予从缴纳罚款之日起予以退还之日止每年 6% 的退还滞纳金。（本条新设 2008.6.13）

【第 65 条】（委任、委托代理权限）

① 本法所规定为知识经济部长官或者广播通信委员会权限的，可以按照总统令规定委任、委托下属机关的领导或邮政厅厅长来实施。（修改 2011.3.29）

② 知识经济部长官可以把第 13 条所述与促进信息通信网利用有关的业务，按照总统令规定向《电子化促进基本法》第 10 条所规定的韩国信息社会振兴院委托进行。

③ 广播通信委员会可以把第 64 条第 1 款以及第 2 款所述与要求提交资料和进行调查有关的业务，按照总统令规定委托给韩国互联网振兴院。（修改 2009.4.22，2011.3.29）

④ 对于第 3 款规定的互联网振兴院的员工，准予适用第 64 条第 8 款。（修改 2009.4.22）

（全文修正 2008.6.13）

【第 65 条之 2】删除（2005.12.30）

【第 66 条】（秘密等）

从事或曾经从事下列各项业务之一的人，不得把履行职务的过程中得知的秘密向他人泄露或为职务以外的目的加以使用。但其他法律作出特别规定的除外。

1. 删除（2011.3.29）；

2. 第47条所规定的信息保护管理体系认证业务；

3. 第52条第3款第4项规定的对信息保护系统的评价业务；

4. 第46条之3规定的信息保护安全检查业务；

5. 第44条之10规定的名誉损坏纠纷调整部的纠纷调整业务。

（全文修正 2008.6.13）

【第67条】（对广播业经营者的准用）

① 属于《广播法》第2条第3项甲目至戊目以及同条第6项、第9项、第12项和第14项的人，收集、利用或加工观众个人信息的，准用第4章规定。此时，"信息通信服务提供者"或"信息通信服务提供者等主体"视为"《广播法》第2条第3项甲目至戊目以及同条第6项、第9项、第12项和第14项的人"，"用户"视为"观众"。

② 对于第25条第1项规定的受托人，准用第22条、第23条、第23条之2至第23条之4、第24条、第24条之2、第26条、第26条之2、第27条、第27条之2、第27条之3、第28条、第28条之2、第29条、第30条、第30条之2和第31条。

（本条新设 2012.2.17）

【第68条】删除（2010.3.22）

【第68条之2】（成立韩国信息保护产业协会）

① 经营涉及信息保护的事业的人，为健康发展信息保护产业和提高国家产业的整体信息保护水平，经知识经济部长官许可，成立韩国信息保护产业协会。

② 韩国信息保护产业协会设立为法人。

③ 韩国信息保护产业协会的许可程序、事业及其监督等必要的事项由总统令规定。

④ 对于涉及韩国信息保护产业协会的，除本法有规定的以外，准用《民法》中涉及社团法人的规定。

（全文修正 2008.6.13）

【第69条】（适用处罚规定时的公务员拟定）

韩国信息社会振兴院和互联网振兴院的员工和高管，从事知识经济部长官或广播通信委员会按照第65条第2款和第3款所委托的业务的，适用《刑法》第129条至第132条的处罚规定时，视为公务员。（修改 2009.4.22，2011.3.29）

（全文修正 2008.6.13）

【第 69 条之 2】（举报）

当广播通信委员会认为存在第 64 条之 3 第 1 款规定的行为之一时，可以向检察机关等侦查机关举报相关信息通信服务提供者等主体。

（本条新设　2012.2.17）

第十章　处罚（新设　2007.12.21）

【第 70 条】（处罚）

① 以诽谤他人为目的，通过信息通信网公然揭示事实，来对他人名誉造成损坏的人，处 3 年以下拘役刑或者两千万元以下的罚金。

② 为诽谤他人为目的，通过信息通信网络公开揭示虚假事实，对他人名誉造成损坏的人，应处 7 年以下拘役刑，10 年以下的资格取消处罚或者 5000 万元以下的罚金。

③ 对第 1 款和第 2 款所规定的罪行，不得违反被害人具体表明的意思，而提起公诉。

（全文修正 2008.6.13）

【第 71 条】（处罚）

属于下列各项之一的，处 5 年以下拘役刑或者 5000 万元以下罚金。

1. 违反第 22 条第 1 款（包括按照第 67 条准用的情况），未经用户同意而收集用户个人信息的；

2. 违反第 22 条第 1 款（包括按照第 67 条准用的情况），未经用户同意而收集用户个人信息，而该个人信息有可能明显侵犯其个人权利、利益或者隐私的；

3. 违反第 24 条、第 24 条之 2 第 1 款以及第 2 款或者第 26 条第 3 款（包括按照第 67 条准用的情况），而利用个人信息或者向第三人提供的人，以及在知道相关情形的情况下，仍为营利或不正当目的接受他人提供的个人信息的；

4. 违反第 25 条第 1 款（包括按照第 67 条准用的情况），未经用户同意而委托他人存管个人信息的；

5. 违反第 28 条之 2 第 1 款（包括按照第 67 条准用的情况），对用户个人信息予以损坏、侵犯或者泄露的；

6. 违反第 28 条之 2 第 2 款，在知道该个人信息被泄露的情况下，仍为营利或不正当目的接受他人提供的个人信息的；

7. 违反第 30 条第 5 款（包括按照第 30 条第 7 款，第 31 条第 3 款准用的情况），未采取必要措施而提供或利用个人信息的人；

8. 违反第 31 条第 1 款（包括按照第 30 条第 77 款，第 31 条第 3 款准用的情况），未经法定代理人同意，而收集未满 14 周岁的儿童的个人信息的；

9. 违反第 48 条第 2 款，流传或散播恶性软件的；

10. 违反第 48 条第 3 款，导致信息通信网络发生障碍的；

11. 违反第 49 条，损坏他人信息或侵犯、偷盗或泄露他人秘密的。

【第 72 条】（处罚）

① 属于下列各项之一的，处 3 年以下拘役刑或 3 千万元以下罚金。

1. 违反第 48 条第 1 款，而侵入信息通信网的；

2. 违反第 49 条之 2 第 1 款，而收集他人个人信息的；

3. 未按照第 53 条第 1 款进行注册，而办理业务的；

4. 通过属于下列各类之一的行为，予以融通资金或者提供中介的；

甲、虚构财物等的销售、提供，或超过实际销售金额，自己或委托他人进行通过通信收费服务进行交易，

乙、诱使通信收费服务用户通过通信收费服务购买、利用财物等后，再把通信收费服务用户所购买、利用的财物等打折买入的行为，

5. 违反第 66 条，将履行职务过程中得知的秘密向他人泄漏或为职务以外的目的加以利用的。

② 不构成第 1 款第 1 项所规定的罪行的，予以处罚。

（全文修正 2008.6.13）

【第 73 条】（处罚）

属于下列各项之一的，处 2 年以下拘役刑或者 1 千万元以下罚金。

1. 未采取第 28 条第 1 款第 2 项至第 5 项（包括按照第 67 条准用的情况）所规定的技术上、管理上措施，导致用户个人信息被丢失、偷盗、泄漏、编造、损坏的；

2. 违反第 42 条，未表明其为青少年危害媒体物，以营利为目的而予以提供的；

3. 违反第 42 条之 2，向青少年发送或未采取限制青少年进入的措施而直接发布以青少年危害媒体物的广告为内容的信息的；

4. 违反第 44 条之 6 第 3 款，将用户信息用于提起民、刑事诉讼以外的目的的；

5. 未履行广播通信委员会按照第 44 条之 7 第 2 款和第 3 款所做出的命

令的；

6. 违反第 48 条之 4 第 3 款规定的规定，未将相关资料予以保全的；

7. 违反第 49 条之 2 第 1 款，诱导提供个人信息的。

（全文修正 2008.6.13）

【第 74 条】（处罚）

① 属于下列各项之一的，处 1 年以下拘役刑或者 1 千万元以下罚金。（修改 2012.2.17）

1. 违反第 8 条第 4 款，将带有类似标记的产品予以表示、销售或者为销售而展示的；

2. 违反第 44 条之 7 第 1 款第 1 项，将淫秽符号、文字、音响、图像、视频予以散步、销售、出租或公然予以展示的；

3. 违反第 44 条之 7 第 1 款第 3 项，把引起他人恐怖、不安心理的符号、文字、音响、图像、视频反复送达对方的；

4. 违反第 50 条第 6 款，做出技术上措施的；

5. 违反第 50 条之 2，将电子邮箱地址收集、销售、流通，或者用于发送信息的；

6. 违反第 50 条之 8，发送广告性信息的；

7. 违反第 53 条第 4 款，未进行登记事项的变更登记或者未进行营业转让、受让或者合并、继承备案的。

② 第 1 款第 3 项规定的罪行，不得违背被害人具体表明的意思，而提起公诉。

（全文修正 2008.6.13）

【第 75 条】（量刑规定）

法人的代表人或者法人或个人的代理人、劳动者、其他员工，当与其业务有关，实施第 71 条至第 73 条或者第 74 条的第 1 款当所规定的行为，除了该行为人以外，也对该法人或个人处以相关条款规定的罚金。但法人或个人未怠于注意和监督相关业务，来防止该违法行为的除外。

（全文修正 2010.3.17）

【第 76 条】（罚款）

① 属于下列各项之一的和致使他人实施第 77 项至第 11 项的，处 3 千万元以下罚款。（修改 2011.3.29，2012.2.17）

1. 第 23 条第 2 款（包括按照第 67 条准用的情况），拒绝提供服务的；

2. 违反第 23 条之 2 第 1 款，收集、利用居民登记号，或未采取同条第 2

款规定的必要措施的（包括按照第67条准用的情况）；

2—2．违反第27条之3第1款（包括按照第67条准用的情况），未向用户和广播通信委员会通知或举报的；

3．未按照第28条第1款（包括按照第67条准用的情况）采取技术上、管理上措施的；

4．违反第29条第1款正文，未对个人信息予以撤销或为按照该条第2款采取措施的（包括按照第67条准用的情况）；

5．违反第30条第3款、第4款以及第6款（包括按照第30条第77款、第31条第3款和第67条准用的情况），未采取必要措施的；

5—2．违反第30条之2第1款正文，未通知个人信息利用情况的（包括按照第67条准用的情况）；

6．为履行广播通信委员会按照第44条之5第2款所做出的命令的；

7．违反第50条第1款至第3款规定，发送以营利为目的的广告性信息的；

8．违反第50条第4款或者第5款，未把应在发送广告性信息时表明的事项加以明确，或表明虚假内容的；

9．违反第50条第7款，让收信人承担费用的；

10．违反第50条之5，未经用户同意，直接安装软件的；

11．违反第50条之7第1款，在互联网网站上发布以赢利为目的的广告的；

12．实施第71条至第74条，第1项至第11项以及第2款所规定的违法行为，且未履行广播通信委员会按照第64条第4款所做出的改正命令的。

② 属于下列各项之一的，处2000万元以下罚款。

1．违反第25条第2款（包括按照第67条准用的情况）规定，未向用户公开或通知相关个人信息存管委托事项的；

2．违反第26条第1款和第2款（包括按照第67条准用的情况），未向用户公开或通知相关个人信息转移事实的；

3．违反第27条第1款（包括按照第67条准用的情况），未选任个人信息管理负责人的；

4．违反第27条之2第1款（包括按照第67条准用的情况），未公开个人信息存管准则的。

③ 属于下列各项之一的，处1000万元以下罚款。（修改 2009.4.22，2011.4.5，2012.2.17）

1. 违反第 20 条第 2 款，把电子文书未予保管的；

2. 违反第 21 条，把电子文书予以公开的；

2—2. 违反第 23 条之 3 第 1 款，未获身份认证机关指定，擅自办理身份认证业务的；

2—3. 按照第 23 条之 3 第 2 款被责令中止身份认证业务，或者按照该条第 3 款被责令废止身份认证业务，却未把该事实向用户通报，或未向广播通信委员会进行报告的；

2—4. 按照第 23 条之 4 第 1 款被责令停止身份认证业务或被取消指定后，仍然继续身份认证业务的；

2—5. 违反第 24 条之 2 第 3 款（包括按照第 67 条规定准用的情况），就个人信息提供或者委托存管获得用户同意时，未与就个人信息收集、利用的同意加以区分，或以未不同意为由拒绝提供服务的；

3. 违反第 42 条之 3 第 1 款，未选任青少年保护负责人的；

4. 违反第 43 条，未保管相关信息的；

5. 违反第 46 条第 2 款，未参加保险的；

6. 违反第 46 条之 3 第 1 款，未接受信息保护安全检查的；

7. 违反第 46 条之 3 第 2 款，为提交信息保护安全检查结果，或提交虚假内容的；

8. 将按照第 46 条之 3 第 5 款的建议内容或者处理结果，予以虚假通报的；

9. 按照第 46 条之 3 第 6 款被责令采取完善措施，却未予履行的；

10. 违反第 47 条之 4 第 3 款，未通知软件用户的；

11. 按照第 48 条之 2 第 4 款被责令改正，却未予履行的；

11—2. 违反第 48 条之 3 第 1 款，未报告侵害事故的；

12. 妨碍、拒绝或规避按照第 48 条之 4 第 4 款对营业场所进行的进入和调查；

13. 违反第 52 条第 6 款，适用韩国互联网振兴院名称的；

14. 违反第 53 条第 4 款，未就停止、关闭、解散营业做备案的；

15. 违反第 56 条第 1 款，未备案标准协议的；

16. 违反第 57 条第 2 款，未做管理上措施或技术上措施的；

17. 违反第 58 条第 1 款，未向通信收费服务用户告知通信收费服务的利用日期等内容的；

18. 违反第 58 条第 2 款，未向通信收费服务用户提供可用以查询购买、

利用服务情况的方法,或对于要求提供上述内容的通信收费服务用户,未予答应的;

19. 违反第58条第3款,未将对于通信收费服务用户要求的处理结果通知通信收费服务用户的;

20. 违反第58条第4款,未保存通信收费服务有关记录的;

21. 违反第59条第2款,未设计程序供以通信收费服务用户提起异议或者权利救济的;

22. 未将第64条第1款所规定的相关物品、文书等资料,予提交或提交虚假资料的;

23. 未遵循按照第64条第2款所规定的提供查询、提交要求的;

24. 拒绝、妨碍或者规避按照第64条第3款实施的进入、调查的。

④ 第1款至第3款规定的罚款的处罚、征收,由广播通信委员会按照总统令规定。(修改 2011.3.29)

⑤ 对于第4款规定的罚款处分不服的,可以在受到该处分之日起30天以内,向广播通信委员会提起异议。(修改 2011.3.29)

⑥ 按照第4款受到罚款处分的,按照第5款提起异议时,广播通信委员会应当在第一时间向管辖法院报告该事实,收到报告的管辖法院按照《非讼案件程序法》进行罚款案件的审理。(修改 2011.3.29)

⑦ 在第5款规定的期限内,未提起异议也未缴纳罚款的,按照国税滞纳处分的方法来征收。

(全文修正 2008.6.13)

附则(第11322号,2012.2.17)

【第1条】(施行日)

本法自公布之日起6个月以后开始施行。但,第45条、第45条之2、第45条之3、第46条之3、第47条、第47条之2、第47条之3、第47条之5、第52条的第3款第7项、第66条以及第76条第3款第6项至第9项的修改规定,自公布之日起1年以后开始施行。

【第2条】(对居民登记号规定收集、利用限制的临时措施)

① 信息通信服务提供者在本法施行当时已在提供利用居民登记号的会员注册方法的,应当自从本法施行之日起2年以内,把所持有的居民登记号予以撤销。但,属于第23条之2第1款各项情形之一的除外。

② 未在第1款规定的期限以内撤销居民登记号的，视为违反第23条之2第1款规定的行为。

【第3条】（对信息保护安全检查废止的临时措施）

经营者在本法施行当时已按照过去规定接受信息保护安全检查的，在接受信息保护安全检查的该年度里，视为按照第47条第2款修改规定获得信息保护管理体系认证的经营者。

【第4条】（对个人信息保护管理体系认证的临时措施）

在本法施行当时已从韩国互联网振兴院获得个人信息保护管理体系认证的，视为按照第47条之3修改规定获得个人信息保护管理体系认证。

【第5条】（对罚款的临时措施）

当处以罚款的行为是在本法施行之前实施的违法行为时，按照过去规定办理。

关于电子商务等中消费者保护的法律[*]

（施行 2012.9.2）
（法律第 11461 号，2012.6.1，全面修订）
公平交易委员会（电子交易组）044-200-4469

第一章 总则（修正 2012 年 2 月 17 日）

【第 1 条】（目的）

本法旨在对电子商务及通信贩卖等过程中商品和劳务的公平交易事项进行规范，以保护消费者的权益，提升市场的信赖度，从而促进国民经济的健康发展。

（全文修正 2012 年 2 月 17 日）

【第 2 条】（定义）

本法所使用的词语意思如下所示：（修正 2012 年 6 月 1 日）

1. "电子商务"是指以电子交易（《数据电文及电子交易基本法》第 2 条第五项中规定的电子交易。下文亦同）的手段进行商业行为；

2. "通信贩卖"是指通过邮寄、电子通信以及其他总理令规定的方式提供商品和劳务（包括使用特定的设施或者接受劳务的权利。下文亦同）的销售信息，接受消费者的订单后销售商品和劳务（以下称为"商品等"）的行为。但是，《关于访问贩卖等的法律》第 2 条第三项中规定的电话劝诱销售不属于通信贩卖；

3. "通信贩卖经营者"是指以通信贩卖为业者，以及与其达成协议，经营通信贩卖业务者；

4. "通信贩卖中介"是指通过网上商城（指通过使用计算机和信息通信

---

[*] 译者：杨琳琳，北京大学法学院。
校对：朴承哲，北京大学法学院。

设备等可以交易商品等的虚拟营业场所。下文亦同)的许可使用或者其他总理令中规定的方式,在交易当事人之间进行斡旋的行为;

5."消费者"是指符合以下中的一项者:

a. 为生活需要而使用(包括接受服务。下文亦同)经营者提供的商品等的人;

b. 虽然不属于 a 段,但是,在交易过程中与符合 a 段的人处于总统令中规定的同样的地位和交易条件等的人;

6."经营者"是指制造(包括加工和包装。下文亦同)、进口、销售物品或者提供劳务者。

(全文修正 2012 年 2 月 17 日)

【第 3 条】(适用除外)

①本法中规定的经营者(《关于访问贩卖等的法律》第 2 条第六项中规定的多层次直销人员除外。下文同本项)不适用于以商业行为为目的的购买交易。但是,经营者在交易过程中与其他消费者处于同样的地位,并以同样的交易条件进行交易时除外。

②第 13 条第 2 款中关于合同内容的书面(包括数据电文。下文亦同)交付义务的规定,不适用于以下交易。但是,在第一项的情况下,合同的书面内容和交付方式可以按照总理令的规定进行:

1. 总理令中规定的,属于依照消费者已经明确知晓的条款或者定型化交易方式随时进行的交易;

2. 其他法律(《民法》及《关于访问贩卖等的法律》除外)对合同书交付义务等事项有中规定,且该规定与本法不同的交易。

③在非通信贩卖经营者之间从事通信贩卖中介业务的通信贩卖经营者,不适用第 13 条至第 15 条、第 17 条至第 19 条的规定。

④《关于资本市场和金融投资业的法律》中的投资买卖商、投资中介商所经营的证券交易,总统令中规定的金融公司等经营的金融商品交易,以及在偏远地区进行的日常生活用品、食品饮料等交易,不适用第 12 条至第 15 条、第 17 条至第 20 条以及第 20 条之 2 的规定。

(全文修正 2012 年 2 月 17 日)

【第 4 条】(与其他法律的关系)

其他法律对电子商务交易和通信贩卖的消费者保护的规定与本法发生冲突时,优先适用本法。但是,适用其他法律对消费者有利时,适用该法。

(全文修正 2012 年 2 月 17 日)

第二章 电子商务交易及通信贩卖

【第 5 条】（数据电文的应用）

①经营者违反《数据电文及电子交易基本法》第 6 条第 2 款第二项的规定，事先与消费者约定以数据电文的形式进行交易，不向指定地址（指《数据电文及电子交易基本法》第 2 条第二项中的信息处理系统）传送数据电文（指《数据电文及电子交易基本法》第 2 条第一项中规定的数据电文。下文亦同）时，该经营者不得对该数据电文主张权利。但是，在紧急情况下，消费者也已经准备以数据电文的形式进行交易，或者消费者已经将数据电文输出等总统令规定的情形除外。（修正 2012 年 6 月 1 日）

②经营者要使用有电子签名（指《电子签名法》第 2 条第二项中规定的电子签名。下文亦同）的数据电文时，应当依照总统令的规定，将数据电文的效力、接收程序及方法等告知消费者。

③经营者在使用数据电文时，不得强迫消费者使用特定的电子签名方法，也不得在消费者使用其选择的电子签名方法时进行不适当的限制。

④从事电子商务的经营者如果使消费者加入会员、发出合同要约、提供消费者相关信息等行为能够通过数据电文的形式实现，那么退会、撤回合同要约、终止、解除和变更合同、撤回其对于提供及使用信息的同意等行为也应当能够通过数据电文的形式实现。

⑤如果消费者要求将与商品等的交易相关的确认证明以数据电文的形式提供，从事电子商务的经营者应当依照其要求提供。

⑥从事电子商务的经营者如果已经预先将难以以数据电文的形式提供的技术性理由或者安全性理由明确地告知消费者，那么不再适用第 4 款和第 5 款的规定。

⑦从事电子商务的经营者在履行第 4 款和第 5 款中规定的义务时，与该网上商城的建设及运营相关的经营者应当通过采取履行该义务所必要的措施等方式协助其履行义务。

（全文修正 2012 年 2 月 17 日）

【第 6 条】（交易记录的保存等）

①经营者应当将电子商务交易及通信贩卖的标示、广告、合同内容及履行等与交易相关的记录保存一定的时间。应当以消费者易于阅览、保存的方式提供交易记录。

②即使消费者撤回其对于使用信息的同意,或者《关于促进信息通信网的使用及信息保护的法律》等总统令中规定的与保护个人信息有关的法律另有规定,也可以保存第1款中规定的经营者应当保存的交易记录及相关的个人信息(限于姓名、住所、身份证号等能够识别交易主体的信息)。

③第1款中经营者保存的交易记录的对象、范围、时间及向消费者提供的阅览、保存方式等必要事项由总统令规定。

【第7条】(操作失误等的防止)

为了预防消费者在电子商务中由于操作失误等原因进行错误的意思表示并造成损失,经营者应当在收取交易款项时或者提交申请前,要求其对内容进行确认,或者采取其他对于纠正错误有必要的程序。

(全文修正2012年2月17日)

【第8条】(电子支付的信赖保护)

①经营者使用总统令中规定的电子手段进行交易款项的支付(以下称为"电子支付")时,经营者、电子结算手段开发者和电子结算服务提供者等总统令中规定的电子支付关系人(以下称为"电子结算经营者等")应当采取必要的措施保护相关信息的安全。

②经营者和电子结算经营者等在进行电子支付过程中,为确认消费者的要约是否为其真实意思表示,应当明确向其告知以下事项,并按照总统令的规定要求消费者完成对于告知事项的确认程序:

1. 商品等的内容及种类;
2. 商品等的价格;
3. 劳务的提供期间。

③经营者和电子结算经营者等在进行电子支付过程中,应当按照总理令中规定的方式向消费者告知数据电文的传送等事项,应当使消费者可以随时阅览与电子支付相关的资料。

④网上商城所使用的电子支付手段如在购买、使用商品等的结算过程中采取事先支付代价的方式,则开发者应当按照总理令的规定,对与确认结算可靠性有关的事项、使用上的限制以及其他注意事项进行提示或告知。

⑤经营者和消费者之间如果发生与电子支付有关的纠纷,电子结算经营者等应当采取允许阅览与支付相关的信息等总统令规定的方式,协助解决纠纷。

【第9条】(配送经营者等的合作)

①电子商务或通信贩卖中商品等的配送包括通过《关于促进信息通信网

的使用及信息保护的法律》第 2 条第 1 款第一项中的信息通信网（以下称为"信息通信网"）进行传送。经营者由于配送事故或者配送障碍等原因发生纠纷时，应当按照总统令的规定协助解决纠纷。

②提供主机服务（指为经营者从事电子商务而提供的网上商城建设及服务器管理等服务。下文亦同）者在与经营者签订与主机服务有关的使用合同时，应当采取措施以确认经营者的身份。

③经营者和消费者之间如果发生纠纷，提供主机服务者应当根据下列机构或人员的申请提供经营者的身份信息等总统令中规定的资料，以协助解决纠纷：

1. 公平交易委员会；
2. 特别市市长、广域市市长、道知事、特别自治道道知事（以下称为"市、道知事"）以及市长、郡守、区厅长（指自治区的区厅长。下文亦同）；
3. 调查机关；
4. 作为纠纷当事者的消费者；
5. 其他总统令中规定的解决纠纷过程中必要的机构或人员。

（全文修正 2012 年 2 月 17 日）

【第 10 条】（网上商城的运营）

①从事电子商务的网上商城的运营者为使消费者能够易于获知经营者的身份等，应当按照总理令的规定标示下列事项：

1. 商号及法定代表人姓名；
2. 设有营业场所的住所（包括有能够处理消费者投诉的场所的住所）；
3. 电话号码、电子邮件地址；
4. 企业注册号；
5. 网上商城的使用条款；
6. 其他总统令中规定的与消费者保护有关的必要事项。

②网上商城中发生违反本法的行为时，如果有必要，则第 1 款中的网上商城运营者应当提供必要的协助措施。

（全文修正 2012 年 2 月 17 日）

【第 11 条】（消费者信息的使用等）

①经营者为从事电子商务及通信贩卖而收集或者使用（包括向第三者提供。下文亦同）消费者的相关信息时，应当按照《关于促进信息通信网的使用及信息保护的法律》等相关规定，合理地进行。

②经营者在商品等的交易过程中滥用消费者的相关信息，给该消费者造

成财产损失或者可能造成财产损失的，应当取得本人的认可或采取赔偿损失等总统令中规定的必要措施。

（全文修正 2012 年 2 月 17 日）

【第 12 条】（通信贩卖经营者的申报等）

①通信贩卖经营者应当按照总统令的规定将以下事项向公平交易委员会、特别自治道道知事、市长、郡守及区厅长进行申报。但是，通信贩卖的交易次数、交易规模等未达到公平交易委员会所公告的标准的除外：

1. 商号（为法人时，包括法定代表人的姓名及身份证号）、住所、电话号码；

2. 电子邮件地址、网络域名、主机服务所在地；

3. 其他总统令中规定的与身份确认有关的必要事项。

②通信贩卖经营者要变更第 1 款中的申报事项时，应当按照总统令的规定进行申报。

③已经按照第 1 款的规定申报的通信贩卖经营者，要停止营业、解散或者恢复营业时，应当按照总统令的规定进行申报。

④按照总统令的规定，公平交易委员会可以将已经进行第 1 款的申报的通信贩卖经营者的信息公开。

（全文修正 2012 年 2 月 17 日）

【第 13 条】（身份及交易条件信息的提供）

①通信贩卖经营者以获得商品等的交易要约为目的而做出标示、广告时，该标示、广告应包含以下各项内容：

1. 商号及法定代表人姓名；

2. 住所、电话号码、电子邮件地址；

3. 已经按照第 12 条的规定向公平交易委员会、特别自治道道知事、市长、郡守及区厅长进行申报的，申报号和接受申报的机关名称等可以对申报进行核实的事项。

②为使消费者在签订合同以前正确地理解商品等的交易条件，并且能够在没有疏忽或误解的前提下进行交易，通信贩卖经营者应当以适当的方式对以下事项做出标示、广告或者告知消费者。在签订合同之后，交付商品等之前，应当向合同相对人交付记载有以下事项的书面合同文件。但是，在不会对合同当事人的权益产生侵害的范围内，存在总统令中规定的事由时，可以不向代替合同当事人收取商品等的人交付合同内容相关书面文件：

1. 商品等的提供者及销售者的商号，法定代表人的姓名、住所及电话号码等；

2. 商品等的名称、种类及内容；

2—2. 商品等的相关信息。书面合同文件的记载可以由产品上所标示的信息代替；

3. 商品等的价格（尚未确定价格时，决定价格的具体方式）和支付方式及支付时间；

4. 商品等的交付方法及交付时间；

5. 要约的撤回及合同的撤销（以下称为"要约撤回等"）期限、方式及效果等相关事项（包括与要约撤回等的权力行使有关的规则）；

6. 商品等的换货、退货、押金和款项交付及交付迟延的赔偿金支付的条件、程序；

7. 对能够通过电子媒体提供的商品等进行传输、设置时所需要的技术性事项；

8. 消费者损害赔偿的处理，对商品等的投诉的处理，以及消费者与经营者之间纠纷的处理等事项；

9. 交易相关的条款（应当包括可以对该条款内容进行核实的方法）；

10. 为了消费者的购买安全，消费者在接受商品等之前可以选择将该商品等的结算款项预存给总统令中规定的第三人（以下简称为"结算款项预存"）的事项，以及可以选择签订第24条第1款中规定的通信贩卖经营者的消费者损害赔偿保险合同等的事项（仅适用于第15条第1款中规定的先付费式通信贩卖的情况，符合第24条第3款中任意一种情况时不适用）；

11. 其他对于消费者购买与否产生影响的交易条件，以及总统令中规定的关于消费者损害救济的事项。

③通信贩卖经营者在与未成年人签订商品等的交易合同时，应当告知未成年人，如果其法定代理人不认可该合同，则未成年人本人以及法定代理人可以撤销该合同。

④公平交易委员会可以规定并公告第1款及第2款中规定的通信贩卖经营者的商号等事项，商品等的相关信息事项，以及对交易条件的标示、广告和告知的内容与方式。此时应当考虑到交易方法或者商品等的特性，分别对标示、广告和告知的内容与方式做出相应的规定。

⑤通信贩卖经营者对于按照第2款的规定向消费者做出的标示、广告或告知，应当遵守诚信，认真履行。

（全文修正2012年2月17日）

【第 14 条】（要约的核实等）

①通信贩卖经营者如果收到消费者对于商品等的交易要约，应当及时对要约意思表示进行核实，并且告知消费者能否销售等信息。

②通信贩卖经营者应当在签订合同前向消费者核实要约内容，并提供适当的方式，便于消费者修改或取消要约。

（全文修正 2012 年 2 月 17 日）

【第 15 条】（商品等的提供等）

①通信贩卖经营者应当在消费者发出要约之日起 7 日内做好提供商品等的必要准备。对于消费者在收到商品等之前预先支付全部或者部分款项的通信贩卖（以下简称为"先付费式通信贩卖"），则应当在消费者支付全部或者部分款项之日起 3 个营业日内做好提供商品等的必要准备。但是，消费者与通信贩卖经营者之间对于商品等的提供时间另有约定时除外。

②通信贩卖经营者在发现难以提供要约中的商品时，应当立即告知相应事由。对于先付费式通信贩卖，则应当在消费者支付全部或者部分款项之日起 3 个营业日内退还款项或者做好退还款项的准备。

③通信贩卖经营者应当向消费者提供能够查询商品等的提供程序及进行状态的服务。公平交易委员会可以对该服务的有关事项进行规定并公告。

④在先付费式通信贩卖中，需要按照第 2 款的规定退还款项或者做好退还款项的准备时，适用第 18 条第 1 款至第 5 款的规定。

（全文修正 2012 年 2 月 17 日）

【第 16 条】删除（2005 年 3 月 31 日）

【第 17 条】（要约的撤回等）

①与通信贩卖经营者订立购买商品等的合同的消费者，可以在以下各项中规定的期间（交易当事人之间约定的期间长于以下各项中规定的期间的，指该约定期间）内撤回该合同的要约：

1. 收到第 13 条第 2 款中规定的合同书面文件之日起七日内。但是，收到该书面文件的时间晚于提供商品等的时间的，为提供或者开始提供商品等之日起 7 日内；

2. 由于未收到第 13 条第 2 款中规定的合同书面文件，或者收到合同书面文件，但是未注明通信贩卖经营者的住所等信息，或者通信贩卖经营者的住所发生变更等事由，无法在第一项中规定的期间内撤回要约等的，自知道或者能够知道通信贩卖经营者的住所之日起 7 日内。

②有下列情形之一的，如果通信贩卖经营者不同意，则消费者不能按照

第 1 款的规定撤回要约。但是，通信贩卖经营者未执行第 6 款的规定的，如果属于第 2 项至第 4 项的情形，则可以撤回要约：

1. 由于消费者的责任，造成商品等的灭失或者毁损的。但是，为了核对商品等的内容而毁损其包装的除外；
2. 由于消费者的使用以及部分消费，造成商品等的价值明显降低的；
3. 由于时间经过而难以再次出售，造成商品等的价值明显降低的；
4. 将能够复制的商品等的包装毁损的；
5. 其他总统令中规定的涉及交易安全的情形。

③不论第 1 款及第 2 款的规定，如果商品等的内容与标示、广告不同，或者未履行合同的，消费者自收到商品等之日起 3 个月以内，自知道或者能够知道该事由之日起 30 日以内可以撤回要约。

④以书面形式按照第 1 款及第 3 款中的规定撤回要约的，记载有意思表示内容的书面文件自发出之日起发生效力。

⑤适用第 1 款至第 3 款的规定时，如果对于购买商品等的合同订立的事实及其时间、提供商品等的事实及其时间等产生争议，无论消费者对于商品等的毁损是否有责任，通信贩卖经营者都应当提供证明。

⑥对于不能按照第 2 款第 2 项至第 4 项的规定撤回要约的商品等，通信贩卖经营者应当在该商品等的包装或者其他消费者易于得知的地方明确注明，或者通过提供试用品等方式避免对撤回要约的权利造成妨害。

（全文修正 2012 年 2 月 17 日）

【第 18 条】（要约撤回等的效果）

①消费者根据第 7 条第 1 款及第 3 款的规定撤回要约等时，应当退还已经收到的商品等。

②通信贩卖经营者（包括由消费者处取得商品的款项者，以及与消费者签订了有关通信贩卖的合同者。下文第 2 款至第 10 款的规定亦同）应当自收到消费者退还的商品等之日起 3 个营业日内退还其已经支付的商品等的款项。此时如果通信贩卖经营者在退还商品等的款项时有所迟延，则应当要求其对该迟延期间支付迟延利息，迟延利息（以下简称为"迟延赔偿金"）包括《银行法》中规定的银行所适用的延期付款利息等，应当考虑到通信贩卖经营者的经济情况，按照总统令中规定的利率计算，总额不高于全部金额的 40%。

③通信贩卖经营者在按照第 1 款及第 2 款的规定退还商品等的款项时，如果消费者是使用《信用专门金融业法》第 2 条第 3 项中规定的信用卡或者

其他总统令中规定的结算方式支付款项的，应当立即向提供相应结算方式的经营者（以下简称为"结算业者"）发出停止或者取消付款的请求。但是，通信贩卖经营者已经从结算业者处收到商品等的款项时，应当立即将该款项退还给结算业者，并告知消费者。

④根据第3款中但书的规定，从通信贩卖经营者处收到退还的商品等的款项的结算业者，应当立即将收到的款项退还给消费者，或者做好退还所需要的准备。

⑤第3款但书中规定的通信贩卖经营者中迟延退款的，应当对该迟延期间向消费者支付迟延赔偿金。

⑥通信贩卖经营者违反第3款但书的规定，无正当理由而不向电子结算经营者退还款项时，消费者可以向电子结算经营者要求将其对通信贩卖经营者的债务与其应当由通信贩卖经营者处收到的退款相抵消。此时电子结算经营者可以按照总统令中规定的方式将相应债务抵消。

⑦电子结算经营者没有正当理由而怠于按照第6款的规定进行抵消时，消费者可以拒绝向电子结算经营者付清款项。此时电子结算经营者不得以消费者拒绝付款为由做出不利于消费者的行为，例如将该消费者认定为超过约定时间而没有偿清债务者。

⑧在第1款的情况下，如果商品等已经被部分使用或者消费，通信贩卖经营者可以在总统令中规定的金额范围内，向消费者请求与其通过使用或者消费该部分商品等所获得的利益以及供给该商品等所支出的费用相应的金额。

⑨按照第17条第1款的规定撤回要约时，退还已收到的商品等所需要的费用由消费者负担，通信贩卖经营者不得以消费者撤回要约为由，向其要求支付违约金或者损害赔偿。

⑩按照第17条第2款的规定撤回要约时，退还已收到的商品等所需要的费用由通信贩卖经营者负担。

通信贩卖经营者、收取商品等的款项的人或者与消费者签订关于通信贩卖的合同的人并非同一人时，按照第17条第1款及第3款的规定撤回要约的，按照第1款至第7款的规定，对于退还商品等的款项和相关义务负连带责任。

（全文修正2012年2月17日）

【第19条】（损害赔偿请求金额的限制等）

①由于消费者的责任而解除销售商品合同的，通信贩卖经营者向消费者请求的损害赔偿额，不得超过以下各项中规定的各情形下的金额与因未缴纳

款项而产生的迟延赔偿金之和：

1. 已经退还收到的商品等的，为以下二者中最高的金额：

a. 已退还商品等的通常使用费，或者与因使用而取得的利益相当的金额；

b. 已退还商品等的销售价格与退还时价格的差额；

2. 未退还已经收到的商品的，为与该商品等的销售价格相当的金额。

②为了使通信贩卖经营者与消费者之间因损害赔偿请求而产生的纠纷能够顺利解决，公平交易委员会可以在必要时决定计算第1款中损害赔偿额的标准，并进行公告。

（全文修正2012年2月17日）

【第20条】（通信贩卖中介的告知及信息提供等）

①通信贩卖中介应当按照总理令的规定，以消费者易于得知的方式，事先告知消费者其本身并非通信贩卖的当事人。

②委托通信贩卖中介的人（以下简称为"通信贩卖中介委托人"）是企业时，作为通信贩卖经营者的通信贩卖中介应当核实其姓名（企业是法人的，包括其姓名和法定代表人姓名）、住所、电话号码等总统令规定的事项，并在要约形成前向消费者提供；通信贩卖中介委托人不是企业时，应当核实其姓名、电话号码等总统令规定的事项，并以交易的当事双方均可阅览的方式向双方提供对方的相关信息。

③为了解决由于使用网上商城等而引起的投诉或纠纷，通信贩卖中介应当迅速采取措施，掌握发生的原因和造成的损失。该必要措施的具体内容和方法等由总统令规定。

（全文修正2012年2月17日）

【第20条之2】（通信贩卖中介及通信贩卖中介委托人的责任）

①通信贩卖中介没有按照第20条第1款的规定进行告知的，对于因通信贩卖中介委托人的故意或者过失而对消费者造成的财产损害，应当与通信贩卖中介委托人承担连带赔偿责任。

②通信贩卖中介没有按照第20条第2款的规定向消费者提供信息或者阅览信息的方法的，或者提供的信息与事实不符的，应当对消费者的财产损失与通信贩卖中介委托人承担连带赔偿责任。但是，为使消费者免遭损失已经尽到必要的注意的除外。

③无论是否按照第20条第1款进行了告知，作为通信贩卖经营者的通信贩卖中介不能免除第12条至第15条、第17条及第18条中规定的通信贩卖

经营者的责任。但是，受到通信贩卖经营者的委托而进行通信贩卖中介活动的，如果约定由通信贩卖中介委托人承担责任，则由通信贩卖中介委托人对已经向消费者告知的部分承担责任。

④对于因通信贩卖中介的故意或者过失而给消费者造成的财产损害，通信贩卖中介委托人（仅限于是企业的情况）不得以该行为是通信贩卖中介的行为为由而免责。但是，为使消费者免遭损失已经尽到必要的注意的除外。

（本条新设　2012年2月17日）

【第21条】（禁止行为）

①从事电子商务的企业或者通信贩卖经营者不得为以下各项中规定的行为：

1. 通过欺骗、夸张事实或者欺瞒性方法吸引消费者、与消费者进行交易或撤回要约或者妨害解除合同的行为；

2. 以妨害撤回要约为目的，变更或停止使用住所、电话号码、网络域名等的行为；

3. 解决纠纷及处理投诉所需要的人力和设备不足，而在相当长的时间内不予改进，造成消费者的损失的行为；

4. 在消费者没有发出要约时，单方面提供商品等并要求支付款项，或者不提供商品等却要求支付款项的行为；

5. 明知消费者没有购买商品或使用劳务的意思表示，而通过电话、传真、电脑通信或电子邮件强迫其购买商品或使用劳务的行为；

6. 未获得本人的许可或超越许可的权限而使用消费者的相关信息的行为。但是，符合以下情形的除外：

　a. 为了履行其与消费者的配送商品等的合同而发生总统令规定的不可避免的情形；

　b. 对商品等的交易进行款项结算时所必需的情形；

　c. 为了防止盗用而进行的本人确认中总统令中规定的必要情形；

　d. 有相关的法律规定或者按照法律规定有不可避免的事由的情形；

7. 未获得消费者的同意，或者未按照总理令规定的方法以简单、明确的方式向消费者进行告知、说明而安装计算机程序等的行为。

②为了制止违反本法的行为，避免消费者遭受损失，公平交易委员会可以制定从事电子商务的企业和通信贩卖经营者应当遵守的标准，并进行公告。

（全文修正2012年2月17日）

【第22条】（停业期间撤回要约的业务处理）

①通信贩卖经营者在放假期间或者暂停营业期间，也应当继续办理第17

条第 1 款及第 3 款中规定的撤回要约的业务和第 18 条第 1 款至第 5 款中规定的要约撤回后的款项退还业务。

②通信贩卖经营者虽然未进行停业申报,但是,在收到破产宣告等可以判定为在事实上已经无法营业的情形下,接受第 12 条第 1 款的申报的公平交易委员会或特别自治道知事、市长、郡守及区厅长可以依职权撤销申报事项。

(全文修正 2012 年 2 月 17 日)

第三章　消费者权益的保护

【第 23 条】(电子商务中的消费者保护指南的制定)

①为了在电子商务或者通信贩卖中确立健全的交易秩序并保护消费者,公平交易委员会可以听取相关行业的交易当事人、机构及团体的意见,制订指南以培养经营者自觉遵守的意识(以下简称为"消费者保护指南")。

②在使用的条款较之消费者保护方针的内容对消费者更为不利时,经营者应当将与消费者保护指南不同的条款内容以消费者易于得知的方式标示或者告知。

(全文修正 2012 年 2 月 17 日)

【第 24 条】(消费者损害赔偿保险合同等)

①为了在电子商务或者通信贩卖中保护消费者,公平交易委员会应当鼓励消费者签订符合以下情形的合同(以下简称为"消费者损害赔偿保险合同等")。但是,第 8 条第 4 款的支付手段的开发者必须与消费者签订消费者损害赔偿保险合同:

1. 《保险业法》中规定的保险合同;

2. 为了确保能够支付消费者损害赔偿金而与《关于设立金融委员会等的法律》第 38 条中规定的机构签订的债务支付保证合同;

3. 与按照第 10 款所设立的共济组合签订的共济合同。

②在进行先付费式通信贩卖时,如果消费者选择使用第 13 条第 2 款第 10 项中规定的结算预存款方式,或选择签订通信贩卖经营者的消费者损害赔偿保险合同等,则通信贩卖经营者应当令消费者能够使用结算预存款方式和签订消费者损害赔偿保险合同等。

③在消费者进行以下交易时,不适用第 2 款的规定:

1. 交易的商品等价值在总统令规定的金额以下,且不高于 10 万元;

2. 使用《信用专门金融业法》第 2 条第 3 项中规定的信用卡进行商品等

的款项支付的交易。在此种情形下,如果消费者未能收到商品等,则《信用专门金融业法》第2条第2项之2中规定的信用卡公司应当协助取消款项的结算等,以防止消费者遭受损失或弥补其已经遭受的损失;

3. 购买通过信息通信网传送的商品等的交易,或者购买第13条第2款第10项中规定的第三人无法确认是否已经送达的商品等的交易;

4. 购买分期提供的商品等的交易;

5. 按照其他法律的规定已经具备了保护消费者购买安全的充分条件,或者由于与第1项至第4项相似的事由而无需或难以使用结算预存款方式或签订消费者损害赔偿保险合同,并经公平交易委员会确定并公告的交易。

④关于第2款中结算预存款的使用以及消费者损害赔偿保险合同等的签订的事项,由总统令规定。

⑤消费者损害赔偿保险合同等应当有适当的标准,能够赔偿由于违反本法的行为给消费者造成的损害并确保第8条第4款中规定的结算方式的可靠性,具体标准由总统令规定。

⑥按照消费者损害赔偿保险合同等的规定,有支付消费者损害赔偿金义务的人在发生支付事由后应当立即支付消费者损害赔偿金,如果迟延支付,应当支付迟延赔偿金。

⑦要签订消费者损害赔偿保险合同等的经营者,应当提供销售额等材料,不得提供虚假材料。

⑧已经签订消费者损害赔偿保险合同等的经营者可以使用表明该事实的标志,未签订消费者损害赔偿保险合同等的经营者不得使用该标志或者与该标志类似的标志。

⑨使用第2款中规定的结算预存款方式时,适用第8款的规定。

⑩为了保护消费者,从事电子商务的经营或者通信贩卖经营者可以设立第1款中规定的共济组合。此时,有关共济组合的设立及运营的事项适用《关于访问贩卖等的法律》第38条的规定,该条第1款中"已经按照第5条第1款的规定进行申报或者按照第13条第1款、第29条第3款的规定进行登记的经营者"应当为"电子商务的经营或者通信贩卖经营者","第37条第1款第3项"应当为"《关于电子商务等中消费者保护的法律》第24条第1款第3项",该条第9款及第10款中"本法"均为"《关于电子商务等中消费者保护的法律》"。

(全文修正 2012 年 2 月 17 日)

【第24条之2】(劝诱购买广告须遵守的事项等)

①从事电子商务的经营或者通信贩卖经营者在从事通过电话、传真、电脑通信及电子邮件等劝诱消费者购买商品或者接受劳务的行为(以下简称为"劝诱购买广告")时,应当遵守本法和《关于促进信息通信网的使用及信息保护的法律》等相关法律的规定。

②公平交易委员会为了对违反第1款的规定发布劝诱购买广告的从事电子商务的经营者或者通信贩卖经营者采取改正措施,可以向广播电视通信委员会等相关机构申请使用违反者的身份信息。要申请使用身份信息,仅限于公平交易委员会难以确认违反者身份信息的情形,广播电视通信委员会等相关机构可以向公平交易委员会提供违反者的身份信息,不受《关于促进信息通信网的使用及信息保护的法律》第64条之2第1款的限制。

(全文修正2012年2月17日)

【第25条】(对电子商务消费者团体等的支持)

对于以在电子商务及通信贩卖中确立公平交易秩序并保护消费者的权益为目的而运营的机构或者团体,公平交易委员会可以在预算的范围以内给予一定的支持。

(全文修正2012年2月17日)

第四章 调查及监督

【第26条】(违反行为的调查等)

①公平交易委员会,市、道知事以及市长、郡守、区厅长在认定有违反本法的事实时,可以依职权进行必要的调查。

②在进行第1款中规定的调查前,市、道知事应当向公平交易委员会,市长、郡守、区厅长应当向公平交易委员会及市、道知事通报,可能涉及重复调查时,公平交易委员会可以要求市、道知事以及市长、郡守、区厅长终止调查。接到终止调查要求的市、道知事以及市长、郡守、区厅长如果没有充足的理由,应当终止该调查。

③公平交易委员会,市、道知事以及市长、郡守、区厅长在进行第1款及第2款中规定的调查时,应当将调查结果(如果调查结果要采取改正措施等处罚,则包括该处罚的内容)书面告知相应事件的当事人。

④任何人在认定有违反本法的规定的事实存在时,都应当将该事实向公平交易委员会,市、道知事以及市长、郡守、区厅长进行申报。

⑤如果自违反本法的行为终止之日起已经超过五年，公平交易委员会不得对该违法行为采取第32条规定的改正措施，也不得对该违法行为征收第33条规定的罚款。但是，已经接受了第33条第1款中规定的消费者损害纠纷调解机构的劝告方案或者调解方案而不履行的当事者除外。

⑥为了进行第1款的调查，公平交易委员会可以与《消费者基本法》第33条中规定的韩国消费者院共同组成调查小组。调查小组的构成、与调查相关的具体方法和程序以及其他的必要事项由总统令规定。

⑦在预算的范围以内，公平交易委员会可以向参与第6款的调查活动的韩国消费者院的职员支付补贴或者路费。

（全文修正2012年2月17日）

【第27条】（公开信息检索等）

①为了确立电子商务及通信贩卖的公平交易秩序并保护消费者免受损害的目的，在需要时，公平交易委员会可以使用电子化的方法，对经营者或者电子商务及通信贩卖的消费者保护相关的团体在信息通信网中公开的信息进行检索。

②如果没有正当的理由，经营者及相关团体不得拒绝或者妨碍公平交易委员会按照第1款的规定进行信息检索。

③为了有效地收集并使用与消费者损害有关的信息，在有需要时，公平交易委员会可以按照总统令中规定的方法要求从事电子商务或通信贩卖中消费者保护相关业务的机构或者团体提交或者共享相关的资料。

④如果没有正当的理由，接到第3款中规定的公平交易委员会发出的资料提供要求的机构或者团体不得拒绝提供或者共享资料。

（全文修正2012年2月17日）

【第28条】（对违法行为等的信息公开）

为了确立电子商务及通信贩卖的公平交易秩序并保护消费者免受损害的目的，按照第27条第1款的规定检索到的信息中，经营者违反本法的行为或者其他对于保护消费者免受损害有帮助的相关信息，公平交易委员会可以按照总统令的规定予以公开。

（全文修正2012年2月17日）

【第29条】（评价、认证工作的公正化）

①为了电子商务及通信贩卖的公正化和保护消费者的目的，从事对相关经营者进行评价、认证等业务的人（以下简称为"评价、认证者"），无论其名称如何，均应当按照总统令规定的方式公布评价、认证相关的标准、方法

等，并依照该标准、方法，公正地进行评价和认证。

②第1款中规定的评价、认证的标准及方法，应当有助于传达关于经营者交易的公正化和保护消费者的信息。

③公平交易委员会可以要求评价、认证者提供与经营状况相关的资料。

（全文修正 2012 年 2 月 17 日）

【第 30 条】（报告及监督）

①按照第 31 条的规定提出改正建议的情形下，市、道知事应当向公平交易委员会，市长、郡守、区厅长应当向公平交易委员会及市、道知事按照总统令规定的方式报告其结果。

②为了本法的有效施行，公平交易委员会认为有需要时，可以对其管辖事项要求市、道知事及市长、郡守、区厅长进行调查、核实或者提供资料，也可以要求市、道知事及市长、郡守、区厅长采取其他有助于改正的措施。如果没有特别的理由，市、道知事及市长、郡守、区厅长应当执行公平交易委员会的要求。

（全文修正 2012 年 2 月 17 日）

第五章　改正措施及罚款的征收

【第 31 条】（违反行为的改正劝告）

①经营者有违反本法的行为或者不履行本法规定的义务时，在采取第 32 条中规定的改正措施之前，公平交易委员会、市、道知事以及市长、郡守、区厅长可以对经营者进行劝告，要求经营者终止违反本法的行为，履行本法规定的义务，或者为了按照第 32 条的规定做出改正而制定改正方案。如果经营者接受该劝告，则应当按照第 3 款的规定，同时告知其此举视为采取改正措施。

②收到第 1 款中规定的改正劝告的经营者，自接到通知之日起 10 日以内应当告知发出该劝告的行政厅是否接受该劝告。

③收到第 1 款中规定的改正劝告的人，如果接受该劝告，则视为已经采取了第 32 条中规定的改正措施。

（全文修正 2012 年 2 月 17 日）

【第 32 条】（改正措施等）

①经营者有以下任何一种违反本法的行为或者不履行本法规定的义务时，公平交易委员会可以对该经营者采取改正措施：

1. 违反第 5 条第 2 款至第 5 款、第 6 条第 1 款、第 7 条、第 8 条、第 9 条至第 11 条、第 12 条第 1 款至第 3 款、第 13 条第 1 款至第 3 款及第 5 款、第 14 条、第 15 条、第 17 条第 1 款至第 3 款及第 5 款、第 18 条、第 19 条第 1 款、第 20 条、第 20 条之 2、第 22 条第 1 款、第 23 条第 2 款、第 24 条第 1 款、第 2 款及第 5 款至第 9 款、第 27 条第 1 款及第 4 款、第 29 条第 1 款及第 2 款的行为;

2. 符合第 21 条第 1 款的任何一种禁止行为。

②第 1 款所指的改正措施是指以下任何一种措施:

1. 违反行为的终止;
2. 对本法中规定的义务的履行;
3. 对接受改正措施的事实的公告;
4. 消费者损害的预防及救济所需要的措施;
5. 其他纠正违反行为所需要的措施。

③第 2 款第 3 项中对接受改正措施的事实的公告,以及同款第 4 项中消费者损害的预防及救济所需要的措施的具体内容由总统令规定。

④有以下情形之一的,公平交易委员会可以按照总统令规定的方式,要求其在 1 年以下的期间内全部或者部分停止营业:

1. 无视第 1 款中规定的改正措施命令,而反复进行违反行为;
2. 不履行改正措施命令;
3. 公平交易委员会认为仅依靠改正措施很难有效防止消费者损害的。

(全文修正 2012 年 2 月 17 日)

【第 33 条】(消费者损害纠纷的调解)

①有针对电子商务或者通信贩卖中违反本法的行为所提出的消费者损害救济申请时,在按照第 31 条的规定进行改正劝告或者按照第 32 条的规定采取改正措施之前,公平交易委员会、市、道知事以及市长、郡守、区厅长可以交给从事电子商务或者通信贩卖中的消费者保护相关业务的机构或团体等总统令中规定的消费者损害纠纷调解机构(以下简称为"消费者损害纠纷调解机构")进行调解。

②如果当事人接受消费者损害纠纷调解机构提出的劝告方案或者调解方案并且予以履行,那么公平交易委员会、市、道知事以及市长、郡守、区厅长应当告知当事人将不对其采取第 32 条中规定的改正措施。

③如果当事人接受消费者损害纠纷调解机构提出的劝告方案或者调解方案并且予以履行,那么不得按照总统令规定的方式对其采取第 32 条中规定的

改正措施。

④如果公平交易委员会按照第 1 款的规定将纠纷交给调解机构，那么应当在预算的范围内为纠纷的调解支付所需的预算。

⑤纠纷形成了调解结果的，消费者损害纠纷调解机构应当立即将调解结果向交付该调解案件的公平交易委员会、市、道知事以及市长、郡守、区厅长报告，没有形成调解结果的，则应当报告调解的详细经过。

（全文修正 2012 年 2 月 17 日）

【第 34 条】（罚款）

①如果公平交易委员会认为第 32 条第 4 款中规定的停止营业的措施可能给消费者带来严重的不便，那么公平交易委员会可以按照总统令的规定，对该经营者征收不超过其违反行为带来的销售收入的罚款，用以代替全部或者部分停止营业的措施。如果没有销售收入，或者无法计算销售收入，那么对其征收不超过五千万元的罚款。

②按照第 1 款的规定，对经营者征收罚款用以代替全部或者部分停止营业的措施的判断标准，可以由公平交易委员会制定并公布。

③在按照第 1 款的规定征收罚款时，公平交易委员会应当考虑以下事项：

1. 消费者因为该违反行为所受到的损害的程度；
2. 经营者为弥补该损害所做出的努力程度；
3. 违反行为所取得的利益的多少；
4. 违反行为的内容、期间及次数等。

④违反本法的公司经营者已经合并的，应当将该公司的违反行为视为合并后的存续企业或者合并所新设的企业的行为，由公平交易委员会对其征收罚款。

⑤第 1 款中的罚款的缴纳期限的延长、分期缴纳、罚款的征收及滞纳、退还处分等，适用《关于垄断规制及公平交易的法律》第 55 条之 4 至第 55 条之 6 的规定。

（全文修正 2012 年 2 月 17 日）

第六章 补则（修正 2012 年 2 月 17 日）

【第 35 条】（对不利于消费者的合同的禁止）

违反第 17 条至第 19 条规定的不利于消费者的约定无效。

（全文修正 2012 年 2 月 17 日）

【第 36 条】（专属管辖）

与通信贩卖经营者相关的诉讼，由提起诉讼当时消费者住所地的地方法院专属管辖，没有住所的，由居所地的地方法院专属管辖。但是，提起诉讼当时消费者的住所或者居所不明确的除外。

（全文修正 2012 年 2 月 17 日）

【第 37 条】（经营者团体的登记）

①为了电子商务和通信贩卖业的健全发展，提高消费者信任度以及其他增进共同利益的目的而设立的经营者团体，应当按照总统令中规定的方式在公平交易委员会进行登记。

②第 1 款中的登记的条件、方法及程序等相关的必要事项由总统令规定。

（全文修正 2012 年 2 月 17 日）

【第 38 条】（权限的委任、委托）

①本法中规定的公平交易委员会的权限可以按照总统令规定的方式部分委任给所属机关的长官或者市、道知事，或委托给其他行政机关的长官。

②本法中规定的市、道知事的权限可以按照总统令的规定部分委任给市长、郡守、区厅长。

③为了更加有效地执行本法，公平交易委员会在需要时，可以将部分事务委托给按照第 37 条第 1 款的规定进行注册的经营者团体。

④公平交易委员会按照第 3 款的规定，将部分事务委托给经营者团体的，应当在预算的范围内支付要执行该委托事务所需要的全部或者部分费用。

⑤按照第 26 条第 6 款及本条第 3 款的规定接受委托执行相应事务者，适用《刑法》第 127 条、第 129 条至第 132 条规定的罚则时，视为公务员。

（全文修正 2012 年 2 月 17 日）

【第 39 条】（《关于垄断规制及公平交易的法律》的适用）

①本法中公平交易委员会的审议、表决适用《关于垄断规制及公平交易的法律》第 42 条、第 43 条、第 43 条之 2、第 44 条、第 45 条及第 52 条的规定。

②本法中公平交易委员会、市、道知事以及市长、郡守、区厅长对于违反行为的调查等，适用《关于垄断规制及公平交易的法律》第 50 条第 1 款至第 4 款的规定。

③本法中对于公平交易委员会的处罚及按照第 38 条的规定受委任的市、道知事的处罚的异议申请，改正措施命令的停止执行、提起诉讼及提出上诉的专属管辖，适用《关于垄断规制及公平交易的法律》第 53 条、第 53 条之

2、第 54 条、第 55 条及第 55 条之 2 的规定。

④按照本法执行职务的公平交易委员会委员或者公务员适用《关于垄断规制及公平交易的法律》第 62 条的规定。

（全文修正 2012 年 2 月 17 日）

第七章 罚则（修正 2012 年 2 月 17 日）

【第 40 条】（罚则）

不服从第 32 条第 1 款中规定的改正措施命令者，处以 3 年以下的有期徒刑或者 1 亿元以下的罚金。

（全文修正 2012 年 2 月 17 日）

【第 41 条】（罚则）

违反第 32 条第 4 款的停止营业命令者，处以两年以下的有期徒刑或者 5000 万元以下的罚金。

（全文修正 2012 年 2 月 17 日）

【第 42 条】（罚则）

有下列情形之一的，处以 3000 万元以下的罚金：

1. 未按照第 12 条第 1 款进行申报，或者进行虚假申报者；

2. 违反第 24 条第 8 款及第 9 款的规定，制作或者使用表明已经签订消费者损害赔偿保险合同等或者使用结算预存款方式的事实的标志，或者与该标志类似的标志者。

（全文修正 2012 年 2 月 17 日）

【第 43 条】（罚则）

有下列情形之一的，处以 1000 万元以下的罚金：

1. 在按照第 13 条第 1 款的规定提交身份信息时，提供虚假信息者；

2. 提供关于第 13 条第 2 款中交易条件的虚假信息者。

（全文修正 2012 年 2 月 17 日）

【第 44 条】（双罚规定）

法人的法定代表人、法人或个人的代理人、雇员、其他工作人员在该法人或个人的业务中有符合第 40 条至第 43 条中某一种违反行为的，除对该行为者进行处罚以外，对该法人或个人也处以相应条款中的罚金刑。但是，法人或个人对于防止发生该违反行为已经在相应的业务中尽到必要的注意义务和监督义务的除外。

（全文修正 2012 年 2 月 17 日）

【第 45 条】（罚款）

① 有下列情形之一的，处以 1000 万元以下的罚款：

1. 有符合第 21 条第 1 款第 1 项至第 1 项中任意一种禁止行为者；

2. 作为第 8 条第 4 款中规定的结算手段开发者，违反第 24 条第 1 款各项以外的部分，不签订消费者损害赔偿保险合同等者；

3. 作为第 15 条第 1 款中规定的先支付式通信贩卖经营者，违反第 24 条第 2 款者；

4. 作为第 8 条第 4 款中规定的结算手段开发者，违反第 24 条第 7 款，提交虚假材料签订消费者损害赔偿保险合同等者；

5. 作为第 15 条第 1 款中规定的先支付式通信贩卖经营者，违反第 7 款，提交虚假材料签订消费者损害赔偿保险合同等者；

6. 按照第 39 条第 2 款的规定适用《关于垄断规制及公平交易的法律》，受到该法第 50 条第 1 款第 1 项中的出席处罚的当事人中无正当理由缺席两次以上，并违反本法者；

7. 按照第 39 条第 2 款的规定适用《关于垄断规制及公平交易的法律》，没有按照该法第 50 条第 1 款第 3 项或第 3 款的规定进行报告、没有提交需要的材料或物品、进行虚假报告或者提交虚假材料或物品者；

8. 按照第 39 条第 2 款的规定适用《关于垄断规制及公平交易的法律》，拒绝、妨碍或者逃避该法第 50 条第 2 款中规定的调查者。

② 有下列情形之一的，处以 500 万元以下的罚款：

1. 违反第 6 条的规定，没有保存交易记录或者没有提供消费者易于阅览、保存交易记录的方法者；

2. 没有按照第 10 条第 1 款、第 13 条第 1 款的规定，对经营者的身份信息进行标志者；

3. 没有按照第 12 条第 2 款及第 3 款的规定进行申报者；

4. 违反第 13 条第 2 款的规定，没有进行标志、广告或者告知，或者没有向合同相对人交付记载有合同内容的书面合同文件者；

5. 违反第 13 条第 3 款的规定，没有将该合同可以撤销的内容告知未成年交易对象者。

③ 第 1 款及第 2 款中规定的罚款，按照总统令中规定的标准，由公平交易委员会、市、道知事或市长、郡守、区厅长征收。

（全文修正 2012 年 2 月 17 日）

附则（第11461号，2012年6月1日）

【第1条】（实行日）

本法自公布起3个月后开始实行。

第2条至第9条省略

【第10条】（其他法律的修正）

从第1款至第16项省略

17. 法律第11326号关于电子商务等中消费者保护的法律部分修正法律修正如下：

第2条第1项中，将"《电子交易基本法》"修改为"《数据电文及电子交易基本法》"；

第5条第1款正文中，将"《电子交易基本法》"分别修改为"《数据电文及电子交易基本法》"。

第18项至第25项省略

电子文书及电子交易基本法*

（施行　2012.9.2）
（法律第11461号，2012.6.1，部分修订）
知识经济部（信息通信活用课）02-2110-5153
法务部（商事法务课）02-2110-3167

第一章　总　　则

【第1条】（目的）

本法旨在明确电子文书及电子交易的法律关系，确保电子文书及电子交易的安全性和可靠性，为促进其使用打好基础，从而推动国民经济的发展。

（全文修正2012年6月1日）

【第2条】（定义）

本法所使用的词语意思如下所示：

1. "电子文书"是指，通过信息处理系统，以电子形式生成、发送、接收或者储存的信息；

2. "信息处理系统"是指，为了生成、修改、发送、接收或者储存电子文书而使用的具有信息处理能力的电子装置或系统；

3. "生成人"是指生成并发送电子文书者；

4. "收件人"是指生成人发送电子文书的对象；

5. "电子交易"是指，进行商品或劳务交易时，全部或部分使用电子文书处理的交易；

6. "电子交易经营者"是指以电子交易为业者；

7. "电子交易使用者"是指除电子交易经营者以外使用电子交易者；

---

* 译者：杨琳琳，北京大学法学院。
　校对：朴承哲、焦露漪，北京大学法学院。

8. "认证电子地址"是指，为了识别发送或者接收电子文书的人而按照第18条之4的规定进行登记的地址，其信息由字母、数字等构成；

9. "认证电子文书中心"是指，按照第31条之2第1款的规定，被指定为他人办理以下业务者：

a. 电子文书的保管或证明；

b. 其他与电子文书有关的业务；

10. "认证电子文书中继者"是指，按照第31条之18的规定，被指定为他人办理电子文书的发送、接受或中继（以下简称为"电子文书流通"）业务者。

（全文修正 2012 年 6 月 1 日）

【第3条】（适用范围）

除其他法律中有特别规定以外，本法适用于所有电子文书及电子交易。

（全文修正 2012 年 6 月 1 日）

第二章　电子文书

【第4条】（电子文书的效力）

①除其他法律中有特别规定以外，不得以电子文书的电子形式为理由否认其效力。

②按照附表中列举的法律规定进行记录、报告、保管、置备或生成等行为的，如果采用电子文书的形式，视为按照相应法律的规定完成了相应行为。

（全文修正 2012 年 6 月 1 日）

【第5条】（电子文书的保管）

①具备以下所有条件的电子文书，可以认定为满足有关法律对于某些文件或记录须要予以留存的规定：

1. 电子文书的内容可以被调取；

2. 电子文书保存的形式与其生成、发送或者接收接受时的形式相同，或者能够准确表现原来生成、发送或者接收的内容；

3. 如果存在电子文书的生成人、收件人以及发送、接收的日期和时间等信息，那么这些相关信息也得到了保存。

②由纸质文书或者其他以非数据形式生成的文书（以下简称为"数据化目标文书"）转换而成并能够被信息处理系统处理的文书形式（以下简称为"数据化文书"）在具备以下所有条件时，可以认定为满足有关法律对于某些

文件或记录须要予以留存的规定，但其他法令中有特殊规定的情形除外：

1. 数据化文书与数据化目标文书的内容及形式一致的；

2. 具备第1款中的所有条件。

③对于数据化目标文书与数据化文书之间内容及形式的一致性要求的条件、数据化文书的生成方法和程序以及其他必要的事项，由知识经济部长官规定并公告。

④在适用第1款和第2款时，仅为发送和接收所需要的部分，不能认定为电子文书或数据化文书。

（全文修正2012年6月1日）

【第6条】（发送、接收的时间和场所）

①电子文书（包括数据化文书。下文亦同）进入收件人或者其代理人能够从中接收相应电子文书的信息处理系统的时间，视为该电子文书的发送时间。

②电子文书有下列情形之一的，视为电子文书被接收：

1. 如果收件人已经为接收电子文书指定了某个信息处理系统，电子文书进入该指定系统的时间视为被接收时间。但电子文书进入指定系统以外的信息处理系统的，收件人检索到该电子文书的时间视为电子文书被接收时间；

2. 如果收件人未指定用来接收电子文书的信息处理系统，电子文书进入收件人的任何信息处理系统的时间视为被接收时间。

③生成人或收件人设有营业地的，该营业地应视为电子文书的发送地或接收地。生成人或收件人有一个以上营业地点的，则主要管理该电子文书的营业地点应视为发送地或接收地。生成人或收件人没有营业地点的，则其经常居住地应视为发送地或接收地。

（全文修正2012年6月1日）

【第7条】（视为由生成人发送的情形）

①电子文书具有下列情形之一的，视为具备生成者发送的意思表示：

1. 通过生成者的代理人发送的电子文书；

2. 通过能够自动发送、接收电子文书的电脑软件或者其他电子手段发送的电子文书。

②有下列情形之一的，可以将电子文书视为生成人的意思表示并发生效力：

1. 为了确认电子文书是否来自生成者，接收者与生成者已经事先达成约定，该电子文书符合约定中的程序的；

2. 由于生成人与其代理人之间的关系，接收者有足够的理由相信其接收到的电子文书是由生成者发送的。

③有下列情形之一的，不适用第2款的规定：

1. 收件人已经收到生成人的通知，获悉该电子文书的发送并非生成人的意志，并且此后有充足的时间采取措施的；

2. 在第2款第2项的情形下，收件人已经知道该电子文书的发送并非生成人的意志，或者按照合理注意义务或双方约定的程序要求，本应知道该电子文书的发送并非生成人的意志的。

（全文修正 2012 年 6 月 1 日）

【第8条】（收到的电子文书的独立性）

每份收到的电子文书都应被视为是独立的。但根据收件人与生成人约定的确认程序或者合理注意义务，收件人本应知道同一电子文书是重复发送的除外。

【第9条】（收件确认）

①生成人在发送电子文书时将收件确认作为条件的，在生成者收到收件确认通知之前，该电子文书不应被视为已经发送。在此种情况下，不适用《民法》第 534 条。

②生成人在发送电子文书时没有明确表示将收件确认作为条件，但要求收件人发送收件确认通知的，如果生成人在足够长的时间内没有收到收件确认通知，可以撤回其发送的电子文书。

（全文修正 2012 年 6 月 1 日）

【第10条】（生成人和收件人之间的约定变更）

除其他法律中有特别规定以外，生成人和收件人可以做出与第 6 条至第 9 条的规定不同的约定。

（全文修正 2012 年 6 月 1 日）

【第11条】（关于电子签名的事项）

电子交易中关于电子签名的事项由《电子签名法》进行规定。

（全文修正 2012 年 6 月 1 日）

第三章　电子交易的安全性保证及消费者保护（修正 2012 年 6 月 1 日）

【第12条】（个人信息的保护）

①为了保证电子交易的安全性和可靠性，政府应当制定并实施相应的政

策,以保护电子交易使用者的个人信息。

②电子交易经营者在收集、使用、提供或者管理电子交易使用者的个人信息时,应当遵守《促进信息通信网使用及信息保护有关法律》的相关规定。

(全文修正 2012 年 6 月 1 日)

【第 13 条】(商业秘密的保护)

①为了保证电子交易的安全性和可靠性,政府应当制定并实施相应的政策以保护电子交易使用者的商业秘密。

②电子交易经营者(包括接受委托管理信息处理系统者。本条下文亦同)应当采取一定的措施,以保护电子交易使用者的商业秘密。

③电子交易经营者如果没有取得电子交易使用者的同意,不得将该使用者的商业秘密提供或透露给他人。

④第 1 款至第 3 款规定中的商业秘密的范围、保护措施等相关事项由总统令规定。

(全文修正 2012 年 6 月 1 日)

【第 14 条】(密码的使用)

①为了保证电子交易的安全性和可靠性,电子交易经营者可以使用密码。

②为了保护国家安全,政府认为必要时可以限制密码的使用,并且采取必要的措施以获得加密信息的原文或加密技术。

(全文修正 2012 年 6 月 1 日)

【第 15 条】(消费者保护政策的制定与实施等)

①政府应当根据《消费者基本法》、《电子商务等中消费者保护的有关法律》等相关法令制定并实施必要的政策措施,以保护消费者在电子商业中的相关基本权益,并保证消费者对电子交易的信赖。

②为了防止发生与电子交易有关的不当行为,政府可以要求电子交易经营者及经营者团体制定自律性行为规范。

(全文修正 2012 年 6 月 1 日)

【第 16 条】(消费者损失的预防和救济)

①为了防止消费者的权利在电子商务中受到损害,政府应当制定并实施必要的政策,以为消费者提供更多的信息和教育。

②政府应当采取必要的措施,以及时而公平地处理消费者在电子商务中产生的投诉和受到的损害。

(全文修正 2012 年 6 月 1 日)

【第17条】（电子交易经营者的一般性遵守事项）

为了保护消费者在电子商业中的相关权益，并保证消费者对于电子交易的信赖，电子交易经营者应当遵守以下事项：

1. 提供商号（电子交易经营者为法人的，应包括法人代表的姓名）和其他与电子交易经营者相关的正确信息，以及商品、劳务、合同条件等的正确信息；

2. 以消费者易于获得和了解的方式提供、保存合同条款；

3. 提供一定的方式，使消费者可以取消订单；

4. 提供一定的方式，为消费者撤回要约、终止或解除合同、换货、退货及返还定金等提供便利；

5. 提供一定的方式，使消费者的投诉和要求能够得到及时而公平的处理；

6. 在一定的时期内，对交易证明等必要的交易记录予以保存。

（全文修正 2012年6月1日）

【第18条】（对电子交易经营者的认证）

①为了促进电子交易及保护电子交易使用者，知识经济部长官可以对优秀的电子交易经营者进行认证。

②对于第1款中规定的认证，知识经济部长官可以向申请者收取手续费。

③有关第1款中的认证的标准、程序和第2款中的手续费等的必要事项，由总统令规定。

（全文修正 2012年6月1日）

【第18条之2】（认证的标示）

①获得第18条第1款中的认证的电子交易经营者（以下简称为"优秀电子交易经营者"）可以对其优秀电子交易经营者的身份做出标示（包括以因特网等数字方式做出标示。下文亦同）。

②并非优秀电子交易经营者的，不能做出第1款所规定的标示或者与之类似的标示，也不能宣传这一身份。

（本条新设　2012年6月1日）

【第18条之3】（认证的取消）

电子交易经营者有下列情形之一的，知识经济部长官可以取消其根据第18条第1款的规定获得的认证，其中符合第一项的条件的，应当取消其认证：

1. 以欺骗或者其他不正当的方法获得认证的；

2. 违反第18条规定的电子交易经营者的一般性遵守事项的；

3. 不再符合第 18 条第 3 款所规定的认证标准的。

(本条新设 2012 年 6 月 1 日)

【第 18 条之 4】(认证电子地址的登记)

①要使用认证电子地址发送或者接收电子文书的,应当在第 22 条第 1 款所规定的专门机关对该认证电子地址进行登记。

②第 22 条第 1 款所规定的专门机关收到按照第 1 款规定提交的登记申请后,应当确认该认证电子地址是否符合国际标准形式等,并将其内容输入信息处理系统以进行保管。

③第 22 条第 1 款所规定的专门机关可以向按照第 1 款的规定提交登记申请者收取手续费。

④有关第 1 款至第 3 款中的认证电子地址的登记、保管及手续费等的必要事项,由知识经济部令规定。

(本条新设 2012 年 6 月 1 日)

【第 18 条之 5】(流通证书的生成及发放等)

①通过认证电子地址发送、接收或者调取电子文书的,由第 22 条第 1 款所规定的专门机关负责生成并保管包括以下事项的信息(以下简称为"流通信息"):

1. 电子文书的发送及接收日期和时间;
2. 电子文书的发件人及收件人;
3. 其他总统令规定的有关电子文书的发送和接收的事项。

②生成人及发件人可以在第 22 条第 1 款所规定的保管流通信息的专门机关处获得其发放的流通证明书。

③如果第 22 条第 1 款所规定的专门机关是按照总统令所规定的方法和程序发放流通证明书的,那么该流通证明书可以被推定为真实的。

④有关第 1 款和第 2 款中的流通证明书的生成、保管及发放等必要事项,由总统令规定。

(本条新设 2012 年 6 月 1 日)

【第 18 条之 6】(对使用自动程序收集认证电子地址的禁止)

①任何人都不得使用自动程序收集认证电子地址或者使用技术性手段收集认证电子地址。

②任何人都不得出售或者提供以违反第 1 款的规定的方式收集到的认证电子地址。

(本条新设 2012 年 6 月 1 日)

【第 18 条之 7】（对发送广告的禁止）
任何人都不得以营利或者宣传为目的，向收件人的认证电子地址发送广告。
（本条新设　2012 年 6 月 1 日）

第四章　电子文书、电子交易基本政策的制定及促进体系

【第 19 条】（电子文书、电子交易基本政策的原则及政府的职责和义务）
为了促进电子文书及电子交易的应用，政府应当根据以下原则制定并实施关于电子文书及电子交易的基本政策：
1. 在促进过程中以民间为主导；
2. 规制的最小化；
3. 保证电子文书及电子交易的安全性和可靠性；
4. 强化国际协同。

（全文修正 2012 年 6 月 1 日）

【第 20 条】（电子文书、电子交易促进计划的制定和实施）
①政府应当按照第 19 条所规定的电子文书、电子交易基本政策的基本原则，制定并实施一项行动方案（以下简称为"电子文书、电子交易促进方案"），其内容包括如下方面：
1. 电子文书、电子交易促进方案的基本框架；
2. 有关电子文书及电子交易的国际规范的事项；
3. 有关电子结算制度的事项；
4. 有关知识产权保护的事项；
5. 有关电子文书及电子交易当事人保护的事项；
6. 有关确保电子文书及电子交易的安全性和可靠性的事项；
7. 有关电子文书及电子交易技术的发展和标准化的事项；
8. 有关构建有利于发展电子文书和电子交易的环境以及刺激对电子文书和电子交易的需求的事项；
9. 有关电子文书和电子交易的国际合作的事项；
10. 有关帮助建设促进电子文书和电子交易的发展所必需的基础设施的事项；
11. 有关建立超高速信息通信网及发挥其效用的事项；
12. 其他为促进电子文书和电子交易的发展所必需的事项。

②与电子文书、电子交易促进方案相关的中央行政机关（以下简称为

"相关中央行政机关")的长官应当在其权限内的各个领域制定行动方案,并在主要政策的制定和实施中考虑此种方案。

③知识经济部长官应当在制定电子文书、电子交易促进方案时,综合各相关中央行政机关的部门方案,并按照《国家信息化基本法》第9条的规定,在经过国家信息化战略委员会的审议后进行确定。

(全文修正 2012 年 6 月 1 日)

【第21条】删除(2009年3月18日)

【第22条】(发展电子文书、电子交易的负责机关)

①为了促进电子文书的使用和电子交易的发展,政府指令《信息通信事业振兴法》第26条所规定的信息通信产业振兴院(以下简称为"负责机关")负责高效而体系化地推进产业发展并制定相关政策。政府可以对负责机关提供以下协助:

1. 协助进行第23条第3款所规定的数据化文书的生成设施和设备的认证工作;
2. 协助进行第24条所规定的电子文书及电子交易相关标准的研究开发、普及和国际标准化活动;
3. 协助进行第25条所规定的技术开发工作;
4. 协助进行第28条所规定的电子文书及电子交易统计活动中的现场调查工作;
5. 协助进行第31条之2所规定的认证电子文书中心的指定业务;
6. 协助进行第31条之8所规定的电子文书保管等业务规范的申报工作;
7. 协助提供第31条之9第3款所规定的认证电子文书中心的电子文书保护中所需要的技术措施;
8. 协助进行第31条之15第3款所规定的保管文书等的托管;
9. 协助进行第31条之18所规定的认证电子文书中继者的指定业务;
10. 协助运营第32条所规定的电子文书、电子交易纠纷调解委员会。

②负责机关可以向申请第1款第1项所规定的认证者收取符合知识经济部令规定的手续费。

③为促进电子交易的发展和电子文书的使用,政府可以在预算或《信息通信事业振兴法》第41条所规定的信息通信振兴基金的范围内,为负责机关提供全部或者部分必要经费。

(全文修正 2012 年 6 月 1 日)

第五章　电子文书的使用与电子交易的促进,以及相关基础设施的建设(修订2012年6月1日)

【第23条】(电子文书使用的促进等)

①为了促进电子文书的使用,政府应当理顺各项法令,制定并实施必要的政策。

②为了促进电子文书的使用,知识经济部长官应当确定电子文书的生成、发送、接收和保管所需要的条件、方法和程序的标准,并进行公示。

③为了保证数据化文书的可靠性,知识经济部长官应当对生成数据化文书所使用的设施和设备进行认证。

④第3款所规定的认证的对象、标准、程序、管理方法和其他必要事项由知识经济部令进行规定。

⑤知识经济部长官应当对获得第3款所规定的认证的设施和设备的运营情况和后期管理情况进行调查,如果调查结果不符合认证标准,可以要求进行整改。

⑥对于获得第3款中规定的认证的设施和设备,如果有下列情形之一的,知识经济部长官可以取消其认证,其中具有第一种情形的,应当取消认证:

1. 以欺骗或者其他不正当的方法获得认证的;
2. 设施或设备明显达不到认证标准,有可能降低数据化文书的可靠性的;
3. 不履行第5款所规定的整改要求的。

(全文修正 2012 年 6 月 1 日)

【第24条】(电子文书及电子交易的标准化)

①为了使电子文书和电子交易得到有效的利用,并确保相关技术的兼容性,政府应当采取以下措施:

1. 制定、修改、废止和推广电子文书及电子交易相关的各项标准;
2. 调查、研究和开发电子文书及电子交易相关的国内标准;
3. 其他与电子文书及电子交易的标准化有关的措施。

②为了更有效地采取第1款中的各项措施,政府可以指令相关机构和民间团体代为进行。此时,应当按照总统令的规定支付代理行使所需的费用。

(全文修正 2012 年 6 月 1 日)

【第25条】(电子文书及电子交易技术开发的促进)

为了促进数据文书的使用和电子交易,需要进行技术开发,提高技术水

平,政府应当采取以下措施:

1. 调查电子文书和电子交易的相关技术水平,研究开发新技术,灵活运用已开发技术;
2. 进行电子文书和电子交易的相关技术合作,提供技术指导和技术转移;
3. 提高电子文书和电子交易相关信息的传播效率,促进产学研合作;
4. 其他电子文书和电子交易相关技术开发所必需的措施。

(全文修正 2012 年 6 月 1 日)

【第26条】(电子文书及电子交易专业人才的培养)

①为了促进数据文书的使用和电子交易,政府应当大力培养相关专业人才。

②为了按照第1款的规定培养专业人才,政府可以向《关于政府出资研究机构等的设立、运营及培育的法律》中规定的政府出资研究机构等研究所、《高等教育法》中规定的学校、民间教育机构和其他相关机构提供培养人才所需要的全部或者部分经费。

③第2款中规定的专业人才培养所需经费的相关事项由总统令规定。

(全文修正 2012 年 6 月 1 日)

【第27条】(公共部门对于电子交易的促进活动)

国家机关、地方自治团体、《关于公共机关的运营的法律》第4条中规定的公共机关及公共团体等(以下简称为"国家机关等")应当制订计划,在调配本机关运营所需要的财物、人员和从事机关业务时,增加电子交易的使用。

(全文修正 2012 年 6 月 1 日)

【第28条】(电子文书及电子交易统计活动中的现场调查)

①为了有效地制定和施行电子文书、电子交易的促进政策,知识经济部长官可以在电子文书及电子交易的统计活动中采取现场调查的方式。此时,有关电子文书及电子交易统计工作的事项,适用《统计法》的规定。

②为了进行电子文书及电子交易统计中的现场调查,知识经济部长官可以在必要的时候要求以下的人提供材料或者陈述意见:

1. 国家机关等;
2. 电子交易经营者;
3. 与电子文书或者电子交易相关的法人、团体。

③按照第2款的规定被要求提供材料的人应当给予协助。

④有关电子文书及电子交易统计活动中的现场调查的必要事项由总统令规定。

（全文修正 2012 年 6 月 1 日）

【第 29 条】（电子文书及电子交易的国际化）

①为了与促进电子文书及电子交易相关的国际合作，政府可以支持与电子文书及电子交易有关的信息、技术和人才的交流，合作调查、研究及技术合作，国际标准化等工作。

②政府应当积极参与国际机构有关电子文书及电子交易的讨论活动，并努力为电子交易经营者及电子文书相关经营者进入海外市场创造条件。

（全文修正 2012 年 6 月 1 日）

【第 30 条】（电子商务服务中心）

①为了促进中小企业开展电子交易活动，政府应当加快制定必要的政策措施。

②为了促进中小企业开展电子交易活动，知识经济部长官可以指定提供教育培训、技术指导、经营咨询和信息提供等与电子交易相关的支持服务的机构，作为电子商务服务中心（下文简称为"服务中心"）。

③有关服务中心的指定标准、促进产业发展业绩报告及补贴费用等必要事项由总统令规定。

（全文修正 2012 年 6 月 1 日）

【第 30 条之 2】（对于服务中心指定的撤销）

服务中心有下列情形之一的，知识经济部长官可以撤销指定，其中有第一种情形的，应当撤销指定：

1. 以欺骗或者其他不正当的方法被指定为服务中心的；
2. 没有正当理由，连续两年以上没有促进产业发展业绩的；
3. 不再符合第 30 条第 3 款规定的指定标准的。

（全文修正 2012 年 6 月 1 日）

【第 31 条】（对于促进电子文书的使用及电子交易的支持）

①为了促进电子文书的使用及电子交易，国家和地方自治团体可以按照《税收例外限制法》、《地方税例外限制法》等与税收相关的法律中的相关规定，以税收减免等形式在税收制度上予以支持，或者在融资方面予以支持，也可以提供其他必要的行政支持。

②与电子文书及电子交易相关的法人和团体实施电子文书、电子交易促进方案中规定的项目的，政府可以在预算的范围内，对其全部或者部分经费

提供补贴。

（全文修正2012年6月1日）

第五章之2　认证电子文书中心和认证电子文书中继者（修正２０１２年６月１日）

第1节　认证电子文书中心（新设　2012年6月1日）

【第31条之2】（认证电子文书中心的指定）

①为了确保电子文书保管等的安全性和正确性，知识经济部长官可以指定在电子文书的保管等方面有专业性的人作为认证电子文书中心，从事电子文书保管等业务。

②被指定为认证电子文书中心的人限于法人和总统令中规定的国家机关等。

③被指定为认证电子文书中心的，应当具备电子文书保管等所必需的人力、技术能力、财务能力和第31条之9第6款中规定的人员、资产层面的独立性，以及其他设施和设备，并应向知识经济部长官递交申请。

④有关第1款和第3款中规定的认证电子文书中心的人力、技术能力、财务能力和其他设施、设备等的指定标准、指定方法及指定程序的必要事项，由总统令规定。

（全文修正2012年6月1日）

【第31条之3】（认证电子文书中心的不合格事由）

有下列情形之一的，不能被指定为认证电子文书中心：

1. 雇员及总统令规定的直接参与电子文书保管等的职员（以下简称为"雇员等"）中，有符合以下任何一种情形的人的：

　a. 禁治产者或者限制治产者；

　b. 被宣告破产并且没有复权的人；

　c. 被宣告为监禁以上的徒刑，并且执行尚未结束（包括视为执行结束的情形）或者自免于执行之日起未满两年的人；

　d. 被宣告为监禁以上徒刑缓期执行，并且正处在缓刑期间中的人；

　e. 根据法院的判决或者其他法律的规定，丧失或者被停止相应资格的人；

　f. 曾经是按照第31条之5第1款及第31条之22的规定被撤销指定者的雇员等的人（仅限于总统令中规定的，对于撤销事由的发生有直接或者相应责任的人），并且自相应认证电子文书中心或者认证电子文书中继者被取消指定之日起未满两年。

2. 按照第 31 条之 5 第 1 款及第 31 条之 22 的规定被撤销指定后未满两年者。

（全文修正 2012 年 6 月 1 日）

【第 31 条之 4】（改正命令）

如果认证电子文书中心有下列情形之一的，知识经济部长官应当命令其在规定的期限内进行改正，该期限应当在 6 个月以内：

1. 不再符合第 31 条之 2 第 4 款中规定的认证电子文书中心的指定标准的；

2. 雇员等符合第 31 条之 3 第 1 项中任何一种情形的；

3. 违反第 31 条之 8 第 1 款的规定，没有申报电子文书保管等的业务准则的；

4. 违反第 31 条之 8 第 2 款的规定，没有进行电子文书保管等的业务准则的变更申报的；

5. 违反第 31 条之 9 第 1 款的规定，拒绝提供电子文书保管等的服务的；

6. 违反第 31 条之 9 第 2 款的规定，对使用者提供不当的差别化服务的；

7. 违反第 31 条之 9 第 3 款的规定，毁损所保管的电子文书的内容，或者没有采取必要的措施防止电子文书的内容发生变化的；

8. 认证电子文书中心的业务方法或者程序不适当，有可能对电子文书的保管、发送和接收的安全性或者电子文书证明的正确性产生妨害的；

9. 违反第 31 条之 16 第 2 款的规定，没有购买保险的。

（全文修正 2012 年 6 月 1 日）

【第 31 条之 5】（撤销指定及罚款）

①按照第 31 条之 2 的规定被指定为认证电子文书中心者有下列情形之一的，知识经济部长官可以按照知识经济部令中规定的方式撤销其指定，或者命令其在规定的期限内停止全部或者部分业务，该期限应当在 1 年以内，但是有下述第一种或者第二种情形的，必须撤销其指定：

1. 以欺骗或者其他不正当的方法获得第 31 条之 2 第一项中的指定的；

2. 在业务停止期间内持续办理业务的；

3. 自按照第 31 条之 2 第 1 项被指定之日起超过 1 年时间没有开始办理业务，或者在开始办理业务之后持续停止办理电子文书保管等业务超过 1 年的；

4. 在第 31 条之 4 中规定的改正命令所要求的期限内没有履行的。

②符合第 1 款第 3 项或者第 4 项的情况，需要受到业务停止处分的，如果知识经济部长官认为该业务停止处分可能会给使用认证电子文书中心业务者带来严重不便，或者可能会损害公共利益的，可以代之以 1 亿元以下的罚款处罚。

③根据第 2 款中的规定应当处以罚款的违法行为种类、违反的程度等与罚款的金额及计算方法有关的必要事项由总统令规定。

④对于按照第 2 款的规定应当缴纳罚款而没有在缴纳期限内缴纳者，知识经济部长官应当参照国税滞纳处分规则进行处理。

（全文修正 2012 年 6 月 1 日）

【第 31 条之 6】（通过认证电子文书中心进行保管的效力）

由认证电子文书中心保管电子文书的，视为按照第 5 条第 1 款或者第 2 款的规定对电子文书进行的保管。

（全文修正 2012 年 6 月 1 日）

【第 31 条之 7】（电子文书内容的推定等）

①由认证电子文书中心保管的电子文书，推定其内容在保管期限内没有改变。

②认证电子文书中心对该认证电子文书中心保管的电子文书的保管事实、文书生成和收件人、发送和接收日期和时间等相关事项出具证明书的，如果按照总统令规定的方法和程序出具，则推定该证明书所记载的事项是真实的。

（全文修正 2012 年 6 月 1 日）

【第 31 条之 8】（电子文书保管等的业务准则的申报等）

①认证电子文书中心在开展业务之前，应当按照知识经济部令规定的方式制定关于电子文书保管等的业务准则，并向知识经济部长官申报。电子文书保管等的业务准则中应当包括以下事项：

1. 业务的种类；
2. 业务的办理方法及办理程序；
3. 电子文书保管等服务的使用条件和使用费用；
4. 其他知识经济部令中规定的办理业务的必要事项。

②认证电子文书中心要变更已经按照第 1 款的规定进行申报的事项的，应当按照知识经济部令规定的方式向知识经济部长官申报。

③按照第 1 款的规定进行申报的电子文书保管等的业务准则，其内容如果有可能损害电子文书保管等业务的安全性和正确性，或者有可能损害电子文书保管等服务的使用者（以下简称为"使用者"）的利益，知识经济部长

官可以规定一定的期限，要求认证电子文书中心在该期限内对其电子文书保管等的业务准则进行修改。

④认证电子文书中心要变更电子文书保管等所使用的设施和设备时，应当按照知识经济部令规定的方式向知识经济部长官申报。

（全文修正 2012 年 6 月 1 日）

【第 31 条之 9】（遵守事项）

①没有正当理由，认证电子文书中心不得拒绝提供电子文书保管等的服务。

②认证电子文书中心不得对使用者提供不当的差别化服务。

③认证电子文书中心应当按照总统令规定的方式采取必要的措施，防止电子文书的内容被毁损或者发生变化。

④对于信息处理系统内保管的电子文书或者其他相关信息，认证电子文书中心不得以不合法的程序，或者在没有取得电子文书的生成者、收件人及相应的使用者的同意的情况下向其他人提供或者公开等。

⑤为了可靠地办理电子文书保管等业务，认证电子文书中心应当与使用者维持人员、资产层面的独立性，其具体的标准由总统令规定。

（全文修正 2012 年 6 月 1 日）

【第 31 条之 10】（定期检查等）

①认证电子文书中心应当接受知识经济部长官对其所有的设施及设备的安全性进行的定期性检查。

②认证电子文书中心在进行第 31 条之 8 第 4 款中规定的变更申报或者第 31 条之 14 第 3 款中规定的继承申报后，应当接受知识经济部长官对相应设施及设备的安全性进行的检查。

③第 1 款和第 2 款中规定的检查的标准、时间、对象、程序和其他必要事项由知识经济部令规定。

（全文修正 2012 年 6 月 1 日）

【第 31 条之 11】（报告及检查等）

①知识经济部长官认为必要时，可以要求认证电子文书中心按照总统令规定的方式提交相关材料或者以书面或电子文书的形式进行报告，也可以授权相关公务人员进入认证电子文书中心的办公室、营业场所和其他相关场所，以对电子文书保管等的相关设施、设备、文件和其他相关物品进行检查。

②按照第 1 款的规定进行检查的公务人员应当持有能够表明其权限的证件，并将该证件向相关人员出示。

（全文修正 2012 年 6 月 1 日）

【第 31 条之 12】（电子文书等相关信息的安全保护）

①任何人都不得伪造或者变造认证电子文书中心所保管的电子文书或者其他相关信息，也不得使用伪造或者变造的信息进行活动。

②任何人都不得向认证电子文书中心的信息处理系统内输入虚假信息或者不当命令，或者以其他方法使第 31 条之 7 第 2 款中规定的证明书被虚假出具。

③任何人都不得使认证电子文书中心所保管的电子文书或者其他相关信息遭到灭失或者毁损，也不得侵犯相应的秘密。

④认证电子文书中心的雇员和员工以及曾经是认证电子文书中心的雇员和员工的人，不得泄露其通过职务原因获知的电子文书内容和其他相关信息，也不得私自使用或者让他人使用该电子文书内容和其他相关信息。

（全文修正 2012 年 6 月 1 日）

【第 31 条之 13】（使用者信息的保护）

认证电子文书中心及认证电子文书中继者应当按照与电子文书保管等和电子文书流通相关的法令中规定的方式，保护使用者的个人信息。

（全文修正 2012 年 6 月 1 日）

【第 31 条之 14】（认证电子文书中心业务的转让和接受转让等）

①认证电子文书中心可以向其他认证电子文书中心转让部分或者全部业务，也可以和其他认证电子文书中心合并。在转让或者合并之前 60 日，应当按照知识经济部令规定的方式通知使用者。

②按照第 1 款的规定接受转让的电子文书中心和合并后存续或者新设的认证电子文书中心，承继转让或者合并前的认证数据电子文书中心的地位。

③按照第 2 款的规定承继了转让或者合并前的认证数据电子文书中心的地位者，应当在一个月之内按照知识经济部令中规定的方式向知识经济部长官申报。

（全文修正 2012 年 6 月 1 日）

【第 31 条之 15】（电子文书保管等业务的终止）

①认证电子文书中心要终止电子文书保管等业务时，应当提前 60 日按照知识经济部令中规定的方式通知使用者，并向知识经济部长官申报。

②按照第 1 款的规定进行了申报的认证电子文书中心应当将正在保管的电子文书和其他与电子文书保管等相关的记录（以下简称为"保管电文等"）移交给其他认证电子文书中心。但是，如果发生其他电子文书中心拒绝移交

等不得已的事由,使保管电文等无法被移交的,应当立即将该情况向知识经济部长官申报。

③有下列情形之一的,为了保障电子文书保管等业务的持续性和安全性,知识经济部长官认为有必要采取紧急措施时,可以要求相关部门接受保管电文等或者采取其他必要的措施:

1. 接到第 2 款但书中规定的申报的;
2. 按照第 31 条之 5 的规定撤销认证电子文书中心指定的;
3. 发生其他不得已的事由,使认证电子文书中心无法继续办理电子文书保管等业务的。

④第 1 款至第 3 款中规定的业务的终止申报及保管电文的移交、接受等的必要事项,由知识经济部令规定。

(全文修正 2012 年 6 月 1 日)

【第 31 条之 16】(赔偿责任及购买保险)

①认证电子文书中心给使用电子文书保管等业务的使用者造成损害时,应当对相应的损害进行赔偿。但是,认证电子文书中心能够证明其不存在故意或者过失的除外。

②为了按照第 1 款的规定对损害进行赔偿,认证电子文书中心应当按照总统令规定的方式购买保险。

(全文修正 2012 年 6 月 1 日)

【第 31 条之 17】(手续费等)

认证电子文书中心可以向申请出具证明书者和使用者收取必要的手续费。

(全文修正 2012 年 6 月 1 日)

第 2 节 认证电子文书中继者(新设 2012 年 6 月 1 日)

【第 31 条之 18】(认证电子文书中继者的指定等)

①为了确保电子文书流通的安全性和可靠性,知识经济部长官可以指定在电子文书的流通方面有专业性的人为认证电子文书中继者,从事电子文书流通业务。为了保护个人信息和商业秘密,必要的情况下,应优先指定在金融、医疗、国防等方面具有代表性者作为认证电子文书中继者。

②被指定为认证电子文书中继者的人限于法人和总统令中规定的国家机关等。

③要被指定为认证电子文书中继者,应当具备电子文书流通所必需的人力、设施、设备、财务能力和技术能力(以下简称为"认证电子文书中继者

条件",本条中其他各款亦同),并向知识经济部长官申请获得指定。但是,已经按照第31条之2的规定被指定为认证电子文书中心者,视为符合认证电子文书中继者条件中的人力和财务能力的要求。

④为了确保电子文书流通的安全性和可靠性,知识经济部长官可以公告认证电子文书中继者的业务准则。

⑤按照第1款后半段的规定被指定为认证电子文书中继者的,知识经济部长官可以附加其他必要的条件,以确保电子文书流通的安全性和可靠性。

⑥有关第1款和第3款中规定的认证电子文书中继者条件及指定程序的必要事项,由总统令规定。

(本条新设 2012年6月1日)

【第31条之19】(认证电子文书中继者的不合格事由)

有下列情形之一的,不能被指定为认证电子文书中继者:

1. 雇员中有符合第31条之2第1项中任何一种情形的人;

2. 按照第31条之5第1款及第31条之22的规定被撤销指定后未满两年者。

(本条新设 2012年6月1日)

【第31条之20】(认证电子文书中继者的变更申报)

认证电子文书中继者要变更电子文书流通所使用的设施和设备时,应当按照知识经济部令规定的方式向知识经济部长官申报。

(本条新设 2012年6月1日)

【第31条之21】(定期检查等)

①认证电子文书中继者应当接受知识经济部长官对其所有的设施及设备的安全性进行的定期性检查。

②认证电子文书中继者在进行第31条之20中规定的变更申报后,应当接受知识经济部长官对相应设施及设备的安全性进行的检查。

③第1款和第2款中规定的检查的标准、时间、对象、程序和其他必要事项由知识经济部令规定。

(本条新设 2012年6月1日)

【第31条之22】(认证电子文书中继者的撤销指定)

认证电子文书中继者有下列情形之一的,知识经济部长官可以按照知识经济部令规定的方式撤销其指定,但是有第一种情形的,必须撤销其指定:

1. 以欺骗或者其他不正当的方法获得第31条之18中的指定的;

2. 不再符合第31条之18第3款中规定的认证电子文书中继者条件的;

3. 雇员有符合第 31 条之 19 第 1 项的情形之一的，但是，在 3 个月以内更换该雇员的除外；

4. 在第 31 条之 23 中规定的改正命令在所要求的期限内没有履行的。

（本条新设　2012 年 6 月 1 日）

【第 31 条之 23】（改正命令）

如果认证电子文书中继者有下列情形之一的，知识经济部长官应当命令其在规定的期限内进行改正，该期限应当在 6 个月以内：

1. 违反第 31 条之 18 第 4 款中规定的业务准则的；

2. 不履行第 31 条之 18 第 5 款中规定的附加条件的；

3. 认证电子文书中继者的业务方法或者程序不适当，有可能妨害电子文书流通的安全性和可靠性的。

（本条新设　2012 年 6 月 1 日）

第六章　电子文书、电子交易纠纷调解委员会
（修正 2012 年 6 月 1 日）

【第 32 条】（电子文书、电子交易纠纷调解委员会的设置及构成等）

①为了调停与电子文书和电子交易有关的纠纷，设置电子文书、电子交易纠纷调解委员会（本章以下各条简称为"委员会"）。

②委员会由 1 名委员长和 15 名以上 50 名以下的委员构成。

③委员由知识经济部长官从符合以下情形之一的人中任命或者委托，委员长由委员通过互选产生：

1. 大学或者认证研究机构中副教授级以上或者担任相当于副教授级以上职务的人，并且专门从事电子文书或者电子交易相关方向的研究；

2. 四级以上公务员（包括高位公务员团中的一般职公务员）或者正在或曾经在公共机构担任相当于四级以上公务员职务，并且有电子文书或者电子交易相关业务的经验的人；

3. 有法官、检察官或者律师资格的人；

4. 《非盈利民间团体支持法》第 2 条中规定的非盈利民间团体推荐的人；

5. 其他具有调解电子文书或者电子交易纠纷的知识和经验的人。

④委员为非常任，每届任期为 3 年，只能连任一次。

⑤除非委员被宣告为资格停止以上的刑罚，或者由于身体或者心理上的障碍难以履行职务，否则不得违背委员的意愿免去其职务或者解除委托。

⑥为了向委员会的业务提供支持,应在相关机构设置事务局。

⑦除第1款至第6款中规定的事项以外,其他委员会运营中的必要事项由总统令规定。

(全文修正 2012 年 6 月 1 日)

【第32条之2】(委员的排除、申请回避和自行回避)

①委员会的委员有下列情形之一的,应当被排除在相应调解案件之外:

1. 委员或者其配偶、曾经是其配偶的人是案件的当事人,或者与案件的当事人有共同权利人、共同义务人的关系的;

2. 委员与案件的当事人有亲属关系或者曾经有亲属关系的;

3. 委员曾经对该案件出具证言或者做出鉴定的;

4. 委员曾经或者正在作为该案件当事人的代理人参与案件的。

②当事人认为存在可能影响委员公正调解的事实的,可以向委员会申请回避。如果委员会认为存在正当的回避事由,则应当要求相关人员进行回避。

③委员有符合第1款或者第2款的情形的,可以在获得委员长的许可后,自行在相应的案件中回避。

(本条新设 2012 年 6 月 1 日)

【第33条】(纠纷的调解)

①要获得与电子文书及电子交易相关的损害救济和纠纷调解的人,可以向委员会申请纠纷调解。但是,按照其他法律的规定纠纷调解已经结束的情况除外。

②调解由三名以下的委员组成的调解部(以下简称为"调解部")组织进行。但是,委员会决定调解的案件由委员会组织调解。

③委员长为每个案件的调解部分别指派委员,其中应当包括一名以上的符合第32条第3款第3项的规定的委员。

④委员会或调解部应当在收到第1款中规定的纠纷调解申请之日起45日之内制作调解方案,对纠纷当事人(以下简称为当事人)进行调解。但是,由于不得已的事由需要延长该期限的,应当向当事人明确告知延长事由和延长期限。

⑤收到第4款中规定的调解方案的当事人应当在接收调解之日起15日内告知委员会或调解部是否接受调解方案。15日之内没有做出意思表示的,视为接受调解方案。

⑥除第1款至第5款中规定的事项以外,其他关于调解程序的必要事项由总统令规定。

（全文修正 2012 年 6 月 1 日）

【第 34 条】（提供材料等的要求）

①为了进行纠纷调解，委员会可以要求当事人或者证人提供必要的材料。如果没有正当的理由，相关当事人应当提供委员会要求的材料。

⑦委员会认为有必要时，可以要求当事人或者证人出席委员会的调解活动，并听取其意见。

（全文修正 2012 年 6 月 1 日）

【第 34 条之 2】（拒绝调解和终止调解）

①有下列情形之一的，委员会可以拒绝进行调解：

1. 按照其他法律的规定纠纷调解已经结束的；
2. 认为案件的性质与委员会调解的案件性质不符的；
3. 认为当事人申请调解是为了不正当的目的的。

②当事人在委员会完成纠纷调解之前提起诉讼的，调解终止。

③委员会按照第 1 款和第 2 款的规定拒绝调解或者终止调解的，应当告知当事人拒绝调解或者终止调解的事由。

（本条新设　2012 年 6 月 1 日）

【第 35 条】（调解的成立）

①有下列情形之一的，调解成立：

1. 按照第 33 条第 4 款的规定，当事人接受调解方案的；
2. 当事人向委员会提交调解协议书的。

②按照第 1 款的规定调解成立的，委员会应当向当事人送达有委员会的委员长和各当事人签名、盖章的调解书。

③第 2 款中规定的调解书具有与《民事诉讼法》中规定的司法和解相同的效力。

（全文修正 2012 年 6 月 1 日）

【第 36 条】（调解的不成立）

有下列情形之一的，委员会应当告知当事人调解不成立：

1. 纠纷调解申请被撤回，或者当事人中的某一方不接受调解的；
2. 当事人拒绝委员会的调解方案的。

（全文修正 2012 年 6 月 1 日）

【第 37 条】（调解费用等）

①委员会可以要求申请纠纷调解者按照总统令规定的方式缴纳调解费用。

②政府可以在预算的范围之内向委员会提供其运营所需的必要经费。

（全文修正 2012 年 6 月 1 日）

【第 37 条之 2】（秘密保护）

委员会中从事纠纷调解业务的人或者曾经从事纠纷调解业务的人，不得泄露或者以职务之外的用途为目的私自使用其通过职务原因获知的秘密。但是，其他法律中有特殊规定的除外。

（本条新设 2012 年 6 月 1 日）

第七章 补则（新设 2012 年 6 月 1 日）

【第 38 条】（禁止使用相似名称）

①没有被指定为认证电子文书中心的，不得使用认证电子文书中心或者与之相似的名称。

②没有被指定为认证电子文书中继者的，不得使用认证电子文书中继者或者与之相似的名称。

③任何人都不得在非认证电子地址处使用认证电子地址或者与之相似的名称。

（全文修正 2012 年 6 月 1 日）

【第 39 条】（权力的授权和委托）

本法中规定的知识经济部长官的权力，可以按照总统令规定的方式部分授权给下属机关的长官或者地方自治团体的长官，或者部分委托给相关中央行政机关的长官或者专门机关。

（全文修正 2012 年 6 月 1 日）

【第 40 条】（互惠）

本法也适用于外国人及外国法人。但是，根据本法或者大韩民国参加或者缔结的条约，对外国公民或者外国法人提供的保护在其所属国并未向大韩民国公民或者大韩民国法人提供类似保护的情况下，可受到相应的限制。

（全文修正 2012 年 6 月 1 日）

【第 41 条】（听证）

有下列情形之一的，知识经济部长官应当举行听证：

1. 要按照第 30 条之 2 的规定撤销服务中心指定的；

2. 要按照第 31 条之 5 第 1 款的规定撤销认证电子文书中心指定的；

3. 要按照第 31 条之 22 的规定撤销认证电子文书中继者指定的；

（全文修正 2012 年 6 月 1 日）

【第42条】（适用罚则时视为公务员的情形）

有下列情形之一的，在对其业务适用《刑法》第129条至第132条的规定时，视为公务员：

1. 认证电子文书中心的雇员或者员工；
2. 认证电子文书中继者的雇员；
3. 委员会的委员中并非公务员的委员。

（全文修正2012年6月1日）

第八章　罚则（修正2012年6月1日）

【第43条】（罚则）

①有下列情形之一的，处以10年以下的有期徒刑或者1亿元以下的罚金：

1. 违反第31条之12第1款的规定，伪造或者变造认证电子文书中心所保管的电子文书或者其他相关信息，或者使用伪造或者变造的信息进行活动的；
2. 违反第31条之12第2款的规定，向认证电子文书中心的信息处理系统内输入虚假信息或者不当命令，或者以其他方法使得第31条之7第2款中规定的证明书被虚假出具的；

②处罚第1款的未遂犯。

（全文修正2012年6月1日）

【第44条】（罚则）

有下列情形之一的，处以5年以下的有期徒刑或者5000万元以下的罚金：

1. 违反第31条之12第3款的规定，使认证电子文书中心所保管的电子文书或者其他相关信息遭到灭失或者毁损，或者侵犯相应秘密的；
2. 违反第31条之12第4款的规定，认证电子文书中心的雇员和员工以及曾经是认证电子文书中心的雇员和员工的人泄露通过职务原因获知的电子文书内容和其他相关信息，或者私自使用或者让他人使用该电子文书内容和其他相关信息的；
3. 违反第37条之2的规定，泄露或者以职务以外的用途为目的私自使用其通过职务原因获知的秘密的。

（全文修正2012年6月1日）

【第45条】（双罚规定）

法人的法定代表人、法人或个人的代理人、职工、其他工作人员在该法人或个人的业务中有符合第43条或者第44条中某一种违反行为的，除对该行为者进行处罚以外，对该法人或个人也处以相应条款中的罚金刑。但是，法人或个人对于防止发生该违反行为已经在相应的业务中尽到必要的注意义务和监督义务的除外。

（全文修正2008年12月26日）

【第46条】（罚款）

①有下列情形之一的，处以3000万元以下的罚款：

1. 违反第18条之6的规定，收集、出售或者提供认证电子地址的；

2. 违反第18条之7的规定，以营利或者宣传为目的向收件人的认证电子地址发送广告的；

3. 违反第31条之9第4款的规定，将电子文书或者其他相关信息向其他人提供或者公开等的认证电子文书中心。

②有下列情形之一的，处以1000万元以下的罚款：

1. 违反第18条之2第2款的规定，做出优秀电子交易经营者标示或者与之类似的标示，或者进行宣传的；

2. 违反第31条之8第1款的规定，没有申报电子文书保管等的业务准则的；

3. 违反第31条之8第2款的规定，没有对电子文书保管等的业务准则进行变更申报的；

4. 不履行第31条之8第3款规定的要求变更电子文书保管等业务准则的命令的；

5. 违反第31条之8第4款的规定，没有对设施或者设备进行变更申报的；

6. 违反第31条之9第1款的规定，没有正当理由而拒绝提供电子文书保管等服务的；

7. 违反第31条之9第2款的规定，对使用者提供不当的差别化服务的；

8. 违反第31条之9第3款的规定，没有采取必要的措施防止电子文书的内容被毁损或者发生变化的；

9. 违反第31条之10第1款和第2款的规定，不接受检查的；

10. 没有按照第31条之11第1款的规定提交相关材料或者进行报告的，提交虚假材料或者进行虚假报告的，或者拒绝相关公务人员进入相关场所，拒绝、妨碍或者逃避其检查的；

11. 违反第31条之14第1款后半段的规定，没有将电子文书保管等业务的转让或者合并的事实告知使用者的；

12. 违反第31条之14第3款的规定，没有将认证电子文书中心的地位承继事实进行申报的；

13. 违反第31条之15第1款的规定，没有将终止电子文书保管等业务的事实通知使用者，或者没有将该事实向知识经济部长官申报的；

14. 违反第31条之15第2款的规定，没有将电子文书保管等业务移交，或者没有进行申报的；

15. 违反第31条之16第2款的规定，没有购买保险的；

16. 违反第31条之20的规定，没有对设施或者设备进行变更申报的；

17. 违反第31条之21的规定，不接受检查的；

18. 违反第38条第1款的规定，使用认证电子文书中心或者与之相似的名称的；

19. 违反第38条第2款的规定，使用认证电子文书中继者或者与之相似的名称的；

20. 违反第38条第3款的规定，使用认证电子地址或者与之相似的名称的。

③第1款和第2款中规定的罚款由知识经济部长官按照总统令规定的方式进行征收。

（全文修正2008年12月26日）

附则（第11461号，2012年6月1日）

第一章（实行日）本法自公布后3个月起施行。

【第2条】（电子文书、电子交易纠纷调解委员会委员任期的适用）

第32条第4款的修正规定，在本法施行后也适用于此前被任命或者委托的委员。

【第3条】（电子文书、电子交易纠纷调解的适用）

第33条、第34条之2、第35条及第36条的修正规定，在本法施行后也适用于此前的调解申请。

【第4条】（有关优秀电子交易经营者认证的临时措施）

本法施行时已经按照此前的规定获得优秀电子交易经营者认证的，视为按照第18条的修正规定获得优秀电子交易经营者认证。

【第5条】（有关电子交易基本政策的临时措施）

本法施行时已经按照此前的规定制定的电子交易基本政策的，视为按照第19条的修正规定制定的电子文书、电子交易基本政策。

【第6条】（有关电子交易促进计划的临时措施）

本法施行时已经按照此前的规定制定的电子交易促进计划的，视为按照第20条的修正规定制定的电子文书、电子交易促进计划。

【第7条】（有关认证电子文书保管所的临时措施）

在本法施行之前，按照此前的规定被指定为认证电子文书保管所的法人的，视为按照第31条之2的修正规定被指定为认证电子文书中心。

【第8条】（有关不合格事由的临时措施）

本法施行时，认证电子文书中心的雇员由于发生在本法施行之前的事由而符合第31条之3第1项e段的修正规定中的不合格事由的，不适用本法的修正规定，而依照此前的规定。

【第9条】（有关电子交易纠纷调解委员会的临时措施）

本法施行时，按照此前的规定成立的电子交易纠纷调解委员会，视为按照第32条的修正规定成立的电子文书、电子交易纠纷调解委员会。

【第10条】（其他法律的修正）

①法律第11283号关于婚姻中介业管理的法律的部分修正法，部分修改如下：

第10条第1款第1项中的"《电子交易基本法》"修改为"《电子文书及电子交易基本法》"；

第14条后半段中的"《电子交易基本法》"修改为"《电子文书及电子交易基本法》"。

②公证人法部分修改如下：

第1条之2第2项中的"《电子交易基本法》"修改为"《电子文书及电子交易基本法》"。

③国税基本法部分修改如下：

第85条之3第4款中的"《电子交易基本法》"修改为"《电子文书及电子交易基本法》"，"认证电子文书保管所"修改为"认证电子文书中心"。

④劳动福利基本法部分修改如下：

第35条第7项各项以外的部分后段中的"《电子交易基本法》"修改为"《电子文书及电子交易基本法》"。

⑤劳动者职业能力促进法部分修改如下：

第 23 条之 2 第 2 款中的"《电子交易基本法》"修改为"《电子文书及电子交易基本法》"。

⑥关于男女雇佣平等和双薪家庭支援的法律部分修改如下：

第 33 条后段中的"《电子交易基本法》"修改为"《电子文书及电子交易基本法》"。

⑦法律第 11349 号关于农水产物流通及价格安全的法律的部分修正法，部分修改如下：

第 2 条第 14 项及第 35 条第 2 款第 1 项中的"《电子交易基本法》"分别修改为"《电子文书及电子交易基本法》"。

⑧烟业法部分修改如下：

第 12 条第 4 款中的"按照电子交易基本法第 2 条第五项的规定"修改为"按照《电子文书及电子交易基本法》第 2 条第五项的规定"。

⑨法律第 10786 号关于麻药类管理的法律的部分修正法，部分修改如下：

第 28 条第 3 款中的"《电子交易基本法》"修改为"《电子文书及电子交易基本法》"。

⑩物流政策基本法部分修改如下：

第 32 条第 1 款中的"《电子交易基本法》"修改为"《电子文书及电子交易基本法》"。

法律第 11324 号关于访问贩卖等的法律的全文修正法，部分修改如下：

第 7 条第 4 款前段中的"《电子交易基本法》"修改为"《电子文书及电子交易基本法》"。

信贷专门金融业法部分修改如下：

第 14 条第 5 款但书及第 39 条各项以外的部分但书中的"《电子交易基本法》"分别修改为"《电子文书及电子交易基本法》"。

流通产业发展法部分修改如下：

第 2 条第 10 项中的"按照《电子交易基本法》第 2 条第 1 项的规定"修改为"按照《电子文书及电子交易基本法》第 2 条第 1 项的规定"。

印花税法部分修改如下：

第 3 条第 3 款中的"《电子交易基本法》"修改为"《电子文书及电子交易基本法》"。

电子金融交易法部分修改如下：

第 2 条第 9 项中的"按照《电子交易基本法》第 2 条第 1 项的规定"修

改为"按照《电子文书及电子交易基本法》第2条第1项的规定";

第2条第16项e段中的"《电子交易基本法》第6条第1款的规定"修改为"《电子文书及电子交易基本法》第6条第1款的规定";

第5条第1款中的"《电子交易基本法》第4条至第7条、第9条及第10条的规定"修改为"《电子文书及电子交易基本法》第4条至第7条、第9条及第10条的规定"。

(16) 关于促进电子贸易的法律部分修改如下：

第2条第四项及第16条第1款中的"《电子交易基本法》"分别修改为"《电子文书及电子交易基本法》"。

(17) 法律第11326号关于电子商务等中消费者保护的法律的部分修正法，部分修改如下：

第2条第1项中的"《电子交易基本法》"修改为"《电子文书及电子交易基本法》";

第5条第1款中的"《电子交易基本法》"分别修改为"《电子文书及电子交易基本法》"。

(18) 关于电子票据发行及流通的法律部分修改如下：

第2条第一项、第6条第4款、第7条第3款及第9条第2款中的"《电子交易基本法》"分别修改为"《电子文书及电子交易基本法》"。

(19) 电子政府法部分修改如下：

第29条第1款但书中的"《电子交易基本法》"修改为"《电子文书及电子交易基本法》"。

(20) 信息通信产业振兴法部分修改如下：

第2条第2项c段中的"《电子交易基本法》第2条第五项"修改为"《电子文书及电子交易基本法》第2条第1项及第5项"，"电子交易"修改为"电子文书及电子交易";

第27条第11项改为"11. 与《电子文书及电子交易基本法》第22条第1款规定的电子文书及电子交易相关的业务";

第28条第3款中的"《电子交易基本法》"修改为"《电子文书及电子交易基本法》"。

(21) 关于调达产业的法律部分修改如下：

第8条第1款中的"《电子交易基本法》"修改为"《电子文书及电子交易基本法》"。

(22) 关于合理追收债权的法律部分修改如下：

第6条第1款各项以外的部分及第17条第2款第1项中的"《电子交易基本法》"分别修改为"《电子文书及电子交易基本法》"。

(23) 土壤环境保全法部分修改如下：

第13条第4款后半段中的"《电子交易基本法》"修改为"《电子文书及电子交易基本法》"。

(24) 关于承包制交易的公平化的法律部分修改如下：

第3条第1款各项以外的部分中的"《电子交易基本法》"修改为"《电子文书及电子交易基本法》"。

(25) 关于分期付款交易的法律部分修改如下：

第6条第1款各项以外的部分及第2款但书中的"《电子交易基本法》"分别修改为"《电子文书及电子交易基本法》"。

关于互联网地址资源的法律[*]

(施行 2009.9.10)
(法律第9782号,2009.6.9,部分修订)
广播通信委员会(网络政策局互联网政策科)
02-750-2742

第一章 总则(修正2009年6月9日)

【第1条】(目的)

本法旨在促进互联网地址资源的开发和利用,构建稳定的互联网地址资源管理体系,促进互联网使用人的利益和国家信息化发展。

【第2条】(定义)

①本法中所使用术语的定义如下:

1. "互联网地址"是指,互联网上依照国际标准或国家标准等通信规则识别特定信息系统而链接的数字、文字、符号或将其组合而造成的信息体系,下列各项均为互联网地址;

 a. 网络协议(protocol)地址:互联网上用于识别电脑及通信设备的地址;

 b. 域(domain)名:为了方便识别互联网上网络协议地址而创制的地址;

 c. 另外由总统令规定的。

2. "互联网地址资源"是指,互联网地址或使用互联网地址所需要的信息、设备以及技术等资源;

3. "互联网地址管理机关"是指,办理有关互联网地址的分配及登记业

---

[*] 译者:张知焕,北京大学法学院。
校对:朴承哲、曹源,北京大学法学院。

务的机关,依据《关于促进利用信息通信网及信息保护的法律》第52条的规定,本法所指的互联网地址管理机关为"韩国互联网振兴院"(以下简称"互联网振兴院")和受互联网振兴院委托对互联网地址业务进行管理的法人以及集团;

4. "互联网地址使用人"是指,为了在互联网上识别电脑或信息系统,由互联网地址管理机关分配网络协议地址的,或者在互联网地址管理机关、互联网地址管理代理行使人或顶级域名注册单位(以下简称"互联网地址管理机关")注册域名或第2条第1款规定的互联网地址(以下简称"域名")的人;

5. "个人信息"是指,《关于促进利用信息通信网及信息保护的法律》第2条第1款第6项规定的个人信息;

6. "互联网地址管理代理行使人"是指,为了代办有关互联网地址分配或注册的业务,依据本法第14条第1款由互联网地址管理机关选定的机关;

7. "顶级域名注册单位"是指,将通用顶级域名或国家及地区代码顶级域名代理注册的单位。大韩民国国家代码顶级域名除外。

(全文修正2009年6月9日)

【第3条】(国家的责任)

①国家应该促进互联网地址资源的开发及其利用,并促进对互联网地址的公正和合理地使用。

②国家应该确保互联网地址资源相关政策的透明和民主及实施。

(全文修正2009年6月9日)

【第4条】(适用范围)

本法适用于在韩国分配的网络协议地址和在韩国注册、持有或使用的域名等互联网地址资源。

(全文修正2009年6月9日)

第二章 关于推进互联网地址资源的政策

【第5条】(基本计划的建立、施行)

①广播通信委员会应当制定关于促进互联网地址资源开发、利用与管理的基本计划(以下简称"基本计划")。

②基本计划应当包括以下事项:

1. 促进互联网地址资源开发、利用和管理的基本目标;

2. 有关互联网地址资源现状和供求的事项;

3. 有关互联网地址资源的开发和标准化的事项;

4. 有关互联网地址资源使用人保护和纠纷解决的事项;

5. 有关互联网地址资源与国家、地方自治团体以及民间协助的事项;

6. 有关互联网地址资源与国际协助的事项;

7. 有关促进互联网地址资源开发、利用和管理的财源的筹集及其运用的事项;

8. 其他有关促进互联网地址资源开发、利用和管理的事项。

③依照本法第六条,广播电视通信委员制定基本计划时应当经由互联网地址政策审议委员会审议。

④制定、实施基本计划时所必需的事项由总统令规定。

(全文修正 2009 年 6 月 9 日)

【第 6 条】(互联网地址资源政策审议委员会)

①为了审议有关互联网地址资源的政策而建立的作为广播通信委员会附属机关的互联网地址资源政策审议委员会(以下简称:"审议委员会")。

②审议委员会审议下列事项:

1. 有关基本计划的制订及施行的事项;

2. 依据第 9 条规定,有关互联网地址管理机关对受委托业务规定的事项;

3. 依据第 13 条规定,有关互联网地址管理准则规定的事项;

4. 有关为解决与互联网地址相关的纠纷而设定的主要政策的事项;

5. 有关互联网地址资源与国家协助的事项;

6. 其他委员长附议的有关互联网地址资源的主要政策。

③由 10 名审议委员组成审议委员会,委员长从其中自选。

④审议委员会的委员应当对互联网地址资源具有丰富经验和认识;下列有关事项由广播通信委员长委托或指定。

1. 3 级以上的公务员或者公共机关中与其等级相等职业上任职的或历任过的人;

2. 在法官、检察员、律师或者专利师的职业上任职或历任过 10 年以上的人;

3. 在大学或者研究机关任职或历任过 5 年以上的副教授以上职称的人或者与其等级相等上的与信息通信专业有关的人;

4. 在信息通信企业担任或者担任过干部职位 5 年以上的人;

5. 在与信息通信有关的团体或机关担任或担任过代表人职位的人；

6. 其他广播通信委员会认定具有相应资格的人。

⑤关于审议委员的组成与运行等的相关事项由总统令规定。

（全文修正 2009 年 6 月 9 日）

【第 7 条】（互联网地址资源的开发及标准化）

①广播通信委员会为了促进互联网地址资源的秩序发展和标准化应该制定、施行相关计划。

②广播通信委员会在财政上、行政上或技术上可以支持民间部门研究开发互联网地址资源及促进其标准化而进行的事业。

③制定、施行以及支持互联网地址资源研究开发和标准化的计划实施中必要的事项由总统令规定。

（全文修正 2009 年 6 月 9 日）

【第 8 条】（国际协助）

①广播通信委员会为稳定互联网运行和扩大互联网地址资源应该制定施行与其他国家、国际组织间的协助对策。

②广播通信委员会可以支持民间组织参与在互联网地址资源领域中进行的国际协助活动。

③为支持民间组织的国际协助活动而所必要的事项由总统令规定。

【第 9 条】（互联网地址管理机关的业务委托）

①互联网振兴院将互联网地址管理机关的业务按照互联网地址进行分类，经由广播通信委员会承认，可以委托于依据总统令制定的相关法律规定的法人以及团体。

（全文修正 2009 年 6 月 9 日）

第二章 互联网地址的使用管理

【第 10 条】（网络协议地址的分配）

①网络协议地址应当由互联网地址管理机关分配。

②网络协议地址的分配申请、分配标准以及方法等相关事项由总统令规定。

（全文修正 2009 年 6 月 9 日）

【第 11 条】（域名的注册）

①使用域名的人应该在互联网地址管理机关注册。互联网地址管理机关

可以要求实施对本人进行认证的必要措施。

②互联网地址管理机关确认本人信息与实际不一致时，应当取消该域名。

③关于域名的注册标准、注册申请、注册方法以及确认方等必要事项由总统令规定。

（全文修正2009年6月9日）

【第12条】（禁止以不正当的目的注册域名）

①任何人不得阻碍正当权利人注册域名，正当权利人不得以获得不当得利等不当的目的对域名进行注册、持有或使用。

②正当权利人对违反第1款规定的内容注册、持有或使用的人可以向法院请求注销或转移该域名。

（全文修正2009年6月9日）

【第13条】（互联网地址管理准则）

①互联网地址管理机关作出的包括下列事项的管理互联网地址的准则（以下简称"互联网地址管理准则"），应该经由广播通信委员会批准，变更被批准的事项也需要符合上述要求。

1. 有关互联网地址的分配或注册业务的事项；

2. 有关互联网使用标准和使用条件的事项；

3. 有关互联网地址相关信息和设施保护的事项；

4. 有关停止互联网地址使用、取消互联网地址使用、注销互联网地址的事项；

5. 有关互联网地址数据库转让、接受时所必要的事项（按照第九条规定仅限于委托业务的情况）

6. 有关互联网的分配和注册手续费事项；

7. 有关互联网地址管理代理人的选定、管理以及监督的事项；

8. 其他互联网的管理所必要的事项。

②互联网地址管理机关应当诚实地遵守互联网地址管理准则。

（全文修正2009年6月9日）

【第14条】（互联网地址管理业务的代理行使）

①互联网管理机关可以选定互联网地址管理代理行使人，委托其办理有关互联网地址的分配及其注册的业务。

②选拔互联网管理代理行使人时应当按照程序，不应该强加不正当的条件。

（全文修正2009年6月9日）

【第 15 条】（个人信息保护）

互联网地址管理机关应当保护互联网地址使用人的个人信息。

②对个人信息保护应该遵守《关于促进信息通信网的利用以及信息保护等的法律》第 22 条、第 23 条、第 23 条之 2、第 24 条、第 24 条之 2、第 25 条、第 26 条之 2、第 27 条、第 27 条之 2、第 28 条、第 28 条之 2、第 29 条至第 32 条、第 29 条至第 32 条、第 36 条第 1 款、第 63 条、第 64 条、第 71 条第 1 项至第 8 项、第 73 条第 1 项、第 76 条第 1 款第 1 项至第 5 项、第 76 条第 2 款（同款第 2 项除外）、第 76 条第 3 款第 22 项至 24 项的与个人信息有关的规定。将"信息统信服务提供者"视为"互联网地址管理机关等"；将"使用者"视为"互联网地址使用者"。

（全文修正 2009 年 6 月 9 日）

第三章 互联网地址争议调解委员会

【第 16 条】（互联网地址争议调解委员会的设立、构成）

①为了调解互联网地址的注册以及使用上的争议而设立互联网地址争议调解委员会（以下简称："争议调解委员会"）争议调解委员会由 1 名委员长和 30 名委员组成。

③委员适合从符合以下条件的人员中由广播通信委员长任命或委托。

1. 在大学或者公认的研究机关任职或历任过副教授以上或者与其同等地位上的法学专业人；

2. 4 级以上的公务员（包括属于高位公务员团的一般职公务员）或者在公共机关与其同等地位上任职或历任过对互联网地址或知识产权业务有经验的人；

3. 具有法官、检察官、律师或者专利师等资格的人；

4. 其他广播通信委员会认定具有相应资格的人。

④委员的任期为 3 年。

⑤委员长是在委员当中由广播通信委员长任命。

为了支持争议调解委员会的业务而在互联网振兴院里设置办公区。

⑦不属于争议调解委员会的人不能使用互联网地址争议调解委员会或者与其相似的名称。

（全文修正于 2009 年 6 月 9 日）

【第 17 条】（委员的排除、规避与回避）

①符合下述条件的委员在争议调解请求案件（以下简称"案件"）的审议及议决中予以排除。

1. 委员及其配偶或者前配偶是案件当事人，或与案件当事人同为共同权利人或共同义务人的；
2. 委员是案件当事人的亲属或过去是亲属关系的；
3. 委员曾在该案件中当过证人或者对其进行过鉴定；
4. 委员曾以当事人的代理人或职员的身份干预过案件的，

②因当事人有特殊情况，认为难以得到委员的公正审议、议决时，可以向争议调解委员会申请规避，争议调解委员会认为该规避申请的理由恰当时予以受理。

③委员认为自己属于第1款或第2款规定时，可以在案件的审议、议决时回避。

（全文修正2009年6月9日）

【第18条】（调解争议）

①愿意对互联网地址的注册、持有或者使用中存在的有关争议进行调解的当事人，可以向争议调解委员会申请调解。

②争议调解委员会应当向被申请人（互联网地址的注册人）通知调解申请的事实，从被申请人收到通知之日起14天内应该向争议调解委员会提交答辩状以及相关资料（以下简称"答辩状等"），但是因被申请人具有客观上不可克服的理由而请求延长提交答辩状期限的情况下，可以准许延长提交期限，但是延期仅限于1次。

③被申请人未在提交期限内提交答辩状的，争议调解委员会也可以在没有被申请人的答辩的情况下进行审理。

④接受调解申请的争议调解委员会在答辩状提交期限之日起7天内，由1名至3名委员组成调解部，并应该自调解部组成之日起14天内审理案件并作出调解案。但是，在因客观原因产生的不可避免的必要情况下可以延长期间。

⑤决定延长期间的，应该向当事人通知其事实。

（全文修正2009年6月9日）

【第18之2】（判断标准）

①如果被申请人注册的互联网地址的使用属于以下情况，调解部可以做出将被申请人的互联网地址转让给申请人或者注销等决定。

1. 被申请人对互联网地址的使用侵害了在国内注册的受《商标法》保护的申请人的商标、服务标等权利；

2. 被申请人对互联网地址的使用与在国内被广泛认知的申请人的商品或营业造成混淆的；

3. 被申请人对互联网地址的使用对于在国内著名的申请人的姓名、名称、表彰或商号造成识别混乱或者侵害名誉的。

②被申请人对互联网地址的注册、持有或使用妨碍了正当权利人对该地址的注册以及使用，或者申请人以买卖、出借的形式凭借姓名、名称、表彰或商号从正当权利人处获得不当得利的，调解部应当采取与第1款相同的决定。

③若被申请人的正当权利与其所有的姓名、名称、表彰或商号相一致或者其他被申请人对互联网地址的注册以及使用有正当权利或利益，则即使被申请人符合第1款与第2款的条件，调解部可以对申请人的申请予以驳回。

（本条新设　2009年6月9日）

【第19条】（资料要请）

①争议调解委员会为了调解争议可以要求争议当事人或者互联网地址管理机关等提供相关资料，争议当事人在没有正当理由的情况下应当提交资料。

②争议调解委员会在必要时，可以让争议当事人或者参考人到争议调解委员会听取意见。

（全文修正2009年6月9日）

【第20条】（调解效力）

①争议调解委员会制作调解案之后应当立即通知当事人。

②被申请人被送达调解案之日起15天内没有提交下列证明书之一的，视为承认争议调解委员会的调解，争议调解委员会可以申请对调解内容进行执行。

1. 被申请人已向管辖法院提起关于该互联网地址的诉讼的证明书；

2. 被申请人通过当事人之间的协调，依照《仲裁法》已申请仲裁的证明书。

③按照第2款规定申请人已向争议调解委员会申请执行的，争议调解委员会向互联网地址管理机关等要求实行，互联网地址管理机关等应当立即施行。

④接受通知的当事人承认调解案的，视为当事人之间已形成与调解案内容相同的合意。

（全文修正2009年6月9日）

【第21条】（拒绝调解、中止调解）

①争议调解委员会认为案件不适合争议调解委员会进行调解的、认为以不当的目的申请调解的皆可以拒绝调解。符合上述情形之一的，调解委员会应该告知申请人拒绝理由。

②一方当事人对已接受的事件提起诉讼的，争议调解委员会中止调解，并应当向另一方当事人通知其事实。

（全文修正2009年6月9日）

【第22条】（调解费用）

根据依总统令制定的相关法律的规定，争议调解委员会可以从申请调解的人可以收调解费用。

【第23条】（保持秘密）

在争议调解委员会担任争议调解业务的或担任过该职务的人，不应该向他人泄漏职务目的之外的秘密或以职务目的之外的用处使用，但是其他法律另有规定的除外。

【第24条】（调解程序）

除本章规定外，其他关于争议调解委员会的构成和运用、调解争议的方法以及处理程序和调解业务等必要事项由总统令规定。

（全文修正2009年6月9日）

第四章 罚 则

【第25条】（罚则）

违反第23条，除以职务目的之外使用的，将职务上所得知的秘密向他人泄漏的，判处1年以下有期徒刑或者1000万以下的罚金。

（全文修正2009年6月9日）

【第26条】（适用）

对争议调解委员和互联网管理机关从事相关业务的人员适用《刑法》第129条至第132条的规定时，应将其视为公务员。

（全文修正2009年6月9日）

【第27条】（罚款）

①属于下列情形之一的，判处1000万以下的罚款。

1. 违反第11条第2款没有取消域名等的人；

2. 违反第16条第7款使用互联网地址争议调解委员会名称或者与其相似

名称的；

②适用第1款规定的，广播电视委员会应按由总统令规定的相关法律征收罚金；

（本条新设　2009年6月9日）

附则（第9782号，2009年6月9日）

【第1条】（施行日期）

本法公布之日起3个月后施行。

【第2条】（对互联网地址的警告措施）

施行本法时已于互联网管理机关注册的，依照本法规定将其视为互联网地址。

【第3条】（对调解事件的警告措施）

施行本法之前申请的案件适用从前的规定。

关于网上选举报道审议委员会的构成及运营的规定*

（施行：2012年8月30日，中央选举管理委员会规定
第379号，部分修正2012年8月30日）
中央选举管理委员会（法制科）02-503-2190

第一章 总 则

【第1条】（目的）
本规定旨在规定《公职选举法》（以下简称《法》）中，对网上选举报道审议委员会（以下简称"审议委员会"）的构成、运营等法律委托的事项及对其施行所需要的事项。
（修正2005年8月4日）

【第2条】（网络言论机构范围）
①按照《法》第8条之5第1款的规定，网络言论机构是经营、管理下列网站的主体。

1. 按照《关于振兴报纸等的法律》第2条第4款的规定，独创消息、持续发行的网上报纸提供商；和按照《互联网多媒体广播电视产业法》第2条第5款的规定，由互联网多媒体广播电视提供商运营的网站；

2. 报纸及广播电视提供商直接运营的，或以个体法人形式运营的以下各类网站：

   a. 由《关于振兴新闻等的法律》第2条第3项规定的报纸提供商运营的网站；

---

* 译者：张知焕，北京大学法学院。
　校对：朴承哲、张亚菲，北京大学法学院。

b. 由《广播电视法》第 2 条第 3 项规定的广播电视提供商运营的网站；

c. 由《关于振兴杂志等期刊物的法律》第 2 条第 2 项规定的期刊物提供商运营的网站；

d. 由《关于振兴新闻通信的法律》第 2 条第 3 项规定的新闻通信提供商运营的网站。

3. 由《关于振兴报纸等的法律》第 2 条第 6 项规定的网上新闻服务提供商运营的网站，且该网站将第 1 项或第 2 项规定的网络言论机构所提供的文章通过互联网持续提供或者传播。

4. 其他由具备上述各项类似功能的网站的经营、管理人运营的网站当中，审议委员会批准的网站。

②虽然符合第 1 款规定的内容，但有下列情形之一的，不视为网络言论机构的网站。

1. 政党或候选人（包括想要成为候选人的人，下同）设立、运营的网站；

2. 进行选举运动的机关或团体设立、运营的网站；

3. 其他根据在网站发布的文章内容以及运营状态，审议委员会不予认定为网络言论机构的网站。

（全文修正 2011 年 11 月 30 日）

【第 2 条之 2】（网络言论机构的公正的选举报道）

①网络言论机构报道与选举有关的内容时，其内容不应当有利或不利于特定政党或候选人，应当公正报道。

②网络言论机构报道与选举有关的内容时，关于政党或者候选人的文章的构成和占比应当保持均衡。

③网络言论机构报道与选举有关的内容时，应当客观报道，将事实与意见相区分。

（本条新设 2011 年 11 月 30 日）

第二章 审议委员会的构成和运作

【第 3 条】（职权）

（修正 2005 年 8 月 4 日，2011 年 11 月 30 日）

①审议委员会具有以下职权：

1. 按照《法》第 8 条之 5 第 6 款的规定，制定及修订网络言论机构的选举报道审议标准（以下简称"审议标准"）；

2. 按照《法》第8条之6第1款的规定，审议选举报道；

3. 按照《法》第8条之6第3款的规定，处理有关异议申请的工作；

4. 按照《法》第8条之6第6款的规定，处理对反驳报道的请求相关的工作；

5. 为了实现对网上选举的公正报道而进行研究活动；

6. 为了保障对选举公正报道而进行的教育、指导以及帮助工作；

7. 其他对审议委员会活动的宣传等工作。

②审议委员会制定或修订审议标准时，以网站公告等方式公布。（修正2011年11月30日）

③如果网络言论机构违反《法》第256条第2款第3项，审议委员会应当对其采取控告等措施。（修正2011年11月30日）

【第4条】（委员的推荐、委托及解任）

①按照《法》第8条之5第2款的规定，政党或广播电视通信委员会等推荐审议委员会委员时（以下简称"委员"）应当按照附件第1号的格式提交推荐书。（修正2008年12月23日，2011年11月30日）

②有意向成为委员的人应当按照附件第2号的格式提交本人的承诺以及非党员的确认书。

③中央选举委员会委托委员时应当提交委任书，登记并管理委员任命记录和委员名簿。委任书、委员任命记录和委员名簿的格式应与《选举管理委员会法实行规则》的相关规则一致。（修正2005年8月4日，2011年11月30日）

④中央选举管理委员会解任或不再委任委员时，应当有本人辞职申请或者第8条规定的能够证明解任理由的证明文件。（新设 2011年11月30日）

（题目修正2011年11月30日）

【第5条】（委员长）

①委员长代表审议委员会，管理其业务。

②委员长空缺或者有特殊情况时，由常任委员代行其职务。

【第6条】（常任委员）

①为了辅助审议委员会的委员长，监督事务局的工作，设置一名常任委员。

②常任委员为一级或相当于一级的国家公务员。

③常任委员是对政党工作有丰富认识的下列人员，由中央选举委员会

指定。

1. 担任法官、检察官或律师职位5年以上；
2. 在大学担任行政学、政治学、新闻传播学或法律学专业的教授以上职位3年以上；
3. 工作两年以上的三级以上公务员。

【第7条】（委员的任期）

①委员的任期为3年，可以连任。②常任委员的任期为3年。

【第8条】（委员的解任理由）

除非委员属于下列情形之一，否则不能被解任。（修正2005年8月4日，2010年1月25日）

1. 加入政党或参与政治的；
2. 被处于拘留以上的刑事处分的；
3. 履行工作时明显地干扰公正或中立的；
4. 由政党推荐的委员，其政党在国会不能构成交涉团体的；
5. 作为常任委员，属于《国家公务员法》第33条各项之一的，或者属于同法第74条第1款的。

【第9条】（委员的待遇）

①除了常任委员以外的其他委员是名誉职位，但可以获得经济上的补贴和实质上的补偿。（修正2010年1月25日）

②审议委员会委员出席委员会议或进行与审议有关的其他工作时，按照《选举管理委员会施行规则》附表4的规定向其支付费用，其他补贴按照《公务员旅费规定》附表1第1项的规定支付。适用《选举管理委员会施行规则》附表4时，将"中央选举管理委员会"视为"网上选举报道审议委员会"。（修正2007年2月16日，2008年3月24日）

【第10条】（委员的义务、职权）

①委员按照第3条的规定，公正、诚实地履行职责。

②委员履行职责不受任何外部指示或干涉。

【第11条】（会议的召集）

审议委员会的会议由委员长召集，但是在1/3以上委员要求召开会议时，委员长应当召开会议。

【第12条】（委员会会议）

①审议委员会的议案分为议决事项和报告事项，并将议决事项分年度编号，记录在议案簿中。

②紧急的或轻微的议决事项可以以书面形式议决。

③事务局局长应当制作会议记录，并在下次会议中报告其内容。

④议案封面、议案簿、议决录以及会议录的格式应当适用《选举管理委员会施行规定》的相关规定。（修正2005年8月4日）

【第13条】（委员会议不公开）

审议委员会的会议不公开，但是在审议委员要求时，可以对外公开。

【第14条】（议决通过的最低人数）

要作出议决，需要有过半数的委员出席，且投赞成票的委员人数超过出席委员人数的一半。

【第15条】（咨询委员）

①审议委员需要时，可以在有关部门专家当中选任若干咨询委员或专门委员（简称"咨询人员等"）。

②咨询人员等在审议委员会的要求下可以参加会议，提出意见。

③审议委员会可以在预算范围内按照审议委员的标准向咨询人员等给予经济上的补贴。（修正2010年1月25日）

第三章 事务机构

【第16条】（事务机构）

①为了处理审议委员会的事务，设立事务局，事务局下设审议组、审议运营组和审议支援组。（修正2008年12月23日）

②事务局局长为副理事级或秘书级，组长为行政事务级或者由相应的非定职公务员或者临时职公务员补缺。（修正2010年1月25日）

③事务局局长处理下列各项工作：（修正 2008.12.23，2010.1.25，2011.11.30）

1. 关于审议业务的计划、管理和调整的工作；

2. 对选举报道的审议、决定以及再审请求的工作；

3. 对由于异议申请产生的修正报道、反驳报道的刊载等与审议、决定有关工作；

4. 为了公正审议而进行的研究以及改善制度的工作；

5. 关于选举报道审议的评价、发刊白皮书的事务；

6. 关于宣传审议委员职责等的事务；

7. 对网络言论机构不公正选举报道的监督；

8. 为了保障公正而进行的对外合作事务；

9. 对网络言论机构等实施的教育、指导以及支援事务；

10. 关于运营委员会及事务局的事务；

11. 关于审议委员会的规则、训令等的制定、修订的事务；

12. 关于预算执行及管理场所、物品等的事务；

13. 关于保安、管理文件的事务；

14. 其他选举报道审议所需要的事务。

④各组事务的分担由审议委员会决定。（修正 2010 年 1 月 25 日）

⑤删除（2010 年 1 月 25 日）

第四章　审议及救济

【第 17 条】（审议标准）

对选举报道的审议应当遵守相关法规及审议委员会制定的审议标准。（修正 2005 年 3 月 29 日，2011 年 11 月 30 日）

【第 18 条】（审议案件）

①由审议委员会事务局局长将选举报道撰写为审议案件。

②审议委员会委员认为有必要对选举报道进行审议时，可以将相关事项作为审议案件提交。（修正 2005 年 8 月 4 日）

【第 19 条】（异议申请）

政党或者候选人按照《法》第 8 条之 6 第 2 款规定申请异议时，应当符合附件第 3 号的格式。（修正 2005 年 8 月 4 日）

【第 20 条】（审议议决及履行命令）

①审议委员会认定选举报道的内容违反相关法规及审议标准的，应当要求该网络言论机构发布修正报道的公告、发出警告书或者给予警告、注意等处分，其标准与附表的规定相一致。

②审议委员会按照第 1 款的规定决定处以警告处分时，应当要求相应的网络言论机构在其网站主页发布公告。在要求其发布警告书或者决定对其处以警告处分时，必要时可以要求其在相应的选举报道处公告该选举报道已被处分的事实。

③按照本条第 2 款的规定被审议委员会处分的网络言论机构应当立即在报道处做出标示，并向传播该选举报道的网上新闻服务提供商转发。网上新闻服务提供商应当立即用收到的有标示的选举报道替代原有报道。（新设

2012年8月30日）

④对于按照本条第1款的规定决定的事项，审议委员会应当要求相应的网络言论机构立即履行，并采取能够确认该处分的履行状态等的必要措施。（修正2012年月30日）

（全文修正2011年11月30日）

【第21条】（再审请求）

①对审议委员会的决定及其处分有异议的政党、候选人或网络言论机构在收到通知之日起两日内可以向审议委员会请求再审。但请求仅限一次。

②审议委员会收到请求后，应当立即进行审议并做出决定，并将结果通知请求人。

（全文修正2011年11月30日）

【第22条】（反驳报道请求）

①政党或候选人按照《法》第8条之6第6款的规定请求反驳报道时，应当按照附件4的格式以书面形式（以下在本条称之为"申请书"）提交。（修正2005年8月4日）

②申请书应明示当事人之间的协议过程和协议不成的理由等。

【第23条】（反驳报道请求的决定及履行的确认）

①如果没有特殊情况，审议委员会应当在接收之日起48小时内向政党、候选人及网络言论机构通知驳回或决定等审议结果。决定反驳报道的引用时，与格式、内容、大小和次数等必要事项一并通知。（修正2011年11月30日）

②审议委员会应当调查反驳报道请求中必要的事项，调查时可以听取相关人员或有关专家的意见。

③参与做出第1款的决定的委员应当署名并签章。

④审议委员会按照第1款的规定通知的，应当对相应的网络言论机构采取能够确认处分的履行状态等的必要措施。（修正2011年11月30日）

⑤对按照第1款的规定做出的决定有异议的政党、候选人或网络言论机构可以请求再审，请求的期间、次数和程序适用第22条的规定。（新设2011年11月30日）

【第24条】（意见陈述）

为了审议有需求的事项，审议委员会可以给予政党、候选人、网络言论机构或其代理人（本条中简称为"当事人"）陈述意见的机会。意见陈述可以采取口头或书面形式，当事人没有回应则视为放弃陈述意见。（修正2005年8月4日）

【第 25 条】（通知）

审议结果的通知按照《选举管理委员会事务管理规则》第 21 条（试行文的编制）的规定进行，可以附加裁决书的复印件。

（全文修正 2005 年 8 月 4 日）

【第 26 条】（委托）

为了尽快地审议、决定和其他运作审议委员会时所需要的事项，审议委员会可另外进行表决做出决定。（修正 2005 年 8 月 4 日）

第五章 附 则

【第 27 条】（给付费用）

按照《法》第 8 条之 5 第 7 款的规定，审议委员会招聘相关公务员或专家时在预算范围内可以给付补贴等费用。（修正 2010 年 1 月 25 日）

【第 28 条】（处理事务）

审议委员会的组织、人事等事务按照《选举管理委员会法》以及《选举管理委员会公务员规定》的规定处理，预算（列入预算、结算）、审计等事务由中央选举委员会事务局管理。（修正 2005 年 8 月 4 日）

【第 29 条】（临时职公务员）

为了确保审议的专业化，可以在预算范围内招聘临时职公务员。（修正 2005 年 8 月 4 日）

【附则】

本规定自公布之日起施行。

新加坡

互联网操作规则*

特此召告：为了执行《广播法》第二十八章第6条赋予的权力，新加坡媒体发展管理局依计划颁布《互联网操作规则》，该规则于1997年11月1日起正式生效。

1996年7月15日2400/96号通知废止。

互联网日常操作规则

前　言

1.（1）《广播法》第二十八章赋予新加坡媒体发展管理局如下职责：确保在任何广播服务中不存在违反公共利益和秩序、国家和谐，或与良好品味和尊严相抵制的内容，这是新加坡媒体发展管理局发布《互联网操作规则》的目的。

（2）所有依据《广播（分级执照）通知（N1）》取得执照的网络服务提供商和网络内容提供商都需遵守该操作规则。在《广播法》下，新加坡媒体发展管理局有实施制裁的权力，包括对违反该操作规则的执照持有人进行罚款。

互联网操作规则

2. 执照持有人应该尽力确保禁止性材料不会通过网络向新加坡境内用户

---

* 译者：彭定义，北京大学法学院。
　校对：魏廷伟，北京大学法学院。

传播。

本规则规定的义务

3.（1）当管理局依据本条第4款规定告知网络接入服务提供商或分销商，互联网相关节目含有禁止性材料，其应当履行义务拒绝该网站的接入。

（2）有关网络新闻组，网络接入服务提供商或分销商应履行以下义务：

（a）禁止其认为可能含有禁止性内容的新闻组进行注册；和

（b）注销任何管理局可能指示注销的新闻组。

（3）网络内容提供商应履行如下义务：

（a）有关在其服务器上组织的私人论坛（例如：聊天组），执照持有人选取的讨论话题不得违反本法第4条的规定；

（b）有关执照持有人的由他人受邀在其服务上基于公共展示目的（如公告板）投稿的栏目，当执照持有人在履行其日常编辑职责时发现或被告知投稿包含禁止性内容时，应拒绝接受该投稿；

（c）有关执照持有人提供的其他栏目，执照持有人应确保该栏目依据本条第4款的规定不会被认为含有禁止性材料。

（4）如果媒体发展管理局直接要求网络内容提供商禁止接入发展局认为的禁止性材料，提供商应按其要求处理。

（5）第3款不适用于对所提供的服务上的项目并没有编辑控制权的网络出版商或网络服务管理者。

禁止性材料

4.（1）禁止性材料是指以下包含违反公共利益、公共道德、公共秩序、公共安全、社会和谐等内容的材料，或者其他新加坡现行法律禁止的材料。

（2）在判断何种材料是禁止性材料时，应考虑下列因素：

（a）材料是否以一种挑逗性的方式展示裸体或生殖器；

（b）该材料是否提倡强迫或非自愿的性暴力或性交；

（c）该材料是否详细地描绘一个人或一群人如何参与性活动；

（d）该材料是否以一种挑逗性的方式或者其他任何冒犯的方式描绘了16岁或貌似16岁以下的人参与性活动；

（e）该材料是否提倡同性恋，是否描绘或提倡乱伦、恋童癖、兽交和恋尸癖；

（f）该材料是否描绘了极端暴力或残忍行为的细节或者对其的癖好；

（g）该材料是否颂扬、煽动或赞同部族、种族或宗教的仇恨、冲突或排外。

（3）另外需要考虑的是该材料是否具有内在的医学、科学、艺术或教育价值。

（4）执照持有人若不确定某内容是否为禁止性材料，可以将该内容提交给新加坡媒体发展管理局，由其进行判断。

计算机滥用法[*]

第一章 初步措施

简称
1. 本法称为《计算机滥用法》。

解释
2. (1) 在本法中,除上下文另有要求:

"计算机"是指,可执行逻辑、算术或存储功能的,电子的、电磁的、光学的、电化学的或其他类型的数据处理设备,或此类互联或相关的设备组,包括与上述设备或设备组直接相关或同时运行的数据存储设施或通信设施,但不包括下列设备:

(a) 自动打字机或排字机;

(b) 便携式掌上计算器;

(c) 非程序的,或不含任何数据存储设施的类似设备;

(d) 可以由部长通过宪报公告的方式规定的此类其他设备;

"计算机输出"或"输出"是指符合下列条件,以书面、打印、图案、图形或其他形式表达的声明或陈述:

(a) 由计算机产生,或

(b) 由计算机产生的声明或陈述准确翻译而来;

"计算机服务"包括计算机时间、数据运行以及数据的存储或检索;

除第13条外,"损害"是指对计算机、数据完整性或可用性、程序、系统或信息造成的损害,且

(a) 损失累计至少达1万美元,或达到部长所作宪报公告的其他数额标

---

[*] 译者:李玲一,北京大学法学院。
校对:顾晨,北京大学法学院。

准,但犯罪行为发生1年以后造成或增加的损失不计算在内;

(b)对医疗检查、诊断、治疗或护理系统造成的现实的或潜在的修改、损坏;

(c)导致他人的身体损伤或死亡,或对他人身体健康或生命造成威胁;

(d)威胁公共健康或公共安全;

"数据"指信息或概念的表现形式,此处的概念是以可适用于计算机的形式编写而成的。

"电子的、声学的、机械的或其他设备"指任何用于或可用于拦截计算机功能的设备或装置。

"功能"包括逻辑、控制、算术、删除、存储、检索以及计算机发出、接收或内部的通信或电子通信;

"拦截",当与计算机功能相关时,包括接听或记录计算机功能,或者获取其中的内容、意义或要领。

"程序或计算机程序"是指输入计算机以使计算机可以执行其某一功能的、有说明或陈述作用的数据。

(2)根据本法目的,行为人可通过以下途径操作计算机以访问计算机中的程序或数据:

(a)更改或删除程序或数据;

(b)将其复制或移动至其他存储器或至同一存储器中的不同位置;

(c)使用;

(d)通过展示或其他手段,使其从存储计算机中输出,从而使得访问程序或数据(以及获取这些访问途径的意图)可被相应解读。

(3)就第(2)款第(c)项而言,使用是指行为人通过操作计算机:

(a)引起某程序的执行;或

(b)其操作计算机行为本身就是程序的某一功能。

(4)就第(2)款第(d)项而言,程序或数据输出的形式(特别是在程序情况下其是否表现为可执行形式,在数据情况下其是否表现为能够被计算机处理的形式)并不重要。

(5)根据本法目的,符合下列条件,则任何人对计算机中程序或数据的访问都是非法或未经授权的:

(a)其本身无权控制对该类程序或数据的访问;

(b)其对该程序或数据的访问并未得到权利人的许可;

(6)本法中对计算机中的任何程序或数据的引用,包括对暂时置于计算机中的可移动存储中介中的程序或数据的引用；计算机被视为包含任何存储于此类中介之中的程序或数据。

（7）根据本法目的，操作计算机中相关程序或其他计算机进行下列行为属于对计算机内容的修改：

（a）更改或移除计算机中的任何程序或数据；

（b）将任何程序或数据添加至内容之中；

（c）任何损害计算机正常运行的行为或任何有助于引起此类修改的行为。

（8）第（7）款中所述的任何修改行为，若符合下列条件，则属于未经授权的行为：

（a）实施修改的行为人本人无权决定是否应进行此次修改；以及

（b）并未得到有关权利人的同意。

（9）本法中对程序的引用包括对程序某一部分的引用。

第二章　违法行为

未经授权访问计算机资料

3.（1）除本条第2款外，任何人在未经授权的情况下，以访问计算机中存储的数据或程序为目的，故意操作计算机的行为，构成犯罪，处5000美元以下罚金，或处2年以下监禁，或二者并罚；属于累犯，则第二次或其后每次犯罪，处1万美元以下罚金，或处3年以下监禁，或二者并罚。

（2）实施本条规定的犯罪行为造成损失的，处5万美元以下罚金，或处7年以下监禁，或二者并罚。

（3）就本条而言，所涉行为即便不针对以下对象也不影响定罪：

（a）特定程序或数据；

（b）任何类型的程序或数据；

（c）特定计算机中的程序或数据。

以犯罪或协助犯罪为目的的访问

4.（1）任何人以访问计算机存储的程序或数据为目的，操作计算机执行任何功能的，企图犯本条所述罪行的，构成犯罪。

（2）该条适用于涉及财产、欺诈、诈骗或导致身体伤害且应判处2年以上监禁的犯罪。

（3）任何人触犯本条规定犯罪行为，处5万美元以下罚金，或处10年以下监禁，或二者并罚。

（4）就本条而言，以下情形不影响定罪：

（a）第（1）款中所述访问被授权或未经授权；

（b）本条所述罪行是在访问被获取时进行还是在其他时间进行。

未经授权修改电脑资料

5.（1）除本条第2款外，任何人明知其行为会导致计算机内容的非法修改，仍然实施该行为的，构成犯罪，处1万美元以下罚金，或处3年以下监禁，或二者并罚；构成累犯的，则第二次或其后每次犯罪，处2万美元以下罚金，或处5年以下监禁，或二者并罚。

（2）实施本条规定的犯罪行为造成损害结果的，处5万美元以下罚金，或处7年以下监禁，或二者并罚。

（3）就本条而言，所涉行为是否针对以下对象不影响定罪：

（a）特定程序或数据；

（b）任何类型的程序或数据；

（c）特定计算机中的程序或数据；

（4）就本条而言，无论该未经授权的修改已经完成还是意图进行，是永久的还仅是暂时的，均不影响定罪。

未经授权使用或拦截计算机服务

6.（1）除本条第2款外，任何人故意为下列行为，构成犯罪，处1万美元以下罚金，或处3年以下监禁，或二者并罚；构成累犯的，第二次或其后每次犯罪，处2万美元以下罚金，或处5年以下监禁，或二者并罚：

（a）以获取计算机服务为目的，未经授权访问任何计算机；

（b）未经授权而通过电磁、声音、机械或其他方式，直接或间接地拦截或致使任何计算机功能被拦截；

（c）以进行（a）或（b）项中的犯罪行为为目的，直接或间接地使用或致使计算机或其他任何装置被使用；

（2）实施本条规定的犯罪行为造成损害结果的，处5万美元以下罚金，或7年以下监禁，或二者并罚。

（3）就本条而言，即便非法访问或拦截不针对以下数据，仍不影响定罪：

（a）特定程序或数据；

（b）任何种类的程序或数据；

（c）特定计算机中的程序或数据。

未经授权阻碍计算机使用

7.（1）未经合法授权或法律许可故意为下列行为，构成犯罪，处1万美元以下罚金，或处 3 年以下监禁，或二者并罚；构成累犯的，第二次或其后每次犯罪，处 2 万美元以下罚金，或处 5 年以下监禁，或二者并罚。

（a）干扰、阻断、妨碍计算机的合法使用；

（b）阻止或妨碍对计算机内存储程序或数据的访问，或损害其有用性或有效性。

（2）实施本条规定的犯罪行为造成损害结果的，处 5 万美元以下罚金，或处 7 年以下监禁，或二者并罚。

未经授权泄露访问密码

8.（1）任何人有下列目的之一，未经授权故意泄露验证码、访问密码或其他得以访问计算机内部程序或数据途径的行为，构成犯罪：

（a）获得不法利益；

（b）非法的目的；

（c）明知可能给他人造成损失。

（2）触犯本条第 1 款者，处 1 万美元以下罚金，或处 3 年以下监禁，或二者并罚；构成累犯的，第二次或其后每次犯罪，处 2 万美元以下罚金，或处 5 年以下监禁，或二者并罚。

涉及受保护计算机的犯罪行为加重处罚

9.（1）在犯第 3、5、6 或 7 条所述罪行过程中，若访问受保护的计算机，则按本条规定进行处罚，应处 10 万美元以下罚款，或处 20 年以下监禁，或二者并罚。

（2）就本条第 1 款而言，如果有以上犯罪行为的人明知或应知该计算机、程序或数据的使用直接与下列事项相关，则该计算机可被视为"受保护计算机"：

（a）新加坡的安全，防务或国际关系；

（b）与刑法执行相关的机密的信息来源的存在或识别；

（c）与通信基础设施、银行和金融服务、公共设施、公共交通或公共核心基础设施直接相关的服务提供；

（d）包括与治安、民防或医疗服务等相关基本救助服务系统在内的公共安全保护。

（3）就对本条所述罪行进行检控而言，除有相反证据证明，若有电子的或其他警告提示被告其行为构成未经授权访问计算机、程序、数据，均可推断被告为本条第 2 款所称明知或应知，处以本条下加重的处罚。

可处罚的教唆及未遂行为

10.（1）任何教唆他人犯本法规定之罪、企图犯本法规定之罪、为犯罪做任何准备工作或促成犯罪的行为,构成犯罪,应处以与其罪行相应的惩罚。

(2)实施本节规定之罪行,犯罪行为发生地不影响定罪。

第三章 其他规定

本法适用的地域范围

11. (1)除本条第2款外,本法适用于新加坡境内外任何人,无论其国籍、居民身份。

(2)任何人在新加坡境外实施的本法规定的犯罪行为,也应当按照该犯罪行为在新加坡境内实施同样的处理。

(3)就本条而言,本法所述罪行应适用于:

(a)案件审理期间被告在新加坡;

(b)案件审理期间涉案计算机、程序或数据在新加坡。

法院管辖权

12. 地区法院或治安法院有权举行听证以及判定本法规定的全部犯罪行为,有权对任何罪行施加足额的罚金或惩罚,刑事诉讼法另有规定依本法。

赔偿支付令

13. (1)在一个人依据本法被定罪之前,法院可发布命令要求其进行赔付,以赔偿其罪行对他人计算机、程序或数据所造成的任何损失,赔付金额由法庭确定。

(2)赔偿令规定的赔付应使任何因该罪行遭受持续损害的被害人的索赔得到满足,但该法令不影响赔偿金额之外为了弥补损失而要求民事补偿的权利。

(3)本条所述赔偿令,可作为民事债权追讨。

警察及执法人员调查权保留

14. 本法中的任何内容均不禁止警察、根据第15条第1款并经警察总监书面授权之人及其他正式被授权的执行人员,依据法律赋予的权力依法进行调查。

警察访问计算机和数据的权力

15. (1)警察或经警察总监书面授权之人,

(a)有权在任何时候为以下行为:

(i)访问、监听、检查本条适用的任何计算机运行;

(ii)使用任何计算机以搜查存储于其中或可使用的任何数据;

(ⅲ)为了调查本法规定罪行或在该项下法律执行过程中发现的其他罪行,访问任何信息、密码或可将计算机中的加密数据转换或解密为便于阅读或理解的格式或文本的技术。

(b)为了达到第(1)项目的,有权传唤以下任何人或调取以下物证,从而获取其需要的相关技术或其他帮助:

(ⅰ)警察或调查人员合理怀疑的任何人,任何适用本条规定或已经被使用的计算机;

(ⅱ)管理与(a)中所描述计算机的任何人,或与计算机的运行有其他关系的人。

(c)在破译信息以获取解码数据所需的解码信息的过程中,有权传唤调查罪行所需的任何人。

(2)本条适用于经警察或经警务处处长书面授权之人合理怀疑的或已用于与该法所述罪行相关的犯罪或其他任何在执法过程中发现的犯罪的计算机。

(3)非经公诉人同意,不可行使第1款第(1)项(a)、(b)段和第(3)项规定的权力。

(4)任何人阻碍第1款第(1)项下的执法活动或不遵守第1款第(2)项或(3)项下的要求,构成犯罪,处1万美元以下罚款,或处3年以下监禁,或二者并罚。

(5)就本条而言,"解码信息"是指,可将加密数据从难以读取、不可理解的格式转化或解码为纯文本版本的信息或技术。

"加密信息"是指从纯文本版本转化或加密为难以读取或不可理解格式的数据,无论该转化或加密使用的是何种技术,也无论为了保护该数据内容而产生或发现该数据的方法。

"纯文本版本"是指被转化或加密为无法读取或不可理解格式之前的原始数据。

不经批准的逮捕

16. 警察可不经批准逮捕任何被合理怀疑犯有本法规定之罪的人。

巴西互联网环境下民事权利法律保护框架[*][**]

总统府
民事办公室
法律事务分部
第 12.965 号法案
2014 年 4 月 23 日签署

为巴西互联网的使用设立原则、保障、权利和义务（制定本法）。共和国总统：我批准并公布以下国会法令：

第一章 总 则

第一条 本法为巴西互联网的使用设立原则、保障、权利和义务，在这一诉讼领域方面为联邦、各州、联邦地区和各市提供指导准则。

第二条 巴西互联网使用的基本原则建立在尊重言论自由的基础上，同时也基于：

1. 对网络全球化范围的重视；
2. 数字媒体中人权、个人发展以及公民权的行使；
3. 多元化和多样性；
4. 开放性与协同合作；
5. 企业自由经营、自由竞争和消费者保护；
6. 网络的社会价值目标。

---

* 该中译本译自《巴西互联网环境下民事权利法律保护框架》英译本，英译本由世界网络大会（NETmundial）执行秘书处提供。巴西总统在该会上签署这一法案。
** 译者：齐昊，北京大学国际法学院。
校对：张金平，北京大学法学院。

第三条 巴西互联网使用的规定遵循以下原则：

1. 依据联邦宪法的规定，应确保言论、交流和思想表达的自由；

2. 保护隐私；

3. 依据相关法律对个人数据的保护；

4. 维持和保证网络中立性；

5. 通过依照符合国际标准的技术方法以及鼓励网络的最优化使用，来确保网络的稳定性、安全性和功能性；

6. 网络代理依照法律进行服务活动应负的法律责任；

7. 对网络参与式性质的保护；

8. 如果与本法设定的其他原则不冲突，被互联网所激发的商业模式应自由发展。

本法所表述的诸原则不能与本领域相关的其他巴西法律规定相冲突，也不能与巴西共和国参与的国际条约相违背。

第四条 巴西互联网的使用规定旨在促进：

1. 所有人访问互联网的权利；

2. 获取信息，了解并参与社会文化生活以及处理公共事务；

3. 对新技术及其使用和获取模式的创新和激发更广泛的传播；

4. 对开放式技术标准的采纳，这一技术标准允许在应用程序和数据库之间传递、链接和互通。

第五条 本法下列用语的含义：

1. 互联网是指为实现数据通过不同网络在各终端之间传递、让公众不受限制使用而进行全球范围内构建的逻辑协议系统；

2. 终端：是指能够链接到互联网的计算机或者任何设备；

3. 互联网协议地址（IP 地址）：是指由终端分配的代码，这一代码基于国际标准而定义从而使其在互联网上能够被识别；

4. 独立系统管理员：是指在一国 IP 地址注册与管理机构进行注册的、管理特定 IP 地址块及其特定独立路径系统的个人或者法律实体；

5. 网络链接：是指能够使网络终端通过互联网分配或者认证的一个 IP 地址传送和接受数据包的功能；

6. 链接记录/日志：是指记录一次链接互联网开始和结束的数据和时间的整套信息，持续时间，以及通过终端传送和接收数据包所用到的 IP 地址；

7. 互联网应用程序：是指一系列功能能通过链接到互联网的终端被访问；

8. 访问网络应用程序的注册：是指关于由一个特别的 IP 地址使用特别的数据和时间的一系列信息。

第六条 在解释本法时，包括解释上述涉及的本法之基础、原则和目的，应将互联网的性质，其特殊的用途和产品以及其对促进人类经济社会文化发展考虑在内。

第二章 用户的权利和保障

第七条 互联网的访问对公民权的实践至关重要，用户的以下权利应得到保障：

1. 私人生活的神圣不可侵犯性，应维护和保障这一权利，并且补偿由侵害私人生活所引起的身体上或者精神上的损害；
2. 用户通过网络交流传递信息的神圣不可侵犯性和私密性，但由法律规定的法院裁定除外；
3. 用户储存的私人信息的神圣不可侵犯性和私密性，但是法院裁定除外；
4. 网络链接权利不能中止，除非如果是由于用户欠费引起的；
5. 根据与网络服务提供商签订的合同维护网络链接的质量；
6. 服务协议中所详细包括的信息，设定了有关链接记录、访问互联网应用软件的各种详细记录，以及影响所提供服务质量的流量管理的详细信息的保护；
7. 用户的个人信息不可披露给第三方，其中包括链接记录和访问互联网应用程序的记录，除非用户表示知情并同意或者符合法律的规定；
8. 在搜集、使用、储存、处理和保护用户个人数据过程中应提供明确和完整的信息，这些信息只能用于以下目的：

1）证明其收集合法；
2）不为法律所禁止；
3）在服务协议或网络应用使用条款中所特别规定的。

9. 在收集、使用、储存和处理个人信息时应征得用户明示的同意并在单独的合同条款中有详细规定；
10. 在协议双方关系终止时，应用户请求，应删除提供给某一网络应用程序的个人数据，法律另有规定的除外；
11. 互联网链接服务提供商和互联网应用程序提供商使用期限的公开性

和明确性；

12. 根据法律规定，鉴于用户在身体机能方面、活动能力方面、知觉方面、感觉方面、智力方面和精神方面各种能力对网络的可访问性；

13. 在网络上发生的消费交易行为适用于消费者保护规则。

第八条 在信息传递过程中保障隐私和言论自由是互联网访问权得以完全实现的前提。

违背以上各章规定的合同条款无效，例如以下情况：

1. 导致侵犯个人通过互联网进行私人沟通的不可侵犯性和私密性；

2. 当争端是由位于巴西提供的服务引起时，合同中没有为缔约方提供一个可选择的位于巴西的争端解决诉讼法院。

第三章 链接和网络应用程序条款

第一部分 网络中立性

第九条 负责数据传播、交换或者规定路径的主体，有责任确保任何数据包的处理都是同一标准的，而不考虑该数据包的内容、来源、目标、终端或者应用。

第 1 款 流量的歧视或降级，应当依据联邦宪法第八十四条第 4 款的授权，由总统根据流量的私有属性来决定。为了促进本法的全面实施，总统在决定前，应咨询巴西网络指导委员会（CGI.br）和国家电信局（Anatel），并且只能适用于：

1. 对提供足够的服务和应用程序所至关重要的技术要求；

2. 处于优先级的应急服务。

第 2 款 第 1 款中流量歧视或降级情况发生时，第九条中所提及的负有责任一方必须：

1. 按照 2011 年 1 月 10 日第 10.406 号法令通过的民法典第 927 条的规定，避免对用户引起损害；

2. 在执行时符合比例性、透明性和统一性；

3. 将流量管理和所采纳的与网络安全相关的缓和措施以一种透明化的、明确的和详细说明的方式提前通知用户；

4. 为其服务提供平等的商业环境，并且排除反竞争的商业实践。

第 3 款 依照本条，在提供网络链接时，无论免费或者收费情况，也不论是用于数据传输、交换、规定路径，禁止限制、监控、过滤或者分析数据包的内容。

第二部分　记录、个人数据和私人通信的保护

第十条　本法所规定的链接记录、访问互联网应用程序记录的、个人数据以及私人通信内容的保留和提供，必须符合有关直接或间接涉及主体的隐私、私人生活、名誉和形象的保护性规定。

第1款　基于第十条规定对数据负保留责任的提供者，在接到依据本章第四部分作出的司法裁定时，仅有义务按照本法第七条的规定提供数据，无论该数据单独地或与个人数据其他信息组合起来能够识别用户或者终端。

第2款　私人通信的内容仅能通过司法裁定，以符合法律规定的情况和方式以及第七条第2款和第3款规定获取。

第3款　在法律有明确规定的情况下，第七条并不妨碍政府机关对显示个人资质、所属单位、联系地址等记录数据的获取。

第4款　有关数据安全性和机密性的处理方法和程序应当在相关服务条款中以明确的方式告知，并且符合规定中设立的标准以及商业秘密权的保护规定。

第十一条　链接服务提供商或者网络应用程序提供商在任何收集、存储、保留和处理个人数据或者通信数据时，其中以上任一行为发生在巴西领土范围内的，巴西法律必须严格适用，包括关于隐私、个人数据保护和私人通信记录的私密性性权利的规定。

第1款　第十一条的设立适用于巴西国土领域内的数据收集以及位于巴西的任意终端的通信内容。

第2款　即使网络活动是由位于国外的法律实体所实施，倘若该法律实体为巴西公众提供服务或者其中某一经济组织设立于巴西，第十一条同样适用。

第3款　链接服务提供商和应用程序服务提供商在收集、存储、保留和处理数据时必须根据规定提供符合巴西有关立法的验证许可，并尊重隐私与通信秘密。

第4款　行政命令应当规定本条所设定的是否为侵权的程序。

第十二条　与民事、刑事或者行政制裁不冲突的情况下，本法第十条、第十一条有关侵权的规定应当在个案中得到遵守，以下的制裁可单独或附加适用：

1. 警告，并要求在特定期限内采取恰当措施；
2. 罚款，最高可达经济实体在巴西上一财政年度不含税收总收入的百分之十，同时考虑违法者的经济条件，以及违法总额和罚款数额之间的比例；
3. 暂时停止第十一条列举事项的经营活动；
4. 禁止第十一条设定的各项活动的实施。

对于外国公司，其子公司、分支机构、办公室或者位于巴西的住所应当共同对第十一条规定的罚款支付承担责任。

第一小节 链接记录的保存

第十三条 在网络链接服务提供过程中，负责自动系统管理的主体根据本法的规定，必须在保密、可控且安全的环境下保存链接数据一年。

第1款 保存以上链接记录的责任不可以转移给第三方。

第2款 行政机构、公安部门或者检察部门可以要求链接记录预先保存比第十三条规定的更长时间。

第3款 在第十三条第2款规定的情况下，权力部门要求以上的预先保存应当有六十天的时间以启动法院诉讼申请获取第十三条规定的记录，这一时间从第一次请求的日期起算。

第4款 对保存记录的提供者应当维护有关第十三条第2款规定要求的秘密性，但法院裁定被否决或者法律诉讼没有在第十三条规定的期限内启动的，该秘密性无效。

第5款 根据本章第四部分规定，在任何情况下，涉及到本条所述的请求方记录的披露必须提前有法院裁定。

第6款 当违反本条规定而实行制裁时，应考虑行为的性质和严重程度、造成的损害、造成的加重结果，以及行为人的获利、是否为累犯和重复侵权。

第二小节 在链接服务中访问网络应用程序记录的保存

第十四条 在链接服务的提供中，无论免费与否，禁止保存用户访问互联网应用程序记录。

第三小节 访问互联网应用程序记录的保存

第十五条 网络应用服务提供者应以法律实体运行，并按照本节规定，在秘密、可控和安全的环境下以一种有组织、专业和以经济实惠的方式保存用户的应用程序访问记录六个月。

第 1 款　司法裁定可不受第十五条规定的限制，要求网络应用服务提供商在裁定的时间内保存应用程序访问日志以及在该特定时间内容与特定事实相关的访问记录。

第 2 款　作为预防性措施，警察部门、行政管理部门与检察部门可以根据第十三条第 3 款和第 4 款的规定要求网络应用服务提供商将所保存的访问应用程序日志保留比本条规定更长的期限。

第 3 款　根据本章第四部分规定，在任何情况下，涉及本条所述记录向请求方的披露，必须依据法院的裁定。

第 4 款　当违反本条规定而实行制裁时，应考虑行为的性质和严重程度、造成的损害、造成的加重结果，以及行为人的获利、是否为累犯和重复侵权。

第十六条　在网络应用程序的提供过程中，无论免费与否，禁止保留以下信息：

1. 根据第七条规定，任何未经过用户事先明示同意的访问其他网络应用程序的记录；

2. 超过数据拥有者同意范围的个人数据。

第十七条　除非本法有明确规定规定，选择不保留访问网络应用程序的记录并不意味着对有第三方使用这些服务项目所引起的侵权承担损害赔偿责任。

第三部分　第三方内容引起的侵权责任

第十八条　网络链接服务提供商对第三方生成的内容不承担侵权责任。

第十九条　为保障言论自由和防止内容审查，网络应用程序服务的提供商对于第三方生成的内容，仅在法院裁定该内容违法并要求其在自身服务框架范围和裁定的期限内未采取禁止内容可获取性的合理措施时承担侵权损害赔偿责任；但法律另有规定的除外。

第 1 款　上述法院裁定必须包含：裁定无效时的处罚；关于侵权内容的确认，特定到可以毫无疑问地找到侵权材料。

第 2 款　本条关于侵犯著作权和相关权利的条款的实施，应依据联邦宪法有关言论自由和其他权利保障的第五条规定制定特别法。

第 3 款　与互联网有关的由网络应用服务提供商提供的内容涉及侵害荣誉权、名誉权和其他个人权利以及相关内容的删除引起的纠纷赔偿，可以移交给特殊的小额赔偿法院管辖。

第 4 款　只要满足申请人诉求的构成要件真实且造成的损害无法弥补或

者很难修复这两个条件，包括在第 3 款中提及的诉讼情况下，法官考虑到网络内容可获取性对社会的集体利益，在事实存在无争议证据的情况下，对初审申请书所列请求作出部分或者全部的预判。

第二十条 在涉及本法第十九条规定的内容的直接负责人的联系信息有效时，网络应用服务提供商应当向该用户告知所执行的相关法院裁定，使其可向法院提起抗辩；但法律另有规定或者法院判决另有规定的除外。

在提供内容的用户的请求下，网络应用服务提供商以一种有组织、专业、经济实惠的方式让相关内容无法获取后，应当在相关链接上替换上内容不可获取的解释性通告或者相关法院判决。

第二十一条 对于第三方生成内容，因涉及未经许可披露他人肖像、视频或其他包括裸体或性行为的内容而侵犯他人隐私的，网络应用服务提供商在接到受害人或其法定代表人的通知后，在其技术能力范围内，未以一种谨慎的方式移除相关内容的，应当承担相关隐私侵权责任。

上述通知必须包含让网络应用服务提供商能够找到和确认相关内容以及证明通知人具有相应合法身份的充分信息。

第四部分 对记录的司法请求

第二十二条 为民事或者刑事诉讼程序的证据需要，利益相关方可以附带的或者主动的请求法官作出裁定，要求对记录保存负责的主体提供接入或访问网络应用程序的日志。

除非与其他法律规定相冲突，伪证将接受惩罚，该请求应当包含：
1. 证明非法事由出现的合理证据；
2. 关于所请求的、用于调查的记录的有用性的说明；以及
3. 与所请求的记录的存续时间。

第二十三条 法官有责任采取必要的措施以确保接收到信息的秘密性以及对用户私密、私生活、荣誉和形象的保护。法官可以自己决定或者根据对记录保留的请求决定审判不公开。

第四章 国家机关的职责

第二十四条 联邦政府、各州、联邦地区和各城市在巴西互联网发展过程中的运行遵循下列指引：
1. 建立起由政府、经济组织、民间团体和学术团体等多方利益团体共同

参与的透明化、合作化和民主化管理机制；

2. 在巴西网络指导委员会（CGI. br）的参与下，进行合理化管理的提升以及进行互联网的使用推广；

3. 在联邦各个分支机构和各级主体间进行电子政务服务的合理化提升和技术互联互通，以方便信息交换和维护程序的执行速度；

4. 在不同系统和终端之间促进互联互通，同时也包括在不同的联邦层级和不同的社会部门之间促进互联互通；

5. 优先采纳开放且自由的技术、标准和格式；

6. 以开放的和结构化的方式推广和传播公共数据和信息；

7. 在不损害开放性、中立性和参与性的前提下，优化网络基础设施，促进本国数据中心数据存储、管理和传播的实施，提升网络应用程序的技术水平，不断创新和推广；

8. 互联网使用的发展计划和培训计划；

9. 提升大众的文化水平和公民权意识；

10. 以更加全面、有效和简洁的方式，通过包括远程访问在内的多渠道访问方式，为公民提供公共服务。

第二十五条 政府公共部门提供的网络应用程序应当旨在：

1. 为电子政务服务网络链接提供在各终端、操作系统和应用软件的兼容性；

2. 在保护隐私、遵守法律和行政命令的前提下，让所有有兴趣的用户都能够进行网络访问，无论其身体方面、行动方面、知觉方面、感觉方面、智力方面、心理方面和社会文化方面特征为何；

3. 满足人类信息阅读和自动处理的兼容性；

4. 电子政务服务通俗易懂；

5. 加强公共政策的社会参与性。

第二十六条 符合宪法中规定的国家为公众提供各种方面教育的义务，包括完整的培训和其他教育实践，安全的、有意识的和有责任的使用互联网，使其作为一个工具和手段进行公民权的实施、文化的促进以及技术的发展。

第二十七条 公众主动发展数字文化以及将互联网作为社交工具应当：

1. 促进信息共融；

2. 涉及信息技术通信访问和使用时，在国家的不同地区力求减小差异；

3. 促进民族内涵的丰富和传播。

第二十八条 国家必须定期进行发展和促进性研究，同时为本国互联网的使用和发展设定目标、战略、计划和日程。

第五章 最后条款

第二十九条 为了监控内容在其自身理解的、是否对其监护的未成年人不恰当，在本法和1990年7月13日第8.069号法令规定的原则范围内，用户对安装在自己设备上的软件享有自由决定权。

政府、网络链接服务提供商、网络应用服务提供商以及民间组织应当为儿童和青少年提供涉及本法的软件使用信息的教育培训，并为数字共融建立更好的实践。

第三十条 本法所述及的利益和权利的保护，依照本法规定的救济方式，可选择单独实施或集体实施。

第三十一条 在本法生效，但依本法第十九条第2款制定的特别法未生效之前，网络应用程序提供商对第三方提供的内容所承担的著作权或者相关权利的侵权责任，按照现有著作权立法确定。

第三十二条 本法在其官方公布六十日期满后生效。

巴西利亚，2014年4月23日
独立年第193年，共和国第126年
德利马·罗塞夫

国际公约

世界知识产权组织版权条约
(WCT)（1996）*

序　言

缔约各方，

出于以尽可能有效和一致的方式发展和维护保护作者对其文学和艺术作品之权利的愿望，

承认有必要采用新的国际规则并澄清对某些现有规则的解释，以提供解决由经济、社会、文化和技术发展新形势所提出的问题的适当办法，

承认信息与通信技术的发展和交汇对文学和艺术作品的创作与使用的深刻影响，

强调版权保护作为文学和艺术创作促进因素的重要意义，

承认有必要按《伯尔尼公约》所反映的保持作者的权利与广大公众的利益尤其是教育、研究和获得信息的利益之间的平衡，

达成协议如下：

第 1 条　与《伯尔尼公约》的关系

（1）对于属《保护文学和艺术作品伯尔尼公约》所建联盟之成员国的缔约方而言，本条约系该公约第 20 条意义下的专门协定。本条约不得与除《伯尔尼公约》以外的条约有任何关联，亦不得损害依任何其他条约的任何权利和义务。

（2）本条约的任何内容均不得减损缔约方相互之间依照《保护文学和艺术作品伯尔尼公约》已承担的现有义务。

（3）"《伯尔尼公约》"以下系指《保护文学和艺术作品伯尔尼公约》

---

* 本条约于 1996 年 12 月 20 日由关于版权和邻接权若干问题外交会议在日内瓦通过。本文本为世界知识产权组织网站官方文本。

1971年7月24日的巴黎文本。

（4）缔约各方应遵守《伯尔尼公约》第1—21条和附件的规定。①

第2条 版权保护的范围

版权保护延及表达，而不延及思想、过程、操作方法或数学概念本身。

第3条 对《伯尔尼公约》第2—6条的适用

缔约各方对于本条约所规定的保护应比照适用《伯尔尼公约》第2—6条的规定。②

第4条 计算机程序

计算机程序作为《伯尔尼公约》第2条意义下的文学作品受到保护。此种保护适用于各计算机程序，而无论其表达方式或表达形式如何。③

第5条 数据汇编（数据库）

数据或其他资料的汇编，无论采用任何形式，只要由于其内容的选择或排列构成智力创作，其本身即受到保护。这种保护不延及数据或资料本身，亦不损害汇编中的数据或资料已存在的任何版权。④

第6条 发行权

（1）文学和艺术作品的作者应享有授权通过销售或其他所有权转让形式向公众提供其作品原件或复制品的专有权。

（2）对于在作品的原件或复制品经作者授权被首次销售或其他所有权转让之后适用本条第（1）款中权利的用尽所依据的条件（如有此种条件），本条约的任何内容均不得影响缔约各方确定该条件的自由。⑤

第7条 出租权

（1）（i）计算机程序、

---

① 关于第1条第（4）款的议定声明：《伯尔尼公约》第9条所规定的复制权及其所允许的例外，完全适用于数字环境，尤其是以数字形式使用作品的情况。不言而喻，在电子媒体中以数字形式存储受保护的作品，构成《伯尔尼公约》第9条意义下的复制。

② 关于第3条的议定声明：不言而喻，在适用本条约第3条时，《伯尔尼公约》第2至6条中的"本联盟成员国"，在把《伯尔尼公约》的这些条款适用于本条约所规定的保护中，将被视为如同系指本条约的缔约方。另外，不言而喻，《伯尔尼公约》这些条款中的"非本联盟成员国"，在同样的情况下，应被视为如同系指非本条约缔约方的国家，《伯尔尼公约》第2条第（8）款、第2条之二第（2）款、第3、4和5条中的"本公约"，将被视为如同系指《伯尔尼公约》和本条约。最后，不言而喻，《伯尔尼公约》第3至6条中所指的"本联盟成员国之一的国民"，在把这些条款适用于本条约时，对于系本条约缔约方的政府间组织，指该组织成员的国家之一的国民。

③ 关于第4条的议定声明：按第2条的解释，依本条约第4条规定的计算机程序保护的范围，与《伯尔尼公约》第2条的规定一致，并与TRIPS协定的有关规定相同。

④ 关于第5条的议定声明：按第2条的解释，依本条约第5条规定的数据汇编（数据库）保护的范围，与《伯尔尼公约》第2条的规定一致，并与TRIPS协定的有关规定相同。

⑤ 关于第6和7条的议定声明：该两条中的用语"复制品"和"原件和复制品"，受该两条中发行权和出租权的约束，专指可作为有形物品投放流通的固定的复制品。

（ⅱ）电影作品、和

（ⅲ）按缔约各方国内法的规定，以录音制品体现的作品

的作者，应享有授权将其作品的原件或复制品向公众进行商业性出租的专有权。

（2）本条第（1）款不得适用于：

（ⅰ）程序本身并非出租主要对象的计算机程序；和

（ⅱ）电影作品，除非此种商业性出租已导致对此种作品的广泛复制，从而严重地损害了复制专有权。

（3）尽管有本条第（1）款的规定，任何缔约方如在1994年4月15日已有且现仍实行作者出租其以录音制品体现的作品的复制品获得合理报酬的制度，只要以录音制品体现的作品的商业性出租没有引起对作者复制专有权的严重损害，即可保留这一制度。①,②

第8条　向公众传播的权利

在不损害《伯尔尼公约》第11条第（1）款第（ⅱ）目、第11条之二第（1）款第（ⅰ）和（ⅱ）目、第11条之三第（1）款第（ⅱ）目、第14条第（1）款第（ⅱ）目和第14条之二第（1）款的规定的情况下，文学和艺术作品的作者应享有专有权，以授权将其作品以有线或无线方式向公众传播，包括将其作品向公众提供，使公众中的成员在其个人选定的地点和时间可获得这些作品。③

第9条　摄影作品的保护期限

对于摄影作品，缔约各方不得适用《伯尔尼公约》第7条第（4）款的规定。

第10条　限制与例外

（1）缔约各方在某些不与作品的正常利用相抵触、也不无理地损害作者合法利益的特殊情况下，可在其国内立法中对依本条约授予文学和艺术作品作者的权利规定限制或例外。

（2）缔约各方在适用《伯尔尼公约》时，应将对该公约所规定权利的任

---

① 关于第6和7条的议定声明：该两条中的用语"复制品"和"原件和复制品"，受该两条中发行权和出租权的约束，专指可作为有形物品投放流通的固定的复制品。

② 关于第7条的议定声明：不言而喻，第7条（1）款规定的义务不要求缔约方对依照该缔约方法律未授予其对录音制品权利的作者规定商业性出租的专有权。这一义务应被理解为与TRIPS协定第14条第（4）款相一致。

③ 关于第8条的议定声明：不言而喻，仅仅为促成或进行传播提供实物设施不致构成本条约或《伯尔尼公约》意义下的传播。并且，第8条中的任何内容均不得理解为阻止缔约方适用第11条之二第（2）款。

何限制或例外限于某些不与作品的正常利用相抵触、也不无理地损害作者合法利益的特殊情况。①

第 11 条　关于技术措施的义务

缔约各方应规定适当的法律保护和有效的法律补救办法，制止规避由作者为行使本条约或《伯尔尼公约》所规定的权利而使用的、对就其作品进行未经该有关作者许可或未由法律准许的行为加以约束的有效技术措施。

第 12 条　关于权利管理信息的义务

（1）缔约各方应规定适当和有效的法律补救办法，制止任何人明知或就民事补救而言有合理根据知道其行为会诱使、促成、便利或包庇对本条约或《伯尔尼公约》所涵盖的任何权利的侵犯而故意从事以下行为：

（ⅰ）未经许可去除或改变任何权利管理的电子信息；

（ⅱ）未经许可发行、为发行目的进口、广播或向公众传播明知已被未经许可去除或改变权利管理电子信息的作品或作品的复制品。

（2）本条中的用语"权利管理信息"系指识别作品、作品的作者、对作品拥有任何权利的所有人的信息，或有关作品使用的条款和条件的信息，和代表此种信息的任何数字或代码，各该项信息均附于作品的每件复制品上或在作品向公众进行传播时出现。②

第 13 条　适用的时限

缔约各方应将《伯尔尼公约》第 18 条的规定适用于本条约所规定的一切保护。

第 14 条　关于权利行使的条款

（1）缔约各方承诺根据其法律制度采取必要措施，以确保本条约的适用。

（2）缔约各方应确保依照其法律可以提供执法程序，以便能采取制止对本条约所涵盖权利的任何侵犯行为的有效行动，包括防止侵权的快速补救和为遏制进一步侵权的补救。

第 15 条　大会

（1）（a）缔约方应设大会。

---

① 关于第 10 条的议定声明：不言而喻，第 10 条的规定允许缔约各方将其国内法中依《伯尔尼公约》被认为可接受的限制与例外继续适用并适当地延伸到数字环境中。同样，这些规定应被理解为允许缔约方制定对数字网络环境适宜的新的例外与限制。

另外，不言而喻，第 10 条第（2）款既不缩小也不延伸由《伯尔尼公约》所允许的限制与例外的可适用性范围。

② 关于第 12 条的议定声明：不言而喻，"对本条约或《伯尔尼公约》所涵盖的任何权利的侵犯"的提法既包括专有权，也包括获得报酬的权利。

此外，不言而喻，缔约各方不会依赖本条来制定或实施要求履行为《伯尔尼公约》或本条约所不允许的手续的权利管理制度，从而阻止商品的自由流通或妨碍享有依本条约规定的权利。

（b）每一缔约方应有一名代表，该代表可由副代表、顾问和专家协助。

（c）各代表团的费用应由指派它的缔约方负担。大会可要求世界知识产权组织（以下称为"本组织"）提供财政援助，以便利按照联合国大会既定惯例认为是发展中国家或向市场经济转轨的国家的缔约方代表团参加。

（2）（a）大会应处理涉及维护和发展本条约及适用和实施本条约的事项。

（b）大会应履行依第17条第（2）款向其指定的关于接纳某些政府间组织成为本条约缔约方的职能。

（c）大会应对召开任何修订本条约的外交会议作出决定，并给予本组织总干事筹备此种外交会议的必要指示。

（3）（a）凡属国家的每一缔约方应有一票，并应只能以其自己的名义表决。

（b）凡属政府间组织的缔约方可代替其成员国参加表决，其票数与其属本条约缔约方的成员国数目相等。如果此种政府间组织的任何一个成员国行使其表决权，则该组织不得参加表决，反之亦然。

（4）大会应每两年召开一次例会，由本组织总干事召集。

（5）大会应制定其本身的议事规则，其中包括特别会议的召集、法定人数的要求及在不违反本条约规定的前提下作出各种决定所需的多数。

第16条　国际局

本组织的国际局应履行与本条约有关的行政工作。

第17条　成为本条约缔约方的资格

（1）本组织的任何成员国均可成为本条约的缔约方。

（2）如果任何政府间组织声明其对于本条约涵盖的事项具有权限和具有约束其所有成员国的立法，并声明其根据其内部程序被正式授权要求成为本条约的缔约方，大会可决定接纳该政府间组织成为本条约的缔约方。

（3）欧洲共同体在通过本条约的外交会议上做出上款提及的声明后，可成为本条约的缔约方。

第18条　本条约规定的权利和义务

除本条约有任何相反的具体规定以外，每一缔约方均应享有本条约规定的一切权利并承担本条约规定的一切义务。

第19条　本条约的签署

本条约应在1997年12月31日以前开放供本组织的任何成员国和欧洲共同体签署。

第20条 本条约的生效

本条约应于30个国家向本组织总干事交存批准书或加入书3个月之后生效。

第21条 成为本条约缔约方的生效日期

本条约应自下列日期起具有约束力：

（i）对第20条提到的30个国家，自本条约生效之日起；

（ii）对其他各国，自该国向本组织总干事交存文书之日满3个月起；

（iii）对欧洲共同体，如果其在本条约根据第20条生效后交存批准书或加入书，则自交存此种文书后满3个月起，或如果其在本条约生效前交存批准书或加入书，则自本条约生效后满3个月起；

（iv）对被接纳成为本条约缔约方的任何其他政府间组织，自该组织交存加入书后满3个月起。

第22条 本条约不得有保留

本条约不允许有任何保留。

第23条 退约

本条约的任何缔约方均可退出本条约，退约应通知本组织总干事。任何退约应于本组织总干事收到通知之日起一年后生效。

第24条 本条约的语文

（1）本条约的签字原件应为一份，以英文、阿拉伯文、中文、法文、俄文和西班牙文签署，各该文种的文本具有同等效力。

（2）除本条第（1）款提到的语文外，任何其他语文的正式文本须由总干事应有关当事方请求，在与所有有关当事方磋商之后制定。在本款中，"有关当事方"系指涉及其正式语文或正式语文之一的本组织任何成员国，并且如果涉及其正式语文之一，亦指欧洲共同体和可成为本条约缔约方的任何其他政府间组织。

第25条 保存人

本组织总干事为本条约的保存人。

世界知识产权组织表演和录音制品条约（WPPT）(1996)[*]

序　言

缔约各方，

出于以尽可能有效和一致的方式发展和维护保护表演者和录音制品制作者权利的愿望，

承认有必要采用新的国际规则，以提供解决由经济、社会、文化和技术发展所提出的问题的适当办法，

承认信息与通信技术的发展和交汇对表演和录音制品的制作与使用的深刻影响，

承认有必要保持表演者和录音制品制作者的权利与广大公众的利益尤其是教育、研究和获得信息的利益之间的平衡，

达成协议如下：

第一章　总　则

第1条　与其他公约的关系

（1）本条约的任何内容均不得减损缔约方相互之间依照于1961年10月26日在罗马签订的《保护表演者、录音制品制作者和广播组织国际公约》（以下称为"《罗马公约》"）已承担的现有义务。

（2）依本条约授予的保护不得触动或以任何方式影响对文学和艺术作品

---

[*] 条约于1996年12月20日由关于版权和邻接权若干问题外交会议在日内瓦通过。本文本为世界知识产权组织网站官方文本。

版权的保护。因此，本条约的任何内容均不得被解释为损害此种保护。①

（3）本条约不得与任何其他条约有任何关联，亦不得损害依任何其他条约的任何权利和义务。

第2条　定　义

在本条约中：

（a）"表演者"指演员、歌唱家、音乐家、舞蹈家以及表演、歌唱、演说、朗诵、演奏、表现或以其他方式表演文学或艺术作品或民间文学艺术作品的其他人员；

（b）"录音制品"系指除以电影作品或其他音像作品所含的录制形式之外，对表演的声音或其他声音或声音表现物所进行的录制；②

（c）"录制"系指对声音或声音表现物的体现，从中通过某种装置可感觉、复制或传播该声音；

（d）"录音制品制作者"系指对首次将表演的声音或其他声音或声音表现物录制下来提出动议并负有责任的自然人或法人；

（e）"发行"录制的表演或录音制品系指经权利持有人同意并在以合理的数量向公众提供复制品的条件下，将录制的表演或录音制品的复制品提供给公众；③

（f）"广播"系指以无线方式的播送，使公众能接收声音或图像和声音或图像和声音表现物；通过卫星进行的此种播送亦为"广播"；播送密码信号，如果广播组织或经其同意向公众提供了解码的手段，则是"广播"；

（g）"向公众传播"表演或录音制品系指通过除广播以外的任何媒体向公众播送表演的声音或以录音制品录制的声音或声音表现物。在第15条中，"向公众传播"包括使公众能听到以录音制品录制的声音或声音表现物。

第3条　依本条约受保护的受益人

（1）缔约各方应将依本条约规定的保护给予系其他缔约方国民的表演者和录音制品制作者。

---

① 关于第1条第（2）款的议定声明：不言而喻，第1条第（2）款澄清本条约规定的对录音制品的权利与以录音制品体现的作品的版权之间的关系。在需要以录音制品体现的作品的作者与对录音制品持有权利的表演者或制作者许可的情况下，获得作者许可的需要并非同时还需获表演者或制作者的许可而不复存在，反之亦然。

此外，不言而喻，第1条第（2）款的任何内容均不阻止缔约方对表演者或录音制品制作者规定的专有权超出依照本条约需要规定的专有权。

② 关于第2条（b）项的议定声明：不言而喻，第2条（b）项规定的录音制品的定义并不表明对录音制品的权利因将录音制品包含在电影作品或其他音像作品中而受到任何影响。

③ 关于第2条（e）项，第8、9、12和13条的议定声明：这些条款中的用语"复制品"和"原件和复制品"，受各该条中发行权和出租权的约束，专指可作为有形物品投放流通的固定的复制品。

（2）其他缔约方的国民应被理解为符合《罗马公约》规定的标准、有资格受到保护的表演者或录音制品制作者，如同本条约的全体缔约方均假设为该公约缔约国的情形。对于这些资格标准，缔约各方应适用本条约第2条中的有关定义。①

（3）任何利用《罗马公约》第5条第（3）款所规定的可能性或为该公约第5条的目的利用《罗马公约》第17条所规定的可能性的缔约方，应向世界知识产权组织（WIPO）总干事做出那些条款所预先规定的通知。②

第4条　国民待遇

（1）在本条约所专门授予的专有权以及本条约第15条所规定的获得合理报酬的权利方面，每个缔约方均应将其给予本国国民的待遇给予第3条第（2）款所定义的其他缔约方的国民。

（2）本条第（1）款规定的义务不适用于另一缔约方使用了本条约第15条第（3）款允许的保留的情况。

第二章　表演者的权利

第5条　表演者的精神权利

（1）不依赖于表演者的经济权利，甚至在这些权利转让之后，表演者仍应对于其现场有声表演或以录音制品录制的表演有权要求承认其系表演的表演者，除非使用表演的方式决定可省略不提其系表演者；并有权反对任何对其表演进行将有损其名声的歪曲、篡改或其他修改。

（2）根据本条第（1）款授予表演者的权利在其死后应继续保留，至少到其经济权利期满为止，并应可由被要求提供保护的缔约方立法所授权的个人或机构行使。但批准或加入本条约时其立法尚未规定在表演者死后保护上款所述之全部权利的缔约方，可规定其中部分权利在表演者死后不再保留。

（3）为保障本条所授予的权利而采取的补救办法应由被要求提供保护的缔约方立法规定。

第6条　表演者对其尚未录制的表演的经济权利

表演者应享有专有权，对于其表演授权：

---

① 关于第3条第（2）款的议定声明：为了适用第3条第（2）款，不言而喻，录制系指制作完成原始带（"母带"）。

② 关于第3条的议定声明：不言而喻，《罗马公约》第5条（a）项和第16条（a）项第（iv）目中所指的"另一缔约国的国民"，在适用于本条约时，对于系本条约缔约方的政府间组织，指系该组织成员的国家之一的国民。

（ⅰ）广播和向公众传播其尚未录制的表演，除非该表演本身已属广播表演；和

（ⅱ）录制其尚未录制的表演。

第 7 条　复制权

表演者应享有授权以任何方式或形式对其以录音制品录制的表演直接或间接地进行复制的专有权。①

第 8 条　发行权

（1）表演者应享有授权通过销售或其他所有权转让形式向公众提供其以录音制品录制的表演的原件或复制品的专有权。

（2）对于在已录制的表演的原件或复制品经表演者授权被首次销售或其他所有权转让之后适用本条第（1）款中权利的用尽所依据的条件（如有此种条件），本条约的任何内容均不得影响缔约各方确定该条件的自由。②

第 9 条　出租权

（1）表演者应按缔约各方国内法中的规定享有授权将其以录音制品录制的表演的原件和复制品向公众进行商业性出租的专有权，即使该原件或复制品已由表演者发行或根据表演者的授权发行。

（2）尽管有本条第（1）款的规定，任何缔约方如在 1994 年 4 月 15 日已有且现仍实行表演者出租其以录音制品录制的表演的复制品获得合理报酬的制度，只要录音制品的商业性出租没有引起对表演者复制专有权的严重损害，即可保留这一制度。③

第 10 条　提供已录制表演的权利

表演者应享有专有权，以授权通过有线或无线的方式向公众提供其以录音制品录制的表演，使该表演可为公众中的成员在其个人选定的地点和时间获得。

第三章　录音制品制作者的权利

第 11 条　复制权

录音制品制作者应享有授权以任何方式或形式对其录音制品直接或间接

---

① 关于第 7、11 和 16 条的议定声明：第 7 条和第 11 条所规定的复制权及其中通过第 16 条允许的例外，完全适用于数字环境，尤其是以数字形式使用表演和录音制品的情况。不言而喻，在电子媒体中以数字形式存储受保护的表演或录音制品，构成这些条款意义下的复制。

② 关于第 2 条（e）项，第 8、9、12 和 13 条的议定声明：这些条款中的用语"复制品"和"原件和复制品"，受各该条中发行权和出租权的约束，专指可作为有形物品投放流通的固定的复制品。

③ 关于第 2 条（e）项，第 8、9、12 和 13 条的议定声明：这些条款中的用语"复制品"和"原件和复制品"，受各该条中发行权和出租权的约束，专指可作为有形物品投放流通的固定的复制品。

地进行复制的专有权。①

第12条 发行权

（1）录音制品制作者应享有授权通过销售或其他所有权转让形式向公众提供其录音制品的原件或复制品的专有权。

（2）对于在录音制品的原件或复制品经录音制品制作者授权被首次销售或其他所有权转让之后适用本条第（1）款中权利的用尽所依据的条件（如有此种条件），本条约的任何内容均不得影响缔约各方确定该条件的自由。②

第13条 出租权

（1）录音制品制作者应享有授权对其录音制品的原件和复制品向公众进行商业性出租的专有权，即使该原件或复制品已由录音制品制作者发行或根据录音制品制作者的授权发行。

（2）尽管有本条第（1）款的规定，任何缔约方如在1994年4月15日已有且现仍实行录音制品制作者出租其录音制品的复制品获得合理报酬的制度，只要录音制品的商业性出租没有引起对录音制品制作者复制专有权的严重损害，即可保留这一制度。③

第14条 提供录音制品的权利

录音制品制作者应享有专有权，以授权通过有线或无线的方式向公众提供其录音制品，使该录音制品可为公众中的成员在其个人选定的地点和时间获得。

第四章 共同条款

第15条 因广播和向公众传播获得报酬的权利

（1）对于将为商业目的发行的录音制品直接或间接地用于广播或用于对公众的任何传播，表演者和录音制品制作者应享有获得一次性合理报酬的权利。

（2）缔约各方可在其国内立法中规定，该一次性合理报酬应由表演者、或由录音制品制作者或由二者向用户索取。缔约各方可制定国内立法，对表

---

① 关于第7、11和16条的议定声明：第7条和第11条所规定的复制权及其中通过第16条允许的例外，完全适用于数字环境，尤其是以数字形式使用表演和录音制品的情况。不言而喻，在电子媒体中以数字形式存储受保护的表演或录音制品，构成这些条款意义下的复制。

② 关于第2条（e）项，第8、9、12和13条的议定声明：这些条款中的用语"复制品"和"原件和复制品"，受各该条中发行权和出租权的约束，专指可作为有形物品投放流通的固定的复制品。

③ 关于第2条（e）项，第8、9、12和13条的议定声明：这些条款中的用语"复制品"和"原件和复制品"，受各该条中发行权和出租权的约束，专指可作为有形物品投放流通的固定的复制品。

演者和录音制品制作者之间如未达成协议，表演者和录音制品制作者应如何分配该一次性合理报酬所依据的条件作出规定。

（3）任何缔约方均可在向世界知识产权组织总干事交存的通知书中，声明其将仅对某些使用适用本条第（1）款的规定，或声明其将以某种其他方式对其适用加以限制，或声明其将根本不适用这些规定。

（4）在本条中，以有线或无线的方式向公众提供的、可为公众中的成员在其个人选定的地点和时间获得的录音制品应被认为仿佛其原本即为商业目的而发行。①②

第16条　限制与例外

（1）缔约各方在其国内立法中，可在对表演者和录音制品制作者的保护方面规定与其国内立法中对文学和艺术作品的版权保护所规定的相同种类的限制或例外。

（2）缔约各方应将对本条约所规定权利的任何限制或例外限于某些不与录音制品的正常利用相抵触、也不无理地损害表演者或录音制品制作者合法利益的特殊情况。③④

第17条　保护期

（1）依本条约授予表演者的保护期，应自表演以录音制品录制之年年终算起，至少持续到50年期满为止。

（2）依本条约授予录音制品制作者的保护期，应自该录音制品发行之年年终算起，至少持续到50年期满为止；或如果录音制品自录制完成起50年内未被发行，则保护期应自录制完成之年年终起至少持续50年。

第18条　关于技术措施的义务

缔约各方应规定适当的法律保护和有效的法律补救办法，制止规避由表演者或录音制品制作者为行使本条约所规定的权利而使用的、对就其表演或

---

① 关于第15条的议定声明：不言而喻，第15条并非表示完全解决表演者和录音制品制作者在数字时代应享有的广播和向公众传播的权利的水平。各代表团未能就关于需在若干情况下规定专有权的几个方面或关于需在没有保留可能情况下规定权利的不同提案达成协商一致，因此将此议题留待以后解决。

② 关于第15条的议定声明：不言而喻，第15条不妨碍将本条授予的权利提供给民间文学艺术作品的表演者和录制民间文学艺术作品录音制品的制作者，只要这些录音制品未被以获得商业利润为目的而发行。

③ 关于第7、11和16条的议定声明：第7条和第11条所规定的复制权及其中通过第16条允许的例外，完全适用于数字环境，尤其是以数字形式使用表演和录音制品的情况。不言而喻，在电子媒体中以数字形式存储受保护的表演或录音制品，构成这些条款意义下的复制。

④ 关于第16条的议定声明：关于《世界知识产权组织版权条约》第10条（涉及限制与例外）的议定声明，亦可比照适用于《世界知识产权组织表演和录音制品条约》的第16条（涉及限制与例外）。（关于WCT第10条的议定声明原文如下："不言而喻，第10条的规定允许缔约各方将其国内法中依《伯尔尼公约》被认为可接受的限制与例外继续适用并适当地延伸到数字环境中。同样，这些规定应被理解为允许缔约方制定对数字网络环境适宜的新的例外与限制。""另外，不言而喻，第10条第（2）款既不缩小也不延伸由《伯尔尼公约》所允许的限制与例外的可适用性范围。"）

录音制品进行未经该有关表演者或录音制品制作者许可或未由法律准许的行为加以约束的有效技术措施。

第 19 条 关于权利管理信息的义务

（1）缔约各方应规定适当和有效的法律补救办法，制止任何人明知或就民事补救而言有合理根据知道其行为会诱使、促成、便利或包庇对本条约所涵盖的任何权利的侵犯而故意从事以下行为：

（ⅰ）未经许可去除或改变任何权利管理的电子信息；

（ⅱ）未经许可发行、为发行目的进口、广播、向公众传播或提供明知已被未经许可去除或改变权利管理电子信息的表演、录制的表演或录音制品的复制品。

（2）本条中的用语"权利管理信息"系指识别表演者、表演者的表演、录音制品制作者、录音制品、对表演或录音制品拥有任何权利的所有人的信息，或有关使用表演或录音制品的条款和条件的信息，和代表此种信息的任何数字或代码，各该项信息均附于录制的表演或录音制品的每件复制品上或在录制的表演或录音制品向公众提供时出现。①

第 20 条 手续

享有和行使本条约所规定的权利无须履行任何手续。

第 21 条 保留

除第 15 条第（3）款的规定外，不允许对本条约有任何保留。

第 22 条 适用的时限

（1）缔约各方应将《伯尔尼公约》第 18 条的规定比照适用于本条约所规定的表演者和录音制品制作者的权利。

（2）尽管有本条第（1）款的规定，缔约方可将对本条约第 5 条的适用限制于在本条约对该缔约方生效之后进行的表演。

第 23 条 关于权利行使的条款

（1）缔约各方承诺根据其法律制度采取必要的法律措施，以确保本条约的适用。

（2）缔约各方应确保依照其法律可以提供执法程序，以便能采取制止对

---

① 关于第 19 条的议定声明：关于《世界知识产权组织版权条约》第 12 条（涉及关于权利管理信息的义务）的议定声明，亦可比照适用于《世界知识产权组织表演和录音制品条约》的第 19 条（涉及关于权利管理信息的义务）。（关于 WCT 第 12 条的议定声明原文如下："不言而喻，'对本条约或《伯尔尼公约》所涵盖的任何权利的侵犯'的提法既包括专有权，也包括获得报酬的权利。""此外，不言而喻，缔约各方不会依赖本条来制定或实施要求履行《伯尔尼公约》或本条约所不允许的手续的权利管理制度，从而阻止商品的自由流通或妨碍享有依本条约规定的权利。"）

本条约所涵盖权利的任何侵犯行为的有效行动，包括防止侵权的快速补救和为遏制进一步侵权的补救。

第五章 行政条款和最后条款

第24条 大会

（1）（a）缔约方应设大会。

（b）每一缔约方应有一名代表，该代表可由副代表、顾问和专家协助。

（c）各代表团的费用应由指派它的缔约方负担。大会可要求世界知识产权组织（以下称为"本组织"）提供财政援助，以便利按照联合国大会既定惯例认为是发展中国家或向市场经济转轨的国家的缔约方代表团参加。

（2）（a）大会应处理涉及维护和发展本条约及适用和实施本条约的事项。

（b）大会应履行依第26条第（2）款向其指定的关于接纳某些政府间组织成为本条约缔约方的职能。

（c）大会应对召开任何修订本条约的外交会议作出决定，并给予本组织总干事筹备此种外交会议的必要指示。

（3）（a）凡属国家的每一缔约方应有一票，并应只能以其自己的名义表决。

（b）凡属政府间组织的缔约方可代替其成员国参加表决，其票数与其属本条约缔约方的成员国数目相等。如果此种政府间组织的任何一个成员国行使其表决权，则该组织不得参加表决，反之亦然。

（4）大会应每两年召开一次例会，由本组织总干事召集。

（5）大会应制定其本身的议事规则，其中包括特别会议的召集、法定人数的要求及在不违反本条约规定的前提下作出各种决定所需的多数。

第25条 国际局

本组织的国际局应履行与本条约有关的行政工作。

第26条 成为本条约缔约方的资格

（1）本组织的任何成员国均可成为本条约的缔约方。

（2）如果任何政府间组织声明其对于本条约涵盖的事项具有权限和具有约束其所有成员国的立法，并声明其根据其内部程序被正式授权要求成为本条约的缔约方，大会可决定接纳该政府间组织成为本条约的缔约方。

（3）欧洲共同体在通过本条约的外交会议上做出上款提及的声明后，可成为本条约的缔约方。

第 27 条 本条约规定的权利和义务

除本条约有任何相反的具体规定以外，每一缔约方均应享有本条约规定的一切权利并承担本条约规定的一切义务。

第 28 条 本条约的签署

本条约应在 1997 年 12 月 31 日以前开放供本组织的任何成员国和欧洲共同体签署。

第 29 条 本条约的生效

本条约应于 30 个国家向本组织总干事交存批准书或加入书 3 个月之后生效。

第 30 条 成为本条约缔约方的生效日期

本条约应自下列日期起具有约束力：

（i）对第 29 条提到的 30 个国家，自本条约生效之日起；

（ii）对其他各国，自该国向本组织总干事交存文书之日满 3 个月起；

（iii）对欧洲共同体，如果其在本条约根据第 29 条生效后交存批准书或加入书，则自交存此种文书后满 3 个月起，或如果其在本条约生效前交存准书或加入书，则自本条约生效后满 3 个月起；

（iv）对被接纳成为本条约缔约方的任何其他政府间组织，自该组织交存加入书后满 3 个月起。

第 31 条 退约

本条约的任何缔约方均可退出本条约，退约应通知本组织总干事。任何退约应于本组织总干事收到通知之日起 1 年后生效。

第 32 条 本条约的语文

（1）本条约的签字原件应为一份，以英文、阿拉伯文、中文、法文、俄文和西班牙文签署，各该文种的文本具有同等效力。

（2）除本条第（1）款提到的语文外，任何其他语文的正式文本须由总干事应有关当事方请求，在与所有有关当事方磋商之后制定。在本款中，"有关当事方"系指涉及其正式语文或正式语文之一的本组织任何成员国，并且如果涉及其正式语文之一，亦指欧洲共同体和可成为本条约缔约方的任何其他政府间组织。

第 33 条 保存人

本组织总干事为本条约的保存人。

视听表演北京条约[*]

序　言

缔约各方，

出于以尽可能有效和一致的方式发展和维护保护表演者对其视听表演的权利的愿望，

回顾《建立世界知识产权组织（WIPO）公约》大会 2007 年所通过的旨在确保发展方面的考虑构成本组织工作的组成部分的发展议程各项建议的重要性，

承认有必要采用新的国际规则，以提供解决由经济、社会、文化和技术发展所提出的问题的适当方法，

承认信息与通信技术的发展和交汇对视听表演的制作与使用的深刻影响，

承认有必要保持表演者对其视听表演的权利与广大公众的利益，尤其是教育、研究和获得信息的利益之间的平衡，

承认 1996 年 12 月 20 日在日内瓦签订的《世界知识产权组织表演和录音制品条约》（WPPT）对表演者的保护不延伸到其以视听录制品录制的表演方面，

提及关于版权和邻接权若干问题的外交会议于 1996 年 12 月 20 日通过的《关于视听表演的决议》，

达成协议如下：

第 1 条　与其他公约和条约的关系

（1）本条约的任何内容均不得减损缔约方相互之间依照《世界知识产权组织表演和录音制品条约》或依照 1961 年 10 月 26 日在罗马签订的《保护表

---

[*] 条约于 2012 年 6 月 24 日经外交会议在北京通过。本文本为世界知识产权组织网站官方文本。

演者、录音制品制作者和广播组织国际公约》已承担的现有义务。

（2）依本条约给予的保护不得触动或以任何方式影响对文学和艺术作品版权的保护。因此，本条约的任何内容均不得被解释为损害此种保护。

（3）除《世界知识产权组织表演和录音制品条约》之外，本条约不得与任何其他条约有任何关联，亦不得损害任何其他条约所规定的任何权利和义务。①②

第2条 定义

在本条约中：

（a）"表演者"系指演员、歌唱家、音乐家、舞蹈家以及对文学或艺术作品或民间文学艺术表达进行表演、歌唱、演说、朗诵、演奏、表现或以其他方式进行表演的其他人员；③

（b）"视听录制品"系指活动图像的体现物，不论是否伴有声音或声音表现物，从中通过某种装置可感觉、复制或传播该活动图像；④

（c）"广播"系指以无线方式的传送，使公众能接收声音或图像，或图像和声音，或图像和声音的表现物；通过卫星进行的此种传送亦为"广播"；传送密码信号，只要广播组织或经其同意向公众提供了解码的手段，即为"广播"；

（d）"向公众传播"表演系指通过除广播以外的任何媒体向公众传送未录制的表演或以视听录制品录制的表演。在第11条中，"向公众传播"包括使公众能听到或看到，或能听到并看到以视听录制品形式录制的表演。

第3条 保护的受益人

（1）缔约各方应将本条约规定的保护给予系其他缔约方国民的表演者。

（2）非缔约方国民但在一个缔约方境内有惯常居所的表演者，在本条约中视同该缔约方的国民。

第4条 国民待遇

（1）在本条约所专门授予的专有权以及本条约第11条所规定的获得合理报酬的权利方面，每一缔约方均应将其给予本国国民的待遇给予其他缔约方

---

① 关于第1条第（1）款的议定声明：各方达成共识，本条约的任何内容均不得影响《世界知识产权组织表演和录音制品条约》（WPPT）所规定的任何权利或义务或其解释；另外，各方达成共识，第3款不对本条约缔约方增加批准或加入《世界知识产权组织表演和录音制品条约》或遵守其任何规定的任何义务。

② 关于第1条第（3）款的议定声明：各方达成共识，系世界贸易组织成员的缔约方承认《与贸易有关的知识产权协定》（《TRIPS协定》）的各项原则与目标，并达成共识：本条约的任何内容均不影响《TRIPS协定》的规定，包括但不限于涉及反竞争行为的规定。

③ 关于第2条（a）款的议定声明：各方达成共识，表演者的定义涵盖凡对表演过程中创作的或首次录制的文学或艺术作品进行表演的人。

④ 关于第2条（b）款的议定声明：特此确认，载于第2条（b）款的"视听录制品"的定义，不损害《世界知识产权组织表演和录音制品条约》的第2条（c）款。

的国民。

（2）在本条约第11条第（1）款和第11条第（2）款授予的权利方面，缔约方应有权将其依本条第（1）款给予另一缔约方国民的保护限制在其本国国民在该另一缔约方享有的那些权利的范围和期限之内。

（3）如果某一缔约方使用了本条约第11条第（3）款允许的保留，在该保留所涉范围内，本条第（1）款规定的义务不适用于任何其他缔约方；如果某一缔约方作出了此种保留，在该保留所涉范围内，本条第（1）款规定的义务也不适用于该缔约方。

第5条　精神权利

（1）不依赖于表演者的经济权利，甚至在这些权利转让之后，表演者仍应对于其现场表演或以视听录制品录制的表演有权：

（i）要求承认其系表演的表演者，除非因使用表演的方式而决定可省略不提其系表演者；以及

（ii）反对任何对其表演进行的将有损其声誉的歪曲、篡改或其他修改，但同时应对视听录制品的特点予以适当考虑。

（2）根据本条第（1）款授予表演者的权利在其死亡后应继续保留，至少到其经济权利期满为止，并可由被要求提供保护的缔约方立法所授权的个人或机构行使。但批准或加入本条约时其立法尚未规定在表演者死亡后保护上款所述全部权利的国家，则可规定其中部分权利在表演者死亡后不再保留。

（3）为保障本条所授予的权利而采取的补救方法应由被要求提供保护的缔约方立法规定。①

第6条　表演者对其尚未录制的表演的经济权利

表演者应享有专有权，对于其表演授权：

（i）广播和向公众传播其尚未录制的表演，除非该表演本身已属广播表演；和

（ii）录制其尚未录制的表演。

第7条　复制权

表演者应享有授权以任何方式或形式对其以视听录制品录制的表演直接

---

① 关于第5条的议定声明：为本条约的目的，并在不损害任何其他条约的前提下，会议达成共识：鉴于视听录制品及其制作和发行的特点，在正常利用表演的过程中以及在经表演者授权的使用过程中对该表演所作的修改，诸如使用现有或新的媒体或格式进行编辑、压缩、配音或格式化编排，将不足以构成第5条第（1）款第（ii）项意义下的修改。只有在客观上对表演者的声誉造成重大损害的改动才涉及第5条第（1）款第（ii）项所规定的权利。会议还达成共识：纯粹使用新的或改进的技术或媒体，其本身不足以构成第5条第（1）款第（ii）项意义下的修改。

或间接地进行复制的专有权。①

第 8 条　发行权

（1）表演者应享有授权通过销售或其他所有权转让形式向公众提供其以视听录制品录制的表演的原件或复制品的专有权。

（2）对于已录制表演的原件或复制品经表演者授权被首次销售或其他所有权转让之后适用本条第（1）款中权利的用尽所依据的条件（如有此种条件），本条约的任何内容均不得影响缔约各方确定该条件的自由。②

第 9 条　出租权

（1）表演者应享有授权按缔约各方国内法中的规定将其以视听录制品录制的表演的原件和复制品向公众进行商业性出租的专有权，即使该原件或复制品已由表演者发行或经表演者授权发行。

（2）除非商业性出租已导致此种录制品的广泛复制，从而严重损害表演者的专有复制权，否则缔约方被免除第（1）款规定的义务。③

第 10 条　提供已录制表演的权利

表演者应享有专有权，以授权通过有线或无线的方式向公众提供其以视听录制品录制的表演，使该表演可为公众中的成员在其个人选定的地点和时间获得。

第 11 条　广播和向公众传播的权利

（1）表演者应享有授权广播和向公众传播其以视听录制品录制的表演的专有权。

（2）缔约各方可以在向世界知识产权组织总干事交存的通知书中声明，它们将规定一项对于以视听录制品录制的表演直接或间接地用于广播或向公众传播获得合理报酬的权利，以代替本条第（1）款中规定的授权的权利。缔约各方还可以声明，它们将在立法中对行使该项获得合理报酬的权利规定条件。

（3）任何缔约方均可声明其将仅对某些使用情形适用本条第（1）款或第（2）款的规定，或声明其将以某种其他方式对其适用加以限制，或声明其将根本不适用第（1）款和第（2）款的规定。

第 12 条　权利的转让

（1）缔约方可以在其国内法中规定，表演者一旦同意将其表演录制于视

---

① 关于第 7 条的议定声明：第 7 条所规定的复制权及其通过第 13 条所允许的例外，完全适用于数字环境，尤其是以数字形式使用表演的情况。各方达成共识，在电子媒体中以数字形式存储受保护的表演，构成该条意义下的复制。

② 关于第 8 条和第 9 条的议定声明：这些条款中的用语"原件和复制品"，受各该条中发行权和出租权的约束，专指可以作为有形物品投放流通的固定的复制品。

③ 关于第 8 条和第 9 条的议定声明：这些条款中的用语"原件和复制品"，受各该条中发行权和出租权的约束，专指可以作为有形物品投放流通的固定的复制品。

听录制品中，本条约第7条至第11条所规定的进行授权的专有权应归该视听录制品的制作者所有，或应由其行使，或应向其转让，但表演者与视听录制品制作者之间按国内法的规定订立任何相反合同者除外。

（2）缔约方可以要求，对于依照其国内法的规定制作的视听录制品，此种同意或合同应采用书面形式，并应由合同当事人双方或由经其正式授权的代表签字。

（3）不依赖于上述专有权转让规定，国内法或者具有个人性质、集体性质或其他性质的协议可以规定，表演者有权依照本条约的规定，包括第10条和第11条的规定，因表演的任何使用而获得使用费或合理报酬。

第13条 限制与例外

（1）缔约各方可以在其国内立法中，对给予表演者的保护规定与其国内立法给予文学和艺术作品的版权保护相同种类的限制或例外。

（2）缔约各方应使本条约中所规定权利的任何限制或例外仅限于某些不与表演的正常利用相抵触、也不致不合理地损害表演者合法利益的特殊情况。①

第14条 保护期

依本条约给予表演者的保护期，应自表演录制之年年终算起，至少持续到50年期满为止。

第15条 关于技术措施的义务

缔约各方应规定适当的法律保护和有效的法律补救办法，制止规避由表演者为行使本条约所规定的权利而使用并限制对其表演实施未经该有关表演者许可的或法律不允许的行为的有效技术措施。②③

第16条 关于权利管理信息的义务

（1）缔约各方应规定适当和有效的法律补救办法，制止任何人明知，或就民事补救而言，有合理根据知道其行为会诱使、促成、便利或包庇对本条约所规定的任何权利的侵犯，而故意实施以下活动：

（i）未经许可去除或改变任何权利管理的电子信息；

---

① 关于第13条的议定声明：关于《世界知识产权组织版权条约》（WCT）第10条（涉及限制与例外）的议定声明，亦可比照适用于本条约的第13条（涉及限制和例外）。

② 与第13条相关的关于第15条的议定声明：各方达成共识，本条约任何规定均不阻止缔约方采取有效而必要的措施，以确保视听表演已采用技术措施而受益人有权合法使用该表演时，例如在权利人未对某一具体表演采取能让受益人享受国内法所规定的例外与限制的适当和有效措施的情况下，受益人能享受其国内法中根据第13条作出的例外或限制规定。此外，在不损害录有表演的视听作品的法律保护的情况下，各方达成共识，第15条规定的义务不适用于不受或不再受履行本条约的国内立法保护的表演。

③ 关于第15条的议定声明："表演者使用的技术措施"一语，与《世界知识产权组织表演和录音制品条约》的情况一样，应作广义的理解，亦指代表表演者实施行为的人，包括其代理人、被许可人或受让人，包括制作者、服务提供者和经适当许可使用表演进行传播或广播的人。

(ⅱ)未经许可发行、为发行目的进口、广播、向公众传播或提供明知未经许可而被去除或改变权利管理电子信息的表演或以视听录制品录制的表演的复制品。

（2）本条中的用语"权利管理信息"系指识别表演者、表演者的表演或对表演拥有任何权利的所有人的信息，或有关使用表演的条款和条件的信息，以及代表此种信息的任何数字或代码，各该项信息均附于以视听录制品录制的表演上。①

第17条 手续

享有和行使本条约所规定的权利无须履行任何手续。

第18条 保留和通知

（1）除第11条第（3）款的规定外，本条约不允许有任何保留。

（2）依第11条第（2）款或第19条第（2）款所作的任何通知，可以在批准书或加入书中提出，通知的生效日期应与本条约对作出通知的国家或政府间组织生效的日期相同。任何此种通知亦可随后提出，但在此情况下，通知应于世界知识产权组织总干事收到通知3个月后或通知中指明的任何更晚的日期生效。

第19条 时间上的适用范围

（1）缔约各方应对本条约生效之时存在的已录制的表演，以及本条约对缔约各方生效之后进行的所有表演，给予本条约所规定的保护。

（2）尽管有本条第（1）款的规定，缔约方仍可以在向世界知识产权组织总干事交存的通知书中声明，对于本条约对每一缔约方生效之时存在的已录制的表演，将不适用本条约第7条至第11条的规定，或不适用其中的任何一条或多条规定。对于此种缔约方，其他缔约方可以使所述各条的适用仅限于本条约对该缔约方生效之后进行的表演。

（3）本条约规定的保护不得损害本条约对每一缔约方生效之前实施的任何行为、订立的任何协议或取得的任何权利。

（4）缔约各方可以在其立法中制定过渡性条款，规定凡在本条约生效之前就某一表演从事合法活动的人，可以在本条约对相应缔约方生效之后，就该同一表演从事与第5条和第7条至第11条所规定的权利范围相符的活动。

第20条 关于权利行使的条款

（1）缔约各方承诺根据其法律制度采取必要的措施，以确保本条约的适用。

---

① 关于第16条的议定声明：关于《世界知识产权组织版权条约》第12条（涉及关于权利管理信息的义务）的议定声明，亦可比照适用于本条约的第16条（涉及关于权利管理信息的义务）。

（2）缔约各方应确保依照其法律可以提供执法程序，以便能采取制止对本条约所规定权利的任何侵权行为的有效行动，包括防止侵权的即时补救和为遏制进一步侵权的补救。

第21条 大会

（1）（a）缔约方应设大会。

（b）每一缔约方应有一名代表出席大会，该代表可由副代表、顾问和专家协助。

（c）各代表团的费用应由指派它的缔约方负担。大会可以要求世界知识产权组织（以下称为"WIPO"）提供财政援助，以便利按照联合国大会既定惯例认为是发展中国家或市场经济转型期国家的缔约方代表团参加。

（2）（a）大会应处理涉及维护和发展本条约及适用和实施本条约的事项。

（b）大会应履行依第23条第（2）款向其指定的关于接纳某些政府间组织成为本条约缔约方的职能。

（c）大会应对召开任何修订本条约的外交会议作出决定，并给予世界知识产权组织总干事筹备此种外交会议的必要指示。

（3）（a）凡属国家的每一缔约方应有一票，并应只能以其自己的名义表决。

（b）凡属政府间组织的缔约方可以代替其成员国参加表决，其票数与其属本条约缔约方的成员国数目相等。如果此种政府间组织的任何一个成员国行使其表决权，则该组织不得参加表决，反之亦然。

（4）大会应由总干事召集，如无例外情况，应与世界知识产权组织大会同时同地举行。

（5）大会应努力通过协商一致作出决定，并应制定自己的议事规则，包括召集特别会议、法定人数的要求，以及按本条约的规定，作出各类决定所需的多数等规则。

第22条 国际局

与本条约有关的行政工作应由世界知识产权组织国际局履行。

第23条 成为本条约缔约方的资格

（1）世界知识产权组织的任何成员国均可以成为本条约的缔约方。

（2）如果任何政府间组织声明其对于本条约涵盖的事项具有权限和具有约束其所有成员国的立法，并声明其根据其内部程序被正式授权要求成为本条约的缔约方，大会可以决定接纳该政府间组织成为本条约的缔约方。

（3）欧洲联盟在通过本条约的外交会议上作出上款提及的声明后，可以成为本条约的缔约方。

第 24 条　本条约规定的权利和义务

除本条约有任何相反的具体规定以外，每一缔约方均应享有本条约规定的一切权利并承担本条约规定的一切义务。

第 25 条　本条约的签署

本条约通过后即在世界知识产权组织总部开放以供任何有资格的有关方签署，期限一年。

第 26 条　本条约的生效

本条约应在第 23 条所指的三十个有资格的有关方交存批准书或加入书 3 个月之后生效。

第 27 条　成为本条约缔约方的生效日期

本条约应自下列日期起具有约束力：

（ⅰ）对第 26 条提到的三十个有资格的有关方，自本条约生效之日起；

（ⅱ）对第 23 条提到的每一个其他有资格的有关方，自其向世界知识产权组织总干事交存批准书或加入书之日满 3 个月起。

第 28 条　退约

本条约的任何缔约方均可退出本条约，退约应通知世界知识产权组织总干事。任何退约应于世界知识产权组织总干事收到通知之日起 1 年后生效。

第 29 条　本条约的语文

（1）本条约的签字原件为一份，以中文、阿拉伯文、英文、法文、俄文和西班牙文签署，各该文种的文本具有同等效力。

（2）除本条第（1）款提到的语文外，任何其他语文的正式文本须由世界知识产权组织总干事应有关方请求，在与所有有关方磋商之后制定。在本款中，"有关方"系指涉及其正式语文或正式语文之一的世界知识产权组织任何成员国，并且如果涉及其正式语文之一，亦指欧洲联盟和可以成为本条约缔约方的任何其他政府间组织。

第 30 条　保存人

世界知识产权组织总干事为本条约的保存人。